PIRMIN STEKELER

Hegels Grundlinien der Philosophie des Rechts

Ein dialogischer Kommentar

FELIX MEINER VERLAG
HAMBURG

PHILOSOPHISCHE BIBLIOTHEK BAND 740

Bibliographische Information der Deutschen Nationalbibliothek

Die Deutsche Nationalbibliothek verzeichnet diese Publikation in der Deutschen Nationalbibliographie; detaillierte bibliographische Daten sind im Internet über ‹http://portal.dnb.de› abrufbar.

ISBN 978-3-7873-3886-3
ISBN eBook 978-3-7873-3887-0

 Satz: Tanovski Publ. Serv., Leipzig. Druck und Bindung: Druckerei C. H. Beck, Nördlingen. Gedruckt auf alterungsbeständigem Werkdruckpapier, hergestellt aus 100% chlorfrei gebleichtem Zellstoff. Printed in Germany. *www.meiner.de*

Inhalt

Für Irene

Vorwort

Kein Text der Weltgeschichte der Philosophie hat einen dialogischen Kommentar als Gespräch zwischen einem heutigen Verstehen und der Schreib- und Denkweise seiner Zeit so nötig wie Hegels *Rechtsphilosophie*. Das liegt nicht etwa nur an den diversesten *politischen* Aus- und Umdeutungen dieses Textes. Den einen ist er zu staatstragend, den anderen zu liberal, manche halten ihn für ein Gründungsdokument des Marxismus und kommunistischen Kollektivismus, andere meinen, von Hegel zu Hitler gehen zu können, ohne zu bemerken, dass dieser Weg nur in ihrem Kopf sehr kurz ist. Dabei geht man an den Grundzügen von Hegels Werk als Logik des Wissens insgesamt, seiner Rechts- und Staatslehre insbesondere, in weitem Bogen vorbei. Zu deren Charakteristik gehört ein in seiner Bodenständigkeit von keinem anderen Denker je erreichter schwäbischen Realismus. Der Stuttgarter Georg Wilhelm Friedrich Hegel wird sozusagen sofort hellhörig und skeptisch, manchmal sozusagen bockig, wenn große Wörter wie »Gott« oder »Wahrheit«, »das Absolute«, aber auch »Vernunft« und »Aufklärung« nicht bloß an den Anfang gesetzt, sondern auch alle Nachfragen, was sie denn bedeuten, mit pathetischem Gefühl abgewiesen werden. An den Anfang kann man »Natur« und »Recht« ebenso gut setzen wie »Freiheit« und »Person«. Entscheidend ist, was zu diesen Begriffen erläuternd zunächst Allgemeines und dann Besonderes gesagt wird. Diese fortschreitenden Erläuterungen sind keine Behauptungen, sondern ihr angemessenes Verständnis ist wie bei jedem Zeigen frei zu lernen. Die Sprache hinwiederum ist lakonisch,[1] geradezu maulfaul, häufig sogar bürokratisch und umständlich, kei-

[1] Die gnomische Form ist die aller sogenannten ›Sudelbücher‹ mit ihren durchgängig orakelförmigen Aphorismen, wie wir sie seit Georg Christoph Lichtenberg und der Symphilosophie der Romantiker über Arthur Schopenhauer und Friedrich Nietzsche bis zu Ludwig Wittgenstein und Theodor W. Adorno kennen und lieben, wobei dann aber im Einzelfall die Rhetorik des vornehmen Tons nicht mit Urbanität zu verwechseln ist.

neswegs elegant, aber ohne auf ironische Distanz und nicht seltene Ausbrüche von Poesie, Leidenschaft und Begeisterung zu verzichten – was für die Sprechweisen einer Landbevölkerung wie in Lakedaimon, also Sparta, oder dann etwa auch in Westfalen, Friesland oder eben auch Schwaben typisch ist.

Das erste der Wörter ist »Gott«. Mit ihm kann man sozusagen alle Fragen beantworten. Allerdings fungiert es dabei zunächst nur als Nachfragestopper, als großes »Darum!« auf die ewige Kinderfrage »Warum?«. Das zweite derartige Wort ist »Natur«, das in der frühen Phase der sogenannten Aufklärung das Wort »Gott« sozusagen beerbt, indem alle Fragen nach der Herkunft der gegenwärtigen Welt schon lange vor Charles Darwin beantwortet werden durch den Hinweis auf eine sich angeblich irgendwie von selbst entwickelnde Gesamtnatur. Dem neupythagoräistischen, nur scheinbar platonischen, Leitbild der *scientia*, *science*, also der Naturwissenschaften, sind Galilei zufolge die kausalen Gesetze der Bewegungen und Veränderungen *in der Natur* angeblich als Gesetze *der Natur* in mathematischen Lettern schon festgeschrieben. Wir Menschen müssen sie vorgeblich nur aus ihren empirischen Folgen bzw. Wirkungen durch Beobachtung und Experiment zu lesen lernen. Das ist physikalistische Metaphysik in reinster Form. Es ist *der* Aberglauben der Moderne. Er steht unter diversen Titeln wie »Naturalismus« oder »Materialismus«, die in falscher Gegenüberstellung zu einem unverstandenen »Idealismus« zu Unrecht einen so guten Klang haben, dass heute alle gute Naturalisten sein wollen – wie die Leute früher gute Christen.

Gott als theokratischer und eben damit anthropomorpher Gesetzgeber von Moral und Recht, von dessen Gnaden der König König und der Kaiser Kaiser ist, wird noch im *Vernunftrecht* wie zuvor im *Naturrecht* nur verbal ersetzt. Das göttliche Recht wird rein formal zu einem ›natürlichen‹ oder ›vernünftigen‹ Recht. Die Frage ist, was das bedeutet. Der eigentliche Titel von Hegels Rechtsphilosophie, *Naturrecht und Staatswissenschaft im Grundrisse*, zeigt, dass er eben diese Frage beantworten will, und zwar gegen alles Pathos in der Rede von der Natur noch bei Kant, die angeblich dieses oder jenes will oder gewollt hat. Kants Appell an die Vernunft krankt, wie bisher nur Hegel erkennt, hauptsächlich daran, dass er sie mit einem bloß rechnenden Verstand kontaminiert. Eine verständige Person folgt vorgegebenen Unterscheidungsschemata und Inferenzregeln formal richtig. Sie kann damit aber noch nicht frei und situationsbezogen im Kontext selbst darüber urteilen, wann man den angelernten Schemata sinnvollerweise folgen darf, und wann man das besser nicht tun sollte.

Kant sieht noch nicht, dass alle Schemata, Regeln und Prinzipien des Wissens, des Rechts und der Moral nur im Allgemeinen, an sich, *prima facie*, *ceteris paribus* gelten, also für generische Normalfälle oder sogar nur für Idealtypen, nicht für besondere Kontexte, Ausnahmen und Privationen. Ironischerweise wird Kants Aufruf, selbst zu denken, damit erstens formalistisch und zweitens subjektivistisch. Das Hauptwort der zweiten Phase der sogenannten Aufklärung, »Vernunft«, wird so zu einem gefühlsinfizierten Schleierwort. Ohne eine Logik des Allgemeinen, Besonderen und Einzelnen bleibt offen, was diese Vernunft sein soll und sein kann.

Die Fragen nach dem Begriff oder der Idee (der Vernunft) können realiter nur beantwortet werden in einer Betrachtung des guten Gebrauchs der Ausdrucksformen, in denen wir Urteile oder Handlungen, Praxisformen oder Institutionen zunächst im Allgemeinen und dann in Modifikationen für besondere Umstände als vernünftig oder als unvernünftig bzw. ›schlecht‹ bewerten. Dabei spielt der genannte Unterschied zum bloß schematischen und formalen Verstand, dem Unterscheiden nach festen Kriterien und dem rechnenden Schließen, dann auch zum Handeln nach gegebenen Regeln und Verfahren, eine entscheidende Rolle. Das Kernwort Hegels ist »Freiheit«, wie jeder merkt, der die Texte auch nur oberflächlich überfliegt.

Man könnte nun erwarten, dass Hegel mit der Freiheit auf eine ähnliche Weise operiert wie seine Vorgänger mit Gott, Natur und Vernunft, nämlich als alle positiven Gefühle aktivierendes Begeisterungswort. Freiheit ist ja in der Tat höchster Wert – aber das auch nur im Prinzip. Denn höher als jede subjektive Freiheit steht der Gemeinwille, die *volonté générale* Rousseaus. Hegel erweist sich in ihrer sinnkritischen Analyse als das, wofür John Stuart Mill für einfachere Leser steht: als *der* Philosoph der Freiheit.

In diesem Vorwort geht es mir freilich nur erst darum, den noch offenen Inhalt des Werks im Vorgriff auf das Ergebnis als für uns alle *interessant* darzustellen. Hegel gibt sich jedenfalls nicht mit der anfänglichen Freiheitsbegeisterung seiner besten Freunde Isaac von Sinclair und Friedrich Hölderlin (und vielen anderen) in Reaktion auf die Französische Revolution zufrieden. Er zerbricht aber auch nicht daran, dass die Gipfel der Freiheit immer wieder in den Wolken der Utopien einerseits, dem Pulverdampf der Kriege um Freiheit andererseits verschwinden. Weit eher folgt er Friedrich Schiller in der genauen Betrachtung der Probleme und Ambivalenzen jedes Strebens nach Freiheit; und er kennt mit seinem nur vier Jahre älteren, trotzdem fast väterlichen Freund Friedrich Immanuel Niethammer, der für seine Karriere in Bamberg, Nürnberg und sogar Heidelberg entscheidend war, die Mühen der politischen und pädagogischen Ebenen.

Es geht Hegel in den *Grundlinien der Philosophie des Rechts* vor diesem Hintergrund erstens darum, was es überhaupt heißt, eine freie Person mit dem Vermögen der freien Selbstformung des eigenen Lebens zu sein. Zweitens sieht er, dass wir im Gemeinwesen allererst zu Personen werden. In den Vorlesungen zur Philosophie der Weltgeschichte schreibt er dementsprechend: »Das Recht ist das Allgemeine, es besteht darin, daß der Mensch Person sey: als Person ist er ein Unendliches ...« (GW 27,4, S. 1183). »Der Mensch an sich ist im Christentum als Person bestimmt« (GW 27,2, S. 745). Demgegenüber meint Bernhard Lakebrink in seiner Einleitung als Herausgeber von G. W. F. Hegel, *Grundlinien der Philosophie des Rechts,* Stuttgart: Reclam 1970: »In Wahrheit ist die Hegelsche Philosophie, die Rechtsphilosophie insbesondere, entschieden so etwas wie eine Metaphysik des Geistes ...« (S. 6). Lakebrink spricht von einer »gotterfüllten Wirklichkeit« (S. 7) und schreibt: »Hegels Konzeption der Geschichte ist durch und durch metaphysischer Natur« (S. 11). Hegel geht es aber um die Frage, was die Rede über Gott und Geist, Recht und Person oder dann auch in der Logik über Sein, Wesen und Begriff besagt und warum eine Philosophie des Gemeinwesens die einzig wahre Theodizee und politische Theologie ist, und zwar als transzendentale Analyse der Bedingungen der Möglichkeit, ein geistiges Wesen bzw. Person im vollen Sinn zu sein.

Für unsere eigenen und damit immer besonderen Urteile und Handlungen sind allgemeine Inhaltsbestimmungen transzendentale Bedingung ihrer Möglichkeit. Diese existieren in einem gemeinsamen Wissen, artikuliert in gemeinsamer Sprache und in gemeinsam tradierten Praxisformen, die als Institutionen zum Staat (i. w. S.) gehören, wenn sie rechtlich verfasst sind.

Am Anfang einer freiheitspraktischen Transzendentalanalyse des Personseins steht das abstrakte Recht im Sinne der ganz und gar allgemeinen Form des gemeinsamen Lebens mit einander interagierender, im guten Fall kooperierender Personen. Dabei ist aber insbesondere die unaufhebbare performative Struktur der Subjektivität aufzuzeigen. Als Subjekt hier und jetzt kann ich immer bloß aus meiner Perspektive urteilen und handeln.

Eine gemeinsame Absicht ist dann keine bloße Aggregation von Intentionen einzelner Subjekte. Das Problem wird an folgender Äußerung von Friedrich Engels klar: »Die Menschen machen ihre Geschichte ..., indem jeder seine eignen, bewußt gewollten Zwecke verfolgt und die Resultante ... ist eben die Geschichte.«[2] Wäre das wahr, gäbe es kein gemeinsames Handeln. Wahr ist nur, dass es normalerweise *einzelne Vertreter von uns* sind, die *für uns* »wir« und »uns« sagen. Und es ist eine logisch höchst komplexe Frage, wie Hegel in seiner Analyse bemerkt, wann diese Vertreter mit Recht nicht nur in Aussagen über uns, sondern auch in Aufforderungen oder Anordnungen »wir« sagen dürfen.

Für das Verständnis religiöser und säkularer Riten und Liturgien ist es dann eine absolut fundamentale Beobachtung, dass wir praktisch nur im kirchlichen Gemeindelied oder in zivilreligiösen Liturgien (gerade auch der Nazis oder im realexistierenden Sozialismus) Wörter wie »wir« und »uns« *gemeinsam singen.*

Das abstrakte Recht erweist sich jetzt als formale Voraussetzung freier Lebensführung und damit als (zu explizierende) generisch-allgemeine Grundform freien Urteilens und Handelns. Unter seinem Titel findet sich bei Hegel aber weder eine Handlungstheorie im heutigen formalen Sinn, noch etwa eine bloße Auseinandersetzung mit dem antiken römischen Recht, sondern eine transzendentale Analyse des Werdens und Seins des personalen Subjekts in seiner jeweils aktualen Endlichkeit und der Person in ihrer Unendlichkeit, d. h. als zeitallgemeine Persönlichkeit, die jeder von uns gewesen sein wird. Personales

2 »Feuerbach und der Ausgang der klassischen deutschen Philosophie«, Marx/Engels, Ausgewählte Schriften Bd. II, Berlin/Ost 1985, S. 359.

Subjekt bin ich also im Daseinsvollzug, volle Person im Ganzen bin ich als Gesamt der personalen Leistungen und Fehlleistungen aus der Sicht von allen mögliche Blickwinkeln her.[3]

Friedrich Schiller gibt hierfür, besonders aber auch für das Ende der Rechtsphilosophie als Übergang zu Hegels Philosophie der Weltgeschichte, die zentralen Stichworte. Es handelt sich um folgende Schlussverse seines philosophisch wohl tiefsten Gedichts mit dem Titel »Resignation«:

»Genieße, wer nicht glauben kann, ...
wer glauben kann, entbehre.
Die Weltgeschichte ist das Weltgericht ...
Was man von der Minute abgeschlagen,
Gibt keine Ewigkeit zurück.«[4]

Nur wer allgemein an die Menschheit hoffend glaubt ist eine volle Person. Das Subjekt lebt nur im Jetzt. Die zeitallgemeine Person, die jeder von uns nach seinem Tod *auf ewig gewesen sein wird*, ergibt sich durch das Tun des personalen Subjekts *in der Zeit*. Der Lohn der Liebe der Person zu den Menschen ist aber am Ende des Lebens ebenso »abgetragen« wie jeder Genuss schon nach dem Augenblick.

Der Unterschied zwischen Schillers Anrufung der Weltgeschichte und Hegels Beendigung der Rechtsphilosophie mit einer kurzen Skizze einer Philosophie der Weltgeschichte besteht übrigens darin – um das gleich zu sagen –, dass Schiller ganz offenbar an reflektierte Beurteilungen von Einzelpersonen denkt, während es Hegel um die Bewertungen der Leistungen institutioneller Entwicklungen geht. Diese Entwicklungen finden in einzelnen Völkern statt. Ihre Protagonisten machen Formen des ethisch-politischen Denkens oder möglicher institutioneller Ordnungen explizit, die dann auf die eine oder andere

[3] Offenbar erkennen schon Sokrates und Platon im *Phaidon* und in der *Politeia* einen Inhalt der traditionellen Rede von der Seele im Gesamtcharakter oder Gesamttyp der Person, die als Persönlichkeit (*personalitas*) nach dem Tod zeitallgemein, weil abstrakt, und in genau diesem Sinn ›unendlich‹ bzw. ›unsterblich‹ wird.

[4] F. Schiller »Resignation«. Aus der Thalia 1786, in: Friedrich Schiller, *Werke*, 4 Bde., hg. W. Hoyer, Leipzig, Bibl. Institut, 1962, S. 529–531.

Weise weltweite Verbreitung oder Anerkennung finden – grundsätzlich nicht anders als technisch-praktische Erfindungen auch. Dabei gibt es immer die Ungleichzeitigkeiten des Gleichzeitigen, also verschiedene Niveaus des Wissens oder Könnens von Individuen, Gruppen oder ganzen Nationen, sowohl in technisch-praktischer als auch in ethisch-praktischer oder politischer Hinsicht. Das ist unabhängig davon, ob man sich getraut, solche vermeintlich dogmatisch wertenden Urteile zu formulieren und aus den Sachen zu begründen oder nicht – und sich auf einen skeptizistischen Relativismus eines abstrakten kulturellen Pluralismus zurückzieht.

Die jeweils besondere Ausgestaltung des Rechts im jeweiligen Gemeinwesen ist aber in jedem Fall wirkliche Grundlage des Geistes, der je konkreten Lebensform der freien Person. In seiner begriffslogischen und damit auch sprachtheoretischen Begründung einer rechtstaatlichen Verfassung für das volle Personsein zeigt Hegel, dass alle Versuche, Genealogien oder Rechtfertigungen von Recht und Staat, von einem nicht begriffenen Gott, einer überschätzten Natur oder einer unverstandenen Vernunft her zu konstruieren, als obsolet gelten müssen. Das richtet sich gegen alle früheren Verfassungsgeschichten, gegen eine narrative politische Theologie oder gegen ein postuliertes Naturrecht. Die Kritik wird im Rahmen einer *begrifflichen Säkularisierung* entwickelt, welche die traditionellen Metaphern der Rede von der Heiligkeit des Rechts und der Göttlichkeit der Person ebenso aufhebt wie die von ihrer grundsätzlichen Natürlichkeit oder Vernunft. Von besonderer Bedeutung sind dabei die Ideen der Wahrheit und des Guten.

Die Rechtsphilosophie erweist sich so als Gipfel des publizierten Schaffens Hegels, dem die beiden anderen Hauptwerke, die *Phänomenologie des Geistes* und die *Wissenschaft der Logik*, als notwendige Vorstufen dienen. Ohne sie kann man das höchste Ergebnis von Hegels gesamtem Denken nicht erreichen.

Die *Enzyklopädie der philosophischen Wissenschaften* ist Skript oder frühes *handout* für die Vorlesungen. Sie stellt zwar die systematischen Zusammenhänge im gesamten Denken Hegels unter Einschluss der Naturphilosophie und Psychologie dar. In ihrer gnomisch dichten Form kann und will sie aber weder die genannten Hauptwerke noch die sie erläuternden Vorlesungen ersetzen. Sie wird damit eher zu einer Art Rückgrat des Gesamtnachlasses und enthält daher nicht ohne Weiteres, wie mancher mit Vittorio Hösle meint, ›das endgültige System‹ von Hegels Philosophie. Methodisch muss ohnehin die für die ganze Welt ausgearbeitete Buchform vom Nachlass unterschieden werden, auch von den für ein besonderes Publikum verfassten Aufsätzen oder Vorlesungen.

Um den Inhalt von Hegels Überlegungen in ihrer Aktualität begreifbar zu machen, und zwar sowohl formal, was ihre Logik und Methode betrifft, als auch material, d. h. im Blick auf konkrete, aber immer höchst allgemeine Urteile, brauchen wir nicht nur übersetzende Parallelformulierungen, sondern auch Beispiele. Diese verlangen natürlich selbständige Urteilskraft, wo es darum geht, sie als Paradigmen oder Exempel einer Form zu begreifen. Sie haben allerdings immer auch eine Art Eigenleben. Die Folge ist, dass man geneigt sein könnte, das hier vorgeschlagene dialogische Hin und Her zwischen Text, kommentierenden Paraphrasen und Beispielen gerade auch aus der Gegenwart als unzulässige Aktualisierung eines ganz und gar historischen Textes anzusehen, da dieser vermeintlich nur auf die politische Lage und den noch kaum entwickelten Stand der Gesellschafts- und Geschichtswissenschaften vor 200 Jahren antworte. Doch diese Sicht greift angesichts der Allgemeinheit der Themen ebenso zu kurz, wie wenn man z. B. Heraklit, Sokrates, Platon, Jesus oder Paulus *nur* aus ihrer Zeit heraus ›verstehen‹ möchte.

Wer aber lieber andere Beispiele heranzieht als die von mir für naheliegend gehaltenen, der mag das gerne tun. Ohne Beispiele wird man aber nicht auskommen. Und wer über die Beispiele anders als ich urteilt, kann immer noch versuchen, seine Gründe und Urteilsformen mit den im Kontext jeweils diskutierten in Beziehung zu setzen. Mir geht es nur darum zu zeigen, dass wir ohne diese selbständigen Mühen den Text nicht in seinem inferentiellen Sinn verstehen. Dieser ergibt sich nicht einfach aus gesetzten Axiomen, angenommenen Prinzipien und schematischen Schlüssen.

Nicht anders als nahegelegte Konnotationen definiert ein intuitives Denken und Verstehen gerade im Weltbezug nur erst einen Bereich möglicher Inferenzen, aus dem man im guten Verstehen eine angemessene Auswahl selbständig im Blick auf den Kontext und das in ihm Wesentliche treffen muss. Man versteht einen Text oder eine Rede also nur, wenn man schon weiß oder zu lernen bereit ist, was aus ihm unter welchen Bedingungen *folgen soll*. Dieses *Sollen* ist nicht dadurch definiert, was der Autor sich still in seinem Kopf gedacht oder gewünscht haben mag. Es ist dialogisch bestimmt durch das bestmögliche Verstehen von Texten und Sprechhandlungen im Hin und Her zwischen Autor und Leser, zwischen naheliegenden Kommentaren und Reflexionen auf derartige Kommentare. Dazu werden hier Vorschläge gemacht.

Übrigens ist auch nicht alles, was ich in den am Ende immer zu kurzen Kommentaren lokal schreibe, meine eigene Meinung, sondern oft nur Zusammenfassung dessen, was – freilich aus meiner Sicht – Hegel sagt. Man muss dann den weiteren Kontext noch zu Rate ziehen. Ich stelle also meine Interpretationen und Kommentare auf eine Art Schaubühne, in der sich auch unsere heutigen Erfahrungen zeigen, so dass wir mit den Unterschieden der alten und neuen Kulissen angemessen umgehen müssen.

Vielleicht ist es aber noch wichtiger, den allgemeinsten Punkt aller logischen und damit philosophischen Analysen im modernen (engeren) Sinn zu begreifen, nämlich dass es in ihnen nie einfach um wahre oder falsche *Behauptungen* und um deren *Begründungen* geht. Es geht in einer reflexionslogischen Philosophie um ein artikuliertes Zeigen. Gezeigt wird ein Können. Alle gezeigten Formen gehören – wie schon die formallogischen Formen mathematischer ›Sprache‹ – als Vollzugsformen zu einer gemeinsamen *Technik* im weitesten Sinn. Als Sprach- und Sprechformen machen diese eine Kunst der Artikulation und des Verstehens aus. Diese Kunst bleibt aber eine Technik des bloßen Verstandes, wenn man nur erst Schemata des Unterscheidens und rechnenden Schließens beherrscht. Sie wird zu einer Praxis der Vernunft erst in freier Kooperation zwischen Sprecher und Hörer, Autor und Leser. Dazu bedarf es vernünftiger Urteilskraft im Kontext des Wiedererkennens von relevanten Formen und Inhalten. Und es bedarf eines Wissens über die begrenzten Bedingungen ihres sinnvollen Gebrauchs. Insgesamt ist dieses Wissen ein implizites, empraktisches, aber im Prinzip auch immer gemeinsames Vermögen. Es ist *die* transzendentale Präsupposition oder vorausgesetzte Unterstellung in allem Sinnverstehen. Wir verstehen nämlich grundsätzlich nur allgemeine Formen. Und diese begreifen wir nur, indem wir Einzelfälle als Beispiele den Formbenennungen, Formaussagen und Kommentaren (also auch dazu, was konnotativ naheliegt und was man dann *prima facie* folgern darf) frei zuordnet. Nur so lassen sich auch reflexionslogische Reden über äußere Formen und ihre Inhalte: die inneren, semantischen Formen begreifen. Diese sind als Inhalte immer grob, viel gröber als ihre äußeren Formen. Das liegt einfach daran, dass Inhalte die Bewertung von Inhaltsäquivalenzen verschiedener Darstellungsformen immer schon im Rücken haben. Ohne diese gibt es kein Inhaltsverstehen, also auch keinen gemeinsamen Sach- und Objektbezug, der als solcher in seiner Gleichheit noch gröber ist und sein muss als die Inhalts- oder Sinnäquivalenz. Das ist einfach eine logische Wahrheit.

Genau zweihundert Jahre nachdem Hegel die Arbeit an seiner Rechtsphilosophie mit der Vorrede beendete, bleibt mir hier und jetzt nur noch der Dank an Benno Zabel und Wolfgang Schild, die mir in einem wunderbar streitbaren gemeinsamen Seminar schon im Sommersemester 2010 in Leipzig das Thema ans Herz gelegt haben, Horst Dreier und Dietmar Willoweit für eine ebenfalls frühe Debatte meines Interpretationsansatzes in Würzburg 2013, Horst D. Brandt und Marcel Simon-Gadhof vom Verlag Felix Meiner, *without whom not*, an Lutz Ellrich und Harald Wohlrapp, deren Bedenken zur Auseinandersetzung mit den Methoden der Soziologie bzw. den verschiedenen Rahmenkulissen des hier vorgeführten dialogischen Theaters samt ihrer Ermutigung unschätzbar bleibt, und Leander Berger und Max Stange, welche auch im Rahmen eines Seminars zum Thema manche Fehler aufzuheben geholfen haben.

Leipzig, den 25. Juni 2020

1. Zur Einführung

Über kaum einen Philosophen wird so viel Irreführendes kolportiert und sogar kanonisch festgehalten wie über Hegel. So meint z. B. der Autor des Artikels im Großen Brockhaus (1969) interessanterweise, der junge Theologe werde »zum romant. Irrationalisten«. Man stützt sich dabei auf W. Dilthey und H. Nohl. Sein Denken kreise »um die irrationale Geschichte der Religionen als Ausgestaltung der verschiedenen Standpunkte des menschlichen Geistes« (Bd. 8, S. 287), wobei die erste Hälfte des Satzes der zweiten sogar schon widerspricht.[5] Der Autor des Artikels »Idee« (Bd. 8, S. 806) meint, Hegel fasse die Idee »wieder ontologisch als etwas Wesentliches, das bei der dialekt. Selbstentfaltung des Logos zur Erscheinung gelangt«. Solche Auskünfte versteht freilich niemand. Sie operieren mit den Wörtern »Idee«, »Ontologie« oder »Logos« so, als wäre klar, wofür sie stehen. In Wahrheit versucht Hegel, die uns allen geläufige wesenslogische Rede- und Denkform der Erklärung von Erscheinungen durch zugrunde gelegte Ur-Sachen in ihrer Verfassung durchschaubar zu machen und damit zu entmystifizieren. Es ist also von einem transzendenten oder metaphysischen Hinterweltenwesen gerade *nicht* die Rede. Vielmehr wird die logische Konstitution allgemeiner, besonderer und einzelner Rede- oder Denkgegenstände vorgeführt.

Hegels Logik der Abstraktion *ersetzt* jeden naiven ontologischen Glauben an angeblich unmittelbar in der Welt gegebene oder vorhandene Gegenstände oder Entitäten, auch Gesetze und Kräfte irgendwelcher Art. Die umfassende Rede über eine absolute Wahrheit oder ein total Gutes muss *rein immanent* gedeutet werden. Wer ein solches Programm mit dem Titel »irrationalistisch« versieht, hat mit Sicherheit nichts begriffen.

[5] Auch Friedrich August Hayek nennt Hegel in fragwürdiger Weise einen »ultrarationalist who has become the fountain head of most modern irrationalism and totalitarianism«, mit »insight into the limited powers of abstract thinking«. Friedrich A. Hayek, *Law, Legislation, and Liberty, Vol. I, Rules and Order*, Chicago: University of Chicago Press 1973, S. 32. Welche Funktion die Einsicht in die Ebenen des Allgemeinen und Besonderen für eine Kritik am dogmatischen Liberalismus hat, wäre wohl allererst genauer zu begreifen.

Wir sehen daher auch schon, dass die Einsichten Hegels ganz offenbar im ideen- und begriffspolitischen Kampf der sogenannten wissenschaftlichen bzw. philosophischen Aufklärung gegen jede Religion und Theologie, damit leider auch gegen jede ›spekulative‹ Reflexion auf große Ideen, kurz nach seinem Tod sozusagen untergegangen sind. Dabei bedeutet das lateinische Wort »speculari« nur, etwas »von einem hohen Blickpunkt aus beobachten«. Hegel spricht daher von »Spekulation« im Sinn einer Theorie im weitesten und höchststufigen Sinn. Sie ist sprachlicher Entwurf einer *logischen Geographie*. Es geht um globale, strukturelle Überblicke. Das griechische Wort »theoria« verweist ja auf einen eigens bestellten Theaterkritiker, *theoros*, der das Geschehen von einem besonders guten Blickpunkt, dem besten Platz, genau und kritisch beobachtet. Eine Theorie *im engeren Sinn* ist dann eine ausgezeichnete, kanonisierte, materialbegriffliche Ordnung von Ausdrucks- und eben damit auch von Sachformen. Spekulatives Denken ist im Fall der ›Realphilosophie‹ des Geistes und der Natur daher Explikation der logischen und methodologischen *Grundlagen* des entsprechenden Sachwissens der Geistes- und Naturwissenschaften *avant la lettre*.

Ein selbsternannter Rationalismus und empiristischer Naturalismus hat gegen diese Logik des Wissens die Oberhand behalten. Er stellt sich aber bloß dogmatisch, ohne Einsicht und Begründung, gegen Hegels ›konservatives‹ Programm der Rettung des guten Sinns tradierter Institutionen und Redeformen auch von Religion und Theologie. Hegel hat dagegen im Unterschied zu seinen Gegnern schon gesehen, dass die sogenannte Aufklärung ihr Ziel weit verfehlt. Überhebliche Torheit und aufklärerischer Stolz wachsen auf einem Holz, nämlich so, wie es der Sinn des lateinischen Wurzelwortes »stultus« zeigt, das immer auch eine überkluge Selbstüberschätzung ausdrückt. Dummheit ist dagegen die Dumpfheit eines allzu bewusstlosen Lebens. Wir werden allerdings auch zu bemerken haben, dass und warum Hegel die Vorstellungen einer unmittelbaren Demokratie zwar mit Recht kritisiert, in seinem Entwurf einer konstitutionellen Monarchie als ›Politie‹ oder bestmögliche Staatsverfassung im Sinne des Aristoteles sich aber auch zeitgenössische Irrtümer befinden. Es werden hier daher Hegels eigene Begründungsformen dazu benutzt, an die Stelle seiner *konstitutionellen Monarchie* eine *konstitutionelle Demokratie* zu setzen.

Die in der Kolportage üblicher Philosophiegeschichten ›umstrittenen‹ *Grundlinien der Philosophie des Rechts* Hegels sind dabei keine Reflexionen auf einzelne begriffliche Probleme des Rechts und der Rechtsprechung. Schon eher geht es um den *Begriff* des *Rechts* und die *Idee* des (Rechts-)*Staats*. Dabei macht der Begriff des Rechts die Form des Rechts explizit. Hegels Idee aber ist die schon etablierte Vollzugsform einer sich an einem Ideal der Freiheit der Person und des Gemeinwesens orientierenden Gesamtpraxis.

Hegel erkennt, dass auf die philosophisch klingende Frage, was Recht sei, eine ›Definition‹ im klassischen Sinne des Aristoteles, entworfen für eine Taxonomie von Lebewesen, nicht zu einer geeigneten Antwort führt. Mit Aristoteles wünschen sich viele die Angabe einer obersten oder höchsten Gattung (etwa von allem Seienden, wie von allen Tieren oder, sagen wir, von allen Säugetieren) und einer spezifischen Differenz (wie eine solche, welche die Menschen aus den Pongiden und diese aus den Primaten ›aussondert‹ oder Affen von Hunden und Katzen unterscheidet). Idealtypisch für sortale Bereiche diskreter Individuen mit wohldefinierter Ungleichheit und Identität sind die Tiere und die Zahlen. Eine Praxisform auf den Begriff zu bringen, ist eine Tätigkeit von ganz anderer Art, als eine Definitionslehre suggeriert, wie sie für Taxonomien von disjunkten Gattungen und Arten oder für mathematische Mengenbildungen etwa in einer höheren Arithmetik, dem einzigen idealen Paradigma eines *rein sortalen* Gegenstandsbereiches, entwickelt wurde.

Die Gegenstandsbereiche selbst (als *frames* oder Rahmen) lassen sich *nicht durch Aussonderungen* definieren, nicht einmal die Zahlen der Mathematik, pace Gottlob Frege. Es gibt insbesondere keinen Bereich von allem, was es gibt. Alle Gegenstandbereiche sind vielmehr empraktisch als *begrenzte* ›Begriffe‹ zu erläutern – in einer Totalität der Welt, die selbst unbegrenzt und wie Gott in der Negativen Theologie nur in der Form unendlicher Verneinungen charakterisierbar ist.

Wir sind heute dabei, immer besser zu verstehen, dass sich Hegel erstens um die (implizite Logik der) *Existenzform* und *Entwicklung* von *geregelten Institutionen* und *informellen Praxisformen* bemüht, zweitens um die (Logik der) *Begriffe* und begrifflichen *Sätze* bzw. Schlussformen oder Inferenzregeln aller Darstellungsformen. Institutionen und Praxisformen sind im Interesse eines expliziten Selbstbewusstseins der Person in ihrer allgemeinen Form und ihren allgemeinsten oder basalsten Grundvoraussetzungen darzustellen. Für eine aufgeklärte *Gesellschaftswissenschaft* ist dies deswegen so bedeutsam, weil ohne eine solche Grundlagentheorie der Institutionen und Praxisformen das sogenannte gesellschaftliche, also das kooperative und kommunikative Handeln nur als ›zufälliges‹ Aggregat des Handelns der Einzelsubjekte und die Geschichte der Menschen noch immer wie im Mythos als bloß narrative Erzählung vieler Einzelgeschehnisse erscheint.

Die Zielideen und normativ bestimmten Kooperationsformen lassen sich allerdings immer nur in *Grundrissen* explizit machen. Es geht dabei um so allgemeine Prinzipien wie das *Prinzip (des Rechts) der Subjektivität. Dieses* tritt bei Hegel auch als *Prinzip des Selbstbewusstseins, Prinzip des Bestimmens*, spezieller als (leeres, weil nur erst formales) *Prinzip des moralischen Standpunkts* und allgemeiner als *Prinzip der Persönlichkeit* bzw. *Prinzip der Besonderheit* auf. Ein anderes zentrales Prinzip ist das *Prinzip der bürgerlichen Gesellschaft* als Bereich des rein zweckrationalen Tauschhandelns des *homo oeconomicus.* Diese besondere Form von ›Kooperation‹ wiederum besteht in der Verfolgung rein subjektiver Intentionen, also des subjektiven Sinns Max Webers. Es bedeutet eine verhängnisvolle Entdifferenzierung der Grundbegriffe der Soziologie und der Grundtatsachen aller sogenannten Sozial- und Rechtswissenschaften, nur solche Formen des gemeinsamen Handelns zu betrachten, die sich im Kollektiv als Aggregat auf der Basis der vielen verschiedenen intentionalen Einzelhandlungen ergeben. Daher sollten wir das Wort »Gesellschaft« nicht, wie inzwischen üblich, an die Stelle von Hegels *Gemeinwesen* rücken, das er zumeist kurz »Staat« nennt, was freilich seinerseits zu entsprechenden Missverständnissen geführt hat.

Das wichtigste aller Grundprinzipien bei Hegel ist nun aber das der Subjektivität und des Selbstbewusstseins. Es besagt, dass alle Urteile und Handlungen aus der Perspektive des Subjekts *vollzogen* werden. Es ist daher das allgemeinere und damit wahrere Prinzip als das des *subjektiven Sinns* bei Max Weber als Prinzip des *methodologischen Individualismus* für die gesamte neuere Psychologie und

Sozialwissenschaft. Man bezieht es nämlich nicht nur auf performative *Vollzüge*, sondern auch auf deren *Inhalte*. Diese werden damit dem einzelnen Subjekt zugeschrieben und eben damit mystifiziert.

Die gravierendste Folge ist eine Verwirrung der Grundlagen und Aufgaben einer wissenschaftlichen *Psychologie*, was gerade auch schon Hegel gesehen hat: Die Untersuchung der Inhalte wird einer Psychologie des Einzelsubjekts überlassen. Aber diese subjektiven Inhalte kann es nicht geben. Denn das Innere, das damit als gegeben unterstellt wird, ist, wie Hegel sieht, die begriffliche oder semantische Bestimmung einer *allgemeinen* Unterscheidung mit *kanonischer* Normalerwartung, die über Defaultschlüsse erlernt wird und sich daher z. B. von sogenannten enaktiven Perzeptionen von Tieren und deren wirklich rein subjektiven, der Form nach solipsistischen, Verhaltenstypen ganz grundlegend unterscheiden. Kurz, Hegel durchschaut den *Mythos des Inneren* der gesamten neueren Psychologie und des methodisch-individuellen Intentionalismus in der *Sozialhistorie* und *Zeitgeschichte*.

Die Grundschwierigkeit des Verständnisses seiner ›spekulativen‹, und das heißt: hochstufigen, allgemeinen, abstrakten und eben daher idealisierend vereinfachenden Darstellungen besteht dann allerdings darin, dass ein breites und tiefes Wissen vorausgesetzt oder verlangt ist. Das gilt z. B. schon dann, wenn wir die skizzierte Differenz zwischen *der Idee* und *dem Begriff* verstehen wollen. Die *Idee* ist nämlich – so reden auch wir oft, obwohl wir es kaum bemerken – eine trotz aller oberflächlichen *Formvariationen* stabile, reale und im Vollzug der Praxis gemeinsamen Lebens längst schon bekannte *Zielform* der jeweils zu thematisierenden und auch damit zu entwickelnden *Praxis*.

Der *Begriff* ist sozusagen die verbale Explikation der als empraktischer Vollzugsform zunächst bloß implizit verfolgten Idee. Das werden wir in der Rechtsphilosophie am Beispiel des Rechtsstaates und seiner Grundverfassung im Allgemeinen und der spiegelbildlichen Lebensform der voll autonomen Person im Besonderen als den zwei Polen der Freiheit zu betrachten haben. Die Idee und der Begriff verweisen damit in ihrem allgemeinsten Gebrauch sozusagen immer zugleich auf die partiell ›immer schon‹ instanziierte Praxisform eines ›rechtlichen‹ Gemeinwesens – und eben damit auf die Idee einer vollen Person.

Hegels Aussage, dass die Idee das Reale ist, darf daher auf gar keinen Fall als mystische Ideenlehre missdeutet werden. Es werden nicht bloße Ideen im Sinne von reinen idealen Vorstellungen hypostasiert, wie z. B. Karl Marx von Hegel sagt, weil gerade auch er den besonderen Kontrast zwischen Idee und Begriff, also zwischen Vollzugsform und Vorstellungsform, nicht kennt. Man verwechselt dann auch die Idee mit bloß verbalen Idealen oder sogar reinen Utopien und erklärt Hegel zu einem »Idealisten«, dem es angeblich um ein normatives Ideal und nicht um die soziale Realität gehe und der eben deswegen vom Kopf auf die Füße gestellt werden müsse. Dabei hatte Hegel selbst die Französische Revolution sprachlich intelligent kommentiert als den (leider in vielem gescheiterten) Versuch, auf dem Kopf zu gehen, nämlich den politischen Gang der Geschichte vom Denken abhängig zu machen. Manche meinen dennoch, Hegel glaube an einen Geist hinter der Welt, der diese mit seiner Vernunft irgendwie lenke. Man kann dazu nur »sancta simplicitas« seufzen, also »heilige Einfalt« – wie Jan Hus der Erzählung zufolge auf dem Scheiterhaufen in Konstanz, als er ein altes Weiblein sieht, das Reisig ins Feuer wirft.

Die begrifflichen, verbalen Fassungen praktisch verwirklichter Formen des gemeinsamen Handelns, das ist die zentrale methodische Einsicht Hegels, kommen immer sehr spät und hinken oft auch in ihrer Präzision hinter den praktisch anerkannten impliziten Normen des Handelns und der Beurteilung von Handlungen hinterher. Dabei beginnt gerade die *Philosophie* damit, empraktische *Grundformen explizit zu machen*. Erst wenn das erfolgreich genug geschehen ist, sind die wissenschaftlichen Ausdifferenzierungen, welche ein Rahmengerüst verfeinern, insgesamt auf einem guten, nachhaltigen Weg. Es ist daher kein Zufall, dass sich die kanonisierten Einzeldisziplinen der Wissenschaften nach und nach aus einem einheitlichen Kernbereich ausgliedern, der seit der griechischen Antike den vagen Gesamttitel »Philosophie« trägt. Weil es zu jeder Zeit auch neue wesentliche Formen in unserem Leben und Zusammenleben gibt, ist es die nachhaltige Aufgabe der *theoretischen Wissenschaften*, damals noch unter dem *umbrella title* »Philosophie«, die jeweilige Zeit in explizite Gedanken zu fassen. Das heißt, dass die neuen Formen und Ideen auf den Begriff zu bringen, also in gegliederter Weise beredbar, reflektierbar und damit bewusst zu machen sind.

Nun ist neben dem Staat, genauer sogar: im Staat, das Recht eine Institution, welche längst schon als geformte Praxis real ist. Rechtsphilosophie ist dabei die Fortsetzung der Tradition, die Grundformen des Rechts im Rahmen einer staatlich verfassten Gesellschaft explizit zu artikulieren und damit bewusst zu machen. In der jeweiligen Gegenwart ist Rechtsphilosophie sachlich informierte Strukturanalyse der betreffenden Praxisform oder Institution. Als Strukturanalyse muss sie Allgemeines und Besonderes unterscheiden und damit eine methodische Ordnung herstellen. Der Begriff des Staates und des Rechts wird dementsprechend zunächst dargestellt in einer Rekonstruktion der systematischen *Kommentargeschichte* seiner Idee oder Realität. Während aber die heute so genannte *Ideengeschichte* weitgehend als bloße *Historie einzelner Kommentierungen* institutioneller Traditionen betrieben wird, ist die heute so genannte *Begriffsgeschichte*, wie sie etwa im *Historischen Wörterbuch der Philosophie* dokumentiert ist, zumeist bloße Wortgeschichte. Sie ist damit immer noch Erbe des Siegeszugs positivistischer Philologie und Historiographie im späteren 19. Jahrhundert.

Hegels Wort »Idee« ist offenbar die deutsche Übertragung der platonischen *idea tou agathou*, mit welcher Platon die realen Gestalten oder Erscheinungen von guten Exemplaren, Paradigmen oder Prototypen einer begrifflichen Form, wie z. B. eines Kreises oder einer staatlichen Eunomia, Isonomia oder Politeia überschreibt, die als ideale Formen innere Gegenstände einer Theorie, also einer Darstellung eines Strukturmodells, sein können. Hegel versteht dementsprechend eine Idee explizit als – im Blick auf gewisse Minimalbedingungen, die aber je nach Kontext variieren können – hinreichend gut realisierten Begriff. Die Idee ist somit ein *Sein*, genauer ein geformtes Wesen bzw. eine reale Seinsgestalt oder Form im Vollzug. Sie ist damit konkrete *Vollzugs- oder Prozessform*, die aber reflektierend sozusagen *an und für sich* dargestellt, kommentiert oder bewertet wird und damit nicht mehr bloßer Vollzug ist. Der Ausdruck »an sich« verweist dabei auf das Allgemeine eines Normalfalls und das dabei generisch *Reproduzierbare* der Form oder des Begriffs qua Eidos hin, der Ausdruck »für sich« auf die Besonderheiten eines je konkret aktualisierten Vollzugs in seiner Einzelheit. Die Idee ist als *idea* Realgestalt, instanziierte Form des Eidos oder Begriffs.

Das Fürsichsein definiert in allen Fällen der Rede über abstrakte oder konkrete ›Gegenstände‹ deren Selbst, also Identität. Das gilt auch für jede Einzelsache, auch jedes Ding, jede Entität, jedes Individuum etc.

Das *Eidos* oder der Begriff ist zunächst als Form *Gegenstand reflektierender Rede.* Als abstrakt-idealer Begriff ist das Eidos situiert in einem System von Kommentaren oder im Rahmen einer expliziten Theorie mit ihren definitorischen Bestimmungen und allgemeinen materialbegrifflichen Sätzen und Regeln. Zu diesen gehören immer auch generische Prinzipien oder Grundsätze.

Die Idee als *singulare tantum* nennt bei Hegel also in manchen Kontexten das Gesamt geformter Praxis und damit die *gesamte Seinsweise* des personalen Menschen *in der Welt.* Dabei gliedert sich die *ganze* Welt in die handlungsfreie Natur und das menschliche *Ethos*, das Ganze unserer Handlungswelt. Dieses Ethos ist, wie schon Heraklit in seinem bahnbrechenden Orakel *ēthos anthrōpō daimōn* (Frgm. 119) sagt, der entmythisierte Geist. Das Orakel besagt: Was dem Menschen als Geist erscheint, ist tatsächlich das Gesamt der Formen und Normen gemeinsamen Wissens und Könnens, auch als reflektiertes Wissen über ein Können und Wissen und damit auch über ein Sollen. Aufklärung über das Geistige bedeutet also, die Rede von einem gespenstartigen Dämon oder Geist durch die Rede über ethische Seinsformen zu ersetzen, in denen wir zu einer Gemeinschaft, am Ende zu einer *civitas*, vereint sind.

Im Blick auf die Natur hatten schon vor Heraklit Thales, Anaximander und Anaximenes die handelnde Intervention menschenähnlicher Götter zurückgewiesen und durch Naturkräfte ersetzt. Nach Aristoteles besteht die zentrale Einsicht des Sokrates in der Unterscheidung zwischen Physik und Ethik. Alles das weiß Hegel und benutzt es in seinen Analysen. In expliziter Nachfolge des Heraklit, Platon und Aristoteles geht es ihm um die Differenzierung von Natur- und Geisteswissenschaften (*avant la lettre*). Die Bedeutung dieser Unterscheidung wird nicht begriffen, wenn in einer angeblich modernen Naturalisierung des Geistes als der Wissenschaftsmetaphysik der Gegenwart auf quasi vor-antike Weise wieder alles zu Natur gemacht wird. Das geschieht gerade dann, wenn man den Geist mit der Funktionsweise des Gehirns identifiziert. Hegel erkennt dagegen, dass sogar jedes instrumentelle Handelnkönnen über das erlernte Vorherwissen und die Repräsentation von Zwecken und Plänen längst schon Folge der Kooperation der Menschen in einer geschichtlich tradierten Kultur der Vernunft ist.

Da nun alle Grundideen der Welt als Praxisformen des Handelns zunächst im Kontext religiöser und theologischer Redeformen mit ihren anthropomorphen mythischen Reden über Götter (und Gott), die etwas tun oder herstellen, *thematisiert* worden waren, gehört *zu jeder Wissenschaft* die logische *Säkularisierung* des Mythos. Mythologische Sätze sind dabei als allegorische Artikulationsformen für allgemeine Formen der Welt neu zu lesen. Schon wenn etwa mit Thales die ionischen Philosophen sagen, *alles sei göttlich*, dann braucht es keine personalen Götter mehr. Es gibt nur noch eine teils *natürliche*, teils *kultürliche* Welt – und die in ihr vorhandenen Kräfte, Prozesse und Handlungsformen. Wissenschaft beginnt eben so im philosophischen Übergang vom Mythos zum Logos (Wilhelm Nestle), von der empirischen Historie auch über Helden und Götter zu einer strukturellen Einsicht in sich reproduzierende Formen der Natur und in tätig reproduzierbare Formen des individuellen und gemeinsamen Handelns.

Jede Rede von einem *Naturrecht* gehört dabei in den Kontext des Prozesses der ›Aufklärung‹ und ›Säkularisierung‹. Es werden in ihr die Anthropomorphismen in tradierten Vorstellungen Gottes als Hüter des Rechts aufgehoben. Die Idee der Einheit des Rechts muss dabei allerdings angemessen bewahrt werden. Das heißt, es muss die Vorstellung von einem transzendenten Gott als Gesetzgeber kritisiert, aber die Vorstellung von einem allgemeinen Wir, gerade auch einer *volonté générale*, gegen die Gefahren ihrer Auflösung in die Kakophonie bloß einzelner Wünsche und subjektiver Meinung, auch eines akzidentellen oder bloß erhofften Konsenses bewahrt werden.

Vor dem Hintergrund dieser Skizze ist es kein Zufall, dass Hegel eine zweite, logische Säkularisierung des Rechts fordert. Er selbst versucht sie in der *Rechtsphilosophie* unter der Überschrift »*Naturrecht und Staatswissenschaft im Grundrisse*« zu entwickeln. Denn eine bloße Ersetzung theologischer Redeformen durch das völlig unklare Wort »Natur« bringt die begriffliche Analyse der geschichtlichen Idee des Rechts noch nicht wirklich weiter. Ein analoges Problem betrifft übrigens auch die (Natur-)Wissenschaft und jeden Naturalismus.

Dabei kann sich die Rede von der Natur einer Sache auf ihr begrifflich gesetztes Wesen beziehen oder bloß auf das, was an der Sache ›natürlich‹ ist im Sinne dessen, dass von allen handelnden Beeinflussungen durch uns Menschen abgesehen wird. Hegel sagt dementsprechend: »Der Ausdruck *Naturrecht*, der für die philosophische Rechtslehre gewöhnlich gewesen, enthält die Zweideutigkeit, ob das Recht als ein in *unmittelbarer Naturweise* vorhandenes oder ob es so gemeint sei, wie es durch die Natur der Sache, d. i. den *Begriff*, sich bestimme«.[6]

Themen einer Rechtsphilosophie als dialektischer Logik des Rechts sind also die systematischen, funktionalen, auch moralischen Grundlagen von (Natur-)Recht und Staat. In einer entsprechenden Grundbegriffsanalyse geht es darum, wie wir über eine Sache, hier: über eine (rechtlich gerahmte) Institution oder ein Institutionssystem wie den Staat *sprechen*. Dabei ist die logische Form einer logischen Explikation nicht immer einfach zu begreifen. Denn bei geeigneter Lektüre waren und sind die traditionellen Weisen, über ein gottgegebenes Recht (auch in einer sogenannten Offenbarung) oder dann auch ein Naturrecht zu sprechen, durchaus wichtige Früh-Formen der Artikulation institutioneller Verhältnisse. Freilich treten sie zunächst in bloß erst figurativen Redeformen auf. Ihre Metaphorik bleibt aber wegen der großen Streuung ihres rechten Verständnisses nicht ohne problematische Folgen, besonders in einem sophistischen, d. h. formalistischen Gebrauch ohne zureichende Erfahrung und Urteilskraft. Es geht daher

[6] Enz. § 502. Hegel fährt fort: »Jener Sinn ist der vormals gewöhnlich gemeinte; so daß zugleich ein *Naturzustand* erdichtet worden ist, in welchem das Naturrecht gelten solle, wogegen der Zustand der Gesellschaft und des Staates vielmehr eine Beschränkung der Freiheit und eine Aufopferung natürlicher Rechte fordere und mit sich bringe. In der Tat aber gründen sich das Recht und alle seine Bestimmungen allein auf die *freie Persönlichkeit*, eine *Selbstbestimmung*, welche vielmehr das Gegenteil der *Naturbestimmung* ist. Das Recht der Natur ist darum das Dasein der Stärke und das Geltendmachen der Gewalt, und ein Naturzustand ein Zustand der Gewalttätigkeit und des Unrechts, von welchem nichts Wahreres gesagt werden kann, als *daß aus ihm herauszugehen* ist. Die Gesellschaft ist dagegen vielmehr der Zustand, in welchem allein das Recht seine Wirklichkeit hat; was zu beschränken und aufzuopfern ist, ist eben die Willkür und Gewalttätigkeit des Naturzustandes.«

nicht darum, die religiösen und theologischen Redeformen einfach abzuschaffen, obwohl es manchmal opportun ist, sie durch eine besser in ihren Folgerungen kanonisierte und damit ›wörtlichere‹, d. h. schematisiertere, Redeform abzulösen. Oft reicht es, Fehlschlüsse dadurch zu vermeiden, dass die irrelevanten und irreführenden inferentiellen Bestandteile kenntlich gemacht werden, welche in einem aufgeklärten und selbstbewussten Umgang mit Allegorien, Metonymien, auch Analogien, aus der vernünftigen Anwendung der Bilder ausgeschlossen werden sollten oder müssen. Es geht dabei insgesamt um ein angemessenes logisches Verständnis unserer *immer auch metaphorischen* Formen der Rede und der lokalen Bestimmung von begrifflichen Differenz- und Inferenzformen, im Wissen darum, dass Vollschematisierungen nie möglich sind, also auch keine absolute Unterscheidung zwischen ›wörtlichen‹ und ›figurativen‹ (tropischen bzw. im allgemeinsten Sinn des Wortes ›metaphorischen‹) Sprachformen. Auch alle inferentiell exakt geregelten Ausdrucksformen müssen in konkreten Anwendungen in der realen Welt frei gedeutet werden. Alles nur erst wörtliche ›Verstehen‹ ist noch unvernünftig und ungebildet.

In der Vorrede zur zweiten Ausgabe der Enzyklopädie (1830) schreibt Hegel: »Es ist ein unbefangener, dem Anschein nach glücklicher Zustand noch nicht gar lange vorüber, wo die Philosophie Hand in Hand mit den Wissenschaften und mit der Bildung ging, … ein Naturrecht sich mit Staat und Politik vertrug …. Der Friede war aber oberflächlich genug, und … dieses Naturrecht (stand) mit dem Staat in der Tat in innerem Widerspruch. Es ist dann die Scheidung erfolgt, der Widerspruch hat sich entwickelt; aber in der Philosophie hat der Geist die Versöhnung seiner mit sich selbst gefeiert, so daß diese Wissenschaft nur mit jenem Widerspruche selbst und mit dessen Übertünchung im Widerspruche ist. Es gehört zu den üblen Vorurteilen, als ob sie sich im Gegensatz befände gegen eine sinnige Erfahrungskenntnis, die vernünftige Wirklichkeit des Rechts und eine unbefangene Religion und Frömmigkeit; diese Gestalten werden von der Philosophie anerkannt, ja selbst gerechtfertigt; der denkende Sinn vertieft sich vielmehr in deren Gehalt, lernt und bekräftigt sich an ihnen wie an den großen Anschauungen der Natur, der Geschichte und der Kunst; denn dieser gediegene Inhalt ist, sofern er gedacht wird, die spekulative Idee selbst.

Die Kollision gegen die Philosophie tritt nur insofern ein, als dieser Boden aus seinem eigentümlichen Charakter tritt und sein Inhalt in Kategorien gefaßt und von solchen abhängig gemacht werden soll, ohne dieselben bis zum Begriff zu führen und zur Idee zu vollenden.«

Die Passage mag in manchen Einzelheiten dunkel erscheinen, sie besagt aber klar, dass wir einer wissenschaftlichen Rekonstruktion der haltbaren Gedanken eines Naturrechts und der Inhalte mancher Reden von Gott bedürfen.

Die Bestimmung der Gedanken oder Inhalte verlangt, von Varianten des Ausdrucks und subjektiven Pathos zu abstrahieren und auf die Sache zu fokussieren, die als objektive immer weit allgemeiner ist als die bloß subjektiven Zugänge zu ihr. Das gilt für die Sache der Religion und Gottes ebenso wie für Recht und Staat. Religion kann immer nur etwas sein, was den Religionen als äußeren rituellen und textlichen Formen gemeinsam ist, so wie Sprache (langage) das ist, was den Sprachen (langues) gemein ist, also was sich übersetzen lässt: die begrifflichen Inhalte. Daher war auch die Erkenntnis eines Homer für die religiöse Kultur der Welt so bedeutsam, dass die asiatischen Götter (auf dem Ida) im Prinzip identisch sind mit den Göttern Griechenlands (auf dem Olymp). Die Identität des unsichtbaren, abstrakten, Gottes der Juden, Christen und des Islam und seiner Herkunft teils aus der Ägyptischen, teils aus der Persischen Lichtreligion hat sich aber bis heute noch nicht ausreichend herumgesprochen.

Analoges lässt sich an unserem zivilreligiösen Denken der Gegenwart sehen. So ist z. B. die Kritik an einem ›Kapitalismus‹ Fortsetzung des intuitiven, aber wohl nur scheinbar klugen, Verbots der Zinsnahme für verliehenes Geld im mittelalterlichen Populismus der Kirche. Ein anderes Beispiel ist die Apologetik eines naturrechtlichen Liberalismus mit seiner dogmatischen, sogar metaphysischen, Verteidigung eines unbeschränkten Eigentumsregimes. Sie ist nicht über die Dialektik des Eigentums informiert und ignoriert alle Notwendigkeiten sozialstaatlicher Lenkung.

Dass wir ein Eigentumsregime *an sich* wollen, hängt nach Hegel von seiner ›Notwendigkeit‹ im Sinne einer materialen Problemlösung in der Ordnung eines gemeinsamen guten Lebens ab. Die Kooperationsformen in der modernen Gesellschaft werden begriffen als durch das staatliche Rahmenrecht konstituiert und sanktioniert. Um diese Gesellschaftsformation explizit zu machen, bedarf es einer Analyse der kategorialen Differenz von *Gemeinschaft und Gesellschaft*, wie dies nach Hegel der Mitbegründer der modernen Soziologie Ferdinand Tönnies in seinem gleichnamigen Standardwerk vorführt.[7] Hegel fügt als dritte, in der Soziologie zu Unrecht ausgeklammerte Ebene den Staat hinzu.

Zwar gibt es eine liberalistische Verteidigung des Staates, wie sie nach Thomas Hobbes besonders schön in Robert Nozicks *Anarchy, State, and Utopia*[8] ausbuchstabiert wird. Ein solches klassisches Naturrecht setzt ein vermeintlich unmittelbar subjektives Recht der Einzelperson *über* den Staat. Hier ist insbesondere Spinoza dafür zu loben, dass er schon vor Rousseau die aporetische Dialektik erkennt, die sich daraus ergibt, dass die staatliche Macht einerseits *nur als Macht des Staatsvolks* verstehbar und legitimierbar ist, dass aber die *Herrschaft* des ›Pöbels‹ oder der je bloß zufälligen Mehrheit einer *Volksmasse* die größte Gefahr für jede *civitas*, jeden *Staat* als institutionell verfasste *Gesellschaft* darstellt. Wer immer Spinoza zum *Demokraten* erklärt, muss mit eben dieser Spannung leben, die sich sachlich gar nicht von der Spannung zwischen einer *volonté générale* und einer *volonté de tous* bzw. der Kritik an einer reinen *Volksversammlungsdemokratie* bei Kant und Hegel unterscheidet. Die Kritik betrifft die rein zufälligen Mehrheiten in allen Arten von *Vollversammlungen* und scheinbaren Mehrheiten, wie sie schon Aristophanes, nicht etwa bloß Sokrates oder Platon als Gefahr erkennt.

Aber auch noch die kommunistische Utopie von Karl Marx vertritt einen latenten Anarchismus, wie er bis herunter zur Machtkritik Michel Foucaults dem libertären Denken verwandter ist, als das je zugegeben wird, und zwar gerade aufgrund seines methodischen Individualismus in der Erklärung der Handlungsweisen der Akteure durch ihre Charaktermaske, den *homo oeconomicus*. Leider führt die Kritik allzu schnell zurück in einen utopischen bzw. latent anarchischen Kommunitarismus, eine vermeintlich machtfreie konsensuelle Gemeinschaft, in der auf idealische Weise jeder für sich und alle fürein-

7 Ferdinand Tönnies, *Gemeinschaft und Gesellschaft*, Leipzig 1887.
8 Robert Nozick, *Anarchie, Staat, Utopia*, München, Olzog, 2011.

ander leben und arbeiten sollen. Man verwechselt dabei regelmäßig die *Macht* eines institutionell verfassten Wir als Vermögen (*potentia*), gemeinsam zu handeln, mit der ›privaten‹ *Herrschaft* (*dominium*).

Es ist, genauer gesagt, die Staatsmacht die Möglichkeit des gemeinsamen Handelns im Gemeinwesen. Die sogenannte Teilung der Gewalten ist eine Teilung von Macht. Das Gewaltmonopol des Staates besteht in der notwendigen Rechtsförmigkeit jeder legalen bzw. legitimen Anwendung von Zwangsmaßnahmen.

Jeder private Gebrauch staatlicher Macht für die Erweiterung der Herrschaft einer Person über andere ist illegitim und damit privativ. Daraus folgt aber, dass auch jede Deutung der legitimen Ausübung von staatlicher Macht und Gewalt als Herrschaft privativ, also grundfalsch ist. Sprachlich und sachlich geht hier immer alles durcheinander – und zwar weil politische Rhetorik und Ideologie bewusst oder unbewusst an dem Durcheinander interessiert ist. Wahr ist nur, dass *Machthaber* die von ihnen ausübbare *Gewalt (potestas)* immer auch missbrauchen können.[9]

Nur Institutionen *organisieren* ein gemeinsames Urteilen und Handeln, so wie z. B. die Institution *Wissenschaft* die gemeinsame Arbeit am Begriff organisiert. Bestimmt wird dabei das gemeinsame materialbegriffliche Differenzieren und Inferieren, also das (*prima facie*) ›richtige‹ Unterscheiden und Schließen im Blick auf paradigmatische Normalfälle oder prototypische Normfälle. Die Bestimmungen selbst werden auf allgemeine Weise erarbeitet, kontrolliert und anerkannt. Die Institution *Recht* und das System *Staat* als Rahmen für alle Institutionen organisieren dementsprechend eine immer globaler werdende Kooperation der Menschen.

[9] In der üblichen Kritik der Macht wird diese mit Herrschaft verwechselt. Man übersieht außerdem, dass kommunitarische, also familiale Strukturen schnell mafios werden. Das gilt insbesondere für jede ›faschistische‹ Rede von einer Volksgemeinschaft, aber auch für die ›Genossen‹ im Sozialismus: Beide Reden beziehen sich auf rein *feudale* Formen des Gemeinwesens, in denen die *Führer* von einer *treuen* Parteiorganisation unterstützt werden.

2. Zum Argumentationsgang des Textes

Es gibt eine verbreitete Meinung zum angeblichen Schematismus in Hegels Dreiteilungen in Allgemeines, Besonderes und Einzelnes. Es handelt sich um die Ebenen der *generischen* Aussagen über eine Gattung bzw. eine eidetische Art auf der einen und über konkrete, *empirische* Sachen auf der anderen Seite. Dieser Dreiteilung liegt die keineswegs triviale logische Einsicht zugrunde, dass die Bestimmung des jeweils Einzelnen die relevante Art und diese das allgemeine Genus oder den Gegenstandsbereich immer schon präsuppositionslogisch voraussetzt. So setzt das volle Personsein die bürgerliche Gesellschaft und diese den Staat voraus.

Völlig parallel dazu ist die Unterscheidung Hegels zwischen einer Aussage im Aussagemodus des ›Ansichseins‹, die etwas generisch Allgemeines über Arten oder Typen von Sachen sagt, und Aussagen im Modus des ›An-und-für-sich-Seins‹, die über konkrete, ggf. auch schon empirische Sachen spricht. So können wir über den Elefanten an sich sprechen oder das Recht auf eine freie Lebensführung an sich. Im konkreten Fall sind derartige Aussagen zu modifizieren, etwa indem man zwischen afrikanischen und indischen Elefanten unterscheidet oder zwischen meinem grundsätzlichen Recht auf Eigentum und besonderen Einschränkungen. Für sich ist dabei immer etwas, das als Element in einem Gegenstandsbereich durch eine Festsetzung oder Unterstellung einer Gleichheit bestimmt ist. Relationen aRb der Kategorie des Fürsichseins sind (ggf. prozessuale) Selbstbeziehungen. Für sie folgt $a = b$. Das heißt, es stehen verschiedene Momente ›desselben‹ in solchen Relationen. Alle Selbstbeziehungen einer Person oder der Selbsterhalt eines Tieres oder Dinges sind von dieser Art. Ohne ihr volles Verständnis begreift man weder das Wort »selbst« noch die Wörter »gleich« und »identisch«.

Die Rechtsphilosophie beginnt nun in ihrer dreigliedrigen Großstruktur *im ersten Teil* mit dem Allgemeinsten, dem *abstrakten Recht* der Einzelperson, ihr Leben frei zu führen, so aber, dass das im Prinzip für alle Personen in gleicher Weise gilt.

Rechte sind also *grundsätzlich Freiheitsrechte der Person*. Es gibt zwar eine *Kritik der Rechte* in diesem Sinn, wie ein Buchtitel von Christoph Menke lautet. Aber es ist wichtig zu sehen und Ziel von Hegels

Analyse des abstrakten Rechts zu zeigen, dass sich eine solche Kritik nicht auf das Allgemeine, nur auf das Besondere der Ausgestaltung der Freiheitsrechte beziehen kann.

Dabei ist die absolute Voraussetzung ernst zu nehmen, dass alles Urteilen und Handeln *subjektiv und perspektivisch* ist. Daher folgt *im zweiten Teil* die *Moralität* als die Beurteilung des rechtlichen und rechtschaffenen Handelns gerade *aus der subjektiven Perspektive* der *Einzelperson*. Auf die Spannung zwischen dem *Allgemeinen* des *abstrakten Rechts*, nach dem formal *jeder* das Recht auf alles hat, was nicht ein Anderer beansprucht, und dem *Einzelnen* des *moralischen Sollens*, welches eine *Konsistenz* im Reden und Denken und eine *Kohärenz* im Handeln für die konkreten Freiheitsrechte der Einzelnen nur erst abstrakt *fordert*, antwortet die *besondere* Normativität tradierter *Sittlichkeit*. Sie erfüllt die Forderung des moralischen Urteilens allererst auf konkrete Weise. Dazu ist zu begreifen, dass und warum das moralische Sollen ebenso wenig wie das allgemeine Recht die Probleme konkreter Koordination und Kooperation im Handeln lösen kann. In Kants Moral kann es immer noch geschehen, dass sich jeder eine andere heile Welt für alle wünscht, wobei weder diese Wünsche noch das sich aus ihnen ergebende Sollen immer widerspruchsfrei zueinander passen. Die verschiedensten Vorstellungen selbsternannter Welterlöser zeigen sogar, wie die subjektive Moral des vermeintlich Guten in die Selbstgerechtigkeit des wahren Bösen umschlagen kann.

Wir sehen hier also rein formal eine Abfolge der Teile nach Allgemeinheit – Einzelheit – Besonderheit in den Teilen der allgemeinen oder formalen Rechte der Person, des subjektiven moralischen Urteilens über das vermeintlich allgemein Erlaubte und Gute und des Ethos einer gemeinsamen normativen Ordnung der Freiheit, konkretisiert in einer geschichtlich langen gemeinsamen Arbeit der Menschen an der Ausgestaltung sittlicher Grundformen.

Die drei Teile wiederum sind so gegliedert: Im *ersten Abschnitt* des ersten Teils zum *abstrakten Recht* geht es um die Identität des Meinigen und des Ich, damit um die basale Rolle des Freiheitsrechts des personalen Subjekts in seiner Verteidigung des Eigenen im allgemeinsten Sinn von *Eigentum* und dann auch in seinem Interesse an dessen Schutz. Auf diese Perspektive *vom Einzelnen her* folgt im zweiten Abschnitt die *besondere* Lösung des Problems der Koordination von

Eigentumsrechten im freien *Vertrag* zwischen einzelnen personalen Individuen. Die Probleme eines möglichen Vertrags- und Rechtsbruchs, also des *Unrechts* und die mit ihm verbundenen Gefahren, lassen sich so aber nicht lösen, sondern bedürfen einer besonderen Praxis des freien, aber bloß erst subjektiven, *moralischen* Urteilens über gute freie Kooperationen und dann auch allgemeine Institutionen einer *sittlichen* Ordnung zur Bildung und zum Schutz von nachhaltigen Koordinationen des freien Handelns – zum Teil mit Hilfe von Sanktionsdrohungen und Strafen.

Der erste Abschnitt des *zweiten Teils*, der *Moralität*, analysiert *Vorsatz*, Verantwortung und *Schuld* im Handeln der Einzelpersonen – aus dem subjektiven Blick auf die Kohärenz des sich aus ihrem Handeln ergebenden gemeinsamen Handeln. Die ›kantische‹ Perspektive der Moralität betont dabei zu Recht das basale *Recht des Selbstbewusstseins* auf *eine gewisse Subjektivität* und *ein Selbstdenken* in allem Urteilen und Handeln. Die Folge ist, dass wir am Tun moralisch und dann auch rechtlich immer nur den leitenden Willen, die Intention oder Absicht im Tun, nicht den Zufall des realen Verhaltens und seine kontingenten, nicht absehbaren Folgen zu beurteilen haben. In dieser Lesart, aber auch nur in dieser, lässt sich Kants Ansatz einer Reflexion der Praktischen Philosophie auf moralische Autonomie retten.

Im *zweiten Abschnitt* mit den Themen *Absicht* und *Wohl* geht es um das relative Recht des sogenannten Konsequentialismus, nach welchem die guten oder schlechten Folgen eines Tuns dieses gut oder schlecht machen. Dabei ist aber entscheidend, dass die zu erwartenden Folgen mit in die subjektive Absicht aufzunehmen sind, so dass sich eine Differenz ergibt zwischen einem subjektiv redlichen guten Willen und einer *gewissenhaften* Prüfung. Über die bloß ehrliche ›gute Absicht‹ im Handeln hinaus sind also nicht nur die erhofften und zu erwartenden Handlungsfolgen, sondern auch mögliche Nebenfolgen und Gefahren eines Handelns gemäß einer bestimmten Handlungsform in einer bestimmten Situation und in ihrem Kontext streng und akkurat zu prüfen. Es besteht daher, wie der *dritte Abschnitt* zeigt, das *Gewissen* in der gewissenhaften Prüfung der Form des Handelns im Blick auf das wirklich *Gute* und führt so zur *Rechtschaffenheit*. Eine bloß erst subjektiv *ehrliche* Gesinnungsethik ist noch nicht gut genug, wie nach Hegel auch Max Weber oder Bernard Williams (in seinem letzten Buch *Truth and Truthfulness*, Oxford 2002) erkennen, wobei der Letztere die Unterscheidung durch den Kontrast der Wörter »sincerity« und »accuracy« zu artikulieren versucht.

Der dritte Hauptteil des Werkes steht unter dem Titel *Sittlichkeit* und gliedert sich formal in die drei Abschnitte oder Themen zur *Familie*, zur *bürgerlichen Gesellschaft* und zum *Staat*. Dabei steht die Familie paradigmatisch für freie kommunitarische Gemeinschaften, wobei die Kleinfamilie (in ihren Variationen) als Ort der Bildung des Individuums zur Person ausgezeichnet ist. Eine volle bürgerliche Person in der bürgerlichen Gesellschaft anerkennt alle Menschen als gleichberechtigte mögliche Partner im gesellschaftlichen Leistungsaustausch. Das öffentliche Gemeinwesen aber, die *res publica*, der Staat, ist vorausgesetzter Rahmen sowohl für den Schutz der Familien und ihrer Rechte als auch für die vertragsförmigen und eigentumsbasierten Austauschbeziehungen in der bürgerlichen Gesellschaft.

Von besonderer Bedeutung in der Moderne mit ihrer Ausweitung des ›ökonomischen‹ Prinzips des freien Vertrags ist die Einsicht, dass die bürgerliche Gesellschaft und ihre wirtschaftliche Ordnung selbst keine Ressourcen haben, um die entstehenden Probleme einer Arbeits- und Güterverteilung zu lösen. Denn es ergibt sich aus den Prinzipien des freien Markts und damit der bürgerlichen Gesellschaft eine massenhafte Arbeitslosigkeit und Verarmung großer Teile der Bevölkerung. Mit dem von Hegel sogenannten Pöbel (der *plebs* als dem ›niederen‹ Volk des *populus*) entsteht eine unorganisierte industrielle Reservearmee, das später sogenannte Proletariat. Das Wort »proles« verweist dabei darauf, dass hier das Leben nur auf das Überleben und die Erzeugung von Nachkommen reduziert wird. Damit ist das Proletariat – so lautet gerade die von Hegel im Grunde übernommene Analyse bei Karl Marx – die Klasse von Menschen, die sich als Masse der in der Güterproduktion beliebig einsetzbaren (Hilfs-)Arbeiter nur je reproduziert und ihre Arbeitskraft regeneriert. Gerade für die Lösung des Problems der Arbeitslosigkeit und der mit ihm zusammenhängenden Tendenz zur massiven Unterbezahlung der Arbeitskräfte brauchen wir den Staat. Eine vom *homo oeconomicus* oder dem Prinzip des Gewinnstrebens als rationale Maximierung von Profit und Sicherheit der Vermögenden beherrschte bürgerliche Gesellschaft könnte sich nicht nachhaltig erhalten. Daraus ergibt sich zunächst aber nur eine Ambivalenz des Staates, wie Marx das sieht: Der Staat kann zur organisierten Gewalt im Interesse der Aufrechterhaltung einer ›kapitalistischen‹ Gesellschaft des homo oeconomicus werden. Oder es kann, wie bei Hegel analysiert, der Rechtstaat im Interesse der Freiheit notwendigerweise zum Sozialstaat werden müssen. Es kann inzwischen niemand mehr so naiv sein, das zu bezweifeln. Denn nur so kann von den schlechter gestellten Mitlieder der Gesellschaft die rechtliche Gesamtordnung des Gemeinwesens, also des Staates, frei anerkannt werden – ein Punkt, den gerade auch John Rawls in seiner Theorie der Gerechtigkeit (*A Theory of Justice*) mit vollem Recht hervorhebt.

Damit aber überschreiten die Aufgaben des modernen Staates bei Weitem die des sogenannten Nachtwächterstaates des Liberalismus, der im Grunde nur Eigentumsschutz betreibt. Hegel nennt ihn den »Not- und Verstandesstaat«. Es ist dieser viel zu enge Staatsbegriff, den Marx möglicherweise irrtümlich mit der Konzeption Hegels identifiziert. Die Kritik an ihm und die Verwechslung von Macht und Herrschaft führt Marx zur utopischen Idee eines Absterbens des Staates in einem familialen bzw. kommunitarischen Kommunismus.

Insgesamt aber arbeitet Hegel in der Rechtsphilosophie im Grunde nur die folgende Einsicht aus, die Kant bereits in der *Kritik der reinen Vernunft* (KrV B 373) formuliert hat:

> »Eine Verfassung von der *größten menschlichen Freiheit* nach Gesetzen, welche machen, *daß jedes Freiheit mit der anderen ihrer zusammen bestehen kann* (nicht von der größten Glückseligkeit, denn diese wird schon von selbst folgen), ist doch wenigstens eine notwendige Idee, die man nicht bloß im ersten Entwurf einer Staatsverfassung, sondern auch bei allen Gesetzen zugrunde legen muß, und wobei man anfänglich von den gegebenen Hindernissen abstrahieren muß, die vielleicht nicht sowohl aus der menschlichen Natur unvermeidlich entspringen mögen, als vielmehr aus der Vernachlässigung der echten Ideen. Denn nichts kann Schädlicheres und eines Philosophen Unwürdigeres gefunden werden, als die pöbelhafte Berufung auf vorgeblich widerstreitende Erfahrung, die doch gar nicht existieren würde, wenn jene Anstalten zu rechter Zeit nach Ideen getroffen würden, und an deren Statt rohe Begriffe, eben darum, weil sie aus der Erfahrung geschöpft worden, alle gute Absicht vereitelt hätten.«

Naturrecht und Staatswissenschaft im Grundrisse

Grundlinien der Philosophie des Rechts

Berlin 1821

VORREDE

Die unmittelbare Veranlassung zur Herausgabe dieses Grundrisses 7
ist das Bedürfnis, meinen Zuhörern einen Leitfaden zu den Vorlesungen in die Hände zu geben, welche ich meinem Amte gemäß über die *Philosophie des Rechts* halte. Dieses Lehrbuch ist eine weitere, insbesondre mehr systematische Ausführung derselben Grundbegriffe, welche über diesen Teil der Philosophie in der von mir sonst für meine Vorlesungen bestimmten *Encyklopädie der philosophischen Wissenschaften* (Heidelberg 1817) bereits enthalten sind. (III)[1]

Wie im Fall der *Enzyklopädie der philosophischen Wissenschaften* sind die im Folgenden wie üblich kurz »Rechtsphilosophie« genannten *Grundlinien der Philosophie des Rechts* nicht einfach als buchförmige Abhandlung zu lesen. Sie sind nur ein Leitfaden zu den Vorlesungen, ein Kompendium. Aber sie sind *das Buch* Hegels zu dem Thema. Sie stehen auch unter dem Titel *Naturrecht und Staatswissenschaft im Grundrisse*. Für den Leser heute ergibt sich das Problem, die zum Teil zeitbedingte, zum Teil idiosynkratische Sprechweise Hegels so aufzuschließen, dass die allgemeine Absicht des Buches klar und deutlich hervortritt.

Es geht Hegel darum, die Kernbegriffe der Rede über Recht und Staat als spekulative, d. h. meta-logische Reflexionstermini kanonisch so zu erläutern, dass eine Art logische Geographie der präsuppositional gestuften Grundideen im Kontext mit der Seinsweise der Person als Bürger entsteht. Dabei ist bei Hegel eine (oder die) Idee eine schon geschichtlich etablierte und begrifflich längst schon in sich reflektierte Praxisform oder Institution.

[1] Die Seitenzahlen am Anfang der Texte Hegels beziehen sich immer auf den Band Nr. 700 der Phil. Bibl.: G. W. F. Hegel, *Grundlinien der Philosophie des Rechts*, hg. K. Grotsch, Hamburg: Felix Meiner 2017, die am Ende auf die Originalausgabe, Berlin: Nicolaische Buchhandlung 1821. Die Seitenzahlen von GW 14.1 sind *im Text* in der Form *von Seitenumbrüchen* angegeben.

Philosophie des Rechts ist also allgemeine logische Analyse des Begriffs und der Idee des Rechts im holistischen Kontext des Begriffs und der Idee des Staates und der Person. Als solche ist sie Explikation wesentlicher bzw. wesensbestimmender impliziter oder empraktischer Grundformen. Ziel einer solchen Explikation ist die Entwicklung eines rechtlich-politischen Selbstbewusstseins, das nie einfach durch eine ›empirische‹ Beschreibung oder eine Genealogie als ›historische‹ Rekonstruktion der Genese von Teilpraktiken oder eines Handelns einzelner Personen qua Instanziierung von Handlungsformen im manifesten Rollenspiel von Statusträgern zu erhalten ist. Das ist der Grund dafür, warum die Sprachform philosophisch-logischer Reflexion so schwer zu verstehen ist. Das ist insbesondere dann so, wenn man nur an Narrationen und thetische Behauptungen über angebliche Tatsachen gewöhnt ist.

7 Daß dieser Grundriß aber im Druck erscheinen sollte, hiemit auch vor das größere Publikum kommt, wurde die Veranlassung, die *Anmerkungen*, die zunächst in kurzer Erwähnung die verwandten oder abweichenden Vorstellungen, weitern Folgen und dergleichen andeuten sollten, was in den Vorlesungen seine gehörige Erläuterung erhalten würde, manchmal schon hier weiter auszuführen, um den abstrakteren Inhalt des Textes zuweilen zu verdeutlichen, und auf nahe liegende in dermaliger Zeit gang und gäbe Vorstellungen eine ausgedehntere Rücksicht zu nehmen. So ist eine Anzahl weitläuftigerer Anmerkungen entstanden, als der Zweck und Stil eines Kompendiums sonst mit sich bringt. Ein eigentliches Kompendium jedoch hat den für fertig angesehenen Umkreis einer Wissenschaft zum Gegenstande, und das ihm eigentümliche ist, vielleicht einen kleinen Zusatz hie und da ausgenommen, vornehmlich die Zusammenstellung und Ordnung der wesentlichen Momente eines Inhalts, der längst eben so zugegeben und bekannt ist, als jene Form ihre längst ausgemachten Regeln und Manieren hat. Von einem philosophischen Grundriß erwartet man diesen Zuschnitt schon etwa darum nicht, weil man sich vorstellt, das, was die Philosophie vor sich bringe, sei ein so übernächtiges Werk, als das Gewebe der Penelope, das jeden Tag von Vorne angefangen werde. (III f.)

Dass es sich um eine Erweiterung der Abschnitte der *Enzyklopädie der philosophischen Wissenschaften* handelt, ist oben schon gesagt worden. Wer eine Entschuldigung dafür braucht, dass die Merksätze der Rechtsphilosophie zwar länger und ausladender sind als die Orakel der Enzyklopädie, aber noch lange nicht ausführlich genug, dem liefert Hegel den ironischen Vergleich der Philosophie mit Penelope, der auf nette Weise verwandt ist mit Wittgensteins Bemerkung, dass in der Philosophie zum Sieger wird, wer als Letzter ins Ziel geht. Der Gruß der Philosophen sollte sein: Lass dir Zeit.

So wie Penelope abends die Textur des Leichengewandes wieder auflöst, heben wir philosophische Texte, die etwas expliziert haben, in einer Art ewiger explikativer und sinnkritischer Reflexion wieder auf. Philosophie produziert so laufend Meta-Kommentare und Meta^n-Kommentare in einer Art unendlichem Aufstieg der Reflexion und Kritik an allem, was je allgemein gesagt oder geschrieben wurde. Das führt in der Popularphilosophie zu einem unendlichen Gerede philosophischen Räsonnements. In der akademischen Philosophie führt es zur Skepsis. Dialektik als Logik der Reflexion und dabei besonders der reflektierenden Urteilskraft, wie wir sie bei der begrifflichen Bestimmung empirischer Sachen trotz ihrer Endlichkeit und damit ihrem Abstand zu den idealen Begriffen brauchen, erweist sich aber, wie Hegel schon in der *Phänomenologie* sagt, als sich vollbringender Skeptizismus. Es geht um die Artikulation der ewig nötigen Verfeinerung der allgemeinen Unterscheidungen, die wir mit der Sprache als generisches Wissen bzw. materialbegriffliches Vorherwissen je unserer Zeit erlernen.

Der Titel *Naturrecht und Staatswissenschaft* ist nun so zu lesen: Im klassischen Naturrecht der (frühen) Neuzeit wird ein mythischer Gott als Gesetzgeber im Bereich des Rechts und der Moral nicht nur durch das Wort »Natur« ersetzt, sondern auch durch den Appell an das »Natürliche«, also an das, was (angeblich) »selbstverständlich gilt«. Dies steht in klarer Parallele zur allmählichen Ersetzung Gottes als architektonischem Gesetzgeber und Bauleiter oder Demiurg des Gebäudes der Welt durch eine sich selbst entwickelnde Natur. Diese findet sozusagen ihren Abschluss im Gedanken des Erasmus Darwin, den Hegel mehrfach zitiert, nach welchem alles Leben aus einem Ursprung stammt. Der Gedanke wird übrigens von seinem Enkel Charles Darwin, der auch die Werke des Erasmus Darwin neu herausgibt, aufgegriffen und aufgrund des beigebrachten empirischen

Anschauungsmaterials als kanonische Grundlage evolutionärer Biologie etabliert.

Die Rede von Naturgesetzen wird dann als Metapher so gelesen, dass es die Gesetze der Bewegungen der Körper und der Veränderung von Sachen und Wesen ohne Gesetzgeber einfach in der Natur gibt. Das Bild von einem *Spiegel der Natur*, wie es Richard Rorty in dem Buch *Philosophy and the Mirror of Nature* in fundamentaler Weise kritisiert, suggeriert wie Galileis eher als berüchtigt zu bezeichnender Spruch von einem Buch der Natur, das in mathematischen Symbolen oder Notationen geschrieben sei, wir würden ›die Naturgesetze‹ in ihrer Objektivität nur ›entdecken‹ und nicht etwa ›setzen‹.

Die Angriffe auf diese naive Vorstellung von in der Natur schlicht gegebenen Naturgesetzen führt von Francis Bacon, René Descartes und dann auch G. W. Leibniz und David Hume zunächst zu Kants Transzendentalphilosophie. Diese ist ein rationaler Empirismus. Ihr zufolge geben wir der Natur Gesetze, indem wir sie sozusagen im wiederholbaren Experiment zwingen, auf unsere Fragen nach einer gewissen allgemeinen Geltung von möglichst allgemeinen Bewegungsformen zu antworten. Dass Kants Sicht bis heute nur als reine Theorie oder dogmatische Ansicht erscheint, ist nicht zuletzt den begrifflichen Verwirrungen in Kants Transzendentaler Ästhetik geschuldet. Dieser zufolge sollen ›der Raum‹ und ›die Zeit‹ bloß subjektive Formen einer konstruktiv-apriorischen Ordnung des Gegebenen unserer Sinnlichkeit sein. Als Nebenfolge ergibt sich, dass Kant meint, es sei sinnvoll, über ein (absolutes Wissen von einem) ›Ding an sich‹ jenseits von Raum und Zeit zu sprechen. Ein solches aber könnte, wie Hegel sieht, bestenfalls als Singulare Tantum, als holistisch-generischer Ausdruck für eine absolut objektive Gesamtwelt verstanden werden. Kant fasst es aber als etwas »jenseits aller Erscheinungen« auf und steht damit noch in der Tradition der Patristik, im Denken einer christlichen Philosophie, deren Gott z. B. bei Gregor von Nazianz gerade unter dieser Formel angesprochen wird.

In der *Wissenschaft der Logik* macht Hegel klar, dass jeder ›Objektivismus‹, welcher die Welt und sich selbst ›von der Seite‹ ansehen will, sinnwidrig, inkohärent ist. Die Kontraste zwischen Wesen und Erscheinung, Wirklichkeit und Schein müssen als immanente logische Formen begriffen werden, und zwar so, dass die zeitliche Endlichkeit und räumliche Begrenztheit aller innerweltlichen und damit empirischen Dinge und Sachen absolut anerkannt wird. Zugleich muss das Reden von einer Sache ›an sich‹ als ein Aussagen über allgemeine Formen oder besondere eidetische Arten oder Typen begriffen werden, deren ›Unendlichkeit‹ sich (nur) aus der Zeit- und Situationsallgemeinheit unserer generischen und dabei immer auch schon ›idealen‹ (auch daher ›unendlichen‹) Rede- und Denkformen ergibt. In der Begriffslogik zeigt Hegel sogar, dass und wie jede reale Objektivität auf einer praktisch zu lernenden und theoretisch durch Sprache und Allgemeinwissen gestützten Zuordnung verschiedener perspektivischen Zugänge zum gleichen Objekt aufruht. Die Bestimmung der Objekte in ihrer Identität hängt sogar ebenso von den realen Gegebenheiten bzw. Möglichkeiten der Welt wie von der Formung unserer gemeinsamen Zugänge ab.

Eine Vorbemerkung zum Fachterminus »generisch«, der in der Linguistik längst seinen festen Ort hat, aber sogar dort nicht immer gut genug begriffen ist, geschweige denn von Logikern und Laien, scheint mir schon hier sinnvoll zu sein. Aussagen über den Staat überhaupt, auch die Bundesrepublik Deutschland insgesamt, sind ebenso generisch wie Aussagen über den Berglöwen oder das Coronavirus. Man spricht dabei über eine allgemeine Gattung, ein *Genus*, oder über eine seiner Unterarten, ein *Eidos*, einen besonderen ›Teilbegriff‹. Über *Einzelnes* wird dabei noch nicht gesprochen. Über Einzelnes und Vieles, also auch viele Einzeldinge und einzelne Sachen, spricht man in Konstatierungen oder historischen Berichten. Solche empirischen Feststellungen setzen aber ein allgemeines Verständnis der gebrauchten Begriffe und Wörter, Redeformen und semantischen Formen schon voraus. Wenn etwa gesagt wird, was *einzelne* Berglöwen oder *besondere* Viren so alles getan haben oder gerade anrichten, wird unterstellt, dass wir *allgemein* schon wissen, was ein Puma ist, wie sich Viren z. B. von Bakterien unterscheiden – *und was sie normalerweise tun*. Die sogenannte formale Logik als bloße Logik statischer Relationen ist gar nicht in der Lage, dieses entscheidende Moment weltbezogener Begriffe mit ihren prozessualen Dispositionen als Normalfallfolgen überhaupt auch nur darzustellen. Es ist daher verfehlt zu meinen, die moderne Logik nach Frege und Russell habe Hegels Logik, die angeblich eine Metaphysik sei, obsolet gemacht.

Die von Hegel unter den Titeln Allgemeinheit, Einzelheit und Besonderheit hervorgehobene logische Unterscheidung ist also zusammen mit den Prozessformen des Normalverhaltens eines Dings oder einer Sache einer allgemeinen Gattung oder besonderen Art für die logische Semantik weltbezogenen Sprechens von entscheidender Bedeutung. Denn wir verstehen nur Allgemeinheiten. Wir fassen auch Einzelnes immer nur als besondere Instanziierung einer allgemeinen Gattung von Sachen auf. Das Ansichsein ergibt sich dann aus einer Redeform, die sagt, was ein Gegenstand einer gewissen Art an sich oder im Prinzip oder normalerweise so alles tut oder tun kann. Das Fürsichsein definiert die je relevante Gegenstandsidentität (zunächst an sich). Das An-und-für-sich-Sein ist die Instanziierung hier und jetzt oder dort und dann, z. B. als empirisches Lebewesen im hiesigen Zoo.

Aber auch für alle Aussagen in der Physik oder Chemie über Ding- und Sachtypen, Kräfte und Dispositionen sind diese logischen Unterscheidungen von enormer Bedeutung. Denn alles Allgemeinwissen muss auf das empirisch Einzelne hier und jetzt – etwa einen konkreten Vulkanausbruch mit seinen konkreten Folgen – unter Anwendung einer den Kontext beachtenden Urteilskraft projiziert werden, welche den *materialbegrifflichen Normalfall* auf angemessene Weise *besondert* und dabei auch dem Zufall und anderen Abweichungen von einem Normalfalltyp seinen Platz lässt. Kurz, generische bzw. eidetische Allgemeinaussagen sind keine quantifikationellen All-Aussagen über alle Elemente einer ›sortalen‹ Menge diskreter Dinge.

In der Theoretischen Philosophie bedarf es außerdem einer *Entmythisierung* einer Natur, welche sich die sogenannte Aufklärung noch naiv als durch objektive Naturgesetze kausal determiniert vorstellt. Dazu brauchen wir zunächst ein Verständnis dessen, wie das *Streben nach Objektivität* als *logische Form* der Herstellung von *bestmöglicher Perspektiveninvarianz* zu begreifen ist. Für diese Form sind begriffliches Wissen über Formen- und Artbestimmungen ›an sich‹ transzendentale Voraussetzungen. Nur auf ihrer Grundlage können wir uns (gemeinsam) auf bestimmte raumzeitliche Sachen ›für sich‹ (in ihrer ›Identität‹) beziehen. Bis heute ist dieser anspruchsvolle Blickwechsel in Hegels ›Naturphilosophie‹ kaum begriffen. Dabei ist er im Grunde nur die Anwendung einer wahren Begriffslogik der Sprache und des Sprechens auf die zeitgenössische Naturwissenschaft.

In der Praktischen Philosophie ist nun eine parallele Entmythisierung der sogenannten Aufklärung nötig. Das sieht man schon an der Oberfläche ihrer Reden von einem Naturrecht oder natürlichen Guten auf der eine Seite, von ›der‹ Vernunft und ihren ›Pflichten‹ auf der anderen Seite. Denn zunächst wird auch hier im Grunde das Wort »Gott« im Mythos von einer gottgegebenen Ordnung der menschlichen Welt zunächst durch das Wort »Natur« und dann besonders auch bei Kant durch das Wort »Vernunft« ersetzt. Was diese Natur oder Vernunft wirklich sein soll, bleibt durchaus offen. Das Problem ist spätestens seit Thomas Hobbes klar, der sich ja gerade dagegen wendet, dass es soziale, moralische oder gar schon legal in einem Staat gesetzte Gesetze und Rechte geben könne, die sich auf ›die Natur‹ zurückführen ließen. Das einzige ›Naturgesetz‹ ist bei ihm das Streben nach Selbsterhalt, das als solches aber gerade *keine* Grundlage für Recht und Gesetz sein kann, da es ›im Prinzip‹ zum Krieg aller gegen alle im sogenannten Naturzustand führt.

Hegels Rechtsphilosophie ist vor diesem Hintergrund als Unternehmen der *Entmythisierung* sowohl der Lehren von einem Natur- als auch Vernunftrecht zu verstehen.

Die Grundlage rechtlicher und staatlicher Ordnung ergibt sich aus dem *Wesen* des Menschen *als freier Person*.[2] Dieses Wesen ist als *zweite* Natur gerade nicht Natur, sondern *Kultur, Pflege*. Das heißt, sie ist Erziehung und Selbstbildung zur Person (*persona*), die als solche, an sich, Persönlichkeit (*personalitas*) ist. Diese wiederum ist in erster Näherung als ein System von Rollen und Leistungen,

[2] Auch Elisabeth Weisser-Lohmann, *Rechtsphilosophie als praktische Philosophie. Hegels* Grundlinien der Philosophie des Rechts *und die Grundlegung der praktischen Philosophie*. München: Fink 2011, betrachtet die Möglichkeit freier Selbstbestimmung der Person als durch die Gesamtform des Gemeinwesens bedingt und den so verstandenen freien Willen als Leitfaden der Deduktion des Begriffs und der Wirklichkeit des Rechts (S. 50). Im ersten Kapitel zeigt das Buch die Engführungen in den Zugängen Carl Schmitts, Leo Strauss', Alexandre Kojèves, Joachim Ritters, Karl Heinz Iltings und Ludwig Sieps auf. Vgl. dazu auch Klaus Vieweg, *Das Denken der Freiheit. Hegels Grundlinien der Philosophie des Rechts*, München: Fink, 2012, bes. S. 19–34.

auch diverser Status, im Gesamtgeflecht des personalen Seins aller Menschen zu verstehen.

Zu Personen aber werden wir nur durch die Vermittlung durch ›den Begriff‹, und das meint, durch das Verstehen von *Sprache überhaupt* im Sinne des französischen Wortes *langage*. Der wesentlichste Gebrauch von Sprache (bzw. ›des Begriffs‹) besteht dabei nicht etwa in einer Verhaltenskoordinierung oder Informationsübertragung, sondern darin, dass sie zu einem freien Vermögen der Re-Präsentation und damit der beliebigen symbolischen Vergegenwärtigung von möglichen Handlungszwecken und Handlungsformen führt. Dabei bezieht sich das allgemein in *der Sprache*, konkret in *den Einzelsprachen*, den *langues*, kodierte kanonische *Allgemeinwissen* auf das, was Hegel »Idee« nennt, wozu allerdings auch gleich alle *Praxisformen* gehören, welche mit den Ausdrucksformen der Sprache(n) immer schon verbunden sind. Denn *der Begriff an und für sich*, wie man mit Hegel im generischen Singular für ein Gesamtsystem des Begrifflichen zu einer Zeit und in einer Region sagen könnte, ›enthält‹ neben allen verbal oder symbolisch artikulierten Unterscheidungen immer auch schon verbale Inferenznormen und Formen praktischer ›Schlüsse‹, deren Konklusionen in einem Tun einer gewissen Art bestehen, wozu auch gewisse ›normale‹ Erwartungshaltungen (wie etwa im Verstehen von Dispositionsprädikaten) gehören.

Dass ein einzelnes Tun einer einzelnen Person als ein bestimmtes Tun zählt – sagen wir als Versprechen oder als Taufe im Blick auf eine Gemeinschaft oder als Akt der Reue und Buße im Blick auf einen idealen Betrachter bzw. auf das innere Forum der Selbstbewertung der Person –, dazu bedarf es der je zugehörigen realen Idee als einer schon etablierten Praxisform. Diese macht das »Zählen-Als« allererst möglich. Sie ermöglicht es allererst, dass ich z. B. heiraten oder lügen kann. Ich bin nur insoweit Akteur einer *Handlung H* – auch im Unterschied zum Träger meines Verhaltens –, als ich etwas tue, das meiner (allgemeinen, daher nicht immer voll explizierten, bewussten) Intention nach und ggf. auch in der Beurteilung von Schiedsrichtern als ein Versuch der Aktualisierung des Handlungsschemas *H* zählen kann. *H* selbst aber als mögliche Praxisform, als Begriff der Handlung, die ich ergreifen kann, ist nicht in erster Linie von mir oder uns als Kleingruppe bestimmt.

Die Idee *H* ist die *Substanz* unseres (gemeinsamen) Handelns, nicht das konkrete Tun *h*. Es *gibt* eine generische (gemeinsame) Handlung *H* als mögliche Idee bei *uns*. Es gibt sie insbesondere in der folgenden Form: *Wir anerkennen* (manche sagen dazu auch ›deuten‹) ein Tun *h*, auch unser eigenes, als einen Vollzug oder Vollzugsversuch einer generischen Handlung *H*. Dabei kann diese Anerkennung zugleich bestimmen, wer ›wir‹ sind.

Wenn ich etwa sage, dass *wir* Kindesmord verabscheuen (sollten), dann beziehe ich mich auf alle, die diesen (Sollens-)Satz anerkennen, und zwar hoffentlich nicht bloß verbal. Damit gehören z. B. die antiken Spartaner und sogar noch die Römer der Zeit der Republik jedenfalls nicht umstandslos zu ›uns‹.[3]

Die *Idee der Freiheit* ist dann, etwas vereinfacht gesagt, der über *angeeignete Praxisformen* in Bildung und Selbstbildung *realisierte* Begriff der freien *Person*. Dementsprechend entwickelt Hegel die Grundlage jeder *Normativität*, dann auch der *Moralität* und eines rechtlich und durch andere Regeln und Konventionen kodifizierten und staatlich kontrollierten *Rechts* aus der Idee oder Grundform des handlungskompetenten und damit allererst freien *Ich an und für sich*. Dabei übersetze ich das *Ich an sich* als *Person*. Das *Ich für sich* hier und jetzt ist das *Subjekt*. Das *Ich für sich* in seinem ganzen Leben ist das *Individuum*. Das Wort »Subjekt« steht also für das *empirische Fürsichsein des Ich im Vollzug* hier und jetzt. Das Ich in seinem Leben von der Geburt bis zum Tod ist das lebende *Individuum*. Dessen *Identität* ist mit dem Leben des Leibes, den man nicht teilen kann, logisch, d. h. materialbegrifflich, immer schon mitgegeben. Wo Hegel vom *Ich an und für sich* spricht, spreche ich von vornherein reflexionslogisch von mir als einem *personalen Subjekt*. Das gilt dann auch für

[3] Diese Überlegungen ganz ohne Metaphern zu artikulieren, ist nicht möglich. Denn es geht gerade um einen neuen Entwurf von Sprechweisen, welcher die genannten Phänomene allererst auf den Begriff bringt. Daher und wegen des intendierten Grobüberblicks über einen Themenbereich ist die Forderung nach Vermeidung von Vagheiten in einer solchen Art von Sprachdesign ganz fehl am Platz. Ein solche Forderung wäre ähnlich unklug wie die, auf den Gebrauch von ›vagen‹ Lageskizzen zu verzichten und immer nur vollständige, ›photographisch genaue‹ Karten zu gebrauchen.

den sogenannten freien Willen an und für sich, den es ja nur in einer abkürzenden Redeform gibt, nämlich als Vertreter für das *willens- und handlungsfreie personale Subjekt*, wie man in Langform sagen könnte oder müsste. Einen mystischen Willen neben den Aktualisierungen von zumeist wiederholbaren *Vollzugsformen* und den reflexionslogischen *Bezugnahmen* auf sie ›gibt‹ es so wenig wie einen (oder den) Geist, einen (oder die) Seele, einen (oder den) Verstand bzw. eine (oder die) Vernunft.

Ein weiterer Punkt gehört noch hierher. Wie die Verwirrungen um den Begriff der *Spezies* noch in der gegenwärtigen Evolutionsbiologie zeigen, sind allgemeine begriffliche (generische, eidetische) Aussagen über Arten an sich qua Typen und Formen in ihrer zeitallgemeinen, damit unendlichen, ›ewigen‹ Form von einer genealogischen Evolutionsgeschichte, in der alle Artgrenzen aufgehoben werden, kategorial zu unterscheiden. Eine wissenschaftliche Biologie ist daher zunächst ein theoretisches System einer Taxonomie nach Gattungen und Arten und einer (dispositionslogischen, insofern ›inferentiellen‹) Ethologie typischer Erscheinungsformen in Gestalt und Leben eines Organismus, einer Pflanze oder eines Tieres. Diese ›ewigen‹ Aussagen über Arten an sich schließen aber eine realgeschichtliche Entstehung der Arten an und für sich, also in der wirklichen Welt, keineswegs aus, zumal es Arten nur ›gibt‹, solange es Exemplare oder Individuen von der Art gibt.

Die der logischen Form nach ›ewigen‹ Aussagen über Arten als den eigentlichen Gegenständen einer theoretischen Biologie, aber auch der Chemie oder Physik, die sich ja nie für empirisch einzelne Sachen bloß hier und jetzt interessieren, ›gelten‹ daher nur in einer eingeklammerten Zeit, also in der *Epoche*, in der die Klassifikation von Wesen, Stoffen, Dingen oder Sachen (auch von Geschehnissen oder Prozessen) als Exemplare dieser oder jener Art sinnvoll definiert ist. Dabei sind Arten keineswegs willkürlich zusammengefasste Mengen von Einzelexemplaren oder ›Elementen‹ wie in der reinen Mathematik, sondern auf ›theoriegeladene‹ Weise definiert durch ein holistisches System von Artdifferenzierung und inferentiellen bzw. dispositionellen Defaultaussagen über ›normale‹ oder ›typische‹ Exemplare der Art.

Hegels Begriff des Begriffs an sich, für sich, und an und für sich ist im Sinn von Platons *eidos* zugleich Begriff einer Art. An sich ist eine Art eine Artform. An und für sich ist sie Menge von empirischen Exemplaren, welche die Artform im Blick auf die gerade relevanten Aussagen gut genug repräsentieren. Eine Art für sich aber ist eine Klasse von Einzelfällen, die auch privative Exemplare enthält oder Grenzfälle verschiedenster Typik.

Im Fall der Geisteswissenschaften geht es nun um Artformen des menschlichen Lebens, im Fall der Rechtswissenschaft um die Formen eines Lebens als (freier) Person im sowohl begrifflichen wie sozialpolitischen Zusammenhang mit allen anderen Menschen bzw. Personen.

Hegel sieht nun auch als Erster – und als einer unter wenigen – klar, dass ein allgemeines Wissen und theoretische Wissenschaft der Begriffe und Arttypen nicht nur apriorische Bedingung der Möglichkeit empirischer Informationsaussagen über Einzelnes ist, sondern auch in jeder Rekonstruktion einer Genealogie oder Entstehungsgeschichte der Arten relativ a priori vorausgesetzt ist. In eben diesem Sinn ist die historische Evolutionsbiologie methodisch sekundär zu einer beobachtenden Taxonomie und Ethologie, wie sie zunächst eine theoretisch-präsentische Biologie von Aristoteles und Theophrast bis Linné und Buffon entwickelt. Das schmälert die Leistungen von Erasmus und Charles Darwin nicht, verlangt aber ein besseres Verständnis, als es üblicherweise zu finden ist. Die Geologie ist entsprechend sekundär zur experimentellen Chemie und die Kosmologie zur experimentell gestützten mathematischen Physik und beobachtenden Astronomie. Analoges gilt für das theoretische Wissen über präsentische Formen des menschlichen Zusammenlebens, auch über die Strukturen moderner Sprachen im Verhältnis zu Rekonstruktionen ihrer möglichen Genese. Jede wissenschaftliche Geschichte endet hier und jetzt, also im Heute. Keine hypothetische Genealogie kann je die real anerkannten Formen einer Praxis im Vollzug und in ihren Reflexionsformen kausal voll ›erklären‹. Daher entwickelt Hegel die theoretische Wissenschaft vom Recht und vom Staat ›aus ihrem Begriff‹ und ihrer ›Idee‹, d. h. aus den heute gegebenen Formationen heraus.

Allerdings weicht dieser Grundriß zunächst von einem gewöhnli- 8
chen Kompendium durch die Methode ab, die darin das Leitende ausmacht. Daß aber die philosophische Art des Fortschreitens von einer Materie zu einer andern und des wissenschaftlichen Beweisens,

diese spekulative Erkenntnisweise überhaupt, wesentlich sich von anderer Erkenntnisweise unterscheidet, wird hier vorausgesetzt. (IV)

Um das Neuartige der Methode des Kompendiums einer Wissenschaft vom Recht und vom Staat genauer zu erläutern und damit die Frage zu beantworten, was der leitende Gesichtspunkt ist, müssten wir auf andere Texte Hegels, die *Phänomenologie*, *Logik* und *Enzyklopädie der philosophischen Wissenschaften* zurückgehen oder auf das Folgende vorgreifen. Eine erste Antwort liegt in einem angemessenen Verständnis der Ausdrücke »Spekulation« und »spekulative Erkenntnisweise«, wie sie »wesentlich sich von anderer Erkenntnisweise unterscheidet«. Dabei möchte ich mich nicht allzu sehr über die Frage auslassen, ob meine Verwendung von Gilbert Ryles Ausdruck »logische Geographie« und von Kommentaren wie »Karten zeichnen« dazu beiträgt, besser zu verstehen, was »spekulativ« und »Spekulation« bedeutet. Nicht nur Hegel hört im Ausdruck »speculari« noch den Sinn: »von einem hohen Standpunkt her etwas überschauen«, da specula eine Anhöhe und der Spiegel sekundär zum Glasfenster ist, durch das man schaut.

Hegels spekulative Logik ist also eine Reflexion über sehr allgemeine Wörter und Titel, die in der logischen Reflexion auf hoher Ebene verwendet werden, wie »Sein« und »Wesen«, »Kraft« (d. h. »dispositioneller Inhalt«) und so weiter. Hier in der Rechtsphilosophie sind es Wörter wie »Recht« und »Staat«, »Moral« und »Sittlichkeit« (»Ethos«, »humane Kultur«), »Legitimität« und »Gerechtigkeit« bzw. die entsprechenden Adjektive. Deshalb sage ich, dass die spekulative Logik für die allgemeinen semantischen Formen der Sprache, d. h. die begrifflichen Inferenzen, wie sie differentiell im Normalfall des guten Verstehens und Schließens bedingt sind, sozusagen zur Übersicht sprachliche Karten zeichnet. Hegels »Begriff« steht dabei, wie gesagt, (auch) für »langage«, also Sprache ohne Ansehen der Einzelsprachen der »langues«. Arbeit am Begriff ist Arbeit an der Sprache. Herder, Hamann und Humboldt untersuchen verschiedene *Sprachen*. Hegel bedenkt *die Sprache*. Sie ist das Wesentliche am Begriff – wenn wir ikonographische Sprachen und andere Symbolsysteme hinzunehmen, wie das praktisch immer schon geschieht. Hier geht es um den Begriff bzw. die Sprache des Rechts und eine Reflexion auf sie – im Kontext der zugehörigen Vollzugs- und Praxisformen.

Mein Hauptpunkt ist, dass wir in den Wissenschaften, nicht in dem, was heute »Philosophie« heißt, die ›materialen begrifflichen Inhalte‹ von Wörtern (und komplexen Ausdrücken) sozusagen definieren, besser: kanonisieren, und zwar so, wie sie generisch, im Allgemeinen oder gemäß einer prinzipiellen Form oder Grundidee, mit den je relevanten Angelegenheiten in der Welt zusammenhängen. In der Philosophie entwickeln wir dabei eine Sprache bzw. Reflexionssysteme für eine logische Reflexion über ›alle‹ Meta-, Meta-Meta- und Meta^{n}-Ebenen. D. h., wir sprechen über logische Formen, indem wir sie modellieren und benennen und gute Anwendungen kommentieren und weniger gute, d. h. typische Missverständnisse, kritisieren.

Die Einsicht in die Notwendigkeit einer sol|chen[4] Verschiedenheit 8, $\overline{6}$
kann es allein sein, was die Philosophie aus dem schmählichen Verfall, in welchen sie in unsern Zeiten versunken ist, herauszureißen vermögen wird. Man hat wohl die Unzulänglichkeit der Formen und Regeln der vormaligen Logik, des Definierens, Einteilens und Schließens, welche die Regeln der Verstandeserkenntnis enthalten, für die spekulative Wissenschaft erkannt, oder mehr nur gefühlt als erkannt, und dann diese Regeln nur als Fesseln weggeworfen, um aus dem Herzen, der Phantasie, der zufälligen Anschauung willkürlich zu sprechen; und da denn doch auch Reflexion und Gedanken-Verhältnisse eintreten müssen, verfährt man bewußtlos in der verachteten Methode des ganz gewöhnlichen Folgerns und Räsonnements. – (IV f.)

Erst wenn wir einsehen, dass Philosophie nach der Ausgliederung der Sach- und Fachwissenschaften nicht einfach Artikulation unmittelbarer Intuitionen oder Gefühle in Bezug auf allgemeinste Prinzipien sein kann, sondern eine kanonische Entwicklung einer Reflexionssprache über diese Prinzipien und Ideen samt der Beurteilung ihrer Anwendung notwendig macht und damit sozusagen Arbeit am spekulativen Begriff wird, werden wir uns den neuen Aufgaben einer Philosophie als einer reflektierenden Grundlagendisziplin stellen. Das beginnt mit der Einsicht, dass die Orientierung am Muster der Ma-

4 Mit den Seitenumbrüchen sind, wie schon erwähnt, die Seitenzahlen von GW 14.1 angegeben.

thematik, von Spinoza bis Kant und dann wieder von Bolzano und Frege bis Russell und dem frühen Wittgenstein, bzw. am Muster der formalen Logik, von Aristoteles und Leibniz bis zu David Lewis und Saul Kripke, *unzulänglich* ist. Das gilt für alle gelernten »Regeln der vormaligen Logik, des Definierens, Einteilens und Schließens«, und zwar weil es in der Mathematik, ganz anders als in jeder weltbezogenen Rede, eine von uns künstlich hergestellte prästabilierte Harmonie zwischen Kriterien begrifflicher Klassifikation und den erlaubten Formen des begrifflichen Schließens gibt.

Die Einsicht in die Grenzen der formalen Logik verführt nun aber viele dazu, Intuition und Gefühl an die Stelle semantischer Sinnkritik zu setzen – wenigstens, wo es um eine ›heuristische Begründung‹ von ›Axiomen‹ geht. Die Konsequenz ist bis heute, dass man in einem entsprechenden Philosophieren »bewußtlos in der verachteten Methode des ganz gewöhnlichen Folgerns und Räsonnements« verbleibt, also nicht bedenkt, dass die Argumentationsformen der formalen Logik nur in mathematischen Redebereichen, idealen Modellstrukturen, gelten und keineswegs unmittelbar zu guten Urteilen und Schlüssen über die nie idealen Dinge und Sachen der realen Welt führen, so wenig wie alle Relationen und Dispositionen in Urbildern von Metaphern oder Analogien auf den durch sie nur erst grob dargestellten Bildbereich passen.

8 Die Natur des spekulativen Wissens habe ich in meiner *Wissenschaft der Logik*, ausführlich entwickelt; in diesem Grundriß ist darum nur hie und da eine Erläuterung über Fortgang und Methode hinzugefügt worden. Bei der konkreten und in sich so mannigfaltigen Beschaffenheit des Gegenstandes ist es zwar vernachlässigt worden, in allen und jeden Einzelnheiten die logische Fortleitung nachzuweisen und herauszuheben; teils konnte dies, bei vorausgesetzter Bekanntschaft mit der wissenschaftlichen Methode für überflüssig gehalten werden, teils wird aber es von selbst auffallen, daß das Ganze wie die Ausbildung seiner Glieder auf dem logischen Geiste beruht. Von dieser Seite möchte ich auch vornehmlich, daß diese Abhandlung gefaßt und beurteilt würde. (V)

Hegel selbst weist darauf hin, dass Wesen oder Form spekulativen Wissens oder Denkens in der »*Wissenschaft der Logik* ausführlich entwickelt« wurde. So identifiziert Hegel z. B. den absoluten Geist mit einer allgemeinen (durchaus subjektiven bzw. intersubjektiven[5]) *Einstellung* zur Welt. Er lehnt die *mentalistische* Vorstellung ab, *Inhalte* könnten subjektiv oder privat sein. Aber er verteidigt mit Fichte (und Descartes) die Einsicht, dass alles wirkliche Tun *absolut* ist. Das Wort »absolut« ist nämlich die bestimmte Negation von »relativ«. Es drückt damit zum Beispiel aus, dass etwas nicht relativ zu einer bestimmten (konzeptuellen) Erfüllungsbedingung ist.

Um das genauer zu verstehen, müssen wir über Descartes' »cogito ergo sum res cogitans« nachdenken. Hegel stellt sozusagen die Frage, was die begriffliche Wahrheit von Descartes' Argument ist, und antwortet auf folgende Weise: Descartes führt uns von »Ich bezweifle, dass ϕ« über »Ich bedenke zweifelnd, ob ϕ« zu der Einsicht: »Performatives Denken ist die absolute Voraussetzung aller Zweifel und aller Erkenntnisansprüche bzw. jeder Akzeptanz solcher Ansprüche.« Wir können den ›absolutesten‹ Sprechakt vorerst als »Deklaration« bezeichnen (was besser ist als der Ausdruck »Lokution« bei J. L. Austin, da das nur die Äußerung von Lauten wäre). Ich deklariere dann z. B., dass ich an ϕ zweifle oder dass ich behaupte, dass es wahr ist, dass ϕ, oder dass ich verspreche, dass ϕ – und tue das selbst dann, wenn ich nicht ›richtig‹ zweifle, verspreche etc.

An Deklarationen sehen wir, in welchem Sinne sich die Frage des Absolutseins (statt der Erfüllung einer relativen Bedingung, eines Inhalts) auf den Unterschied der Passungsrichtung (*direction of fit*) bezieht. Wenn ich sage »Ich behaupte, dass ϕ«, kann es falsch sein, dass ϕ, aber nicht, dass ich sage (deklariere), dass ich behaupte, dass ϕ. Ähnliches gilt für »Ich verspreche dir *X*«, wie Austin und John Searle zeigen. Ich folge ihnen nicht in allen Einzelheiten. Im Normalfall aber haben sie recht, wenn sie sagen, dass ich, wenn ich sage »Ich verspreche dir, dass ich ϕ tun werde«, ›absolut‹ daran gebunden bin, ϕ zu tun – freilich nur so lange, wie du es noch wünschst. Ich tue also etwas auf absolute Weise – gebe z. B. ein Versprechen –

5 Der absolute Geist zeigt sich gerade auch gemäß der *Phänomenologie des Geistes* in Liturgien, in denen wir eine Gemeinsamkeit ausdrücken oder gemeinsam feiern: Nur im Gesang oder Gebet sagen wir wirklich gemeinsam »wir«, ansonsten sagt einer für alle, repräsentativ, »wir« und beansprucht damit, für uns sprechen zu können.

unabhängig davon, ob ich später sage, dass ich es nicht so gemeint habe. Insgesamt lese ich Hegels logische Analyse auf folgende Weise:

1. Der Bezug eines implizit deiktischen Pronomens ist relativ zu einem konkreten, empirischen Sprecher, zum Beispiel zu mir oder dir. Nur allgemeine/konzeptuelle/nicht-empirische Sätze oder Regeln können von einem Sprecher abstrahieren, wie wir es in Lehrbüchern tun. Alle Geschichten über meine Erfahrungen, was mir passiert ist oder was wir gesehen oder gehört haben, bleiben von mir oder uns hier abhängig.

2. Die eigentliche logische Form einer Behauptung ist ziemlich kompliziert, weil sie »in sich selbst« reflektiert ist. Frege schreibt: $\vdash \phi$. Wir sollten $\vdash_{ich} \phi$ schreiben und wir sollten das so lesen: »Ich deklariere hiermit, dass man (aus meiner Sicht) sagen kann / sollte, dass ϕ« – d. h. dass es gut oder sogar ›not-wendig‹ ist, sich bei seinen weiteren Schlussfolgerungen, Erwartungen und Taten an (der Wahrheit/Zuverlässigkeit von) ϕ zu orientieren.

3. *Sententia et regula convertuntur*: Nicht nur generische Sätze drücken Regeln der Schlussfolgerung als konditionierte Möglichkeiten oder Standarderwartungen aus (»Katzen fressen Mäuse«), auch empirische Aussagen tun dies. Jeder Satz der Form »Dieses *N* hat die Eigenschaft *P*« drückt in gewisser Weise eine *Regel* der folgenden Form aus: *Wenn* man auf *N* trifft – das von einer bestimmten Art ist, da alle »Namen« bereits typisiert sind –, *dann* darf man unter wohlbekannten Bedingungen erwarten, dass *N* so ist oder das tut, was durch die (partiell dispositionelle) Eigenschaft *P* ausgedrückt wird.

4. Es ist ein Mythos, dass weltbezogene Behauptungen wahr oder falsch sind, *tertium non datur*. Dies gilt nur für idealistische, mathematische Sätze. Kant in seiner formalen und transzendentalen Logik denkt wie ein Mathematiker (wie später auch Frege, Russell und der junge Wittgenstein). Hegel sieht, was daran falsch ist.

5. Die »wissenschaftliche Methode« beruht »auf dem logischen Geiste«. Hegel betont daher selbst, dass diese Abhandlung in diesem Geist gefasst ist und er daher, um es so zu sagen, als Logiker der Semantik des Rechts und als Metatheoretiker der Staatswissenschaften begriffen und beurteilt werden möchte. Damit legt er aber zugleich den theoretischen Grund der erst später zu entwickelnden Soziologie und Politologie – und einer systematischen Geschichtswissenschaft.

6. Jörn Rüsen schreibt dazu in *Rekonstruktion der Vergangenheit, Grundzüge einer Historik II: Die Prinzipien der historischen Forschung*,[6] die Prinzipien der Darstellung humangeschichtlicher Entwicklungen »stammen aus Prozessen der aktuellen Daseinsorientierung und werden eigens angewendet (und dabei spezifiziert) auf die Erfahrung des zeitlichen Wandels und seiner Welt«. Hegels Rechts- und Geschichtsphilosophie entwickeln eben diese Prinzipien erstmals. Damit wird es allererst ermöglicht, neben eine bloß narrative Geschichtsschreibung (wie schon bei Thukydides oder dann auch bei Niebuhr oder Leopold von Ranke, später etwa bei Theodor Mommsen, Golo Mann oder Barbara Tuchmann, um nur ein paar Beispiele unter ganz, ganz vielen zu nennen), eine wissenschaftliche Entwicklungsgeschichte von Institutionen zu setzen.

Denn das, um was es in derselben zu tun ist, ist *die Wissenschaft*, 8f.
und in der Wissenschaft ist der Inhalt wesentlich an die *Form* gebunden.

Man kann zwar von denen, die es am gründlichsten zu nehmen scheinen, hören, die Form sei etwas Äußeres und für die Sache Gleichgültiges, es komme nur auf diese an; man kann weiter das Geschäft des Schriftstellers, insbesondere des philosophischen darein setzen, *Wahrheiten* zu entdecken, *Wahrheiten* zu sagen, *Wahrheiten* und richtige Begriffe zu verbreiten. (V f.)

So wie die Begriffe an ihre sprachlichen Ausdrücke ist in jeder Wissenschaft »der Inhalt wesentlich an die Form gebunden«. Dabei spricht Hegels generische Rede über *den Begriff* über das System *relativ a priori begrifflicher Wahrheiten*, die implizit vorausgesetzt werden oder durch die wir die Bedeutungen von Wörtern explizit schärfen (wie »Eisen« in der Chemie oder »Besteuerung« im Staats- und Rechtssystem, um nur einige konkrete Beispiele zu nennen). Die grundlegende Behauptung ist, dass allgemeine Wahrheiten als generische Inferenz-Tickets (Gilbert Ryle) oder Standard-Schlussfolgerungen der Form »Eisen oxidiert in Luft und Wasser« und konzeptuelle Wahrheiten (wie: »Man muss seine Steuern bezahlen«) ein und dasselbe sind.

Aus einem traditionellen Fehlverständnis des Begriffs der »Notwendigkeit« entsteht ein Problem. Die einzige ›Not-Wendigkeit‹, die es

[6] Göttingen: Vandenhoeck & Ruprecht 1986, S. 55.

gibt, ist eine gute Antwort auf ein konzeptuelles oder pragmatisches Bedürfnis. 2 + 2 = 4 zum Beispiel ist wegen eines solchen Bedürfnisses notwendigerweise wahr. Wir müssen den Satz wahr machen, wenn wir »2« als Zahl und »+« gemeinsam als Zeichen für Addition verwenden wollen. Mit anderen Worten: Das Wort »notwendig« ist zumeist ein Etikett für eine (formal- oder material-)begriffliche Wahrheit. Als solches ist es so allgemein wie jede echte Allgemeinheit. Dies bedeutet nicht, dass etwas *partout* nicht anders sein kann. Es bedeutet nicht, dass etwas ›in allen Fällen‹ gilt. Nur in der Mathematik haben wir eine universelle Quantifizierung über feste Bereiche von (reinen, d. h. idealen) Entitäten.

Eine materialbegriffliche Wahrheit wiederum ist »notwendig« als allgemeine Antwort auf ein Bedürfnis oder Problem. In gewissem Sinne ist z. B. der Satz oder die Regel »Menschen haben Sprache« begrifflich bzw. ›notwendigerweise‹ wahr: Wir müssen sie als Standardregel verwenden – auch wenn sie nicht für alle Menschen gilt. Sie definiert in gewissem Sinne die allgemeine Form menschlichen Lebens.

Es gibt aber eben so viele besondere Arten des Gebrauchs des Wortes »notwendig« in Zusammenhängen wie »ϕ gilt notwendigerweise«, wie es besondere Verwendungen von »möglich« in Zusammenhängen wie »Es ist (nicht) möglich, dass nicht-ϕ« gibt. Hier muss das »nicht« als determinierte Negation verstanden werden (wie in »unwahr« oder »ungerade«), nicht als unendliche oder unbestimmte (*indeterminate*) Negation wie in: »Cäsar ist keine Primzahl« oder »Gott und die Welt sind keine Gegenstände«.

Etwas genauer gilt: Eine Aussage der Art »Wir sollten ϕ mit Notwendigkeit annehmen« bedeutet im Wesentlichen dasselbe wie: »Wir sollten nicht mit nicht-ϕ rechnen«. Es ist rein formallogisch möglich, dass sich etwas schneller als das Licht bewegt; aber es ist materialbegrifflich unmöglich. Es ist prinzipiell möglich, dass ich eine Million Dollar in meiner Schublade finde, aber es ist nicht wirklich möglich. Wir sagen auch, dass man auf der Reise von Atlanta nach El Paso den Mississippi überqueren *muss* – obwohl wir wissen, dass wir auch um seine Quelle herum weit nach Norden reisen könnten, z. B. über Kanada. Jeder Ort auf einem Kontinent kann von jedem anderen Ort aus erreicht werden, ohne einen bestimmten Fluss zu überqueren (es sei denn, man befindet sich auf einer Insel im Fluss).

In der realen Welt gibt es z. B. keine (reinen) Punkte und keine (»wirklich«) geraden Linien. Nur in der euklidischen Geometrie gibt es ›echte‹ Geraden und Punkte, ›echte‹ rechte Winkel usf. Mit anderen Worten, nur in idealen mathematischen Modellen, nicht in der realen Welt, gibt es Wahrheiten *ohne jede Ausnahme* und *ohne Grenzfälle*.

Hegels Ausdruck »Phänomenologie des Geistes«, die Überschrift seines (ersten) Meisterwerks, meint dabei ein spekulatives Selbstbewusstsein über die äußeren Formen geistiger Vermögen. Ursprünglich hatte Hegel als Themenbezeichnung »Wissenschaft vom erscheinenden Bewusstsein« vorgesehen. Damit scheint klarer als im endgültigen Buchtitel ausgedrückt zu sein, dass es sich um eine kanonische Darstellung von Wissen über die äußeren Formen und somit die reale Konstitution des Begreifens und Beherrschens geistiger Inhalte – samt deren Verfassung selbst – handelt. Denn Bewusstsein ist Wissen von etwas in der Welt. Selbstbewusstsein ist nicht, wie im Deutschen, Entschlossenheit als Charakterzug oder auch Selbstgewahrsein wie im kolloquialen Gebrauch des englischen »self-consciousness«. Es ist Wissen vom Wissen, damit auch vom Können und vom Handeln. Wie der aristotelische Ausdruck »noēsis (tēs) noēseōs« enthält es das Wissen um die Bestimmung der Inhalte gerade auch von Intentionen.[7] Die Grundlage allen Selbstbewusstseins sieht Hegel freilich schon in der Abfolge von animalischer Begierde und Befriedigungsempfindungen.

Der Ausdruck »Phänomenologie« verweist nun lange vor Husserl und Heidegger zunächst auf eine Logik nicht irgendwelcher Erscheinungen, sondern der (reproduzierbaren) äußeren Formen, auf deren Basis Inhalte durch eine Sinnäquivalenz definiert sind. Von zentraler

[7] Auch für Wittgenstein ist die Entwicklung von Selbstbewusstsein nicht nur Aufgabe von Philosophie, sondern entscheidet über die ›Größe‹ der Persönlichkeit oder ›Fülle‹ der Person: »Je weniger sich Einer selbst kennt und versteht, um so weniger groß ist er, wie groß auch sein Talent sein mag. Darum sind unsere Wissenschaftler nicht groß. Darum sind Freud, Spengler, Kraus, Einstein nicht groß.« Ludwig Wittgenstein, Vermischte Bemerkungen 1946, in: *Werkausgabe* (Suhrkamp), Band 8, S. 516. Die Einschätzung der Personen ist nicht die meine.

Bedeutung ist dabei der ›wesenslogische‹ Satz, dass das Wesen (etwa des Geistes oder dann auch Gottes) das Gesamt seiner Erscheinungen ist. Mit Hilfe von Nominalisierungen und metaphorischen Sätzen artikulieren wir grobe Allgemeinaussagen über derartige ›Dinge‹. Teilthemen einer *Logik der Reflexionsbegriffe des Geistigen* sind auf der subjektiven Seite Empfindung, Wahrnehmung, Verstand, Vernunft; auf der objektiven Seite kooperative Praxisformen und Institutionen, wie sie in ihren besonderen Konkretisierungen von den Sozial- und Geschichtswissenschaften, also den Geisteswissenschaften, kanonisch dargestellt werden. Der absolute Geist ist dann der selbstbewusste Vollzug gemeinsamen Lebens, besonders in gemeinsamen Feiern der Religion und Kunst, mit Philosophie als sinnkritischer Kommentierung.

Jetzt erst können wir verstehen, warum bzw. wie sich Hegel von denen absetzt, »die es am gründlichsten zu nehmen scheinen«, indem sie auf Inhalte fokussieren und meinen, »die Form sei etwas Äußeres und für die Sache Gleichgültiges«. Das Problem ist, dass man im inhaltlichen Denken die begriffliche Konstitution der Inhalte blind, Hegel sagt dazu oft: bewusstlos, voraussetzt und eben damit die unterstellten Geltungsbedingungen, Unterscheidungskriterien und dispositionell-generischen Normalfallinferenzen nicht bedenkt und auch nicht mehr bedenken kann. Daher kann es gerade in der Philosophie nie darum gehen, »Wahrheiten zu entdecken, Wahrheiten zu sagen, Wahrheiten und richtige Begriffe zu verbreiten«. Sondern es geht darum, auf das Äußere der sogenannten Inhalte und auf den realen Umgang, den Barwert (William James) sogenannter Wahrheiten genau zu achten. Philosophie behauptet daher nichts, sondern artikuliert nur Kommentare, um durch sie zu zeigen, wie gutes Verstehen und vernünftiges Urteilen und Schließen sozusagen geht.

9 Wenn man nun betrachtet, wie solches Geschäft wirklich betrieben zu werden pflegt, so sieht man einesteils denselben alten Kohl immer wieder aufkochen und nach allen Seiten hin ausgeben – ein Geschäft, das wohl auch sein Verdienst um die Bildung und Erweckung der Gemüter haben wird, wenn es gleich mehr als ein vielgeschäftiger Überfluß angesehen werden könnte – »denn sie haben Mosen und die Propheten, laß sie dieselbigen hören«. (VI)

Die Art, wie bis heute Philosophie als angebliche *philosophia peren-*

nis betrieben wird, nämlich als Behauptung irgendwelcher irgendwie selbstverständlicher Wahrheiten (oder auch der unerhörten ›Wahrheit‹ ihrer provokativen Negation), kann man kaum besser beschreiben, als dass man »alten Kohl immer wieder aufkochen« möchte. Den Romanen und Ratgebern in Stadtbibliotheken und Bahnhofsbuchhandlungen ist dabei das Verdienst »um die Bildung und Erweckung der Gemüter« nicht immer abzusprechen. Hegels Ironie bleibt aber ambivalent. Er weist in der Passage erstens darauf hin, dass es keines besonders subtilen Wissens bedarf, um ein guter Mensch zu sein,[8] sagt zweitens aber auch, dass es heute dennoch nicht mehr ausreicht, nur die Bibel zu lesen und über sie zu predigen bzw. sie kritisch zu kommentieren.

> Vornehmlich hat man vielfältige Gelegenheit, sich über den Ton 9
> und die Prätension, die sich dabei zu erkennen gibt, zu verwundern, nämlich als ob es der Welt nur noch an diesen eifrigen Verbreitern von Wahrheiten gefehlt hätte, und als ob der aufgewärmte Kohl neue und unerhörte Wahrheiten brächte, und vornehmlich immer »in
> jetziger Zeit« hauptsächlich zu | beherzigen wäre. Andernteils aber 7
> sieht man, was von solchen Wahrheiten von der einen Seite her ausgegeben wird, durch eben dergleichen von andern Seiten her ausgespendete Wahrheiten verdrängt und weggeschwemmt werden. Was nun in diesem Gedränge von Wahrheiten weder Altes noch Neues, sondern Bleibendes sei, wie soll dieses aus diesen formlos hin und her gehenden Betrachtungen sich herausheben – wie anders sich unterscheiden und bewähren, als durch die *Wissenschaft*? (VI f.)

Besonders erstaunt, wenn die Leute meinen, sie selbst hätten eine tiefe Einsicht vermittelt, indem sie etwas Altbekanntes oder Selbstverständliches oder ein Bedenken in ihren eigenen Worten neu formulie-

[8] Leander Berger hat mich auf die Doppeldeutigkeit hingewiesen, in der die Anspielung auf Lukas 16,29 die eine Seite bestimmt: Ein reicher Mann im Totenreich, von Qualen geplagt, bittet Abraham im Himmel, er möge jemanden schicken, seine Brüder zu warnen, damit sie ihr Leben ändern und nicht auch in die Hölle kommen. Das lehnt Abraham ab mit dem Hinweis: »sie haben Moses und die Propheten, die sollen sie hören«. Es bedarf also keiner weiteren Auslegungen, Ermahnungen, das ist nur »vielgeschäftiger Überfluss«.

ren. Dabei ist nicht das entsprechende Selbstdenken zu kritisieren, sondern auf die Gefahren des aufgeblasenen Tons hinzuweisen.

9f. Ohnehin über *Recht, Sittlichkeit, Staat* ist die *Wahrheit* eben *so sehr alt*, als in *den öffentlichen Gesetzen, der öffentlichen Moral und Religion offen dargelegt und bekannt*. Was bedarf diese Wahrheit weiter, insofern der denkende Geist sie in dieser nächsten Weise zu besitzen nicht zufrieden ist, als sie auch zu *begreifen*, und dem schon an sich selbst vernünftigen Inhalt auch die vernünftige Form zu gewinnen, damit er für das freie Denken gerechtfertigt erscheine, welches nicht bei dem *Gegebenen*, es sei durch die äußere positive Autorität des Staats oder der Übereinstimmung der Menschen, oder durch die Autorität des innern Gefühls und Herzens und das unmittelbar beistimmende Zeugnis des Geistes unterstützt, stehen bleibt, sondern von sich ausgeht und eben damit fordert, sich im Innersten mit der Wahrheit geeint zu wissen? (VII)

Was Recht, Sittlichkeit oder Staat sind, ist uns praktisch längst schon bekannt. Das gilt auch schon dafür, wie sie in ihren Instanzierungen als gut genug oder noch allzu weit weg von ihrer Idee als einem geschichtlich längst schon real entwickelten Ideal zu beurteilen sind. Solche Ideale entwerfen wir sprachlich, sozusagen narrativ, auch in der Form von Utopien, formal nicht anders als die idealen Formen der Geometrie, nur ohne Beschränkung auf ein mathematisches Ausdruckssystem. Wir verwenden die Ideale, manchmal auch Utopien, auf charakteristische Weise zur Bewertung des realen Zustands der je gegenwärtigen Manifestationen von Staat, Recht und Ethos. Man denke etwa daran, wie wir Institutionen in Frankreich, Großbritannien, Deutschland oder den USA z. B. in der ersten Hälfte des 19. Jahrhunderts beurteilen, also zu Hegels eigener Zeit, oder heute in der ersten Hälfte des 21. – etwa auch, wenn wir Gerichtsverfahren wie gegen Julian Assange oder gerade in Russland und der Türkei bewerten.

»In den öffentlichen Gesetzen, der öffentlichen Moral und Religion« sind die Grundnormen und Grundideen von Recht und Gerechtigkeit in einer der Idee nach im Prinzip guten Staatsordnung (zunächst unabhängig von der Frage nach einer monarchischen, meritokratisch-republikanischen oder gar schon wahldemokratischen Regierungsform) schon vorartikuliert, also »offen dargelegt und bekannt«. Man fragt sich daher, was noch über eine predigtförmige Erinnerung an diese Bekanntheit zu sagen nötig sein soll. Empraktisch oder intuitiv, im *common sense* der Kolportage oder Zivilreligion, scheinen alle schon zu wissen, was gut ist, wie also wahre Gerechtigkeit in einem wahren Staat aussieht und worin wahre Moral besteht – bzw. was eine wahre Religion darüber zu sagen hätte. Warum sollten wir uns mit unseren Gefühlen des *bon sense* nicht zufriedengeben? Begreifen wir sie etwa nicht gut genug?

In der Tat. Die bisherige Reflexion auf Sinn und Gebrauch der Ideen und Ideale eines guten Staates und seiner Gesellschaft hat weder schon in religiösen ›Begründungen‹ noch in den Intuitionen des unmittelbaren Gefühls, das im unmittelbaren Urteil nur scheinbar immer das Gute trifft, eine »vernünftige Form« gewonnen. Wir dürfen uns daher nicht nur in Bezug auf den faktischen Staat und die realen gesellschaftlichen Verhältnisse, sondern auch in Bezug auf die Reflexionsformen etwa über ein Naturrecht oder die erstmals bei Hegel artikulierten Menschenrechte mit dem bloß faktisch Gegebenen und einer üblichen Meinung *nicht* zufriedengeben. Weder reicht die »äußere positive Autorität des Staats« aus, um das gesatzte positive Recht als Manifestation der Idee des Rechts anzuerkennen, also als legitim und gerecht, noch eine nur erst kontingente Übereinstimmung der Menschen als ein aus dem Faktischen ohnehin immer bloß vermutungsmäßig extrapolierter ›wirklicher‹ Konsens oder bloß gefühlsförmig behaupteter idealer Konsens wie in einer Diskursethik.

Die romantische »Autorität des inneren Gefühls und Herzens«, wie sie etwa auch den neureligiösen sozialistischen und demokratistischen Utopismus Ernst Blochs prägt, reicht angesichts der realen Probleme einer guten Entwicklung von Institutionen im Allgemeinen bei weitem nicht aus. Wir können daher bei unmittelbaren Zustimmungen des subjektiven Geistes zu scheinbaren Selbstverständlichkeiten nicht stehenbleiben, sondern dürfen diese nur als Ausgangspunkt sinnkritischer Reflexion und freier Gesamtbeurteilung ansehen. Ziel ist es freilich, am Ende sich im »Innersten mit der Wahrheit geeint zu wissen«, also auf höherer Ebene ein befriedigendes Verständnis zu erarbeiten.

Das einfache Verhalten des unbefangenen Gemütes ist, sich mit zutrauensvoller Überzeugung an die öffentlich bekannte Wahrheit zu halten, und auf diese feste Grundlage seine Handlungsweise und feste Stellung im Leben zu bauen. (VII)

Der Gedanke kann leicht als absoluter Staatskonformismus und Konservativismus missverstanden werden, zumal wenn man die Rede vom Staat nicht einfach als Ausdruck für die gegebene sozialpolitische Gesamtsituation liest, sondern auf eine konkrete Regierung und Staatsmacht bezieht. Hegel schildert eine Situation, in der sich ein selbsternannter Kritiker gegen »das einfache Verhalten des unbefangenen Gemütes« stellt. Letzteres hält sich mit vertrauensvoller »Überzeugung an die öffentlich bekannte Wahrheit« und baut »auf diese feste Grundlage seine Handlungsweise und feste Stellung im Leben«. Man beachte dabei zunächst die Sinnverwandtschaft von Stellung und Status.

> Gegen dieses einfache Verhalten tut sich etwa schon die vermeinte Schwierigkeit auf, wie aus den unendlich *verschiedenen Meinungen* sich das, was darin das allgemein Anerkannte und Gültige sei, unterscheiden und herausfinden lasse; und man kann diese Verlegenheit leicht für einen rechten und wahrhaften Ernst um die Sache nehmen. (VIII)

Kritiker mögen meinen, es gäbe eine Schwierigkeit, aus der unendlichen Vielfalt der Meinungen dazu, was allgemein anerkannt und gültig sei, die richtige zu finden. Der Form nach denkt man dabei so schlecht abstrakt wie im sophistischen Skeptizismus. Hegel weist nämlich darauf hin, dass wir das Allgemeine und das im Allgemeinen Richtige sehr wohl kennen. Es ist daher falsch zu meinen, alles sei bezweifelbar, bloß weil es weder im Allgemeinen noch im Besonderen und Einzelnen eine untrügliche Sicherheit über subjektive Gewissheiten hinaus gibt.

> In der Tat sind aber die, welche sich auf diese Verlegenheit etwas zu Gute tun, in dem Falle, den Wald vor den Bäumen nicht zu sehen, und es ist nur die Verlegenheit und Schwierigkeit vorhanden, welche sie selbst veranstalten; ja diese ihre Verlegenheit und Schwierigkeit ist vielmehr der Beweis, daß sie etwas anderes als das allgemein Anerkannte und Geltende, als die Substanz des Rechten und Sittlichen wollen. Denn ist es darum wahrhaft, und nicht um die *Eitelkeit* und *Besonderheit* des Meinens und Seins zu tun, so hielten sie sich an das substantielle Rechte, nämlich an die Gebote der Sittlichkeit und des Staats, und richteten ihr Leben darnach ein. – (VII f.)

Man sieht den Wald vor lauter Bäumen z. B. dann nicht, wenn man daran zweifelt oder irgend beweisen will, dass 2 + 2 = 4 ist. Manchmal mag jemand eine »2« mit einer »1« verwechseln, also falsch mit Ziffern und Buchstaben rechnen. Ansonsten ist der Satz wahr, weil er als wahr im Umgang mit den Zeichen gesetzt ist.

Entsprechendes gilt für die zwar falliblen, aber im Normalfall ausreichend sicheren und gemeinsam in ihren Normfallfolgen gewissen Urteile der Art: »Es ist noch Milch im Kühlschrank, ich habe es eben gesehen«. Es sind das gerade ›empirische‹, sprecherrelative und insofern ›subjektive‹ bzw. ›endliche‹ Aussagen – im Unterschied zu allgemeinen Aussagen der Form: »Milch enthält Laktose« bzw. zu ›unendlich falschen‹ wie etwa »Ich bin der Staat«. Dabei ist eine der tiefsten Einsichten Hegels, dass wir die logische Analyse nicht mit Aussagen und der Frage nach ihren Begründungen beginnen dürfen. Wir müssen mit gemeinsamen Unterscheidungen und den mit ihnen über Sprache (Wörter, Ausdrücke, Sätze) verbundenen dispositionellen Normalfallfolgen beginnen, wie sie von uns selbst gesetzt sind.

Die Normalfallkriterien mehr oder weniger rein präsentischer Klassifikationen sind dann von den überzeitlichen dispositionellen bzw. inferentiell dichten Eigenschaften zu unterscheiden. Es sind noch nicht einmal Farbunterscheidungen unmittelbar präsentisch, da es auf die Lichtverhältnisse und Perspektive ankommt. Daher sind Farben für Kinder auch keineswegs einfach lernbar. Zu unterscheiden, ob ein Ding grün *ist* oder bloß von hier her grün *zu sein scheint*, ist logisch durchaus kompliziert. Zu meinen, wir könnten in das Unterscheiden von Farben rein deiktisch durch Koordinierung von Sinnesempfindungen eingeführt werden, geht daher, wie auch der spätere Wittgenstein sieht, völlig an den materialen und semantischen Realitäten vorbei. Andererseits erfinden Sophisten unnötige Probleme. Ihr künstlich veranstalteter Skeptizismus führt sogar dazu, dass sie unter der Hand andere Normen als die allgemein anerkannten und geltenden im Unterscheiden, urteilenden Schließen und konsequenten Handeln zu setzen belieben.

Die weitere Schwierigkeit aber kommt von der Seite, daß der Mensch *denkt* und im Denken seine Freiheit und den Grund der Sittlichkeit sucht. Dieses Recht, so hoch, so göttlich es ist, wird aber in Unrecht verkehrt, wenn nur dies für Denken gilt und das | Denken 8
nur dann sich frei weiß, insofern es vom *Allgemein-Anerkannten*

und Gültigen abweiche und sich etwas *Besonderes* zu erfinden gewußt habe. (VIII)

Das eigentliche Problem ist, dass kein Argument uns zu einem Urteil zwingt. Daher kann man formal auch das Urteil bezweifeln, dass das Denken als begrifflich orientiertes Urteilen, Schließen und Handeln frei ist. Es ist dann nur nicht mehr klar, ob wir auch wissen, was wir tun, wenn wir das bezweifeln. Denn praktisch unterscheidet auch der verbale Zweifler zwischen Widerfahrnissen und freien Handlungen. Man weiß praktisch ziemlich genau, dass und warum es Unsinn (oder erst noch zu verstehende Metapher) ist, wenn wir sagen würden, ein Stein oder ein Computer, auch ein Roboter, handele frei. Kurz, wir markieren mit den Wörtern »frei« und »unfrei« einen uns im Allgemeinen völlig bekannten Unterschied, der freilich je nach Kontext je anders zu verstehen ist.

Entsprechendes gilt auch für das Verstehen dessen, was Hegel hier und anderswo sagt: Es beweist gar nichts, wenn jemand versichert, er oder man ›könne‹ die Texte auch anders lesen. Das gilt immer. Die Frage ist, ob es sich um gute, plausible, kohärente Lesevorschläge handelt – und ob zu ihrer Verteidigung nicht ein Unmaß an Irrtümern, Inkonsequenzen und Obskuritäten unterstellt werden muss. Letzteres gilt z. B., wenn man den jungen Hegel so liest, als wäre er ein Junghegelianer, der dann aber wieder zu einem Metaphysiker eines mystifizierten absoluten Geistes wird, wie Jürgen Habermas noch in seinem neuesten Werk behauptet.[9] Im Fall von Hegels Verhältnis zur Religion wird etwa gesagt, in seiner Jugend habe er den ›antimetaphysischen‹ Positionen der Junghegelianer näher gestanden als in seiner entwickelten Philosophie. Die Annahme, er sei unmittelbar nach den Karlsbader Beschlüssen (1819) in Spätfolge seiner Freude über den Ruf nach Berlin zu Kreuze gekrochen, ist abwegig.

Das göttliche Recht des freien Urteilens, subjektiven Verstehens und eigenständigen Denkens wird erst recht »in Unrecht verkehrt«, wenn man damit die willkürliche Abweichung von allen tradierten Normen, dem Kanon des allgemein »Anerkannten und Gültigen« zu rechtfertigen versucht – oder meint, nur das ›glauben‹ zu müssen,

[9] Jürgen Habermas, *Auch eine Geschichte der Philsosphie*, 2 Bde. Berlin: Suhrkamp 2019.

wozu uns ›zureichende Gründe‹, die wir rein subjektiv einsehen können, sozusagen ›zwingen‹. Es gibt, heißt das, eine geradezu maßlose Überschätzung dessen, was Habermas den »zwanglosen Zwang des besseren Arguments« nennt oder Wilfrid Sellars und Robert Brandom als das Reich der Gründe ansprechen.[10] Gründe in einem nicht trivialen Sinn sind nämlich nur im Kontrollfall zu fordern, also nach einem echten, nicht bloß künstlich veranstalteten Zweifel. Im Fall empirischer Informationen wird ein Hörer manchmal die Herkunft der Information prüfen wollen. Im Fall allgemeinen Wissens und materialbegrifflicher bzw. generischer Inferenzen geht es erstens um die Nachverfolgung kanonischer Setzungen, zweitens um die Prüfungen möglicher Privationen oder drittens um Vorschläge zu ihrer Revision. Diese müssen sich gegenüber den anerkannten Unterscheidungs- und Schlussformen als allgemein besser rechtfertigen lassen – ganz nach dem Muster eines konstruktiven Misstrauensvotums in der Politik. Das richtige ›apagogische‹ Rechnen mit den sprachlichen Verdichtungen einer sogenannten formalen Prädikatenlogik ist kein Begründen und Argumentieren in diesem Sinn, noch nicht einmal in den formal kanonisierten Gegenstandsbereichen der Mathematik, wohl aber das nichtdeduktive (nicht apagogische) Beweisen der ›Wahrheit‹ von Axiomen und Sätzen in konkreten Modellstrukturen.

[10] *Rechtfertigungen* eines Urteils oder Tuns sind logisch von anderem Typ als *Begründungen*. Begründungen stellen auf das *Allgemeine*, einen Kanon von Defaultschlussen ab. Sie gehören zunächst zum Verstand. Rechtfertigungen verweisen auf besondere Handlungssituationen und betonen die subjektive Urteilskraft. Wegen ihrer Subjektivität sind sie aber schnell verdächtig, so dass die Leute häufig allzu schnell zurück in die allgemeinen Begründungen flüchten. Man möchte dann z. B. eine Handlung ganz allgemein als richtig im Kontext ausweisen – und verwandelt damit die eigene Rolle in die eines Schiedsrichters. Damit aber gerät man in die Falle einer Selbstrechtfertigung, für die es aus Mangel an einer einzugestehenden Schuld gar nichts zu entschuldigen gibt – so dass ein solches rein subjektives Urteil die Bedingungen gemeinsamer Vernunft noch nicht erfüllt. Es kann daher jemand, der eine Schuld einfach auf sich nimmt, besser handeln, als wer sich rechtfertigt – ganz nach dem sokratischen Motto, es sei besser, ungerecht angeklagt zu werden, als sich auf falsche Weise zu verteidigen.

10f. Am festesten konnte in unserer Zeit die Vorstellung, als ob die Freiheit des Denkens und des Geistes überhaupt sich nur durch die Abweichung, ja Feindschaft gegen das Öffentlich-Anerkannte beweise, in *Beziehung auf den Staat* eingewurzelt, und hienach absonderlich eine Philosophie über den Staat wesentlich die Aufgabe zu haben scheinen, *auch* eine *Theorie* und eben eine neue und besondere zu erfinden und zu geben. Wenn man diese Vorstellung und das ihr gemäße Treiben sieht, so sollte man meinen, als ob noch kein Staat und Staatsverfassung in der Welt gewesen, noch gegenwärtig vorhanden sei, sondern als ob man *jetzt* – und dies *Jetzt* dauert immer fort – ganz von Vorne anzufangen, und die sittliche Welt nur auf ein solches *jetziges* Ausdenken und Ergründung und Begründen gewartet habe. (VIII f.)

Die sogenannte Aufklärung und Kants Aufruf zum ›Selbstdenken‹ führten zur verfehlten Vorstellung, das selbstbewusste Urteilen müsse sich darin beweisen, »das öffentlich Anerkannte« abzulehnen und sich erst einmal gegen jede Tradition zu stellen. Insbesondere im Blick auf den Staat und das Recht, die Religion und die bürgerliche Gesellschaft der freien Verträge und eines staatlich geschützten Eigentumsregimes hat das bis heute gravierende Folgen. Dabei geht es durchaus nicht etwa darum, Reformen oder gar Revolutionen auszuschließen. Es geht eher darum, in der Erfindung neuer Formen des Zusammenlebens realistisch zu bleiben, sich an das Machbare zu halten und sich nicht von unerreichbaren paradiesischen Utopien verleiten zu lassen. Es geht also darum, die gemeinsamen geschichtlichen Erfahrungen in der Debatte um Staat und Staatsverfassung nicht über Bord gehen zu lassen. Hegel als denkender Schwabe ist gegen jedes Wichtigtun. Im Blick auf ein »Ergründen und Begründen« radikal neuer Formen des Zusammenlebens in Staat und Gesellschaft ist er höchst skeptisch.

11 Von der *Natur* gibt man zu, daß die Philosophie sie zu erkennen habe, *wie sie ist*, daß der Stein der Weisen *irgendwo* aber *in der Natur selbst* verborgen liege, daß sie *in sich vernünftig* sei und das Wissen diese in ihr gegenwärtige, *wirkliche* Vernunft, nicht die auf der Oberfläche sich zeigenden Gestaltungen und Zufälligkeiten, sondern ihre ewige Harmonie, aber als ihr *immanentes* Gesetz und Wesen zu erforschen und begreifend zu fassen habe. (IX)

In den Naturwissenschaften ist es eine anerkannte Maxime, dass die *philosophia* oder *theoria* die Dinge und Prozesse der Natur nach Möglichkeit so zu unterscheiden und darzustellen habe, wie sie sind. Es ist dies das platonisch-aristotelische Programm der Rettung der Phänomene durch die Theorie, das sogar für Demokrit galt. Das heißt, dass die inneren Gegenstände der Modelle, die wir wesenslogisch zur allgemeinen Darstellung und Erklärung der wiederholt beobachtbaren Phänome entwerfen, nichts Jenseitiges sind. Wir schlagen sie zur Natur, zum nachhaltigen Wesen der Dinge. Die von uns begrifflich gesetzte bzw. geformte Wirklichkeit enthält so allerlei Vorentscheidungen, Konventionen und Vorwissen.

Es ist ein leicht ironisches Orakel, wenn Hegel eben diese Einsicht durch den Satz ausdrückt, es liege »der Stein der Weisen … in der Natur selbst verborgen«. Dass sie »in sich vernünftig sei«, ist also keine Aussage über alle Zufälle der Welt, sondern eine meta-begriffliche Wahrheit in Bezug auf das, was wir in der Rede von der Natur oder dem Wesen einer Sache oder als Wirklichkeit den erfahrenen Phänomenen als vernünftige Erklärung zuordnen. Die Logik der Begriffe der Natur, des Wesens einer Sache und ihrer Wirklichkeit voll zu begreifen, fällt freilich schwer, wenn man alle Sätze und Aussagen in einen vermeintlich schon vorgefertigten Rahmen geschichtlicher Narrationen oder allgemeiner Behauptungen stellt.[11]

Jeder, der über die Form der Naturwissenschaften nachgedacht hat, wird zugeben, dass das, was wir als wirkliche oder wesentliche Erklärung den an der »Oberfläche sich zeigenden Gestaltungen und Zufälligkeiten« entgegenstellen, theoretisch geformt ist und daher als Leistung kollektiver Vernunft zu begreifen ist. Das Pathos in der Rede von der ›ewigen Harmonie‹ der Natur oder Wirklichkeit, deren »immanentes Gesetz und Wesen zu erforschen und begreifend zu fassen« ist, verführt zu einer ›metaphysischen‹ Deutung dieser Überlegung. Die Wirklichkeit der Welt oder auch die Natur der Naturwissenschaften ist vernünftig nicht etwa deswegen, weil ein transzendenter, dabei aber völlig anthropomorpher Gott sie vernünftig eingerichtet hätte, sondern weil in der Kontrastierung zwischen kausaler, sprich: sachbezogener, objektiver Erklärung und subjektiven Phänomenen im

[11] Vgl. zu »Natur« als Wesen und Begriff auch Vorl. Rechtsphil., GW 26,3, S. 1052 und 1492.

endlich-empirischen Zugang zur Welt von hier und jetzt her die Natur oder Wirklichkeit als System allgemeinen Wissens eine Leistung der Vernunft des objektiven Geistes, speziell also unserer eigenen Entwicklung der Naturwissenschaften ist. Es hat keinen Sinn, diese teils logisch-begriffliche, teils wissensinstitutionelle Tatsache zu leugnen oder zu bezweifeln – wenn man sie einmal verstanden hat.

11 Die *sittliche Welt* dagegen, der Staat, sie, die Vernunft, wie sie sich im Elemente des Selbstbewußtseins verwirklicht, soll nicht des Glücks genießen, daß es die Vernunft ist, welche in der Tat in diesem Elemente sich zur Kraft und Gewalt gebracht habe, darin behaupte und inwohne. (IX)

Hegels ›Argumentationsform‹ bleibt hochgradig ironisch – woran mancher Leser scheitert, wenn er sich weigert, figurative Rede erstens überhaupt ernst zu nehmen und zweitens angemessen zu lesen. Es ist z. B. klarerweise nicht angemessen, aus der Metapher »Richard ist ein Löwe« zu folgern, dass Richard die Kinder seiner neuen Frau töten möchte. – Die Ironie Hegels besteht darin, dass im Fall der Natur nicht ›diese selbst‹ qua bloßer Realität der Phänomene, sondern deren ›objektive‹ Erklärung Folge einer institutionellen Setzung oder vernünftigen Formung gemeinsamen Wissens ist. Die »sittliche Welt«, zu welcher auch der Staat gehört, ist nun insgesamt selbst das Gesamt der von uns geformten Institutionen. Die Vernunft kommt nicht erst dort ins Spiel, wo es um begrifflich gefasste *Darstellungen und Erklärungen* geht, sondern schon in der *Verfassung des gemeinsamen Handelns* selbst.

Das Wir des Vollzugs ist der objektive Geist des gemeinsamen Selbstbewusstseins. In der Reflexion auf dessen Konstitution sehen wir, dass es eine kollektiv sich entwickelnde Vernunft ist, welche den Praxisformen und Institutionen selbst dann ›innewohnen‹, wenn deren Aktualisierungen und Manifestationen, wie alle realen Sachen, auf viele Weisen privativ sind und daher der Abstand zur idealen Idee immer zu beachten ist, wie das gerade auch Platon schon gesehen hat.

11 Das geistige Universum soll vielmehr dem Zufall und der Willkür preisgegeben, es soll *Gottverlassen* sein, so daß nach diesem Atheismus der sittlichen Welt das *Wahre* sich *außer* ihr befinde, und zugleich, weil doch *auch* Vernunft darin sein soll, das Wahre nur ein Problema sei. (IX)

Es ist ebenso unsinnig zu meinen, dass Gauß rein zufällig zum großen Mathematiker oder Beethoven zum genialen Musiker geworden sei, wie zu glauben, »das geistige Universum« bzw. die Welt des Sozialen, des Ethos und der Kultur sei rein »dem Zufall und der Willkür preisgegeben«. Hegel sieht hier ein Problem erstens des reinen Empirismus und zweitens jedes naturalistischen oder materialistischen Atheismus. Das Problem liegt nicht etwa darin, dass der Glaube an einen personalen Gott zu verteidigen wäre, sondern im ›Nihilismus‹ der Vorstellung, die Welt der Menschen sei »gottverlassen« und alles individuelle und gemeinsame ›Verhalten‹ ergebe sich einfach als Folge natürlich-kontingenter Bewegursachen oder eines bloß aggregierten subjektiv-intentionalen Verhaltens der Leute.

Hegel kritisiert völlig zu Recht die Meinung, dass ›das Wahre‹ außerhalb ›der sittlichen Welt‹ liege. Es ist schlicht inkohärent (mit Kant) zu glauben, dass zwar irgendwie doch auch Vernunft in der geschichtlichen Entwicklung der Institutionen liegen soll, aber »das Wahre nur ein Problema sei«. Wir sollen, meint Kant, rein aus pragmatischen Gründen der moralischen Erbauung so tun dürfen, als gäbe es Vernunft und Teleologie, also ein Bemühen um Perfektion in Richtung eines Vernunftideals in der Geschichte. Andererseits aber soll ›im Prinzip‹ und ›in Wahrheit‹ alles menschliche Verhalten ›eigentlich‹ naturkausal erklärbar sein, auch wenn wir die Bewegursachen nie real beschreiben können.

Hierin aber liege die Berechtigung, ja die Verpflichtung für jedes 11
Denken, auch seinen Anlauf zu nehmen, doch nicht um den Stein der Weisen zu *suchen*, denn durch das Philosophieren unserer Zeit ist das Suchen erspart und Jeder gewiß, so wie er steht und geht, diesen Stein in seiner Gewalt zu haben. (IXf.)

Die paradoxe Folge ist, dass Kants Vorstellung von einer Berechtigung und Verpflichtung des Selbstdenkens jedem seine private Meinung über die Ursachen und Gründe des individuellen und kollektiven Handelns erlaubt. Nach kanonisierbaren allgemeinen Ursachen und Gründen braucht man in diesem Pluralismus subjektiver Meinungen nicht mehr zu suchen. Die findet man ohnehin nicht. Hegel drückt das ironisch so aus, dass man aufgibt, hier nach dem »Stein der Weisen zu suchen«, denn »durch das Philosophieren unserer Zeit« in der Nachfolge von Kant ist uns »das Suchen erspart und jeder gewiß, so wie er steht und geht, diesen Stein in seiner Gewalt zu haben.« Mit anderen Worten, Kants Kritik der Vernunft (und Metaphysik) betreibt wie schon David Hume eine Art *overkill* und landet (wenigstens bei den meisten seiner Leser) in einem skeptizistisch-empiristischen Pragmatismus. Zwar meint Kant, nur metaphysische Globalaussagen zu kritisieren, also nicht die Aussagen über empirische Erscheinungen. Aber dabei sieht er nicht, dass alle wissenschaftlichen Aussagen generisch-allgemein, holistisch und kanonisch gesetzt sind, und zwar mit typisch oder akzidentell möglichen Ausnahmen. Aussagen über ›empirische‹ Erscheinungen aber sind nur erst subjektive, von hier und jetzt her formulierte Berichte oder Erzählungen. Zwar erkennt Kant, dass ihre Objektivität konstituiert sein muss, aber nicht die Dialektik eben dieser Bestimmungen.

Eine Folge besteht darin, dass die sich im 19. Jahrhundert etablierenden Sozialwissenschaften wie die Geisteswissenschaften auf einen rein deskriptiven Positivismus *a posteriori*, also narrative Ereignisbzw. Sozial- und Zeitgeschichte ggf. mit statistische begründeten pragmatischen Ratschlägen auf der Basis probabilistischer Grobprognosen reduziert werden. Das liegt nicht nur an einer Vermeidung normativer Urteile, sondern auch daran, dass man zwischen den verschiedenen, z. B. institutionell gesteuerten, Formen gemeinsamen Handelns nicht unterscheidet. Jedes *Wir* erscheint im methodischen Individualismus bloß als Menge von Individuen und sogar die *Gesellschaft der Leute* (so ein Titel von Georg Vobruba) rein als Kollektiv, der Staat aber als Gruppe seiner Funktionäre.

11 Nun geschieht es freilich, daß diejenigen, welche in dieser Wirklichkeit des Staats leben und ihr Wissen und Wollen darin befriedigt finden, – und deren sind Viele, ja mehr als es meinen und wissen, denn *im Grunde* sind es *Alle,* – daß also wenigstens diejenigen, welche *mit Bewußtsein* ihre Befriedigung im Staate haben, jener Anläufe und Versicherungen lachen und sie für ein bald lustigeres oder ernsteres, ergötzliches oder gefährliches, leeres Spiel nehmen. (X)

Zunächst aber haben wir alle uns längst schon im Großen und Ganzen mit der Gesamtformation von Staat und Gesellschaft arrangiert und kritisieren bestenfalls besondere Mängel – selbst dann, wenn wir Revolutionen planen. Insbesondere aber sind die Veränderungen solcher Revolutionen häufig nur schlechtere Versionen älterer

Verhältnisse. Das zeigt sich für Hegel an Robespierres Kult des höchsten Wesens, für uns vielleicht an der Übernahme der Praktiken der Geheimpolizei des Zaren oder Stalins Kopie des Fordismus. »Wenigstens diejenigen, welche *mit Bewußtsein* ihre Befriedigung im Staate haben«, also alle, die wissen, dass sie als Bürger von den staatlichen Institutionen profitieren, halten das Wichtigtun rein subjektiver Fundamentalkritik an Staat und Gesellschaft, auch am Ethos der Zeit und am System des Rechts für Gerede, das allerdings den Institutionen durchaus auch gefährlich werden kann.

Jenes unruhige Treiben der Reflexion und Eitelkeit, so wie die 11f.
Auf|nahme und Begegnung, welche sie erfährt, wäre nun eine Sache 9
für sich, die sich auf ihre Weise in sich entwickelt; aber es ist *die Philosophie* überhaupt, welche sich durch jenes Getreibe in mannigfaltige Verachtung und Misskredit gesetzt hat. Die schlimmste der Verachtungen ist diese, daß wie gesagt jeder, wie er so steht und geht, über die Philosophie überhaupt Bescheid zu wissen und abzusprechen im Stande zu sein überzeugt ist. Keiner andern Kunst und Wissenschaft wird diese letzte Verachtung bezeigt, zu meinen, daß man sie geradezu innehabe. (X)

Man könnte die Wichtigtuereien einer Kaffeehausphilosophie oder die Kolportagen des Feuilletons auf sich beruhen lassen, wenn sie nicht in ihrem teils vielstimmigen, teils politisch korrekten Konformismus jede ernstzunehmende Sozial-, Rechts- und Staatsphilosophie infrage stellten. Das gilt sowohl für sachbezogene Theorien des Staates, des Rechts oder der (ökonomischen, arbeits-, güter- und machtteiligen Gesellschaft) als auch für die höherstufig-reflexionslogische Philosophie des Staates, des Rechts oder des Ethos. Die Sachtheorien der Rechts- und Staatswissenschaften, auch der damals noch immer neuartigen Volkswirtschaftslehre nach Adam Smith, sind zunächst Kanonisierungsversuche institutioneller Handlungsformen und ihrer Folgen, nicht etwa rein hypothetische oder gar zureichende ›kausale Erklärungen‹ individuellen bzw. kollektiven Handelns oder gesellschaftlicher Entwicklungen.

In der Tat, was wir von der Philosophie der neuern Zeit mit der 12
größten Prätension über den Staat haben ausgehen sehen, berechtigte wohl jeden, der Lust hatte mitzusprechen, zu dieser Überzeugung, eben solches von sich aus geradezu machen zu können und da-

mit sich den Beweis, im Besitz der Philosophie zu sein, zu geben. Ohnehin hat die sich so nennende Philosophie es ausdrücklich ausgesprochen, daß *das Wahre selbst nicht erkannt werden* könne, sondern daß dies das Wahre sei, was jeder über die sittlichen Gegenstände, vornehmlich über Staat, Regierung und Verfassung, sich *aus seinem Herzen, Gemüt* und *Begeisterung aufsteigen* lasse. (Xf.)

Bei Hegel changiert der Begriff der Philosophie noch zwischen dem allgemeinen Sinn von *philosophia* als systematischer *Theorie* eines Sach- und Fachbereichs auf der Objektstufe und der logischen Analyse und methodischen Reflexion auf den Theorie- und Wissensbetrieb auf der Metastufe. Dabei gab es noch keine etablierten Gesellschafts- und Geisteswissenschaften – über die Theologie, die Philologien und die Geschichtswissenschaften hinaus.

Hier beklagt Hegel nun genauer die – nicht intendierte – Folge der kantianischen Vorstellung, Wissenschaft, ›science‹, im eigentlichen Sinn müsse wie die Newtonsche Mechanik oder Dynamik im Kern mathematisch verfasst sein; aber einen Newton des Grashalms, also des Lebens, oder gar der Gesellschaft werde es dennoch nicht geben. In der auf Kant (und Hume) folgenden Popularphilosophie wird in diesem Sinn »ausdrücklich ausgesprochen, daß das Wahre selbst nicht erkannt werden könne«. Daher wird Kant ironischerweise zum unfreiwilligen Unterstützer einer Romantik, nach welcher »dies das Wahre sei, was jeder über die sittlichen Gegenstände, vornehmlich über Staat, Regierung und Verfassung, sich aus seinem Herzen, Gemüt und Begeisterung aufsteigen lasse«.

12 Was ist darüber nicht alles der Jugend insbesondere, zum Munde geredet worden? Die Jugend hat es sich denn auch wohl gesagt sein lassen. *Den Seinen gibt Er's schlafend,* – ist auf die Wissenschaft angewendet worden, und damit hat jeder Schlafende sich zu den *Seinen* gezählt; was er so im Schlafe der Begriffe bekommen, war denn freilich auch Ware darnach. – (XI)

Die romantische Vorstellung von einer Wissenschaft und Philosophie des Staates, der Gesellschaft und der Kultur, der sogenannten menschlichen Dinge, der ›humanities‹, macht es Schülern und Studierenden leicht: »Den Seinen gibt Er's schlafend« – oder wenigstens abends am Biertisch. Die Ironie ist offenkundig. Einer Arbeit am Begriff braucht es nicht. Der sich ergebende schlechte Ruf des sogenannten ›Wissens‹ der Geistes- und durchaus auch der Sozialwissenschaften hält bis heute an.

Ein Heerführer dieser Seichtigkeit, die sich Philosophieren nennt, 12f.
Herr *Fries,*[12] hat sich nicht entblödet bei einer feierlichen, berüchtigt gewordenen öffentlichen Gelegenheit in einer Rede, über den Gegenstand von Staat und Staatsverfassung die Vorstellung zu geben: »in dem Volke, in welchem echter Gemeingeist herrsche, würde jedem Geschäft der öffentlichen Angelegenheiten *das Leben von unten aus dem Volke* kommen, würden jedem einzelnen Werke der Volksbildung und des volkstümlichen Dienstes, sich *lebendige* Gesellschaften weihen, *durch die heilige Kette der Freundschaft* unverbrüchlich vereinigt«, und dergleichen. – (XI)

Man könnte über die beidseitigen Polemiken zwischen Hegel und Jakob Friedrich Fries einfach hinwegsehen, ebenso wie man von denen Arthur Schopenhauers gegen Hegel absehen könnte, wenn diese nicht rezeptionsgeschichtlich allzu bedeutsam geworden wären, zumal Karl Popper am Ende noch zur Fries-Schule gehört. Hier polemisiert Hegel gegen die Vorstellung, es könne je in einem Volk einen unmittelbaren Gemeingeist geben, der alle politische Macht und Arbeitsteilung überflüssig mache. Von ›unten‹, aus dem ›Volk‹, kommt je nur nationalistischer Populismus. Während Hegel seit der Zeit in Heidelberg gegen den Antisemitismus in den meisten Studentenkorporationen ankämpft, hat Fries diesen angeheizt. Dennoch hat er aufgrund seines utopischen *Demokratismus* und seines Pathos kommunitarischer Solidarität eine bessere Presse als der *Konstitutionalist* Hegel. – Hier wird freilich nur erst die Oberflächlichkeit einer direkten Volksdemokratie kritisiert. Es wähnen sich sozialistische Demokraten in ihrem Kampf gegen die noch schlimmeren Nazis auf der richtigen Seite. Das gilt durchaus auch für eine allzu unbedarfte Kritik an vermeintlichen Gegnern einer offenen Gesellschaft. Ein Liberalismus, der den Staat in einen bloßen Handlanger ökonomischer Macht verwandelt, verteidigt unsere Freiheit weit weniger als ein Republikanismus, der den Sozialstaat fordert, weil sich nur in ihm überhaupt rechtfertigen

[12] Fußnote Hegels: »Von der Seichtigkeit seiner Wissenschaft habe ich sonst Zeugnis gegeben; s. Wissenschaft der Logik (Nürnberg 1812) Einl. S. XVII. |« 9

lässt, dass Staat und Gesellschaft den Produktionsmittelbesitzern ihre Macht über die Verteilung von Arbeit und Gütern zugestehen.

13 Dies ist der Hauptsinn der Seichtigkeit, die Wissenschaft statt
auf die Entwicklung des Gedankens und Begriffs, vielmehr auf die
10 unmittelbare Wahrnehmung und die zufällige Ein|bildung zu stel-
len, eben so die reiche Gegliederung des Sittlichen in sich, welche der Staat ist, die Architektonik seiner Vernünftigkeit, die durch die bestimmte Unterscheidung der Kreise des öffentlichen Lebens und ihrer Berechtigungen und durch die Strenge des Maßes, in dem sich jeder Pfeiler, Bogen und Strebung hält, die Stärke des Ganzen aus der Harmonie seiner Glieder hervorgehen macht, – diesen gebildeten Bau in den Brei des »Herzens, der Freundschaft und Begeisterung« zusammenfließen zu lassen. (XI f.)

Wissenschaft ist kanonische »Entwicklung des Gedankens und Begriffs«, also der sprachlich artikulierten Unterscheidungen von Sachtypen und Arten von Dingen und Lebewesen, aber auch von Formen des Verhaltens und Handelns – samt einer durch sie bedingten kanonischen Zuschreibungen dispositioneller Eigenschaften. Die Oberflächlichkeit einer Meinungsphilosophie und Überzeugungswissenschaft besteht darin, von unmittelbaren Wahrnehmungen ohne weitere Diskussion zu zufälligen Verallgemeinerungen überzugehen. Der Ausdruck »zufällige Einbildung« steht also für rein subjektive ›Induktion‹ und ›Intuition‹.

Im Fall der Gesellschaft und des Staates führt diese ›empirische Methode‹ dazu, die kollektiven Erfahrungen zu missachten, die zu der ›reichen Gliederung des Sittlichen in sich‹ geführt haben, ›welche der Staat ist‹. Man übersieht zugunsten höchst einfacher Utopien, nach denen nur alle lieb zueinander sein sollen, dass es extrem gute Gründe für »die Architektonik« von Staat und Gesellschaft gegeben hat und gibt. Man übersieht seine implizite Vernünftigkeit, und zwar, weil man nicht zugeben will, dass die reale Welt des gemeinsamen Handelns und dann auch des guten Handelns der individuellen Personen nie ideal ist. Alle vernünftigen Institutionen sind – wie alles begriffliche Wissen – robust an das real Machbare im gemeinsamen Unterscheiden, Schließen, Handeln und reflektierenden Bewerten ›harmonisch‹ anzupassen. Das gilt insbesondere für die Formen des »öffentlichen Lebens« und ihre Berechtigungen.

Hegel bemüht die antike und gotische Architektur als Metapher, um die »Strenge des Maßes« in den staatlichen und gesellschaftlichen Institutionen leicht pathetisch hervorzuheben. Es ist in der Tat eine erfahrene Kunst, nach der »jeder Pfeiler, Bogen und Strebung« seine Funktion erfüllt, so dass »die Stärke des Ganzen aus der Harmonie seiner Glieder« hervorgeht. Es ist dann aber schon sprachlich ein brutaler Bildbruch, wenn Hegel der Oberflächlichkeit vorwirft, den »gebildeten Bau in den Brei des ›Herzens, der Freundschaft und Begeisterung‹ zusammenfließen zu lassen«. Der absichtliche Bildbruch soll den Kategorienfehler jeder utopisch-konsensuellen Lösung gesellschaftlicher Kooperation durch moralische Appelle an Volk und Gefühl, Konsens und Liebe drastisch hervortreten lassen.

Wie nach Epikur die Welt überhaupt, so *ist* freilich nicht, aber so 13
sollte, die sittliche Welt nach solcher Vorstellung, der subjektiven Zufälligkeit des Meinens und der Willkür übergeben werden. (XII)

Epikur hatte schon maßlos, also ironisch, übertrieben, als er die Welt überhaupt dem reinen Zufall übergab. Seine Lehre sagt aber im Wesentlichen nur dieses: Der meiste Jammer kommt in die Welt, weil die Leute zu viel jammern, und wenn auch nur, um der Welt, sich selbst oder neidischen Göttern zu verhehlen, dass es ihnen trotz allem gut geht – wie sich der Schwabe im Stillen dazu denkt. Schiere Tatsächlichkeiten sind ohnehin anzuerkennen. Von aller Vernunft weggerückt wäre aber die verrückte Vorstellung, die gesellschaftlichen Institutionen und damit der objektive Geist, auf den wir in den Geisteswissenschaften in teilnehmender Beobachtung und versuchter Selbst-Objektivierung reflektieren, hätten sich rein zufällig ergeben, nicht etwa immer auch so, dass sich die Menschen selbst mit ihnen erst einmal faktisch zufriedengeben, selbst wenn sie es verbal nicht tun, und manche oder viele sicher auch mit gutem Recht. Die Rekonstruktion von Gründen und Ursachen in kulturellen, ethischen und politischen Entwicklungen dürfen wir daher eben so wenig wie die Kritik an ihnen der Willkür des subjektiven Meinens überlassen.

Mit dem einfachen Hausmittel, auf das *Gefühl* das zu stellen, was 13
die und zwar mehrtausendjährige Arbeit der Vernunft und ihres Verstandes ist, ist freilich alle die Mühe der von dem denkenden Begriffe geleiteten Vernunfteinsicht und Erkenntnis erspart. *Mephi-*

stopheles bei Goethe, – eine gute Autorität, – sagt darüber ungefähr, was ich auch sonst angeführt:

»Verachte nur Verstand und Wissenschaft
des Menschen allerhöchste Gaben –
so hast dem Teufel dich ergeben
und mußt zu Grunde gehn.« (XII)

Die Rede von einem »einfachen Hausmittel« ist selbst schon klar ironisch, erst recht, wenn dieses einfach das Gefühl ist. Hegel appelliert an die nicht abzuweisende Einsicht, dass jede unmittelbare Intuition die »mehrtausendjährige Arbeit der Vernunft« mit Füßen tritt. Ihr ›Verstand‹ ist das im Prinzip von jeder Person pädagogisch vermittelbare bzw. erlernbare Vermögen, die von anderen entwickelten Normen und Regeln zunächst schematisch anzuwenden. Die neue Mode konformistischer Gefühlspolitik und Meinungsphilosophie erspart sich »die Mühe der von dem denkenden Begriffe geleiteten Vernunfteinsicht und Erkenntnis«. Goethe hat zwar sein Unverständnis den dunklen Texten Hegels gegenüber nicht verhehlt. Aber er hat ihn später klarerweise als den größten Philosophen des Zeitalters anerkannt.[13] Und er blieb mit ihm auch aufgrund ihrer gemeinsamen Haltung zu Bonaparte befreundet. Hier lässt er Mephistopheles dasselbe sagen, wie was Hegel immer schon gesagt hat.

13 Unmittelbar nahe liegt es, daß solche Ansicht sich auch die Gestalt der *Frömmigkeit* annimmt; denn mit was Allem hat dieses Getreibe sich nicht zu autorisieren versucht! Mit der Gottseligkeit und der Bibel aber hat es sich die höchste Berechtigung, die sittliche Ordnung und die Objektivität der Gesetze zu verachten, zu geben vermeint. (XII f.)

Die Verachtung des Wissens geht seit der Zeit des Sokrates bis zu den Haltungen der Trump-Anhänger einher mit einer zur Schau getragenen Frömmigkeit und einer naiven ›Gottseligkeit‹. Man schwört

[13] Klaus Vieweg erzählt im ersten Satz seines Buches *Hegel. Der Philosoph der Freiheit. Biographie*, München: Beck 2019, ^{2}2020, S. 17 eine nette Geschichte: »Als ein Maler Goethe um das Porträt des berühmtesten Mannes des Zeitalters bat, soll der Dichter geantwortet haben, der Künstler müsse zuerst Hegel in Berlin malen, dann aber geschwind nach Weimar zu ihm zurückkommen«.

sozusagen auf die Bibel und weiß nicht, was für ein Buch das ist. Man hält sich für religiös, ohne zu merken, dass man nur erst kindlich denkt.

Denn wohl ist es auch die Frömmigkeit, welche die in der Welt zu einem organischen Reiche auseinander geschlagene Wahrheit zur einfachern Anschauung des Gefühls einwickelt. Aber sofern sie rechter Art ist, gibt sie die Form dieser Region auf, sobald sie aus dem Innern heraus in den Tag der Entfaltung und des geoffenbarten Reichtums der Idee eintritt, und bringt aus ihrem innern Gottesdienst die Verehrung gegen eine an und für sich seiende, über die subjektive Form des Gefühls erhabene, Wahrheit und Gesetze mit. (XIII) 13f.

Wir können Hegel zugeben, dass Frömmigkeit darin besteht, sich zur Vielfalt der Wirklichkeiten und Wahrheiten global so zu verhalten, dass eine ›einfachere Anschauung des Gefühls‹ eine positive existentielle Haltung zum Ganzen der Welt sozusagen implizit und innerlich repräsentiert. Fromm ist, wer Welt und Fatum, Gott und die Menschen, die Natur und den Kosmos im Allgemeinen ›liebt‹, wie man so sagt. Aber wenn diese Liebe von »rechter Art ist, gibt sie die Form dieser Region« auf. D. h. das bloß subjektive Gefühl des allgemeinen Enthusiasmus und Begeisterung darüber, dass es die Welt und uns in ihr gibt, wandelt sich. Sie wird konkreter, entfaltet sich – indem wir uns mit allem in der Welt ernst genug und gemeinsam auseinandersetzen. Religion wird so zur äußeren Liturgie und zum Ritus der Feier des Allgemeinen, die zwar allem Besonderen und Einzelnen im Wissen und Tun eine Tönung gibt, aber nichts an ihnen ›ersetzt‹.

Die besondere Form des übeln Gewissens, welche sich in der Art der Beredsamkeit, zu der sich jene Seichtigkeit aufspreizt, kund tut, kann hiebei bemerklich gemacht werden; und zwar zunächst, daß sie da, wo sie am *geistlosesten* ist, am meisten vom *Geiste* spricht, wo sie am totesten und ledernsten redet, das Wort *Leben* und ins *Leben einführen*, wo sie die größte Selbstsucht des leeren Hochmuts kund tut, am meisten das Wort *Volk* im Munde führt. (XIII) 14

Wer wirklich lesen lernen will, muss Rhetorik von denkenden Analysen unterscheiden. Man merkt den Unterschied schnell, wo viele Worte um Triviales gemacht werden. Dabei ist es häufig so, dass, je mehr von Geist und Vernunft die Rede ist, des Gedankens Blässe durchscheint. Nicht anders steht es mit allen anderen guten Wörtern – wie Leben und Liebe, Moral und Gerechtigkeit, Freiheit und Wahrheit. Wir könnten Hegels noch etwas pathetische Rede über »die größte Selbstsucht des leeren Hochmuts« einfach dadurch ersetzen, dass wir von einem Wichtigtuer sprechen, welcher am »meisten das Wort Volk im Munde« führt: Wer ohne institutionelle Legitimation »Volk« sagt und für uns alle spricht, will uns zumeist betrügen.

14 Das eigentümliche Wahrzeichen aber, das sie an der Stirne trägt, ist der Haß gegen das Gesetz. (10)

Man erkennt den Betrug am Schnellsten dort, wo sich eine überhebliche Verachtung von Tradition und überkommenen Normen des Richtigen zeigt, manchmal sogar als »Haß gegen das Gesetz«.

14, 11 Daß Recht und Sittlichkeit, und | die wirkliche Welt des Rechts und des Sittlichen sich durch den *Gedanken* erfaßt, durch Gedanken sich die Form der Vernünftigkeit, nämlich Allgemeinheit und Bestimmtheit gibt, dies, *das Gesetz*, ist es, was jenes sich das Belieben vorbehaltende Gefühl, jenes das Rechte in die subjektive Überzeugung stellende Gewissen, mit Grund als das sich feindseligste ansieht. (XIII f.)

Heute spricht man akademischer, kühler und abstrakter von »Normativität«, wo Hegel metonymisch, also *pars pro toto*, von »Recht und Sittlichkeit« redet. Gemeint ist dasselbe. Dabei sind uns die (impliziten) Normen des richtigen Unterscheidens, Redens, Schließens und Handelns empraktisch bekannt. Sonst könnten wir nicht reden und denken, etwas verstehen und etwas als gut beurteilen. Freilich ist die reflektierende Rede über ›Formen der Vernünftigkeit‹ frei, so dass man fragen kann, ob eine unterstellte oder behauptete ›Allgemeinheit und Bestimmtheit‹ wirklich so ist, wie man meint oder behauptet. Wieder führt die ›gefährliche‹, weil in ihrer Form ganz unklare und unscharfe Aufforderung in Kants Verständnis von ›Aufklärung‹, nämlich irgendwie ›selbst zu denken‹, allzu schnell zu einem Belieben des subjektiven Gefühls und zu einer Einklammerung aller gegebenen Normen des Schönen, Guten, Wahren und Rechten. Man schüttelt so alle Bindungen an Traditionen, also an die geschichtliche Gemeinsamkeit der Projekte und Prozesse des gemeinsam guten Handelns ab – um alles neu zu machen. Warum aber sollten sich andere Personen für meine privaten Vorstellungen dazu interessieren, was ich als allgemeine Gesetze anerkennen zu können meine? Die Vorstellung ist naiv, dass sich aus der subjektiven Befolgung eines bloß kohärenztheoretischen und formalen ›kategorischen Imperativs‹ wirklich eine gemeinsame Form des kooperativen Handelns ergeben könnte. Wenn wir die Orientierung an der bloß subjektiven Moral des kategorischen Imperativs als »Gesinnungsethik« bezeichnen, steht diese sogar in äußerstem Gegensatz zu einem ethischen Gewissen, das gewissenhaft prüft, wie *etablierte* Normen des Guten oder Wahren in besonderen Fällen gut anzuwenden sind.

Die Form des Rechten als einer *Pflicht* und als eines *Gesetzes* wird 14
von ihm als ein *toter, kalter Buchstabe* und als eine *Fessel* empfunden; denn es erkennt in ihm nicht sich selbst, sich in ihm somit nicht frei, weil das Gesetz die Vernunft der Sache ist, und diese dem Gefühle nicht verstattet, sich an der eigenen Partikularität zu wärmen. (XIV)

Hegel spricht hier partiell von Kant, partiell von der Romantik. Das Erkennungswort ist »Pflicht«. Die Ambivalenz bei Kant besteht darin, dass er die Einzelperson sozusagen von der »Form des Rechten als einer Pflicht« befreit, als wären die faktisch in Geltung gesetzten Gesetze nur erst verbale Sätze und Regeln, »kalter Buchstabe«, und erhielten erst Sinn durch Verwandlung in eine autonome Selbstgesetzgebung. Die neue ›Pflicht‹ erscheint als rein formal: Ich soll immer so handeln, dass ich die Maxime des Handelns, also die im Tun zu instanziierende, im Kontext relevante, Handlungsform als allgemeines Erlaubnisgesetz anerkennen kann – und darf nicht anders handeln. Kant und seine Anhänger täuschen sich in der Meinung, damit wäre eine moralische Pflicht, dieses zu tun und jenes zu unterlassen, schon eindeutig bestimmt.

Die romantische Autonomie eines vermeintlich aufgeklärten Selbstdenkens empfindet tradierte Normen als Fesseln. Der Fehler besteht darin, dass die Person in der zunächst geschichtlich überkommenen Normativität des Guten, Schönen und Wahren »nicht sich selbst« erkennt. Das liegt daran, dass ich mich *als präsentisches Subjekt* in meinem bloß erst gegenwärtigen Tun und intuitiven Bewertungen mit mir *als Person* verwechsle. Die Person muss hinreichend gewissenhaft die allgemeinen Bedingungen dafür, dass etwas gut, schön oder wahr ist, prüfen und entsprechend handeln. Befriedigungsgefühle reichen nicht aus, so wenig wie die bloße Kohärenz von Sagen und Tun. Kants

Kategorischer Imperativ schließt daher nur solche Fälle als moralisch sicher unerlaubt aus, in denen ich lüge und täusche, also anders rede, als ich handle.

14 Das *Gesetz* ist darum, wie im Laufe dieses Lehrbuchs irgendwo angemerkt worden, vornehmlich das Schibboleth, an dem die falschen Brüder und Freunde des sogenannten Volkes sich abscheiden. (XIV)

Im allgemeinen Fall erkennen wir daher den *Rechtschaffenen* daran, wie er mit dem »Gesetz« umgeht, also mit der Normativität der Tradition, wie dies auch R. B. Brandom betont. Die Tradition anzuerkennen liefert uns das *prima facie* Richtige zunächst in seiner generischen Allgemeinheit.

Man soll z. B. nicht töten. Das heißt nicht, dass es keine Ausnahme gibt. Man soll auch nicht lügen. Es ist tiefe Ironie einseitigen Denkens, dass Kant diese Norm maßlos zu einem Dogma ohne Ausnahme idealisiert. Die Einwände Benjamin Constants, der Bedingungen für gewisse Ausnahmetypen nennt, werden von Kant in seinem ebenso berühmten wie berüchtigten Aufsatz »Gibt es ein Recht, aus Menschenliebe zu lügen«, wie wir noch genauer sehen werden, nicht begriffen. Noch schlimmer steht es mit den selbsterklärten ›Brüdern und Freunden des sogenannten Volkes‹ nachkantischer Popularphilosophie.

14f. Indem nun die Rabulisterei der Willkür sich des Namens der *Philosophie* bemächtigt und ein großes Publikum in die Meinung zu versetzen vermocht hat, als ob dergleichen Treiben Philosophie sei, so ist es fast gar zur Unehre geworden, über die Natur des Staats noch philosophisch zu sprechen; und es ist rechtlichen Männern nicht zu verargen, wenn sie in Ungeduld geraten, sobald sie von philosophischer Wissenschaft des Staats reden hören. Noch weniger ist sich zu verwundern, wenn die Regierungen auf solches Philosophieren endlich die Aufmerksamkeit gerichtet haben, da ohnehin bei uns die Philosophie nicht wie etwa bei den Griechen, als eine private Kunst exerziert wird, sondern sie eine öffentliche, das Publikum berührende Existenz, vornehmlich oder allein im Staatsdienste, hat. (XIV)

Angesichts des schlechten Zustands eines im Grunde laienhaften Philosophierens der Zeit, wie wir ihn bis heute in Besinnungsaufsätzen philosophischer Essays feststellen, sieht sich Hegel bemüßigt, das Unternehmen einer Staats- und Rechtsphilosophie überhaupt zu verteidigen. Dazu skizziert er den methodischen Unterschied seines Projekts zu dem, was man so vorfindet. Es ist psychologisch interessant, dass diese Passagen von polemischen Gegnern Hegels als Beweis für eine Art Kotau vor der Restauration gelesen wurden. Ich bekenne, dass ich diese Lesart für reine Legasthenie halte, also für die geradezu leidenschaftliche Unfähigkeit, mit Verstand und Vernunft den wesentlichen Inhalt des Geschriebenen *sine ira et studio* zu verstehen.

> Wenn die Regierungen ihren diesem Fache gewidmeten Gelehrten das Zutrauen bewiesen haben, sich für die Ausbildung und den Gehalt der Philosophie auf sie gänzlich zu verlassen, – wäre es hie und da, wenn man will, nicht so sehr Zutrauen, als Gleichgültigkeit gegen die Wissenschaft selbst gewesen, und das Lehramt derselben nur traditionell beibehalten worden (– wie man denn, soviel mir bekannt ist, in Frankreich die Lehrstühle der Metaphysik wenigstens, hat eingehen lassen –), so ist ihnen vielfältig jenes Zutrauen schlecht vergolten worden, oder wo man, im andern Fall, Gleichgültigkeit sehen wollte, so wäre der Erfolg, das Verkommen gründlicher Erkenntnis, als ein Büßen dieser Gleichgültigkeit anzusehen. (XIV f.)

Zunächst weist Hegel in seinem scharfen Realismus darauf hin, dass Philosophie und Wissenschaft institutionell vom Staat (nicht mehr, wie damals noch in England, von der Kirche) abhängen, wenigstens in den schon halbsäkularen Gesellschaften Frankreichs und Deutschlands. Die Regierungen lassen diese Abhängigkeit allerdings ebenfalls immer spüren. Es ist daher nicht zu vermeiden, dass sich die vom Staat finanzierten Gelehrten wenigstens insofern mit den politischen Verhältnissen arrangieren müssen, als sie die gesellschaftliche Relevanz der entsprechenden Ausbildung und Inhalte glaubhaft machen. Hegel verweist explizit auf die Nichtbesetzung der metaphysischen Lehrstühle in Frankreich seit der Revolution. In der Tat reicht »Gleichgültigkeit gegen die Wissenschaft« auf der Seite des Staates und seiner Schul- und Wissenschaftsministerien nicht, um die Fächer der Universität institutionell nachhaltig zu erhalten. Wie immer man sich zur ›Staatstreue‹ der beamteten Lehrer verhält, es ist für die Universität ein Problem, sagt Hegel, wenn sie ihre Glaubwürdigkeit und damit das Vertrauen in ihre Leistungen beim Staat und in der Gesellschaft verliert, etwa, weil die Lehre oberflächlich und das Wissen veraltet ist. Dabei steht hier »Philosophie« (manchmal) auch noch für jede theoretische Wissenschaft, nicht nur für die Reflexionslogik einer *dialektikē technē* und *prima philosophia* oder Metaphysik.

Zunächst scheint wohl die Seichtigkeit etwa am allerverträglichsten, wenigstens mit äußerer Ordnung und Ruhe zu sein, weil sie nicht dazu kommt, die Substanz der Sachen zu berühren, ja nur zu ahnen; sie würde somit zunächst wenigstens polizeilich nichts gegen sich haben, wenn nicht der Staat noch das Bedürfnis tieferer Bildung und Einsicht in sich schlösse und die Befriedigung dessel-
12 ben von der Wissen|schaft forderte. (XV)

Zwar scheint zunächst die Oberflächlichkeit leerer Rhetorik wenigstens für die Mächtigen völlig ungefährlich zu sein, so dass, wer Ordnung und Ruhe zur ersten Bürgerpflicht macht, mit einer anspruchslosen Lehre nach Art von Fries in Jena und Traugott Krug in Leipzig zufrieden sein sollte. Ambivalent wird das aber, wenn man tiefere Bildung auch als Staatsziel verfolgt – was man den europäischen Staaten auch nach dem Sturz des Systems Napoleons durchaus nicht absprechen kann.

Aber die Seichtigkeit führt von selbst in Rücksicht des Sittlichen, des Rechts und der Pflicht überhaupt, auf diejenigen Grundsätze, welche in dieser Sphäre das Seichte ausmachen, auf die Prinzipien der *Sophisten*, die wir aus *Plato* so entschieden kennen lernen, – die Prinzipien, welche das, was Recht ist, auf die *subjektiven Zwecke und Meinungen*, auf das *subjektive Gefühl* und die *partikuläre Überzeugung* stellen, – Prinzipien, aus welchen die Zerstörung eben so der innern Sittlichkeit und des rechtschaffenen Gewissens, der Liebe und des Rechts unter den Privatpersonen, als die Zerstörung der öffentlichen Ordnung und der Staatsgesetze folgt. (XV f.)

Das wahre Problem liegt in bloßer Halbbildung. Hegel sieht dabei schon, dass der platonische Begriff des Sophisten eben dieses Problem anspricht. Ein Sophist ist ein mangelhafter Wissenschaftler. Wenn dabei das Sittliche, das Recht und die Pflicht Themen sind, führen die Prinzipien solcher ›Wissenschaftler‹ und selbsternannten ›Philosophen‹ dazu, die Normativitäten des Richtigen mit der bloßen Befriedigung ›subjektiver Zwecke und Meinungen‹ zu konfundieren. Die erste Folge ist die Zerstörung des Verständnisses sittlicher und rechtlicher Institutionen, also des sinnkritischen und reflektierenden Redens über sie, die zweite eine Verunsicherung »der inneren Sittlichkeit und des rechtschaffenen Gewissens«. Zerstört werden damit am Ende, drittens, auch die moralischen Formen der Liebe bzw. Solidarität und die der Idee nach staatlich geschützten Formen »des Rechts unter den Privatpersonen«. Am Ende folgt die Zerstörung der öffentlichen Ordnung und der Staatsgesetze. – Das klingt nun schon sehr restaurativ. Wir sollten aber genauer hinsehen, bevor wir aus solchen Sätzen folgern, Hegel sei infolge seiner Berufung nach Berlin vom frankophilen Unterstützer der Revolution und des Systems Bonapartes zum preußischen Staatsphilosophen mutiert. Man kann so etwas als Möglichkeit denken. Aber es ist immerhin zu prüfen, ob es nicht bloß Kolportage ist.

Die Bedeutung, welche dergleichen Erscheinungen für die Re- 15f.
gierungen gewinnen müssen, wird sich nicht etwa durch den Titel abweisen lassen, der sich auf das geschenkte Zutrauen selbst und auf die Autorität eines Amtes stützte, um an den Staat zu fordern, daß er das, was die substantielle Quelle von den Taten, die allgemeinen Grundsätze, verdirbt, und sogar dessen Trotz, als ob es sich so gehörte, gewähren und walten lassen solle. *Wem Gott ein Amt gibt, dem gibt er auch Verstand,* – ist ein alter Scherz, den man wohl in unsern Zeiten nicht gar für Ernst wird behaupten wollen. (XVI)

Hegel bezieht seine Reflexion – für die damaligen Leser und Hörer klar erkennbar – in leicht ironischer Weise auch auf sich selbst. Obwohl das Vertrauen der staatlichen Stellen in seine Person durch die Berufung an die Berliner Universität im Vorjahr dokumentiert ist, kann er sich nicht auf den Lorbeeren seiner Verbeamtung ausruhen. Vielmehr ist die Ironie im alten Scherz, »wem Gott ein Amt gibt, dem gibt er Verstand«, recht gelesen, selbst schon Aufforderung, sich des Vertrauens nicht so sehr der staatlichen Instanzen als der durch sie vertretenen Öffentlichkeit (heute sagt man nicht weniger vage »Gesellschaft«) würdig zu erweisen. Mit anderen Worten, Hegel erinnert hier sich und uns an die normativen (Selbst-)Verpflichtungen eines wahren Philosophen und Wissenschaftlers, der sich nie damit zufriedengeben darf, in seiner Kritik an gegebenen Verhältnissen trotzig oder in erbaulichen oder rhetorischen Tautologien auf seichte Weise recht zu behalten.

16 In der Wichtigkeit der Art und Weise des Philosophierens, welche durch die Umstände bei den Regierungen aufgefrischt worden ist, läßt sich das Moment des Schutzes und Vorschubs nicht verkennen, dessen das Studium der Philosophie nach vielen andern Seiten hin
XVI bedürftig geworden zu sein scheint. |

Die Umstände, welche Hegel hier anspricht, sind nun in der Tat die der Politik der Restauration, in Frankreich unter der Fahne einer Re-Katholisierung (wie sie Stendhal geißelt), in Österreich im System Metternich und in Preußen in einer Mischung aus einer Fortsetzung und Beendigung der Reformen aus napoleonischer Zeit (mit bekannten Namen wie Freiherr von Stein, Wilhelm von Humboldt, Hardenberg, Schanhorst bis zum Staatsminister Altenstein), und der Exploitation des Lutherischen Bekenntnisses als staatstragender Religion für ein neuromantisches Gottesgnadentum der Hohenzollernmonarchie. Es ist also unverkennbar, dass zwischen Allgemeinem und Besonderem im Blick auf die Regierungen zu unterscheiden ist. Hegel artikuliert hier nur erst grob die allgemeinen Erwartungen an ein »Studium der Philosophie« und spricht vage von »vielen anderen Seiten«, welche dabei zu berücksichtigen seien.

16 Denn liest man in so vielen Produktionen aus dem Fache der positiven Wissenschaften, ingleichen der religiösen Erbaulichkeit und anderer unbestimmter Literatur, wie darin nicht nur die vorhin erwähnte Verachtung gegen die Philosophie bezeigt ist, daß solche, die zugleich beweisen, daß sie in der Gedankenbildung völlig zurück sind und Philosophie ihnen etwas ganz fremdes ist, doch sie als etwas bei sich Abgetanes behandeln, – sondern wie daselbst ausdrücklich gegen die Philosophie losgezogen und ihr Inhalt, die *begreifende Erkenntnis Gottes* und der physischen und geistigen Natur, die *Erkenntnis der Wahrheit* als für eine törichte, ja sündhafte Anmaßung erklärt, wie die *Vernunft*, und wieder die *Vernunft*, und in unendlicher Wiederholung die *Vernunft* angeklagt, herabgesetzt und verdammt, – oder wie wenigstens zu erkennen gegeben wird, wie unbequem bei einem großen Teile des wissenschaftlich sein sollenden Treibens die doch unabwendbaren Ansprüche des Begriffes fallen, – wenn man, sage ich, dergleichen Erscheinungen vor sich hat, so möchte man beinahe dem Gedanken Raum geben, daß *von dieser Seite* die Tradition nicht mehr ehrwürdig noch hinreichend

wäre, dem philosophischen Studium die *Tole|ranz* und die öffentliche Existenz zu sichern.[14] – (XVI f.) 13

Die Philosophie und die in der philosophischen Fakultät noch vereinten theoretischen Wissenschaften müssen sich gegen zwei ›Konkurrenten‹ abgrenzen, gegen die nur »positiven Wissenschaften« der empirisch-historischen oder der technisch-praktischen Kenntnisse (wie etwa einer bloß erst experimentellen Chemie) auf der einen Seite und gegen die ›religiöse Erbaulichkeit und anderer unbestimmter Literatur‹ auf der anderen. Beide zeigen »die vorhin erwähnte Verachtung gegen die Philosophie«. Hegels explizites Ziel ist nun zu zeigen, »daß sie in der Gedankenbildung völlig zurück sind und Philosophie ihnen etwas ganz Fremdes ist«, so aber, dass klar wird, dass eben deswegen die sogenannten positiven Wissenschaften aufgrund ihres Mangels an Verständnis für die Bedeutung von Theorie und Begriff so wenig wie die Predigt- oder Kochkunst wahre Wissenschaften sein können.

Besonders dramatisch entwickelt sich dabei die Konkurrenz zwischen Theologie und Philosophie. Das fromme (und dabei in Wahrheit höchst reaktionäre) Luthertum ist ja »ausdrücklich gegen die Philosophie losgezogen« und hat den Inhalt der Religionsphilosophie, »die begreifende Erkenntnis Gottes und der physischen und geistigen Natur, die Erkenntnis der Wahrheit als für eine törichte, ja sündhafte Anmaßung erklärt«. Mit anderen Worten, man setzt statt auf Argumente auf (am liebsten staatliche) Verbote. Wieder ist es eine ironische Folge von Kants Vernunftkritik, dass in der Populartheologie der Zeit »in unendlicher Wiederholung die Vernunft angeklagt, herabgesetzt und verdammt« wird.

[14] Fußnote Hegels: »Dergleichen Ansichten fielen mir bei einem Briefe Joh. v. Müllers (Werke, Teil VIII. S. 56.) ein, wo es vom Zustande Roms im Jahre 1803, als diese Stadt unter französischer Herrschaft stand, unter anderem heißt: »Befragt, wie es um die öffentlichen Lehranstalten stehe, antwortete ein Professor: On les tolère comme les bordels.« – Die sogenannte *Vernunftlehre*, nämlich die *Logik*, kann man wohl sogar noch *empfehlen* hören, etwa mit der Überzeugung, daß man sich mit ihr als trockner und unfruchtbarer Wissenschaft entweder ohnehin nicht mehr beschäftige, oder wenn dies hin und wieder geschehe, man in ihr nur inhaltslose, also nichtsgebende und nichtsverderbende Formeln erhalte, daß somit die Empfehlung auf keinen Fall schaden, sowie nichts nützen werde. |« 13

Mit anderen Worten, gerade auch innerhalb der Universität ist sowohl der Theologie als auch den bloß erst positiven Wissenschaften die Auseinandersetzung mit der begrifflichen, theoretischen reflexionslogischen und sinnkritischen Arbeit der Philosophie bzw. theoretischen Wissenschaften zu mühsam, »unbequem«. Man geht sich aus dem Weg. Aber gerade das hat zur Folge, dass die scheinbaren Konkurrenten, die Datensammlungen in Beobachtung und zufälligem Experimentieren ebenso wie der fromme Glaube der Theologie, noch nichts oder nichts mehr mit Wissenschaft zu tun haben.

Angesichts dieser Erscheinungen könnte man nicht nur depressiv werden, sondern sogar befürchten, dass »dem philosophischen Studium die Toleranz und die öffentliche Existenz«, wie sie für den Fortschritt des Wissens unabdingbar ist, nicht nur nicht gesichert ist, sondern dass die Freiheit der Wissenschaft sogar in höchster Gefahr ist, wie sie gerade im Streit um die Kanonisierung von orientierungsrichtigem Allgemeinwissen und damit für die explizite Fassung von begrifflichem ›Vorherwissen‹ unabdingbar ist.

17 Die zu unserer Zeit gang und gäben Deklamationen und Anmaßungen gegen die Philosophie bieten das sonderbare Schauspiel dar, daß sie durch jene Seichtigkeit, zu der diese Wissenschaft degradiert worden ist, einerseits ihr Recht haben, und andererseits selbst in diesem Elemente wurzeln, gegen das sie undankbar gerichtet sind. (XVII f.)

Dabei soll nicht geleugnet werden, dass die Oberflächlichkeit mancher Philosophen und Theorien Anlass zu ihrer Verachtung gegeben haben. Andererseits liegt die Wurzel dieser Kritik selbst in einer fehlverstandenen Philosophie. Man meint, Kant habe im Nachgang zu Humes skeptizistischem und empiristischem Pragmatismus durch seine Kritik an einem Wissen über das Ding an sich dem Glauben Platz gemacht und ein bloß positives Faktenwissen geadelt.

17 Denn indem jenes sich so nennende Philosophieren die Erkenntnis der Wahrheit für einen törichten Versuch erklärt hat, hat es, wie der Despotismus der Kaiser *Roms* Adel und Sklaven, Tugend und Laster, Ehre und Unehre, Kenntnis und Unwissenheit *gleichgemacht* hat, alle Gedanken und alle Stoffe *nivelliert*, – so daß die Begriffe des Wahren, die Gesetze des Sittlichen auch weiter nichts sind als Meinungen und subjektive Überzeugungen, und die verbrecherischsten

Grundsätze als *Überzeugungen* mit jenen Gesetzen in gleiche Würde gestellt sind, und daß ebenso jede noch so kahle und partikuläre Objekte und noch so stroherne Materien in gleiche Würde gestellt sind mit dem, was das Interesse aller denkenden Menschen und die Bänder der sittlichen Welt ausmacht. (XVIII)

Hegel wendet sich ironisch gegen jede derartige Gleichschaltung, indem er sie in Analogie zum »Despotismus der Kaiser Roms« setzt: »Adel und Sklaven, Tugend und Laster, Ehre und Unehre, Kenntnis und Unwissenheit« würden so gleichgemacht, alle Gedanken und alle Stoffe nivelliert. (Das Urteil über Rom stimmt freilich keineswegs.) – Das Wahre soll wie die Gesetze des Sittlichen das sein, was sich als Meinung irgendwie mehrheitlich durchsetzt. Damit werden die internen Unterschiede zwischen unseren Setzungen von Kriterien, der Kontrolle ihrer zureichenden Erfüllung und der bloß subjektiven Meinung, sie seien erfüllt, etwa in einem intuitiven Befriedigungsgefühl oder Glauben, naiv und überschwänglich aufgehoben.

Es ist darum als ein *Glück* für die Wissenschaft zu achten, – in 17f.
der Tat ist es, wie bemerkt, die *Notwendigkeit der Sache,* – daß jenes Philosophieren, das sich als eine *Schulweisheit* in sich fortspinnen mochte, sich in näheres Verhältnis mit der Wirklichkeit gesetzt hat, in welcher es mit den Grundsätzen der Rechte und der Pflichten Ernst ist, und welche im Tage des Bewußtseins derselben lebt, und daß es somit zum *öffentlichen* Bruche gekommen ist. (XVIII)

Wie auch sonst häufig, ist auch hier die genaue Bezugnahme Hegels unklar. Dabei denke ich, dass Hegel ganz allgemein davon spricht, dass die moderne Wissenschaft in Auseinandersetzung mit der tradierten Scholastik des theologisch geprägten Mittelalters und der frühen Neuzeit »sich in näheres Verhältnis mit der Wirklichkeit gesetzt hat«. Gemeint sind sowohl die theoretischen Naturwissenschaften, zunächst seit Galilei, Kepler, Descartes und Newton, als auch die theoretischen Staats-, Rechts- und Wirtschaftswissenschaften, sozusagen von Niccolò Machiavelli, Hugo Grotius oder Thomas Hobbes bis Adam Smith und David Ricardo. Dabei löst ein Naturrecht die Vorstellung von einer göttlichen Rechtsordnung ab und befreit die politische Philosophie aus den mythischen Engführungen jüdisch-christlicher Theologie. Damit beginnt man, die Grundsätze »der Rechte und der Pflichten« voll ernst zu nehmen, explizit sprachlich zu artikulieren und sozusagen das Empraktische und Implizite in den *Tag des Bewusstseins* zu heben – so dass es, was nicht zu vermeiden war, »zum öffentlichen Bruche gekommen ist«, nämlich mit einer Glaubenstheologie und dem religiös-moralischen Gefühl bloßer Intuitionen.

18 Es ist eben *diese Stellung der Philosophie zur Wirklichkeit,* welche die Mißverständnisse betreffen, und ich kehre hiemit zu dem zurück, was ich vorhin bemerkt habe, daß die Philosophie, weil sie das *Ergründen des Vernünftigen* ist, eben damit das *Erfassen des Gegenwärtigen* und *Wirklichen,* nicht das Aufstellen eines *Jenseitigen* ist, das Gott weiß wo sein sollte, – oder von dem man in der Tat wohl zu
14 sagen | weiß, wo es ist, nämlich in dem Irrtum eines einseitigen, leeren Räsonnierens. (XVIII f.)

So wie viele Leute bis heute nicht verstehen, dass nur eine Phänomenologie geistiger Inhalte deren wahre Verfassung explizit und damit bewusst machen kann, wird auch die Stellung von Philosophie im allgemeinen Sinn einer theoretisch dargestellten Ordnung der Begriffe eines Sachthemas häufig missverstanden. Es geht darum, die äußeren Erscheinungsformen in Sprache, Sprechen und Handeln samt den logischen Stufungen impliziter Präsuppositionen und empraktischer Vermögen ernst zu nehmen. Es gibt keinen unmittelbaren ›psychischen‹ Zugang zu Denkinhalten. Das geistige Innere ist durch äußere Formen vermittelt.

Momente der Theorien, die zu guten Darstellungen und Erklärungen ganzer Phänomen-Cluster führen und die wir übrigens schon in unseren gemeinsamen Bezugnahmen auf objektive Dinge und Sachen begrifflich unterstellen, fassen wir dann sogar als *Elemente der Wirklichkeit selbst* auf. So sagen wir z. B., dass Atome *wirklich* aus subatomaren Partikeln bestehen oder dass die Gravitationskräfte *wirkliche* Ursachen der Bewegung z. B. der Planeten und nicht bloß Momente unserer Darstellung sind. In eben diesem Sinn ist unser *Begriff des Wirklichen* längst schon *begrifflich und theoretisch geformt* und in diesem Sinn ›vernünftig‹. Es ist daher auf eine überhaupt nicht mystisch-metaphysische Weise längst schon Geist und Vernunft in dem, was wir als Wirklichkeit ansprechen. Hegel hat freilich recht, sich darüber zu beklagen, dass eben dieser Punkt seiner Wesenslogik bis heute, also sowohl bis 1820 als auch bis 2020, noch nicht begriffen ist.

Daher versteht man auch nicht, inwiefern Philosophie als das konkrete phänomenologische »Ergründen des Vernünftigen« zugleich genaue Erfassung »des Gegenwärtigen und Wirklichen« ist. Es geht überhaupt nicht um Behauptungen oder einen Glauben an irgendwie jenseitige Sachen und Ursachen. Es geht um ein Aufzeigen dessen, was wir wirklich tun, wenn wir etwas als objektiv wahr behaupten und so gegen bloß oberflächliche Zugänge subjektiven Scheins und subjektiver Meinung stellen. Wieder liegt hier eine versteckte Polemik gegen Kants Vorstellung von einem Ding an sich verborgen, das, wie Hegel hochironisch sagt, »Gott weiß wo sein sollte«. Er gibt dem Gedanken dann gleich die humoristische Wende, dass wir sehr wohl wissen, wo es sich befindet, »nämlich in dem Irrtum eines einseitigen, leeren Räsonnierens«. Das heißt genauer, dass Kants Ausdruck »Ding an sich« schon per definitionem sinnlos ist, weil ein Ding eine ganz klare begriffliche Form hat, die den Zugang zu ihm über seine Erscheinungen enthalten muss, so dass man diesen Zugang nicht einfach in einem subjektiv-idealistischen Sollen reiner Objektivität (die es nicht gibt) ›wegabstrahieren‹ kann.

Im Verlaufe der folgenden Abhandlung habe ich bemerkt, daß 18
selbst die *platonische* Republik, welche als das Sprichwort eines *leeren Ideals* gilt, wesentlich nichts aufgefaßt hat, als die Natur der griechischen Sittlichkeit, und daß dann im Bewußtsein des in sie einbrechenden tiefern Prinzips, das an ihr unmittelbar nur als eine noch unbefriedigte Sehnsucht und damit nur als Verderben erscheinen konnte, *Plato* aus eben der Sehnsucht die Hilfe dagegen hat suchen müssen, aber sie, die aus der Höhe kommen mußte, zunächst nur in einer *äußern* besondern Form jener Sittlichkeit suchen konnte, durch welche er jenes Verderben zu gewältigen sich ausdachte, und wodurch er ihren tiefern Trieb, die freie unendliche Persönlichkeit, gerade am tiefsten verletzte. Dadurch aber hat er sich als der große Geist bewiesen, daß eben das Prinzip, um welches sich das Unterscheidende seiner Idee dreht, der Angel ist, um welche die bevorstehende Umwälzung der Welt sich gedreht hat. (XIX)

Die Bemerkung, dass Hegel sich während der Abfassung der Rechtsphilosophie mit Platons *Politeia* auseinandergesetzt hat, ist ebenso wichtig wie seine Einsicht, dass die übliche Vorstellung völlig abwegig ist, Platons *Staat* sei sozusagen ein Prototyp »eines leeren Ideals« – womit Hegel auf die oben zitierte Stelle KrV B 372 zurückverweist, wo Kant die »platonische Republik« als »ein vermeintlich auffallendes Beispiel von erträumter Vollkommenheit« bezeichnet – und dann doch in Schutz nimmt. Platons Hauptwerk ist dabei weit eher ein Traktat der Erziehung der Seele im Sinne einer Selbstbildung der Person im sozialen Kontext als eine Theorie der staatlichen Verfassungen. Platons Staatstheorie findet sich in den *Nomoi*, den *Gesetzen*. Ich stimme Hegel zu, dass es sich dabei um eine Reflexion auf das implizite Wesen griechischer Sittlichkeit handelt.

Was Hegel hier über eine »unbefriedigte Sehnsucht« und ein »Verderben« sagt, bleibt in der Verkürzung des Gedankens zunächst hochgradig opak. Ich beziehe die Bemerkung gerade auf die *Nomoi*, in denen eine Staatsverfassung und Rechtsorganisation vorgestellt wird, welche in der Tat zugunsten funktionaler Gesichtspunkte die »freie unendliche Persönlichkeit« mit Füßen tritt und »am tiefsten verletzte«. Man betrachte dazu nur die in den *Gesetzen* vorgesehenen Umerziehungslager und die Zwangsreligion. Statt nun aber, wie später Karl Popper, aus dieser ganz richtigen Beobachtung in anachronistischer Kolportage Platon zum Erzgegner einer offenen Gesellschaft abzustempeln, gibt Hegel der Beobachtung eine ganz andere Wendung, wo er sagt, Platon habe sich gerade dadurch »als der große Geist bewiesen, daß eben das Prinzip, um welches sich das Unterscheidende seiner Idee dreht, die Angel ist, um welche die bevorstehende Umwälzung der Welt sich gedreht hat«. Es handelt sich um das Prinzip des Christentums, nach welchem die absolute Heiligkeit des personalen Subjekts weder vom Staat noch von einer Kirche anzutasten ist – obgleich sich die Christen keineswegs immer an diese prinzipielle Einsicht gehalten haben. Hegels Analyse besteht also darin, dass er den Mangel der griechischen *Arete* klar erkennt: Sie ist nur die ›Tugend‹ eines unter (fast schon aristokratischen) Vollbürgern gemeinschaftlich abgesicherten quasikommunistischen Wohlstandes (wie in Sparta) und einer rechtlich und religiös stabilisierten ›Moral‹ der Kooperativität im ›demokratischen‹ Kleinstaat (wie in Athen).

Ernst Bloch sieht wie Hegel, dass es sich bei Platons Stadtmodell der Nomoi um eine Transformation der Lebensform der Spartaner handelt – übersieht aber zweierlei: Sklaven soll es, erstens, in Platons Idealstaat anders als in Athen und Sparta dann doch nicht geben. Platons Ideal der Autarkie lehnt daher eine Ökonomie ab, die Sklaven nötig macht. Aristoteles hält das für utopisch. Er rechtfertigt die für die Warenökonomie der Stadt nötige Sklavenhaltung mit Argumenten einer Form, wie man sie auch aus dem Südafrika der Apartheidzeit kennt: Manche Menschen, die geborenen Sklaven des Aristoteles, können angeblich nicht für sich selbst denken. Sie können sich nicht selbst regieren, da ihnen die Arete als Können und Tugend fehlt. Diese Menschen leben daher wie Kinder als Knechte unter der Anleitung eines *pater familias* oder Herrn besser, als wenn man sie sich selbst überlässt.[15]

Der zweite Punkt, den Bloch übersieht, besteht in der Missachtung der personalen Freiheit als oberstem Wert. Das spricht gegen jeden ›Kommunismus‹, von Platon bis Marx und Lenin. Für Hegel steht die personale Freiheit jedenfalls weit höher als die Freiheit von Mangel und Freiheit von Furcht. *Freedom from want* korrespondiert einem kollektiven Wohlstand. *Freedom from fear* korrespondiert einer allgemeinen Sicherheit. Hegel versteht sich als Verteidiger der Einsichten des Christentums in die richtige Ordnung der Grundwerte.

Platon ist für Hegel so bedeutsam nicht etwa deswegen, weil er schon alles richtig gesehen hätte, sondern weil seine Artikulierungsversuche der Grundprinzipien von Staat, Recht, Moral, Person, Bildung und Wissenschaft als Grundlage der späteren Entwicklungen zu verstehen sind. Gerade auch angesichts von Hegels massiver Kritik an Platon ist es nur Unkenntnis von Text und Inhalt, wenn man Hegel in eine Reihe von philosophischen Feinden einer *Offenen Gesellschaft* zu setzen beliebt.[16]

[15] Vgl. dazu die schöne Leipziger Dissertation von Martin Palauneck, *Gescheiterte Tugend. Hegels Kritik des aristotelischen Politikverständnisses in seiner Darstellung der griechischen Stadtstaaten*, Freiburg: Alber 2020.

[16] Karl Poppers Buch *Die Offene Gesellschaft und ihre Feinde* (Tübingen: Mohr Siebeck) bedient zu sehr zeitbedingte Vorurteile gegen deutsche Philosophie und Wissenschaft, als dass man es in allem ernst nehmen dürfte. Schon in den 20er und 30er Jahren wurde ja allerlei Törichtes über Hegel verbreitet, etwa von John Dewey, Will Durant oder Bertrand Russell, der zu Hegels *Wissenschaft der Logik* schreibt: »Je fehlerhafter die Logik, um so interessanter die sich aus ihr ergebenden Konsequenzen« (Russell, *Philosophie des Abendlandes* S. 754). Zwar hat Russell ganz recht, dass Hegel »von allen großen Philosophen am schwersten zu verstehen« ist (Russell,

18 *Was vernünftig ist, das ist wirklich;*
und was wirklich ist, das ist vernünftig. (XIX)

Der berühmt-berüchtigte Spruch[17] steht im direkten Kontext wie ein steinerner Findling, obwohl der Gedanke selbst längst vorbereitet ist. Es geht klarerweise nicht darum, dass Hegel naiv glauben würde, es habe sich, und werde sich immer, das Vernünftige gerade auch in den staatlichen und gesellschaftlichen Institutionen bzw. im konkre-

S. 740). Das ist aber nicht etwa deswegen so, weil ihm von seinem »Interesse für das Mystische« der »Glaube an die Unwirklichkeit alles Einzelseins« (a. a. O.) geblieben wäre, sondern weil die Logik generischer Allgemeinheit und ihrer Besonderung zusammen mit der begrifflichen Konstitution von einzelnen Gegenständen in diskreten Mengen offenbar schwer zu verstehen ist. In Abwandlung von Russells Bonmot könnte man sagen, dass Texte über große Philosophen umso bekannter sind, je falscher sie sind. – Russell und Hegel sind sich immerhin in ihrer häufig ätzenden Ironie gegen Leute einig, die ihrer Meinung nach nicht genug nachdenken, und durchaus auch in ihrem politischen Mut.

[17] Wie viele andere meint auch Russell, es sei absurd, wenn »Hegel behauptet, das Wirkliche sei vernünftig und das Vernünftige wirklich« (*Philosophie des Abendlandes*, S. 741). Dass Russell Hegels Logik gar nicht gelesen haben kann, zeigt sich schon daran, dass er dessen Polemik (unter Bezugnahme auf Moses Mendelssohn) gegen seinen Tübinger Lehrer Ploucquet (GW 12, S. 110) nicht kennt, der die Kopula immer als Gleichung lesen wollte, was Hegel trotz gegenteiligen Anscheins gerade nicht tut. Schon ein volles Verständnis der Gleichheitsaussagen des ›Fürsichseins‹ ist schwieriger, als Russell einzusehen in der Lage war. Das gilt erst recht für die ›unendliche‹ Vielfalt des ›Sinns‹ des Wortes »ist« (und erst recht von »ich bin«). Angesichts des unaufhebbaren Anteils an figurativen Redeformen im Weltbezug und in der Reflexion geht dieser Sinn weit über die Beispielklassen aus der Mathematik (»ist gleich«, »ist Teil von« bzw. »$\subset$«und »ist Element in der Klasse …«, also »ε« bzw. »$\in$«) hinaus. Russell zeigt außerdem kein Verständnis für die Verfassung von Begriff und Gegenstandsbereich in ihrer gegenseitigen Abhängigkeit, noch für das Verhältnis zwischen einer idealen Logik des schematischen Rechnens mit Ausdrücken und den realen Formen des weltbezogenen Redens. Er kennt daher auch nicht die Dialektik des generisch Allgemeinen und privativ Besonderen. Im Blick auf empirisch Einzelnes in Sprechhandlungen kommen wir aber nicht ohne sie aus. Das reale Schließen im Verstehen etwa auch von metaphorischen Redeteilen kann in einer rein formalen Logik gar nicht behandelt werden.

ten institutionellen Handeln der Leute durchsetzen. Nicht alle realen Handlungen und Institutionen sind vernünftig. Würde er das sagen, wäre es ganz leicht, Hegel zu widerlegen. Aber gerade das sollte uns stutzig machen. Das ist nicht anders als im Falle des Orakel Heraklits »Die Sonne ist so breit wie ein Menschenfuß« (Frgm. 94). Um zu verstehen, was mit diesen *prima facie* ›falschen‹ Sätzen gesagt ist, muss man offenbar etwas mehr nachdenken.

In der Wesenslogik unterscheidet Hegel das, was bloß empirisch real oder sogar nur eine von mir wahrgenommene Erscheinung ist, von dem, was seine wirkliche Ursache ist. Dabei korrespondiert der Aussageform »Das einzelne *x* ist wirklich vom allgemeinen oder besonderen Typ *X*« vollständig der Aussageform »Es ist vernünftig, das *x* als ein *X* anzusehen bzw. so zu behandeln«. Für das Gemeinwesen ergibt sich am Ende, dass jeder Staat zwar Mängel hat – nichts in der Welt ist perfekt –, dass aber im Normalfall die wirklichen staatlichen Grundordnungen – und nur um diese geht es in der Rechtsphilosophie – in den europäischen Staaten insoweit vernünftig sind, als sie den Begriff bzw. die Idee einer konstitutionellen Monarchie mehr oder weniger gut instanziieren bzw. manifestieren. Das heißt, die Analyse ist so allgemein und abstrakt, dass sie sich um feinere Differenzen wie zwischen Frankreich, Preußen und Großbritannien zumindest zunächst gar nicht kümmert.

In dieser Überzeugung steht jedes unbefangene Bewußtsein, wie 18
die Philosophie, und hievon geht diese ebenso in Betrachtung des *geistigen* Universums aus, als des *natürlichen*. (XIX f.)

Hegels eigener Kommentar übergeht fast geflissentlich, dass die Identifizierung des Wirklichen mit dem Vernünftigen für unbedarfte Leser eine Provokation ist. Stattdessen erklärt er, »jedes unbefangene Bewußtsein« stimme ihm praktisch ebenso zu »wie die Philosophie«. Das verlangt in der Tat nach einer Erläuterung. Dabei haben wir den Kernpunkt schon genannt und auf seine logico-philosophische Analyse in der Wesenslogik zurückverwiesen: Wir reden über alles und jedes im ›objektiven‹ Sach- oder Wirklichkeitsmodus, und zwar allein schon wegen der bevorzugten ›narrativen‹ Deutung der Satzformen »*N* ist *P*« und »*N* tut ϕ« gemäß der semantischen Formel ›ti kata tinos‹ des Aristoteles: Man sagt etwas über etwas aus. Die Folge ist, dass wir die Kräfte, die wir in die Dinge legen, ebenso als wirklich wirksam ansehen wie den Geist, den wir einer als im Großen und Ganzen vernünftigen Institution zuordnen – ähnlich wie Montesquieu vom Geist der Gesetze spricht.

Allerdings hat nun der unvorbereitete Leser Probleme damit, Hegels Rede von einer wirklich wirksamen Idee als institutionell realisiertem Begriff angemessen zu verstehen. Die Idee (des Gemeinwesens und der Person) ist das empraktisch schon etablierte Eidos als Vollzugsform. Der Begriff (Logos) ist rekonstruktive Analyse oder Explikation des Eidos in und für Reden über die Form. Als Begriff ›enthält‹ er sozusagen Erläuterungen und Regeln eines möglichen differentiellen und inferentiellen Gebrauchs des Begriffswortes. Damit reichert Hegel Platons Analyse einer durch einen (komplexen) Ausdruck (*logos*) ausgedrückten Artbestimmung (*eidos*) durch die Betonung der praktisch-pragmatischen Ebene des Eidos oder der Idee an.

Wenn sowohl der Alltagsmensch als auch der Philosoph »in Betrachtung des geistigen Universums« über eine wirklich wirkende Vernunft sprechen, liegt der wesentliche Unterschied darin, dass der Letztere die generische Sprachform durchschaut und weiß, dass und wie jeweils die rechte Ebene der Allgemeinheit in selbständigem Verstehen zu finden ist, bevor man etwa zustimmt oder zu kritisieren beginnt, weil man es anders gesagt hätte oder das Gesagte sonst irgendwie für falsch hält.

18 Wenn die Reflexion, das Gefühl oder welche Gestalt das subjektive Bewußtsein habe, die *Gegenwart* für ein *Eitles* ansieht, über sie hinaus ist und es besser weiß, so befindet es sich im Eitlen, und weil es Wirklichkeit nur in der Gegenwart hat, ist es so selbst nur Eitelkeit. (XX)

Reflexionen sind zunächst reflektierende Kommentare einer Praxisform. Es ist daher zwischen unmittelbaren und logisch disziplinierten, also zwischen gefühlsbetont subjektiven und wissenschaftlichen Kommentaren zu unterscheiden. Eine naive Kritik der Gegenwart aus der Perspektive der von uns selbst in formaler Form entworfenen Ideale (und Utopien) sieht diese »für ein Eitles« an und meint, im tautologischen Gerede über das utopische Ideal »über sie hinaus« zu sein. Das Wort »Eitelkeit« bedeutet dabei die Leere der Aufgeblasenheit. Alle Ideale wären leer, wenn sie nicht als Zielideale einer institutionellen Entwicklung mit partiell schon wirklich realisierten Ansätzen aufgefasst werden könnten. Bemerkenswert ist die Streuung der Kritik an Hegel. Manche meine, wie z. B. Max Horkheimer, Hegel habe zugunsten des guten Allgemeinen auf der Ebene der Idee das bloß Reale nie ernst genug genommen. Hier steht aber gerade das Gegenteil.

Wenn umgekehrt die *Idee* für das gilt, was nur so eine Idee, eine Vorstellung in einem Meinen ist, so gewährt hingegen die Philosophie die Einsicht, daß nichts wirklich ist als die Idee. (XX) 18f.

Der Satz scheint den Lesern *prima facie* Munition zu liefern, die aus Hegel partout einen revisionistischen Metaphysiker eines ontisch hypostasierten Geistes machen wollen, in angeblich schnöder Abwendung von den erhabenen Leistungen fortschrittlicher Aufklärung bei Spinoza, Hume und Kant und in Rückwende zum Neuplatonismus oder auch Aristotelismus mittelalterlicher Philosophie. Wir werden sehen, wie nass dieses argumentative Pulver ist. – Zuzugeben ist allerdings, dass Hegel das Wort »Idee«, wie oben erläutert, auf ein für den *common sense* ungewöhnliche Weise mit den Inhalten von Platons *eidos* und *idea* auflädt, so dass ein bloß erst intuitives Lesen den Gedanken nicht unmittelbar folgen kann. Das aber macht er selbst in aller wünschenswerten Klarheit deutlich. Daher polemisiert er gegen den ›Missbrauch‹ der europäischen Lehnwörter »Idee« und »idea« (etwa bei Locke und Hume) im Sinne einer bloß subjektiven Vorstellung. Die Polemik gipfelt in der Provokation, dass die Philosophie, also insbesondere seine eigene *Wissenschaft der Logik*, die Einsicht entwickelt habe, »daß nichts wirklich ist als die Idee«, nämlich des personalen Seins und der Wissensinhalte der Personen. Man spürt geradezu, wie der sich als Aufklärung gebärdende Naturalismus sich von dem zitierten Halbsatz gestochen fühlt – und in seiner Aufregung nicht mehr in der Lage ist, weiter nachzudenken, was damit eigentlich gesagt ist. Dabei handelt es sich nur um die Wiederholung dessen, was wir oben schon gehört haben. Es geht nämlich um die in der Tat ›platonische‹ Einsicht, dass jede genaue Analyse dessen, was wir als objektive Wirklichkeit den subjektiven Erscheinungen und perspektivisch perzipierten oder erfahrenen Phänomenen *unterlegen, längst schon eidetisch bzw. theoretisch von uns geformt ist*. Das gilt für kausale Erklärungen im Fall der nichthandelnden Natur ebenso wie für Gründe im Fall der menschlichen Handlungen, Praxisformen und Institutionen. Das so unter das Phänomen geschobene *hypokei-*

menon heißt im Deutschen »Substanz«, wobei die Erklärung in ihrer allgemeinen Form als substantiell bzw. nachhaltig vorausgesetzt ist und das »Substrat« die reale, empirische, einzelne Instanziierung der begrifflichen Substanz oder besser der nachhaltigen Form ist.

19 Darauf kommt es dann an, in dem Scheine des Zeitlichen und Vorübergehenden die Substanz, die immanent, und das Ewige, das gegenwärtig ist, zu erkennen. (XX)

Wir dürfen davon ausgehen, dass hier von der wahren Form allen nachhaltigen und eben damit objektiven Wissens und Erkennens die Rede ist, also von dem Wissen der Wissenschaften ebenso wie dem des religiösen Wissens. Dabei steht das Empirische als Zeitliches in seiner unaufhebbaren Perspektivität, also in der Bezugnahme je auf mich hier und jetzt, dem Zeitallgemeinen, Bleibenden, Substantiellen, und der Ortsinvarianz und Objektivität generischen Wissens gegenüber.

Mit anderen Worten, der leicht religiöse Ton in der Abwehr des Empirismus und damit die scheinbare Provokation an die Aufklärung sind beabsichtigt. Zugleich wird die Immanenz allen Wissens und aller Gegenstände des Wissens betont. Das Objektive des Wissens, die Wirklichkeit, ist als das unendliche Allgemeine zu begreifen, nicht als das endliche Einzelne bloß subjektiver Ansicht und Meinung, selbst wenn alle Realität am Ende im zeitlich-präsentischen Sein besteht.

19 Denn das Vernünftige, was synonym ist mit der Idee, indem es in seiner Wirklichkeit zugleich in die äußere Existenz tritt, tritt in einem unendlichen Reichtum von Formen, Erscheinungen und Gestaltungen hervor, und umzieht seinen Kern mit der bunten Rinde, in welcher das Bewußtsein zunächst haust, welche der Begriff erst durchdringt, um den innern Puls zu finden und ihn ebenso in den äußern Gestaltungen noch schlagend zu fühlen. (XX)

Es ist eine Hommage an Platon, wenn Hegel das Vernünftige als synonym mit der Idee setzt. Diese aber ist, wie erwähnt, der in Arten von Sachen, Dingen und Wesen realisierte Begriff. Im Einzelnen bringt die Welt einen »unendlichen Reichtum von Formen, Erscheinungen und Gestaltungen hervor«. Die Rede vom *substantiellen* Kern der Sachen, den wir in den Wissenschaften suchen, ist ganz bewusst als blumige Metapher ausgemalt, um klar zu machen, dass es sich um die Suche nach allgemeinen bzw. *nachhaltigen* Erklärungen handelt und nicht um eine wörtlich, ontisch, zu verstehende Ursache oder *causa*, hinter oder unter den Erscheinungen.

Dabei leben wir im naiven Gewahrsein zunächst in der »bunten Rinde« der Phänomene, »welche der Begriff erst durchdringt, um den inneren Puls zu finden«. Mit anderen Worten, der Kern der Sache, die allgemeine Ursache typischer Phänomene, ist durch unser theoretisch strukturiertes System der Begriffe allererst konstituiert. Wissenschaft ist gemeinsame Arbeit am Begriff. Weil das Begriffliche das Allgemeine ist, ist Wissenschaft nicht einfach Erforschung empirischer Phänomene, sondern Entwicklung und dann auch Anwendung eines Systems allgemeiner Ursachen und Gründe. Weil diese Entwicklung wie alle institutionellen Prozesse ein kollektives Handeln und Anerkennen im praktischen Gebrauch ist, ist sie keine willkürliche Konstruktion.

Die unendlich mannigfaltigen Verhältnisse aber, die sich in dieser 19
Äußerlichkeit, durch das Scheinen des Wesens in sie, bilden, dieses
unendliche Material und seine Regulierung, ist nicht Gegenstand
der Philosophie. Sie mischte sich damit in Dinge, die sie | nicht 15
angehen; guten Rat darüber zu erteilen, kann sie sich ersparen; (XX)

Die unendliche Mannigfaltigkeit empirischer Phänomene hier und jetzt, dort und dann oder damals ist nicht in allen Einzelheiten Gegenstand der theoretischen Wissenschaften. Wissen ist generisches Allgemeinwissen, das über materialbegriffliche Urteile und Schlüsse in allem gemeinsamen Verstehen seinen Gebrauch hat. Dabei sollte sich Philosophie und Wissenschaft nicht in rein kontingente Dinge mischen, »die sie nicht angehen«, Man denke als Beispiel an die Frage, warum Peter, nicht Paul, im Lotto gewonnen hat, oder warum es trotz aller Erziehung und Polizei immer viele Menschen geben wird, die den anderen gefährlich werden. Hegel nennt Beispiele anderer Art, nämlich praktische Selbstverständlichkeiten, die einer eigenen Aufnahme in eine Theorie erst einmal nicht bedürfen:

Plato konnte es unterlassen, den Ammen anzuempfehlen, mit 19
den Kindern nie stillezustehen, sie immer auf den Armen zu schaukeln, ebenso *Fichte* die Vervollkommnung der *Paßpolizei* bis dahin, wie man es nannte, zu *konstruieren*, daß von den Verdächtigen nicht nur das Signalement in den Paß gesetzt, sondern das Porträt darin gemalt werden solle. (XX)

Inzwischen ist allerdings die Art, wie Passfotos zu machen und die Personen wiederzuerkennen sind, zu einer Wissenschaft geworden.

19 In dergleichen Ausführungen ist von Philosophie keine Spur mehr zu sehen, und sie kann dergleichen Ultraweisheit um so mehr lassen, als sie über diese unendliche Menge von Gegenständen gerade am liberalsten sich zeigen soll. Damit wird die Wissenschaft auch von dem Hasse, den die Eitelkeit des Besserwissens auf eine Menge von Umständen und Institutionen wirft, – ein Haß, in welchem sich die Kleinlichkeit am meisten gefällt, weil sie nur dadurch zu einem Selbstgefühl kommt, – sich am entferntesten zeigen. (XXI)

Die Frage, was alles zum Thema der theoretischen Wissenschaften taugt – und nur davon ist gerade die Rede, nicht von der Philosophie im engeren Sinne logischer Reflexion –, ist freilich nicht ganz einfach. Man kann den Umfang zu eng oder zu weit halten. Er wird zu weit, wenn Wissenschaftler zu allem ihren Senf geben – mit der Folge, dass man ihr Wissen nicht mehr ernst nimmt. Wir sollten daher realistisch bleiben und zugeben, dass es einen großen Umfang an praktischem und verbalem Wissen gibt, das der expliziten begrifflichen Kontrolle akademischer Wissenschaft und Philosophie nicht bedarf.

19f. So soll denn diese Abhandlung, insofern sie die Staatswissenschaft enthält, nichts anders sein, als der Versuch, den *Staat als ein in sich Vernünftiges zu begreifen* und *darzustellen*. Als philosophische Schrift muß sie am entferntesten davon sein, einen *Staat, wie er sein soll,* konstruieren zu sollen; die Belehrung, die in ihr liegen kann, kann nicht darauf gehen, den Staat zu belehren, wie er sein soll, sondern vielmehr, wie er, das sittliche Universum, erkannt werden soll. (XXI)

Hegels Unsicherheit in der Identifikation und Unterscheidung von Philosophie und theoretischer Sachwissenschaft ist selbst ein Anzeichen dafür, dass wir uns in einer Zeit der Neukonstitution der akademischen Wissenschaften und dabei besonders der Geistes-, Sozial- und Staatswissenschaften befinden. Manche Kritik an Hegel ist ebenso lächerlich wie anachronistisch. Man sagt dasselbe nur in anderen Worten, ohne zu merken, dass sich der Sinn der Wörter »Idee«, »Spekulation und »Philosophie« gewandelt hat. So würde jeder ernstzunehmende Staatswissenschaftler oder Politologe auch heute noch erklären, dass es in seinen Untersuchungen nicht (in erster Linie) ›normativ‹ darum gehe, wie seinen subjektiven Wünschen gemäß ein Staat *sein soll*. Auch die Belehrung der Regierenden steht nicht im Mittelpunkt. Vielmehr geht es darum, den strukturellen Ort der staatlichen und rechtlichen Institutionen im ›sittlichen Universum‹, dem Gesamt humaner Kultur des Geistes, zu begreifen und explizit zu machen.

In diesem Punkt ist Niklas Luhmann und seine Systemtheorie Hegel weit näher verbunden, als mancher Luhmannianer zu meinen beliebt. Freilich stolpern die Leser über die Aussage, dass es in den Staatswissenschaften insofern doch normativ zugehe, als der Staat *in seiner Vernünftigkeit* zu begreifen und darzustellen sei. Doch das liegt schlicht daran, dass die Anerkennungen von institutionellen Formen weitgehend nicht auf Ursachen, sondern auf Gründen beruhen. Allerdings unterscheidet sich Anerkennung von Mitbestimmung wesentlich dadurch, dass die meisten Formen gemeinsamen Handelns *im Vollzug* und damit präsentisch anerkannt werden, *nachdem* sie als Formen *schon etabliert* sind. Anerkennung geschieht also *post hoc*. Mitbestimmung von Formen und Inhalten und damit von zukünftigen Möglichkeiten gemeinsamen Handelns ist, wie eine kollektive Wahl, ein *plurales Handeln praeter hoc*. Dieser von Hegel in der Rechtsphilosophie insgesamt erarbeitete Unterschied, der ein Unterschied zwischen Handlungsplanung und Handlungsevaluation ist, damit auch zwischen Norm und Sanktion, ist von jeder logisch aufgeklärten Demokratietheorie und jeder Analyse von Normativität im kooperativen Handeln weit ernster zu nehmen, als das bisher geschehen ist.

Die besonderen Herausforderungen, welchen sich die von Hegel erstmals explizit konzipierten Geistes-, Gesellschafts- und Staatswissenschaften insgesamt stellen müssen, betreffen damit die korrekte allgemeine Fassung kollektiver Zielsetzungen und ihrer Umsetzungen in Praxisformen, deren empraktische Anerkennungen sich im Tun und Handeln zeigen. Daher besteht die erste Aufgabe in der begrifflichen Fassung allgemeinster Formen des kollektiven Handelns und damit einer überindividuellen ›Vernunft‹ im wirklichen gesellschaftlichen Leben, ohne dabei das bloß faktisch Gegebene für sakrosankt zu erklären. Andererseits muss jede Wissenschaft die Tatsachen geschichtlicher Vorentwicklungen ernst nehmen.

Ιδοὺ Ρόδος, ἴδου καὶ τὸ πήδημα. / Idou Rhodos, idou kai to pêdêma.

Hic Rhodus, *hic* saltus. (XXI)

Das Zitat ist bekannt: Ein Angeber erzählt, welche tollen Sprünge er im fernen Rhodos gemacht habe. Er erhält die lakonische Antwort: Hier ist Rhodos, spring! Hier und jetzt muss sich die Theorie, der begriffliche Entwurf, also bewähren, nicht in einer jenseitigen Utopie einer rein formal möglichen Welt.

Das *was ist* zu begreifen, ist die Aufgabe der Philosophie, denn das *was ist*, ist die Vernunft. (XXI)

Wir begreifen Phänomene, soweit wir an ihnen Allgemeines, Besonderes und das erwartbare Kontingente einzelner Ausprägungen unterscheiden können. Die übliche Vorstellung, dass wir sie *als Einzelheiten* erklären könnten, ist ähnlich sinnwidrig wie etwa der Versuch, durch polizeiliche Maßnahmen alle Verbrechen unmöglich zu machen. In eben diesem Rahmen ist das, was es in der Welt gibt, zu begreifen und zu erklären. Das ist die Aufgabe der theoretischen Wissenschaften, die Hegel damals noch »Philosophie« nannte, weil sie in der philosophischen Fakultät zusammengeschlossen waren. – Den gnomischen Satz »das, was ist, ist die Vernunft« wird man wegen seiner offenkundigen Übertreibung, also seiner provokativ-ironischen Form, leicht fehldeuten. Ironie, figurative Rede und karikaturartige Vereinfachungen werden offenbar nur von hinreichend gebildeten Lesern angemessen begriffen.

Es ist nun gerade Hegel, der den Zufall und die Kontingenz in allem Empirischen und damit die Grenzen des wissenschaftlich Erklärbaren anerkennt. Daher könnte er mit Recht darauf hoffen, dass man nicht etwa ihm unterstellt, dass er alles, was zufälligerweise existiert, in all seinen Besonderheiten und Einzelheiten schon für vernünftig hält.

Was aber besagt das gnomische Orakel? Nun, offenbar dies, dass Wissenschaft dazu da ist, an dem, was da ist, möglichst alles Relevante *allgemein* zu erklären, *soweit es* eben so *vernünftig erklärbar* ist. Das gilt insbesondere für die von Menschen gemachten Institutionen, zumal diese, unter Einschluss der Wissenschaften, die gemeinsame Vernunft *ausmachen*, *soweit es diese überhaupt gibt, diese also da ist*. Sie ist als solche allgemeine Vernunft und nicht etwa das, was ich für vernünftig halte oder du deklarativ für rational erklärst. Etwas einfacher gesagt: Es geht wieder nur um eine realistische Rettung der Phänomene in der Theorie. Allerdings muss man sich wieder daran erinnern, das verbale Kritik einfach ist, besonders im Nachhinein wissen es alle besser. Schon weniger einfach ist, eine verbale Kritik an etablierten Praxisformen und Institutionen mit den eigenen praktischen Anerkennungen kohärent zu machen. Vollends schwierig ist ein allgemein anerkennbares oder gar von allen Betroffenen real anerkanntes konstruktives Misstrauensvotum gegen etablierte Institutionen, samt nachhaltiger Umsetzung der neuen Ordnung.

> Was das Individuum betrifft, so ist ohnehin jedes ein *Sohn seiner Zeit*; so ist auch die Philosophie, *ihre Zeit in Gedanken erfaßt.* Es ist eben so töricht zu wähnen, irgend eine Philosophie gehe über ihre gegenwärtige Welt hinaus, als, ein Individuum überspringe seine Zeit, springe über Rhodus hinaus. Geht seine Theorie in der Tat drüber hinaus, baut es sich eine Welt, *wie sie sein soll,* so existiert sie wohl, aber nur in seinem Meinen,– einem weichen Elemente, dem sich alles Beliebige einbilden läßt. (XXI f.)

Jeder individuelle Philosoph oder Wissenschaftler urteilt wie jede Person aus seiner Perspektive und ist eben damit Kind seiner Zeit. Dementsprechend ist auch die »Philosophie«, und das meint hier: *die Wissenschaft insgesamt* (also nicht nur das, was wir heute unter dem Ausdruck »Philosophie« verstehen) »ihre Zeit in Gedanken erfaßt«. Denn Wissenschaft ist sinnkritische Arbeit am Begriff. Der Begriff aber besteht aus den theoretischen Artikulationssystemen und Enzyklopädien, in denen das Allgemeinwissen einer Zeit kanonisch zusammengefasst ist.

Keine Philosophie oder Wissenschaft geht »über ihre gegenwärtige Welt hinaus«. Utopien gehören in das (übrigens extrem langweilige) Genre der Science-Fiction: Man erfindet Sternenkrieger im Gewand des römischen Soldaten und ein Sternenimperium etwa nach dem Muster des Perserreiches.

Jeder von uns denkt ohnehin weit konventioneller, als er sich selbst zugibt. Nur im großmannssüchtigen Traum überspringt die Person ihre Zeit.

Man beachte, dass hier Hegel explizit selbst von einer *Theorie* spricht. Er verlangt von ihr, dass sie in je dieser Welt und Gegenwart ihre Leistungsfähigkeit konkret zu zeigen hat. Wenn sie stattdessen sich bloß ›normativ‹ und ›utopisch‹ eine ›ideale‹ Welt baut, darstellt und uns vorstellt, »wie sie sein soll«, dann »existiert sie wohl« als Satzsystem oder Bild. Das Sollen ist dann nur ein Meinen. Meinungen aber sind zufällig, biegsam, unzuverlässig und bilden, ironisch gesagt, ein weiches Element, »dem sich alles Beliebige einbilden läßt«, wobei die Einbildung, die willkürliche eigene Meinung sei ein tiefes Denken, natürlich *superbia*, Hochmut ist. Zu glauben, so die Wahrheit treffen zu können, ist so töricht wie z. B. zu meinen, ich könnte im Lotto einmal den Hauptgewinn gewinnen. Das ist nicht unmöglich, aber unwahrscheinlich – und was nur kontingenterweise richtig ist, ist sicher kein Wissen.

Mit weniger Veränderung würde jene Redensart lauten:
Hier ist die Rose, *hier* tanze. (XXII)

Hegel spielt hier mit dem Bild von der Rose im Kreuz des Lebens. Und er erklärt, dass es das Wissen ist, das unser Leben verklärt. Auch hier gibt es wohl kaum jemandem, der den Sinn versteht und ihm dennoch widersprechen möchte. Das gilt schon nicht mehr, wenn Hegel verlangt, dass wir im Wissen, nicht in der Religion, das Ewige, Zeitallgemeine, im Gegenwärtigen sehen können und sich eben so das Unendliche im Endlichen, die Idee in der Empirie zeigt.

Was zwischen der Vernunft als selbstbewußtem Geiste und der Vernunft als vorhandener Wirklichkeit liegt, was jene Vernunft von dieser scheidet und in ihr nicht die Befriedigung finden läßt, ist die Fessel irgend eines Abstraktums, das nicht zum Begriffe befreit ist. (XXII)

Der Satz ist schwer zu entschlüsseln und noch schwerer in seinem Sinn klar in heutiger Sprache wiederzugeben. Hegel spricht ganz offenbar vom Abstand zwischen dem, was der Vernunft als dem selbstbewussten allgemeinen Geist (der Menschen oder einer Gesellschaft zu einer Zeit) entsprechen würde, und der Vernunft, wie sie sich in der vorhandenen Wirklichkeit jeweils zeigt. In gewissem Sinn geht es um den Abstand zwischen einem idealen Entwurf und seiner Realisierung. Hegel sagt allzu blumig und obskur, es liege immer an einem Abstraktum, »das nicht zum Begriffe befreit ist«, wenn hier der Abstand (zu) groß sei. Er betont damit, anders ausgedrückt, dass es gar keine andere Vernunft der Menschen gibt, als die es ist, die sich im *kollektiven Vollzug* zeigt. Wenn eine Diskrepanz entsteht zwischen unserer *Dar-*

stellung dessen, was vernünftig wäre, und dem, was die Leute faktisch tun, handelt es sich zunächst wohl erst um unsere Vorschläge zur Änderung einer Praxis. Ein solcher Vorschlag kann im Rahmen der Teilnahme an einem gemeinsamen Vernunftprozess vorgebracht werden, wobei alles so lange bloß erst verbal bzw. abstrakt bleibt, wie es nicht schon in Praxis, Gebrauch und Handlungen anerkannt wird. Allerdings befinden wir uns hier auf einer sehr allgemeinen Rede-Ebene. Es geht hier nicht um die Kritik an einem einzelnen Tun als unvernünftig.

Man kann bei der Passage auch an den Beginn des Johannesevangeliums denken,[18] wenn man Wort und Begriff, das Göttliche und Vernünftige angemessen identifiziert: Aller Anfang des Begreifens von Welt liegt im Wort (*logos, verbum*); das Wort, also die Sprache, drückt das göttliche Ideal des Wahren, Ganzen und Guten und damit insgesamt Gott selbst aus. Der Abstand der endlichen Sachen liegt an deren Mängel, insbesondere dann, wenn wir diese noch nicht in ihrer typischen Besonderung des Allgemeinen begreifen bzw. beherrschen. Aber nur dem bloß abstrakt denkenden Verstand scheint es so, als sei eine rein kontingente empirische Realität völlig verschieden von der Erfüllung vernünftiger Begriffe.

Die Vernunft als die Rose im Kreuze der | Gegenwart zu erkennen 20, 16
und damit dieser sich zu erfreuen, diese vernünftige Einsicht ist die *Versöhnung* mit der Wirklichkeit, welche die Philosophie denen gewährt, an die einmal die innere Anforderung ergangen ist, *zu begreifen*, und in dem, was substantiell ist, ebenso die subjektive Freiheit zu erhalten, so wie mit der subjektiven Freiheit nicht in einem Besondern und Zufälligen, sondern in dem, was an und für sich ist, zu stehen. (XXII)

Die allgemeine Vernunft ist die Rose im Kreuz der Gegenwart. Sie zu erkennen, explizit zu machen, ist Aufgabe der Wissenschaften vom objektiven Geist, die als solche das gemeinsame geistige Selbstbewusstsein entwickeln. Es handelt sich um die Geistes-, Sozial- und Staatswissenschaften. Sich des Wissens und der Vernunft »zu

18 Horst Brandt, dem diese Untersuchung alles verdankt, da ohne seinen Zuspruch und seine Fürsprache die dialogischen Kommentare zu Hegels Hauptwerken nicht zustande gekommen wären, hat mich auf diesen Punkt hingewiesen.

erfreuen«, ist freilich nicht Aufgabe der Wissenschaften, sondern von Religion und Kunst in ihrer Rolle als Institutionen des absoluten Geistes. Dieser ist im Vollzug Liturgie, das ist: gemeinsame Feier des menschlichen Daseins – also weit mehr als Belehrung in kirchlicher Predigt oder brechtschen Lehrstücken. Insgesamt vermittelt nicht das Wissen allein »diese vernünftige Einsicht«. Denn als »Versöhnung mit der Wirklichkeit« ist sie eine einzuübende Haltung, kein Wissen. Dennoch ist es die Philosophie zusammen mit den theoretischen Geisteswissenschaften, nicht der Mythos (wie das aus der Antike stammende Christentum noch immer meint), welche die Versöhnung selbstbewusster Vernunft mit aller faktischen Unvernunft »denen gewährt, an die einmal die innere Anforderung ergangen ist, zu begreifen«.

Wir begreifen etwas also nur dadurch, dass wir das Allgemeine des Begriffs und das Besondere seiner Anwendungsformen vom bloßen zufällig und dabei immer auch privativen Einzelnen unterscheiden lernen. Das Substantielle, ich wiederhole das, ist das Allgemeine, auf lehr- und lernbare Weise kodiert in der Sprache und kanonisiert in der Schrift, also den basalen Texten einer Zeit. Dabei ist »die subjektive Freiheit zu erhalten«. Es liegt diese Freiheit nicht im Zufälligen willkürlicher Meinung, sondern in der anzuerkennenden Absolutheit des personalen Subjekts im Vollzug seines Lebens. Das, was an und für sich ist, als Arttyp konkret realisiert ist, gilt es dabei, aus je subjektiver Perspektive zu begreifen.

> Dies ist es auch, was den konkretern Sinn dessen ausmacht, was oben abstrakter als *Einheit der Form* und *des Inhalts* bezeichnet worden ist, denn die *Form* in ihrer konkretesten Bedeutung ist die Vernunft als begreifendes Erkennen, und der *Inhalt* die Vernunft als das substantielle Wesen der sittlichen, wie der natürlichen Wirklichkeit; die bewußte Identität von beidem ist die philosophische Idee. – (XXII f.)

Die spekulativen Sätze über die »Einheit der Form und des Inhalts« sind hier sehr verkürzt. Am besten liest man sie so, dass Inhalte sich aus reproduzierbaren äußeren Formen über eine zunächst empraktische und dann explizit bewertete, dabei immer vom Kontext abhängige Inhaltsgleichheit ergeben. So sind z. B. »eins« und »one« ebenso inhaltsgleich wie ein verbaler und ein gestischer Gruß inhaltsgleich sein können. Die zentrale Einsicht von Phänomenologie und Logik (die sich noch gegen Descartes und Kant und deren Vorstellungen von einem unmittelbar inhaltlichen Denken richtet, aber eine Einsicht schon von Leibniz neu aufgreift) besteht darin, dass es keine Bedeutungen oder Inhalte ohne Trägerhandlungen (bzw. deren Formen) gibt. Das ist dann auch ein Moment der Einsicht in die Absolutheit des konkreten Vollzugs, damit auch der Subjektivität. Die Inhalte aber sind über allgemeine Normen bestimmt, wie richtig zu unterscheiden und was als äquivalent anzusehen ist. Daher sind sie gerade nicht subjektiv. Sie existieren objektiv als gemeinsame Vernunft, wie sie auch in aller Objektivität des Wissens über die nichthandelnde Natur vorausgesetzt ist. Die »Vernunft als begreifendes Erkennen« ist gemeinsames Selbstwissen, kurz: Selbstbewusstsein des Geistes, was freilich generisch zu lesen ist, nicht ontisch. Ihr Inhalt ist »die Vernunft«. Sie ist »das substantielle Wesen der sittlichen wie der natürlichen Wirklichkeit« – wobei wir schon gesehen haben, dass das im Fall der Objektivitäten in der Natur nur verstehbar ist, wenn wir die wesenslogische Verfassung der Gegenüberstellung von wirklicher *causa* und der durch sie erklärten Phänomene begreifen.

Im Falle der Gegenstände der Geisteswissenschaften besteht das Wesen der sittlichen Wirklichkeit in den sich im Allgemeinen durchsetzenden Gründen dafür, warum die existierenden Praxisformen allgemein anerkannt werden, selbst dann, wenn sie in besonderen Privationen allerlei Ungleichheit, Ungerechtigkeit und Unfreiheit zur Folge haben. Eine besondere Kritik, Reform oder Umwälzung gesellschaftlicher Verhältnisse kann daher auch nur auf der Grundlage dieses Wissens über die implizite Vernunft in den gegebenen allgemeinen gesellschaftlichen Verhältnissen oder ihrer Geschichte vernünftig sein. Dazu bedarf es eines Wissens um Normalfälle und Ausnahmen, also etwa auch um Gebrauch und Missbrauch von Macht. Die bloße Tatsache unterschiedlicher Machtverhältnisse ist daher noch lange kein zureichender Grund der Kritik oder gar einer Revolution.

Abstrakte Gleichheit ist der niederste aller Werte in der Reihe Freiheit, Gerechtigkeit als gleiches Recht für alle, Sicherheit, Wohlstand, Solidarität und dann eben auch Gleichheit der Lebensverhältnisse. Die »bewußte Identität« von Form und Inhalt, auch von Wissenschaft als kollektiver Institution im realen Tun und Wissenschaft als in diesem

Tun kanonisiertes inhaltliches Wissen, »ist die philosophische Idee«, also der objektiv schon realisierte oder sich im Vollzug realisierende Begriff.

20f. Es ist ein großer Eigensinn, der Eigensinn, der dem Menschen Ehre macht, nichts in der Gesinnung anerkennen zu wollen, was nicht durch den Gedanken gerechtfertigt ist, – und dieser Eigensinn ist das Charakteristische der neuern Zeit, ohnehin das eigentümliche Prinzip des Protestantismus. (XXIII)

Hegel kommt noch einmal auf Kants Forderung zurück, selbst zu denken, und spricht von einem großen Eigensinn, »der dem Menschen Ehre macht«, wobei die Paradoxie darin besteht, dass die Gesinnung das Moment der Subjektivität ist, also auch der Perspektivität und Kontingenz des Sehe-Punktes bzw. der begrenzten Örtlichkeit unseres Daseins. Wir anerkennen nichts, was uns nicht einleuchtet. Wir verlangen im Zweifelsfall Gründe. Im Normalfall ist das, was wir anerkennen, »durch den Gedanken gerechtfertigt«. Das, was andere die Wende zur Subjektivität der Neuzeit nennen, die freilich sozusagen schon im 12. Jahrhundert (wenn nicht schon mit Sokrates, also nicht erst mit Luther) beginnt, bespricht Hegel hier schön ambivalent unter dem Titel »Eigensinn« als »das Charakteristische der neueren Zeit« und sieht in ihm »das eigentümliche Prinzip des Protestantismus«.

21 Was *Luther* als Glauben im Gefühl und im Zeugnis des Geistes begonnen, es ist dasselbe, was der weiterhin gereifte Geist im *Begriffe* zu fassen, und so in der Gegenwart sich zu befreien und dadurch in ihr sich zu finden bestrebt ist. (XXIII)

Hegel begreift Luther als Protagonisten der Subjektivität, des Selbstdenkens, des Eigensinns. Dabei stellt er sich keineswegs gegen die Einsicht in die Bedeutsamkeit von Gefühl und Überzeugung, wohl aber gegen deren Überschätzung und gegen die Unterschätzung gemeinsamen Wissens und gemeinsamer Kontrolle von Wissensansprüchen und Aberglauben. Nach Luthers Übersetzung der Bibel konnte nach Hegel auch der Geist ›reifen‹, weil jetzt die Teilnehmerschaft am Diskurs über das Wahre und Gute im Prinzip auf alle Menschen ausgeweitet wurde. Dennoch bleiben eine gewisse Arbeitsteilung und das Expertentum derer erhalten, welche das allgemein Wahre in Begriffe fassen, also die Sprache durch Theorien bilden und dabei, wenn sie gewissenhaft verfahren und im Streit der Experten die allgemein besten Theorien vorschlagen, dann auch hoffentlich allgemein anerkannt werden. Im allgemeinen Wissen befreien wir uns von der unmittelbaren Gegenwart (was Tiere nicht können, ihr Leben bleibt an das Präsentische gebunden) und finden uns zugleich in ihr wieder.

Wie es ein berühmtes Wort geworden ist, daß eine halbe Phi- 21
losophie von Gott abführe, – und es ist dieselbe Halbheit, die das Erkennen in eine *Annäherung* zur Wahrheit setzt, – die wahre Philosophie aber zu Gott führe, so ist es dasselbe mit dem Staate. (XXIII)

Es ist nur Halbwissen, das die selbsternannte Aufklärung des Naturalismus »von Gott«, also von aller Religion und der Rede über göttliche Dinge, auch von jeder ›Theologie‹, abgeführt hat. Dasselbe Halbwissen hat im Kantianismus »das Erkennen in eine Annäherung zur Wahrheit« gesetzt, so also, als ob wir nie etwas Wahres wissen, da die Wahrheit wie Kants Ding an sich für uns angeblich auf ewig transzendent bleibe. Wahre Philosophie soll aber, wie das von Hegel erwähnte Sprichwort sagt, »zu Gott« führen. Hegel spielt hier gewissermaßen mit uns Lesern, indem er sagt, dass dasselbe für den Staat gilt. Halbwissen führt vom Staat weg, etwa zur These, der Staat sei sekundär zur Gesellschaft oder am Ende wie in der kommunistischen Utopie bei Marx gar nicht mehr nötig. Der Staat gehört zum organisatorischen Rahmen des Systems aller geistigen Institutionen, ähnlich wie »Gott« das Gesamt der Welt als Sein oder im Vollzug nennt.

So wie die Vernunft sich nicht mit der Annäherung, als welche 21
weder kalt noch warm ist und darum ausgespien wird, eben so wenig begnügt sie sich mit der kalten Verzweiflung, die zugibt, daß es in dieser Zeitlichkeit wohl schlecht oder höchstens mittelmäßig zugehe, aber eben in ihr nichts besseres zu haben und nur darum Frieden mit der Wirklichkeit zu halten sei; es ist ein wärmerer Friede mit ihr, den die Erkenntnis verschafft. (XXIV)

Die Vernunft begnügt sich nicht mit der lauwarmen Versicherung, unser heutiges Wissen sei eine Stufe auf der Treppe zu einem idealen und perfekten Wissen am Ende der Zeit. Sie begnügt sich ebenso wenig »mit der kalten Verzweiflung« eines Skeptizismus, der »zugibt, daß es in dieser Zeitlichkeit wohl schlecht oder höchstens mittelmäßig zugehe, aber eben in ihr nichts Besseres zu haben« sei. Das ist nur eine andere Seite eines verzweifelten Pragmatismus. Freilich lässt Hegel an dieser Stelle offen, worin genau der ›wärmere Friede‹ mit den Tatsachen der Gegenwart bestehen soll, den wissende »Erkenntnis verschafft«. Ich meine, Hegel spielt darauf an, dass es um eine allgemeine Selbstplatzierung und zugleich um ein realistisches und immanentes Verständnis der von uns selbst entworfenen utopischen Ideale ›absoluten Wissens‹ geht. Das Absolute des Wissens zeigt sich hier und jetzt im Vollzug und nicht am Ende der Tage – wie das ja auch Schiller in dem Gedicht »Resignation« gesagt hatte. Hegel hält von einem heimlichen Import der Theologie eines allwissenden Gottes in die Wissenschaft also so wenig wie von allen Sozialutopien; aber auch die Vorstellung von bloß stückweisen gesellschaftlichen Reformen in einer instrumentellen Sozialtechnik reicht ihm nicht.

21 Um noch über das *Belehren*, wie die Welt sein soll, ein Wort zu sagen, so kommt dazu ohnehin die Philosophie immer zu spät. Als der *Gedanke* der Welt erscheint sie erst in der Zeit, nachdem die Wirklichkeit ihren Bildungsprozeß vollendet und sich fertig gemacht hat. Dies, was der Begriff lehrt, zeigt notwendig ebenso die Geschichte, daß erst in der Reife der Wirklichkeit das Ideale dem Realen gegenüber erscheint und jenes sich dieselbe Welt, in ihrer Substanz erfaßt, in Gestalt eines intellektuellen Reichs erbaut. (XXIII f.)

In praktisch allen seinen Texten geißelt Hegel von Beginn an jede bloß erst ideale Vorstellung davon, wie nach Meinung einer Einzelperson oder einer Gruppe von Personen die Welt sein sollte, was freilich ohnehin nur dort relevant sein kann, wo wir Menschen etwas dazu tun können. Denn jede Anklage Gottes dafür, dass die Welt so ist, wie sie ist, ist nur lächerlich, erst recht dann, wenn man aufgrund des konkreten Wissens über Zustandekommen, Sinn und Form des religiösen und theologischen Mythos nicht mehr an einen anthropomorphen Gott glauben kann, sondern, wie schon die Besseren der frühen Christen, mit dem mehrfachen Schriftsinn sogenannter religiöser Texte umzugehen gelernt hat. Es ist dann nur ein kleiner, aber notwendiger Schritt, von jedem Glauben an einen ontischen Gott Abstand zu nehmen, zumal dabei sowohl das Wort »Glaube« als auch das Wort »Gott« unerklärt bleiben. Das heißt nicht, dass alle Reden von Gott und dem Göttlichen für Unsinn erklärt würden. Wohl aber wird der Aberglaube bekämpft, der meint, ein menschenähnlicher Gott regierte die natürliche und menschliche Welt, ließe sich um Gnade oder Wunder bitten und veranstalte am Ende der Tage eine Art Jüngstes Gericht mit Lob und Tadel, Preis und Strafe für alle Taten auf der Erde. Stattdessen kann es nur eine negative Theologie der spekulativen Artikulation einer guten Haltung zum Gesamt der Welt, zum neuplatonischen Eins und Alles im absoluten Geist wahrer Religiosität geben – wie schwer diese Einsicht und ihre Inhalte auch den naiv Gläubigen fällt, welche aus dem Modus des Verstehens bloß narrativer Aussagen über etwas, was es irgendwie objektiv geben soll, nicht herauskommen.

Es ist also eine treffende Charakterisierung der Philosophie, sie als den ›Gedanken der Welt‹ zu bezeichnen – als Kerninstitution wahrer Geisteswissenschaft. Ein selbstbewusstes Wissen über alle Wissenschaft und alle Formen geistigen Lebens gibt es freilich erst, »nachdem die Wirklichkeit ihren Bildungsprozeß vollendet und sich fertig gemacht hat«. Gemeint sind die ausdifferenzierten Institutionen, zu denen der Staat und das Recht ebenso gehören wie eine arbeitsteilige Ökonomie, Religion und Moral, Kunst und Kirche, insbesondere aber Wissenschaft und Philosophie.

Hegel verweist hier nicht ohne berechtigten Stolz auf eine Parallele zwischen Zeit und Person des Platon und der eigenen Zeit und seiner Rolle in ihr, wo er sagt, dass erst bei einer gewissen ›Reife der Wirklichkeit‹, also der institutionellen Praxisformen (z. B. der mathematischen Geometrie der Antike oder der neuen Wissenschaften nach 1600) das Verhältnis zwischen dem Idealen und Realen zum unabweisbaren Thema wird. – Philosophie und Wissenschaft des Geistes objektivieren die Formen der geistigen Vollzüge, aber nur so, dass sie ideal gefasst werden. Die kulturelle Welt kann nur im objektiven Idealismus »in ihrer Substanz erfaßt« werden, so nämlich, dass man rekonstruktiv die praktische Gesamtform des Geistes im gemeinsamen Handeln »in Gestalt eines intellektuellen Reichs erbaut«.

Wenn die Philosophie ihr Grau in Grau malt, dann ist eine Gestalt 21
des Lebens alt geworden, und mit Grau in Grau läßt sie sich nicht verjüngen, sondern nur erkennen; die Eule der Minerva beginnt erst
mit der einbrechenden Dämmerung ihren Flug. | (XXIV) 17

Noch einmal warnt Hegel – selbstironisch – vor einer möglichen Überschätzung der Leistungen einer solchen rekonstruktiven Philosophie und strukturellen Geisteswissenschaft. Im realen Leben wie in der realen Religion und Kunst geht es farbig, sozusagen barock zu.

Dagegen malen die Philosophie und die Geisteswissenschaften in ihren logischen Geographien und groben Kommentaren zum rechten Verstehen ein »Grau in Grau«. Die Metapher, dass dabei die »Gestalt des Lebens alt geworden« sei, sollte aber nicht falsch verstanden werden. Es ist nicht gemeint, dass lebendige Religion und Kunst im Sterben liege und jetzt, an ihrem Ende, der Philosophie und Geisteswissenschaften den Stab im Staffellauf übergäben. Vielmehr wird eben das dementiert: Lebensformen lassen sich durch selbstbewusste Reflexion und Objektivierung in idealen Modellskizzen »nicht verjüngen, sondern nur erkennen«. Das heißt, Hegel bleibt sich des begrenzten Sinns der Unternehmung Philosophie und Geisteswissenschaft in der Arbeitsteilung im kulturellen Leben wohl bewusst. Dieser schwäbische Realismus bleibt unerreicht. Und er findet doch seinen wunderbaren Ausdruck im unsterblichen Satz, dass die selbstbewusste Reflexion der Eule der Minerva »erst mit der einbrechenden Dämmerung ihren Flug« beginnt.

Auch wenn hier schon einiges Inhaltliche zu sagen war, um die Bezüge des Vorworts besser zu verstehen, ist klar – sagt Hegel im letzten Absatz am Ende der Vorrede –, dass ein Vorwort nur »äußerlich und subjektiv« über die Gesamtanlage der auf es folgenden Schrift etwas sagen kann. Freilich bleiben alle philosophischen Kommentare zu einem Inhalt auch subjektiv; es gibt keine feste Form, wie eine »wissenschaftliche, objektive Behandlung« auszusehen hat. Sie wird der behandelten Sache je nur ›dem Grade‹ nach weniger ›äußerlich‹ bleiben, nämlich dann, wenn man sich bemüht, nur das zu sagen, was für die Sache ›an und für sich‹, also der allgemeinen Gattung und besonderen Art nach wesentlich ist. Entsprechend sind nur solche Argumente gegen die vorgetragenen Vorschläge einer begrifflichen Gliederung mit dazu passenden inferentiell dichten Folgen und Bewertungen ernst zu nehmen, die sich an die Maxime des Sachbezugs halten und nichts einfach sozusagen *ad hominem* versichern. Die Hauptschwierigkeit ist dabei, die rechte Allgemeinheitsebene einzuhalten:

21f. Doch es ist Zeit dieses Vorwort zu schließen; als Vorwort kam ihm ohnehin nur zu, äußerlich und subjektiv von dem Standpunkt der Schrift, der es vorangeschickt ist, zu sprechen. Soll philosophisch von einem Inhalte gesprochen werden, so verträgt er nur eine wissenschaftliche, objektive Behandlung, wie denn auch dem Verfasser Widerrede anderer Art als eine wissenschaftliche Abhandlung der Sache selbst, nur für ein subjektives Nachwort und beliebige Versicherung gelten und ihm gleichgültig sein muß. (XXIV)

Berlin, den 25. Juni 1820. | 19

Naturrecht und Staatswissenschaft

Einleitung

§ 1

Die philosophische Rechtswissenschaft hat die *Idee des Rechts,* den Begriff des Rechts und dessen Verwirklichung zum Gegenstande. (3) 27

Die Idee ist nach Hegels Begrifflichkeit der realisierte Begriff, so dass in dem Satz nach dem Komma ein »also« zu ergänzen ist. Es geht somit in der ›philosophischen Rechtswissenschaft‹, vulgo: Rechtstheorie, um den abstrakten und damit immer auch idealen Begriff des Rechts an sich auf der einen Seite, um seine realen Manifestationen in der Rechtspraxis an und für sich auf der anderen Seite. Was Hegel als den Begriff oder das Ansichsein des Rechts anspricht, ist dabei das, was wir als Inhalt in unseren generischen und eidetischen Reden über das Recht anerkennen, damit grob gerade das, was die normalen Leute als die Idee des Rechts auffassen, nämlich als Gegenstand des reinen, also idealen, Denkens. Das Verständnis Hegels wird für den intuitiven Leser natürlich massiv erschwert erstens durch die in der *Wissenschaft der Logik* begründete scheinbare Vertauschung von »Begriff« und »Idee«, zweitens durch die Restituierung des klassischen Verständnisses des Ausdrucks »an sich« (»per se«, »kath'auto«) im Sinne von »im Prinzip« und damit als Markierung generischer Sätze (die Ausnahmen erlauben). Diese verlangen in allen Anwendungen, die aus rein schematischen, wörtlichen, Lektüren entstehenden Widersprüche aufzuheben. Das hat so zu geschehen, wie wir auch Analogien, Metaphern, Allegorien, kurz, alle Arten figurativer Rede unter Einschluss ironischer Distanzierungen mit Verstand, Urteilskraft und Vernunft verstehen. Diese logische Technik des Verstehens konkreter Rede beherrschen *in nuce* schon Zweijährige. Sie gehört zur Grundform von Humor und Witz, also von gescheiter Klugheit in der Unterscheidung von Spaß und Ernst, damit von äußerem Schein und relevantem Wesen. In einer bloß erst formalen Logik gibt es sie nicht. Sie ist rein schematisch nicht darstellbar. Hegel nennt diese Logik konkreten Redens und Verstehens gelegentlich auch »Dialektik«.

Die Restitution des wahren Sinns des Ausdrucks »an sich« war insbesondere gegen Kant nötig geworden, der ihn als Markierung einer vermeintlichen absoluten Wahrheit jenseits aller Erscheinungen und damit wie im Neuplatonismus des Christentums gebraucht. Damit missversteht er ihn grundsätzlich und verstellt das Verständnis der logisch-analytischen Leistungen der *dialektikē technē* Platons. Freilich ist es nicht leicht, das Generische materialbegrifflicher Aussagen, also die Sätze im Modus der Allgemeinheit oder des Ansichseins, in ihrer formal kanonisierten Wahrheit zu begreifen, samt der im Modus der Besonderheiten typisierten privativen Ausnahmen und der unter Umständen kontingenten empirischen Einzelaussagen. Erst recht schwierig ist das Moment des Fürsichseins als System der Beziehungen einer Sache oder eines Dings auf sich selbst, sozusagen unterhalb seiner Gegenstandsgleichheit, ferner als konkrete Identität eines empirischen Einzeldinges hier und jetzt oder dort und dann. Die Bezugnahme ist im zweiten Fall immer deiktisch; damit sind die empirischen Gegenstände auch immer zeitlich bzw. endlich in Hegels terminologischem Sinn. Mathematische Gegenstände, reine Zahlen und Formen, sind wie die wahren Sätze bzw. Propositionen über sie zeitallgemein und daher in ihrer Seinsweise unendlich bzw. ewig, und das nicht etwa nur deswegen, weil es unendlich viele Zahlen gibt. Es ist sogar umgekehrt. Eine quantitative Unendlichkeit gibt es nur als mathematische Form, wie Hegel in der *Seinslogik* klar beweist – wenn man ihn denn versteht.

Das Fürsichsein endlicher, also empirischer Einzelgegenstände setzt schon die Bestimmung ihrer jeweiligen allgemeinen Gattung (genos) und Art (eidos) voraus. Es ist damit *an sich* bestimmt. Insofern definiert das Ansichsein, die Art der Sache, die Identität der Einzelgegenstände, auch des empirisch Einzelnen. Das ist logisch eigentlich trivial wahr, wird aber von einer bloß erst formalen Logik nie wirklich ernst genommen. Sie operiert immer nur mit variablen Gegenstandsbereichen und ist daher allzu abstrakt. Jede konkrete Dinggleichheit ist bestimmte Negation des Andersseins, also der Ungleichheit im Sinn von: ein anderes Ding derselben Art zu sein.

27 Ⓚ Die Philosophie hat es mit Ideen, und darum nicht mit dem, was

man *bloße Begriffe* zu heißen pflegt, zu tun, sie zeigt vielmehr deren Einseitigkeit und Unwahrheit auf, so wie daß der *Begriff* (nicht das, was man oft so nennen hört, aber nur eine abstrakte Verstandesbestimmung ist), allein es ist, was *Wirklichkeit* hat und zwar so, daß er sich diese selbst gibt. (3)

Das Zeichen Ⓚ markiert einen Kommentartext. Thema der Philosophie sind Praxisformen, also Ideen, nicht einfach Begriffe. Sie werden auf den Begriff gebracht, also explizit artikuliert. Im Fall der Naturwissenschaften sind es Formen des Seins und ihrer Erklärung.

Was man in der Tradition einer bloß erst formalen Logik »Begriff« nennt, ist nur erst eine *Klassifikation*, ein *horismos* als Bestimmung eines *horos* oder einer Extension von Gegenständen in einem schon mit Identität und Ungleichheit als vordefiniert unterstellten sortalen oder diskreten Gegenstandsbereich. Das ist nicht nur bei Kant so, sondern noch bei Frege, der daher bekanntlich die Notwendigkeit erkennt, die Art der Bestimmung als *Sinn des Klassifikationsterms* von seiner ›Bedeutung‹ als Mengenbenennung zu unterscheiden. Dabei werden Mengen als Gegenstände aufgefasst, was in der reinen und damit ideal-außerweltlichen Mathematik auch völlig sinnvoll ist.

Hegel sieht dagegen, dass alle Weltbezugnahmen die allgemeine Grundtatsache berücksichtigen müssen, dass hier, im Empirischen, alles kontinuierlich, endlich und nichts auf ewig diskret ist. D. h. es gibt keine atomaren Substanzen außer in unseren idealen theoretischen Bildern, Vorstellungen oder Darstellungen. Alle konkreten Dinge und Sachen in der Welt sind endlich, entstehen und vergehen. Sie sind also zeitlich, soweit sie empirisch existieren, und das tun sie immer nur in der Epoche, also der begrenzten Zeit, ihres Seins, gerade so wie jedes Lebewesen. Unendlich sind nur Artformen und reine Begriffe. Das ist so, weil wir über sie im *überzeitlichen* Modus sprechen und sie nicht nur durch konkrete Fälle, die unter sie fallen, sondern auch durch *reproduzierbare Ausdrücke* repräsentieren.

Obwohl daher z. B. der Säbelzahntiger ausgestorben ist, gibt es noch seinen Artbegriff und seine reine Artform. Formal gesehen steht es nicht anders mit dem reinen Begriff oder dem Vorstellungsbild des Einhorns, obwohl wir wissen, dass dieses nie ›real‹, in der empirischen Welt, existiert hat (Hegel würde sagen: Dasein hatte). Die Menschen haben, sozusagen, im Einhorn ein reh-förmiges Wesen ihrer Vorstellung mit dem Horn des Narwals ausgestattet, das sie am Strand gefunden haben.

Philosophie und die theoretische Sachwissenschaft interessieren sich offensichtlich nicht etwa bloß für reine Begriffe. Als abstrakte Verstandesbestimmungen sind diese das, was wir rein konstruktiv, in reinen Utopien oder sogenannten bloß möglichen Welten erfundener Geschichten, definieren können. In Philosophie und Wissenschaft interessieren wir uns für Ideen, und das heißt in Hegels Diktion: für Begriffe und Theorien im wirklichen Weltbezug.

27 Ⓚ Alles, was nicht diese durch den Begriff selbst gesetzte Wirklichkeit ist, ist vorübergehendes *Dasein*, äußerliche Zufälligkeit, Meinung, wesenlose Erscheinung, Unwahrheit, Täuschung u. s. f. (3)

Wieder trägt der Text die Leser, welche nicht in Hegels logische Reflexionen und ihre Artikulationsformen sozusagen eingeweiht sind oder diese nicht angemessen verstehen, aus der Kurve. Man meint nämlich, Hegel mystifiziere hier in einer teils anthropomorphen, teils kryptischen onto-theo-logischen Metaphysik des Geistes und des Begriffs ganz offenbar den Begriff als Täter. Als Rechtfertigung dieser Meinung oder ›These‹ wedelt man sozusagen mit derartigen Textpassagen. Man sagt, dass Hegel hier doch selbst von einer durch den ›Begriff selbstgesetzten Wirklichkeit‹ spreche. Dazu ist zunächst nur dieses gesagt: Alles, was wir als wirklich einem bloß ephemeren Schein gegenüberstellen, ist wesentlich begrifflich verfasst. Hegel zeigt eben dieses in der Wesenslogik. Außerdem sind alle nachhaltigen Institutionen, ja schon das bewusste Handeln, das sich an reproduzierbaren Handlungsformen im Blick auf die mit ihnen verbundenen Zwecke orientiert, »durch den Begriff« gesetzt. Denn die Zwecke sind die generisch oder begrifflich als durch die Handlungsform erreichbar deklarierten Ziele. Kurz, ohne begriffliches Wissen kann niemand handeln; es gibt keine Praxisform ohne implizites, empraktisches Allgemeinwissen. Aufgabe einer Philosophie bzw. Wissenschaft des Geistes bzw. der Praxisformen und Institutionen ist dabei, das Wesentliche am Empraktischen so gut und wahr explizit zu machen, dass wir die impliziten Präsuppositionen unseres geistigen Lebens besser begreifen und nicht etwa aufgrund bloß oberflächlicher Reflexionen oder empirischer Einzelbeobachtungen in blindem Reformeifer den Ast absägen, auf dem wir als vernünftige Wesen sozusagen sitzen.

Daher dürfen uns ein bloß »vorübergehendes Dasein, äußerliche Zufälligkeit, Meinung, wesenlose Erscheinung, Unwahrheit, Täuschung usf.« nicht allzu sehr beeindrucken. Man denke etwa an den ganz offenbar hoffnungslosen Versuch, eine Tat wie die der Attentäter vom 9. 11. 2001 der Art nach durch Kontrollmaßnahmen unmöglich zu machen. Man kann ihre Möglichkeit nur erschweren, sie damit unwahrscheinlicher, weniger häufig machen. In eben diesem Sinn und nur in ihm ›wirken‹ auch Strafgesetze und Strafandrohungen, nämlich so, dass sie nur die Wahrscheinlichkeit (als grobe Abschätzung relativer Häufigkeit) eines unerwünschten oder schon ›verbrecherischen‹ Handelns einer bestimmten Art verringern, nicht etwa so, dass sie ein solches Handeln völlig verhindern könnten.

Die *Gestaltung*, welche sich der Begriff in seiner Verwirklichung gibt, ist zur Erkenntnis des *Begriffes* selbst, das andere von der *Form*, nur als *Begriff* zu sein, unterschiedene wesentliche Moment der Idee. (3) 27 Ⓚ

Niemand sollte sich aufgerufen fühlen, Hegels bürokratische Sprachform zu mögen. Wir sollten vielmehr die syntaktischen Schachtelungen und manchmal auch die generischen Aussagen über ›den Begriff‹ oder ›die Idee‹ (bzw. ›die Vernunft‹ und ›den Geist‹) auflösen und direkter, notfalls mit Beispielen, Parabeln und Analogien sagen, worum es geht. Am Beispiel des Handelns war schon klar geworden, was es heißen kann, dass »der Begriff in seiner Verwirklichung« zu einer besonderen Gestaltung führt: Ich möchte z. B. von *A* nach *B* fahren und nehme dazu das Fahrrad, nicht den Bus. Wir möchten verhindern, dass eine Gruppe *G* von Menschen etwas Bestimmtes tut. Eine Möglichkeit besteht dann darin, die Leute von *G* einzusperren oder es ihnen sonst irgendwie unmöglich zu machen, es zu tun. Eine andere Möglichkeit besteht darin, es durch ein Gesetz zu verbieten und mit einer Straf- oder Sanktionsandrohung zu belegen. Aufgrund des Risikos, erwischt zu werden, und angesichts der damit in einem gewissen Ausmaß erwartbaren Sanktionskosten mag damit die Wahrscheinlichkeit oder Häufigkeit, dass die unerwünschte Tat getan wird, vermindert werden.

Aber auch in der Natur verwirklicht sich der Begriff, freilich auf andere Weise, also nicht etwa als Folge des Denkens. Die Natur hört im Unterschied zu Personen im Allgemeinen nicht auf unser

Reden und reagiert schon gar nicht auf dessen Inhalte. Aber es gehört z. B. zum Begriff des Berglöwen, dass er so und so lebt und sich so und so reproduziert. Hier wird der Begriff, das *eidos*, schon zu einer wirklichen Artform, also zum realisierten Begriff, der bei Hegel, ich wiederhole das, besonders im Kontext unserer eigenen Praxisformen »Idee« heißt. Der reine Begriff besteht auch hier nur aus formalen Momenten der Idee, die sich verbal darstellen lassen (etwa in einem Biologiebuch), während die Vollzugsformen, wie sie sich in den Manifestationen der Realisierung der Artform auf je besondere Weise zeigen, ebenfalls wesentlich sind. Es ist absurd, Hegel zu unterstellen, der Berglöwe oder, sagen wir, ein Vulkanausbruch, müsse erst in einem Buch nachsehen, was er tun muss, um seinen Begriff dann tätig zu erfüllen. Noch törichter ist die Lesart, nach welcher Hegel angeblich meint, ein metaphysischer Begriff verhalte sich wie der Gott der Bibel, indem er irgendwie sagt: »es sei so« – und es ist dann so.

In der nichthandelnden Natur gibt es also die Seinsformen sozusagen ›vor‹ den expliziten Darstellungsformen. Aber es kann z. B. auch *Recht* zunächst in der Form einer Praxis der Rechtsprechung durch anerkannte Richter geben, ohne dass schriftliche Gesetze erlassen oder in einem Gesetzesblatt oder Aushang veröffentlicht werden. Man wird dennoch an ein Vorwissen appellieren, das uns irgendwie sagt, was zu tun erlaubt ist und was nicht – so dass schon eine begriffliche Stufung zu beachten ist, da es sonst keine Praxis der *Rechtsprechung* wäre.

§ 2

27 Die Rechtswissenschaft ist *ein Teil der Philosophie.* Sie hat daher die *Idee,* als welche die Vernunft eines Gegenstandes ist, aus dem Begriffe zu entwickeln, oder, was dasselbe ist, der eigenen immanenten Entwicklung der Sache selbst zuzusehen. (3 f.)

Die Rechtswissenschaft ist längst kein Teil der Philosophie mehr. Hegels Satz ist daher von heute her, also nach der Ausgliederung der sachbezogenen theoretischen Wissenschaften unter Einschluss der Geistes- und Sozialwissenschaften und nach der Neudefinition der Theoretischen Philosophie als der Reflexionslogik oder Wissenschaftstheorie dieser Wissenschaften, allererst in das neue Deutsch zu übersetzen. Hegel sagt demgemäß einfach, dass die Rechtswissenschaft ein Teil der theoretischen Geistes- und Sozialwissenschaften ist, nicht der bloß praktischen Jurisprudenz, wie sie in der höheren, der juristischen, Fakultät als Berufsfachausbildung angeboten wird – im guten Fall wie noch in den USA *nach* einer allgemein das theoretische Denken bildenden Phase eines Grundstudiums. Als Wissenschaft hat die Rechtswissenschaft im Unterschied zur bloß praktischen Jurisprudenz die Praxisform des Rechts (also die Idee) *explizit* zu machen – wozu auch die Reflexion auf bisherige Formen der Explikation, also das tradierte Reden und Schreiben über das Recht, gehört. Die Vernunft des Gegenstandes einer solchen Wissenschaft über eine gegebene Institution ist phänomenologisch »aus dem Begriff zu entwickeln«, wozu »der eigenen immanenten Entwicklung der Sache selbst zuzusehen« ist. Es ist kein Zufall, sondern liegt an der Sache selbst, dass Hegel schon vor Husserl, der ihn praktisch gar nicht kennt, eben zu den Sachen selbst vorstoßen will – und den Zugang zu ihnen über eine Art ›reines Zusehen‹ sucht.

Als Teil hat sie einen bestimmten *Anfangspunkt*, welcher das 27
Resultat und die Wahrheit von dem ist, was *vorhergeht*, und was den sogenannten *Beweis* desselben ausmacht. Der Begriff des Rechts fällt daher seinem *Werden* nach außerhalb der Wissenschaft des Rechts, seine Deduktion ist hier vorausgesetzt und er ist als *gegeben* aufzunehmen. (4)

Als Teil der Geisteswissenschaften ist das Thema der Philosophie oder Theorie des Rechts natürlich das Recht selbst, wie es schon eingegrenzt und in einer umfänglicheren Landschaft situiert ist. Die Explikation hat das skizzenartig zu vergegenwärtigen. Zunächst gehört z. B. die *Entstehung des Rechts* in die Rechtsgeschichte. Die Rekonstruktionen einer plausiblen Narration der Entstehung des Begriffs bzw. der Praxisform des Rechts z. B. aus den Affekten der Rache und den freien Kooperationsformen einer Binnenmoral eines Stammes liegen in eben diesem Sinn »außerhalb der Wissenschaft des Rechts«.

Das Wort »Deduktion« bedeutet bei Kant und Hegel noch etwas ganz anderes als heute. Heute steht es für das, was in der Antike »*apagogē*« heißt und auch Hegel als *apagogisches* Schließen nach festen syntaktischen (Deduktions-)Schemata (wie z. B. der aristotelischen Syllogismen oder des Frege'schen Prädikatenkalküls) anspricht. In der Jurisprudenz bedeutet »Deduktion« damals noch die Rechtfertigung der Anwendung eines Begriffs (zunächst qua Wort) auf eine Sache. Eine Deduktion des Rechts, wie sie Hegel hier kommentiert, nämlich als schon »vorausgesetzt«, ist demnach nichts anderes als Anpassung der Aussagen über das Recht an ein Vorwissen darüber, wofür das Wort »Recht« (hier als *ius*, also noch nicht im Sinne der Rechte, *rights*) im engeren Sinn seines Gebrauchs steht, nämlich für die Rechtspraxis eines Staates oder staatsanalogen Verbandes.

Unglücklicherweise steht hier auch noch auf Deutsch »Beweis« für einen solchen ›deduktiven‹ Aufweis des Begriffs oder der Praxisform in ihrer besonderen Allgemeinheit, wie er mit einem mathematischen bzw. deduktiv-apagogischen Beweis gar nichts, jedenfalls kaum etwas, zu tun hat. Wir sollten daher die Passage so lesen: Das Thema der Rechtsphilosophie als theoretischer Rechtswissenschaft ist das Recht als das gegenwärtige Resultat einer Rechtsgeschichte, welche die Genese der heutigen institutionellen Konstellation einer Rechtspraxis samt allen systemtheoretischen Ausdifferenzierungen von Moral und Recht, Gesellschaft und Staat (auch Erziehung und Religion usf.) zum Thema hat.

28 Ⓚ Nach der formellen, nicht philosophischen Methode der Wissenschaften wird zuerst die *Definition*, wenigstens um der äußern wissenschaftlichen Form wegen, gesucht und verlangt. Der positiven Rechtswissenschaft kann es übrigens auch darum nicht sehr zu tun sein, da sie vornehmlich darauf geht, anzugeben *was* Rechtens ist, d. h. welches die besondern gesetzlichen Bestimmungen sind,
24 weswegen man zur | Warnung sagte: omnis definitio in jure civili periculosa. (4)

Es gibt eine formelle, unphilosophische, Vorstellung davon, dass die Wissenschaften zunächst mit der Definition ihres Themas beginnen sollten. Das geht deswegen nicht, weil Themen wissenschaftlicher Disziplinen durch Titelwörter in einer kontinuierlichen Wirklichkeit und nicht durch definitorische Aussonderungen in schon diskreten (sortalen) Gegenstandsbereichen zu bestimmen sind. Es gibt z. B. keine Wissenschaft der geraden Zahlen. Die natürlichen Zahlen als Thema elementarer Arithmetik lassen sich dagegen nicht durch Aussonderung definieren. Denn die rationalen oder reellen Größenproportionen setzen die Kenntnis der natürlichen Zahlen und deren praktische Konstitution jenseits aller definitorischen voraus. Freges

Projekt, den Begriff der natürlichen Zahl formal zu definieren, war daher von vorneherein verfehlt.

Soweit es ›der positiven Rechtswissenschaft‹ als Jurisprudenz ohnehin nur darum geht, wie Recht zu sprechen ist, ist sie an einer Definition des Rechts (*ius*), von Rechten (*rights*, *entitlements*) und rechtlichen Pflichten (*duties*, *commitments*) gar nicht interessiert. Ja, sie würde über solche Definitionen nur stolpern, da sie von den »besonderen gesetzlichen Bestimmungen« ausgehen muss. Diese aber lassen sich nicht einfach als vollständige und widerspruchsfreie verbale Klassifikationen aller Fälle nach einfachen Kriterien begreifen. Das besagte die klassische Warnung, nach der im Zivilrecht (aber auch im Strafrecht) jede Definition irreführend oder gefährlich ist.

Hier geht es nun um ein allgemeineres Problem, nämlich den Versuch, Recht rein positiv über Verfahren zu definieren als das, was eine Regierung oder Staatsmacht als Recht setzt und durchsetzt. Eine solche Definition würde es unmöglich machen, über die Legitimität positiven Rechts auch nur zu diskutieren, etwa auch darüber, ob positive Gesetze dem Begriff bzw. der Idee des Rechts entsprechen oder nicht. Auch ein realer Staat kann dem Begriff (immer nur) mehr oder weniger gut entsprechen.[19]

Und in der Tat, je unzusammenhängender und widersprechender 28 Ⓚ
in sich die Bestimmungen eines Rechtes sind, desto weniger sind Definitionen in demselben möglich, denn diese sollen vielmehr allgemeine Bestimmungen enthalten, diese aber machen unmittelbar das Widersprechende, hier das Unrechtliche, in seiner Blöße sichtbar. So z. B. wäre für das römische Recht keine Definition vom *Menschen* möglich, denn der Sklave ließe sich darunter nicht subsumieren, in seinem Stand ist jener Begriff vielmehr verletzt; eben so perikulös würde die Definition von Eigentum und Eigentümer für viele Verhältnisse erscheinen. – (4)

Andererseits sind kriteriale Definitions- und Explikationsversuche Bestandteile einer sinnkritischen Entwicklung des Rechts. Denn Definitionen erzwingen eine Allgemeinheit, welche nicht nur keine

[19] Rechtsphilosophen und Verfassungsrechtler, die sich zu Beginn des letzten Jahrhunderts wie z. B. Rudolf Smend gegen einen kruden Rechtspositivismus stellten, beriefen sich z. T. auf Hegel.

Unterscheidung der Personen nach Status, Gruppe, Nation oder Rasse vor dem Gesetz erlaubt, sondern auch keine unzusammenhängenden und widersprechenden Bestimmungen im Recht zulässt. Hegels Beispiel ist ebenso einschlägig wie der Hinweis, dass in den Schriften John Lockes oder in der amerikanischen Verfassung Wörter wie »jeder« und »jemand«, auch »Mensch«, stillschweigend so gebraucht wurden, dass nicht alle Menschen darunter subsumiert wurden, sondern mit den Kindern auch Frauen und Sklaven, sogar Lohnabhängige, sozusagen stillschweigend aus der logischen Quantifikation ausgeschlossen blieben. In Stände- und Rassengesetzen ist der Begriff des Menschen ebenso wie der des Rechts verletzt.

Hegels dialektische Ironie erschließt sich auch für den folgenden Halbsatz nur dann, wenn wir über das Gesagte hinaus ein wenig selbst nachdenken. Denn wir müssen uns fragen, welche Gefahr drohen könnte, wenn Eigentum und Eigentümer klar definiert würden. Hegel selbst gibt keine Antwort; also müssen wir eine vielleicht passende interpolieren. Würde man Eigentum als legitimen Besitz und Besitz über die Erlaubnis zur freien Willkür in *jedem* Gebrauch der Sache definieren, der nicht anderweitig *verboten* ist, würde man sicher zu viel erlauben. Das führt dann auch gleich zur Frage des legitimen Eigentumserwerbs. Das positive Verfahrensrecht etwa der Erbschaft oder des Kaufs führt zur Frage, ob es sich nicht bloß um *faktisch* als legal gesetzte Normen handelt, sondern auch um eine *allgemein* anerkennbare Manifestation der Idee des Rechts auf Eigentum.

Da sich das Eigentum an Sachen nicht von Machtausübungen über andere Personen trennen lässt, man denke etwa an den Tausch von Gütern gegen Arbeitsleistung, ist die Frage, wie ein schützenswertes Eigentumsregime zu definieren ist, abhängig von der Frage, wieviel und welche Macht über andere Personen z. B. über die Arbeitsverteilung wir in den Händen von Privatleuten lassen wollen. Hegel selbst wird das an anderer Stelle explizit vorführen – und ist damit klar Stichwortgeber und Vorbereiter für die weiterführenden Überlegungen von Karl Marx. Wir werden dabei die Gabelungen in der Beurteilung des Eigentumsrechts noch genauer zu betrachten haben. Hier geht es nur erst um das Problem lokaler Definitionen, die das gesamte Geflecht des Gemeinwesens aus dem Blick lassen.

28 Ⓚ Die Deduktion aber der Definition wird etwa aus der Etymologie,

vornehmlich daraus geführt, daß sie aus den besondern Fällen abstrahiert und dabei das Gefühl und die Vorstellung der Menschen zum Grunde gelegt wird. Die Richtigkeit der Definition wird dann in die Übereinstimmung mit den vorhandenen Vorstellungen gesetzt. (4 f.)

Würde man eine Definition des Rechts oder des Eigentums rechtfertigen wollen (das meint das Wort »Deduktion« damals noch) geriete man ohnehin in die Problemlage, die man heute unter dem Titel der Paradoxie logischer Analyse diskutiert. Beginnt man etwa mit der Etymologie der Wörter, führt das zunächst zu einem sehr weiten Begriff. Nicht alles, was irgendwie mit mir zu tun hat, mir eigen ist, ist rechtliches Eigentum. Nicht alles, was recht ist, ist Recht.

Eingrenzungen werden dann aus »besonderen Fällen abstrahiert«, und das heißt, man betrachtet paradigmatische Prototypen und Analogien. Soweit dabei Urteile über Ähnlichkeiten eine Rolle spielen, kommt auch das Gefühl, die ›Intuition‹, und eine gewisse Vorstellungskraft zum Tragen. Eine Definition wird als richtig erklärt, wenn sie mit der Intuition einer oder mehrerer Sprecher als in befriedigender Übereinstimmung erscheint. Dabei rechnet man mit gewissen Unsicherheiten und Abweichungen, spricht von notwendigen Idealisierungen und erklärt, dass eine explizite Definition, die den Begriff exakter mache, den impliziten und intuitiven Gehalt natürlich nicht einfach ganz so lassen könne, wie er vor der jetzt vorgeschlagenen Neufassung gewesen ist.

Bei dieser Methode wird das, was allein wissenschaftlich wesent- 28 Ⓚ
lich ist, in Ansehung des Inhalts, die *Notwendigkeit der Sache* an und für sich selbst (hier des Rechts), in Ansehung der Form aber, die Natur des Begriffs, bei Seite gestellt. (5)

Das Problem dieses Verfahrens besteht nicht nur darin, dass Wörter vieldeutig sind, dass es Homonyme gibt und figurative Gebräuche oder dass die Intuitionen streuen und zugleich von einem Bildungsstand der Personen abhängen, wie jeder weiß, der das Operieren mit linguistischen Intuitionen in Bezug auf Einzelsprachen kennt. Das Problem liegt auch daran, dass es sich um Bestimmungen von Sachtypen handelt, die man, wenn man will und das nicht missversteht, auch Realdefinitionen nennen könnte. Im Fall der Praxis der Rechtsprechung ist es egal, ob man von »*ius*«, »Gerichtswesen« oder »Recht« spricht, wenn man nur das Wort »Recht« in diesem titelförmigen Gebrauch für eine ganze Institution nicht mit einem subjektiven Recht verwechselt. Es ist zunächst diese Institution des Rechts »allein wissenschaftlich wesentlich«. Sie ist die (allgemeine) Sache an und für sich selbst. Die Natur des Begriffs, also sein wesentliches Verständnis, hat Hegel in der Wissenschaft der Logik erarbeitet und dabei gezeigt, dass es der jeweilige gesamte Gegenstandsbereich ist, der zu einer Idee als Seinsform oder Praxisform gehört, die dabei thematisiert und explizit gemacht wird. So ist z. B. der Begriff der Zahl am Ende dasselbe wie die gesamte elementare Arithmetik als reine Theorie aller richtigen Regeln des Zählens und Rechnens mit Zahltermen und aller wahren Aussagen über sie. Anders als etwa Frege, der Gründer der modernen Logik, meint, lässt sich ein Begriff wie der der reinen Zahl nicht als Aussonderung aus einem schon gegebenen Gegenstandsbereich, etwa dem der reinen Mengen, definieren, es sei denn auf zirkuläre Weise, da die reinen Mengen wie etwa auch die reellen Zahlen zu einer höheren Arithmetik gehören, welche die natürlichen Zahlen längst schon voraussetzt.

Der Begriff des Rechts korrespondiert auf entsprechend holistische Weise der Idee des Rechts, die es als Praxisform schon gibt, und die begrifflich explizit zu machen ist. Auch hier hilft eine aussondernde Definition nicht weiter, so wenig wie für den Begriff des Spiels, des Humors, des Staates usf.

28 Ⓚ Vielmehr ist in der philosophischen Erkenntnis die *Notwendigkeit* eines Begriffs die Hauptsache, und der Gang, als *Resultat*, geworden zu sein, sein Beweis und Deduktion. Indem so sein *Inhalt für sich* notwendig ist, so ist das Zweite, sich umzusehen, was in den Vorstellungen und in der Sprache demselben entspricht. (5)

Wie im Falle der Tierarten kommt es nicht darauf an, was wir dem Sprachgefühl nach z. B. so alles als »Fisch« ansprechen, sondern ob Wale und Delphine sachlich zur Gattung der Fische gehören oder eben nicht, sondern zur Gattung der Säugetiere. Das aber ist keine rein ›linguistische‹ Frage – so dass wir uns einerseits tolerant gegenüber dem Gebrauch des irreführenden Wortes »Walfisch« (gerade auch bei Kindern oder in der Bibel) zeigen sollten. Man muss dann freilich die lautlich nahegelegte Regel streichen »Walfische sind Fische«. Erdmännchen sind auch keine Männchen und Flughunde sind keine Hunde. Entsprechend ist inzwischen die Regel gestrichen, die von »*x* ist Präsident« zu »*x* ist ein Mann« führt. Andererseits passen wir auch, wo wir es notwendig finden, den sprachlichen Ausdruck und die durch ihn nahegelegten schematische Inferenzen sachorientiert an die wirklichen Verhältnisse an, schaffen dabei auch neue Ausdrucksformen (wie »chairperson« oder »StudentInnen«), etwa um ›falsche Schlüsse‹ auszuschließen.[20]

In der philosophischen, also wissenschaftlichen, Erkenntnis ist die Kanonisierung von begrifflichen Defaultschlüssen auf der Grundlage eines Allgemeinwissens in Abwehr naheliegender Fehlschlüsse die Hauptsache. Eine wissenschaftliche Rechtfertigung definitorischer oder begrifflicher Aussagen besteht in einer rationalen Rekonstruktion der Entwicklung der begrifflichen Form (etwa im Gebrauch der Worte, ihrer Semantik) bzw. der zugehörigen Praxisform. Diese werden dadurch als Resultat eines geschichtlichen Wegs begreifbar, der zur Gegenwart des allgemeinen Gebrauchs führt. Dabei spielt der Aufweis der Güte der möglich gemachten inferentiellen Orientierungen eine zentrale Rolle. Erst in zweiter Linie schauen wir dann, wie eine zu kanonisierende Redeform zu üblichen Vorstellungen oder Intuitionen im Sprachgebrauch passt. Das Wort »notwendig« markiert wieder nur ›eine Abwendung einer Not‹, also die Lösung eines Problems. Die Notwendigkeit eines Begriffs besteht damit grob in seiner Artikulationsleistung.

Wie aber dieser Begriff für sich in seiner *Wahrheit* und wie er in 28f. Ⓚ
der *Vorstellung* ist, dies kann nicht nur verschieden von einander, sondern muß es auch der Form und Gestalt nach sein. (5)

[20] Das *grammatische* Geschlecht (wie in »die Katze«) ist im Deutschen kein allgemeines Anzeichen für ein *natürliches* Geschlecht, das es in den europäischen Sprachen nur erst im Englischen gibt – so dass ein Ausdruck wie »Frau Minister« völlig korrekt wäre, wenn man nicht inzwischen die generischen Normalfallregeln der Sprache in einem übrigens von LinguistInnen betriebenen und die gesamte Sprachstruktur betreffenden Anglizismus abgeändert hätte. Hier wird bewusst das wohlmeinende, aber rein bürokratische, *Gendering* nicht schematisch betrieben, in der Annahme, dass alle LeserInnen in der Lage sind, die längst schon bestehenden besonderen Techniken des Deutschen zur Anzeige des *natürlichen* Geschlechts zu begreifen, samt der Regel, dass der Kontext bestimmt, ob das natürliche Geschlecht betont werden muss oder nicht.

Der Begriff für sich in seiner Wahrheit ist die Form (*eidos*) oder der Typ der Sache, z. B. eine Tierart oder Institution *in praxi*. Der Begriff (an sich) qua Darstellung (auch *eidos*) ist Repräsentation etwa im Sprachsystem mit begrifflichen Normen der Differenzierung und des inferentiellen Schließens. Beide sind notwendigerweise verschieden.

29 Ⓚ Wenn jedoch die Vorstellung nicht auch ihrem Inhalte nach falsch ist, kann wohl der Begriff, als in ihr enthalten und, seinem Wesen nach, in ihr vorhanden aufgezeigt, d. h. die Vorstellung zur Form des Begriffs erhoben werden. (5)

Soweit die begriffliche Vorstellung oder Darstellung allgemein als richtig gelten kann, können wir sie als Repräsentation des wirklichen Begriffs, der zugehörigen Art- oder Seinsform auffassen.

29 Ⓚ Aber sie ist so wenig Maßstab und Kriterium des für sich selbst notwendigen und wahren Begriffs, daß sie vielmehr ihre Wahrheit aus ihm zu nehmen, sich aus ihm zu berichtigen und zu erkennen hat. – (5)

Rein sprachliche Regeln liefern keinen Maßstab und kein Kriterium für die sich wirklich zeigenden Formen des Seins (oder dann auch des ›Gebrauchs‹). Daher spreche ich hier auch von *materialbegrifflichen* Setzungen: Wir setzen in gemeinsamer Entwicklung von Allgemeinwissen und seinem sprachlichen Ausdruck die begrifflichen Regeln des differentiell bedingten Normalfallschließens bzw. einer dispositionellen Charakteristik. Das heißt, wir passen die Begriffe der Vor- oder Darstellung an die Formen des Seins an. So lernen wir, dass Wasser Feuer löscht und Sauerstoff für einen Brand notwendig ist. Dann präzisieren wir dieses und sprechen von Oxidation, auch davon, dass Wasserstoff zu Wasser *verbrennt* – und drücken unter anderem dieses Wissen kurz in der chemischen Formel H_2O für Wasser aus.

29 Ⓚ Wenn aber jene Weise des Erkennens mit ihren Förmlichkeiten von Definitionen, Schließen, Beweisen und dergleichen, einerseits mehr oder weniger verschwunden ist, so ist es dagegen ein schlimmer Ersatz, den sie durch eine andere Manier erhalten hat, nämlich die Ideen überhaupt, so auch die des Rechts und dessen weiterer Bestimmungen als *Tatsachen des Bewußtseins* unmittelbar aufzugreifen und zu behaupten, und das natürliche oder ein gesteigertes
25 Gefühl, *die eigne Brust* und die *Begeisterung* zur | Quelle des Rechts zu machen. (5)

Nachdem man erkannt hat, dass die scholastische Methode willkürlicher Definitionen mit einem rein formallogischen Schließen, auch apagogisch-deduktiven Beweisen, wie es in der reinen Mathematik möglich ist, für weltbezogene Begriffe nicht taugt, droht man, in eine andere Falle zu geraten. Man meint jetzt, »die Ideen überhaupt, so auch die des Rechts und dessen weitere Bestimmungen« seien »als Tatsachen des Bewußtseins unmittelbar aufzugreifen und zu behaupten«. Doch sind weder die Artformen der Dinge der Welt noch die menschlichen Institutionen bloße Vorstellungen, auch wenn manche meinen, Geld sei nur Geld, weil man es dafür hält, und ein König habe nur königliche Würde, weil die Menschen an diese Würde glauben. Hegel sagt hier also das schiere Gegenteil von dem, was manche ihm zuschreiben. Man meint, er hielte als ›Idealist‹ Ideen im Sinn von Vorstellungen für wirklicher als konkrete Dinge und Sachen.

Es ist eine scholastische Methode, die sich a priori und willkürlich rein sprachlich auf der Basis formaler Konsistenz und Kohärenz eine ›mögliche Welt‹ bastelt und meint, diese irgendwie mit der wirklichen Welt in Verbindung bringen zu können. Und es ist reine Gefühlssemantik etwa des Rechts, die sich eine »Begeisterung« für selbsterdachte Ideale »zur Quelle des Rechts« machen möchte.

Wenn diese Methode die bequemste unter allen ist, so ist sie 29 Ⓚ
zugleich die unphilosophischste, – andere Seiten solcher Ansicht hier nicht zu erwähnen, die nicht bloß auf das Erkennen, sondern unmittelbar auf das Handeln Beziehung hat. (5 f.)

Das ›Unphilosophische‹, also Unwissenschaftliche, des bequemen gefühlssemantischen Verfahrens ist offenkundig. Dabei soll gar nicht geleugnet werden, dass Gefühle für das Handeln wichtig werden. Aber auch dann sind sie durch Wissen zu kontrollieren.

Wenn die erste zwar formelle Methode doch noch die *Form* 29 Ⓚ
des Begriffes in der Definition, und im Beweise die *Form* einer *Notwendigkeit* des Erkennens fordert, so macht die Manier des unmittelbaren Bewußtseins und Gefühls die Subjektivität, Zufälligkeit und Willkür des Wissens zum Prinzip. – (6)

Während die scholastische Methode immerhin noch die Einhaltung formaler Prinzipien in Definitionen und im Schließen fordert, wird die Gefühlssemantik zu bloßer Subjektivität, Zufälligkeit und Willkür – und verachtet damit jedes kanonische Wissen als Basis des Begriffs.

29 Ⓚ Worin das wissenschaftliche Verfahren der Philosophie bestehe, ist hier aus der philosophischen Logik vorauszusetzen. (6)

Im Detail sagt Hegel hier nicht mehr über das wissenschaftliche Verfahren, sondern verweist insgesamt auf seine *Wissenschaft der Logik* – um gleich mit der Sache, dem Recht, zu beginnen.

§ 3

29 Das Recht ist *positiv* überhaupt a) durch die *Form*, in einem Staate Gültigkeit zu haben, und diese gesetzliche Autorität ist das Prinzip für die Kenntnis desselben, *die positive Rechtswissenschaft*. (6)

Recht ist gesetztes Recht. In diesem Sinn ist es positiv überhaupt oder an sich aus drei Gründen. Es ist formal positiv durch die Verfahrensformen, in denen Gesetze im Staat positive Geltung erhalten und gelten. Eine als legitim anerkannte Autorität der Gesetzgebung liegt auch jeder Kenntnis dessen zugrunde, was als Gesetz gilt oder was nach dem Gesetz Recht bzw. Unrecht ist. Die positive Rechtswissenschaft hat diese Gesetze in ihrer Rolle in der Rechtspflege, also der Rechtsprechung und der Durchsetzung von Rechtsfolgen, zum Thema. Das später so genannte Verfassungsrecht, zu dessen Themen die legitimen Verfahren der Gesetzgebung durch die gesetzgebenden Organe gehören, geht schon darüber hinaus.

Bei Hegel geht es um Grundprinzipien einer rechtlichen Verfassung und damit um eine Art Verfassungsgrundrecht, nicht aber um dessen konkrete, positivrechtliche Kodifikation im Detail. Ein Hauptanliegen aber ist es, die Bedeutung positivrechtlicher Kodifikation zu zeigen und damit der Rechtswissenschaft als Sachwissenschaft und der Politik der Rechtssetzung einen notwendigen Weg vorzuzeichnen.

29f. b) Dem *Inhalte* nach erhält dies Recht ein positives Element α) durch den besondern *Nationalcharakter* eines Volkes, die Stufe seiner *geschichtlichen* Entwickelung und den Zusammenhang aller der Verhältnisse, die der *Naturnotwendigkeit* angehören, β) durch die Notwendigkeit, daß ein System eines gesetzlichen Rechts die *Anwendung* des allgemeinen Begriffes auf die besondere *von Außen* sich gebende Beschaffenheit der Gegenstände und Fälle enthalten muß, – eine Anwendung, die nicht mehr spekulatives Denken und Entwicklung des Begriffes, sondern Subsumtion des Verstandes ist;

γ) durch die für die *Entscheidung* in der Wirklichkeit erforderlichen *letzten* Bestimmungen. (6)

Jeder Inhalt ergibt sich aus dem Gebrauch. Daher gibt es im Recht auch ein inhaltlich positives Moment, nämlich α) durch die besonderen Nationalkulturen eines Staatsvolkes und seine Bildungsstufe, aber auch der geographischen und damit natürlichen Bedingungen z. B. für die Schaffung des Lebensunterhalts. Hinzu kommt β) die je besondere Pfadabhängigkeit der Entwicklung von Konventionen, Regeln und Normen des kooperativen Handelns und seiner Sicherung. Diese Besonderungen sind nicht mehr Thema des allgemeinen spekulativen Denkens und der allgemeinmenschlichen Entwicklung des Begriffes. Denn dieser besteht in einem Allgemeinwissen, das durch Übersetzung oder, wie bei Lehnwörtern, durch partielle Einführung neuer Formen *in alle Kulturen* übertragbar ist. Kurz, spekulative Philosophie interessiert sich für das Besondere von Nationalsprachen und Nationalkulturen, auch der einzelnen Religionen, *nur als Variationen* von äußeren Formen *allgemeiner Inhalte*. Das steht ganz im Gegensatz zum Fokus etwa der ›romantischen‹ Sprach- und Kulturphilosophie und -wissenschaft bei Herder, Humboldt oder den Gebrüdern Grimm.

Die »Subsumtion des Verstandes« betrifft entsprechend die Anwendung konkreter Regeln, nicht die Bewertung der prinzipiellen Äquivalenz ganzer Regelsysteme. Man kann dabei zunächst an den Kanon der ›französischen‹ Dezimalmaßeinheiten (also z. B. cm, km, kg etc.) gegenüber den im ›nordgermanischen‹ Bereich festgehaltenen Einheiten Fuß, miles, pounds etc. denken, dann aber auch an Napoleons *code civile*, der wie das später nach seinem Muster entworfene Bürgerliche Gesetzbuch und das viel ältere kanonische Recht der lateinischen Kirche auf dem Weg schriftlicher Artikulation ein allgemeines Rechtswissen und damit allgemeine Rechtssicherheit über ein bloßes Richterrecht und Falltypenrecht hinaus ermöglicht. Trotz aller Äquivalenz lässt sich hier freilich ein Fortschritt zivilisatorischer Entwicklung diagnostizieren, der aber offenbar den Leuten weder immer bekannt ist noch ausreichend wichtig erscheint. Man könnte sonst ja auch kaum verstehen, warum (wie z. B. die Auslassungen Roger Scrutons als Hausphilosoph der Tories zu dem Thema explizit zeigen) gerade das höhere Vertrauen in das ›eigene‹ englische Richterfallrecht als Argument für den Brexit herhalten kann. Die

Rhetorik gegen eine ›Bürokratie‹ der Umsetzung allgemeiner Normierungen und schriftlicher Kodifikationen übertüncht die Mängel der eigenen, nur regionalen Praxis. Für eine gute und faire Kooperation in ganz Europa ist eine solche Bürokratie notwendige Bedingung. Allzu großer Stolz auf vermeintliche nationale Errungenschaften erzeugen generell zivilisatorische Lücken. γ) Es ist aber ebenso klar, dass reale Entscheidungen persönliche Urteile gebildeter Richter brauchen.

30 Ⓚ Wenn dem positiven Rechte und den Gesetzen das Gefühl des Herzens, Neigung und Willkür entgegengesetzt wird, so kann es wenigstens nicht die Philosophie sein, welche solche Autoritäten anerkennt. – (6 f.)

Viele Leute meinen mit moralischen Intuitionen auszukommen. Blaise Pascal appelliert an ein Gefühl des Herzens. Benedikt Spinoza betont die verhaltensmäßige Steuerung durch Neigungen. Jeremy Bentham setzt auf ein Überwachen und Strafen, auf Gefängnis und Abschreckung. Die Institution eines staatlich verwalteten Rechts als Rahmen der Freiheit soll in der marxistischen Utopie eines paradiesischen Kommunismus am Ende der Geschichte überflüssig werden.

Philosophie und Wissenschaft aber haben es nicht mit solchen Utopien, sondern mit realen Formen der nichthandelnden Natur und der handelnden Personen in den mittleren Verhältnissen einer ausgedehnten Gegenwart geschichtlicher Kulturzeit zu tun.

30 Ⓚ Daß Gewalt und Tyrannei ein Element des positiven Rechts sein kann, ist demselben zufällig und geht seine Natur nicht an. (7)

Hegel räumt mit einem kurzen Satz alle naive Kritik weg, die, leicht larmoyant, darauf hinweist, dass alle menschlichen Institutionen der Gefahr des Machtmissbrauchs unterworfen sind. Das gilt für Kirche und Schule, Wissenschaft und Kunst, Wirtschaft, Familie und Vereine nicht anders als für Bürokratien, die Rechtsprechung oder für Regierungen. Kindesmissbrauch zum Beispiel oder sexuelle Gewalt ist den genannten Institutionen an sich ebenso äußerlich wie Bestechung oder andere Formen der *Privation* ihres Wesens. Es ist daher zwar zu zeigen, wie eine staatliche Diktatur als Missbrauch staatlich verwalteter Macht des Gemeinwesens möglich wird; aber für das Wissen vom Wesen des Staates und des Rechts ist das diktatorische Moment sogar in wirklichen Diktaturen eine kontingente, externe, begriffswidrige

Steresis, also logisch wie eine (lokale) Krankheit zu behandeln, auch wenn sie die gesamte Gesellschaft in Mitleidenschaft ziehen kann.

Es wird späterhin § 211–214 die Stelle aufgezeigt werden, wo das 30 Ⓚ
Recht positiv werden muß. Hier sind die daselbst sich ergeben werdenden Bestimmungen nur angeführt worden, um die Grenze des philosophischen Rechts zu bezeichnen, und um sogleich die etwaige Vorstellung oder gar Forderung zu beseitigen, als ob durch dessen systematische Entwicklung ein positives Gesetzbuch, d. i. ein solches, wie der wirkliche Staat eines bedarf, herauskommen solle. – (7)

Der Hinweis, dass erst später gezeigt wird, wo und warum »das Recht positiv werden muß«, wir also mit einer impliziten Entwicklung von Normen und Formen freien kooperativen Verhaltens und Handelns nicht auskommen, zeigt, dass Hegels Analyse keineswegs nur auf den Aspekt oder das Moment positiv gesatzten Rechts fokussiert, sondern den größeren Rahmen des Ethos, der Sittlichkeit, ins Visier nimmt, in dem sich Moral und Recht ebenso ausdifferenzieren wie etwa Familie und Schule im Blick auf die Bildung zur Person. Mit anderen Worten, die obigen Bemerkungen zum positiven Recht sind als Vorgriff zu lesen, um den Unterschied zwischen einem positiven und einem ›philosophischen Recht‹ hervorzuheben, also zwischen dem, was heute die (›positiven‹) Rechtswissenschaften behandeln, und dem, was Aufgabe einer Rechtsphilosophie und Verfassungsanalyse ist. Hegel dementiert damit noch einmal die Erwartung, es ginge hier um den Rahmen eines ›positiven Gesetzbuchs‹, wie es ein wirklicher Staat braucht und das zu entwickeln am Ende Aufgabe der Politik ist, nicht der Philosophie oder theoretischen Rechtswissenschaft.

Daß das Naturrecht oder das philosophische Recht vom positiven 30 Ⓚ
verschieden ist, dies darein zu verkehren, daß | sie einander entge- 26
gengesetzt und widerstreitend sind, wäre ein großes Mißverständnis; jenes ist zu diesem vielmehr im Verhältnis von Institutionen zu Pandekten. – (7)

Wir befinden uns noch im Kontext der Eingrenzung des Themas und der besonderen ›theoretischen‹ Sichtweise auf das allgemeine Recht. Dazu erinnert Hegel an den Untertitel und identifiziert die klassischen Themen des sogenannten Naturrechts, sozusagen von Thomas von Aquin bis Jean Bodin und Hugo Grotius, samt der Kritik bei Thomas Hobbes und den Abhandlungen zur Regierung (*Treaties on Government*) bei John Locke mit dem Themenbereich des philosophischen Rechts. Das Verhältnis vom allgemeinen zum positiven Recht versteht Hegel hier sogar explizit als das von »Institutionen zu Pandekten« – womit mein Vorschlag, Hegels Analyse als allgemeine Explikation von allgemeinen Praxisformen und Institutionen zu lesen, im Text selbst seine Rechtfertigung findet.

30f. Ⓚ In Ansehung des im §. zuerst genannten geschichtlichen Elements im positiven Rechte hat *Montesquieu* die wahrhafte historische Ansicht, den echt philosophischen Standpunkt, angegeben, die Gesetzgebung überhaupt und ihre besondern Bestimmungen nicht isoliert und abstrakt zu betrachten, sondern vielmehr als abhängiges Moment *Einer* Totalität, im Zusammenhange mit allen übrigen Bestimmungen, welche den Charakter einer Nation und einer Zeit ausmachen; in diesem Zusammenhange erhalten sie ihre wahrhafte Bedeutung, so wie damit ihre Rechtfertigung. – (7)

Die Bedeutung der Geschichte und sogar der Geographie bzw. Landstriche für das Recht, nicht nur im Blick auf die Pfadabhängigkeiten des positiven Rechts, hat nach Hegel besonders Montesquieu richtig gesehen – was am Ende zu Hegels ›Holismus‹ führt: Wir dürfen die konkreten Gesetze nie nur »isoliert und abstrakt« betrachten. Auch wenn viele Leute wie Bertrand Russell oder Karl Popper das Wort »Totalität« (und »System«) nicht lieben, ist klar, dass schon so einfache Dinge wie Zahlwörter nur im Zusammenhang eines ganzen Systems zu begreifen sind. Das gilt auch für die positiven Gesetze in einem Staat, die zusammen mit anderen Formen des Lebens in der Gesellschaft sozusagen wie Zahnräder ineinander greifen.

31 Ⓚ Das *in der Zeit erscheinende* Hervortreten und Entwickeln von Rechtsbestimmungen zu betrachten, – diese *rein geschichtliche* Bemühung, so wie die Erkenntnis ihrer verständigen Konsequenz, die aus der Vergleichung derselben mit bereits vorhandenen Rechtsverhältnissen hervorgeht, hat in ihrer eigenen Sphäre ihr Verdienst und ihre Würdigung und steht außer dem Verhältnis mit der philosophischen Betrachtung, insofern nämlich die Entwicklung aus historischen Gründen sich nicht selbst verwechselt mit der Entwicklung aus dem Begriffe, und die geschichtliche Erklärung und Rechtfertigung nicht zur Bedeutung einer *an und für sich gültigen* Rechtfertigung ausgedehnt wird. (7f.)

Die besonderen Ausprägungen von Gesetzen verhalten sich zueinander wie die verschiedenen Zahltermsysteme. Keines scheint heute besser zu sein als das Dezimalsystem. Früher aber war das 60er System der Babylonier ›besser‹. Es hat sich im Ausdruck »Dutzend«, der Zahl »zwölf« und im britischen Münzsystem erhalten. Sein Vorteil war, dass man besser dividieren konnte, weil sich 60 durch 2, 3, 4, 5 und 6, auch 10 und 12 teilen lässt, obgleich dann schon die ›heilige‹ 7 und die ›unheilige‹ 13 Ärger machen. Die theoretische Arithmetik interessiert sich aber für solche bloß ›praktischen‹ Fragen kaum oder gar nicht, so wie sich die Rechtsphilosophie bzw. theoretische Rechtswissenschaft nicht für Einzelheiten im »Hervortreten und Entwickeln von Rechtsbestimmungen« interessiert. Sie interessiert sich für die »Entwicklung aus dem Begriff«. Das ist zu verstehen als Entwicklung der äußeren Formen im Blick auf den Sinn der Praxisform des Rechts (qua *eidos* und *idea*) insgesamt, nicht als Entwicklung aus bloßen Worten oder formalen Definitionen. Es lassen sich dabei geschichtliche Erklärungen und Rechtfertigungen einzelner positiver Gesetze nicht unmittelbar in eine Begründung eines Rechts an und für sich verallgemeinern. Trotz Humes Kritik an jeder ›Induktion‹ ist der Glaube, man könne aus einer Statistik unmittelbar ein (probabilistisches oder sonst wie generisches) Gesetz erhalten, die geistige Krankheit des Volksempirismus.

Dieser Unterschied, der sehr wichtig und wohl festzuhalten ist, 31 Ⓚ
ist zugleich sehr einleuchtend; eine Rechtsbestimmung kann sich aus den *Umständen* und *vorhandenen* Rechts-Institutionen als vollkommen *gegründet* und *konsequent* zeigen lassen und doch an und für sich unrechtlich und unvernünftig sein, wie eine Menge der Bestimmungen des römischen Privatrechts, die aus solchen Institutionen, als die römische väterliche Gewalt, der römische Ehestand, ganz konsequent flossen. (8)

Nicht viele Leser Hegels scheinen den genannten Unterschied festhalten zu können, obwohl er einleuchtend ist. Hegel nennt ein Beispiel: Man kann sehr wohl verstehen, wie sich aus Gesichtspunkten des Erbrechts und der Organisation der Großfamilie der rechtliche Macht-Status des *pater familias* und der väterlichen Gewalt über Frauen, Kinder und Knechte nicht nur im römischen Recht, sondern im gesamten mediterranen, vorderasiatischen, ja eurasischen Raum ergeben hat. Dennoch ergeben sich daraus *ungerechte* und am Ende auch *unvernünftige* gesetzliche Ordnungen – für Ehefrauen ebenso wie für Söhne, Töchter und Sklaven.

31 Ⓚ Es seien aber auch die Rechtsbestimmungen rechtlich und vernünftig, so ist es etwas ganz anderes, dies von ihnen aufzuzeigen, was allein durch den Begriff wahrhaftig geschehen kann, und ein anderes, das Geschichtliche ihres Hervortretens darzustellen, die Umstände, Fälle, Bedürfnisse und Begebenheiten, welche ihre Feststellung herbeigeführt haben. Ein solches Aufzeigen und (pragmatisches) Erkennen aus den nähern oder entferntern geschichtlichen Ursachen heißt man häufig: *Erklären* oder noch lieber *Begreifen,* in der Meinung, als ob durch dieses Aufzeigen des Geschichtlichen alles oder vielmehr das Wesentliche, worauf es allein ankomme, geschehe, um das Gesetz oder Rechts-Institution zu *begreifen;* während
27 vielmehr das wahrhaft Wesentliche, der Begriff der Sa|che, dabei gar nicht zur Sprache gekommen ist. – (8)

Auch im Falle vernünftiger Rechtsbestimmungen ist es etwas anderes, ihre Übereinstimmung mit dem Gesamtbegriff bzw. der Idee oder Praxisform des Rechts aufzuzeigen, als ihre Genese zu erzählen, nach Art der Entstehung des Volkstribunats in Rom und seiner Entwicklung im Gefolge der ›demokratischen‹ Reformen der Gracchen. Dabei sind die Leute häufig schon dann mit einer ›Erklärung‹ zufrieden, wenn eine Warum-Frage durch eine derartige Geschichte beantwortet wird. Man meint, gerade so etwas zu verstehen. Dabei sieht man nicht, dass eine Rechtsinstitution ganz anders zu begreifen ist, nämlich durch das »wahrhaft Wesentliche«, den »Begriff der Sache«, also die Form der gemeinsamen Praxis in ihrem Gesamtsinn. Um diesen zu artikulieren, bedarf es einer spekulativen Reflexion und entsprechender Sprach- und Denkformen.

31 f. Ⓚ Man pflegt so auch von den römischen, germanischen *Rechtsbegriffen,* von Rechts*begriffen,* wie sie in diesem oder jenem Gesetzbuche bestimmt seien, zu sprechen, während dabei nichts von Begriffen, sondern allein allgemeine *Rechtsbestimmungen, Verstandessätze,* Grundsätze, Gesetze und dergl. vorkommen. – (8 f.)

Hegel bemerkt selbst, dass es einen zum Teil verwahrlosten, zum Teil einfach vieldeutigen Gebrauch des Wortes »Begriff« gibt. Zum ersten gehört der Aberglaube, ein Begriff sei dort zum ersten Mal aufgetaucht, wo ein bestimmtes Wort zum ersten Mal gebraucht wurde. Zum zweiten gehört die Rede von römischen oder germanischen Rechtsbegriffen. Man meint dabei konkrete Rechtsbestimmungen, wie sie als Sätze in diesem oder jenem Gesetzbuch artikuliert sind. Es sind das deswegen noch keine Begriffe des Rechts, weil diese als ausdrucks- und sogar kulturinvariante Praxisformen zu begreifen sind, was eine Bewertung der entsprechenden Äquivalenzen verschiedener Ausdrucks- und Handlungsformen voraussetzt. Eine solche Bewertung ist z. B. im Fall der Religion so schwierig, dass es bis heute nur erst positive und plurale Religionsgeschichte(n) und noch keine Religionswissenschaft gibt, außer in den Ansätzen von Hegels Religionsphilosophie und ihrer Einsicht, dass es dem Begriff nach nur eine einzige Religion an sich gibt (und geben kann) – mit besonderen, freilich dann auch verschieden guten Ausdrucksformen. Unserem begrifflich noch immer voraufgeklärten Zeitalter ist diese Einsicht sogar unerhört. Andererseits verstehen naiv Gläubige ihre (Schrift-) Religion häufig nur erst so, wie noch Zweitklässler lesen: mit dem Finger auf den Buchstaben – was aber immer noch weit besser ist als (religiöser) Analphabetismus.

Wir sollten uns daher auch nicht wundern, dass Hegels Kritik an dem heute für fortschrittlich gehaltenen Pluralismus besonders im Blick auf Religion und Recht nicht in seiner enormen Bedeutung und Wahrheit begriffen wird. Denn es werden dabei unwesentliche Varianten mit wesentlichen Unterschieden und Deformationen vermengt. Das wäre so, wie wenn man eine Sekte wie Scientology für Religion hielte oder Verschwörungstheorien für einen durch das Recht auf Glaubensfreiheit geschützten Glauben. Im Blick auf Form und Unform des Gemeinwesens wäre dann wohl auch der Nationalsozialismus ein Sozialismus oder die DDR eine demokratische Republik.

Damit sehen wir das methodische Grundproblem der Geistes- und Institutionenwissenschaften in einer verbreiteten Verwechslung zweier Begriffe des ›Normativen‹. Während es korrekt ist, aus einer wissenschaftlichen Untersuchung rein subjektive Urteile herauszuhalten, die ein Sollen deklarieren, also wie die Welt zu sein habe, ist die ebenfalls ›normative‹ Unterscheidung zwischen Formerfüllung und Privation immer zu thematisieren. Das muss sie, weil es gerade um die Unterscheidung von Wahrheit und Täuschung geht, also auch zwischen Wirklichkeit und Schein. Der erste Schritt auf dem Weg zur Objektivität ist daher, wie Hegel klar sieht, gerade ihre Explikation, zusammen mit der Reflexion auf die Unvermeidlichkeit der Perspektivität des Verstehens und des Urteilens des Subjekts. Der methodologische Mangel einer bloß idiographischen, also schlicht erzählenden und damit nur erst ›positiven‹ Geschichts- und Gesellschaftswissenschaft liegt darin begründet, dass diese logischen Grundtatsachen nicht ernst genug genommen werden, und das sogar noch bei Wilhelm Dilthey, Wilhelm Windelband und Heinrich Rickert. Gerade auch unter dem englischen Titel der *Humanities* werden die Geisteswissenschaften zu einem Gesamt pluraler Narrationen über das faktisch Geschehene. Eine solche Geschichte der Kulturen verzichtet auf die Rekonstruktion der Entstehung des Systems personaler Praxisformen und die Analyse der Form nachhaltiger Institutionen.

32 Ⓚ Durch Hintansetzung jenes Unterschiedes gelingt es, den Standpunkt zu verrücken und die Frage nach der wahrhaften Rechtfertigung in eine Rechtfertigung aus Umständen, Konsequenz aus Voraussetzungen, die für sich etwa eben so wenig taugen u. s. f., hinüber zu spielen und überhaupt das Relative an die Stelle des Absoluten, die äußerliche Erscheinung an die Stelle der Natur der Sache zu setzen. (9)

Man setzt in der Historisierung der Zivilisationen, die im 19. Jahrhundert gegen Hegels Einsicht in die wahre Aufgabe einer Geistes- und Begriffsgeschichte den Sieg davongetragen hat, das Relative der äußeren Formen an die Stelle des Absoluten der ›wahren‹ Inhalte, die äußerliche Erscheinung oder Ausdrucksform an die Stelle des Wesens oder Begriffs der Sache.[21] Das alles gilt für das Wissen über Religion

[21] Ein verstehbarer Inhalt ist, anders als man meint, immer weit gröber als seine Äußerungen, da diese sich inhaltsgleich übersetzen lassen müssen, im Prinzip sogar in alle Sprachen. Das geistige Vermögen, Sprache und Begriffe, Aussagen und Urteile *ihrem Inhalt* nach vernünftig zu begreifen, ist daher, wie Hegel sieht, ein Abstraktionsvermögen, das Gleichgültigkeiten oder inhaltliche Äquivalenzen frei zu bewerten verlangt. Nur so entsteht Objektivität, also eine Bezugsgleichheit, die sogar noch viel gröber ist und sein muss als die Inhalts- oder Sinngleichheit. Bloß mit Wörtern oder Formen nach äußeren Schemata zu ›rechnen‹, reicht nicht. Hegel betont daher – zum Teil auch ironisch –, dass viele Streitigkeiten nur Wortstreitigkeiten

ebenso wie über den Staat, über das Recht ebenso wie über die Kunst oder über die arbeits- und güterteilige Wirtschaft.

Es geschieht der geschichtlichen Rechtfertigung, wenn sie das äußerliche Entstehen mit dem Entstehen aus dem Begriffe verwechselt, 32 Ⓚ daß sie dann bewußtlos das Gegenteil dessen tut, was sie beabsichtigt. Wenn das Entstehen einer Institution unter ihren bestimmten Umständen sich vollkommen zweckmäßig und notwendig erweist und hiemit das geleistet ist, was der historische Standpunkt erfordert, so folgt, wenn dies für eine allgemeine Rechtfertigung der Sache selbst gelten soll, vielmehr das Gegenteil, daß nämlich, weil solche Umstände nicht mehr vorhanden sind, die Institution hiemit vielmehr ihren Sinn und ihr Recht verloren hat. So, wenn z. B. für Aufrechthaltung der *Klöster* ihr Verdienst um Urbarmachung und Bevölkerung von Wüsteneien, um Erhaltung der Gelehrsamkeit durch Unterricht und Abschreiben u. s. f. geltend gemacht und dies Verdienst als Grund und Bestimmung für ihr Fortbestehen angesehen worden ist, so folgt aus demselben vielmehr, daß sie unter den ganz veränderten Umständen, in so weit wenigstens, überflüssig und unzweckmäßig geworden sind. – (9)

Institutionen können ihr Existenzrecht verlieren, wenn die für ihren Sinn wesentlichen Umstände wegfallen. So stehen z. B. die Leistungen der Klöster beim Erhalt rudimentärer antiker Bildung in politisch wilden Zeiten, im Erziehungswesen des neuen Adels und als Ort der Unterbringung seines nicht erbberechtigten Nachwuchses ebenso außer Frage wie in der Entwicklung der Landwirtschaft oder der Volksbildung der Bettel- oder Predigerorden. Da diese Umstände und Aufgaben weggefallen seien, meint Hegel, falle auch die Begründung dafür weg, die Institution zu erhalten, obwohl sie sich für eine gewisse Zeit oder Epoche als vollkommen zweckmäßig und ›notwendig‹ (im oben schon erläuterten Sinn) erwiesen haben. Andererseits erschlos-

sind, solange es z. B. bloß erst um Namen geht. Man meint, über eine religiöse Sache zu streiten, und streitet sich entweder bloß darüber, ob man Gott auch »Allah« oder »Jehova« nennen mag, darf oder soll, oder auch darüber, was alles man unter dem Titel »Gott« verstehen und spekulativ kommentieren möchte – da es wahre konstative oder historische Aussagen über Gott gar nicht geben kann.

sen die Kolonisierungen und die christliche Sozialpflege den Orden neue Tätigkeitsfelder. Ich lese die Passage als bloßes Beispiel (und teile das Urteil über Klöster und Orden nicht).

32 f. Ⓚ Indem nun die geschichtliche Bedeutung, das geschichtliche Aufzeigen und Begreiflichmachen des Entstehens, und die philosophische Ansicht gleichfalls des Entstehens und Begriffes der Sache in verschiedenen Sphären zu Hause sind, so können sie in so fern eine gleichgültige Stellung gegen einander behalten. Indem sie aber, auch im Wissenschaftlichen, diese ruhige Stellung nicht immer behalten, so führe ich noch etwas diese Berührung Betreffendes an, wie
28 es in Herrn *Hugo's Lehrbuch* | *der Geschichte des römischen Rechts* erscheint, woraus zugleich eine weitere Erläuterung jener Manier des Gegensatzes hervorgehen kann. Herr *Hugo* führt daselbst (5te Auflage, § 53) an, »daß *Cicero* die zwölf Tafeln, mit einem *Seitenblicke* auf die Philosophen, lobe«, »der Philosoph *Phavorinus* aber sie ganz eben so behandle, wie seitdem schon mancher große Philosoph das positive Recht behandelt habe«. Herr *Hugo* spricht ebendaselbst die ein für allemal fertige Erwiderung auf solche Behandlung in dem Grunde aus, »weil *Phavorinus* die zwölf Tafeln *ebensowenig*, als diese Philosophen das positive Recht *verstanden*«. – (9 f.)

Man könnte meinen, eine narrative Historie, Begriffs-, Ideen- und Institutionengeschichte und eine philosophisch versierte (also logisch und methodologisch ausreichend vorgebildete und nur damit wirklich wissenschaftliche) theoretische Geisteswissenschaft könnten in friedlicher Koexistenz nebeneinander leben und sich gegenseitig respektieren. Wie wenig einfach das ist, versucht Hegel an einem Beispiel aus Hugos Lehrbuch der Geschichte des römischen Rechts zu zeigen. Hugo teilt eine antike Polemik, nach welcher der Philosoph Favorinus »die zwölf Tafeln ebenso wenig als die Philosophen das positive Recht verstanden« hätte. Hegel verteidigt im Folgenden den Philosophen und wehrt sich gegen das unsinnige Gerede noch neuester Zeit, Philosophie sei eigentlich ein Schimpfwort gewesen und nicht schon seit Heraklit[22] Titel für ein Projekt wissenschaftlichen Denkens.

[22] Der »große Philologe und Religionsphilosoph Walter Burkert« meint, »das Wortfeld ›Philosoph‹ sei in Wirklichkeit erst Ende des 5. vorchristlichen Jahrhunderts aufgekommen« (so Johan Schloemann, Südd. Zeitung,

Was die Zurechtweisung des Philosophen *Phavorinus* durch den Rechtsgelehrten *Sextus Cäcilius* bei Gellius noct. Attic. XX. I. betrifft, so spricht sie zunächst das bleibende und wahrhafte Prinzip der Rechtfertigung des seinem Gehalte nach bloß Positiven aus. Non ignoras, sagt Cäcilius sehr gut zu Phavorinus, legum *opportunitates* et medelas pro *temporum* moribus et pro rerum publicarum *generibus*, ac pro utilitatum *praesentium* rationibus, proque *vitiorum*, quibus medendum est, *fervoribus, mutari* ac *flecti, neque uno statu consistere*, quin, ut facies coeli et maris, ita *rerum* atque *fortunae tempestatibus varientur.* Quid salubrius visum est rogatione illa Stolonis etc. quid utilius plebiscito Voconio etc. quid tam necessarium existimatum est, quam lex Licinia etc.? Omnia *tamen* haec *obliterata* et *operta* sunt civitatis opulentia etc. – Diese Gesetze sind in so fern positiv, als sie ihre Bedeutung und Zweckmäßigkeit in den *Umständen*, somit nur einen historischen Wert überhaupt haben, deswegen sind sie auch vergänglicher Natur. Die Weisheit der Gesetzgeber und Regierungen in dem, was sie für vorhandene Umstände getan und für Zeitverhältnisse festgesetzt haben, ist eine Sache für sich und gehört der Würdigung der Geschichte an, von der sie um so tiefer anerkannt werden wird, je mehr eine solche Würdigung von philosophischen Gesichtspunkten unterstützt ist. – (10 f.) 33 Ⓚ

Sextus Caecilius betont zunächst schlicht die Bedeutsamkeit des positiven Rechts. Bei vielen Gesetzen liegen »ihre Bedeutung und Zweckmäßigkeit in den Umständen«, sie haben aber damit nur erst »einen historischen Wert«. Die Würdigung weiser »Gesetzgeber und Regierungen« im Blick auf vorhandene Umstände ist Sache der Ge-

8. 6. 2020, S. 11). Heraklit spricht aber schon im Frgm. 35 von ›philosophischen Männern‹. Die ›ewige Frage‹ der Philosophie, was Philosophie ist, fragt zunächst, was *Wissen über Wirkliches* im Unterschied zu einem oberflächlichen Meinen und was *Wissenschaft* in Differenz zu einem Volksglauben ist. Die manchmal abschätzige Kritik an den Philosophen zur Zeit des Sokrates ist am besten zu begreifen, wenn man sie einem Populismus zuschreibt, der, wie die Anhänger von Präsident Trump, ›Akademiker‹ verachtet. Daher sind auch Thesen wie die von Christopher Moore, *Calling Philosophers Names. On the Origin of a Discipline.* Princeton: Princeton University Press 2020, anachronistisch: Die Selbstfindungstexte der heutigen Disziplin gibt es erst *nach* Kant und Hegel.

schichte, nicht der Rechtstheorie oder Philosophie. Viel mehr ist hierzu m. E. nicht zu sagen.

33 f. Ⓚ Von den fernern Rechtfertigungen der zwölf Tafeln gegen den *Phavorinus* aber will ich ein Beispiel anführen, weil *Cäcilius* dabei den unsterblichen Betrug der Methode des Verstandes und seines Räsonnierens anbringt, nämlich für eine *schlechte Sache einen guten Grund anzugeben* und zu meinen, sie damit gerechtfertiget zu haben. Für das abscheuliche Gesetz, welches dem Gläubiger nach den verlaufenen Fristen das Recht gab, den Schuldner zu töten oder ihn als Sklaven zu verkaufen, ja wenn der Gläubiger mehrere waren, *von ihm sich Stücke abzuschneiden und ihn so unter sich zu teilen*, und zwar so, daß, *wenn einer zu viel oder zu wenig abgeschnitten*
29 *hätte, ihm kein | Rechtsnachteil daraus entstehen sollte* (eine Klausel, welche *Shakespeare's Shylock*, im *Kaufmann von Venedig*, zu Gute gekommen und von ihm dankbarst akzeptiert worden wäre), – führt *Cäcilius* den *guten Grund* an, daß Treu und Glauben dadurch um so mehr gesichert und es eben, um der Abscheulichkeit des Gesetzes willen, nie zur Anwendung desselben habe kommen sollen. Seiner Gedankenlosigkeit entgeht dabei nicht bloß die Reflexion, daß eben durch diese Bestimmung jene Absicht, die Sicherung der Treu und Glaubens, vernichtet wird, sondern daß er selbst unmittelbar darauf ein Beispiel von der durch seine unmäßige Strafe verfehlten Wirkung des Gesetzes über die falschen Zeugnisse anführt. – (11 f.)

Die Sophismen des Caecilius zeigen hinreichend deutlich, wie sich historische Erklärer und Begründer bloß positiver Gesetze zu verrennen pflegen. Denn er verteidigt das in der Tat »abscheuliche Gesetz«, das dem Gläubiger »das Recht gab, den Schuldner zu töten oder ihn als Sklaven zu verkaufen«, wenn dieser den Termin der Rückzahlung der Schuld nicht einhalten konnte, mit dem ›Argument‹, dass »Treu und Glauben dadurch um so mehr gesichert« würden. Außerdem sei es, angeblich, ohnehin nie so gedacht gewesen, dass das Gesetz zur Anwendung komme. Aber eine (Straf-)Androhung ist nur wirksam, wenn man auch weiß, dass sie im entsprechenden Fall angewendet wird.

34 f. Ⓚ Was aber Herr *Hugo* damit will, daß Phavorinus das Gesetz nicht *verstanden* habe, ist nicht abzusehen; jeder Schulknabe ist wohl fähig, es zu verstehen und am besten würde der genannte Shylock

auch noch die angeführte für ihn so vorteilhafte Klausel verstanden haben; – unter *Verstehen* müßte Herr Hugo nur diejenige Bildung des Verstandes meinen, welche sich bei einem solchen Gesetze durch einen *guten Grund* beruhigt. – Ein anderes ebendaselbst dem *Phavorinus* vom *Cäcilius* nachgewiesenes Nichtverstehen kann übrigens ein Philosoph schon, ohne eben schamrot zu werden, eingestehen, – daß nämlich jumentum, welches nur »und nicht eine arcera«, nach dem Gesetze einem Kranken, um ihn als Zeugen vor Gericht zu bringen, zu leisten sei, nicht nur ein Pferd, sondern auch eine Kutsche oder Wagen bedeutet haben soll. Cäcilius konnte aus dieser gesetzlichen Bestimmung einen weitern Beweis von der Vortrefflichkeit und Genauigkeit der alten Gesetze ziehen, daß sie sich nämlich sogar darauf einließen, für die Sistierung eines kranken Zeugen vor Gericht die Bestimmung nicht bloß bis zum Unterschiede von einem Pferde und einem Wagen, sondern von Wagen und Wagen, einem bedeckten und ausgefütterten, wie Cäcilius erläutert, und einem, der nicht so bequem ist, – zu treiben. Man hätte hiermit die Wahl zwischen der Härte jenes Gesetzes oder zwischen der Unbedeutenheit solcher Bestimmungen, – aber die Unbedeutenheit, von solchen Sachen und vollends von den gelehrten Erläuterungen derselben auszusagen, würde einer der größten Verstöße gegen diese und andere Gelehrsamkeit sein. (12)

Auf Hegels Polemik gegen Hugos Polemik brauchen wir nicht näher einzugehen. Kein Philosoph oder Rechtstheoretiker wird ein altes Gesetz dafür loben, dass es die Dinge angeblich wunderbar genau regelte, sondern wird diese ›Exaktheit‹ wegen mangelnder Relevanz als unsinnig ablehnen. Der Rechtshistoriker zeigt sich begeistert darüber, dass ein Gesetz nicht etwa nur vorgeschrieben habe, dass einem Zeugen vom Gericht ein Pferd, sondern im Fall von Krankheit eine überdachte Kutsche gestellt werden müsse.

Herr *Hugo* kommt aber auch im angeführten Lehrbuche auf die 35f. Ⓚ
Vernünftigkeit, in Ansehung des römischen Rechts zu sprechen; was mir davon aufgestoßen ist, ist folgendes. Nachdem derselbe in der Abhandlung *des Zeitraums von Entstehung des Staats bis auf die zwölf* | *Tafeln* § 38 und 39 gesagt, »daß man (in Rom) viele 30
Bedürfnisse gehabt und genötigt war, zu arbeiten, wobei man als *Gehülfen* Zug- und Lasttiere brauchte, *wie sie bei uns* vorkommen,

daß der Boden eine Abwechselung von Hügeln und Tälern war, und die Stadt auf einem Hügel lag« u. s. w. – Anführungen, durch welche vielleicht der Sinn *Montesquieu's* hat erfüllt sein sollen, wodurch man aber schwerlich seinen Geist getroffen finden wird, – so führt er nun § 40 zwar an, »daß der *rechtliche* Zustand noch sehr weit davon entfernt war, den *höchsten* Forderungen der *Vernunft* ein Genüge zu tun« (ganz richtig; das römische Familienrecht, die Sklaverei u. s. f. tut auch sehr geringen Forderungen der Vernunft kein Genüge), aber bei den folgenden Zeiträumen vergißt Herr Hugo anzugeben, in welchem und ob in irgend einem derselben das römische Recht den *höchsten Forderungen der Vernunft Genüge geleistet habe.* Jedoch von den juristischen Klassikern, in dem Zeitraume *der höchsten Ausbildung des römischen Rechts, als Wissenschaft,* wird § 289 gesagt,»daß man schon lange bemerkt, daß die juristischen Klassiker durch Philosophie gebildet waren«; aber »wenige wissen (durch die vielen Auflagen des Lehrbuchs des Herrn Hugo wissen es nun doch mehrere), daß es keine Art von Schriftstellern gibt, die im konsequenten Schließen aus Grundsätzen so sehr verdienten, den Mathematikern und in einer ganz auffallenden Eigenheit der Entwickelung der Begriffe dem neuern Schöpfer der Metaphysik *an die Seite gesetzt* zu werden, als gerade die römischen Rechtsgelehrten, letzteres belege der *merkwürdige* Umstand, daß nirgend so viele *Trichotomien* vorkommen, als bei den juristischen Klassikern und bei *Kant*«. – Jene von *Leibniz* gerühmte Konsequenz ist gewiß eine wesentliche Eigenschaft der Rechtswissenschaft, wie der Mathematik und jeder andern verständigen Wissenschaft; aber mit der Befriedigung der Forderungen der Vernunft und mit der philosophischen Wissenschaft hat diese Verstandes-Konsequenz noch nichts zu tun. Außerdem ist aber wohl die *Inkonsequenz* der römischen Rechtsgelehrten und der Prätoren als eine ihrer größten Tugenden zu achten, als durch welche sie von ungerechten und abscheulichen Institutionen abwichen, aber sich genötigt sahen, *callide* leere Wortunterschiede (wie das was doch auch Erbschaft war, eine Bonorum possessio zu nennen), und eine selbst alberne
31 Ausflucht (und Albernheit ist gleichfalls eine Inkonse|quenz) zu ersinnen, um den Buchstaben der Tafeln zu retten, wie durch die fictio, ὑποχρισις, eine filia sei ein filius: (Heinecc. Antiq. Rom. lib. I.

tit. II. § 24). – Possierlich aber ist es, die juristischen Klassiker wegen einiger *trichotomischer* Einteilungen – vollends nach den daselbst Anmerk. 5 angeführten Beispielen – mit *Kant* zusammengestellt und so etwas Entwicklung der Begriffe geheißen zu sehen. (13 f.)

Hegel äußert nun noch seinen Unwillen darüber, dass Hugo Montesquieus Betonung der möglichen Rolle von Geographie und Klima auf allzu triviale Weise auf die paar Hügel Roms anwendet. Er stimmt ironisch zu, »daß der rechtliche Zustand noch sehr weit davon entfernt war, den höchsten Forderungen der Vernunft ein Genüge zu tun«, mit implizitem Hinweis darauf, dass Hugo etwas Derartiges nur auf der Grundlage dessen sagen kann, dass er das schon weiß, was ›die höchsten Forderungen der Vernunft‹ sind. Das aber ist gerade das Thema der von Hugo so verachteten Rechtsphilosophie. Ansonsten ärgert sich Hegel über Hugos Vorstellungen über Logik und Mathematik, über Kant und Begriffe; er lobt ironisch die »Inkonsequenz der römischen Rechtsgelehrten und der Prätoren als eine ihrer größten Tugenden«, durch die sie von »ungerechten und abscheulichen Institutionen abwichen, aber sich genötigt sahen«, diese Abweichungen sophistisch zu ›begründen‹.

§ 4

Der Boden des Rechts ist überhaupt das *Geistige*, und seine nähere 37
Stelle und Ausgangspunkt der *Wille*, welcher *frei* ist, so daß die Freiheit seine Substanz und Bestimmung ausmacht, und das Rechtssystem das Reich der verwirklichten Freiheit, die Welt des Geistes aus ihm selbst hervorgebracht, als eine zweite Natur, ist. (14)

Erst jetzt beginnt die allgemeine logische Topographie des Begriffs oder der Institution des Rechts, aber nicht, wie man erwarten könnte, nur als Praxisform neben anderen Großthemen der philosophischen Geisteswissenschaften wie Moral oder Wissenschaft, sondern auch schon im Blick auf die *individuelle* Person, ihr bewusstes, absichtliches, willentliches Handeln und ihre Selbstformung als *personales* Individuum im Ganzen. Hegels metaphorische Rede vom »Boden des Rechts« passt durchaus zu unserer Rede von einer logischen Geographie. Wichtig ist, ich wiederhole den Punkt, dass in dieser Lesart keine *Behauptungen*, schon gar nicht über irgendwelche mystischen oder mythischen Entitäten gemacht werden. Der Wille ist keine christliche oder cartesianische *res volens et agens*. Er ist dennoch sozusagen das praktische Moment des *Denkens*. Er ist auch nicht in einem metaphysischen Sinne frei, was immer das bedeuten möge (Schopenhauer mystifiziert diese Ausdrucksform besonders). Das anaphorische Pronomen »er« referiert natürlich nicht ontisch, sondern nur auf den Ausdruck, also nicht auf eine gegebene Entität.

Der schwierige Satz, die Freiheit mache das Nachhaltige in der Bestimmung des Willens aus, lässt sich so lesen: Es gibt *keine ontische Substanz* einer denkenden oder wollenden Seele. Die Rede vom »ich denke« in Kants berühmtem Prinzip einer ›Transzendentalen Apperzeption‹, welches alle unsere Repräsentationen begleiten können muss, meint nach Hegel klarerweise nur, dass man die aktualisierten Formen des Vorstellens nachdenkend explizit machen kann. Wenn wir über den Willen sprechen, reden wir dementsprechend nur *über die Form* des freien Handelns. Was willentlich getan wird, wird frei getan – und umgekehrt. Das ist einfach eine *begrifflich allgemein geltende* Regel. Die Rede von einem unfreien Willen wird damit ebenso zu einem Widerspruch in sich wie Schopenhauers modische Identifizierung des Willens mit einem dumpfen Trieb des Unbewussten. Das freie Wollen im Handeln, mit partiell leise verbalisierten, jedenfalls verbalisierbaren Vorsätzen und damit in der Verfolgung einer Absicht steht im begrifflichen Gegensatz zu einem unmittelbaren Verhalten, dessen inneres Motiv eine Begierde ist. In der *Phänomenologie des Geistes* wird diese begriffliche Wahrheit an berühmtester Stelle sozusagen unter den Titeln »gehemmte Begierde« und »Arbeit« analysiert: Es sind Vorsatz und Absicht des Willens, welche die unmittelbaren Neigungen des (leiblichen) Begehrens hemmen oder umleiten. Im klassischen Kampf der Seele gegen den Leib, des freien Herrn gegen den (hoffentlich) gehorsamen Knecht, gewinnt der Herr, das vernünftige Denken – aber nur, wenn der Leib im realen Tun mitzieht. Dann geht die ursprüngliche Neigung unter, so wie die ›Absicht‹ untergeht, wenn die beabsichtigte Handlung nicht vollzogen wird, sondern die unmittelbaren Begierden die Oberhand behalten. Grundsätzlich aber gewinnt der Leib insofern gegen den Geist auf ganzer Linie, weil es ohne Bildung und Selbstbildung kein Wissen und Begriffsverstehen, ohne dieses aber keine im Blick auf mögliche Zwecke abrufbaren Handlungsschemata und damit kein freies Handeln gibt.

Es versteht sich von selbst, dass dabei der Vorsatz als mögliche Zielsetzung mit Handlungsplan, die Absicht als ›Maxime‹ fast wie bei Kant, also als subjektive Intention in einer formalen Entscheidung für den Plan und das intentionale Handeln relativ zur wesentlichen Handlungsform zu begreifen sind. Mit anderen Worten, ein rein behavioraler Zugang zum Tun in seinen unendlich vielen verschiedenen Beschreibbarkeiten ›von der Seite‹, unter Einschluss von sogenannten Selbstzuschreibungen wie etwa bei Donald Davidson, führt uns hier in die Irre. Wir müssen mit frei reproduzierbaren Handlungsschemata beginnen, die als solche keine Widerfahrnisse sind und sich auch von einer bloßen Verhaltensgewohnheit unterscheiden lassen.

Vor dem Hintergrund dieser (begrifflichen!) Handlungstheorie Hegels *in nuce* und ganz im Allgemeinen, noch ohne Betrachtung der besonderen Lage des Subjekts, ist also zu begreifen, dass und warum freies Handeln nur nach der geistigen Bildung des Individuums zur Person gemäß dem allgemeinsten Sinn des Wortes »*persona*« in einer Erziehungsgemeinschaft vor dem Hintergrund einer in der Kulturtradition als materialbegriffliche Normen des vernünftigen Sinnverstehens kanonisierten Allgemeinwissens möglich wird.

In Bezug auf die freien Kooperationen schon gebildeter Personen definiert dann das »Rechtssystem das Reich der verwirklichten Freiheit« und den holistischen Rahmen samt Ort und Status der ›rechtlichen Person‹. Das geschieht in einem System von (absoluten, d. h. kontextunabhängigen) und relativen (auf den Kontext bezogenen) Verpflichtungen, Erlaubnissen (*commitments*, *entitlements*) und auch Verboten. Die Welt des Geistes oder das Leben der allgemeinen und dann auch rechtlich freien Person wird so aus dem Reich der kollektiv verwirklichten Freiheit »selbst hervorgebracht«, und zwar »als eine zweite Natur«, die schon bei Aristoteles oder dann wieder bei Blaise Pascal und Hegel eine Gewohnheit bzw. die allgemeine Haltung eines Habitus, einer Hexis ist.

Die Gewohnheit eines eingeübten Verhaltens macht es ganz überflüssig, alle Teilhandlungen eigens zu planen, so dass es uns manchmal so erscheint, als liefe es auf ›natürliche‹ oder gar ›unfreie‹ Weise ab. Das aber übersieht die zeitliche Ausgedehntheit allen Handelns ebenso, wie dass dieses Handeln nicht zuletzt durch lange Einübung und mögliche Kommentierungen längst in sich reflektiert ist, wie Hegel passend dazu sagt.

37 Ⓚ In Ansehung der Freiheit des Willens kann an die vormalige Verfahrungsart des Erkennens erinnert werden. Man setzte nämlich die *Vorstellung* des Willens voraus und versuchte aus ihr eine Definition desselben heraus zu bringen und festzusetzen; dann wurde nach der Weise der vormaligen empirischen Psychologie aus den verschiedenen Empfindungen und Erscheinungen des gewöhnlichen Bewußtseins, als Reue, Schuld und dergl., als welche sich nur aus dem *freien* Willen sollen *erklären* lassen, der sogenannte *Beweis* geführt, daß der Wille frei sei. Bequemer ist es aber, sich kurzweg daran zu halten, daß die Freiheit als eine *Tatsache* des Bewußtseins *gegeben* sei und an sie *geglaubt* werden müsse. (14f.)

Dass die Psychologie der handelnden Person in einem begrifflich schlechten Zustand ist, hört man von so diversen (und großen) Denkern und Autoren wie Hegel, Nietzsche, Wilhelm Wundt, William James und Wittgenstein. Sie alle versuchen, sich von den ›vormaligen Verfahrensarten‹ der Rede über den subjektiven Geist abzusetzen, und zwar sowohl in der christlich-metaphysischen Rede über die Seele als auch in der ›empirischen Psychologie‹ der ›verschiedenen Empfindungen‹ und Triebe.

Gemeinsam sind dem metaphysischen und empirischen Zugang ›des gewöhnlichen Bewusstseins‹ die Themen Reue und Schuld. Üblicherweise meint man mit Kant, Verantwortung lasse sich nur aus der *Unterstellung* eines freien Willens erklären und verstehen, so dass an ihn *zu glauben* sei. Noch problematischer ist die Behauptung, Freiheit sei eine unmittelbar empfundene, in sich gefundene ›Tatsache des Bewusstseins‹. Hirnforscher, die diese Empfindung nicht haben und an einen durchgängigen Kausalnexus glauben, meinen daher, auf die Nichtexistenz der Freiheit schließen zu können.

37f. Ⓚ *Daß* der Wille frei und *was* Wille und Freiheit ist – die Deduktion hievon kann, wie schon bemerkt ist (§ 2), allein im Zusammenhange des Ganzen Statt finden. Die Grundzüge dieser Prämisse, – daß der *Geist* zunächst *Intelligenz* und daß die Bestimmungen, durch welche sie in ihrer Entwicklung fortgeht, vom *Gefühl*, durch *Vorstellen*, zum *Denken*, der Weg sind, sich als *Wille* hervorzubringen, welcher, als der praktische Geist überhaupt, die nächste Wahrheit der Intelligenz

ist, – habe ich in meiner *Encyklopädie der philosophischen Wissenschaften* (Heidelberg, 1817), §363–399 dargestellt und hoffe, deren weitere Ausführung dereinst geben zu können. Es ist mir um so mehr Bedürfnis, dadurch, wie ich hoffe, zu gründlicherer Erkenntnis der Natur des Geistes das Meinige beizutragen, da sich, wie daselbst §367 Anmerk. bemerkt ist, nicht leicht eine | philosophische Wissen- 32
schaft in so vernachlässigtem und schlechtem Zustande befindet, als die *Lehre vom Geiste*, die man gewöhnlich Psychologie nennt. – In Ansehung der in diesem und in den folgenden §§ der Einleitung angegebenen Momente des Begriffes des Willens, welche das Resultat jener Prämisse sind, kann sich übrigens zum Behuf des Vorstellens auf das Selbstbewußtsein eines jeden berufen werden. Jeder wird zunächst in sich finden, von Allem, was es sei, abstrahieren zu können und eben so sich selbst bestimmen, jeden Inhalt durch sich in sich setzen zu können, und ebenso für die weitern Bestimmungen das Beispiel in seinem Selbstbewußtsein haben. (15 f.)

Hegel verweist hier selbst explizit auf seine anderen Arbeiten zum Thema. Leser, die ihm dort nicht folgen konnten, entwickeln daher eine Art Aversion gegen ›das ganze System‹ Hegels. Wir haben aber zu bedenken, wieweit das nur daran liegt, dass das abstrakte, weil auf Inhalte gehende, systematische Denken und das Verstehen der dabei immer auch gestuften Allgemeinheitsebenen im Blick auf einen Gesamtzusammenhang grundsätzlich nicht wirklich leichtfällt und man lieber narrative Texte liest. Das holistische Denken überhaupt, besonders das in der Rede über den Geist, mag schwer sein; aber es ist nötig, weil sowohl das verbale und praktische Wissen und Denken, der Geist, als auch die Welt eine Einheit bilden, die wir im Verstehen und Erklären gliedern (müssen) und immer schon gegliedert haben. Daher liegt die Rechtfertigung des Satzes von der Freiheit des Willens »im Zusammenhange des Ganzen«, und es ist sinnlos, ihn aus einem anderen Satz apagogisch beweisen zu wollen.

Die implizite Prämisse der folgenden Überlegungen ist die, dass »der Geist zunächst Intelligenz« ist. Das heißt, dass wir die Ontogenese der geistigen Vermögen der normal gebildeten Person in einer phänomenologischen Reflexion genau ansehen und zum Ausgangspunkt nehmen sollten. Hier gibt es einen Weg »vom Gefühl durch Vorstellen zum Denken« – nämlich in den vielfältigen Stufen, die von einem vagen Verstehen (wie etwa von Kindern) über Orientierungen an narrativ und symbolisch (re)präsentierten Mustern zum selbständigen Nachdenken und bewussten, willentlichen Handeln führen. Die leitenden Formen dieser Bildung der Person und ihres freien Willens existieren allerdings auf über-individuelle Weise. Das führt zum allgemeinen Begriff des ›praktischen Geistes überhaupt‹. Dass dieser in jeder Bildung zur Person vorausgesetzt ist, hat Hegel, wie er selbst betont, schon in den Passagen zur Anthropologie, Phänomenologie des Geistes und Psychologie der *Enzyklopädie der philosophischen Wissenschaften* (Heidelberg 1817) skizziert. Er verweist auf die §§ 363–399 und ›verspricht‹ gewissermaßen eine Vertiefung in einer nie wirklich zu Ausführung gekommenen ›Philosophie der Psychologie‹, in der er »zu gründlicherer Erkenntnis der Natur des Geistes« etwas beitragen wollte.[23]

§ 5

38 Der Wille enthält α) das Element der *reinen Unbestimmtheit* oder der reinen Reflexion des Ich in sich, in welcher jede Beschränkung, jeder durch die Natur, die Bedürfnisse, Begierden und Triebe unmittelbar vorhandener, oder, wodurch es sei, gegebener und bestimmter Inhalt aufgelöst ist; die schrankenlose Unendlichkeit der *absoluten Abstraktion* oder *Allgemeinheit*, das reine *Denken* seiner selbst. (16)

Die Passage ist nur deswegen schwierig zu lesen, weil es im ersten Blick so scheint, als spräche Hegel über den Willen als Sache oder Gegenstand, statt generisch dicht über den *Begriff des Willens*. Dieses Lektüreproblem tritt bei Hegel allenthalben auf, vom Sein und Nichts über das Wesen zum Begriff, auch in der Rede über die Natur, den Geist, die Person, das Recht oder den Staat. Hier sagt er folgendes: *Die Rede über den Willen* enthält zunächst immer ein formales Moment, auch als ›Element‹ der reinen Unbestimmtheit. Diese Formalität bzw. Unbestimmtheit ist von der gleichen Art wie die der Reflexionsaussagen über das rein transzendentale, leibliche oder

[23] Zur überarbeiteten 2. Auflage der *Enzyklopädie* vgl. auch meine Kommentare in P. Stekeler-Weithofer, »Absolute Spirit in Performative Self-Relations of Persons« in: *The Palgrave Hegel Handbook*, ed. M. F. Bykova, K. R. Westphal, Cham/Schweiz: Palgrave 2020, S. 109–131.

dann auch empirisch-aktual Ich, das ich bin, also über die Person, das Individuum oder das Subjekt. Diese Reden sind alle notwendigerweise unbestimmt, weil wir im Gebrauch des Pronomens »ich« in extrem vielfältiger und hochgradig kontextabhängiger Weise differenzieren zwischen dem Meinigen und dem, was gemäß der gerade relevanten Unterscheidung nicht zu mir gehört. In der formalabstrakten Rede über das reine, bei Kant transzendentale und damit irgendwie nicht-empirische, Ich soll von ›allem‹ Empirischen abgesehen werden. Damit gelangt man aber nur zu den Formen des Personseins, an der wiederum eine dreifache Unterscheidung zu treffen ist, nämlich zwischen der allgemeinen Form des Personseins bzw. der Persönlichkeit (*personalitas*) insgesamt, des leiblichen Lebens des Individuums und des jeweiligen Agens oder präsentischen Subjekts im aktualen, tätigen, Lebensvollzug. In den Reden über die Person an sich, das Individuum an sich und das Subjekt an sich kümmert man sich gerade nicht um besondere Eigenschaften, etwa die Beschränkung durch die individuelle Natur meines Leibes insgesamt oder durch besondere aktuale »Bedürfnisse, Begierden und Triebe«. Diese bleiben zwar immer vorhanden. Im reinen Denken seiner selbst aber tauchen sie nicht auf, und zwar weil dieses, wie das Wort »rein« signalisiert, ideal und formal ist, also auf der Reflexionsebene des Ansichseins stattfindet.

Diejenigen, welche das Denken als ein besonderes, eigentümli- 38 Ⓚ
ches *Vermögen*, getrennt vom Willen, als einem gleichfalls eigentümlichen *Vermögen* betrachten und weiter gar das Denken als dem Willen, besonders dem guten Willen für nachteilig halten, zeigen sogleich von vorn herein, daß sie gar nichts von der Natur des Willens wissen; eine Bemerkung, die über denselben Gegenstand noch öfters zu machen sein wird. – (16)

Schon angesichts von Descartes' Formulierung vom Handeln als dem praktischen Denken lohnt es sich nicht ernsthaft, sich mit der Meinung auseinanderzusetzen, es sei das Denken (des Ich) dem Wollen gegenüberzusetzen oder es sei das Denken sogar für einen frommen guten Willen nachteilig. Die Trennung von Denken und Wollen und die Meinung, das Denken sei dem guten Handeln abträglich, beruht auf der oberflächlichen Beobachtung, dass »Wille« und »Denken« zwei *Wörter* sind, mit denen wir jedoch nur zwei *Momente* der Vermögen hervorheben, denkend zu handeln und handelnd zu denken.

38 f. Ⓚ Wenn die *Eine* hier bestimmte *Seite* des Willens, – diese *absolute Möglichkeit* von jeder Bestimmung, in der Ich mich finde, oder die Ich in mich gesetzt habe, *abstrahieren* zu können, die Flucht aus allem Inhalte als einer Schranke, es ist, wozu der Wille sich bestimmt oder die für sich von der Vorstellung als die Freiheit festgehalten wird, so ist dies die *negative* oder die Freiheit des Verstandes. – Es ist die Freiheit der Leere, welche zur wirklichen Gestalt und zur Leidenschaft erhoben und zwar, bloß theoretisch bleibend, im Religiösen der Fanatismus der indischen reinen Beschauung, aber zur Wirklichkeit sich wendend, im Politischen wie im Religiösen der Fanatismus der Zertrümmerung aller bestehenden gesellschaftlichen Ordnung, und die Hinwegräumung der einer Ordnung verdächtigen Individuen, wie die Vernichtung jeder sich wieder hervortun wollenden Organisation wird. Nur, indem er etwas zerstört, hat dieser negative
33 Wille das Gefühl | seines Daseins; er meint wohl etwa irgend einen positiven Zustand zu wollen, z. B. den Zustand allgemeiner Gleichheit oder allgemeinen religiösen Lebens, aber er will in der Tat nicht die positive Wirklichkeit desselben, denn diese führt sogleich irgend eine Ordnung, eine Besonderung sowohl von Einrichtungen, als von Individuen herbei, die Besonderung und objektive Bestimmung ist es aber, aus deren Vernichtung dieser negativen Freiheit ihr Selbstbewußtsein hervorgeht. So kann das, was sie zu wollen meint, für sich schon nur eine abstrakte Vorstellung, und die Verwirklichung derselben nur die Furie des Zerstörens sein. (16 f.)

Das reine Wollen stellt man sich als energische Willkür vor, das reine Denken als Dauerkontemplation zunächst im Kloster oder dann auch im professoralen Lehnstuhl. Im Folgenden geht es um die Entgegensetzung von Willen und Willkür[24] und damit um die Unterscheidung zwischen positiver und negativer Freiheit, wie sie von Isaiah Berlin und vielen anderen aufgegriffen wurde (zumeist ohne den Hegelbezug anzugeben oder auch nur zu kennen). Und es geht um die Rolle der denkenden und dann auch tätigen Verneinung,

[24] Vgl. dazu P. Stekeler-Weithofer, »Willkür und Wille bei Kant«. *Kant-Studien 81*, Heft 3, 1990, S. 304–320.

bis hin zur Infragestellung oder gar Zerstörung der Formen, welche Freiheit allererst möglich machen. Die hier rein formal und abstrakt bestimmte Seite des Willens ist die der Willkür, der absoluten Wahl zwischen beliebigen Möglichkeiten. Erst recht formal ist die Unterstellung der Möglichkeit, »von jeder Bestimmung, in der ich mich finde«, zu abstrahieren.

Hegel packt generell zu viele Gedanken in Nebensätze und Nominalausdrücke. So geißelt er wie nebenbei die »Flucht aus allem Inhalte als einer Schranke«. Das heißt, die Leute meinen, dass gegenüber der formalen Willkürfreiheit jede inhaltliche Bestimmung vernünftiger Entscheidung oder Wahl schon eine Beschränkung darstellt. Sie tut das insofern zwar tatsächlich, als ich, wenn ich z. B. explizit zwischen Fisch und Fleisch entscheide, implizit schon für diese Wahlalternative vorentschieden habe. Andererseits ist jede freie Entscheidung inhaltlich positiv bestimmt. Die negative Freiheit der abstrakten Wahl ohne Reflexion auf die inhaltliche Vorbestimmung der Alternativen ist realiter leer und rein formal – wie die des bloßen Verstandes. Diese reine Willkürfreiheit, die man sich auch so vorstellen kann, dass sich das Subjekt irgendwelche Alternativen des Tuns irgendwie einfallen oder geben lässt und dann würfelt, ist »die Freiheit der Leere« oder auch eine ganz leere Freiheit. Hegel meint interessanterweise, sie zeige sich »im Religiösen« als »Fanatismus der indischen reinen Beschauung«, also der Selbstentleerung in einer so genannten Transzendentalen Meditation. Im »Politischen wie im Religiösen« aber zeige sie sich als »Fanatismus der Zertrümmerung aller bestehenden gesellschaftlichen Ordnung«. Hegel spinnt den Gedanken in die Richtung einer radikalen Kritik an jedem tatkräftigen Anarchismus weiter, mit Seitenblicken auf die Terrorherrschaft Robespierres in der Französischen Revolution, die nicht nur das Königtum, sondern alle verfassungsmäßige Ordnung und Normen des Personenschutzes (und damit auch der Republik selbst!) abschaffte – um die Republik zu sichern, wie man meinte. Hegel spricht in diesem Sinn von der »Hinwegräumung der einer Ordnung verdächtigen Individuen« und der »Vernichtung jeder sich wieder hervortun wollenden Organisation«.

Der nächste Satz ist so gut formuliert, dass ich ihn im Zitat wiederhole: »Nur indem er etwas zerstört, hat dieser negative Wille das Gefühl seines Daseins.« Man denkt dabei am besten an das Verhalten von zornigen Kleinkindern. Mancher meint in seiner Zerstörung zwar vage, irgendetwas nebulös Gutes »zu wollen, z. B. den Zustand allgemeiner Gleichheit«. Die Furie des Zerstörens kann als Ausdruck negativer Freiheit sogar zum Wahn fast eines ganzen Volkes werden – das in Teilen bis heute noch nicht in der Lage ist, sich die Zerstörung der Städte in den Bombenangriffen der Alliierten im Zweiten Weltkrieg selbst zuzuschreiben, in Japan wie in Deutschland.

§ 6

39 β) Eben so ist *Ich* das Übergehen aus unterschiedsloser Unbestimmtheit zur *Unterscheidung, Bestimmen* und Setzen einer Bestimmtheit als eines Inhalts und Gegenstands. – Dieser Inhalt sei nun weiter als durch die Natur gegeben oder aus dem Begriffe des Geistes erzeugt. (17)

Ich bin nie bloß formalabstraktes Ich – wie wir notgedrungen sagen, auch um die Sinnleere von »ich bin ich« darzutun. Ich bin immer schon »aus unterschiedsloser Unbestimmtheit« zur Unterscheidung dessen übergegangen, was ich wahrnehmend empfinde, begehrend wünsche oder handelnd tun will – um nur diese Beispiele zu nennen. Das Setzen der inhaltlichen Bestimmtheit der perzipierten oder gewünschten Sache bzw. der gewollten (Form der) Handlung ist dabei immer schon vorausgesetzt und damit die Praxis der begrifflichen Fassung und symbolischen Repräsentation eben dieser Inhalte. In der Wahrnehmung und dem Wissen über die Welt ist ein solcher Inhalt jeweils *auch* durch die Natur gegeben, nicht, wie im Fall des noch nicht in der Gegenwart gegebenen, sondern nur erst symbolisch repräsentierten Ziels eines Tuns nur erst in unseren Denkformen erzeugt.

Der nächste Satz irritiert und verleitet dazu, Hegels sogenannten absoluten Idealismus so zu lesen, als suchte sich eine freischwebende Seele sozusagen ihren Leib. Aber nichts könnte falscher, ja absurder sein.

39 Durch dies Setzen seiner selbst als eines *bestimmten* tritt *Ich* in das *Dasein* überhaupt; – das absolute Moment der *Endlichkeit* oder *Besonderung* des Ich. (17)

In allem, was ich denkend tue, setze ich mich selbst und bestimme mich. Natürlich gilt das auch schon für das früheste Handeln von Kindern, obgleich wir bei Babys nicht, so wenig wie bei Tieren, schon von einer bewusst tätigen Besonderung eines Ich sprechen können. Wichtig ist zu begreifen, dass der Vollzug und damit die Endlichkeit der Subjektivität, die wir mit den Tieren teilen, absolut ist. Relativ wahr sind Aussagen über die Welt, da diese ja dann so sein muss, wie wir sagen. Nicht in diesem Sinn relativ und damit absolut ist das Tun selbst, das Handeln nach einer Form, wenigstens so weit, wie wir davon ausgehen können, dass es sich nicht nur um einen Handlungsversuch handelt, sondern wir die Handlung (als Form und qua Normalfall) sicher ausführen können. Dann verschaffen wir der Form in unserem Tun oder durch unser Tun Dasein. Hier zeigt sich, wie nirgends sonst, die zwar endliche, aber absolute Realität und Aktualität des Ich-Seins. Unendlich oder gegenwartstranszendent sind die vollziehbaren Formen oder Inhalte des Denkens und Tuns – und die Person als Gegenstand der Rede im Unterschied zum Subjekt als Instanz des Vollzugs. Die Seinsweise von Formen des Handelns ist dabei immer auch transsubjektiv. So wie man z. B. ein Gedicht aufsagen kann, kann ich es lernen, solche Formen im Normalfall tätig auszuführen, zu aktualisieren. Das Lernen von Kindern ist das Erlernen reproduzierbarer Formen. Bildung und Selbstbildung der Person geschieht in Aktualisierungen von Formen.

Dies zweite Moment der *Bestimmung* ist eben so *Negativität,* 39 Ⓚ
Aufheben als das erste – es ist nämlich das Aufheben der ersten abstrakten Negativität. – (17)

Das erste Moment war der reine, formale Wille, sozusagen die absolute Subjektivität der Willkür in einer Wahl oder Kür. Das zweite Moment liegt in der Bestimmung des Inhalts, der durch den Kürwillen im Tun gewählt wird. Diese Bestimmung gehört als Unterscheidung oder *negatio* zur allgemeinen Negativität. Sie hebt sozusagen die erste, bloß abstrakte Negativität der Willkür auf, in der ich mich nur irgendwie formal gegen das bloße Gegebene setze.

Wie das Besondere überhaupt im Allgemeinen, so ist deswegen 39 f. Ⓚ
dies zweite Moment im ersten schon enthalten und nur ein *Setzen* dessen, was das erste schon *an sich* ist; – das erste Moment, als erstes für sich nämlich ist nicht die wahrhafte Unendlichkeit, oder *konkrete* Allgemeinheit, der Begriff, – sondern nur ein *Bestimmtes,* Einseitiges; nämlich weil es die Abstraktion von aller Bestimmtheit ist, ist es selbst nicht ohne die Bestimmtheit; und als ein abstraktes,

einseitiges zu sein, macht seine Bestimmtheit, Mangelhaftigkeit und Endlichkeit aus. – (17 f.)

Allgemein oder an sich ist die Willkür in jeder Aktualisierung eine Wahlentscheidung, in der aufgrund der Vereinzelung jeder (endlichen, d. h. empirischen) Aktualität das Besondere der inhaltlichen Bestimmung schon enthalten ist. Wenn man schon weiß, dass alles Unendliche sich in den zeitallgemeinen Begriffen findet, ist es kaum mehr eigens zu erwähnen, dass die momentane Willkür als reine *Form* des Willens und damit als das erste, aber bloß formale Moment des wollenden Handelns »nicht die wahrhafte Unendlichkeit« ist. Das scheint nur aus dem Blick der Entleerung des Bewusstseins in östlicher Meditation so, die hier nicht als Praxis, sondern als Ideologie kritisiert wird – wenn man von einer Kritik überhaupt reden möchte. Nun ist freilich das Moment der reinen Willkür oder Subjektivität selbst nur »die Abstraktion von aller Bestimmtheit«. Das heißt, es ist keineswegs etwas Unbestimmtes. Seine Abstraktheit besteht in der Einseitigkeit im Fokus auf die Form des willkürlichen Entscheidens. Diese »macht seine Bestimmtheit aus«. Seine Mangelhaftigkeit liegt darin, bloß formales Moment im immer inhaltlich bestimmten Wollen zu sein. Seine Endlichkeit besteht im bloß präsentischen Vollzug – der aber selbst eine Aktualisierung einer Form ist und daher bei Hegel auch »formell« heißt.

40 Ⓚ Die Unterscheidung und Bestimmung der zwei angegebenen Momente findet sich in der *Fichteschen* Philosophie, eben so in der *Kantischen* u. s. f.; nur, um bei der Fichteschen Darstellung stehen zu bleiben, ist *Ich* als das Unbegrenzte (im ersten Satze der Fichteschen Wissenschaftslehre) ganz nur als *Positives* genommen (so ist es die Allgemeinheit und Identität des Verstandes), so daß dieses abstrakte Ich *für sich das Wahre* sein soll, und daß darum ferner die *Beschränkung*, – das *Negative* überhaupt, sei es als eine gegebene, äußere Schranke oder als eigene Tätigkeit des Ich – (im zweiten Satze) *hinzukommt.* – (18)

Hegel erklärt fairerweise explizit, dass seine Analyse hier inhaltlich, freilich nicht im Wortlaut, Fichte folgt, wobei auch Elemente der Philosophie Kants entwickelt werden. Der Unterschied der Darstellung ergibt sich daraus, dass bei Fichte das Ich zunächst »als das Unbegrenzte« erscheint. Damit bleibt bei Fichte der Kontrast unklar zwischen der Negativität und Endlichkeit der Subjektivität auf der einen Seite und der Unendlichkeit der begrifflich in ihrem Inhalt bestimmten Personalität auf der anderen, wie ich jetzt schon zur Klärung des Gedankengangs sagen möchte. Bei Hegel wird damit auch deutlicher, dass der Verstand als das Vermögen der Regeln und Begriffe mich zunächst nur so urteilen und handeln lässt, wie *man* eben redet und handelt. Das meint die Rede von der »Allgemeinheit und Identität des Verstandes«. Nur für das *abstrakte* Ich ist dieses ›Man‹ Heideggers als ein bloßes ›Wir‹ im Sinn von »Wir machen das halt so« das Wahre.

Während also Fichte im ersten Satz mit einem unbegrenzten Ich beginnt, das im zweiten durch das Negative – sei es als »gegebene, äußere Schranke oder als eigene Tätigkeit des Ich« – beschränkt wird, begreift Hegel die Analyse als Hervorhebung zweier wesentlichen Momente des personalen Subjekts, wie ich über das dann freilich schon partiell entsprechend gebildete, also schon denkende und handelnde Ich zu reden vorschlage. Es folgt ein Selbstkommentar Hegels zu seiner eigenen Leistung.

> Die im Allgemeinen oder Identischen, wie im *Ich*, immanente 40 Ⓚ
> *Negativität* aufzufassen, war der weitere Schritt, den die spe|kulative 34
> Philosophie zu machen hatte; – ein Bedürfnis, von welchem diejenigen nichts ahnen, welche den *Dualismus* der *Unendlichkeit* und *Endlichkeit* nicht einmal in der Immanenz und Abstraktion, wie Fichte, auffassen. (18)

Hegel hatte, so erklärt er uns hier, über Fichte hinaus die ›Negationen‹ zu erarbeiten, welche zu den abstrakten Betrachtungen des reinen Willens oder des Ichs der Willkür bzw. des reinen momentanendlichen Subjekts im Vollzug auf der einen Seite, den zeitallgemeinen Inhalten der Person auf der anderen Seite führen. Alle diejenigen werden diesen Schritt nicht verstehen, welche noch nicht einmal verstanden haben, worum es in Kants Unterscheidung zwischen transzendentalem und empirischem Ich gegangen ist. Bei Fichte wird schon deutlicher, dass es um die ›Unendlichkeit‹ der Person und um die ›Endlichkeit‹ des Subjekts im je präsentischen Vollzug des Lebens geht. Man erinnere sich: Die Inhalte der Intentionen und des Handelns, aus denen sich insgesamt die Persönlichkeit eines Individuums ergibt, sind in dem Sinn unendlich, nicht rein empirisch, als sie zeit- und ortsallgemein sind. Bei Fichte bleibt das alles abstrakt und in rein immanenter Darstellungsform. Den genauen Sinn zu entwickeln war daher, wie Hegel selbst sagt, in der Tat schwer gewesen. – Die weitere, fast unerhörte Einsicht Hegels ist am Ende schon in der *Phänomenologie* zu finde. Sie besagt, dass der Vollzug im endlichen Leben je hier und jetzt trotz allem absolut ist, da es zur Sphäre des Absoluten, und das heißt, zum Sein in der Zeit gehört, nicht zu einem Bereich des Seienden als den bloß möglichen Gegenständen in Rede und Handlung. Die ganze Person ist dann aber die Gesamtform, die sich im Leben aus den Vollzügen des personalen Subjekts ergibt und die am Ende ewig so gewesen sein wird, wie sie im Leben ist.

Das Geistige ist das Allgemeine. Die Person, auch die Persönlichkeit der Leistungen und Fehlleistungen, ist damit eine Art zeitallgemeiner Formtyp, manifestiert oder instanziiert im realen Leben des personalen Subjekts. Das Personale als das Geistige aber gibt es an sich nur als System von Status und Rollen im gemeinsamen Leben der personalen Subjekte und Individuen, also in Staat und Gesellschaft bzw. in der Menschheit überhaupt.

§ 7

γ) Der Wille ist die Einheit dieser beiden Momente; – die *in sich* reflektierte und dadurch zur *Allgemeinheit* zurückgeführte *Besonderheit, – Einzelnheit; die Selbstbestimmung* des Ich, in Einem, sich als das Negative seiner selbst, nämlich als *bestimmt, beschränkt* zu setzen und bei sich d. i. in seiner *Identität mit sich* und Allgemeinheit zu bleiben, und in der Bestimmung sich nur mit sich selbst zusammen zu schließen. – (18 f.)

Der Wille ist sozusagen die Einheit der Willkür und des durch den Kürwillen gewählten Inhalts, damit auch – in meiner Diktion – von Subjekt und Person, von empirisch-endlichem Ich und der unendlichen Persönlichkeit, die ich im System der Personen durch mein Handeln (sein) werde. Hegel spricht in eben diesem Sinn davon, dass ich mich selbst bestimme, indem ich mich sozusagen als »das Negative« meiner selbst durch meine inhaltlichen Entscheidungen im Tun setze. Ich spreche von einem *personalen Subjekt*.

Das Wort »Setzen« ist zwar vieldeutig, meint hier aber ein performatives Tun. Man denke etwa an die berühmten Fälle der Art: Ich sage: »ich verspreche dir, *X* zu tun«. Unter der Voraussetzung, dass du wünschst, dass ich *X* tue und ich das weiß, verpflichte ich mich damit *ipso facto*, *X* zu tun, und mache mich sozusagen partiell zu einer anderen *persona* im Verhältnis zu dir.

Indem er eine Idee von David Lewis zum *Scorekeeping in Language Games* aufgreift, buchstabiert Robert Brandom aus, wie sich die Erlaubnisse, Verpflichtungen, Rollen und Statusfunktionen eines *personalen Individuums* etwa durch ein Versprechen oder einen Vertrag bzw. dann auch durch die Erfüllungen oder Nichterfüllungen eingegangener Commitments ändern.[25] Besonders interessant ist, wie wir dabei die *persona* in ihrem Status zu uns und anderen, dabei jeweils auf Momente bezogen, beurteilen, nämlich z. B. als verlässliche Vertragspartnerin oder als untreue Ehefrau, als unwahrhaftig oder insgesamt als rechtschaffen.

Dabei bleibt das personale Subjekt als Ich im Vollzug »bei sich« bzw. schließt sich sozusagen mit sich zusammen, indem es das Allgemeine im Tun als das Seine anerkennt. Die schon damals etwas verblasene Rede von der Identität meint sozusagen, dass ich mir im Wissen um mein Tun ins Gesicht sehen und zu dem Tun als dem meinen *als Person* stehen kann.

> Ich bestimmt sich, insofern es die Beziehung der Negativität auf 40f.
> sich selbst ist; als diese *Beziehung auf sich* ist es eben so gleichgültig gegen diese Bestimmtheit, weiß sie als die seinige und *ideelle*, als eine bloße *Möglichkeit*, durch die es nicht gebunden ist, sondern in der es nur ist, weil es sich in derselben setzt. – Dies ist die *Freiheit* des Willens, welche seinen Begriff oder Substantialität, seine Schwere so ausmacht, wie die Schwere die Substantialität des Körpers. (19)

Die »Beziehung der Negativität« auf mich selbst besteht in der Unterscheidung zwischen mir als Subjekt des Tuns hier und jetzt und

25 David Lewis, »Scorekeeping in Language Games«, in: ders., *Philosophical Papers, Volume II*, Oxford: Blackwell 1986; vgl. auch die formalistische Theorie einer reinen Metaphysik der Möglichkeiten in ders., *On the Plurality of Worlds*, Oxford: Blackwell. Robert Brandom, *Making It Explicit. Reasoning, Representing, and Discursive Commitment*, Cambridge/Mass.: Harvard University Press 1994. Ders., *Begründen und Begreifen. Eine Einführung in den Inferentialismus*, Frankfurt/M. 2001 (engl.: *Articulating Reasons*, Cambridge/Mass.: Harvard University Press 2000).

mir als Person. Man denke dabei durchaus auch an den Fall eines Negativs, von dem man wie beim Scherenschnitt, Holzdruck oder in der Photographie viele Abzüge machen kann. Ich kann entsprechend mein Tun an einem Muster orientieren, am Ende an einem Bild, dem ich nach dem Tun gleichen möchte. Als Vollzugssubjekt erscheine ich mir als »gleichgültig gegen diese Bestimmtheit«. Sie ist ja nur erst allgemeine Möglichkeit. Ich scheine durch die möglichen Muster oder Schemata nicht gebunden zu sein, sondern kann zwischen ihnen wählen. Das »ist die Freiheit des Willens«. Diese Wahlfreiheit im Handeln macht den Begriff des Willens, ja sein real existierendes Wesen, seine Substantialität aus. Hegel zieht absichtlich einen Vergleich zur Gravitationskraft oder Schwere der Masse eines Körpers. Denn diese selbst macht die Substantialität des Körpers aus. Auf analoge Weise ist der Wille nichts anderes als das Moment der Freiheit im Handeln. Das zeigt erneut, warum die Rede von einem unfreien Willen begriffsverwirrt ist – trotz aller Voraussetzungen und Beschränkungen der möglichen Wahlen.

41 Ⓚ Jedes Selbstbewußtsein weiß sich als Allgemeines, – als die Möglichkeit, von allem Bestimmten zu abstrahieren, – als Besonderes mit einem bestimmten Gegenstande, Inhalt, Zweck. Diese beiden Momente sind jedoch nur Abstraktionen; das Konkrete und Wahre (und alles Wahre ist konkret) ist die Allgemeinheit, welche zum Gegensatze das Besondere hat, das aber durch seine Reflexion in sich mit dem Allgemeinen ausgeglichen ist. – (19)

Indem ich mir meiner selbst bewusst bin, beziehe ich mich in allgemeiner Sprache (oder in allgemeinen Symbolen) denkend und wissend auf mich selbst – und zwar keineswegs bloß auf meinen Leib oder auf mich als präsentisches Vollzugssubjekt. Ich weiß, dass ich als Person etwas Allgemeines bin – in meinen vielen besonderen Rollen, Status, Leistungen und Fehlleistungen zum Beispiel, aber auch in meinen zukünftigen Seinsmöglichkeiten und meinem Gewesensein nach jedem Ende, wie auch Heidegger betont. – Im denkenden Reden (und Tun) habe ich die Möglichkeit, von allem Bestimmten an mir zu abstrahieren. Dann bleibt aber nur das formale, leere Vollzugs-Ich, das rein präsentische Subjekt, übrig, das nur vermeintlich Beliebiges sagen (oder tun und lassen) kann. Konkret sind meine je gegenwärtigen Entscheidungsmöglichkeiten sozusagen pfadabhängig, hängen also von früheren Entscheidungen ab und von anderen Tatsachen meines bisherigen Lebens. Alle Inhalte des Wollens haben einen besonders bestimmten »Gegenstand, Inhalt, Zweck«.

Die beiden Momente der Allgemeinheit und Besonderheit »sind jedoch nur Abstraktionen« am Konkreten. Im Konkreten sind das Allgemeine der Gattung mit besonderen Ausprägungen im Einzelnen sozusagen *zusammengewachsen*; »concretum« kommt ja von »concrescere«.

Diese Einheit ist die *Einzelnheit*, aber sie nicht in ihrer Unmittel- 41 Ⓚ
barkeit als Eins, wie die Einzelnheit in der Vorstellung ist, sondern nach ihrem Begriffe (Encyklop. der philosoph. Wissenschaften, § 112–114) – oder diese Einzelnheit ist eigentlich nichts anders, als der Begriff selbst. Jene beiden ersten Momente, daß der Wille von Allem abstrahieren könne und daß er *auch* bestimmt sei – durch sich oder anderes – werden leicht zugegeben und gefaßt, weil sie für sich unwahre und Verstandes-Momente sind; aber das dritte, das Wahre und Spekulative (und alles Wahre, insofern es begriffen wird, kann nur spekulativ gedacht werden), ist es, in welches einzugehen, sich der Verstand weigert, der immer gerade den Begriff das Unbegreifliche nennt. (19 f.)

Im Einzelnen zeigen sich immer viele typische Besonderungen der Gattung, welche das allgemeine Genus der Sache (wie z. B. des letzten Ausbruchs des Krakatau, also eines *Vulkans*), des Dinges (wie des Eiffelturms) oder auch der Menschen (wie Julius Cäsars) bestimmen. Die Einheit des Einzelnen ist dabei als Identität, Gleichheit mit sich oder Fürsichsein durch die relevante gegenstandsbestimmende Gattung bzw. den Begriff festgelegt: als Vulkanausbruch, Gebäude oder Mensch. Dazu verweist Hegel auf die drei sehr dichten Einleitungsparagraphen in die Lehre vom Wesen (und der Gegenstandsidentität) der *Enzyklopädie der philosophischen Wissenschaften*, nämlich §§ 112–114. Der zunächst vielleicht mystifizierende Satz »Diese Einzelheit ist eigentlich nichts anderes als der Begriff selbst« erschließt sich, wenn wir die generische Rede über typische Exemplare eines Genus betrachten: Das Gesamtsystem der kanonisierbaren und damit formal als wahr gesetzten generisch-eidetischen Aussagen über die Menschen, den Berglöwen oder auch über Vulkanausbrüche oder reine Zahlen macht den materialen (Gesamt-)Begriff des Menschen, des Berglöwen, der Vulkanausbrüche und sogar der Form der empirischen Anzahlen als den gezählten Mengen konkreter Dinge an einem Ort und zu einer Zeit aus. Realisiert ist der jeweilige Begriff in der Gattung selbst – als Idee in Hegels idiosynkratischem Sinn. Hegel selbst weiß um das Problem, dies zu begreifen. Im Fall des Willens sagt er, dass die Leute leicht zugeben, dass dieser als Wahlfreiheit »von allem abstrahieren könne«, dass er dennoch »auch bestimmt sei«. Er kommentiert das aber dann schon ironisch so: Die Leute verstehen nur die »unwahren«, rein abstrakten »Verstandes-Momente«. Die Rolle des Begriffs aber, und zwar als Gesamtbereich von unterscheidbaren Sachen und Momenten, z. B. des Wollens und seiner Abhängigkeit vom begrifflichen Wissen selbst, das fällt schwer. Der Verstand als bloßes Regelfolgen weigert sich sozusagen, über seine eigenen begrifflichen Voraussetzungen nachzudenken. Die Folge ist, dass er, wie die rein formale Verstandeslogik, »gerade den Begriff« im Sinne Hegels und damit die Bedingungen des Denkens »das Unbegreifliche nennt«.

41 Ⓚ Der Erweis und die nähere Erörterung dieses Innersten der Spekulation, der Unendlichkeit, als sich auf sich beziehender Negativität, dieses letzten Quellpunktes aller Tätigkeit, Lebens und Bewußtseins, gehört der *Logik*, als der rein spekulativen Philosophie an. – (20)

An dieser Stelle bricht Hegel ab und verweist uns auf seine *Wissenschaft der Logik* »als der rein spekulativen Philosophie«, also der höchststufigen wissenschaftlichen Reflexion auf logisch-begriffliche Grundformen im Verstehen und Sprechen, gerade auch über das Denken und über alle Praxisformen. Ihr zentrales Thema wird explizit genannt: Die ›Unendlichkeit‹ sei ›als sich auf sich beziehende Negativität‹ einzusehen. Gemeint sind die im Tun wiederholbaren Formen bzw. instanziierten Begriffe und der unendliche Aufstieg der möglichen Reflexionen auf diese Formen und auf ihre Instanziierungen, die als Formen der je aktualen Manifestation »Ideen« heißen. Das Eidos als Form ist also der Begriff; als realisierte Form, etwa in einem schon etablierten individuellen oder gemeinsamen Vollzug ist es schon Idee.

Angesichts der naheliegenden Mystifizierungen der Wörter »Unendlichkeit« und »Negativität« ist hier eine Skizze des Grundgedankens der *Wissenschaft der Logik* zu geben und zu erläutern, warum die Unendlichkeit resp. Negativität letzter Quellpunkt »aller Tätigkeit, Lebens und Bewußtseins« sein soll.

Alles Erkennen *beginnt* – so lese ich Hegel – in *einem praktischen Unterscheiden*. Das Aussagen, Behaupten, Begründen und Negieren ist sekundär dazu, freilich so, dass darin etwas zu einem guten gemeinsamen Unterscheiden und Schließen gesagt oder das so Gesagte als richtig oder unrichtig aufgezeigt wird. Zur Frage, wie das Richtige bestimmt ist, hier nur so viel: Die Ermöglichung des Gemeinsamen des Unterscheidens entscheidet alles, wie man das auch am Beispiel des mathematischen Rechnens sehen kann. Die übliche formallogische Analyse seit Aristoteles über Kant und Frege orientiert sich dann aber *zu sehr* an mathematischen Sätzen und Aussagen. Das Problem findet sich auch noch im *regeltheoretischen* ›Intuitionismus‹ wie bei Paul Lorenzen und Michael Dummett oder im ›Begründungspragmatismus‹ bzw. im völlig parallelen ›*Inferentialismus*‹ bei Wilfrid Sellars, Robert Brandom oder Jaroslav Peregrin.[26]

Neben die praktische Negativität (ggf. in nur erst enaktiven Perzeptionen) setzen die Menschen ein ›begriffliches‹ Unterscheiden. In ihm werden unterscheidbare und reproduzierbare Symbole – Wörter und Sätze – zur explizit markierten Unterscheidung von Sachtypen gebraucht. Unterschieden werden Gattungen und Arten von Dingen, Situationen, Prozessen und Handlungsformen. Erst über diese Parallele von praktischer und sprachlicher Unterscheidung gibt es bewusste Wahrnehmung – oder die Zwecke und Formen bewusst gewollten Handelns. Sätze sind dabei zunächst nur komplexere Symbole als

26 Erste Schritte in Richtung einer Überwindung des Formalismus im logischen Analysieren und Begründen geht Friedrich Kambartel in konsequenter Aufnahme von Einsichten des späteren Wittgenstein. Harald Wohlrapp entwickelt in dem Buch *Der Begriff des Arguments* das im mehrfachen Sinn Ideale (nämlich das Subjektive und Freie und die erhoffte Perfektion) in einem ›einwandfreien‹ Argument, in dem es darum geht, wie wir im Reden und Handeln *unterscheiden sollten*. Von Hegel und Heidegger übernehme ich die Einsichten in die *Bedeutsamkeit generischer Rede*, in die Unterscheidung des *Allgemeinen und des je besonderen empirischen Einzelnen* und zwischen Vollzugsformen und gegenständlich angesprochenen Formen in reflexionslogischer Rede. Bei Karl Bühler (und Gilbert Ryle) findet sich die Unterscheidung der transzendentalen Rolle empraktischen Wissens oder Könnens (qua *know-how*) und einem schon expliziten Wissen über etwas in der Welt (*know-that*).

Wörter und sub-sententielle Ausdrücke. Sie dienen also komplexeren Unterscheidungen und sind mit schematischen Folgerungen verbunden. Aussagen und Behauptungen sagen also immer nur, dass man im Blick auf gewisse inferentielle Folgen ganze Situationen oder Prozesse so unterscheiden darf oder soll. Reflexions- bzw. wesenslogisch ausgedrückt, bedeutet das, dass der verbalen Unterscheidung ein entsprechender Unterschied in der Welt kanonisch entspricht.

Da alle ›zeitlichen‹ Weltbezüge auf diese oder jene Sache erstens im Blick auf die Perspektiven von Sprechern und Hörern (aufgrund der Form des Wahrnehmens) begrenzt bzw. beschränkt sind und es zweitens auch die empirischen Bezugsgegenstände selbst nur in der zu ihnen gehörigen beschränkten Zeit gibt, ist alles ›Empirische‹ endlich. ›Unendlich‹ sind nur generisch-allgemeine Regeln zunächst der Art: »Was ein *A* ist, ist ein *B*« und dann eben auch alle logisch zusammengesetzten, semantisch komplexeren ›begrifflichen‹ Normalfallaussagen über Arttypen. In eben diesem Sinn definiert ›der Begriff‹, d. h. alles Begriffliche, den Bereich des ›Unendlichen‹. Diesen einzig interessanten Bereich des ›Nichtempirischen‹ bzw. ›relativ Apriorischen‹ im Bereich der Sätze bzw. Regeln hat Kant in seinen Überlegungen zu den synthetischen (also: nicht rein als verbalkonventionelle Inferenzregel gesetzten) Sätzen (bzw. Regeln) sozusagen an dem Zipfel zunächst der geometrischen und kinematischen Sätze (›Aussagen‹) erhascht – und versucht, zu einer semantischen Transzendentallogik der (Bedingungen der Möglichkeit von) empirischen Dingaussagen auszubauen.

Für uns hier reicht es festzuhalten, dass alles Geistige im generischen Allgemeinwissen differentiell bedingter und begrifflich gesetzter, also kanonisierter Inferenznormen fundiert ist. Sie werden als nichtempirische, generische, in diesem Sinn unendliche Regeln durch entsprechende Sätze bewusst artikuliert. Menschliche ›Intelligenz‹ ist, soweit sie schon über die spezifisch anthropologische Lernfähigkeit als Grundlage von Erziehung und Bildung hinausgeht, bei jedem einzelnen personalen Subjekt längst schon abhängig von der Entwicklung des Begrifflichen, damit von der Gesamtgeschichte der Menschen und ihrer Arbeit am Begriff – die als implizit-gemeinsame Arbeit zugleich Arbeit ›des Begriffs‹ ist.

In ganz spezieller Form gehört dann auch die Persönlichkeit, die ich selbst durch mein personales Handeln bilde und die als geschichtlich realisierte Gesamtform der Person *post mortem* sozusagen vom empirischen Vollzugssubjekt gedanklich ablösbar ist, zum Unendlichen der Idee. Aber das geht schon über das hier zu Sagende leicht hinaus. Wichtig ist nur, dass zwischen dem ›unendlichen‹ Begriff einer Seinsform und ihrer Realisierung in der Zeit als Gattung oder Art oder durch personale Subjekte bzw. Individuen zu unterscheiden ist. Gattungen und Arten stehen sozusagen zwischen den empirisch-endlichen Individuen und ihrem ›unendlichen‹ Begriff, und dann auch der Idee als realisierter Form. Arten sind endlich nur in dem Sinn, dass es nur in endlichen Epochen, d. h. beschränkten Zeiträumen, ›empirisch‹ Exemplare einer Art gibt. *Insofern* entstehen und vergehen sie wie Individuen; aber relativ zu diesen bilden die Gattungen und Arten, Begriffe und Ideen, Formen und Typen eine Art *reale Unendlichkeit*. Das gilt insbesondere für die Person, die jeder von uns schon ist und dann gewesen sein wird.

Es kann hier nur | noch bemerklich gemacht werden, daß wenn 41 Ⓚ, 35
man so spricht: der *Wille ist* allgemein, *der Wille* bestimmt sich, man den Willen schon als vorausgesetztes *Subjekt*, oder *Substrat* ausdrückt, aber er ist nicht ein Fertiges und Allgemeines vor seinem Bestimmen und vor dem Aufheben und der Idealität dieses Bestimmens, sondern er ist erst Wille als diese sich in sich vermittelnde Tätigkeit und Rückkehr in sich. (20)

Hegel schiebt nun noch die Warnung nach, man solle die Sätze spekulativer Reflexion etwa der Art: »Der Wille bestimmt sich« auf keinen Fall so verstehen, als würde damit ein festes handelndes *agens* angesprochen. Es gibt hier keine ›Entität‹, die etwas tut oder macht, also kein »vorausgesetztes Subjekt oder Substrat«. Der Wille als Wollen oder Intendieren im Handeln ist »nicht ein Fertiges und Allgemeines vor seinem Bestimmen und vor dem Aufheben und der Idealität dieses Bestimmens«. Den Willen gibt es also nur – wie die Absicht oder die Intention – im Gesamtprozess des perfektiv zu betrachtenden Handelns. Und dieses ist immer freie Selbstformung der Person. Es ist interessant zu sehen, dass viele Leser Hegels seine Leseanleitungen und Disclaimers schlicht ignorieren.

Das Wort »Absicht« nominalisiert also nur das Adjektiv »absichtlich« und das Verb »beabsichtigen«, das Wort »Wille« das Verb

»wollen«, um über die Form des Beabsichtigens und Wollens etwas ›reflexionslogisch‹ auszusagen. Analoges gilt für Wunsch und Bewusstsein, Freiheit etc.

Wenn ich plötzlich, wie wir sagen, eine gute Absicht ändere und etwa, statt mit einem Feind Frieden zu schließen, ihn töte, dann zeigt das drastische Beispiel, dass die Rede von meiner guten Absicht ganz leer werden kann. Nur ihre Aufhebung im erfolgreichen Tun ›erhält‹ die Absicht. Sonst bleibt sie bloß formal, reines Wunschdenken. Der Ausdruck »Rückkehr in sich« meint wohl die kontrollierte Erfüllung der Absicht durch das beabsichtigte Tun, ohne welches es kein wirkliches Wollen geben kann. Das vermeinte Wollen wäre bloß erst reine Idealität, d. h. nur subjektives Gefühl, leerer Selbst-Wunsch oder Selbst-Zuschreibung ohne wirklich selbstbewusste Selbstbestimmung.

§ 8

42 Das weiter Bestimmte der *Besonderung* (β. § 6) macht den Unterschied der Formen des Willens aus a) insofern die Bestimmtheit der *formelle* Gegensatz von *Subjektivem* und *Objektivem* als äußerlicher unmittelbarer Existenz ist, so ist dies der *formale* Wille als Selbstbewußtsein, welcher eine Außenwelt *vorfindet*, und als die in der Bestimmtheit in sich zurückkehrende Einzelnheit der Prozeß ist, den *subjektiven Zweck* durch die Vermittlung der Tätigkeit und eines Mittels in die *Objektivität zu übersetzen.* (20)

Zum Punkt β) im § 6, der Bestimmung des Inhalts von Vorsatz, Absicht und Handlung, ist nun noch etwas mehr zu sagen. Hier ist nämlich die Kaskade, die vom Allgemeinen *A* (z. B.: ich will Musik machen) über das Besondere *B* (z. B.: ich will als Klavierspieler Instrumentalmusik machen und dabei Beethoven spielen) zum Einzelnen *C* (z. B.: ich spiele das Lied *Für Elise*) durchaus bedeutsam. Es kann sein, dass ich am Ende in gewissem Sinn *A* erfülle, aber nicht *B*, etwa indem ich das Lied auf der Harfe spiele.

Der im Handeln zu überwindende Gegensatz von Subjektivem und Objektivem besteht, das wird als selbstverständlich hier nur explizit artikuliert, nicht etwa ›behauptet‹, in der Ausführung der Absicht in ihrer relevanten Besonderheit. Der formale Wille ist das Selbstbewusstsein der Kontrolle der Erfüllung der relevanten inhaltlichen Bedingungen. Hegel spricht bürokratisch bzw. metaphorisch von einer ›Übersetzung‹ eines subjektiven Zwecks »durch die Vermittlung der Tätigkeit und eines Mittels in die Objektivität«.

Im Geiste, wie er an und für sich ist, als in welchem die Bestimmt- 42
heit schlechthin die *seinige* und wahrhafte ist (Encyklop., § 363), macht das Verhältnis des Bewußtseins nur *die Seite der Erscheinung* des Willens aus, welche hier nicht mehr für sich in Betrachtung kommt. (20)

Der Punkt der Bemerkung ist ohne Betrachtung von Enzyklop., § 363, erste Auflage, zunächst nicht ganz klar. Der Geist an und für sich wird so aufgefasst, dass falsche Selbsteinschätzungen und privative Selbstbewertungen etwa in Selbsttäuschungen oder der Verwechslung von Befriedigungsgefühlen mit der wirklichen Erfüllung begrifflicher Bedingungen sozusagen weggelassen oder wegabstrahiert werden. Man denke etwa an Fälle, in denen ein Ehemann von sich meint, zu seiner Frau nett gewesen zu sein, es aber gar nicht war, oder jemand meint, ein Kunstwerk geschaffen zu haben, das aber nur Kitsch ist. Das sind Fälle, in welchen sozusagen nur die subjektive Erscheinung des Willens vorhanden wäre.

§ 9

b) Insofern die Willensbestimmungen die *eigenen* des Willens, seine 42
in sich reflektierte Besonderung überhaupt sind, sind sie *Inhalt*. Dieser Inhalt als Inhalt des Willens ist ihm nach der in a) angegebenen Form *Zweck*, teils innerlicher oder subjektiver in dem vorstellenden Wollen, teils durch die Vermittelung der das Subjektive in die Objektivität übersetzenden Tätigkeit verwirklichter, ausgeführter Zweck. (21)

Willensbestimmungen sind zunächst als *mögliche Inhalte* gewollten Handelns zu verstehen. Sie werden zu »eigenen des Willens«, indem, wie wir sagen, Vorsätze *gefasst* werden und man die Absicht *hat*, sie in die Tat umzusetzen. Die Inhalte des Willens sind dem Wollenden in der unter a) angegebenen Form Zweck. Sie sind zunächst nur innerlich oder subjektiv »in dem bloß erst vorstellenden Wollen«. Sie werden realisiert im Handeln; der Zweck wird zum tätig verwirklichten bzw. handelnd ausgeführten Zweck.

Inhalte sind immer viel allgemeiner und gröber, als die Leute normalerweise denken. Hegel war wohl der erste Abstraktionslogiker, der um eben diese Kaskade weiß: Es gibt viele verschiedene Zahlterme und Repräsentanten eines *Bruches* oder einer Proportion, etwa 6/8 oder 6 : 8, die nur eine einzige rationale Zahl darstellen. Der Inhalt einer Aussage ist entsprechend immer äquivalent zu unendlich vielen Ausdrucksvarianten. Da aber die Inhaltsgleichheit einer konkreten Sprech- oder Verstehenshandlung vom Kontext und der Relevanz des Themas abhängt, damit also qua Ausdruck eine Variable ist, bemerken die Leute das Grobe des realen Inhaltsverstehens nicht, sondern meinen, Inhalte seien viel feiner als alle Ausdrücke. Wenn ich also zum Beispiel mein Tun durch den Zweck inhaltlich bestimme, morgen in Berlin zu sein, sind die Weg dahin völlig gleichgültig. Der Wille ist dann zunächst nur durch den Unterschied bestimmt, ob ich es am Ende schaffe, den Inhalt des relevanten Zwecks zu erfüllen oder nicht.

Entsprechend sind für Hegels allgemeinen Begriff der konstitutionellen Monarchie (an sich) die Verfassungen etwa von Napoleons Frankreich, Jérômes Königreich Westphalen, Preußens oder Großbritanniens trotz aller besonderen Differenzen inhaltsgleich, so wie für uns heute im Begriff der Demokratie (an sich) inhaltlich kein Unterschied gemacht wird zwischen den republikanischen Verfassungen etwa der USA, der Schweiz oder Frankreichs und den monarchischen Großbritanniens, Schwedens oder Spaniens.

§ 10

42 Dieser Inhalt oder die unterschiedene Willensbestimmung ist zunächst *unmittelbar*. So ist der Wille nur *an sich frei*, oder *für uns*, oder es ist überhaupt der Wille in *seinem Begriffe*. Erst indem der Wille sich selbst zum Gegenstande hat, ist er *für sich* was er *an sich* ist. (21)

Wieder ist Hegels Art, die Dinge zu artikulieren, gewöhnungsbedürftig bzw. in eine heute verständlichere Sprache zu übersetzen. Der Inhalt einer Handlung oder einer Willensbestimmung ist zunächst unmittelbar, d. h. empraktisch im Tun eingelassen und von anderen Absichten erst einmal auch nur so, implizit, unterschieden. In dieser Form und der entsprechenden Betrachtung des willentlichen Tuns ist der Wille »nur an sich frei, oder für uns«. Das heißt, wir schreiben dem Täter und seinem Tun die Absicht zu, den Zweck und die Form der Handlung, die sich an sich, also generisch-allgemein, im Tun zeigt, auch frei gewollt bzw. wirklich beabsichtigt zu haben. Ob das wahr ist, entscheidet sich daran, ob das personale Subjekt Zweck und Handlung in dieser Form (die natürlich je inhaltlich zu bestimmen ist) frei gewollt hat. Er kann z. B. vor der Handlung uns oder sich gesagt haben, was er zu tun gedenkt – und eben dies dann getan hat. Wir werden ihm dann kaum ›glauben‹, wenn er uns nach der Tat erklärt, er habe schon während der Ausführung der Tat gedacht, dass er sie nicht tun will, er sei nur momentan nicht imstande gewesen, diese seine neue Absicht auszuführen. Wir würden sagen, dass, wer so redet, sich entweder herausredet oder schlicht nicht weiß, was über Absichten in der Verfolgung von inhaltbestimmten Zwecken zu sagen ist. Praktisch aber weiß jeder sehr wohl, was Zwecke und Absichten sind.

Die Frage nach meinen *wahren* Absichten kann freilich auch mich selbst nach dem Tun treffen. Schreibe ich mir diese oder jene Absicht bloß *post hoc* zu oder hatte ich sie wirklich gehabt? Manche Handlungstheoretiker wie Donald Davidson scheinen nur rationalisierende (Selbst-)Zuschreibungen von Intentionen an sich zu kennen und an der Frage vorbeizudenken, was es begrifflich überhaupt heißt, dass eine Person eine *Absicht wirklich gehabt* hat. Es mag schwierig sein, die wirklichen Absichten anderer Personen oder seiner selbst ›genau‹ zu kennen. Das liegt auch an der schon besprochenen Variabilität der Inhalte bzw. der relevanten Inhaltsgleichheiten. Aber man kann Absichten nur dann auf nicht allzu beliebige Weise sich oder anderen *zusprechen*, also glauben, dass sie oder wir diese oder jene Absichten hatten oder haben, wenn man weiß, was dafür die *Geltungsbedingungen* sind. Diese sind kompliziert, aber weder mystisch noch rein ›psychologisch‹. Wir kommen darauf mehrfach zurück.

Prima facie klingt es so, als habe ›der Wille‹ sich selbst ›zum Gegenstand‹, wenn das personale Subjekt will, dass es das und das will. Das führt zur Form des Gedankenganges, wie wir ihn bei Harry Frankfurt finden. Dieser will, ultrakurz gesagt, den Willen als Begehren höherer Stufe deuten. Ich denke nicht, dass Hegel an eine solche ›Wunsch-Wunsch-Theorie‹ des Wollens denkt. Für sie gälte eine Regel der folgenden Art: *H* will *X*, wenn *H* wünscht, dass er wünscht, dass er *X* tut. Das wiederum ist, grob gesehen, dann der Fall, wenn *H* eine Pro-Attitüde zur Pro-Attitüde des Tuns von *X* hat. Hegel sagt eher dieses: Erst wenn die wollende Person sich die mögliche Absicht (an sich) in ihrem von anderen relevant unterschiedenen Inhalt selbst auf die eine oder andere Art *vergegenwärtigt*, repräsentiert, damit vergegenständlicht und beurteilt und sich für sie als Maxime des Tuns entscheidet, ist der Wille *für sich*, also im konkreten Fall, wirklich das, was er an sich bloß als Möglichkeit ist. Das heißt, es will die konkrete Person eben diesen Inhalt wirklich realisieren, den sie dann ggf. ausführt. Das personale Subjekt will damit die Person sein, die sie durch ihr freies Handeln sein wird.

Die Folge dieser Begriffsbestimmung ist, dass wir bei der Bestimmung der wahren Absicht einer Person, die etwas getan hat, rekonstruieren, was sie (als Subjekt) zu anderen und zu sich selbst wohl über Vorsatz und Absicht, also das geplante Handlungsschema und das zugehörige Handlungsziel oder Ende (als ›Endzweck‹ des Tuns) ›gesagt‹ (oder wahrscheinlich gesagt bzw. leise gedacht) hat. Und wir bewerten manche solcher Rekonstruktionen vor dem Hintergrund unseres Allgemeinwissens über uns selbst und über andere als wahr oder ausreichend wahrscheinlich. Wir verwandeln sie eben durch die Bewertungen von bloßen *Prima-facie-Zuschreibungen* an sich in Aussagen über (freilich immer noch ›vermutete‹) Absichten für sich, also über den Willen des personalen Subjekts für sich. Die Person kann ggf. zustimmen, dass sie die Absicht hat oder hatte. Im Fall des eigenen vergangenen Wollens kann dazu eine Art Gewissenserforschung, eine gute, möglichst wahrhafte Erinnerung an vergangenes Reden und Denken nötig werden. Normalerweise aber zeigt sich die wahre Absicht im Tun, wie Hegel selbst häufig betont. Aber es gibt Ausnahmen.

42f. Ⓚ Die Endlichkeit besteht nach dieser Bestimmung darin, daß, was
etwas *an sich* oder seinem Begriffe nach ist, eine von dem verschie-
dene Existenz oder Erscheinung ist, was es *für sich* ist; so ist z. B.
das abstrakte Außereinander der Natur *an sich* der Raum, *für sich*
36 aber | die Zeit. (21)

Im Fürsichsein der empirischen Realität und ›Individualität‹ einer Sache dieser oder jener Art (an sich) liegt ihre Endlichkeit. Sie besteht darin, dass etwas, was an sich oder seinem Begriff nach so oder so ist, in der realen Manifestation oder Instanziierung auch anders sein könnte. Daher ist das, was etwas an sich ist oder im Prinzip sein könnte, von dem durchaus verschieden, was es für sich ist.

Hegel versucht, das schwierige Verhältnis an einem ohnehin wichtigen Beispiel zu erläutern. Es sagt, das abstrakte Auseinander der

Dinge und Körper in der (natürlichen) Welt sei an sich der Raum. Das Ansichsein des Raums lässt sich ja auf zeitallgemeine Weisen in der Geometrie darstellen. Konkret aber oder für sich verweisen die räumlichen Verhältnisse der wirklichen Körper zueinander insofern auf die Zeit, als räumliche Lagen sich in empirisch-realen Bewegbarkeiten und damit sozusagen im Endlichen der Zeit zeigen. Die Zeit lässt sich nur über eine Metapher mathematisch als Linie oder gerichtete Zahlgerade darstellen.

Es ist hierüber das Gedoppelte zu bemerken, erstens, daß, weil 43 Ⓚ das Wahre nur die Idee ist, wenn man einen Gegenstand oder Bestimmung, nur wie er *an sich* oder im Begriffe ist, erfaßt, man ihn noch nicht in seiner Wahrheit hat; alsdann, daß etwas, wie es als *Begriff* oder *an sich* ist, gleichfalls existiert und diese Existenz eine eigene Gestalt des Gegenstandes ist (wie vorhin der Raum), die Trennung des Ansich- und Fürsichseins, die im Endlichen vorhanden ist, macht zugleich sein bloßes *Dasein* oder *Erscheinung* aus, – (wie unmittelbar ein Beispiel am natürlichen Willen und dann formellen Rechte u. s. f. vorkommen wird). Der Verstand bleibt bei dem bloßen *Ansichsein* stehen und nennt so die Freiheit nach diesem Ansichsein ein *Vermögen*, wie sie denn so in der Tat nur die *Möglichkeit* ist. Aber er sieht diese Bestimmung als absolute und perennierende an und nimmt ihre Beziehung auf das, was sie will, überhaupt auf ihre Realität, nur für eine *Anwendung* auf einen gegebenen Stoff an, die nicht zum Wesen der Freiheit selbst gehöre; er hat es auf diese Weise nur mit dem Abstraktum, nicht mit ihrer Idee und Wahrheit zu tun. (21 f.)

Solange man einen Gegenstand nur so weit erfasst, wie er an sich, generisch, als bloß erst mögliche Manifestation eines Genus ist, hat man ihn noch nicht voll in seiner konkreten Besonderheit und Einzelheit erfasst. Man weiß dann z. B. nur, dass ein gewisses Tier ein Berglöwe oder ein gewisses Tun eine Tötung war, aber z. B. noch nicht, ob es ein Weibchen bzw. Mord war bzw. ist – oder was es als empirisch Einzelnes für sich sonst noch so alles sein könnte. Daher ist auch die Idee als der realisierte Begriff nur erst eine reale Form, eine wirkliche Gattung oder Art, ggf. auch eine schon installierte Praxisform, aber noch kein ›Individuum‹ oder Einzelnes mit konkreter Art- oder Formbestimmtheit. Die Idee des Rechts oder des Staates ist daher nicht etwa zu identifizieren mit dem zur Zeit ›besten‹ realen Rechtssystem, etwa in Frankreich, oder der ›besten‹ Staatsverfassung, sagen wir: Preußens.

Das Endliche ist das Empirische. In der empirischen, der einzig realen Welt der zeitlichen Geschehnisse, sind Ansich- und Fürsichsein klar getrennt. Denn das Ansichsein bezieht sich auf (relativ) zeitallgemeine Typen oder Formen mit ggf. vielen Instanzen zu vielen Zeiten und an vielen Orten. Das Fürsichsein einer konkreten Sache aber ist sozusagen ihre empirische Einzelheit im relevanten, durch die Art bestimmten, Fürsichsein als Gleichheit mit sich oder, in gegenständlicher Redeform, als Identität. So ist die Identität des Individuums durch die Leibidentität gesetzt.

Wenn als klar gelten kann, von welcher Gattung etwas ist, auf das man gerade zeigt (»dieses Tier«) oder auf das jemand hätte zeigen können, dann kann man von *seinem* Dasein sprechen. Dabei kann es geschehen, dass man den Gegenstand zunächst in die falsche Art einordnet und den Fehler dann verbessert wie in »Es ist eine Hyäne, kein Löwe« oder auch: »Er war ein göttlicher Mensch, aber kein Gott«. Das sind Standardbeispiele der von Hegel in der Wesenslogik explizit gemachten und entsprechend spekulativ, das heißt hier: formentheoretisch kommentierten *logischen Form* des Scheins und der Rede von einer Erscheinung, in der noch nicht zwischen wahrer und falscher Artbestimmung unterschieden wird. Wir werden, sagt Hegel, die Bedeutung dieser logischen Formen unter anderem auch an den Beispielen des ›natürlichen Willens‹ (des bloßen Begehrens im Dasein) und dann auch der nur erst formellen Rechte (die immer zu spezifizieren sind) sehen.

Solange man nicht auf die begrifflichen Verhältnisse reflektiert, sondern nur erst mit einigem Verstand so redet, wie man es gelernt hat, kommt man über das bloße Ansichsein nie hinaus. Der Deutsche isst dann gerne Sauerkraut, alle Tötungen sind Mord und jeder Schein ist einfach falsch. Im Modus dieses Redens und Denkens ist dann auch die Freiheit, das freie Wollen- und Handeln-Können der Menschen, ein naiv gegebenes ›Vermögen‹ des Menschen an sich.

Zwar ist das frei verantwortliche Handeln auch für gebildete Personen nur eine Option, eine Möglichkeit. Aber es ist kein Vermögen, das wie das Können einer Pflanze oder Tieres rein natürlich ist, und das heißt: von selbst wächst. Und sogar dann noch, wenn wir es ausgebildet haben, können wir uns auch einfach treiben lassen. Wir können uns so auf beliebiger Ebene technischer Intelligenz re-animalisieren. Und wir können uns in rein positivistischer Beschreibung des nur äußerlich beobachtbaren Verhaltens ohne Berücksichtigung der Praxis der eigenen und fremden Bewertung von Inhalten so auffassen, als wären wir Tiere.

Die Gefahr, den behavioristischen Positivismus für besonders ›wissenschaftlich‹ zu halten, ergibt sich gerade auch nach Hegel aus der zunächst berechtigten Abwehr des psychologistischen Missverständnisses, es gäbe einen Zugang zum Inneren durch Intuition oder Introspektion. Das Innere der Inhalte aber ist in Wahrheit semantisch und kooperationslogisch im Perspektivenwechsel zwischen Sprechern und Hörern und einem längst schon gemeinsamen Verstehen von allgemeinen und ›abstrakten‹ Inhalten konstituiert. Inhalte sind also als ›innere‹ semantische Formen. Sie sind über eine gemeinsame Bewertung der wesentlichen Gleichgültigkeit, Äquivalenz oder Inhaltsgleichheit konstituiert. Eine solche Äquivalenz ist immer eine Negation der Negation.

Es ist daher das Folgende zu begreifen: Jede (Inhalts-)Gleichheit ist systematischer *Verzicht* (Negation) auf jede unwesentliche Unterscheidung (Negation). Mit ihr einher geht immer auch die logische Konstitution von ›Gegenständen‹ und ›Gleichungen‹ höherer Art, mit ihren ›abstrakteren‹ Negationen, den Unterscheidungen von allgemeineren ›Wesenskontrasten‹. Diese wiederum lassen sich nur im sortalen Fall wie in der Mathematik als Äquivalenz*klassen* rekonstruieren. Denn Klassen und Mengen setzen schon die Diskretheit als scharf definierte Ungleichheit für ihre Gegenstände bzw. ›Elemente‹ voraus. Diese Voraussetzung lässt sich nicht blind auf die weltbezogenen Arten, Formen, Inhalte, Bedeutungen, Begriffe, Ideen und Wesen übertragen. Die Notwendigkeit ihrer nur in Idealisierungen aufhebbaren ›Vagheit‹ ergibt sich aus dem Kontinuierlichen der Welt. Es gibt immer nur selten die ohnehin schwer aufzufindenden Fälle hinreichend diskreter Maßbestimmungen oder ›Kriterien‹, welche dem Verstand ein rein schematisches Unterscheiden und Rechnen erlaubte: Nur selten also ist erfahrene Urteilskraft gebildeter Personen in einem begrenzten Bereich so ersetzbar, dass praktisch jeder die Urteile prüfen kann.

Schematisierungen sind zwar wichtige Schritte auf dem Weg zu einer ›Demokratisierung‹ des Wissens, ja aller Institutionen, also des Geistes; aber man darf das Wissen um die Begrenzungen ihres Sinns nie vergessen. Die Gefahr zeigt sich übrigens nirgends so klar wie im Populismus religiösen und politischen Aberglaubens.

Daher polemisiert Hegel am Ende des Abschnitts mit vollem Recht gegen den naturalistischen Aberglauben, es seien das freie Urteilen und Handeln bzw. die Intelligenz des guten Unterscheidens angeborene und gleichverteilte Vermögen. Wir arbeiten an der Schematisierung von Wissen und Erkennen, rechnendem Schließen und der Einübung komplexer, aber dann auch leicht reproduzierbarer Handlungsschemata. Das geschieht aber hoffentlich im Wissen um die Grenzen dieser Schematisierungen, um ihren bloß generischen Status, um Ausnahmen, Kontingenzen, Privationen, Fallibilitäten, mögliche Dissonanzen und Widersprüche, eben aufgrund der schon von Heraklit hervorgehobenen Kontinuitäten der Welt und der Verschiedenheiten der Perspektive unserer Zugänge zu ihr.

Der bloße Verstand ist schon schematisiert. Ihm entgehen daher die Grenze und die Gesamtverfassung seines eigenen schematischen Denkens. Das gilt natürlich erst recht für alle, die das begriffliche Denken überhaupt mit einem schematischen Unterscheiden und das Argumentieren mit einem verfahrensmäßigen Begründen und Schließen identifizieren.[27]

§ 11

43 Der nur erst *an sich* freie Wille ist der *unmittelbare* oder *natürliche* Wille. Die Bestimmungen des Unterschieds, welchen der sich selbst bestimmende Begriff im Willen setzt, erscheinen im unmittelbaren Willen als ein *unmittelbar* vorhandener Inhalt, – es sind die *Triebe, Begierden, Neigungen,* durch die sich der Wille von Natur bestimmt findet. Dieser Inhalt nebst dessen entwickelten Bestimmungen kommt zwar von der Vernünftigkeit des Willens her und

[27] Das gilt z. B. für Rudolf Carnap, in modifizierter Form auch noch für Michael Dummett, Paul Lorenzen oder Kuno Lorenz, die nicht zufälligerweise trotz aller Modifikationen der formalen Logik direkte Schüler oder Enkelschüler Bertrand Russells sind.

ist so an sich vernünftig, aber in solche Form der Unmittelbarkeit ausgelassen, ist er noch nicht in Form der Vernünftigkeit. (22)

Nur erst an sich frei, also im Prinzip oder anfänglich frei, ist das Wollen als unmittelbares oder natürliches Begehren, aus dem sich über eine Umleitung der Zielverfolgung auf selbstgesetzte, aber inhaltlich allgemein bestimmte Zwecke ein freies Handeln des gebildeten personalen Subjekts ergibt. Hegels Wort in der *Phänomenologie* für die ›gehemmte Begierde‹ ist – *pars pro toto*! – »Arbeit«. Der dabei je tätig, implizit oder empraktisch anerkannte Inhalt ist ebenfalls nur erst an sich vernünftig. Er wird erst vernünftig durch selbstbewusste Beurteilung im Reich der möglichen Gründe für ein konkretes Tun, das damit längst schon in einem Alternativbereich anderer inhaltlich bestimmter Handlungsmöglichkeiten situiert ist.

Dieser Inhalt ist zwar *für mich* der *Meinige* überhaupt; diese Form 43 f.
und jener Inhalt sind aber noch verschieden, – der Wille ist so in *sich endlicher* Wille. (22)

Die inhaltliche Bestimmung dessen, was ich tue, hat zwar je für mich Sinn, d. h. nennt die Richtung, z. B. auf mein Ziel oder meinen Zweck hin. Mein Wollen aber ist nur erst endlicher Wille, solange die Sinnbestimmung noch rein subjektiv oder anderweitig zufällig ist, etwa wenn sie von äußeren Einflüssen wie in der Werbung oder willkürlichen Einfällen wie z. B. im Fall des unkontrollierten Jähzorns abhängt. Eine wahre Freiheit im Wollen besteht darin, dass ich die Person sein will, die ich durch das Tun sein werde.

Die empirische Psychologie erzählt und beschreibt diese Triebe 44 Ⓚ
und Neigungen und die sich darauf gründenden Bedürfnisse, wie sie dieselben in der Erfahrung vorfindet oder vorzufinden vermeint und sucht auf die gewöhnliche Weise diesen gegebenen Stoff zu klassifizieren. Was das *Objektive* dieser Triebe und wie dasselbe in seiner Wahrheit ohne die Form der Unvernünftigkeit, in der es Trieb ist, und wie es zugleich in seiner Existenz gestaltet ist, davon unten. | (22 f.) 37

Ein narrativer Zugang wie in der empirischen Psychologie gibt uns bestenfalls Beispiele, die als solche noch keine Form- oder Strukturanalyse sind und den Weg zu ihr sogar verbauen können. Man beschreibt dabei Triebe und Neigungen und behauptet etwas über die sich auf diese gründenden Begehrungen und Bedürfnisse. Dabei ist ein Bedürfnis ein (typisches) Begehren, das schon allgemein als berechtigt und zu erfüllen bewertet ist. Das begründet die berechtigte Distanz Hegels gegenüber der bloßen Meinung, man fände Bedürfnisse unmittelbar in der Empfindung (oder vagen ›Erfahrung‹ der *experience*) vor. Begrifflich ähnlich naiv sind die üblichen Klassifikationen von Neigungen und Begehrungen, etwa als genetisch, leiblich oder irgendwie ›tiefenpsychologisch‹ bedingt.[28]

§ 12

44 Das System dieses Inhalts, wie es sich im Willen unmittelbar *vorfindet,* ist nur als eine Menge und Mannigfaltigkeit von Trieben, deren jeder der Meinige *überhaupt* neben andern, und zugleich ein Allgemeines und Unbestimmtes ist, das vielerlei Gegenstände und Weisen der Befriedigung hat. [Dadurch,] daß der Wille sich in dieser gedoppelten Unbestimmtheit die Form der *Einzelnheit* gibt (§ 7), ist er beschließend und nur als beschließender Wille überhaupt ist er wirklicher Wille. (23)

Was sich ›im Willen unmittelbar vorfindet‹, ist also zunächst nur eine Mannigfaltigkeit von Motiven und Antriebskräften. Spinoza und partiell auch Hume haben – wie der Naturalismus überhaupt – das Wollen auf diesen bloßen Anfang des Willens ›an sich‹ reduziert. Dabei wissen wir schon seit Platon und Aristoteles, dass der volle Begriff des Willens (*boulēsis*) die freie Entscheidung für einen Inhalt (*prohairesis*) und den Beschluss (*bouleuma*, *boulēma*), ihn tätig zu verwirklichen, schon begrifflich enthält, und zwar nach einer Beratung (*boulē*). Verlangt ist auch Tatkraft in der Verwirklichung (wie Platons Bild vom Willen als einem gehorsamen Pferd im *Phaidros* zeigt, das auch das ungehorsamere als Bild der Begierde auf dem Weg hält) und neben allen anderen Vorbereitungshandlungen auch solche der Selbstbildung (und Selbstbindung).

44 Ⓚ Statt etwas *beschließen,* d. h. die Unbestimmtheit, in welcher der

28 Schopenhauer fügt dem noch seine Rede von ›metaphysischen‹ Ursachen hinzu. Es liegt eine tiefe begriffliche Verwirrung in dieser Rede über Metaphysik und dann auch praktisch in allen ›modernen‹ Reden von Ontologie und objektiver Wirklichkeit – mit zum Teil dramatischen Folgen in den Wissenschaften, zum Beispiel in den üblichen Mystifikationen der Unterscheidung von Bewusstem und Unter- oder Unbewusstem.

eine sowohl als der andere Inhalt zunächst nur ein möglicher ist, aufheben, hat unsre Sprache auch den Ausdruck: *sich entschließen*, indem die Unbestimmtheit des Willens selbst, als das Neutrale aber unendlich befruchtete, der Urkeim alles Daseins, in sich die Bestimmungen und Zwecke enthält und sie nur aus sich hervorbringt. (23)

Hegel bemerkt noch, dass wir uns im Deutschen dadurch genauer ausdrücken können, dass wir auf den (theoretischen) *Beschluss*, etwas Bestimmtes zu tun, den (praktischen) *Entschluss* zur Ausführung (sozusagen beim Beginnen des Tuns) folgen lassen, auch wenn viele den Unterschied gar nicht wahrnehmen und in ihrem Reden und Verstehen den verbalen Beschluss mit dem tätigen Entschluss identifizieren und damit verwechseln.

§ 13

Durch das Beschließen setzt der Wille sich als Willen eines bestimmten Individuums und als sich hinaus gegen Anderes unterscheidenden. Außer dieser *Endlichkeit* als Bewußtsein (§ 8) ist der unmittelbare Wille aber um des Unterschieds seiner Form und seines Inhalts (§ 11) willen *formell*, es kommt ihm nur das *abstrakte Beschließen*, als solches, zu, und der Inhalt ist noch nicht der Inhalt und das Werk seiner Freiheit. (23) 44f.

Im Beschließen setze ich mir sozusagen hier und jetzt eine bestimmte Aufgabe, deren Inhalt ich dann tätig zu erfüllen habe. Die Endlichkeit dieses Bewusstseins liegt in der empirischen Präsenz des Beschlusses, der verbalen Zustimmung, dass ich etwas Bestimmtes tun soll. Was ich »verbal« und »theoretisch« genannt habe, nennt Hegel »formell« und weist darauf hin, dass das Werk, die tätige Verwirklichung des Willens, noch aussteht.

Der Intelligenz als *denkend* bleibt der Gegenstand und Inhalt *Allgemeines*, sie selbst verhält sich als allgemeine Tätigkeit. Im Willen hat das Allgemeine zugleich wesentlich die Bedeutung des Meinigen, als *Einzelnheit* und im unmittelbaren d. i. formellen Willen, als der abstrakten, noch nicht mit seiner freien Allgemeinheit erfüllten Einzelnheit. Im Willen beginnt daher die *eigene Endlichkeit* der Intelligenz und nur dadurch, daß der Wille sich zum Denken wieder erhebt, und seinen Zwecken die immanente Allgemeinheit 45 Ⓚ

gibt, hebt er den Unterschied der Form und des Inhalts auf und macht sich zum objektiven, unendlichen Willen. (24)

In der (Selbst-)Beratung und im Beschluss denke ich auf allgemeine Weise darüber nach, was zu tun ist. Im Willen an sich als bloß erst verbalem Beschluss, es zu tun, mache ich den Inhalt formell zu meinem. Hegels Rede von der Endlichkeit der Intelligenz bestätigt hier meine Lesart. Es ist ja gerade davon die Rede, dass ich hier und jetzt mir in einem ›Vorsatz‹ konkrete Ziele und Zwecke setze und mich für eine allgemeine Handlungsform als Weg zur Erfüllung entscheide. – Indem ich nun meine (gerade gefällte oder mögliche) subjektive Entscheidung als allgemein gut bewerte, also nicht nur bei mir denke, ich sollte das tun, sondern (hoffentlich ausreichend gewissenhaft) urteile: an meiner Stelle sollte *man* das tun, mache ich mich »zum objektiven, unendlichen Willen«.

45 Ⓚ Diejenigen verstehen daher wenig von der Natur des Denkens und Wollens, welche meinen, im Willen überhaupt sei der Mensch
38 unendlich, im Denken aber sei er oder gar die Vernunft | beschränkt. Insofern Denken und Wollen noch unterschieden sind, ist vielmehr das Umgekehrte das Wahre und die denkende Vernunft ist als Wille dies, sich zur *Endlichkeit* zu entschließen. (24)

Ohne Kant explizit zu nennen, polemisiert Hegel gegen dessen These, im Denken und Erkennen sei der Mensch oder gar die (reine) Vernunft selbst beschränkt, endlich. Absolut gut und geradezu erhaben unendlich sei dagegen nur der perfekt gute Wille. Sofern wir überhaupt Denken und Wollen als unterschiedene Momente auffassen dürfen, ist vielmehr das Umgekehrte richtig: Im denkend beurteilten Beschluss erkenne ich etwas Allgemeines, das als solches etwas Unendliches ist. Ich entschließe mich im Beginn des konkreten und empirischen Handelns, also hier und jetzt, es auf endliche Weise umzusetzen, es also, so gut ich kann, endlich bzw. empirisch zu instanziieren.

§ 14

45 Der endliche Wille, als nur nach der Seite der Form sich in sich reflektierendes und bei sich selbst seiendes *unendliches Ich* (§ 5) *steht über* dem Inhalt, den unterschiedenen Trieben, so wie über den weitern einzelnen Arten ihrer Verwirklichung und Befriedigung, wie

es zugleich, als nur formell unendliches, an diesen Inhalt, als die Bestimmungen seiner Natur und seiner äußern Wirklichkeit, jedoch als unbestimmtes nicht an diesen oder jenen Inhalt, *gebunden* ist (§ 6, 11). Derselbe ist insofern für die Reflexion des *Ich* in sich nur ein Möglicher, als der Meinige zu sein oder auch nicht, und Ich die *Möglichkeit*, mich zu diesem oder einem andern zu bestimmen,– unter diesen für dasselbe nach dieser Seite äußern Bestimmungen zu *wählen*. (24 f.)

Hegel erklärt, dass wir das reflexionslogische Titelwort »der (endliche) Wille« als Ausdruck für die reale Form der Aktualisierung der unendlichen Form gebrauchen, in der wir uns alle möglichen Inhalte, auch die unserer eigenen Neigungen, so gegenüberstellen, als könnten wir als empirische personale Subjekte hier und jetzt zwischen ihnen wählen. Alles Weitere ist im Grunde schon gesagt.

§ 15

Die Freiheit des Willens ist nach dieser Bestimmung *Willkür* – in 46
welcher dies beides enthalten ist, die freie von allem abstrahierende Reflexion und die Abhängigkeit von dem innerlich oder äußerlich gegebenen Inhalte und Stoffe. Weil dieser *an sich* als Zweck notwendige Inhalt, zugleich gegen jene Reflexion als Möglicher bestimmt ist, so ist die Willkür die *Zufälligkeit*, wie sie als Wille ist. (25)

Auf den Begriff der Willkür als Moment des Willens hatte ich ebenfalls schon vorgegriffen. Die bloß formelle Freiheit des Wählens des endlichen, empirischen Willens ist die Willkür der Zufallswahl zwischen ›innerlich oder äußerlich gegebenen Inhalten und Stoffen‹. Erst die bewusste Bemühung um den je relevanten Alternativbereich von Möglichkeiten, zwischen denen eine Auswahl zu treffen ist, und eine allgemeine, möglichst von der zufälligen Eigenperspektive und den ephemeren unmittelbaren Neigungen ausreichend unabhängige Entscheidung mit Entschluss im Handlungsbeginn bringt uns zum vollen Wollen im Tun. Unmittelbare Entschlüsse können noch reine Willkür sein. Sie sind es dort sicher nicht, wo der Entschluss durch allgemeines Erfahrungswissen gestützt ist oder man sich zwischen im Grunde Gleichwertigem entscheidet.

Die gewöhnlichste Vorstellung, die man bei der Freiheit hat, ist 46 Ⓚ
die der *Willkür*, – die Mitte der Reflexion zwischen dem Willen als

bloß durch die natürlichen Triebe bestimmt, und dem an und für sich freien Willen. (25)

Wenn man die Leute fragt, was Freiheit ist, verweisen sie in der Antwort zumeist auf die Wahl- und Entscheidungsfreiheit der Willkür: Ich kann, wenn ich will, hier sitzen bleiben. Ich kann aber auch aufstehen. Kant meint, reine Willkür wäre ein Tun, das rein durch natürliche Motive angetrieben und daher gerade nicht frei sei. Hegel platziert die Willkür dagegen in die Mitte »zwischen dem Willen als bloß durch die natürlichen Triebe bestimmt und dem an und für sich freien Willen«.

46 Ⓚ Wenn man sagen hört, die Freiheit überhaupt sei dies, daß *man tun könne, was man wolle,* so kann solche Vorstellung nur für gänzlichen Mangel an Bildung des Gedankens genommen werden, in welcher sich von dem, was der an und für sich freie Wille, Recht, Sittlichkeit u. s. f. ist, noch keine Ahnung findet. (25)

Tun und lassen zu können, was man tun und lassen ›möchte‹, ist in der Tat noch keine angemessene Erläuterung, was Freiheit im Wollen und Handeln ist. Ihre Folgen sind mangelhafte Vorstellungen davon, was Recht und Sittlichkeit sind.

46 Ⓚ Die Reflexion, die *formelle* Allgemeinheit und Einheit des Selbstbewußtseins, ist die *abstrakte* Gewißheit des Willens von seiner Freiheit, aber sie ist noch nicht die *Wahrheit* derselben, weil sie
39 sich noch nicht selbst zum | Inhalt und Zwecke hat, die subjektive Seite also noch ein anderes ist, als die gegenständliche; der Inhalt dieser Selbstbestimmung bleibt deswegen auch schlechthin nur ein Endliches. (25)

Wir sind uns praktisch der Freiheit des Willens im planenden Beschließen und entschlossenen Handeln gewiss. Das ist so aufgrund unserer Reflexion auf die »formelle Allgemeinheit und Einheit des Selbstbewußtseins«, also aufgrund einer Art unmittelbarer Selbstwahrnehmung, Selbsthaltung und Selbstkommentierung im Vollzug. Aber gerade wegen der Unmittelbarkeit dieser Selbstgewissheit erhält man so noch kein wahres Verständnis der Verfassung und kein wirkliches Wissen über die Existenzform des freien Wollens und Handelns. Dazu ist von dem subjektiven Selbstgefühl zu einem ›objektiven‹ Wissen über sich selbst überzugehen; und es ist die Form der dabei nötigen Vergegenständlichung seiner selbst angemessen zu begreifen. Der Inhalt bloß unmittelbarer Selbstbestimmung bleibt daher auch bloß endlich, kontingent und unbegriffen, wenn die Vermittlung durch das Allgemeine nicht gesehen wird. Nur über diese Vermittlung haben wir Zugang zu Möglichkeiten, zwischen denen wir wählen.

Die Willkür ist, statt der Wille in seiner Wahrheit zu sein, vielmehr der Wille als der *Widerspruch*. – (25) 46 Ⓚ

Es ist eine Art partielles Zugeständnis an Kants Versuch der Trennung von Wille und Willkür, wenn Hegel zustimmt, dass das Moment der Willkür gerade auch im Widerspruch zum Willen steht. Hegel hebt aber anders als Kant die *Ambivalenz* hervor. Denn wenn unser Verhalten absolut unmittelbar ist, ist es als unser Tun *unwillkürlich*. Die Ambivalenz eines inneren Widerspruchs entsteht daraus, dass nach Kant die *Spontaneität* der Selbstbestimmung eine Bedingung des *freien Wollens* und Handelns sein soll, ein rein *spontanes* Tun aber *unwillkürlich* ist. Rein *willkürliches* Verhalten ist so von *unwillkürlichem* nicht zu unterscheiden; und doch will man in der *Willkürfreiheit* die Grundlage der *Willensfreiheit* sehen.

In dem zur Zeit der *Wolffischen* Metaphysik vornehmlich geführten Streit, ob der Wille wirklich frei, oder ob das Wissen von seiner Freiheit nur eine Täuschung sei, war es die Willkür, die man vor Augen gehabt. (25 f.) 46 Ⓚ

Nicht erst seit der Zeit Christian Wolffs, sondern von der Antike bis heute verwechselt man Wille mit Willkür in der Debatte darum, »ob der Wille wirklich frei oder ob das Wissen von seiner Freiheit nur eine Täuschung sei«, z. B. angesichts einer angeblich flächendeckenden kausalen Verursachung von allem und jedem in der Natur, wie sie schon mit der antiken (auch stoischen) Vorstellung von einer unbedingten Notwendigkeit (*anangkē*) zusammenhängt, die wiederum in anthropomorpher Narration zur Lehre von einer Allmacht und Allwissenheit eines Gottes wird.

Der *Determinismus* hat mit Recht der Gewißheit jener abstrakten Selbstbestimmung den *Inhalt* entgegengehalten, der als ein *vorgefundener* nicht in jener Gewißheit enthalten und daher *ihr von Außen* kommt, obgleich dies Außen der Trieb, Vorstellung, überhaupt das, auf welche Weise es sei, so erfüllte Bewußtsein ist, daß der Inhalt nicht das Eigene der selbst bestimmenden Tätigkeit als solcher ist. Indem hiemit nur das formelle Element der freien Selbstbestimmung in der Willkür immanent, das andere Element aber 46 f. Ⓚ

ein ihr gegebenes ist, so kann die Willkür allerdings, wenn sie die Freiheit sein soll, eine Täuschung genannt werden. Die Freiheit in aller Reflexionsphilosophie, wie in der *Kantischen* und dann der *Friesischen* vollendeten Verseichtigung der Kantischen, ist nichts anders, als jene formale Selbsttätigkeit. (26)

Hegel nimmt praktisch alle Argumente vorweg, welche in den vielen monothematischen Essays der Analytischen Philosophie mit vollem Engagement immer wieder neu entdeckt werden. So unterläuft der Determinismus als Glaube an einen durchgehenden Kausalzusammenhang allen Geschehens die Selbstgewissheit der Willkürfreiheit, indem diese so dargestellt wird, dass es sich auch um eine rein verbale Selbst-Illusion handeln könnte. Denn ›es könnte ja sein‹, sagt man, dass äußere Kräfte und Motive zusammen mit leiblich-inneren Trieben und Neigungen ein Willkürverhalten als Bewegursachen hervorbringen, obwohl uns das in unserer Selbstgewissheit ganz verborgen bleibt. Das ist natürlich kein Argument für den Determinismus, sondern nur eines gegen eine allzu naive ›Verteidigung der Freiheit‹.

Hegel selbst wehrt daher die falsche Vorstellung Fichtes ab, es sei entweder ein metaphysischer Determinismus wahr oder es gäbe eine metaphysische, d. h. nicht weiter begriffene, Willensfreiheit – und man müsse sich glaubend für eine der Optionen entscheiden. Die Position ist mit der von William James inhaltlich identisch. (Das Beispiel zeigt erneut, dass und wie Inhaltsanalysen eine Bewertung einer wesentlichen Äquivalenz voraussetzen. Es wird immer Leute geben, welche die Verschiedenheiten der Ausdrucksformen zum Anlass nehmen, auch die Inhalte zu unterscheiden. Man spricht dann aber nur auf einer anderen thematischen Ebene.)

Kant und Fichte bzw. ihre Anhänger meinen, es gäbe praktische Gründe dafür, dass wir uns für die Existenz einer transzendentalen bzw. metaphysischen Freiheit entscheiden müssten, da diese Entscheidung die Grundlage der Moral sei und damit mit der Frage zusammenhänge, welche Art Mensch man ist. Hegel hält von dieser Argumentationsform zurecht rein gar nichts. Alles Allgemeine (an sich) ist (von uns und für uns) mit unendlicher (d. h. zeitallgemeiner, situationsunabhängiger, aber immer nur generischer) Geltung gesetzt. Alles Reale ist empirisch, endlich, einzeln. Die Frage ist daher, wie wir *immanent* zwischen einem freien Wollen und Handeln einerseits und einem nichthandelnden natürlichen Verhalten andererseits unterscheiden wollen und können. Und wie unterscheiden wir bzw. unterscheidet sich dabei die Ätiologie der *Gründe* als Antworten auf die Fragen »Warum?« und »Wozu?« für ein Handeln von den effizienzkausalen *Ursachen* als mögliche generische Antworten auf die Frage »Warum?« bzw. »Woher« für ein Nichthandeln? – Es liegt nur an der durchaus etwas holprigen Ausdrucksform von Hegels Gedankenführung, dass diese nicht unmittelbar als schlagendes Argument einleuchtet, obgleich es gegen Kant oder Fries als unnötig polemisch erscheint.

Die Freiheit in der transzendentalen Reflexion von Kant bis Fichte ebenso wie in ihrer völligen Trivialisierung zur Introspektion und Verhaltensbeobachtung ist nichts Anderes als »formale Selbsttätigkeit« im Vollzug – zusammen mit einer sie begleitenden empirischen und nur erst *subjektiven Selbstgewissheit*. Wenn man nur auf dieses »formelle Element« in der freien Selbstbestimmung im Reden und Tun achtet und die Inhalte qua Möglichkeiten so behandelt, als seien sie *unmittelbar* über ihre Träger, die äußeren *Ausdrücke* bzw. über die von außen oder innen kommenden *Einfälle* empirisch *gegebene Motive oder Bewegursachen* für eine *unwillkürlich-willkürlich spontane Wahl* zwischen ihnen, dann »kann die Willkür allerdings, wenn sie die Freiheit sein soll, eine Täuschung genannt werden«. Interessant an der Analyse ist, dass der kausale Determinismus des Handelns nur funktionieren könnte, wenn man nicht zwischen Zeichen und Bezeichnetem, Ausdruck und Inhalt, Artikulation und Möglichkeit unterscheiden müsste, wenn man also die freien Urteile über Inhaltsgleichheiten, Inferenzen und Erfüllungen ignorieren dürfte.

§ 16

Das im Entschluß Gewählte (§ 14) kann der Wille eben so wieder auf- 47
geben (§ 5). Mit dieser Möglichkeit aber eben so über jeden andern Inhalt, den er an die Stelle setzt, und ins *Unendliche* fort hinauszugehen, kommt er nicht über die Endlichkeit hinaus, weil jeder solcher Inhalt ein von der Form verschiedenes, hiemit ein Endliches, und das Entgegengesetzte der Bestimmtheit, die Unbestimmtheit, – Unentschlossenheit oder Abstraktion, nur das andere gleichfalls einseitige Moment ist. (26)

Hegel selbst unterscheidet nicht immer ganz so streng wie ich oben zwischen dem Beschluss einer Wahlentscheidung und dem Entschluss im Beginn der Handlung. Aber auch nach einem bloß ersten Versuch kann ich einen Beschluss oder Entschluss wieder aufgeben. Es wurde dazu oben schon erläutert, wie in einem solchen Fall eine Absicht zum bloßen (Selbst-)Wunsch heruntergestuft werden muss. Wir kennen den Fall bei all denen, die alle zwei Tage die Absicht oder sogar das Versprechen äußern, mit dem Rauchen aufzuhören. Die Wahrheit der Absicht ist die Tat.

Wieder verdeckt Hegels Ausdrucksform hier den richtigen Gedanken eher, als dass sie ihn ganz klarmachte. Er skizziert nämlich einen Fall, in dem jemand, wie bei Gontscharow die Figur des Oblomow (im Bett), von einer guten Absicht (qua Inhalt) zur nächsten ins Unendliche fortgeht, ohne je etwas zu tun, das dem Inhalt der ›Absicht‹ gemäß wäre. Man kommt so nicht aus der Endlichkeit von Einfällen, dem Schub äußerer Motive und einem zufälligen präsentischen Tun heraus. Die Unbestimmtheit wechselnder ›Wünsche‹ bzw. Sinninhalte widerspricht einer ›substantiellen‹ bzw. nachhaltigen Bestimmtheit des Willens, die vom Beschluss über den Entschluss bis zur Vollendung der Tat und damit weit über die momentane Gegenwart hinaus *relativ stabil bleiben muss*. Entsprechendes gilt für den Kontrast von Entschlossenheit und Unentschlossenheit.

§ 17

47 Der Widerspruch, welcher die Willkür ist (§ 15) hat als *Dialektik* der Triebe und Neigungen die *Erscheinung*, daß sie sich gegenseitig stören, die Befriedigung des einen die Unterordnung oder Aufopferung der Befriedigung des andern fordert u. s. f. und indem der Trieb nur einfache Richtung seiner Bestimmtheit ist, das Maß somit nicht in sich selbst hat, so ist dies unterordnende oder aufopfernde Bestimmen das zufällige Entscheiden der Willkür, sie verfahre nun
40 dabei mit berechnendem Verstande, bei wel|chem Triebe mehr Befriedigung zu gewinnen sei, oder nach welcher andern beliebigen Rücksicht. (26 f.)

Die Form des Kampfes um Anerkennung eines Vorsatzes oder einer Absicht durch die Tat, die in der *Phänomenologie* metaphorisch durch die Dialektik von Herrschaft (des Vorsatzes) und Knechtschaft (der Antriebe) erläutert worden war, tritt hier als bloße Vorform des Kampfes verschiedener Neigungen auf: Ein bloß willkürliches Tun ist selbst das Ergebnis sich widersprechender »Triebe und Neigungen«, die »sich gegenseitig stören«. Indem ich das eine Begehren befriedige, sagen wir, zu viel esse, mache ich es mir z. B. unmöglich, mich sportlich zu bewegen, obwohl ich das (abstrakt!) gerne möchte und auch die Freuden der Bewegung (allgemein!) kenne. Hierin besteht die »Unterordnung oder Aufopferung der Befriedigung des anderen«, die ein Trieb »fordert«.

Da Triebe sozusagen ohne festes Ziel und Ende dem Tun bloß eine Richtung geben, in der man immer weiter und immer auch zu weit gehen kann, wie wenn man zu viel isst, hat interessanterweise kein Trieb »das Maß« wirklich »in sich selbst«. Eben deswegen ist es möglicherweise ein zufälliges Entscheiden der Willkür, wenn eine Neigung (z. B. beweglich und gesund zu sein) der anderen (der Bequemlichkeit und Völlerei) aufgeopfert wird. Das wird noch nicht wirklich besser, wenn nur ein berechnender Verstand ohne Bedürfniskritik zum Einsatz kommt.

§ 18

In Ansehung der *Beurteilung* der Triebe hat die Dialektik die Er- 48
scheinung, daß als *immanent*, somit *positiv*, die Bestimmungen des unmittelbaren Willens gut sind; *der Mensch* heißt *so von Natur gut*. Insofern sie aber *Naturbestimmungen*, also der Freiheit und dem Begriffe des Geistes überhaupt entgegen und das *Negative* sind, sind sie *auszurotten; der Mensch* heißt *so von Natur böse*. Das Entscheidende für die eine oder die andere Behauptung ist auf diesem Standpunkte gleichfalls die subjektive Willkür. (27)

Man beurteilt die natürlichen Begehrungen, Neigungen und Triebe in typischer Weise auf willkürlich schwankende und eben damit in sich widerspruchsvolle Weise. ›Der Mensch heißt von Natur gut‹. Alles Gute soll sogar irgendwie mit der Befriedigung von Begehrungen zu tun haben – im Utilitarismus so, dass man eine Art gleichverteilten intersubjektiven Hedonismus mit quantitativ irgendwie maximierten Glückserfüllungen *anstreben soll* und damit einem Teil seiner eigenen Neigungen aus ›moralischen Gründen‹ zuwider handeln muss. Die sich abwechselnden Neigungen stehen aber der dabei nötigen

Stabilität des willentlichen freien Handelns ohnehin ganz und gar entgegen, mit der Folge, dass sie, wie auch Kant suggeriert, sogar »auszurotten« seien. Das ist, meint Hegel, alles falsch.

§ 19

48 In der Forderung der *Reinigung der Triebe* liegt die allgemeine Vorstellung, daß sie von der *Form* ihrer unmittelbaren Naturbestimmtheit und von dem Subjektiven und Zufälligen des *Inhalts* befreit und auf ihr substantielles Wesen zurückgeführt werden. Das Wahrhafte dieser unbestimmten Forderung ist, daß die Triebe, als das vernünftige System der Willensbestimmung seien; sie so aus dem Begriffe zu fassen, ist der Inhalt der Wissenschaft des Rechts. (27)

Sowohl in der christlichen Vorstellung von einer Überwindung ›des Fleisches‹, also unmittelbarer Begehrungen, als auch in Kants Kampf gegen die ›Neigungen‹ steckt eine schematistische Dichotomie von Leib und Seele, Körper und Geist, in der unsere formale Art des Unterscheidens von Momenten in einem Gesamtprozess des Lebens in maßloser Weise ›exakt‹ gemacht und sogar ontisch vergegenständlicht wird. Damit wird auch die logische Praxis der grammatischen Vergegenständlichung zum Zwecke der Ermöglichung reflexionslogischer Kommentare falsch gedeutet. Es gibt in der (endlichen) Welt keinen (reinen) Geist, sondern nur das Moment verständigen Urteilens, Schließens und Handelns als Teilnahme an einer kanonischen Praxis, also daran, was wir gelernt haben; und es gibt die vernünftige Reflexion auf die angemessenen Formen dieser Praxis in konkreter Urteilskraft oder als anfängliche Teilnahme an ihrer gemeinsamen Entwicklung.

Für die übliche ›moralische‹ Forderung der ›Reinigung der Triebe‹, wie wir sie alle von Elternhaus und Schule her als Teil der Erziehung und Selbstbildung kennen, ergibt sich aus der obigen Betrachtung klarerweise dieses: Man kann die Selbstbefreiung von einer ›unmittelbaren Naturbestimmtheit‹ nur so verstehen, dass an die Stelle rein subjektiver und zufälliger Ziele ein vorbedachter Inhalt, an die Stelle des Triebs der Wille, an die Stelle des Begehrens das absichtliche und zweckorientierte Handelnwollen gesetzt werden. Es werden also, wie oben schon analysiert, die Neigungen und Antriebe, auch die Leidenschaften, *nur umgeleitet*. Sie werden ›sublimiert‹, wie Sigmund Freud mit allzu negativer Konnotation dazu sagen wird. Ein Kampf gegen sie ist daher zutiefst sinn- und hoffnungslos. Wohl aber sind Zwecke als Inhalte zu bewerten und dabei ist zwischen guten und weniger guten zu unterscheiden. In dieser Praxis der Unterscheidung *etablieren wir allgemeine Bewertungen* sittlicher Reflexion und *internalisieren* sie in einem je besonderen ethischen Selbstbewusstsein.

Das Wort »moralisch« reservieren wir mit Hegel für eben diese besondere Form der *Selbstbeurteilung*. Im Zentrum steht zwar der Umgang einer ersten Person (ich, wir) mit einer zweiten Person (im Singular des Du oder im Plural des Ihr), so aber, dass die Sprecher oder Akteure selbst, autonom, die Maxime oder Handlungsform, die sie zu aktualisieren gedenken und damit als allgemein erlaubt deklarieren, auf Konsistenz mit ihrem nachhaltigen Wollen zu prüfen haben. Zur Sittlichkeit, nicht zur Moral, gehört dann schon, erstens, die Einsicht, dass jedes Du und jedes Ihr zu einem Wir zu erweitern ist, dass zweitens jedes distanzierte ›Sie‹, also ›die Anderen‹, über ein Ihr in ein Wir zu inkorporieren ist. Außerdem überschreitet das Ethos und die Ethik der Sittlichkeit bei Weitem das bloß subjektive Wollenkönnen dadurch, dass es sich zu den schon etablierten Formen geistiger Kultur zu verhalten hat und deren Normen und Formen als *prima facie* bindend anerkennen muss.

Dieser Vorgriff ist nötig, um den absolut zentralen Gedankengang, der logisch mit der Semantik des Ich und Wir beginnt, an dieser Stelle durch Vervollständigung der extrem dichten Skizze Hegels verstehbar und sogar einleuchtend zu machen. Denn die Rückführung der Triebe auf ihr substantielles Wesen meint die Verwandlung zufälliger, ephemerer und subjektiver Neigungen in allgemein gerechtfertigte Bedürfnisse, deren Erfüllung nachhaltig als gut zu bewerten wäre. Hierin liegt die tiefe, den frommen Christen und moralischen Kantianern verborgene Wahrheit ihrer »unbestimmten Forderung«, die unmittelbaren Triebe und Leidenschaften zu ›bekämpfen‹.

Über das »vernünftige System« der Bedürfnisse entsteht so das »vernünftige System« allgemeiner Willensbestimmung in der gemeinsamen Arbeit an ihrer nachhaltigen Erfüllung. Diese vernünftigen Systeme berechtigter Bedürfnisse (in den Abstufungen einer ›alphabetischen‹ Ordnung relativer Wichtigkeit bzw. Priorität) und der gerechten Verteilung von Lasten und Gütern sind »aus dem Begriffe zu fassen«, also holistisch als System von mehr oder weniger freien Praxisformen und mehr oder weniger fix geregelten Institutionen zu begreifen. So gehört z. B. die sich am kommunitarischen Familienmodell orientierende ›Moral‹ (besser: Sitte) selbst zur Form und zugleich zur reflexiven Bewertungspraxis rein freier Kooperationen. Die formell geregelten und sogar sanktionsbewehrten sittlich-rechtlichen Normen im Gemeinwesen verlangen schon eine institutionelle und damit der Form nach politisch hierarchische, genauer republikanisch-repräsentative und machtteilige Leitung und Kontrolle. – Jetzt erst können wir, so meine ich, den Schlusssatz des Absatzes begreifen: »Das ist der Inhalt der Wissenschaft des Rechts«.

48 Ⓚ Der Inhalt dieser Wissenschaft kann nach allen seinen einzelnen Momenten z. B. Recht, Eigentum, Moralität, Familie, Staat u. s. f. in der Form vorgetragen werden, daß der Mensch von Natur den *Trieb* zum Recht, *auch* den *Trieb* zum Eigentum, zur Moralität, *auch* den Trieb der Geschlechterliebe, den Trieb zur Geselligkeit u. s. f. *habe.* (28)

Man beachte, erstens, die Ironie in der Rede von einem *Trieb* zur Moralität, zweitens, dass ich mit Hegel die verblasenen Reden von einem *Nutzen* und seiner *Maximierung* im empiristischen Rationalismus oder Utilitarismus Jeremy Benthams ebenso vermeide wie die seit der Antike klassische Rede von vager *Lust* und *Unlust*. Wer aber unbedingt will, kann das Wort »Trieb« oder auch »Begehren« verallgemeinern. Hebt man das unmittelbare Streben eine Stufe höher, dann kann man sagen, dass der Inhalt der Philosophie des Rechts als theoretischer Wissenschaft sich aus der ›großen‹, d. h. holistischen ›Tatsache‹ ergibt, dass »der Mensch von Natur« aus, und das heißt: seinem geistigen Wesen gemäß, einen »Trieb zum Recht, auch … zum Eigentum, zur Moralität« hat, durchaus so ähnlich wie einen »Trieb der Geschlechterliebe, den Trieb zur Geselligkeit usf.« Im Allgemeinen, heißt das, sind alle Menschen als Personen an Recht, Eigentum, Moralität, Familie, dem Gemeinwesen und seinem formellen Rahmen, dem Staat, interessiert, und zwar sowohl von ihrer sozialen Natur her als auch als politische Bürger.

48 f. Ⓚ Will man statt dieser Form der empirischen Psychologie vornehmerweise eine philosophische Gestalt haben, so ist diese nach dem, was, wie vorhin bemerkt worden, in neuerer Zeit für Philosophie

gegolten hat und noch gilt, *wohlfeil* damit zu bekommen, daß man sagt, der Mensch finde als *Tatsache seines Bewußtseins* in sich, daß er das Recht, Eigentum, den Staat u. s. f. wolle. Weiterhin wird eine andere Form desselben Inhalts, der hier in Gestalt von Trieben erscheint, nämlich die von *Pflichten*, eintreten. | (28) 41

Die empirische Psychologie (der Erziehung) bestätigt den Befund, dass der Mensch sich sogar gerade dadurch von allen Tieren unterscheidet, dass er auf spezifische Weise ein Bedürfnis nach sozialer Gemeinsamkeit im Weltbezug zeigt und damit überhaupt erst fähig wird, in nicht bloß subjektzentrierter bzw. ›autistischer‹ Form auf die Umwelt zu reagieren. Der Perspektivenwechsel fängt aber nicht mit einer mysteriösen Einfühlung an, sondern mit der Kontrolle der Gemeinsamkeit und Kooperativität des eigenen Verhaltens und das der Anderen, samt der Freude am gemeinsamen Spiel, die sich beim Säugling schon im Alter von 2 bis 3 Monaten, also extrem früh (freilich zunächst in nur sehr kurzen Phasen) klar zeigt. Sie wird sehr schnell immer komplexer. Momente sind dabei Enttäuschungsgefühle der Frustration gerade auch in der Kontrolle jeder Missachtung der ›Freiwilligkeit‹ im Mittun (etwa wenn man dem Baby Dinge wegnimmt), was freilich in gewissem Maß, wie vieles andere, auch bei Tieren vorkommt.[29] Hegel war der erste Denker, der auf die ›transzendentalen‹, d. h. präsuppositionalen Entwicklungsstufen in der Phylogenese und dann auch der bewussten Geschichte der Menschen und der Ontogenese in Erziehung und Selbstbildung hingewiesen und diese in Umrissen artikuliert hat.

Denken ist Teilnahme am Begrifflichen, das sich als ein in Worten gefasstes Allgemeinwissen natürlich gemeinsamer Kulturtradition verdankt. Hegel distanziert sich daher mit vollem Recht von der allzu billigen Formulierung, der Mensch finde in sich, durch Introspektion oder Intuition, dass »er das Recht, Eigentum, den Staat usf. wolle«, und wehrt sich gegen den vornehmen Ton solcher ›moralischen‹ Sicht-

[29] Auch Klaus Vieweg weist in seiner Biographie *Hegel* (München, C. H. Beck, 2019, S. 24) auf die Arbeiten Michael Tomasellos hin: »Hegel ist ›der erste gewesen, der den Menschen wirklich als soziales Wesen begriffen und das normative, freiheitliche Moment des Denkens herausgestellt hat‹ (Michael Tomasello).«

weisen – damit implizit auch gegen Kants Ansatz. Hegels leise Ironie liegt darin, dass sich ein Aufsatz Kants selbst mit dem ›vornehmen Ton‹ in der neueren Philosophie kritisch beschäftigt.

§ 20

49 Die auf die Triebe sich beziehende Reflexion bringt, als sie vorstellend, berechnend, sie unter einander und dann mit ihren Mitteln, Folgen u. s. f. und mit einem Ganzen der Befriedigung – der *Glückseligkeit* – vergleichend, die *formelle Allgemeinheit* an diesen Stoff, und reiniget denselben auf diese äußerliche Weise von seiner Rohheit und Barbarei. Dies Hervortreiben der Allgemeinheit des Denkens ist der absolute Wert der *Bildung* (vergl. § 187). (28)

Indem wir auf Antriebe und Motive reflektieren, ohne sie, wie Spinoza, dogmatisch als naturgegebene kausaleffiziente Wirkkräfte einfach zu unterstellen, können wir zwischen ihrer Allgemeinheit und Besonderheit im gemeinsamen Urteilen und ihrer empirischen Einzelheit im subjektiven Gefühl unterscheiden und eben damit die übliche Mystifizierung ›höherer‹ geistiger Interessen sinnkritisch aufheben. Es wird dann klar, wie der Einzelne auf berechnende Weise manche seiner Begehrungen strategisch durch allerlei Vermittlungen und Mittel erfüllt, nachdem er sie gegen andere abgewogen hat. Das allgemeine Ziel steht traditionell unter dem holistischen Titel der Glückseligkeit (*beatitudo*). Schon das subjektiv-instrumentelle Denken enthält dabei eine Begierdenkritik, eine ›Reinigung‹ der Neigungen von ihrer »Roheit und Barbarei« im unkontrollierten Triebverhalten. Noch jenseits aller Fragen nach Ethos und Moral ist die Entwicklung der »Allgemeinheit des Denkens« im instrumentellen Planen und Handeln »der absolute Wert der Bildung«, worauf wir im § 187 unten zurückkommen werden.

§ 21

49 Die Wahrheit aber dieser formellen, für sich unbestimmten und ihre Bestimmtheit an jenem Stoffe vorfindenden Allgemeinheit, ist *die sich selbst bestimmende Allgemeinheit, der Wille, die Freiheit*. Indem er die Allgemeinheit, sich selbst, als die unendliche Form zu seinem Inhalte, Gegenstande und Zweck hat, ist er nicht nur der *an sich*, sondern eben so der *für sich* freie Wille – die wahrhafte Idee. (28 f.)

Der Wille in seiner Freiheit ist volle Entwicklung der inhaltlichen

Kontrolle des Handelns und seiner Antriebe. Zunächst ist er aber bloß erst unendliche Form, also Allgemeinheit, die sich in gewissem Sinn selbst zum allgemeinen Inhalt, Gegenstand und Zweck hat: Ich will vor aller Besonderung meines Wollens, dass ich selbst entscheide, was ich in welcher Abstufung des Vorrangs will. Das ist nur in einer Ausweitung des Sinns des empirischen Begehrens ein Begehren, frei im Begehren zu sein – insofern dann doch auch ähnlich wie in Harry Frankfurts Wunsch-Wunsch-Theorie des Wollens. Denn es wandelt sich der *Begriff* des Begehrens zum inhaltlichen *Wollen* auf dem Weg vom unmittelbaren Triebverhalten zum Handeln und dann auch zu einer allgemeinen Haltung zu mir als Person im Ganzen.

Man kann auch, wie Nietzsche, von einem Willen zum Willen sprechen. Hegel hat aber recht festzuhalten, dass der entscheidende Punkt die Allgemeinheit ist und damit ›das Unendliche‹, Überpräsentische, des Willens, seiner Inhalte bzw. des wollenden Ich als personales Subjekt, dem es um sich als Person im Ganzen geht.

Der letzte Gedanke ist ebenso wahr wie schwierig: Als denkendes, wollendes und handelndes Ich spiele ich schon eine Rolle bzw. ein ganzes System von Rollen, das als solches über- oder transsubjektiv zu begreifen ist. Ich bin so erst Person und erhalte durch mein Sein und Tun als Person einen *Status* im Reich aller Personen, als Bürger (*citoyen*) im staatlichen Gemeinwesen und als *homo oeconomicus* (*bourgeois*) in der bürgerlichen Gesellschaft. Die Gesamtperson aber ist das, was je ich gewesen sein werde.

Die Aktualisierung der Rollen geschieht durch das personale Subjekt im Endlichen bzw. empirischen Hier und Jetzt. Dabei darf der aktualisierte allgemeine Inhalt und die allgemeine Denkform nicht übersehen werden. Damit wird der Wille in seiner allgemeinen Konkretisierung zu dem, was Hegel »wahrhafte Idee« nennt, welche nichts Anderes ist als der in der personalen (damit doppelt ›bürgerlichen‹) Lebensform der Menschen realisierte Begriff des freien Willens, der selbst ein Moment, also eine (Teil-)Form der gesamten menschlichen Lebensform, des vollen Personseins, ist.

Das Selbstbewußtsein des Willens, als Begierde, Trieb ist *sinn-* 49 Ⓚ
lich, wie das Sinnliche überhaupt die Äußerlichkeit und damit das Außersichsein des Selbstbewußtseins bezeichnet. (29)

Die obige allgemeine Formanalyse lässt schon das unmittelbare »Selbstbewußtsein des Willens« weit hinter sich. Denn in unmittelbarer Reflexion erscheint der Wille als Begierde und diese als sinnliche Empfindung oder Passion, Leidenschaft. Damit aber steht der Wille als Trieb dem Selbstbewusstsein des Denkens, Wissens, Wollens und Handelns äußerlich gegenüber.

49 Ⓚ Der *reflektierende* Wille hat die zwei Elemente, jenes Sinnliche und die denkende Allgemeinheit; der *an und für sich seiende* Wille hat den Willen selbst als solchen, hiemit sich in seiner reinen Allgemeinheit zu seinem Gegenstande – der Allgemeinheit, welche ebendies ist, daß die *Unmittelbarkeit* der Natürlichkeit und die *Partikularität*, mit welcher eben so die Natürlichkeit behaftet, als sie von der Reflexion hervorgebracht wird, in ihr aufgehoben ist. Dies Aufheben aber und Erheben ins Allgemeine ist das, was die Tätigkeit des *Denkens* heißt. (29)

Wir können den (allgemeinen) Willen zum freien Wollenkönnen mit dem identifizieren, was Hegel als den (auf sich) reflektierenden Willen anspricht und an dem er die beiden Momente des sinnlichen Begehrens und der ›denkenden Allgemeinheit‹ unterscheidet. Der »an und für sich seiende Wille« ist seine Konkretisierung. Er ist die Instanziierung des Freiseinwollens jedes einzelnen personalen Subjekts. Ich muss mir dazu den ›Willen als solchen, in seiner reinen Allgemeinheit‹ immer auch zum Gegenstand der Reflexion machen. Dazu muss ich die »Unmittelbarkeit der Natürlichkeit und die Partikularität« aufheben, nämlich erstens der zunächst nur präsentisch gegebenen Inhalte und zweitens der ebenfalls nur erst gefühlsmäßig vermittelten Präferenzen. Daher unterscheiden wir zwischen unmittelbaren Neigungen und möglicherweise genauer bedachten Handlungszielen. Denken besteht am Ende immer in einem solchen Aufheben und »Erheben ins Allgemeine«. Jeder Gegenstand des Denkens ist allgemein. Er ist Form und Begriff, eidos. Als Gegenstand von Selbstbewusstsein und Selbstbestimmung bin ich daher Person. Als Person bin ich eine allgemeine, damit unendliche, zeitallgemeine Form, die ich auf die eine oder andere Weise, zunächst bloß verbal, etwa still redend, mit mir ›identifiziere‹ bzw. dann vielleicht schon handelnd instanziiere.

49 f. Ⓚ Das Selbstbewußtsein, das seinen Gegenstand, Inhalt und Zweck bis zu dieser Allgemeinheit reinigt und erhebt, tut dies als das im

Willen sich *durchsetzende Denken*. Hier ist der *Punkt, auf welchem es erhellt*, daß der Wille nur als *denkende* Intelligenz wahrhafter, freier Wille ist. (29)

Hegel wiederholt hier einige Elemente der logischen Analyse des Selbstbewusstseins und der Herr-Knecht-Dialektik freier Selbstbestimmung aus der *Phänomenologie des Geistes*, jetzt in leicht anderer Diktion. Ich verwende zur Erläuterung und zum leichteren Verständnis konsequenter als Hegel die Unterscheidung zwischen dem Subjekt als dem präsentisch-endlichen Vollzugs-Ich, der Person als der allgemeinen Persönlichkeit mit Status und Rolle in der sozialen Welt und dem Individuum als dem unteilbaren leiblichen Körper von der Geburt bis zum Tod. In selbstbewusster Selbstbestimmung reinigen und erheben wir, wie Hegel sagt, die Inhalte des Begehrens und Zwecke des Handelns, indem wir sie zeitallgemein und damit der Form nach unendlich machen. Nicht meine präsentische Neigung, etwa die Bequemlichkeit oder der momentane Genuss allein soll entscheiden, was ich tue und was nicht, sondern »das im Willen sich durchsetzende Denken«. Damit wird klar, dass der Wille als Selbstbestimmung der Person begriffen ist auf der Grundlage denkender Intelligenz. Ein wahrhaft freies Wollen bezieht sich damit auf die ganze Person und das je momentane personale Subjekt greift damit immer über sich selbst hinaus, indem es sich auf sich als Person bezieht und sich so zu sich selbst tätig verhält.

Der Sklave weiß nicht sein Wesen, seine Unendlichkeit, die Frei- 50 Ⓚ
heit, er weiß sich nicht als Wesen; – und er weiß sich so nicht, das ist, er *denkt* sich nicht. Dies Selbstbewußtsein, das durch das Denken sich als Wesen erfaßt, und damit eben sich von dem Zufälligen und Unwahren abtut, macht das Prinzip des Rechts, der Moralität und aller Sittlichkeit aus. (29)

Wenn sich ein Mensch seinen eigenen unmittelbaren Begierden oder als Knecht einem Herrn völlig unterwirft, dann sind ihm die zu erfüllenden Inhalte vollständig ›von außen‹ vorgegeben – wobei ich mich im ersten Fall als Person von den leiblichen Neigungen als bloß akzidentell distanzieren muss. Man verkennt sein Wesen als Person, wenn man im ersten Fall die nötige Selbstdistanzierung nicht begreift, im zweiten sich bedingungslos zum Sklaven einer anderen Person macht. Das geschieht auch dann, wenn äußere Formen der Gesellschaft all mein Denken und Tun bestimmen. Der Sklave wird nicht nur von seinem Herrn wertemäßig bloß als animalisches Wesen behandelt, er behandelt sich selbst so, es sei denn, er handelt entsprechend widerständig, oder in relativ freier Anerkennung der Herrschaft.

Im intrapersonalen Kampf um Anerkennung zwischen dem denkend planenden Herrn und der Neigung des Knechtes in der *Phänomenologie des Geistes* ging es um die Herrschaft des Willens über die Triebe, wie sie aber nur durch deren Verwandlung in Antriebe des Willens zur selbstbewussten Selbstbestimmung möglich ist. Die Person an sich ist dabei die ›Unendlichkeit‹ der allgemeinen *Form* (oder *Idee*), eine freie Person zu sein. Indem das personale Subjekt sich selbst im Vollzug erkennt, weiß es sich als Instanz der Personseins. Dieses Personsein »macht das Prinzip des Rechts, der Moralität und aller Sittlichkeit aus«.

50 Ⓚ Die, welche philosophisch vom Recht, Moralität, Sittlichkeit sprechen, und dabei das Denken ausschließen wollen, und an das Gefühl,
42 Herz | und Brust, an die Begeisterung verweisen, sprechen damit die tiefste Verachtung aus, in welche der Gedanke und die Wissenschaft gefallen ist, indem so die Wissenschaft sogar selbst, über sich in Verzweiflung und in die höchste Mattigkeit versunken, die Barbarei und das Gedankenlose sich zum Prinzip macht und so viel an ihr wäre, dem Menschen alle Wahrheit, Wert und Würde raubte. (29 f.)

Wer immer seit Blaise Pascal pathetisch vom Herzen spricht oder mit Friedrich Schleiermacher und der Romantik das Gefühl über das Denken setzt, nur weil man dieses mit einem nur erst rationalen Rechnen oder schematischen Verstand verwechselt, geht an Geist und Vernunft noch ganz vorbei und begeht damit einen Fehler. Dabei ist nicht etwa nur die Verachtung der Wissenschaften zutiefst unethisch. Ähnlich problematisch ist auch eine bloß erst kantianische Moral *subjektiv ehrlicher Gesinnung*, im Gegensatz zu einem *gewissenhaft* über die allgemeinen Formen des Tuns und Normen des Guten *autonom nachdenkenden Ethos* in einem durch Institutionen der Sittlichkeit geformten gemeinsamen Leben. Es ist das Wissen um die Erfüllung der allgemeinen Formen des gemeinsam guten Lebens, nicht ein unmittelbares oder diffus vermitteltes subjektives Befriedigungsgefühl, das ›den Menschen zum Menschen‹, d. h. zur Person, macht. In einer Welt, die in allem sentimental geworden ist, also einer populistischen Gefühlspolitik verfällt, ist es von unendlicher Wichtigkeit, daran zu erinnern, dass man so dem Menschen »alle Wahrheit, Wert und Würde« raubt. Das geschieht, wenn wir uns nur als Sinnenwesen auffassen, das als Egoist seine eigenen Lustgefühle im Leben maximiert, als utilitaristischer Altruist aber einen kollektiven Nutzen, und dabei Unlust oder Leid irgendwie minimiert. Nietzsche sieht immerhin den Nihilismus sowohl im Egoismus als auch Utilitarismus, erkennt aber nicht die Ursache der entsprechenden Sinn-Leere in der fingiert-›objektiven‹ Selbstbetrachtung *sub specie aeternitatis.*

§ 22

Der an und für sich seiende Wille ist *wahrhaft unendlich,* weil sein 50
Gegenstand er selbst, hiemit derselbe für ihn nicht ein *Anderes* noch *Schranke,* sondern er darin vielmehr nur in sich zurückgekehrt ist. (30)

Was ich »personales Subjekt« nenne, ist im Wesentlichen das, was bei Hegel der an und für sich seiende Wille ist. Sein Fürsichsein ist der Vollzug personalen Lebens in der realen Welt, das Tun des personalen Individuums hier und jetzt. Dessen Ansichsein ist die Persönlichkeit. Das personale Subjekt ist realisierte Form, unter Einschluss der gesellschaftlichen Rollen und Status. Deren wirkliche Erfüllung besteht darin, dass wir entsprechende Zuschreibungen, die zunächst noch unmittelbar und subjektiv sind, reflektiert als richtig bewerten.

Jetzt ist es nicht mehr allzu schwer zu verstehen, dass die selbstbewusste und selbstbestimmte Person gerade wegen der Stufen des Reflektierens »wahrhaft unendlich« ist. Im Selbstwissen ist der ›Gegenstand‹, das ›Thema‹, das personale Subjekt selbst, in der Selbstbestimmung ist es die Person an sich, die ich aktual sein oder werden will. Diese Person an sich ist für mich nichts Jenseitiges. Sie ist nichts bloß Ideales wie in einer utopischen Selbstheroisierung. Freilich bleibt die Redeform von einer ›Rückkehr zu mir selbst‹ in der erfüllten Selbstbestimmung metaphorisch, wie alle derartigen Reden der Reflexion auf sich.

Er ist ferner nicht bloße Möglichkeit, Anlage, *Vermögen* (potentia), 50
sondern das *Wirklich-Unendliche* (infinitum actu), weil das Dasein des Begriffs, oder seine gegenständliche Äußerlichkeit das Innerliche selbst ist. (30)

Der wirklich aktive Wille ist natürlich als *energeia* im Wirken nicht nur erst Möglichkeit (*dynamis*, *endechomenon*), wie das etwa bei einem bloßen Wunsch der Fall wäre. Er geht auch weit über ein bloßes Vermögen (*potentia* als bloß latente *Disposition*) hinaus. Im Akt des Vollzugs ist das Wollen das wirklich Unendliche. Das heißt, der Wille ist das *Allgemeine im Tun*. Wieder ist es wichtig, Inhalte nicht physiologisch als etwas im Leib oder psychologisch und damit abstrakt-narrativ als etwas in der Seele zu verstehen, es sei denn, wir gehen schon richtig, nicht wörtlich, mit der metaphorischen Rede von meiner Psyche oder Seele bzw. von meinem subjektiven Geist um. Die »gegenständliche Äußerlichkeit« des gelernten Allgemeinen in der Teilnahme am ›gesamtgesellschaftlichen‹, ja am gesamtmenschlichen, ›objektiven Geist‹ ist »das Innerliche selbst«. Im subjektiv begriffenen und ergriffenen Inhalt finden wir auch das Dasein des Begriffs (an und für sich) und eben damit den subjektiven Geist.

50 Ⓚ Wenn man daher nur vom freien Willen, als solchem, spricht, ohne die Bestimmung, daß er der an und *für sich* freie Wille ist, so spricht man nur von der *Anlage* der Freiheit, oder von dem natürlichen und endlichen Willen (§ 11) und ebendamit, der Worte und der Meinung unerachtet, nicht vom freien Willen. – (30)

Die Floskeln »an sich« und »als solcher« formulieren Einschränkungen, die nicht in allen Kontexten zum gleichen Gegenstand des reflexionslogischen Nachdenkens führen. So meint die Rede vom freien Willen ›als solchem‹ nicht das konkrete freie Wollen und Handeln an und für sich, als Manifestation vernünftiger Selbstbestimmung, sondern (wenigstens dem Sinn des Ausdrucks gemäß) nur erst die *Anlage* des freien Wollens – und fällt daher mit dem *allgemeinen Begehrungsvermögen* zusammen. Das nur erst natürliche und endliche Begehren ist ›als solches‹ noch ohne selbstbewusste Bestimmung von Inhalt und Weg oder ohne Bewertung und Kontrolle der Erfüllung im Tun – und daher, was immer man sagt oder meint, noch kein voller freier Wille.

50f. Ⓚ Indem der Verstand das Unendliche nur als Negatives und damit als ein *Jenseits* faßt, meint er dem Unendlichen um so mehr Ehre anzutun, je mehr er es von sich weg in die Weite hinausschiebt und als ein Fremdes von sich entfernt. (30)

Hegels Rede über das Unendliche mag nicht jedem gefallen. Manchem mag es daher helfen, sie einzuklammern. Andererseits ist die Einsicht in das Endliche aller empirischen Dinge und Sachen ebenso wichtig wie die, dass generische Gegenstände und Wahrheiten sich von Gegenständen und Wahrheiten einer berichtenden oder historischen Empirie auf kategoriale Weise unterscheiden. Ihre Nichtendlichkeit und ihr relativ apriorischer Status machen sie aber keineswegs transzendent. Sie sind so wenig metaphysisch in einem abergläubischen Sinn wie die Formen der Geometrie. Nur das schematische Denken des Verstandes liest das Negative im Ausdruck »unendlich« so, als sprächen wir über ein Jenseits des Endlichen und Empirischen der realen Welt (in der Zeit). Dass wir in generischen Sprachformen über Typen und Normal- oder Idealformen und nicht über alle Einzelgegenstände einer Menge von Enitäten sprechen, ist freilich angemessen zu bedenken.

Im freien Willen hat das wahrhaft Unendliche Wirklichkeit und 51 Ⓚ
Gegenwart, – er selbst ist diese in sich gegenwärtige Idee. (30)

Die Aktualisierung des freien Wollens im bewussten und selbstbestimmten Handeln zeigt sich in ihrer vollen Gesamtform nirgends so klar wie im erfolgreichen Schaffen eines herausragenden Kunstwerks. Denn trotz aller noch möglichen Zweifel steht in dem Beispielfall häufig genug außer Frage, dass ein schwieriges Tun beendet und eine unendliche Form, wenn auch nur paradigmatisch, geschaffen bzw. verwirklicht ist. Man denke etwa an die Paradigmen der neueren großen Oper bei Gluck und Mozart, dann auch bei Verdi und Wagner oder an die großen Paradigmen des modernen Romans von Rabelais und Cervantes über Lawrence Sterne oder auch Gustave Flaubert bis, sagen wir, zu Thomas Mann und James Joyce. Mit den gestalteten Formen tritt ein wahrhaft Unendliches in die Wirklichkeit und Gegenwart ein.

Die erfolgreiche Verwirklichung des Willens ist dabei die sich im Tun immer schon selbst gegenwärtige Idee, der realisierte Begriff, also die verwirklichte Form des gewollten Tuns. Die in exzellenter Weise erfolgreiche Teilnahme an einer Praxis ist unter den hier relevanten Aspekten von ganz analoger Form wie die Poiesis der Herstellung eines exzellenten Werks. Auch hier kann der Weg das Ziel sein. Die erfolgreiche Tat liegt jenseits aller unwahren Selbstzuschreibungen. Sich selbst als das wahrhaft Unendliche in der endlichen Gegenwart zu wissen, heißt, sich als Person zu kennen.

Der vieldiskutierte Gegensatz von *poiesis* und *prāxis* sollte übrigens nicht überschätzt werden, zumal die *prāxis* eines selbstgeformten Lebensvollzugs immer auch die ›Schaffung der Person‹ ist, die ich am Ende gewesen sein werde.

§ 23

51 Nur in dieser Freiheit ist der Wille schlechthin *bei sich*, weil er sich auf nichts, als auf sich selbst bezieht, so wie damit alles Verhältnis der *Abhängigkeit* von etwas *Anderem* hinwegfällt. – (30f.)

In selbstbestimmter Freiheit »ist der Wille schlechthin bei sich«, wie Hegel sagt. Ich wünsche mir dann nicht nur ein entschlossenes Tun des Guten und Perfekten, ich bestätige das Freie des Willens im Handeln und will diesen Willen, der sich auf mich als Person bezieht. Irrelevante Abhängigkeiten von anderen Sachen fallen weg – so aber, dass es häufig nichts ausmacht, wenn *auch* noch andere Interessen im Spiel sind.

51 Er ist *wahr* oder vielmehr die *Wahrheit* selbst, weil sein Bestimmen darin besteht, in seinem *Dasein* d. i. als sich gegenüberstehendes zu sein, was sein Begriff ist, oder der reine Begriff die
43 Anschauung seiner selbst zu seinem Zwecke und Realität hat. | (31)

Der seinem Zweck nach richtig und voll erfüllte Wille ist »die Wahrheit selbst«. Nichts ist so wahr, wie wenn wir etwas wahr machen, eine Form tätig erfüllen können. Dieser Gedanke (der dem der Absolutheit des Vollzugs korrespondiert) wird dann zunächst im Amerikanischen Pragmatismus von Charles Sanders Peirce und William James wieder aufgegriffen. In etwas anderer Form tritt er in John Searles Unterscheidung zwischen der von mir »absolut« genannten performativen ›direction of fit‹ des tätige Wahrmachens und der ›relativen‹ der Erfüllung gegebener Bedingungen im Erkennen und Wissen wieder auf. Im empirischen Erkennen prüfen wir sozusagen, ob eine Möglichkeit an sich realisiert und in diesem Sinn Wirklichkeit an und für sich ist. Hegels Formulierung sagt auf etwas umständliche Weise, dass die Bestimmung des Willens darin besteht, eine Form als den relevanten begrifflichen Inhalt zu realisieren. Inhalte sind ja nur besondere Formen; äußere Formen sind besondere Repräsentation von allgemeineren Inhalten.

§ 24

Er ist *allgemein*, weil in ihm alle Beschränkung und besondere Einzelnheit aufgehoben ist, als welche allein in der Verschiedenheit des Begriffes und seines Gegenstandes oder Inhalts, oder nach anderer Form, in der Verschiedenheit seines subjektiven Fürsichseins – und seines Ansichseins, seiner *ausschließenden* und beschließenden Einzelnheit – und seiner Allgemeinheit selbst, liegt. (31) 51

Das Wollen und sogar das Handeln sind allgemein, nicht, weil sie inhaltlich unbestimmt wären, sondern weil es *im Spielraum ihrer Verwirklichung* keine Beschränkung gibt: Die Erfüllungsbedingungen sind allgemein. Man kann z. B. auf verschiedene Weise ein Tor schießen; dabei muss man häufig mehrere Versuche starten.

Die verschiedenen Bestimmungen der *Allgemeinheit* ergeben sich in der Logik (s. Encyklop. der philos. Wissenschaften, § 118–126). Bei diesem Ausdruck fällt dem Vorstellen zunächst die abstrakte und äußerliche ein; aber bei der an und für sich seienden Allgemeinheit, wie sie sich hier bestimmt hat, ist weder an die Allgemeinheit der Reflexion, die *Gemeinschaftlichkeit* oder die *Allheit* zu denken, noch an die *abstrakte* Allgemeinheit, welche außer dem Einzelnen auf der andern Seite steht, die abstrakte Verstandes-Identität (§ 6 Anm.). Es ist die in sich *konkrete* und so für sich seiende Allgemeinheit, welche die Substanz, die immanente Gattung oder immanente Idee des Selbstbewußtseins ist; – der Begriff des freien Willens, als das über seinen Gegenstand *übergreifende, durch seine Bestimmung hindurchgehende Allgemeine*, das in ihr mit sich identisch ist. – (31) 51 f. Ⓚ

Ich habe im Vorbeigehen schon auf verschiedene Verständnisse des Ausdrucks »allgemein« hingewiesen. Hier ist der Ort, einige Unterscheidungen aufzulisten.

1. In *allgemeinen Reflexionsaussagen* artikulieren wir grobe Aussagen über einen Sprachgebrauch oder eine Denkform wie etwa in der Rede über Sinn und Bedeutung von Wörtern und Ausdrücken. Man sieht das am schnellsten an Beispielen der Art: Plan und Vorsatz bedeuten grob dasselbe. Der Wille ist im Wesentlichen die entschlossene Absicht in der ausgeführten Handlung.

2. Die Allgemeinheit als *Allheit* verweist auf einen Allquantor der Form »für jeden einzelnen Gegenstand g einer sortalen Menge G von Elementen gilt $\phi(g)$«. Diese logische Form setzt die Konstitution

eines sortalen oder diskreten Gegenstandsbereiches G mit einer exakt definierten Zugehörigkeit (des Elementseins) und exakt definierten Gleichungen $g = g^*$ und Ungleichungen $g \neq g^*$ voraus, wie wir sie außerhalb der Mathematik realiter nie zur Verfügung haben. Die Folge ist, dass alle weltbezogenen Allaussagen und damit die Schlussregeln der formalen Quantorenlogik selbst nur *cum grano salis*, im Prinzip, an sich und d. h. eben: generisch mit vielen privativen Ausnahmen gelten. Die in der schematischen Form implizite Idealisierung ist also immer mit Urteilskraft rückgängig zu machen – und nur so anzuwenden.

3. Die *abstrakte Allgemeinheit*, von der Hegel unter Verweis auf die Anmerkung des § 6 oben spricht, meint im Grunde die Allgemeinheit einer noch nicht einmal in ihrem Gegenstandsbezug genau bestimmten Variablen, so wie wir z. B. das Wort »etwas« und, philosophisch bloß vornehmer, nicht etwa exakter, das Wort »Entität« (auch »Gegenstand«, »Seiendes« etc.) verwenden. Es wird von aller konkreten Bestimmung abstrahiert. Kants Rede von einem Ding an sich gehört zu dieser Form der abstrakten Allgemeinheit und verheddert sich in ihr nicht anders als das abstrakte Ich und der reine Wille Fichtes. Am letzten Halbsatz kann man sehen, wie in vielen Texten, gerade auch bei Hegel, eine bloß formal ›objektstufige‹ Rede metastufig als Kommentar zu Ausdruck und Begriff zu lesen ist. Nach dem ersten Halbsatz können auch alle Aussagen über ›das Ding an sich‹ nur als Aussagen über einen noch nicht in seinem Sinn klar bestimmten Ausdruck sinnvoll und wahr sein.

4. Was aber ist »die in sich konkrete und so für sich seiende Allgemeinheit«? In welchem Sinn ist sie »die Substanz des Selbstbewußtseins«? Zunächst erläutert Hegel, dass die Rede von der Substanz, der griechischen *Ousia*, als Rede vom allgemeinen Wesen (hier: des Selbstbewusstseins) zu verstehen ist. Er nennt es auch »immanente Gattung oder immanente Idee«, wobei das Wort »immanent« auf die konkrete Realisierung der generischen Form verweist, hier also auf das aktualisierte Genus, wirklich selbstbewusst zu sein und frei eine komplexe Handlung zu wollen. Wir wissen schon, dass in Hegels Diktion eine solche Realisierung einer Form, konkret also des Begriffs des Selbstbewusstseins und des freien Willens, »Idee« heißt.

Das Holistische jedes verwirklichten Wollens lässt sich nie als Folge empirischer Einzelakte, wie dem Einfall »ich will den Finger biegen«, gefolgt vom Minimalakt »ich biege den Finger«, begreifen (pace Jonathan Bennett in dem Buch *The Act Itself* oder Donald Davidsons Vorstellung von Ereignissen qua momentanen ›token‹, von denen manche als Handlungen deutbar sein sollen). Es gibt keinen wohldefinierten allgemeinen Bereich, in dem man die Variable *e* für ›Ereignisse‹ belegen könnte. Solche Bereiche sind immer nur aus dem Kontext heraus rein lokal bestimmt, etwa wenn wir von den Sportereignissen des letzten Jahres sprechen. Es gibt auch keine *Minimalakte h* des freien Wollen und Tuns. D. h. sie sind nicht als Gegenstände wohlverfasst. Es gibt nur die vage Rede von Körperbewegungen. Es gibt aber kaum klare kausale Relationen zwischen ihnen und Handlungen. Die so genannten ›Formalisierungen‹ operieren mit Variablen bzw. Buchstaben ohne klare Belegungen. Es ist daher normalerweise falsch, ja sinnlos, zu sagen, ich hätte nur den Finger biegen wollen und das hatte die unglückliche Folge gehabt, dass ich damit jemanden erschossen habe oder mein Drücken des Lichtschalters – und nicht das Lichtmachen – sei per se eine Warnung an einen Einbrecher gewesen. Nur sehr selten will ich nur den Finger biegen. Und nur sehr selten drücken Erwachsene ziellos auf Knöpfe.

Daher betont Hegel zu Recht, dass jedes Wollen durch die Bestimmung von Ziel und Mittel hindurchgehend sich auf eine zeitlich ausgedehnte Handlung qua Aktualisierung einer Form bezieht. Am Ende ist es mit der ausgeführten und beabsichtigen Handlung an und für sich und damit ›mit sich‹ identisch. Die Floskel »an sich« verweist auf die Handlungsform, den *type*, den man im logischen Empirismus als Klasse von einzelnen Token missdeutet. Der Ausdrucksteil »für sich« verweist auf eine Instanziierung der Form. Hegels Analyse sieht also tiefer als die übliche Vorstellung von *type-token*-Relationen, und zwar weil es keine individuellen, gegenständlichen *token* gibt, die nicht schon ausgedehnte Instanziierungen allgemeiner Formen wären, wobei das Interesse an Besonderungen im Kontext entscheidet, wie wir reflexionslogisch Einzelnes im Tun von anderem Einzelnen unterscheiden wollen. Es gibt hier kein Einzelnes ohne Bezugnahme auf Begriffe bzw. Formen und relevante Kontexte der aktualisierten Form der Instanziierung. Billiger ist eine einigermaßen adäquate Analyse des Wollens und Handelns, aber auch schon des Begriffs der

Realisierung einer Verhaltens- oder Prozessform nicht zu haben, um über die Seinsformen von Wesen aller Art noch gar nicht zu reden.

Das Ergebnis der Analyse ist, dass ›die Substanz‹ wirklich freien Handelns *im allgemeinen Wissen um Handlungsmöglichkeiten* liegt. Diese Bedingung der Möglichkeit ist auf vielfältige Weise transpersonal geschichtlich entwickelt und kann von Einzelsubjekten im Lernen theoretisch und praktisch erfasst werden – in der Reproduktion von Handlungsformen. Zu diesen zählen auch Redeformen, deren Aktualisierungen im leisen Denken die konkrete Handlungsplanung und Kontrolle der Erfüllungen begleiten können. Alle anderen Vorstellungen von einem (freien) Wollen und Handeln, ob ›metaphysisch‹, empiristisch oder naturalistisch (und damit je nur narrativ) sind begrifflich und phänomenologisch defizitär.

52 Ⓚ Das an und für sich seiende Allgemeine ist überhaupt das, was man das *Vernünftige* nennt und was nur auf diese spekulative Weise gefaßt werden kann. (31 f.)

Mein Vorschlag der Deutung des Allgemeinen an und für sich bestätigt sich hier: Es ist das konkrete Allgemeinwissen, das als solches bestimmt, was ein verständiges und urteilskräftig-vernünftiges Urteilen und Tun ist. Es kann als solches nur in spekulativer Reflexion explizit erfasst werden.

§ 25

52 Das *Subjektive* heißt in Ansehung des Willens überhaupt die Seite seines Selbstbewußtseins, der Einzelnheit (§ 7) im *Unterschiede* von seinem *an sich* seienden Begriffe, daher heißt seine Subjektivität α) die *reine Form*, die *absolute Einheit* des Selbstbewußtseins mit sich, in der es als Ich=Ich schlechthin innerlich und *abstraktes* Beruhen auf sich ist – die reine *Gewißheit* seiner selbst, unterschieden von der Wahrheit; β) die *Besonderheit* des Willens als die Willkür und der zufällige Inhalt beliebiger Zwecke; γ) überhaupt die einseitige Form (§ 8), insofern das Gewollte wie es seinem Inhalte nach sei, nur erst ein dem Selbstbewußtsein angehöriger Inhalt und unausgeführter
44 Zweck ist. | (32)

In unserer Unterscheidung zwischen dem Objektiven und Subjektiven wird sich die dialektisch-ironische Wahrheit ergeben, dass gerade im Handeln nichts so wirklich und unvertretbar ist wie die Subjektivität der je eigenen lokalen Perspektive. Hier unterscheidet Hegel im Rückblick auf den § 7 die empirische Endlichkeit des Einzelsubjekts im präsentischen Vollzug von der allgemeinen Form seines Wollens (also dem an sich seienden Begriff des Willens). Die Subjektivität als Form des Daseins ist daher α) reine Form. Wieder bestätigt sich meine Lesart, dass Hegel das Wort »absolut« zur Markierung eines Vollzugs, der Aktualisierung einer Form, z. B. einer Form des Selbstwissens und der Selbstbestimmung, gebraucht. In ihr besteht auch die »Einheit des Selbstbewußtseins mit sich«. Die Rede über sie wäre rein mysteriös, wenn sie sich nicht in der Anerkennung von Selbstaussagen und ihrer Bewertung als wahr bestätigte. Aus rein subjektiver Perspektive kommt man dabei aber nicht über die (reine) »Gewißheit seiner selbst« hinaus. Denn das wahre Subjekt von Wissen ist ein Wir und Man, nicht ein bloß erst subjektives Ich. Das liegt am grammatischen Unterschied zwischen der bloßen Versicherung, etwas zu wissen, die logisch nur erst zur Wahrheit der Aussage »Er meint zu wissen, dass ϕ« führt und der Aussage »Er weiß, dass ϕ« – die freilich als meine Aussage auch nur erst eine Gewissheit ausdrückt. In eben diesem Sinn sind dann auch nach Hegel Selbstaussagen »unterschieden von der Wahrheit«. Fichte setzt solche Aussagen unter die Formel Ich = Ich. Diese würde ich lieber schematisch durch die Form $\vdash_{ich} \phi(ich)$ ersetzen. Diese wiederum hat als solche zwei Lesarten. Die Kurzform lautet: ich habe die Eigenschaft ϕ. Die reflektierte Langform lautet: ich sage von mir, dass ich die Eigenschaft ϕ habe.

Die zweite Bedeutung des Wortes »subjektiv« verweist β) auf die Besonderheit der Willkür und der zufälligen Inhalte zufällig gesetzter Zwecke. Das ist keine Meinung oder Behauptung Hegels, sondern eine Explikation eines gängigen Gebrauchs, wie sie ohne Zweifel korrekt ist. In der dritten Bedeutung γ) ist ein Wille oder eine Absicht nur erst innerlich und subjektiv, solange man nicht über den bloßen Wunsch hinausgeht, also noch gar nicht entschlossen zu handeln beginnt.

§ 26

Der Wille α) insofern er sich selbst zu seiner Bestimmung hat und so seinem Begriffe gemäß und wahrhaftig ist, ist der *schlechthin objektive* Wille, β) der *objektive* Wille aber, als *ohne die unendliche Form* des Selbstbewußtseins ist der in sein Objekt oder Zustand, wie er 52f.

seinem Inhalte nach beschaffen sei, versenkte Wille – der kindliche, sittliche, wie der sklavische, abergläubische u. s. f. – γ) Die *Objektivität* ist endlich die einseitige Form im Gegensatze der subjektiven Willensbestimmung, hiemit die Unmittelbarkeit des Daseins, als *äußerliche* Existenz; der Wille wird sich in diesem Sinne erst durch die Ausführung seiner Zwecke *objektiv*. (32)

Das Wort »objektiv« gebrauchen wir in der Rede über Absichten und Handlungen erstens dann, wenn α) das Wollen und Tun dem Begriff gemäß ist, wir also entschlossen das in die Tat umsetzen, was wir im Vorsatz und Beschluss wollen – und zwar (im guten, nicht privativen Fall) bis zu vollen Erfüllung des Inhalts der Absicht. Es gibt aber zweitens auch eine Verwendung, welche β) einen ›objektiven Willen‹ ohne »die unendliche Form des Selbstbewußtseins« in einer Aufstufung kritischer Selbstkontrolle der Richtigkeiten im Tun und Bewerten unterstellt.

Für Hegel ist der kindliche Wille, dem die Regeln des Guten ›objektiv‹ vorgegeben sind, ebenso ein Beispiel wie der sittliche Wille bloß konventioneller Tugend, etwa der klassischen *Arete* der Griechen. Der sklavische Wille des absoluten Gehorsams verlangt eine rein wörtliche Befolgung von Normen. Ein *Tabu* als sakralisiertes Superschema des absoluten Verbots gehört gerade wegen seiner dämonischen Überhöhung in eine Frühkultur, so wie der Begriff der Sünde als Übertretung ritueller Vorschriften. Das Opfer ist dann eine immer prekäre Mischung zwischen Anerkennung von Kontingenz und magischer Beschwörung, mit der man formell (wenn auch bloß in Gefühl und Haltung) Handelnder bleibt.

Das dritte Verständnis von Objektivität fokussiert, γ), nur auf das äußere Verhalten unter Absehung von jeder subjektiven Willensbestimmung. Man meint im Behaviorismus auf diese Weise besonders objektiv und wissenschaftlich zu sein, ist aber in Wirklichkeit das gerade Gegenteil, nämlich blind gegenüber der komplexen Logik des frei gewollten Handelns.

53 Ⓚ Diese logischen Bestimmungen von Subjektivität und Objektivität sind hier in der Absicht besonders aufgeführt worden, um in Ansehung ihrer, da sie in der Folge oft gebraucht werden, ausdrücklich zu bemerken, daß es ihnen wie andern Unterschieden und entgegengesetzten Reflexionsbestimmungen geht, um ihrer Endlichkeit und

daher ihrer dialektischen Natur willen in ihr Entgegengesetztes überzugehen. Andern solchen Bestimmungen des Gegensatzes bleibt jedoch ihre Bedeutung fest für Vorstellung und Verstand, indem ihre Identität noch als ein *innerliches* ist. Im Willen hingegen führen solche Gegensätze, welche abstrakte und zugleich Bestimmungen *von ihm*, der nur als *das Konkrete* gewußt werden kann, sein sollen, von selbst auf diese ihre Identität und auf die Verwechslung ihrer Bedeutungen; – eine Verwechslung, die dem Verstande bewußtlos nur begegnet. – (32 f.)

Ich habe oben gezeigt, wie das Streben nach ›absoluter‹ Objektivität unter Ausschluss von ›aller Subjektivität‹ sowohl in Kants Konzeption der Rede vom ›Ding an sich‹ als auch im Behaviorismus in sein glattes Gegenteil umschlägt, nämlich in ein bloß formales, abstraktes, oberflächliches, unstrenges Räsonieren über angeblich allein wirkliche Dinge. Im Fall des Willens entsteht dabei die ebenfalls schon analysierte Verwechslung von Willkür im Entscheiden mit einem freien Wollen im Handeln. Die Logik des Verstandes gerät so »bewußtlos« zu den bekannten und schon zum Teil diskutierten Paradoxien der Freiheit. In der üblichen formalen Prädikaten- und Relationenlogik auch noch nach Frege kann man sogar überhaupt nicht angemessen mit *Verben* als den Ausdrücken zeitlich ausgedehnter *Prozessformen* umgehen. Schon gar nicht sinnvoll ist es, *Handlungsverben* als Ausdrücke für *Relationen* deuten zu wollen.[30] Dass die Zeit das Hauptproblem einer *weltbezogenen Logik der Sprache* jenseits bloß mathematischen Denkens und damit der beschränkten Denkformen des Pythagoräismus ist, haben vielleicht nicht viele, aber

30 Es kann keine zureichende Handlungslogik im Stil der Frege'schen Prädikatenlogik geben. Das Beste, was auf dem Weg in diese Richtung entwickelt wurde, findet sich in Nuel Belnap, Michael Perloff, Ming Xu, *Facing the Future. Agents and Choices in Our Indeterminist World.* Oxford: Oxford Univ. Pr. 2001, z. B. in der Analyse des Ausdrucks »dafür sorgen, dass« (bzw. »see to it that«, kurz: STIT). Die Einsichten in die logische Form von (kausaler!) Verantwortlichkeit bleiben aber höchst abstrakt, da wie in der Modallogik der Möglichen Welten mit reinen Konstatierungen (›Propositionen‹) operiert wird, die es realiter nicht gibt, so wenig wie die Elementarsätze, Tatsachen und Sachverhalte des *Tractatus logico-philosophicus* des jungen Wittgenstein.

die größten Philosophen wie Heraklit, Parmenides, Zenon von Elea und Platon, auch Aristoteles in der Antike, Hegel und Heidegger in der klassischen deutschen Philosophie, dann aber auch Alfred N. Whitehead, Nuel Belnap, Robert Brandom, Michael Thompson oder Sebastian Rödl je auf ihre Weise erkannt.

53 Ⓚ So ist der Wille, als die *in sich seiende* Freiheit, die Subjektivität selbst, diese ist damit sein Begriff und so seine Objektivität; Endlichkeit aber ist seine Subjektivität, im Gegensatze gegen die Objektivität; aber eben in diesem Gegensatze ist der Wille nicht bei sich, mit dem Objekte verwickelt und seine Endlichkeit besteht eben sowohl darin, nicht subjektiv zu sein u. s. f. – Was daher im Folgenden das Subjektive oder Objektive des Willens für eine Bedeutung haben soll, hat jedesmal aus dem Zusammenhang zu erhellen, der ihre Stellung in Beziehung auf die Totalität enthält. (33)

Hier sagt Hegel selbst, dass die Subjektivität die Objektivität des Willens ist. Das Wollen und Tun ist zwar im Vollzug endlich, aber nicht in seinem Inhalt, da dieser aus einem allgemeinen und als solchem vom logischen Status (nicht eigentlich vom Umfang) her »unendlichen« Bereich von Möglichkeiten sozusagen ausgewählt ist. In der Spannung zwischen endlichem, aber präsentisch-absolutem Vollzug und den je zu kontrollierenden Erfüllungen ist der Wille sowohl bei sich als auch »nicht bei sich«, weil er »mit dem Objekte verwickelt« ist. Wir müssen angesichts dieser Analyse immer vom Kontext her befinden, was es jeweils heißen soll, von einem subjektiven bzw. objektiven Moment im Wollen und Handeln zu sprechen.

§ 27

53 f. Die absolute Bestimmung oder, wenn man will, der absolute Trieb des freien Geistes (§ 21), daß ihm seine Freiheit Gegenstand sei – objektiv sowohl in dem Sinne, daß sie als das vernünftige System seiner selbst, als in dem Sinne, daß dies unmittelbare Wirklichkeit

45 sei (§ 26) – um für sich, als | Idee zu sein, was der Wille an sich ist; – der abstrakte Begriff der Idee des Willens ist überhaupt *der freie Wille,* der *den freien Willen will.* (33 f.)

Hegels Schachtelungen von Genetiven mögen verwirren. Hier kommt er auf das schon oben angesprochene (freie) Wollen des (freien) Wollens zurück, das insgesamt nicht, wie bei Harry Frankfurt, als Wunschwunschtheorie des Wollens zu lesen ist (also als Form der Art: Ich begehre, dass ich dieses oder jenes begehre), sondern als Wille, eine volle Person der autonomen Selbstbestimmung zu werden und zu sein. Hegel nennt dieses Wollen des Wollenkönnens einen ›absoluten Trieb des freien Geistes‹ und verweist auf den § 21 zurück. Mir wird damit meine eigene Freiheit zum Gegenstand nicht nur der theoretischen (verbalen) Reflexion, sondern meines eigenen Handelns, in dem ich mich immer auch selbst bilde und mich nicht nur zu Anderem und Anderen, sondern auch zu mir selbst verhalte.

Es gibt nun zwei zu beachtende Objektivitäten der Freiheit, erstens, die des vernünftigen Systems der allgemeinen bzw. ›unendlichen‹ Möglichkeiten freien individuellen und kooperativen Handelns, zweitens, deren reale Aktualisierungen in der ›empirischen‹, genauer, der zeitlich-endlichen Welt. Um die Pflege oder Kultur beider Freiheiten müssen wir uns tätig kümmern. Sie sind keine Naturgegebenheiten – und entgehen einem ›empirischen‹ Blick, der bloß ein gegenwärtiges Verhalten wahrnimmt und die Besonderheit reproduzierbarer Vollzugsformen übersieht. Die Methode des Experiments überschreitet ja als Prüfverfahren für rekurrente generische Prozessformen ›bloß empirische‹ Beobachtungen und narrative Berichte und Statistiken. Wie man sieht, ist das Wort »empirisch« systematisch mehrdeutig.

Die Entwicklung der freien Person wird deswegen häufig als Entwicklung einer ›zweiten Natur‹ dargestellt, weil sie wesentlich auch in der Umformung von Gewohnheiten besteht. Aber die geistigen Formen und Inhalte existieren in transsubjektiver Weise, meinetwegen als ›Kultur‹ in einer Wir-Gemeinschaft, die das Geistige pflegt und damit der allgemeine Geist *ist*. Zu freien handelnden Personen werden wir als Einzelindividuen, indem wir uns geistige, d. h. personale Formen und Inhalte aneignen. In genau diesem Sinn steht der Geist in bestimmter Negation zur handlungsfreien Natur. Anhänger eines Naturalismus, von denen sogar noch erklärte Anhänger Kants und der ›Junghegelianer‹ sich schwer abgrenzen lassen, definieren sich durch eine unbestimmte Verneinung, indem sie sich einer über den Ausdruck hinaus von ihnen selbst nicht näher verstandenen ›Geistmetaphysik‹ entgegensetzen wollen. Eine dichotomische Alternative zwischen ›Materialismus‹ und ›Idealismus‹ entsteht so nicht. Denn eine bloß erst unendliche Verneinung einer bloß erst vermuteten

Sinnwidrigkeit im Verständnis von Natur und Geist bzw. natürlichem Geschehen und freiem Handeln ist selbst noch unverstanden. Dasselbe gilt für Aussagen, die sagen, es gäbe ›eigentlich‹ nur physische Dinge und deren Bewegungen. Jede derartige ›Ontologie‹ bedarf allererst einer logischen Klärung der wesenslogischen Ausdrucksform »eigentlich« und des seinslogischen »es gibt«.

§ 28

54 Die Tätigkeit des Willens, den Widerspruch der Subjektivität und Objektivität aufzuheben und seine Zwecke aus jener Bestimmung in diese überzusetzen und in der Objektivität zugleich *bei sich* zu bleiben, ist außer der formalen Weise des Bewußtseins (§ 8), worin die Objektivität nur als unmittelbare Wirklichkeit ist, die *wesentliche Entwicklung* des substantiellen Inhalts der Idee (§ 21), eine Entwicklung, in welcher der Begriff die zunächst *selbst abstrakte Idee* zur Totalität ihres Systems bestimmt, die als das Substantielle unabhängig von dem Gegensatze eines bloß subjektiven Zwecks und seiner Realisirung, *dasselbe* in diesen beiden Formen ist. (34)

Die Idee wird jetzt mehr und mehr verstehbar als das begrifflich vermittelte und zu einer Zeit real verfügbare Gesamtsystem von Denk- und Handlungsmöglichkeiten als transzendentale Gesamtvoraussetzung des Denkens und Handelns von Einzelpersonen in der jeweiligen Kultur- und Wissensepoche. Sie hat, wie der Begriff selbst, eine Entwicklung, aber nicht etwa so, dass Einzelpersonen sie direkt verändern könnten. Denn begriffliche Kanonisierungen von Wissen als Bestimmung generischer Möglichkeiten, auch der Normalfälle des Allgemeinen und damit des ›notwendigerweise‹ im Defaultfall zu Erwartenden, geschehen selbst nur in allgemeiner Anerkennung. Einzelpersonen können sie zunächst nur vorschlagen. Ganz parallel dazu sind empirische Versicherungen fallibel und werden nur auf generischer Ebene zu einer anerkannten Erkenntnis. Allgemeines Wissen, sogar schon empirische Erkenntnis von diesem oder jenem hier oder dort, ist unabhängig von konkreten subjektiven Zwecken, nicht aber vom Zweckdenken überhaupt, da dieses in den begrifflichen Bestimmungen, was etwas ist, schon dicht enthalten, präsupponiert ist.

Wissen ist als freie *Praxisform*, Wissenschaft aber schon als organisierte *Institution* zu begreifen. In ihnen sind allgemeine Wahrheiten gesetzt und die Geltung für einzelne (›empirische‹) Erkenntnisansprüche definiert. Analoges gilt für Gesetze und Regeln des guten und rechten individuellen und gemeinsamen Handelns. Wahre *Sätze* artikulieren (zeit)allgemeine Regeln, wahre *Aussagen* besondere Anwendungen. Alles Verstehen ist und bleibt aber allgemein. Sogar noch die deiktischen Bezugnahmen, vermittelt durch Anwendungen demonstrativer Wörter wie »ich«, »hier« oder »jetzt«, auch »dies« und »dort« bleiben vermöge der allgemeinen Praxis des Wechsels der Perspektive unter Beibehaltung des Bezugs allgemein.

§29

Dies, daß ein Dasein überhaupt, *Dasein des freien Willens* ist, ist das 54
Recht. – Es ist somit überhaupt die Freiheit, als Idee. (34)

Hegels zentrale Merksätze haben generell ein ausgesuchtes Design. Sie sind alle gnomische Aphorismen, aber weniger oberflächlich als die Aperçus im ebenfalls bewusst fragmentarischen Denken der Romantik und ihrer Art des ›Fichtisierens‹, wie sich Novalis ausdrückt. Sie gehören daher in eine Tradition des literarischen und philosophischen Stils, die von G. C. Lichtenberg u. a. über Friedrich Schiller, Friedrich Schlegel, Schopenhauer und Nietzsche zu Wittgenstein und Adorno führt.

Manchmal überzeugen die Orakel auf geradezu schlagende Weise. Sie machen Hegel zu einem der meistzitierten philosophischen Autoren – ähnlich wie Goethe mit seinen Sprüchen in der deutschsprachigen oder Einstein mit seinen *bonmots* in der volkswissenschaftlichen Literatur. Hegels Merksätze erfüllen eben damit zumindest die Bedingungen einer guten Predigt. Aber ihre Lektüre ist wegen der Verdichtungen auch immer anspruchsvoll. Manchmal geraten sie jedoch auch ins Dunkel des Obskuren und fallen in ihrem Manierismus zur Last. Hier liegt das am Spiel mit dem vieldeutigen Wort »Dasein«. Denn einerseits ist »Dasein« Titel dafür, dass etwas da ist. Andererseits steht es auch für das menschliche Dasein, und zwar für ein Einzelleben für sich oder für die Gesamtform des menschlichen Daseins an sich.

Aus der Vieldeutigkeit der Formulierung der obigen Gnome müssen wir daher eine passende Auswahl treffen. Das Orakel könnte besagen, dass das Recht im Sinn der allgemeinen *dikē*, also von allem

Richtigen, und damit als allgemeine Normativität des Wahren und Guten, Titel für die Formen eines im vollen Sinn menschlichen, also personalen, geistigen, Daseins überhaupt oder an sich ist. Das Rechte in diesem allgemeinsten Sinn macht die Daseinsform des freien Willens bzw. des Handelns aus, insofern nicht das für das Überleben Nützliche eines animalischen Lebens gemeint ist, sondern nur das Rechte im freien Handeln, das man immer auch frei verfehlen kann.

In meiner Formulierung, die schon vom Begriff der Person Gebrauch macht, ist das weitgehend sinnäquivalent zur folgenden Aussage: Das Recht ist die allgemeine Form des Daseins einer freien Person, die selbstbestimmt handeln kann. Es gibt daher überhaupt keine andere wirkliche Freiheit als über die Vermittlung der allgemeinen, längst schon in ihren grundsätzlichen Momenten in der Geschichte der Menschen verwirklichten Praxisform eines freien Lebens. Wir sind personale Subjekte nur im Gesamtzusammenhang aller Personen. Das sagt Hegel an vielen Stellen selbst explizit, wie wir noch genauer sehen werden.

Damit verstehen wir auch, dass und wie Hegels Ausdruck »Idee« Platons Rede von der *idea tou agathou*, der Idee des Guten, als Grundlage aller eidetischen bzw. generischen Wahrheiten und zugleich der Realform eines guten Gemeinwesens aufgreift. Gleichzeitig weist sie zurück auf Kants Rede von der Idee, die freilich wie die üblichen Vorstellungen vom christlichen Gott zu nahe an einem paradiesisch-jenseitigen Gesamt utopischer Ideale liegt, als dass man sie unmittelbar als gute Orientierung im wirklich freien und möglichst guten Urteilen und Handeln gebrauchen könnte.

54 ⓚ Die Kantische (Kants Rechtslehre Einl.) und auch allgemeiner angenommene Bestimmung, worin »die *Beschränkung* meiner Freiheit oder *Willkür*, daß sie mit jedermanns Willkür nach einem allgemeinen Gesetze zusammen bestehen könne«, das Hauptmoment ist – enthält teils nur eine *negative* Bestimmung, die der Beschränkung, teils läuft das Positive, das allgemeine oder sogenannte Vernunftgesetz, die Übereinstimmung der Willkür des einen mit der Willkür des andern, auf die bekannte formelle Identität und den Satz des Widerspruchs hinaus. (34)

Hegel selbst verweist unmittelbar auf Kant, und zwar sowohl auf dessen Rechtslehre als auch seine Praktische Philosophie insgesamt.

Seine grundsätzliche Kritik gegen Kants Kategorischen Imperativ als Grundformel moralischer Beurteilung von (subjektiven) Maximen als Einheit von Vorsatz und Absicht im Prozess einer möglichen Instanziierung einer Handlungsform besteht in der später genauer zu diskutierenden Beobachtung, dass die Verfahrensformel nur die *Konsistenz* von Reden und Handeln fordert. Auch wenn ich so handle, dass ich wollen kann, dass die Maxime meines Handelns zu einem allgemeinen Gesetz der Erlaubnis, des Entitlements, werden könnte, ist, wie Hegel sieht, je nur ausgeschlossen, dass ich mir selbst erlaube, gemäß ϕ zu handeln, es aber ansonsten für gut finde, dass andere nicht so handeln (dürfen oder sollten). Kants Prinzip schließt damit aus, anderen Wasser zu predigen und selbst Wein zu trinken – oder auf andere Weise als Trittbrettfahrer ein allgemeines Ethos (und Recht) nur für sich zu benutzen. Kants Prinzip ist also keineswegs leer, sondern schon höchst folgenreich. Es liefert nämlich sogar schon eine Lösung für das kooperationstheoretische und praktische ›Gefangenendilemma‹. Denn auch ohne jede Absprache weiß jede Person, dass das moralisch gute Handeln darin besteht, nicht in der berechnenden Hoffnung auf einen höheren Nutzen aus der Form einer symmetrischen Verteilung der Kosten und der Nutzen ›auszusteigen‹. Das heißt, der moralisch Handelnde ›muss‹ auf die Kooperativität der anderen personalen Subjekte *vertrauen* und *darf* sein mögliches Misstrauen nicht als Vorwand benutzen, aus den als gegeben bekannten Kooperationsformen zu ›defektieren‹.

Und doch ist das Prinzip bei Weitem noch nicht gut genug. Das kann man jetzt auch an dem von Hegel hier besprochenen, zur Moralformel parallelen Rechtsprinzip zeigen. Diesem zufolge *soll* ›meine Freiheit oder Willkür so beschränkt werden, dass sie mit jedermanns Willkür nach einem allgemeinen Gesetz zusammen bestehen könne‹. Es ist klar, dass das nur eine negative Bestimmung ist. Konkret bleibt nicht nur offen, welches Normensystem aus den vielen möglichen auszuwählen ist. Es kann viele geben, die je für sich Kants Bedingungen erfüllen, die aber nicht zueinander passen. Es bleibt daher bei Kant außerhalb der Betrachtung, dass es das Rechtssystem selbst ist, welches die positive Freiheit eines ›moralischen‹, ›kommunitarischen‹ und vertragsförmig-gesellschaftlichen kooperativen Handelns sichert und damit allererst real instanziiert. Und es wird von der Pfadabhängigkeit der geschichtlich gemeinsam entwickelten Konventionen abstrahiert, mit denen wir Koordinationsprobleme im gemeinsamen Handeln lösen. Sie sind Bestandteil einer Verwandlung von bloß subjektiv verallgemeinerbaren Erlaubnissen in objektive sittliche Formen, Normen und Regeln. In dieser Abstraktion liegt das bloß erst Subjektive und Formale von Kants Moral- und Rechtsprinzip. Die übliche Gegenkritik an Hegels Betonung des tradierten Ethos trifft an der logischen Form des Arguments vorbei.

> 54f. Ⓚ Die angeführte Definition des Rechts enthält die seit *Rousseau* vornehmlich verbreitete Ansicht, nach welcher der Wille, nicht als an und für sich seiender, vernünftiger, der Geist nicht als *wahrer* Geist, sondern als *besonderes* Individuum, als Wille des Einzelnen in seiner eigentümlichen Willkür, die substantielle Grundlage und das Erste sein soll. Nach diesem einmal angenommenen Prinzip kann das Vernünftige freilich nur als beschränkend für diese Freiheit, so wie auch nicht als immanent Vernünftiges, sondern nur als ein äußeres, formelles Allgemeines herauskommen. Jene Ansicht ist eben so ohne allen spekulativen Gedanken und von dem philosophischen
> 46 Begriffe ver|worfen, als sie in den Köpfen und in der Wirklichkeit Erscheinungen hervorgebracht hat, deren Fürchterlichkeit nur an der Seichtigkeit der Gedanken, auf die sie sich gründeten, eine Parallele hat. (34f.)

Es ist rein anaphorisch zunächst keineswegs ganz klar, ob »die angeführte Definition des Rechts« auf Kant verweist, oder ob Hegel erläutern will, was *seine eigene* Formel unter anderem enthalten soll. Die Distanz in der Rede über Rousseaus Ansicht, dass der ›Wille des Einzelnen in seiner eigentümlichen Willkür die substantielle Grundlage und das Erste sein soll‹, spricht dafür, dass noch von Kant die Rede ist. Denn nach Hegels Verständnis ist das allgemeine Recht eine allgemeine Sache des ›an und für sich seienden Geistes‹, also der allgemeinen Praktischen Vernunft der Institutionen, nicht des Denkens und Handelns der personalen Einzelsubjekte. In Rousseaus und Kants Ansatz dagegen kann das Vernünftige nur als Beschränkung der Freiheit der Willkür verstanden werden, die uns zunächst – wie die Natur den Tieren – ›erlaubt‹, Beliebiges zu tun. Wie schon bei Hobbes im Vertragsdenken kann so nur »ein äußeres, formelles Allgemeines herauskommen«.

Hegels Kritik ist zwar am Ende unzweideutig, dabei aber fast schon zu stark. Er erklärt, dass die Ansichten Rousseaus und Kants jeden »spekulativen Gedanken« der allgemeinen, höchststufigen logischen Reflexion auf die Seinsweise von Praxisformen und damit der geistigen, d. h. personalen Lebensform des Menschen vermissen lassen. Zugleich spielt er auf die bloß subjektive ›Redlichkeit‹ und ›Tugend‹ Rousseaus und Robespierres an – was dann auch die folgende Polemik gegen die möglichen Folgen der subjektiven Denkformen Kants verständlicher macht. Hegel unterscheidet immerhin die ursprünglichen Motive des Nachdenkens von falschen, aber naheliegenden, Popularisierungen »in den Köpfen und in der Wirklichkeit«, die in der Französischen (und dann auch wieder in der Russischen) Revolution »Erscheinungen hervorgebracht hat, deren Fürchterlichkeit nur an der Seichtigkeit der Gedanken, auf die sie sich gründeten, eine Parallele hat«.

Eine Schwierigkeit, Hegels bewusst polemische Argumentation zu verstehen, liegt darin, dass Verteidiger Kants und Rousseaus wohl *sagen* werden, es sei jedes einzelne Individuum als heilig zu schützen, so dass sich kein Terrorregime auf ihre Vorstellung von Moral und Recht stützen könne, da sie nur das Gute im Allgemeinen wollten. Allerdings weiß Hegel so gut wie Rousseau, dass All-Sätze ganz grundsätzlich immer mit Ausnahmen verstanden werden. Das wird umso prekärer, als Robespierre seine politische Karriere bekanntlich mit einer radikalen Kritik an der Todesstrafe beginnt.

Rousseau sieht dementsprechend, dass es einen übereinstimmenden gemeinsamen konsensuellen Willen aller (*volonté de tous*) nie gibt und nie geben wird. Was ein generischer Gemeinwille (*volonté génerale)* aber sein soll, das ist gerade *das Problem* jeder Praktischen Philosophie, jeder Rechtsphilosophie und jeder bewusst begriffenen Staatsverfassung. Gefragt ist, was der Wille (und das Wohl) des Volkes ist. Der Frage liegt die noch allgemeinere Frage zugrunde, was gemeinsame Absichten und gemeinsame Handlungen sind. Wann ist es wahr, dass wir etwas gemeinsam wollen oder eine gemeinsame Handlungsform mit verteilten Rechten und Pflichten, Rollen und Status anerkennen? Warum ist der Gesang »Wir sind das Volk« auch im guten Fall seines Gebrauchs zunächst Rhetorik oder Liturgie? Das sind die geheimen Grundprobleme von Hegels Rechtsphilosophie.

§30

55 Das Recht ist etwas *heiliges überhaupt*, allein weil es das Dasein des absoluten Begriffes, der selbstbewußten Freiheit ist. – (35)

Das Recht ist etwas Heiliges. Menschenrechte sind unantastbar. Das gilt überhaupt, an sich, im Prinzip.

Die Religion als gemeinsame Feier des Heiligen im Rahmen mythischer Narrative feiert daher immer auch, und am Ende sogar nur, das Recht – und damit uns selbst.

Heilig ist das Recht, wie wir die verdichtete Formel im Kontext lesen müssen, nicht etwa deswegen, weil jedes individuelle Subjekt und seine Willkür irgendwie heilig wären. Heilig ist das Recht, »weil es das Dasein des absoluten Begriffes, der selbstbewußten Freiheit ist«. Heilig ist es also, weil es ein freies, personales, autonomes Leben allererst ermöglicht. Am Ende ist aber nur die Person in Vermittlung und Teilhabe am allgemein Rechten heilig.[31]

55 Der *Formalismus* des Rechts aber (und weiterhin der Pflicht) entsteht aus dem Unterschiede der Entwicklung des Freiheitsbegriffs. Gegen formelleres, d. i. *abstrakteres* und darum beschränkteres Recht, hat die Sphäre und Stufe des Geistes, in welcher er die weitern in seiner Idee enthaltenen Momente zur Bestimmung und Wirklichkeit in sich gebracht hat, als die *konkretere* in sich reichere und wahrhafter allgemeine eben damit auch ein höheres Recht. (35)

Alle Verfahren des Rechts und alle konkreten Formen rechtlicher Pflicht ergeben sich aus der Ausdifferenzierung der verschiedensten Formen freien Handelns, beginnend mit einem durch Beispielverhalten und Sprache vermittelten allgemeinen Können und Wissen. Freie Kooperation im freien Zusammenspielen steht am Anfang. Erst später folgt das instrumentelle Sprachdenken bloß subjektiver und rein

[31] Die christliche Liturgie der *Eucharistie* ist, so lese ich Hegel, performative *Feier der Heiligkeit der Person* in der *überzeitlichen Personengemeinschaft*. Das ist der tiefe und bisher kaum verstandene Grund dafür, dass Hegel im Blick auf den Marburger Abendmahlsstreit gegen Zwingli die Position Luthers einnimmt: Es geht nicht nur um die Erinnerung an den historischen Jesus und schon gar nicht um platten ontischen Aberglauben. Der *expressiv vergegenwärtigte Christus* bin je ich selbst als Person.

technischer Intelligenz. Aus ihm ergeben sich dann weit komplexere Formen des Zusammenhandelns.

Alle schematischen Formen des Rechts und alle formellen Verbote und Gebote gründen im System des ethischen Gesamtsystems des Zusammenhandelns, der Sittlichkeit Hegels. Das gilt auch für Normen, die durch formelle und nichtprivate Sanktionsdrohungen bewehrt sind – und für deren Instanziierung und Kontrolle gerade in sogenannten Strafen staatliche Institutionen notwendig werden. Rein privat ist dagegen die bloße Rache oder die Aufkündigung freier Freundschaft – wie man das schon im Kindergarten sieht. Eine solche ist hoffentlich nur eine Kündigung auf Zeit und ohnehin bloß duale, damit nur erst ›moralische‹ Form der Verweigerung freier Kooperation. Aber auch andere Arten eines freien ›Boykotts‹ sind von jedem formellen, verrechtlichten oder staatlich erzwungenen ›Embargo‹ zu unterscheiden.

Insgesamt wird klar, dass die allgemeine Sittlichkeit des schon ethisch geformten und durch Normen angeleiteten Zusammenlebens aller Mitglieder einer Gesellschaft, wie sie durch einen Staat als Staatsvolk zusammengehalten ist, und dann freilich auch aller Menschen im überstaatlichen Kontakt, den allgemeinen Grund für alles formelle, d. i. ›abstraktere und darum beschränktere Recht‹ abgibt. Der Fehler moralfixierten Denkens besteht darin, *Ethik* mit der bloß erst freien Form privater bzw. frei kommunitarischer, familialer, Kooperation, damit auch einem zufälligen Konsens bzw. subjektiver Caritas oder Nächstenliebe zu verwechseln. Der Vorrang des allgemeinen Rechts vor einer supererogatorischen Moralität nach Art einer gefühlsbetonten und damit im Tun sozusagen nur erst netten Nächsten- und Fernstenliebe ist anzuerkennen. Daher ist nach Hegel auch die *Rechtschaffenheit*, nicht das *moral sentiment* der *caritas*, die oberste ethische Tugend. In ihr verschiebt sich die übliche Deutung der Liebe vom bloßen Verhalten zwischen Einzelpersonen auf die wahre christliche Haupttugend. Diese ist allgemeine Haltung der Person zum Gesamt der Menschheit, in mythischer Sprache: zu Gott. Es wäre aber offenkundig verfehlt zu glauben, es ergäbe sich daraus nicht auch ein Commitment für das moralische und rechtliche Handeln in der Beziehung zwischen Einzelpersonen. Die Absolutheit und Heiligkeit der personalen Subjekte bleibt oberstes Prinzip.

Damit verstehen wir auch oder sollten wir begreifen lernen, was es heißt, dass die allgemeine Sphäre des Geistes, des Zusammenlebens, höheres Recht hat als ›der Buchstabe‹ eines Rechts- und Ritenbuches, gerade auch als alle angeblich religiösen Tabus. Formelle Regeln und schematische Normen sind nur generisch-allgemeine Trägerformen eines je zu konkretisierenden Inhalts. Im Fall des Jesus von Nazareth zeigt sich das klar an dessen ganz offenbar provokativer Weigerung, ein rein rituelles Waschen der Hände, eine rein rituelle Sabbatruhe oder rein rituelle Speise- und Personenkontaktvorschriften einzuhalten, wenn Wichtigeres im Fokus steht.[32] Die Empfehlung, kein Schweinefleisch zu essen, mag angesichts der Probleme der Haltbarkeit in warmen Gegenden sinnvoll gewesen sein; aber sie ist es nicht als schematisches religiöses Tabu ohne Kontext. Es ist auch eine gute Idee, den Sabbat oder dann auch den Sonntag zu heiligen und diese Tage mit und in der Familie zu feiern. Aber auch hier ist ein reiner Schematismus widersinnig. Analoges gilt sogar für scheinbar universale Verbote wie etwa die, andere Menschen nicht zu verletzen oder gar zu töten: Die typischen Ausnahmen sind die des Arztes oder die des Krieges.

Es gibt eben daher ein höheres Recht als das der bloß positiven Regeln. Dieses aber ist nicht etwa so zu verstehen, dass die freien Gefühle der Moralität über dem Recht stünden, wohl aber so, dass wir im Recht, wie überall sonst auch, zwischen allgemeinen Prinzipien an sich und besonderen Anwendungen unterscheiden müssen – was bisher wohl nur Hegel in dieser Klarheit gesehen hat.

55 Ⓚ Jede Stufe der Entwicklung der Idee der Freiheit hat ihr eigentümliches Recht, weil sie das Dasein der Freiheit in einer ihrer eigenen Bestimmungen ist. (35)

Hegel selbst greift diesen Gedanken jetzt so auf: Es gibt Entwicklungsstufen des realen Systems der Praxisformen und Institutionen freien Handelns und Zusammenlebens. Als geschichtliche Epochen

32 Jesus und Paulus stehen außerdem ganz offenkundig jedem antistaatlichen, also antirömischen, Zelotentum kritisch gegenüber – zumal dieses später zu dem von Flavius Josephus beschriebenen Jüdischen Krieg und zur Zerstörung des Tempels des Herodes führt. Das ›erklärt‹ vielleicht auch den ›Verrat‹ des Judas: Judas Iskariot war ein ›Eiferer‹, ein Zelot.

der Dichte eben dieses Zusammenlebens und als Voraussetzungen für spätere Entwicklungen haben sie ihr eigentümliches Recht. Im Unterschied zu einer bloß erst abstrakten Utopie besteht jedes institutionelle System als »das Dasein der Freiheit« aus je »eigenen Bestimmungen«.

Wenn vom Gegensatze der Moralität, der Sittlichkeit gegen das 55 Ⓚ
Recht gesprochen wird, so ist unter dem Rechte nur das erste, formelle der abstrakten Persönlichkeit verstanden. (35 f.)

Wer Moralität gegen Sittlichkeit und Sitte gegen Recht setzt, versteht unter Recht »nur das erste formelle« Recht »der abstrakten Persönlichkeit«. Es handelt sich um das Recht, in allen Dingen selbst zu entscheiden, zumal wir immer selbst handeln und unser Leben selbst führen müssen.

Die Moralität, die Sittlichkeit, das Staatsinteresse ist jedes ein ei- 55 f. Ⓚ
gentümliches Recht, weil jede dieser Gestalten Bestimmung und Dasein der *Freiheit* ist. In *Kollision* können sie nur kommen, insofern sie auf gleicher Linie stehen, Rechte zu sein; wäre der moralische Standpunkt des Geistes nicht auch ein Recht, die Freiheit in einer ihrer Formen, so könnte sie gar nicht in Kollision mit dem Rechte der Persönlichkeit oder einem andern kommen, weil ein solches den Freiheitsbegriff, die höchste Bestimmung des Geistes, in sich enthält, gegen welchen Anderes ein substanzloses ist. Aber die Kollision enthält zugleich dies andere Moment, daß sie beschränkt und damit auch eins dem andern untergeordnet ist; nur das Recht des Weltgeistes ist das uneingeschränkt absolute. (36)

Die Moralität ist sozusagen die subjektive Beurteilung der Form der (zunächst bilateralen) Beziehungen zwischen Einzelpersonen. Die Sittlichkeit oder das Ethos ist das geschichtlich entwickelte System der Formen und Konventionen des gemeinsam verfassten Zusammenlebens in der Familie, in Gruppen und Gemeinden, in einem Stamm oder Volk, am Ende in der Gesellschaft eines nicht mehr tribalistischen Staates und einer Gemeinschaft aller Menschen. Jede dieser Formen hat ihr eigentümliches Recht zunächst nicht im Sinn positiv gesatzter Regeln, sondern als allgemein schon etablierte und eben daher *prima facie* zu schützende Kooperationsformen. Dabei können die Normen, also die Rechte und Pflichten der Familie, Gemeinde oder des Staates nur qua *Entitlements* und *Commitments* in

Kollision geraten: Es kann sein, dass, wie im Fall der Antigone, die Familien auf einem eigenen Begräbnisrecht und sogar einer heiligen Begräbnispflicht bestehen, der Staat aber bestimmte eigene Regeln, die dazu in Widerspruch stehen, durchsetzen will.

Wäre »der moralische Standpunkt« der freien Beurteilung *prima facie* erlaubter Kooperationsformen mit Einzelpersonen »nicht auch ein Recht«, dann könnte er z. B. mit staatlichen Konventionen und positiven Gesetzen nie in Konflikt geraten. Prima facie können daher Karl Marx oder Thomas Pickety wollen, dass es nach Möglichkeit kein ungleiches Privateigentum in der Gesellschaft geben soll. Das berechtigt sie aber noch lange nicht, für ihre Ideen anders denn als bloße Zielideen zu werben, also rein missionarisch oder propagandistisch tätig zu werden. Denn nicht was einige wollen zu können meinen, ist schon moralisch bzw. ethisch gut, sondern nur das, was allgemein und dabei zumeist nicht ohne allgemeine Erfahrung über das gesellschaftlich Machbare *wirklich gewollt wird*. Gegenüber der normativen Macht des Faktischen sind moralische Utopien und ist der subjektive Idealismus ihres ›normativen‹ Sollens zunächst substanzlos.

Glücklicherweise kollidieren Normen familiärer und nationalreligiöser Sitte mit staatlichen Regeln nur in Ausnahmefällen. Wo sie auftreten, wären *normalerweise* die Ersteren den Zweiten *unterzuordnen*. Das gilt nur dann nicht, wenn ›der Staat‹ *unzulässigerweise* in die Lebensformen der Familien interveniert. So sieht das schon Sophokles nach Hegel am Beispiel von Antigone und Kreon. Interessanterweise unterstützt die übliche Rezeption der Tragödie bis heute Antigone gegen Kreon, ohne das Lehrstück als solches ganz ernst zu nehmen. Denn Sophokles gesteht Kreon und der Stadt zunächst und im Allgemeinen das Recht zu, sich in positiven Anordnungen auch über angebliche göttliche Gesetze der Tradition und familialen Pietät hinwegzusetzen. Der Fehler Kreons besteht darin, dass er die Bedingung der *Anerkennbarkeit* positiver Gesetze unterschätzt.

Hegel steigt dann auf noch höhere Höhen des Allgemeinen: Nur das allgemeine Recht der *allgemein anerkennbaren* Kulturentwicklung, generisch gesagt: des Weltgeistes, »ist das uneingeschränkt absolute Recht«, nämlich im *real anerkannten* Vollzug gemeinsamen Lebens.

§ 31

Die Methode, wie in der Wissenschaft der Begriff sich aus sich 56
selbst entwickelt und nur ein *immanentes* Fortschreiten und Hervorbringen seiner Bestimmungen ist – der Fortgang nicht durch die Versicherung, daß es verschiedene Verhältnisse *gebe*, und dann durch das *Anwenden* des Allgemei|nen auf solchen von sonst her 47
aufgenommenen Stoff geschieht, ist hier gleichfalls aus der Logik vorausgesetzt. (36)

Hegels Ausdrucksweise, nach welcher der Begriff *sich* entwickelt, irritiert Leser, die glauben, wir Menschen würden *Geschichte machen*, Begriffe und Ideen *entwickeln* usf. Es ist zwar wahr, dass wir Menschen Wissenschaft institutionell betreiben. Das kanonische Allgemeinwissen und die materialbegrifflichen Normen, welche dann in Enzyklopädien und Lehrbüchern allgemein vermittelt werden, werden »in der Wissenschaft« kanonisch gesetzt. Allerdings ist die logische Form der Rede über »die Wissenschaft« vom gleichen generischen Typ wie die über »den Begriff« und häufig sogar extensionsgleich. Das Begriffliche entwickelt sich »aus sich selbst«, weil es »ein immanentes Fortschreiten und Hervorbringen seiner Bestimmungen ist« und nicht von mir oder uns gesetzt, sondern bestenfalls zur expliziten oder empraktischen Anerkennung vorgeschlagen werden kann. Es zeigt sich, was anerkannt wird, und auch, was anzuerkennen ist oder wäre. Man denke z. B. an die Chemie: Nachdem man mit Stahl und besonders Lavoisier die Grundprozesse chemischer Reaktionen entdeckt bzw. verstanden hat, folgt alles Weitere gewissermaßen fast wie von selbst.

Das bewegende Prinzip des Begriffs, als die Besonderungen des 56f. Ⓚ
Allgemeinen nicht nur auflösend, sondern auch hervorbringend, heiße ich die *Dialektik*, – Dialektik also nicht in dem Sinne, daß sie einen dem Gefühl, dem unmittelbaren Bewußtsein überhaupt gegebenen Gegenstand, Satz u. s. f. auflöst, verwirrt, herüber und hinüber führt und es nur mit Herleiten seines Gegenteils zu tun hat, – eine negative Weise, wie sie häufig auch bei *Plato* erscheint. Sie kann so das Gegenteil einer Vorstellung, oder entschieden wie der alte Skeptizismus den Widerspruch derselben, oder auch matterweise eine *Annäherung* zur Wahrheit, eine moderne Halbheit, als ihr letztes Resultat ansehen. Die höhere Dialektik des Begriffes ist, die Bestimmung nicht bloß als Schranke und Gegenteil, sondern aus ihr

den *positiven* Inhalt und Resultat hervorzubringen und aufzufassen, als wodurch sie allein *Entwicklung* und immanentes Fortschreiten ist. Diese Dialektik ist dann nicht *äußeres* Tun eines subjektiven Denkens, sondern die *eigene Seele* des Inhalts, die organisch ihre Zweige und Früchte hervortreibt. Dieser Entwicklung der Idee als eigener Tätigkeit ihrer Vernunft sieht das Denken als subjektives, ohne seinerseits eine Zutat hinzu zu fügen, nur zu. (36 f.)

Ich hatte schon im Buch »Hegels analytische Philosophie« (Paderborn, Schöningh 1992) deutlich zu machen versucht, dass die zentrale logische Methode der Wissensentwicklung die für relevante Normalfallschlüsse passenden Ausdifferenzierungen des begrifflichen Unterscheidens und der verbalen Artikulationsformen sind, also gerade das, was die Analytische Philosophie des 20. Jahrhunderts meint, selbst allererst entdeckt zu haben. Dabei ist es nie falsch, wenn man Altes neu entdeckt. Man sollte nur nicht in einer Art Selbstüberschätzung die Tradition in Bausch und Bogen ablehnen, kritisieren oder auch nur unterschätzen.

Hier betont Hegel selbst, dass Dialektik die Wiederverflüssigung kanonisch-fixer Begriffsbestimmungen in der Entwicklung des Begriffes, also der begrifflichen Systeme ist, aber auch die immer nötige reflektierende Urteilskraft in der nie rein schematischen Anwendung begrifflicher Defaultnormen.

Das »bewegende Prinzip« ist das der »Besonderungen des Allgemeinen«. In ihm wird tradiertes Allgemeinwissen nicht etwa aufgelöst, für falsch erklärt; sondern wie im Fall konstruktiver Misstrauensvoten wird tradiertes Können und Wissen ausdifferenziert. Schubkräfte sind die Widersprüche und Probleme, wie sie angesichts des bloß Generischen und damit Groben allgemeinen Wissens und aller begrifflichen, auch aller ethischen und rechtlichen Normen immer möglich und ggf. notwendig bleiben. Intuition hilft hier nicht. Gefühl ist keine Methode. Auch die negative Dialektik in scholastischer und skeptizistischer Sophistik ist bloß erst Vorübung des Begriffsverstehens, sozusagen eine Übung der Fingerfertigkeit wie in Platons Frühdialogen, aber auch noch im Dialog *Parmenides*, dem nach Hegel erstaunlichsten logischen Text der gesamten Antike.[33]

[33] P. Stekeler-Weithofer 2001, »The Way of Truth. Parmenides' Seminal

Die Dialektik der Selbstentwicklung des Begriffs ist kein mystisch-mythischer Prozess hinter dem Rücken dessen, was Menschen tun. Es ist aber auch kein »äußeres Tun eines subjektiven Denkens«. Einzelpersonen können nur auf Probleme hinweisen und zu ihrer allgemeinen Behebung Vorschläge machen. Die Anerkennung und Kanonisierung einer neuen Praxis sind insgesamt ein geschichtliches Geschehen und stehen als solche nicht in der Macht von Einzelpersonen. Das gilt auch dafür, wie sprachlich und tätig zu unterscheiden und prima facie zu schließen und zu handeln ist.

Das Blumige der Rede von der ›eigenen Seele des Inhalts‹ meint wohl nur, dass gemeinsame Erfahrung kein mehr oder weniger zufälliges Aggregat von Einzelwahrnehmungen, Einzelverhalten und kopierten Gewohnheiten (wie bei Tieren) ist. Analoges gilt für die in ihrer Ausdeutung zumeist überschätzte Metapher, nach welcher der Begriff als sich selbst bewegende Seele geistiger Inhalte »organisch ihre Zweige und Früchte hervortreibt«. Das Wort »organisch« verweist hier auf die *Organisation* des allgemeinen begrifflichen Wissens.

Während spekulative Analyse die allgemeine Form der Entwicklung von Allgemeinwissen und Materialbegriff artikuliert, schaut das subjektive Denken intuitiver Reflexion nur zu, selbst wo irgendwelche Kommentare hinzugefügt werden, soweit diese das allgemeine Verstehen nicht schon vertiefen.

> Etwas vernünftig betrachten heißt, nicht an den Gegenstand von 57 Ⓚ
> Außenher eine Vernunft hinzubringen und ihn dadurch bearbeiten, sondern der Gegenstand ist für sich selbst vernünftig; hier ist es der Geist in seiner Freiheit, die höchste Spitze der selbstbewußten Vernunft, die sich Wirklichkeit gibt und als existierende Welt erzeugt; die Wissenschaft hat nur das Geschäft, diese eigene Arbeit der Vernunft der Sache zum Bewußtsein zu bringen. (37)

Hegel verteidigt hier seine Rede von einer Selbstentwicklung des Begriffs, indem er zwischen zufälligen Kommentierungen eines Gebrauchs von außen und einer vernünftigen Bearbeitung der Sache selbst unterscheidet. Diese ist schon als Gegenstand »für sich selbst

Reflection on Logic, Semantics and Methodology of Science«, in: Caroline Féry/Wolfgang Sternefeld (eds.): *Audiatur Vox Sapientae. Studia Grammatica* Bd. 52 (Festschrift für Arnim Stechow), Akademie Verlag, Berlin.

vernünftig«, da es sich ja um das kulturelle Erbe des Geistes, also allgemeiner Vernunft handelt. In der Wissenschaft als Institution kontrollierter Entwicklung des Begriffs ist »der Geist in seiner Freiheit, die höchste Spitze der selbstbewußten Vernunft, die sich Wirklichkeit gibt«. Wieder trägt es Leser leicht aus der Kurve, wenn Hegel davon spricht, dass sich die Vernunft im institutionellen Handeln selbst Wirklichkeit gibt. Sie erzeugt sich eine Welt, und zwar nicht nur als mögliche Welt, wie in Fiktionen, sondern die existierende des begriffsbestimmten und damit normativ verfassten gemeinsamen personalen Lebens. Die Wissenschaft der Logik »hat nur das Geschäft, diese eigene Arbeit der Vernunft der Sache zum Bewußtsein zu bringen«. Die Wissenschaft des Rechts spezialisiert sich dabei auf die Praktische Vernunft von Moral, Ethos und Recht bzw. Familie, Gesellschaft und Gemeinwesen.

§ 32

57 Die *Bestimmungen* in der Entwicklung des Begriffs sind einerseits selbst Begriffe, andererseits, weil der Begriff wesentlich als Idee ist, sind sie in der Form des Daseins, und die Reihe der sich ergebenden Begriffe ist damit zugleich eine Reihe von *Gestaltungen*; so sind sie in der Wissenschaft zu betrachten. (37)

Spekulative Reflexion ist Arbeit an Reflexionsbegriffen, mit denen wir Praxisformen selbstbewusst kommentieren. In genau diesem Sinn sind die »Bestimmungen in der Entwicklung des Begriffs … selbst Begriffe«. Soweit jeder Begriff wesentlich als schon kanonisierter Gebrauch Idee ist, also in einer Praxis realisiert ist, sind die Begriffe insgesamt, insbesondere aber die des Rechts, längst schon Teilformen des Daseins. Daher ist eigentlich klar, dass wir, wie die Wissenschaft (des Rechts), »die Reihe der sich ergebenden Begriffe (…,) damit zugleich eine Reihe von Gestaltungen« (des Rechts) *phänomenologisch* in ihren äußeren Formen *zu betrachten* und ihre Inhalte qua differentiell bedingte Normfallinferenzen oder Erwartungen *explizit* zu *artikulieren* haben.

57 Ⓚ In spekulativerem Sinn ist die *Weise des Daseins* eines Begriffes und seine *Bestimmtheit* eins und dasselbe. (38)

Ich erinnere noch einmal daran, dass das Wort »spekulativ« eine Markierung der Stufe der allgemeinen Übersicht in der Betrachtung ist. Hier macht Hegel selbst klar, was ich oben schon gesagt habe, nämlich, dass »die Weise des Daseins eines Begriffes und seine Bestimmtheit eins und dasselbe« sind. Das ist so, weil ein Begriff nicht einfach ein Wort ist, auch nicht eine ideale Vorstellung, sondern die sich wirklich in der Welt zeigende Artform, das je relevante *Eidos* der Sache. Die *Idee* als schon praktisch in Ansätzen realisierter Begriff besteht im *Gebrauch* der Ausdrücke und Sprechhandlungsformen, wenn der Begriff als sprachliche Bedeutung zu fassen ist, dann aber auch in anderen Vollzugsformen, wenn der relevante Begriff eine Form des institutionellen Handelns ist.

Es ist aber zu bemerken, daß die Momente, deren Resultat eine 57 Ⓚ
weiter bestimmte Form ist, ihm als Begriffsbestimmungen in der
wissenschaftlichen Entwicklung der | Idee vorangehen, aber nicht in 48
der zeitlichen Entwicklung als Gestaltungen ihm vorausgehen. (38)

Die zeitliche Entwicklung der besonderen Gestaltungen etwa von Staat und Recht hat in der Realität eine andere Reihenfolge als in der wissenschaftlichen Reflexion auf Begriff und Idee des Gemeinwesens und der Person. Dabei geht es um Grundformen und allgemeine Ziele, auch um naheliegende besondere Probleme. So verlangt z. B. die Anerkennung von Richtern die Anerkennung ihres Schiedsspruches, auch wenn dieser willkürlich und zufällig sein sollte. Denn von zentraler Bedeutung für die Praxis der Rechtsprechung ist zunächst (nur), dass *iustitia*, die Richterin, blind, also nicht Partei ist. Dennoch liegt es schon in seinem Begriff, dass ein Richterspruch auch sachlich richtig und gesetzeskonform sein sollte. Die Folge ist, dass die Kontrolle des ›gerechten‹ Inhalts eines solchen Schiedsspruchs, wie wir sie aus später entwickelten Revisionsverfahren als installiert kennen, schon als Moment im Begriff des Rechtsspruchs enthalten ist. Das zeigt eine entsprechende Begriffsanalyse.

Der Staat ist dabei als Rahmen der Rechtsprechung zu verstehen und auf Teilung von Macht angelegt. Es ist daher kein Zufall, dass auch in der realen Verfassung der Kaiser- und Königtümer (West-) Europas eine Machtteilung enthalten ist. Die Forderung nach einer verschriftlichten und rechtlich einklagbaren Verfassung, wie sie seit dem 17. Jahrhundert immer lauter wird und erst viel später zu einer besonderen Verfassungs- und Verwaltungsgerichtsbarkeit führt, ist daher beileibe kein bloßes Element einer *republikanischen* Revolution, die man heute, leicht verwirrt, »demokratisch« nennt, sondern immer schon Bestandteil einer *konstitutionellen Monarchie*. In diesem Urteil behält Hegel recht. Das zeigt am Ende des Buches die Analyse der Differenz zwischen westlichem, post-cäsarischem Königtum und dem ›orientalischen‹ Despotismus eines Großkönigs, partiell auch noch (oder wieder) eines byzantinischen Basileus, osmanischen Sultans oder russischen Zaren.

57 Ⓚ So hat die Idee, wie sie als Familie bestimmt ist, die Begriffsbestimmungen zur Voraussetzung, als deren Resultat sie im Folgenden dargestellt werden wird. (38)

Es gibt hier eine Mehrdeutigkeit im Text. Man könnte *die Idee* als Cluster oder ›Familie‹ realer Praxisformen verstehen. Die intendierte Lesart aber ist wohl, dass von der Familie als sozialer Lebensform die Rede ist. Diese wird als Folge der agrarischen Revolution gedeutet und entsteht zusammen mit einem Eigentumsregime, das seinerseits gleichursprünglich zu einem staatsähnlichen Eigentumsschutz führt bzw. diesen voraussetzt. Anders gesagt, in entwickelter Form setzt die ›moderne‹ Familie den Staat voraus, während sie historisch älter ist.

57 Ⓚ Aber daß diese inneren Voraussetzungen auch für sich schon als *Gestaltungen*, als Eigentumsrecht, Vertrag, Moralität u. s. f. vorhanden seien, dies ist die andere Seite der Entwicklung, die nur in höher vollendeter Bildung es zu diesem eigentümlich gestalteten Dasein ihrer Momente gebracht hat. (38)

Nur in einer ausdifferenzierten Kultur finden sich formelle Teilinstitutionen des Rechts oder der Wissenschaft, des Gesundheitswesens, der psychologischen Erziehung oder der Erbauung der Religion, um nur ein paar Beispiele konkreter zu nennen. Das gilt natürlich auch für Teilgestaltungen von umfänglicheren Praxisformen und Institutionen wie für das Eigentumsrecht, das Vertragsrecht, das Eherecht, die Sexualmoral oder überhaupt für die freie Moralität. Für die Binnenperspektive solcher Systeme und Teilsysteme und für den Erhalt ihrer inneren Formen und Normen sind die anderen Systeme eine Art Außen, sozusagen Umwelt, wie Niklas Luhmann metaphorisch sagt. Eben dies mag immer auch gewisse Widersprüche und aufzuhebende Spannungen erzeugen. So bleiben z. B. dem Eigentumsrecht *an sich* die Probleme zunächst scheinbar äußerlich, die sich daraus ergeben, dass Besitz zur politischen Macht wird, und zwar schon im Fall der

Fürsten des Adels und dann auch im Fall des Besitzes an Produktionsmitteln in der bürgerlichen Gesellschaft der Bourgeoisie bzw. des Kapitalismus. Freiheitsideale der Bestimmung seiner eigenen Arbeit und der prinzipiellen Gleichheit an Macht stehen daher in einer Welt, in welcher schon alles verteilt ist und man sich in keine räumlichen Nischen herrenlosen Landes zur Eigenbebauung zurückziehen kann, in Spannung zum uralten Rechtsprinzip des Schutzes des je Eigenen. Dieses Eigene des Eigentums umfasste immer auch schon die Ergebnisse der eigenen Arbeit, und zwar nicht nur von Individuen, sondern auch von Familien – was zunächst zu einem freien Erbrecht führt.

Einteilung

§ 33

58 Nach dem Stufengange der Entwicklung der Idee des an und für sich freien Willens ist der Wille

A) *unmittelbar*; sein Begriff daher abstrakt, – die *Persönlichkeit*, und sein *Dasein* eine unmittelbare äußerliche Sache; – die Sphäre des *abstrakten* oder *formellen Rechts*.

B) der Wille aus dem äußern Dasein *in sich* reflektiert, als *subjektive Einzelnheit* bestimmt gegen das *Allgemeine*, – dasselbe teils als inneres, das *Gute*, teils als äußeres, eine *vorhandene Welt* und diese beide Seiten der Idee als nur *durch einander vermittelt*; die Idee in ihrer Entzweiung oder *besondern* Existenz, das *Recht des subjektiven Willens* im Verhältnis zum Recht der Welt und zum *Recht* der, aber nur *an sich seienden*, Idee; *die Sphäre der Moralität*.

C) die *Einheit* und *Wahrheit* dieser beiden abstrakten Momente, – die gedachte Idee des Guten realisiert in dem in sich *reflektierten Willen* und in *äußerlicher Welt*; – so daß die Freiheit als die *Substanz* eben so sehr als *Wirklichkeit* und *Notwendigkeit* existiert, wie als *subjektiver* Wille; – die *Idee* in ihrer an und für sich allgemeinen Existenz; die *Sittlichkeit*. (38 f.)

Die Entwicklung der Idee (oder besser: Lebensform) des an und für sich freien Willens besteht in der Entwicklung aller Praxisformen, welche das freie Handeln von Personen ermöglichen. Ihre präsuppositionslogischen Abstufungen explizit zu machen, ist Aufgabe einer hochstufigen und allgemeinen Theorie oder Wissenschaft des Rechts. – Unmittelbar existiert die abstrakte Form des freien Willens als ›Persönlichkeit‹. Der ganze Satz ist generisch zu lesen: Der Begriff des Willens an sich, also die Form der Ermöglichung des freien Tuns, ist die abstrakte Persönlichkeit. Das Dasein der Persönlichkeit, sagt Hegel, sei dabei als Leben des Individuums bloß erst »eine unmittelbare äußerliche Sache«. Ihr entspricht zwar das ›empirische‹ personale Subjekt im Vollzug. Dieser Vollzug setzt aber die Formen des Personseins schon voraus. Außerdem ist der Wille »aus dem äußeren Dasein in sich reflektiert« und dabei »als subjektive Einzelheit bestimmt gegen das Allgemeine«.

Je ich hier und jetzt *bin* also das personale Subjekt, dessen Personsein oder Persönlichkeit das Recht allgemein schützt. Die Sphäre des abstrakten oder formellen Rechts betrifft damit den Schutz der Persönlichkeit an sich, also des Personseins als Rechtssache.

Üblicherweise sprechen wir die Möglichkeiten, eine Person zu sein, als etwas Inneres an. In Wahrheit sind es äußere Formen, die wir zu instanziieren und manche von ihnen als inhaltsäquivalent zu beurteilen lernen. Die äußeren Formen erscheinen als »eine vorhandene Welt«. In jedem Fall sind »diese beiden Seiten der Idee«, also des Vollzugsubjekt- und des Personseins, nur »durch einander vermittelt«.

Die »*Sphäre der Moralität*« charakterisiert Hegel so: Sie ist die Praxisform (also Idee) der freien Person »in ihrer Entzweiung oder besonderen Existenz«. Sie umfasst oder ist »das Recht des subjektiven Willens im Verhältnis zum Recht der Welt«. Denn es gibt nur Recht, indem die personalen Subjekte aus ihrer je endlichen Perspektive über das Rechtliche urteilen. Die Subjektivität im Urteilen und im Weltbezug ist daher objektive Grundlage aller Bemühung um transsubjektive Objektivität in allen Formen des Perspektivenwechsels. Diese Absolutheit des Subjektseins macht gerade die Spannung zwischen Subjekt und Objekt, auch zwischen Subjektsein und Personsein aus.

Moralität ist hier nun bloß erst selbstgewisse Redlichkeit und Ehrlichkeit, noch keine objektiv, also allgemein, anerkannte Rechtlichkeit oder gewissenhafte Rechtschaffenheit. Die moralische Haltung zum Recht ist damit nur erst ein subjektives Verhältnis zur Idee von Recht und Freiheit an sich. Diese wird in ihren konkreten, geschichtlich gewordenen Formen der je gegenwärtigen Zeit oder Epoche der subjektiven Anerkennung so gegenübergestellt, als hätte das moralische Subjekt eine Wahl.

Die *Sittlichkeit* ist das internalisierte Ethos der Person im Gemeinwesen und dann auch in der Menschheit. Sie besteht in der Anerkennung der äußeren, normativen, zum Teil rechtlichen Ordnung der Personen in ihren Beziehungen zueinander. Sie ist also das von uns selbst geformte ethische Leben, das »die Einheit und Wahrheit« der »beiden abstrakten Momente«, der subjektiven Moralität und der objektiven ethischen Welt aktiv herstellt.

Hegel selbst bestätigt hier sogar, dass sein Verständnis des Wortes »Idee« auf Platons »idea tou agathou« als Realisierung der ›gedachten Idee des Guten‹ im Ganzen des menschlichen Ethos zurückgeht. Das Gute muss realisiert werden »in dem in sich reflektierten Willen und in äußerlicher Welt«, also in selbstbewusster gemeinsamer Absicht und im wirklichen gemeinsamen Handeln. In gewisser *hommage* an Spinoza und doch mit einem Schwenk weg von dessen naivem Naturalismus und Demokratismus fügt Hegel hinzu, dass »die Freiheit als die Substanz ebenso sehr als Wirklichkeit und Notwendigkeit existiert wie als subjektiver Wille«. Das Substantielle der Freiheit sind die guten Formen des Handelns an sich, die man tätig reproduzieren kann und an denen man sich notwendigerweise orientieren muss, wenn man gut handeln will. Sie werden aber nur im subjektiven Willen und Handeln real und erhalten nur so empirische, endliche, zeitliche Existenz für sich.

58 Die sittliche Substanz aber ist gleichfalls

a) *natürlicher* Geist; – die *Familie,*

b) in ihrer *Entzweiung* und *Erscheinung*; – die *bürgerliche Gesell-*
49 *schaft,* |

c) der *Staat,* als die in der freien Selbstständigkeit des besondern Willens eben so allgemeine und objektive Freiheit; – welcher wirkliche und organische Geist α) eines Volks sich β) durch das Verhältnis der besondern Volksgeister hindurch, γ) in der Weltgeschichte zum allgemeinen Weltgeiste wirklich wird und offenbart, dessen *Recht* das *Höchste* ist. (39)

Die feste Form des Ethos gliedert sich zunächst in die beiden Teilformen der ›natürlichen‹ Sittlichkeit eines kommunitarischen Geistes der *Familie* (a) und die *bürgerliche Gesellschaft* (b), in der Personen miteinander zwar Verträge schließen, sich dabei aber je als Fremde gegenüberstehen. Das drückt das Wort »Entzweiung« aus. Das Wir der Familie ist ein gemeinsames Wir. Das Wir, das in einem Vertrag zwischen uns beiden entsteht, ist distributionell: Jeder von uns beiden bleibt dabei vereinzelt. Eine Vertragsgemeinschaft ist sozusagen per se noch keine ethische Gemeinschaft.

Die Gesellschaft als Gesamt aller Vertragsgemeinschaften ist damit sozusagen bloß eine von mehreren *Erscheinungen* des ›sozialen Wesens‹ der Person. Eine sich bloß auf ›empirische‹ Beobachtungen stützende *Theorie der Gesellschaft* führt sogar zum *Schein* des methodischen Atomismus oder Individualismus (von Thomas Hobbes und

Max Weber bis Jon Elster). Die soziale Formation, in der sich dieser Schein aufhebt, ist das *Gemeinwesen.*

Der ›kommunistische‹ Kommunitarismus bloß erst familialer Formen des Zusammenlebens in *Gemeinschaften* (Ferdinand Tönnies) und die *Entfremdung* der Individuen in der Eigentums- und Vertragsökonomie der *Gesellschaft* (ebenfalls im Sinn von Tönnies) hebt sich also im *Staat* auf (c).

Hegels Designerdefinitionen sind, wie schon gesagt, gewöhnungsbedürftig bzw. in heutiges Deutsch zu übersetzen. Den Staat definiert er hier als ›die in der freien Selbständigkeit des besonderen Willens ebenso allgemeine wie objektive Freiheit‹. Was heißt das? – Der *Staat* ist bei Hegel nicht bloß ein Gesamt an Institutionen der Regierung, der Verwaltung und Rechtsprechung, sondern der Gesamtrahmen dafür, dass menschliche Subjekte den *Status* freier Personen auf allgemein einigermaßen gesicherte, in diesem Sinn substantielle Weise haben. In Hegels Formulierung wird die generische Ausdrucksform insofern obskur, als zunächst unklar ist, ob die »freie Selbständigkeit des besonderen Willens« auf jede Person gemünzt ist, also alle Staatsbürger, oder die Gesamtinstitution der sogenannten ›staatlichen Organe‹. Aber die ›allgemeine und objektive Freiheit‹ meint wohl die äußere Ordnung, welche die besonderen freien Handlungen der Personen allererst möglich macht und insofern (begrifflich) ›in‹ diesen liegt. Kurz, der Staat (i. w. S.) ist zunächst alles, was freies personales Leben ›in ihm‹ möglich macht – das gesamte Gemeinwesen. Der Staat als *res publica* ist also nicht einfach das besondere System der Institutionen *seiner Verwaltung und Regierung*, das *neben* anderen Institutionen und Praxisformen steht wie z. B. neben der Wissenschaft und dem Wissen, neben Wirtschaft und Gesellschaft oder neben den Kirchen und Religionen.

Dabei setzt sich der »wirkliche und organische Geist«, also das, was sich pfadabhängig in quasi natürlicher Weise an Organisationen und Praxisformen einer durch einen Staat zusammengehaltenen Gesellschaft und Nation entwickelt hat, in Bezug zu allen ›Volksgeistern‹ oder besser: kulturellen Lebensformen. In diesen Relationen wird er Weltgeist, setzt sich zu einer Weltkultur zusammen. Im Blick auf eine entsprechende Gesamtweltgeschichte beurteilen wir die Güte der lokalen Rechtssysteme und staatlichen Rahmenordnungen der Freiheit der Personen und ihr ›religiöses‹ Selbstverständnis. Die Gesamtweltgeschichte (im Vollzug, aber auch in ihrer Darstellung) spricht, sozusagen, höchstes Recht. Sie ist das Weltgericht, wie Hegel mit Friedrich Schiller sagt, und zwar auch im Blick auf jedes Einzelindividuum und seine Lebensleistungen und Fehlleistungen, besonders aber im Blick auf die Verfassung ganzer Staaten. Das höchste Recht spricht damit kein bloß vorgestellter anthropomorpher göttlicher Richter, den wir angeblich nicht genauer kennen, da er unsere Vorstellungskraft transzendiert. Wer der allgemeine Weltgeist und was die Weltgeschichte ist, wissen wir sehr genau. Es ist die reale Vielstimmigkeit der Urteile einiger oder vieler Menschen, wobei für die Person nur die qualifizierten relevant sein sollten, da es auch ein Lob von der falschen Seite gibt. Daher geht es immer auch um gewissenhafte Selbstbeurteilungen.

Verbal fassen wir diese Urteile in eine Einheit der ›Rechtsprechung‹ der Menschen auf allen Reflexionsstufen zusammen. Die so als Richterin aufzufassende ›Menschheit‹ in der Weltgeschichte, nicht etwa ein bloß verbal als ›Weltgeist‹ säkularisierter antiker Gott, ist der ›höchste Richter‹ in der Beurteilung aller rechtlichen Ordnungen personaler Freiheit in allen Staaten und dann auch aller konkreten Rechtsprechung.

58f. Daß eine Sache oder Inhalt, der erst seinem *Begriffe* nach oder wie er *an sich* ist, gesetzt ist, die Gestalt der *Unmittelbarkeit* oder des *Seins* hat, ist aus der spekulativen Logik vorausgesetzt; ein anderes ist der Begriff, der in der *Form des Begriffs* für sich ist; dieser ist nicht mehr ein unmittelbares. – (39)

Hegel erinnert noch einmal daran, dass er in der *Wissenschaft der Logik* vorgeführt hat, in welchem Sinn eine »Sache oder Inhalt, der erst seinem Begriffe nach, oder wie er an sich ist, gesetzt« (also angesprochen) ist, »die Gestalt der Unmittelbarkeit oder des Seins« habe«. Bevor wir genauer überlegen, was das heißt, betrachten wir als Hilfe den Kontrast zu einem Eidos (also einer Artform oder Gattung), das längst nichts Unmittelbares mehr ist, wenn es »in der Form des Begriffs für sich« in seiner Identität und Wirklichkeit bestimmt ist. Das gilt für jede freie Handlung, erst recht für jeden Sprech- und Denkakt als Aktualisierung einer eidetischen Form, die als solche immer schon in sich reflektiert ist und von uns selbstbewusst reflektiert wird. Aber schon die Gegenüberstellung von Erscheinung und

Wirklichkeit im Urteilen darüber, was etwas seinem Wesen nach ist, ist von dieser Form, wie Hegel in der Wesenslogik zeigt. Das heißt, es gibt keinen unmittelbaren, nicht schon über das Eidos oder den Begriff vermittelten Zugang zu einem ›wirklichen Wesen‹ als ›Ursache‹ einer Erscheinung. (Wer immer den Glauben an ein ›ontisches‹ Wesen der Dinge Hegel zuschreibt, täuscht sich.) Der Kernpunkt ist also dieser: Indem wir ›objektstufig‹ so reden, als wären die Geltungsbedingungen einer begrifflichen Unterscheidung unmittelbar bestimmt, sprechen wir nur erst abstrakt über eine Form an sich in ihrer behaupteten oder unterstellten Bezugnahme auf ein Sein, das sich z. B. empirisch irgendwie zeigen lässt.

Gleicherweise ist das die Einteilung bestimmende Prinzip voraus- 59
gesetzt. (39)

Die zentralen Unterscheidungen der Sphären des Rechts, die Hegel *pars pro toto* unter die drei Titel Familie, Gesellschaft und Staat stellt, sind also erstens die rein *kommunitarischen* Kooperationen und die entsprechende Freiheit an sich, wie sie sich in familialen Gemeinschaften auch noch eines Stammes zeigen. Ihnen korrespondiert ein *ideales* oder *formelles* ›Recht‹, zunächst zwischen Familienmitgliedern und den sich immer wieder treffenden ›Nachbarn‹. Der Kern des Neuen Testaments besteht ganz offensichtlich in der Ausweitung des Begriffs des ›Nächsten‹ vom eigenen Stamm auf alle (hilfsbedürftigen) Menschen in einer Art universalem Kommunitarismus, aber nicht als Ersatz des Staates oder gegen den Staat, sondern vermittelt über die freie Selbstorganisation der Gemeinden.

Die Reflexion des Selbstbewusstseins führt dagegen zu einer *Vertragsgesellschaft*, welche den Kreis der Personen, mit denen man kooperiert, *auf andere Weise* erweitert. Hier wird das Freiheitsrecht der individuellen Nutzenmaximierung anerkannt, soweit es durch eine subjektive Moralität im Sinn Kants, also die Kohärenz der Wahrhaftigkeit und damit des Verbots von Vertragsbrüchen und Trittbrettfahrten eingeschränkt bleibt. Die Einschränkung durch »Treu und Glauben« ist zentrale Bedingungen des nötigen Vertrauens in die Vertragssicherheit – auch dort, wo sich die ›moralischen‹ Verbote der Defektion auch ohne Verträge *eigentlich*, aber leider faktisch nie ausreichend, von selbst verstehen. Man denke etwa an den Fall des Schutzes von Gemeinschaftsgut in der Allmende oder an das Verbot von Bereicherungen auf Kosten anderer Personen. Daher steht an zweiter Stelle in Hegels Analyse die Reflexion auf die Moralität der personalen Subjekte in ihrem individuellen Fürsichsein.

Der Sog der privaten Prinzipien der Maximierung der eigenen Freiheit und des eigenen Nutzens bei Minimierung von Abhängigkeiten bzw. erwartbarer Schäden führt immer schon zu einem latenten inneren Widerspruch in einer bürgerlichen Gesellschaft und ihrer freien Vertragsverfassung. Das gilt nicht etwa erst in geldwirtschaftlichen Verhältnissen des Tauschens oder dann auch in kapitalistischen Produktionsverhältnissen mit einem Verkauf der Ware Arbeitskraft. Die dritte Ebene, das staatliche Gemeinwesen, soll diesen Widerspruch durch Verschiebung der Auszahlungsmatrix, also durch Strafandrohungen an Vertragsbrecher und Trittbrettfahrer und durch einen kollektiven Zwang zur Kompensation an Geschädigte, so gut es geht, aufheben. Ein Staat und seine positivrechtliche Ordnungspolitik wird nötig, weil freie, kommunitarische Moralität eine viel zu schwache Bindung ist, um die Kooperativität der Individuen in der Gesellschaft stabil zu sichern. – Die Hauptschwierigkeit der Lektüre von Hegels Text liegt offenbar in der verdichtenden Sprache seiner Artikulation allgemeinster kooperationslogischer Verhältnisse.

59 Die Einteilung kann auch als eine *historische* Vorausangabe der Teile angesehen werden, denn die verschiedenen Stufen müssen als Entwicklungsmomente der Idee sich aus der Natur des Inhalts selbst hervorbringen. Eine philosophische Einteilung ist überhaupt nicht eine äußerliche, nach irgend einem oder mehrern aufgenommenen Einteilungsgründen gemachte äußere Klassifizierung eines vorhandenen Stoffes, sondern das immanente Unterscheiden des Begriffes selbst. – (39 f.)

Die Einteilung führt erstens in das *abstrakte Recht* zunächst in einer begrenzten kommunitarischen bzw. familialen Lebensform, dann auch in einer Gesellschaft freier Individuen, Personen oder Bürger. An zweiter Stelle steht die *Moralität* des freien Gewissens in einer bürgerlichen (Welt-)Gesellschaft und an dritter das Ethos staatlich geschützter konkreter Freiheitsrechte. Diese Gliederung liefert nach Hegel auch den strukturellen Leitfaden einer Rekonstruktion der historischen Entwicklung der freien Person aus der Familie in die Gesellschaft und das Gemeinwesen.

Es wäre falsch, Hegels generische Ausdrucksform zu mythisieren, wie das die *minores poetae* der Philosophie, Max Stirner und Ludwig Feuerbach, und mit ihnen ein ganzes Jahrhundert an Popularphilosophie getan haben. Hegel sagt nicht etwa, die verschiedenen Stufen ergäben sich mit einer Art Naturnotwendigkeit aus einer in einem Vorstellungs-Himmel schwebenden Idee oder einem Begriff im Sinne eines bloßen Wortes. Vielmehr ergeben sie sich aus den Grundformen personaler Kooperation – als Antworten auf zunächst kaum vermeidbare Widersprüche. Wieder ist alle institutionelle Not-Wendigkeit nur Aufhebung von real auftretenden Problemtypen.

Die theoretische Gliederung zwischen dem kommunitarischen und gesellschaftlichen *abstrakten Recht* im Kontext der freien Interaktion von Einzelindividuen auch über die Vermittlung von Verträgen, der subjektiven *Moralität* und schließlich der Rechtsschutzinstitutionen des *Staates* als Entwicklung des Ethos gesellschaftlichen Lebens ist der Entwicklung der Kooperationsformen als realem Pendant der Entwicklung der freien Person immanent.

Moralität und *Sittlichkeit*, die gewöhnlich etwa als gleichbedeu- 59
tend gelten, sind hier in wesentlich verschiedenem Sinne genommen. Inzwischen scheint auch die Vorstellung sie zu unterscheiden; der Kantische Sprachgebrauch bedient sich vorzugsweise des Ausdrucks *Moralität*, wie denn die praktischen Prinzipien dieser Philosophie sich durchaus auf diesen Begriff beschränken, den Standpunkt der *Sittlichkeit* sogar unmöglich machen, ja selbst sie ausdrücklich zernichten und empören. Wenn aber Moralität und Sittlichkeit, ihrer Etymologie nach, auch gleichbedeutend wären, so hinderte dies nicht diese einmal verschiedenen Worte für verschiedene Begriffe
zu benutzen. | (40) 51

Auch wenn Moralität und Sittlichkeit »gewöhnlich etwa als gleichbedeutend gelten«, ist Hegels Unterscheidung zwischen einer bloß erst subjektiven Kohärenzmoral und den objektiven Normen, Rechten und Gesetzen eines organisierten Gemeinwesen ernst zu nehmen. Kant und seine Anhänger wollen mit der Moralität des direkt an das Einzelsubjekt adressierten Kategorischen Imperativs auskommen. Das ist deswegen so attraktiv und bequem, weil man meint, autonom jede Institution und tradierte Norm kritisieren zu können. So werden aber nur die Erfahrungen gemeinsamer Traditionen erst einmal eingeklammert oder weggeschoben. Damit aber steht man schon in der Gefahr, im Namen der Vernunft die Kultur der Vernunft selbst mit Füßen zu treten.

ERSTER TEIL: DAS ABSTRAKTE RECHT

Das abstrakte Recht ist als ein *materialbegrifflicher Vorschlag* zur *Explikation und Kanonisierung rechtsrelevanter Grundbegriffe* zu lesen. Hegel stützt sich auf eine höchst allgemeine Analyse der Lage des Menschen als Person in Beziehung zu allen anderen Personen. Am Ende steht eine fast durchgängig äußerst sinnvolle und wohlbegründete *Nomenklatur* der *allgemeinen* Rede über Person und Subjekt, Freiheit und Wille, Eigentum und Delikt, Verbrechen und Strafe. Alles »darf« und »muss« auf der Ebene des abstrakten Rechts ist nicht etwa durch ein göttliches Gebot oder Verbot gegeben, auch nicht durch positive Gesetze, sondern ergibt sich aus einer *Formbestimmung freien Personseins*. Dieses erweist sich als Grundlage aller Grundrechte. Es ersetzt die Naivitäten im sogenannten Naturrecht.

In einer Notiz zum § 10 schreibt Hegel: »Was ist *wahrhafter* Wille; freyer Wille, der ... seine Freyheit ... will ... als sein Daseyn ... eben im Recht«? (GW 14,2; S. 335). Und er sieht: Der volle Begriff des Willens lässt sich nicht reduzieren auf ein besonderes Wünschen oder Beabsichtigen. Es geht vielmehr um das Ganze der Ermöglichung eines bewusst selbstbestimmten Lebens, das als solches nicht nur, wie bei Hobbes, die Sicherung des Überlebens gegen mögliche Übergriffe anderer Personen voraussetzt (vgl. dazu auch »jeder kann den anderen umbringen«: GW 14,2; S. 479), sondern einen Rahmen eines gemeinsamen Wissens und Könnens. Dieses ist längst schon das Ergebnis geschichtlicher Kooperation von Menschen, die uns erst zu Personen macht.[34] Als Personen sind wir der Kooperation der Personen verpflichtet. Der Rahmen dieser freien Kooperation freier Personen ist das Recht. Der Rahmen des Rechts ist der Staat als *politeia* oder *civitas*. Regierung, Gesetzgebung und Gesetzpflege sind immer nur als Teilinstitutionen des so verstandenen Staates zu begreifen. Die unglückliche moderne Verkürzung des Wortes »Staat«

[34] Zur Bedeutung symbolischen Wissens vgl. auch die Bemerkungen in GW 14,2; S. 497.

auf die Regierung und das Gewaltmonopol des Staates sorgt nicht nur dafür, dass man Hegels Überlegungen nicht mehr versteht, sondern auch, dass man den Kontrast zwischen Staat und Gesellschaft als zwei Momente des Gemeinwesens nicht mehr artikulieren kann. Die bürgerliche Gesellschaft ist das Gesamt der sich aus freien Verträgen ergebenden Kooperationsmöglichkeiten *der einzelnen Bürger* in einem Staat mit durch *Gewaltandrohung gesichertem Eigentumsregime*. Die Staaten schützen die Verträge mit ihrer Sanktionsmacht und bilden daher die Rahmenstruktur jeder Vertragsfreiheit, durchaus auch der immer prekären des Arbeitnehmers mit dem Arbeitgeber, wie Hegel schon vor Marx sieht. Prekär ist diese als bloß formelle Freiheit und Gleichheit der Vertragspartner. Denn ihr korrespondiert die Ungleichheit ökonomischer Macht, wie sie gerade über das allgemeine Eigentumsregime durch die staatliche Sanktionsgewalt aufrechterhalten wird. Das bemerken nicht erst Engels und Marx, sondern schon Hegel.

Dass auch noch im Staat Verträge Vertrauen voraussetzen, dass sie »ernst gemeint, wenigstens unbefangen sind« (GW 14,2; S. 657), erläutert Hegel an einem völlig trivialen Fall: »Menge Menschen gehen auf der Straße vorüber, … verlasse mich darauf, dass sie mich nicht plündern, morden u. s. f. wollen, … Wenn ich voraus zu setzen hätte, sie wären irrende Gewissen, anerkennten nur das, für Recht, was sie nur in ihrem subjectiven Gewissen faenden …, so befaende ich mich aerger als unter Raübern, denn von diesen weiß ich dass sie Raüber sind« (GW 14,2 S. 657). Es ist das schon eine Kritik an einer kantischen Moralität – und eine Anspielung auf einen berühmten Ausspruch Friedrichs II. zum Fall des Müllers Arnold, auf den wir weiter unten noch zurückkommen werden.[35]

[35] Der König wörtlich »… ein Justiz-Collegium, das Ungerechtigkeiten ausübt, ist gefährlicher und schlimmer, wie eine Diebesbande, vor der kann man sich schützen, aber vor Schelme, die den Mantel der Justiz gebrauchen, um ihre üblen Passiones auszuführen, vor die kann sich kein Mensch hüten.«

§ 34

Der an und für sich freie Wille, wie er in seinem *abstrakten* Begriffe 61
ist, ist in der Bestimmtheit der *Unmittelbarkeit*. Nach dieser ist er seine gegen die Realität negative, nur sich abstrakt auf sich beziehende Wirklichkeit, – *in sich einzelner* Wille eines *Subjekts*. Nach dem Momente der *Besonderheit* des Willens hat er einen weitern Inhalt bestimmter Zwecke und als *ausschließende Einzelnheit* diesen Inhalt zugleich als eine äußere, unmittelbar vorgefundene Welt vor sich. (41)

Die Stufen der reflektierenden Kommentare verwirren leicht. Daher müssen wir geduldig, auch in Wiederholungen und Umordnungen des Textes, daran erinnern, dass die Analyse abstrakter Begriffe anfangs doch noch an unmittelbare Intuitionen appellieren, als wären sie Ausdrücke und Gliederungen unmittelbar gegebener Formen. – Das abstrakte Recht, das Hegel hier behandelt, hat mit dem, was wir sonst Recht (*ius*) nennen, dem ›positiven‹ Recht einer (staatlich administrierten) Rechtsprechung, *noch fast nichts* zu tun. Es handelt sich vielmehr, wie wir freilich nur vom Ende her sehen können, um absolut allgemeine und als solche bloß erst ›prinzipielle‹ Erlaubnisse oder Entitlements eines frei etwas wollenden und danach handelnden personalen Subjekts. Diese *prinzipiellen Berechtigungen* heißen »Recht« nur als *basale und höchst allgemeine Grundlage aller besonderen Bestimmungen*, durch welche sie dann zugunsten der Freiheitsrechte der anderen Personen *eingeschränkt* werden.

Es ist aber extrem wichtig, dass Hegel alles Recht auf ein *prinzipielles Freiheitsrecht* stützt, sich selbst als Person zu bestimmen. Viele Urteile über Hegel gehen über die Betonung in diesen Kernsätzen so großzügig hinweg, dass man sich fragt, ob die Texte überhaupt mit ausreichender Aufmerksamkeit und Verständnis gelesen wurden.

Das abstrakte Recht ist die basale Erlaubnis, frei zu handeln. Damit beginnt alles bei etwas, was *prima facie* gerade auch vom Subjekt selbst als *allgemein richtig einsehbar* ist. Das Recht beginnt also nicht mit irgendwelchen *Verboten oder Geboten von außen*, die man gutmeinend postuliert, etwa zum Schutz von Klima, Tieren oder einem maximierten Durchschnittsnutzen eines Kollektivs oder aller Menschen.

Der unmittelbare Wille als zufällige Willkür des bloß momentanen Subjekts wird durch das Personsein allein, damit schon *vor* jedem positiven Recht und Gesetz (*lex*, *law*), eingeschränkt. Das ist so, weil wir nur in Relation zu anderen personalen Subjekten Personen sind. Eben das entwickelt Hegel unter dem Titel »abstraktes Recht«. Das abstrakte Recht ergibt sich insbesondere nicht aus einem postulierten göttlichen Recht mit einem personalen Gott als einem transzendent geglaubten Gesetzgeber oder aus einem Naturrecht eines vermeintlich mit der animalischen Natur des Menschen mitgegebenen biologischen Verhaltens, etwa des ›natürlichen‹ Strebens aller Lebewesen, ihre Gene weiterzugeben.

Nach der »Bestimmtheit der Unmittelbarkeit« ist der »an und für sich freie Wille« formal negativ gegen das bloß erst Reale bestimmt. Es geht ja um irgendwelche Veränderungen im wollenden Planen und Handeln einzelner Subjekte. Das abstrakte Recht ergibt sich aus der Grundform des menschlichen *Handelns*, so dass Hegel hier zunächst eine Art *Fundamentalanalyse des allgemeinen Begriffs des freien Lebens einer Person* entwickelt, was auch andere Leser wie z. B. Robert Pippin zum Teil gesehen haben. – Allerdings muss der Inhalt des Willens, das angestrebte Ziel und die Handlungsform je als besondere aus einem allgemeinen Möglichkeitsbereich sozusagen ausgewählt werden. In der gegebenen Realität hier und jetzt antwortet das konkrete Tun »als ausschließende Einzelheit« auf die »äußere, unmittelbar vorgefundene Welt«. Jedes Tun schließt ja in seiner empirischen Einzelheit hier und jetzt alle möglichen Alternativen aus.

§35

61 Die *Allgemeinheit* dieses für sich freien Willens ist die formelle, die selbstbewußte sonst inhaltslose *einfache* Beziehung auf sich in seiner Einzelnheit, – das Subjekt ist in so fern *Person*. (41)

Hegel unterscheidet hier selbst zwischen Subjekt und Person – und identifiziert sie zugleich. Dabei ist die Designerdefinition der *Person* als *Allgemeinheit des für sich freien Willens* ebenso wie die des *Subjekts* als *formelle, selbstbewußte, sonst inhaltslose einfache Beziehung auf sich in seiner Einzelheit* extrem dicht und schwierig. Dabei ist die inhaltliche Gleichheit mit dem, was ich personales Subjekt nenne, in der zweiten Formel offenkundig. Die Person an sich wird in der ersten Formel dadurch charakterisiert, dass sie – ihrer Form oder ihrem Begriff nach – das *konkret* zu sein anstrebt, was man *allgemein* zu sein oder *post hoc* gewesen zu sein frei will. Auch das passt zu dem, was ich zur Person und Persönlichkeit gesagt habe.

Als Subjekt *an sich* wäre ich bloß erst mein aktuales Vollzugssein – wobei wir von allen besonderen inhaltlichen Bestimmungen meiner Selbstbeziehung in empirischer Einzelheit absehen. Das *personale* Subjekt aber macht sich *selbstbewusst* zum Inhalt, Person zu sein und eine Persönlichkeit zu werden.

In der *Persönlichkeit* liegt, daß ich als *Dieser* vollkommen nach 61
allen Seiten (in innerlicher Willkür, Trieb und Begierde, so wie nach unmittelbarem äußerlichen Dasein) bestimmte und endliche, doch schlechthin reine Beziehung auf mich bin und in der Endlichkeit mich so als das *Unendliche, Allgemeine* und *Freie* weiß. (41 f.)

Die Persönlichkeit ist sozusagen eine Art Vollkommenheit der Selbstbildung, damit auf interessante Weise das Gegenteil einer *very important person*. Der Begriff der *personalitas* ist allerdings extrem schwierig, da er all das mitenthalten soll, was Platon als ›unsterbliche‹ Seele oder ›psyche‹, also die Person im Ganzen des personalen Lebens, anspricht – und worum es in der sokratischen Sorge um die eigene Seele auch noch kurz vor dem Tod geht. Das enthält auch den Gedanken, dass wahre Philosophie immer auch ein Lernen des richtigen Sterbens und damit eines guten Umgangs mit der Endlichkeit des eigenen Daseins ist. Wie dem auch sei, als personales Subjekt formen wir im wollenden Handeln unsere eigene Persönlichkeit. Das geschieht ›nach allen Seiten, in innerlicher Willkür, Trieb und Begierde, sowie nach unmittelbarem äußerlichen Dasein‹ – auch als Subjekt, das nur genießen und leiden, nicht glauben, hoffen und lieben kann, um auf Schillers Gedicht »Resignation« zurückzuverweisen. Als Subjekt im realen Dasein stehe ich je in endlicher, empirischer, Beziehung zu mir als zunächst bloß erst möglicher, weil zukünftiger Person. Und doch ist das eine »schlechthin reine Beziehung auf mich«, nämlich als noch nicht inhaltlich bestimmte Form des Vollzugs einer Selbstbestimmung zur Person oder Persönlichkeit. Hegel sieht dabei viel klarer als die meisten seiner Leser, dass keineswegs alles, was wir formal gegenständlich ansprechen, um es unter Verwendung reflexionslogischer Prädikate zu thematisieren bzw. zu kommentieren, Dinge oder gar, wie Kants Ding an sich bzw. der christliche Gott, *Hinterdinge* sind.

In der Endlichkeit des subjektiven Daseins weiß ich »mich so als das Unendliche, Allgemeine und Freie«. Das heißt, ich kenne nicht nur die Absolutheit des Subjektseins im endlichen Vollzug, ich kann auch über mich als Person in meinen Beziehungen zu allen anderen Personen sprechen, und zwar so, dass wir auf komplexe Weise ehrliche Gewissheiten oder Versicherungen von gewissenhaften Selbstaussagen und diese von einer allgemein zu bewertenden Wahrheit unterscheiden. Wieder bestätigt sich unsere Identifikation des Unendlichen mit dem Allgemeinen.

Die relevante Freiheit gibt es nur für das personale Subjekt, und zwar selbst dort, wo dieses das freie Entscheiden sozusagen bewusstlos unter vorgegebene Präferenzen unterordnet. Damit handelt man zwar nur erst instrumentell und ist insofern noch gar keine volle Person. Und doch handelt man frei. Es gibt also immer auch die Möglichkeit einer freien Re-Animalisierung seiner selbst im Selbstbild und im Handeln. Das personale Subjekt verhält sich auch dann zu seiner ›unsterblichen‹ Seele, also zur zeitallgemeinen Persönlichkeit im Ganzen, die sie sein wird. Das tut es frei planend und tätig handelnd.

Im Redemodus des *futurum exactum* beurteile ich mich je aus der Jetztzeit heraus, und zwar durchaus im Vorgriff auf mein ganzes Leben. Das geschieht hoffentlich so wahrhaft und gewissenhaft wie möglich und sollte auch dann noch im Wissen darum geschehen, dass es immer noch eine Differenz zur ›Wahrheit‹ einer ›allgemeinen‹ Beurteilung geben kann. Zur schwierigen Explikation dieser ›Wahrheit‹ bemühen die Menschen sozusagen immer schon die Vorstellung eines allwissenden Gottes, der auch in unser Herz sieht, und das heißt, alle Absichten und Taten kennt und beurteilt. Eine säkulare empiristische ›Aufklärung‹, welche diese Form des Selbstverhältnisses für einen metaphysischen Aberglauben hält, antwortet auf die Gefahr wörtlich-ontischer Fehlverständnisse dieser Ausdrucksformen auf eine ganz falsche Weise. Denn ihr eigenes Unvermögen eines adäquaten Verständnisses analogisch-allegorischer Reflexionsformen führt in einen Naturalismus und Biologismus, der in letzter Konsequenz gerade einer Re-Animalisierung des Menschen auf hohem Niveau das Wort redet. Zu ihr gehört die (dogmatisch-doktrinäre) Verengung der Person entweder auf den reinen Egoismus des *homo rationalis oeconomicus* oder auf die subjektive Moralität des romantischen *homo sentimentalis empiricus*.

Damit wird klar, dass das abstrakte Recht im gesellschaftlichen Leben individueller Subjekte auch zusammen mit der subjektiven Moralität Kants, welche ein bloß instrumentell freies Handeln einschränkt, noch nicht den vollen Staats- und Weltbürger als *homo politicus*, also die volle Person der Sittlichkeit ergeben. Und es wird klar, dass Kants vermeintlich transzendentale Analyse moralischer Pflicht in der sogenannten Praktischen Philosophie die empirische Realität der Subjektivität ebenso wie die transsubjektive Wirklichkeit von Staat und Status der freien Person zumindest unterbelichtet.

Die Persönlichkeit fängt erst da an, in so fern das Subjekt nicht 61 Ⓚ
bloß ein Selbstbewußtsein überhaupt von sich hat als konkretem auf irgend eine Weise bestimmtem, sondern vielmehr ein Selbstbewußtsein von sich als vollkommen abstraktem Ich, in welchem alle konkrete Beschränktheit und Gültigkeit negiert und ungültig ist. (42)

Unsere Erläuterungen helfen jetzt auch, den sonst kaum verstehbaren nächsten Gedanken zu begreifen. Es ist die Person weit mehr und etwas anderes als das Selbstbewusstsein des Subjekts, das ja bloß ein Wissen um sich und seine Lage hier und jetzt sein mag. Eine Person bin ich im volleren Sinn erst dann, wenn ich eine Haltung des Selbstbewusstseins zu mir ›als vollkommen abstraktem Ich‹, also als immer noch vervollkommenbare Persönlichkeit, einnehme. Was das heißt, wurde oben schon skizziert. Dass dabei ›alle konkrete Beschränktheit und Gültigkeit negiert und ungültig ist‹, bedeutet, dass der freie Selbstentwurf die bloßen Gegebenheiten hier und jetzt radikal transzendieren kann und ggf. muss.

In der Persönlichkeit ist daher das Wissen *seiner* als *Gegenstands*, 61 f. Ⓚ
aber als durch das Denken in die einfache Unendlichkeit erhobenen und dadurch mit sich reinidentischen Gegenstandes. (42)

Der Selbstbezug des personalen Subjekts in Selbstbestimmung und im Selbstwissen hat als *Gegenstand* die Persönlichkeit, die als solche durch das Denken geformt und insofern in ›die einfache Unendlichkeit‹, eines *allgemeinen* Typs ›erhoben‹ ist. Das Wort »rein« verweist, wie immer, auf eine Form.

62 Ⓚ Individuen und Völker haben noch keine Persönlichkeit, in so fern sie noch nicht zu diesem reinen Denken und Wissen von sich gekommen sind. (42)

Als bloßes Individuum hat ein Mensch noch keine Persönlichkeit, ist noch keine Person, zu der er sich handelnd selbstbewusst verhält. Dazu bedarf es eines ›reinen Denkens und Wissen von sich‹ als Form. Entsprechendes gilt für die Selbstbestimmung beliebiger Kollektive, also etwa Völker. Auch hier bedarf es eines gewissen gemeinsamen Wissens und Wollens im Blick auf ein Gemeinschaftsprojekt. Dann erst kann man sinnvoll über ein Volk einer Epoche so sprechen, als habe es eine Art Persönlichkeit. Man spricht so über Städte wie Athen, Karthago und Rom, oder über die Perser, Griechen, Juden und Römer oder über die Franken zur Zeit Karls des Großen.

62 Ⓚ Der an und für sich seiende Geist unterscheidet sich dadurch von dem erscheinenden Geiste, daß in derselben Bestimmung, wo-
52 rin dieser nur *Selbstbewußtsein,* – Bewußt|sein *von sich,* aber nur nach dem natürlichen Willen und dessen noch äußerlichen Gegensätzen ist (Phänomenologie des Geistes. Bamberg und Würzburg 1807, S.101 ff. und Encyklopädie der philos. Wissensch., § 344), der Geist sich als abstraktes und zwar freies Ich zum Gegenstande und Zwecke hat und so *Person* ist. (42)

An und für sich ist der subjektive Geist das volle personale Subjekt im Vollzug. Der absolute Geist ist das Gemeinschaftssubjekt der Entwicklung der Menschheit, das allgemeine Wir, das sich selbst in Religion und Kunst sozusagen feiert und in der Philosophie bzw. den Geisteswissenschaften selbst erkennt. Der objektive Geist ist das Gesamtthema der Geistes- und Staatswissenschaften mit allen entsprechenden Teilprojekten zu verschiedenen Zeiten und mit unterschiedlichen Trägern, auch ganzen Völkern.

Der erscheinende Geist ist sozusagen alles, was sich im äußeren Tun und Reden eines Ich- oder Wir-Subjekts zeigt oder zeigen lässt. Dabei beginnt das subjektive Selbstbewusstsein als Bewusstsein von sich mit dem Begehren und ›natürlichen‹ Wollen. Äußerliche Gegenstände zeigen sich dabei gerade in den *Widerständen*, die u. U. durch geplante Arbeit zu überwinden sind. Die *Phänomenologie des Geistes* beginnt mit eben diesen (Selbst-)Beobachtungen der unmittelbaren Formen von Selbstbestimmung und Selbstbewusstsein. Erst wo der

›Geist als abstraktes und zwar freies Ich‹ zum Gegenstand der Reflexion und Zweck des Handelns wird, entwickelt sich die Person.

§36

1 Die Persönlichkeit enthält überhaupt die Rechtsfähigkeit und 62
macht den Begriff und die selbst abstrakte Grundlage des abstrakten und daher *formellen* Rechtes aus. (42)

Das Personsein ist, *passiv* gesehen, ein *Status* der *Würde* und des *Rechtsschutzes* für jeden Menschen, ohne jede Aufnahmeprüfung irgendwelcher Fähigkeiten. Daher spricht man kurz von *Menschenrechten*, nicht von Personenrechten.

Aktiv betrachtet aber ist die *personalitas*, die Hegel hier nicht sehr glücklich als »Persönlichkeit« wiedergibt, die Ausübung geistiger, also personaler Kompetenzen, die uns in die *Gemeinschaft aller Personen* setzt und an personalen Beziehungen bzw. kooperativen Handlungen verschiedenster Art teilnehmen lässt. (Das Wort »Gemeinschaft« steht hier über der Entgegensetzung von Gemeinschaft und Gesellschaft wie »Verhalten« über der Entgegensetzung von bloßem Verhalten und Handeln, gerade so wie »Katze« über den Katern und Katzen oder »man« im Englischen über dem Kontrast von woman und man. Die Ambiguitäten sind im Kontext leicht aufzuheben.)

Freie Person an sich zu sein, ist insgesamt Vollzugsform ausübbarer geistiger Vermögen, die als solche aus einem gemeinsamen Wissen und kooperativen Handeln stammen.

Der abstrakte personale Akteur als Person oder personales Subjekt an sich ist Thema des formellen Rechts. Dieses bestimmt, was im Zusammenhandeln abstrakt und allgemein zu tun erlaubt ist – sofern es keine besonderen Einschränkungen gibt.

Dieser Begriff des formellen Rechts an sich ist noch weit allgemeiner und umfassender als jedes positiv gesatzte Recht in irgendeinem Staat, sogar noch allgemeiner als jede moralische Erlaubnis bzw. jedes moralische Verbot.

Auch der folgende Merksatz ist in seiner vollen Allgemeinheit und damit in all seinen Ambiguitäten zu begreifen, so also, dass er sozusagen noch weit über dem Moralprinzip Kants steht, wie es artikuliert ist in den verschiedenen Versionen eines sogenannten Kategorischen

Imperativs. Man beachte also die *ungeheure Allgemeinheit* des folgenden *Doppelgebots des abstrakten Rechts*:

62 Das Rechtsgebot ist daher: *sei eine Person und respektiere die andern als Personen.* (42)

Zum Personsein selbst gehört die Respektierung der Freiheit der anderen Personen, so dass der zweite Satz auch als Teilerläuterung des ersten zu lesen ist. Er betont die Respektierung des Eigenen der anderen Personen.

Das *Personsein* ist auf seiner *aktiven* Seite ein normativer Status, der weit über bloß passive Berechtigungen oder Entitlements zu einem freien Handeln hinausgeht. Es ergeben sich nämlich auch Pflichten zur Erfüllung von Verpflichtungen bzw. *Commitments* daraus, dass die Freiheit *der Person* als *kohärente* Selbstbestimmung *der Personen* zu begreifen ist. Das personale *Ich* ist damit ein *Wir* insofern, als es die Sicht von *uns*, auch wie *man* richtig urteilt und handelt, in sich schon reflektiert enthalten muss.

Eine *volle Person zu werden* ist dann allgemeinste Norm. Man kann dabei *auch* schon an die folgende Erweiterung denken: Perfektioniere die Persönlichkeit, ganz im Sinn von Pindars »Werde der du bist – durch Selbstbildung«.[36]

Die zweite Hälfte des Satzes sagt zunächst, dass man alle anderen Menschen als Personen zunächst gemäß dem passiven Würde- und Rechtsbegriff der Person und damit insbesondere die Menschenrechte zu respektieren hat. Er besagt aber noch mehr, nämlich, dass man wenigstens *prima facie* alle anderen Menschen als *aktive Teilnehmer* in einer möglichen freien Zusammenarbeit anerkennen bzw. ›zulassen‹ soll. Der zentrale Punkt ist, wie anfangs schon gesagt, dass das kein Sollen ist, das uns jemand von der Seite zumutet, *sondern es ergibt sich aus dem Personsein selbst*, das als solches *ein relationales und prozessuales Sein im Gemeinwesen* ist, und das nicht etwa nur als bloß gegenwärtiger Status.

§ 37

62 2 Die *Besonderheit* des Willens ist wohl Moment des ganzen Bewußtseins des Willens (§ 34), aber in der abstrakten Persönlichkeit, als

[36] 2. Pyth. Ode 72: *genoi hoios essi mathōn.*

solcher noch nicht enthalten. Sie ist daher zwar vorhanden, aber als von der Persönlichkeit, der Bestimmung der Freiheit, noch verschieden, Begierde, Bedürfnis, Triebe, zufälliges Belieben u. s. f. – (43)

Wie schon im § 34 gesagt wurde, ist jedes konkrete Wollen inhaltlich auf besondere Weise bestimmt. Man kann nicht entschlossen sein, ohne zu wissen, wozu. Dennoch enthält die ›abstrakte Persönlichkeit‹ noch keine Besonderung des Willens, sondern ist nur erst allgemeiner Status im Gesamtbereich der Personen. Dasselbe gilt für alle konkreten Rollen, die eine Person, wie wir sagen, mehr oder weniger gut spielt und damit sogenannte Rollenerwartungen ausreichend erfüllt – oder eben nicht. Am Ende aber ist die Persönlichkeit konkrete Bestimmung ausgeübter Freiheit und als solche verschieden von allen bloß lokalen Befriedigungen von Begierden, Bedürfnissen, Trieben, eines zufälligen Beliebens usf.

Im formellen Rechte kommt es daher nicht auf das besondere 62
Interesse, meinen Nutzen oder Wohl an – eben so wenig auf den besondern Bestimmungsgrund meines Willens, auf die Einsicht und Absicht. (43)

Das formelle Recht bestimmt den normativen Status der frei handelnden und damit für ihre Persönlichkeit selbst verantwortlichen *Person an sich, also ganz allgemein*. Es sagt uns, wann dieser Status gut genug erfüllt ist. Dabei ist die allgemeine Redeform über *das Allgemeine* an sich *ideal* und muss, wie alles Ideale, je auf relevante Erfüllungen im konkreten Kontext spezifiziert werden. Das bekannteste Paradigma dafür sind geometrische Formen. Der Kontext bestimmt auch dort, was im *besonderen* Fall – z. B. dem eines Maurers oder dem eines Optikers – glatt oder gerade genug ist. Kein Ideal ist unmittelbar, in der empirischen Realität, voll erfüllbar. Das ist eine tautologische, formalbegriffliche Wahrheit. Sie gilt für alle idealen Allgemeinaussagen, und zwar für den Kreis oder die Gerade genau so wie etwa über die perfekte Person, das ideale Recht oder den vollkommenen Staat.

Dennoch gibt es konkrete Prototypen oder paradigmatische Erfüllungen im Besonderen und Einzelnen in der realen, endlichen Welt. Im Fall der Person ist z. B. an Helden oder Heilige zu denken. Dabei kommt es bei der Erfüllung der Bedingungen, eine volle Person in ausreichender Perfektion zu sein, wie eben gesehen, nicht auf mein besonderes »Interesse, meinen Nutzen oder mein Wohl an – ebenso wenig auf den besonderen Bestimmungsgrund meines Willens, auf die Einsicht und Absicht«. Stattdessen geht es um ausreichende Erfüllungen der Bedingungen des Guten, Wahren und Schönen, wie schon in der *kalokagathia* der griechischen Polis. Dabei ist das *Schöne* übrigens im Grunde immer die Dimension einer *supererogatorischen Perfektion*, die im Handeln immer weit über jede bloße ›Erfüllung von Pflichten‹ als Minimalnormen hinausgeht. Im Falle von wahren Künstlern und ihren echten Kunstwerken gehen diese in ihrer Schönheit weit über die jeweils gegebenen Techniken der jeweiligen Künste und erst recht über alles bloß Nette hinaus.

§ 38

63 In Beziehung auf die *konkrete* Handlung und moralische und sittliche Verhältnisse, ist gegen deren weitern Inhalt das abstrakte Recht nur eine *Möglichkeit*, die rechtliche Bestimmung daher nur eine *Erlaubnis* oder *Befugnis*. Die Notwendigkeit dieses Rechts beschränkt sich aus demselben Grunde seiner Abstraktion auf das Negative, die Persönlichkeit und das daraus Folgende *nicht zu verletzen*. Es gibt daher nur *Rechtsverbote* und die positive Form von Rechtsgeboten
53 hat ihrem letzten Inhalte nach das Verbot zu Grunde liegen. | (43)

Die sittlichen Verhältnisse bestimmen, was Rolleninhaber und Statusträger *zu tun und was sie zu lassen haben*. Die allgemeinrechtlichen Bestimmungen des formellen Rechts laufen aber nur auf Erlaubnisse oder Verbote hinaus. Das liegt daran, dass über das allgemeine und kategorische Rechts*gebot* hinaus, eine Person zu werden und zu sein, noch nichts zur konkreten Person, ihren Rollen und ihrem politischen Status als Citoyen gesagt ist. Es gibt kein Gebot, diese oder jene besondere Person zu werden oder zu sein, etwa Wissenschaftler oder Priester, trotz aller Reden über sogenannte Berufungen. In Beziehung auf konkrete Handlungen gibt es daher im abstrakten Recht der allgemeinen Normativität nur negative Erlaubnis-, also Verbotsnormen, die sagen, was man als freie und volle Person *nicht* tun darf. Dass es eines formellen ›Rechts‹ oder einer allgemeinen Normativität der Person überhaupt bedarf, liegt an der Ausgrenzung des ›Negativen‹. Es ist verboten, die Persönlichkeit anderer und dann auch sich selbst qua Person zu verletzen. Es gibt daher auf der Ebene des abstrakten oder allgemeinen Rechts des Personenschutzes, um es so zu sagen, nur erst Verbote der Verletzung der freien Person. Positiv formulierbar ist nur Hegels ›Kategorischer Imperativ‹ des abstrakten Rechts.

§ 39

3 Die beschließende und *unmittelbare* Einzelheit der Person verhält 63
sich zu einer vorgefundenen Natur, welcher hiermit die Persönlichkeit des Willens als ein *Subjektives* gegenübersteht, aber dieser als in sich unendlich und allgemein ist die Beschränkung, nur subjektiv zu sein, widersprechend und *nichtig*. Sie ist das Tätige, sie aufzuheben und sich Realität zu geben, oder, was dasselbe ist, jenes Dasein als das ihrige zu setzen. (43 f.)

Es ist eine Kritik am Boten statt an der Nachricht, wenn man Hegel vorwirft, er betone die Tatsache der impliziten inneren Widersprüche in unseren Artikulationen von begrifflichen Unterscheidungen allzu sehr. In Wahrheit versucht er, diese Inkohärenzen durch kontextbezogene Differenzierungen aufzuheben. Das geschieht freilich im Wissen darum, dass es vergebene Liebesmüh' ist oder wäre, kontextfreie Artikulationen durch allgemeine Definitionen und Kriterien entwickeln zu wollen, welche grundsätzlich nicht in die genannten Probleme z. B. der allgegenwärtigen metaphorischen und analogischen Ausweitung schon eingeführter Redeformen oder anderer systematischen Paradoxien und Privationen als Abweichungen von kanonischen Normalfällen, Proto- oder Idealtypen geraten.

Hier geht es unter anderem um die Vieldeutigkeiten in den Reden von der Natur erstens als dem Bereich eines Geschehens, für das Handlungen keine Rolle spielen, zweitens vom Wesen einer Sache und dann auch in den Gegenüberstellungen von Objektivem und Subjektivem. Damit geht es aber um die Logik des Ich und des Wir.

Ich spreche von einem personalen Subjekt, manchmal auch kurz von einer Person an und für sich, grob im gleichen Sinn wie Hegel von der ›beschließenden und unmittelbaren Einzelheit der Person‹. Im Handeln verhält sich das personale Subjekt ›zu einer vorgefundenen‹ handlungsfreien Natur, die der ›Persönlichkeit des Willens‹ gegenübersteht. In entsprechender Umkehrung stellen wir das Subjektive der Einzelperson als das Perspektivische des Subjekts dem ›Objektiven‹ der Natur gegenüber, was dann aber schnell dazu führt, die Objektivität der Handlungswelt, der Kultur, des Geistes und damit auch der Geistesgeschichte zu übersehen und grobflächig zu glauben, die Naturwissenschaften könnten im Prinzip die ganze Welt ›objektiv‹ darstellen und ›kausal‹ erklären.

Obgleich Hegels Formulierung schwierig sein mag, der Gedanke ist klar und wahr: Niemand wird in seinem allgemeinen Selbstverständnis als Person je kohärent sagen können, seine eigenen Absichten und Handlungen seien bloße Selbstzuschreibungen. Dann wären sie ›nur subjektiv‹. Wer meint, objektiv gebe es nur die ggf. von mir selbst beobachtbaren Körperbewegungen, ist ganz offenbar verwirrt.

In Wahrheit gibt es im Fall freier Handlungen immer mehrere beliebig reproduzierbare Handlungsformen, zwischen denen ich mich entscheide. Das geschieht zunächst im Reich der Möglichkeiten, also nicht in der endlichen, empirischen Welt des sinnlich hier und jetzt ›Perzipierbaren‹, sondern im ›unendlichen‹, zeitallgemeinen Bereich von Denkbarkeiten. Wir geben im Handeln manchen dieser Möglichkeiten Realität. Indem ich das tue, wird das durch mein Handeln geschaffene Dasein in manchem Aspekt *zu meinem*. Alles handelnde Tun ist so zugleich ein tätiges Selbstverhältnis, also Selbst-Bestimmung, wobei das Ich, auf das ich mich dabei beziehe, mit dem Meinigen oder einem Teil davon zu identifizieren ist, so dass es nicht bloß das Vollzugssubjekt im Tun hier und jetzt sein bzw. bleiben kann.

§40

63 Das Recht ist zuerst das unmittelbare Dasein, welches sich die Freiheit auf unmittelbare Weise gibt,

a) *Besitz,* welcher *Eigentum* ist; – die Freiheit ist hier die des abstrakten Willens *überhaupt,* oder ebendamit *einer einzelnen* sich nur zu sich verhaltenden Person. (44)

Zunächst hat jeder Mensch, jedes personale Subjekt, vor aller einschränkenden Rechtsbestimmung, als Handelnder sozusagen, auf alles ein Recht, das er frei will und tut, auch herstellt und so zu dem Seinigen macht, sogar auf alles, was er zu seinem Besitz in der Umgebung seines Daseins erklärt, indem er es als Mittel gebrauchen möchte. Der Gedanke ist nicht allzu weit von den Überlegungen bei Thomas Hobbes und John Locke entfernt, unterscheidet sich aber wesentlich darin, dass nicht rein von außen auf das animalische Begehren geblickt wird und weder mit einem biologistischen Streben nach Selbsterhalt noch mit einem bloßen ›Eigentum am eigenen Leib‹ (wie bei Locke) begonnen wird. Vielmehr wird, ich wiederhole das, *jedes Handeln schon als Teilselbstbestimmung der Person* begriffen. Alle Einschränkungen des Erlaubten und alles für die Person als Status Gute, das über das leibliche Wohl und Wohlbefinden des bloßen Individuums hinausgeht, ergeben sich aus den inneren und äußeren Symmetrien des Personseins, damit aus gegenseitigen Anerkennungen. Hier gibt es keinen ›Kampf‹ um Anerkennung und es kann ihn gar nicht geben. *Als Personen* sind wir nämlich an *freien* Anerkennungen interessiert. Einer wahren, vollen, Person, die von sich als Person weiß, nützt eine unehrliche, etwa durch Kampf und eigenen Zwang erzeugte, Anerkennung überhaupt nichts. Aufgrund ihres Wissen kann sie eine bloß formelle Anerkennung nicht als freie Anerkennung verstehen. Große Menschen mit Einfluss wissen um das Problem. Manche haben für seine Lösung, wie Cäsar in einer bestimmten Erzählung seiner Geschichte, das Risiko eines Attentats in Kauf genommen. Sein Interesse an einer möglichst freien Zustimmung zu seiner Politik sogar im Senat stünde damit ganz im Gegensatz zum Spruch des Tragödiendichters Lucius Accius (um 170–90 v. Chr.) »oderint dum metuant«, »sie mögen mich hassen, wenn sie mich nur fürchten«, das sich Caligula später zum Motto genommen hat.

b) Die Person sich von sich unterscheidend verhält sich zu einer 63
andern Person und zwar haben beide nur als Eigentümer für einander Dasein. Ihre *an sich* seiende Identität erhält Existenz durch das Übergehen des Eigentums des einen in das des andern mit gemeinsamen Willen und Erhaltung ihres Rechts, – im *Vertrag*. (44)

Die Nähe der Analyse zu Hobbes und dessen Grundlegung staatlicher Ordnung im freien Vertrag ist im Kontext der allgemeinen Analyse des Eigentums weiterhin zu spüren: Eine Person im aktiven Sinn zu sein, bedeutet, sich zu anderen Personen als Person zu verhalten. Angesichts der weiten und engen Bedeutung der Rede von einem Eigentum wird der Satz zweideutig, dass »Personen nur als Eigentümer füreinander Dasein« haben. Im weiten Sinn ist das sozusagen begrifflich wahr: Ich bin als Person alles Meinige und du bist als Person alles Deinige.

Was das Meine ist, sodass dein Zugriff auf es ausgeschlossen ist, oder was es heißt, dass ich etwas von dem, was ich als Meines deklariere, an dich abtrete, das regelt ein ›Vertrag‹. Dabei sollten wir mit Hegel das Wort zunächst in einem ganz weiten Sinn des Sich-Vertragens und nicht etwa nur in dem schon engeren Sinn einer expliziten Abmachung oder gar eines zivilrechtlich bindenden Vertrags verstehen.

Wichtig aber ist, dass Hegel trotz Hobbes' Kritik an jedem ›Naturrecht‹ das ›Vorstaatliche‹ eines allgemeinen ›Rechts‹ auf Eigenes oder Eigentum anerkennt. Das aber wird nicht aus einem verwirrten Naturbegriff abgeleitet, sondern ergibt sich aus dem Wesen des freien Handelns und des relationalen Personseins. Das »Übergehen des Eigentums des einen in das des anderen« geschieht also in einem »gemeinsamen Willen« und unter »Erhaltung ihres Rechts«. Tauschen und Kaufen, ein Versprechen geben und Verträge schließen, das sind alles *gemeinsame* Handlungen. Keine dieser Handlungen kann nur von einer Seite ausgeführt werden.

Im Hintergrund steht das ganz allgemeine Prinzip »volenti non fit iniuria«. Prima facie kann niemandem Unrecht geschehen, wenn er mit einer gemeinsamen Handlungsform und damit mit dem sich aus ihr ergebenden Tun anderer Personen *einverstanden* ist. Ein *freiwilliger* Diener ist daher kein Sklave.

64 c) Der Wille als (a) in seiner Beziehung auf sich, nicht von einer andern Person (b), sondern in sich selbst unterschieden, ist er, als *besonderer* Wille von sich *als an und für sich seiendem* verschieden und entgegengesetzt,– *Unrecht* und *Verbrechen.* (44)

In der Sphäre der Analyse des abstrakten Rechts, ich wiederhole das Problem, sind alle Begriffe in extrem weiter Allgemeinheit zu lesen. Sie sind Basisformen an sich – vor aller Besonderung.

Wir wissen, dass alles Wollen immer auch eine Beziehung der Person auf sich ist, schon in der Planung eines Handelns, erst recht in der Ausführung. Das gilt auch für Versprechen, Anerkennungen, Verträge usf. Hegel will nun den Begriff des Unrechts bzw. Verbrechens in ähnlicher Weise wie bei Kant und doch ganz anders als Inkohärenz resp. als inneren Widerspruch *im Personsein* charakterisieren.

Im Bruch eines Versprechens oder Vertrags widerspreche ich mir als Person und schädige meinen Status als Person im Reich der Personen – und zwar, wie oben schon gesagt, durchaus unabhängig davon, ob die anderen personalen Subjekte das wissen oder nicht.

Die Überlegung hängt ganz offenbar mit Kants Personenformel des Kategorischen Imperativs zusammen, die wir weiter unten genauer betrachten werden. Es geht Hegel um die von Kant und dann auch von Fichte ganz offen gelassene Frage, was es denn logisch überhaupt heißen kann, dass ich irgendwie verpflichtet sein soll, mich um die Person, die ich an sich bin, also den *homo noumenon* in einem *mundus intelligibilis*, irgendwie tätig zu kümmern.

Die Antwort, die Hegel gibt, setzt die Unterscheidung voraus zwischen dem allgemeinen, generischen, überzeitlichen, in diesem Sinn ›unendlichen‹ Ich an sich, das als Form des Personseins eine Art Man oder generisches Wir ist, und, zweitens, dem Fürsichsein des endlichen, ›empirischen‹ Ich hier und jetzt, also dem Subjekt im Vollzug. Die Person an und für sich ist dann, drittens, das, was ich als das personale Subjekt im begrifflich und damit ethisch-sittlich geformten Vollzug anspreche. Eine Person zu werden und zu sein, heißt daher, sich selbst als Person an sich oder Persönlichkeit mit Beginn der Kindheit und Jugend zu bilden, also Verantwortung für sein eigenes Vermögen zu übernehmen, gut mit allen anderen Personen zusammenzuleben – und dabei zu lernen, sich selbst denkend und handelnd frei zu bestimmen. Es heißt zugleich, sich im konkreten, endlichen, empirischen Vollzug zu sich als Persönlichkeit oder Person an sich wenigstens kohärent zu verhalten. Inkohärent ist hier ein Tun dann, wenn ich als Subjekt eine Handlungsform ausführe, die ich als Vertreter des Wir oder Man, das ich als Person bin, nicht als allgemein gut oder erlaubt anerkennen kann.

Hegels Kritik an Kants Kategorischem Imperativ besteht nicht etwa darin, dass er dessen Einsichten für verfehlt hielte. Im Gegenteil. Er erkennt aber erstens, dass Kants Formulierungen unscharf und sogar obskur sind, wenn sie über die Verfahrensformel hinausgehen. Diese ist, zweitens, nur erst ein *Kohärenzprinzip*, nach welchem ich *nur* solche Maximen verfolgen oder Handlungsformen *H* ausführen darf, die ich als allgemein erlaubt ansehe. Eine *zureichende* Begründung, *H* auch *wirklich tun zu dürfen*, ergibt sich daraus nicht. Denn dazu müssen *wir* nicht nur *wollen können*, dass gemäß *H* zu handeln erlaubt ist, wir müssen es *realiter wollen*. Um eben diesen logischen Unterschied, der jedem, der denken kann, klar sein sollte, geht es in der

Unterscheidung zwischen Moralität und Sittlichkeit. Das abstrakte Recht liegt *systematisch vor* dieser Unterscheidung.

Eine Bemerkung zum Wort »empirisch« ist noch einmal nötig. Hegel benutzt das Wort nicht, wie ich hier, um jeden präsentischen, endlichen *Vollzug* in der Zeit zu charakterisieren, sondern nur für einen *restringierten Weltbezug*, für den es vermeintlich nur das ›gibt‹, was sich *unmittelbar* erfahren, also sinnlich empfinden und wahrnehmen lässt. Das ist mit Sicherheit eine zu enge Vorstellung von ›Existenz‹ und Erfahrung. Daher kritisiert Hegel seit den ersten Kapiteln der *Phänomenologie des Geistes* das empirische Denken als grundsätzlich verfehlt. Ich benutze das Wort »empirisch« dennoch auch positiv zur Erläuterung des Sinns des Wortes »endlich« in Bezugnahme auf den *präsentischen Vollzug*, der dann aber gerade kein ›empirischer Gegenstand‹ empirischer ›Selbstbeobachtung‹ ist, sondern *absolutes Sein*. Diesen Unterschied des Ich im Vollzug und des Ich, zu dem ich mich tätig verhalte, hat Fichte zwar in Umrissen erkannt. Seine Leser ahnen bis heute, dass diese Einsicht wichtig ist. Aber er hat es nicht in der Form artikulieren können, dass er auch nur von Kant, Schiller, Friedrich Schlegel oder Schelling wirklich zureichend verstanden geworden wäre. Das Problem liegt freilich auch an der Sache selbst. Das zeigt sich daran, dass Hegels weit besserer Artikulationsansatz ebenfalls bis heute noch kaum begriffen ist.

64 Ⓚ Die Einteilung des Rechts in *Personen-Sachen*-Recht und das Recht zu *Aktionen* hat, so wie die vielen andern dergleichen Einteilungen, zunächst den Zweck, die Menge des vorliegenden unorganischen Stoffs in eine äußerliche Ordnung zu bringen. (44)

Es gibt Rechte und Pflichten, auch Gebote und Verbote nur in den Beziehungen der Personen zueinander und zu sich selbst, wobei der Ausgangpunkt erstens freie Erlaubnisse und zweitens das Sich-Vertragen in freier Koordinierung von Mein und Dein sind.

Die übliche Einteilung des Rechts in ein Personenrecht und ein Sachenrecht ist deswegen irreführend, weil Sachen nur als meine oder deine unter die Sphäre des Rechts fallen. Daher sind ›dergleichen Einteilungen‹ der Verletzung von Personen und der Beschädigung von Sachen insofern leicht oberflächlich, als das Recht auf Eigenes auch im Blick auf Dinge zunächst selbst ein Personenrecht ist.

64 Ⓚ Es liegt in diesem Einteilen vornehmlich die Verwirrung, Rechte,

welche substantielle Verhältnisse, wie Familie und Staat, zu ihrer Voraussetzung haben, und solche, die sich auf die bloße abstrakte Persönlichkeit beziehen, kunterbunt zu vermischen. In diese Verwirrung gehört die Kantische und sonst beliebt gewordene Einteilung in *sächliche, persönliche und dinglich-persönliche* Rechte. (44 f.)

Hegel plädiert – wohl gegen Hobbes, besonders aber gegen Kant – dafür, vorsichtig, behutsam und geduldig mit den Unterschieden der Allgemeinheits-Ebenen umzugehen. Es sind schon besondere *substantielle Verhältnisse* vorausgesetzt, wo es um Rechte in der Familie, in der Gesellschaft oder im Staat geht. Hier geht es nur erst um solche ganz allgemeinen Berechtigungen, ›die sich auf die bloße abstrakte Persönlichkeit beziehen‹.

Das Schiefe und Begrifflose der Einteilung in *Personen-* und 64 Ⓚ
Sachenrecht, das in dem römischen Rechte zu Grunde liegt, zu entwickeln (das Recht zu Aktionen betrifft die Rechtspflege und gehört nicht in diese Ordnung), würde zu weit führen. Hier erhellt schon so viel, daß nur die *Persönlichkeit* ein Recht an | *Sachen* gibt und 54
daher das persönliche Recht wesentlich *Sachenrecht* ist, – Sache im allgemeinen Sinne als das der Freiheit überhaupt Äußerliche, wozu auch mein Körper, mein Leben gehört. Dies Sachenrecht ist das Recht der *Persönlichkeit als solcher.* (45)

Es ist jedes Sachenrecht, allgemein gesehen, ein Recht der Person. Und es ist jedes »persönliche Recht wesentlich Sachenrecht«, nur ist die Sache, um die es dabei geht, im ganz allgemeinen Sinn als je meine Freiheit im Umgang mit Sachen zu fassen – ›wozu auch mein Körper, sogar mein Leben gehört‹.

Was aber das im römischen Rechte sogenannte *Personen-Recht* be- 64 f. Ⓚ
trifft, so soll der Mensch erst, mit einem gewissen *status* betrachtet, eine Person sein (Heineccii Elem. Jur. Civ., § LXXV); im römischen Rechte ist hiemit sogar die Persönlichkeit selbst, als gegenüber der Sklaverei, nur ein *Stand, Zustand.* Der Inhalt des römischen sogenannten Personenrechtes betrifft dann außer dem Recht an *Sklaven,* wozu ungefähr auch die Kinder gehören, und dem Zustande der *Rechtlosigkeit* (capitis diminutio) die *Familienverhältnisse.* Bei Kant sind vollends die Familienverhältnisse, die auf *dingliche Weise persönlichen* Rechte. – Das römische Personen-Recht ist daher nicht das Recht der Person als solcher, sondern wenigstens der *besondern*

Person; – späterhin wird sich zeigen, daß das Familienverhältnis vielmehr das Aufgeben der Persönlichkeit zu seiner substantiellen Grundlage hat. Es kann nun nicht anders als verkehrt erscheinen, das Recht der *besonders bestimmten* Person vor dem allgemeinen Rechte der Persönlichkeit abzuhandeln. – (45)

Hegels kritische Kommentierung des römischen Rechts als Hintergrund darf uns nicht blind machen für den absolut zentralen Inhalt der Überlegung. Eine Person zu sein ist zwar ein relationaler Status zu (allen) anderen Personen. Aber ein solcher Status kann weder durch den Stand der Familie über Geburt oder von außen durch Gesetz oder Erlass verliehen, noch einem Menschen durch positivrechtliche Normen aberkannt werden.

Der Status der Person und die Würde der Person sind dasselbe. Hegel erkennt an, dass es das Christentum war, das die Einsicht propagierte, dass nun auch die Würde des Personseins und die Würde des Menschen dasselbe, also ko-extensional sind; so dass auch erst seither Menschenrechte und Personenrechte zusammenfallen. Wir sind aber noch keineswegs so weit, dass diese Einsicht weltweit in die Praxis umgesetzt wäre.

Hegel ist damit der erste Denker, der die Menschenrechte und die Würde des Menschen wirklich säkular und doch im Bewusstsein der kulturellen Bedeutung des Christentums für die Menschheit begründet und nicht etwa nur gefühlsmäßig für sie wirbt. Wir werden einige Folgen dieser Einsicht noch genauer betrachten. Das Problem, das sie beantwortet, zeigt sich aber historisch klar, wenn man, wie in der Antike generell und im römischen Recht explizit, den Begriff der Person auf Menschen mit einem besonderen sozialen Status beschränkt, etwa auf Vollbürger einschränkt – und Knechte, Diener, Sklaven, auch Kinder, Frauen, Alte, Kranke oder Behinderte ausschließt.

Hegel verteidigt dagegen die *allgemeinen Menschenrechte* auf der Grundlage der *seit dem Christentum* als gesetzt erklärten *Extensionsgleichheit von Mensch und Person an sich*.

Das Selbstwissen als Person ist also der Grund dafür, was ich hier durch Wiederholung hervorhebe: »Es kann nun nicht anders als verkehrt erscheinen, das Recht der besonders bestimmten Person vor dem allgemeinen Rechte der Persönlichkeit abzuhandeln.« Das wird noch dramatischer dadurch, dass im *Familienverhältnis* die Freiheit der Person der kommunitarischen Gemeinschaft *untergeordnet* ist. Familien und Clans sind insofern Institutionen, welche den Verzicht auf persönliche Freiheit zur *substantiellen Grundlage* haben.

Hegels Kritik an Kant bezieht sich auf die »Metaphysischen Anfangsgründe der Rechtslehre«. Besonders anstößig sind ihm die §§ 23, 24 und 25: »Der Mann erwirbt ein Weib, das Paar erwirbt Kinder und die Familie Gesinde«. Die »Ehe (matrimonium)« wird im § 24 als »Verbindung zweier Personen verschiedenen Geschlechts zum lebenswierigen Besitz ihrer Geschlechtseigenschaften« definiert. Der § 25 legt fest, dass, »wenn eines der Eheleute sich ... in eines anderen Besitz gegeben hat, das andere es jederzeit und unweigerlich, gleich als eine Sache, in seine Gewalt zurückzubringen berechtigt ist«. Kant gesteht wegen der fast allgemeinen ökonomischen Abhängigkeit der ›Hausfrau‹ vom Ehemann den Frauen wie den Dienern überhaupt keine von der Familie unabhängigen Rechte zu – was übrigens über Tausende von Jahren für die gesamte ›Mittelmeerkultur‹, ja sogar ganz Eurasien galt. Besonders die Religionen tradieren diese ›konservative‹, in Wahrheit reaktionäre, zum Teil sogar menschenrechtswidrige Vorstellungen eines ›Schutzes der Familie‹. Das wahre Problem der Befreiung der Frauen, die im weltweiten Maßstab noch nicht wirklich weit gediehen ist, liegt in der nach wie vor verbreiteten Praxis, vom Mittelmeer bis nach Japan, dass nur der Mann ein volles und autonomes personales Leben führt, die Familie nach außen vertritt und eben daher die Familie nach innen beherrscht. Eine Frau ist dann sogar als *mater familias* noch nicht volle Person. Und sie hat in der Gemeindeversammlung der *ecclesia* zu schweigen, wie in der katholischen Kirche, die damit freilich längst schon einen der zentralen Grundgedanken des Christentums partiell verrät.

Die *persönlichen Rechte* bei *Kant* sind die Rechte, die aus einem 65 Ⓚ
Vertrage entstehen, daß Ich etwas gebe, leiste – das *jus ad rem* im römischen Recht, das aus einer Obligatio entspringt. (45 f.)

Kant kehrt das Begründungsverhältnis persönlicher Rechte um. Sie sind bei ihm »Rechte, die aus einem Vertrage entstehen«, während Hegel betont, dass sie sich, wie ja auch die Verträge selbst, daraus ergeben, sein eigenes Leben als Person im Grundsatz frei führen zu dürfen. Bei Kant sollen sich dagegen die persönlichen Rechte (partiell ähnlich wie in der Vertragstheorie von Hobbes) aus Tauschverhältnissen ergeben: Ich leiste etwas, damit du mir etwas zurückgibst, *do ut des*. Damit gehen bei Kant die Personenrechte als Sachenrechte aus einer *Obligation*, einer Verpflichtung, nicht aus der Freiheit, Person zu sein, hervor.

65 Ⓚ Es ist allerdings nur eine Person, die aus einem Vertrage zu leisten hat, so wie auch nur eine Person, die das Recht an eine solche Leistung erwirbt, aber ein solches Recht kann man darum nicht ein persönliches nennen; jede Art von Rechten kommt nur einer Person zu und objektiv ist ein Recht aus dem Vertrage nicht Recht an eine Person, sondern nur an ein ihr Äußerliches, oder etwas von ihr zu
55 Veräußerndes, immer an eine Sache. | (46)

Man kann aus zwei Gründen nicht von einem ›persönlichen‹ Recht sprechen. Erstens sind alle Rechte Personenrechte. Vertragspartner sind Personen. Und nur Personen haben, erwerben oder verlieren gewisse Rechte an einer ggf. zu leistenden Sache – etwa im Fall einer Schenkung oder eines Versprechens. Zweitens kommen Rechte einem Subjekt oder Individuum immer nur vermittels seines Status als Person in seinen Rollen zu. Die anderen als Personen zu respektieren, heißt daher, sie in ihrem personalen Status und ihren personalen Rollen, zunächst wenigstens prima facie, anzuerkennen.

Der Kernsatz ist wieder: *Jede Art von Rechten kommt nur Personen zu*. Aber alle Menschen sind passive und alle sind potentiell aktive Personen, wie oben erläutert: Der passive Würdebegriff der Person und des Menschen verlangt von uns den Schutz und die Verteidigung der Rechte aller Menschen. Der aktive Kompetenzbegriff der Person verlangt von jedem von uns, sich nach Möglichkeit zu einer möglichst vollen Persönlichkeit zu bilden und dann tätig Person zu sein.

Die Bedeutung des folgenden Satzes für eine radikale freiheitstheoretische Kritik erstens an jeder Art von Sklaverei, Knechtschaft und Selbstverdingung, zweitens an der Verwandlung der Arbeitskraft in eine Ware kann überhaupt nicht überschätzt werden. Das ist mein Grund dafür, ihn wörtlich und betont zu wiederholen:

»*Ein Recht aus einem Vertrag ist nicht Recht an eine Person, sondern nur an ein ihr Äußerliches oder etwas von ihr zu Veräußerndes, immer an eine Sache.*« Daher erwirbt auch kein Ehepartner mit der Heirat ein Recht auf seinen Partner in der Weise, wie das Kant schildert.

Erster Abschnitt: Das Eigentum

Die Dreiteilung des Abschnitts in *Besitznahme*, *Gebrauch* und *Entäußerung* des Eigentums nach der Einleitung hat übrigens wenig mit der Gliederung zwischen allgemeinem Ansichsein, singulärem Fürsichsein und besonderem An-und-für-sich-Sein zu tun. Es geht nur um die Frage, wie etwas zu meinem Eigentum werden kann, was es heißt, es als Eigentum zu gebrauchen und wie ich es zu deinem oder seinem Eigentum machen kann.

§41

Die Person muß sich eine äußere *Sphäre ihrer Freiheit* geben, um 66
als Idee zu sein. (47)

Gerade wenn wir Hegel mit Wohlwollen und kohärent lesen wollen, müssen wir uns von manchen eher unglücklichen terminologischen Entscheidungen seiner Kommentarsprache trennen. Das gilt partiell insbesondere für das Wort »Idee«. Das durch dieses Wort nahegelegte Fehlverstehen wird ja nicht dadurch wirklich eingedämmt, dass Hegel mehrfach daran erinnert, dass damit eine Realisierung oder Aktualisierung des Begriffs und damit eine Form des Seins angesprochen ist.

Der in dem obigen ebenso dichten wie obskuren Merksatz ausgedrückte Gedanke ist dann offenbar dieser: Wer immer die Lebensform der freien Person realisiert, muss sich dazu eine äußere Sphäre unter Einschluss von allerlei Mitteln schaffen, um im Umgang mit dem Seinigen frei handelnd sich als kompetente Person bestimmen zu können.

Das Ich oder personale Subjekt ist also insbesondere nie einfach, wie die übliche Rede vom Inneren und Äußeren suggeriert, als unausgedehnte Monade, also als Punkt mit inneren Eigenschaften (je hier und jetzt) vorzustellen, dem alles Äußere, sogar mehr oder weniger jedes Einzelteil seines eigenen Leibes, äußerlich wäre. Es ist vielmehr so, dass ich je nach Kontext mit vielem identifiziert werde oder mich damit identifiziere, was als das Meinige gilt und damit zunächst in einem ganz weiten Sinn mein eigen, also auch mein Eigentum ist. Daher kann jemand, wie wir bezeichnender Weise manchmal auch wirklich sagen, *mich* verletzen, indem er z. B. *meine Tochter* verletzt oder *mein Haus* beschädigt etc.

Mit anderen Worten, das Eigene und das Eigentum beginnt nicht erst dort, wo es ein staatlich erlassenes, gegen Diebstahl oder Zerstörung sanktionsbewehrtes Eigentum- und Besitzrecht gibt. Es beginnt in der allgemeinen Grammatik der *Personal- und Possessivpronomen* »ich«, »mir«, »mich« und »mein« und ihren Inhalten. Diese Inhalte verweisen nicht nur auf mich als Vollzugssubjekt hier und jetzt, sondern potentiell auf alles Meinige. Formal ist ja klar, dass das Ich in seinem weiten Gebrauch im engen Kontakt mit dem *Possessivpronomen* »mein« steht.

Zur *äußeren* Sphäre meiner inneren Freiheit gehören daher alle mir sozusagen auf Abruf zur Verfügung stehenden Mittel, auch die von mir selbst irgendwie erworbenen Vermögen, Techniken, *skills* usf., beginnend mit dem Sprach- und damit mit dem Denkvermögen. Dass dieses »Innere« das leicht Reproduzierbare Äußere ist, zeigt sich, wie Hegel bemerkt, an dem schönen Ausdruck »etwas auswendig lernen«.

66 Weil die Person der an und für sich seiende unendliche Wille in dieser ersten noch ganz abstrakten Bestimmung ist, so ist dies von ihm Unterschiedene, was die Sphäre seiner Freiheit ausmachen kann, gleichfalls als das von ihm *unmittelbar Verschiedene* und *Trennbare* bestimmt. (47)

Hegel selbst betont, dass die obige Formel als *erste, noch ganz abstrakte Bestimmung* zu lesen sei und dass es eine Art *Metapher* ist zu sagen, die Person *gebe sich eine äußere Sphäre der Freiheit*. Denn es ist nur scheinbar so, als ließe sich ›die Sphäre der Freiheit‹ der Person bzw. ihres (freien) Willens als etwas von ihr bzw. ihm ›Verschiedenes und Trennbares‹ bestimmen – oder sei schon so bestimmt. Das wäre so, wenn man die Person an und für sich mit dem unendlichen Willen an und für sich identifizierte und alle Konkretisierungen für äußerlich hielte. Das kann nicht stimmen, weil jede reale Instanziierung der Form der frei wollenden Person durch je mich eine bestimmte *äußere* Sphäre je meines Eigenen so voraussetzt, dass diese Sphäre begrifflich zu meinem *Inneren* gehört. Das gilt für meine Hand nicht anders als für andere Mittel des Handelns, etwa mein Eigentum.

§ 42

Das von dem freien Geiste unmittelbar Verschiedene ist für ihn und an sich das *Äußerliche* überhaupt, – eine *Sache,* ein unfreies, unpersönliches und rechtloses. (47) 66

Soweit man aber Sachen vom ›freien Geist‹ als der Person *äußerlich unterscheiden kann*, sind sie etwas ›Unfreies, Unpersönliches und Rechtloses‹. Man kann kein Haus und kein Auto ›verletzen‹. Die Verletzung eines Tieres ist Unrecht nur, wenn oder weil damit Personen, ihr freier Wille und ihr Eigenes ›verletzt‹ werden. Keine Sache ist Rechtssubjekt. Es ist daher formal ganz richtig, Tiere *in diesem Sinn rechtlich* als *Sachen* anzusehen. Rechte und Pflichten sprechen nur freie Personen an.

Es ist z. B. Widersinn, Sachen, auch Tiere, zu *strafen* – obwohl es in verwirrten Zeiten Strafprozesse gegen Tiere gegeben hat und an verwirrten Orten bzw. in verwirrten Köpfen heute manchen Geräten eine ›Schuld‹ zugeschrieben wird oder werden soll. Völlig symmetrisch dazu ist aber auch, dass Tiere oder Geräte nicht als solche Rechte haben.

Der Widersinn von Schuld und Strafe bei Sachen ergibt sich daraus, dass es Schuld und Strafe nur geben kann, wo einer freien Person ein Gebot oder Verbot *bekannt* war, so dass sie ihr freies Handeln an ihnen ausrichten konnte. *Ultra posse nemo obligatur.* Zwar unterstellt schon das Wort »nemo«, niemand«, dass von Personen die Rede ist. Aber es ist ebenfalls klar, dass nur Personen im relevanten Sinn etwas können, also frei handelnd etwas tun oder lassen können. Es hat keinen Sinn, eine Sache zu etwas verpflichten zu wollen. Eine Sache kann nicht im relevanten Sinn ›hören‹, ›lesen‹ oder Verbote bzw. Gebote ›verstehen‹. Auch das Schauspiel der ›Verurteilung‹ von Tieren ist von der Art eines metaphorischen Rituals in Übertragung von Teilformen aus der realen Rechtspraxis auf einen anderen Fall – was immer die Leute dazu gesagt oder gemeint haben mögen.

Sache hat wie das Objektive die entgegengesetzten Bedeutungen, 66 Ⓚ
das einemal, wenn man sagt: *das ist die Sache,* es kommt auf die *Sache,* nicht auf die Person an, – die Bedeutung des *Substantiellen;* das andremal gegen die Person (nämlich nicht das besondere Subjekt), ist die Sache das *Gegenteil des Substantiellen,* das seiner Bestimmung nach nur Äußerliche. – (47 f.)

Die Bemerkung zum ›Begriff‹ der Sache (und dann auch zu Subjekt und Objekt) zeigt, wie analytisch streng Hegel argumentiert. Er differenziert allgemeine Bedeutungen, indem er die je relevanten Kern-Kontraste skizziert. Das Wort »Sache« ist ja ein höchst allgemeines, sozusagen transkategoriales Titelwort, gerade wie der lateinische Ausdruck »causa«. Es steht für Dinge, Themen, Taten und Tatsachen, Ereignisse usf. Eine *causa* ist häufig zunächst einfach eine Gerichtssache, ein Gegenstand als Thema. Die Sache, um die es geht, ist dann auch der relevante Gesichtspunkt auf ein Geschehen. Erst im Kontext der logischen Form einer begrifflich kanonisierten Gegenüberstellung von Wesen und Erscheinung wird die *causa* zur ›wirklichen Ur-Sache‹. Das ist eines der zentralen Ergebnisse der hegelschen Wesenslogik. Es ist bis heute in seiner Signifikanz gegen das metaphysische Gerede von einer kausalen Geschlossenheit der Welt und einem kausalen Determinismus allen Geschehens noch kaum begriffen.

Im Sachen-Recht aber und im Kontext der Rede von Tieren als Sachen ist der relevante kontrastive Gegensatz der von Sache und personalem Subjekt. Die Bedeutsamkeit der Bemerkung liegt wieder daran, dass Sachen rechtlich nur geschützt sind in ihren eigentümlichen Beziehungen zu Personen, z. B. in Eigentums- und Besitzverhältnissen. Es ist, ich wiederhole das, logischer Widersinn oder reiner Aberglauben, Sachen für sich, also auch Tiere für sich, d. h. ohne Bezugnahme auf unseren gemeinsamen Willen, als Rechtssubjekte zu behandeln. – Wenn wir aber sagen, es komme auf die Sache, nicht die Person an, dann geht es darum, von den bloß einzelnen Individuen auf die relevante allgemeine Form des Personseins an sich zu abstrahieren. Die Sache ist dann das ›Objektive‹, das aber selbst keineswegs von der Bezugnahme auf die Subjekte ganz absehen kann, da es ja darum geht, wie die Personen als personale Subjekte zu berücksichtigen bzw. zu behandeln sind.

66 Ⓚ Was für den freien Geist, der vom bloßen Bewußtsein wohl unterschieden werden muß, das Äußerliche ist, ist es an und für sich, darum ist die Begriffsbestimmung der *Natur* dies, das *Äußerliche an ihr selbst* zu sein. (48)

Man wird vielleicht schon gemerkt haben, dass gerade die spekulative Kommentarsprache über das endliche bzw. ›empirische‹ Fürsichsein in ihrer logischen Aufstufung schwer in der nötigen Genauigkeit zu verstehen ist. Denn wir sprechen hier ja immer über das Fürsichsein als Beziehung von etwas auf sich selbst – zusammen mit der zugehörigen Identität, welche allererst das ›Selbstsein‹ der Sache definiert. So sprechen wir z. B. über das personale Subjekt oder das endliche Ich für sich, in seiner realen Identität. Die gesamte Rede ist aber im allgemeinen Modus des Ansichseins verfasst. Wir sprechen also vom Fürsichsein des Subjekts an sich, wenn wir sagen, dass dieses immer relativ auf eine beschränkte Gegenwart zu verstehen ist. Das Fürsichsein des Individuums aber ist seine Leibidentität. Damit kommentieren wir verschiedene Formen des ich- und mich-Sagens in meinen Bezugnahmen auf mich.

Insgesamt sind die Zweideutigkeiten der Rede über eine Sache (etwa auch über eine Handlung oder über das Ich) qua Anundfürsichsein nie ganz aufzuheben und bedürfen einer kontextbezogenen charity im Verstehen. Jeder Sachbezug ist eine konkrete Instanziierung eines Begriffs etwa als ›empirisches‹ und damit endliches Exemplar einer Art.

Im Fall des Personseins ist die Person an und für sich einmal das personale Subjekt im präsentischen Vollzug, also im Leben, dann aber auch die ganze Person als Objekt oder Thema einer Aussage oder Beurteilung im Blick auf ihr ganzes reales Leben als Individuum, von der Geburt bis zum Tod. Dabei kann ein personaler Gesamttypus, die generische Gesamtperson, Thema sein, nämlich als das Gesamt des Lebensvollzugs *post mortem* oder im Redemodus des *futurum exactum* eines ›Vorgriffs‹ oder eines denkenden ›Vorlaufens in den Tod‹, wie Martin Heidegger dazu sagen wird. In eben diesem Sinn ist Platons ›unsterbliche Seele‹ und Hegels Unendlichkeit des Ich erstens inhaltlich dasselbe und zweitens der Wahrmacher aller Aussagen über die Person im Ganzen, die nach dem Tod zeitallgemein wahr bzw. falsch sind und bleiben, so also wie alle anderen hinreichend klar in ihrer Geltung unabhängig von bloßen Meinungen bestimmten geschichtlichen Aussagen. Diese sind ein für alle Mal ›gesettled‹, wie man sich mit Nuel Belnap ausdrücken kann: Man kann die Vergangenheit nicht ungeschehen machen – was ebenfalls ein Gedanke von Schillers Gedicht »Resignation« gewesen war. Die Zukunft bleibt dagegen modal offen und ist eben deswegen im Leben durch unser Handeln immer noch bestimmbar. Der große logische

Fehler einer theologischen Prädestinationslehre ebenso wie jeder anderen Form des Determinismus besteht in einer verfehlten Form der Betrachtung der ganzen Welt von ihrem Ende her, so also, als ob alles schon vergangen wäre und als könnten wir in perfekten kausalen Vorhersagen das, was geschehen wird, so darstellen, wie wenn es schon geschehen wäre. Eine solche ›thin red line‹ (Belnap) in die Zukunft, also zu dem, was geschehen wird, gibt es nicht.

Die Zukunft ist, von heute her betrachtet, ein Möglichkeitsfeld, also modal. Die übliche Vorstellung von einem realen und zugleich überzeitlichen Gott ist eben daher begrifflich inkonsistent. Gottes Allwissenheit zerstört sogar die einzige Wirklichkeit, die es gibt, die Instanziierung von Formen *in der Zeit*. Dasselbe gilt auch für die übliche Vorstellung von einem perfekten physikalischen Kausalwissen, das, so meint man, alle zukünftigen Ereignisse ursächlich ›erklären‹ können soll. Beide Vorstellungen sind nicht nur sinnlos, sie zerstören jeden Sinn, übrigens auch jede Signifikanz von Vorhersagen als Orientierung für das freie Handeln, und zwar gerade dadurch, dass sie die Zeit selbst und nicht nur jeden Zufall einfach *wegreden*.

Der Seins-Unterschied zwischen begrifflichen Gattungen, Arten und Formen, über die wir zeitallgemein und generisch sprechen, und einzelnen empirischen Realisierungen wird erst recht nicht beachtet. Das Wissen der Wissenschaften ist immer nur allgemein. Kenntnisse von Einzelnem sind immer nur historisch, empirisch, a posteriori.

Das ›bloße Bewusstsein‹ ist entsprechend endliches Wissen, Kennen und Erkennen im Vollzug des Lebens. Von ihm unterschieden ist der freie Geist des Handelnkönnens, sowohl an sich als auch an und für sich. Für ihn ist alles äußerlich, was er als Mittel einsetzen kann. Die Begriffsbestimmung der handlungsfreien, dem Handeln äußerlichen Natur ist daher eben dies, das Äußerliche des freien Geistes zu sein.

Hegel presst gewissermaßen zu viel Inhalt in die stenographische Formel, dass die Natur das Äußerliche ›an ihr selbst‹ sei, auch wenn er dazu erläutert, dass das Äußerliche des Geistes gerade das Äußerliche ›an und für sich‹ ist. Gemeint ist, dass die Natur als Gegenstand der Wissensbemühung der Naturwissenschaften ein generisches Gesamtmodell von Formen des Äußeren ist, dem nicht nur die einzelnen empirischen Ereignisse in der Zeit (post hoc) in ihrer partiellen Kontingenz, sondern auch der je präsentische Vollzug des wissensgestützten Erkennens selbst, erst recht aber das (gemeinsame) Handeln *entgegenstehen.* Die frei reproduzierbaren Formen des Vollzugs individuellen und gemeinsamen Handelns fallen demnach auch nicht unter die Wissensformen der Naturwissenschaften, sondern unter die der philosophisch-systematischen, nicht nur historisch-narrativen Geisteswissenschaften. Nur so gelangen wir zu einem Wissen des Wissens und Erkennens bzw. des Wissbaren und Erkennbaren, also auch des (idealiter) Wahren.

§43

Die Person hat als der *unmittelbare* Begriff und damit auch wesent- 67
lich Einzelne eine *natürliche* Existenz, teils an ihr selbst, teils als
eine solche, zu der sie als einer Außenwelt sich verhält. – (48)

Das personale Subjekt ist unmittelbare und je besondere Instanziierung der personalen Lebensform im Vollzug. Insofern ist es unmittelbarer Begriff der Person. Als Subjekt bin ich wesentlich einzeln in meiner natürlichen Existenz hier und jetzt. Und ich verhalte mich nicht nur zu einer Außenwelt meines Leibes als Außenwelt, sondern auch zu allem Natürlichen meines eigenen Leibes, obwohl oft nur erst in denkender Selbstbezugnahme.

Nur von diesen Sachen, als die es unmittelbar, nicht von Bestim- 67
mungen, die es durch die Vermittlung des Willens zu werden fähig
sind, ist hier bei der Person, die selbst noch in ihrer ersten Unmittel-
barkeit ist, die Rede. | (48) 56

Das unmittelbare Vermögen (hier und jetzt) zu handeln ist zu unterscheiden von der Fähigkeit, sich ein solches Vermögen zu beschaffen. Es ergibt sich daraus eine logische Stufung gerade auch der Selbstbildung der Person. Ohne Geige kann man nicht lernen, Geige zu spielen. Für den Geigenspieler ist der Besitz der Geige daher notwendig, so wie für den Bauer das Feld und vielleicht auch der Pflug. Von dieser Art des Eigenen als Voraussetzung personaler Vermögen ist hier die Rede.

Geistige Geschicklichkeiten, Wissenschaften, Künste, selbst Re- 67 Ⓚ
ligiöses (Predigten, Messen, Gebete, Segen in geweihten Dingen)
Erfindungen u. s. f. werden Gegenstände des Vertrags, anerkannten
Sachen in Weise des Kaufens, Verkaufens u. s. f. gleichgesetzt. (48)

Die umständliche und auch nicht eindeutige Formulierung scheint sagen zu wollen, dass geistige Geschicklichkeiten offensichtlich etwas Eigenes sein können, ohne deswegen eine tauschbare Sache zu sein. Dennoch können Ergebnisse von Wissenschaften und Künsten bzw. Erfindungen als reproduzierbare Formen zu tauschbaren und verkaufbaren Sachen werden. Das ist ein Auftakt für das *geistige Eigentum*, das Hegel weiter unten auch so nennen wird. Im Einzelfall kann man sich sogar ›religiöse Leistungen‹ kaufen, etwa eine Predigt zur Hochzeit oder eine Totenmesse.

67 Ⓚ Man kann fragen, ob der Künstler, der Gelehrte, u. s. f. im juristischen Besitze seiner Kunst, Wissenschaft, seiner Fähigkeit eine Predigt zu halten, Messe zu lesen u. s. w. sei, d. i. ob dergleichen Gegenstände *Sachen* seien. Man wird Anstand nehmen, solche Geschicklichkeiten, Kenntnisse, Fähigkeiten, u. s. f. *Sachen* zu nennen; da über dergleichen Besitz einerseits als über Sachen verhandelt und kontrahiert wird, er andrerseits aber ein Inneres und Geistiges ist, kann der Verstand über die juristische Qualifikation desselben in Verlegenheit sein, da ihm nur der Gegensatz: daß Etwas *entweder* Sache *oder* Nicht-Sache (wie das *Entweder* unendlich, *Oder* endlich), vorschwebt. Kenntnisse, Wissenschaften, Talente u. s. f. sind freilich dem freien Geiste eigen und ein Innerliches desselben, nicht ein Äußerliches, aber eben so sehr kann er ihnen durch die Äußerung ein äußerliches Dasein geben und sie *veräußern* (s. unten), wodurch sie unter die Bestimmung von *Sachen* gesetzt werden. Sie sind also nicht zuerst ein Unmittelbares, sondern werden es erst durch die Vermittlung des Geistes, der sein Innres zur Unmittelbarkeit und Äußerlichkeit herabsetzt. – (48 f.)

Kenntnisse, Vermögen, Wissen und Talent sind mir eigen, ohne dass ich sie unmittelbar veräußern kann. Sie sind *insofern* keine Sachen. Ihren Inhalten als reproduzierbaren Formen kann ich aber ein äußerliches Dasein geben. Ich kann sie lehren. Oder ich kann ein Recht auf eine Kopie veräußern. Insofern werden Inhalte zu tauschbaren Sachen. So gesehen, sind die lehrbaren Formen Sachen und im Unterschied zu den Vollzugsformen eigener Kompetenz doch nichts *rein Unmittelbares*.

67 f. Ⓚ Nach der unrechtlichen und unsittlichen Bestimmung des römischen Rechts waren die Kinder *Sachen* für den Vater und dieser

hiemit im juristischen Besitze seiner Kinder, und doch wohl stand er auch im sittlichen Verhältnisse der Liebe zu ihnen (das freilich durch jenes Unrecht sehr geschwächt werden mußte). Es fand darin also eine, aber ganz unrechtliche Vereinigung der beiden Bestimmungen von Sache und Nicht-Sache Statt. – (49)

Wir befinden uns immer noch im Kontext der Erläuterung des Wortes »Sache«. Im römischen Recht waren nicht nur Tiere und Sklaven Sachen, sondern auch Kinder, die der Vater töten, aussetzen oder verkaufen konnte. Hegel erklärt diese Praxis mit vollem Recht für ›unrechtlich‹ und ›unsittlich‹. Er weist hier als Begründung für dieses Urteil aber nur grob auf die Spannung hin, die sich zum ebenfalls vorhandenen ›sittlichen Verhältnis der Liebe‹ zu den Kindern ergibt. Diese sind ja als Subjekte werdende Personen, keine Sachen.

Im abstrakten Rechte, das nur die Person als solche, somit auch 68 Ⓚ
das Besondre, was zum Dasein und Sphäre ihrer Freiheit gehört, nur in so fern zum Gegenstande hat, als es als ein von ihr trennbares und unmittelbar Verschiedenes ist, dies mache seine wesentliche Bestimmung aus, oder es könne sie nur erst vermittelst des subjektiven Willens erhalten, kommen geistige Geschicklichkeiten, Wissenschaften u. s. f. allein nach ihrem juristischen Besitze in Betracht; der Besitz des Körpers und des Geistes, der durch Bildung, Studium, Gewöhnung u. s. f. erworben wird, und als ein *inneres Eigentum* des Geistes ist, ist hier nicht abzuhandeln. (49)

Das unveräußerliche Eigene meiner Fähigkeiten ist nicht Thema des abstrakten Rechtes, sondern nur das äußere Eigene oder Eigentum, das ich zwar weggeben oder das mir genommen werden kann, das aber notwendige Bedingung dafür ist, dass ich diese oder jene Person (Geigenspieler, Bauer etc.) bin oder auch sein und bleiben kann.

Von dem *Übergange* aber eines solchen geistigen Eigentums in 68 Ⓚ
die Äußerlichkeit, in welcher es | unter die Bestimmung eines juri- 57
stisch-rechtlichen Eigentums fällt, ist erst bei der *Veräußerung* zu sprechen. (49)

Wie *geistiges Eigentum* »in die Äußerlichkeit« übergehen und veräußert, getauscht oder verkauft werden kann, ist dann freilich erst im Kontext des spezielleren Begriffs »eines juristisch-rechtlichen Eigentums« genauer zu thematisieren.

§ 44

68 Die Person hat das Recht, in jede Sache ihren Willen zu legen, welche dadurch die *Meinige* ist, zu ihrem substantiellen Zwecke, da sie einen solchen nicht in sich selbst hat, ihrer Bestimmung und Seele meinen Willen erhält, – absolutes *Zueignungsrecht* des Menschen auf alle Sachen. (50)

Hegel wiederholt hier das allgemeine Prinzip, das ich schon oben notiert habe: Wenn es keine Gründe gibt, welche die Rechte anderer Personen betreffen, hat jede Person »das Recht, in jede Sache ihren Willen zu legen«. Ich kann also an sich (d. h. *prima facie*, *ceteris paribus*) alles zu dem Meinigen machen, sofern dadurch das Deinige und Seinige nicht berührt ist. Die generische Form im Ausdruck »absolutes Zueignungsrecht des Menschen auf alle Sachen« ist freilich unter der von mir explizierten Einschränkung und nicht etwa als All-Satz über jeden Einzelmenschen ohne Betrachtung der anderen Menschen zu lesen. Hegel geht es erst einmal nur darum, dass Sachen, auch Tiere, keine Rechte an und für sich, ohne Bezugnahme auf Menschen als den einzigen personalen Subjekten haben. Dabei besteht jede *Aneignung* in einer Art Unterordnung der Sache als Mittel in der Verfolgung eines von mir frei gesetzten Zwecks.

68 Ⓚ Diejenige sogenannte Philosophie, welche den unmittelbaren einzelnen Dingen, dem Unpersönlichen, Realität im Sinne von Selbstständigkeit und wahrhaftem Für- und Insichsein zuschreibt, eben so diejenige, welche versichert, der Geist könne die Wahrheit nicht erkennen und nicht wissen, was das Ding *an sich* ist, wird von dem Verhalten des freien Willens gegen diese Dinge unmittelbar widerlegt. (50)

Hegels Nebenbemerkung ist wohl ein wenig zu allgemein ausgefallen, als dass sie hier gut platziert wäre. Denn er kritisiert nicht nur den in der Tat offenkundigen inneren Widerspruch in *Zuschreibungen* von Werten und Rechten an Dinge und Sachen, also etwa Pflanzen und Tiere, *ohne die Vermittlung* durch das freie Wollen und Urteilen personaler Subjekte. Sondern er subsumiert diesen Fall wohl allzu unmittelbar unter den noch viel allgemeineren Fall, nach dem ein verwirrtes Denken »den unmittelbaren einzelnen Dingen … Selbständigkeit« und ›wahrhaftes Für- und Insichsein zuschreibt«. Allerdings hat Hegel sachlich durchaus recht. Ohne Bezugnahme auf unsere begrifflichen Artbestimmungen und Identitätsbedingungen gibt es noch nicht einmal eine wohldefinierte *Einheit* von Dingen. Es *hat keinen Sinn*, von einem ›Ding an sich‹ zu reden unter Absehung von allen Beziehungen auf uns, den personalen Subjekten (es sei denn als idiosynkratischer Ausdruck für das Ganze, das absolut Wahre, Spinozas Substanz als Gott oder Welt). Wenn wir von unserem Unterscheiden, Erkennen, Wissen, Handeln, samt unserer Bewertung der Richtigkeiten des Urteilens und Tuns abstrahieren, bleibt nichts mehr in der Bezugnahme übrig. Auch wenn man den Ausdruck »Ding an sich« als Gegenstandsvariable lesen wollte, wäre diese mangels der Bestimmung eines zugehörigen Gegenstandsbereiches sinnleer. Ohne vorausgesetzte Artbestimmung ›gibt‹ es rein gar nichts. Alle Wahrheit und alle Wertungen sind daher ›immanent‹, stehen im Kontext unseres Urteilens und Handeln und damit im Bereich des freien Willens.

Wenn für das Bewußtsein, für das Anschauen und Vorstellen die sogenannten *Außendinge* den Schein von Selbstständigkeit haben, so ist dagegen der freie Wille der Idealismus, die Wahrheit solcher Wirklichkeit. (50) 68f. Ⓚ

Hegel spricht vom Bewusstsein im Sinn eines kognitiven Bezugs auf etwas Äußeres. Dem anschauenden und vorstellenden Bewusstsein scheinen die spätestens seit Descartes so genannten Außendinge in ihrer Art und Identität völlig unabhängig von uns zu sein – solange man die Konstitution ihres Fürsichseins nicht bedenkt oder begreift. In Wahrheit aber ist der Vollzug im subjektiven Sein wahrhaft objektiv; und es ist der freie Wille im freien Urteilen und Handeln absolut, ja das einzig Absolute. Das ist die Wahrheit von Hegels bis heute kaum begriffenem absoluten Idealismus. Man könnte ihn einen objektiven Subjektivismus nennen. Er besteht im Kern aus der cartesischen Einsicht, dass nichts objektiver ist als je mein präsentisches Vollzugssein, über das für mich alles Wissen und damit jede Wahrheit schon in ihren Bedingungen möglicher Erfüllungen auf der Basis von Unterscheidungen vermittelt wird. Nur wenn man das nicht genau genug versteht, liest man es wie Max Stirner als eine Art Rechtfertigung eines Solipsismus – wobei Stirner übrigens als Denker weit besser ist als sein Ruf, sonst wäre ja auch der kritische Übungstext von Karl Marx in der sogenannten *Deutschen Ideologie* zu *Der Einzige und sein Eigentum* nicht länger ausgefallen als das Buch selbst.[37]

Man beachte dazu, dass Hegel gerade auch das in seiner Form subjektive, ja solipsistische bzw. autistische Leben von Tieren ohne Perspektivenwechsel und Möglichkeitsurteile als »idealistisch« bezeichnet. Der objektive bzw. absolute Idealismus besteht also in der Anerkennung der Objektivität bzw. Absolutheit der Subjektivität – und der impliziten Bezugnahme aller ›objektiven‹ Urteile oder Wertungen auf Formen subjektiver und intersubjektiver Urteile und Wertungen. Wer logisch denken kann, wird diese Form des objektiven und absoluten Idealismus explizit als selbstverständlich und wahr anerkennen, zumal man alles, was er sagt, implizit immer schon kennt und empraktisch anerkennt.

§ 45

69 Daß Ich etwas in meiner selbst äußern Gewalt habe, macht den *Besitz* aus, so wie die besondere Seite, daß Ich etwas aus natürlichem Bedürfnisse, Triebe und der Willkür zu dem Meinigen mache, das besondere Interesse des Besitzes ist. (50)

Ich besitze zunächst den Platz und dann, metaphorisch, das Land, auf dem ich sitze. Besitz ist genauer das, was ich in meiner Gewalt habe, zu dessen beliebigem Gebrauch ich (eine Zeit lang) die Macht habe. Dinge in der Umgebung kann ich dabei ›aus natürlichem Bedürfnis oder Willkür zu dem Meinigen machen‹, was für Dinge und Sachen in der Ferne ohne Vermittlungen nicht so einfach ist.

69 Die Seite aber, daß Ich als freier Wille mir im Besitze gegenständlich und hiemit auch erst wirklicher Wille bin, macht das Wahrhafte und Rechtliche darin, die Bestimmung des *Eigentums* aus. (50)

Der zentrale Punkt bleibt der, dass es nur über die Vermittlung von ›äußeren‹ Sachen im weitesten Wortsinn, also dem Besitz von Vermögen im Doppelsinn des Wortes, beginnend mit verleiblichten Fähigkeiten, ein freies Wollen und Handeln gibt. Das macht die wirklich allgemeine Grundlage der rechtlichen Bestimmung des Eigentums

[37] Max Stirner, *Der Einzige und sein Eigentum*, Stuttgart: Reclam 1972. Karl Marx, Deutsche Ideologie, Marx-Engels-Werke, Bd. 3, Berlin/Ost 1978, »Sankt Max« S. 101–438.

vor aller weiteren Besonderung und Ausdifferenzierung eingeschränkter Besitz- und Eigentumsrechte aus.

Eigentum zu haben, erscheint in Rücksicht auf das Bedürfnis, 69 Ⓚ
indem dieses zum Ersten gemacht wird, als Mittel; die wahrhafte Stellung aber ist, daß vom Standpunkte der Freiheit aus das Eigentum als das erste *Dasein* derselben, wesentlicher Zweck für sich ist. (50 f.)

Auch wenn es zunächst so scheint und wir es auch so haben erscheinen lassen, dass Eigentum zu haben ähnlich wie Geldvermögen als Mittel zu bestimmten oder beliebigen Zwecken anzusehen ist, ist seine wahre Stellung »vom Standpunkte der Freiheit aus« anders anzusehen. Dann ist das Eigentum zunächst und primär »wesentlicher Zweck für sich«, nämlich in der Konstitution des realen, konkreten, wirklichen personalen Subjekts, also je meines eigenen Seins. »Ich bin ...« und »ich habe...« sind zwei Ausdrucksformen, mit denen wir dieses ganz allgemeine ›Eigentum‹ des personalen Subjekts (also von mir hier gerade) oder des personalen Individuums (also von mir in meinem Leben insgesamt) ausdrücken. Dazu gehören mein personaler Status, meine Aufgaben und ihre Erfüllung oder auch meine Rollenfunktionen – als Bauer, Musiker, Handwerker etc.

§46

Da mir im Eigentum mein Wille als persönlicher, somit als Wille 69
des Einzelnen objektiv wird, so erhält es den Charakter von *Privateigentum*, und gemeinschaftliches Eigentum, das seiner Natur nach vereinzelt besessen werden kann, die Bestimmung von einer *an sich auflösbaren* Gemeinschaft, in der meinen Anteil zu lassen, für sich Sache der Willkür ist. | (51) 58

Weil es nur im eigenen Vermögen meinen persönlich-subjektiven Willen als mein Wollen (im Einzelnen) objektiv gibt, erhält das primäre Eigentum den Charakter des *Privaten*. Alles gemeinschaftliche Eigentum gibt es daher auf der basal-allgemeinen Ebene des abstrakten Rechts seinem freiheitsrechtlichen Wesen nach nur so, dass es »vereinzelt besessen werden kann«. Alle Allmende hat daher nach Hegel die Form »einer an sich auflösbaren Gemeinschaft, in der meinen Anteil zu lassen für sich Sache der Willkür ist«. Wäre es nur das, was der individualistische Liberalismus über ein Gemeineigentum und einen Gemeinwillen sagte, hätte er recht.

In analoger Weise kann man sagen, dass es eine gemeinsame Absicht, eine komplexe kooperative Handlung *H* auszuführen, nur so gibt, dass jede am Tun beteiligte Person, die wir durch den Buchstaben *i* vertreten, das Ihrige tun will, also die von ihr übernommene Teilhandlung H_i dann auch ausführt. Wäre es nur das, was der methodische Individualismus in den Sozialwissenschaften sagte, hätte er recht. Das Problem ist, dass er den Unterschied zwischen einem gemeinsamen Handeln und einem aggregierten Effekt bloß kollektiven Handelns nicht genauer bedenkt und erst recht nicht den Unterschied zwischen einem gemeinsamen Handeln unter vorgegebenen Praxisformen (wie in der Wissenschaft als der Selbstentwicklung des Begriffs) und einem gemeinsamen Handeln in einer organisierten Institution – mit monarchisch-präsidialer Führung oder Kontrolle. Offenbar ist nichts falscher, als Hegel einen ›Kollektivismus‹ zuzusprechen und zu behaupten, es hätte bei ihm eine Gemeinschaft, ein Volk oder ein Staat Vorrang vor dem personalen Individuum bzw. den einzelnen freien Menschen. Das absolute Gegenteil ist der Fall.

69 Ⓚ Die Benutzung *elementarischer* Gegenstände ist, ihrer Natur nach, nicht fähig, zu Privatbesitz partikularisiert zu werden. – (51)

Hegel meint, Luft und Wasser seien von Natur her Gemeingüter, was freilich im Fall von Wassermangel und für das Wasser von Kanälen wie am Nil schon lange nicht mehr gilt und im Fall von Windkraft ebenfalls zu Koordinations- und Kooperationsproblemen führt.

69 Ⓚ Die *agrarischen Gesetze* in Rom enthalten einen Kampf zwischen Gemeinsamkeit und Privateigentümlichkeit des Grundbesitzes; die letztere mußte als das vernünftigere Moment, obgleich auf Kosten andern Rechts, die Oberhand behalten. – (51)

Die modernere, effektivere, aber auch freiere, daher ›vernünftigere‹ Form der Landwirtschaft als die Nutzung und Bearbeitung von Gemeinschaftsland oder als das Weiden von Vieh oder Jagen von Wild in einem Territorium eines Nomadenstammes, meint Hegel, wie übrigens auch Kant, ist die des freien Bauern, der sein Land weit intensiver bearbeitet und nutzt. Im Kampf mit reinen Viehzüchtern auf einer Allmende gewinnen langfristig die Siedler mit ihrer Parzellierung des Landes, das in Privatbesitz übergeht. Die Geschichte und Eigentumsideologie der USA bestätigen auf interessante Weise Hegels Kommentar zu den Landverteilungen in der römischen Antike.

Familien-Fideikommissarisches Eigentum enthält ein Moment, 69 f. Ⓚ dem das Recht der Persönlichkeit und damit des Privateigentums entgegensteht. Aber die Bestimmungen, die das Privateigentum betreffen, können höhern Sphären des Rechts, einem Gemeinwesen, dem Staate untergeordnet werden müssen, wie in Rücksicht auf Privateigentümlichkeit beim Eigentum einer sogenannten moralischen Person, Eigentum in toter Hand, der Fall ist. Jedoch können solche Ausnahmen nicht im Zufall, in Privatwillkür, Privatnutzen, sondern nur in dem vernünftigen Organismus des Staats begründet sein. – (51)

Die Institution des ›fideikommissarischen‹ Familieneigentums, das z. B. die Zersplitterung von Wald- und Agrarflächen verhindern soll und dem jeweiligen Oberhaupt oder Haupterben etwa einer Adelsfamilie nur ein Nutzungsrecht zugesteht, enthält Elemente, welche es, wie im Fall des Kirchenbesitzes, vom Privateigentum wesentlich unterscheidet. Die Folge war, dass es im Code Civile und den späteren Rechtssystemen abgeschafft wurde. Dennoch ist es ein Beispiel dafür, dass für besondere Fälle und insbesondere im Interesse ›höherer Sphären des Rechts‹ das allgemeine Eigentums- und besonders das Erbrecht auf vielfältige Weise eingeschränkt, modifiziert, dem Interesse eines Familienverbandes, der Gemeinde, einer Firma oder des Staates untergeordnet werden können und müssen. Hegel betont ganz in Übereinstimmung mit dem Konsens seiner und auch unserer Zeit, dass alle »solche Ausnahmen nicht im Zufall, in Privatwillkür, Privatnutzen, sondern nur in dem vernünftigen Organismus des Staats begründet sein« können.

Die Idee des *platonischen* Staats enthält das Unrecht gegen die 70 Ⓚ Person, des Privateigentums unfähig zu sein, als allgemeines Prinzip. Die Vorstellung von einer frommen oder freundschaftlichen und selbst erzwungenen Verbrüderung der Menschen mit *Gemeinschaft der Güter* und der Verbannung des privateigentümlichen Prinzips kann sich der Gesinnung leicht darbieten, welche die Natur der Freiheit des Geistes und des Rechts verkennt und sie nicht in ihren bestimmten Momenten erfaßt. (51 f.)

Die Kolonien in Platons Staatsmodell der Gesetze (Nomoi) verbieten nach dem Muster Spartas jedes Privateigentum. Hegel erklärt, dass solche Formen eines kommunitarischen Kommunismus im Prinzip das Recht auf Selbstbestimmung der Person lädieren und insofern Unrecht sind. Es ist daher höchst merkwürdig – bzw. ein Beweis nicht existenter Lektüre –, wenn Karl Popper übersieht, dass Hegel hier nicht anders als er selbst Platons Modell aufgrund von dessen Gegensatz zu einer offenen Gesellschaft auf radikale Weise und auf der Grundlage einer ›liberalen‹ Philosophie der Freiheit kritisiert. Zugleich ironisiert Hegel – wie der Popper-Schüler Friedrich August von Hayek – jeden romantischen Kommunitarismus, also die »Vorstellung von einer frommen oder freundschaftlichen und selbst erzwungenen Verbrüderung der Menschen mit Gemeinschaft der Güter und der Verbannung des privateigentümlichen Prinzips«. Er betont, dass Gutmenschen auf diese Sirenen einer im Großen familialen und damit mafiosen, auch faschistoid-sozialistischen Staatsutopie deswegen so schnell hereinfallen, weil sie das Wesen des Eigentums in der freien Lebensführung der freien Person gar nicht erkennen.

70 Ⓚ Was die moralische oder religiöse Rücksicht betrifft, so hielt *Epikur* seine Freunde, wie sie, einen solchen Bund der Gütergemeinschaft zu errichten, vorhatten, gerade aus dem Grunde davon ab, weil dies ein Mißtrauen beweise, und die einander mißtrauen, nicht Freunde seien (Diog. Laërt. l. X n. VI). (52)

Es gibt kaum ein tieferes Lob Epikurs als das, welches Hegel hier dialektisch herausarbeitet. Als dessen Anhänger einen Bund der Gütergemeinschaft wie im kommunitarischen Frühkommunismus des Urchristentums errichten wollten, brachte er das Argument vor, dass eine Zwangskollektivierung klarerweise ein Misstrauen in die freie Gemeinschaft beweise. Wir betrachten dazu ein Beispiel: Indem Petrus gemäß der Apostelgeschichte (5.1–11) kontrolliert, ob die Gemeindemitglieder Hananias und Saphira auch wirklich alle ihre Habe der Gemeinde übergeben haben, zeigt er, dass er schon gegenüber Epikur kein Heiliger ist. Denn ›Gott‹ tötet die beiden wegen ihrer Unredlichkeit. Die christliche Gemeinde erscheint so nicht in allen Stücken als eine Gemeinschaft freier Freunde bzw. Schwestern und Brüder, sondern stellt, wie viele Religionsgemeinschaften und Sekten, eine durch innere Normen partiell ›erzwungene‹ Vergemeinschaftung dar. Nicht der Ausschluss aus der freien Gemeinde wäre dabei das Problem gewesen. Das Problem ist das Verbot bzw. die behauptete Unmöglichkeit des Austritts, etwa auch aus der Umma des Islam, in vollständiger Identifikation von Person und Mitglied der religiösen Gemeinschaft, etwa der Kirche.

§ 47

Als Person bin Ich selbst *unmittelbar Einzelner,* – dies heißt in 70
seiner weitern Bestimmung zunächst: Ich bin *lebendig* in diesem *organischen Körper,* welcher mein dem Inhalte nach *allgemeines* ungeteiltes äußeres Dasein, die reale Möglichkeit alles weiter bestimmten Daseins, ist. Aber als Person habe ich zugleich *mein Leben und Körper,* wie andere Sachen, nur *in so fern es mein Wille ist.* (52)

Als personales Subjekt hier und jetzt, aber auch als personales Individuum bin ich unmittelbar lebendiges Einzelwesen mit diesem organischen Körper. Es gibt niemanden, der daran zweifelt, zumal es sich nur um eine Artikulationsform einer absoluten Selbstverständlichkeit handelt. Wer anders zu reden beliebt, mag dies tun, wenn er nur bereit ist, seine Kommentarsprache in die passenden anderen zu übersetzen. Das ist das einzig wahre Toleranzprinzip sinnkritischer analytischer Philosophie. (Es wird freilich dogmatisch und irreführend, wenn man eine formale Sprachform vorgeschrieben bekommt. Das haben alle Anhänger Rudolf Carnaps nicht bemerkt.)

Das Leben meines Leibes ist ungeteiltes, individuelles Dasein und Bedingung jeder realen Möglichkeit meines partiell selbstbestimmten zukünftigen Daseins. Angesichts der Tatsache aber, dass ich als freie Person mich sozusagen jederzeit umbringen kann, sofern man mich nicht durch äußeren Zwang daran hindert, »habe ich zugleich mein Leben und Körper, wie andere Sachen, nur, insofern es mein Wille ist«. Das bedeutet gerade nicht, wie viele meinen, dass ich als freier Geist oder Wille sozusagen wie ein Schutzengel für Kinder oder auch als böser Dämon neben meinem Leib schwebe und auf ihn einwirke.

Daß Ich nach der Seite, nach welcher Ich nicht als der für sich 70f. Ⓚ
seiende, sondern als der unmittelbare Begriff existiere, *lebendig*
bin und | einen organischen Körper habe, beruht auf dem Begriffe 59
des Lebens und dem des Geistes als Seele, – auf Momenten, die

aus der Naturphilosophie (Encyklop. der philos. Wissensch. § 259 ff. vergl. § 161, 164 und 298) und der Anthropologie (ebenda § 318) aufgenommen sind. –

Ich habe diese Glieder, das Leben nur, *in so fern ich will*; das Tier kann sich nicht selbst verstümmeln oder umbringen, aber der Mensch. (52)

Dass ich »nicht als der für sich seiende, sondern als der unmittelbare Begriff« existiere, indem ich »lebendig bin und einen organischen Körper habe«, bedeutet gerade, dass ich die Form des leiblichen Lebens einer menschlichen Person instanziiere und dabei »diese Glieder, das Leben« nur habe, »insofern ich will«; das »Tier kann sich nicht selbst verstümmeln oder umbringen, aber der Mensch«. Das ist, wie gesagt, eine absolut selbstverständliche Tatsache. Die Verweise auf die Naturphilosophie und die Anthropologie betreffen nur die Art und Weise, wie Hegel diese Grundtatsachen sprachlich zu kommentieren vorschlägt. Überhaupt besteht die Arbeit am Begriff hier in der Arbeit an einer Reflexions- oder Kommentarsprache. Der Begriff des Lebens betrifft dabei sowohl ihre Vollzugsform als auch unsere vergegenständlichende Kommentarform. Dasselbe gilt für die Begriffe des Geistes und der Seele – die als Geistseele das *personale* und nicht bloß *leibliche* Vollzugssubjekt an und für sich ist.

§ 48

71 Der Körper, in so fern er unmittelbares Dasein ist, ist er dem Geiste nicht angemessen; um williges Organ und beseeltes Mittel desselben zu sein, muß er erst von ihm *in Besitz genommen* werden (§ 57). – Aber *für andere* bin ich wesentlich ein Freies in meinem Körper, wie ich ihn unmittelbar habe. (53)

Die metaphorische Kommentarsprache mag manche schnellen Leser hier wieder zur Meinung führen, Hegel nehme eine freischwebende ›metaphysische‹ Geistseele an, die sich ihren Körper formt. Dabei gibt es genügend Passagen, die klar das Gegenteil zeigen, was für das Werk im Ganzen erst recht gilt. Nur *insofern*, als der Leib hier und jetzt *unmittelbares Dasein* ist, »ist er dem Geiste nicht angemessen«. Denn als Geistwesen existiere ich nicht unmittelbar, sondern als schon gebildete und sich weiter bildende Person im geistigen, also kulturellen und personalen Zusammenhang mit allen anderen

Personen. – In der Selbstbildung der Person oder des Geistes trainiere ich sozusagen meinen Körper, mache ihn zu einem ›willigen Organ und beseelten Mittel‹ und nehme ihn so durch Umsteuerung von Neigungen und Sublimation von Leidenschaften oder durch Einübung von Gewohnheiten und abrufbaren, fast ›automatischen‹ Verhaltensabläufen ›in meinen Besitz‹.

Aber für alle anderen Personen bin ich erstens seit meiner Geburt Individuum, zweitens zu schützende Person im ›passiven‹ Sinn des Würdebegriffs des Menschen, also der Menschenwürde und der Menschenrechte, drittens aber frei handelnde Person als »ein Freies in meinem Körper«.

Nur weil Ich als Freies im Körper lebendig bin, darf dieses leben- 71 Ⓚ
dige Dasein nicht zum Lasttiere mißbraucht werden. (53)

Weil ich als freie Person leiblich lebe, als Person unter freien Personen, darf ich nicht als bloßer Körper, als bloßes Mittel wie ein Sklave, missbraucht werden.

In so fern Ich lebe, ist meine Seele (der Begriff und höher das 71 Ⓚ
Freie) und der Leib nicht geschieden, dieser ist das Dasein der Freiheit und Ich empfinde in ihm. (53)

Während meines Lebens sind Person und Individuum bzw. »meine Seele« (der Begriff, die eidetische Form des denkenden, freien, personalen Lebens, das ich führe) und der Leib (genauer das leibliche Leben) nicht geschieden. Diese Identität ist aber keine dingliche. Die Seele ist überhaupt kein Ding, auch nicht identisch mit dem Körper hier und jetzt, sondern eine Seinsform – und eben so ist das Sein des Leibes von der des bloßen Körpers oder dann auch toten Leichnams verschieden. Ich empfinde im und durch den lebendigen Leib. (Auch Merleau-Ponty kommt nicht über diese Dinge hinaus.) Erst wenn wir nach dem Tod einer Person über sie als Gesamtperson sprechen oder im Vorgriff von jetzt aus über uns, wie wir gewesen sein werden, ist der unendliche, jetzt zeitallgemeine Gegenstand der Rede, die ›unsterbliche Seele‹, wie Sokrates und Platon (anders als etwa Simmias und Kebes im Dialog *Phaidon* und später auch Aristoteles) richtig sehen, sozusagen vom Leib abgetrennt.

Es ist daher nur ideeloser, sophistischer Verstand, welcher die 71 Ⓚ
Unterscheidung machen kann, daß das *Ding an sich*, die Seele, nicht berührt oder angegriffen werde, wenn der *Körper* mißhandelt

und die *Existenz* der Person der Gewalt eines andern unterworfen wird. (53)

Sowohl in der Stoa als auch im Christentum gibt es die Vorstellung, dass meine denkende Seele durch äußere Gewalt gegen meinen Leib nicht berührt werde. Wörtlich gelesen ist das falsch, sogar reine Sophistik.

71 Ⓚ *Ich* kann mich aus meiner Existenz in mich zurückziehen und sie zur äußerlichen machen, – die besondere Empfindung aus mir hinaushalten und in den Fesseln frei sein. Aber dies ist *mein* Wille, *für den andern* bin Ich in meinem Körper; *frei für den andern* bin ich nur als frei im *Dasein,* ist ein identischer Satz. (s. meine Wissensch. der Logik, 1. Bd., S. 49 ff.) (53)

Was ich tun kann, ist, mich (manchmal, oft nur auf Zeit) von Teilen des Meinigen zu distanzieren und sogar Teile meines Leibes oder gar meine eigenen Schmerzen (und Freuden) zu etwas Äußerlichem zu machen. So konnte der stoische Sklave Epiktet wirklich in »Fesseln frei sein«. Aber dies ist nur eine Leistung des eigenen Denkens und Wollens. Für jeden anderen bin ich präsent in meinem Leib. Das ist ebenso selbstverständlich wahr, wie dass meine Freiheit für andere Personen sich nur im personalen Dasein, im Reden und Handeln, nicht etwa nur in der körperlichen Bewegung von mir als Ding zeigt.

71 Ⓚ *Meinem Körper* von Andern angetane Gewalt ist *Mir* angetane Gewalt. (53)

Dass jede Gewalt gegen meinen Leib als Gewalt gegen mich zählt, ist natürlich begrifflich wahr. Er zeigt einen Aspekt des Gebrauchs von »ich«. Aber eine Drohung, die etwas Meiniges betrifft, kann ebenfalls Gewalt gegen mich sein, ohne dass Wörter Gewalt gegen meinen Leib ausüben. In derartigen Reflexionen auf das Ich – auch als Man und Wir – zeigt sich die klare Überlegenheit der Analysen Hegels im Vergleich etwa auch zu Peter Strawsons Fixierung auf den Leib oder Derek Parfits Vervielfältigung von Subjekt und Person, aber auch zu anderen Mystifikationen der Rede über *Momente* meines Ichs bzw. Seins, also über Geist und Körper, Seele und Leib, Person und Subjekt, Individuum und Lebensform.

Es gibt immer viele verschiedene Gleichsetzungen und Unterscheidungen im Meinigen. Wollte er nur das sagen, hätte Parfit recht. Aber wir *zerfallen* nicht einfach in subjektive Zeit- und Erinnerungsphasen.

Die Einheit der Person bleibt am leiblichen Individuum festgemacht. Wollte er nur das sagen, hätte Strawson recht. Ich *bin* aber weder einfach mein *Körper* oder *Leib*, noch bin ich *unmittelbar*, ohne Bezugnahme auf das ganze System personaler Verhältnisse zu anderen Personen und zu mir selbst, *volle Person*.

Daß, weil Ich empfinde, die Berührung und Gewalt gegen mei- 71 f. Ⓚ
nen Körper mich unmittelbar als *wirklich* und *gegenwärtig* berührt, macht den Unterschied zwischen persönlicher Beleidigung und zwischen Verletzung meines äußern Eigentums, als in welchem mein Wille nicht in dieser unmittelbaren Gegenwart und Wirklichkeit ist. | (53) 60

Nur weil die Gewalt gegen meinen Körper – etwa im Begriff des Raubs im Unterschied zum gewaltfreien Diebstahl – mich unmittelbar »wirklich und gegenwärtig«, also als leibliches Subjekt hier und jetzt, berührt, unterscheiden wir zwischen einer ›direkten Verletzung der Person‹ und der »Verletzung meines äußeren Eigentums«. Ansonsten werde ich auch vom Dieb oder in einer Unterschlagung über mein Eigentum als Person angegriffen.

§49

Im Verhältnisse zu äußerlichen Dingen ist das *Vernünftige*, daß Ich 72
Eigentum besitze; die Seite des *Besondern* aber begreift die subjektiven Zwecke, Bedürfnisse, die Willkür, die Talente, äußere Umstände u. s. f. (§ 45); hievon hängt der Besitz bloß als solcher ab, aber diese besondere Seite ist in dieser Sphäre der abstrakten Persönlichkeit noch nicht identisch mit der Freiheit gesetzt. Was und *wie viel* Ich besitze, ist daher eine rechtliche Zufälligkeit. (54)

Dass ich mir äußerliche Dinge aneigne, um frei mein personales Leben zu führen, ist zunächst allgemein vernünftig. Im Besonderen gibt es freilich allerlei Einschränkungen, insbesondere durch die Freiheit der anderen Personen, aber auch durch die eigenen subjektiven Zwecke samt einer zugehörigen Bedürfniskritik. Wir haben ja gesehen: Nicht jedes willkürliche Begehren ist gut und kann als berechtigtes Bedürfnis anerkannt werden. Einen gewissen Spielraum der Willkür aber muss es geben. Andere Einschränkungen oder Ausweitungen des konkreten Besitzes ergeben sich aus der Lernfähigkeit, also aus den sogenannten Talenten, dann auch aus äußeren Umständen usf. Diese

Besonderheiten betreffen unter Umständen die allgemeine Form des freien Personseins bzw. der abstrakten Persönlichkeit nur partiell: Was und wie viel ich besitze, kann variieren, ohne mich als Person wirklich besser oder schlechter, fähiger oder unvermögender zu machen.

72 Ⓚ In der Persönlichkeit sind die *Mehrern* Personen, wenn man hier von Mehrern sprechen will, wo noch kein solcher Unterschied stattfindet, gleich. Dies ist aber ein leerer tautologischer Satz; denn die Person ist als das Abstrakte eben das noch nicht Besonderte und in bestimmtem Unterschiede gesetzte. – (54)

Man kann durchaus sagen, dass es ›in‹ einer Persönlichkeit als ganzer mehrere Personen, *personae*, im Sinne von Statusrollen gibt, so dass jemand je nach Kontext Ehemann, Vater, Lehrer, Rektor, Philosoph, Dichter, Musiker, aber auch Räuber oder Drogendealer etc. sein kann, sogar Dr. Jekyll und Mister Hyde. Da wir hier über die Person noch ganz abstrakt sprechen, also als bloße Möglichkeit, haben die verschiedenen Personenrollen zunächst den gleichen modalen Status. Sie sind, heißt das unter anderem, noch vor jeder Bewertung ihrer Güte zunächst ›äquivalente‹ Beispiele für ein mögliches Personsein. Ich als Lehrer muss etwas wissen; ich bin dann relativ frei, das und das lehrend zu tun. Als Ehemann habe ich ein bestimmtes Verhältnis zu meiner Ehefrau und kann und muss dieses ausgestalten usf. Aber auch verschiedene Personen im Sinne personaler Subjekte im Vollzug oder personaler Individuen sind als (rechtliche) Personen (mit dem Anrecht, ihre Personenrollen ausreichend gut spielen zu können) erst einmal formal gleich. Hegel will hier zunächst das Personsein an sich vor jeder derartigen Unterscheidung betrachten.

72 Ⓚ *Gleichheit* ist die abstrakte Identität des Verstandes, auf welche das reflektierende Denken und damit die Mittelmäßigkeit des Geistes überhaupt, zunächst verfällt, wenn ihm die Beziehung der Einheit auf einen Unterschied vorkommt. Hier wäre die Gleichheit nur Gleichheit der abstrakten Personen als *solcher, außer welcher* eben damit Alles, was den Besitzbetrifft, dieser *Boden der Ungleichheit*, fällt. – (54)

Gleichheit ist eine ganz abstrakte und formale Angelegenheit. Die Formel $A = B$ suggeriert zwar, es sei die durch das Gleichheitszeichen ausgedrückte Identität für irgendwie schon gegebene Gegenstände eindeutig bestimmt. Das ist aber keineswegs ohne Kontextbezug der

Fall. Ohne nähere Betrachtung des Kontexts und der relevanten Nichtunterscheidungen gibt es weder Gegenstände der Rede, des Denkens und der Weltbezugnahme noch die entsprechenden Gleichheiten und Identitäten.

Die größten Fehler einer bloß formalen Logik des Verstandes bestehen daher erstens in der Meinung, dass alle Gegenstände der Rede Elemente sortaler oder diskreter Mengen von Einzeldingen wären. Sie sind häufig zunächst nur Themen, zu denen man in der verbalen Form der Nominalisierung und damit einer formalen Vergegenständlichung prädikative Kommentare formulieren kann. Weder ist die Vernunft ein solcher Gegenstand noch der Geist, weder der Staat oder die Gesellschaft noch die Person oder die Seele.

Zweitens drückt das »ist« der Kopula keineswegs immer, wie in der Mathematik, entweder die Identität »$N = M$« aus, also »N ist gleich M«, oder eine ›Prädikation‹ $N \varepsilon P$, die in der Mathematik besagt, dass der Einzelgegenstand N ein *Element* der durch das Prädikat P definierten Klasse oder Extension ist. Es sagt die Ausdrucksform ›N ist P‹ im allgemeinen Reden und dann auch im Denken im Weltbezug und in der Reflexion nur erst, dass die Nominalphrase N in irgendeiner, vom verstehenden Hörer oder Leser frei und kooperativ herauszufindenden, engen oder naheliegenden *Beziehung* zur Verbalphrase steht. Sie kann z. B. Instanz eines Arttyps sein, die sich aber nur manchmal, nicht immer, in eine Element-Mengen-Beziehung verwandeln lässt. Damit erkennt Hegel das eigentliche logische Problem aller metaphysischen (und damit auch aller formallogischen) ›Ontologie‹. Es liegt am ›vernunftlosen‹ Verstand, der mit Gleichungen und Prädikationen, Elementen und Klassen *rechnet*, ohne die *abstraktive Konstitution* von Gegenständen der Rede überhaupt zu bedenken oder ausreichend zu begreifen. – Man kann das bloß formal reflektierende Denken nicht besser charakterisieren als durch seine Mittelmäßigkeit. Wenn ihm eine Beziehung von Einheit und Unterschied unterkommt, will es sie gleich ›ontisch‹ auseinanderhalten. Damit lässt sich noch nicht einmal die Verfassung mathematischer Gegenstände, Bereiche und Identitäten begreifen wie z. B. die der gleichen reellen Zahlen und der verschiedenen konvergenten Folgen von Brüchen oder rationalen Zahlen oder auch der verschiedenen, aber äquivalenten (bzw. ›gleichen‹) geometrischen

Proportionen. Das gilt erst recht für Formen in der Welt und im Leben.

In unserem Fall ist die Rede von Gleichheit der abstrakten Personen als solche selbst noch ganz abstrakt. Das heißt, es sind alle Menschen als Menschen und Personen gleich, ohne dass das ausschließt, dass sie in vielen Dingen ungleich sind – z. B. was ihr Handlungsvermögen und ihr Eigentum i. w. S. betrifft. Was diese Gleichheit konkret bedeutet und welche Ungleichheiten ihr nicht widersprechen, das freilich ist noch allererst zu klären.

72 Ⓚ Die bisweilen gemachte Forderung der *Gleichheit* in Austeilung des Erdbodens oder gar des weiter vorhandenen Vermögens, ist ein um so leererer und oberflächlicherer Verstand, als in diese Besonderheit nicht nur die äußere Naturzufälligkeit, sondern auch der ganze Umfang der geistigen Natur in ihrer unendlichen Besonderheit und Verschiedenheit, so wie in ihrer zum Organismus entwickelten Vernunft fällt. – (54)

Hegel nennt ein erstes Exempel. Es gibt seit Beginn der Agrarwirtschaft bzw. des städtischen Tausch- und Geldhandels die immer wieder neu auftretende Forderung nach einer Land- und Besitzreform, also einer Neuaufteilung »des Erdbodens oder gar des weiter vorhandenen Vermögens«, und zwar nach gleichen Stücken. Solche Reformen wurden auch auf diverse Weise partiell realisiert. Zu denken ist auch an die Neuverteilung von Land durch Cäsar und seine Nachfolger an pensionierte Soldaten als Kolonisten. Hegel erklärt hier nur auf etwas umständliche Weise den Glauben, eine Gleichverteilung von natürlichen Ressourcen sei immer richtig, vernünftig und gerecht, zu einem typischen Beispiel für ein bloß erst *oberflächliches* Urteil. Denn ob eine Gleichverteilung von Besitz richtig und gut ist, hängt ›am ganzen Umfang der geistigen Natur‹, also am Gesamtsystem der Verteilung von Arbeit und Gütern, im Blick auf die Leistungsfähigkeit der Gesellschaft insgesamt, insbesondere aber daran, ob und wie dabei mit den fundamentalen Freiheitsrechten der Personen umgegangen wird, die ja bei jeder Umverteilung erst einmal infrage gestellt, lädiert werden – so wie sich das, um ein bekanntes historisches Beispiel zu nennen, an der Enteignung der Familie des Horaz wegen der Unterstützung der falschen politischen Partei exemplarisch zeigt. Es gibt ›unendliche Besonderheiten und Verschiedenheiten‹

der personalen Individuen, der Stände und gesellschaftlichen Rollen von Personen, die von einer funktional angemessenen Bewertung des Gleichen, Fairen und Gerechten zu berücksichtigen wären und sind.

Von einer *Ungerechtigkeit der Natur* über ungleiches Austei- 72 Ⓚ
len des Besitzes und Vermögens kann nicht gesprochen werden, denn die Natur ist nicht frei, und darum weder gerecht, noch ungerecht. (54 f.)

Wer sich darüber beklagt, dass er von Natur benachteiligt sei und dafür unmittelbar von der Gesellschaft Kompensationen verlangt, macht einen weiteren Doppelfehler. Wir mögen allen so Benachteiligten helfen wollen. Aber von »einer Ungerechtigkeit der Natur« kann keine Rede sein, es sei denn als Metapher. Es ist ja selbstverständlich, dass Natur nicht frei »und darum weder gerecht noch ungerecht« ist – was im Grunde auch für Gott gilt, wenn man das Wort richtig als figurativen Ausdruck für die ganze Welt im Seinsvollzug versteht. Außerdem ergibt sich aus zufälligen Benachteiligungen keineswegs ein Recht auf Kompensation.

Daß alle Menschen ihr Auskommen für ihre Bedürfnisse haben 72 f. Ⓚ
sollen, ist teils ein moralischer und, in dieser Unbestimmtheit ausgesprochen, zwar wohlgemeinter, aber, wie das bloß Wohlgemeinte überhaupt, nichts Objektives seiender *Wunsch*, teils ist Auskommen etwas anders als *Besitz* und gehört einer andern Sphäre, der
bürgerlichen Gesellschaft, an. | (55) 61

Hegel betont, dass wir gerne wünschen dürfen, dass »alle Menschen ihr Auskommen für ihre Bedürfnisse haben sollen«. Es muss aber klar sein, dass dies zunächst ein moralischer, d. h. freier, oft auch nur frommer, also kontrafaktisch-idealer Wunsch ist. Er ist wohlgemeint und mag manchmal zu frischer und fröhlicher Nächstenhilfe führen. Aber daraus ergibt sich weder ein objektives Recht noch eine Hilfspflicht, auch wenn Menschen hierbei immer frommer reden als handeln (können). Außerdem weist Hegel darauf hin, dass ein Auskommen z. B. über eine (staatliche oder von Gemeinden übernommene) Verteilung von Gütern auch ohne Besitzrechte gesichert werden kann. Die Sphäre der bürgerlichen Gesellschaft ist dabei die der Ökonomie, der Arbeits- und Güterverteilung. Sie ist gegenüber dem abstrakten Recht als ganz allgemeiner Grundlage rechtlicher

Verhältnisse schon durch allerlei besondere Rahmengesetze staatlich geformt – was auch Thomas Hobbes schon begriffen hatte.

§ 50

73 Daß die Sache dem in der Zeit *zufällig Ersten,* der sie in Besitz nimmt, angehört, ist, weil ein Zweiter nicht in Besitz nehmen kann, was bereits Eigentum eines Andern ist, eine sich unmittelbar verstehende, überflüssige Bestimmung. (55)

Hegel beginnt nicht, wie John Locke, mit einem Prinzip der Art, dass alles, was ich selbst für mich herstelle, mein ist und dass mein Leib auf basale Weise mir gehört, obwohl er diese Prinzipien keineswegs ablehnt. Im Gegenteil, er fasst sie als Sonderfälle eines allgemeineren Freiheitsprinzips auf, nach welchem ich sogar eine Sache, die noch niemandem anderem gehört, sozusagen über eine freie Willenserklärung, also sozusagen rein deklarativ, zur meinigen machen kann. – So wie bei Hobbes das tautologische Prinzip, dass Verträge einzuhalten sind, *pacta sunt servanda*, allem zugrunde liegt, liegt bei Hegel das ebenfalls tautologische, aber tiefere bzw. allgemeinere Prinzip zugrunde, dass keine zweite Person ein unmittelbares Recht darauf hat, etwas in Besitz zu nehmen, was schon in meinem Besitz ist. Ein Urtyp für diesen Gedanken ist der, dass du mich nicht wegschubsen darfst, wenn ich auf einem Stück Erde sitze – sofern dieses weder dein Besitz noch sonst einer Person zu eigen ist. Daraus wird sich aber auch schon ergeben, dass nicht etwa jeder ein Recht hat, in ein anderes Land zu ziehen und sich dort irgendwelcher Mittel zu bemächtigen oder für sich einzufordern.

§ 51

73 Zum Eigentum als dem *Dasein* der Persönlichkeit, ist meine *innerliche* Vorstellung und Wille, daß Etwas *mein* sein solle, nicht hinreichend, sondern es wird dazu die *Besitzergreifung* erfordert. Das *Dasein,* welches jenes Wollen hiedurch erhält, schließt die Erkennbarkeit für andere in sich. – (55)

Dafür, Eigentum zu haben, ist eine Art öffentliche Bekanntgabe oder Deklaration verlangt; d. h. es muss anderen klargemacht sein, dass etwas, z. B. ein Land, einer Person oder Personengemeinschaft gehört. Man kann sich nicht einfach darauf berufen, es hätte einen innerlichen Wunsch und Willen gegeben, dass »etwas mein sein solle«. Wir werden die konkreten Formen der Besitzergreifung noch eigens zu betrachten haben.

Daß die Sache, von der Ich Besitz nehmen kann, *herrenlos* sei, ist 73
(wie § 50) eine sich von selbst verstehende negative Bedingung, oder bezieht sich vielmehr auf das antizipierte Verhältnis zu andern. (55)

Die negative Bedingung, dass die Sache, die ich mir aneignen darf, herrenlos ist, ist aber nicht schon dann erfüllt, wenn ich sie für herrenlos halte. Denn es wird die Anerkennung der Inbesitznahme durch ursprüngliche Appropriation, wie sie auch von Kant diskutiert wird, durch die relevanten anderen Personen sozusagen antizipiert. Das zeigt sich auch im Umgang mit gefundenen Sachen, die ich mir nicht unmittelbar, nicht ohne Prüfung noch bestehender Besitzverhältnisse, aneignen darf.

§ 52

Die Besitzergreifung macht die *Materie* der Sache zu meinem Ei- 73
gentum, da die Materie für sich nicht ihr eigen ist. (55)

Keine bloße Sache ist ihr selbst zu eigen. In der Besitzergreifung mache ich sie »zu meinem Eigentum« – und verlange damit sozusagen die Anerkennung des Meinigen durch die anderen Personen. Das ist eine begriffliche Selbstverständlichkeit, ein längst anerkannter allgemeiner Truismus, der hier nur in Worte gefasst ist, keine dogmatische Behauptung.

Die Materie leistet mir Widerstand (und sie ist nur dies, mir Wi- 73 f. Ⓚ
derstand zu leisten), d. i. sie zeigt mir ihr abstraktes Fürsichsein nur als abstraktem Geiste, nämlich als *sinnlichem* (verkehrter Weise hält das sinnliche Vorstellen das sinnliche Sein des Geistes für das Konkrete und das Vernünftige für das Abstrakte), aber in Beziehung auf den Willen und Eigentum hat dies Fürsichsein der Materie keine Wahrheit. (55 f.)

Die gegenständliche Welt erfüllt nicht etwa von selbst unsere Bedürfnisse, sondern leistet dabei einen gewissen Widerstand (wie andere Personen übrigens auch). Das heißt, die materiellen, körperlichen Dinge der Welt sind in ihrem Fürsichsein, also auch ihrer Identität, zunächst über ihre bleibende Widerständigkeit gegen andere Körper, auch gegen unseren Leib bestimmt. Sie zeigen sich so unserer (haptisch-taktilen) unmittelbaren Sinnlichkeit, die (unter Einschluss des Schmeckens, und zwar auch schon bei Tieren) ein gewisses Vorrecht an ›Objektivität‹ gegenüber den ›Fernsinnen‹ Sehen, Hören und Riechen haben.

In einer Nebenbemerkung geißelt Hegel die völlig verkehrte Meinung, das sinnliche Gewahrsein (›Bewusstsein‹) sei konkret, während das begriffliche Wissen und Denken der Einheit wiedererkennbarer Dinge angeblich abstrakt sei. Das Gegenteil ist der Fall. Es gäbe gar keine klar und deutlich bestimmte Körperidentität äußerer Dinge über die bloße Präsenz perspektivenabhängiger Gegenwart hinaus, wenn sie nicht schon durch das begriffliche Denken über Dingarten, ihre Instanziierungen und eine gemeinsame Praxis eines kontrollierten Perspektiventausches im Zugang zu ihnen vermittelt wäre.

Hegel fügt dann aber hinzu, dass dieses »Fürsichsein der Materie«, also die *Körperidentität des Dinges*, unter Umständen für den Begriff des *Besitzes* nicht notwendigerweise oder nur in begrenztem Ausmaß relevant ist (»Wahrheit hat«), nämlich dann, wenn es um (etwa zeitlich) begrenzte Gebrauchsrechte einer Sache (oder auch einer Form) geht. Heute würde man z. B. an den Fall des Leasings eines Fahrzeugs oder an die Gebrauchsrechte von Datenträgern denken.

74 Ⓚ Das Besitzergreifen als *äußerliches Tun*, wodurch das allgemeine Zueignungsrecht der Naturdinge verwirklicht wird, tritt in die Bedingungen der physischen Stärke, der List, der Geschicklichkeit, der Vermittlung überhaupt, wodurch man körperlicherweise etwas habhaft wird. (56)

In einer Phänomenologie der prinzipiellen Appropriationsrechte der Person ist, wie gesagt, auf das äußere Tun und seine Formen zu achten. Wie bei Tieren kann Schnelligkeit, auch ›physische Stärke, List, Geschicklichkeit‹, eine Rolle spielen. Es kann sich daher einer etwas habhaft machen, was der andere nicht als Erster erreichen kann.

74 Ⓚ Nach der qualitativen Verschiedenheit der Naturdinge hat deren Bemächtigung und Besitznahme einen unendlich vielfachen Sinn und eine eben so unendliche Beschränkung und Zufälligkeit. (56)

Es kann auch an der »qualitativen Verschiedenheit der Naturdinge« liegen, dass verschiedene Personen aufgrund ihrer verschiedenen Fähigkeiten sich verschiedener Dinge und Sachen bemächtigen, sie etwa schneller finden und so in Besitz nehmen. Außerdem können dabei unendlich viele Kontingenzen eine Rolle spielen, so wie jemand das Glück (oder auch, wie in Kalifornien 1849, das große Unglück) haben kann, dass auf seinem Land Gold (oder Erdöl etc.) gefunden wird.

Ohnehin ist die Gattung und das Elementarische als solches, 74 Ⓚ
nicht *Gegenstand der persönlichen Einzelnheit;* um dies zu werden und ergriffen werden zu können, muß es erst vereinzelt werden (ein Atemzug der Luft, ein Schluck Wassers). An der Unmöglichkeit, eine äußerliche Gattung als solche und das Elementarische in Besitz nehmen zu können, ist nicht die äußerliche physische Unmöglichkeit als das Letzte zu betrachten, son|dern daß die Person als Wille 62
sich als Einzelnheit bestimmt und als Person zugleich unmittelbare Einzelnheit ist, hiemit sich auch als solche zum Äußerlichen als zu Einzelnheiten verhält (§ 13 Anm., § 43). – (56)

Dabei beziehen sich Besitzrechte auf Einzelnes, nie auf ganze Gattungen und Arten. So kann zwar jemand, wie geschehen, versuchen, einen großen Anteil des verfügbaren Silbers in seinen Besitz zu bekommen, um den Silberpreis hochzutreiben (das ist gescheitert). Aber niemand kann einen primordialen Besitzanspruch an einen *Stoff an sich* stellen. Das liegt nicht an einer grundsätzlichen Unmöglichkeit, sondern daran, dass wir alle Aneignung nur für berechtigt halten im Interesse der Erweiterung der freien Handlungsfähigkeit der Person über endliche, empirische Einzeldinge und Einzelsachen. Damit ist eine bloß deklarative Aneignung einer ganzen Gattung oder Art von Sachen ebenso ausgeschlossen wie eine Monopolisierung nicht anzuerkennen ist, welche nur dazu dient, die anderen Personen abhängig zu machen.

Hegel nennt als Beispiel für Einzelnes einen »Atemzug der Luft«. Man denke etwa an den durchaus witzigen Verkauf von original Berliner Luft im kleinen Plastikbeutel oder auch an den Verkauf eines »Schluck Wassers« in einer Oase. Von etwas anderer Art sind die reproduzierbaren Formen des geistigen Eigentums, die dann aber als Formen ebenfalls individuiert werden müssen, wie wir noch genauer sehen werden.

Die Bemächtigung und das äußerliche Besitzen wird daher auch 74 Ⓚ
auf unendliche Weise mehr oder weniger unbestimmt und unvollkommen. Immer aber ist die Materie nicht ohne wesentliche Form und nur durch diese ist sie Etwas. Je mehr ich mir diese Form an-

eigne, desto mehr komme ich auch in den *wirklichen* Besitz der Sache. (56)

Nun besteht aber die Bemächtigung einer Sache im Grunde immer nur darin, dass sie in ihrer Art oder Form von mir nutzbar ist. Was das konkret bedeutet, kann im Einzelfall auf »unendliche Weise mehr oder weniger unbestimmt und unvollkommen« bleiben.

Es gibt dabei keine Materie und kein Ding »ohne wesentliche Form«, und nur durch diese Form taugen sie im Normalfall mir oder dir zu etwas. Das gilt in modifizierter Weise auch für Stoffe (der Chemie): Allzu fein und breit verteilt nützen sie uns zumeist nichts. In gewissem Sinn eignen wir uns zumeist immer nur Formen an. Viele dingliche Träger von Formen sind ohne Verluste äquivalent durch andere ersetzbar. Es gibt also formgleiche Dinge aus verschiedenen Materien oder Stoffen, die äquivalent sein können, aber auch verschieden geformte Stoffe, wenn es auf die Gleichheit der Materie und nicht auf ihre besondere Formgestalt ankommt, z. B., wenn man nur am Gold und seinem Metallwert interessiert ist.

74 Ⓚ Das Verzehren von Nahrungsmitteln ist eine Durchdringung und Veränderung ihrer qualitativen Natur, durch die sie vor dem Verzehren das sind, was sie sind. Die Ausbildung meines organischen Körpers zu Geschicklichkeiten, so wie die Bildung meines Geistes ist gleichfalls eine mehr oder weniger vollkommene Besitznahme und Durchdringung; der Geist ist es, den ich mir am vollkommensten zu eigen machen kann. (56 f.)

Eine vollständige Aneignung der materiellen Dinge findet freilich statt, wenn ich ein Nahrungsmittel verzehre. Aber auch im Lernen, im Kopieren von reproduzierbaren Formen aus dem *public domain* frei zugänglichen Wissens und Könnens, etwa wenn ich lerne, ein Musikstück zu singen oder zu spielen, oder einen Tanz erlerne, eigne ich mir diese Vollzugsformen sozusagen vollständig an. Der Geist der frei reproduzierbaren Formen ist ja in der Tat gerade dasjenige, was »ich mir am vollkommensten zu eigen machen kann«.

74 f. Ⓚ Aber diese *Wirklichkeit der Besitzergreifung* ist verschieden von dem Eigentum, als solchem, welches durch den freien Willen vollendet ist. Gegen ihn hat die Sache nicht ein Eigentümliches für sich zurückbehalten, wenn schon im Besitze, als einem äußerlichen Verhältnis, noch eine Äußerlichkeit zurückbleibt. (57)

Die Aneignung von reproduzierbaren Vollzugsformen, beginnend mit einem allgemeinen Wissen, Erkennen und Sprechen, gefolgt von einem Schreiben, Lesen, Rechnen oder auch der Fähigkeit zur Teilnahme an Spielen usf. ist natürlich »verschieden von dem Eigentum als solchem«. Es entsteht hier Eigenes, aber nicht einfach »durch den freien Willen« der Deklaration. Das liegt daran, dass in Vollzugsformen als solchen »keine Äußerlichkeit zurückbleibt«, selbst dann nicht, wenn es für eine Aufführung einer reproduzierbaren Form Aufführungsrechte gibt, die z. B. Geld kosten oder eine öffentliche Aufführung sogar verhindern.

Über das leere Abstraktum einer Materie ohne Eigenschaften, 75 Ⓚ
welches im Eigentum außer mir und der Sache eigen bleiben soll, muß der Gedanke Meister werden. (57)

Ein Ding ohne Eigenschaften gibt es so wenig wie einen Mann ohne Eigenschaften. Dass eine Sache meine ist, ist in gewissem Sinn keine Eigenschaft der Sache für sich, sondern eine Relation zwischen uns als Personen und der Sache im Kontext der ›Rechte‹ ihrer ›Nutzung‹. Über das nur scheinbar Mystische von Eigenschaften, die aus Relationen stammen, muss das logische Denken »Meister werden«, wie Hegel so schön kryptisch sagt. Als Paradigmen mag man an die Zahleigenschaften denken, ungerade oder eine Primzahl zu sein, oder eben an die personale Eigenschaft, Eigentümer einer Sache zu sein.

§ 53

Das Eigentum hat seine nähern Bestimmungen im Verhältnisse 75
des Willens zur Sache; dieses ist α) unmittelbar *Besitznahme*, in so fern der Wille in der Sache, als einem *Positiven* sein Dasein hat β) in so fern sie ein Negatives gegen ihn ist, hat er sein Dasein in ihr als einem zu Negierenden, – *Gebrauch* γ) die Reflexion des Willens in sich aus der Sache – *Veräußerung*; – *positives, negatives* und
unendliches Urteil des Willens über die Sache. | (57) 63

Was mein Eigenes ist, hängt begrifflich davon ab, was ich als das Meinige deklariere oder gebrauche – und eben damit von meinem Willen, aber eben nicht nur. Entscheidend ist *unser* Wille.

Die Deklaration kann, erstens, in einer unmittelbaren Besitznahme bestehen. Sie kann auch Teil einer solchen sein, etwa dann, wenn ich eine herrenlose Sache ergreife, ein Land, das noch niemandem gehört, umzäune und bearbeite. Zweitens erkläre ich etwas sozusagen praktisch zu dem Meinigen, indem ich es gebrauche, etwa die Sache aufesse und damit z. B. den Gebrauch anderer ausschließe, negiere, wobei die Frage, ob ich das rechtmäßig tue oder widerrechtlich, natürlich noch nicht beantwortet ist. Drittens deklariere ich etwas explizit und reflektiert zu dem Meinigen, indem ich einen Anspruch auf ein geistiges Eigentum erhebe und mir diesen patent- oder urheberrechtlich bestätigen lasse, oder zu dem Deinigen oder Seinen, indem ich es dir oder ihm schenke oder auf andere Weise veräußere. Ohne die Anerkennung der anderen Personen aber nützen alle Deklarationen von Ansprüchen nichts.

Man beachte, dass diese Begriffsanalyse des Eigentums auf der Ebene des abstrakten Rechts noch weit allgemeiner ist als das, was man etwa in einem Konversationslexikon an Einträgen findet, die zumeist zwischen dieser allgemeinen Ebene und der positivrechtlichen Ebene gar nicht pünktlich unterscheiden. Es ist ohnehin erstaunlich, und zugleich ein Zeichen für ein Problem der Rezeption, dass man in derartigen Enzyklopädien Thomas von Aquin und Kant zitiert, nicht aber Hegel, der ja gerade Vorschläge macht für eine Gliederung derartiger enzyklopädischer Einträge kanonisierter Begrifflichkeit in den verschiedenen Gebräuchen der Wörter »Eigentum« und »Recht« auf verschiedenen Ebenen der Allgemeinheit und Besonderheit, Konkretheit und Abstraktheit. Dabei beginnt Hegel, wie jeder gute Logiker und Phänomenologie, mit dem, was im Normalfall absolut selbstverständlich ist. Nur Sophisten werden den Normalfall nicht von privativen Ausnahmen unterscheiden wollen oder können. Damit denken sie nur erst formal. Inhaltsverstehen ist dialektisch schon in der freien Bewertung inhaltlicher Gleichgültigkeit. Erst recht gilt das für einen nicht ›monotonen‹, also nicht bloß schematischen, Umgang mit generischen Inferenzformen und d. h. den noch möglich zu betrachtenden akzidentellen Ausnahmen.

Das gilt z. B. für jeden allzu ernst genommenen ›Zweifel‹ an der Realität der Außenwelt. Er verwechselt die Ebenen, weil zwar jede Gewissheit im Einzelnen fallibel sein kann, es aber Widersinn ist zu meinen, es gäbe nur innere Vorstellungen. Die Wörter »innen« und »Vorstellung« verlieren so ihren Sinn, so wie das Wort »Ding« in Kants Vorstellung von einem Ding an sich.

Analoges gilt auch im Blick auf ›unendliche‹ *Allgemeinheiten* wie die, dass nicht nur Lebewesen, sondern *alle* Dinge endlich sind. Daran zu zweifeln hat keinen Sinn. Dasselbe gilt für den Satz, dass *nur* Menschen geistige Fähigkeiten haben und diese zu personalen Vermögen der Teilnahme an einem gemeinsamen, auch gemeinsam als wahr bzw. gut bewerteten Urteilen und Leben entwickeln. Denn das Geistige ist das Personale – und umgekehrt.

Zu den *Besonderheiten* gehören insbesondere die ›endlichen‹, also empirisch-deiktischen Aussagen der Art, dass vor mir ein Glas Wasser steht, was du z. B. als wahr bestätigen kannst, indem du es erstens wahrnimmst und dann zweitens ergreifst und das Wasser trinkst. Es sind seltene Fälle, dass ich das träume oder wir beide es träumen oder dass es am Ende doch kein Wasser war.

Das Problem ist dieses: Ein robuster Begriff der Erkenntnis, des Wissens, der Philosophie und Wissenschaft muss von rein zufälligen Einzelausnahmen gerade absehen – etwa von Mängeln aufgrund von Krankheiten oder Unfällen. Der Irrgang einer gewissen Strömung der kantischen Transzendentalphilosophie oder auch eines rationalistischen Empirismus in der Nachfolge Descartes' besteht darin, dass sie das nicht tun (wollen oder können) – und das, obwohl gerade Hume und Kant für ein ›pragmatisches‹ Verständnis von Wissen plädieren. Die Gefahr besteht dann aber, einen irreführenden Kontrast aufzumachen zu einer *idealen Wahrheit* jenseits aller Erscheinungen. Damit verwandelt man unser im Normalfall robustes, aber generisch-allgemeines Wissen und Erkennen in einen bloßen Glauben – was F. H. Jacobi immerhin als Problem explizit gemacht hat, auch wenn er dem falschen Urteil selbst folgt. Daher ist es auch so wichtig, alle unsere Ideale als unsere eigenen verbalen Konstruktionen bloß zum Zweck der Reflexion auf Formen und Formverbesserungen zu begreifen. Das gilt für die Dimension des Wahren ebenso wie die des Guten oder des Schönen.

Es folgt eine ganz allgemeine materialbegriffliche Analyse von Besitz und Eigentum im Blick auf Besitznahme, Gebrauch und Entäußerung.

A. Besitznahme

§ 54

75 Die Besitznahme ist teils die unmittelbare *körperliche Ergreifung*, teils die *Formierung*, teils die bloße *Bezeichnung*. (57)

Die Inbesitznahme einer Sache besteht entweder in einer unmittelbaren körperlichen Ergreifung, in ihrer Bearbeitung mit Aneignungsanspruch oder in einem öffentlichen symbolischen Akt der Besitzergreifung.

§ 55

75 α) *Die körperliche Ergreifung* ist nach der sinnlichen Seite, indem Ich in diesem Besitzen unmittelbar gegenwärtig bin und damit mein Wille eben so erkennbar ist, die vollständigste Weise; aber überhaupt nur subjektiv, temporär und dem Umfange nach, so wie auch durch die qualitative Natur der Gegenstände höchst eingeschränkt. – (58)

Körperlich kann ich nur Sachen *in meiner Nähe* besetzen oder greifen und so unmittelbar Besitz von ihnen ergreifen. Dieser Besitz ist, weil wir und die Dinge sich bewegen, zumeist nur temporär – mit Ausnahme dessen, was ich sozusagen immer bei mir habe, nämlich meinen Leib während meines ganzen Lebens. Es ist daher klar, dass *diese Art* von Sachbesitz höchst eingeschränkt ist.

75 f. Durch den Zusammenhang, in den ich Etwas mit anderwärts mir schon eigentümlichen Sachen bringen kann, oder Etwas sonst zufälliger Weise kommt, durch andere Vermittlungen wird der Umfang dieser Besitznahme etwas ausgedehnt. (58)

Wenn es einen faktischen Zusammenhang gibt, in dem eine ›anderwärts mir schon eigentümliche Sache‹ zu etwas steht, was ich körperlich besitze, wie etwa einen Schlüssel für ein Haus, wird der Umfang dieser Art des unmittelbaren Besitzes ganz offenbar ein bisschen ausgedehnt, aber auch, wenn nur ich gewisse Verstecke kenne etc.

76 Ⓚ Mechanische Kräfte, Waffen, Instrumente erweitern den Bereich meiner Gewalt. – Zusammenhänge, wie des meinen Boden bespülenden Meeres, Stromes, eines zur Jagd, Weide, und anderer Benutzung tauglichen Bodens, der an mein festes Eigentum angrenzt, der Steine und anderer Mineralienlager unter meinem Acker, Schätze in oder unter meinem Grundeigentum u. s. f. – oder Zu-

sammenhänge, die erst in der Zeit und zufällig erfolgen (wie ein Teil der sogenannten natürlichen Akzessionen, Alluvion und dergleichen, auch Strandung), – die Foetura ist wohl eine Akzession zu meinem Vermögen, aber, als ein organisches Verhältnis, kein äußerliches Hinzukommen zu einer andern von mir besessenen Sache und daher von ganz anderer Art, als die sonstigen Akzessionen, – sind teils leichtere zum Teil ausschließende *Möglichkeiten*, etwas in Besitz zu nehmen oder zu benutzen für einen Besitzer gegen einen andern, teils kann das Hinzugekommene als ein unselbstständiges *Akzidens der Sache*, zu der es hinzugekommen, angesehen werden. (58)

Instrumente und Geräte erweitern meine Handlungsmacht. – Überschwemmungen oder die Änderung des Verlaufs eines Flusses können die Ausdehnungen eingegrenzten Landbesitzes verändern – worauf man ggf. mit Neuverteilungen reagiert. Auch wie mit angeschwemmtem Gut oder mit Bodenschätzen auf meinem Grundstück umzugehen ist, wird im Detail zu regeln sein.

Es sind dies überhaupt *äußerliche* Verknüpfungen, die nicht den 76 Ⓚ
Begriff und die Lebendigkeit zu ihrem Bande haben. Sie fallen daher dem Verstande für Herbeibringung und Abwägung der Gründe und Gegengründe und der positiven Gesetzgebung zur Entscheidung, nach einem Mehr oder Weniger von Wesentlichkeit oder Unwesentlichkeit der Beziehungen, anheim. | (58 f.) 64

Es geht in der umständlichen Formulierung nur darum, zwischen äußeren Ursachen, welche die Eigentumsverteilung verändern, etwa wenn ich etwas verliere, und den Formen willentlich-rechtlicher Appropriation und Veräußerung zu unterscheiden.

§ 56

β) Durch die *Formierung* erhält die Bestimmung, daß Etwas das 76
Meinige ist, *eine für sich bestehende* Äußerlichkeit und hört auf, auf meine Gegenwart in *diesem* Raum und in *dieser* Zeit und auf die Gegenwart meines Wissens und Wollens beschränkt zu sein. (59)

Indem ich einer Sache eine gewisse neue Form gebe, wird sie auf andere Weise zur meinigen, als wenn ich sie nur aufgreife.

Die frei verfügbare Fähigkeit der Formung von etwas *immer* Zuhandenem, sagen wir, meiner Stimme im Reden, ist von besonderer

Bedeutung wegen der Unabhängigkeit von zufälligen äußeren Umständen.

Schon wenn ich weiß, wie ich einen (leicht ergreifbaren) Stecken zum Speer oder einen Stein (mit einer Schleuder) zur Waffe machen kann, erweitere ich sozusagen den Bereich dessen, was mir »in *diesem* Raum und in *dieser* Zeit« empirisch gerade gegenwärtig ist. Es wäre m. E. zu schnell gelesen, wenn man den Satz so deutete, als wolle Hegel schon jetzt auf das Prinzip (John Lockes) hinaus, nach dem die von mir bearbeiten Sachen mir *rechtlich gehören sollen*. Die Beschränkung der »Gegenwart meines Wissens und Wollens« wird in der Formierung von Dingen und Sachen zunächst nur dadurch transzendiert, dass *die Form* selbst, die ich ihnen durch Arbeit gebe, etwa die Form eines Speeres, kein ›empirischer‹ Gegenstand hier und jetzt ist. Formen sind grundsätzlich allgemein reproduzierbar oder reproduzieren sich in der Natur.

77 Ⓚ Das Formieren ist in so fern die der Idee angemessenste Besitznahme, weil sie das Subjektive und Objektive in sich vereinigt, übrigens nach der qualitativen Natur der Gegenstände und nach der Verschiedenheit der subjektiven Zwecke unendlich verschieden. – (59)

Freilich bewegt sich das Denken Hegels auf den Pfaden Lockes, aber der Sache nach behutsamer, als es zunächst erscheinen mag. Die Bearbeitung von Sachen in einer Formgebung wird, wie Hegel hier betont, zu einer Art der Besitznahme, welche der Idee als dem zu realisierenden Begriff des freien Handelns am angemessensten ist. Das Subjektive meines Tuns im Vollzug und das Objektive der Form wird nämlich im Formieren vereint. – Es versteht sich von selbst, dass sich dabei die Formgebungen je »nach der qualitativen Natur der Gegenstände« massiv unterscheiden »und nach der Verschiedenheit der subjektiven Zwecke unendlich verschieden« sein können. Man kann z. B. seine Stimme beim Singen formen, man kann Hütten bauen, Schneeschuhe herstellen und gebrauchen etc.

77 Ⓚ Es gehört hieher auch das Formieren des Organischen, an welchem das, was ich an ihm tue, nicht als ein Äußerliches bleibt, sondern assimiliert wird; Bearbeitung der Erde, Kultur der Pflanzen, Bezähmen, Füttern und Hegen der Tiere; – weiter vermittelnde Veranstaltungen zur Benutzung elementarischer Stoffe oder Kräfte, veranstaltete Einwirkung eines Stoffes auf einen andern u. s. f. (59)

Hegel denkt an den Garten- und Ackerbau, das Zähmen, Füttern und Hegen von Haustieren, an Züchtungen, in denen das Leben von Pflanzen und Tieren verändert wird. Jede Naturromantik lehnt er als rein dogmatisch und sogar als in sich widersprüchlich ab. Es ist nicht sinnvoll, nur die Natur für schön und gut zu halten, welche dem Einfluss menschlichen Handelns entzogen bleibt, zumal schon alle Reservate selbst menschengemacht sind. Es ist auch nicht sinnvoll, ohne weitere Qualifizierung dazu aufzurufen, eine rein natürliche Natur handelnd herzustellen oder wenigstens handelnd zu schützen. Ein solcher Naturschutz kann als berechtigt anerkennbar sein, aber nicht ohne die Bedingung, dass man sich klar macht, dass wir es sind, die ihn wollen und veranstalten.

§ 57

Der Mensch ist nach der *unmittelbaren* Existenz an ihm selbst ein 77
natürliches, seinem Begriffe Äußeres; erst durch die *Ausbildung* seines eigenen Körpers und Geistes, *wesentlich* dadurch, daß *sein Selbstbewußtsein sich als freies erfaßt*, nimmt er sich in Besitz und wird das Eigentum seiner selbst und gegen andere. (59)

Es handelt sich um die selbstverständliche Feststellung, dass Menschen zu Personen erzogen werden und sich zu Personen bilden. Das Wort »Person« ist dabei in seinem aktiven Sinn nur Titel für das Vermögen, ein geistiges, personales Leben zu führen. Nach »der unmittelbaren Existenz« des Kindes oder eines Kaspar Hauser ist der Mensch bloß erst etwas Natürliches, gesetzt, dass man ihn füttert. – Der volle Begriff des Menschen ist die Person oder Persönlichkeit als Form, ein ›geistiges‹, personales, Leben zu führen. Das setzt die »Ausbildung seines eigenen Körpers und Geistes« voraus, wozu insbesondere ein gewisser Wissens- und Spracherwerb gehören.

Auf der dann schon höheren Ebene der Bildung zur erwachsenen, kompetenten, Person wird wesentlich, dass der Mensch in seinem Selbstbewusstsein, also im theoretischen und praktischen Wissen um sich selbst, fähig zu freien Handlungen wird. Erst indem er sich so ein gewisses realistisches Wissen um seine freien Handlungsmöglichkeiten verschafft, »nimmt er sich in Besitz«, wie wir in bloß scheinbar dualistischer Trennung von Person und Individuum, Seele und Leib, Geist und Körper sagen.

Wichtig ist, dass nicht einfach der Leib den Leib formt, aber auch kein der Zirbeldrüse etwas einflüsternder Geist. Wir formen uns vor dem Hintergrund der uns allgemein verfügbaren Formen der Bildung und Selbstbildung. Damit machen wir uns, weiter in metaphorischer Rede, zum Eigentum unserer selbst – »und gegen andere«. Der letzte Halbsatz richtet sich gegen die ambige Vorstellung Lockes von einem rein ›natürlichen‹ Eigentum an seinem Körper. In gewissem Sinn ist es selbstverständlich, dass mir mein Körper gehört und dass ich sogar mein Leib bin. Und doch bin ich, wenn ich als personales Subjekt meinen Leib forme und mich bilde, nicht einfach mein Leib. Das alles gehört noch zur *allgemeinen Logik* der freien Person, des Ich und Meinigen, der Selbstbildung und dann auch des freien Handelns – und liegt damit jeder Rechtsbestimmung weit voraus. Es geht Hegel eben darum, diese begrifflichen Grundtatsachen als Rahmenbedingungen jeder Art von positivem Recht und staatlicher Ordnung explizit und damit bewusst zu machen. Dabei sieht er, anders als die meisten Menschen bis heute, wie wichtig die Explikation solcher Grundtatsachen sein kann, wie zum Beispiel die absolute Perspektive des personalen Subjekts zunächst durch das Christentum. Denn nicht die Form der Subjektivität hat sich um die Zeitenwende geändert, sondern das reflektierte Wissen um sie. Dieses Wissen wiederum vertieft sich enorm seit dem Hochmittelalter, nicht erst nach der Reformation oder gar erst seit Descartes und im folgenden Zeitalter der wissenschaftlichen Aufklärung und des Empirismus.

77 Dieses Besitznehmen ist umgekehrt eben so dies, das, was er seinem Begriffe nach (als eine *Möglichkeit*, Vermögen, Anlage) ist, in die *Wirklichkeit* zu setzen, wodurch es eben sowohl erst als das Seinige gesetzt, als auch als Gegenstand und vom einfachen Selbstbewußtsein unterschieden und dadurch fähig wird, die *Form der Sache* zu erhalten (vergl. Anm. zu § 43). (60)

Sich selbst in Besitz zu nehmen, bedeutet also immer auch, eine Möglichkeit des Personseins, die es als Form bzw. Begriff unabhängig von mir gibt, zu realisieren, also eine Lernfähigkeit in ein Handlungsvermögen zu verwandeln. Damit wird der Leib geformt und die Form verleiblicht, inkorporiert. Wir können daher in der Kaskade von einer zunächst bloß prinzipiellen allgemeinen Möglichkeit und subjektiven Anlage über die Lernfähigkeit zum Vermögen und zur freien

Handlungskompetenz sozusagen aufsteigen, wenn wir die reflexionslogischen Titel entsprechend ordnen wollen. Als kompetente Person unterscheide ich mich dann aber längst schon vom »einfachen Selbstbewußtsein« in bloßer Rede über mich selbst, indem ich die auch von anderen beurteilte Kompetenz erwerbe, einer Sache eine Form zu geben (und diese ggf. zu erhalten).

Die behauptete Berechtigung der *Sklaverei* (in allen ihren nähern Begründungen durch die physische Gewalt, Kriegsgefangenschaft, Rettung und Erhaltung des Lebens, Ernährung, Erziehung, Wohltaten, eigene Einwilligung u. s. f.) so wie die Berechtigung einer *Herrschaft*, als bloßer Herrenschaft überhaupt und alle *historische* Ansicht über das Recht der Sklaverei und der Herrenschaft beruht auf dem Standpunkt, den Menschen als *Naturwesen* überhaupt nach *einer Existenz* (wozu auch die Willkür gehört) zu nehmen, die seinem Begriffe nicht angemessen ist. (60) 77 Ⓚ

Es gibt seit der Antike, sogar noch bei Aristoteles, eine bedingte Rechtfertigung der Sklaverei von Menschen. Dabei gibt es verschiedene ›Begründungen‹ bzw. Bedingungen, die genannt werden und von denen manche ›rechtlich‹ schon so fadenscheinig sind wie die, man könne durch physische Gewalt bzw. Gewaltandrohung zum Sklaven gemacht werden oder durch Kriegsgefangenschaft: Hier stimme der Sklave zu, weil er einem größeren Übel entgeht. Ähnlich, nur weniger durchsichtig, ist die Selbstverdinglichung derer, die ihren Herren als Wohltätern in allem ›frei‹ gehorchen.

Hegels logisch-begriffliche Beobachtung ist absolut korrekt. Jede dieser Pseudo-Rechtfertigungen »einer Herrschaft als bloßer Herrenschaft überhaupt und alle historische Ansicht über das Recht der Sklaverei und der Herrenschaft« beruht darauf, den Menschen, der dem Wort des Herrn *bedingungslos* gehorchen soll, nicht als freie Person mit Kompetenzen, Menschenwürde und Menschenrechten zu betrachten, sondern wie ein (gezähmtes) Tier und damit bloß »als Naturwesen überhaupt«. Das ist dem Begriff des Menschen nicht etwa deswegen nicht angemessen, weil es keinen Gebrauch des Wortes »Mensch« gäbe, der den Menschen auf sein bloß animalisches (›biologisches‹) Sein reduzierte. Es ist unangemessen, weil es *der Lebensform des Menschen als Person widerspricht*. Damit wird noch einmal klar, dass bei Hegel der Begriff das ganze *Eidos*, die Idee, der personalen Artform ist – samt ihrer Realisierung im Seinsvollzug.

77f. Ⓚ, 65 Die Behauptung des absoluten Unrechts | der Sklaverei hingegen hält am *Begriffe* des Menschen als Geistes, als des *an sich* freien, fest und ist einseitig darin, daß sie den Menschen als *von Natur* frei, oder, was dasselbe ist, den Begriff als solchen in seiner Unmittelbarkeit, nicht die Idee, als das Wahre nimmt. (60)

Mit Euripides, Sokrates und Platon und dann auch im Einklang mit den ursprünglichen Lehren des Christentums sagen wir inzwischen alle, dass Sklaverei absolut Unrecht ist. Dazu muss man nur am ›Begriff des Menschen als Geist‹, also als Person, festhalten. Dabei gibt es aber eine Gefahr der Einseitigkeit, dann nämlich, wenn man erklärt, der Mensch sei »von Natur frei« und das Wort »Natur« dabei nicht im Sinn von »weil sein Wesen das freie Personsein ist« versteht, sondern so, als wäre diese Freiheit irgendwie ›angeboren‹.

Nebenbei erläutert Hegel nun noch Teile seiner logischen Kommentarsprache. Denn er sagt, das sei dasselbe, wie den Begriff des personalen Lebens des Menschen »als solchen in seiner Unmittelbarkeit« zu nehmen. Damit würde fälschlicherweise unterstellt, der Mensch wachse wie eine Pflanze von selbst zur erwachsenen Person. In Wahrheit werden wir nur durch Bildung und Selbstbildung, durch Verleiblichung geistiger Formen oder Formgebung des leiblichen Seins zu Personen. Die Idee ist der so realisierte Begriff der vollen Person.

78 Ⓚ Diese *Antinomie* beruht, wie alle Antinomie, auf dem formellen Denken, das die beiden Momente einer Idee, getrennt, jedes für sich, damit der Idee nicht angemessen und in seiner Unwahrheit, festhält und behauptet. (60)

Die Antinomie, nach welcher der Mensch einerseits ›natürlich‹ freie Person ist, weil er es ›selbstverständlich‹ sein sollte, und er das zugleich gerade nicht von der bloßen Natur her, sondern als Kulturwesen ist, ergibt sich, wie alle logisch-begrifflichen Paradoxien und Amphibolien, daraus, dass man schematisch redet und nicht genau genug über materialbegriffliche Allgemeinheiten nachdenkt. Dabei übersieht man erstens die Kontexte, welche die besonderen Disambiguierungen des rechten Verstehens tragen, zweitens das immer auch schon Figurative in allen unseren reflexionslogischen Reden. Wie bei Metaphern sind die rechten Analogien oder auch ironischen Denkprovokationen frei zu finden und angemessen zu lesen. Drittens gibt es in allen Unterscheidungen ein Niemandsland der Grenzfälle und Grenzbereiche. Wie die im Allgemeinen nicht relevanten Privationen einer bloß zufälligen Steresis sind sie als Mängel des Generischen aufzufassen und aus dem robusten Verstehen herauszuhalten bzw. eigens zu behandeln.

Es sind das die zentralen vier Prinzipien der Dialektik. Diese ist konkrete Anwendung logisch-begrifflicher Formen des Unterscheidens und Schließens auf die reale, endliche, empirische und wirkliche Welt. Grundlage sind generische, zeitallgemeine Wahrheiten. Dialektik wird also überall dort nötig, wo wir nicht bloß über eine selbstkonstruierte Idealwelt wie insbesondere in der reinen Mathematik sprechen.

Die Idee ist, ganz generell, eine wirkliche Artvollzugsform. Wenn wir die Art als bloße Klasse von Wesen (Sachen, Dingen) auffassen und über das Normalverhalten dieser Wesen oder Sachen reden, haben wir die Einheit von Art und Vollzugsform schon so voneinander getrennt, als gäbe es die Klasse der Dinge und die Formen ihres Verhaltens unabhängig voneinander. Das ist schon im Fall von Lebewesen ganz offensichtlich absurd, aber auch im Fall von physikalischen Dingen, erst recht aber im Fall von Personen.

Nur in einem abstrakten Reden kann man den physischen Körper und seine Teile vom leiblichen Leben trennen. Ein Leib ist kein Leichnam – und umgekehrt.

Im Biologismus zerlegt man in ähnlich abstrakter Weise den generischen Menschen als biologische Spezies in Teilklassen, so genannte Rassen, die es aber im Grunde nur in Züchtungen z. B. von Nutzpflanzen oder Haustieren gibt. Für Menschen ist der Begriff der Rasse ein Unbegriff, so dass er mit Recht auch in seinem negativen Vorkommen im Grundgesetz der Bundesrepublik Deutschland gestrichen wird.

Der vom Biologismus wesentlich beeinflusste, im Grunde immer zugleich imperialistische, Rassismus macht den Begriff der freien Person davon abhängig, mit wem man reden und frei kooperieren will und wen man auszugrenzen gedenkt. Manche Menschen werden etwa als kindlich lallende Barbaren angesehen, die der väterlichen Betreuung durch einen Herrn altgriechischer Tugend wie noch bei Aristoteles bedürfen oder auch einer ›europäischen‹ (z. B. spanisch-portugiesischen, britischen, französischen usf.) Kolonisierung und

Zivilisation. Die Haltung der Weißen in den US-amerikanischen Südstaaten zu den ehemaligen Sklaven unterscheidet sich dabei bis in die 1970er Jahre kaum von der der Weißen im Apartheidregime Südafrikas zu ›Schwarzen und Farbigen‹.

Das christliche Verbot der Diskriminierung verbietet gerade solche Klassenbildungen. Jesus wehrt sich ja gegen die Ausgrenzung z. B. von ganzen Berufsständen, übrigens auch der Unterstützer der römischen Besatzungsmacht, und Paulus generell gegen jede Diskriminierung von Nichtjuden.

78 Ⓚ Der freie Geist ist eben dieses (§ 21) nicht als der bloße Begriff oder *an sich* zu sein, sondern diesen Formalismus seiner selbst und damit die unmittelbare natürliche Existenz aufzuheben und sich die Existenz nur als die seinige, als freie Existenz, zu geben. Die Seite der Antinomie, die den Begriff der Freiheit behauptet, hat daher den Vorzug, den absoluten *Ausgangspunkt,* aber auch nur den Ausgangspunkt für die Wahrheit zu enthalten, während die andere Seite, welche bei der begrifflosen Existenz stehen bleibt, den Gesichtspunkt von Vernünftigkeit und Recht gar nicht enthält. (60 f.)

Ich spreche lieber nicht, wie Hegel, generisch vom freien Geist. Die Rede von der freien Person ist zwar, wie erläutert, ebenfalls mehrdeutig, hilft aber gerade deswegen weiter. Denn frei ist die Person erst durch die konkrete Bildung zur Person, nicht als ›natürliche Existenz‹.

Wer wie im klassischen Naturrecht dogmatisch behauptet, der Mensch sei von Natur frei, setzt damit zwar den richtigen Ausgangspunkt für das Recht, kommt aber nicht zum rechten Verständnis seiner eigenen Setzung bzw. des Sinnes der Wörter »frei«, »Person« und »Natur«. Wer, wie im biologistischen Naturalismus, den Menschen als Tierart versteht und damit bei der »begrifflosen Existenz stehenbleibt«, für den bleibt der »Gesichtspunkt von Vernünftigkeit und Recht« nicht bloß am Anfang unverstanden. Er kann ihn später auch nicht anders als rein dogmatisch einholen, indem er treuherzig versichert, er sei natürlich auch für Freiheit, Recht und Gerechtigkeit, Gleichheit und Nichtdiskriminierung. Dabei besteht sogar die Gefahr des Rückfalls in einen zivilisatorischen Paternalismus: Man setzt sich selbst von den anderen Menschen und ihrer je eigenen Perspektive ab, indem man von der Seite erklärt, alle Menschen seien gleich zu behandeln.

Der Standpunkt des freien Willens, womit das Recht und die Rechtswissenschaft anfängt, ist über den unwahren Standpunkt, auf welchem der Mensch als Naturwesen und nur als an sich seiender Begriff, der Sklaverei daher fähig ist, schon hinaus. (61) 78 Ⓚ

Der ›Standpunkt des freien Willens‹, also der willens- und handlungsfreien Person, bei dem alles Recht und damit auch das Wissen über das Recht beginnt, ist über den Standpunkt, in dem der Mensch nur als Naturwesen, also biologisch, betrachtet wird, schon weit hinaus. Es ist eine interessante, ja absolut wichtige Beobachtung, dass Sklaverei nur in einer biologistischen Haltung zu Menschen ›gerechtfertigt‹ werden kann, nämlich so, wie man das Halten von Kühen, Hunden und Pferden rechtfertigt.

Im Gegenzug begeht gerade der Speziesismusvorwurf einer sogenannten Tierethik denselben Fehler wie der Rassismus, wenn man in einer solchen ›Ethik‹ darauf beharrt, Tiere nicht von Personen zu unterscheiden, sie nach den ihnen zugeschriebenen Fähigkeiten zu klassifizieren und entsprechende Normen für den Umgang mit ihnen und entsprechend etwa auch mit kranken oder behinderten Menschen aufstellt. So von außen oder von der Seite auf das Personsein zu blicken, ist trotz aller schönen moralischen Pflichten im Utilitarismus zutiefst unethisch, gerade weil die Aufnahmeprüfungen in die verschiedenen Klassen des Lebensschutzes diskriminierend sind und auf ein Unverständnis der holistischen und relationalen Logik des Personseins zurückgehen, was sich auch darin zeigt, dass man die Rede von der Heiligkeit der Person und damit den Begriff der Menschenwürde nicht versteht.

Diese frühere unwahre Erscheinung betrifft den Geist, welcher nur erst auf dem Standpunkte seines Bewußtseins ist, die Dialektik des Begriffs und des nur erst unmittelbaren Bewußtseins der Freiheit, bewirkt daselbst den *Kampf des Anerkennens* und das Verhältnis der *Herrenschaft* und der *Knechtschaft* (s. Phänomenologie des Geistes, S. 115 ff. und Encyklop. der philosoph. Wissensch., § 352 ff.). (61) 78 Ⓚ

Der »Geist, welcher nur erst auf dem Standpunkte seines Bewußtseins ist«, ist das personale Subjekt, das nur erst etwas Allgemeines über Sachen weiß, empirische Dinge erkennt und im Selbstbewusstsein über sich aus bloß erst subjektiver Perspektive nachdenkt und urteilt.

Die Paradoxien des Selbstbewusstseins und der Selbstbestimmung stehen hier unter dem Titel einer »Dialektik des Begriffs« (sc. des Geistes und der Autonomie).

Aus dem bloß erst »unmittelbaren Bewußtsein der Freiheit« im willentlichen bzw. absichtlichen Handeln ergibt sich, wie ich in meinem Kommentar zu dieser Schlüssel-Passage der *Phänomenologie des Geistes* vorgeführt habe, ein Kampf des Anerkennens zwischen Begierde und Absicht, Neigung und Wille. Das Verhältnis der Herrschaft und der Knechtschaft ist, nach den klassischen Vorstellungen, intrapersonal das zwischen Seele und Leib und hat eine analoge Form zum äußeren Verhältnis von Herrn und Knecht: Der Herr sagt, was zu tun ist, und der Knecht führt es aus. Das tut er z. B., weil er den Herrn irgendwie fürchtet, also weil er aus irgendeinem Grund lieber frei dient, als sich aufzulehnen. »Die Furcht des Herrn ist der Anfang der Weisheit.« Andererseits hat der Herr keine Macht ohne seine Knechte, so wie die Seele oder der Wille ohne Leib, ohne Umlenkung von Neigungen und Leidenschaften machtlos wäre. Die Paradoxie oder Dialektik besteht im inneren Widerspruch der Vorstellung von einer eigenen Instanz der Seele oder des Willens als Herr, des Leibes als Knecht: Die Vernunft und der Geist müssen auf andere Weise existieren, nämlich, wie wir jetzt wissen, als gebildete Person qua (selbst-)geformtes menschliches Individuum, dessen endliches Sein *hier und jetzt* als personales Subjekt angesprochen wird. Mit dem Wort »ich« kann ich mich in meinen Reden über mich sowohl auf mich als Subjekt hier und jetzt (mit variabler Ausdehnung der Gegenwart) beziehen als auch auf mich als Gesamtindividuum oder auf gewisse Momente (auch partiale Rollen und Leistungen) der Gesamtperson, die ich bin.

Wir kommen daher auch zum *Kampf des Anerkennens* zwischen Personen zurück: Ein Anerkennen von Anordnungen kann es nur geben, indem die Kooperationsform und damit Status und Rolle der jeweils anderen Personen relativ frei anerkannt ist. Das Verhältnis der *Herrenschaft* und der *Knechtschaft* ist sogar immer so, sogar in der Sklaverei, dass die Rolle des Herrn in einem gewissen Ausmaß frei anerkannt ist. Denn jeder Mensch kann im Prinzip jeden anderen und sich selbst töten, wie Hegel ja schon oben betont hat. Im Fall der Sklaverei kann eine Sollensnorm der Art »Du sollst nicht töten« gar nicht verfangen. Sie kann ja nur für anerkannte Personen gelten. Ein Aufstand von Sklaven ist daher in Hegels Analyse nicht nur grundbegrifflich ›erlaubt‹, sondern im Grunde sogar ›geboten‹.

Daß aber der objektive Geist, der Inhalt des Rechts, nicht selbst 78 Ⓚ
wieder nur in seinem subjektiven Begriffe, und damit, daß dies, daß der Mensch an und für sich nicht zur Sklaverei bestimmt sei, nicht wieder als ein bloßes Sollen aufgefaßt werde, dies findet allein in der Erkenntnis Statt, daß die Idee der Freiheit wahrhaft nur als *der Staat* ist. (61)

Hegel greift hier teils auf die *Phänomenologie des Geistes* zurück, teils auf das Kapitel zur Sittlichkeit vor. Der objektive Geist ist nämlich das gesamte Ethos der Person und dieses als Gesamt der Praxisformen und Institutionen des Personseins mit allen anderen Personen »der Inhalt des Rechts«. Wenn wir diese Formen nicht als realisierte Idee, sondern bloß erst als idealutopische Vorstellung betrachten, fallen wir in den subjektiven Begriff des Menschen zurück. Diesem zufolge ist es bloß subjektiver Wunsch, ein nettes dogmatisches Sollen, »dass der Mensch an und für sich nicht zur Sklaverei bestimmt« sei.

Erst wenn wir den freiheitsrechtlichen Status der Person begreifen, und das können wir nur, wenn wir sie als Bürgerin im Kontext des Gemeinwesens verstehen, wissen wir, aus welchem Grund jede Sklaverei ethisch immer schon unhaltbar war und ist. Die allgemeine Form der Freiheit als Idee im Sinne Hegels, also in ihren Institutionen, kann es nur in der Form eines freiheitlichen Rechtsstaats geben. Obwohl Hegel auch das Wort »Gemeinwesen« gebraucht, bevorzugt er das Wort »Staat«, besonders wenn alle ›politischen‹ Institutionen im weiteren Sinn, unter Einschluss von Schule und Wissenschaft, Religion und Kunst, Wohlfahrtswesen und Ökonomie mitgenannt werden sollen.

§ 58

γ) Die für sich nicht wirkliche, sondern meinen Willen nur *vorstel-* 79
lende Besitznahme ist ein *Zeichen* an der Sache, dessen Bedeutung sein soll, daß Ich meinen Willen in sie gelegt habe. Diese Besitznahme ist nach dem gegenständlichen Umfang und der Bedeutung sehr unbestimmt. | (61) 66

Wir kehren jetzt zum Thema des Eigenen oder Meinigen als Moment einer überpräsentischen und nachhaltigen Selbstbestimmung zurück: Eine nur erst symbolische Inbesitznahme, in der ich irgendwie anderen signalisiere, dass ich ein Interesse an der Sache habe, ist in ihrer Bedeutung, also ihren Folgen, noch sehr unbestimmt.

B. DER GEBRAUCH DER SACHE

§ 59

79 Durch die Besitznahme erhält die Sache das Prädikat die *meinige* zu sein, und der Wille hat eine *positive* Beziehung auf sie. (62)

Es ist eine rein formale, also völlig allgemeine Angelegenheit, eine Sache durch Besitznahme, wie immer erfolgreich diese am Ende sein mag, zu meiner Sache zu erklären. Was das im Besonderen bedeutet, ist im Einzelfall durch den Kontext bestimmt und noch genauer zu analysieren. Ebenso formal und allgemein ist die zugehörige Aussage, die Sache *sei* meine Sache, was heißt, dass meine Deklaration anerkannt ist.

Die Deklaration expliziert meine ›positive‹ Beziehung zur Sache. Sie macht unter anderem explizit, dass ich sie anderen Sachen vorziehe und nicht möchte, dass andere mir die Sache streitig machen. Die formale Unterscheidung des Meinigen von Deinem und Seinem nimmt aber ganz offenbar schon Bezug auf *uns*, ist damit also eine *Negation im Bereich der Personen*, nicht der Dinge und Sachen an und für sich. Das ist zunächst eine *logische Grundtatsache im begrifflichen Gebrauch der Personal- und Possessivpronomen*.

79 In dieser Identität ist die Sache eben so sehr als ein *negatives* gesetzt und mein Wille in dieser Bestimmung ein *besonderer*, Bedürfnis, Belieben u. s. f. (62)

Indem ich etwas zu meiner Sache erkläre, unterscheide ich aber auch mich selbst von ihr. Ich stelle sie mir formal negativ gegenüber. Das ist schon in meinem Verhältnis zu meinem Leib nicht ganz trivial, da ich nicht einfach meine Hand oder mein Kopf und Gehirn bin, diese aber auch nicht bloß *meine* im Sinne veräußerbarer Teile sind, auch wenn man heute schon eine Niere verschenken oder verkaufen kann. Manche äußeren Dinge kann man ablegen oder weitergeben wie seine Kleidung, andere nicht so einfach, wie z. B. einen erworbenen sozialen Status oder auch erworbene Kompetenzen.

79 Aber mein Bedürfnis als Besonderheit *eines* Willens ist das Positi-

ve, welches sich befriedigt, und die Sache, als das an sich Negative, ist nur *für dasselbe* und *dient* ihm. – (62)

In der Verfolgung eines bestimmten Begehrens oder bei der Befriedigung eines besonderen Bedürfnisses dienen meine Sachen meiner Erfüllung, sie sind ›an sich negativ‹. Das Wort »mein« drückt ein Fürmichsein aus.

Der *Gebrauch* ist diese Realisierung meines Bedürfnisses durch 79
die Veränderung, Vernichtung, Verzehrung der Sache, deren selbstlose Natur dadurch geoffenbart wird und die so ihre Bestimmung erfüllt. (62)

Im Gebrauch meiner Sachen erfülle ich meine Bedürfnisse durch »Veränderung, Vernichtung, Verzehrung der Sache«. Es steckt eine leicht ironische Doppeldeutung in Hegels Rede von der Selbstlosigkeit der Sache, die man jetzt aber sofort versteht: Keiner Sache geht es als Sache um sich selbst.

Daß der Gebrauch die *reelle* Seite und Wirklichkeit des Eigentums 79 Ⓚ
ist, schwebt der Vorstellung vor, wenn sie Eigentum, von dem kein Gebrauch gemacht wird, für totes und herrenloses ansieht, und bei unrechtmäßiger Bemächtigung desselben es als Grund, daß es vom Eigentümer nicht gebraucht worden sei, anführt. – (62)

Es gibt schon bei Kindern die quasi ›natürliche‹ Meinung, dass, wenn eine Sache nicht gerade aktuell von einem anderen Kind benutzt wird, diese als ›herrenlos‹ angesehen und etwa für ein Spiel in Gebrauch genommen werden kann. Dem steht, wie wir alle wissen, die allgemeine Zuordnung der Sache entgegen, die diesem oder jenem Kind ›gehört‹, das sich daher gegen die Aneignung im Gebrauch auch dann zur Wehr setzt, wenn sein aktuelles Interesse und Bedürfnis dadurch gar nicht geschädigt wird. So wird sich ein Kind, auch wenn es keinen Hunger oder Appetit hat, nicht ohne Weiteres ein Nahrungsmittel wegnehmen lassen, obwohl dieses sozusagen nach Bitten und Verhandlungen manchmal freiwillig abgegeben wird. Es ist daher eine völlig falsche ›Rechtfertigung‹ einer unrechtmäßigen Bemächtigung, dass die Sache »vom Eigentümer nicht gebraucht worden sei«.

Aber der Wille des Eigentümers, nach welchem eine Sache die 79 Ⓚ
Seinige ist, ist die erste substantielle Grundlage, von der die weitere Bestimmung, der Gebrauch, nur die Erscheinung und besondere Weise ist, die jener allgemeinen Grundlage nachsteht. (62)

Die Fälle zeigen, dass in der Tat »der Wille des Eigentümers, nach welchem eine Sache die seinige ist«, die wesentliche Grundlage der Unterscheidung eines äußeren bzw. veräußerbaren Mein und Dein ist. Der Gebrauch ist dazu sekundär, selbst dann, wenn mein Interesse am Meinigen in seinem Gebrauch liegt. Mein Wille aber ist nichts Mystisches. Er steht auch immer schon im Kontext eines Gemeinwillens, seiner verlangten oder erhofften allgemeinen und freien Anerkennung.

§ 60

80 Die *Benutzung* einer Sache in unmittelbarer Ergreifung, ist für sich eine *einzelne* Besitznahme. In so fern aber die Benutzung sich auf ein fortdauerndes Bedürfnis gründet und wiederholte Benutzung eines sich erneuernden Erzeugnisses ist, etwa auch zum Behufe der Erhaltung dieser Erneuerung sich beschränkt, so machen diese und andere Umstände jene unmittelbare einzelne Ergreifung zu einem *Zeichen,* daß sie die Bedeutung einer allgemeinen Besitznahme, damit der Besitznahme der elementarischen oder organischen *Grundlage* oder der sonstigen Bedingungen solcher Erzeugnisse
67 haben soll. | (62 f.)

Wenn du einen Stein oder Stock ergreifst und gebrauchst, sind diese *dein* nur für dieses Mal, etwa wenn du sie dann liegen lässt. Wenn sich aber der Gebrauch etwa eines Wanderstocks oder Speers auf ein »fortdauerndes Bedürfnis gründet«, reicht »wiederholte Benutzung« aus, und das auch ohne Zurichtung oder Formung der Sache. Sie wird sozusagen aus direkter Gewohnheit zu meiner oder deiner, wobei der wiederholte Gebrauch uns oder euch bzw. den anderen dieses Interesse ›signalisiert‹, also als »Zeichen« der »allgemeinen Besitznahme« dient. Das Wort »Interesse« drückt nach seinem wörtlichen Sinn aus, dass ich *bei der Sache* bin. Das lateinische »inter- esse« bedeutet ja »teilnehmen«, »dabeisein«. Außerdem kann man durch Markierungen klar machen, wem eine Sache gehört – z. B. auch ein Schaf oder ein Pferd.

§ 61

80 Da die Substanz der Sache für sich, die mein Eigentum ist, ihre Äußerlichkeit d. i. ihre Nichtsubstantialität ist, – sie ist gegen mich nicht Endzweck in sich selbst (§ 42) – und diese realisierte Äußerlichkeit

der Gebrauch oder die Benutzung, die ich von ihr mache, ist, so ist *der ganze Gebrauch* oder Benutzung, *die Sache in ihrem ganzen Umfange*, so daß, wenn jener mir zusteht, Ich der Eigentümer der Sache bin, von welcher über den ganzen Umfang des Gebrauchs hinaus nichts übrig bleibt, was Eigentum eines andern sein könnte. (63)

Es ist nicht klar, ob Hegel hier über das Selbstverständliche hinausschreibt, also etwas behauptet, was allzu weitreichend wäre. Das liegt an einer gewissen Unschärfe in der Rede von einer Sache, die man ja durchaus von einem Ding unterscheiden kann. Ich könnte z. B. ein zeitlich begrenztes Nutzungsrecht an Dingen beanspruchen oder anerkannterweise haben, wie z. B. beim Leasen von Fahrzeugen, ohne dass sie mir als Dinge zu *beliebigem* Gebrauch gehörten. Nur wenn wir solche Fälle und Fälle des Gemeinbesitzes wegdenken, ist manchmal der »ganze Gebrauch oder Benutzung« der Sache meinem Belieben unterworfen. Nur wenn ich in diesem ›absoluten‹ Sinn, wie ich sagen möchte, Eigentümer eines Dings oder einer Sache bin, bleibt an ihm oder an ihr »nichts übrig«, »was Eigentum eines anderen sein könnte«. Aber Hegel scheint ohnehin gerade auf die *Explikation* des Unterschieds zwischen absolutem Eigentum an einem Ding und temporären Nutzungsrechten abzuzielen und diesen nur artikulieren zu wollen, ohne irgendetwas zu *behaupten*.

§ 62

Nur ein *teilweiser* oder *temporärer Gebrauch*, so wie ein *teilweiser* oder *temporärer Besitz* (als die selbst teilweise oder temporäre *Möglichkeit*, die Sache zu gebrauchen) der mir zusteht, ist daher vom *Eigentume* der Sache selbst *unterschieden*. (63) 80

Hegel geht es in der Tat nur um die Artikulation von wichtigen Unterscheidungen, hier zwischen einem teilweisen oder temporären Gebrauch einer Sache wie im Fall eines Nutzungsrechts einer Allmende und einem vollen Eigentum der Sache. Es bewegt sich dabei die Analyse langsam von einem allgemeinen Gebrauch der Worte »mein« und »eigen« zu einem besonderen Begriff des Eigentums an äußeren Dingen mit absolutem und dauerndem Alleinverfügungsrecht, wie im prototypischen Fall des Eigentums an Haus und Grund. Dieser wird sozusagen zum Idealtyp für das Eigentum im Kontrast zu einem bloß temporären Besitz, wie im ebenfalls paradigmatischen Fall des

Inhabers einer Gaststätte, welcher deren Räume und Inventar nur auf Zeit gemietet hat. Hier besteht, wie im Fall des Leasings, nur eine »teilweise oder temporäre Möglichkeit, die Sache zu gebrauchen«. Der wahre Eigentümer der Sache ist hier ganz offenbar nicht der temporäre Inhaber.

80 f. Wenn der ganze Umfang des Gebrauchs Mein wäre, das abstrakte Eigentum aber eines Andern sein sollte, so wäre die Sache als die Meinige von meinem Willen gänzlich durchdrungen (vorh. § und § 52), und zugleich darin ein für mich undurchdringliches, der und zwar leere Wille eines andern, – Ich mir in der Sache als positiver Wille objektiv und zugleich nicht objektiv, – das Verhältnis eines absoluten Widerspruchs. – (63 f.)

Wäre der ›ganze Umfang des Gebrauches‹ einer Sache mein, könnte es kein bloßes Teileigentum sein und es wäre leeres Gerede oder in sich widersprüchlich zu sagen, dass die Sache ›eigentlich‹ (zum Teil auch) einem anderen gehört. In einem solchen (absoluten) Fall kann kein anderer Teileigentümer, Mitbesitzer oder Mitinhaber sein. Hegels Formulierungen sind offenbar idiosynkratisch, drücken aber in seiner Kommentarform gerade diesen Gedanken aus, sind also m. E. gerade so zu lesen – und damit eine selbstverständliche Wahrheit.

81 Das Eigentum ist daher wesentlich *freies, volles* Eigentum. (64)

Im allgemeinen Sinn des Wortes und idealen Kontrast zum bloß zeitweiligen oder partiellen Besitz ist Eigentum volles, ›absolutes‹, Eigentum, das mir immer (im Prinzip, d. h. ohne alle noch zu diskutierenden allgemeinen und besonderen Beschränkungen, etwa durch die Moral oder das positive Recht) nach Belieben zu Gebrauch und Gebote steht.

81 Ⓚ Die Unterscheidung unter dem Rechte auf den *ganzen Umfang des Gebrauchs* und unter *abstraktem Eigentum* gehört dem leeren Verstande, dem die Idee, hier als Einheit des Eigentums oder auch des persönlichen Willens überhaupt, und der *Realität* desselben, nicht das Wahre ist, sondern dem diese beiden Momente in ihrer Absonderung von einander für etwas Wahres gelten. (64)

Die Überlegung zielt einfach darauf ab, die Identität des Rechts ›auf den ganzen Umfang des Gebrauches‹ einer Sache und ›dem abstrakten Eigentum‹ (an sich, im Prinzip) glasklar zu machen. Das moderne Verständnis von Besitz und Eigentum als einem Bündel von

Rechten des exklusiven Gebrauchs ist daher vollständig konform mit Hegels Analyse.

Das formelle Operieren mit dem Unterschied der von Hegel genannten Ausdrucksformen – also Eigentum vs. exklusives Gebrauchsrecht – geht, wie er sagt, an der Idee vorbei, also an der wirklichen Praxisform des Eigentums im Kontrast zur Institution eines Teilbesitzes. Nur die exklusiven Gebrauchsrechte geben dem Wort »Eigentum« seinen vollen Sinn, nicht schon die noch zu allgemeinen Verwendungen der Wörter »mein« und »eigen«, wie wir sie oben zunächst betrachtet haben. Damit wird auch klar, dass Hegels Sinnanalyse erstens Analyse der wesentlichen Unterscheidungen im Gebrauch der *Ausdrücke* ist, gefolgt von, oder eingebettet in, eine Betrachtung der ganzen *Praxisform*, der hegelschen ›Idee‹. Eben das drückt auch die zunächst schwer zu verstehende Rede von der »Einheit des Eigentums« und »des persönlichen Willens überhaupt und der Realität desselben« aus.

Hegel lehnt damit den logisch-begrifflichen Aberglauben ab, man könne den Sinn und Umfang von Eigentum etwa durch Hinweis auf besondere rechtliche Normen unabhängig von einem (am Ende gemeinsamen!) freien Willen definieren. Er betont den fundamentalen freiheitsrechtlichen Sinn jeder besonderen Regelung von Eigentum. Zugleich macht er klar, dass man vom Allgemeinen zum Besonderen gehen muss, nie mit dem Besonderen beginnen kann und darf, um die transzendentalen Stufungen in der Konstitution des Sinns der Wörter, also des Begrifflichen, in ihrem Zusammenhang mit der Idee, also der je relevanten und ebenfalls schon real konstituierten Praxisform praktisch zu begreifen bzw. reflexionslogisch explizit und damit noch besser begreifbar zu machen.

Diese Unterscheidung ist daher als wirkliches Verhältnis das einer leeren Herrenschaft, das (wenn die Verrücktheit nicht nur von der bloßen Vorstellung des Subjekts und seiner Wirklichkeit, die in unmittelbarem Widerspruche in Einem sind, gesagt würde) eine Verrücktheit der Persönlichkeit genannt werden könnte, weil das *Mein* in *Einem* Objekte unvermittelt mein einzelner ausschließender Wille und ein anderer einzelner ausschließender Wille sein sollte. – (64) 81 Ⓚ

Es gibt kein rein formales Eigentum ohne jedes Nutzungsrecht. Der Eigentümer eines Wohnhauses kann z. B. Miete verlangen oder dem Mieter kündigen. Wo, wie in der DDR, diese Rechte praktisch annulliert wurden – für alle privaten Vermieter war jede vermietete Wohnung ein Negativgeschäft –, gab es auch schon vor der dadurch häufig erzwungenen Übertragung des Eigentums an den Staat per Schenkung faktisch kein Wohnungseigentum mehr. Wer sich diesem Druck in Richtung der genannten Übertragung widersetzte, tat das wohl eher aus Nostalgie – oder in der zunächst ganz verrückten Hoffnung auf andere Zeiten. Damit haben wir ein plastisches Beispiel für die »Verrücktheit«, von der Hegel hier spricht. Denn »das Mein in einem Objekte« drückt ja in einem solchen Fall längst keine Möglichkeit des freien Gebrauchs der Sache mehr aus: Die sogenannten Hauseigentümer in der DDR hatten (zumeist) faktisch überhaupt keine Verfügungsrechte mehr (bestenfalls auf dem Papier der Grundbücher, interessanterweise dennoch weiterhin zentral wohldokumentiert in Barby an der Elbe), nur noch Erhaltungspflichten. Die Folge war ein gewisser – systemisch prognostizierbarer – Verfall der Altbausubstanz, der massiv verstärkt wurde durch die Zurückdrängung privater Handwerkerbetriebe. (Das Beispiel zeigt auch, wie Leute etwas als akzidentelles Geschehen ansehen, was politische Entscheidungen tätig herbeiführen.)

81 Ⓚ In den Institut., lib. II., tit. IV. ist gesagt: ususfructus est jus *alienis* rebus utendi, fruendi salva rerum *substantia*. Weiterhin heißt es ebendaselbst: ne tamen in universum *inutiles* essent proprietates, *semper* abscedente usufructu: *placuit* certis modis extingui usum-
68 fructum et ad | proprietatem reverti. – Placuit – als ob es erst ein Belieben oder Beschluß wäre, jener leeren Unterscheidung durch diese Bestimmung einen Sinn zu geben. Eine proprietas *semper* abscedente usufructu wäre nicht nur inutilis, sondern keine proprietas mehr. – (64)

Hegel zeigt die Bedeutung seiner Analyse anhand eines durchaus ähnlichen Beispiels, nämlich an der Inkonsequenz in folgenden Formulierungen: »Der Nießbrauch ist das Recht des Gebrauchs einer fremden Sache unter Erhalt ihrer Substanz.« Das ist noch in Ordnung. Um nun zu verhindern, – so lese ich den nächsten Satz inhaltlich –, dass ein Eigentümer von seinem Eigentum gar keinen Nutzen hat oder Gebrauch machen kann, ist es dem Eigentümer erlaubt zu beschließen, dass das Nießbrauchsrecht auf besondere Weise zurückgenommen und ihm als dem Eigentümer zurückerstattet wird. Hegel protestiert gegen die Vorstellung, es bräuchte einer besonderen Form des Ergreifens des Eigentumsrechts. Ein Eigentum (*proprietas*) ohne jedes Nutzungsrecht ist nicht nur nutzlos (*inutilis*), sondern gar kein Eigentum mehr. Dabei ist der geschilderte Fall des Hausbesitzes in der DDR eine interessante Ausnahme insofern, als die Altrechte nach 1989 – für alle unerwartet – wieder relevant wurden.

Andere Unterscheidungen des Eigentums selbst, wie in res man- 81 f. Ⓚ
cipi und nec mancipi, das dominium Quiritarium und Bonitarium und dergleichen zu erörtern, gehört nicht hieher, da sie sich auf keine Begriffsbestimmung des Eigentums beziehen, und bloß historische Delikatessen dieses Rechts sind. – Aber die Verhältnisse des dominii directi und des dominii utilis, der *emphytevtische* Vertrag und die weitern Verhältnisse von Lehngütern mit ihren Erb- und andern Zinsen, Gilten, Handlohn u. s. f. in ihren mancherlei Bestimmungen, wenn solche Lasten *unablösbar* sind, enthalten einerseits die obige Unterscheidung, andererseits auch nicht, eben in so fern mit dem dominio utili Lasten verbunden sind, wodurch das dominium directum zugleich ein dominium utile wird. (64 f.)

Auf Hegels Verzicht, andere Unterscheidungen am Eigentum aus der lateinischen Tradition zu kommentieren, gehe ich hier nicht weiter ein. Er selbst betont ja, dass diese für das, was uns hier interessiert, nämlich die allgemeine »Begriffsbestimmung des Eigentums«, (zunächst) *nicht relevant* sind.

Das direkte *dominium* unterscheidet sich dann aber vom *dominium utilis* grob wie das Eigentum vom temporären Besitz des Inhabers. Damit verstehen wir auch die Rechtsform der geliehenen Lehngüter, »mit ihren Erb- und anderen Zinsen«. Solche Lasten an den formalen (›feudalen‹) Eigentümer (z. B. an den König) waren unablösbar, enthalten aber (zunächst) die Unterscheidung zwischen dem Eigentum (etwa des Königs) und dem Besitz (etwa der Adelsfamilie), nämlich insofern, als für den Inhaber damit Lasten verbunden sind, wodurch das *dominium directum* für den Eigentümer zugleich ein *dominium utile* wird: Er hat ja einen Nutzen davon. Erst als dieser ganz wegfällt, nicht schon zu der Zeit, in der es faktisch unmöglich wurde, das Feudallehen zurückzunehmen, hört das Lehensverhältnis auf, weil es ab jetzt sozusagen keinen ›eigentlichen‹ Eigentümer im Unterschied zum Besitzer mehr gibt.

82 Ⓚ Enthielten solche Verhältnisse nichts, als nur jene Unterscheidung in ihrer strengen Abstraktion, so stünden darin eigentlich nicht *zwei Herren* (domini), sondern ein *Eigentümer* und ein leerer *Herr* gegeneinander über. Um der Lasten willen aber sind es *zwei Eigentümer*, welche im Verhältnisse stehen. Jedoch sind sie nicht im Verhältnisse eines *gemeinschaftlichen* Eigentums. (65)

Alles Eigentum (dominium) ist Herrschaft eines Herrn (dominus). Hegel wiederholt jetzt nur noch einmal, dass ein Eigentümer ohne jedes Nutzungsrecht »ein leerer Herr« wäre. Ich würde nicht, wie Hegel, von ›zwei Eigentümern‹ sprechen, nachdem wir zwischen Eigentum und Besitz mit einem Inhaber unterscheiden können. Hegel hat aber recht, dass Eigentümer und Besitzer nicht so zueinander stehen, wie es die »Verhältnisse eines gemeinschaftlichen Eigentums«, etwa einer Dorfallmende, zeigen.

82 Ⓚ Zu solchem Verhältnisse liegt der Übergang von jenem am nächsten; – ein Übergang, der dann darin schon begonnen hat, wenn an dem dominium directum der Ertrag berechnet und als das *Wesentliche* angesehen, somit das Unberechenbare der Herrenschaft über ein Eigentum, welche etwa für das *Edle* gehalten worden, dem Utile, welches hier das Vernünftige ist, nachgesetzt wird. (65)

Hegel kommentiert hier offenbar – auf höchst spannende Weise, wenn auch in einer sehr dichten Skizze – den Übergang von der feudalen Adelsgefolgschaft zur vollständigen Aneignung des Feudallehens durch die Adelsfamilien. Alles beginnt mit der ›edlen‹ Unterstützung des Königs durch die adligen Herren, die ihrerseits durch die Hintersassen unterstützt werden. Das Edle ist hier die freie Treue, die als solche aber auch partiell ›unberechenbar‹ war. Die Bauern müssen dann mehr und mehr regelmäßige – und im Nutzen berechenbare – Herrendienste (›Frondienste‹) leisten.

Indem der ›Dienst‹ des Adels in eine reine Steuer verwandelt wird und das Lehen nicht mehr eingezogen werden kann, wird der Adlige zum freien Eigentümer seines Landes – und es werden seine Hintersassen faktisch zu seinen Leibeigenen. Der erste Schritt in diese Richtung beginnt damit, dass der »Ertrag berechnet und als das Wesentliche angesehen« wird. Man kann hier schön sehen, wie die Fokussierung auf die Quantität berechenbaren Nutzens (etwa gemessen in Geldwerten) sozusagen in eine politische Qualität umschlägt.

Die Gefolgschaft der Bauern wird zur Fron. Die Adligen verschanzen sich in den von ihren eigenen Hintersassen (angeblich zum Rückzug gegen Überfälle von außen) gebauten Burgen. Diese richten sich damit am Ende gerade gegen die Hintersassen und Bauern. Diese werden mehr und mehr als Eigentum, also als Leibeigene behandelt.

Die Ökonomisierung der Lehensverhältnisse bedeutet damit zugleich die weitgehende ökonomische und politische Machtübernahme des Adels in ganz Europa. Die Magna Charta Libertatum von 1215 (mit dem ›schwachen‹ König John ›Lackland‹, Johann Ohneland) ist nur ein Beispiel dafür – und wird als Ursprungsdokument für eine ›demokratische‹ Verfassung durchaus missverstanden: Das englische Parlament ist *zunächst* eine reine Adelsversammlung.

Gegen die Usurpationen des Adels wehrt sich dann freilich das absolutistische Königtum ab dem späteren 15. Jahrhundert, zunächst besonders im Westen und Norden (Spanien, Frankreich, England, später auch Schweden und Preußen) auf höchst erfolgreiche Weise partiell wieder – aber zunächst, ohne den Bauern ihre alten Freiheitsrechte zurückzugeben. Hegel sieht die Ambivalenz der Rolle des Eigentums also durchaus, und zwar von Anfang an.

Es ist wohl an die anderthalb tausend Jahre, daß die *Freiheit der* 82 Ⓚ
Person durch das Christentum zu erblühen angefangen hat und unter einem übrigens kleinen Teile des Menschengeschlechts allgemeines Prinzip geworden ist. (65)

Hier geht es nun aber um eine klare Explikation des *allgemeinen* Zusammenhangs von Freiheitsrechten der Person und Eigentumsrechten. Dazu sagt Hegel zunächst, dass (erst) mit dem Auftreten des *Christentums* der Gedanke und dann die Idee der freien Person und der prinzipiellen personalen Gleichheit aller Menschen samt dem Verbot der Versklavung anderer Personen im römischen Reich entwickelt wurde. Dabei ist es »unter einem übrigens kleinen Teile des Menschengeschlechts allgemeines Prinzip geworden« – ohne dass das Prinzip immer auch gut genug befolgt worden wäre, wie die neue Institution der Leibeigenschaft als Folge des Feudalismus im Mittelalter ebenso zeigt wie der noch neuere Sklavenhandel in die Amerikas.

Zwar ist die Leibeigenschaft der Sklaverei durchaus ähnlich, aber man wäre institutionell blind, wenn man beide identifizierte.

Unabhängig von der Frage, welche Formen von Knechtschaft jeweils praktiziert wurden, ist zu beachten, dass es außerhalb des nur wenig nach Osten und Norden erweiterten mediterranen Raums die *allgemeine Idee der freien Person* oder gar der *Menschenrechte* in *explizierter und begründeter* Form *gar nicht* gibt, weder in Indien noch in China oder in den indigenen Amerikas, schon gar nicht in Afrika oder auch im Islam – es sei denn, durch Ideenimport.

82 Ⓚ *Die Freiheit des Eigentums* aber ist seit gestern, kann man sagen, hier und da als Prinzip anerkannt worden. – (65)

Das Gestern, von dem Hegel hier spricht, ist wohl im Wesentlichen die Französische Revolution und die napoleonische Zeit, wobei die Zeit des britischen Liberalismus (der reichen Bürger, nicht aller Menschen) zur bloßen Vorbereitung eben dieser Zeit gehören. Eigentlich ist also erst seit dem 18. Jahrhundert »hier und da« die »Freiheit des Eigentums« als fundamentales Rechtsprinzip einer freien Gesellschaft in einem konstitutionellen (damit partiell ›republikanischen‹) Staat (als deren Schutzinstitution) anerkannt.

82 Ⓚ Ein Beispiel aus der Weltgeschichte über die Länge der Zeit, die der Geist braucht, in seinem Selbstbewußtsein fortzuschreiten –
69 und gegen die Ungeduld des Meinens. | (65)

Hegel hat völlig recht zu betonen, dass sowohl das Doppelprinzip der *Heiligkeit der freien Person* und der *Menschenwürde*, nach der *alle* Menschen solche Personen sind, als auch das *Prinzip des Eigentums als Ermächtigung der Person zu einer freien Lebensführung*, Beispiele »aus der Weltgeschichte« sind, die zeigen, wie lange »der Geist braucht«, also wir brauchen, um im expliziten Wissen über die grundlegenden allgemeinen Formen eines personalen Lebens »fortzuschreiten«. Die Bemerkung richtet sich explizit »gegen die Ungeduld des Meinens«, also gegen bloß oberflächliche Betrachtungen der Realgeschichte, die z. B. als Kriminalgeschichte des Christentums blind ist für dessen Leistungen. Sie wird später abgelöst durch eine marxistische Kriminalgeschichte des Eigentums. Das Ressentiment gegen die Kirche geht wie die gefühlsmäßige Kritik an *jeder* Macht (in begrifflicher Kontamination mit Herrschaft und Gewalt) an den Problemen des Allgemeinen und der nötigen Anerkennung der genannten Prinzipien der freien Person und des Eigentums vorbei.

§ 63

Die Sache im Gebrauch ist eine einzelne nach Qualität und Quantität bestimmte und in Beziehung auf ein spezifisches Bedürfnis. Aber ihre spezifische Brauchbarkeit ist zugleich als *quantitativ* bestimmt *vergleichbar* mit andern Sachen von derselben Brauchbarkeit, so wie das spezifische Bedürfnis, dem sie dient, zugleich *Bedürfnis überhaupt* und darin nach seiner Besonderheit eben so mit andern Bedürfnissen vergleichbar ist, und darnach auch die Sache mit solchen, die für andere Bedürfnisse brauchbar sind. Diese ihre *Allgemeinheit*, deren einfache Bestimmtheit aus der Partikularität der Sache hervorgeht, so daß von dieser spezifischen Qualität zugleich abstrahiert wird, ist der *Wert* der Sache, worin ihre wahrhafte Substantialität *bestimmt* und Gegenstand des Bewußtseins ist. Als voller Eigentümer der Sache bin ich es eben so von ihrem *Werte*, als von dem Gebrauche derselben. (66) 82f.

Eine Sache hat einen spezifischen Gebrauchswert, wie Marx den Gedanken dieser Überlegung zum Ausdruck bringen wird, aber im Kontext der Praxis des Tausches, damit auch des Kaufs und Verkaufs, hat sie einen Tauschwert. Der Gebrauchswert ist qualitativ und das heißt bei Hegel immer auch schon: relational auf uns und unser spezifisches Bedürfnis. »Sachen von derselben Brauchbarkeit« mögen daher »gebrauchsäquivalent« heißen oder auch »gebrauchswertgleich«. Der Gebrauchswert ist das (reflexionslogische) Abstraktum dieser Äquivalenz, logisch völlig analog dazu, wie die Bedeutung eines Ausdrucks- oder einer Sprachhandlung das reflexionslogische Abstraktum einer zugehörigen Bedeutungsäquivalenz ist.

Lange vor Frege, Wittgenstein und Quine kennt und kommentiert Hegel diese allgemeine Form der Abstraktion. Die Allgemeinheit der Tauschäquivalenz, in der von der »spezifischen Qualität« einer Sache »abstrahiert wird, ist der Wert der Sache«, also ihr Tauschwert. (Marx erfindet einen durchaus interessanten neuen Wert, den des gesellschaftlich durchschnittlichen Arbeitsaufwandes bei der Herstellung einer Ware, gemessen in Zeit.) Dabei unterscheidet sich die »spezifische Brauchbarkeit« etwa meines Computers von einem Stück Gold oder Geld desselben Tauschwertes, selbst dann, wenn ich nach einiger Zeit für das Gold oder Geld einen Computer kaufen kann. Es ist also logisch klar, dass der Tausch- oder Geldwert (Preis) relativ zu einer faktischen Tausch- und Kaufsituation rein durch Abstraktion aufgrund von Bewertungen einer Tauschäquivalenz definiert ist. Von einer ›normativen‹ Bewertung, wie fair zu tauschen wäre, ist hier erst einmal gar nicht die Rede. – Das wahrhaft Bleibende einer Sache als Eigentum besteht sowohl im (Tausch-)Wert als auch dem Gebrauch der Sache.

83 Ⓚ Der Lehensträger hat den Unterschied in seinem Eigentum, daß er nur Eigentümer des *Gebrauchs,* nicht des *Werts* der Sache sein soll. (66)

Die Konstruktion des feudalen Lehens gab schon früh dem Lehensträger *alle* Nutzungsrechte, so aber, dass er formal, wie man sagte, nur »der Eigentümer des Gebrauchs, nicht des Werts der Sache« sein sollte – was aber in sich widersprüchlich war, wie wir schon gesehen haben und ihn bzw. den Adel faktisch zum vollen Eigentümer machte, der am Ende – als Fürst – sogar die politische Macht an sich riss. Freilich war an der Trennung von Lehensbesitz und vollem Eigentum etwas dran, solange ein freier Tausch oder Verkauf eines Lehens ausgeschlossen war.

§ 64

83 Die dem Besitze gegebene Form und das Zeichen sind selbst äußerliche Umstände, ohne die subjektive Gegenwart des Willens, die allein deren Bedeutung und Wert ausmacht. Diese Gegenwart aber, die der Gebrauch, Benutzung oder sonstiges Äußern des Willens ist, fällt in *die Zeit,* in Rücksicht welcher die *Objektivität* die *Fortdauer* dieses Äußerns ist. Ohne diese wird die Sache, als von der Wirklichkeit des Willens und Besitzes verlassen, herrenlos; Ich verliere oder erwerbe daher Eigentum durch *Verjährung.* (66)

Das Wissen darum, wem etwas gehört, ist durch äußere Markierungen und Repräsentationen vermittelt, z. B. durch Eintragungen in ein Grundbuch oder Kataster. Man sollte Hegels Rede von der ›subjektiven Gegenwart des Willens‹ nicht allzu wörtlich lesen, da z. B. nicht ein aktual bewusstes inneres Wollen gemeint ist. Immerhin fällt auch der Wille zum Gebrauch einer Sache sozusagen in die Zeit. Die Objektivität meines Wollens und damit die Notwendigkeit des Schutzes meines Besitzes bleiben, heißt das, in vielen Fällen temporär, und das trotz aller ›formalen‹ Überzeitlichkeit des Eigentums. Daher gibt es viele Dinge, die, wenn sie nicht gebraucht werden, wieder herrenlos werden. Ich verliere oder erwerbe daher Eigentum manchmal auch durch Verjährung.

Die Verjährung ist daher nicht bloß aus einer äußerlichen, dem strengen Recht zuwider laufenden Rücksicht in das Recht eingeführt worden, der Rücksicht, die Streitigkeiten und Verwirrungen abzuschneiden, die durch alte Ansprüche in die Sicherheit des Eigentums kommen würden u. s. f. Sondern die Verjährung gründet sich auf die Bestimmung der *Realität* des Eigentums, der Notwendigkeit, daß der Wille, etwas zu haben, sich äußere. – (67) 83 Ⓚ

Die Verjährung ist nicht so zu deuten, dass sie »dem strengen Recht« zuwiderlaufe, nach dem etwas mir voll gehört, nur wenn es mir auf alle Zeiten gehört. Man hat sie also nicht etwa nur aus pragmatischen Gründen als Rechtspraxis eingeführt, etwa um Streitigkeiten um scheinbar herrenloses Gut zu schlichten oder allzu alte Ansprüche aus vorigen Jahrhunderten unwirksam zu machen – obwohl gerade das von naiven Leuten bis heute dauernd gefühlvoll kritisiert wird. Dabei nennt Hegel bezeichnenderweise gerade auch ausgegrabene Kunstdenkmäler der Antike in der Türkei und ihren Übergang in den Besitz der Briten, Franzosen und Deutschen – (manchmal) mit Einwilligung der türkischen Regierung: Denn die Arbeit der Ausgrabung schafft durchaus neue Rechtsansprüche. Dass Nachfolgerstaaten diese im Nachhinein nicht anerkennen mögen, steht auf einem anderen Blatt. Aber eben deswegen ist es wichtig, den Fall zu betrachten, weil manche Restitutionsforderung, wie z. B. der Nofretete in Berlin, der Idee oder Praxisform des Rechts auf Eigentum durchaus widerspricht.

Öffentliche Denkmale sind National-Eigentum oder eigentlich, 83 f. Ⓚ
wie die Kunstwerke überhaupt in Rücksicht auf *Benutzung*, gelten
sie durch die ihnen inwohnende | Seele der Erinnerung und der 71
Ehre, als lebendige und selbstständige Zwecke; verlassen aber von dieser Seele, werden sie nach dieser Seite für eine Nation herrenlos und zufälliger Privat-Besitz, wie z. B. die griechischen, ägyptischen Kunstwerke in der Türkei. – (67)

Hegel mag das Beispiel in seinem Kommentar überdehnt haben, indem er zwar öffentliche Denkmale als Nationaleigentum anerkennt, aber für herrenlos erklärt, wenn die Nation untergeht oder der Kultus erlischt. Es hängt an den Gesetzen der damaligen Türkei, ob gefundene oder ausgegrabene Denkmäler bzw. griechische oder ägyptische

Kunstwerke zunächst im Staatsbesitz bleiben oder zu Privatbesitz werden.

84 Ⓚ Das *Privateigentumsrecht* der Familie eines *Schriftstellers* an dessen Produktionen verjährt sich aus ähnlichem Grunde; sie werden in dem Sinne herrenlos, daß sie (auf entgegengesetzte Weise, wie jene Denkmale) in allgemeines Eigentum übergehen und nach ihrer besondern Benutzung der Sache in zufälligen Privat-Besitz. – (67)

Im Fall des geistigen Eigentums gibt es sozusagen immer schon ein zeitlich befristetes Privateigentumsrecht, etwa der Familie eines Schriftstellers oder eines Verlags etc. Alte Texte gehen dann irgendwann einmal in den *public domain* oder ein Gemeineigentum über. Das geschieht sozusagen spiegelbildlich zu den antiken Kunstwerken, die als früheres Gemeineigentum in den Besitz privater Sammler übergehen.

84 Ⓚ Bloßes *Land*, zu Gräbern oder auch für sich auf *ewige Zeiten* zum *Nichtgebrauch* geweiht, enthält eine leere ungegenwärtige Willkür, durch deren Verletzung nichts wirkliches verletzt wird, deren Achtung daher auch nicht garantiert werden kann. (67)

Auch wenn Land ›auf ewige Zeiten zum Nichtgebrauch geweiht‹ ist, ist das Wort »ewig« nicht wörtlich zu nehmen. Freilich kann es, wie in Australien, Auffrischungen heiliger Stätten und damit einen alt-neuen Gebrauch geben, der gegen anderweitige Verwendungen steht und anerkannt wird. Wird aber so ein Anspruch erhoben – man denke an den Anspruch von Siedlern auf das Westjordanland –, dann ist (manchen) nicht immer schon klar, ob es um eine neue Appropriation (durch reine Gewalt) geht oder um Anerkennung eines (vermeintlichen) alten Rechts. Hegels Rede gegen eine »ungegenwärtige Willkür« richtet sich gegen die Fiktion eines dauernden Rechts etwa eines Stammes an einer heiligen Stätte – auch wenn der entsprechende Gebrauch faktisch lange Zeit ruhte. Die Achtung z. B. der Friedhofsruhe über die Zeitspanne des entsprechenden Gebrauchs des Platzes und Bodens hinaus »kann daher auch nicht garantiert werden«.

C. Entäusserung des Eigentums

§ 65

Meines Eigentums kann ich mich *entäußern*, da es das Meinige nur 84
ist, in so fern ich meinen Willen darein lege, – so daß ich meine Sache überhaupt von mir als herrenlos lasse (derelinquire), oder sie dem Willen eines andern zum Besitzen überlasse, – aber nur insofern die Sache *ihrer Natur* nach ein *Äußerliches* ist. (67 f.)

Die Unterscheidung zwischen äußeren Dingen, die ich nur über meinen Willen zu meinem Eigentum mache, und einem nicht entäußerbaren Meinigen wird jetzt wichtig: Wenn die Sache ihrem Wesen nach etwas Äußerliches ist, kann ich sie zu einer herrenlosen machen, auch verschenken, tauschen oder verkaufen.

§ 66

Unveräußerlich sind daher diejenigen Güter, oder vielmehr sub- 84
stantiellen Bestimmungen, so wie das Recht an sie *unverjährbar*, welche meine eigenste Person und das allgemeine Wesen meines Selbstbewußtseins ausmachen, wie meine Persönlichkeit überhaupt, meine allgemeine Willensfreiheit, Sittlichkeit, Religion. (68)

Unveräußerlich ist alles, was »meine eigenste Person« und »meine Persönlichkeit überhaupt« ausmachen, z. B. »meine allgemeine Willensfreiheit, Sittlichkeit, Religion«. Schon nach Solon darf niemand, also kein Bürger Athens, sich selbst verdingen, versklaven. Niemand darf auch Teile seines Leibes ›verkaufen‹, die für sein normales Leben von zentraler Bedeutung sind. Das sind alles Beispielfälle für Pflichten gegen sich selbst, also dafür, dass man sich als Person nicht schädigen darf, sondern auf ein Ideal hin bilden muss. Dieses »darf« und »muss« ist aber nicht etwa durch ein göttliches Gebot oder Verbot gegeben, sondern *Grundprinzip des abstrakten Rechts*. Dieses ist, ich wiederhole den Punkt, basale *Formbestimmung freien Personseins* und erweist sich jetzt als Grundlage aller Grundrechte. Das sogenannte Naturrecht meint, es gäbe unmittelbare Rechte, ohne den Unterschied zwischen der Natur des Menschen und dem Wesen der Person zu begreifen.

Wieweit ein religiöser Glaube nicht entäußerbar ist, hängt davon ab, wie man hier zwischen wesentlichem Inhalt und äußerer Form unterscheidet. Wenn jemand erkennt, dass alle Religionen im Wesentlichen inhaltlich äquivalent sind, kann Paris, wie für Henri IV., eine Messe wert oder der Islam für den Renegaten eine lukrative Option sein. Dennoch darf man sich – als volle Person – seine Überzeugungen nicht abkaufen lassen; das gilt gerade auch in der Wissenschaft und der Politik.

85 Ⓚ Daß das, was der Geist seinem Begriffe nach oder *an sich* ist, auch im Dasein und für sich sei (somit Person, des Eigentums fähig sei, Sittlichkeit, Religion habe), – diese Idee ist selbst sein Begriff (als causa sui, das ist, als freie Ursache, ist er solches, cujus natura non potest concipi nisi existens. Spinoza Eth. P. I Def. 1). (68)

Hegels Formulierung ist für diejenigen Leser notorisch irreführend, die meinen, er spreche von einer mystischen Seele, einem Geist als einem denkenden und tätigen Subjekt *neben* dem Leib. Der »Geist seinem Begriffe nach oder an sich« ist *die allgemeine bzw. jeweils instanziierte Form* des Personseins.

Im Dasein des personalen Subjekts geht es daher darum, aus dem Bereich der möglichen Formen, eine freie Person zu sein, eine gute Auswahl zu treffen und diese zu instanziieren. Dazu gehört, »des Eigentums fähig« zu sein und »Sittlichkeit, Religion« zu haben.

Die Vollzugsform des Personseins ist die Idee, der Begriff des Geistes in seiner Realisierung. Dabei spricht Hegel mit Spinoza von einer *causa sui*, einer Selbstverursachung. Eine solche wäre nur dann mystisch, wenn es sich nicht um die Selbstbildung des individuellen und leiblichen Subjekts zur Person handelte – mit in der Tradition gegebenen Formen. Diese Formen machen auf allgemeiner Ebene die schon existierende Idee der freien Person bzw. des freien Geistes aus.

Keine Natur kann ein solches Wesen auch nur konzipieren, geschweige denn in die Welt bringen. Dennoch kann die Kultur der freien Person sich in langen Zeiten aus einer Natur entwickelt haben, für welche der kontrastive Gegensatz von Natur und Kultur noch gar nicht anwendbar ist.

85 Ⓚ, 71 In eben diesem Begriffe, | *nur durch sich selbst* und als *unendliche Rückkehr in sich* aus der natürlichen Unmittelbarkeit seines Daseins, das zu sein, was er ist, liegt die Möglichkeit des Gegensatzes zwischen dem, was er nur *an sich* und nicht auch *für sich* ist (§ 57), so wie umgekehrt zwischen dem, was er nur *für sich*, nicht *an sich* ist

(im Willen das Böse); – und hierin die *Möglichkeit* der *Entäußerung* der *Persönlichkeit* und seines substantiellen Seins – diese Entäußerung geschehe auf eine bewußtlose oder ausdrückliche Weise. – (68)

Man kann durch eigene Selbstbildung »sich aus der natürlichen Unmittelbarkeit seines Daseins« sozusagen zum freien Personsein erheben. Damit wird man im Sinne von Pindar durch Lernen die Person, die man (dann) ist. Auf diese Weise ein geistiges bzw. freies personales Wesen zu werden und zu sein, bestimmt »die Möglichkeit des Gegensatzes zwischen dem«, was ein personales Subjekt nur an sich ist, nämlich freie Person, und was es möglicherweise (unter Umständen auch aus eigenem Verschulden) nicht oder nur defizitär für sich ist. Das Fürsichsein verweist auf die Realität des individuellen Daseins.

Das sittlich Schlechte im Willen ist das Moment, das nicht Person sein, sondern ›genießen‹ will, statt zu ›glauben‹, um es wieder mit Schillers Gedicht »Resignation« zu sagen. Die Anderen werden dann nicht als Personen vertrauensvoll (das meint der Glaube als *faith* und das Vertrauen als *trust*) respektiert. Das kann Folge davon sein, dass jemand nur Begehrenssubjekt ist und der willkürlichen Begierde alles Können und Wissen instrumentell unterordnet. Ein solcher Wille ist sozusagen Trittbrettfahrer des Geistes. Das individuelle Subjekt, das so lebt und handelt, hat seine Persönlichkeit schon entäußert, sozusagen an die eigenen animalischen Neigungen verkauft.

Eine derartige Entäußerung geschieht beim Drogen- oder Alkoholabhängigen auf partiell bewusstlose Weise. Der Entschluss zum Bösen ist dagegen eine Art Selbstmord der ganzen Person, die in unermesslicher Selbstgerechtigkeit alle anderen missachtet oder verachtet.[38]

Beispiele von Entäußerung der Persönlichkeit sind die Sklaverei, 85 (K)
Leibeigenschaft, Unfähigkeit Eigentum zu besitzen, die Unfreiheit

[38] Das sieht man besonders klar bei den größten Verbrechern des letzten Jahrhunderts, und zwar sowohl im Privaten wie in der Politik, nämlich Stalin und Hitler: Beide bringen nicht nur Millionen Menschen ganz bewusst um, sondern auch ihre Frauen und andere ihnen Nahestehende. Der Ausdruck »Unperson« würde auf sie passen, wenn er ›objektiv‹ gebraucht werden könnte. Hegel aber denkt an weit weniger dramatische Beispiele, etwa an Robespierres überhebliche Politik und an Friedrich Schlegels arroganten Ironismus in der damaligen Kulturszene, wie seine Fußnote zu Solger zeigt.

desselben u. s. f., Entäußerung der intelligenten Vernünftigkeit, Moralität, Sittlichkeit, Religion kommt vor im Aberglauben, in der Andern eingeräumten Autorität und Vollmacht, mir, was ich für Handlungen begehen solle (wenn einer sich ausdrücklich zum Raube, Morde u. s. f. oder zur Möglichkeit von Verbrechen verdingt), mir, was Gewissenspflicht, religiöse Wahrheit sei u. s. f. zu bestimmen und vorzuschreiben. – (68 f.)

Als Beispiel der »Entäußerung der Persönlichkeit« habe ich die Sklaverei schon genannt, auch die Leibeigenschaft, welche freilich beide von außen aufgezwungen sind. Ein positives Recht, das es einer Klasse von Menschen unmöglich macht, Eigentum oder Besitz zum freien Gebrauch zu besitzen oder auch wegzugehen, beliebig auszuwandern, ist widerrechtlich, widerspricht der Idee oder Lebensform des abstrakten Rechts. Es gibt zwar kein Grundrecht auf *Einwanderung* in ein Land, so dass es auch ein absolutes Verbot der *Ausbürgerung* gibt; aber das Recht auf *Auswanderung* ist ein absolutes Grundrecht. Das ist deswegen so interessant, weil damit nicht nur die Leibeigenschaft der Bauern und die Sklaverei der Schwarzen bis ins 19. Jahrhundert hinein sozusagen überpositiv als intrinsisch widerrechtlich erkennbar ist, ohne an einen (vorgestellten, also keineswegs für sich existenten) Gott oder eine mystische Natur oder Vernunft appellieren zu müssen, sondern auch die Politik und das ›Recht‹ der Nazis oder des sogenannten real existierenden Sozialismus.

Eine mehr oder minder unfreiwillige Selbstaufgabe der Vernunft und frei verantwortlicher Moralität »kommt vor im Aberglauben«, mit oder ohne Gehirnwäsche von außen. Dabei werden sich freilich oft nur Helden, Heilige und Märtyrer einem äußeren Zwang der leiblichen oder geistigen Versklavung widersetzen und lieber sterben, als sich zwingen zu lassen. Und doch macht Hegel klar, dass auch jeder Sklave für seine Wahl des Lebens im Gehorsam partiell mitverantwortlich bleibt, nicht anders als etwa der Mönch oder Soldat. Es werden dann anderen Personen eine gewisse Autorität und besondere Vollmachten immer auch eingeräumt. Sie können mir sagen, »was ich für Handlungen begehen solle«. Meine Mitverantwortung wird klar, wo es um Raub, Mord usf. geht, erst recht, wo einer sich selbst zum Auftragskiller macht, für ein »Verbrechen verdingt«, oder dazu erpressen lässt.

Übrigens ergibt sich eben aus dieser Beobachtung in reziproker

Weise, was oben schon gesagt wurde, nämlich, dass alle echten Sklavenaufstände dieser Welt als heroische Taten in Verteidigung des abstrakten Rechts zu bewerten sind, und das ganz allgemein und vor jeder Feinbewertung, ob dabei auch Unschuldige mitbetroffen werden oder nicht. Denn wenn die andere Seite den Sklaven nicht als freie menschliche Person anerkennt, sondern im besten Fall nur wie ein Haustier behandelt, ist es in sich absolut widersprüchlich, sentimental, ein moralisches oder rechtliches Verhalten zu fordern, wie das wohl schon Euripides gesehen hat.

Das Recht an solches Unveräußerliche ist unverjährbar, denn der 85 Ⓚ
Akt, wodurch ich von meiner Persönlichkeit und substantiellem Wesen Besitz nehme, mich zu einem Rechts- und Zurechnungsfähigen, Moralischen, Religiösen mache, entnimmt diese Bestimmungen eben der Äußerlichkeit, die allein ihnen die Fähigkeit gab, im Besitz eines andern zu sein. (69)

Das freie Recht am unveräußerlich Eigenen der Person »ist unverjährbar« und kann nie zurückgegeben werden. Wäre das der Gedanke des Islam, dass man die Umma der personalen, moralischen, rechtlichen und damit auch allgemein religiösen Menschen nicht verlassen kann, wäre er groß.

Mit diesem Aufheben der Äußerlichkeit fällt die Zeitbestimmung 85f. Ⓚ
und alle Gründe weg, die aus meinem frühern Konsens oder Gefallenlassen genommen werden können. Diese Rückkehr meiner in mich selbst, wodurch Ich mich als Idee, als rechtliche und moralische Person existierend mache, hebt das bisherige Verhältnis und das Unrecht auf, das Ich und der Andere meinem Begriff und Vernunft angetan hat, die unendliche Existenz des Selbstbewußtseins als ein Äußerliches behandeln lassen und behandelt zu haben. – (69)

Die Formen, die ich reproduziere, indem ich mich zur Person bilde, gibt es schon in der gemeinschaftlichen Welt der Menschen, d. h. der Personen. Ich hebe ihre Äußerlichkeit auf, indem ich die Formen als abrufbare Vollzugsformen sozusagen internalisiere. Damit fallen aber auch »alle Gründe weg, die aus meinem früheren Konsens oder Gefallenlassen genommen werden können«, nämlich aus der Zeit meiner Erziehung durch andere Personen. – Das Erwachsenwerden ist (nach Pindar) schön beschrieben als »Rückkehr meiner in mich selbst«. In diesem Prozess der Loslösung von Eltern und Erziehern bringe ich mich »als Idee«, das heißt, »als rechtliche und moralische Person«, in die Existenz. Damit hebt sich – oder hebe ich – »das bisherige Verhältnis und das Unrecht auf«, das sich aus der Abhängigkeit der zu Erziehenden von ihren Erziehern (strukturell, also der Form nach notwendigerweise) ergibt. So entwickelt sich bzw. entwickle ich »die unendliche Existenz des Selbstbewußtseins«, das sich jetzt nicht mehr, wie noch in der Jugend, »als ein Äußerliches behandeln« lässt. Wer von anderen und sich behauptet, sie seien nur durch die Gesellschaft und die Zeit zu dem geworden, die sie sind, und damit z. B. begangene Verbrechen ›rechtfertigen‹ will, widerspricht sich schon als Person. Man kann Verständnis dafür haben, dass jemand zum Verbrecher wird. Aber nicht einmal ein Sklave wird sich vollständig rechtfertigen können, wenn er einem verbrecherischen Befehl gehorcht – anders als wenn er ein ›Verbrechen‹ im Aufstand gegen seinen Herrn bzw. die Herrschaft begeht

86 Ⓚ Diese Rückkehr in mich deckt den Widerspruch auf, Andern meine Rechtsfähigkeit, Sittlichkeit, Religiosität in Besitz gegeben zu haben, was ich selbst nicht besaß, und was sobald ich es besitze, eben wesentlich nur als das Meinige und nicht als ein Äußerliches
72 existiert. – | (69)

Die Rückkehr in uns als selbstbewusste Erwachsene deckt auch »den Widerspruch auf, anderen meine Rechtsfähigkeit, Sittlichkeit, Religiosität in Besitz gegeben zu haben«. Ich lerne ja all das Genannte, wie anderes Allgemeinwissen und Allgemeinkönnen auch, von anderen Personen. Sobald ich das alles aber besitze, ist es »wesentlich nur als das Meinige« und für mich nichts Äußerliches mehr.

§ 67

86 Von *meinen besondern, körperlichen* und *geistigen Geschicklichkeiten* und Möglichkeiten der Tätigkeit kann ich *einzelne* Produktionen und einen *in der Zeit beschränkten* Gebrauch an einen andern *veräußern,* weil sie nach dieser Beschränkung ein äußerliches Verhältnis zu meiner *Totalität* und *Allgemeinheit* erhalten. Durch die Veräußerung meiner *ganzen* durch die Arbeit konkreten Zeit und der Totalität meiner Produktion würde ich das Substantielle derselben, meine *allgemeine* Tätigkeit und Wirklichkeit, meine Persönlichkeit zum Eigentum eines andern machen. (69 f.)

Während eine vollständige Verdingung ›der Person‹, also des Individuums, an andere, die sie zur Sache machen würde, nach den Prinzipien des abstrakten Rechts aufgrund der Idee der freien Person als der ›Wirklichkeit‹ des Geistes und des freien Willens ausgeschlossen bzw. freiheitsrechtlich ›verboten‹ ist, gilt das nicht für partielle Entäußerungen eines Vermögens, auch von Arbeitskraft auf Zeit und die Arbeitsergebnisse. Solange Fron- und Herrendienste wie die Abgabe des Zehnten als Steuer auf entsprechende (Zeit-)Anteile beschränkt bleiben, liegt im Allgemeinen noch keine Leibeigenschaft vor. Hier kann freilich, um es formelhaft zu sagen, Quantität in Qualität umschlagen. Es ist dennoch normalerweise polemische Übertreibung, den – immer auch durch die Not der Lage erzwungenen – Verkauf der Ware Arbeitskraft im Kapitalismus als »Sklaverei« der Arbeiterklasse zu bezeichnen, zumal die Lage der Staatsangestellten in einem staatsmonopolistischen Wirtschaftssystem keineswegs grundsätzlich anders ist. Mit anderen Worten, nicht das abstrakte Recht der allgemeinen personalen Freiheit, sondern die besonderen Umstände sind zu betrachten, wenn wir Wirtschaftsformen ethisch-sittlich beurteilen wollen. Reine Moral hat dabei (fast) gar nichts zu sagen, wenn wir ihren spezifischen Bereich der freien Kooperation zwischen Einzelpersonen und subjektiven Urteile über Handlungs- und Praxisformen angemessen begreifen.

Hegels Gedanke ist also ganz richtig und unbedingt zu beherzigen: Auf der Basis einer angemessenen Beschränkung kann ich einen Teil meiner personalen Fähigkeiten und Leistungen als mir äußerlich betrachten und gegen andere Leistungen eintauschen, ohne damit meine Person als Ganze unfrei zu machen bzw. die Persönlichkeit als Ganze zu zerstören. Hegel sagt aber ebenso klar, dass das schnell umkippen kann – etwa wenn auch alle ›freie Zeit‹ zur Regeneration der Arbeitskraft eingesetzt werden muss und damit der Verkauf der Arbeitszeit *nur zum Schein* bloß *einen Teil* des Lebens betrifft.

Hier ist lange vor Marx der freiheitsrechtliche Kern der gesamten marxistischen Analyse des Kaufs und Verkaufs der Ware Arbeitskraft im Kapitalismus zu finden. Friedrich Engels wusste das, zumal er grundsätzlich den engen Zusammenhang der Analyse mit Hegels Logik noch kennt. Ich betone daher Hegels Wortlaut durch Wiederholung: »*Durch die Veräußerung meiner ganzen durch die Arbeit konkreten Zeit und der Totalität meiner Produktion würde ich das Substantielle derselben, meine allgemeine Tätigkeit und Wirklichkeit, meine Persönlichkeit zum Eigentum eines anderen machen.«*

86 Ⓚ Es ist dasselbe Verhältnis, wie oben § 61 zwischen der Substanz der *Sache* und ihrer *Benutzung*; wie diese, nur insofern sie beschränkt ist, von jener verschieden ist, so ist auch der Gebrauch meiner Kräfte von ihnen selbst und damit von mir nur unterschieden, insofern er quantitativ beschränkt ist; – die *Totalität* der Äußerungen einer Kraft ist die Kraft selbst, – der Akzidenzen die Substanz, – der Besonderungen das Allgemeine. (70)

Das Verhältnis zwischen der bleibenden allgemeinen Form oder ›Substanz‹ einer Sache über ihren bloß temporären Gebrauch hinaus, welcher der Unterscheidung zwischen (temporärem) Besitz und (diesen relativ überdauerndem) Eigentum zugrunde liegt, hat die gleiche logische Grundform wie das zwischen einem temporären Arbeitsverhältnis und einer Verdingung und damit Verdinglichung der gesamten Person. Denn ich kann, wie gesehen, unter entsprechenden Umständen einen beschränkten »Gebrauch meiner Kräfte« von diesen selbst unterscheiden – und entäußern, ohne mich *insgesamt* zu verdingen bzw. zu versklaven. Dabei sagt Hegel hier selbst, dass die quantitative Beschränkung eine wichtige qualitative Rolle spielt. Um das als logisch trivial wahr einzusehen, muss man nur ein wenig pünktlich und streng auf allgemeine Weise denken. Ein bloß formales, schematisches oder ›exaktes‹ Denken reicht dafür allerdings nicht aus.

Das Ganze des Einsatzes einer Kraft oder eines Vermögens, also »die Totalität der Äußerungen einer Kraft«, ist die Kraft oder das Vermögen selbst. Es ist höchst erstaunlich, dass man dennoch dazu tendiert, diese klaren und deutlichen Kommentare zu Qualität und Quantität, Totalität und Kraft etc. nicht zu verstehen, sondern zu mystifizieren. Das gilt auch für Hegels absolut richtige wesenslogische Analyse der noch obskuren Rede Spinozas und der Scholastik von Akzidenz und Substanz. Erst Hegel entmystifiziert die üblichen Reden von (substantiellen) Entitäten und ihren wesentlichen oder akzidentellen Eigenschaften endgültig als je besondere Instanziierungen der jeweiligen allgemeinen Gattung.

§ 68

Das Eigentümliche an der geistigen Produktion kann durch die 86f.
Art und Weise der Äußerung unmittelbar in solche Äußerlichkeit einer Sache umschlagen, die nun eben so von andern produziert werden kann; so daß mit deren Erwerb der nunmehrige Eigentümer, außerdem daß er damit sich die mitgeteilten Gedanken oder die technische Erfindung zu eigen machen kann, welche Möglichkeit zum Teil (bei schriftstellerischen Werken) die einzige Bestimmung und den Wert des Erwerbs ausmacht, zugleich in den Besitz der *allgemeinen Art* und *Weise,* sich so zu äußern und solche Sachen vielfältig hervorzubringen, kommt. (70)

Geistiges Eigentum ist ein Sonderfall insofern, als in seiner Entäußerung oder Veräußerung nicht Dinge weggegeben, getauscht oder verkauft werden, sondern reproduzierbare Formen. Sie werden, wie wir ganz passend sagen, veröffentlicht. Wegen der leichten Reproduzierbarkeit der Formen etwa im Nachdruck eines Buches oder in der Kopie einer ›Idee‹, wie wir sagen, – man denke z. B. an die Plagiate des Don Quixote, mit denen sich schon Cervantes herumschlägt und denen er geradezu den ganzen zweiten Teil des Romans widmet – bedarf es eigentümlicher Regelungen des ›Schutzes‹ des geistigen Eigentums durch besondere Verwertungsrechte. Im Falle von technischen Erfindungen geschieht das im Patentrecht, im Fall schriftstellerischer Werke durch ein Verwertungsrecht von Autoren resp. Verlegern, in den Wissenschaften zunächst durch eine freie Ächtung von Plagiaten – die freilich selbst oft missbraucht wird.

Bei Kunstwerken ist die den Gedanken in einem äußerlichen 87 Ⓚ
Material verbildlichende Form als Ding so sehr das Eigentümliche des produzierenden Individuums, daß ein Nachmachen derselben wesentlich das Produkt der eigenen geistigen und technischen Geschicklichkeit ist. Bei einem schriftstellerischen Werke ist die Form,
wodurch es eine | äußerliche Sache ist, so wie bei der Erfindung einer 73
technischen Vorrichtung, *mechanischer Art,* – dort, weil der Gedanke nur in einer Reihe vereinzelter abstrakter *Zeichen,* nicht in konkreter Bildnerei dargestellt wird, hier, weil er überhaupt einen mechanischen Inhalt hat, – und die Art und Weise, solche Sachen als Sachen zu produzieren, gehört unter die gewöhnlichen Fertigkeiten. – Zwischen den Extremen des Kunstwerks und der handwerksmäßigen

Produktion gibt es übrigens Übergänge, die bald mehr, bald weniger von dem einen oder dem andern an sich haben. (70 f.)

Für uns ist besonders wichtig, dass Hegel das Folgende ganz offenbar klar sieht: Der Bereich des Geistigen ist der Bereich der tätig reproduzierbaren äußeren Formen und der Inhalte, die ihrerseits als inhaltsäquivalente Formen zu begreifen sind. Der Begriff (*in toto*) ist das Gesamt der Verbalformen und ihrer (differentiellen und inferentiellen) Inhalte. Die Idee (ebenfalls *in toto*) ist das Gesamt der wirklich verfügbaren Handlungs- und Praxisformen. Nur über Formen und Inhalte haben wir als ›geistige‹ Wesen denkenden Zugang zu nicht präsentischen Möglichkeiten.

Auf Details der Fälschung von Kunstwerken im Unterschied zu einem bloßen Plagiat gehe ich hier nicht ein, obschon Hegel so klingt, als ob ihn eher das technische Können als die Authentizität des Originals bzw. die Richtigkeit der Zuschreibung an einen Maler interessiert. Dennoch betont auch er den Unterschied zwischen Kunstwerk und Kunsthandwerk, ohne ihn genauer zu erläutern, was ja auch zu einem anderen Thema gehört.

§69

87 Indem der Erwerber eines solches Produkts an dem Exemplar als *Einzelnem* den vollen Gebrauch und Wert desselben besitzt, so ist er vollkommner und freier Eigentümer desselben als eines Einzelnen, obgleich der Verfasser der Schrift oder der Erfinder der technischen Vorrichtung Eigentümer der *allgemeinen* Art und Weise bleibt, dergleichen Produkte und Sachen zu vervielfältigen, als welche allgemeine Art und Weise er nicht unmittelbar veräußert hat, sondern sich dieselbe als eigentümliche Äußerung vorbehalten kann. (71)

Wenn ich ein Buch kaufe, habe ich, privat, an dem Exemplar volles Besitz- und Gebrauchsrecht, nicht aber für den Nachdruck oder für eine öffentliche Reproduktion des ›Inhalts‹.

87 f. Ⓚ Das Substantielle des Rechts des Schriftstellers und Erfinders ist zunächst nicht darin zu suchen, daß er bei der Entäußerung des einzelnen Exemplars es willkürlich zur *Bedingung* macht, daß die damit in den Besitz des Andern kommende Möglichkeit, solche Produkte nunmehr als Sachen gleichfalls hervorzubringen, nicht Eigentum des Andern werde, sondern Eigentum des Erfinders bleibe. (71)

Hegels Formulierung ist zweideutig und daher leicht irreführend. Er will sagen, dass es nicht reichen würde, wenn der Schriftsteller es sich nur privat zur Bedingung machte, dass das Recht auf Reproduktion des Inhalts des Buches, wie sie mit dem Kauf leicht möglich ist, ausgeschlossen sein *soll*. Dieser Ausschluss gehört zur allgemeinen Form des Kaufs geistiger Inhalte über einzelne Exemplare. Gleiches gilt für das Eigentum des Erfinders, formell geschützt durch Patente.

Die erste Frage ist, ob eine solche Trennung des Eigentums der 88 Ⓚ
Sache von der mit ihr gegebenen Möglichkeit, sie gleichfalls zu produzieren, im Begriffe zulässig ist und das volle, freie Eigentum (§ 62) nicht aufhebt, – worauf es erst in die Willkür des ersten geistigen Produzenten kommt, diese Möglichkeit für sich zu behalten, oder als einen Wert zu veräußern oder für sich keinen Wert darauf zu legen und mit der einzelnen Sache auch sie preis zu geben. Diese Möglichkeit hat nämlich das Eigne, an der Sache die Seite zu sein, wonach diese nicht nur eine Besitzung, sondern ein *Vermögen* ist (s. unten § 170 ff.) so daß dies in der besondern Art und Weise des äußern Gebrauchs liegt, der von der Sache gemacht wird, und von dem Gebrauche, zu welchem die Sache unmittelbar bestimmt ist, verschieden und trennbar ist (er ist nicht, wie man es heißt, eine solche accessio naturalis, wie die foetura). Da nun der | Unterschied 74
in das seiner Natur nach Teilbare, in den äußerlichen Gebrauch fällt, so ist die Zurückbehaltung des einen Teils bei Veräußerung des andern Teils des Gebrauchs nicht der Vorbehalt einer Herrenschaft ohne Utile. – (71 f.)

Hegel will hier nur noch einmal etwas genauer erläutern, wie der Unterschied zu verstehen ist zwischen dem vollen Verfügungsrecht über eine gekaufte Sache wie ein Stück Land, Haus oder Instrument, das – besondere Einschränkung ausgeklammert – vom neuen Eigentümer nach Belieben gebraucht werden kann, auf der einen Seite, einem Buch (oder auch einer Schallplatte, CD etc.) als Exemplar eines Inhalts ohne Reproduktionsrecht auf der anderen Seite. Zunächst könnte man meinen, die entsprechende Trennung der Gebrauchsweisen (das Buch privat zu lesen vs. es öffentlich vorzulesen bzw. zu reproduzieren) sei unzulässig, da sie »das volle, freie Eigentum« aufhebt. Andererseits liegt es in der Tat an der ›Willkür‹, dem Willen des »ersten geistigen Produzenten«, ob er beliebige Kopien erlaubt oder nicht. So hatten

z. B. die Autoren des Evangeliums kein Interesse an monetärer Verwertung, wohl aber, so steht zu vermuten, an wörtlicher Reproduktion.

Die Trennbarkeit von privatem Lesen und öffentlichem Vorlesen (samt der Verfilmung) eines Buches und zwischen Einzelexemplar und reproduzierbarem Inhalt macht es möglich, nur das eine, nicht das andere zu veräußern, also die einzelnen Bücher zu verkaufen, aber das Copyright bei sich als Autor zu belassen, oder das Copyright an einen Verleger zu verkaufen – etwa mit Gewinnbeteiligung, wie das inzwischen auch üblich ist. Wegen dieser Trennbarkeit »ist die Zurückbehaltung des einen Teils bei Veräußerung des anderen Teils des Gebrauchs« nicht von der Art des »Vorbehalts einer Herrenschaft« ohne freien Gebrauch. Noch einmal: Das gekaufte Buch als Exemplar (für sich) ist mein Eigentum, nicht aber als reproduzierbare Form (an sich).

88 Ⓚ Die bloß negative, aber allererste Beförderung der Wissenschaften und Künste ist, diejenigen, die darin arbeiten, gegen *Diebstahl* zu sichern und ihnen den Schutz ihres Eigentums angedeihen zu lassen; wie die allererste und wichtigste Beförderung des Handels und der Industrie war, sie gegen die Räuberei auf den Landstraßen sicher zu stellen. – (72)

Die Sicherung vor geistigem Diebstahl ist zwar rein negativ, aber fundamental wichtig für die Beförderung der geistigen Produktion neuer Formen diversester Art. Das ist freiheitsrechtlich so, weil es um mich und meine Leistungen als Autor oder Erfinder, auch Künstler, in der Anerkennung anderer geht. Es ist ökonomisch so, weil es um die Incentives geht, die Arbeit überhaupt auf sich zu nehmen und angemessen vergütet zu bekommen. Sicherung des Eigentums war ja auch seit der Zeit des Neolithikums wichtigste Voraussetzung der später von Staaten organisierten »Beförderung des Handels und der Industrie« und zuvor schon der Agrikultur.

88 f. Ⓚ Indem übrigens das Geistesprodukt die Bestimmung hat, von andern Individuen aufgefaßt und ihrer Vorstellung, Gedächtnis, Denken u. s. f. zu eigen gemacht zu werden und ihre Äußerung, wodurch sie das *Gelernte* (denn Lernen heißt nicht nur, mit dem Gedächtnis die Worte auswendig lernen – die Gedanken anderer können nur durch Denken aufgefaßt werden, und dies Nach-denken ist auch Lernen) gleichfalls zu einer *veräußerbaren Sache* machen,

hat immer leicht irgend eine eigentümliche *Form*, so daß sie das daraus erwachsende Vermögen als ihr Eigentum betrachten und für sich das Recht solcher Produktion daraus behaupten können. Die Fortpflanzung der Wissenschaften überhaupt und das bestimmte Lehrgeschäft insbesondere ist, seiner Bestimmung und Pflicht nach, am bestimmtesten bei positiven Wissenschaften, der Lehre einer Kirche, der Jurisprudenz u. s. f. die *Repetition* festgesetzter, überhaupt schon geäußerter und von Außen aufgenommener Gedanken, somit auch in Schriften, welche dies Lehrgeschäft und die Fortpflanzung und Verbreitung der Wissenschaften zum Zweck haben. In wie fern nun die in der wiederholenden Äußerung sich ergebende *Form* den vorhandenen wissenschaftlichen Schatz und insbesondere die Gedanken solcher Anderer, die noch im äußerlichen Eigentum ihrer Geistesprodukte sind, in ein spezielles geistiges Eigentum des reproduzierenden Individuums verwandle, und ihm hiemit das Recht, sie auch zu seinem äußerlichen Eigentum zu machen, gebe oder in wie fern nicht, – in wie fern solche Wiederholung in einem schriftstellerischen Werke ein *Plagiat* werde, läßt sich nicht durch eine genaue Bestimmung angeben und hiemit nicht rechtlich und gesetzlich festsetzen. Das Plagiat müßte daher eine Sache der *Ehre* sein und von dieser zurückgehalten werden. – (72 f.)

Dass der Verzicht auf Plagiate zunächst eine Sache der Ehre und damit der freien Moral ist, habe ich oben schon gesagt und in der Fußnote am Beispiel des Streits zwischen Newton und Leibniz darauf hingewiesen, dass sich mancher nicht mit Ruhm bekleckert, wenn er seine Macht zur Steuerung einer öffentlichen Meinung in einem wissenschaftlichen Prioritätenstreit missbraucht oder auch nur gebraucht. Übrigens ist die Benennungspraxis mathematischer Theoreme, Lemmata und Corollare eine Art Ehrenpolitik des ganzen Faches.

Nun hat ein Produkt des Geistes als reproduzierbare Form gerade die »Bestimmung«, allgemein aufgenommen (gelesen, gelehrt, reproduziert) zu werden. Man macht sie sich auf diverse Weise zu eigen, auch im Auswendiglernen, Gebrauch etc. Im allgemeinen Wissen machen wir die (*a fortiori*) ›geistigen‹ Formen und Inhalte öffentlich, verwandeln sie in eine Art allgemeinen Geist als Gemeineigentum – so dass spätestens nach der Zeit der Verjährung der Privatnutzungsrechte der Inhalt von Büchern vollständig zum *public domain* wird.

Der Geist der Menschen und seine Entwicklung im Vollzug ist nichts anderes als diese Praxis – und als solcher Begriff und Idee an sich und für sich, allgemein und individuell besondert. Gedanken sind Inhalte, also äußerlich auf variable Weise reproduzierbare Formen, die aufgrund äquivalenter Unterscheidungen und Inferenzformen als inhalts-, sinn- bzw. bedeutungsgleich zu werten sind. Die Unterscheidungen zwischen Sinn, Bedeutung und Inhalt dienen kontextabhängig je nur besonderen reflexionslogischen Interessen. Es gibt, heißt das, zunächst keine kanonische Unterscheidung im allgemeinen Gebrauch dieser Wörter.

89f. Ⓚ Gesetze gegen den *Nachdruck* erfüllen daher ihren Zweck, das
75 Eigentum der Schriftsteller und | der Verleger rechtlich zu sichern, zwar in dem bestimmten, aber sehr beschränkten Umfange. Die Leichtigkeit, absichtlich an der Form etwas zu ändern oder ein Modifikatiönchen an einer großen Wissenschaft, an einer umfassenden Theorie, welche das Werk eines Andern ist, zu erfinden, oder schon die Unmöglichkeit, im Vortrage des Aufgefaßten bei den Worten des Urhebers zu bleiben, führen für sich außer den besondern Zwecken, für welche eine solche Wiederholung nötig wird, die unendliche Vielfachheit von Veränderungen herbei, die dem fremden Eigentum den mehr oder weniger oberflächlichen Stempel des *Seinigen* aufdrücken; wie die hundert und aber hundert Kompendien, Auszüge, Sammlungen u. s. f. Rechenbücher, Geometrien, Erbauungsschriften u. s. f. zeigen, wie jeder Einfall einer kritischen Zeitschrift, Musenalmanachs, Konversationslexikons u. s. f. sogleich ebenfalls unter demselben oder einem veränderten Titel wiederholt, aber als etwas Eigentümliches behauptet werden kann; – wodurch denn leicht dem Schriftsteller oder erfindenden Unternehmer der Gewinn, den ihm sein Werk oder Einfall versprach, zu Nichte gemacht oder gegenseitig heruntergebracht oder allen ruiniert wird. – Was aber die *Wirkung der Ehre* gegen das Plagiat betrifft, so ist dabei dies auffallend, daß der Ausdruck *Plagiat* oder gar *gelehrter Diebstahl* nicht mehr gehört wird – es sei, entweder daß die Ehre ihre Wirkung getan, das Plagiat zu verdrängen, oder daß es aufgehört hat, gegen die Ehre zu sein und das Gefühl hierüber verschwunden ist, oder daß ein Einfällchen und Veränderung einer äußern Form sich als Originalität und selbstdenkendes Produzieren so hoch anschlägt,

um den Gedanken an ein Plagiat gar nicht in sich aufkommen zu lassen. (73 f.)

Angesichts der widerstreitenden Gesichtspunkte des Verwertungsinteresses und des Veröffentlichungsinteresses des Autors einer geistigen Leistung, als dem Erarbeiter einer (leicht) reproduzierbaren Form, können »Gesetze gegen den Nachdruck« das »Eigentum der Schriftsteller und der Verleger« nur in einem beschränkten Umfang rechtlich sichern, was in Zeiten der neuen elektronischen Informationsmedien mit ihrer weltweiten Vernetzung nur noch klarer geworden ist. Es ist nämlich nicht nur im Fall von Texten, auch von Erfindungen, häufig relativ leicht, Modifizierungen hinzuzuerfinden, welche es so erscheinen lassen, als liege eine neue Erfindung oder ein neuer Inhalt vor. Das Niemandsland zwischen klaren Fällen dieser oder jener Art, also dass wirklich Neues geschaffen wurde, und Fällen, in denen nur kopiert wurde, ist so groß, dass hier rechtliche Normen schnell an eine Grenze kommen. Gemeinsame Urteile sind hier nur in hinreichend drastischen Fällen zu erwarten. Und doch lassen sich einige klare Kernbereiche sinnvoll absichern.

Hinzukommt, das junge Leute oft einen Autor nur vage verstehen und gar nicht merken, dass ihre inhaltlichen Paraphrasen, die sie besser verstehen mögen, als was sie gelesen haben, in wesentlichen Punkten mit dem von anderen schon Gesagten sinngleich sind. Es ergibt sich daraus das Phänomen, dass von Schülern wie Feuerbach oder Lesern wie Engels und Marx ein Lehrer immer auch im Modus der Kritik kopiert wird, was für die ganze Bewegung des Junghegelianismus ebenso gilt wie z. B. schon für manches Verhältnis von Aristoteles zu Platon oder von Heidegger zu Husserl, um nur ein paar berühmte Fälle zu nennen. Es ist zunächst offen, wie das Verhältnis zwischen Hegel und Kant in dieser Hinsicht zu betrachten ist.

Jedenfalls kennen wir das Phänomen der »oberflächlichen Stempel des seinigen« von der Unmasse an Übungstexten in philosophischen und wissenschaftlichen Journalen weltweit, und das trotz ehrlicher Prüfung vermeintlicher Neuheit. Hegel selbst verweist in diesem Sinn schon auf »die hundert und aberhundert Kompendien, Auszüge, Sammlungen usf., Rechenbücher, Geometrien, Erbauungsschriften usf.«

§70

Die *umfassende* Totalität der äußerlichen Tätigkeit, *das Leben*, ist gegen die Persönlichkeit, als welche selbst *Diese* und *unmittelbar* ist, kein Äußerliches. Die Entäußerung oder Aufopferung desselben ist vielmehr das Gegenteil, als das Dasein *dieser* Persönlichkeit. Ich habe daher zu jener Entäußerung überhaupt kein *Recht*, und nur eine sittliche Idee, als in welcher *diese unmittelbar* einzelne Persönlichkeit an sich untergegangen, und die deren *wirkliche* Macht ist, hat ein Recht darauf, so daß zugleich wie das Leben als solches *unmittelbar*, auch der Tod die *unmittelbare* Negativität desselben ist, daher er von außen, als eine Natursache, oder im Dienste der Idee,
76 von fremder Hand empfangen werden muß. | (74 f.)

Wir kommen jetzt zurück zur Frage, was ich alles an mir oder von mir entäußern und in eine tauschbare Sache oder *commodity* verwandeln kann oder darf. Hegel wiederholt, dass das Ganze des Lebens nichts anderes ist als die ganze Persönlichkeit. Und diese ist die nach dem Leben ›unsterbliche‹, weil ewig gewesen sein werdende, Seele Platons.

Hegels Formulierung des zweiten Satzes ist nicht voll geglückt, sie ist noch allzu zweideutig. Gemeint ist nämlich, dass eine völlige Entäußerung oder Aufopferung des ganzen Lebens an ein fremdes Projekt sinnwidrig bzw. logisch unmöglich ist, da das Projekt eben dadurch schon das der Person geworden ist. Wer z. B. sein Leben dem Gott der Christen weiht, ins Kloster geht und die Regeln einhält, will diese Lebensform selbst. Er sagt nur, es sei Gottes Wille oder dessen Ruf, dass er so leben solle oder müsse – und er wolle sich dem als gehorsam erweisen. Oder wer einem Osama bin Laden folgt und mordet, will selbst morden. Eben das meint der schwierige Satz, dass ich zu einer Entäußerung meines Willens durch Unterordnung unter einen fremden Willen »überhaupt kein Recht« habe, und das aus den allgemein ›logischen‹ bzw. begrifflichen Gründen des abstrakten Rechts lange *vor* allen positiv erlassenen Gesetzen. – Nur »eine sittliche Idee«, fährt Hegel fort, also die wirkliche und anerkannte Gesamtform einer personalen Praxis, an welcher das unmittelbare personale Subjekt im Vollzug teilnimmt, »hat ein Recht« auf eine volle Entäußerung, also eine volle Unterordnung des subjektiven Wollens oder Willens.

Der Unterschied dieser Analyse zum subjektiven Empirismus besteht übrigens darin, dass man dort nie über das Ganze des Lebens aus dem Leben heraus nachdenkt und die entsprechenden Ausdrucksformen für metaphysisch oder mystisch hält, also genauso wenig versteht wie ein naiver Glaube an einen entsprechenden religiösen Mythos. Man meint, nur für das eigene zukünftige subjektive, also dann je bloß momentane Sein im Leben sorgen zu müssen – und denkt damit allzu schnell, dass nach uns kommen mag, was wolle.

Nicht nur im religiösen Mythos, auch im materialistischen und kollektivistisch-rationalen Empirismus betrachtet man sich von der Seite. Man meint, etwa mit Jeremy Bentham, einem möglichst hohen Durchschnittsglück einer möglichst großen Zahl animalischer und menschlicher Lebewesen irgendwie verpflichtet zu sein – oder wenigstens, mit Kant, der eigenen Kohärenz im Wollenkönnen, dass die eigene Maxime als allgemeine Erlaubnisnorm des Handelns gelten könne. Hegel hält es hier zwar mit Kant, aber nicht etwa so, dass er den Kategorischen Imperativ schon als hinreichend für ein gutes Urteilen und Handeln ansehen würde. Kant artikuliert nur erst eine *notwendige Bedingung* für eine zunächst nur erst im Prinzip erlaubte Handlungsform. Außerdem gehen Kants Analysen von Neigung und Pflicht an der Sache durchaus vorbei.

Allerdings anerkennt Hegel Kants Gedanken, dass am Ende des Tages alle moralische Pflicht als Pflicht der Persönlichkeit gegen sich selbst zu begreifen ist, wenn man nur den allgemeinen Status des Personseins an sich und das Handeln des personalen Subjekts an und für sich angemessen versteht. Denn das Personale ist zwar intrinsisch relational zu allen anderen Personen – und zur Idee als der Gesamtform menschlichen Lebens auf der Erde; aber es ist immer auch Eigenschaft des Individuums und liegt als solche, wie man früher in einer logischen Metapher sagte, *im* personalen Individuum.

Übergang vom Eigentum zum Vertrage

§71

Das Dasein ist als bestimmtes Sein wesentlich Sein für anderes 91
(siehe oben Anmerk. zu §48); das Eigentum, nach der Seite, daß es ein Dasein als äußerliche Sache ist, ist für andere Äußerlichkeiten und im Zusammenhange dieser Notwendigkeit und Zufälligkeit.

Aber als Dasein des *Willens* ist es als für anderes nur *für den Willen* einer andern Person. (75)

Aus rein logischen Gründen gibt es kein Ding, keine Sache, aber erst recht keine Person »als bestimmtes Sein« außerhalb des relationalen und prozessualen Mitseins mit anderen Sachen und Dingen der relevanten Gattung und Art, also auch der Personen. Mein Personsein ist aber in einem noch weiteren Sinn wesentlich Sein in Beziehung zu anderen Personen, nämlich qua Status und Rollensystem.

Dass eine Sache mein Eigentum ist, hat nun erstens logisch den Aspekt, dass es sich um eine intrinsische Beziehung zwischen mir bzw. meinem Willen und der mir irgendwie auch äußerlichen Sache handelt, zweitens aber auch um eine Beziehung zwischen mir und dir und allen anderen Personen bzw. deren Willen oder Anerkennung.

91 Diese Beziehung von Willen auf Willen ist der eigentümliche und wahrhafte Boden, in welchem die Freiheit *Dasein* hat. Diese Vermittlung, Eigentum nicht mehr nur vermittelst einer Sache und meines subjektiven Willens zu haben, sondern eben so vermittelst eines andern Willens, und hiemit in einem gemeinsamen Willen zu haben, macht die Sphäre des *Vertrags* aus. (75)

Eigentum an äußeren Dingen setzt Anerkennung voraus. Damit steht dingliches Eigentum längst schon in der gleichen Sphäre der von mir »kooperativ« genannten Beziehungen zu anderen Personen wie alle *Verträge* zwischen Personen. Das heißt nicht, dass alle Anerkennung von Eigentum und Freiheitsrechten auf explizite Verträge zurückginge. Die Sphäre des Zusammenlebens der Personen ist dennoch der »eigentümliche und wahrhafte Boden, in welchem die Freiheit Dasein hat«. Wir sind daher in unserer transzendentalen bzw. präsuppositionslogischen Analyse mit Notwendigkeit zur Einsicht geführt worden, dass Eigentum und freies Wollen ebenso vermittelt ist durch *das Wollen anderer Personen* und daher eine Sphäre des *gemeinsamen Willens*, der *joint intentions* voraussetzt.

Verträge sind Explikationen alter, also schon implizit herrschender, empraktischer Kooperationsformen oder explizite Herstellungen neuer. Daher kann man an Verträgen *die logische Form des gemeinsamen Wollens und Handelns* im Unterschied zu bloß zufälligen bzw. statistischen Folgen eines kollektiven Verhaltens am besten sehen.

91 Ⓚ Es ist durch die Vernunft eben so notwendig, daß die Menschen

in Vertrags-Verhältnisse eingehen, – schenken, tauschen, handeln u. s. f. [–] als daß sie Eigentum besitzen (§ 45 Anm.). Wenn für ihr Bewußtsein das Bedürfnis überhaupt, das Wohlwollen, der Nutzen u. s. f. es ist, was sie zu Verträgen führt, so ist es an sich die Vernunft, nämlich die Idee des reellen (d. i. nur im Willen vorhandenen) Daseins der freien Persönlichkeit. – Der Vertrag setzt voraus, daß die darein tretenden sich als Personen und Eigentümer *anerkennen*; da er ein Verhältnis des objektiven Geistes ist, so ist das Moment der Anerkennung schon in ihm enthalten und vorausgesetzt (vergl. § 35 [und §] 57 Anmerk.). | (75 f.) 77

Heute scheint man nicht mehr zu verstehen, was es heißt, es sei »durch die Vernunft ... notwendig, daß die Menschen in Vertragsverhältnisse eingehen«. Wir wissen zwar, was es heißt, zu »schenken, tauschen, handeln usf.«, und wir wissen, dass diese Praxisformen des Vertrags und viele ihrer Aktualisierungen höchst vernünftig sind. Aber warum sollen sie ›durch Vernunft ebenso notwendig sein, wie Eigentum zu besitzen‹?

Hegel selbst versucht, eine Antwort zu formulieren. Aus subjektiver Perspektive, also im unmittelbaren Bewusstsein, scheint es an allgemeinen und konkreten *Bedürfnissen* zu liegen, an der guten *Stimmung* des gegenseitigen Wohlwollens schon zwischen Säugling und Eltern, später an irgendeinem *Nutzen* usf., dass die Menschen *gemeinsame Aufmerksamkeiten, Absichten und Handlungen* pflegen, später dann auch die Praxis eines freien und eines vertragsförmigen Gebens, Tauschens und Austauschens. Dennoch sind alle diese Formen der Kooperation selbst »an sich die Vernunft«. Sie sind es nicht anders als der Respekt vor dem jeweils Eigenen – nur in anderer Betrachtung. Sie machen, heißt das, insgesamt »die Idee des reellen ... Daseins der freien Persönlichkeit« aus, nämlich als Gesamt der immer schon relationalen, also im Gesamtkontext der kooperativen Lebensform der Menschen logisch zu begreifenden Praxisformen des freien Personseins. Beim Einzelindividuum und seiner Ontogenese beginnt alles mit dem verschränkten Erwerb von Sprache, Wissen, von Vollzugs- und Bewertungsformen, in Teilnahme an einem längst schon geformten Mitsein. Die Einsicht ist von ungeheurer Bedeutung.

Im Blick auf explizite Verträge oder auch explizite Herstellungen gemeinsamer Absichten in einer konkreten kooperativen Arbeits-

und Leistungsverteilung einer Wir-Gruppe (deren kleinste Form aus uns beiden, dir und mir, besteht) betont Hegel wieder mit vollem begriffsanalytischen Recht die logische Bedeutung transzendentaler bzw. präsuppositionaler Stufungen. Denn jeder explizite Vertrag setzt schon implizit oder empraktisch die *Kooperativität*, also besonders *Vertrauen und Vertrauenswürdigkeit* der Vertragsteilnehmer, voraus. Hegels drückt eben das als gegenseitige Anerkennung der Individuen der (ggf. im Vertrag neu entstehenden und besonderen) Wir-Gruppe »als Personen und Eigentümer« aus, wobei wir sowohl an einen weiten Sinn als auch an engere Begriffe des Eigentums oder Eigenen denken sollen oder dürfen. Nur so verstehen wir auch, inwiefern empraktische Kooperationsformen als Voraussetzung expliziter Verträge und Anerkennungen von Eigentum und diese selbst zu den Verhältnissen »des objektiven Geistes«, also der gemeinsamen personalen Lebensform der Menschen, gehören.

Hegel betont sogar noch einmal, dass ›das Moment der Anerkennung‹ schon in der Lebensform ›enthalten und vorausgesetzt‹ ist.

Zweiter Abschnitt: Der Vertrag

§72

Das Eigentum, von dem die *Seite* des Daseins oder *der Äußerlichkeit* 92
nicht mehr nur eine Sache ist, sondern das Moment eines (und hiemit andern) Willens in sich enthält, kommt durch den *Vertrag* zu Stande, – als den Prozeß, in welchem der Widerspruch, daß Ich für mich seiender, den andern Willen ausschließender Eigentümer insofern *bin* und *bleibe*, als Ich in einem mit dem andern identischen Willen *aufhöre*, Eigentümer zu sein, sich darstellt und vermittelt. (77)

Es kann jetzt als begrifflich geklärt gelten, dass eine Sache oder Ding als Eigentum nicht einfach Sache und Ding, sondern »Moment« meines, deines und unseres Willens ist. Ein Moment ist dabei ein ›holistischer Bestandteil‹ einer komplexen, hier: gemeinsamen Seins- und Vollzugsform. Umgekehrt ›enthält‹ jedes Eigentum den Willen des Eigentümers als Form (des Interesses) nachhaltiger Handlungsplanung ›begrifflich in sich‹, um in einer schon sehr alten (platonischen) Ausdrucksform logischer Reflexion zu sprechen. Wenn Tiere eine Sache oder ein Territorium gegen andere verteidigen, treten trotz gewisser Ähnlichkeiten weder symbolische *Handlungen* noch *Rechtsansprüche* auf, die als solche ein *gemeinsames Handeln* voraussetzen.

Wenn man das Wort »Vertrag« metonymisch liest, also auf implizite gegenseitige Anerkennungen ausweitet – so wie das Wort »Eigentum« im weiten Sinn –, wird es richtig zu sagen, dass alles sachliche Eigentum an äußeren Dingen durch solche ›Verträge‹ zustande kommt. Man sollte Hegel aber keineswegs so lesen, dass er sagte oder meinte, alles Eigentum beruhe auf *expliziten Abmachungen*. Das Gegenteil ist der Fall. Das macht die zunächst ominöse Rede von einem Widerspruch klar zwischen der Vorstellung, mein privates Eigentum sei konstituiert durch meinen Willen, der den Gebrauch der Sache durch andere ausschließt, und der Tatsache, dass dieser mein Wille auf die Anerkennung des Wollens der anderen Personen *angewiesen* ist, also nur *als subjektives Moment in einem gemeinsamen Wollen* voll begreifbar ist. Eben diesen offenbaren Widerspruch drückt Hegels Formulierung aus, dass ich im gemeinsamen Wollen in bestimmtem Sinn »aufhöre, Eigentümer zu sein«. Die Formulierung ist ironisch, typisch dialektisch. Denn sie sagt, dass jeder Eigentümer am Ende nur das an Eigenem hat, *was man ihm lässt oder was wir ihm geben*. Das ist klar in Fällen, in denen ich dir explizit eine Sache gebe, also als dein Eigentum ›vertraglich‹ anerkenne.

§ 73

92 Ich *kann* mich eines Eigentums nicht nur, (§ 65) als einer äußerlichen Sache entäußern, sondern muß durch den Begriff mich desselben als Eigentums entäußern, damit mir *mein* Wille als *daseiend*, gegenständlich sei. (77)

Es ist dann auch unmöglich, eine Sache, die mein Eigentum ist, *unmittelbar* durch ein äußeres Tun wegzugeben und zum Eigentum einer anderen Person zu machen. Auch in der freiesten, der Form nach offensten und bindungsschwächsten Variante des Vertrags, dem *Versprechen*, reicht es nicht nur zu sagen, »ich verspreche dir, ϕ zu tun«. Du musst das Versprechen *annehmen* und am Ende *mit mir zusammen wollen*, dass ich für dich ϕ tue. Auch im Fall einer *Gabe* musst du sie entsprechend haben wollen. Das heißt, wir müssen *beide* die Eigentumsübertragung *gemeinsam* wollen. Und dieses muss uns beiden in einem gewissen Ausmaß bewusst sein. Das heißt, mir muss mein Wille und dein Wille und dir muss dein Wille und mein Wille irgendwie ›als daseiend gegenständlich‹ sein. Erst damit ist uns unser Wollen hinreichend bewusst. Manche *Schenkung* muss sogar notariell ›vom Staat‹ anerkannt und beglaubigt sein.

92 Aber nach diesem Momente ist mein Wille als entäußerter zugleich ein *Anderer*. Dies somit, worin diese Notwendigkeit des Begriffes reell ist, ist *die Einheit* unterschiedener Willen, in der also ihre Unterschiedenheit und Eigentümlichkeit sich aufgibt. Aber in dieser Identität ihres Willens ist (auf dieser Stufe) eben so dies enthalten, daß jeder ein mit dem andern *nicht identischer*, für sich eigentümlicher Wille sei und bleibe. (77 f.)

Hegels Formulierung ist etwas umständlich. Mein Wille wird als entäußerter einfach zu unserem Willen, zur »Einheit unterschiedener Willen«. In meiner Darstellung wird hoffentlich klarer als bei Hegel, in welchem Sinn im gemeinsamen Willen jeder Einzelwille sozusagen aufgehoben ist.

§74

Dies Verhältnis ist somit die Vermittelung eines in der absoluten 93
Unterscheidung fürsichseiender Eigentümer identischen Willens,
und enthält, daß jeder mit seinem und des andern Willen, *aufhört*
Eigentümer zu sein, es *bleibt* und es *wird*; – die Vermittlung des
Willens, ein und zwar einzelnes Eigentum aufzugeben und des Wil-
lens, ein solches, hiemit das eines andern, anzunehmen, und zwar
in dem identischen Zusammenhange, daß das eine Wollen nur zum
Entschluß kommt, insofern das andere Wollen vorhanden ist. | (78) 78

Die (allzu) dichten Formulierungen sind weiterhin nicht (immer) ganz geglückt, was aber angesichts der logischen Komplexität des Sachverhalts mehr als verständlich sein sollte. Man kann sagen, dass der gemeinsame Wille, wie er bei einer Eigentumsübertragung (oder schon in der Anerkennung eines Eigentums anderer) eine zentrale begriffliche Rolle spielt, einerseits die einzelnen Willen der alten bzw. neuen Eigentümer enthält, die andererseits zu einem gemeinsam ›identischen‹ Willen der Form »Wir wollen, dass ϕ«, sozusagen verschmelzen. Hegel spricht von »Vermittlung«. Und er sagt hier das, was ich oben schon gesagt habe: Ich will ›ein, und zwar einzelnes Eigentum aufgeben‹, und du willst es annehmen, »und zwar in dem identischen Zusammenhange, daß das eine Wollen nur zum Entschluß kommt, insofern das andere Wollen vorhanden ist«. Vielleicht sollte man etwas genauer sagen, dass nicht nur der beidseitige Entschluss, sondern auch die Wirksamkeit des Vertrags vom *gegenseitigen Wissen um das Wollen der jeweils anderen Seite* abhängt. Logisch zeigt Hegel hier, dass jedes sachliche *Eigentum* als *Formmoment gemeinsamen Handelns* zu verstehen ist. Alles andere (etwa die Rede von einem Eigentum oder Besitz bei Tieren) ist entweder begrifflicher Widersinn oder bloße Metapher, aus der wir die unsinnigen Inferenzen stillschweigend aussondern oder mit charitabler Vernunft im guten Verstehen aussondern müssen. Das gerade ist die Logik des Verstehens figurativer Redeformen.

§75

Da die beiden kontrahierenden Teile als *unmittelbare* selbstständige 93
Personen sich zu einander verhalten, so geht der Vertrag α) von der
Willkür aus; β) der identische Wille, der durch den Vertrag in das

Dasein tritt, ist nur *ein durch sie gesetzter*, somit nur *gemeinsamer*, nicht an und für sich allgemeiner; γ) der Gegenstand des Vertrags ist eine *einzelne äußerliche* Sache, denn nur eine solche ist ihrer bloßen Willkür, sie zu entäußern (§ 65 ff.) unterworfen. (78)

Im gemeinsamen Wollen zweier Personen verhalten diese sich »als unmittelbare selbständige Personen« zueinander. Hegels bürokratische Rede von kontrahierenden Teilen spielt mit dem Sinn von »Kontrakt«. Ein Vertrag ist in seinem allgemeinsten Sinn ein *gemeinsamer Wille*, eine *gemeinsame Absicht* in einer von beiden ›Parteien‹ anerkannten Kooperationsform mit verteilten ›Rechten‹ (*Entitlements*) und ›Pflichten‹ (*Commitments*). Ausgangspunkt oder Urmomente sind, erstens, die Willkür der beiden Handelnden, die im Prinzip Beliebiges wollen dürfen, zweitens »der identische Wille« der gemeinsamen Absicht, die im »Vertrag in das Dasein tritt«, und drittens der *Inhalt des Vertrags*, der z. B. in der Eigentums- und Nutzungsübertragung eines Dings oder einer äußeren Sache bestehen kann. Wir haben schon gesehen, inwiefern die Sache oder das Ding ›einzeln‹ sein muss. Man kann also nicht einen ganzen Arttyp (wohl aber eine Menge von Einzelsachen) zu eigen haben oder jemandem geben. Denn nur Einzelnes ›ist der bloßen Willkür, sie zu entäußern, unterworfen‹.

Übrigens ist unter β) oder »zweitens« oben noch nicht von einem vorgängigen Gemeinwillen, noch nicht von der *volonté générale*, die Rede, sondern nur erst von einer durch die Willkür der beiden (Vertrags-)Partner gesetzten *gemeinsamen Absicht*.

93 Ⓚ Unter den Begriff vom Vertrag kann daher die *Ehe* nicht subsumiert werden; diese Subsumtion ist in ihrer – Schändlichkeit, muß man sagen, – bei *Kant* (Metaphys. Anfangsgr. der Rechtslehre S. 106 ff.) aufgestellt. – (78 f.)

Hegel kommt auf das abschreckende Beispiel eines falschen Begriffs von einem Vertrag zurück, wie er ihn bei Kant in dessen Charakterisierung der Ehe als Vertrag zum gegenseitigen Gebrauch der Geschlechtsorgane sieht. Er meint nicht etwa, dass die Ehe gar kein Vertrag sei. Insbesondere wird ja der Umgang mit dem gemeinsamen Vermögen vertraglich geregelt (wobei wir zunächst die besonderen Weisen ganz offenlassen können). Ihm geht es hier nur darum, dass das gegenseitige Eheversprechen eine andere Form einer *gemein-*

samen Absicht, das Leben gemeinsam zu führen, artikuliert und dokumentiert. Ein solches *gemeinsames Leben* besteht nicht in distributionell verteilten *Nutzungsrechten* an den Sexualorganen. Die Eheschließung ist keine eigentumsrechtliche ›Umverteilung‹ solcher ›Rechte‹.

Eben so wenig liegt die Natur des *Staats* im Vertragsverhältnisse, 93 Ⓚ
ob der Staat, als ein Vertrag Aller mit Allen oder als ein Vertrag dieser Aller mit dem Fürsten und der Regierung genommen werde. – (79)

Es ist klar, dass Hegel jetzt auch noch die Vertragstheorie des Staates von Thomas Hobbes infrage stellt oder rundheraus ablehnt. Eine explizite Begründung für seine Kritik gibt er nicht, behauptet also bloß erst, dass das Wesen oder der Grund des Staates weder in einem Vertragsverhältnis »aller mit allen« noch »mit dem Fürsten und der Regierung« zu sehen sei. Implizit aber liegt, wie sicher zu vermuten ist, der Grund für die Kritik darin, dass Verträge (jetzt im engeren Sinn) *nur einen gemeinsamen Willen* als gemeinsame Absicht von *Einzelpersonen* konstituieren können – und nicht einen ›an und für sich allgemeinen‹ Willen, wie es J.-J. Rousseaus *volonté générale* im Staat ist und sein muss.

Die Einmischung dieses, so wie der Verhältnisse des Privatei- 93 f. Ⓚ
gentums überhaupt, in das Staats-Verhältnis, hat die größten Verwirrungen im Staatsrecht und in der Wirklichkeit hervorgebracht. Wie in frühern Perioden die Staatsrechte und Staatspflichten als ein unmittelbares Privateigentum besonderer Individuen gegen das Recht des Fürsten und Staats angesehen und behauptet worden, so sind in einer neueren Zeitperiode die Rechte des Fürsten und des Staats als Vertrags-Gegenstände und auf ihn gegründet, als ein bloß *Gemeinsames* des Willens und aus der Willkür der in einen Staat Vereinigten hervorgegangenes, betrachtet worden. – So verschieden einerseits jene beide Standpunkte sind, so haben sie dies gemein, die Bestimmungen des Privateigentums in eine Sphäre übergetragen zu haben, die von ganz anderer und höherer Natur ist. – Siehe unten: Sittlichkeit und Staat. – (79)

Hegel hat ohne jeden Zweifel recht, die Sphäre und Formen des Privateigentums und der privaten Verträge zwischen Einzelpersonen systematisch von ganz anderen ›höheren‹ Sphären zu unterscheiden wie der Sittlichkeit bzw. des Staates, die viel allgemeiner sind und sogar zu den Voraussetzungen, den Bedingungen der Möglichkeit, der personalen Rechte und Verträge (im weiten bzw. engeren Sinn) gehören. Es ist sogar ein Hauptanliegen von Hegels Revision der Naturrechtsdebatte und der Vertragsmetaphern bei Hobbes, »die größten Verwirrungen im Staatsrecht und in der Wirklichkeit« zu überwinden, welche sich aus dem Mangel einer Unterscheidung der Sphären des zwar je konkretisierten, aber immer ganz allgemeinen Ethos der Sittlichkeit auf der eine Seite, einem gemeinsamen Handeln von Individuen mit einem abstrakten Eigentums- und Vertragsrecht in Hintergrund auf der anderen Seite ergeben.

Man war und ist (logisch) naiv, wo man den je in ihrem Status und ihren Rollenfunktionen ausdifferenzierten individuellen Personen unmittelbare »Staatsrechte und Staatspflichten« »gegen das Recht des Fürsten und Staats« zuschreibt. Nicht anders steht es aber auch, wenn man mit Hobbes die »Rechte des Fürsten und des Staats« auf fiktive Verträge gründet, »als ein bloß Gemeinsames des Willens und aus der Willkür der in einen Staat Vereinigten Hervorgegangenes«. In beiden Fällen werden die personalen und bürgerlichen Praxisformen des Eigentums und des Vertrags, der personalen und staatsbürgerlichen Rechte und Pflichten als schon von irgendeiner Natur oder Vernunft irgendwie gegeben vorausgesetzt. Ihr wirklicher, transzendental präsupponierter Rahmen, die tradierte Sittlichkeit und der geschichtliche Staat als Rahmenformation, wird nicht weiter bedacht, ja, kann so gar nicht bedacht werden.

§76

94 *Formell* ist der Vertrag, insofern die beiden Einwilligungen, wodurch der gemeinsame Wille zu Stande kommt, das negative Moment der Entäußerung einer Sache und das Positive der Annahme derselben, an die beiden Kontrahenten verteilt sind; – *Schenkungsvertrag*. – *Reell* aber kann er genannt werden, insofern *jeder* der *beiden* kon-
79 trahierenden Willen die | Totalität dieser vermittelnden Momente ist, somit darin eben so Eigentümer wird und bleibt; – *Tauschvertrag*. (79)

Es ist von untergeordneter Bedeutung, eine einseitige vertragliche Schenkung »formell« und einen Tausch »reell« zu nennen; ich halte beides nicht wirklich für hilfreich. Interessant ist aber, dass Hegel mit vollem Recht etwas betont, was ich oben schon hervorgehoben habe, nämlich, dass schon bei der Schenkung oder einer freien Gabe die Annahme und damit die Einwilligung beider vorausgesetzt ist – was am parallelen Fall des Versprechens in der Analyse des performativen ›saying so, makes it so‹ in John Searles Sprechakttheorie und schon bei J. L. Austin ganz übersehen wird. Daher verstehen Austin und Searle oder auch der Rechtsphilosoph H. L. A. Hart das Versprechengeben noch nicht als *gemeinsames Handeln* – weil sie nur *implizit voraussetzen*, das *Versprechen werde angenommen*. Es reicht aber nicht, diese Annahme des Versprechens nur in der Meinung dessen vorkommen zu lassen, der das Versprechen gibt.

Hegels Rede vom ›negativen Moment der Entäußerung einer Sache‹ und dem ›positiven der Annahme derselben‹ ist jetzt relativ leicht zu verstehen. Sie ist nur etwas zu bombastisch formuliert. Das gilt erst recht für die Rede von einer ›Totalität der vermittelnden Momente‹ im Tausch, ›darin jeder ebenso Eigentümer wird und bleibt‹. Gemeint ist einfach, dass im Tausch oder Kauf die gegenseitige Anerkennung einen (zunächst situationsabhängigen) Tauschwert erzeugt: Die beiden Güter (von denen das eine Gold oder Geld sein kann) werden getauscht und damit (lokal und faktisch) *von beiden* Partnern als wertäquivalent gesetzt.

§ 77

Indem jeder im reellen Vertrage *dasselbe* Eigentum behält, mit welchem er eintritt und welches er zugleich aufgibt, so unterscheidet sich jenes *identisch* bleibende als das im Vertrage *an sich* seiende Eigentum, von den äußerlichen Sachen, welche im Tausche ihren Eigentümer verändern. Jenes ist der *Wert*, in welchem die Vertragsgegenstände bei aller qualitativen äußern Verschiedenheit der Sachen einander *gleich* sind, das *Allgemeine* derselben (§ 63). (80) 94

Meine Deutung bestätigt sich unmittelbar. Denn »im reellen Vertrage« des Tauschs behält jeder »dasselbe Eigentum« nur qua abstraktem Tauschwert, der noch nicht einmal immer schon situationsunabhängig sein muss. Weder ist die Symmetrie automatisch gewährleistet – nicht jeder Tausch oder Kauf lässt sich rückgängig machen – noch die Transitivität: Wenn Person *B* ein *Y* von Person *A* gegen sein *X* eintauscht und eine Person *C* ein *Z* für das *Y* von *B* gibt, dann braucht es noch lange keine Person *D* (etwa *A*) zu geben, welche (später) mit *B* das *Z* für das *X* eintauscht. Freilich wird man das Tauschen unter Umständen dadurch ›reell‹ oder ›rational‹ zu machen streben, dass man sich dem Ideal eines symmetrischen und transitiven Äquivalententauschs annähert – und momentane Tauschaktionen eines Hans im Glück vermeidet, der am Ende seiner Zwischenschritte bei einer bloßen Schenkung ohne Gegenleistung landet, obwohl alle Tauschaktionen ›formelle‹ Verträge und als solche fair und gültig sind.

Ich sage nicht, dass Hegel all das schon im Detail sieht und ausführt. Aber er sieht, dass ›der Wert‹ einer Sache sich als Abstraktum aus einer faktisch anerkannten Wertäquivalenz im Tausch ergibt. Es ist im rationalen Fall eines *cum grano salis* (also ohne Berücksichtigung von Transaktionskosten) symmetrischen und transitiven Tauschs der Tauschwert der getauschten Dinge oder Sachen, welcher ›identisch bleibt‹. Hegel nennt ihn nicht sehr glücklich »das im Vertrage an sich seiende Eigentum« der »äußerlichen Sachen, welche im Tausche ihren Eigentümer verändern«. Wertmäßig sind die »Vertragsgegenstände bei aller qualitativen äußeren Verschiedenheit der Sachen einander gleich«, nun ja, unter den skizzierten Bedingungen; sonst scheinen sie möglicherweisen nur für manche der Tauschenden momentan als gleich, wie im Fall von Hans im Glück: Ein (gesundes) Pferd ist eben mehr wert als eine Kuh und diese mehr wert als eine Ziege etc., wenn man betrachtet, was man allgemein bereit ist zu tauschen.

94f. Ⓚ Die Bestimmung, daß eine laesio enormis die im Vertrag eingegangene Verpflichtung aufhebe, hat somit ihre Quelle im Begriffe des Vertrags und näher in dem Momente, daß der Kontrahierende durch die Entäußerung seines Eigentums, *Eigentümer* und in näherer Bestimmung, quantitativ derselbe *bleibt*. (80)

Ein formal korrekter Tausch kann freilich rechtlich als unbillig gelten, wenn die allgemeinen Werte der Sachen enorm differieren. Das führt zur »Bestimmung, daß eine *laesio enormis* die im Vertrag eingegangene Verpflichtung aufhebe«, also dass ein solcher Tausch oder Kauf rückgängig gemacht werden kann – unter gewissen Umständen und Rahmenbedingungen. Hier geht es nur darum, dass eine solche Bestimmung, wo immer sie herrscht, »ihre Quelle im Begriffe des Vertrags« hat, der als solcher ausschließt, dass einer der Tauschenden vom anderen über den allgemeinen Wert der getauschten Sache *getäuscht* wird. Zwar ist der gemeinsame Wille der Tauschenden rein aktual, so dass dem, der frei tauscht, ›eigentlich‹ kein Schaden angetan wird: *volenti non fit iniuria*. Aber nur selten kann man den Wert einer Sache unmittelbar und vollständig prüfen, da dieser immer auch von inferentiellen Dispositionen wie seiner Gebrauchstüchtigkeit oder dem oben skizzierten Werterhalt im weiteren Tausch abhängt. Man bleibt daher immer auch von Versicherungen z. B. eines Verkäufers abhängig – was zeigt, welche Rolle »Treu und Glauben« im Tauschhandel spielen. Wir sehen damit, was sich hinter der nur scheinbar einfachen Rede von der quantitativen Gleichheit des Wertes im Tausch schon bis jetzt verbirgt.

Die Verletzung aber ist nicht nur enorm (als eine solche wird sie angenommen, wenn sie die *Hälfte* des Werts übersteigt), sondern *unendlich*, wenn über ein *unveräußerliches* Gut (§ 66) ein Vertrag oder Stipulation überhaupt zu ihrer Veräußerung eingegangen wäre. – (80) 95 Ⓚ

Hegel erwähnt eine Praxis der Bewertung der Unbilligkeit eines Tausches, die mit der »Hälfte des Werts« operiert – was freilich voraussetzt, dass man etwa einen relativ stabilen Geldwert der Sache bestimmen kann, was keineswegs immer einfach sein mag. Ein Vertrag kann aber auch ›unendlich‹ unbillig und die Bedingungen eines rechtlich erlaubten Kontrakts absolut nicht erfüllen, etwa wenn ein unveräußerliches Gut (sagen wir: die Leber oder beide Nieren und damit das Leben) einer Person gegen Geld oder die Sorge für Angehörige eingetauscht wird. Der schon erwähnte Fall eines Auftragsmordes gehört ebenfalls hierher.

Eine *Stipulation* übrigens ist zunächst ihrem Inhalte nach vom Vertrage unterschieden, daß sie irgend einen einzelnen Teil oder Moment des ganzen Vertrags bedeutet, dann auch daß sie die *förmliche* Festsetzung desselben ist, wovon nachher. Sie enthält nach jener Seite nur die formelle Bestimmung des Vertrags, die Einwilligung des einen, etwas zu leisten und die Einwilligung des andern zu sein, es anzunehmen; sie ist darum zu den sogenannten *einseitigen* Verträgen gezählt worden. Die Unterscheidung der Verträge in einseitige und zweiseitige, so wie andere Einteilungen derselben im römischen Rechte sind teils oberflächliche Zusammenstellun- 95 Ⓚ

gen nach einer einzelnen oft äußerlichen Rücksicht, wie der Art und Weise ihrer Förmlichkeit, teils vermischen sie unter andern auch Bestimmungen, welche die Natur des Vertrags selbst betreffen und solche, welche sich erst auf die Rechtspflege (actiones) und die rechtlichen Wirkungen nach dem positiven Gesetze beziehen, oft aus ganz äußerlichen Umständen herstammen und den Begriff des
80 Rechts verletzen. | (80 f.)

Die Stipulation ist eine Art Verbalkontrakt – ganz nach Art eines Versprechens. Sie besteht z. B. in der (manchmal sozusagen rituell abgefragten) Zustimmung des ›Schuldners‹ auf die Frage des ›Gläubigers‹, ob (ab jetzt) eine gewisse Vereinbarung besteht. Einseitig ist dabei nur die Äußerungsform, nicht der Vertrag, so wie im Fall des Versprechens auch: Ein Sprecher kann einer anderen Person nur etwas versprechen, wenn diese das Versprechen annimmt, was freilich häufig implizit angenommen wird. Für uns sind die weiteren Bemerkungen zum Begriff der Stipulation nicht relevant – außer dass auch wir zwischen einem Vertragsentwurf, dem ›fertigen‹ Vertrag in seinem Inhalt und einem ›abgeschlossenen‹ bzw. ›anerkannten‹ Vertrag unterscheiden. Vom Wesen eines solchen Vertrags zu unterscheiden sind die Schritte oder Aktionen der Rechtspflege – etwa vor einem Notar bei einem Hauskauf.

§ 78

95 f. Der Unterschied von Eigentum und Besitz, der substantiellen und der äußerlichen Seite (§ 45), wird im Vertrag, zu dem Unterschiede des gemeinsamen Willens als *Übereinkunft*, und der Verwirklichung derselben durch die *Leistung*. Jene zu Stande gekommene Übereinkunft ist, für sich im Unterschiede von der Leistung, ein Vorgestelltes, welchem daher nach der eigentümlichen Weise des *Daseins* der *Vorstellungen* in *Zeichen* (Encyklop. der philosoph. Wissenschaften, § 379 f.), ein besonderes *Dasein*, in dem Ausdrucke der *Stipulation* durch Förmlichkeiten der *Gebärden* und anderer symbolischer Handlungen, insbesondere in bestimmter Erklärung durch die *Sprache*, dem der geistigen Vorstellung würdigsten Elemente, zu geben ist. (81)

Eigentum ist im Unterschied zum zeitweiligen Besitz das substantiellere. Hegel sieht beim Vertrag eine Parallele zum gemeinsamen

Willen in der Übereinkunft und der Erfüllung des Vertrags durch die Leistung. Wie im Fall des Versprechens kann man den Unterschied auch bei einem Vertrag so erläutern: Es gibt Bedingungen, die erfüllt sein müssen, damit überhaupt ein Versprechen gegeben wird bzw. der Vertrag zustande kommt – was die Verpflichtung begründet, das Versprechen bzw. den Vertrag zu erfüllen. Und es gibt die Erfüllung des Versprechens bzw. des Vertrags, nach welcher sich keine weiteren Ansprüche aus ihm ›ableiten‹ lassen, wie wir sagen.

Eine Übereinkunft wird symbolisch repräsentiert, manchmal durch Handschlag, manchmal in wörtlicher Abmachung oder als formelle Stipulation oder Entschlusserklärung wie im römischen Recht. Diese ist explizite (und erneute) Anerkennung eines gemeinsamen Beschlusses. Der Inhalt ist normalerweise sprachlich, manchmal schriftlich fixiert. Hegel wiederholt hier die auch an anderen Stellen zu findende Bemerkung, dass die sprachliche bzw. schriftliche Form die beste, würdigste, genaueste Form der symbolischen Repräsentation begrifflicher bzw. geistiger Inhalte ist.

Die Stipulation ist nach dieser Bestimmung zwar die Form, wo- 96 Ⓚ
durch der im Vertrag *abgeschlossene* Inhalt als ein erst *vorgestellter* sein Dasein hat. Aber das Vorstellen ist nur Form und hat nicht den Sinn, als ob damit der Inhalt noch ein subjektives, so oder so zu wünschendes und zu wollendes sei, sondern der Inhalt ist die durch den Willen vollbrachte Abschließung hierüber. (81)

Wie der Sprecher mit der Intonation beim Behaupten (oder Freges schriftlicher Urteilsstrich) formell sagt, dass der folgende Inhalt wahr und verlässlich ist, bestätigt die im Verfahren der Stipulation befragte Partei, dass (aus ihrer Sicht) der Vertrag geschlossen ist, oder wie es Hegel ausdrückt, dass »der im Vertrag abgeschlossene Inhalt« wirklich »sein Dasein hat«. Die Stipulation ist damit eine Art formelle Willenserklärung oder ihre formelle Bestätigung. Dabei muss der Inhalt des Vertrags durch eine gemeinsam anerkannte Inhaltsbestimmung und nicht etwa durch bloß subjektive Vorstellungen oder Wünsche jeweils einer der Parteien bestimmt sein. Wieder ist Hegels Formulierung suboptimal; aber der Gedanke ist treffend und völlig richtig.

§79

96 Die Stipulation enthält die Seite des Willens, daher das *Substantielle* des Rechtlichen im Vertrage, gegen welches der, insofern der Vertrag noch nicht erfüllt ist, noch bestehende Besitz für sich nur das Äußerliche ist, das seine Bestimmung allein in jener Seite hat. Durch die Stipulation habe ich ein Eigentum und besondere Willkür darüber aufgegeben, und es ist *bereits Eigentum des andern* geworden, ich bin daher durch sie unmittelbar zur *Leistung* rechtlich verbunden. (82)

Wie das Geben eines Versprechens bindet mich die Stipulation an den Vertrag, also seinen Inhalt. Insofern enthält die Stipulation als für sich nur einseitige Willenserklärung »das Substantielle des Rechtlichen im Vertrage«, nämlich im Kontext eines gemeinsamen Wollens, das den parallelen Entschluss auf der Seite des Vertragspartners freilich präsupponiert – gerade so, wie beim Versprechengeben die Annahme häufig präsupponiert ist. Solange dann »der Vertrag noch nicht erfüllt ist«, bin ich an ihn vermöge eben der Willenserklärung der Stipulation gebunden. Als Schuldner muss ich entsprechend dem Gläubiger die Schuld abtragen oder sonstige übernommene Verpflichtungen erfüllen.

96 Ⓚ Der Unterschied von einem bloßen Versprechen und einem Vertrag liegt darin, daß in jenem das, was ich schenken, tun, leisten wolle, als ein *Zukünftiges* ausgesprochen ist und noch eine *subjektive* Bestimmung meines Willens bleibt, die ich hiemit noch ändern kann. Die Stipulation des Vertrags hingegen ist schon selbst das *Dasein* meines Willensbeschlusses in dem Sinne, daß ich meine Sache hiemit veräußert, sie *itzt* aufgehört habe mein Eigentum zu sein und daß ich sie bereits als Eigentum des Andern anerkenne. Die römische Unterscheidung zwischen pactum und contractus ist von schlechter Art. – (82)

Im Unterschied zu einem freien Versprechen ist ein Vertrag schon eine Sache des positiven Rechts. Hegels Analyse des Versprechens ist nicht ganz richtig. Ein Versprechen liegt zwar näher an einer Absichtserklärung, später etwas zu tun, was das gegebene Versprechen (etwas zu schenken, zu tun, zu leisten) erfüllt. Genau genommen kann ich aber auch ein Versprechen nicht einseitig ändern, sondern ich kann nur bitten, von meinem Versprechen entbunden zu werden. Ändert man seine Absicht und erfüllt das Versprechen nicht, so bricht man das Versprechen auf die gleiche Weise, wie man einen Vertrag bricht, den man nicht erfüllt. Im Fall einer formellen Schenkung freilich oder eines Tausches bzw. Verkaufs geht mit der »Stipulation des Vertrags« mein Eigentum (›eigentlich‹) schon unmittelbar in den Besitz (genauer: das Eigentum) des anderen über. Dabei gibt es keinen Unterschied zwischen Pakt (*pactum*) und Kontrakt, Vertrag (*contractus*).

Fichte hat einst die Behauptung aufgestellt, daß die *Verbindlichkeit*, den Vertrag zu | halten, nur erst mit der *beginnenden* Leistung des andern für mich *anfange*, weil ich vor der Leistung in der Unwissenheit darüber sei, ob der andere es *ernstlich* mit seiner Äußerung *gemeint* habe; die Verbindlichkeit vor der Leistung sei daher nur *moralischer*, nicht rechtlicher Natur. (82) 96f. Ⓚ 81

Fichtes Bemerkung, bei einem Tauschvertrag beginne der Zeitpunkt der ›rechtlichen‹ Verbindlichkeit einer Leistung erst, wenn die andere Partei mit ihrer Leistung anfange, vorher sei sie nur erst moralischer Natur, also bloß erst ein freies Versprechen, ist ganz offenbar abwegig. Die Verpflichtung beginnt mit dem, was Hegel in Übernahme aus dem römischen Recht »Stipulation« nennt und wir jetzt als beidseitige Willenserklärung im Abschluss des Vertrags klar begreifen können. Der Witz von Verträgen ist ja unter anderem, dass die Kooperation als gemeinsames Handeln mit zum Teil separaten Teilhandlungen auch zu verschiedenen Zeiten und an unterschiedlichen Orten funktionieren und ggf. auch durch Sanktionen bei Vertragsbruch gesichert werden soll, unabhängig davon, ob das Tun der anderen jeweils noch unmittelbar überwacht werden kann. Das zeigt sich schon im Tausch oder Kauf von Gütern, der, wie man seit jeher weiß, wegen der möglichen zeitlichen Differenz von ›Leistung‹ und ›Bezahlung‹ immer auch prekär war und ist.

Fichte hätte nur recht, darauf zu pochen, dass ein *gewisser Anteil an freier moralischer Kooperation*, also an Treu und Glauben, auch in vertraglich geregelten Kooperationen noch enthalten ist.

Das Problem der Reihenfolge von Leistungsfortschritt und Bezahlung zeigt sich besonders deutlich im Kontext eines notariell abgesicherten Kaufs einer erst noch fertigzustellenden Immobilie. Wilhelm Wundt weist auf ein anderes Beispiel aus Sri Lanka hin: Bergvölker tauschten mit Sesshaften der Ebene, indem sie Tauschangebote vor die Hütten legten und bei Annahme Gegengaben erwarteten. Blieben diese aus, liefen die Hüttenbewohner Gefahr, irgendwann einmal aus dem Hinterhalt von einem vergifteten Pfeil getroffen zu werden.

Es ist wichtig zu sehen, dass Hegel mit Recht auch Leistungen zu den Sachen des Tausches zählt, so dass die Frage nach der Praxis vertraglichen Eigentums im Tausch und Kauf nicht nur bleibende Dinge als Resultat einer Herstellung betrifft, sondern insgesamt als Regelung von Kooperation auf der Grundlage der Herstellung eines gemeinsamen Willens zu begreifen ist. Zubereitete Nahrung zum Beispiel wird ja einfach verzehrt und ist kein bleibendes Ding – und doch sollten wir den Koch wohl entlohnen. Die Hilfe bei einer Arbeit schlägt sich zumeist nicht sichtbar an einem hergestellten Ding nieder – und muss doch ›berechnet‹ werden, wie Marx in seiner Arbeitswertlehre in einer Verschärfung des oben skizzierten Wertbegriffs betont.

97 Ⓚ Allein die Äußerung der Stipulation ist nicht eine Äußerung überhaupt, sondern enthält den zu Stande gekommenen *gemeinsamen Willen,* in welchem die Willkür der *Gesinnung* und ihrer Änderung sich aufgehoben hat. (82)

Gerade in der philosophischen Analyse performativer ›Sprechakte‹ sieht der Fortschritt gegenüber dem Wissen der Tradition, von Platon bis Hegel, weit größer aus, als er ist. Dabei sollen die Leistungen von J. L. Austin (besonders in *How to do Things with Words* und *A Plea for Excuses*) und ihre Anwendungen auf die Sprache des Rechts bei H. L. A. Hart (*The Concept of Law*) und ihren Nachfolgern (wie John Searle, Eike von Savigny und vielen anderen) auf keinen Fall kleingeredet werden. Es kommt aber entscheidend darauf an, das Neue in der vielleicht etwas besser verständlicheren Artikulationsform im Kontext alten Wissens zu begreifen – und nicht zu meinen, die Inhalte wären neu. Hegel spricht hier nämlich ganz offensichtlich und explizit zum gleichen Thema wie J. L. Austin in *How to do things with words*, nämlich zur Differenz zwischen einer bloßen verbalen Äußerung und ihrer ›illokutionären Rolle‹, wie man in akademischer Kommentarsprache seit Austin sagt. Die Äußerungen der »Stipulation«, also die performativ vollzogenen Willenserklärungen der Parteien bei Vertragsschluss (oder in einer rückblickenden Anerkennung eines schon bestehenden Vertrags) sind nicht bloße Äußerungen »überhaupt« (also keine bloßen ›lokutionären Akte‹). Es wird auf die Frage, ob der Vertrag gelte, zwar verbal »ja« gesagt, aber das ist keine ›Aussage‹, sondern setzt den Vertrag in Kraft. Der Vertrag wird in und mit dieser Sprechhandlung *geschlossen* (bzw. als geschlossen bestätigt). Die Aktualisierung der äußeren Form *zählt als Vertragsschluss, bedeutet* also, dass ein *gemeinsamer Wille* gebildet wird, der durch seinen Inhalt, die konkrete Form der beschlossenen Kooperation oder Zusammenarbeit, die Parteien bindet. Sie sind ab jetzt sowohl *sich selbst als Personen* in der Wir-Gruppe, sozusagen, als auch eben damit *den anderen Personen* gegenüber *verpflichtet*, den Vertrag zu erfüllen. In der gemeinsamen Absicht und dem Vertrag, der den gemeinsamen Vorsatz sozusagen ratifiziert, ist »die Willkür der Gesinnung« positiv aufgehoben und es ist die Erlaubnis zu ihrer einseitigen Änderung negativ aufgehoben, also ausgeschlossen oder ›verboten‹.

Es handelt sich deswegen nicht um die Möglichkeit, ob der andere *innerlich* anders gesinnt gewesen oder geworden sei, sondern ob er das Recht dazu habe. (82 f.) 97 Ⓚ

Es spielt für die *Geltung* des Vertrags (wie schon eines Versprechens) gar keine Rolle, ob der, welcher laut »ja« sagt, wie ein Kind hinter dem Rücken die Finger kreuzt und leise bei sich »nein« meinen zu können glaubt, also gar nicht die ›Absicht‹ oder ›Gesinnung‹ hat, den Vertrag (oder auch das Versprechen) zu halten.

Wenn der andere auch zu leisten anfängt, bleibt mir gleichfalls die Willkür des Unrechts. (83) 97 Ⓚ

Hegels Überlegung dazu, dass die übernommene Verpflichtung mit dem Abschluss des Vertrages bis zu seiner Erfüllung gilt und durch keine weiteren zeitlichen oder situationellen Umstände eingeschränkt ist, ist zwar *prima facie* einsichtig, fast selbstverständlich. Sie hat aber, wenn man die allgemeine Form der Verpflichtung durch das (abstrakte) Recht begreift, *außerordentliche Bedeutung* für die ›Überzeitlichkeit‹ der Erfüllung und, bei Vertragsbruch, des Rechts auf ›Strafe‹ als eine Art Ersatzerfüllung, zwangsweise eingetrieben im Rahmen staatlicher Rechtspflege.

So, wie die Erfüllung des Vertrags (oder eines Versprechens) keine weiteren Forderungen offenlässt, ›entbindet‹ auch die Ableistung von Strafe (ggf. zusammen mit einer Kompensation des angerichteten Schadens): Sie setzt, um es mit den Metaphern aus dem Baseball bei David Lewis und Robert Brandom zu sagen, das Konto des *Scorekeepings* der offenen Verpflichtungen in der betreffenden Sache quasi auf

Null und restituiert das Individuum sozusagen rechtlich wieder als vertragsfähige Person – die wir im Prinzip wieder als vertrauenswürdig ansehen sollen. Staatliche Strafe für ein Verbrechen oder einen Rechtsbruch ist also weder einfach als Ersatz für private Rache noch rein als Abschreckung anderer zu verstehen und begründen, sondern fungiert zumindest *auch* als öffentliche *Restitution der Personalität*, die der Täter in seiner Tat sozusagen selbst negiert hat. Vor Ableistung der Strafe ist er gewissermaßen nicht als *vertrauenswürdige Person* anzuerkennen.

97 Ⓚ Jene Ansicht zeigt ihre Nichtigkeit gleich dadurch, daß das Rechtliche des Vertrags auf die schlechte Unendlichkeit, den Prozeß ins Unendliche, gestellt wäre, auf die unendliche Teilbarkeit der Zeit, der Materie, des Tuns u. s. f. (83)

Fichtes Denkfehler liefert Hegel zugleich einen Anlass, das zu erläutern, was er »schlechte Unendlichkeit« nennt, nämlich einen empirischen »Prozess ins Unendliche«, hier: der unendlichen Teilbarkeit der Zeit, der Materie, des Tuns usf. Gälte der Vertrag nicht ab Vertragsschluss zeitlich unabhängig vom Beginn des Handelns der Vertragspartner, gäbe es gar keinen Vertrag und es käme am Ende sogar ein gemeinsames Wollen und Handeln nie anders als zufällig zustande.

97 Ⓚ Das *Dasein*, das der *Wille* in der Förmlichkeit der Gebärde, oder in der für sich bestimmten Sprache hat, ist schon sein als des intellektuellen, vollständiges Dasein, von dem die Leistung nur die selbstlose Folge ist. – (83)

Hegel erläutert nun noch das auch von Austin und Searle hervorgehobene ›saying so makes it so‹ im moralischen Versprechen und Vertragsschluss. Er sagt nicht anders als später Austin, dass mein äußerer Vollzug der symbolischen Handlung (nun, unter den oben schon diskutierten Bedingungen) schon der Vertragsschluss von meiner Seite *ist* und die genannten Verpflichtungen (*Commitments*) zur Leistung zur Folge *hat*. Das Wort »selbstlos« drückt bei Hegel aus, dass (ab jetzt) meine Verpflichtungen und deine Ansprüche unabhängig davon bestehen, was jeder von uns selbst über sie zu meinen beliebt. Sie bestehen also ›objektiv‹.

97 Ⓚ Daß es übrigens im positiven Rechte sogenannte *Real-Kontrakte* gibt, zum Unterschiede von sogenannten *Konsensual*-Kontrakten

in dem Sinne, daß jene nur für vollgültig angesehen werden, wenn zu der Einwilligung die wirkliche Leistung (res, traditio rei) hinzukommt, tut nichts zur Sache. Jene sind teils die besondern Fälle, wo mich diese Übergabe erst in den Stand setzt, meinerseits leisten zu können, und meine Verbindlichkeit, zu leisten, sich allein auf die Sache, insofern ich sie in die Hände erhalten, bezieht, wie beim Darlehn, Leih-Kontrakt und Depositum, (was auch noch bei andern Verträgen der Fall sein kann); – ein Umstand, der nicht die Natur des Verhältnisses der Stipulation zur Leistung, sondern die Art und Weise des Leistens betrifft – teils bleibt es überhaupt der Willkür überlassen, in einem Vertrag zu stipulieren, daß die Verbindlichkeit des einen zur Leistung nicht im Vertrage als solchem selbst liegen, sondern erst von der Leistung des andern abhängig sein solle. (83)

Wir hatten schon die Eigentumsübertragung einer Immobilie vom Hersteller ›Zug um Zug‹ als Beispiel für sogenannte ›Real-Kontrakte‹ betrachtet. Hegel hat völlig recht, dass deren Existenz seine Kritik an Fichte und die grundsätzliche Analyse des Vertragsbegriffs nicht berührt. Im Grunde bleibt jeder bilaterale oder auch multilaterale Vertrag ein ›Konsensual-Kontrakt‹. Denn es liegt nur an einer besonderen Abmachung, dass manchmal zur allgemeinen Einwilligung die wirkliche Leistung hinzukommt, um eine weitere Gegenleistung als verpflichtend zu begründen. Manchmal kann man die Dinge nicht anders regeln, etwa wenn mich eine Vorleistung von dir allererst in den Stand setzt, meinerseits etwas leisten zu können, das du zur Fortsetzung deines Tuns brauchst usf. Gerade auch bei der Absicherung eines Darlehens für eine erst herzustellende Immobilie durch diese selbst kann das eine enorme Rolle spielen. Hier ist nur wichtig, dass das nicht das wesentliche Verhältnis von Vertragsschluss und Verpflichtung zur Leistung betrifft, wie Fichte suggeriert, »sondern die Art und Weise des Leistens« selbst.

§80

Die *Einteilung* der Verträge und eine darauf gegründete verständige 98
Abhandlung ihrer Arten ist nicht von äußerlichen Umständen, sondern von Unterschieden, die in der Natur des Vertrags selbst liegen, herzunehmen. – Diese Unterschiede sind der von formellem und von reellem Vertrag, dann | von Eigentum und von Besitz und Ge- 82

brauch, Wert und von spezifischer Sache. Es ergeben sich demnach *folgende Arten*: (Die hier gegebene Einteilung trifft im Ganzen mit der Kantischen Einteilung Metaphys. Anfangsgründe der Rechtslehre S. 120 ff. zusammen und es wäre längst zu erwarten gewesen, daß der gewöhnliche Schlendrian der Einteilung der Verträge in Real- und Konsensual-[,] genannte und ungenannte Kontrakte u. s. f. gegen die vernünftige Einteilung aufgegeben worden wäre.) (83 f.)

Hegel kommentiert hier den Status seiner begrifflichen Arbeit und bettet sie ein in das, was schon Kant im ersten Teil der *Metaphysik der Sitten* unter dem Titel »Metaphysische Anfangsgründe der Rechtslehre« § 31 abgehandelt hat – wo Kant auch so interessante Fragen stellt wie »Was ist Geld?«, »Was ist ein Buch« und Sätze aufstellt wie: »Der Büchernachdruck ist von rechtswegen verboten«. Dabei beruft sich Hegel zunächst positiv auf Kant, nach dessen Vorarbeiten er es für überfällig hält, den ›gewöhnlichen Schlendrian der Einteilung der Verträge in Real- und Konsensual-, genannte und ungenannte Kontrakte usf.‹ durch eine vernünftige Einteilung zu ersetzen.

Es ist hier nicht der Ort, im Detail die *Unterschiede* zwischen Kants ›metaphysischer‹ (weil ›synthetisch-apriorischer‹) Grundlegung der ›Rechtslehre‹ und Hegels logischer (bzw. ›materialbegrifflicher‹) Analyse in den *Grundlinien der Philosophie des Rechts* herauszuarbeiten. Wichtig ist nur, die Rechtsphilosophie als Unternehmung zu begreifen, dem klassischen Naturrecht *und* den (höchst problematischen) kantischen Ansprüchen eines synthetisch-apriorischen Vernunftrechts eine freiheitsrechtliche Wendung bzw. Neubegründung zu geben.

Ein allgemeiner Punkt ist allerdings zu beachten. Hegel scheint in einem ganzen Heer von Lesern Kants der einzige zu sein, der dessen transzendentalanalytische Ansätze der expliziten Reflexion auf präsuppositionslogische Stufen (auch der Evaluation von Geltungsansprüchen) in den ›theoretischen‹ Begriffen des Wissens, der Wahrheit und der Objektivität und den ›praktischen‹ des allgemeinen Rechts, der subjektiven Moralität und der besonderen Sittlichkeit einer gemeinsamen personalen Lebensform so zu Ende denkt, dass sie weder einfach kantkritisch als idealistisch verfehlt unterschätzt, noch kantfromm und vernunftdogmatisch überschätzt werden. Hegel vermeidet z. B. auch Kants obskure Unterscheidung zwischen dem Intelligiblen und dem Empirischen und ersetzt sie durch die

Unterscheidung zwischen allgemeingenerischen Unterschieden und Folgen, besonderen Ausdifferenzierungen und den vielen (Mengen von) einzelnen Anwendungen, die mehr oder weniger gut, also begriffsbestimmt, oder kontingent und dabei privativ sein können. – Es sieht nur oberflächlich so aus, als folge Hegel einfach Kants Einteilung der Verträge. Aber er stimmt ihm darin völlig zu, dass eine »verständige Abhandlung ihrer Arten« nicht von »äußerlichen Umständen, sondern von Unterschieden, die in der Natur des Vertrags selbst liegen, herzunehmen« sind. Das führt zur Unterscheidung des ›formellen‹, bei Kant: ›wohltätigen‹ Vertrags, vom ›reellen‹, bei Kant: ›belästigten‹ Vertrag. Außerdem nennt Hegel die Differenzierung zwischen Eigentum und Besitz, Gebrauch, Wert und spezifischer Sache.

A) *Schenkungsvertrag*, und zwar 98 Ⓚ

1) einer Sache; eigentlich sogenannte *Schenkung*,

2) das *Leihen* einer Sache, als Verschenkung eines *Teils* oder des *beschränkten Genusses* und *Gebrauchs* derselben, der Verleiher bleibt hiebei *Eigentümer* der Sache; (mutuum und commodatum ohne Zinsen). Die Sache ist dabei entweder eine *spezifische*, oder aber wird sie wenn sie auch eine solche ist, doch als eine allgemeine angesehen oder gilt (wie Geld) als eine für sich allgemeine.

3) Schenkung einer *Dienstleistung* überhaupt, z. B. der bloßen Aufbewahrung eines Eigentums (depositum); – die Schenkung einer Sache mit der besondern Bedingung, daß der andere erst Eigentümer wird auf den *Zeitpunkt des Todes* des Schenkenden d. h. auf den Zeitpunkt, wo dieser ohnehin nicht mehr Eigentümer ist; die *testamentarische* Disposition, liegt nicht im Begriffe des Vertrags, sondern setzt die bürgerliche Gesellschaft und eine positive Gesetzgebung voraus. (84)

Ein wohltätiger Vertrag (*pactum gratuitum*) kann bei Kant ein *depositum*, also eine treuhänderische Aufbewahrung eines Guts sein, eine Leihgabe (*commodatum*) oder eine Schenkung (*donatio*). Im Folgenden kopiert Hegel Kant nur, so dass ich auf einen weiteren Kommentar verzichte.

B) *Tauschvertrag*, 98 f. Ⓚ

1) *Tausch* als solcher:

α) einer *Sache* überhaupt, d. i. einer *spezifischen* Sache gegen eine andere desgleichen.

β) *Kauf* und *Verkauf* (emtio venditio); Tausch einer *spezifischen* Sache gegen eine, die als die allgemeine bestimmt ist, d. i. welche nur als der *Wert* ohne die andere spezifische Bestimmung zur Benutzung gilt, – gegen *Geld.*

2) *Vermietung* (locatio conductio) Veräußerung des *temporären Gebrauchs* eines Eigentums gegen *Mietzins,* und zwar

α) einer *spezifischen* Sache, eigentliche Vermietung – oder

β) einer *allgemeinen Sache,* so daß der Verleiher nur Eigentümer dieser, oder, was dasselbe ist, des *Wertes* bleibt, – *Anleihe* (mutuum, jenes auch commodatum mit einem Mietzins; – die weitere empi-
83 rische Beschaffenheit der Sache, ob sie ein Stock, | Geräte, Haus u. s. f. res fungibilis oder non fungibilis ist, bringt (wie im Verleihen als Schenken No. 2) andere besondere, übrigens aber nicht wichtige Bestimmungen herbei).

3) *Lohnvertrag* (locatio operae) Veräußerung meines *Produzierens* oder *Dienstleistens,* insofern es nämlich veräußerlich ist, auf eine beschränkte Zeit oder nach sonst einer Beschränkung (s. § 67). (85)

Ein Lohnvertrag eines »Lohndieners« ist bei Kant »die Bewilligung des Gebrauchs meiner Kräfte an einen anderen für einen bestimmten Preis«. Besonders interessant ist, dass Hegel seiner Formulierung: »Veräußerung meines Produzierens oder Dienstleistens« die schon oben diskutierte Einschränkung noch einmal explizit hinzufügt, insofern es nämlich veräußerlichbar ist »auf eine beschränkte Zeit oder nach sonst einer Beschränkung (s. § 67)«. Bei Kant steht dazu nichts.

99 Ⓚ Verwandt ist hiemit das *Mandat* und andere Verträge, wo die Leistung auf Charakter und Zutrauen oder auf höhern Talenten beruht und eine *Inkommensurabilität* des Geleisteten gegen einen äußern Wert (der hier auch nicht *Lohn,* sondern *Honorar* heißt) eintritt. (85)

Zwar lässt sich auch ein Rechtsanwalt seine Mandatschaft bezahlen, aber eher als Werkvertrag oder Leistung, nicht als Verkauf von Arbeitskraft als Ware, so dass man auch nicht von Lohn, sondern von einem Honorar spricht.

99 f. Ⓚ C) *Vervollständigung* eines *Vertrags* (cautio) durch *Verpfändung.*

Bei den Verträgen, wo Ich die Benutzung einer Sache veräußere, bin ich nicht im Besitz, aber noch Eigentümer derselben; (wie bei der Vermietung). Ferner kann ich bei Tausch-, Kauf-, auch Schenkungsverträgen Eigentümer geworden sein, ohne noch im Besitz zu sein, so wie überhaupt in Ansehung irgend einer Leistung, wenn nicht: *Zug um Zug*, stattfindet, diese Trennung eintritt. Daß ich nun auch im wirklichen *Besitze* des *Werts*, als welcher noch oder bereits mein Eigentum ist, in dem einen Falle bleibe, oder in dem andern Falle darein gesetzt werde, ohne daß ich im Besitze der *spezifischen* Sache bin, die ich überlasse oder die mir werden soll, dies wird durch das *Pfand* bewirkt, – eine spezifische Sache, die aber nur nach dem *Werte* meines zum Besitz überlassenen oder des mir schuldigen Eigentums, mein Eigentum ist, nach ihrer spezifischen Beschaffenheit und Mehrwerte aber Eigentum des Verpfändenden bleibt. Die Verpfändung ist daher nicht selbst ein Vertrag, sondern nur eine Stipulation (§ 77), das einen Vertrag in Rücksicht auf den Besitz des Eigentums vervollständigende Moment. – *Hypothek, Bürgschaft* sind besondere Formen hievon. | (86) 84

Den Unterschied zwischen Besitz und Eigentum im Fall von Vermietung und Verpachtung haben wir schon besprochen. In ähnlicher Weise kann ich ein Anrecht auf eine Leistung haben, ohne dass sie schon unmittelbar erfüllt würde. Dabei kann mir ein wertäquivalentes Pfand eine gewisse Sicherheit vermitteln, etwa auch, dass nach übertragenem Eigentumsrecht der Besitz wirklich an mich übergeht. Verpfändung, Bürgschaft oder Hypotheken sind in der Tat keine selbständigen Verträge, sondern können Bestandteil einer Beleihung sein.

§ 81

Im Verhältnis unmittelbarer Personen zu einander überhaupt ist ihr 100
Wille, eben so sehr wie *an sich identisch* und im Vertrage von ihnen *gemeinsam* gesetzt, so auch ein *besonderer*. (86)

Der obskure Satz sagt, dass im personalen Verhältnis personaler Subjekte, also etwa von mir zu dir als ›unmittelbaren Personen‹, der allgemeine Wille, freie Person zu sein und zu bleiben, uns schon *an sich* (allen) gemeinsam ist. In besonderen Verträgen wird von einer Wir-Gruppe (etwa von mir und dir) eine besondere gemeinsame Absicht gesetzt und es wird von jedem von uns anerkannt, dass wir gemeinsam eine bestimmte kooperative Handlung H ausführen wollen und dabei jeder von uns seine übernommene besondere Rolle als Teilaufgabe H_i in H auszuführen hat.

100 Es ist, weil sie *unmittelbare* Personen sind, zufällig, ob ihr *besonderer* Wille mit dem *an sich seienden* Willen übereinstimmend sei, der durch jenen allein seine Existenz hat. Als besonderer *für sich* vom allgemeinen *verschieden*, tritt er in Willkür und Zufälligkeit der Einsicht und des Wollens gegen das auf, was *an sich* Recht ist, – das *Unrecht*. (86 f.)

Weil nun jeder von uns im unmittelbaren, endlichen, empirischen Seinsvollzug primär Subjekt ist, ist es in gewissem Sinn »zufällig«, ob mein besonderes Wollen und Tun mit dem übereinstimmt, was ich als Person überhaupt oder auch aufgrund meiner in einer Art Vertrag (oder auch nur einem Versprechen) übernommenen personalen Rolle in der vertraglichen bzw. versprochenen Kooperation zu tun habe, was ich also als Person tun sollte. Ein Unrecht entsteht, wenn ich meine personalen Verpflichtungen (*Commitments*) nicht erfülle oder mich in meinem aktualen Tun nicht im Rahmen der mir zustehenden Erlaubnisse (*Entitlements*) bewege. Logisch möglich wird das Unrecht also durch die Differenz zwischen einem implizit oder explizit anerkannten gemeinsamen Willen mit Verteilung von Lasten (Pflichten) und Erlaubnissen oder Berechtigungen samt der prinzipiellen Einsicht in diese Struktur auf der einen Seite und der Zufälligkeit im aktuellen Einsehen bzw. in der Willkür des Tuns des (personalen) Subjekts auf der anderen. Kurz, jedes Vergehen ist Aufkündigung eines (impliziten) gemeinsamen Willens.

100 Ⓚ Den Übergang zum Unrecht macht die logische höhere Notwendigkeit, daß die Momente des Begriffs, hier das Recht *an sich*, oder der Wille als *allgemeiner*, und das Recht in seiner *Existenz*, welche eben die *Besonderheit* des Willens ist, als *für sich verschieden* gesetzt seien, was zur *abstrakten Realität* des Begriffs gehört. – (87)

Wie viele Formulierungen Hegels im Übergang zu einem ›neuen‹ Teilthema ist auch diese hier hochgradig dunkel. Er will wohl sagen, dass wir gerade auch bei der Beurteilung von Recht und Unrecht von Verträgen zwischen Recht an sich als dem Willen der generischen Person an sich (in ihrer Allgemeinheit) und den besonderen Ausprägungen von positiv gesetzten Rechten (in ihrer aktualen Existenz) unterscheiden müssen, wie dann auch zwischen einem besonderen gemeinsamen Willen und der einzelnen Willkür im aktualen Tun des Einzelsubjekts für sich. Diese Unterscheidungen gehören zur abstrakten, also allgemeinen Realität des Begriffs (sc. der freien Person).

Diese Besonderheit des Willens für sich aber ist Willkür und 100 Ⓚ
Zufälligkeit, die ich im Vertrage nur als Willkür über eine *einzelne* Sache, nicht als die Willkür und Zufälligkeit des Willens selbst aufgegeben habe. | (87) 85

Die ›absolute‹ Besonderheit des Willens für sich, also des personalen Einzelsubjekts hier und jetzt, ist, sozusagen, die freie Willkür im Tun. Sie ist auch eine gewisse Zufälligkeit im Vollzug. In der Anerkennung meiner Verpflichtungen und Eingrenzung meiner Erlaubnisse relativ zu einem Vertrag oder einer anerkannten Kooperationsform habe ich ja nur die Willkür über eine einzelne Sache, nicht die Willkür und Zufälligkeit des Willens selbst aufgegeben bzw. ›rechtlich‹ so eingeschränkt, dass die Überschreitung dieser Schranke bedeutet, Unrecht zu tun.

Dritter Abschnitt: Das Unrecht

Die drei Teile und Themen des Abschnitts, unbefangenes Unrecht, Betrug und bewusstes Verbrechen ergeben sich daraus, dass der Handelnde im unbefangenen Unrecht zwar etwas tut, was als Unrecht oder als rechtswidrig gilt, er das aber unter Umständen gar nicht weiß. Im Betrug wird eine zweite Person bewusst getäuscht, aber die formale Freiheit und leibliche Unversehrtheit der betrogenen Person nicht angetastet, was im Fall eines körperlichen Zwangs oder Verbrechens wie Raub oder Mord schon anders ist – weswegen sie auch als gravierendere Rechtsbrüche zählen und entsprechend härter sanktioniert werden.

§82

Im Vertrage ist das Recht *an sich* als ein *Gesetztes*, seine innere 101
Allgemeinheit als ein *Gemeinsames* der Willkür und besondern Willens. (88)

In einem Vertrag ergeben sich die Erlaubnisrechte und Pflichten auf der Basis einer gemeinsamen Setzung und Anerkennung eines gemeinsamen Wollens. Die »innere Allgemeinheit« der beschlossenen Kooperation *H* erscheint so als »ein Gemeinsames der Willkür« und des »besonderen Willens« der Wir-Gruppe, welche sich auf *H* verständigt. Aus dieser bloßen »Erscheinung des Rechts« entwickelt Hegel den Begriff des Unrechts als Scheinrecht des personalen Individuums, nach seiner eigenen Willkür zu handeln. Damit widerspricht er Kant, der das Unrecht in einem bloßen Verhalten gemäß animalischer Neigungen sehen möchte, das im Gegensatz zu einer partiell auch unbewussten Pflicht Praktischer Vernunft stehen soll, das Böse aber als bewusste Verneinung der Pflicht Praktischer Vernunft definiert, bis hin zur Freude am Bösen. Böse ist nach Kant also, wer frei und bewusst das Unrecht will, nicht schon der, welcher mehr oder minder ohne rechte Selbstkontrolle das Falsche tut. Dabei bleibt bei Kant Status und Herkunft der inneren Stimme des Bewusstseins und des Gewissens (*conscientia*) bis auf gefühlsmäßige Appelle an einen *homo noumenon* und dergleichen und damit der Unterschied zwischen empirischem und intelligiblem Ich ganz unklar.

101 Diese *Erscheinung* des Rechts, in welchem dasselbe und sein wesentliches Dasein, der besondere Wille, unmittelbar d. i. zufällig übereinstimmen, geht im *Unrecht* zum *Schein* fort, – zur Entgegensetzung des Rechts an sich und des besondern Willens, als in welchem es ein *besonderes Recht* wird. (88)

Wir haben bisher die Rahmenbedingungen eines ›rechtmäßigen‹ Vertrags noch gar nicht analysiert, sondern nur die Form der freien Bildung eines gemeinsamen Willens betrachtet. Dabei haben wir gesehen, dass sich als Folge des gemeinsamen freien Wollens relative Verpflichtungen ergeben. Aber gerade diese ›relative‹ Sicht auf das, was uns erlaubt ist und wozu wir verpflichtet sind, nämlich relativ zu einem von uns anerkannten Vertrag, führt unter Umständen zu einem Schein, von dem her wir den Begriff des Unrechts zu verstehen haben. Der Schein besteht zunächst darin, dass das Recht an sich ein besonderes Recht zu sein scheint, das unserem besonderen gemeinsamen oder dann auch einzelnen Willen irgendwie entgegengesetzt ist. Es scheint dann so, als ob unser oder mein besonderer Wille und das allgemeine Recht »unmittelbar, d. i. zufällig übereinstimmen« – oder auch nicht.

101 Die Wahrheit dieses Scheins aber ist, daß er nichtig ist und daß

das Recht durch das Negieren dieser seiner Negation sich wieder herstellt, durch welchen Prozeß seiner Vermittlung, aus seiner Negation zu sich zurück zu kehren, es sich als *Wirkliches* und *Geltendes* bestimmt, da es zuerst nur *an sich* und etwas *Unmittelbares* war. (88)

In Wirklichkeit ist das ein falscher Schein. Was aber soll es heißen, dass das Recht sich »durch das Negieren dieser seiner Negation« wiederherstellt? Wie kehrt es »aus seiner Negation zu sich zurück«? Wie bestimmt es sich als wirklich und geltend, »da es zuerst nur an sich und etwas Unmittelbares war«? Nicht nur die Übergänge, auch die Kernsätze zu Beginn eines relativ neuen Themas sind bei Hegel häufig nicht unmittelbar zu verstehen, weil sie, ohne es explizit zu sagen, auf die folgenden Ausführungen vorgreifen und extrem dicht formuliert sind. Wir brauchen daher einige Geduld.

Hegel sagt, es sei ein bloßer Schein, dass wir in der Entgegensetzung von Recht und gemeinsamem bzw. einzelnem Wollen nicht wüssten, was recht ist, und daher nicht zwischen Recht und Unrecht unterscheiden könnten. Ich bin nämlich durch das gemeinsame Wollen, dem ich wenigstens implizit schon zugestimmt habe, gebunden. Ich kann und darf dieses nicht einfach neu als gut oder schlecht für mich bewerten und danach handeln. Denn damit würde jede freie Kooperation mit Lastenverteilung negativ aufgehoben und mit dem gemeinsamen Wollen das Gemeinsame im Leben überhaupt zerstört. In diesem Sinn stellt sich das Recht »durch das Negieren dieser seiner Negation« wieder her. Es ist zwar keineswegs jedes gemeinsame Wollen und Handeln einer Gruppe von Leuten gut. Das erklärt den möglichen Unterschied zwischen Recht und gemeinsamem Wollen. Aber erst recht nicht gut ist im Normalfall der einseitige Ausstieg eines Einzelsubjekts aus einer expliziten Abmachung oder implizit anerkannten Kooperationsform (gesetzt, diese ist nicht selbst schon Unrecht oder Verbrechen).

In diesem ›Prozess seiner Vermittlung‹ und ›Rückkehr aus der Negation zu sich‹ bestimmt sich das, was wirklich gilt, was wirklich gut ist und was zunächst »nur an sich« oder als »etwas Unmittelbares« gilt oder galt. Mit anderen Worten, Unrecht entsteht – im ›unbefangenen‹ Fall – aus der unbewusst-unkontrollierten, also impliziten, im bewussten Fall aus der expliziten Missachtung der skizzierten Bindung des Tuns der Einzelperson an implizit oder explizit anerkannte ›gute‹ Formen gemeinsamen Handelns. Kants formale Entgegensetzung einer subjektiven Neigung zu einer intersubjektiven oder objektiven Pflicht ist sinnanalytisch viel zu schwach, um das logische Verhältnis von allgemeiner Pflicht, dem Recht des Erlaubten und implizitem bzw. bewusstem und absichtlichem Unrecht allgemein verstehbar zu machen. Kant sieht nicht, dass alles Ethische sich auf anerkannte Kooperationsformen im gemeinsamen Leben und Handeln gründet – so dass es bei ihm ein Mysterium bleibt, was die Praktische Vernunft oder was das moralische Gesetz in mir als Ursprung einer Pflicht sein soll oder sein kann.

§ 83

101 Das Recht, das als ein *Besonderes* und damit Mannigfaltiges gegen seine *an sich* seiende Allgemeinheit und Einfachheit die Form eines *Scheines* erhält, ist ein solcher Schein teils *an sich* oder unmittelbar, teils wird es durch *das Subjekt als Schein*, teils *schlechthin als nichtig* gesetzt, – *unbefangenes oder bürgerliches Unrecht, Betrug* und *Verbrechen.* (88 f.)

Hegel nennt das bürgerliche Unrecht eines ggf. nicht einmal beabsichtigten Vertragsbruchs »unbefangen« und unterscheidet es damit von einem bewussten Betrug. Ein solcher operiert mit einem bloßen Anschein von Recht. Vom Betrug wiederum unterscheidet Hegel das Verbrechen. Dieses verstößt mehr oder weniger offen und absichtlich gegen die bekannten und zum Teil explizit anerkannten Normen einer guten Kooperation. Der Betrug versucht noch weit mehr als das Verbrechen, den Anschein des Rechts zu wahren.

Es lässt sich nun sozusagen vom Ergebnis her die schwierige allgemeine Formulierung zu Recht und Unrecht und zu den skizzierten drei Formen des Unrechts aufschlüsseln. Ein Verbrechen ist dadurch definiert, dass der Täter, der Verbrecher, das Recht »schlechthin als nichtig setzt«, also mehr oder weniger offen nicht anerkennt. Ein Betrüger versucht, den Schein des Rechts zu wahren, im Wissen darum, dass er Unrecht tut. Im bürgerlichen Unrecht ist der Schein, recht zu handeln, unmittelbar, d. h. es ist den Akteuren nicht immer klar bewusst, dass sie gegen allgemeines Recht handeln. Der Schein des Rechts gerade im bürgerlichen Unrecht kann sich z. B. daraus ergeben, dass der Handelnde seine eigenen, besonderen rechtlichen Ansprüche gegen eine aus seiner Sicht nur scheinbar an sich geltende Allgemeinheit und Einfachheit des Rechtlichen setzt.

A. UNBEFANGENES UNRECHT

§ 84

Die Besitznahme (§ 54) und der Vertrag für sich und nach ihren 102
besondern Arten, zunächst verschiedene Äußerungen und Folgen meines Willens überhaupt, sind, weil der Wille das in sich Allgemeine ist, in Beziehung | auf das Anerkennen anderer *Rechtsgründe*. 86
In ihrer Äußerlichkeit gegen einander und Mannigfaltigkeit liegt es, daß sie in Beziehung auf eine und dieselbe Sache verschiedenen Personen angehören können, deren jede aus ihrem besondern Rechtsgrunde die Sache für ihr Eigentum ansieht; womit *Rechts-Kollisionen* entstehen. (89)

Wir hatten schon gesehen, dass die ursprüngliche Inbesitznahme einer Sache voraussetzt, dass sie sich nicht schon im Besitz oder Eigentum einer anderen Person befindet. An der Äußerlichkeit der Rechtsgründe – z. B. auch der Zeit und Art der ersten Beanspruchung einer Sache – liegt es, dass »in Beziehung auf eine und dieselbe Sache« verschiedene Personen rechtliche Ansprüche erheben können, etwa wenn zwei Personen ›aus ihrem je besonderen Rechtsgrund‹ eine Sache für ihr Eigentum halten, »womit Rechtskollisionen entstehen«. Im Fall eines Vertrags haben wir gesehen, wie sich aus einem gemeinsamen Wollen in der expliziten oder impliziten Anerkennung des Vertragsinhalts für die einzelnen Akteure Berechtigungen (Entitlements) und Verpflichtungen (Commitments) ergeben, deren Erfüllungen ebenfalls strittig sein können.

§ 85

Diese Kollision, in der die Sache *aus einem Rechtsgrunde* angesprochen wird, und welche die Sphäre des *bürgerlichen Rechtsstreits* ausmacht, enthält die *Anerkennung* des Rechts als des Allgemeinen und Entscheidenden, so daß die Sache dem gehören soll, der das Recht dazu hat. Der Streit betrifft nur die *Subsumtion* der Sache unter das Eigentum des einen oder des andern; – ein *schlechtweg* 102 *negatives* Urteil, wo im Prädikate des Meinigen nur das Besondere negiert wird. (89)

Der Urtyp eines unbefangenen und unmittelbaren Unrechts ergibt sich aus der Kollision von scheinbaren Rechtsansprüchen, indem ich z. B. meinen scheinbaren Anspruch durchsetze und eben damit deinen Anspruch verletze und für bloß scheinbar erkläre. Hegel charakterisiert so den Normalfall eines »bürgerlichen Rechtsstreits«, der sich aus deiner Forderung nach Prüfung meines Anspruchs ergeben kann. Ein solcher Rechtsstreit enthält, wie Hegel völlig zu Recht betont, schon in seinen impliziten Voraussetzungen »die Anerkennung des Rechts als des Allgemeinen und Entscheidenden, so daß die Sache dem gehören soll, der das Recht dazu hat«. Der Streit betrifft also das ›schlechtweg negative Urteil‹, ob die Sache meine ist, also nicht deine, wobei »im Prädikate des Meinigen nur das Besondere negiert wird«, nämlich dein (rechtlicher) Anspruch auf sie, nicht das Recht an sich.

§ 86

102 In den Parteien ist die Anerkennung des Rechts mit dem entgegengesetzten besondern Interesse und eben solcher Ansicht verbunden. (90)

In einem solchen Rechtsstreit wird vorausgesetzt, dass die Parteien das Recht anerkennen und sich ihre Nichtübereinstimmung nur aus einem »entgegengesetzten besonderen Interesse« und verschiedenen Ansichten über scheinbar schon bestehende Berechtigungen und Verpflichtungen ergeben, nicht aber aus einer Missachtung des Rechts bzw. der grundsätzlichen Ansprüche anderer Personen.

102 Gegen diesen *Schein* tritt zugleich *in ihm selbst* (vorherg. §) das Recht *an sich* als vorgestellt und gefordert hervor. (90)

Gegen den Schein eines zu Unrecht beanspruchten Rechts appelliert man sogar explizit an ein Recht an sich.

102 f. Es ist aber zunächst nur als ein *Sollen*, weil der Wille noch nicht als ein solcher vorhanden ist, der sich von der Unmittelbarkeit des Interesses befreit, als besonderer den allgemeinen Willen zum Zwecke hätte; noch ist er hier als eine solche anerkannte Wirklichkeit bestimmt, gegen welche die Parteien auf ihre besondere Ansicht und Interesse Verzicht zu tun hätten. (90)

In einem solchen Appell ist das Recht an sich aber – qua Anwendung auf den relevanten Fall – zunächst selbst nur »ein Sollen«, weil ja (möglicherweise) nur erst von den Parteien ihr (vermeintes) Recht ›behauptet‹ wird. Ein ›neutraler‹ Richter und sein Schiedsspruch sollte dagegen »von der Unmittelbarkeit des Interesses befreit« sein. Ziel ist es, ein solches besonderes Wollen herzustellen, das am Ende, wenigstens idealerweise, einen allgemeinen Konsens bzw. gemeinsamen Willen »zum Zweck hat« bzw. konstituiert. – Im Rechtsstreit selbst allerdings ist dieser Konsens und die gemeinsame Anerkennung einer Lösung noch nicht als solcher anerkannt. Aber es ist klar, dass sich die Parteien am Ende ihm unterzuordnen haben – und das auch, wenn sie ihre Ansprüche recht begreifen und ernst nehmen, jetzt schon wollen.

B. BETRUG

§ 87

Das Recht *an sich* in seinem Unterschiede von dem Recht als 103
besonderem und daseienden, ist als ein *gefordertes*, zwar als das Wesentliche bestimmt, aber darin zugleich *nur* ein gefordertes, nach
dieser Seite etwas | bloß subjektives, damit unwesentliches und bloß 87
scheinendes. (90)

Was *an sich* moralisch erlaubt oder *im Prinzip* rechtlich gestattet sein kann, ist noch keineswegs immer unmittelbar auch im besonderen Fall zulässig. Es kann sich sehr von dem unterscheiden, was als besonderes Recht wirklich anerkannt ist. Daher kann man nicht unmittelbar so urteilen, wie Kant vorschlägt, nämlich, dass mir etwas schon erlaubt wäre, wenn ich es als allgemeine Erlaubnisnorm wollen kann oder sogar wirklich vorschlage und will. Das kohärente Wollenkönnen ist zwar wesentliches Kriterium, aber nur als notwendige, nicht schon als hinreichende Bedingung der Geltung einer Erlaubnis. In diesem Sinn ist Kants moralisches Kohärenzprinzip zwar zu erfüllen, aber nur erst als subjektive Bedingung. Sie steht eben damit in der Gefahr, Erlaubnisurteile bloß subjektiv, bloß aus der Perspektive der ersten Person, zu rechtfertigen. Damit betrügt man sich aber möglicherweise selbst, indem etwas als erlaubt scheint, es aber nicht ist. Das Wesen einer Erlaubnis besteht darin, dass sie allgemein gilt und nicht bloß meinem Urteil nach gelten könnte. Der latente sophistische Dogmatismus und willkürliche Subjektivismus in kantianischen Theorien der Ethik und Moral geht darauf zurück, dass man die hier skizzierte logische Tatsache übersieht.

103 So das Allgemeine von dem besondern Willen zu einem nur Scheinenden, – zunächst im Vertrage zur nur äußerlichen Gemeinsamkeit des Willens herabgesetzt, ist es der *Betrug*. (90)

Wenn das, was wirklich allgemein gilt, von mir in meinem besonderen Wollen in etwas verwandelt wird, das nur allgemein zu gelten scheint, während ich meinen bloßen besonderen Willen so stilisiere, als könnten alle, konsensuell, das wollen, was ich will, dann begehe ich einen Betrug. Betrug ist auch, wenn das, was allgemein verbindlich ist, so angesehen wird, als sei es nur eine äußerliche Gemeinsamkeit des Willens einer beschränkten Wir-Gruppe.

Es ist natürlich frech und zutiefst ironisch, dass Hegel Kants Kategorischen Imperativ und zugleich jede bloß lokale Vertrags- oder Konsensusauffassung von Moralität als Prinzipien eines möglichen ethischen Betruges darstellt. Aber man kann sich leicht denken, wie das gemeint ist. Der tugendhafte Robespierre z. B. mag sein Tun vor sich selbst damit gerechtfertigt haben, dass alle Gutwilligen seinen politischen Entscheidungen zustimmen könnten und sollten. Ich kannte tatsächlich Studierende des Faches Philosophie, die ernsthaft meinten, man könne allgemein wollen, dass im kapitalistischen System arme Studenten Bücher, die sie dringend brauchen, in Buchläden stehlen dürfen – und danach handelten.

Ich glaube übrigens nicht, dass der tiefe Witz von Hegels scheinbar bürokratischem Satz bisher schon voll begriffen wurde. Freilich klingt es etwas schräg, die latente Selbstgerechtigkeit im Kantianismus und in einer subjektiv-idealistischen Konsensustheorie der Moral zum Muster eines Betrugs zu nehmen. Normalerweise würden wir an bewusste, aber verdeckte, Zuwiderhandlung gegen ethische Normen als Grundform abstrakt-rechtlichen Betrugs denken.

Zuzugeben ist allerdings, dass Hegels überdichte Formulierungen nicht immer ganz eindeutig sind, so dass es zu meinen Übersetzungsvorschlägen Alternativen geben kann, die vielleicht sogar manchmal besser und dem Text und seinem Inhalt angemessener sein mögen.

§ 88

Im Vertrage erwerbe ich ein Eigentum um der besondern Beschaffenheit der Sache willen, und zugleich nach ihrer innern Allgemeinheit teils nach dem *Werte*, teils als aus dem *Eigentum* des andern. (90) 103

Hegel betrachtet nun den prototypischen Fall etwas genauer, dass mir in einem Vertrag ein sachliches Eigentum übertragen wurde oder sich für mich das Recht (hier ganz allgemein als irgendein Entitlement) auf eine Leistung von dir oder euch ergibt. Wie wir oben schon gesehen haben, ist dabei unterstellt, dass die Sache oder Leistung gemäß ihrer Beschaffenheit ganz bestimmte erwünschte und erwartete dispositionale oder inferentielle ›Bedingungen‹ erfüllt, also implizit garantierte Folgen zeitigt, was ich häufig nicht unmittelbar kontrollieren kann. Daher können mich Geschäftspartner beim Tauschen oder Kaufen betrügen, nämlich wenn meine unmittelbare Anerkennung der Sache als die Bedingungen der eingetauschten oder gekauften Sache oder Leistung dadurch betrogen wird, dass die scheinbaren Dispositionen und Inferenzen, welche die Sache für mich nützlich machen, sie für mich allererst wertvoll machen und die (vielleicht implizit) garantiert sind, gerade nicht vorhanden sind.

Durch die Willkür des andern kann mir ein falscher Schein hierüber vorgebracht werden, so daß es mit dem Vertrage als beiderseitiger freier Einwilligung des Tausches über *diese* Sache, nach ihrer *unmittelbaren* Einzelnheit, seine Richtigkeit hat, aber die Seite des *an sich* seienden Allgemeinen darin fehlt. (Das unendliche Urteil nach seinem positiven Ausdrucke oder identischen Bedeutung (s. Encyklop. der philosoph. Wissensch., § 121).) (90 f.) 103

Ein Betrug kann in der Tat darin bestehen, dass, formal gesehen, eine ›beiderseitige freie Einwilligung‹ über den Kauf, Tausch oder die Erfüllung eines vertraglichen *Commitments* in Bezug auf die *Einzelsache* zustande kam, aber angesichts der oben schon besprochenen Wissensdifferenz zwischen Käufer und Verkäufer die berechtigten allgemeinen Erwartungen an die (dispositionelle) Qualität der Ware oder Leistung *an sich* betrogen wird. Hier ist die Erfüllung der Rechtsbedingung, wie im Fall des möglicherweise wörtlich verstandenen und damit sophistisch missbrauchten Kategorischen Imperativs, nur formal. Eben darin besteht der Betrug.

Hegel hat diesen Text ganz offensichtlich mit der Erstausgabe der *Enzyklopädie der philosophischen Wissenschaften* an der Seite geschrieben, wie sich in seinen Verweisen auf deren Paragraphen zeigt. Dabei nennt er zur logischen Charakterisierung des Betrugs das unendliche Urteil. Im Unterschied zur bestimmten Negation sagt dieses nicht, dass eine Sache ganz im Komplement einer Eigenschaft liegt, sondern nur, dass diese nicht wirklich voll erfüllt ist. So kann es im Fall einer gekauften Ware, sagen wir, eines Fellmantels oder Perserteppichs, geschehen, dass die erwartete oder zugesicherte positive Eigenschaft nur zum Schein besteht, der Mantel etwa aus Kunstfell und der Teppich Maschinenware und nicht handgeknüpft ist. Eine unendliche Negation streicht den Satz als ›irgendwie unrichtig‹ durch – so dass es z. B. ›wahr‹ wird, dass der gegenwärtige König von Frankreich nicht kahlköpfig ist.

§ 89

104 Daß gegen diese Annahme der Sache bloß *als dieser*, und gegen den bloß meinenden, so wie den willkürlichen Willen, das Objektive oder Allgemeine teils als *Wert*, erkennbar, teils als Recht geltend sei, teils die gegen das Recht subjektive Willkür aufgehoben werde, – ist hier zunächst gleichfalls nur eine Forderung. (91)

Wieder ist Hegels überdichte Formulierung leicht missglückt und daher dunkel. Sie ist m. E. auf folgende Weise in einen konkreten, aber prototypischen Fall ›zu übersetzen‹: Der Käufer sieht die Sache bloß als diese, weiß also unter Umständen nicht, ob sie die allgemeinen dispositionellen Eigenschaften wirklich hat oder haben wird, die ihr Aussehen implizit und vielleicht auch der Verkäufer wortreich explizit verspricht. Für den betrügerischen fliegenden Händler oder Verkäufer auf dem Basar scheint alles mit der Anerkennung des Kaufs der Sache ›wie gesehen‹ abgetan. Er meint, alle weiteren Forderungen des Käufers gingen über den faktischen Kauf hinaus. Er weigert sich, sozusagen, für einen nicht direkt erkennbaren Wert zu bürgen oder einen entsprechenden Unwert auszuschließen. Im Kauf werde, so könnte er sagen, die Sache bloß als diese angenommen. Er hält es daher für eine bloße Forderung des Käufers, dass die Sache über den erkennbaren Wert hinaus ›wirklich‹ für den Käufer den Wert hat, den dieser sich erhofft. Das heißt, er weigert sich, über den ›bloß meinenden und willkürlichen Willen‹ des Käufers hinaus für ›das Objektive oder Allgemeine‹ zu bürgen. Die subjektive Willkür des Kaufs hebt nach dieser ›Rechtfertigung‹ des Betrugs im angeblich rechtlich korrekt vollzogenen Kauf alle weiteren Rechte des Käufers auf.

C. ZWANG UND VERBRECHEN

§90

Daß mein Wille im Eigentum sich in eine *äußerliche Sache* legt, 104
darin liegt, daß er eben so sehr als er in ihr reflektiert wird, an ihr ergriffen und unter die Notwendigkeit gesetzt wird. (91)

Anders als Kant das sieht, der hier die Sachen allzu säuberlich-formal und umfassend-allgemein trennen will, also wie in der Analytischen Philosophie des 20. Jahrhundert die Grundtatsachen des Generisch-Allgemeinen in allem Reden, Wissen und Handeln nicht kennt oder nicht angemessen berücksichtigt, ›bin‹ ich in gewissem Sinn mein Eigentum, meine Vergangenheit, auch meine Zukunft. Das Ich geht so in meinem Willen weit über meinen Leib hier und jetzt hinaus. Wenn wir von mir und meinem Willen sprechen, sprechen wir also keineswegs nur von leiblichen Teilen von mir oder deren Vergangenheit oder Zukunft. Insofern ist mein Wille und bin ich in allem, was mir zu eigen ist, reflektiert und enthalten. Daher kann jemand – was Kant im Grunde auch schon sagt, nur nicht ernst genug nimmt – mich verletzen, indem er sich an meinem Eigentum (und nicht an meinem Leib) vergreift. Man kann Zwang gegen mich ausüben oder androhen, indem man ihn gegen meine Angehörigen oder das Meine ausübt oder androht. Freilich ist dann immer noch zwischen einer unmittelbaren Verletzung des Leibes durch körperlichen Zwang wie im Raub und einer bloßen Verletzung äußerer Eigentumsrechte wie im Diebstahl zu unterscheiden. – Ich selbst kann als Subjekt in meinem Tun mich als Person beschädigen, ohne meinen Leib zu verletzen – etwa indem ich meinen guten Ruf zerstöre oder das Vertrauen enttäusche, das man in mich gesetzt hat.

Er kann darin teils *Gewalt* überhaupt leiden, teils kann ihm durch 104
die Gewalt zur Bedingung irgend eines Besitzes oder positiven Seins eine Aufopferung oder Handlung gemacht, – *Zwang* angetan werden. | (91) 88

Direkt gezwungen werde ich bzw. wird mein Wille entweder direkt leiblich oder durch Drohung von Gewalt gegen mich oder mein Eigentum bzw. die Meinen. ›Mein Wille‹ kann also, sozusagen, »Gewalt überhaupt leiden« oder vermittelt durch Gewaltandrohung gegen mich, die Meinen oder das Meinige.

§ 91

104 Als Lebendiges kann der Mensch wohl *bezwungen* d. h. seine physische und sonst äußerliche Seite unter die Gewalt Anderer gebracht, aber der freie Wille kann an und für sich nicht *gezwungen* werden (§ 5), als nur sofern *er sich selbst aus der Äußerlichkeit,* an der er festgehalten wird, oder aus deren Vorstellung *nicht zurückzieht* (§ 7). Es kann nur der zu etwas gezwungen werden, der sich *zwingen* lassen *will.* (91 f.)

Wie jedes Lebewesen kann auch jeder Mensch ›bezwungen‹ und getötet werden. Er kann eingesperrt oder verletzt werden. Aber Gewaltandrohungen gegen ihn selbst, die Seinigen oder das Seine zwingen seinen Willen und freies Handeln nur insoweit, als sich die Person »zwingen lassen will«. Das mag in manchen Ohren unerhört klingen, da es so scheint, als werde damit der Erpresste mitschuld an dem, wozu ihn eine Erpresserin erpresst. Und so ist es in der Tat. Es gibt hier grundsätzlich eine Art Mitverantwortung, weil, so Hegel, jeder im schlimmsten Fall wenigstens im Prinzip sich und die Seinen töten lassen und das Seine zerstören lassen kann. Das ist wichtig, um das bloß Relative eines jeden Zwangs durch Erpressungen und Drohungen grundbegrifflich sauber zu begreifen.

§ 92

105 Weil der Wille, nur insofern er Dasein hat, Idee oder wirklich frei und das Dasein, in welches er sich gelegt hat, Sein der Freiheit ist, so zerstört Gewalt oder Zwang in ihrem Begriff sich unmittelbar selbst, als Äußerung eines Willens, welche die Äußerung oder Dasein eines Willens aufhebt. Gewalt oder Zwang ist daher, abstrakt genommen, *unrechtlich.* (92)

Der Wille als wesentliche Seinsform der Person ist realisierter Begriff oder Idee nur insofern, als die Person wirklich frei und autonom, also nicht unter fremdem Zwang, entscheiden und handeln kann.

Gewalt und Zwang zerstören das freie Wollen zunächst von anderen Personen, aber auch die Person in ihrem Begriff unmittelbar selbst. Es handelt sich um ein freies performatives Handeln gegen andere Personen in der Absicht, deren freies Handeln zu zerstören. Abstrakt betrachtet, ist Gewalt ein Tun in der Absicht oder mit dem Willen, ein frei gewolltes Handeln anderer Personen unmöglich zu machen. Indem ich dadurch von diesen Personen und dann auch von allen, die meine Läsion der Personen kennen, nicht mehr als volle Person bzw. Kooperationspartner anerkennbar bin, habe ich mich *ipso facto* als Person geschädigt. – Gewalt und Zwang sind eben daher im Prinzip widerrechtlich. Das abstrakte Recht des freien Personseins war ja gerade als gegenseitige Gewährung der Freiheitssphären und Freiheitsspielräume definiert – im Rahmen gemeinsamen Wollens und Handelns.

§ 93

Der Zwang hat *davon,* daß er sich in seinem Begriffe zerstört, die re- 105
elle Darstellung darin, *daß Zwang durch Zwang aufgehoben wird;* er
ist daher nicht nur bedingt rechtlich, sondern notwendig, – nämlich
als *zweiter* Zwang, der ein Aufheben eines ersten Zwanges ist. (92)

Aufgrund dessen, dass ein Zwang anderer Personen dem Begriff des freien Wollens und Handelns und damit den freien kooperativen Handlungsformen der Personseins unter freien Personen widerspricht, wird es auf der Ebene des realen Handelns notwendig, zum Schutz der Idee, also der realen Seinsform der freien Person und Kooperation, den Zwang einzelner personaler Subjekte durch einen Zwang allgemeiner Sanktionsdrohungen und dann auch durch die Ausführung von Sanktionen aufzuheben.

Es sollte für jede begriffliche Analyse von Normativität, wie sie heute durchaus nicht ohne Rückgriff auf Hegels Vorleistungen (wie etwa bei R. B. Brandom) Konjunktur hat, von zentraler Bedeutung sein zu sehen, dass und wie Sanktionen hier freiheitstheoretisch begründet werden.

Es wird nicht etwa nur festgestellt, dass institutionelle Normen – vom Wahrhaftigkeitsgebot zum Eigentumsschutz – durch ein Sanktionshandeln und zuvor durch Sanktionsdrohungen gestützt werden, und zwar im Rahmen einer Kontrollpraxis des Scorekeeping. Dabei wird kontrolliert, ob sich die Person an den Rahmen ihrer (relativen) Erlaubnisse (Entitlements) und an ihre personalen Verpflichtungen und Verbote (Commitments) gehalten hat und weiter hält. Vielmehr wird skizziert, dass und wie die Stützpraxen des Scorekeeping und der Sanktionen das Normative der Normen nicht etwa *definieren*, wie manche Autoren wohl meinen, schon gar nicht bloß in dualen und multilateralen Beziehungen von Einzelpersonen, sondern im Grunde nur *stützen*, das freilich notwendigerweise, und zwar, weil Überschreitungen der Grenzen der Freiheit durch Zwang *allzu nahe liegen*, als dass man hoffen dürfte, dass eigene Einsicht ausreichte, sie zu vermeiden.

Analoges gilt für das Begründen. Es ist zumeist bloße Stütz- und Kontrollpraxis für das Sagen und Schreiben des Wahren, etwa auf Nachfrage und bei berechtigten Zweifeln. Auch die Geltungsbedingungen selbst können dabei anderweitig festgelegt sein, nicht also bloß über ›zureichende Erfüllungen von Begründungsansprüchen‹. Das ist anders bei der Setzung allgemeiner Normen und generischer Wahrheiten. Hier kann die vernünftige Geltung mit der ausreichenden Begründetheit zusammenfallen. Im *giving and asking for reasons* sollten wir daher die Fälle besser unterscheiden.

Wie dem auch sei, wir sehen jetzt, dass die Androhung von Strafen gegen möglicherweise ausgeübte ›unrechtmäßige‹ Zwänge nicht nur ›relativ‹ als Mittel für den erwünschten Zweck, nämlich einer Abschreckung oder Umdefinition der erwartbaren Auszahlungsmatrix für ein bloß eigeninteressiertes Handeln, sondern sozusagen absolut gerechtfertigt sein kann. Damit legt Hegel den kooperationspraktischen und freiheitstheoretischen Grund für die Rechtspraxis *der Strafe* frei, wie er gerade in der kantischen Pflichtethik und im Utilitarismus noch keineswegs begriffen ist, zumal der Letztere in Wahrheit ein naiver Kollektivismus im instrumentellen Überwachen und Strafen ist, gegen den sich Hegels Liberalismus auf ganz andere Weise stemmt als später Friedrich Nietzsche und partiell mit ihm Michel Foucault. Ironischerweise verwechselt man übrigens im utilitaristischen Liberalismus, der sich J. St. Mill zum Helden wählt, Hegels freiheitstheoretische Rechts- und Staatsanalyse allzu häufig mit einer kollektivistischen Staatsrechtfertigung, was sie absolut nicht ist.

Hegels Rede freilich von einem ›zweiten Zwang, der ein Aufheben eines ersten Zwanges ist‹, ist zwar griffig und mnemotechnisch hilfreich, sachlich aber durchaus auch noch ungenau. Der eigentliche Punkt ist dieser: Nicht weil ›alle‹ Menschen von Natur her asozial oder böse wären und jeder nur egoistisch und rein instrumentalistisch als *homo oeconomicus* immer nur seine privaten Interessen verfolgte, wird ein staatlicher Zwang nötig und ist ein Gewaltmonopol des Staates hilfreich. Das ist schon deswegen so, weil wir auf dieser Grundlage den Verträgen, die wir in der vom Rechtsstaat umrahmten Gesellschaft schließen, besser vertrauen können und sicherer darin sind, dass die Früchte unserer Arbeit nicht von *einigen* anderen Leuten unrechtmäßig angeeignet oder verbrecherisch zerstört werden.

Nach Hobbes soll der Staat und seine Regierung, personifiziert im Monarchen, angeblich je mein Interesse besser bedienen als ein Kampf aller gegen alle in der Maximierung des eigenen Nutzens und der Minimierung des erwartbaren Schadens. Hegel blickt zwar aus der gleichen spekulativen Höhe der Abstraktion und Allgemeinheit auf die Dinge – und schaut doch genauer hin. Er sieht nämlich, dass die Macht des Staates, seine Sanktionsdrohungen und Strafen, nicht in erster Linie der *Abschreckung* und damit einer *Umbewertung* des erwartbaren Nutzens von *egoistischen* Akteuren dienen, sondern der *Eindämmung von Verbrechen* und des unrechtmäßigen Zwangs gegen Personen, als Varianten eines Trittbrettfahrertums, das die personale Lebensform gemeinsamen Wissens, Sprechens und Handelns *schon voraussetzt* und nur wie der Schwarzfahrer die öffentlichen Verkehrsbetriebe und anderen Personen zu seinen privaten Zwecken *missbraucht*.

Jeder *Primärzwang* gegen Personen ist in der Tat insofern ›begrifflich inkohärent‹, als er dem eigenen Personsein als Lebensform widerspricht. Hegel hat daher völlig recht, den Zwang der Sanktionsdrohungen gegen Verbrechen als *Sekundärzwang* auszuweisen. Erst recht richtig ist es, alle formallogischen Widersprüche als Momente in praktischen Inkohärenzen, Aporien, Orientierungsfehlern und dergleichen zu begreifen. Wer 2 + 2 = 3 rechnet, kann eben nur nicht rechnen. Verbale Inkonsistenzen im schematischen Folgern sind also ganz allgemein sekundär gegenüber praktischen Widersprüchen im Umgang mit der eigenen Praxisform als personales Subjekt. Wer diese Grundlage aller Logik und allen Rechts fassen kann, der fasse sie. Hegel listet im Folgenden Beispiele auf, die meine Unterscheidung von Primär- und Sekundärzwang in ihrer Bedeutsamkeit bestätigen.

105 Ⓚ Verletzung eines Vertrages durch Nichtleistung des Stipulierten, oder der Rechts-Pflichten gegen die Familie, Staat, durch Tun oder Unterlassen, ist insofern erster Zwang oder wenigstens Gewalt, als ich ein Eigentum, das eines andern ist, oder eine schuldige Leistung demselben vorenthalte oder entziehe. – (92)

Ein klarer Fall, in dem eine Forderung nach Ersatz und Sanktion gründet, ist »die Verletzung eines Vertrages durch Nichtleistung des Stipulierten«. Als Beispiel nennt Hegel auch Verletzungen »der Rechtspflichten gegen die Familie«, also z. B. im Blick auf das Kindeswohl, oder gegen den Staat, etwa im Fall von Steuerhinterziehung. Hier ist ein widerrechtliches »Tun oder Unterlassen« ein erster Zwang – so allgemein versteht Hegel eben diese Rede von einem ›ersten Zwang‹. Er besteht darin, dass »ich ein Eigentum, das eines anderen ist, oder eine schuldige Leistung demselben vorenthalte oder entziehe«.

105 Ⓚ Pädagogischer Zwang, oder Zwang gegen Wildheit und Rohheit ausgeübt, erscheint zwar als erster nicht auf Vorangehung eines ersten erfolgend. Aber der nur natürliche Wille ist *an sich* Gewalt gegen die an sich seiende Idee der Freiheit, welche gegen solchen ungebildeten Willen in Schutz zu nehmen und in ihm zur Geltung zu bringen ist. (92 f.)

Es gibt eine verbreitete Vorstellung, dass Erziehung mit Abrichtung und damit in einer Art Primärzwang beginnt, ganz gemäß dem antiken Spruch, der nicht streng disziplinierte oder sogar ›geschundene‹ Mensch werde nicht erzogen. Hegel versucht wenigstens, diesen falschen Schein aufzuheben, indem er erklärt, dass »der nur natürliche Wille« schon »an sich Gewalt« ist gegen »die an sich seiende Idee der Freiheit«, also gegen die gemeinsame Lebensform des freien Personseins. Es werden also Kinder nicht einfach gezähmt, wie man das mit Wildpferden beim Zureiten tut, womit ihr Eigenwille sozusagen gebrochen wird. Vielmehr wird als Hilfe bei der Personwerdung des Kindes die Form freien gemeinsamen Spielens und Lebens gegen den bloß erst »ungebildeten Willen« spontaner Neigungen »in Schutz« genommen. Übrigens übernimmt John Dewey eben diese Einsichten und schreibt doch, wie auch Richard Rorty, Hegel Meinungen zu, die ihr widersprechen, leider ohne Grundlage in einer ausreichend verständigen Lektüre der Texte.

Entweder ist ein sittliches Dasein in Familie oder Staat schon gesetzt, gegen welche jene Natürlichkeit eine Gewalttätigkeit ist, oder es ist nur ein Naturzustand, – Zustand der Gewalt überhaupt vorhanden, so begründet die Idee gegen diesen ein *Heroenrecht*. | (93) 105 Ⓚ 89

Dabei ist das Ethos einer Gemeinschaft im Sinn von Ferdinand Tönnies, also z. B. des freien kommunitarischen Zusammenlebens in der Familie, schon vorausgesetzt, vielleicht dann auch schon das Gesamt der Normen einer staatlich zusammengehaltenen und gesicherten Gesellschaft. In einem solchen Fall ist klar, dass der natürliche Eigenwille derer, die noch unerzogen und damit als Personen noch ungebildet sind, als primäre Gewalttätigkeit zu werten ist. Diese Art von Naturzustand der Einzelindividuen ist freilich von der Fiktion eines Hobbes insofern unterschieden, als es ein Zustand *vor* ihrer Ausbildung und Selbstbildung zur Person ist, die ja den Zorn und Eifer des momentanen Subjekts sozusagen zu kontrollieren hat. Die begrifflichen Verwirrungen im sozialen Atomismus von Hobbes und im methodischen Individualismus der Soziologie liegen darin, dass die *Kultur der freien Person* schon auf einer beliebig hohen und beliebig besonderen Entwicklungsstufe unkontrolliert vorausgesetzt und damit sozusagen ›naturalisiert‹ wird.

Ein ganz anderer Fall wird von Hegel in überaus dichter Form unter dem Titel eines »Heroenrechts« skizziert. Hier gibt es den Staat als Schutzinstitution transfamilialen Rechts über den Clan hinaus noch gar nicht. Der Zwang des Heros, der die Stadt Rom gründet und die Clans eint, erscheint daher als Primärzwang. Hegel macht aber dem geduldig mitdenkenden Leser klar, dass der ausgeübte Zwang eines Gründungsheros wie Romulus gerade im Vorgriff auf die zu schaffende bürgerliche Ordnung als Sekundärzwang und nicht als Primärzwang zu begreifen ist. Das gilt in modifizierter Form nach Hegel auch für die Bürgerkriege Cäsars und Augustus', wenn wir sie nicht, wie die bloß romantischen Republikaner Brutus und Cassius, auch Cato der Jüngere und Cicero bzw. Geschichtsschreiber wie Tacitus, als gewalttätige Usurpation der Staatsmacht durch den Clan der Julier begreifen. Diese Bürgerkriege werden aus der Sicht der früheren Anhänger des Marius, dann auch von Marcus Antonius zum ›heroischen‹ Kampf gegen pseudorepublikanische Optimaten-Clans des Alt-Adels der Stadt Rom. Es geht um eine neue gemischte Imperialverfassung eines Weltreichs mit ausdifferenzierter Verwaltung und für alle offenem Bürgerrecht. Besonders bedeutsam ist die institutionelle Einbindung einer professionellen Armee und der Prätorianer-Polizei in die Staatsadministration – samt ihrer Finanzierung und Altersvorsorge.

§ 94

106 Das abstrakte Recht ist *Zwangsrecht*, weil das Unrecht gegen dasselbe eine Gewalt gegen das *Dasein* meiner Freiheit in einer *äußerlichen* Sache ist; die Erhaltung dieses Daseins gegen die Gewalt hiemit selbst als eine äußerliche Handlung und eine jene erste aufhebende Gewalt ist. (93)

Das abstrakte Recht als Rahmenform der Idee der freien Person begründet eine rechtliche Ordnung, die einen Sekundärzwang von Sanktionsdrohungen und Sanktionen auch in der Form staatlich administrierter Gewalt gegen Ordnungsverstöße und Rechtsbrüche vorsieht und rechtfertigt. In diesem Zwangsrecht wird Unrecht gegen ›das Dasein‹, also die konkreten Ausprägungen, unserer Freiheit negativ sanktioniert, also bestraft. Nur als Sekundärgewalt hebt sie die Primärgewalt eines Verbrechens oder Rechtsbruchs auf. Legitime staatliche Macht und Gewalt muss hier als Sekundärgewalt begriffen werden. Es ist daher eine naive Fehldeutung staatlicher Gewalt, wenn man diese auf die gleiche Ebene stellt wie die Primärgewalt eines Rechtsbrechers. Das ist immer so, wenn wir sie als Herrschaft von Herrschern und nicht als von Politikern verwaltete Macht des Gemeinwesens deuten.

Leider gibt es aber in der Tat immer auch einen möglichen privativen Missbrauch staatlicher Macht in privater Herrschaft, auch durch Verwandlung von rechtmäßiger Sekundärgewalt in unrechtmäßige Primärgewalt, etwa bei echter Usurpation eines ganzen Staates durch einen Clan oder eine Nazi-Partei. Das Problem ist, dass die Bürger das nicht immer gleich merken (können).

106 Ⓚ Das abstrakte oder strenge Recht sogleich von vorn herein als ein *Recht* definieren, zu dem man zwingen dürfe, – heißt es an einer Folge auffassen, welche erst in dem Umwege des Unrechts eintritt. (93)

Hier wehrt sich Hegel selbst explizit gegen die Missachtung der

Stufen von Primär- und Sekundärgewalt, wie wir sie auch in handlungstheoretischen Ansätzen finden, nach denen die Normen freier Kooperation angeblich unmittelbar durch eine Sanktionspraxis definiert und nicht etwa nur sekundär geschützt sein sollen. Die Normen sind aber als frei anzuerkennende Kooperationsformen personalen Lebens aufzufassen, also gerade nicht über die Folgen zu bestimmen, welche sich erst als notwendige Schutzmaßnahmen gegen naheliegende Privationen des personalen Lebens durch Unrecht und Gewalt ergeben.

§ 95

Der erste Zwang als Gewalt von dem Freien ausgeübt, welche das 106
Dasein der Freiheit in seinem *konkreten* Sinne, das Recht als Recht verletzt, ist *Verbrechen,* – ein *negativ-unendliches Urteil* in seinem vollständigen Sinne (siehe meine Logik 2. Bd. S. 99), durch welches nicht nur das Besondere, die Subsumtion einer Sache unter meinen Willen (§ 85), sondern zugleich das Allgemeine, Unendliche im Prädikate des Meinigen, die *Rechtsfähigkeit* und zwar ohne die Vermittlung meiner Meinung (wie im Betrug) (§ 88), eben so gegen diese negiert wird, – die Sphäre des *peinlichen Rechts.* (93)

Das früher sogenannte peinliche Recht ist einfach das Strafrecht. Die bis heute institutionell enge Verbindung von Rechtsphilosophie und Strafrecht ergibt sich sachlich daraus, dass man eine richterlich angeordnete Strafpraxis angemessen nur begreifen und in Detailregelungen bewerten kann, wenn man sie personentheoretisch und freiheitspraktisch aus dem abstrakten Recht entwickelt. Das wiederum heißt, dass ihre Grundlage in einer allgemeinen Analyse des freien Personseins und der für dieses zentralen Kooperationsformen des wahrhaften Sprechens und allgemeinen Wissens und Könnens zu explizieren ist.

Wenn nun eine freie Person Gewalt ausübt, welche »das Dasein der Freiheit in seinem konkreten Sinne, das Recht als Recht verletzt«, ist das ein Verbrechen. Wer sich (bewusst) für ein Verbrechen entscheidet, negiert das Recht nicht nur in besonderer, sondern in unendlicher Weise. Negiert wird die gesamte Sphäre des Rechts und des Personseins – so dass sogar, im Prinzip, der Verbrecher als Verbrecher keine Person unter freien Personen, sondern nur ein gewalttätiger Mensch ist, vor dem sich Personen zu schützen haben, im Prinzip ähnlich wie vor wilden Tieren.

Freilich stimmt der Verbrecher sentimentalen Ansichten zu, dass er als Mensch Person sei. Er pocht damit auf seine Menschenwürde. Er sei daher nicht wie ein Tier zu behandeln, möchte also weder eingesperrt noch getötet werden. Hegels Analyse weist hier zunächst darauf hin, dass eine freie Person im vollen Rechtssinn zu sein die Anerkennung der Reziprozität und Relationalität des Personseins voraussetzt. Eben dem aber widerspricht der Verbrecher praktisch schon in seinem Rechtsbruch, indem er gegen andere Personen Person sein will und das zugleich klarerweise nicht will. Das dokumentiert sich im Verbrechen weit klarer als im Reden. Und es entgeht sowohl dem Verbrecher selbst als auch seiner sentimentalen Verteidigerin, die kontext- und gedankenfrei darauf pocht, dass gegen Menschen keine Gewalt anzuwenden sei.

Man kann also Menschenrechte sowohl naiv als auch sophistisch ›missbrauchen‹. Eben das sagt Hegel hier. Im Prinzip hat der Verbrecher, der gegen mich als Person Gewalt ausübt, »zugleich das Allgemeine« negiert, womit er *im Prinzip* seine eigene »Rechtsfähigkeit« lädiert. Hegel wird dann aber weiter unten genauer sagen, dass das *nur* im Prinzip so ist, so dass drakonische Strafen, die für jedes Verbrechen sozusagen den Tod verlangen, also den endgültigen Ausschluss aus der Personengemeinschaft vorsehen, als fehlgeleitet kritisiert werden.

Der Unterschied zum oben besprochenen Betrug ist z. B. bei einem Mord in der Tat der, dass im Fall bloßen Betrugs mein Urteil über die zugesagten Qualitäten einer Sache eine Rolle spielt und daher der Streit immer auch ein freier Rechtsstreit über die Einhaltung von Treu und Glauben ist, so dass noch umstritten sein mag, wie weit es ›nur‹ ein Rechtsbruch oder ›schon‹ ein Verbrechen war oder ist. Der Betrug gehört daher *zunächst* ins bürgerliche Privatrecht der Kompensation für mangelnde Vertragsleistungen, das Verbrechen aber *in jedem Fall* ins allgemeine Strafrecht.

106 Ⓚ Das Recht, dessen Verletzung das Verbrechen ist, hat zwar bis hieher nur erst die Gestaltungen, die wir gesehen haben, das Verbrechen hiemit auch zunächst nur die auf diese Bestimmungen sich beziehende nähere Bedeutung. Aber das in diesen Formen Substan-

tielle ist das Allgemeine, das in seiner weitern Entwickelung und Gestaltung dasselbe bleibt und daher eben so dessen Verletzung, das Verbrechen, seinem Begriffe nach. Den besondern, weiter bestimmten Inhalt, z. B. in Meineid, Staatsverbrechen, Münz-Wechsel-Verfälschung u. s. f. betrifft daher auch die im folgenden § zu berücksichtigende Bestimmung. (94)

Bisher haben wir noch keine besonderen Unterscheidungen verschiedener Arten des Verbrechens betrachtet. Die bloß erst allgemeinen Betrachtungen betreffen diese alle, z. B. auch Meineid, Hochverrat, Wirtschaftskriminalität usf.

§ 96

Insofern es der *daseiende* Wille ist, welcher allein verletzt werden 107
kann, dieser aber im Dasein in die Sphäre eines quantitativen Umfangs, so wie qualitativer Bestimmungen eingetreten, somit darnach verschieden ist, so macht es eben so einen Unterschied für die objektive Seite der Verbrechen aus, ob | solches Dasein und dessen 90
Bestimmtheit überhaupt in ihrem ganzen Umfang, hiemit in der ihrem Begriffe gleichen Unendlichkeit (wie in Mord, Sklaverei, Religionszwang u. s. f.), oder nur nach einem Teile, so wie nach welcher qualitativen Bestimmung verletzt ist. (94)

Es ist, wie oben schon angedeutet, der ›quantitative Umfang‹ und die ›qualitative Schwere‹ der Rechtsverletzung immer zu berücksichtigen, unbeschadet der Tatsache, dass jedes Unrecht im Prinzip personales Unrecht bzw. Verletzung des Personseins anderer ist. Daher unterscheiden wir auch zwischen Mord und Körperverletzung, Sklaverei im Ganzen und bloß partieller Knechtung im Frondienst, Religionszwang und Gotteslästerung usf.

Die Stoische Ansicht, daß es nur Eine Tugend und Ein Laster 107 Ⓚ
gibt, die Drakonische Gesetzgebung, die jedes Verbrechen mit dem Tode bestraft, wie die Rohheit der formellen Ehre, welche die unendliche Persönlichkeit in jede Verletzung legt, haben dies gemein, daß sie bei dem abstrakten Denken des freien Willens und der Persönlichkeit stehen bleiben und sie nicht in ihrem konkreten und bestimmten Dasein, das sie als Idee haben muß, nehmen. – (94)

Die Ansicht, es gäbe nur eine Tugend, die der Vollkommenheit, und damit auch nur ein Laster, das der Privation, ist abwegig, nicht anders als die schon angesprochene »drakonische Gesetzgebung«. Richtig ist zwar, dass »die unendliche Persönlichkeit« in jeder Verletzung des abstrakten Rechts im Prinzip betroffen ist; aber ganz falsch ist es, »bei dem abstrakten Denken des freien Willens und der Persönlichkeit stehenbleiben« zu wollen. Wir müssen vom Allgemeinen zum Besonderen weitergehen und wesentliche Abstufungen ernst nehmen.

107 Ⓚ Der Unterschied von *Raub* und *Diebstahl* bezieht sich auf das qualitative, daß bei jenem Ich auch als gegenwärtiges Bewußtsein, also als *diese subjektive* Unendlichkeit verletzt und persönliche Gewalt gegen mich verübt ist. – (94 f.)

Hegel selbst skizziert jetzt den Unterschied von Raub und Diebstahl: Beim Raub leide ich als leibliche Person hier und jetzt »als gegenwärtiges Bewußtsein« Gewalt. Der Dieb lädiert mich (nur) dadurch, dass er mein *äußeres* Eigentum nicht respektiert. Beim Raub wird die »subjektive Unendlichkeit« des personalen Subjekts verletzt, bei reinem Diebstahl darf keine Gewalt im Spiel sein.

107 Ⓚ Manche qualitative Bestimmungen, wie *die Gefährlichkeit für die öffentliche Sicherheit*, haben in den weiter bestimmten Verhältnissen ihren Grund, aber sind auch öfters erst auf dem Umwege der Folgen, statt aus dem Begriffe der Sache, aufgefaßt; – wie eben das gefährlichere Verbrechen für sich in seiner unmittelbaren Beschaffenheit, eine dem Umfange oder der Qualität nach schwerere Verletzung ist. – (95)

Es lassen sich zwar die Normalfallfolgen in ihrer (ggf. hohen) Wahrscheinlichkeit nicht, schon gar nicht immer, von den Handlungsformen selbst trennen. Ein Messerstich, auf das Herz gezielt, wird nicht in allen Fällen den Tod zur Folge haben, ist aber dennoch nicht bloß Körperverletzung mit ›zufälliger‹ Todesfolge. Daher spielt die Gefährlichkeit eines Tuns, auch für die öffentliche Sicherheit, durchaus eine Rolle. Aber wir müssen unterscheiden, ob sie zum Begriff der Sache als Tat gehört, wie im Fall der Anzettelung eines Bürgerkriegs, oder nur in vermuteten Folgen liegt, wie im Fall von staatskritischen Texten, welche in Österreich oder Preußen verboten gewesen sein mögen und in China oder der Türkei verboten werden, weil sie *angeblich* zum Aufruhr aufrufen. Es ist damit schon skizziert, wann ein gefährlicheres Verbrechen eine schwerere Verletzung ist als eine weniger gefährliche und wann man die Dinge so gerade nicht betrachten darf. So mag der Leichtsinn eines Forschers für die öffentliche Gesundheit und sogar für Leib und Leben vieler Menschen weit gefährlicher sein als das Verbrechen eines Mörders.

Die subjektive *moralische* Qualität bezieht sich auf den höhern Un- 107 Ⓚ
terschied, in wiefern ein Ereignis und Tat überhaupt eine Handlung ist, und betrifft deren subjektive Natur selbst, wovon nachher. (95)

Die subjektive moralische Qualität eines Tuns bezieht sich auf das Wissen und damit das Bewusstsein des Täters. Hierher gehört auch die Frage, inwiefern ein Benehmen, ein Verhalten, ein Tun, zusammen mit seinen Folge-Ereignissen überhaupt eine Handlung ist. Das betrifft immer auch die subjektive Natur des Wollens und der Tat, wie wir noch genauer sehen werden.

§ 97

Die geschehene Verletzung des Rechts als Rechts ist zwar eine *positi-* 108
ve, äußerliche *Existenz*, die aber *in sich* nichtig ist. Die *Manifestation* dieser ihrer Nichtigkeit ist die ebenso in die Existenz tretende Vernichtung jener Verletzung, – die Wirklichkeit des Rechts, als seine sich mit sich durch Aufhebung seiner Verletzung vermittelnde Notwendigkeit. (95)

Man muss Hegels Ausdrucksformen nicht mögen, ja man sollte das nicht tun. Hier scheint er das Folgende zu sagen: Jedes Verbrechen ist eine wirklich vollzogene freie Handlung, die als bewusste und gewollte Verletzung des (abstrakten, allgemeinen) Rechts zählt. Sie verneint das allgemeine Recht und vernichtet eben damit einen Teil des eigenen Personseins. Die Nichtigkeit oder das Negative dieser Art von Handlung zeigt sich darin, dass sie als Verletzung kompensiert und sanktioniert werden muss oder das auch tatsächlich wird. Das abstrakte Recht tritt eben so in die Wirklichkeit der Aufhebung seiner Verletzung, vermittelt u. a. durch das Strafrecht. Die Lesart wird bestätigt durch das folgende Beispiel.

§ 98

Die Verletzung als nur an dem äußerlichen Dasein oder Besitze 108
ist ein *Übel, Schaden* an irgend einer Weise des Eigentums oder Vermögens; die Aufhebung der Verletzung als einer Beschädigung

ist die zivile Genugtuung als *Ersatz*, insofern ein solcher überhaupt
91 Statt finden kann. | (95)

Das Nichtige der Verletzung meines Eigentums- oder Besitzrechts, auch im Diebstahl oder schon im Betrug, besteht zunächst darin, dass sie für mich ein Übel, ein Schaden an meinem Vermögen ist. Das rechtfertigt meine Forderung nach Schadensersatz. Diese »Aufhebung der Verletzung« ist »die zivile Genugtuung«. Manchmal freilich kann ein solcher Ersatz nur *cum grano sali*s stattfinden, etwa wenn eine mir lieb gewordene Vase zerstört wurde.

108 Ⓚ In dieser Seite der Genugtuung muß schon an die Stelle der qualitativen spezifischen Beschaffenheit des Schadens, insofern die Beschädigung eine Zerstörung und überhaupt unwiederherstellbar ist, die *allgemeine* Beschaffenheit derselben, als *Wert*, treten. (95 f.)

Der erstattete Wert ist dabei in der Regel sogar nur grob äquivalent zu dem der zerstörten Sache.

§ 99

108 Die Verletzung aber, welche dem *an sich* seienden Willen (und zwar hiemit eben so diesem Willen des Verletzers, als des Verletzten und Aller) widerfahren, hat an diesem *an sich* seienden Willen als solchem keine *positive Existenz*, so wenig als an dem bloßen Produkte. *Für sich* ist dieser an sich seiende Wille (das Recht, Gesetz an sich) vielmehr das nicht äußerlich existierende und insofern das Unverletzbare. Eben so ist die Verletzung für den besondern Willen des Verletzten und der Übrigen nur etwas Negatives. (96)

Die Verletzung des Rechts als des *an sich* seienden gemeinsamen Willens verneint das Recht und den gemeinsamen Willen und muss deswegen noch auf andere Weise als durch bloße Kompensation aufgehoben werden.

108 f. Die *positive Existenz der Verletzung* ist nur als der *besondere Wille des Verbrechers*. Die Verletzung dieses als eines daseienden Willens also ist das Aufheben des Verbrechens, *das sonst gelten würde* und ist die Wiederherstellung des Rechts. (96)

Der etwas dunkle Satz besagt, dass der Verbrecher das Verbrechen samt seinen Folgen will, obwohl er als Person *an sich* das Recht, das er kennt, anerkennt. *Als einzelnes* Subjekt nimmt er sich auf besondere Weise aus. Er ist eben damit der typische Trittbrettfahrer. Der Gedanke ist durch und durch kantianisch.

Der Unterschied zu Kant ergibt sich ›nur‹ daraus, dass das geschichtlich tradierte Ethos und als Teil von ihm das positive Recht in Staat und der Gesellschaft, in denen wir zu Bürgern und freien Personen mit den entsprechenden Handlungsmöglichkeiten werden, bei Hegel als längst schon anerkannt eingesehen sind. Das aber ist ein *großer* Unterschied. Denn Kant teilt im Grundsatz die höchst problematische Ansicht einer ebenso subjektivistischen wie skeptizistischen ›Aufklärung‹. Nach dieser scheint es so, als hätte die reale Tradition unserer institutionellen Formen und sittlichen Normen *an sich keinen direkten Anspruch auf meine Anerkennung*, da es ja auch geschehen kann, dass Traditionen unvernünftig sind. Demnach müssten sie sich erst *vor meinem kritischen Urteil als mir einleuchtend* erweisen. Man verlangt mit scheinbar vollem Recht nach ihrer ›Begründung‹, die mich ›überzeugt‹. Habermas spricht von einem zwanglosen Zwang des guten, überzeugenden, je besseren oder besten Arguments. Doch das führt zur problematischen Meinung, die Formen tradierter *Sittlichkeit als Formen von Kooperation und Gemeinsamkeit* bedürften zur Anerkennung sozusagen noch *meiner nickenden Zustimmung* oder sie könnten sozusagen durch einfaches Kopfschütteln aufgehoben werden, wobei noch nicht einmal zwischen formelartig artikulierten Prinzipien bzw. gesetzesartigen Ausdrucksformen und den kooperativen Formen selbst gut genug unterschieden ist. Das aber ist ein völlig verzerrtes Bild dessen, was es heißt, dass ethische Normen und rechtliche Gesetze *gelten* und dabei auch längst schon je von mir an sich oder im Allgemeinen *anerkannt sind*, unabhängig davon, welchen Kommentaren zu ihnen ich im Besonderen meine Zustimmung gebe oder wie ich im Einzelnen handle.

Während der große Rechtswissenschaftler Paul Johann Anselm Feuerbach die Institution der Strafe nicht falsch dadurch rechtfertigt, dass Strafandrohungen nur motivationell wirksam werden, wenn man auch straft, betont Hegel, dass Feuerbach wie alle anderen von ihm kommentierten Begründungsformen von Strafe[39]

[39] Die Bezugnahmen u. a. auf Platon, Seneca, Fichte, Thibaut, Ernst Ferdinand Klein, Grolman, *Grundsätze der Criminalrechtswissenschaft*, und

schon *voraussetzt*, dass das Strafen an und für sich *gerecht* sein könne.

Obwohl sich Hegel, wie der § 99 zeigt, mit dem Stand der damaligen Diskussion um eine Begründung des Rechts nicht zufrieden zeigt, befindet sich die Debatte, auf die er sich bezieht, durchaus schon auf hohem Niveau. Das zeigt ein Vergleich mit dem Standardwerk der analytischen Rechtsphilosophie des 20. Jahrhunderts in Großbritannien, H. L. A. Hart, *The Concept of Law.*[40] Gleich zu Beginn (p. 1–2) zieht Hart seine Motivation der ›begrifflichen Klärung‹ des Gesetzesbegriffs aus der völligen Unzulänglichkeit von Sätzen dazu, was Recht und Gesetz (law) sei: »›What officials do about disputes is … the law itself‹ (Llewellyn, The Bramble Bush, 2nd edn. 1951, p. 9); ›The prophecies of what the courts will do … are what I mean by the law‹ (O. W. Homes, ›The Path of the Law‹, in *Collected Papers,* 1920, p. 173); Statutes are ›sources of Law … not parts of the Law itself‹ (J. C. Gray, *The Nature and Sources of Law*, 1902 p. 276); ›Constitutional law is positive morality merely‹ (Austin, *The Province of Jurisprudence Determined*, 1832, Lecture VI, 1954 edn., p. 259); ›One shall not steal; if somebody steals he shall be punished. … If at all existent, the first norm is contained in the second norm which is the only genuine norm. … Law is the primary norm which stipulates the sanction‹, Kelsen, *General Theory of Law and State* 1949, p. 61.« Die offenkundigen Dilemmata und Aporien dieser durchwegs schwachen Formulierungen führt Hart, wie lange zuvor schon Hegel, zu den folgenden Fragen: »How does law differ from and how is it related to orders backed by threats? How does legal obligation differ from, and how is it related to, moral obligation? What are rules and to what extent is law an affair of rules?« (p. 13).

109 Ⓚ Die Theorie der Strafe ist eine der Materien, die in der positiven Rechtswissenschaft neuerer Zeit am schlechtesten weggekommen sind, weil in dieser Theorie der Verstand nicht ausreicht, sondern es wesentlich auf den Begriff ankommt. – (96)

Hegel beklagt, dass eine begrifflich klare Kanonisierung, was Strafe etwa im Unterschied zu einer bloßen Kompensation oder Wiedergut-

Beccaria, *Von Verbrechen und Strafen*, sind in GW 14,3; 1108–1129 zusammengestellt.

[40] H. L. A. Hart, *The Concept of Law*, Oxford: Clarendon, ^{2}1964, ^{1}1961.

machung eines Schadens einerseits, Rache andererseits ist, bisher eigentlich ganz fehlt. Und er gibt als Erklärung die Diagnose, dass dazu weder ein Wissen über positiv bestehendes Recht und seine bloße Faktengeschichte ausreicht noch der Verstand des Umgangs mit verbalen Definitionen. Es kommt hier wesentlich auf den Begriff, also die gesamte Praxisform des freien Personseins an.

Wenn das Verbrechen und dessen Aufhebung, als welche sich 109 Ⓚ
weiterhin als Strafe bestimmt, nur als ein *Übel* überhaupt betrachtet wird, so kann man es freilich als unvernünftig ansehen, ein Übel bloß deswegen zu wollen, *weil schon ein anderes Übel vorhanden ist.* (Klein Grunds. des peinlichen Rechts § 9 f.) (96)

Hegel liefert Beispiele für den einfachen, naiven, schlichten Stand der Diskussion. Betrachtet man nämlich ein Verbrechen bloß als ein Übel, so wird es tatsächlich widersinnig, ein solches Übel dadurch aufheben zu wollen, dass man ein weiteres Übel, nämlich in der Strafe dem Täter Leid hinzufügt – über die Kompensation des Schadens hinaus, die ja nur die Verteilung der Güter (des ›Nutzens‹) und der Übel (des ›Schadens‹) zwischen den Personen ändert – und keinen ›neuen Schaden‹ wie die Strafe schafft.

Dieser oberflächliche Charakter eines *Übels* wird in den verschie- 109 Ⓚ
denen Theorieen über die Strafe der Verhütungs- Abschreckungs- Androhungs- Besserungs- u. s. w. Theorie, als das Erste vorausgesetzt, und was dagegen herauskommen soll, ist eben so oberflächlich als ein *Gutes* bestimmt. (96 f.)

Hegel wendet sich allerdings nur gegen die jeweiligen *Einseitigkeiten* in der *Verhütungs-, Abschreckungs-, Besserungs usw. Theorie der Strafe*, nicht gegen die in ihnen herausgearbeiteten *Momente*, wie sie in jeder Praxis des Strafens insgesamt zu beachten sind. Mancher meint, Strafe sei *nur* dadurch zu rechtfertigen, dass aus ihr irgendwie »ein Gutes« herauskomme. Der Utilitarismus einer Erhöhung von Nutzen und einer Verminderung von Schäden ist die allgemeine »Theorie«, die hier im Hintergrund steht.

Es ist aber weder bloß um ein Übel, noch um dies oder jenes 109 Ⓚ
Gute zu tun, sondern es handelt sich bestimmt um *Unrecht* und um *Gerechtigkeit.* (97)

Auch wenn wir nicht schon Genaueres darüber wissen, wie sich eine Unternehmung der Erhöhung des Guten oder Gesamtnutzens und Verringerung von Übeln oder eines Gesamtschadens von einer Institution unterscheidet, die sich mit Antworten auf Fragen nach Recht und Gerechtigkeit, Unrecht und Strafen beschäftigt, können wir die verschiedenen Sphären von Problemen und Lösungsansätzen zur Sicherung des gemeinsamen Lebens und Handelns bzw. Urteilens und Bewertens unterscheiden.

109 Ⓚ Durch jene oberflächlichen Gesichtspunkte aber wird die objektive Betrachtung der *Gerechtigkeit,* welche der erste und substantielle Gesichtspunkt bei dem Verbrechen ist, bei Seite gestellt, und es folgt von selbst, daß der moralische Gesichtspunkt, die subjektive Seite
92 des Verbrechens, vermischt mit trivialen psychologi|schen Vorstellungen von den Reizen und der Stärke sinnlicher Triebfedern gegen die Vernunft, von psychologischem Zwang und Einwirkung auf die Vorstellung (als ob eine solche nicht durch die Freiheit eben sowohl zu etwas nur zufälligem herabgesetzt würde) – zum Wesentlichen wird. (97)

Gefühlige Intuitionen zum Strafen verbinden häufig ›die subjektive Seite des Verbrechens mit trivialen psychologischen Vorstellungen von den Reizen und der Stärke sinnlicher Triebfedern‹. Man redet erfinderisch von einem ›psychologischen Zwang‹ und von ebenfalls erfundenen allgemeinen kausalen Einwirkungen z. B. eines Wunsches oder der Wirkung der Gelegenheit auf das Individuum.

109 Ⓚ Die verschiedenen Rücksichten, welche zu der Strafe als Erscheinung und ihrer Beziehung auf das besondere Bewußtsein gehören, und die Folgen auf die Vorstellung (abzuschrecken, zu bessern u. s. f.) betreffen, sind an ihrer Stelle, und zwar vornehmlich bloß in Rücksicht der *Modalität* der Strafe, wohl von wesentlicher Betrachtung, aber setzen die Begründung voraus, daß das Strafen an und für sich *gerecht* sei. (97)

Es soll nicht geleugnet werden, dass verschiedene Aspekte bei der konkreten Ausgestaltung von Sanktionsdrohungen und Sanktionen, Strafandrohungen und Strafen zu berücksichtigen sind. Dazu gehören durchaus Abschreckung und Besserung von möglichen und wirklichen Straftätern. Aber das setzt, Hegel wiederholt den Punkt, »die Begründung voraus, daß das Strafen an und für sich gerecht« ist.

109 f. Ⓚ In dieser Erörterung kommt es allein darauf an, daß das Verbrechen und zwar nicht als die Hervorbringung eines *Übels,* sondern

als Verletzung des Rechts als Rechts aufzuheben ist, und dann welches die *Existenz* ist, die das Verbrechen hat und die aufzuheben ist; sie ist das wahrhafte Übel, das wegzuräumen ist, und worin sie liege, der wesentliche Punkt; so lange die Begriffe hierüber nicht bestimmt erkannt sind, so lange muß Verwirrung in der Ansicht der Strafe herrschen. (97)

Wir haben die Frage nach der Kompensation eines Schadens oder Übels analytisch schon klar getrennt von der Frage einer über diesen Schadensausgleich hinausgehenden Strafe. Daher kommt es jetzt darauf an zu begreifen, dass und warum ein Rechtsbruch eigens als solcher zu strafen ist, und was es heißt, das Unrecht eines Verbrechens so ›aufzuheben‹. Dabei haben wir den Gedanken der Wiedereinführung der Person in den Kreis der von uns als freie Personen und Handlungspartner anerkannten Personen schon artikuliert. Das »wahrhafte Übel, das wegzuräumen ist«, besteht also eigentlich darin, dass sich der Verbrecher durch seine ›Untat‹ zu einer ›Unperson‹ gemacht hat, wie wir in Abänderung von Hegels obskurer Rede über das *Nichtige* etwas plakativ und doch wohl besser und mit Recht sagen dürfen.

§100

Die Verletzung, die dem Verbrecher widerfährt, ist nicht nur *an sich* 110
gerecht, – als gerecht ist sie zugleich sein *an sich* seiender Wille, ein Dasein seiner Freiheit, *sein* Recht; sondern sie ist auch ein *Recht an den Verbrecher* selbst, d. i. in seinem *daseienden* Willen, in seiner Handlung *gesetzt*. (98)

Mit seiner Handlung rechnet der Verbrecher nicht nur mit der Strafe, da er ihre Androhung ja kennt, er ›will‹ sie insofern, als er sie ›in Kauf nimmt‹. Wenn er gefasst und bestraft wird, tritt als Folge der Tat für ihn also nur ein, was er unter anderen Möglichkeiten mit seinem Tun gewollt hat. Denn Wollen im Tun heißt immer nur, absichtlich die Möglichkeiten auszuschließen, welche mit dem Nichttun ›gesetzt‹ wären.

Wer also eine Bank ausraubt, *möchte* zwar nur das Geld und nicht gefasst werden; in Wahrheit aber *entscheidet er sich bewusst und willentlich* für die Alternative, entweder mit dem Geld davonzukommen oder erwischt zu werden – und die Folgen zu tragen. Erhält er die

Strafe, so geschieht ihm etwas zwar nicht seinem *Wunsch* gemäß, wohl aber in Erfüllung des *Inhalts seines Willens*. (Die Leute haben freilich immer Probleme, diese Logik des »oder« voll zu begreifen, was unter anderen Autoren auch Nuel Belnap klar macht. Das geht so weit, dass es sogar eine Tendenz unter Juristen gibt, Bedingungen z. B. der Erfüllung von Prüfungsleistungen für ›unzulässig‹, weil ›ungenau‹ zu halten, wenn sie mithilfe eines »oder« definiert sind.)

Die Strafe ist nie so, dass sie freudig akzeptiert würde. Sie ist aber im Tun schon als mögliche Folge bekannt und gesetzt. Die Person rechnet mit ihr. Da sie als mögliche Folge einer Handlung des entsprechenden widerrechtlichen Typs *gewollt* ist (sie ist es ja in der skizzierten oder-Aussage ganz allgemein), ist sie auch *gerecht*: *volenti non fit iniuria*. Sie ist so das Recht, das ›an den Verbrecher selbst gesetzt ist‹. Es ist nur *logische Torheit*, wenn der Verbrecher oder andere momentane Gegner des Strafens das Argument nicht verstehen (weil sie vielleicht ebenfalls mit dem »oder« nicht zurechtkommen).

110 Denn in seiner als eines *Vernünftigen* Handlung liegt, daß sie etwas allgemeines, daß durch sie ein Gesetz aufgestellt ist, das er in ihr für sich anerkannt hat, unter welches er also, als unter *sein* Recht subsumiert werden darf. (98)

Indem ein Subjekt als Person eine Handlung ausführt, behauptet sie sogar implizit, performativ, dass sie die Handlung tun darf, obwohl sie weiß, dass das nicht so ist. Sie will aber dennoch weiterhin vom Status als Person profitieren, obwohl sie diesen – z. B. in der Form, dass Personen nicht verletzt werden dürfen – den anderen Personen gerade nicht zugestanden hat. Indem ein Täter also als Person behandelt werden will, stimmt er *ipso facto* zu, dass die Strafe als Rechtsfolge seiner eigenen Tat an ihm ausgeübt wird, und kann sich nicht auf das Prinzip berufen, das man einer Person keinen Schaden zufügen darf.

110 Ⓚ *Beccaria* hat dem Staate das Recht zur Todesstrafe bekanntlich aus dem Grunde abgesprochen, weil nicht präsumiert werden könne, daß im gesellschaftlichen Vertrage die Einwilligung der Individuen, sich töten zu lassen, enthalten sei, vielmehr das Gegenteil angenommen werden müsse. Allein der Staat ist überhaupt nicht ein Vertrag (s. § 75), noch ist der *Schutz* und die *Sicherung* des Lebens und Eigentums der Individuen als Einzelner so unbedingt sein substantielles Wesen, vielmehr ist er das Höhere, welches dieses Leben

und Eigentum selbst auch in Anspruch nimmt und die Aufopferung desselben fordert. – (98)

Beccarias ›Kritik‹ an der ›Annahme‹, dass »im gesellschaftlichen Vertrage die Einwilligung der Individuen, sich töten zu lassen, enthalten sei«, kontert Hegel zunächst mit der Ablehnung der hobbesianischen Prämisse. Der »Staat ist überhaupt nicht ein Vertrag ..., noch ist ... die *Sicherung* des Lebens und Eigentums der Individuen als Einzelner ... sein substantielles Wesen«. Der Staat als die *politeia* und *civitas*, die uns als allgemeine Verfassung menschlicher Gemeinschaftlichkeit allererst zu Personen mit Wissen und freiem Können macht, ist vielmehr »das Höhere«, welches am Ende doch, unter gewissen Umständen, die Aufopferung von Eigentum und Leben fordern kann, und zwar nicht bloß als Strafe, sondern auch im freien Engagement des Bürgers für die Bürgerschaft (den Staat). Man denke an den Fall irgendwelcher allgemeiner Gefährdungen. Dabei darf aber nicht einfach ein Einzelner ›geopfert‹ werden. Aus der Überlegung folgt noch keine Rechtfertigung der Todesstrafe, wohl aber die Widerlegung Beccarias, der nur zufällig mit unserer heute allgemeinen Ablehnung der Todesstrafe übereinstimmt und daher als modern gilt. Dass der ertappte Verbrecher im Nachhinein für sich gar keine Strafe, schon gar nicht die Todesstrafe, *wünscht*, tut, wie gesagt, gar nichts zur Sache.

In einem Land, in dem die Todesstrafe herrscht, will also der Mörder in und mit seiner Tat durchaus, dass er entweder nicht gefasst oder hingerichtet wird, auch wenn er sich dabei wünscht, nicht gefasst und nicht hingerichtet zu werden. Die Frage, ob *wir* die Todesstrafe wollen oder *man* sie abschaffen sollte, ist von der Frage, was der Täter nach der Tat über sie meint, unbedingt zu unterscheiden. Eben so ist zu unterscheiden zwischen *der Tatsache*, dass ein Subjekt, das ein Verbrechen begeht, sich als Person negiert, und unserer Praxis, das Individuum *dennoch* weiterhin als Person mit Würde zu behandeln, um ihm also die Chance zu geben, wieder als voll vertrauenswürdige Person anerkannt zu werden, *obwohl* eben dieses Vertrauen ggf. nachweislich enttäuscht worden war.

Gerade auch nach Hegel sind alle Vorstellungen unsinnig, die mit einer scheinbar gleichen ›Quantität‹ von Verbrechen und Strafe operieren, wie etwa die Regel, dass jede Tötung einer Person mit dem Tode bestraft werden soll (§ 96; vgl. dazu auch Enz. § 529). Denn die *Höhe der Strafe* ist, wie viele kluge Strafrechtler lange vor Hegel schon sehen, nur durch die *allgemeinen* Notwendigkeiten einer das freie Handeln der Person zureichend schützenden allgemeinen Strafandrohung gegeben. Eine gefestigte Bürgerschaft und ein ›starker‹, d. h. allgemein anerkannter Staat kann sich, wie Hegel erklärt, völlig liberale Gesetze leisten. Die konkrete Ausprägung der allgemeinen Institution der Strafandrohung als Schutz der Gesetze in der Rechtspflege ist daher immer auch abhängig von dem, was eine Gesellschaft ohne Gefahr für das Bestehen ihrer Freiheitsformen an Abweichung vom allgemeinen Recht mehr oder minder tolerieren *kann* (§ 218). Im Fall der Kriegsdienstverweigerung von Quäkern und anderen derartigen Gruppen zeigt Hegel, dass sie trotz der damit entstehenden partiellen Ungerechtigkeit manche ›falsche‹ Meinung und Haltung auch tolerieren *sollte* (§ 270).

110 f. Ⓚ Ferner ist nicht nur der *Begriff* des Verbrechens, das Vernünftige desselben *an und für sich, mit* oder *ohne* Einwilligung der Einzelnen,
93 was der | Staat geltend zu machen hat, sondern auch die formelle Vernünftigkeit, das *Wollen* des *Einzelnen,* liegt *in der Handlung* des Verbrechers. Daß die Strafe darin als *sein* eignes *Recht* enthaltend, angesehen wird, darin wird der Verbrecher als Vernünftiges *geehrt.* – (98)

Ob das einzelne Subjekt der verhängten Strafe explizit zustimmt, ist unerheblich. Die Strafe behandelt das Individuum als für die Tat verantwortliche Person, nicht etwa wie ein gefährliches Tier. Schon damit wird ihm die Ehre der grundsätzlichen Anerkennung als Person angetan. Als Person hat das Subjekt die Strafe also längst schon anerkannt, wie oben schon skizziert wurde.

111 Ⓚ Diese Ehre wird ihm nicht zu Teil, wenn aus seiner Tat selbst nicht der Begriff und der Maßstab seiner Strafe genommen wird; – eben so wenig auch, wenn er nur als schädliches Tier betrachtet wird, das unschädlich zu machen sei, oder in den Zwecken der Abschreckung und Besserung. – (98 f.)

Wenn eine Strafe nur deswegen so und so ausfallen sollte, um für die Zukunft und für andere ein Exempel zu statuieren, also andere Personen abzuschrecken, und sich Urteil und Strafmaß nicht aus der Tat selbst und der schon früher bestehenden Strafandrohung ergibt, dann allerdings wird der Straftäter nicht gerecht oder gar nicht als Person behandelt, sondern bloß als Objekt. Dasselbe geschieht, wenn er »nur als schädliches Tier betrachtet wird, das unschädlich zu machen« sei.

Ferner in Rücksicht auf die Weise der Existenz der Gerechtigkeit 111 Ⓚ
ist ohnehin die Form, welche sie im Staate hat, nämlich *als Strafe*, nicht die einzige Form und der Staat nicht die bedingende Voraussetzung der Gerechtigkeit an sich. (99)

Übrigens gibt es noch ganz andere Formen der Sanktionen bzw. der Wiedereingliederung der Person als die der staatlich administrierten Strafpraxis, im Urteil der Öffentlichkeit zum Beispiel oder in der Bußpraxis der Kirche.

§ 101

Das Aufheben des Verbrechens ist insofern *Wiedervergeltung*, als sie 111
dem Begriffe nach Verletzung der Verletzung ist und dem Dasein nach das Verbrechen einen bestimmten, qualitativen und quantitativen Umfang, hiemit auch dessen Negation als Dasein einen eben solchen hat. Diese auf dem Begriffe beruhende Identität ist aber nicht die *Gleichheit* in der spezifischen, sondern in der *an sich* seienden Beschaffenheit der Verletzung, – nach dem *Werte* derselben. (99)

Die Rede von einer »auf dem Begriff beruhende Identität« ist logisch unbedingt so zu verstehen: Das, was als identisch gesetzt ist, ist es aufgrund einer Gleichsetzung, die aber nicht etwa in Belieben von Sprecher und Hörer steht, sondern durch den Begriff allgemein bestimmt ist. Es gibt keine anderen Identitäten oder Gleichheiten als solche, die auf eine Identifizierung zurückgehen, die so ist, wie sie begrifflich gesetzt ist – und wie sie dann begriffs-, art- oder formgemäß ›sein soll‹.

Strafe ist nun nur insofern gerechte Vergeltung, als sie in einer etablierten Praxis als ›Verletzung der Verletzung‹ bestimmt und dem Verbrechen nach seinem ›bestimmten, qualitativen und quantitativen Umfang‹ bzw. der Art nach allgemein zugeordnet ist. Diese ›auf dem Begriffe‹, d. h. auf Sinn und Form der Praxis des Strafens beruhende ›Identität‹ ist als solche die Zuordnung der Strafform zur Tatform. Diese wiederum ist keine ›natürliche‹ Äquivalenz oder ›Gleichheit in der spezifischen Beschaffenheit der Verletzung‹. Sondern es werden die Äquivalenzen von Verbrechen und Strafe *konventionell per Gesetz festgesetzt* – wobei deren Gerechtigkeit und Angemessenheit in Rechtssetzung und Strafgesetzgebung gleich mitdiskutiert werden.

111 Ⓚ Da in der gewöhnlichen Wissenschaft die Definition einer Bestimmung, hier der Strafe, aus der *allgemeinen Vorstellung* der psychologischen Erfahrung des Bewußtseins genommen werden soll, so würde diese wohl zeigen, daß das allgemeine Gefühl der Völker und Individuen bei dem Verbrechen ist und gewesen ist, daß es Strafe *verdiene* und *dem Verbrecher geschehen solle, wie er getan hat.* Es ist nicht abzusehen, wie diese Wissenschaften, welche die Quelle ihrer Bestimmungen in der allgemeinen Vorstellung haben, das anderemal einer solchen auch sogenannten allgemeinen *Tatsache* des Bewußtseins widersprechende Sätze annehmen. – (99)

Eine ›empirische‹ Wissenschaft, welche die Leute befragt, was Strafe überhaupt und was eine gerechte Strafe ist, wird als Antwort oder Definition allerlei intuitive Vorstellungen erhalten. Dabei wird eine solche (völker-)psychologische oder heute auch soziologische und ethnologische Untersuchung auf erwartbare Weise zum Ergebnis führen, dass gemäß dem ›allgemeinen Gefühl der Völker und Individuen‹ ein Verbrechen Strafe verdiene. Es werden manche oder viele verbal das Tit-for-Tat-Prinzip für richtig halten, also nach dem Bibelspruch verfahren wollen: Auge um Auge, Zahn um Zahn, auch Leben für Leben. Hegel kommentiert die Wirklichkeit aber dann weiter so: Es ist auch klar, dass sich unter den vielen verbalen Auskünften ganz widersprechende Vorstellungen von einem ›gerechten‹ Strafen als das Ergebnis einer wirklichen empirischen Untersuchung ergeben werden.

111 f. Ⓚ Eine Hauptschwierigkeit hat aber die Bestimmung der *Gleichheit* in die Vorstellung der Wiedervergeltung hereingebracht; die Gerechtigkeit der Strafbestimmungen nach ihrer qualitativen und quantitativen Beschaffenheit ist aber ohnehin ein späteres, als das Substantielle der Sache selbst. Wenn man sich auch für dieses weitere Bestimmen nach andern Prinzipien umsehen müßte, als für das Allgemeine der Strafe, so bleibt dieses, was es ist. Allein der Begriff selbst muß überhaupt das Grundprinzip auch für das Besondere enthalten. (99 f.)

Das Hauptproblem in der Debatte um eine gerechte Strafe betrifft die »Wiedervergeltung« und die »Gleichheit« der Schwere der Tat oder Schuld und der Strafe, wie wir metaphorisch sagen. Hegel verschiebt das Problem auf später unter Hinweis darauf, dass es hier nur um das »Substantielle der Sache selbst« geht, also das allgemeine Verständnis des Begriffs und der Idee der Strafe als Praxisform in ihrer Rolle für das abstrakte Recht zum Schutz der freien Person, also aller Praxisformen des Personseins und der freien Kooperation zusammen mit anderen freien Personen. Er betont außerdem, dass der Begriff der Strafe selbst, also die Praxisform angedrohter Sanktionen, überhaupt oder im Allgemeinen »das Grundprinzip auch für das Besondere enthalten« muss. Die Aspekte der Ausdifferenzierungen oder Ausführungsbestimmungen dürfen uns also nicht dazu verführen, die allgemeine Sphäre von Recht und Strafe, dann auch Schuld und Sühne, aus den Augen zu verlieren und nur noch Aspekte wie ökonomischer Ausgleich, Kompensation, Erziehung und Besserung oder die soziale und globale Funktion der Abschreckung im Fokus zu behalten.

> Diese Bestimmung des Begriffs ist aber eben jener Zusammen-| 112 Ⓚ, 94
> hang der Notwendigkeit, daß das Verbrechen als der an sich nichtige
> Wille, somit seine Vernichtung, – die als Strafe erscheint, in sich
> selbst enthält. (100)

Die bewusste Bestimmung des Begriffs der Strafe besteht in einer Explikation der empraktisch längst gegebenen, bekannten und anerkannten Praxisform zusammen mit der Klarstellung ihres allgemeinen Sinns und ihrer prinzipiellen Rechtfertigung. Dazu gilt es, den »Zusammenhang der Notwendigkeit« zu begreifen, nach dem das Verbrechen die Strafe, also die Erlaubnis zum Strafen, sozusagen inferentiell schon in sich enthält, gerade so wie Normen die Erlaubnis zu Sanktionen bei Nichterfüllung.

Hegels Formulierungen sind nicht nur wegen der idiosynkratischen Sprache, sondern auch wegen der gerade durch sie erzeugten inferentiellen Sinndichte schwer in eine heute unmittelbarer verständliche Langform zu übersetzen. So steht bei ihm der Ausdruck »nichtiger Wille« in stiller Anlehnung an Kant für eine Willkür im Tun, welche, anders als der freie und nachhaltige Wille, die Normen des abstrakt- bzw. freiheitsrechtlich Erlaubten bewusst *nicht* als erfüllt prüft und einhält. Dieser Widerspruch zwischen der momentanen subjektiven Willkür des Rechtsbrechers als einzelnem Individuum und dem, was für das freie Wollen der Person allgemein notwendige Voraussetzung ist, nämlich der Schutz des je Meinen, damit des Ich in seinem ganzen Umfang, betrifft nun gerade auch das personale Recht auf Integrität des Ihrigen einer anderen Person.

Diese wird formal das Ihrige für sich beanspruchen. Was ist nun das Ihrige, wenn sie ein Verbrechen begangen hat? Ein nicht betroffener sentimentaler Gutmensch wird sagen, dass die Strafe nicht dazugehört. Sie wird ja keineswegs ›beansprucht‹, ›gewünscht‹ oder ›erhofft‹. Im Gegenteil. Der nicht betroffene Gutmensch besteht daher wie der Verbrecher darauf, dass man zwischen Person, Individuum und Mensch *nicht unterscheiden* könne, so dass jede Strafe als bewusste Schädigung von Leib und freiem Leben grundsätzlich die Menschenwürde verletze. Sie sei daher »Geist der Rache«, wie Nietzsche sophistisch argumentiert, in dem man angeblich das Geschehene auf illusorische Weise im Nachhinein ungeschehen machen möchte.[41]

Die Geschädigten sind selten Gutmenschen in diesem Sinn. Die Verbrecher aber missbrauchen das Gutmenschentum so, wie sie zuvor in ihrer Tat die Normen des Gemeinwesens als Trittbrettfahrer missbraucht haben.

Die Praxis des Verzeihens ist von anderem Typ.

Gerade deswegen, weil sophistische ›Argumente‹ gegen die Institution der Strafe naheliegen und auch (nach den Geschichten, die Michel Foucault erzählt) dauernd zu hören oder im Feuilleton zu lesen sind, ist es so wichtig, zwischen der momentanen Zeitlichkeit des Subjektseins und dem überzeitlichen Personenstatus ebenso zu unterscheiden wie zwischen dem Menschen als bloßem Mitglied einer biologischen Spezies in seiner natürlichen Individualität als Leib von der Geburt bis zum Tod und seiner Gesamtpersönlichkeit, die er *post mortem* sozusagen auf ewig gewesen sein wird.

[41] Hegels ›schöne Seele‹ ist nicht in der Lage, von der bloßen Zeitdifferenz zwischen Tat und Sanktionsfolge zu abstrahieren. Sie wird daher einen verurteilten jungen Mann bedauern. Und doch gehört es zur personalen Ehre des Verbrechers, dass man ihn als verantwortliche Person und nicht als bloß wegzusperrendes oder einzuschläferndes Tier behandelt. Die ›moderne‹ Debatte in der Hirnphysiologie um die Willensfreiheit sollte entsprechend der Gefahr ins Auge sehen, dass die vermeintliche Aufklärung über die Nichtexistenz eines frei geplanten und bewusst ausgeführten Handelns uns in ein geradezu archaisches Denken zurückführt, sozusagen in eine rein utilitaristische Sicherheitspolitik der Behandlung von Tätern wie lästige Dinge.

Es ist dann nur eine reflexionslogische Metapher, wenn Hegel inhaltlich sagt, die Strafe vernichte den nichtigen Willen des Verbrechers bzw. im Verbrechen. Dass und wie das Verbrechen die Strafe als schon bekannte und ipso facto anerkannte Folge »in sich selbst enthält«, haben wir schon gesehen.

Die innere *Identität* ist es, die am äußerlichen Dasein sich für den 112 Ⓚ
Verstand als *Gleichheit* reflektiert. Die qualitative und quantitative Beschaffenheit des Verbrechens und seines Aufhebens fällt nun in die Sphäre der Äußerlichkeit; in dieser ist ohnehin keine absolute Bestimmung möglich (vergl. § 49); diese bleibt *im Felde der Endlichkeit* nur eine Forderung, die der Verstand immer mehr zu begrenzen hat, was von der höchsten Wichtigkeit ist, die aber ins Unendliche fortgeht und nur eine *Annäherung* zuläßt, die perennierend ist. – (100)

Wir haben die unheilige Allianz von sentimentalem Gefühl und einem bloß schematischen, damit sophistischen Verstehen des bloßen Verstandes schon häufiger gesehen. Es wird dann die innere Identität von Verbrechen und Strafwürdigkeit weder als von uns gesetzt und als implizit vom Rechtsbrecher anerkannt begriffen, noch die Tatsache, dass die zeitliche Trennung von Tat und Strafe unerheblich ist. Zwar wird der Verbrecher unter Appell an unser naives Mitgefühl versichern, er sei jetzt, als Angeklagter, ein anderes Subjekt als zur Zeit der Tat. Und er hat darin tautologischerweise recht, da wir das Wort »Subjekt« ja gerade reflexionslogisch für das sich dauernd in vielem ändernde momentane Vollzugssubjekt oder Vollzugs-Ich, das performative Ich hier und jetzt, gebrauchen.

Der Fehler ›des Verstandes‹ besteht darin, dass er das äußerliche Dasein des Subjekts hier und jetzt teils schematisch mit dem ganzen Menschen als leiblichem Individuum, teils mit der Person identifiziert. Zugleich aber bin ich als Subjekt jetzt nicht mehr ›der Gleiche‹, der ich früher war. Man merkt den Irrtum oder Betrug nicht, wenn man formallogisch mit solchen Gleichungen und Ungleichungen verbal rechnet.

Aus seiner Sicht ist das Verbrechen ein vergangenes, daher in der Tat nicht mehr änderbares Geschehen. Seine ›Aufhebung‹ durch ein Strafen fällt nur »in die Sphäre der Äußerlichkeit«, wird also nur als ein späteres Geschehen betrachtet. Dabei ist im Falle von Einzelgeschehnissen, wie Hegel hier sehr allgemein in einer Art logischen Zwischenbetrachtung erwähnt, »ohnehin keine absolute Bestimmung möglich«. Man kann so noch nicht einmal das Krümmen des Fingers eines Pistolenschützen als Tötung, geschweige denn als bewussten und willentlichen Mord deuten. In der Zersplitterung der Zeit in beliebig kurze Epochen und Momente hebt sich alles Unterscheiden im Geschehen und Handeln auf. Die Person zersplittert mosaikförmig in beliebig viele momentane Subjekte, um es einmal so zu sagen, die scheinbar nichts miteinander zu tun haben und die Verantwortung füreinander sozusagen verweigern. Ich kann sozusagen immer mit Derek Parfit beliebig erklären, dass ich früher ein anderer war, als ich heute bin. Dr. Jekyll und Mister Hyde können so tun, oder es kann ihnen sogar so scheinen, als wären sie zwei verschiedene Personen. *Dieses Reden zerstört die Idee der personalitas, die Praxisform des Personseins.*

Freilich bleibt »im Felde der Endlichkeit« die rechte Bestimmung der Art eines Tuns und der rechten, also der erlaubten oder gebotenen Antwort durch Strafe auf ein Verbrechen immer »nur eine Forderung«. Wir werden, heißt das, nie automatisch in diesen Bestimmungen übereinstimmen. Daher ist mit einem möglichen Dissens von Kritikern an einem Rechtsspruch oder einem festgesetzten Strafmaß aus logischen Gründen immer zu rechnen. Es kommt daher darauf an, nicht schematisch oder dogmatisch, sondern vernünftig mit dieser unaufhebbaren Grundtatsache umzugehen. Die Bewertung von Bewertungen, Kritik an der Kritik an Sanktionen, kann also der Form nach »ins Unendliche« fortgehen; und jedes vernünftige Urteil kann nur »eine Annäherung« an das Ideal des absolut Rechten sein. Das wusste schon Platon über jeden Begriffsgebrauch und hatte daher im Grundsatz alle Begriffe als eidetische Formen in Analogie zu den geometrischen Formen begriffen, nämlich als Ideale, die wir anwenden, indem wir urteilen, dass der Abstand zur perfekten Erfüllung im relevanten Kontext nicht allzu groß ist.

112 Ⓚ Übersieht man nicht nur diese Natur der Endlichkeit, sondern bleibt man auch vollends bei der abstrakten, *spezifischen Gleichheit* stehen, so entsteht nicht nur eine unübersteigliche Schwierigkeit, die Strafen zu bestimmen (vollends wenn noch die Psychologie die Größe der sinnlichen Triebfedern, und die damit verbundene, – *wie man will*, entweder um so *größere Stärke* des bösen Willens, oder auch die *um so geringere Stärke* und Freiheit des Willens überhaupt

herbeibringt) sondern es ist sehr leicht, die Wiedervergeltung der Strafe (als Diebstahl um Diebstahl, Raub um Raub, Aug um Aug, Zahn um Zahn, wobei man sich vollends den Täter als einäugig oder zahnlos vorstellen kann) als Absurdität darzustellen, mit der aber der Begriff nichts zu tun hat, sondern die allein jener herbeigebrachten *spezifischen Gleichheit* zu Schulden kommt. (100 f.)

Hegel bestätigt unsere Lesart dadurch, dass er hier selbst auf das Prinzip »Auge um Auge« zurückkommt, und das sogar auf höchst ironische Weise. Zunächst aber geht es darum, »die Natur der Endlichkeit«, des empirisch Einzelnen in seiner momentanen Zeitlichkeit zu begreifen, andererseits aber das völlig Schematische der abstrakten Gleichheit, wenn diese nicht begrifflich genauer je auf die besonderen Falltypen hin bestimmt (und dabei zum Beispiel auch die Gegenstandsformen des Subjekts, der Person und des Individuums unterschieden) ist.

Für das schematische Denken ist es »eine unübersteigliche Schwierigkeit«, gerechte Strafen zu bestimmen, weil alle einzelnen Dinge und Sachen, Umstände und Zeiten, Motive und subjektiven Gründe trivialerweise unendlich verschieden voneinander sind. Allerdings folgt aus diesem sophistisch-skeptischen ›Argument‹ zugleich auch, dass wir gar nichts gemeinsam wissen und verstehen, so dass das ›Argument‹ sich selbst aufhebt. Das wird alles noch dramatischer, wenn man psychologische Motivationsstärken hinzuerfindet, also von einer »Größe der sinnlichen Triebfedern« spricht, ohne der vagen Metapher hinreichend genaue und reproduzierbare Messungen zuzuordnen. Das gesamte quantitative Gerede von einer »größeren Stärke des bösen Willens« erweist sich als reiner *bullshit*.

In Umgehung der Schwierigkeit, in einem vernünftig ausdiskutierten Strafrecht Tatbestände typisch zu unterscheiden und mit artbestimmten Strafandrohungen zu verbinden und dann auch noch partiell die Schwere von Verantwortung und Schuld parallel zur Schwere der Strafe zu ordnen, kürzen Bierhausmoralisten ebenso wie manche philosophischen Sophisten das Verfahren ab und reden über eine vermeintlich unmittelbar gerechte und gleiche »Wiedervergeltung der Strafe«. Hegel wird jetzt, wie gesagt, hochironisch und spricht zunächst von »Diebstahl um Diebstahl, Raub um Raub«, statt von »Aug um Aug, Zahn um Zahn«. Wenn man sich den Täter »als einäugig oder zahnlos« vorstellt, sieht man wenigstens das Problem. Hegel geht es darum, die »Absurdität darzustellen« und klarzumachen, dass nicht der Begriff und die Praxis des Strafens für sie verantwortlich ist, sondern allein das logisch naive Unwissen darüber, wie Wertäquivalenzen von uns gesetzt werden (können) und wie sie abstraktiv zu neuartigen, nichtnatürlichen Gleichwertigkeiten und Wertgleichungen führen.

112f. Ⓚ Der *Wert* als das *innere Gleiche* von Sachen, die in ihrer Existenz spezifisch ganz verschieden sind, ist eine Bestimmung, die schon bei den Verträgen (s. oben), in gleichen in der Zivilklage gegen Verbrechen (§ 95) vorkommt, und wodurch die Vorstellung aus der *unmittelbaren* Beschaffenheit der Sache in das Allgemeine hinübergehoben wird. (101)

Hegel selbst macht glasklar, dass es hier logisch um den Begriff des Wertes geht. Er erinnert an die Wertäquivalenz im Tausch oder Kauf, an Preis und Geldwert etc. Von der »unmittelbaren Beschaffenheit der Sache« wird dabei abstrahiert. Sie wird auf allgemeine Weise als mit anderen äquivalent oder gleich behandelt. Es wäre an der Zeit, dass alle Philosophen und Wissenschaftler Hegels Niveau abstraktionslogischen Denkens erreichten und damit die diversesten Gleichheiten, Identifizierungen und Identitäten endlich in ihrer Konstitution begriffen.

113 Ⓚ Bei dem Verbrechen, als in welchem das *Unendliche* der Tat die Grundbestimmung ist, verschwindet das bloß äußerlich Spezifische um so mehr und die *Gleichheit* bleibt nur die Grundregel für das *Wesentliche*, was der Verbrecher verdient hat, aber nicht für die äußere spezifische Gestalt dieses Lohns. Nur nach der letztern sind Diebstahl, Raub und Geld-, Gefängnisstrafe u. s. f. schlechthin Ungleiche, aber nach ihrem Werte, ihrer allgemeinen Eigenschaft, Verletzun-|
95 gen zu sein, sind sie *Vergleichbare*. Es ist dann, wie bemerkt, die Sache des Verstandes, die Annäherung an die Gleichheit dieses ihres Werts zu suchen. Wird der an sich seiende Zusammenhang des Verbrechens und seiner Vernichtung und dann der Gedanke des *Wertes* und der Vergleichbarkeit beider nach dem Werte nicht gefaßt, so kann es dahin kommen, daß man (Klein Grunds. des peinl. Rechts § 9) in einer eigentlichen Strafe eine nur *willkürliche* Verbindung eines Übels mit einer unerlaubten Handlung sieht. (101)

Für den nicht in die logische Nomenklatur Hegels eingeführten

Leser ist unklar, was »das Unendliche der Tat« sein soll, das bei einem Verbrechen »die Grundbestimmung ist«. Zunächst besteht es darin, dass ein Verbrechen die gesamte Praxis des Rechts und damit des eigenen Personseins verneint. Außerdem ist der privative Handlungstyp eines Rechtsbruchs bestimmt und im Strafmaß beurteilt, nicht die endliche Ausführung in ihrer einzelnen Besonderheit. Daher ist immer das Wesentliche zu bestimmen. Denn nur dieses sagt uns, »was der Verbrecher verdient hat«, und das auch nur modulo der von uns (bzw. dem Gesetz) definierten ›Äquivalenzen‹ von Tat und Strafe: Diebstahl und Raub sind trivialerweise etwas anderes als die Freiheitsberaubung einer Gefängnisstrafe, aber es gibt im Strafgesetz gesetzte ›Wertäquivalenzen‹. – Es ist eine interessante Abstraktion von jeder logischen Abstraktion, wenn es dahin kommt, dass mancher in einer Strafe, wie später auch Nietzsche, »nur eine willkürliche Verbindung eines Übels mit einer unerlaubten Handlung sieht« und jede Strafe als »Geist der Rache«, als des »Willens Widerwillen gegen die Zeit und ihr ›es war‹«[42] ablehnt, als ginge es wirklich darum, das Geschehene ungeschehen zu machen.

§ 102

Das Aufheben des Verbrechens ist in dieser Sphäre der Unmittelbar- 113
keit des Rechts zunächst *Rache*, dem *Inhalte* nach gerecht, insofern sie Wiedervergeltung ist. Aber der *Form* nach ist sie die Handlung eines *subjektiven* Willens, der in jede geschehene Verletzung *seine Unendlichkeit* legen kann und dessen Gerechtigkeit daher überhaupt zufällig, so wie er auch *für den anderen nur* als *besonderer* ist. Die Rache wird hiedurch, daß sie als positive Handlung eines *besondern* Willens ist, *eine neue Verletzung*: sie verfällt als dieser Widerspruch in den Progreß ins Unendliche und erbt sich von Geschlechtern zu Geschlechtern ins Unbegrenzte fort.

Wo die Verbrechen nicht als crimina publica, sondern privata (wie 114 Ⓚ
bei den Juden, bei den Römern Diebstahl, Raub, bei den Engländern noch in einigem u. s. f.) verfolgt und bestraft werden, hat die Stra-

[42] Friedrich Nietzsche, *Also sprach Zarathustra II, Von der Erlösung*, KSA 4 = *Kritische Studienausgabe 4*. hg. V. Giorgio Colli und Mazzino Montinari, Berlin: de Gruyter, 1967 und 1988, S. 180.

fe wenigstens noch einen Teil von Rache an sich. Von der Privat-Rache ist die Racheübung der Heroen, abenteuernder Ritter u. s. f. verschieden, die in die Entstehung der Staaten fällt. (101 f.)

Hegel selbst betont den Zusammenhang von Recht und Rache. Zum Sinn des Strafrechts gehört nämlich die *Aufhebung* der *Privatrache* – wie auch jeder Lynchjustiz. Eine solche war z. B., wie auch Max Weber bemerkt, die Steinigung bei den Juden noch im römischen Reich. Das Imperium hatte ihnen ja keine eigene religiöse Gerichtsbarkeit zugestanden, noch dazu mit dem Tod als Strafe. Strafe im Normalsinn gibt es, wie das Beispiel zeigt, nur dort, wo es eine Art staatliches Straf- und damit auch Machtmonopol gibt.

Außerdem gehört zum Begriff der Strafe, wie gesagt, dass für bestimmte Handlungen eine bestimmte Strafe *angedroht ist*. Diese muss als *Verbrechen* gegen andere Personen oder gegen die Gemeinschaft auf (im Prinzip) allen Beteiligten bekannte Weise markiert, z. B. benannt sein. Jeder ›Verbrecher‹ weiß dann, was er tut. Er weiß zumeist auch, mit welchen Sanktionen er zu rechnen hat. Und oft ›will‹ er sogar, dass sich wenigstens die anderen an die sanktionierten Praxis- und Handlungsformen, Normen und Regeln halten, da er sonst nicht von ihnen profitieren könnte. So ›lebt‹ z. B. der Dieb vom Eigentum anderer. Er selbst will keineswegs, dass man ihm alles wegnimmt. Analoges gilt für den Räuber oder Mörder: Er weiß ebenfalls genau, dass er ein Verbrechen begeht. Und er ›will‹ (wünscht) keineswegs, dass ihm ein Gleiches geschehe.

Dennoch konnte Hegel oben leicht ironisch, eben dialektisch sagen, dass der Verbrecher im Vollzug seiner Tat schon der angedrohten Strafe als ihm bekannte mögliche Folge ipso facto *zugestimmt* hat, so dass diese noch immer als eine der Möglichkeiten der Erfüllung seines Willens zu begreifen ist. (Dieser Gedanke ist nicht weit entfernt von Kants Überlegungen zur Kohärenz des allgemeinen Urteilens und Redens mit dem eigenen Handeln, nimmt aber eine andere Wende.)

Interessant ist die letzte Bemerkung der Passage, die ich als eine Art Empfehlung lese, Sagen über Heroen in einen ganz bestimmten Kontext zu stellen, nämlich den der Entstehung der Staaten und spezifischer Rechtsformen. Die ›Rache‹ des Telemachos und Odysseus zum Beispiel an den Freiern der Penelope sollte weniger als Privatrache gelesen werden, wie das etwa Adorno und Horkheimer in ihrer

Dialektik der Aufklärung tun,[43] eher als Durchsetzung der politischen Machtansprüche des Erbprinzen in väterlicher Linie, nicht anders als im Fall des Orest. Es geht also um die Installation einer patrilinearen Erbfolge und damit um die Abschaffung einer ganz offenbar älteren, matrilinearen Tradition, in welcher (wie für die Erinnyen) der Matrizid (etwa der Orests an Klytämnestra), nicht (wie für Athene, Apollo und den Areopag in Athen) der Patrizid (des Ödipus oder der Gattenmord der Klytämnestra an Agamemnon) das schlimmste Verbrechen gewesen war. (Penelope hätte ja einen Freier erhören dürfen – womit Telemachos um sein Erbe gebracht worden wäre.)

§ 103

Die Forderung, daß dieser Widerspruch (wie der Widerspruch beim 114
andern Unrecht, §§ 86, 89), der hier an der Art und Weise des Aufhebens des Unrechts vorhanden ist, aufgelöst sei, ist die Forderung einer vom subjektiven Interesse und Gestalt, so wie von der Zufälligkeit der Macht befreiten, so *nicht rächenden*, sondern *strafenden Gerechtigkeit*. Darin liegt *zunächst* die Forderung eines Willens, der
als besonderer *subjektiver* Wille | das Allgemeine als solches wol- 96
le. Dieser Begriff der *Moralität* aber ist nicht nur ein gefordertes, sondern in dieser Bewegung selbst hervorgegangen. (102)

Der Rache fehlt nicht nur die Unparteilichkeit des Richterspruchs, sondern auch die explizite Strafandrohung und die Anerkennung der Verhältnismäßigkeit des Strafmaßes. Das hat zur Folge, wie Hegel schon weiter oben bemerkt hatte, dass Blutrache auf Blutrache antwortet, was den Krieg der Clans auf ewig perpetuiert. Die Verwandlung von Rache in Strafe hebt diesen Widerspruch (so gut es geht) auf. Dabei zeigt aber die Befriedigung des Rache-Impulses, dass auch die subjektiven Urteile und Interessen der geschädigten Personen, dann aber auch der Täter im Blick auf die Besonderheit ihrer Lage in der Situation der Tat, zu berücksichtigen sind. Das führt uns zu den besonderen subjektiven Perspektiven der Moralität in der Beurteilung des eigenen Handelns und der Handlungen der anderen Personen.

43 T. W. Adorno, *Gesammelte Schriften Bd. 3*, Frankfurt/M.: Suhrkamp & Darmstadt: Wiss. Buchg. 1997.

Übergang vom Recht in Moralität

§ 104

114 Das Verbrechen und die rächende Gerechtigkeit stellt nämlich die *Gestalt* der Entwickelung des Willens, als in die Unterscheidung des *allgemeinen an sich* und des *einzelnen für sich* gegen jenen seienden, hinausgegangen dar und ferner, daß der *an sich seiende* Wille durch Aufheben dieses Gegensatzes in sich zurückgekehrt und damit selbst *für sich* und *wirklich* geworden ist. So *ist* und *gilt* das Recht, gegen den *bloß für sich seienden* einzelnen Willen bewährt, als durch seine Notwendigkeit *wirklich*. – (103)

Der Verbrecher urteilt und handelt wie der Rächer aus rein subjektiver Perspektive. Das neue Thema Moralität behandelt nun die subjektive Haltung der einzelnen Person, erstens, zum allgemeinen bzw. abstrakten Recht des freien Personseins an sich, zweitens, zur jeweiligen zweiten Person des Du (und Ihr) in freien Kooperationen, drittens zum allgemeinen Wissen und den geltenden Normen.

114 f. Diese Gestaltung ist ebenso zugleich die fortgebildete innere Begriffsbestimmtheit des Willens. (103)

Die Form des moralischen Urteilens gehört zum Bereich des individuellen, subjektiven, ethischen Selbstbewusstseins, Selbstwissens und der entsprechenden personalen Selbstbestimmung. Hegel spricht in diesem Sinn, aber dunkler, von einer *inneren* »Begriffsbestimmtheit des Willens«.

115 Nach seinem Begriffe ist seine Verwirklichung an ihm selbst dies, das Ansichsein und die Form der Unmittelbarkeit, in welcher er zunächst ist und diese als Gestalt am abstrakten Rechte hat, aufgehoben (§ 21), – somit sich zunächst in dem Gegensatze des allgemeinen *an sich* und des einzelnen *für sich* seienden Willens zu setzen, und dann durch das Aufheben dieses Gegensatzes, die Negation der Negation, sich als Wille *in seinem Dasein*, daß er nicht nur freier Wille an sich, sondern für sich selbst ist, als sich auf sich beziehende Negativität zu bestimmen. (103)

Erst in der reflektierten Selbstkontrolle heben wir »das Ansichsein und die Form der Unmittelbarkeit« eines bloß erst intuitiven Urteilens über Dinge auf, die im abstrakten Recht als allgemein geltend ausgesagt sind. Damit wird der Gegensatz »des allgemeinen an sich und des einzelnen für sich seienden Willens« der Person insgesamt und des momentanen Subjekts erneut relevant. Die Aufhebung dieses Gegensatzes findet im Vollzug des personalen Subjekts statt. Dessen »Negation der Negation« im moralischen Selbstbewusstsein bedeutet, sich nicht nur als »freier Wille an sich, sondern für sich selbst« zu begreifen, *also nicht im Modus des Man*, sondern in der Konkretisierung des eigenen *selbstbestimmten* und *konkreten*, also auch endlichen *Urteilens* und Tuns.

Seine *Persönlichkeit*, als welche der Wille im abstrakten Rechte 115
nur *ist*, hat derselbe so nunmehr zu seinem *Gegenstande*; die so
für sich unendliche Subjektivität der Freiheit macht das Prinzip des
moralischen Standpunkts aus. (103)

Erst in der Sphäre der Moralität machen wir uns als Personen selbstbewusst zum Gegenstand der Reflexion und Selbstbewertung. Zuvor waren wir als Persönlichkeit nur empraktisch bestimmt, so allgemein und vage wie die impliziten Normen des abstrakten Rechts. Jetzt erst wird die »unendliche Subjektivität der Freiheit« des Einzellebens der Person als personales Subjekt hier und jetzt und als personales Individuum von meiner Geburt bis zu meinem Tod wirklich thematisch.

Sehen wir näher auf die Momente zurück, durch welche der Be- 115 Ⓚ
griff der Freiheit sich aus der zunächst abstrakten zur sich auf sich
selbst beziehenden Bestimmtheit des Willens, hiemit zur *Selbstbestimmung* der *Subjektivität* fortbildet, so ist diese Bestimmtheit im
Eigentum das *abstrakte Meinige* und daher in einer äußerlichen Sache, – im Vertrage das durch *Willen vermittelte* und nur ge|*meinsame* 97
Meinige, – im Unrecht ist der Wille der Rechtssphäre, sein abstraktes
Ansichsein oder Unmittelbarkeit als *Zufälligkeit* durch den einzelnen selbst *zufälligen* Willen gesetzt. Im moralischen Standpunkt ist
sie so überwunden, daß diese Zufälligkeit selbst als *in sich* reflektiert
und *mit sich identisch* die unendliche in sich seiende Zufälligkeit
des Willens, seine *Subjektivität* ist. | (103 f.) 99

Hegel fasst die zentralen Punkte der bisher geleisteten Analyse so zusammen: Wir waren ausgegangen vom Begriff der Freiheit, genauer, von einer Analyse der notwendigen Vorbedingungen freien Wollens und Handelns einer Person, konkret: eines personalen Subjekts. Neben dem Sprechen- und Denken-Können und dem dazu nötigen Wissen ist dabei auch eine gewisse Verfügungsmacht und

Verfügungsberechtigung über präsentisch zuhandene und dann auch irgendwo vorhandene Dinge und Sachen etwa als Instrumente vorausgesetzt. Die »auf sich selbst beziehende Bestimmtheit des Willens« wird zur »Selbstbestimmung der Subjektivität«, nämlich in der Selbstbildung des personalen Subjekts und der vollen Übernahme der Verantwortung für mein zukünftiges personales Sein- und Wollenkönnen, natürlich samt dem Handlungsvermögen – damit aber auch für die Person als ein Ganzes, das ich gewesen sein werde.

Die Bestimmung des Eigentums als *dem* abstrakten Meinigen haben wir im Kontext des erweiterten Ich (als dem Gesamt von allem Meinigen) analysiert, samt der Unterscheidung zwischen leiblichinnerem Eigenen und dem Eigentum an äußerlichen Sachen (wobei *die* Meinigen etwa der erweiterten Familie klarerweise nicht als Sachen zu verstehen sind). Im Vertrag werden Besitz und Eigentum, Tausch und Kauf dual, also zwischen mir und dir (bzw. uns und euch) geregelt. Die Praxisform des Vertrags macht vollends klar, dass nicht nur die Eigentumsübertragung, sondern das Eigentum selbst nur in gemeinsamer Anerkennung das Meinige ist.

Wer Unrecht begeht, ›behauptet‹ sozusagen *ipso facto*, dass »der Wille der Rechtssphäre«, das, was an sich abstraktes Recht ist, also zur allgemeinen Freiheitsordnung des Personseins gehört, nur zufällig und für das verbrecherisch handelnde Subjekt daher gerade nicht gelte. Damit bewegt er sich aber selbst aus der Sphäre des abstrakten Rechts und des Personseins hinaus. Um als Person wieder anerkannt zu werden, hat das Individuum daher die ›Strafe‹ der Sanktionen zu akzeptieren, die ihm im Namen der Gemeinschaft der Personen, im Staat: der Bürger, für seine Annihilierung von Recht und Personsein überhaupt auch über eine bloße Kompensation eines entstandenen Schadens hinaus auferlegt werden.

Im moralischen Standpunkt ist die Trennung von subjektiver (Nicht-)Anerkennung und objektiver Geltung des abstrakten Freiheitsrechts insofern überwunden, als die Zufälligkeit der bloß eigenen Interessen und der perspektivischen Sicht auf die anderen Personen schon mitreflektiert werden. Während also das abstrakte Recht sozusagen das Wesen des Personalen eines jeden personalen Subjekts in der Form von allgemeinen Pflichten, Erlaubnissen und Rechten expliziert, reflektieren wir unter dem Titel »Moralität« auf das Absolute im Vollzugssein in der Zeit und im Raum, auf die Subjektivität, und damit auf die immer auch unendliche Zufälligkeit im subjektiven Wissen und Willen.

3. Exkurs zu Kants Moralphilosophie

Bevor wir zu einer Kommentierung von Hegels Analyse der Moralität übergehen, ist als Vorbereitung Kants Praktische Philosophie systematisch zu vergegenwärtigen. Leitfrage ist, was an Kants Theorie der Moralität so problematisch ist, dass Hegel es nötig findet, sich in seinen Kommentaren klar zu distanzieren. Dazu betrachten wir die verschiedenen Formulierungen von Kants Kategorischem Imperativ. Dieser lautet in seiner Grundform

1 »Handle nur nach derjenigen Maxime, durch die du zugleich wollen kannst, dass sie ein allgemeines Gesetz werde« (AA IV, 421).

Vor der Bildung dieses gnomisch verdichteten Satzes hatte Kant die Notwendigkeit seiner Formalität bzw. Allgemeinheit verteidigt und erklärt, warum in seinem Moralprinzip keine materialen Normen oder inhaltlich bestimmten Werte vorkommen sollten:

> »... da der Imperativ außer dem Gesetze nur die Notwendigkeit der Maxime enthält, diesem Gesetze gemäß zu sein, das Gesetz aber keine Bedingung enthält, auf die es eingeschränkt war, so bleibt nichts als die Allgemeinheit eines Gesetzes überhaupt übrig, welchem die Maxime der Handlung gemäß sein soll, und welche Gemäßheit allein der Imperativ eigentlich als notwendig vorstellt.« (AA IV, 420)

Entsprechend meint Kant schon in der Theoretischen Philosophie, das Transzendentale und Apriorische scharf und vollständig vom Empirischen und Geschichtlichen trennen zu können und trennen zu müssen. Dass das in kantischer Manier möglich sei, bezweifelt Hegel mit vollem Recht.[44] Worauf ich hier aber zunächst noch einmal

[44] Das geschieht aber auf durchaus andere Weise als bei Quine, der nur Carnaps Unterscheidungsversuch zwischen Erfahrungsaussagen und analytischen Sätzen als logische Folgerungen aus zum Teil implizit-axiomatischen Definitionen als gescheitert erkennt.

hinweisen möchte, ist das kleine Wort »nur«. Es kommt (leider) nur in der Standardversion und in keiner anderen Variante von Kants Formulierung seines sogenannten Sittengesetzes vor. Folgendes sind Formulierungen *ohne* das Wort »nur«:

2 »Handle nach der Maxime, die sich selbst zugleich zum allgemeinen Gesetze machen kann.« (AA IV, 436)
3 »Handle so, daß die Maxime deines Willens jederzeit zugleich als Prinzip einer allgemeinen Gesetzgebung gelten könne.« (AA V, 30)
4 »[Handle so], daß der Wille durch seine Maxime sich selbst zugleich als allgemein gesetzgebend betrachten könne.« (AA IV, 434)

Es ist bis heute noch nicht ausdiskutiert, wie sich die verschiedenen Formulierungen zueinander verhalten, zumal nicht einmal als völlig klar gelten kann, was es überhaupt heißt, bei Sprachformen dieser Art zu sagen, dass die eine Formel aus der anderen (›logisch‹ oder ›begrifflich‹) *folge*.

Ein *bedingtes Verbot* der Form »Handle *nur* gemäß der Maxime oder Handlungsform *H*, *wenn A* der Fall ist« sagt aber zunächst klarerweise *etwas anderes* als ein *bedingtes Gebot* der Art »Handle gemäß der Maxime oder Handlungsform *H*, *wenn A* der Fall ist«. Denn wenn ich sage: »Komm bitte *nur, wenn* Peter da ist«, dann machst du nur etwas falsch, wenn du kommst und Peter ist nicht da. Sage ich aber: »Komm bitte, *wenn* Peter da ist«, dann machst du nur etwas falsch, wenn du *nicht* kommst, wenn Peter da ist.

Damit sehen wir, dass die Formulierung: »Handle nur nach derjenigen Maxime, durch die du zugleich wollen kannst, dass sie ein allgemeines Gesetz werde« (AA IV, 421) nur das folgende *bedingte Verbot* artikuliert: Man darf nach einer Maxime *H nicht* handeln, wenn ein Handeln gemäß *H* nicht auch zugleich für alle anderen als *Erlaubnisgesetz* von mir anerkannt wird. Wer also nach einer Maxime *H* handelt, *anerkennt* damit *implizit* oder *will ipso facto*, dass alle anderen auch nach *H handeln dürfen*. Daher betont Hegel zu Recht, dass es zunächst um Erlaubnisse und Verbote als deren Verneinungen geht, nicht um Pflichten oder Gebote, etwas Bestimmtes zu tun.

Aus einer einzelnen Handlung *h* gemäß der Maxime *H* ergibt sich *der Anspruch der Erlaubnis*. Denn jede Handlung ›sagt‹ in gewissem

Sinn von sich selbst, dass ihre Maxime *allgemein erlaubt* ist. Das ist durchaus eine höchst wichtige Kerneinsicht Kants.

Ein *Verbot* ergibt sich aus der *Verneinung* einer *Erlaubnis*, *H* zu tun. Ein *Gebot*, nach *H* zu handeln, besteht darin, dass *die Unterlassung von H verboten*, also *nicht* als erlaubt anerkennbar ist. Dabei ist es ganz egal, ob eine Anerkennung leise verbalisiert bzw. laut deklariert wird oder nicht.

Da nun die Inkohärenz zwischen Handeln und Reden die einzige Argumentationsmethode ist, welche Kants Moralprinzip zur Verfügung stellt, kann das Prinzip aus logischen Gründen bestenfalls dazu eingesetzt werden, über die *Negation von Erlaubnissen* manche Verbote und Gebote zu begründen, aber keineswegs alle, und zwar weil die bloße *Inkonsistenz* den Bereich der Freiheit der Erlaubnisse nur erst viel zu weit umgrenzt, so wie *analytische Widersprüche* oder *logische Kontradiktionen* den Bereich des Wahren bloß erst ganz weit negativ umgrenzen. So lese ich schon Hegels Habilitationsthese »*contradictio regula veri, noncontradictio falsi*«.

Dennoch reichen Kants Kohärenzüberlegungen zunächst durchaus für eine *autonome moralische Beurteilung* von *manchen* Problemen freier Kooperationen aus, wie sie sich an dem mit Recht viel besprochenen Gefangenendilemma einfach darstellen lassen. Solche Dilemmata ergeben sich in Fällen, in denen *freie Kooperationen* zwar für alle Beteiligten *bessere Ergebnisse* liefern würde, als wenn alle nicht kooperieren (›*defektieren*‹), in denen aber *Trittbrettfahrer* gute Chancen der Gewinnmitnahme haben. Die Folge ist, dass die ›Tugendhaften‹, die zunächst kooperieren wollen, in der Gefahr stehen, auf bekannte Weise zu den Dummen zu werden, und eben daher dazu verführt werden, am Ende selbst zu defektieren, so wie die Steuerbetrüger mit ihrer Entschuldigung, ›das machen doch alle so‹, *così fan tutte*. Es ist am Ende das *rationale Sicherheitsdenken*, das wegen des hohen Risikos der Defektion der anderen über den Entzug des Vertrauens in ihre Kooperativität (also über den Zweifel an ihrer Moral und Person) zur eigenen Defektion, zur Nichtkooperation führt.

In der Tat legt das ›rationale‹ Prinzip der Minimierung der Gefahren maximaler Verluste am Ende Lenins Motto nahe: »Vertrauen ist gut, Kontrolle ist besser«. Das entsprechende Handeln auf *Sicherheit* prägt unsere moderne Welt weit mehr, als ihr guttut. Nicht nur

Descartes in seiner Fokussierung auf *subjektive Gewissheit* in epistemischen Fragen und sein naturalistischer Gegenspieler Hobbes mit seiner staatlichen *Gefahrenabwehr durch zentrale Sanktionsdrohungen* erweisen sich als eine Art *Sicherheitsfanatiker*, eben damit als echte Väter der Moderne.

Rationalität wird seither mit *eigeninteressierter Eigenkontrolle* identifiziert. In dieser Diagnose behält die *Dialektik der Aufklärung* Horkheimers und Adornos recht.

Das Handeln der anderen Personen wird aber gerade dadurch zur *bloßen Umwelt* und entsprechend in meine *instrumentelle Rationalität* eingerechnet. Eben das heißt es, sie nicht als *Personen* anzuerkennen oder die *humanitas* als bloßes Mittel zu gebrauchen. Die zugehörige Charaktermaske eines *atomaren Subjektes* im sogenannten *methodischen Individualismus* der Soziologe nach *Thomas Hobbes* und *Max Weber*, bei dem, wie im Neukantianismus, sich aller Sinn auf einen »subjektiven Sinn« gründet, ist die des *homo oeconomicus* oder *homo rationalis instrumentalis*.[45] Sie ist der Gegenstand einer Gesellschafts- und Wirtschaftswissenschaft, welche in einer probabilistischen Entscheidungs- und einer gleichgewichtstheoretischen Spieltheorie einen Begriff rein egozentrischer (damit aber noch nicht notwendigerweise ›egoistischer‹, also anti-altruistischer) Rationalität definiert.

Der *homo rationalis* als der *reine Wirtschaftsegoist* kann *per definitionem* im Kooperationsdilemma nicht frei kooperieren. Denn ihm ist das *Risiko des Vertrauens in die Moralität viel zu groß*. Er müsste sich ja in seinem Nutzenkalkül auf die Kooperativität der anderen Individuen verlassen (können). Die zentrale strukturelle Einsicht Kants ist hier erst einmal voll anzuerkennen: Die Gleichsetzung von instrumenteller Rationalität und praktischer Vernunft ist einfach falsch. Das ist sie jedenfalls dann, wenn man sie so liest, wie ich sie zu lesen vorschlage. Denn der entsprechend definierte *rationale Mensch widerspricht sich selbst*. Er tut das freilich, ohne dass er es schon explizit weiß, auch wenn er es implizit ahnt. Denn als *homo veraloquens*, als ein in einer

45 Die Rückverlegung des Beginns des ›bürgerlichen‹ Denkens des *homo oeconomicus* in Homers Odyssee in T. W. Adorno und M. Horkheimer, *Dialektik der Aufklärung* ist ein literarisch netter Anachronismus.

echten Sprache wahr sprechender Mensch im Sinne des Descartes, kann der *homo oeconomicus* nicht zugleich *sagen*, es sei allgemein richtig, nicht zu kooperieren.

Wir betrachten dazu zunächst die Konsequenzen des kooperationsmoralischen Problems, das Kant am Wickel hat. Diese treten klar an die Oberfläche, wenn diejenigen, welche aufgrund ihres rationalen Sicherheitsstrebens heraus defektieren, am Ende darüber klagen, dass sie schlechter dran sind als diejenigen, die trotz des Risikos in der Lage waren zu kooperieren. Im Gefangendilemma (wie es üblicherweise skizziert wird) nimmt das die (übrigens ironisch verdrehte) Form an, dass zwei Angeklagte gemeinsam die Falle des Staatsanwalts umgehen und aufgrund ihres Schweigens mangels Beweisen je nur *1 Jahr* abzusitzen haben. Es ist aber eher zu erwarten, dass sie auf den Trick der Kronzeugenregelung hereinfallen, die jedem von ihnen Straffreiheit (also z. B. *0 Jahre* Gefängnis) zusichert, falls er den anderen der Tat bezichtigt und als Alleintäter überführen kann – wobei dann der andere, der so zum ›Schuldigen‹ erklärt wird, vielleicht *10 Jahre* Gefängnis zu erwarten hätte, während beide vielleicht *mit 5 Jahren* zu rechnen haben, wenn sie sich gegenseitig verpfeifen.[46] Wie sich der *homo oeconomicus* bettet, so kommt er am Ende zu liegen: Es ist zu erwarten, dass sich die Gefangenen verpfeifen; das Risiko der freien Kooperation ist dem *homo rationalis* in seiner rein subjektiven Zweckverfolgung zu hoch.

Übrigens enthält die übliche Darstellung des Gefangenendilemmas, wie Nuel Belnap gezeigt hat, einen ähnlichen Denkfehler wie die These, die Strafe sei nicht Teil des Willens des Verbrechers. Denn wenn ich mich dafür entscheide, zu kooperieren, schließe ich nur die Möglichkeit aus, dass ich entweder 0 Jahre oder 5 Jahre Gefängnis

[46] Der an die heutige Liebe zu Krimis angepasste Prototyp des Gefangenendilemmas reicht durchaus aus, um sich die Grundstruktur eines Kooperationsdilemmas von zwei Personen klar zu machen. Alle technischen Begriffe wie Pareto- und Nash-Gleichgewicht (samt der entsprechenden Diagramme für die Auszahlungsmatrizen) tragen inhaltlich wenig Neues bei, wenn man in der Lage ist, an einem *Paradigma*, etwa auch an einer *Parabel* oder *Gleichnis* wie dem des Gyges bei Platon die relevante *allgemeine Form* zu erkennen.

bekomme, und sorge dafür, dass die Strafe entweder 1 oder 10 Jahre beträgt. Es ist aber nicht einfach zu sehen, argumentiert Belnap, warum »0 oder 5« besser sein soll als »1 oder 10«. Dennoch meinen die Leute, es sei aufgrund des folgenden Arguments ›rational‹ zu defektieren: Wenn du kooperierst und ich defektiere, bleibe ich straffrei. Das ist für mich besser, als wenn wir beide kooperieren. Wenn du defektierst und ich defektiere, dann bekomme ich 5 Jahre Gefängnis. Das ist besser als 10 Jahre hinter Gitter. – Wir werden daher beide defektieren und damit den guten Fall der Kooperation tätig verhindern, in dem wir beide nur mit 1 Jahr zu rechnen hätten. Als *homo rationalis* handeln wir in eben diesem Sinn *unvernünftig – und begreifen das »oder« nicht!*

Wir beide können in Fällen wie im Gefangenendilemma gemeinsam nur wollen, dass wir kooperieren – und ›sollten‹ daher mit ›Zutrauen‹ wie Hegel zum Vertrauen sagt, das Risiko der Kooperation den Gefahren der Defektion vorziehen. Dem Ich, das ein Wir ist, also der Person, sagt das sozusagen Kants Praktische Vernunft. Allerdings ist der Gegenspieler dieses moralischen Sollens nicht einfach, wie Kant es darstellt, die Neigung, sondern die scheinbare Rationalität des bloß erst subjektiven Verstandes.

Menschen erhalten von uns nicht allzu viel an Mitleid, wenn sie als kollektiv praktizierende instrumentelle Egoisten z. B. ein gutes kooperatives Leben oder dann auch die Umwelt zerstören. Auf das verbale Gejammer des *homo rationalis instrumentalis* ist *post hoc* so wenig zu geben wie auf das des Verbrechers nach der Verurteilung.

Das Mitgefühl, das wir der ›dummen Tugend‹ vielleicht schenken, welche von einem solchen *homo oeconomicus* in ihrem Vertrauen enttäuscht wurde, hilft dem konkreten Subjekt bzw. Individuum allerdings *empirisch auch* wenig. Aber eben deswegen ist die Bewertung der allgemeinen Person so wichtig. Das Lob des *moralischen Helden* erhält so seinen Sinn.

Kants Moralprinzip hebt in der Tat einen Teil der Paradoxie des Gefangenendilemmas auf, freilich nur im Modus eines *normativen Sollens*, noch lange nicht im Modus praktisch wirksamer Lösungen. Das gilt besonders für die Tragödie der Allmende (*tragedy of the commons*), nach welcher z. B. gemeinsame Felder aufgrund des Egoismus der Einzelnen auf absehbare Weise schlecht gepflegt oder übernutzt werden. Ein klares Beispiel dafür liefert das Problem der Luftverschmutzung und des Klimawandels. Moralische Appelle und Heroisierungen von Protagonisten des Guten reichen in solchen Fällen freier Kooperationsprobleme nicht für eine praktische Lösung aus. Wir wissen dennoch alle, wie hier ›richtig‹ zu handeln wäre – was die von Hegel mit Recht »tautologisch« genannten Inhalte solcher Appelle in Zeitungen und an Biertischen erklärt: *Im Blick auf das gemeinsame Gute müssten wir, also jeder von uns, vertrauensvoll kooperieren und dürften nicht* ›rational‹ bzw. ›egoistisch‹ *defektieren.* Aber dieses Müssen oder Sollen bleibt machtlos, wenn wir uns im subjektiven Handeln zurück in ein *geistiges Tierreich* bewegen, wie Hegel ironisch eine Menschheit charakterisiert, in welcher jedes individuelle Subjekt aus der Geschichte *nur das instrumentelle Denken für sich* entnimmt, nicht aber das *Kooperationsdenken der Moral und der Sittlichkeit.*

Das *implizite Wissen* um das, was wir in einem Kooperationsdilemma *tun sollten*, zeigt sich klar darin, dass alle, welche defektieren wollen, naiv oder heuchlerisch Kooperativität versprechen (wenn sie sich denn überhaupt verbal äußern). Denn wenn bekannt ist, dass jemand Trittbrettfahrer ist, nehmen sich die anderen in Acht – oder installieren Kontrollen und Sanktionen. Einen Staat der Strafandrohung und der Sanktionsmacht braucht daher *gerade* ein Volk von Teufeln, wie Kant den Grundgedanken von Thomas Hobbes leicht überdramatisch ausdrückt. Nur so mindern wir die Chancen von Trittbrettfahrern auf Gewinnmitnahmen hinreichend drastisch.

In Situationen wie der des Gefangenendilemmas hilft es also gar nicht, wenn die Leute einander verbal ›versprechen‹ zu kooperieren. Das Risiko des Vertrauens ist mit diesem bloßen Reden noch überhaupt nicht kleiner geworden. Sie wussten ja vorher schon, was *gemeinsam* zu tun wäre. Dessen Explikation dient bestenfalls *der gegenseitigen Erinnerung.* Kant hat also durchaus recht, darauf hinzuweisen, dass jeder *homo oeconomicus* oder Trittbrettfahrer ›implizit‹ weiß, warum er nicht offen sagt, was er tun wird bzw. getan hat. Wir wissen auch alle, warum wir Trittbrettfahrer nicht gerne mitfahren lassen.

Als *Grundbedingung* moralisch *guten* Handelns erkennt Kant die *Ehrlichkeit* klar, das Risiko des *Vertrauens* aber nur erst vage.

Außerdem ist das implizite Wissen darüber, was *Ehrlichkeit* und die *moralische Pflicht*, als Person *auf die Gemeinsamkeit des Wir zu vertrauen, kein sinnvoller Gegenstand erhabenen Staunens.*

Kants weiterer Fehler besteht in einem viel zu schnellen Übergang zur Suggestion, dass *Ehrlichkeit* schon ausreiche, um ethisch gut zu handeln. An diesem Fehler seiner subjektiv-idealistischen Moral mit ihrer vermeintlichen autonomen Gesetzgebung zerschellt die Praktische Philosophie Kants. Das wird noch deutlicher, wenn wir mit Hegel jedes überschwängliche Pathos zurückdrängen, wie es sich etwa dort äußert, wo Kant zu viele Gedanken auf die Frage nach der *inneren Motivation* für eine Handlung verschwendet und mit Pascal meint, dass nur Gott als Herzenskündiger *unsere wahren Motive* kennen könnte. Die Fokussierung aller Kantianer auf die *innere Gesinnung* führt ganz allgemein in die falsche Richtung. Das besondere Lob dafür, trotz anderslautender *Neigungen* heroisch tugendhaft zu sein, ist nur etwas für Kinder. Die schon von Aristoteles thematisierte Pflicht, sich in Bildung und Selbstbildung einen *Habitus* der Kooperativität anzueignen, so dass man am Ende *gerne* moralisch richtig handelt, macht Kants Heroentum der Einzelhandlung überflüssig, worauf vor Hegel schon Friedrich Schiller hingewiesen hatte.

Kant hat aber zunächst darin recht, dass jeder, der lügt, sich in folgendem Sinn widerspricht: Wenn er seine wahren Maximen offenlegen würde, würde er seine eigene Handlung *unmöglich* machen. Analoges gilt für jeden, der ein Versprechen gibt und zugleich erklärt, dass er es nicht einzuhalten gedenkt. Daraus ergibt sich allerdings noch keineswegs, dass es nicht doch auch *Ausnahmefälle* geben kann, in denen man lügen oder falsche Versprechen sozusagen geben ›darf‹. Ein solcher Sonderfall zeigt sich z. B. in der von Benjamin Constant diskutierten Frage, ob man einem Häscher (wie etwa der Gestapo in der Nazizeit) auf die Frage nach einem unschuldig Verfolgten (etwa einer jüdischen Person) in unserem Haus nicht doch mit einer klaren Lüge antworten darf oder gar sollte. Die Lüge wäre hier nicht etwa durch die Hoffnung auf ihre guten Folgen zu begründen, sondern durch den Hinweis darauf, dass nicht alle Situationen und Personen so sind, dass von uns Kooperativität verlangt ist. Die bloße Zeugnisverweigerung, die Kant erlaubt, würde hier nicht ausreichen: sie gäbe zu viel an Information.

Eine Kooperation mit der Gestapo oder SS kann, wie gerade auch Gustav Radbruch im Blick auf die Unrechtsgesetze der Nazis sieht, nicht bloß moralisch, sondern sogar rechtlich verboten sein, auch wenn das aus positivrechtlicher Sicht anders scheinen sollte: Wenn die nackte Gewalt des Staates (jetzt als Staatsmacht, deren Führer sogar von einer Mehrheit legal gewählt sein können) die Institution Recht (und sogar freie Moral) dadurch missbraucht, dass einer Gruppe von Menschen der Schutz des Gesetzes versagt wird, dann hat diese Macht und sein bloß positiv gesetztes Recht unter Umständen keinen Anspruch mehr darauf, als bindend anerkannt zu werden. Dass das so ist, sieht man daran, dass der nicht mehr geschützten Minderheit nach den auch von Kant (und erst recht von Hegel) klar anerkannten Maximen ›Notwehr ist erlaubt‹ und ›Not kennt kein Gebot‹ nur noch der Widerstandskampf übrigbleibt. Eine Staatsmacht aber, die den Aufstand erzwingt, hätte sogar nach Hobbes das ›Recht‹ auf Anerkennung verloren.

Es ergibt sich daraus, dass jedes kategorische, unbedingte Verbot von Krieg und Bürgerkrieg einfach falsch ist. Kant wendet das Muster leider nicht auf den Fall Constants an, den er in dem berühmten Text »Gibt es ein Recht, aus Menschenliebe zu lügen?« so diskutiert, dass er schon jedes ›Recht‹ abstreitet, bewusst die Unwahrheit zu sagen. Kant hat nur darin recht, dass ein konsequentialistischer Utilitarismus ebenfalls nicht zu einem sinnvollen Verständnis moralischer Pflichten führt.

Wie dem auch sei, Kants Kohärenzbetrachtungen reichen auch sonst nur zur Begründung *einiger generischer moralischer Sollenssätze*, nie für *alle*. Hegels *Formalismusvorwurf* besagt eben dieses. Denn der kategorische Imperativ als Artikulation einer moralischen Tautologie schließt nur aus, anderen Menschen Wasser zu predigen und selbst Wein zu trinken – oder, was ein analoger Fall ist, sich auf Kosten der Allgemeinheit als Trittbrettfahrer zu bereichern. Das ist, wie wir gesehen haben, schon weit mehr als nichts, aber noch nicht wirklich viel.

Auch wenn nun in unserer 2. bis 4. Formulierung das Wort »nur« nicht vorkommt, sollen die Formeln inhaltlich am Ende doch dasselbe besagen wie die erste Formel. Dabei sollten wir die Frage an die zweite Formel, wie eine Maxime *sich* zum allgemeinen Gesetz machen könne, offenbar als beantwortet ansehen durch die Formulierungen der 3. Formel:

> »Handle so, daß die Maxime deines Willens jederzeit zugleich als Prinzip einer allgemeinen Gesetzgebung gelten könne.« (AA V, 30)

und der 4. Formel:

> »[Handle so], daß der Wille durch seine Maxime sich selbst zugleich als allgemein gesetzgebend betrachten könne.« (AA IV, 434)

Das heißt, die Maxime oder Handlungsform *H*, nach der man handelt, soll *als allgemeines Gesetz der Erlaubnis gelten können* (so ist m. E. die 3. Formel zu lesen), und zwar gerade so, dass nach der 4. Formel der bewusste Wille, *H* zu tun, *zugleich als allgemein gesetzgebend betrachtet* wird. Das alles heißt wieder nur: Indem ich *H* willentlich oder absichtlich ausführe, erkläre ich *H als erlaubt*.

Damit wird insgesamt klar, dass Kants formelhafte Rede von meinem Wollenkönnen, dass meine Maxime ein allgemeines Gesetz werde, zunächst in der Tat, wie Hegels Analyse zeigt, als *subjektive* Prüfung meiner Zustimmung zur allgemeinen *Erlaubnis* von Handlungen einer gewissen Form zu lesen ist. Es ist ja in der Tat eine Handlung *H nur erlaubt*, wenn ich wollen kann, dass nach *H* zu handeln *allen (in meiner Lage) erlaubt* ist. Und es ist mir sicher *verboten*, nach *H* zu handeln, wenn ich *nicht wollen kann*, dass nach *H* zu handeln allgemein erlaubt sei – wobei freilich das Wort »allgemein« *generisch* zu lesen ist und nicht als universaler All-Satz, obwohl alle Personen *angesprochen* sind. Hegel stellt eben dieses Problem ins Zentrum seiner logischen Analysen. Unser Problem mit dem »nur« tritt jetzt aber auf höherer Ebene erneut auf: Denn *keine* der bisherigen vier Formeln reicht aus, um *abschließend* darüber zu befinden, ob denn eine Handlung gemäß der Maxime *H wirklich, objektiv, allgemein erlaubt* ist.

Es gibt zwei herausragende Denker der Gegenwart, welche neben Hegel die Begrenzung des kantischen Moralprinzips der bloßen Kohärenz und Ehrlichkeit wenigstens in Umrissen klar erkannt haben. Der erste Autor ist Jürgen Habermas. Er schreibt in *Moralbewusstsein und kommunikatives Handeln*: »Der kategorische Imperativ bedarf einer Umformulierung (...): Statt allen anderen eine Maxime, von der ich will, dass sie allgemeines Gesetz sei, als gültig vorzuschreiben, muss ich meine Maxime zum Zweck der diskursiven Prüfung ihres Universalitätsanspruchs allen anderen vorlegen. Das Gewicht verschiebt sich von dem, was jeder (einzelne) ohne Widerspruch als allgemeines Gesetz wollen kann, auf das, was alle in Übereinstimmung als universale Norm anerkennen wollen.«[47] Es reicht also nicht zu wollen, dass das, was ich mir erlaube, ein allgemeines Erlaubnisgesetz werde. Die Fähigkeit des kritischen Denkens ist weder als *gesetzgebende* noch auch nur als *gesetzprüfende Vernunft* für das moralische Urteilen hinreichend, wie Hegel schon in den entsprechenden Passagen zur subjektiven Vernunft in der *Phänomenologie des Geistes* ausführt. Man kann dieses Ergebnis in dem Satz »Es gibt kein moralisches Gesetz in uns« ironisch zusammenfassen.[48] Er ergibt sich daraus, dass aus der bloßen Kohärenz eines von mir her gesehenen universalisierbaren Wollenkönnens noch lange kein wirkliches Handelndürfen folgt.

Die Vorlage einer Maxime zum Zweck der diskursiven Prüfung, ob wir sie alle anerkennen, reicht aber ebenfalls nicht aus, noch nicht einmal im Verein mit einer tatsächlichen Zustimmung und dann vielleicht sogar einer praktischen Anerkennung, etwa durch eine überwältigende Mehrheit.[49] Freilich will Habermas die Binnenmoral einer Räuberbande erstens durch die Universalisierung auf die ganze *Menschheit*, zweitens durch die Anrufung einer *idealen* universalen Sprechergemeinschaft unmöglich machen. Aber erstens ist die ›Menschheit‹ nicht einfach die Menge aller Menschen. Entsprechend komplex ist die Differenz zwischen einer *volonté de tous* und einer *volonté générale*. Zweitens löst der Ausdruck »ideal« das Problem nicht, wie denn die Richtung real zu bestimmen ist. Wir werden damit doch wieder

47 Jürgen Habermas, *Moralbewusstsein und kommunikatives Handeln*, Frankfurt M. 1983, S. 77.

48 Ein moralisches Gesetz in uns würde uns zu einer kooperativen Haltung des Vertrauens insofern verpflichten, als wir die möglichen Widersprüche zwischen Tun und Reden kennen und etwas über die Folgen von Kooperation und Defektion wissen.

49 Das Beispiel des Antisemitismus und Antislawismus von Millionen Deutschen und die Sinophobie ungefähr gleich vieler Japaner sollte uns jedenfalls klarmachen, dass nicht einmal die praktische Anerkennung der meisten Mitglieder genügt, um eine Handlungsform wirklich als erlaubt anzuerkennen.

zurückgeführt zu einer konkreten Beurteilung unserer faktischen, sich im Handeln zeigenden Handlungs- und Kooperationsformen. Diese stehen immer schon, und immer wieder, in einer entsprechenden Spannung zum verbalen Anerkennen der Normen des Dürfens, Sollens oder des Verbots durch einige, viele oder alle Einzelpersonen. Außerdem sollen sich gerade auch bei Habermas bloß faktische, also rein kontingente, Anerkennungen auf ihre moralische oder auch zweckrationale *Güte* beurteilen lassen. – Der ethische Realist Hegel geht mit seiner Anerkennung der normativen Kraft begriffener Kulturgeschichte schon weit über den latenten Verbal-Idealismus und Utopismus einer Diskursethik hinaus. Freilich kennt Habermas das Problem, wie sein Buch *Faktizität und Geltung* zeigt. Was er nicht kennt, ist Hegels Analyse geschichtlich entwickelter Sittlichkeit und der sie tragenden Institutionen des Gemeinwesens, also des Staates.

Der zweite Autor, an den ich denke, ist Bernard Williams, der in seinem letzten Buch *Truth and Truthfulness* (Oxford University Press 2002) die im Grunde auch schon von Habermas bemerkte Differenz zwischen bloßer *Ehrlichkeit* und *Gewissenhaftigkeit* (*sincerity* und *accuracy*) genauer herausarbeitet. Wie Kathi Beier gezeigt hat[50], besteht die Möglichkeit gerade der moralischen, aber auch jeder epistemischen *Selbsttäuschung* wesentlich in einem Mangel an Gewissenhaftigkeit. Subjektiv *ehrlich* handelt nämlich einer schon, der bloß erst *redlich* meint, die Maxime seines Handelns *könne* und *solle* als allgemeines Erlaubnisgesetz anerkannt werden. Aber es kann sein, dass ein solcher immer noch nicht streng bzw. akkurat, gewissenhaft, Kant selbst sagt auch »behutsam« genug die besondere Lage seiner subjektiven Beurteilung geprüft hat, und dabei insbesondere auch, ob das, was *er* als allgemeines Gesetz anerkennt, wirklich als solches schon *anerkannt* ist.[51] Hegel wirft allen Kantianern eben daher eine Kontamination von *Verstand* und *Vernunft* vor, also von *Anerkannt-*

[50] Kathi Beier, *Selbsttäuschung*, Berlin: de Gruyter, 2010.

[51] Immerhin verteidigt Kant die ›defensive‹ Maxime akkurater Prüfung materialer rechtlicher und moralischer Erlaubnisse: Wo du zweifelst, darfst du nicht handeln! Kant zitiert dazu Plinius: »*quod dubitas, ne feceris!*« Vgl. dazu die wichtigen Überlegungen von Michael Kahlo, »Die Problematik des Handelns aus strafgesetzwidriger Richtigkeitsüberzeugung«, in: D. Kleszewsky, St. Müller, F. Neuhaus (Hgg.) *Kants Lehre vom richtigen Recht*,

heiten und *Anerkennbarkeiten*, indem sie die objektstufigen Urteile in Anwendungen des Vermögens zum rechten Befolgen gegebener Regeln vermengen mit metastufigen Vorschlägen neuer Normen.

Von besonderer Bedeutung ist dabei Hegels Einsicht in die materiale Geschichtlichkeit der Institution des Eigentums und damit der moralischen Norm »Du sollt nicht stehlen«. Denn es kann völlig konsistent sein, wenn eine Gruppe von Leuten aufrichtig will, dass es keinen Privatbesitz und schon gar kein (durch staatliche Sanktionsdrohungen strafbewehrtes) Privateigentum geben solle. Der junge Karl Marx und seine Frau scheinen Menschen dieses Schlages gewesen zu sein. Es wird von ihnen erzählt, dass sie nach einer Erbschaft ein wirklich offenes Haus führten und auf dem Tisch ein offenes Gefäß mit ihrer gesamten Barschaft stehen hatten, wobei den Gästen sozusagen ein »Man bediene sich« signalisiert wurde. Kein Wunder, dass schnell alles aufgebraucht war. Diese Großzügigkeit freilich würde ihrerseits noch lange nicht ›erlauben‹, sich selbst nicht an das herrschende Eigentumsregime gebunden zu fühlen – oder auch nur die Unterstützung durch den Freund Friedrich Engels allzu selbstverständlich zu erwarten oder gar zu fordern.

Auch wenn es kein Privateigentum gibt, sondern nur Allmenden, kann es schon Normen der Art geben, dass man direkten Besitz, also was einer in der Hand hält oder worauf er sitzt, nicht einfach mit Gewalt wegnehmen sollte. Ansonsten aber könnte jeder irgendwie nach Bedürfnis am Allgemeingut beteiligt sein, so die Idee kommunitarischen oder kommunistischen Besitzes wie bei den Frühchristen, in einem Kloster oder in der Utopie eines anarchischen Kommunismus, nachdem eine globale Mechanisierung der Herstellung von Gütern eine direktive Verteilung von Arbeit und Gütern überflüssig gemacht haben soll. Mit eben solchen Betrachtungen wird Hegel zum Lehrer von Marx, und das, obwohl nach seiner Argumentation der Kommunismus *keine* gute Idee ist. Die absolute Tatsache der subjektiven Perspektive im Urteilen und Handeln wird in der Idee des

Paderbon: Mentis 2005, S. 101–120. Hegel sieht, dass wir material an die inhaltlich bestimmten Normen konkreter Sittlichkeit in ihrer geschichtlichen Kanonisierung gebunden sind, formal aber ein Recht auf subjektive Urteilskraft haben.

Kommunismus maßlos in ihren zu erwartenden Folgen unterschätzt. Die Debatte um das ›Menschenbild‹, also darum, ob ›der Mensch‹ von Natur gut oder, wie bei Hobbes, ›böse‹ sei, vertuscht das reale Problem – und das bis heute.

Das Problem liegt *nicht* daran, um es noch einmal zu sagen, dass man sich ein Leben in einer reinen gesellschaftlichen Allmende *nicht utopisch denken könnte* oder *wünschen würde*. Denkbar ist dies sicher. Zu bezweifeln ist aber schon, ob die Nebenfolgen für persönliche Freiheit in der Lebensplanung, für Wohlstand und Sicherheit, besonders aber, ob die Gefahren des Trittbrettfahrertums oder, was dasselbe ist, der Selbstbereicherung von Cliquen nicht viel zu groß werden. Alle Erfahrungen in der Entwicklung politischer Formen der Steuerung von Kooperation über die bloße menschenfreundliche Hoffnung auf freie Kooperativität aller lieben Mitmenschen und Gutbürger hinaus werden hier missachtet.

Hegel sieht, dass nach der neolithischen Revolution und der Bildung von kleineren oder größeren Agrargesellschaften eine Art Zwang zu zentralstaatlichen Verteidigungen etwa gegen Nomaden entstanden war. Seither haben die Menschen fast überall ein mehr oder weniger weitreichendes rechts- und sanktionsgeschütztes Eigentumsregime eingeführt. Dieses wird weitgehend auch moralisch anerkannt und durch freie Normen wie »Du sollst nicht begehren deines Nächsten Hab und Gut« sogar noch durch eine Pflicht zur inneren Selbstbescheidung geschützt. Diese moralischen Normen ergeben sich aus ›ökonomischen‹ *Ursachen* und der Idee einer *freien* Haushaltung als *material anerkanntem Grund*, also nicht aus rein formalen Kohärenzüberlegungen eines subjektiven Wollens an sich. Die skizzierten Gründe der freien Anerkennung von Besitz und Eigentum finden sich also nur in einem allgemeinen Wissen über die ›bestmögliche‹ Form je eigener freier Lebensplanung und Lebenssicherung. Es kann aber ein unkontrolliertes Eigentumsregime zu einer unerträglichen Unfreiheit der Besitzlosen führen. Daher fordert Hegel einen steuerfinanzierten Sozialstaat.

Keine Mehrheit oder auch bloß kontingente Allheit von Einzelpersonen vermag es, etablierte Normen des kooperativen Handelns *allein durch Verbalzustimmung*, noch nicht einmal durch ein kontingentes Gruppenverhalten, nachhaltig (bei Hegel: »substantiell«)

in *Geltung* zu setzen, gerade auch nicht, wie im *konsequentialistischen Regel-Utilitarismus*, durch die Behauptung, die neuen Normen hätten besonders gute Folgen. Dabei orientiert sich ein *Regulismus* am Fall der *expliziten Setzung* von Regeln. Paradigmatisch ist hierfür der Fall eines Mehrheitsentscheids in einem politischen Gremium der Legislative und der Inkraftsetzung dieser Gesetze durch einen Monarchen oder Präsidenten. Der *Regularismus* setzt dagegen auf behaviorale Anerkennung einer Handlungsform. Doch selbst dann, wenn ›alle‹ zustimmen, wie auf einem Volkskongress, kann eine rein regulistische Begründung einer Norm problematisch werden. Das liegt an der schon mehrfach genannten Differenz zwischen verbaler und realer Anerkennung. Real anerkannt wird eine Norm, wenn sie eine Form des Handelns ist, deren Anerkennung sich im Vollzug des kooperativen Handelns zeigt, die also zumindest *nicht bloß* als Handlungsform im Modus verbaler Setzung oder auch nur Versicherung als erlaubt oder gut behauptet oder empfohlen wird, aber sich auch nicht bloß kontingent in einem rein behavioralen Benehmen ergibt. Regularistische Verhaltungen reichen daher auch nicht, um die wirkliche Geltung einer Norm zu bestimmen. (Es wird hier gerade kein Unterschied zur reflexionslogischen Gültigkeit gemacht.)

Hinzu kommt die Bedeutung geschichtlich gewordener *Konventionen* für eine wirklich vernünftige und nicht bloß subjektiv anerkennbare Lösung von Kooperationsproblemen. Durch solche Konventionen, die auch die Verschiebung der Auszahlungsmatrix durch bedingte Sanktionsdrohungen oder bedingte Benefitsversprechen enthalten können, kann ein prekäres Kooperationsdilemma in ein bloßes Problem der *Koordination der Einzelhandlungen* umgewandelt werden. Denn Konventionen im engeren Sinn brauchen keine eigenen Stützungen durch eine ›moralische‹ Kritik an denen, die sich nicht an sie halten. Konventionen zu befolgen, nachdem sie gesellschaftlich etabliert sind, liegt in unserem eigenen Interesse. David Lewis zeigt das in seinem Buch *Conventions* sehr schön, indem er den Begriff der Konvention gerade so definiert. Dabei sind schon manche Konventionen der Etikette durchaus proto-ethische Regeln der Achtung der Mitmenschen und des vornehmen Respekts.

Die subjektive Anerkennbarkeit der Konventionen, zu denen am Ende alle positiven Gesetze zählen, ist sicher wichtig. Aber nicht nur

Kants Reden von angeblich bloß ›historischen‹, aber nicht kategorischen oder apriorischen Regeln, sondern auch die Überschätzungen verbaler Zustimmungen übersehen die unendlich vielen konventionellen Lösungen von Kooperationsproblemen in jeder tradierten ethischen Ordnung. Für diese gibt es zwar *per definitionem* (so wollen wir Konventionen verstehen) immer auch gleich gute, vielleicht sogar in idealen Entwürfen weit bessere Alternativen. Wenn aber die Einführung neuer Konventionen allzu große Kosten verursacht, dann sind entsprechende Reformen oder gar Revolutionen trotzdem nicht gut. Eben hier erkennt Hegel die Bedeutung der *normativen Kraft des Faktischen*, wie Habermas dieses unter einen durchaus passenden Titel gebracht hat. Dabei sind noch nicht einmal die trivialsten Fälle wie das Rechts- oder Linksfahren zu verachten, der Gebrauch der lateinischen Buchstaben, überhaupt einer phonematischen statt ikonographischen Schrift oder auch nur die Konventionen kanonisierter Maße und Gewichte wie *inches*, *gallons* oder *Pfunde*.

Nur im ›moralischen‹ Fall spielt der freie Tadel eine Rolle, der bedeutet, dass der Person eine gewisse Anerkennung versagt wird und man sich ggf. davor hütet, ihr weiter zu vertrauen. Die Bitte um Verzeihung ist daher immer auch Bitte um Restitution von Vertrauen und damit um Wiederaufnahme in den Kreis derer, die in freien personalen Beziehungen als Defaultfall Vertrauen verdienen. Eben dieser Kreis definiert die volle Person jenseits des geistigen Tierreichs rationaler Egoisten.

Im Fall von reinen Konventionen sollte das Primat der Tradition vor jeder bloß gegenwärtigen Revolution der Verhältnisse gemeinsamer Sittlichkeit unschwer anzuerkennen sein. Aber auch für tradierte moralische Urteilsformen und rechtliche Setzungen hebelt Hegels *Vernunftprinzip* jede bloß kontingente Mehrheits- oder gar Allmeinung aus. Das Prinzip besagt, dass ein Vorschlag zur Änderung eines Normensystems *nur dann* als vernünftig gelten kann, wenn das neue System *alle wesentlichen Probleme, auf die das alte System antwortet, ebenfalls hinreichend gut löst* und *dann auch noch ein paar gravierende neue Probleme aufhebt*. Hinzu kommen die Bedingungen eines vernünftigen Übergangs oder Wegs in die neue Ordnung. In eben diesem Sinn muss das zu reformierende System durch die Reform in Hegels Doppelsinn des Wortes *aufgehoben* werden.

Hegels *Vernunftprinzip* ist ein Prinzip des *konstruktiven Misstrauensvotums.* Ihm zufolge ist sozusagen vorab *nachzuweisen*, dass die vorgeschlagenen oder sogar schon akklamierten institutionellen Änderungen *besser* sind als die alten Ordnungen. Es ist ein *Prinzip der Nachhaltigkeit*, um das heute leichter in die Ohren fallende Wort zu verwenden. Als *Konservativitätsprinzip* schützt es die institutionellen Erfahrungen der Menschheit, indem es *den Vorrang von Tradition* vor einem zu schnellen Besserwissen der Gegenwart gegen einen bloß kontingenten Konsens verteidigt und den Appell an einen idealen Konsens als bloß subjektiv und frei von jeder zielführenden Realorientierung durchschaut. – Für uns Heutige ist schwer einzusehen, dass der Fehler der Aufklärung insgesamt, nicht bloß ihrer verspäteten Wortführer im 20. Jahrhundert, gerade darin besteht, alle Tradition für rein kontingent zu erklären und an einen idealen vernünftigen Konsens in einer diffus-utopischen Zukunft zu appellieren. Dabei erkennt Hegel, dass die Anerkennung tradierter Institutionen *geschichtliche Voraussetzung* der Seinsform einer vollen Person oder, was dasselbe ist, eines geistigen Wesens oder gebildeten Menschen ist. Er zeigt uns damit die *materiallogischen Präsuppositionen* wirklich vernünftigen Urteilens und Handelns und das *transzendentale Apriori einer Vernunftgeschichte.* Nur über deren explizite Rekonstruktion, samt dem Verständnis ihrer Ziele, Zwecke, Gründe, Ursachen usf. kommen wir über bloß tautologische Vernunftappelle hinaus zu einer realen Orientierung, wie sie jeder konkrete Sinn verlangt. Man hat also häufig noch kaum etwas erreicht, wenn man es durch rhetorische oder andere Mittel dahin bringen sollte, dass viele oder fast alle einem Projekt bloß heute oder bloß verbal zustimmen.

Die Formulierungen des Kategorischen Imperativs, welche mit einer *Analogie* zu *Naturgesetzen* oder mit der Rede von einem *Reich der Zwecke* arbeiten, sind naturgemäß in ihren ›Anwendungen‹ höchst vage. Es handelt sich um folgende Formeln:

5 »Handle so, als ob die Maxime deiner Handlung durch deinen Willen zum allgemeinen Naturgesetze werden sollte.« (AA IV, 421)

6 »Handle nach Maximen, die sich selbst zugleich als allgemeine Naturgesetze zum Gegenstande haben können.« (AA IV, 437)

7 »Handle so, dass du die Menschheit sowohl in deiner Person, als in der Person eines jeden anderen jederzeit zugleich als Zweck, niemals bloß als Mittel brauchst.« (AA IV, 429)
8 »Denn vernünftige Wesen stehen alle unter dem Gesetz, dass jedes derselben sich selbst und alle andere niemals bloß als Mittel, sondern jederzeit zugleich als Zweck an sich selbst behandeln solle.« (AA IV, 433)
9 »Demnach muß ein jedes vernünftige Wesen so handeln, als ob es durch seine Maximen jederzeit ein gesetzgebendes Glied im allgemeinen Reiche der Zwecke wäre.« (AA IV, 438)

Die 5. Formulierung steht den bisher diskutierten noch am nächsten. Es wird dabei die ›Verstärkung‹ der Rede von einem möglichen *Gesetz* der ersten vier Formulierungen in der Rede von einem *Naturgesetz* wieder durch ein Als-ob abgeschwächt. Damit trägt diese Formel nur den Gedanken bei, dass die Maxime oder Handlungsform *H* in ihren Aktualisierungen *h sich* so *wie* eine naturgesetzlich beschriebene Bewegungsform (ggf. stochastisch) wiederholt – und dass man in einer Einzelhandlung gemäß dieser Form praktisch will, dass das auch gut so ist.

Was aber soll es heißen, wenn nach der 6. Formel Maximen *H* als leitende Grundformen des Handelns *sich selbst* als allgemeine Naturgesetze zum Gegenstand haben können (sollen)? Gemeint ist wohl wieder nur, dass jede Handlung *h* gemäß *H* zugleich das Gesetz, dass man gemäß *H* handeln darf, zum Gegenstand hat und als Gesetz anerkennt.

Dass ich in jeder Handlung die *humanitas* (m. E. wäre *personalitas* besser), also *die Idee* (des guten Lebens als Person) sowohl in mir als Subjekt auch in jedem anderen menschlichen Individuum und im Gemeinwesen »jederzeit zugleich als Zweck, niemals bloß als Mittel brauche«, ist offenbar wieder nur als Einschränkung des moralisch Erlaubten zu lesen. Ausgeschlossen ist in jedem Fall ein bloß instrumenteller Umgang mit den anderen Personen. Damit ist auch die 8. Formel im Wesentlichen schon kommentiert. Man beachte jetzt nur noch die offenkundige Parallele dieser Formulierung zum Liebesgebot des neuen Testaments »Liebe deine Mitmenschen *wie dich selbst*«: Die ›Menschheit‹ in seiner eigenen Person und in jeder anderen Person anzuerkennen, bedeutet am Ende dasselbe wie das, was Hegel in seinem obigen ›kategorischen Imperativ des abstrakten Rechts‹ formuliert hatte: »Sei eine Person und respektiere die anderen als Personen« (cf. § 36). Eine Person zu sein, heißt dabei, an den personalen Beziehungen zwischen den Individuen gut teilzunehmen und diese Beziehungen gut zu entwickeln. Dabei sind wir kompetente Personen (nur) insoweit, als wir im *System* der *Sittlichkeit*, also der kooperativen Arbeitsteilung und der sittlichen Ordnung gemeinsamen Lebens, unsere *Rollen gut genug spielen*. Das *Ethos* und die *Sittlichkeit* des ethischen oder wahren Gewissens regelt die individuellen und kollektiven Formen personalen Lebens. Dem entspricht schon Platons berühmte Formel *das Seinige tun*. Der Vorzug der Formel besteht ironischerweise gerade in der vagen Allgemeinheit, die kein subjektives Verfahren mehr suggeriert, nach dem man ohne materiales Wissen und Können bloß durch innere Reflexion, Introspektion, Intuition oder ähnliche Verfahren rein autonom bestimmen könnte, was man tun darf oder soll, was nicht.

Die 9. Formel ersetzt dann zwar die imperativische Form mit menschlichem Adressaten durch die Rede über jedes vernünftige Wesen. Ein vernünftiges Wesen darf nach Kant aufgrund seiner Vernunft nur so handeln, als ob es durch die Maximen *H* seines konkreten Handelns *h* auf die oben schon erläuterte Weise auch wirklich teilnähme als Gesetzgeber ›im allgemeinen Reiche der Zwecke‹. Ein Zweck ist als solcher das beabsichtigte Ende oder die Gesamtheit einer generischen Handlung oder Handlungsform *H*. Ein vernünftiger potentieller Gesetzgeber, der *H* erlaubt, will nach Kant, dass man gemäß dem ›Zweckhandeln‹ *H* handeln darf, weil oder wenn ein solches Handeln als kohärent angesehen werden kann zu einem allgemein vorgestellten Reich der erlaubten handelnden Zweckverfolgung. So gelesen, wird die Formel offenbar wieder zu einem subjektiven Prüfverfahren des bloßen kohärenten Denken- und Wollenkönnens. Außerdem wird an eine ominöse Vernunft oder ein Vernunftwesen appelliert.

Wir sehen jetzt auch, dass und wie am Ende alle Formulierungen des Kategorischen Imperativs im Wesentlichen auf dasselbe hinauslaufen. Sogar noch im Vergleich zur Goldenen Regel des Konfuzius oder der Bibel – die besagt, dass man anderen nichts zufügen soll, das man nicht sich selbst angetan wünscht, was durchaus auch im Modus der Synekdoche, eines bloßen Teils für ein Ganzes zu lesen wäre – gelangen wir nur bei den ohnehin problematischen Verfahrensformeln zu einer größeren Präzision der Artikulationen der Prüfung von Maximen beliebigen Inhalts im Blick auf ihre generische Anerkennbarkeit. Aber *kein* Prinzip dieser Art reicht aus, um autonom darüber zu urteilen, ob man wirklich schon ethisch bzw. sittlich gut handelt, eine volle Person ist und andere Menschen in ihrem je relativen Personsein ausreichend respektiert.

Zu diesem Personsein gehört immer auch die *Würde des Menschseins.* Unter den *Würdebegriff der Person* fällt demnach *jeder Mensch ohne jede Aufnahmeprüfung im Blick auf seine instrumentellen Kompetenzen oder gar seine Leistungen für die Gesellschaft.* Die allgemeine Menschenwürde wehrt z. B. alle Handlungen, Haltungen oder Gesetze ab, welches das Motto unterstützen würden: ›Wer nicht arbeitet, der soll auch nicht essen‹. Sie schließt aber keineswegs aus, Verbrecher zu bestrafen und moralische Defektoren frei zu boykottieren.[52]

Unabhängig von der Frage, was als Gesetz gelten mag, erläutert Kant den Begriff der Pflicht ganz passend so:

> »Pflicht ist die Notwendigkeit einer Handlung aus Achtung fürs Gesetz« (AA IV, 400).

Der Ausdruck »Notwendigkeit« steht dabei einfach für ein modales Müssen, das jetzt allerdings ein Gebot unterstellt, während das moralische Gesetz ›in uns‹, wie es Kant konzipiert, zunächst nur zu Erlaubnissen und Verboten führt. Den Zusammenhang von Bewusstsein und Gewissen artikuliert Kant in der Religionsschrift (§ 4. *Vom Leitfaden des Gewissens in Glaubenssachen*) sehr schön:

> »*Das Gewissen ist ein Bewußtsein, das für sich selbst Pflicht ist*«. … »*es ist die sich selbst richtende moralische Urteilskraft*«.

52 Das Perfideste, was die Nazis taten, war, über eine biologistische Umformung einer in ganz Europa verbreiteten sozialökonomische Aversion ›den Juden‹ als ›Rasse‹ die Fähigkeit zu freier moralischer Kooperation allgemein abzusprechen.

Das Gewissen ist damit das Wissen um die allgemeine Form *H* der Handlung *h*, die im Fall, dass *H* durch *h* auszuführen ist und moralisch *geboten* wäre, für sich *moralische Pflicht* ist. Moralische Urteilskraft *bestimmt* also die Einzelhandlung *h* aus der verpflichtenden Handlungsform *H*, sofern ich weiß, dass *H* zu tun ist; oder sie *reflektiert* auf die relevante Form oder Maxime *H* der von mir auszuführenden Einzelhandlung *h* und ihre moralische Erlaubtheit.

Hegels Kritik richtet sich klarerweise *nicht* gegen die grundsätzliche Bedeutung dieser bestimmenden und reflektierenden moralischen Urteilskraft, sondern gegen die Überschätzung der Reichweite bloßer Kohärenzüberlegungen des Wollenkönnens. Die bloß subjektive Ehrlichkeit des ›guten Gewissens‹ bzw. der bloß redlichen Gesinnung verführt nämlich zu *moralischer Selbstgerechtigkeit*. Daraus ergibt sich eine radikale Differenz zwischen dem Begriff des (ursprünglich) *Bösen* bei Kant und bei Hegel.

Eine Handlung oder ein Charakter ist *schlecht*, wenn die allgemeinen Normen des ethisch Guten einer gemeinsamen Tradition sittlicher Institutionen nicht tätig erfüllt werden. In natürlichen Neigungen und einem rationalen Sicherheitsstreben finden wir nur erst Verführungen des Subjekts zum Schlechten. Während nun Kant annimmt, dass das radikale Böse seine Wurzel in unserer animalischen Natur habe, wobei er fälschlicherweise auch noch den Egoismus des *homo oeconomicus* zu dieser Natur zählt, deutet Hegel die *moralische Selbstgerechtigkeit* als *das wahre Böse*. In gewisser Weise ist es das gefallene Gute, wie Hegel die Wahrheit des religiösen Mythos rekonstruiert: Der oberste Engel Luzifer will selbst Gesetze geben. Aber eben damit ist er *böse*. Er meint, er *dürfe* nach eigengesetzten Maximen *H* handeln, wenn er nur konsistent mit-will, dass auch andere nach *H* handeln dürfen. Er ist böse, weil er erstens nicht fragt, ob die anderen Menschen *wirklich* wollen, dass *man* nach *H* handeln darf, und sich zweitens nicht als *geschichtlich bedingte Person* begreift. Eben damit tritt er jede ›Humanität‹ bzw. Personalität mit Füßen.

Um Hegels Kritik an einer kantianischen Moral der Selbstbestimmung leicht ironisch zu überspitzen, könnte man sagen, dass die berühmte 6. Stufe moralischer Autonomie in der bekannten Kohlberg-Stufung bloß erst eine ambivalente Zwischenstufe juveniler moralischer Kritik ist. Diese ist nur eine verstandesmäßige Prüfung formaler

Regeln – so wie eben die Jugend gerne auch sonst die Konsistenz formaler Regeln scharfsinnig prüft und deren Berechtigung im Blick auf zum Teil eigenentwickelte Ideale oder Utopien infrage stellt. Gerade eine solche selbständige Prüfung kann zum ethisch Bösen des moralischen Besserwissens führen statt zu einer, wie Hegel sagt, gediegenen, und das heißt nach meiner Lektüre, erwachsenen Anerkennung der Kultur der Vernunft.

Ein gewissenhafter Mensch urteilt und handelt dagegen nicht bloß subjektiv ehrlich oder gesinnungskonform, sondern prüft so akkurat, wie es nötig und ihm möglich ist, ob seine Maxime in der faktischen sittlichen Ordnung der Kooperation der Personen als erlaubt anerkannt ist. Dabei sind alle Urteile perspektivisch, fallibel, endlich, von anderen kritisierbar und der Verbesserung fähig oder bedürftig. Dennoch ist ein Urteilen nach einem subjektiv bestmöglichen Wissen und Gewissen normalerweise ausreichend gut – das aber nur, wenn man sich *nicht bloß* auf die Subjektivität des Wollenkönnens zurückzieht. Zu prüfen ist, was gilt, nicht bloß, was gelten könnte oder zufälligerweise akzeptiert wird. Objektstufige Pflichten sind, wie schon gesagt wurde, von metastufigen Vorschlägen möglicher Veränderungen geltender Werte und Normen unbedingt zu unterscheiden. Moralische Autonomie droht sonst in einen Autismus des absoluten Bösen zu kollabieren.

Hegels Revolutionskritik richtet sich auf eben diese Weise, wie ich inzwischen schon öfter betont habe, gegen die Selbstgerechtigkeit von Revolutionären wie Robespierre oder, *nomen est omen*, Louis Antoine de Saint-Just.

Hegels Texte sind in ihrer argumentativen Struktur und ihrer logischen Radikalität nur verständlich, wenn man die Absolutheit und Freiheit der subjektiven Performation jedes Urteils und jedes Schlusses in ihrer Bedeutung begreift. Indem er Kants Ansatz radikal durchdenkt, wird Hegel zum ersten und weitgehend einzigen *Logiker von Sprechhandlungen*, der erkennt, dass in allen unseren Regelanwendungen immer schon selbst ein *freies Urteilen* und Schließen involviert ist, ganz anders als in der reinen Mathematik oder gar im schematischen Operieren von Rechenmaschinen. Kurz, in allen Regeln und Normen, allem Recht und Wissen ist das freie Urteilen und Handeln methodisch und logisch vorausgesetzt, präsupponiert. Das entstehende

Problem jeder Verfahrenslogik, gerade auch noch bei Kant, ist hochdramatisch: In jeder auf formale Schemata reduzierten Logik wird das ›richtige Folgern‹ als blindes Regelfolgen fehlgedeutet und eben damit nicht als freie Anwendung allgemeiner Normalfallnormen in Einzelfällen begriffen, die auf besondere Weise mit Urteilskraft und frei zu typisieren sind. – Hegels zentrale Einsicht in die absolute Freiheit jedes *Urteils* besteht insbesondere darin, dass eine performative Haltung oder Denk-Handlung mit ihrem *saying so makes it so* in scharfem Kontrast steht zum *Inhalt* des beurteilten Satzes, mit der ganz anderen *direction of fit*, in welcher das Richtige davon abhängt, wie die Welt ist, nicht davon, was wir frei tun (wollen). Jede Sprech- oder Denkhandlung und damit jedes Urteil enthält also immer schon die folgenden *performativen* Momente neben den hier nicht weiter besprochenen Momenten der Bestimmung des *Inhalts* der Aussage oder des Urteils:

Das erste Moment ist die subjektive *Gewissheit* des Sprechers oder Urteilenden.

Das zweite Moment ist seine dialogische *Versicherung*, das vollzogene Urteil oder der vollzogene Schluss sei insgesamt richtig, samt dem zugehörigen *Commitment*, der Selbstverpflichtung, diese Richtigkeit gegebenenfalls zeigen zu können.

Das dritte Moment besteht in einem freien *Appell an freie Anerkennung*, zusammen mit der (oft impliziten) Behauptung der Nachvollziehbarkeit und einem *Entitlement*. Letzteres ist eine Art *Erlaubnis* an alle, die angesprochen sind, sich auf das Urteil verlassen zu können.

Das vierte Moment unterstellt eine vom Hörer her immer erhoffte *Ehrlichkeit* und *Gewissenhaftigkeit*, die aber beide vom Sprecher her immer bloß erst subjektiv kontrolliert sind.

Das fünfte Moment verlangt von aller ›objektiven‹ Richtigkeit eine *faktische* transsubjektive *Anerkennung* und nicht bloß eine subjektive Beurteilung der reinen *Anerkennbarkeit* oder *Kohärenz*.

Das ethische Denken Kants scheitert besonders am letzten Punkt und an einer falschen Vorstellung von einem moralischen Gesetz und Urteilsverfahren.

Hegel versucht insbesondere, die Logik der Rede (Rousseaus und Kants) von einem eigentlichen oder wahren Willen explizit zu machen und damit zu entmystifizieren. Unsere Unterscheidung zwischen Subjekt und Person artikuliert wie die Hegels eben diese Unterscheidung zwischen endlicher Person für sich in ihrer bloß erst präsentischen Identität und der ›unendlichen‹ oder besser überzeitlichen Person an sich. Eine Person an-und-für-sich internalisiert als personales Subjekt im Vollzug und als personales Individuum im weiteren Leben die Formen des Personseins an sich, also auch die des abstrakten Rechts personaler Freiheit und freier Kooperation mit Personen. Indem ich das tue, wird meine eigene (personale) Subjektivität, wie oben schon gesagt, ›unendlich‹ und ist zugleich auf indefinite Weise in sich reflektiert.

Moralität ist nun, das ist die tiefe Einsicht Hegels, die Form des subjektiven Vollzugs dieser moralischen Reflektion personalen und damit ethisch-sittlichen Selbstbewusstseins in sich. Es ist eine Art unendlich fortsetzbares, partiell immer auch skeptisches, daher dialektisches, inneres Hin und Her von Urteilen über mich und andere als je einzelne Subjekte mit allgemeinem und besonderem Personenstatus. Dabei ist Hegels Kritik an Kant und seinen häufig allzu frommen Anhängern absolut zentral: Die Sphäre der Moralität ist nur die der zwar generischen, aber der Form nach noch subjektiv-unmittelbaren (Selbst-)Beurteilungen. Die Perspektive der Einzelperson mit ihren unmittelbaren Gefühlen und Gewissheiten wird grundsätzlich nicht verlassen. Es bleibt bei der bloßen Selbstgewissheit einer vermeintlich ›guten‹ Gesinnung der ›inneren‹ Redlichkeit, Ehrlichkeit und Wahrhaftigkeit.

Dabei anerkennt Hegel Kants große Leistungen in der Analyse der Grundtatsache der Subjektivität in allen Realisierungen von epistemischen und ethischen Formen durchaus, zeigt aber auf, dass und warum sie nicht ausreichen. Der Denkweg sinnkritischer Reflexion wird uns daher mit logischer Notwendigkeit von der nur erst subjektiven Moralität zu einer gemeinsam schon institutionell verfassten Sittlichkeit führen.

Die Grundeinsicht ist relativ einfach, wenn man einmal Abstand genommen hat von der Vorstellung, über alles und jedes ›objektiv‹, ›von der Seite‹, reden zu können, und dabei übersieht, dass in der Sprechhandlung selbst die Subjektivität des Vollzugs unaufhebbar enthalten ist. Die größte aller logischen Analyseleistungen Hegels ist, diese von Descartes, Berkeley, Hume und Kant vorbereitete Grundeinsicht der

Transzendentalphilosophie auch noch Fichtes und Schellings in ihrer vollen Form und ihren enormen Konsequenzen begriffen zu haben.

Das perspektivische Sein und Leben ist am Ende also das absolut Objektivste in der Welt. Alle Wahrheit und alles Wissen, auch jede Norm oder Regel des Richtigen und jede Normerfüllung beruht auf ihr, freilich vermittelt durch die gemeinsamen Formen der Unterscheidung zwischen subjektiver Erscheinung und Wirklichkeit, auch Wahrhaftigkeit und Wahrheit, im Kontext metastufiger Darstellung und Bewertung von Geltungsansprüchen. Die Subjektivität in allem realen Wissen und Wollen, also auch aller Aussagen der Wissenschaft und aller Urteile der Ethik, ist als mitgegeben anzuerkennen. Das ist die Kerneinsicht von Hegels ›Idealismus‹ in die unaufhebbare Absolutheit des Subjektseins.

Dabei haben schon Descartes oder Kant, Berkeley und Hume die transzendentale Vorgängigkeit subjektiver Vollzugsformen im begrifflich denkenden Sprechen und sogar schon im Wahrnehmen von bestimmten Sachen erkannt. Das Problem des subjektiven Idealismus, besonders bei Berkeley und Kant, im Prinzip aber auch bei Descartes und Hume, besteht darin, alle Gegenstände des Wissens ohne weitere Modifikation zu Erscheinungen zu erklären. Eben damit wird die Unterscheidung zwischen Erscheinung und Wirklichkeit nicht immanent, sondern transzendent gedeutet, so also, dass nur ein Gott oder idealer Physiker das für uns unerkennbar absolut Wahre kennen könne.

Die Unterscheidung zwischen Wesen und Erscheinung, Wirklichkeit und Schein, Wahrheit und Gewissheit ist aber, wie Hegel in der Wesenslogik herausarbeitet, unsere eigene, von uns selbst geformte Unterscheidung. Sie findet statt in einer komplexen Praxis eines gemeinsam kontrollierten Perspektivenwechsels auf die gleichen Sachen, deren Artbestimmung und damit auch Identitätsbedingungen durch *den Begriff* bestimmt ist, den man als das allgemeine, generisch-eidetische Normalfallwissen zu begreifen hat, welches im Sinnverstehen von Sprache und damit im Denken schon präsupponiert ist.

Damit wird die Transzendentalphilosophie zur logisch-begrifflichen Analyse von präsuppositionalen Stufen im Wissen und Können und zur Explikation der zugehörigen Praxisformen. Und es wird klar, dass der Ausdruck »objektiver Idealismus« in gewissem Sinn für ein wirkliches, objektives Verstehen der Subjektivität im epistemischen Wissen und ethischen Gewissen steht, während der »subjektive Idealismus« diese Subjektivität zwar einsieht, aber auf falsche Weise einer objektiven materiellen Welt des Physikalischen gegenüberstellt und sich im Bereich der Ethik mit einer bloß erst subjektiven Moralität, sozusagen mit der Anrufung der drei großen Bären Vernunft, Freiheit und Pflicht zufrieden gibt.

Das bloß Formale der Moralphilosophie Kants besteht darin, dass aus bloß subjektiver Perspektive nur innere Inkonsistenzen und Inkohärenzen aufdeckbar sind, nämlich als implizite Widersprüche im Reden und Handeln. Dabei wird die fundamentale logische Einsicht Hegels aus dessen Habilitationsthesen zentral, ich wiederhole den Punkt: »Contradictio regula veri, noncontradictio falsi«. Das heißt, ein innerer Widerspruch grenzt das Wahre nur grob ein. Die Widerspruchsfreiheit schließt nur bestimmte Falschheiten aus. Daher folgt aus dem konsistenten Wollenkönnen, dass die Maxime meines Handelns ein allgemeines Erlaubnisgesetz werde, klarerweise noch lange nicht, dass es mir ethisch-sittlich auch schon wirklich erlaubt wäre, nach der Maxime zu handeln.

Die Einsicht in das Falsche des Trittbrettfahrertums löst zwar das Gefangenendilemma oder die Tragödie der Allmende insofern, als es, wie wir alle wissen, moralisch verboten, weil kooperationslogisch und praktisch inkohärent ist, einseitig aus einer bekannten und anerkannten Kooperationsform, auch einem (impliziten) Vertrag, auszusteigen, zu ›defektieren‹. Aber nicht alle ethischen Pflichten und Verbote ergeben sich so. Viele stützen sich auf geschichtlich tradierte Normen und Regeln der sittlichen Koordination des Handelns und der ethischen Kooperation unter den Akteuren, zu denen es ›im Prinzip‹ gleich gute, manchmal sogar bessere Alternativen geben mag, die man aber deswegen noch lange nicht unmittelbar als Orientierung im eigenen Handeln und Urteilen gebrauchen darf.

Ohne diesen Hintergrund ist der Sinn der Formeln in Hegels extrem dichten Textstücken kaum zu begreifen: Der Boden aller Freiheit ist die Subjektivität. Sie ist zunächst abstrakt vom Begriff des allgemein Geltenden unterschieden. Es geht aber darum, das subjektive Urteilen und Handeln am allgemein Richtigen auszurichten (»ihm gleich zu machen«, wie Hegel gleich dazu sagen wird). Dadurch wird die Idee als schon allgemein wirkliche Form des allgemein Richtigen im individuell-subjektiven Urteilen, Schließen und Handeln erst wahrhaft realisiert. Das eben bedeutet es, wenn »der subjektive Wille sich zum ebenso objektiven, hiermit wahrhaft konkreten bestimmt« (§ 106).

ZWEITER TEIL: DIE MORALITÄT

§105

Der moralische Standpunkt ist der Standpunkt des Willens, insofern 117
er nicht bloß *an sich*, sondern *für sich unendlich* ist (vorh. §). Diese Reflexion des Willens in sich und seine für sich seiende Identität gegen das Ansichsein und die Unmittelbarkeit und die darin sich entwickelnden Bestimmtheiten bestimmt die *Person* zum *Subjekte*. (105)

Dass es ganz verschiedene perspektivische und thematische Zugänge zu einer Sache gibt, gibt der *common sense* zwar zu, stellt es sich dann aber viel zu einfach vor, die Sache selbst von den Zugängen zu trennen.

Die subjektive Perspektive des personalen Subjekts, das sein eigenes Tun und Leben und das der anderen in seinen Formen darstellt und bewertet und entsprechend selbstbewusst spricht und handelt, ist der moralische Standpunkt. Dieser ist der Standpunkt je meines Willens, also je meiner Absichten im Vollzug. Dabei geht es jetzt nicht mehr um den Willen bloß an sich, also die allgemeinen, generischen Bedingungen dafür, eine frei wollende Person zu sein. Sondern es geht um das personale Subjekt, das »für sich unendlich ist«, erstens weil je für mich in der Gegenwart mein Leben als Ganzes irgendwie alles ist, zweitens weil die Persönlichkeit insgesamt als zeitallgemein aufzufassen ist und drittens wegen der unendlichen möglichen Stufen der Reflexion, also des Selbstbewusstseins, der Selbstbestimmung und der Selbstkontrolle. (Terminologisch bestimmt meine für mich seiende präsentische Identität im Dasein oder Lebensvollzug hier und jetzt mich als Subjekt.)

§106

Indem die Subjektivität nunmehr die Bestimmtheit des Begriffs 117
ausmacht und von ihm als solchem, dem an sich seienden Willen, unterschieden und zwar, indem der Wille des Subjekts als des für sich seienden Einzelnen zugleich *ist* (die Unmittelbarkeit

auch noch an ihm hat), macht sie das *Dasein* des Begriffes aus. – (105)

Die Übersetzung von Hegels eigens entwickelter reflexionslogischer Kommentarsprache gestaltet sich weiterhin als schwierig und verlangt ausreichend Geduld, auch bei der Wiederholung und Umstellung von Textpassagen. Der zweite Teil ist hier besser zu verstehen: Als personales Subjekt bin ich für mich ein einzelnes Individuum und zugleich Person. Im Vollzug bleibt immer eine gewisse Unmittelbarkeit der aktualisierten Vollzugsform, die ich als Person allgemein gelernt habe und die ich mehr oder weniger kompetent mit meinem Verstand als dem Vermögen des allgemein richtigen Regelfolgens manifestiere. Das reale Dasein des Begriffs (des Personseins) besteht daher in der Subjektivität je meines Mitvollzugs personaler Praxisformen, der Teilhabe und Teilnahme an den Institutionen, welche ein freies Handeln und Zusammenleben allererst ermöglichen. Würde der sogenannte methodische Individualismus nur das sagen wollen, wäre er korrekt. Er hätte damit aber längst schon das Primat der vorgegebenen Formen, kurz und stenographisch: des Begriffs, anzuerkennen.

Die Subjektivität des Vollzugs bestimmt die Formen des Handelns und Zusammenlebens konkret. Aufgrund der kontingenten Besonderheiten im je einzelnen Lebensvollzug hier und jetzt unterscheidet sich mein Tun auf spezifische Weise von den allgemeinen Formen, auch wenn ich sie anerkenne und ich mich an ihnen willentlich, also bewusst und absichtlich, im Tun orientiere.

117 Es hat sich damit für die Freiheit ein höherer *Boden* bestimmt; an der Idee ist itzt die Seite der *Existenz* oder ihr reales Moment, die *Subjektivität* des Willens. Nur im Willen, als subjektivem, kann die Freiheit oder der *an sich* seiende Wille wirklich sein. (105 f.)

Die höhere Ebene der Freiheit ist jetzt, so merkwürdig es klingt, gerade nicht mehr die der allgemeinen Formen, die ich aktualisiere, sondern die besondere Ausgestaltung im konkreten Handeln. Das reale Moment der Idee als aktualisierter Form ist so die Subjektivität des Willens. Damit wird ein scheinbar unmittelbarer Truismus in seiner inneren Stufung schon besser verstanden: Nur im konkreten Wollen und Handeln hier und jetzt gibt es wirkliche Freiheit.

117 Ⓚ Die zweite Sphäre, die Moralität, stellt daher im Ganzen die reale Seite des Begriffs der Freiheit dar, und der Prozeß dieser Sphäre ist,

den zunächst nur für sich seienden Willen, der unmittelbar nur *an sich* identisch ist mit dem *an sich* seienden oder allgemeinen Willen, nach diesem Unterschiede, in welchem er sich in sich vertieft, aufzuheben, und ihn für sich als *identisch* mit dem an sich seienden Willen zu setzen. (106)

Die »zweite Sphäre« der subjektiven Moralität in freier Kooperation mit allen anderen Personen ist die reale Seite freien Personseins, setzt aber die erste voraus: die Allgemeinformen der Freiheit in ihrer geschichtlichen Gegebenheit. Dabei ist der »nur für sich seiende Wille« zunächst kaum mehr als Antrieb und Willkür. Er muss durch konkrete Handlungsformen aus der Sphäre des Willens an sich immer noch bestimmt werden, um eine beabsichtigte und dabei subjektiv als gut und erlaubt bewertete Handlung zu werden oder zu sein. In diesem vielleicht ein wenig komplizierten Sinn ist mein subjektiv-momentanes Wollen bestenfalls unmittelbar oder nur im Prinzip identisch mit dem, *was ich an sich als Person will.* Es gilt also, den Unterschied zu begreifen zwischen dem, was ich als Subjekt hier und jetzt *bloß faktisch oder aktual* will, und dem, was ich als Person *eigentlich* will: Als volles *personales* Subjekt will ich mein *ganzes Leben* frei und gut tätig gestalten.

Diese Bewegung ist sonach die Bearbeitung dieses nunmehrigen 117f. Ⓚ
Bodens der Freiheit, der Subjektivität, die zunächst *abstrakt* nämlich vom Begriffe unterschieden ist, ihm gleich und dadurch für die Idee ihre wahrhafte Realisation zu erhalten, – daß der subjektive Wille sich zum ebenso objektiven hiemit wahrhaft konkreten bestimmt. |
(106) 100

Kants Analyse des Unterschieds zwischen Willkür und Wille liest sich am Ende so, dass nur ein allseits guter Wille wahrer Wille sei. Das klingt zunächst durchaus unplausibel, bedarf daher einer genaueren Erläuterung. Wir sind ihr aber schon auf der Spur.

Was ist es nun konkret, was ich *wirklich* will? Und was heißt es, dass ich etwas nur *zufällig, neigungsbestimmt* will oder nur deswegen, weil ich irgendwie von außen, etwa durch Werbung oder gesellschaftliche Gehirnwäsche manipuliert bin?

§ 107

Die *Selbstbestimmung* des Willens ist zugleich Moment seines Begrif- 118
fes und die Subjektivität nicht nur die Seite seines Daseins, sondern

seine eigene Bestimmung (§ 104). Der als subjektiv bestimmte, für sich freie Wille, zunächst als Begriff, hat, um als *Idee* zu sein, selbst *Dasein*. Der moralische Standpunkt ist daher in seiner Gestalt das *Recht des subjektiven Willens*. Nach diesem Rechte *anerkennt* und *ist* der Wille nur etwas, insofern es das *Seinige*, er darin sich als subjektives ist. (106)

Selbstbestimmung ist Moment des Willens selbst. Je meine perspektivische Subjektivität im Urteilen und Handeln ist nicht etwa bloß kontingente Tatsache oder gar ein Mangel, sondern die Grundform des Wollens. Was Hegel den moralischen Standpunkt nennt, ist daher, wie oben schon erläutert, das gute Recht des personalen Subjekts. Man darf es auf keinen Fall vorschnell als ›bloß subjektiv‹ abtun und durch eine angeblich objektive ›Richtigkeit‹ ersetzen. Das freie Wollen gehört in der Realität zu ›Jemeinigkeit‹ meines personalen Daseins, um Heideggers Redeformen hier abzuwandeln und zugleich ihre (wohl nicht immer bewusste) Nähe zu den Überlegungen Hegels zu zeigen.

118 Ⓚ Derselbe Prozeß des moralischen Standpunkts (s. Anmerk. zum vor. §) hat nach dieser Seite die Gestalt, die Entwickelung des *Rechtes* des subjektiven Willens zu sein – oder der Weise seines Daseins, – so daß er das, was er als das Seinige in seinem Gegenstande erkennt, dazu fortbestimmt, sein wahrhafter Begriff, das Objektive im Sinne seiner Allgemeinheit zu sein. (106 f.)

Hegel wiederholt den oben schon artikulierten (kantischen) Gedanken hier nur noch einmal in etwas anderer, bürokratischer Form: Im moralischen Urteilen versuchen wir, so gut es geht, das abstrakte Recht der allgemeinen personalen Freiheit aus rein subjektiver Perspektive im Handeln zu realisieren. Was ich dabei als mir erlaubt verbal oder tätig anerkenne, deklariere ich *ipso facto* als allgemein erlaubt.

§ 108

118 Der subjektive Wille als unmittelbar für sich und von dem an sich seienden unterschieden (§ 106 Anmerk.) ist daher abstrakt, beschränkt und formell. Die Subjektivität ist aber nicht nur formell, sondern macht als das unendliche Selbstbestimmen des Willens das *Formelle* desselben aus. (107)

Wir können die gegenständliche Form der Rede über den subjektiven Willen in seiner unmittelbaren Beschränktheit und seinem Unterschied zum Willen an sich vermeiden, wenn wir über mein aktuales bzw. eigentliches oder wirkliches Wollen sprechen. Hegel will hier offenbar gerade sagen, dass der subjektive Wille als Gegenstand der Rede ein abstrakter und formeller Gegenstand ist. Die Subjektivität dagegen ist die Form meiner Selbstbestimmung im Wollen bzw. absichtlichen Handeln.

Weil es in diesem seinem ersten Hervortreten am einzelnen Willen noch nicht als identisch mit dem Begriffe des Willens gesetzt ist, so ist der moralische Standpunkt der Standpunkt des *Verhältnisses* und des *Sollens* oder der *Forderung*. – (107) 118

Mein unmittelbares Wollen ist noch nicht mein wirklicher Wille. Der Inhalt ist außerdem häufig noch nicht von mir selbst überprüft. Daher nimmt das, was ich als freie moralische Person wirklich will, wie bei Kant, die Form eines Sollens oder einer moralischen, subjektiven Pflicht an. Es ergeht die Forderung an mich als Subjekt, das moralisch Erlaubte oder dann auch das ethisch Gute zu überprüfen.

Und indem die Differenz der Subjektivität ebenso die Bestimmung gegen die Objektivität als äußerliches Dasein enthält, so tritt hier auch der Standpunkt des *Bewußtseins* ein (§ 8), – überhaupt der Standpunkt der Differenz, *Endlichkeit* und *Erscheinung* des Willens. (107) 118f.

Im zweckbezogenen absichtlichen Handeln beziehe ich mich immer auch bewusst selbst auf mich, und zwar mit dem Ziel der Änderung einer meiner Subjektivität entgegenstehenden Objektivität der gegebenen Lage der Dinge. Hier bemerken wir den Standpunkt der »Differenz, Endlichkeit und Erscheinung des Willens« – auch gegen das, was wir ›eigentlich‹ wollen oder beabsichtigen.

Das Moralische ist zunächst nicht schon als das dem Unmoralischen Entgegengesetzte bestimmt, wie das Recht nicht unmittelbar das dem Unrecht Entgegengesetzte, sondern es ist der allgemeine Standpunkt des Moralischen sowohl, als des Unmoralischen, der auf der Subjektivität des Willens beruht. (107) 119Ⓚ

Hegels Bemerkung betrifft die Differenz der Sphären des (abstrakten) Rechts, des Moralischen und des Sittlichen, so dass das Moralische insgesamt noch nicht dem Unmoralischen entgegengesetzt ist. Logisch ist dieses Verhältnis so, wie der Ausdruck »die Katze« als genderneutrale Artbezeichnung den Unterschied von Katern und Katzen noch unter sich hat.

§ 109

119 Dieses Formelle enthält seiner allgemeinen Bestimmung nach zuerst die Entgegensetzung der Subjektivität und Objektivität und die sich darauf beziehende Tätigkeit (§ 8), deren Momente näher diese sind: *Dasein* und *Bestimmtheit* ist im Begriffe identisch (vergl. § 104)
101 und der Wille als | subjektiv ist selbst dieser Begriff, – beides und zwar *für sich* zu unterscheiden und sie als identisch zu setzen. (107 f.)

Ohne das materiale Ethos, die objektive Sittlichkeit, zu nennen, da sie erst später als Titel und Thema eingeführt werden wird, skizziert Hegel hier selbst den Unterschied durch die Betonung der Subjektivität als Standpunkt der Moralität. Sie gehört also begrifflich zur Grundform des moralischen Urteilens. Die folgende Bestimmung begrifflicher ›Momente‹ ist zunächst wieder höchst obskur, nicht zuletzt deswegen, weil Hegel nicht explizit sagt, dass es sich immer noch um die Erläuterung des Begriffs der Moralität (und nicht etwa des Begriffs) handelt, sondern das implizit voraussetzt und dem Kontext bzw. einem verständig mitdenkenden und charitablen Lesen überlässt. Er sagt also, dass das Dasein und die Bestimmtheit im Begriff der Moralität identisch seien und verweist dazu zurück auf den § 104, also den Übergang vom Recht zur Moralität. Dort war gesagt worden, dass im moralischen Standpunkt die Zufälligkeit der bloß eigenen Interessen und die perspektivische Sicht auf die anderen Personen schon mitreflektiert werden, auch das eigene Dasein als Vollzugssein in Zeit und Raum. Die Aufhebung des Gegensatzes von allgemeinem Recht in seiner Bestimmtheit und eigenem Urteil findet bloß erst im Denkvollzug des personalen Einzelsubjekts statt. Das subjektiv als ›richtig‹ bewertete bestimmte Wollen im konkreten Dasein ist also schon der Begriff bzw. die Form der Moralität, in welcher beides, das Rechte und das eigene Urteil, zwar für sich als zu unterscheiden anerkannt und doch am Ende identisch gesetzt werden. Damit kommen wir auch wieder zurück zur »Negation der Negation« im moralischen Selbstbewusstsein. Sie bedeutet, sich nicht nur als »freier Wille an sich, sondern für sich selbst« zu begreifen – also in der Konkretisierung des eigenen selbstbestimmten endlichen Tuns und Urteilens.

Die Bestimmtheit ist im sich selbst bestimmenden Willen α) zu- 119
nächst als durch ihn selbst *in ihm* gesetzt; – die Besonderung seiner in ihm selbst, ein *Inhalt,* den er sich gibt. (108)

Hegels abstrakte Rede von der Bestimmtheit meint den Inhalt des Urteilens und Wollens (also auch der Ziele, Handlungsformen usf.). Diesen Inhalt setzt sich das *personale* Subjekt selbst; aber es gibt ihn schon als Denkmöglichkeit. Tiere *handeln* nicht (absichtlich, willentlich), obwohl sie in ihrem durch Perzeptionen und Begierden präsentisch motivierten Tun *reine Subjekte* sind.

Dies ist die *erste* Negation und deren formelle Grenze, nur ein 119
gesetztes, subjektives zu sein. Als die *unendliche Reflexion* in sich ist diese Grenze *für ihn selbst,* und er β) das Wollen, diese Schranke aufzuheben, – die *Tätigkeit,* diesen Inhalt aus der Subjektivität in die Objektivität überhaupt, in ein *unmittelbares Dasein* zu übersetzen. (108)

Nicht der Inhalt an sich, sondern dass er von mir als Maxime bzw. als Absicht in der Handlung, der Verbindung von Zweck und vermittelnder Handlungsform gesetzt ist, ist etwas Subjektives, Beschränktes, manchmal im Doppelsinn des Wortes, also immer auch ›Provinzielles‹. In der oben schon skizzierten ›unendlichen‹ moralischen Reflexion denken wir nun, *zweitens,* über diese Grenze und unsere eigenen Beschränktheiten selbst nach. Wir versuchen also, im eigentlichen Wollen »diese Schranke aufzuheben«. Hegel spricht metaphorisch davon, dass in meinem Tun der »Inhalt aus der Subjektivität in die Objektivität überhaupt« übersetzt werden soll, was nicht irgendeine, sondern seine gute Realisierung meint.

γ) Die einfache *Identität* des Willens mit sich in dieser Entge- 119
gensetzung ist der sich in beiden gleichbleibende, und gegen diese Unterschiede der Form gleichgültige *Inhalt,* der *Zweck.* (108)

Eine moralisch als gut bewertete Verfolgung eines moralisch als gut erkannten Zwecks ist von der Form, dass bloß subjektive oder zufällige Urteile über Ziele und Handlungsformen aus subjektiver Perspektive aufgehoben werden. Die ominöse Rede von der »Identität des Willens mit sich« nennt die Bedingung dafür, dass ich das, was ich als Subjekt tue und im Tun verfolge, *wirklich* als Person will. Dabei ist der Zweck selbst als Inhalt invariant gegenüber *unwesentlichen* Variationen sowohl seiner Artikulationen als auch seiner Erfüllungen. In diesem Sinn gibt es einen gleichbleibenden und gegen unwesentliche Unterschiede der Form gleichgültigen Inhalt der gewollten Handlung, und dieser ist gerade der Zweck.

§ 110

120 Diese Identität des Inhalts erhält aber auf dem moralischen Standpunkt wo die Freiheit, diese Identität des Willens mit sich, für ihn ist (§ 105), die nähere eigentümliche Bestimmung. (108)

Was als inhaltlich äquivalenter Zweck (und was alles als seine gute Erfüllung) zählt, ist nicht ›rein objektiv‹ von der Seite her, sondern wesentlich auch noch vom Subjekt her bestimmt. Das gilt jedenfalls für den moralischen Standpunkt, wie er hier zunächst nur erst als Sphäre oder Form des Überlegens, noch nicht als Kriteriensystem subjektiver Unterscheidungen des Moralischen vom Unmoralischen zu verstehen ist. Hegel verweist dann noch auf den § 105 zurück. Ich erinnere entsprechend daran, dass der moralische Standpunkt der meines freien Willens ist, also der frei gefassten Absichten im Vollzug und in der Zuschreibung, samt ihren Bewertungen als gut bzw. als erfüllt.

120 a) Der Inhalt ist für mich als der *Meinige* so bestimmt, daß er in seiner Identität nicht nur als mein *innerer* Zweck, sondern auch, insofern er die *äußerliche Objektivität* erhalten hat, meine Subjektivität *für mich enthalte.* (108)

Ein Inhalt ist, wie wir gesehen haben, durch eine Identifizierung inhaltsgleicher Repräsentationen oder Erfüllungen ›in seiner Identität‹ bestimmt. Als mein Inhalt ist er subjektiv bestimmt, aber eben nicht nur, da es sonst gar keine Stabilität eines gleichbleibenden Inhalts im Denken (über den Zweck und das Handeln) und Tun gäbe. Daher kann der Zweck nicht nur »mein innerer Zweck« (wie in einem leeren Wunschdenken) sein und bleiben. Seine mögliche Erfüllung muss in der äußeren Objektivität aufweisbar sein. Meine Bewertung der Erfüllung enthält zwar auch noch »meine Subjektivität«, aber eben nicht nur, da wir unterscheiden zwischen einer wirklichen und einer nur scheinbaren, etwa bloß momentan als befriedigend gefühlten Erfüllung.

§ 111

> b) Der Inhalt, ob er zwar ein Besonderes enthält (dies sei sonst genommen, woher es wolle), hat als Inhalt des in seiner Bestimmtheit *in sich reflektierten,* hiemit mit sich identischen und allgemeinen Willens, α) die Bestimmung in ihm selbst, dem *an sich* seienden Willen angemessen zu sein oder die *Objektivität* des *Begriffes* zu haben aber β) indem der subjektive Wille als für sich seiender zugleich noch formell ist (§ 108) ist dies nur *Forderung*, und er enthält eben so die Möglichkeit, dem Begriffe nicht angemessen zu sein. (108 f.) 120

Hegels weitere Analyse bestätigt meinen Lesevorschlag. Der Inhalt meiner mit Vorsatz geplanten und in diesem vollen Sinn mit bewusster Absicht oder Willen ausgeführten Handlung enthält neben dem allgemein in ihr verfolgten Zweck allerlei, auch höchst subjektive Besonderheiten. Als bestimmter Inhalt aber ist er in sich reflektiert und von mir in seiner Identität, also in den oben schon angesprochenen Äquivalenzen von Ausdrücken und Erfüllungen, wieder nur auf subjektive Weisen erfasst und gefasst. Daher ist jeder Versuch, den Inhalt des Willens, einer Absicht bzw. Handlung völlig vom personalen Subjekt im konkreten Handlungsvollzug zu lösen und als allgemeine Wahrheits- oder Erfüllensbedingung *rein objektiv von der Seite* oder aus dem *Blick eines allwissenden Gottes* zu fassen, von vornherein verfehlt. Der Fehler liegt darin, das Formmoment der objektiven oder allgemeinen *Inhaltsbestimmung* unter Absehung vom Formmoment der Subjektivität fassen zu wollen.

Sinn und Bedeutung einer Rede werden vielmehr immer erst in einer kontextabhängigen und durchaus lokalen Sinnbestimmung *zwischen* Sprechern und Hörern, Autoren und Lesern konstituiert, und zwar in (am Ende: hoffentlich) gemeinsamen Annahmen über, wie Hegel sagt, gleichgültige Inhaltsäquivalenzen und reflektierende Urteile über Bedeutungsidentitäten. In der Reflexion des Selbstbewusstseins geschieht das in einem dialektisch-dialogischen Selbstgespräch, also einem inneren Rollenspiel, wie Hegel von Beginn an am Beispiel der Metapher vom denkenden Willen als Herrn und den leiblichen Begehrensneigungen als Knecht klarmacht. Die üblichen Deutungen überlesen bis heute, dass es um eine Analyse von Selbstbewusstsein geht. Selbstbewusstsein aber wird bei Hegel immer, auch in unserem

Text, also in der Rechtsphilosophie, klar und explizit als Entwicklungsform *personaler Subjektivität* begriffen.

Hegel analysiert dazu die für jede weltbezogene Semantik von Sprache und Rede und jeden konkreten Inhalt im Denken und Handeln absolut wesentliche Spannung zwischen der subjektiven Auffassung und einer allgemeinen Bestimmung oder Fassung eines Inhalts. Der allgemeine gute oder wahre Wille, von dem Kant und die Leute reden, ist (gerade so wie ein rein objektiver Verstand) nur eine ideale Instanz, von welcher wir kontrafaktisch annehmen, dass sie unmittelbaren Zugang zum Allgemeinen und Wahren (eines Inhalts) hat oder hätte, wenn es sie denn außerhalb unserer reflexionslogischen Vorstellungen gäbe. Dennoch gehört es zur Form des wollenden Handelns, dass der Handelnde die Differenz zwischen seinen momentanen Begehrungen und dem, was er *als Person wirklich will*, auf möglichst gute Weise aufhebt. Dazu muss er auch die Differenz zwischen bloßen Befriedigungsgefühlen und einer allgemein richtigen Beurteilung der Erfüllung einer Absicht, eines Anspruchs oder eines Zwecks aufheben.

Ich gebe ein Beispiel: Wenn Schüler Aufsätze oder Essays als Erfüllung einer Hausaufgabe abgeben, geht der Lehrer oder die Professorin davon aus, dass sie mit ihrer Leistung *prima facie* zufrieden sind. Man zeigt dann vielleicht, warum sie nicht zufrieden sein sollten, welche Bedingungen also durch das Werk nicht erfüllt sind. Im Lernen entwickeln wir unsere eigene, subjektive Erfüllungskontrolle durch Änderung unserer Befriedigungsgefühle – und das hoffentlich auf kompetente Weise.

Erst jetzt verstehen wir den dichten Abschnitt vielleicht besser. Er betont, dass »der subjektive Wille als für sich seiender«, also in der unmittelbaren Absicht und Befriedigung, noch viel zu formell ist und die Differenz zur »Objektivität des Begriffes« noch nicht angemessen, gewissenhaft und akkurat aufhebt. Bernard Williams hat eben so eine bloß unmittelbare, subjektive *Sincerity* als Ehrlichkeit und Redlichkeit von einer immer noch subjektiven, aber schon streng in sich reflektierten *Accuracy* unterschieden.[53] Ich übersetze die Accuracy mit *Gewissenhaftigkeit* und identifiziere sie mit dem subjektiven Moment

[53] Bernard Williams, *Truth and Truthfulness*, Oxford: Oxford Univ. Pr. 2002.

von dem, was Hegel als *Rechtschaffenheit* thematisiert. Hegel sieht genauer als Williams, dass auch eine gewissenhafte Überprüfung der Erfüllung objektiver Bedingungen oder Kriterien den Begriff der Erfüllung nur erst als Forderung behandelt, zumal der Übergang zu einer *gemeinsamen* Beurteilung noch gar nicht geschehen ist. Daher enthält die gewissenhafteste Tat, freilich weit weniger als die bloß erst redliche, immer noch »die Möglichkeit, dem Begriffe nicht angemessen zu sein«. Aber wie im Fall, indem ein ansonsten erlaubtes Handeln weder absichtlich noch fahrlässig schlechte Folgen hat, ist dem Handelnden kein Vorwurf zu machen.

§ 112

c) Indem ich meine Subjektivität in Ausführung meiner Zwecke 120
erhalte (§ 110), hebe ich darin als der Objektivierung derselben diese
Subjektivität *zugleich* als *unmittelbare*, somit als diese meine einzel-
ne auf. Aber die so | mit mir identische äußerliche Subjektivität ist 102
der *Wille* Anderer (§ 73). – (109)

In gewissenhafter und konsequenter Ausführung eines zweckbestimmten Handelns erfülle ich Vorsatz und Absicht – im Erfolgsfall. Zunächst freilich bewerte ich die Erfüllung der Absicht nur erst subjektiv, bin mit dem Ergebnis zufrieden. Dabei kann ich mich irren, auch wenn ich an die zustimmenden Urteile anderer appelliere. Denn erfüllt sind Absicht und Vorsatz nicht immer schon dann, wenn ich sie für erfüllt halte. Das betrifft auch die Frage, was mein wirklicher Wille (als Person) im (partiellen) Gegensatz zu einem bloß unmittelbaren Begehren und direkten Befriedigungen ist: Nachdem ich mich mit anderen Personen darüber unterhalten habe, können wir u. U. anders urteilen, als ich es zuvor getan haben mag.

Der Boden der *Existenz* des Willens ist nun die *Subjektivität* 120
(§ 106), und der Wille Anderer die zugleich, mir andere, Existenz,
die ich meinem Zwecke gebe. – Die Ausführung meines Zwecks hat
daher diese Identität meines und anderer Willen in sich, – sie hat
eine *positive* Beziehung auf den Willen Anderer. (109)

Das Verhältnis von Subjektivität des eigenen Willens und der Intersubjektivität des wirklichen Wollens (wie wir zu reden geneigt sind) ist logisch gesehen also höchst interessant. Ich setze mir zwar Zwecke, aber ihre Erfüllung, ihre Güte und die Güte der Handlungsmittel überprüfe nicht nur ich. Die Identität meines und anderer Willen ergibt sich aus einer perspektiventranzendierenden Beurteilung der Zwecke, Handlungen und Erfüllungen.

121 Ⓚ Die *Objektivität* des ausgeführten Zwecks schließt daher die drei Bedeutungen in sich, oder enthält vielmehr in Einem die drei Momente: α) *Äußerliches* unmittelbares Dasein (§ 109) β) dem *Begriffe* angemessen (§ 112) γ) *allgemeine* Subjektivität zu sein. (109)

Hegel wiederholt nur noch einmal die drei wesentlichen Momente oder Punkte der wirklichen Erfüllung eines wirklich gewollten Zwecks im Unterschied zur bloß subjektiven Befriedigung eines vagen Begehrens oder auch schwankender ›Absichten‹ etwa im noch primitiven Sinne diffuser Wünsche und Gefühle: Der Zweck wird erfüllt durch ein »äußerliches unmittelbares Dasein«, das »dem Begriffe angemessen« sein muss, also den Inhalt der Zweckbestimmung richtig erfüllen muss, und zwar so, dass *wir*, also nicht nur *ich*, die hinreichende Erfüllung überprüfen (könnten).

121 Ⓚ Die *Subjektivität*, die sich in dieser Objektivität *erhält*, ist α) daß der objektive Zweck der *Meinige* sei, so daß Ich mich als *Diesen* darin erhalte (§ 110)[;] β) und γ) der Subjektivität ist schon mit den Momenten β) und γ) der Objektivität zusammengefallen. – (109)

Hegels Ausdrucksformen sind radikal so zu übersetzen: Was ich wirklich will, kann nicht einfach das sein, was jemand anderer, etwa Kant oder Bentham, dazu meint, was man in meiner Situation wollen soll. Es ist das, was ich als ganze Person will, und das heißt insbesondere, dass ich es auch im Rückblick als gutes Wollen und Tun beurteilen kann. Mein reales subjektives Wollen muss sich so in der Selbstbildung der Person durch mein Tun aufheben. Auf eben diese Weise kann die Grammatik in unserer Rede davon, was ich *wirklich* wollte, über meine bloß subjektive, manchmal unredliche, manchmal nicht gewissenhafte und manchmal nur ›objektiv‹ falsche Selbstzuschreibung einer die Tat im Rückblick rationalisierenden Absicht weit hinausgehen.

121 Ⓚ Daß diese Bestimmungen so, auf dem moralischen Standpunkte sich unterscheidend, nur zum *Widerspruche* vereinigt sind, macht näher das *Erscheinende* oder die *Endlichkeit* dieser Sphäre aus (§ 108) und die Entwicklung dieses Standpunkts ist die Entwicklung dieser

Widersprüche und deren Auflösungen, die aber innerhalb desselben nur *relativ* sein können. (109 f.)

Ich hatte oben schon gesagt, dass ich aus je subjektiver Perspektive einer hoffentlich ehrlichen Selbstreflexion der Sphäre der Moralität im Grunde nur die Kohärenz meines wirklichen, nachhaltigen Wollens und Tuns in einem gewissen Kontrast zu einem bloß oberflächlichen Wollen überprüfen kann. Ich kann das, indem ich mich mit Kant frage, ob ich wollen kann, dass die generischen Handlungen, die ich in meinen Ausführungen *ipso facto* als allgemein erlaubt und allgemein gut deklariere, wirklich als allgemeine Erlaubnisnormen für alle gelten können. Daher beherrscht der subjektiv auszuschließende »Widerspruch« je unsere Urteile der Sphäre der Moralität und definiert ihre Begrenzung und Endlichkeit.

§ 113

Die Äußerung des Willens als *subjektiven* oder *moralischen* ist *Handlung*. Die Handlung enthält die aufgezeigten Bestimmungen, α) von mir in ihrer Äußerlichkeit als die Meinige gewußt zu werden, β) die wesentliche Beziehung auf den Begriff als ein Sollen und γ) auf den Willen Anderer zu sein. (110) 121

Dass es aus begrifflichen Gründen einen so und so bestimmten Willen bzw. eine Absicht real nur im äußeren Handeln gibt und nicht etwa schon in bloß reinen Wunschvorstellungen etwa über seine eigene Zukunft oder Vergangenheit, haben wir im Grunde schon gesagt. Wieder sammelt Hegel nur noch einmal ein paar wesentliche Punkte zusammen: Eine Handlung muss mir als meine bewusst sein. Sie hat eine wesentliche Beziehung auf begrifflich bestimmte Erfüllungen des Vorsatzes bzw. der verfolgten Absicht (als Zweck und Mittel in der Handlung) und »auf den Willen anderer«. Das hat sie, erstens, in der Beurteilung der realen Erfüllungen, zweitens in der ›moralischen‹ Bewertung als wenigstens subjektiv kohärent mit einer freien Kooperation mit anderen Personen und ist in diesem ›moralischen‹ Sinn *prima facie* ›erlaubt‹ oder ›verboten‹.

Erst die Äußerung des moralischen Willens ist *Handlung*. Das *Dasein*, das der Wille im formellen Rechte sich gibt, ist in *einer unmittelbaren Sache*, ist selbst unmittelbar und hat für sich zunächst keine *ausdrückliche* Beziehung auf den Begriff, der als noch nicht 121 Ⓚ

gegen den subjektiven Willen, von ihm nicht unterschieden ist, noch eine *positive* Beziehung auf den Willen Anderer; das Rechtsgebot ist seiner Grundbestimmung nach nur *Verbot* (§ 38). (110)

Da in der moralischen Sphäre zunächst nur Inkohärenzen überprüfbar sind, kann es hier material nur moralische Erlaubnisse und Verbote, keine positiven Gebote geben. In Kants kategorischem Imperativ ist daher, wie schon mehrfach gesagt, das kleine Wörtchen »nur« ganz entscheidend, das Kant, wie oben gezeigt, freilich manchmal ›vergisst‹ und damit logisch unklar bleibt: Handle *nur* so, dass du in deinem subjektiven Urteil wirklich wollen kannst, dass die Maxime oder Form deines Handelns als allgemein erlaubt gelten kann. Damit wird nur noch einmal klar, dass das formell Rechte im abstrakten Recht selbst bloß erst ganz allgemein zu verstehen ist. Es hat für sich, konkret noch »keine ausdrückliche Beziehung auf den Begriff«, also die wirkliche Ausformung personalen und dabei immer schon kooperativen gemeinsamen Lebens.

121 f. Ⓚ Der Vertrag und das Unrecht fangen zwar an, eine Beziehung auf den Willen Anderer zu haben – aber die *Übereinstimmung*, die in jenem zu Stande kommt, gründet sich auf die Willkür und die *wesentliche* Beziehung, die darin auf den Willen des Andern ist, ist als rechtliche das Negative, mein Eigentum, (dem Werte nach) zu
103 behalten und dem | Andern das Seinige zu lassen. Die Seite des Verbrechens dagegen als aus dem *subjektiven Willen* kommend und nach der Art und Weise, wie es in ihm seine Existenz hat, kommt hier erst in Betracht. – (110)

Im Vertrag und in der Bewertung von Unrecht beginnt zwar der Übergang von einem bloß subjektiven Willen zu einem gemeinsamen Wollen und Handeln. Aber in der bisherigen Form der ganz abstrakten Analyse gründet sich die Übereinstimmung, die in einem Vertrag zustande kommt, bloß erst auf die Willkür, also nur auf das faktische Wollen der am Vertrag Beteiligten. Auch hier ist alles ›Recht‹ nur erst negative und formale Norm, das Eigene der anderen Personen nicht anzutasten, in der reziproken Erwartung und Forderung, dass die Anderen das auch mit dem Meinigen tun – und das als gemeinsames Wollen erkennen und anerkennen. – Das Verbrechen können wir jetzt begreifen als bewussten Bruch eben dieses fundamentalen und allgemeinen Freiheitsrechts des Personseins. Es kommt »aus dem subjektiven Willen«. Im bloß fahrlässigen Umgang mit dem Eigenen des Anderen ist die Schuld daher zum Beispiel schon geringer.

Die gerichtliche *Handlung* (actio) als mir nicht nach ihrem In- 122 Ⓚ
halt, der durch Vorschriften bestimmt ist, imputabel, enthält nur einige Momente der moralischen eigentlichen Handlung, und zwar *in äußerlicher* Weise; eigentliche moralische Handlung zu sein ist daher eine von ihr als gerichtlicher unterschiedene Seite. (110 f.)

Was mir im positiven Recht als Verantwortung zugeschrieben wird, ist durch allgemeine »Vorschriften bestimmt« und enthält manchmal nur »einige Momente der moralischen eigentlichen Handlung«, also des bewussten subjektiven Wollens.

§ 114

Das Recht des moralischen Willens enthält die drei Seiten: 122

a) Das *abstrakte* oder *formelle* Recht der Handlung, daß, wie sie ausgeführt in *unmittelbarem* Dasein ist, ihr Inhalt überhaupt der *meinige*, daß sie so *Vorsatz* des subjektiven Willens sei.

b) Das *Besondere* der Handlung ist ihr *innerer* Inhalt, α) wie *für mich* dessen allgemeiner Charakter bestimmt ist, was den *Wert* der Handlung und das, wonach sie für mich gilt, – die *Absicht*, ausmacht; – β) ihr Inhalt, als *mein besonderer* Zweck meines partikulären subjektiven Daseins, – ist das *Wohl*.

c) Dieser Inhalt als *Inneres* zugleich in seine *Allgemeinheit*, als in die an und für sich seiende *Objektivität* erhoben, ist der absolute Zweck des Willens, das *Gute*, in der Sphäre der Reflexion mit dem Gegensatze der *subjektiven* Allgemeinheit, teils des *Bösen*, teils des *Gewissens*. | (111) 104

Erst jetzt listet Hegel die von mir immer schon vorgezogenen Momente der subjektiv frei gewollten Handlung auf, erstens den *Vorsatz* (des subjektiven Willens), zweitens die *Absicht* in der inhaltlichen Besonderung der Handlung und des *Zwecks*, der als Nutzen zum Guten des *Wohls* gehört, und drittens das *moralisch Gute* (aus subjektiver Perspektive). – Der letzte Punkt ist der schwierigste. Es wird der Inhalt der Maxime des Handelns (des Vorsatzes, der Absicht, des Zwecks und Wohls) als allgemein gut, wenigstens erlaubt, im Tun mitbehauptet. Damit aber tritt das Moment des ›absoluten Zwecks‹ des ›wirklichen‹ Wollens, das Gute, auf den Plan, und zwar schon in der Sphäre der subjektiven moralischen Reflexion. – Das Böse steht im Gegensatz zur *Gewissenhaftigkeit*, wie sie erst weiter unten als *Gewissen* analysiert werden wird. Es ist daher begrifflich falsch, das Böse mit animalischen, unbewussten, unkontrollierten Neigungen und Begehrungen zu identifizieren.

Erster Abschnitt: Der Vorsatz und die Schuld

§ 115

123 Die *Endlichkeit* des subjektiven Willens in der Unmittelbarkeit des Handelns besteht unmittelbar darin, daß er für sein Handeln einen *vorausgesetzten* äußerlichen Gegenstand mit mannigfaltigen Umständen hat. Die *Tat* setzt eine Veränderung an diesem vorliegenden Dasein und der Wille hat *Schuld* überhaupt daran, insofern in dem veränderten Dasein das abstrakte Prädikat des *Meinigen* liegt. (112)

Jedes wirkliche Handeln findet in einer beschränkten Gegenwart auf der Basis endlichen Wissens und in konkreten Umständen statt. Das ist eine materialbegriffliche Wahrheit, an der zu zweifeln ebenso sinnlos ist wie an allen von Hegel hier formulierten Grundtatsachen des (freien) Wollens und Handelns. Schwierig ist nur unsere reflexionslogische Kommentarsprache, in der wir solche Grundformen artikulieren. Das gilt besonders im Blick auf die generische Ebene des Ansichseins, die empirisch-augenblickliche des einzelnen Fürsichseins und deren je besondere relevanzlogische Artbestimmung im Redemodus des An-und-für-sich-Seins. Insbesondere gilt es, den formalen und abstraktiven Charakter aller unserer Reden über Gegenstände, von physischen Dingen bis zu mathematischen Formen und Mengen, mit ihren jeweiligen durch Identifizierungen definierten Identitäten zu begreifen, besonders aber über Gegenstände logischer Reflexion wie Wille und Absicht, Begriff und Idee, Vorsatz und Begierde etc.

Im Handeln ändern wir den Weltlauf gegenüber dem, was ohne unsere handelnde Intervention geschehen würde, so dass wir das ›natürliche‹ Geschehen in diesem Kontext als das bestimmen, was ohne eine solche Intervention geschieht. Das meint auch Hegels Rede von der Veränderung eines vorliegenden Daseins. Dabei gibt es sozusagen eine Defaultverantwortung für das eigene Tun gerade als aktive Intervention in den Weltlauf. Sekundär zu einem Tun-Können und Tun-Sollen gilt das auch für ein Unterlassen. Zunächst aber gibt es hier durchaus auch schon eine systematische Asymmetrie. Bewusstes Unterlassen kann nur *manchmal* dem Handeln gleichgestellt sein.

Nur wenn mein Wille an einer Handlung schuld ist, trage ich für sie und manche ihrer Folgen Verantwortung oder gar Schuld. Wir haben daher zu unterscheiden, erstens, ob ich und mein Tun an etwas schuld sind, zweitens, ob ich Verantwortung dafür übernommen habe – was in einem impliziten oder expliziten Wollen geschehen kann –, und drittens, ob tatsächlich von einer Verschuldung oder Schuld gesprochen werden kann. – Man kann schon jetzt mit einem Seitenblick auf unsere religiöse Tradition sagen, dass es erst mit dem Wissen, Bewusstsein und Selbstbewusstsein bzw. dem freien Wollen die Möglichkeit von Verantwortung und Schuld gibt. Daher ist die sogenannte Erbsünde keine Sünde, sondern nur Bedingung der Möglichkeit von Verantwortung und Schuld.[54]

Eine Begebenheit, ein hervorgegangener Zustand ist eine *konkrete* 123 Ⓚ
äußere Wirklichkeit, die deswegen unbestimmbar viele Umstände an ihr hat. Jedes einzelne Moment, das sich als *Bedingung, Grund, Ursache* eines solchen Umstandes zeigt, und somit das *Seinige* beigetragen hat, kann angesehen werden, daß es *Schuld* daran *sei* oder wenigstens Schuld daran *habe*. Der formelle Verstand hat daher bei einer reichen Begebenheit (z. B. der französischen Revolution) an einer unzähligen Menge von Umständen die Wahl, welchen er als einen, der Schuld sei, behaupten will. (112 f.)

Etwas ist an etwas (mit)schuld, wenn dieses ohne jenes nicht geschehen wäre. Wir sprechen in dieser linguistischen Ausdrucksform von notwendigen kausalen Bedingungen *sine qua non* und keineswegs

[54] Von dieser ›Erbsünde‹ kann man ebenso wenig ›erlöst‹ werden wie von ›natürlichen Neigungen‹ oder der Subjektivität des eigenen Urteils. Christus als letzter Messias und Erlöser (Soter, Heiland, wie ihn Paulus versteht) erlöst die Menschen nur von *rituellen* Sünden, da diese seinen ›Vater im Himmel‹ gar nicht beleidigen (können). Abraham hob das Menschenopfer, er hebt er alle Opfer auf – bis auf die Eucharistie, das gemeinsame Mahl, das in seinem Andenken die Personalität feiert.

schon von hinreichender Ursache oder ursächlichen Bedingungen. Es ist höchst erstaunlich, wie viele Leute diese ebenso einfachen wie fundamental wichtigen logischen Dinge verwechseln. Hegel wird hier leicht ironisch. Jedes Einzelereignis, besonders ein so komplexes und politisch großes wie die Französische Revolution, ist eine »konkrete äußerliche Wirklichkeit« mit unbestimmbar vielen kausalen Bedingungen. Wenn wir z. B. sagen, dieses oder jenes Tun Ludwigs XVI. oder auch von Graf Mirabeau oder Finanzminister Necker sei für das (spätere) Geschehen Ursache gewesen, mag es irgendwie »das Seinige beigetragen« haben. Wir sagen dann, dass es »schuld daran sei oder wenigstens schuld daran habe«. Damit aber sprechen wir nur von notwendigen Bedingungen, ohne die, wie wir unterstellen, das Gesamtereignis nicht, oder nicht so, eingetreten wäre. Der formelle Verstand wird unzählige solcher Pseudo-Ursachen finden, etwa den schlechten Ruf Marie Antoinettes oder den Verlauf des Sturms auf die Bastille. Keines dieser Momente aber ist hinreichende Ursache.

Andererseits hat ein Mörder nicht nur schuld mit Kleinbuchstaben, sondern Schuld mit Großbuchstaben am Tod seines Opfers, selbst wenn sein (erster) Versuch, die Person zu töten, nur wegen besonderer Umstände wirklich gleich zum Ziel führt, wie ein erster Schuss eines Jägers, der ggf. noch einmal schießen könnte und würde, wenn der Schuss danebengeht. Entsprechend urteilen wir bei einem gemeinsamen Mord, dass alle Mörder sind, nicht aber im Fall, wo ein Tun nur zufälligerweise und nicht intendiert aufgrund von unglücklichen Umständen zum Tod einer Person führt und nur insofern an ihm ›schuld‹ ist, wie z. B. im Fall des Unfalls von Lady Diana oder der bekannten Havarien von Atomkraftwerken.

§ 116

123f. Meine eigene Tat ist es zwar nicht, wenn Dinge, deren Eigentümer ich bin, und die als äußerliche in mannigfaltigem Zusammenhange stehen und wirken (wie es auch mit mir selbst als mechanischem Körper oder als Lebendigem der Fall sein kann), andern dadurch Schaden verursachen. Dieser fällt mir aber *mehr* oder *weniger* zur Last, weil jene Dinge überhaupt die Meinigen, jedoch auch nach ihrer eigentümlichen Natur nur mehr oder weniger meiner Herr-
105 schaft, Aufmerksamkeit u. s. f. unterworfen sind. | (113)

Hegel selbst kommt jetzt auf die Fälle einer allgemeinen Haftung von Eigentümern für einen Schaden wie z. B. durch einen herabfallenden Ziegel ohne Schuld zu sprechen, welche von Fällen der Fahrlässigkeit mit Schuld (wegen verletzter Sorgfaltspflicht) zu unterscheiden sind. Schuld kann nur dort eintreten, wo »die Dinge meiner Herrschaft, Aufmerksamkeit usf. unterworfen sind«.

§ 117

Der selbst handelnde Wille hat in seinem auf das vorliegende Da- 124
sein gerichteten Zwecke die *Vorstellung der Umstände* desselben. Aber weil er, um dieser Voraussetzung willen, *endlich* ist, ist die gegenständliche Erscheinung für ihn *zufällig* und kann in sich etwas anderes enthalten, als in seiner Vorstellung. Das Recht des Willens aber ist, in seiner Tat nur dies als seine *Handlung* anzuerkennen, und nur an dem *Schuld* zu haben, was er von ihren Voraussetzungen in seinem Zwecke weiß, was davon in seinem *Vorsatze* lag. – Die Tat kann nur als *Schuld des Willens zugerechnet* werden; – *das Recht des Wissens.* (113)

Ich handle bewusst und willentlich nur dann, wenn ich mich an einer (zumeist sprachlichen) Repräsentation oder ›Vorstellung‹ eines durch mein Tun zu verfolgenden Zwecks und der gegebenen Umstände orientiere. Aber weil mein Planen und Vorhersehen ebenso wie die Kenntnis der Umstände und das Wissen um Handlungsalternativen und Folgen endlich sind, kann es immer unerwartete, sogar nicht erwartbare, Konsequenzen des Tuns geben. Wo Hegel von einem Recht des Willens spricht, spreche ich lieber vom prima-facie-Recht der handelnden Person auf ihren Blick der Dinge. Dabei nennt Hegel das Tun *in seinen Folgen* die *Tat* und unterscheidet an ihr meine *Handlung*, indem er von einer Betrachtung des Tuns und der Folgen ›von außen‹, auch im Zusammenhang mit einem allgemeinen und besonderen Kausalwissen, zu meiner subjektiven Sicht sozusagen zurückkehrt. Ich trage als Person die moralische *Verantwortung* nur für *meine Handlung* und nicht etwa *für meine Tat*.

Meine Tat wird von anderen Personen beschrieben. Sie schreiben ihr vielleicht auch hypothetische Vorsätze und Absichten zu, die ggf. gar nicht existierten. Meine Handlung aber ist durch meinen

Vorsatz in ihrer Form und ihrem Inhalt, also auch ihrem Zweck und erwarteten Ende, bestimmt.

Hegel spricht hier sehr schön und explizit von einem (subjektiven) Recht (implizit aber auch von einer subjektiven Pflicht) des Wissens, was man tut. Allerdings kann ich mich in meinen wahren Absichten täuschen. Es kann daher sein, dass ich von der erfolgten Tat her meine Handlung neu verstehen muss, indem die von mir angenommenen Absichten mit den mir von anderen Leuten zugeschriebenen sozusagen von mir und uns ins Benehmen gesetzt werden.

§ 118

124 Die Handlung ferner als in äußerliches Dasein versetzt, das sich nach seinem Zusammenhange in äußerer Notwendigkeit nach allen Seiten entwickelt, hat mannigfaltige *Folgen*. Die Folgen, als die *Gestalt*, die den *Zweck* der Handlung zur *Seele* hat, sind das ihrige (das der Handlung angehörige), – zugleich aber ist sie, als der in die *Äußerlichkeit* gesetzte Zweck, den äußerlichen Mächten preis gegeben, welche ganz Anderes daran knüpfen, als sie für sich ist und sie in entfernte, fremde Folgen fortwälzen. Es ist eben so das Recht des Willens, sich nur das Erstere *zuzurechnen*, weil nur sie in seinem *Vorsatze* liegen. (113 f.)

Die Tat entsteht aus der (realisierten, aktualisierten) Handlung durch ihre vielen Folgen, von denen manche als möglich, andere als wahrscheinlich oder sicher erwartet werden (können, konnten, sollten oder mussten). Diejenigen Folgen, welche als Zweck, Ziel oder Ende der Handlung mitgewollt sind, gehören schon zum Vorsatz und unterscheiden sich von fremden oder unbekannten, weit entfernten Folgen – die wir vielleicht erst später kennenlernen, oder die einige andere Personen schon kennen mögen. Aber es kann sein, dass wir alle noch gar nichts dazu wissen. Wir müssen und dürfen, können und sollen uns nur das im Handeln zurechnen, was in unserem Vorsatz liegt (oder liegen könnte und sollte).

124 Ⓚ Was *zufällige* und was *notwendige* Folgen sind, enthält die Unbestimmtheit dadurch, daß die innere Notwendigkeit am Endlichen als *äußere* Notwendigkeit, als ein Verhältnis von einzelnen Dingen zu einander ins Dasein tritt, die als selbstständige gleichgültig gegen einander und äußerlich zusammen kommen. (114)

Die Unterscheidung zwischen zufälligen und vorhersehbaren Folgen ist freilich vage und unscharf genug. Das liegt auch an der Endlichkeit unseres Wissens, und zwar sowohl je meiner oder deiner Kenntnisse als auch des zu einer Zeit prinzipiell oder irgendwo verfügbaren Wissens. Im Übrigen geht nicht jeder Zufall auf diese Formen der Endlichkeit des Vorherwissens zurück. Es gibt echt zufällige Folgen, die niemand vorhersehen kann – was nur deswegen so schwer zu verstehen ist, weil die Leute dazu tendieren, *post hoc* alles, was geschehen ist, für im Prinzip vorhersagbar anzusehen, es also einem Mangel unseres Wissens oder unserer Gewissenhaftigkeit zuschreiben, wenn etwas nicht vorhergesagt wurde.

Der Grundsatz: bei den Handlungen die Konsequenzen verach- 124 f. Ⓚ
ten, und der andere: die Handlungen aus den Folgen beurteilen, und sie zum Maßstabe dessen, was Recht und Gut sei, zu machen – ist beides gleich abstrakter Verstand. (114)

Beim Handeln die vorhersehbaren oder auch nur möglichen Folgen nicht ernst zu nehmen, ist freilich ebenso falsch, wie die je begrenzte Perspektive der Handelnden zu missachten. Es ist netter Unsinn, die Handlungen rein aus den Folgen der Tat zu beurteilen, etwa wenn einer durch reinen Zufall zum vermeintlichen Helden wird wie das tapfere Schneiderlein oder zum vermeintlichen Verbrecher wie Ödipus und seine Mutter Iokaste – ein Beispiel, das Hegel selbst gleich heranziehen wird.

Die Folgen, als die eigene *immanente* Gestaltung der Handlung, 125 Ⓚ
manifestieren nur deren Natur und sind nichts anderes als sie selbst; die Handlung kann sie daher nicht verleugnen und verachten. Aber umgekehrt ist unter ihnen eben so das äußerlich Eingreifende und zufällig Hinzukommende begriffen, was die Natur der Handlung selbst nichts angeht. – Die Entwickelung des Widerspruchs, den die *Notwendigkeit* des *Endlichen* enthält, ist im Dasein eben das Umschlagen von Notwendigkeit in Zufälligkeit und umgekehrt.
Handeln heißt daher | nach dieser Seite, *sich diesem Gesetze preis* 106
geben. – Hierin liegt, daß es dem Verbrecher, wenn seine Handlung weniger schlimme Folgen hat, zu Gute kommt, so wie die gute Handlung es sich muß gefallen lassen, keine oder weniger Folgen gehabt zu haben, und daß dem Verbrechen, aus dem sich die Folgen vollständiger entwickelt haben, diese zur Last fallen. – (114 f.)

Im Handeln müssen wir auch mit zufälligen Ausgängen rechnen. Daher hat ein Verbrecher, dessen Handlungen weniger schlimme Folgen haben als die eines anderen mit ähnlichem oder gleichem Vorsatz, nur Glück, wenn wir seine Handlung und Tat weniger strafen. Ein im Prinzip guter Vorsatz kann zufälligerweise weniger gute Folgen haben als eine schlechte Maxime – aber das hängt dann gerade am logischen Unterschied zwischen der Ebene des Allgemeinen und besonderen Privationen bzw. einzelnen Unfällen.

125 Ⓚ Das *heroische* Selbstbewußtsein (wie in den Tragödien der Alten, Ödips u. s. f.) ist aus seiner Gediegenheit noch nicht zur Reflexion des Unterschiedes von *Tat* und *Handlung*, der äußerlichen Begebenheit und dem Vorsatze und Wissen der Umstände, so wie zur Zersplitterung der Folgen fortgegangen, sondern übernimmt die
107 Schuld im ganzen Umfange der Tat. | (115)

Ich lese die sophokleische Tragödie des Ödipus vielleicht noch entschiedener als Hegel so, dass er den Bürgern Athens zur Zeit des Perikles das Archaische, geradezu Barbarische, in der Selbstblendung des Königs und der Selbsttötung der Königin und Mutter vorführt, die beide, wie manche Zeitgenossen, nicht genau genug zwischen Tat und Handlung, Vorsatz und zufälliger Folge unterscheiden und etwas für ihre Schuld ansehen, woran sie nur schuld waren. Die heroische Haltung, auch dafür einzustehen, wofür man nichts kann, ist vorkulturell. Das Wort »heroisch« ist bei Hegel, anders als in der Interpretation Brandoms, fast immer mit partiell ironischer Distanz zu lesen: es verweist zumeist auf archaische Zeiten.

Zweiter Abschnitt: Die Absicht und das Wohl

§ 119

126 Das äußerliche Dasein der Handlung ist ein mannigfaltiger Zusammenhang, der, unendlich in *Einzelnheiten* geteilt, betrachtet werden kann und die Handlung so, daß sie nur *eine solche Einzelnheit zunächst berührt* habe. Aber die Wahrheit des *Einzelnen* ist das *Allgemeine* und die Bestimmtheit der Handlung ist für sich nicht ein zu einer äußerlichen Einzelnheit isolierter, sondern den

mannigfaltigen Zusammenhang in sich enthaltender *allgemeiner* Inhalt. (116)

Das konkrete Tun als Ausführung einer Handlung, die als solche, an sich, nur generisch-allgemein im Vorsatz vorab bestimmt ist, steht in der realen Welt hier und jetzt in einem ›mannigfaltigen Zusammenhang‹. Wie jedes einzelne Token ist es *ineffabile*, hat unendlich viel Besonderheiten, von denen für das Handeln selbst aber nur sehr allgemeine eine Rolle spielen (können). Auch wenn man Hegels Formulierung nicht mögen sollte, er hat ganz recht zu sagen: Die Wahrheit des Einzelnen ist das Allgemeine. Man kann nur Allgemeines wissen und wollen. Wer anderes sagt oder meint, weiß nicht, was Einzelnes ist – und dass alle sogenannten Gegenstände nur in ihrer besonderen Typik oder Form im Reden und Handeln unterschieden, explizit thematisiert und verstanden werden können. Sogar das Dies und Hier und Ich sind als Formen zu verstehen – was auch gegen die naive Vorstellung steht, es seien Raumzeitpunkte und/oder lokalisierte Qualia basale Einzelgegenstände. Gerade auch mit den Wörtern »Subjekt« und »Person« reflektieren wir auf Formen des Seins und benennen keine ›metaphysischen‹ Gegenstände, schon gar keine einer jenseitigen Para-Welt.

Der Vorsatz, als von einem *Denkenden* ausgehend, enthält nicht 126
bloß die Einzelnheit, sondern wesentlich jene *allgemeine* Seite, – die *Absicht.* (116)

Ein Vorsatz ist, grob gesagt, der still vorgedachte, still beschlossene *Gesamtplan* der Handlung. Er enthält in gewissem Sinn die Einzelheit, dass ich hier und jetzt so und so zu handeln *entschlossen* bin und damit vielleicht sogar im Vollzug mit dem entsprechenden Tun beginne. Der gemeinsame – und damit allgemeine – *Inhalt* von Vorsatz, Handlung und Zweck aber ist die *Absicht* als intendierte Erfüllung einer Gesamtbedingung. Das ist keine Behauptung über Absichten, sondern eine begriffliche Erläuterung des Sinns der Rede von Absichten oder Intentionen – qua Vorschlag zu Kanonisierung der Kommentarsprache.

Absicht enthält etymologisch die *Abstraktion*, teils die Form der 126 Ⓚ
Allgemeinheit, teils das Herausnehmen einer *besondern* Seite der konkreten Sache. Das Bemühen der Rechtfertigung durch die Absicht ist das Isolieren einer einzelnen Seite überhaupt, die als das subjektive Wesen der Handlung behauptet wird. – (116)

Etwas beabsichtigen bedeutet vom Wort her, auf etwas im Tun absehen. Man abstrahiert vom Tun selbst und spricht doch zugleich über die generische Gesamthandlung, die intendiert ist. In der absichtlichen Handlung wird ein Tun instanziiert, das im Erfolgsfall die leitende Absicht erfüllt.

Die Tat ist, was am Ende in der wirklichen Welt getan wurde. Indem ich gegen die Tat die Absicht stelle, versuche ich das Tun unter Umständen dadurch zu rechtfertigen, dass ich auf die subjektive Seite des Wollens in der Handlung verweise und etwa sage, dass etwas privativ dazwischengekommen ist, was die gute Erfüllung der guten Absicht verhinderte oder zu unerwünschten oder ungewollten Folgen geführt hat, die nicht als Teil von Vorsatz und Absicht gelten sollen.

126 Ⓚ Das Urteil über eine Handlung als äußerliche Tat noch ohne die Bestimmung ihrer rechtlichen oder unrechtlichen Seite, erteilt derselben ein *allgemeines* Prädikat, daß sie Brandstiftung, Tötung u. s. f. ist. – (116 f.)

Tatbestandsbenennungen wie »Brandstiftung« oder »Tötung« oder Beschreibungen des Tuns von den realen Folgen her (»Mitnahme eines Sacks Kartoffeln«) stellen »eine Handlung als äußerliche Tat« dar, noch ohne Urteil über Vorsatz und Absicht, Bewusstheit und Verantwortung bzw. Schuld und Strafwürdigkeit. Die Bestimmung ihrer rechtlichen oder unrechtlichen Seite etwa in den Ausdrücken »Mord« oder »Diebstahl« muss diese subjektive Seite aber enthalten und beurteilen.

126 Ⓚ Die *vereinzelte* Bestimmtheit der äußerlichen Wirklichkeit zeigt das, was ihre *Natur* ist, als äußerlichen *Zusammenhang*. Die Wirklichkeit wird zunächst nur an einem einzelnen Punkte berührt (wie die Brandstiftung nur einen kleinen Punkt des Holzes unmittelbar trifft, was nur einen Satz, kein Urteil gibt), aber die allgemeine Natur dieses Punktes enthält seine Ausdehnung. (117)

Hegel bringt als Beispiel nicht das inzwischen übliche Beispiel der Krümmung des Fingers am Abzug der Pistole, die wegen der bekannten Nomalfallfolge schon ein Mord ist (oder das Drücken eines Schalters), sondern das Anzünden eines Streichholzes und einer lokalen Stelle am Haus. Auch dieses ›führt‹ unter Umständen nicht erst zufällig zur Brandstiftung, sondern ist diese schon.

Hegels Gebrauch des Wortes »Satz« ist idiosynkratisch – und zwar gerade so wie der in Wittgensteins *Tractatus*. Unter »Satz« verstehen beide nämlich nicht, wie wir, eine syntaktische Ausdrucksform, die man reproduzieren kann, sondern *eine konstatierende Aussage über empirische Sachlagen bzw. Tatsachen mit aposteriorischer Geltung*. Ein *Urteil* dagegen ist eine Anwendung eines inferentiell bzw. dispositionell oder auch schon wertend dichten komplexen Prädikats auf eine Sache. »Es regnet gerade«, »Er gab einen Schuss ab«, »Er nahm die Kartoffeln mit« wären demnach Beispiele für Sätze im Sinne Hegels, »Er ermordete den Präsidenten« oder »Er stahl Kartoffeln« für Urteile. Es gibt hier aber keine scharfe Unterscheidung, da praktisch alle Wörter in empirisch-narrativen, also historischen Sätzen längst schon inferentiell und auch wertend dicht sind. Es gibt nur die Methode partieller Abstraktion von konkreten Wertungen – durch eine Art Ausklammerung.

Im Lebendigen ist das Einzelne unmittelbar nicht als Teil, son- 126 f. Ⓚ
dern als Organ, in welchem das Allgemeine als solches gegenwärtig existiert, so daß beim Morde nicht ein Stück Fleisch, als etwas einzelnes, sondern darin selbst das Leben verletzt wird. (117)

Ein Lebewesen besteht nicht, wie ein Haus, aus einfach ersetzbaren Teilen, sondern aus Organen. Wenn manche von diesen gravierend verletzt werden, etwa das Herz, stirbt das Lebewesen notwendigerweise, was natürlich für die Unterscheidung zwischen Körperverletzung mit Todesfolge und Totschlag bzw. Mord eine Rolle spielt.

Es ist eines Teils die subjektive Reflexion, welche die logische 127 Ⓚ
Natur des Einzelnen und Allgemeinen nicht kennt, die sich in die
Zersplitterung in Einzelnheiten und | Folgen einläßt, andererseits 108
ist es die Natur der endlichen Tat selbst, solche Absonderungen der Zufälligkeiten zu enthalten. – (117)

Hegel spricht – fast immer abfällig – von subjektiver Reflexion, wenn die Leute als Kommentar zu einer Handlung oder ihrer Form sozusagen irgendetwas sagen, das ihnen einfällt und vielleicht auch irgendwie mit der Sache korreliert, was aber nicht als begrifflich allgemein gelten kann. Und er polemisiert gegen alle, welche »die logische Natur« der generischen Allgemeinheit nicht kennen und daher auch nicht die beiden Fälle, erstens, einer normalen, nicht wesentlich privativen, Instanziierung im Einzelfall und zweitens einzelner, kontingenter Ausnahmen der Steresis oder Privation.

So wird man z. B. Selbstmordattentate durch keine allgemeine Maßnahme ganz verhindern können, weil es immer verrückte Wichtigtuer und Amokläufer geben wird, welche die konkreten Maßnahmen unterlaufen.

127 Ⓚ Die Erfindung des dolus indirectus hat in dem Betrachteten ihren Grund. (117)

Während ein direkter Dolus ein mit Vorsatz herbeigeführter Schaden ist, ist ein *dolus indirectus* oder Eventual-Schaden von der Art, dass der Täter ihn als Folge seines Tuns nicht anstrebt, aber als mögliche Folge seines Tuns kennt und in Kauf nimmt. Die Zuschreibung der vollen Verantwortung für den Schaden in einem solchen Fall ist umstritten, wie auch Hegel klar durchblicken lässt, nämlich im Ausdruck »Erfindung«. In der gegenwärtigen Rechtsprechung sind die Verurteilungen von Rasern oder Teilnehmern an illegalen Autorennen als Mörder, nachdem Unbeteiligte zu Tode kamen, berühmte Beispiele. Obwohl klar ist, dass hier nicht nur Fahrlässigkeit im Spiel ist, ist die Normalbedingung für den rechtlich dichten Begriff ›Mord‹, nämlich der direkte Vorsatz, nicht erfüllt. Die ›Erfindung‹ einer ›indirekt vorsätzlichen Tötung‹ soll eine Verurteilung des Täters mit einem Strafmaß ermöglichen, das andere Personen – Jugendliche und junge Erwachsene zumeist – von Rechtsbrüchen der genannten Art hinreichend abschreckt. Hegel moniert mit Recht ein solches Vorgehen. Denn eine Strafe ist rechtlich unzulässig, wenn sie in ihrer Höhe nicht durch die Schuld und durch eine allgemeine Strafandrohung für die vorsätzliche Handlung, sondern ›nur‹ durch die soziale Funktion der Abschreckung des statuierten Exempels begründet ist. – Freilich ändert sich die Sicht ein wenig, wenn wir zugestehen, dass Richter in ihrem Urteilen auch Recht *setzen* dürfen, indem sie sozusagen den Begriff bzw. Handlungstyp des Mordes auf diese Fälle ausweiten. Der Makel des System- und Rechtswidrigen einer solche Verurteilung *post hoc* bleibt aber dann bestehen, wenn das Prinzip »nulla poena sine lege«, also: keine Strafe ohne rechtliche Strafandrohung, im Fall des *statuierten Exempels* gerade *nicht* eingehalten wird. Daher eröffnet die Rede von einem Eventualvorsatz im Strafrecht wohl doch eine allzu große Beliebigkeit der rückblickenden Zuschreibung von Verantwortung und Schuld, losgelöst von allem wirklichen Vorsatz und aller realen Absicht.

In einer Zeit, in der zwischen dem wirklichen Haben einer Absicht und einer bloßen Zuschreibung einer Absicht nicht mehr (oder wie in den ›germanischen‹ Richterrechtstraditionen noch nicht so recht) unterschieden wird, ist der faktische Rückgang auf die (Un-)Rechtspraxis der Rede über einen *Eventualvorsatz* zwar nicht verwunderlich. Wir sollten uns aber in der Tat darüber wundern, dass man nicht weiß, wie man so schon fast wieder zur *barbarischen* Praxis der ›heroischen‹ Beurteilung und Bestrafung der *Tat* und nicht der *Handlung* zurückgekehrt ist, also zu einer Beurteilungsform nach Art des Ödipus, wie sie Sophokles und Hegel klar als *vorzivilisiert* erkennen und das auch für ein mitdenkendes Auditorium drastisch genug darstellen.[55]

§ 120

Das *Recht der Absicht* ist, daß die *allgemeine* Qualität der Handlung 127
nicht nur *an sich* sei, sondern von dem Handelnden *gewußt* werde, somit schon in seinem subjektiven Willen gelegen habe; so wie umgekehrt, das Recht der *Objektivität* der Handlung, wie es genannt werden kann, ist, sich vom Subjekt als *Denkendem* als gewußt und gewollt zu behaupten. (117)

Hegels Gedanke wird plastischer, wenn wir die den Text extrem verdichtenden nominalen und metaphorischen Ausdrucksweisen auflösen. Das Recht der Absicht besteht z. B. darin, dass die Handlung einer Person immer auch aus dem subjektiven Blick des beabsichtigten Zwecks und des bewussten Vorsatzes zu beurteilen ist, und das nicht etwa bloß moralisch, sondern auch rechtlich.

Die allgemeine Qualität der Handlung an sich ist das, was wir dem Tun als seine relevante generische Form und seinen besonderen Inhalt am Ende gemeinsam begrifflich zusprechen. Das sind keineswegs immer die gleiche Form und die gleiche Sinnorientierung, welche der Handelnde sich zuschreibt. Die Absicht, die ein personales Subjekt im Handeln wirklich hat und die sich an diesem und dem es begleitenden Reden und Denken der Person manchmal recht deutlich zeigt, muss also nicht identisch sein mit der rückblickenden Zuschreibung

[55] Vgl. dazu auch Robert Brandom zu Vorsatz und Absicht, Tat und Handlung in *A Spirit of Trust. A Reading of Hegel's Phenomenology*, Cambridge/Mass.: Harvard Univ. Pr. 2019, u. a. S. 386–394, 454–462.

einer Absicht *post hoc* durch andere Personen oder die Person selbst. Daher überprüfen wir zwar auch kritisch, was die Person selbst über ihren Vorsatz und ihre Absicht sagt, tun das aber im Wissen darum, dass die reale Bestimmung eines Wissens über die wahren Vorsätze und Absichten im *Hin und Her* zwischen den Handelnden und den das Tun Betrachtenden stattfindet. Keine Seite kann weggelassen werden. *Audiatur et altera pars.*

Eine Maschine kann keine Vorsätze, Absichten, Verantwortung und Schuld haben, da sie ganz *objektiv überhaupt keine eigene expressive und deklarative Subjektivität* hat. Selbst wenn sie Laute oder Texte produziert, die es so scheinen lassen, als würde sie Vorsätze oder Absichten artikulieren, sind diese bestenfalls vorprogrammierte Selbstzuschreibungen. Zum wirklichen *Haben* von Vorsätzen, Absichten und Zwecken gehört nicht etwa nur ein präsentisches ›inneres‹ (leises) Planen der bewussten und freien Aktualisierung einer generischen Handlung (a), sondern auch die komplexe dialogisch-dialektische Praxis der Rekonstruktion wahrscheinlicher Absichten durch andere Personen (b), deren Spiegelung im eigenen Nachdenken und in einem gewissenhafte inneren Dialog (c), den eigenen Erinnerungen und Selbstrationalisierungen *post hoc* (d), samt einer individuellen und gemeinsamen Bewertung dessen, was dabei wahrscheinlich wahr ist bzw. wahr war (e). Der Gott, der in unsere Seele blickt, ist metaphorische Darstellung der komplexen Form dieser Wahrheit. Sie fällt nicht von selbst mit meinen Selbstrekonstruktionen und manchmal verderbten Erinnerungen zusammen, aber erst recht nicht unmittelbar mit Fremdzuschreibungen. Wie aller Inhalt und alle Wahrheit, alles Verstehen und alles Wissen steht Gott sozusagen *zwischen* uns und ist, wie die Idee der Person oder der Geist einer Handlung selbst, *das für kein einzelnes Subjekt unmittelbar zugängliche und insofern in der Tat transzendente Gemeinsame* in der gemeinsamen Praxis.

Wenn ich einen Vorsatz vor dem Tun äußere, kannst du seinen (hoffentlich wahrhaftigen) Inhalt unmittelbar in seinem Sinn und ›Recht‹ bzw. ›Unrecht‹ beurteilen und ggf. durch verbale Kritik verändern. Zwar lassen sich solche Formen äußerlich auch bei Robotern nachspielen. Aber man muss schon sehr naiv sein zu meinen, es gäbe keinen (auch kontrollierbaren) Unterschied zwischen der bloß äußerlichen Behandlung einer Maschine oder eines Maschinenparks, als wären sie

Personen, und dem wirklichen subjektiven Personsein. (Dasselbe gilt für den Umgang mit Tieren, etwa Hunden, als wären sie Personen.)

Einige von uns kennen die Bau- und Funktionspläne der Maschinen und damit auch die Begrenzung der fest installierten mathematischen Funktionen – so dass der berüchtigte Turing-Test sich als eine Art Selbstbetrug durch systematisch ausgeklammertes Wissen erweist: Wenn mir der Zugang zum relevanten Unterschied vorenthalten wird, ist es trivial, dass ich aus einigen Funktionswerten nicht die Funktion herausfinden kann. In ähnlicher Weise kann man aus einem bloß von außen beobachteten (Sprach-)Verhalten nicht immer gleich herausfinden, ob das Gegenüber ein Mensch und damit eine so und so zu behandelnde Person ist oder ein deren Verhalten bloß partiell simulierender Roboter. Dessen rein schematische Funktionsweise und damit Begrenzung kennen wir erstens alle im Allgemeinen und zweitens im Besonderen und Einzelnen insofern, als einige von uns ›das Programm‹ kennen. Daran ändern Parameter, die zu ›selbstlernenden‹ Systemen führen, überhaupt nichts, auch nicht, dass man daher das Verhalten der Maschinen nicht mehr im Detail vorhersagen kann.

Das folgende Beispiel macht den kategorialen Widersinn einer Schuldzuschreibung an Sachen klar, welche einen Schaden verursachen: Wenn eine Person oder eine Gruppe von Personen einen sich partiell selbst steuernden Lastwagen in eine Menschenmenge rasen lässt, wird hoffentlich nicht der Lastwagen ›bestraft‹. Und wenn so ein Gerät oder System ›zufällig‹ Menschen verletzt, sind, wie im Fall von Institutionen und kollektiven Akteuren oder von Eigentümern bzw. Inhabern einer Sache, die Global- und Partial-Verantwortlichkeiten auch für Fahrlässigkeiten entweder schon aufgrund der Sache selbst verteilt, oder sie müssen sozusagen bei ihrer Herstellung oder Ingebrauchnahme eigens verteilt werden.

Es ist, andererseits, das Innere des Denkens, Wissens und Wollens nichts Mystisches. Das Innere ist je nur ein von mir subjektiv gefasster Inhalt im oben erläuterten Sinn. Wir brauchen also immer sozusagen beides, das Eigenrecht des subjektiven Kennens und Wollens und das »Recht der Objektivität der Handlung«, also die ›äußeren‹ Zuschreibungen von Vorsätzen, Maximen und möglichen Absichten. Das personale Subjekt muss sich als denkende Person behaupten dürfen und die Beurteiler ebenfalls, ohne dass es eine göttliche Wahrheit von der Seite oder ein kantisches Ding an sich (hier in der Form eines noumenalen Willens an sich) gäbe.

127 Ⓚ Dies Recht zu dieser Einsicht führt die gänzliche oder geringere *Zurechnungsunfähigkeit* der Kinder, Blödsinnigen, Verrückten u. s. f. bei ihren Handlungen mit sich. – (117)

Ultra posse nemo obligatur. Niemand kann für etwas verantwortlich gemacht werden, was er weder bewusst handelnd tun noch als Geschehen oder auch eigenes Verhalten verhindern kann oder konnte. Den Boten für die Nachricht zu schlagen, ist nicht nur unlogisch, es ist barbarisch, also unzivilisiert. Analoges gilt, wenn man auf eine Überprüfung der Zurechnungs(un)fähigkeit etwa bei Kindern oder mental kranken Personen verzichtet.

127 Ⓚ Wie aber die Handlungen nach ihrem äußerlichen Dasein Zufälligkeiten der Folgen in sich schließen, so enthält auch das *subjektive* Dasein die Unbestimmtheit, die sich auf die Macht und Stärke des Selbstbewußtseins und der Besonnenheit bezieht, – eine Unbestimmtheit, die jedoch nur in Ansehung des Blödsinns, der Verrücktheit, u. dergleichen wie des Kindesalters in Rücksicht kommen kann, – weil nur solche entschiedene Zustände den Charakter des Denkens und der Willensfreiheit aufheben und es zulassen, den Handelnden nicht nach der Ehre, ein Denkendes und ein Wille zu sein, zu nehmen. (117 f.)

Alles in dieser Welt kann als zufällige Einzelheit von seinem Normalfall abweichen. Das gilt auch für Absichten und Handlungen. Daher könnte nach einer Tat sozusagen jeder kommen und geltend machen, dass er genau zum Zeitpunkt der Tat, aber weder vorher noch nachher, phasenweise verrückt gewesen sei. Dabei ist zuzugeben, dass so etwas in extremen Ausnahmefällen tatsächlich schon mal vorkommt. Und doch beurteilen wir alle Einzelfälle in ihrer besonderen Typik und damit als eidetische Normalfälle, nie als extrem seltenen und bloß von einer Partei ohne Überprüfungsmöglichkeit einseitig behaupteten Sondereinzelfall. Mit dieser allgemeinen Form der Unbestimmtheit in allem Urteilen müssen wir immer leben.

Der Hinweis auf die besondere Ohnmacht und Schwäche einer singulären Unbesonnenheit, mit welcher sich mancher *post hoc* für sein Tun rechtfertigen mag, ist normalerweise null und nichtig. Nur bei dauerhafter mentaler Inkompetenz oder im Fall von Kindern werden wir die Normalfallverantwortlichkeiten sozusagen aussetzen oder aufheben. Ansonsten gehört es zur Ehre der Person, dass sie über die Zeit hinweg für ihre Handlungen die normalen Verantwortungen übernimmt und sich nicht willkürlich für unzurechnungsfähig erklärt. Das ist aber *nicht* der Fall des Ödipus.

Wenn etwas *einmal* passiert, dann *kann* es immer passieren. Daher machen sich Personen, die vorgeben, *momentan* die Kontrolle über sich verloren zu haben, tendenziell selbst insgesamt unzurechnungsfähig. Wären sie das wirklich, dann wären sie zwar nicht rechtlich zu belangen, aber möglicherweise in einer Art Sicherheitsverwahrung zu halten. Als personale Partner wären sie jedenfalls kaum mehr ernst zu nehmen.

Eine Sicherheitsverwahrung wird nun aber häufig als problematisch angesehen. Falsch aber ist es, wenn man dabei die Identität von Mensch, Individuum und Person, wie sie für die allgemeinen Menschenrechte und die allgemeine Menschenwürde in der Tat allgemeines Prinzip ist, *rein schematisch* (miss-)versteht. Man übersieht dann, dass ein personales Subjekt durch sein Reden und Handeln seinen Personenstatus mit der Zurechnungsfähigkeit und der vertrauenswürdigen Kooperationskompetenz ebenso selbst aufgeben kann wie ein Lügner seine Glaubwürdigkeit.

Hegels Gedanke, dass die Anerkennung der Strafe die Ehre des Verbrechers wiederherstellt, ist also am besten in diesem Gegensatz zu einer selbstdeklarierten Unzurechnungsfähigkeit zu begreifen. Eine ihrer Varianten ist ein larmoyantes Selbstmitleid eines Subjekts, das sich nicht als handelnde Person, sondern als von außen beeinflusstes Triebwesen darstellt – oder von einem gefühligen Mitleid anderer Personen so dargestellt wird. Ein solches Individuum wäre dann konsequenterweise ebenfalls nur noch zu betreuen und zu beaufsichtigen und könnte aufgrund eigener Deklaration nicht als freie Person in freien Kooperationen mit anderen Personen von diesen mehr Anerkennung finden.

Gerade auch der Aberglaube des kausalen Determinismus fällt in die Falle einer inkohärenten Kritik an den Konzepten von Verantwortlichkeit, Schuld und Strafe. Da nach diesem angeblich ›wissenschaftlichen‹ Narrativ niemand sich anders verhalten kann bzw. konnte, als er sich verhält bzw. verhielt, ist Strafe außer als Abschreckungs-

und Umerziehungsmaßnahme sinnlos. Sie ist dann bestenfalls Äußerung des oben schon diskutierten ›Geistes der Rache‹ Friedrich Nietzsches. Dabei wird auf interessante Weise zwischen den Wissenschaftlern selbst und den armen zu erziehenden und in ihrem Verhalten zu steuernden potentiellen Rechtsbrechern unterschieden. Die Wissenschaftler meinen, etwas über Ursachen des Verhaltens anderer Personen frei zu wissen. Das Vorgehen ähnelt verdächtig der Haltung europäischer Christen zu armen (afrikanischen) Heidenkindern. Es wird nicht besser, wenn man verbal erklärt, man sei selbst ein solches Kind.

Es ist also offenbar nicht ganz so einfach, das endliche, je momentane Subjekt, das ich gerade bin, zu unterscheiden von der überzeitlichen Person, die ich auch bin, war und sein werde, um vom leiblichen Individuum hier gar nicht weiter zu sprechen. Personen sind sozusagen in einem mehrfachen Sinn ›unendlich‹. Ein Sinn betrifft den sozialen Status und damit auch das personale Vermögen, am Rollensystem der Personen teilzunehmen. Ein anderer Sinn betrifft die Gesamtpersonen oder Charaktertypen, die wir mit allen Leistungen und Defiziten am Ende gewesen sein werden.

Es ist also in der Tat das ureigene Interesse jedes personalen Subjekts, trotz aller Privationen etwa in Rechtsbrüchen weiter oder wieder als Person anerkannt zu werden und so freie Person unter anderen freien Personen zu sein – im skizzierten mehrfachen Sinn. Dieses ist die Ehre des Verbrechers, welche die Strafe wiederherstellt.

§ 121

128 Die allgemeine Qualität der Handlung ist der auf die *einfache Form* der Allgemeinheit zurückgebrachte, mannigfaltige *Inhalt* der Handlung überhaupt. Aber das Subjekt hat als in sich reflektiertes, somit gegen die objektive Besonderheit *Besonderes,* in seinem Zwecke, seinen eigenen besondern Inhalt, der die bestimmende Seele der Handlung ist. Daß dies Moment der *Besonderheit* des Handelnden in der Handlung enthalten und ausgeführt ist, macht die *subjektive Freiheit* in ihrer konkretern Bestimmung aus, das *Recht* des *Subjekts,* in der Handlung seine *Befriedigung* zu finden. (118)

Wie die generische Handlung (als Typ) im (je relevanten) Unterschied zu anderen zu charakterisieren ist, die im Einzelfall (Token) eines Tuns bewusst und willentlich ausgeführt wurde, hängt von vielerlei Aspekten des Kontexts ab. In jedem Fall hat dabei das Subjekt ein gewichtiges Wort mitzureden, wie wir oben schon gesehen haben. Im *Zweck*, also in dem durch die Handlung zu erreichenden und eine inhaltliche Bedingung erfüllenden *Ende* der Handlung, liegt ihre »bestimmende Seele«. Sie definiert, was am Tun bloßes Mittel ist. Die allgemeine Betrachtung einer ›richtigen Erfüllung‹ des Zwecks (von außen) steht dann häufig gegen das »Recht«, oder besser, die bloß erst unmittelbare, aber immer auch notwendige Tatsache, dass zunächst das Subjekt in der Handlung seine ›Befriedigung‹ findet.

§122

Durch dies Besondere hat die Handlung subjektiven *Wert, Interesse* 128
für mich. Gegen diesen Zweck, *die Absicht dem Inhalte* nach, ist das Unmittelbare der Handlung in ihrem weitern Inhalte zum Mittel
herabge|setzt. Insofern solcher Zweck ein endliches ist, kann er 109
wieder zum Mittel für eine weitere Absicht u. s. f. ins Unendliche herabgesetzt werden. (118)

Das befriedigende Ende der Handlung gibt ihr »subjektiven Wert, Interesse für mich«. Die Handlung ist, wie eben schon gesagt, zunächst nur Mittel, wenn nicht, wie durchaus häufig, nicht doch schon das Tun, also der Weg, das Ziel ist. In der bekannten Kaskade von Mittel und Zweck sind viele Zwischenziele Mittel für weitere Zwecke, wobei natürlich nicht das Ende des Lebens, sondern das gute ganze Leben (subjektiver) Endzweck ist, wie das schon Sokrates und Platon sehen und sagen.

§123

Für den Inhalt dieser Zwecke ist hier nur α) die formelle Tätigkeit 128
selbst vorhanden, – daß das Subjekt bei dem, was es als seinen Zweck ansehen und befördern soll, mit seiner *Tätigkeit* sei; – wofür sich die Menschen als für das ihrige interessieren oder interessieren sollen, dafür wollen sie tätig sein. β) Weiter bestimmten Inhalt aber hat die noch abstrakte und formelle Freiheit der Subjektivität nur an ihrem *natürlichen subjektiven Dasein*, Bedürfnissen, Neigungen, Leidenschaften, Meinungen, Einfällen u. s. f. Die Befriedigung dieses Inhalts ist das *Wohl* oder die *Glückseligkeit* in ihren besondern

Bestimmungen und im Allgemeinen, die Zwecke der Endlichkeit überhaupt. (119)

In jedem Fall ist ein Zweck, den ich verfolge, mein Zweck, egal wie altruistisch oder egoistisch sein Inhalt sein mag. Mein Tun dient so, formal betrachtet, erstens, *immer meinem Zweck*, da es ja auf ihn ausgerichtet ist. Zweitens sind die zu erfüllenden endlichen Inhalte an »Bedürfnissen, Neigungen, Leidenschaften, Meinungen, Einfällen usf.« ausgerichtet. Es ist eine begrifflich wahre Aussage der Terminologie unserer Kommentarsprache, dass die Befriedigung solcher Inhalte als Wohl (zunächst des Einzelnen) bestimmt ist. Die *beatitudo* der Glückseligkeit einer Person (qua Individuum) besteht ja auch bei Kant in der Befriedigung möglichst aller »Zwecke der Endlichkeit überhaupt«, also aller gegen andere *pro tanto* präferierten Begehrungen.

129 Ⓚ Es ist dies als der Standpunkt des *Verhältnisses* (§ 108), auf dem das Subjekt zu seiner Unterschiedenheit bestimmt, somit als *Besonderes* gilt, der Ort, wo der Inhalt des natürlichen Willens (§ 11) eintritt; er ist hier aber nicht, wie er unmittelbar ist, sondern dieser Inhalt ist als dem in sich reflektierten Willen angehörig, zu einem *allgemeinen* Zwecke, des *Wohls* oder der *Glückseligkeit* (Encykl. § 395 ff.) erhoben, – dem Standpunkt des, den Willen noch nicht in seiner Freiheit erfassenden, sondern über seinen Inhalt als einen natürlichen und gegebenen *reflektierenden* Denkens, – wie z. B. zu *Crösus* und *Solons* Zeit. (119)

Wo das Ziel des ›guten‹ Handelns nur das eigene Wohl ist, könnte man von einem ›subjektiven Utilitarismus‹ oder einem bloß erst instrumentellen moralischen Denken sprechen. Jeremy Benthams Utilitarismus ist ›objektiv‹ insofern, als er die Einzelpersonen *dogmatisch verpflichtet*, das größte Durchschnittswohl einer möglichst großen Zahl von Menschen nach Möglichkeit zu befördern. Nietzsche hat mit Recht gesehen, dass es für diese Art von moralischer Pflicht keine guten Gründe gibt. Sowohl ihre Zielvorstellung als auch deren quantitative Fassung sind rein sinnlos.

Hegel erinnert hier an die Zeit des Solon in Athen und König Krösus in Lydien, um deren durchaus noch zu einfache Sicht auf das allgemeine Gute als Mittel zum Zweck subjektiv allgemeinen Wohls zu charakterisieren. Solon appelliert (wie Hobbes) an das vernünftige Eigeninteresse der Bürger. Krösus ›erfindet‹ bzw. fördert den Geldhandel. In seinem Gebet an die Musen schreibt Solon »Gebt von den seligen Göttern mir Segen und gebt mir von allen Menschen, in gutem Ruf immer bei ihnen zu stehn; süß zu sein meinen Freunden und bitter zu sein meinen Feinden; (...) Reichtum begehr' ich zu haben, doch unrecht ihn zu erwuchern wünsche ich nicht; denn zuletzt stellt sich die Strafe doch ein.« »Zeus aber sieht bei allem das Ende (...).«[56] (Krösus verliert sein Reich Lydien im Krieg gegen den Perser Kyros II.) Wie später der große Biologe Linné (aber nicht als ›Naturwissenschaftler‹) glaubt schon Solon an eine *Nemesis Divina*, eine göttliche Rache in der Form eines generationenübergreifenden Rechtsausgleich: »Manche entziehen sich selbst, fliehend das Göttergericht. Aber das kommt dann doch: Unschuldige müssen dann büßen, sei es des Sünders Kind oder ein fernres Geschlecht«. Solon erklärt außerdem, dass man erst am Ende des Lebens weiß, ob es *pro tanto*, insgesamt, ›glücklich‹ gewesen ist.

Wir werden noch genauer sehen, was an diesem – bis heute verbreiteten – »natürlichen und gegebenen reflektierenden« Denken über das wohlverstandene Eigeninteresse im moralischen und rechtlichen Handeln so problematisch, sogar archaisch-primitiv ist. Hegel nennt hier nur erst die Richtung: Man hat dabei den »Willen noch nicht in seiner Freiheit«, also sich noch nicht als wesentlich freie Person erfasst, sondern man fokussiert nur erst auf besondere Inhalte der Erfüllung erstens von für das Leben Notwendigem, zweitens der Befriedigung eines zufällig gegebenen Begehrens.

§ 124

Indem auch die *subjektive* Befriedigung des Individuums selbst 129
(darunter die Anerkennung seiner in Ehre und Ruhm) in der Ausführung *an und für sich geltender* Zwecke enthalten ist, so ist beides, die Forderung, daß nur ein solcher als gewollt und erreicht erscheine, wie die Ansicht, als ob die objektiven und die subjektiven Zwecke einander im Wollen ausschließen, eine leere Behauptung des abstrakten Verstandes. Ja sie wird zu etwas | Schlechtem, wenn sie 110
darein übergeht, die subjektive Befriedigung, weil solche (wie *im-*

56 Übersetzung H. Färber, zit. Nach L. Voit, *Lesebuch der Antike*, Bd. 1, Gütersloh: Bertelsmann, S. 90 f.

mer in einem vollbrachten Werke) vorhanden, als die *wesentliche Absicht* des Handelnden und den objektiven Zweck als ein solches zu behaupten, das ihm nur ein *Mittel* zu jener gewesen sei. – (119 f.)

Im impliziten Blick auf Solon (und Krösus) nennt Hegel als subjektive Befriedigung explizit auch die (subjektiven Gefühle der) Anerkennung der Person, also Ehre und Ruhm. In einer allzu verdichteten Formulierung kritisiert er dann erstens Kants Unterstellung, dass sich mein Streben nach guter Zweckerfüllung und meine Neigungen im Sinne der Orientierung auch an unmittelbaren Befriedigungen im Tun immer ausschlössen. Zweitens gibt er Kant zu, dass die Erfüllung eines allgemein als gut anerkannten Zwecks und nicht das subjektive Gefühl der Befriedigung das eigentliche Ziel willentlichen Handelns sei. Drittens aber wird Kants schematische Entgegensetzung von Pflicht und Neigung sogar »zu etwas Schlechtem«, indem sie unterstellt, dass jede subjektive Befriedigung, die ja notwendigerweise bei der Kontrolle der Erfüllung einer Zwecksetzung subjektiv in Einsatz kommt, im Grunde immer die wesentliche Absicht des Handelnden sei. Demnach kann nur Gott in unser Herz blicken. Wir selbst werden nie wissen können, ob unsere eigene egoistische Neigung oder eine wahre Orientierung am allgemein Guten unser Wollen und Handeln bestimmt (hat). Diese Überlegung leistet ungewollt einer Misanthropie Vorschub, die am Ende unterstellt, dass alle Menschen nur an der Befriedigung ihres eigenen Wohlgefühls interessiert sind. Dann ist weder der Rückweg in Solons subjektiven Utilitarismus weit, noch der Weg in die Niedertracht der Abwertung aller guten Taten aus der Sicht eines Kammerdieners, der an der Person nur das Alltägliche und den König sozusagen nur nackt sieht.

129 Was das Subjekt *ist, ist die Reihe seiner Handlungen*. Sind diese eine Reihe wertloser Produktionen, so ist die Subjektivität des Wollens eben so eine wertlose; ist dagegen die Reihe seiner Taten substantieller Natur, so ist es auch der innere Wille des Individuums. (120)

Man beachte noch einmal die terminologische Differenz der von mir hier präferierten Kommentarsprache in Bezug auf die verschiedenen Gebrauchsweisen des Personalpronomens »ich« auch in den gebeugten Formen »mich« und »mir« und damit dann ebenfalls des Possessivpronomens »mein« zu der Hegels: Was Hegel hier »Subjekt« nennt, nenne ich »personales Individuum«, spreche aber auch, wie üblich, schon mal kurz von »Person« im Sinn der ›Reihe ihrer Handlungen‹. Das Wort »Subjekt« reserviere ich nach Möglichkeit oder vorzugsweise für den präsentischen Vollzug – so dass auch Tiere Subjekte sind. Daher übersetze ich den Rest der Passage so: Wenn das Tun der Person keinen weiteren Wert hat als ihrem leiblichen Selbsterhalt und der Gefühlsbefriedigung des Individuums zu dienen, hat auch die Personalität im subjektiven Wollen keinen weiteren Wert. Es hängt also am allgemeinen Wert und Sinn der Taten, d. h. der Handlungen ihrer Form nach mit ihren erstrebten Folgen, ob der »innere Wille des Individuums« und die Persönlichkeit insgesamt Wert und Sinn haben.

Das Recht der *Besonderheit* des Subjekts, sich befriedigt zu fin- 129 f. Ⓚ
den, oder, was dasselbe ist, das Recht der *subjektiven Freiheit* macht den Wende- und Mittelpunkt in dem Unterschiede des *Altertums* und der *modernen* Zeit. Dies Recht in seiner Unendlichkeit ist im Christentum ausgesprochen und zum allgemeinen wirklichen Prinzip einer neuen Form der Welt gemacht worden. Zu dessen nähern Gestaltungen gehören die Liebe, das Romantische, der Zweck der ewigen Seligkeit des Individuums, u. s. f. – alsdann die Moralität und das Gewissen, ferner die andern Formen, die teils im Folgenden als Prinzip der bürgerlichen Gesellschaft und als Momente der politischen Verfassung sich hervortun werden, teils aber überhaupt in der Geschichte, insbesondere in der Geschichte der Kunst, der Wissenschaften und der Philosophie auftreten. – (120)

Hegel setzt seine ganz offenbar als implizite (und tief ironische) Kritik an Kant zu verstehende ›Verteidigung‹ der Subjektivität so fort: Weder das 12. noch das 15., 17. oder 18. Jahrhundert, wie man üblicherweise meint, sind als die Epoche der Entdeckung der Subjektivität zu begreifen. Die dafür relevante Zeitenwende vom Altertum in die moderne Zeit fällt mit der Entstehung des Christentums zusammen. Das sogenannte Mittelalter gehört damit längst schon zur Moderne – jedenfalls für die hier relevante Sache und Sicht. Es geht um die Einsicht in die Rolle der Subjektivität und des freien Wollens für das personale Handeln und Leben.

Worin besteht nun aber die nach Hegel im Christentum entworfene ›neue Form der Welt‹ genauer? Welche Rolle spielen in ihr »die Liebe, das Romantische, der Zweck der ewigen Seligkeit des Individuums usf.«? Hegel verweist zunächst auf »die Moralität und das Gewissen« und nennt diese hier bezeichnenderweise selbst »Formen« der Gestaltung der Unendlichkeit der Subjektivität. Andere Formen entwickeln sich als »Prinzip der bürgerlichen Gesellschaft und als Momente der politischen Verfassung«, weitere im Rahmen der »Geschichte der Kunst, der Wissenschaften und der Philosophie«. Nähere Erläuterungen werden als Antworten auf die genannten Fragen folgen.

130 Ⓚ Dies Prinzip der Besonderheit ist nun allerdings ein Moment des Gegensatzes, und zunächst wenigstens *eben so wohl* identisch mit dem Allgemeinen, als unterschieden von ihm. Die abstrakte Reflexion fixiert aber dies Moment in seinem Unterschiede und Entgegensetzung gegen das Allgemeine und bringt so eine Ansicht der Moralität hervor, daß diese nur als feindseliger Kampf gegen die eigene Befriedigung perenniere, – die Forderung

»mit Abscheu zu tun was die Pflicht gebeut.« (120 f.)

Das Zitat zeigt, dass Hegel hier Schillers nicht weniger ironische Kant-Kritik fortsetzt: »Gern hülfe ich den Freunden, doch leider tu ich's aus Neigung«. Aber ihm geht es um die logische Ursache des Denkfehlers. *Gründe* gibt es ja in kanonisch strenger Rede nur für Urteile und Handlungen, die wenigstens im Prinzip *gut* sind. Die Rede von Ursachen verweist dagegen entweder auf eine unterstellte kausale Naturnotwendigkeit, oder auf Zufälle und Unfälle. Sprechen wir von einer *logischen Ursache* für einen Fehler, dann meinen wir dementsprechend, dass eine logische Form *bei mangelnder Beherrschung*, etwa in einem bloß verständigen, d. h. formalen oder schematischen Schließen, oder in oberflächlichen verbalen bzw. ›abstrakten‹ Reflexionen, häufig oder leicht zu diesem oder jenem typischen *Fehlurteil* führt.

Hier geht es um Kants falsche Ansicht, die Moralität sei als ewiger »Kampf gegen die eigene Befriedigung« zu verstehen. Hegel nennt als ›Ursache‹ für sie »das Prinzip der Besonderheit« und sagt, was manche für widersinnig halten, dass das Besondere »ebensowohl identisch mit dem Allgemeinen als unterschieden von ihm« sei.

130 Ⓚ Eben dieser Verstand bringt diejenige psychologische Ansicht der Geschichte hervor, welche alle große Taten und Individuen damit klein zu machen und herabzuwürdigen versteht, daß sie Neigungen und Leidenschaften, die aus der substantiellen Wirksamkeit

gleichfalls ihre Befriedigung fanden, so wie Ruhm und Ehre und andere Folgen, überhaupt die besondere Seite, welche er vorher zu etwas für sich schlechtem dekretierte, zur Haupt-Absicht und wirkenden Triebfeder der Handlungen umschafft; – er versichert, weil große Handlungen und die Wirksamkeit, die in einer Reihe solcher Handlungen bestand, Großes in der *Welt* hervorgebracht, und für das *handelnde Individuum* die Folge der Macht, der Ehre und des Ruhms gehabt, so gehöre nicht jenes | Große, sondern 111
nur dies Besondere und Äußerliche, das davon auf das Individuum fiel, diesem an; weil dies Besondere Folge, so sei es *darum* auch als Zweck, und zwar selbst als einziger Zweck gewesen. – (121)

Hegel bestätigt meine Lesart, indem er selbst die »psychologische Ansicht der Geschichte« kritisiert, »welche alle großen Taten und Individuen« nach Art des Kammerdieners kleinredet.

Solche Reflexion hält sich an das Subjektive der großen Indi- 130f. Ⓚ
viduen, als in welchem sie selbst steht und *übersieht* in dieser selbstgemachten Eitelkeit das Substantielle derselben; – es ist die Ansicht »der psychologischen Kammerdiener, für welche es keine Helden gibt, nicht, weil diese keine Helden, sondern, weil jene nur die Kammerdiener sind« (Phänomenol. des Geistes, S. 616). (121)

Wenn man das relevante Allgemeine unterschätzt oder unter den Besonderheiten des Einzelfalls die falschen herausgreift und überbewertet, geht man an den Leistungen »der großen Individuen«, von Buddha bis Christus, Lao Tse bis Sokrates, aber etwa auch, sagen wir, Alexander bis Cäsar vorbei, erst recht, wenn man sich selbst auf eine inkohärente Weise wichtigmacht, indem man ihr Tun irgendwie ›verharmlost‹ oder, was am Ende dasselbe ist, ›vergöttlicht‹.

§ 125

Das Subjektive mit dem *besondern* Inhalte des *Wohls* steht als in 131
sich reflektiertes, unendliches zugleich in Beziehung auf das Allgemeine, den an sich seienden Willen. Dies Moment, zunächst an dieser Besonderheit selbst gesetzt, ist es das *Wohl auch Anderer*, – in vollständiger, aber ganz leerer Bestimmung, das Wohl *Aller*. (121 f.)

Solon hatte allerdings darin recht, dass das wohlverstandene Eigeninteresse immer auch schon in enger Beziehung steht auf das allgemeine Wohl. An sich oder im Allgemeinen wünschen wir uns dieses alle, auch wenn das noch nichts zur Lösung möglicher besonderer Konflikte beiträgt. Jedenfalls braucht es keiner besonderen Annahme dazu, ob der Mensch an sich gut oder böse sei, um einzusehen, dass wir normalerweise gerade auch für unser eigenes Wohlergehen das Wohl anderer Personen und in vollständiger, aber zunächst ganz leerer Form sogar das Wohl aller wünschen.

131 Das Wohl *vieler anderer* Besonderer überhaupt ist dann auch wesentlicher Zweck und Recht der Subjektivität. (122)

Im konkreten Fall gehört es zur besonderen Zwecksetzung eines Handelns, dass es das Wohl mancher oder vieler anderer Personen mitanstrebt, und das zunächst sozusagen exklusiv, etwa wenn der Familienvater oder die Hausherrin für die Familie sorgt oder man sich für sein Volk und Land einsetzt. Das ist zunächst kein zu kritisierender Gruppenegoismus, obzwar der Weg von einer ›Familienbande‹ zur Mafia und zu Räuberbanden führen kann. Zunächst ist es absolutes »Recht der Subjektivität«, lokal zu leben.

131 Indem sich aber das von solchem besondern Inhalt unterschiedene, *an und für sich seiende Allgemeine* hier weiter noch nicht bestimmt hat, denn als *das Recht*, so können jene Zwecke des Besondern von diesem verschieden, demselben gemäß sein, aber auch nicht. (122)

Bisher wurde über das abstrakte Recht auch aller anderen Personen hinaus, sich für das Ihrige einzusetzen, noch nichts Spezielles zu den sich praktisch ergebenden Einschränkungen gesagt, die sich aus den möglichen Kohärenzproblemen ergeben können. Daher können »jene Zwecke des Besonderen« mit dem allgemeinen Guten kompatibel sein oder auch nicht – womit Solons Idee, die dann auch wieder bei Mandeville und Adam Smith auftaucht, dass die Verfolgung eines Gemeinwohls mit der des wohlverstandenen Eigeninteresses zusammenfällt, manchmal gelten mag, manchmal aber auch nicht gilt.

§ 126

131 Meine so wie der Andern Besonderheit ist aber nur überhaupt ein Recht, insofern ich *ein Freies* bin. Sie kann sich daher nicht im Widerspruche dieser ihrer substantiellen Grundlage behaupten und eine Absicht meines Wohls, so wie des Wohls anderer, – in welchem

Falle sie insbesondere eine *moralische Absicht* genannt wird, – kann nicht eine *unrechtliche Handlung* rechtfertigen. (122)

Hegel erinnert daran, dass von *Pflichten* systematisch nur die Rede sein kann, insofern ich frei handelnde Person bin, welche im Prinzip das Recht hat, die von ihr, also mir, frei gesetzten Zwecke frei zu verfolgen. Man verzeihe die Vervielfältigung des Wortes »frei« zur Hervorhebung des Punktes – in Auslegung von Hegels Kurztitel »das Freie«. Kein besonderes Wollen aber kann sich im Widerspruch zu seiner »substantiellen Grundlage« im gemeinsamen begrifflichen Wissen, der Kompetenz der Aktualisierung von Handlungsformen (im technisch-instrumentellen Knowhow) und der Kohärenz in Handlungskoordinierungen und Kooperationen ›behaupten‹, wie Hegel sagt. Daraus ergibt sich zunächst auf prinzipieller Ebene, dass keine Verfolgung »meines Wohls« »eine unrechtliche Handlung rechtfertigen« kann, aber auch keine sogenannte ›moralische‹ oder auch ›altruistische‹ Verfolgung »des Wohls anderer«.

Es ist vorzüglich eine der verderbten Maximen unsrer Zeit, die 131 f. Ⓚ
teils aus der Vorkantischen Periode des guten Herzens herstammt, und z. B. die Quintessenz bekannter rührender dramatischer Darstellungen aus|macht, bei *unrechtlichen* Handlungen für die sogenannte 112
moralische Absicht zu interessieren und schlechte Subjekte mit einem seinsollenden guten Herzen d. i. einem solchen, welches sein eigenes Wohl und etwa auch das Wohl anderer will, vorzustellen; teils aber ist diese Lehre in gesteigerter Gestalt wieder aufgewärmt und die innere Begeisterung und das Gemüt d. i. die *Form* der Besonderheit als solche, zum Kriterium dessen, was Recht, Vernünftig und Vortrefflich sei, gemacht worden, so daß Verbrechen und deren leitende Gedanken, wenn es die plattsten, hohlsten Einfälle und törichtsten Meinungen seien, darum rechtlich, vernünftig und vortrefflich wären, weil sie aus dem *Gemüte* und aus der *Begeisterung* kommen; das Nähere s. unten § 140 Anm. – (122 f.)

Hegels Kritik am Gutmenschen mit gutem Herzen »aus der vorkantischen Periode« richtet sich gegen Zuschreibungen guter moralischer Absichten auch »bei unrechtlichen Handlungen«. Man denke z. B. an Heroisierungen von Klaus Störtebeker oder des Schinderhannes (1783–1803), mit Robin Hood als dem berühmtesten Vorbild gerade auch für alle Arten von Freibeutern und Piraten (manchmal mit königlich-britischer oder französischer ›Erlaubnis‹), bei denen man dann noch obendrein die Leidenschaft und Begeisterung für ihre Technik und Politik des Verbrechens bewundert.

132 Ⓚ Es ist übrigens der Standpunkt zu beachten, auf dem Recht und Wohl hier betrachtet sind, nämlich als formelles Recht und als besonderes Wohl des Einzelnen; das sogenannte *allgemeine Beste,* das *Wohl* des Staates d. i. das Recht des wirklichen konkreten Geistes, ist eine ganz andere Sphäre, in der das formelle Recht ebenso ein untergeordnetes Moment ist, als das besondere Wohl und die Glückseligkeit des Einzelnen. Daß es einer der häufigen Mißgriffe der Abstraktion ist, das Privatrecht wie das Privatwohl, *als an und für sich* gegen das Allgemeine des Staats geltend zu machen, ist schon oben bemerkt. (123)

Hegel erinnert noch einmal daran, dass das abstrakte Recht bisher allererst ganz allgemein in seiner Grundform dargestellte wurde und dass die gleiche Ebene der Allgemeinheit für die hier zu findende Rede vom Wohl gilt: Es geht um »formelles Recht und … besonderes Wohl des Einzelnen«. Von ganz anderem Typ sind Appelle an ein Gemeinwohl oder Staatsinteresse. Die besondere Schwierigkeit, seine Überlegungen zu verstehen, hängt mit Hegels Kernanliegen zusammen, *jeweils die richtige Ebene der Allgemeinheit und Besonderheit* gerade auch in der Rede über Einzelnes zu finden.

Was Hegel als »Recht des wirklichen konkreten Geistes« anspricht, ist die Entwicklung von Institutionen guter personaler und bürgerlicher Kooperation in den verschiedenen Sphären von Recht und Staat, Wirtschaft und Gesellschaft, Kunst und Kultur etc. Hier wird das formelle Recht des allgemeinen Schutzes der Privatsphären, wie man es durchaus nennen könnte, zu einem ›untergeordneten Moment‹. Es geht ja um Ordnungen gemeinsamen Handelns und Lebens. Dabei begreift man gar nichts, wenn man, wie schon bemerkt, bewusstlos behauptet, Privatrecht und Privatwohl stünden in allgemeiner Weise im Widerspruch zu einem Staatsinteresse – und dabei z. B. noch nicht einmal unterscheidet zwischen dem Staat als allgemeine (und je besonders ausdifferenzierte) *Institution* und seinen je präsentischen Verwaltern und Vertretern – ob ›demokratisch‹ gewählt oder anerkannt oder auch nicht.

§ 127

Die *Besonderheit* der Interessen des natürlichen Willens in ihre einfache *Totalität* zusammengefaßt, ist das persönliche Dasein als *Leben*. Dieses *in der letzten Gefahr* und in der Kollision mit dem rechtlichen Eigentum eines andern hat ein *Notrecht* (nicht als Billigkeit, sondern als Recht) anzusprechen, indem auf der einen Seite die unendliche Verletzung des Daseins und darin die totale Rechtlosigkeit, auf der andern Seite nur die Verletzung eines einzelnen beschränkten Daseins der Freiheit steht, wobei zugleich das Recht als solches und die Rechtsfähigkeit des nur in *diesem* Eigentum Verletzten anerkannt wird. (123) 132

Meine besonderen ›natürlichen‹ Interessen, die ich in einem gewissen Rahmen immer verfolgen darf und manchmal auch muss, dienen insgesamt dem ›persönlichen Dasein‹, also dem personalen Leben. Vor dem Wort »Totalität« sollte man übrigens weder Angst noch Respekt haben, es ist nur eine Nominalisierung zum Ausdruck einer holistischen oder *pro-tanto*-Betrachtung.

Wenn nun mein Leben wirklich in Gefahr ist, gibt es zunächst gar keine Einschränkung meines Rechts zur Selbstverteidigung oder zum Selbstschutz (es sei denn, es gibt Alternativen, die für andere weniger gefährlich sind). Not kennt kein Gebot. Es gibt kein Gebot der Selbstaufopferung. Das sind Basisformeln jedes Notrechts – das besonders als Einschränkung des Schutzes von bloß sachlichem Eigentum anderer Personen relevant werden kann. Hegel betont, dass das kein bloßes Zugeständnis ist, wie mancher auch den sogenannten ›Kohlenklau‹ (oder ›Mundraub‹) nach dem Krieg bzw. das ›Fringsen‹ (nach der ›Erlaubnis‹ des Kölner Kardinals Frings) aufgefasst haben mag. Es ist ein fundamentales Recht, gegen das sogar alle vermeintlichen Pflichten zur Hilfe anderer verstummen, es sei denn, es geht um einen Vorrang von Kindern, Frauen, Passagieren und Mannschaften etwa vor den Offizieren und dem Kapitän. (Es gibt allerdings ein supererogatorisches Heldentum derer, die sich für andere aufopfern.)

Aus dem Notrecht fließt die Wohltat der Kompetenz, daß einem 133 Ⓚ
Schuldner Handwerkszeuge, Ackergeräte, Kleider, überhaupt von seinem Vermögen, d. i. vom Eigentum der Gläubiger so viel gelassen wird, als zur Möglichkeit seiner – sogar standesmäßigen [–] Ernährung dienend, angesehen wird. | (123 f.) 113

Es ist eine Folge des Notrechts, dass ein Schuldner in einer guten Rechtsordnung nicht in den Schuldturm geworfen wird und dass man nötige »Handwerkszeuge, Ackergeräte, Kleider« usf. nicht pfänden darf. Man muss den Personen so viel lassen, wie sie für ihren (damals: sogar standesgemäßen) Selbsterhalt brauchen.

§ 128

133 Die Not offenbart sowohl die Endlichkeit und damit die Zufälligkeit des Rechts als des Wohls, – des abstrakten Daseins der Freiheit, ohne daß es als Existenz der besondern Person ist, und der Sphäre des besondern Willens ohne die Allgemeinheit des Rechts. (124)

In der Einschränkung durch Not zeigt sich eine gewisse Kontingenz des Rechts auf Eigentum bzw. einer entsprechenden Beanspruchung der Privatsphäre unter Ausschluss der anderen. Und es zeigt sich eine gewisse Stufung dessen, was »Wohl« heißt. Es gibt auch eine »Sphäre des besonderen Willens«, die nicht schon unter den Schutz der »Allgemeinheit des Rechts« fällt. Mein abstraktes oder meinetwegen auch nacktes Dasein kann von mir her gesehen einen berechtigten Vorrang haben vor deinem Interesse, eine besondere Person mit diesem und jenem besonderen Vermögen zu sein.

133 Ihre Einseitigkeit und Idealität ist damit *gesetzt*, wie sie an ihnen selbst im Begriffe schon bestimmt ist; das Recht hat bereits (§ 106) sein *Dasein* als den besondern Willen bestimmt, und die Subjektivität in ihrer umfassenden Besonderheit ist selbst das Dasein der Freiheit (§ 127), so wie sie an sich als unendliche Beziehung des Willens auf sich das Allgemeine der Freiheit ist. (124)

Die »Einseitigkeit und Idealität« von Recht und Wohl – so ist der zunächst opake Rückbezug im Wort »ihre« wohl zu lesen – meint das immer auch Subjektive oder auf das Subjekt Bezogene, »wie sie an ihnen selbst im Begriffe schon bestimmt ist«: Es geht um mein Recht und mein Wohl, unser Recht und unser Wohl. Die Subjektivität des eigenen Lebensvollzugs in seiner »umfassenden Besonderheit ist selbst das Dasein der Freiheit«. Im Grunde ist das klar. Die »unendliche Beziehung des Willens auf sich« ist die Form der Möglichkeiten der denkenden und tätigen Bezugnahmen von mir auf mich und das Meinige, auch auf meine von mir veränderbare Welt. In diesen Bezugnahmen liegt »das Allgemeine der Freiheit«.

Die beiden Momente an ihnen so zu ihrer Wahrheit, ihrer Identi- 133
tät, integriert, aber zunächst noch in *relativer* Beziehung auf einander, sind das *Gute,* als das *erfüllte,* an und für sich bestimmte Allgemeine, und das *Gewissen,* als die in sich wissende und in sich den Inhalt bestimmende unendliche Subjektivität. | (124) 114

Während mein *Wohl* und mein *Recht* zunächst nur erst Formmomente meines unmittelbaren *subjektiven Willens* sind, wird das Wohl in allgemeinerer Betrachtung zum (allgemein) Guten und das subjektive Rechte zum – Gewissen. Das Gute ist die Erfüllung einer bestimmten allgemeinen Bedingung ›des Guten‹, besteht also nicht (mehr nur) in einer unmittelbaren Befriedigung von mir oder uns. Das Gewissen ist zwar weiterhin subjektiv, aber der Form nach potentiell unendlich in sich reflektiert. Es ist das »sich wissende und in sich den Inhalt bestimmende« praktische Selbstbewusstsein als Wissen vom Rechten insgesamt. Die Passage ist nicht leicht zu erschließen und in ihrer Gedankenführung zu reformulieren.

Dritter Abschnitt: Das Gute und das Gewissen

§129

Das *Gute* ist die Idee, als Einheit des *Begriffs* des Willens und des 134
besondern Willens, – in welcher das abstrakte Recht, wie das Wohl und die Subjektivität des Wissens und die Zufälligkeit des äußerlichen Daseins, als *für sich selbstständig* aufgehoben, damit aber *ihrem Wesen* nach darin *enthalten* und *erhalten* sind, – die *realisierte Freiheit,* der *absolute Endzweck der Welt.* (125)

Die Erläuterungen zur Idee des Guten klingen trotz der offensichtlichen Anspielung auf Platons *idea tou agathou* zunächst obskur. Wie soll *der Begriff* des Willens (der Person an sich) mit dem *besonderen Willen* (des personalen Subjekts) eine *Einheit* bilden? Wie soll im Guten das abstrakte Recht, das Wohl, ferner die Subjektivität des Wissens und die Zufälligkeit des äußerlichen Daseins *aufgehoben* sein oder werden? Was heißt es, dass das Gute die realisierte Freiheit und diese der absolute Endzweck der Welt sei?

Indem ich die Fragen so stelle, liegt ihre Beantwortung zwar schon nahe. Dennoch brauchen wir wieder etwas Geduld. Zunächst ist wichtig, dass es sich um definitorische Erläuterungen eines höchst allgemeinen Gegenstandes höchststufiger Reflexion handelt, nicht um eine Behauptung über eine irgendwo in der Welt mystisch-metaphysisch existierende Idee. Durchaus ähnlich wie Kant fasst auch Hegel eine Idee als einen *regulativen* bzw. auf ein ideales Ziel verweisenden *Vernunftbegriff* höchster Ordnung auf. Es handelt sich um einen Gegenstand spekulativer Reflexion auf das Ganze der Person als je meiner Welt, auch unter bestimmten (Teil-)Aspekten, etwa der (epistemischen) Wahrheit, des (praktischen) Guten oder dann auch des (religiösen) Schönen. Dabei ist schon jetzt zur allgemeinen Orientierung zu sagen, dass sich das Gute nur auf das Gesamt der personalen Handlungswelt und nicht auf die handlungsfreie Natur bezieht. Das Religiöse ist, wie Hegel explizit erklären wird, zunächst nicht relevant, so dass bei ihm auch alles Reden von Gott und Göttern erst einmal aus dem Spiel bleibt.

Wie die Einträge in praktisch allen Handwörterbüchern und Konversationslexika und ihren Kopien in Wikipedia zeigen, wissen auch gebildete Leute nicht, dass Hegel in seinem Verständnis der Ideen der Wahrheit, der Freiheit und des Guten sich von Kant weg und in gewissem Sinn zurück zu Platon bewegt. Hegels Kritik richtet sich ganz offenbar dagegen, dass bei Kant das ›Unbedingte‹ und ›Absolute‹ als etwas jenseits unseres Wissens und begrifflichen Redens angesiedelt wird, an das man, wie an einen Gott, irgendwie glauben darf, aber angeblich nur in pragmatischer Absicht, wie an den freien Willen oder die Postulatenlehre. Dieser zufolge soll ein gerechter Gott am Ende das Gute belohnen und das Böse bestrafen. In der Welt der Erscheinungen, die nach Kant im Prinzip sogar rein physikalisch beschreibbar und erklärbar sein soll, gibt es zwar weder Gott noch Freiheit, noch Unsterblichkeit. Aber da nach Kant die Gegenstände und Prozesse der Erscheinungswelt, zu der allein wir epistemischen Zugang haben, durch unsere angeblich speziellen Formen der Anschauung räumlicher und zeitlicher Ordnungen von Sinnesdaten und durch unsere Begriffe geformt sind, gibt es nach Kant eine unerkennbare Wahrheit ›hinter‹ den Erscheinungen. Kants argumentativer Zaubertrick, an dessen Überzeugungskraft manche immer noch glauben, besteht nun darin, dass wir zwar im Detail nichts über die absolut und wirklich wahre Welt jenseits aller Erscheinungen wissen können. Denn alle Gegenstände für uns und Wahrheiten für uns sind immer schon perzeptiv und begrifflich eingefärbt. Sie sind daher eben wie durch eine nicht abnehmbare Brille durch unsere Formen der Anschauung und des Begriffs subjektiviert. Kants Idealismus ist daher, wie Hegel sieht, ein gemeinsamer Subjektivismus, wobei Kantianer und ihre Nachfolger gern von Intersubjektivität sprechen.

Wie die Dinge ›an sich‹ in Kants Hinterweltensinn wirklich sind, das können wir angeblich wegen unserer perzeptivischen Subjektivität oder Perspektivität nicht erkennen. Aber wir dürfen, meint Kant, an Ideen wie den freien Willen und das Gute als Endziel globaler Weltentwicklung glauben, und das *gerade weil* die Welt an sich unerkennbar ist. Wir müssen das sogar, weil wir uns sonst in pragmatisch-psychologischen Dilemmata und Paradoxien, etwa einem defätistischen Prädeterminismus verheddern, nach welchem unser Handeln nur subjektiv frei ist und alle Verantwortungen nur Zuschreibungen sind.

Diese geradezu perfekte Anleitung zum depressiven Unglücklichsein versucht Kant zu umgehen, indem er uns erlaubt, im Interesse von Moral und Recht sogar ähnlich wie schon Platon dazu auffordert, daran zu glauben, dass Gott, Freiheit und Unsterblichkeit wirklich existieren, obwohl wir sie empirisch, in der Welt der Erscheinungen, sozusagen nicht dingfest machen können. Wir dürfen nach Kant also an einen allseits guten und gerechten Gott glauben, den es zwar klarerweise nicht in der empirischen Welt der lokalen Erscheinungen gibt, der aber in der denkbaren Welt an sich des *mundus intelligibilis* angeblich doch nicht ganz unmöglich sein soll. Dieser Gott wird in der Postulatenlehre mit der Eigenschaft ausgestattet, alles Gute im Wollen und Handeln zu belohnen und alles Böse zu bestrafen, so aber, dass das sozusagen hinter unserem Rücken geschieht, damit die Menschen nicht auf die Idee kommen, die Kant verabscheut, nur deswegen gut zu sein, weil ihr Gott sie dafür belohnen wird.

Es sollte ersichtlich sein, dass und wie Kant seinen Richtergott am Ende doch ähnlich wie Platon mit Eigenschaften ausstattet, die ausschließlich im Interesse moralischer Erbauung stehen. Platon immerhin war, wie ein genauer Leser merken könnte oder sollte, schon so konsequent, die konstruierte Vorstellung explizit als metaphorischen Mythos zu deklarieren, wörtlich als ›fromme Lüge‹, an die man (nur!) aufgrund der pragmatischen Absicht glauben soll – was Platon und Kant am Ende doch auch wieder sehr einander annähert. Dabei verstärkt Platon zum Schrecken aller Aufklärer in den *Gesetzen* die fromme Lüge des Glaubens zu der auch vom Christentum und Islam übernommenen ›religiösen Pflicht‹, an einen Richtergott zu glauben. Es geht dabei darum, die Haltung eines reinen *homo oeconomicus* bzw. *homo rationalis instrumentalis* aufzuheben, der wie ein Gyges mit der Tarnkappe bei seinen Verbrechen denkt: »man wird mich im Leben nicht erwischen« und damit zugleich dem Motto aller Amokläufer folgt: »nach mir die Sintflut«.

Im Unterschied zu Kant weiß Hegel aufgrund seiner theologischen und kulturgeschichtlichen Bildung um die ontisch-ontologische Verstärkung von Platons Glaubensgebot. Es entsteht der nicht nur von Kant Platon zugeschriebene Überschwang eines Glaubens an einen wirklichen Gott im Jenseits oder Himmel als Richter der Lebenden und der Toten. Wir finden diesen Glauben in dieser Form in den neuplatonischen Religionen, dem hellenisierten Judentum, römischen Christentum und poströmischen Islam. Jenseits aller funktionalen Begründungen wird in ihnen die Existenz Gottes als metaphysische *Tatsache* einer die endliche Welt der Erscheinungen transzendierenden Hinterwelt doktrinär ausgebaut. Das geschieht in klarer Inkonsequenz dazu, dass man die Leute moralisch dazu *verpflichten* will, an den von den jeweiligen religiösen Lehrern je auf besondere Weise ausgemalten Gott zu glauben.

Die Leistung von Kants ontologischer Sinnkritik, welche alle naive Ontik in der transzendentalen Analytik aufhebt, besteht dabei zunächst darin, auf unser Wissen über die Welt der Erscheinungen explizit zu reflektieren. Von besonderer Bedeutung ist dabei seine Analyse der logischen Konstitution der Gegenstände unseres Redens und gemeinsamer Erfahrung in ihrer begrifflichen Grundform.

Der *erste Mangel* seines *rationalen Empirismus* besteht aber schon darin, dass er die Gegenstände der Erfahrungen als eine Art Cluster oder ›Menge‹ von *Sinnesempfindungen* oder *Sinnesdaten* auffasst, zusammengehalten durch subjektive und intersubjektive Zuordnung bzw. Benennung. Damit steht Kant in der Tradition, die von Locke über Berkeley zu Hume und später übrigens auch zu Bertrand Russell und seinen Nachfolgern führt.

Zweitens missverstehen Kant und seine Nachfolger die – zugegebenermaßen schwierige – Einsicht Fichtes in das, was ich die *Absolutheit* des *Vollzugsseins* im Unterschied zur doppelten *Relativität des Gegenstandsseins* nenne möchte. Gemeint ist die gerade auch im Neukantianismus (seit Friedrich Albert Lange) abgelehnte ›cartesianische‹ Umdeutung der »intellektuellen Anschauung« im sogenannten Deutschen Idealismus. Für Kant wie übrigens auch schon für Averroes oder Thomas hat nur ein vorgestellter Schöpfer-Gott intellektuelle Anschauung in dem aktiven Sinn, dass er nur denken muss »es werde Licht« und es wird Licht, während alle Wahrheit bei uns Menschen in dem Sinn einer ›passiven‹ *direction of fit* rezeptiv und relativ zu einer gegebenen Wirklichkeit ist.

Fichte deutet mit Descartes Kant sozusagen gegen Kant, nämlich so, dass die sogenannte *intellektuelle Anschauung* als *Vollzug des Denkens und Handelns* etwas *frei erschafft*, was es *danach* in der Welt der Anschauung gibt. Damit ist die intellektuelle Anschauung als *making things so* gerade in ihrem radikalen Unterschied zu einer bloß rezeptiven empirischen Anschauung zu sehen. Kant und Lange halten eine solche *Tathandlung* für Schwärmerei, während Fichte und Hegel sehen, dass hier Kant sich selbst und Fichte nicht versteht.

Die ›nichtsinnliche Anschauung‹ unserer wirklichen Teilhabe am *mundus intelligibilis* ist also, wie bisher wohl erst Hegel voll begriffen hat, schlicht der *freie Vollzug des Denkens, Urteilens und Handelns*, den Kant leider nur als transzendentales Postulat, aber eben damit nicht in seiner Wirklichkeit erfasst. Wirklich sind für Kant nur die von uns vergegenständlichten Erfahrungsobjekte in ihren Bewegungen. Fichte und mit ihm Schelling und Hegel sehen, dass das absurd ist. Nichts ist so ›objektiv‹ wie die Subjektivität (auch: Idealität) des Vollzugs des Seins, was später auch Heidegger in seiner phänomenologischen Kritik am Neukantianismus einsieht (aber schon das Wort »Idealismus« nicht mehr versteht). Berkeley, Hume und Kant kommen allerdings nur zum subjektiven Idealismus der Betrachtung der Welt und seiner selbst aus der subjektiven Perspektive des jeweils einzelnen Ich oder eines intersubjektiven Wir. Fichte beginnt die Formenanalysen ›objektiver‹ Subjektivität. Hegel setzt diese radikal fort: Der Idealismus besteht im Wissen vom Primat des Vollzugs.

Kant und Fichte schaffen also für die Freiheit des Handelns den Platz nur erst im transzendentalen Postulat. Fichte verlangt, wie später der Kantianer Charles Renouvier und der ihm folgende William James, frei an die ›transzendentale Freiheit‹ des Wollens und Handelns *zu glauben*. Hegel zeigt, dass es ein Wissen über die Form des Personseins ist.

Der *dritte Mangel* von Kants Analyse ist die irreführende Subjektivierung von Raum und Zeit. Hegel anerkennt robust, dass *alle* realen Dinge und Sachen in der Welt, im Vollzug ebenso wie in Bezugnahmen, *endlich sind*. Alles Unendliche ist generisch-allgemein. Dazu gehören auch die artbestimmten Identitäten als Voraussetzungen des Sinnes jeder Rede von einem Fürsichsein einer Sache oder eines Dinges. Dieses Fürsichsein ist immer schon ein Werden der Sache oder des Dinges als prozessuale Relation *zu sich selbst*.

Alle Allgemeinheiten sind im Denken von uns konstituiert. Alle ›wirkliche Ursachen‹ von Erscheinungen sind von uns gegen oberflächliche Darstellungen gesetzte Inhalte generischer Erklärungen, angewendet auf den jeweiligen Einzelfall. In diesem und nur in diesem Sinn ist alles Wirkliche ›vernünftig‹, also in einem vernünftigen Urteil gegen einen bloßen Schein gesetzt. Dabei ist das Vernünftige wenigstens partiell wirklich, nämlich im Vollzug unseres Urteilens und Handelns.

Am Ende ist es Hegel, der Kants Zwei-Welten-Lehre mit ihrer sensualistisch verkürzten Auffassung von empirischen Dingen und mit ihrer mystifizierten Intellektualwelt aufhebt. Denn der *vierte Mangel* Kants besteht darin, dass er die Vorstellung der Patristik von einer Welt an sich jenseits aller Erscheinungen doch wieder reproduziert und dem Glauben an rein intelligibile Denkgegenstände zwar mit pragmatischer Absicht, aber am Ende doch einen viel zu großen Platz einräumt – was im Grunde gerade Friedrich Heinrich Jacobi in seiner Glaubensphilosophie gezeigt hat.

Während nun die *Idee der Wahrheit* zunächst als eine Art *Überschrift* zu begreifen ist über alles Wissen, kontrafaktisch idealisiert zu einem perfekten Wissen eines von uns metaphorisch ausgemalten Gottes, ist die »Idee des Guten« Überschrift über die Zwecke im

Wollen und Handeln, kontrafaktisch idealisiert zu einem perfekten Ziel eines von uns metaphorisch ausgemalten gemeinsamen Geistes, der personalen Menschheit. Die Idee des Guten ist so das Gesamtideal allen freien und guten Wollens im Blick auf ihre Zielerfüllung, das aber zunächst nur in der eben geschilderten rein abstrakten, also rein verbalen Form begrifflich skizziert wird. Sie ist in ihrer idealen Perfektion der von uns ganz allgemein zunächst nur per Ausdruck genannte bzw. vorgestellte Endzweck nicht der natürlichen Welt, sondern der Welt des Handelns. Da jedes Einzelwollen im Kontext des gemeinsamen Wollens und jede Einzelfreiheit im Kontext gemeinsamer Freiheit steht, enthält das idealperfekte Gesamtgute neben dem noch besonders zu betrachtenden Allgemeinwohl einen idealen Gesamtspielraum für die freie Selbstbestimmung jeder Einzelperson. In dieser Form enthält die Idee des Guten die Idee der Freiheit.

Wir können jetzt zu unserer Kernpassage mit hoffentlich tieferem Verständnis zurückkehren: Das Gute ist Idee. Diese ›gibt‹ es nur als Reflexionsform auf idealperfekte Erfüllungen von Güte-Bedingungen im Handeln, so wie es eine (sogenannte ›absolute‹) Wahrheit nur gibt als Reflexionsform auf idealperfekte Erfüllungen von Wissens- bzw. Erkennens-Bedingungen.

Im Übergang von bloß subjektiven und damit lokalen Befriedigungen zu globalen Erfüllungen entsteht die vorgestellte Einheit der Idealform des freien und guten individuellen und gemeinsamen Wollens mit dem besonderen Willen der Einzelpersonen: ›Eigentlich‹ will jeder das allgemein Gute, wie das schon (Platons) Sokrates gesehen hat. Die Schwierigkeit besteht darin, den Sinn des Wortes »eigentlich« erstens allgemein und zweitens in der je relevanten Besonderung auf konkrete Einzelfälle angemessen zu begreifen.

Das abstrakte Recht ist jetzt einfach die allgemeine Form, nach der unsere Freiheit kohärent mit der Freiheit der anderen Personen zusammenbestehen kann. Im ideal Guten ist dies ebenso aufgehoben wie »das Wohl und die Subjektivität des Wissens«. Zu berücksichtigen ist dann aber auch die Kontingenz der Natur. Die »Zufälligkeit des äußerlichen Daseins« kann durch handelnde Vorsorge nur so weit, wie es geht, aufgehoben werden. Wir werden dann noch genauer sehen, wie Freiheit in den Institutionen der Sittlichkeit aufzuheben ist.

§ 130

134 Das Wohl hat in dieser Idee keine Gültigkeit für sich als Dasein des einzelnen besondern Willens, sondern nur als *allgemeines* Wohl und wesentlich als *allgemein an sich* d. i. nach der Freiheit; – das Wohl ist nicht ein Gutes ohne das *Recht*. Eben so ist das Recht nicht das Gute ohne das Wohl (fiat justitia soll nicht pereat mundus zur Folge haben). (125)

Wenn man in die Idee des Guten als formalen Gesamtzweck guten Handelns das Wohl aufnimmt, ist nicht einfach nur mein oder dein Wohl gemeint, also das besondere Ziel meiner oder deiner Handlungsplanung, sondern erstens das Wohl als Wert-Dimension und zweitens als allgemeines Wohl. Dasselbe gilt für die Freiheit. Es ist daher Wohlstand von mir oder uns, auch von uns allen, nichts Gutes »ohne das Recht« als Organisation unserer Freiheit(en), was man auch immer im Utilitarismus dazu meinen mag. Umgekehrt gibt es keine Verteidigung von Recht und Freiheit ohne Berücksichtigung der Dimension des Wohls, sowohl des eigenen als auch das der anderen Leute. Daher ist der Spruch »fiat iustitia, pereat mundus« verrückt.

134 Das Gute hiemit, als die Notwendigkeit wirklich zu sein durch den besondern Willen und zugleich als die Substanz desselben, hat das *absolute Recht* gegen das abstrakte Recht des Eigentums und die besondern Zwecke des Wohls. Jedes dieser Momente, insofern es von dem Guten unterschieden wird, hat nur Gültigkeit, insofern es ihm gemäß und ihm untergeordnet ist. (125 f.)

Das Gute als vernünftige Verbindung der Dimension des Wohls und der Dimension des Rechts unter Aufhebung jeder einseitigen Verrücktheit hat jetzt klarerweise Vorrang vor dem abstrakten »Recht des Eigentums« – eine Einsicht, die sich gegen jeden dogmatischen oder gar fundamentalistischen Liberalismus wendet. Es hat aber auch als Ausgleich von Wohl und Freiheit Vorrang vor jeder vermeintlich utilitaristischen Pflicht zur Maximierung eines ›Gesamtnutzens‹ der großen Zahl.

§ 131

135 Für den *subjektiven* Willen ist das Gute eben so das schlechthin Wesentliche, und er hat nur Wert und Würde, insofern er in seiner Einsicht und Absicht demselben gemäß ist. (126)

Wir können jetzt auch besser einsehen, dass die subjektive Freiheit willkürlichen Wollens weder an sich, also im Allgemeinen, noch für mich als einzelne Person absoluten Wert hat, wie der liberalistische Egoismus in seiner bewusstlosen Verteidigung eines zum Fetisch verkommenen Eigentums unterstellt. Denn auch für das subjektive Wollen ist das angestrebte Gute, nicht bloß das freie Wollen selbst, »das schlechthin Wesentliche«. Zwar wird es immer eine Diskrepanz geben zwischen dem, was mir zunächst als für mich gut erscheint, was wir dann als allgemein gut bewerten, was andere für gut halten und was allgemein gut ist. Dabei kann sozusagen per definitionem niemand die Idealperspektive einnehmen, die sagt, was je konkret allgemein gut ist. Aber wir kennen die genannten vier Dimensionen oder Formen des Urteilens. Und wir wissen, dass man sich nicht nur auf die ersten drei berufen darf. Denn der freie Wille hat »nur Wert und Würde«, insofern er – also die Person – sich am allgemein Guten ausrichtet. Soviel Konsequentialismus muss sein.

Insofern das Gute hier noch diese *abstrakte Idee* des Guten ist, so 135
ist der subjektive Wille noch nicht als in dasselbe aufgenommen und ihm gemäß gesetzt; er steht somit in einem *Verhältnis* zu demselben, und zwar in dem, daß das Gute, für denselben das Substantielle sein, – daß er dasselbe zum Zwecke machen und vollbringen *soll,* –
wie das | Gute seinerseits nur im subjektiven Willen die Vermittlung 115
hat, durch welche es in Wirklichkeit tritt. (126)

Bisher haben wir nur erst von den allgemeinen bzw. ideal-eidetischen Formen des freien Wollens, des Rechts, des Wohls und auch des Guten gesprochen. Daher steht der subjektive Wille zunächst noch dem Guten *gegenüber*, das ihm als eine Art äußere Pflicht oder als ein Sollen *entgegentritt*, jedenfalls nicht *unmittelbar* als mein Wollen. Andererseits gibt es kein Gutes, außer man tut es, wie Erich Kästner in einer mit Recht berühmten Formel, natürlich ohne es zu wissen, die zweite Hälfte von Hegels Gedankenführung ausdrückt.

§132

Das *Recht* des *subjektiven Willens* ist, daß das, was er als gültig 135
anerkennen soll, von ihm *als gut eingesehen* werde, und daß ihm eine Handlung, als der in die äußerliche Objektivität tretende Zweck, nach seiner *Kenntnis* von ihrem Werte, den sie in dieser Objektivität

[hat], als rechtlich oder unrechtlich, gut oder böse, gesetzlich oder ungesetzlich zugerechnet werde. (126)

Hegel kehrt Kants *Aufforderung*, selbst zu denken – das tun wir ohnehin immer – gewissermaßen um und stellt sie so als *Recht*, selbst über das Gute zu urteilen, vom Kopf auf die Füße. Das, was ich für mein Tun als geltend anerkennen soll, muss von mir selbst als gut einsehbar sein, wie wir völlig sinngleich zum Text sagen können. Dabei darf mir meine Tat als (in Vorsatz und Absicht bestimmte) Handlung nur nach meiner »Kenntnis von ihrem Werte« (moralisch oder rechtlich) zugerechnet werden – wobei ähnlich wie im Fall einer Fahrlässigkeit freilich Unwissen dann vor Strafen nicht schützt, wenn man sich nach allgemeinem Wissen um das besondere Wissen bemühen muss, so wie man sich darum bemühen muss, nicht durch Drogenkonsum oder auch nur Übermüdung wahrnehmungsschwach, im reaktiven Verhalten zu langsam oder sonst wie unzurechnungsfähig zu werden.

135 Ⓚ Das *Gute* ist überhaupt das Wesen des Willens in seiner *Substantialität* und *Allgemeinheit*, – der Wille in seiner Wahrheit; – es ist deswegen schlechthin nur *im Denken* und durch *das Denken*. (126 f.)

Der Gedanke des Sokrates, dass jeder eigentlich das Gute will, ist trivial wahr und falsch zugleich. Es gehört zum wahren Wesen bewussten Wollens, im Handeln etwas Gutes bzw. das Gute möglichst gut zu erreichen. Das gilt aber zunächst nur der allgemeinen Form nach. Realiter ›wollen‹ wir alles Mögliche, was am Ende weder für uns selbst noch für andere, noch insgesamt gut ist. Und dennoch liegt der Mangel dieses falschen ›Wollens‹ nur, wie Sokrates sagt, an einem Mangel im Denken.

135 Ⓚ Die Behauptung daher, daß der Mensch das Wahre nicht erkennen könne, sondern es nur mit Erscheinungen zu tun habe, – daß das Denken dem guten Willen schade, diese und dergleichen Vorstellungen nehmen wie den intellektuellen, eben so allen sittlichen Wert und Würde aus dem Geiste hinweg. – (127)

Es ist ein reflexionslogischer Irrtum zu meinen, dass wir weder das Wahre noch das Gute erkennen könnten. In der realen, endlichen Welt gibt es zwar zu jedem realen Wissen ein besseres Wissen und zu jeder Handlung eine bessere. Alles reale, endliche Wissen und Erkennen, Wollen und Handeln ist fallibel – und zwar wegen des inferentiellen

Überschusses in unseren begrifflichen Aussagen und Urteilen, in welchen wir Einzelfälle als Fälle allgemeiner Gattungen und besonderer Arten auffassen und dabei zunächst immer von Normalfällen, nicht von privativen Ausnahmen ausgehen (müssen). Hinzu kommt, dass wir das Allgemeine generischer Formen und eidetischer Begriffe praktisch immer idealtypisch artikulieren (müssen). Ein Ideal aber ist eine Art fingierte Perfektion einer Ordnung des Besseren, so wie ein idealer Kreis oder ein idealer, sozusagen göttlicher, paradiesisch-utopischer Staat.

Nichts in der realen Welt ist perfekt. Der ideale Fluchtpunkt des Wahren bzw. des Guten ist je nur als abstrakte Richtungsangabe für unsere Orientierungen bei der Beurteilung des jeweils hinreichend Wahren bzw. Guten oder der Verbesserung realer Urteile und Handlungen gemeint. Jede Erkenntnis ist in der realen Welt also schon dann als ausreichend wahr und richtig zu beurteilen, wenn die im Kontext wesentlichen Bedingungen erfüllt sind. Dasselbe gilt für die Beurteilung einer Handlung als gut. Sie ist gut, wenn sie gut genug ist, so wie eine Fläche eben ist, wenn sie eben genug ist. Daher ist es generell falsch, perfekt ideale Formen oder Ideen wie etwa die der Geometrie unmittelbar als Kriterien für die volle, ›absolute‹ Erfüllung von Wahrheitsbedingungen zu verstehen. So wie es aus definitorischen Gründen keine perfekten geraden Linien oder Kreise gibt, aber sehr wohl je hinreichend gute, gibt es aus rein definitorischen Gründen keine infallible und auch sonst inferentiell absolut perfekte wahre Aussage oder ein vollkommenes Wissen, wohl aber für die jeweilige Situation bei unterstelltem Normalfall oder für die besondere Lage hinreichend als gut und damit formal als wahr bewertete Geltungsansprüche. Es ist daher für die reale Anwendung ideal-allgemeiner Sätze je die besondere Marge der ausreichenden Erfüllung zu bestimmen. Diese logische Einsicht Hegels geht auf Platon zurück, ist aber in der formalen Logik offenbar unbekannt (weil es sie in der bloß erst reinen Mathematik nicht gibt).

Kant hätte recht gehabt zu sagen, dass wir es im Erkennen nur mit Erscheinungen zu tun haben, wenn er diese als die normalen Erscheinungen der realen Dinge in der Zeit aufgefasst hätte und ihnen statt eine ›absolut wirkliche Welt an sich‹ bloß eine vorgestellte kontrafaktische Idealwelt ›absolut infalliblen Wissens‹ *mit distanzierendem*

Anführungszeichen gegenübergestellt hätte. Stattdessen verwechselt er die Grundtatsache der zeitlichen und räumlichen Endlichkeit aller Dinge und Sachen mit Formen unserer Sinnlichkeit, also unseres anschaulichen Zugangs zu den Dingen je aus dem Präsens oder Dasein im Hier und Jetzt her.

Ebenfalls falsch ist es, wenn Kant erklärt, dass man im Interesse der Moral etwas ›glauben‹ müsse. Das tat noch nicht einmal Platon, da er nur die Rede über die Götter aus Gründen frommer Normbefolgung für unantastbar oder heilig erklärt und den ›Atheismus‹ wie die meisten Denker noch im 17. und 18. Jahrhundert im Grunde nur wegen der zu erwartenden moralischen Folgen des Mottos »Nach mir die Sintflut« verbietet. In jedem Fall ist es absurd, wenn Prediger meinen, das Denken schade der Moral. Solche Pfarrerreden zerstören »allen sittlichen Wert« und die »Würde des Geistes« selbst.

135 Ⓚ Das Recht, nichts anzuerkennen, was Ich nicht als vernünftig einsehe, ist das höchste Recht des Subjekts, aber durch seine subjektive Bestimmung, zugleich *formell*, und das *Recht des Vernünftigen* als des Objektiven an das Subjekt bleibt dagegen fest stehen. – (127)

Alle realen Ansprüche an mich müssen von der Form sein, dass ich sie anerkennen und als vernünftig einsehen kann. Dieses »höchste Recht des Subjekts« ergibt sich nicht aus einer *Setzung*, sondern aus der *absoluten Grundtatsache* je meines subjektiven und perspektivischen Urteilens und Handelns. Wie alles bloß erst abstrakte Recht eines prinzipiellen Entitlements ist auch dieses ›Recht‹ sowohl im Vollzug als auch, und erst recht, in seiner subjektiven Inhaltsbestimmung allerdings bloß erst formell, subjektiv, ideal. Das heißt, es gibt anerkannte Ansprüche bzw. anerkennbare Normen ›objektiver‹ bzw. transsubjektiver Vernunft, welche dieses fundamentale Freiheitsrecht des personalen Subjekts material einschränken. Daher kann ich für Schäden, die durch mein sachliches Eigentum oder auch durch meinen Körper auch ohne Zutun ›des Willens‹, wie wir sagen, verursacht sind, auch dann aufkommen müssen, wenn ich selbst keine Schuld habe. Schadensersatzansprüche sind aber fundamental von Schuldzuweisungen zu unterscheiden. Die Fälle von Fahrlässigkeit und eigenverschuldeter zeitlich begrenzter Unzurechnungsfähigkeit zeigen dann in logisch höchst wichtiger Weise, dass ich nicht bloß als momentanes Subjekt des aktualen Handelns hier und jetzt, sondern als in der Zeit relativ weit ausgedehnte Person für mein Wissen, Urteilen und Handeln Verantwortung trage. In genau diesem Sinn bleiben die Ansprüche gemeinsamer Vernunft gegen mich als personales Subjekt trotz des absoluten Rechts des eigenen Denkens und Urteilens je von hier und jetzt her bestehen. Es ist daher ein logischer Fehler zu meinen, die Verantwortung für eine Tat unter Alkoholeinfluss sei eine bloße Zuschreibung der anderen Personen nach der Tat, da der Betrunkene sein Tun ja in dem konkreten Moment nicht kontrollieren konnte – und sich später vielleicht sogar an nichts mehr erinnert. Die reale Schuld der Person besteht in einem Vollzug längerer Dauer, ähnlich wie im Fall selbstverschuldeter Unwissenheit. Das heißt logisch, dass wir *immer*, auch in der Physik, die je real relevante Rede von einer *Gegenwart* von der rein formalistischen und rein ideal-mathematischen des *Zeitpunkts* und unausgedehnten *Moments* lösen müssen.

Wegen ihrer formellen Bestimmung ist die Einsicht eben sowohl fähig, *wahr*, als bloße *Meinung* und *Irrtum* zu sein. (127) 135 f. Ⓚ

Hegel bestätigt unsere Lesart, wobei hier das Wort »formell« auf die *reine Vollzugsform im performativen Urteilen* verweist – im Kontrast zum beurteilten Inhalt. Damit wird aber auch klar, dass ein solches Urteil zunächst bloß subjektive Deklaration oder Versicherung ist, deren Inhalt wahr oder falsch sein kann, so dass es sich auch um eine bloße Meinung oder einen Irrtum handeln kann.

Daß das Individuum zu jenem Rechte seiner Einsicht gelange, dies gehört nach dem Standpunkte der noch moralischen Sphäre, seiner besondern subjektiven Bildung an. (127) 136 Ⓚ

Was Hegel die »moralische Sphäre« nennt, ist erstens der Bereich *je meines* subjektiven und freien Urteilens über das, was mir und dir oder uns und euch frei zu tun erlaubt sein soll, zweitens der Bereich der freien, noch nicht institutionell geregelten gemeinsamen Reflexionsurteile über das, was als gut bewertet werden soll – zusammen mit zugehörigen Orientierungen des individuellen und gemeinsamen Handelns.

Insgesamt unterscheidet Hegel, wie wir sehen, doch ganz ähnlich wie ich zwischen Individuum, Subjekt und Person. Unterschiede ergeben sich eher lokal und in besonderen Kontexten, auch nach Sprachgefühl, das wir nicht zugunsten schematischer Definitionen vernachlässigen dürfen, wenn wir verstanden werden wollen. Als individuelles Subjekt muss ich mich in der Gegenwart zur Person bilden und als personales Subjekt steht mir formal und allgemein zu, nach bester eigener Einsicht zu urteilen und zu handeln. Offenbar geht es hier um eine weit radikalere logisch-begriffliche Disambiguierung der verschiedenen Gebräuche des Wortes »ich« als in Kants und Fichtes Reden von einem transzendentalen oder noumenalen und empirischen Ich bzw. zwischen dem Ich als Subjekt und dem Ich als Objekt der Rede und des Handelns.

136 Ⓚ Ich kann an mich die Forderung machen, und es als ein subjektives Recht in mir ansehen, daß Ich eine Verpflichtung aus *guten* Gründen einsehe und die *Überzeugung* von derselben habe, und noch mehr, daß ich sie aus ihrem Begriffe und Natur erkenne. (127)

In der Reflexion auf die einzusehenden Inhalte kann und muss ich immer überlegen, ob mein unmittelbares Urteil oder auch meine ›Intuition‹ im Sinne eines naheliegenden Urteils richtig ist. Damit beginnt die Selbstkontrolle des Gewissens. Sie antwortet auf die selbstgestellte Frage, ob es eine von mir schon anerkannte oder anzuerkennende Forderung an mich gibt, so oder anders zu urteilen und zu handeln. Ich stelle damit an mich selbst die Verpflichtung, ein Urteil nicht beliebig zu fällen und nicht rein nach Willkür oder Neigungsimpulsen zu handeln, sondern die Güte des Urteils »aus guten Gründen« einzusehen und eine von mir selbst geprüfte Überzeugung zu haben. Als personales Subjekt muss ich immer unterscheiden zwischen Erscheinung und Wesen, also auch zwischen einem bloßen Schein des Guten und dem, was wirklich als gut zu bewerten sein könnte, ebenso zwischen dem bloß scheinbar Wahren und dem, was wirklich (real und nicht ideal) als wahr zu gelten hat. Das gerade bedeutet Hegels Rede von einem Erkennen dem Begriff oder, was dasselbe ist, der Natur der Sache gemäß.

136 Ⓚ Was ich für die Befriedigung meiner Überzeugung von dem Guten, Erlaubten oder Unerlaubten einer Handlung und damit von ihrer Zurechnungsfähigkeit in dieser Rücksicht, fordere, tut aber dem *Rechte der Objektivität* keinen Eintrag. – (127)

Hegels Formulierung ist etwas altbacken. Es bleibt, sagt er nach meinem Übersetzungsvorschlag, trotz aller Bemühung um ein gewissenhaftes Urteil aufgrund der bloß subjektiven »Befriedigung meiner Überzeugung«, was als gut, erlaubt oder unerlaubt gelten soll bzw. wie entsprechend zu handeln ist, immer noch ein (häufig auch spannungsvoller begrifflicher) Unterschied zu dem, was ›objektiv‹ als wahr oder gut gilt. Das gilt auch für jede auf eine begrenzte Wir-Gruppe eingeschränkte Intersubjektivität des gemeinsamen Urteilens. Es ergibt immer eine Differenz zwischen dem, was ich mir als Leistung oder als Mangel zurechne, was du und ihr dazu sagt und was *man* mir zurechnet – wie wir reflexionslogisch und generisch sagen. Daher bleiben ja auch, wie oben schon gesagt, die Urteile über jede Zurechnungsfähigkeit aus logischen Gründen immer in einer gewissen Schwebe – sozusagen *zwischen* uns, wie übrigens jede Wahrheit. Sie verlangen einen freien Ausgleich zwischen meinem Urteil und den Urteilen der anderen über meine vermuteten Vorsätze und Absichten.

Die Meinung, es sei doch auf wahr oder falsch bestimmt, ob ich diese oder jene Absicht habe oder hatte und die zugehörigen Urteile und Gründe gewissenhaft genug prüfe oder geprüft habe oder eben nicht, ist logisch nicht weniger naiv als die Meinung, das seien das doch alles bloße Zuschreibungen und Selbstzuschreibungen, die ›nur‹ der ›Rationalisierung‹ (auch: Rechtfertigung) des Handelns vorzugsweise nach der Tat dienen. Zuzugeben ist, dass die Ausdrucksformen »Ich habe/hatte die Absicht, *H* zu tun« und »Er hat/hatte offenbar die Absicht, *H* zu tun« in ihrer logischen Konstitution nicht einfach zu verstehen sind. In ihrer Erläuterung kommt man kaum ohne die Vorstellung eines allwissenden Gottes aus, der, wie sich noch Kant auch in Anspielung auf Blaise Pascal ausdrückt, als ›Herzenskündiger‹ in unsere Seele oder Herz blicken kann. Diese Vorstellung drückt aber nur die Einsicht Hegels metaphorisch aus, dass das Wahre wie das Gute auf ein Ganzes verweist, also der Idee nach jedes reale Urteil möglicherweise immer noch weiter zu entprovinzialisieren sein mag, wie ich die Bemühung um ›Objektivität‹ ausdrücken möchte.

Dieses Recht der Einsicht in das *Gute* ist unterschieden vom 136 Ⓚ
Recht der Einsicht (§ 117) in Ansehung der *Handlung* als solcher; das Recht der Objektivität hat nach dieser die Gestalt, daß da die Handlung eine Veränderung ist, die in einer wirklichen Welt existieren soll, also in dieser anerkannt sein will, sie dem, was darin *gilt*, | überhaupt gemäß sein muß. (127) 116

Man sollte unterscheiden zwischen der Erlaubnis und der Pflicht, über das Gute (und Wahre) subjektiv zu urteilen und dem subjektiven Wissen über die Handlung in ihrer allgemeinen und besonderen Form samt der zu erwartenden Konsequenzen. Die Forderung nach gewissenhafter, also subjektiver, aber möglichst akkurater Prüfung, was objektiv wahr und gut ist, ergibt sich schon daraus, dass jede Handlung eine Veränderung in der wirklichen Welt bewirkt. Zu dieser Welt gehören auch die anderen Personen, welche die Handlung als erlaubt, rechtmäßig oder richtig beurteilen. Dabei gehört es zur Form des bewussten Wollens und Handelns, dass ich will, dass die Handlungsform von den anderen als erlaubt oder gut anerkannt wird. Das zeigt sich nirgends so deutlich wie im negativen Fall der Vorspiegelung falscher Absichten, also in Täuschung und Heuchelei – wie Hegel selbst gleich sagen wird.

136 Ⓚ Wer in dieser Wirklichkeit handeln will, hat sich *eben damit* ihren Gesetzen unterworfen, und das Recht der Objektivität anerkannt. – (127)

Als Personen handeln wir immer schon im Zusammenhang mit allen anderen Personen und werden von diesen immer auch beurteilt. Wer daher als Person bewusst und für seine Handlung verantwortlich handelt, ist schon und hat sich selbst schon, *ipso facto* den »Gesetzen« der wirklichen Welt des gemeinsamen Lebens der Personen unterworfen und deren ›objektive‹ Ansprüche an ein gutes und berechtigtes Handeln anerkannt.

136 Ⓚ Gleicherweise hat im *Staate*, als der *Objektivität* des Vernunftbegriffs, die *gerichtliche Zurechnung* nicht bei dem stehen zu bleiben, was einer seiner Vernunft gemäß hält, oder nicht, nicht bei der subjektiven Einsicht in die Rechtlichkeit oder Unrechtlichkeit, in das Gute oder Böse, und bei den Forderungen die er für die Befriedigung seiner Überzeugung macht. In diesem objektiven Felde gilt das Recht der Einsicht als Einsicht in das *Gesetzliche* oder *Ungesetzliche*, als in das *geltende* Recht, und sie beschränkt sich auf ihre nächste Bedeutung, nämlich *Kenntnis* als *Bekanntschaft* mit dem zu sein, was gesetzlich und insofern verpflichtend ist. (127 f.)

Es mag manchen ärgern, dass Hegel hier ganz nebenbei den Staat mit der objektiv geformten Vernunft identifiziert. Denn eben das besagt die Formel von der »Objektivität des Vernunftbegriffs« – in unserer Übersetzung von »Begriff« bzw. »*eidos*« als Form. Da man heute unter ›dem Staat‹ (übrigens in sehr naiver Weise) eine politische ›Herrschaft‹ von Regierung und Verwaltung versteht, hilft es, wie gesagt, wenn man den Ausdruck »Staat« erst zurück ins Lateinische als *res publica* und dann wieder ins Deutsche als *öffentliche Angelegenheit* bzw. *Gemeinwesen* übersetzt – nachdem das Wort »Republik« bloß noch eine besondere Regierungsform bezeichnet. Dann liest sich Hegels Formel schon einleuchtender bzw. fast tautologisch so: Es sind die *öffentlichen Angelegenheiten des Gemeinwesens*, die das Objektive im vernünftigen Urteilen und Handeln bestimmen. Und es sind Rechtsprechung und Wissenschaft ebenso Teil dieser öffentlichen Angelegenheiten bzw. des Gemeinwesens wie die *öffentliche Meinung* der diversen Medien und damit auch die vielstimmigen Urteile über das Moralische in der freien Urteilssphäre der Moralität.

In der öffentlichen Beurteilung einer Handlung in einem Gerichtsverfahren oder als Urteil eines Ausschusses geht man schon darüber hinaus, was die handelnden Personen selbst oder zufällige Beobachter etwa über die Rechtlichkeit des Tuns *meinen*. Das liegt nicht nur daran, dass ein Wissen über »das Gesetzliche oder Ungesetzliche«, also »das geltende Recht«, verlangt ist. Es liegt daran, dass solche Urteile *kanonisch Recht setzen, indem sie Recht sprechen*.

Dabei muss nun aber mitbeurteilt werden, was die Person über das Recht und das Gesetz wissen kann.

Das führt zu der fundamentalen Forderung nach einer möglichst klaren, deutlichen, einfach reproduzierbaren und einfach verstehbaren Formulierung der Gesetze und zu einer allgemeinen Öffentlichkeit von allem positiven Recht, auch im Blick auf prototypische Fälle. Das ist auch schon der (erweiterte) Sinn des wichtigen Prinzips *nulla poena sine lege*, das man in Betonung unserer Schriftkultur unter Hinweis auf den Zusammenhang von *lex* und *legere* auch so widergeben kann: Keine Strafe ohne öffentliche ausgelegte oder lesbare Strafandrohung ›im Gesetz‹. Diese Lesart bestätigt sich im Fortgang von Hegels Text selbst.

Daher kritisiert Hegel seinen Berliner Kollegen Friedrich Carl von Savigny, ohne ihn zu nennen, da auch dieser die Bedeutung einer kanonischen Verschriftlichung des Rechts nicht angemessen begreift. Übrigens ist die Arbeit an der kanonischen Artikulation und kritischen Entwicklung institutioneller Normen von ihrer Befolgung in ähnlicher Weise zu unterscheiden wie die formelle Rechtsetzung von der Rechtsprechung, also die Legislative (und ihre vorlaufenden Diskussionen) von der Jurisdiktion (und ihren nachfolgenden Bewertungen).

136f. Ⓚ Durch die Öffentlichkeit der Gesetze und durch die allgemeinen Sitten benimmt der Staat dem Rechte der Einsicht die formelle Seite und die Zufälligkeit für das Subjekt, welche dies Recht auf dem dermaligen Standpunkte noch hat. Das Recht des Subjekts, die Handlung in der Bestimmung des *Guten* oder *Bösen*, des Gesetzlichen oder Ungesetzlichen zu kennen, hat bei Kindern, Blödsinnigen, Verrückten die Folge, auch nach dieser Seite die Zurechnungsfähigkeit zu vermindern oder aufzuheben. (128)

Der Staat als Organisation des Gemeinwesens im Sinne der Gesamtheit der öffentlichen Angelegenheiten hat insbesondere für die Öffentlichkeit der Gesetze zu sorgen. Außerdem sind – hier behält von Savigny recht – die allgemein praktizierten und damit empraktisch bekannten Sitten trivialerweise Teil eben dieser öffentlichen Angelegenheiten sc. des ›Staates‹ (im Sinne Hegels).[57]

Die Kenntnis der Normen unterscheidet dann zurechnungsfähige Personen (manchmal auch graduell) von Jugendlichen, Kindern und Menschen mit *mental disablements*.

137 Ⓚ Eine bestimmte Grenze läßt sich jedoch für diese Zustände und deren Zurechnungsfähigkeit nicht festsetzen. Verblendung des Augenblicks aber, Gereiztheit der Leidenschaft, Betrunkenheit, überhaupt was man die Stärke sinnlicher Triebfedern nennt (insofern das, was ein Notrecht (§ 120) begründet, ausgeschlossen ist), zu Gründen in der Zurechnung und der Bestimmung des *Verbrechens* selbst und seiner *Strafbarkeit* zu machen, und solche Umstände anzusehen, als ob durch sie die *Schuld* des Verbrechers hinweggenommen werde, heißt ihn gleichfalls (vergl. §§ 100, 119 Anm.) nicht nach dem Rechte und der Ehre des Menschen behandeln, als dessen Natur eben dies ist, wesentlich ein Allgemeines, nicht ein abstrakt-Augenblickliches und Vereinzeltes des Wissens zu sein. – (128f.)

Für die Bestimmung der Zurechnungsfähigkeit gibt es aus schon diskutierten Gründen keine ›scharfen‹ (schematischen) und unmittel-

[57] Die übliche Kritik an Hegels vermeintlichem Lob des (preußischen) Staates löst sich so auf triviale Weise auf. Außerdem beginnt 1820 erst das Ende der Reformperiode Preußens.

bar öffentlich kontrollierbaren Kriterien oder Unterscheidungsmerkmale. Es gibt, wie oben schon diskutiert, durchaus seltene momentane Verwirrungen von Verstand und Vernunft, Verblendungen im Urteil oder Handlungen im Affekt, aus Zorn oder Wut. Taten im betrunkenen Zustand und gemäß einem wirklichen bzw. vermeinten Notrecht wurden ebenfalls schon erwähnt. – Es ist also absolut vernünftig, diese Einschränkungen bewussten und absichtlichen Handelns im Strafmaß zu berücksichtigen. Aber ihr Vorliegen oder gar ihre bloße Behauptung nimmt die Verantwortung und Schuld nicht immer völlig hinweg.

Wieder bestätigt Hegel unsere Lesart: Als Person bin ich – Hegel spricht in heute etwas ungewohnter Weise von der Ehre des Menschen – wesentlich in der zeitlich ausgedehnten Realisierung oder Instanziierung des allgemeinen Personentyps in meinem Tun zu begreifen und zu beurteilen. Im unmittelbaren Vollzug als reines Subjekt bin ich etwas »abstrakt Augenblickliches«. Das gilt erst recht für unser Erkennen und Wissen, das nie als bloß momentane Kognition, enaktive Perzeption oder rein begehrensgesteuertes Verhalten zu verstehen ist.

Wie der Mordbrenner nicht diese zollgroße Fläche eines Holzes, 137 Ⓚ
die er mit dem Lichte berührte als isoliert, sondern in ihr das Allgemeine, das Haus, in Brand gesteckt hat, so ist er als Subjekt nicht das Einzelne *dieses* Augenblicks oder diese isolierte Empfindung der Hitze der Rache; so wäre er ein Tier, das wegen seiner Schädlichkeit und der Unsicherheit, Anwandlungen der Wut unterworfen zu sein, vor den Kopf geschlagen werden müßte. – (129)

Hegel verweist auf das Beispiel des Anzündens eines Hauses, das wir schon oben durch einen Mord ersetzt haben, der mit einer Schusswaffe begangen wurde: Die Betrachtung des bloß momentanen Aktes, also der Krümmung des Fingers, verwirrt hier, wenn man das Allgemeine, die Tötung und den Mord und seine besonderen Bestimmungen etwa als Raubmord oder Rachemord, nicht als Wesen der bewussten, vorsätzlichen und absichtlichen Gesamthandlung begreift. Es gibt keinen begrifflich wohlbestimmten *act-token*, kein *reines Ereignis e* der momentanen Krümmung des Fingers, wie in dem Buch *The Act Itself* zum Thema von Jonathan Bennett – mit verschiedenen ›Beschreibungen‹ des *Ereignistyps E* wie bei Donald Davidson. Das personale Subjekt ist auch »nicht das Einzelne dieses Augenblicks«. Als bloßes Subjekt eines nur momentanen Tuns, etwa rein im Affekt, wäre ich wie ein wildes Tier. Rein als solches könnte und dürfte man mich wegen meiner Schädlichkeit einsperren oder ggf. sogar töten – und beides wäre so wenig eine Strafe wie bei Tieren, bei denen es ja begrifflich rein sinnlos ist, von Strafe zu reden.

137 f. Ⓚ Daß der Verbrecher im Augenblick seiner Handlung sich das Unrecht und die Strafbarkeit derselben *deutlich* müsse *vorgestellt* haben,
117 um ihm als Verbrechen | zugerechnet werden zu können – diese Forderung, die ihm das Recht seiner moralischen Subjektivität zu bewahren scheint, spricht ihm vielmehr die innewohnende intelligente Natur ab, die in ihrer tätigen Gegenwärtigkeit nicht an die Wolffisch-psychologische Gestalt *von deutlichen Vorstellungen* gebunden, und nur im Falle des Wahnsinns so verrückt ist, um von dem Wissen und Tun einzelner Dinge getrennt zu sein. – Die Sphäre, wo jene Umstände als Milderungsgründe der Strafe, in Betracht kommen, ist eine andere als die des Rechts, die Sphäre der *Gnade.* (129)

Es ist auch ein netter Mythos zu meinen, dass mir im Augenblick der Tat, kurz vor dem Abdrücken der Pistole zum Beispiel, das »Unrecht und die Strafbarkeit« sozusagen aktuell durch den Kopf geschossen sein muss, weil mir ja sonst das Verbrechen möglicherweise nicht *momentan* bewusst gewesen sei.[58] Alles *bloß Momentane* hat mit dem personalen Sein und damit auch mit der zeitlich immer ausgedehnten Gesamtform des freien Denkens, Urteilens und Handelns gar nichts zu tun.

Christian Wolff und andere Psychologen der inneren Bewegungen mit ihren Vorstellungen über klare und deutliche Vorstellungen im Gehirn gehen am Phänomen und Begriff des freien und verantwortlichen Handelns vorbei. Das gilt erst recht für die Gehirnforschung, von ihren Anfängen etwa bei Franz Joseph Gall bis zu den heutigen Messungen der momentanen Mikroströme im Kopf.

[58] Ähnlich nette Geschichten gibt es über den ›Sünder‹, der im Moment kurz vor seinem Tod alle seine Verbrechen bereut. Dem Schächer am Kreuz werden von Jesus aber nur die Sünden gegen Gott bzw. sich selbst ›vergeben‹, zumal er *in seiner Reue und Anerkennung der Strafe* trotz der Verbrechen gerade in Hegels Sinn *als Person* restituiert ist.

Interessant aber ist Hegels Diagnose dazu, dass die Strafminderung im Fall von Taten im Affekt oder in einer momentanen Verrückung des Geistes, um es so zu sagen, gar nicht eigentlich eine Frage des Rechts, sondern der Gnade, also einer Nachsicht ist, die der Verbrecher erbitten, aber nicht als eigentlich als Recht einfordern kann. Dass wir ihrer Gewährung dennoch partiell die äußere Form rechtlicher Kriterien gegeben haben, muss dieser Einschätzung nicht unbedingt widersprechen. Im Gegenteil, sie erklärt gerade die Variationsbreite in der jeweils realen Zuordnung des Strafmaßes in solchen Fällen – und ihre Abhängigkeit von der Glaubwürdigkeit der Bekenntnisse der Täter.

§ 133

Das Gute hat zu dem besondern Subjekte das Verhältnis, das *Wesentliche* seines Willens zu sein, der hiemit darin schlechthin seine 138
Verpflichtung hat. Indem die *Besonderheit* von dem Guten unterschieden ist und in den subjektiven Willen fällt, so hat das Gute zunächst nur die Bestimmung der *allgemeinen abstrakten Wesentlichkeit*, – der *Pflicht*; – um dieser ihrer Bestimmung willen soll die *Pflicht* um der *Pflicht willen* getan werden. (129)

Wieder müssen wir den Sinn der veralteten Formulierung durch Übersetzung in eine andere Ausdrucksform retten: Eigentlich will ich, sagt Hegel hier (als Person, wie ich hinzufüge), das Gute, so dass ich (als personales Subjekt je hier und jetzt) durch mein eigenes Wollen auch allgemein verpflichtet bin, das Gute in freier Willkür nach Kräften in die Tat umzusetzen. Auch wenn ich das allgemein weiß, weiß ich noch nicht, wie ich auf je besondere Weise das Gute im Unterschied zu meinem unmittelbaren Urteilen zu bestimmen habe. Ich weiß sozusagen nur, dass hier eine allgemeine Pflicht besteht, das Gute zu tun. Gemäß der je konkreten Bestimmung soll dann »die Pflicht um der Pflicht willen getan werden«. Das lese ich nicht etwa als Unterstützung einer entsprechenden Aussage Kants, nach welcher sich ein Handeln aus moralischer Pflicht gegen meine Neigungen oder auch gegen ein Handeln bloß gemäß der Pflicht durchsetzen sollte, sondern als deren Trivialisierung: Man soll das Gute um des Guten willen tun.

§134

138 Weil das Handeln für sich einen besondern Inhalt und bestimmten Zweck erfordert, das Abstraktum der Pflicht aber noch keinen solchen enthält, so entsteht die Frage: *was ist Pflicht*? Für diese Bestimmung ist zunächst noch nichts vorhanden, als dies: *Recht* zu tun und für das *Wohl*, sein eigenes Wohl und das Wohl in allgemeiner Bestimmung, das Wohl Anderer, zu sorgen (s. §119). (130)

Hegel selbst betont, dass aufgrund der Allgemeinheit der hier miteinander gewissermaßen bloß erst tautologisch verbundenen Dimensionen des Wollens, Handelns, der Zwecke, des Guten und der Pflicht noch kein konkreter Inhalt des Guten bzw. der Pflicht bestimmt ist. Gemäß der ›Definition‹ des Guten als Einheit von Wohl und Recht lautet die Formel dieser völlig trivialen ›Pflichtethik‹: Man soll im Handeln dem Recht Folge leisten und für »sein eigenes Wohl und … das Wohl anderer« sorgen.

§135

138 Diese Bestimmungen sind aber in der Bestimmung der Pflicht selbst nicht enthalten, sondern indem beide bedingt und beschränkt sind, führen sie eben damit den Übergang in die höhere Sphäre des *Unbedingten*, der Pflicht, herbei. (130)

Was jeweils konkret zu tun ist, ist in dem abstrakten Sollen, der Pflicht, das Gute zu tun, noch nicht enthalten. Was jeweils als Recht erlaubt ist und um welches Wohl es gerade geht, muss beides als durch die Umstände bedingt bestimmt werden. Aus der Reflexion auf diese Bedingtheit scheint sich unmittelbar die Frage zu ergeben, was denn unbedingte Pflicht sein könnte. Wir werden sehen, dass gerade diese Gedankenführung uns in die Irre leiten kann.

138f. Der Pflicht selbst insofern sie im moralischen Selbstbewußtsein, das Wesentliche oder Allgemeine desselben ist, wie es sich innerhalb seiner auf sich nur bezieht, bleibt damit nur die abstrakte Allgemein-
118 heit, hat | die *inhaltslose Identität*, oder das Abstrakte *Positive*, das Bestimmungslose zu ihrer Bestimmung. (130)

Wir haben schon gesehen, dass das Sollen zwar für das moralische Selbstbewusstsein wesentlich ist, aber zunächst nur erst in der Allgemeinheit einer abstrakten Form. Es handelt sich um die Pflicht, das objektiv Wahre und Gute im subjektiven Urteilen und Handeln, so gut es geht, gewissenhaft, streng, akkurat zu bestimmen. Wir haben das, was Hegel hier idiosynkratisch »inhaltslose Identität« nennt, oben schon als Tautologie oder abstrakten Truismus erkannt: Man soll das Gute tun, auf rechte Weise das allgemeine Wohl fördern. Man soll also ›rechtschaffen‹ sein.

So wesentlich es ist, die reine unbedingte Selbstbestimmung 139 Ⓚ
des Willens als die Wurzel der Pflicht herauszuheben, wie denn die Erkenntnis des Willens erst durch die *Kantische* Philosophie ihren festen Grund und Ausgangspunkt durch den Gedanken seiner unendlichen Autonomie gewonnen hat, so sehr setzt die Festhaltung des bloß moralischen Standpunkts, der nicht in den Begriff der Sittlichkeit übergeht, diesen Gewinn zu einem *leeren Formalismus* und die moralische Wissenschaft zu einer Rednerei von *der Pflicht um der Pflicht willen* herunter. Von diesem Standpunkt aus ist keine immanente Pflichtenlehre möglich; man kann *von Außen* her wohl einen Stoff hereinnehmen, und dadurch auf *besondere* Pflichten kommen, aber aus jener Bestimmung der Pflicht, als *dem Mangel des Widerspruchs, der formellen Übereinstimmung mit sich*, welche nichts anderes ist, als die Festsetzung der *abstrakten Unbestimmtheit*, kann nicht zur Bestimmung von besonderen Pflichten übergegangen werden, noch wenn ein solcher besonderer Inhalt für das Handeln zur Betrachtung kommt, liegt ein Kriterium in jenem Prinzip, ob er eine Pflicht sei oder nicht. – Im Gegenteil kann alle unrechtliche und unmoralische Handlungsweise auf diese Weise gerechtfertigt werden. – (130 f.)

Kant hat nun auch, und mit Recht, die »reine unbedingte Selbstbestimmung des Willens als die Wurzel der Pflicht« hervorgehoben. Wir haben diesen Gedankengang so rekonstruiert, dass wir *als Personen* alle *eigentlich* das Gute oder Beste wollen – wie das ja auch Sokrates sagt. Als *Subjekte* aber werden wir durch allerlei Mängel, nicht nur durch die unmittelbaren Neigungen momentaner Begehrungen, sondern etwa auch durch Angst vor Risiken oder durch ein bloß erst ›rationales‹ Denken davon abgehalten, es auch wirklich und konsequent tätig zu verfolgen. Außerdem, so setzt Hegel seine implizite, aber kritische Hommage an Platon und Kant fort, war es Kant gewesen, der im autonomen, sich scheinbar selbst die Regel gebenden Willen oder Wollen den »festen Grund« aller Pflicht »gewonnen hat«. Aber er hat sich schon in der Analyse der Form dieser »Selbstgesetzgebung« getäuscht, so wie zuvor schon bei der Form der »Selbstdenkens«. Denn bei Kant findet sich weder die Einsicht in das bloß Formelle des Rechts des Subjekts, selbst zu urteilen, noch in die allgemeine Spannung zum keineswegs rein subjektiven Inhalt, der aus subjektiver Perspektive möglichst ›objektiv‹ zu verstehen bzw. zu befolgen ist. In dieser Spannung als allgemeiner Form erkennt Hegel den allgemeinen Grund jedes wahren Sollens, also jeder wahren Pflicht.

Dass Kant am »bloß moralischen« Standpunkt festhält, bedeutet zunächst, dass er die logische Sphäre des subjektiven Urteilens aus der Binnenperspektive von mir oder uns her (in einer begrenzten Wir-Gruppe) gar nicht verlässt.[59] Hegel nimmt in seiner Kritik an Kant kein Blatt vor den Mund und wird dennoch gerade deswegen nicht in seiner Relevanz begriffen. Er spricht von »einem leeren Formalismus« – und dass Kant die »moralische Wissenschaft zu einer Rednerei von der Pflicht um der Pflicht willen« habe verkommen lassen. Durch bloß formale Konsistenzbetrachtungen sei »keine immanente Pflichtenlehre möglich«. Der von Kant nicht bemerkte Selbstbetrug werde dadurch vertuscht, dass er »von außen her« über konkrete Inhalte »auf besondere Pflichten« komme. Das zentrale Argument lautet: Aus

[59] Hegel sieht, dass der Mangel der Unterscheidung zwischen dem absoluten Recht des personalen Subjekts, selbst zu urteilen, und den allgemeinen Inhalten und Geltungsansprüchen, die dabei zu beurteilen sind, Kant (und viele andere) dazu verführt, die moralischen Pflichten *auch inhaltlich aus Konsistenzbedingungen* begründen zu wollen. Das kann nicht funktionieren, ohne stillschweigend materiale sittliche Urteile einfließen zu lassen. Es erstaunt nur, dass so viele kluge Leute das übersehen. Manche meinen sogar, Kant habe die moderne säkulare Ethik letztbegründet. Sie machen ihn damit zum Großphilosophen der Moral, so wie andere aus Newton und Einstein Großphysiker machen, Dante, Cervantes, Shakespeare und Goethe zu Großdichtern oder Bach, Mozart und Beethoven zu Großmusikern. Besonders im letztjährigen 250. Geburtsjahr von Beethoven, Hölderlin und Hegel ist zwischen den Figuren einer bürgerlichen Zivilreligion mit ihrer Liturgie und den eigentlichen Leistungen dieser geschichtlichen Personen ebenso zu unterscheiden wie etwa bei Jesus, der in den Evangelien zu einer Figur eines großen Gleichnisses wird, dann auch den Aposteln und den Heiligen der Kirche oder schon bei Thales und Pythagoras, Sokrates und Platon.

»dem Mangel des Widerspruchs, der formellen Übereinstimmung mit sich«, könne »nicht zur Bestimmung von besonderen Pflichten übergegangen werden«. Hegel setzt sogar noch nach, und auch hier wiederhole ich den Text zur Hervorhebung wörtlich: »Im Gegenteil kann alle unrechtliche und unmoralische Handlungsweise auf diese Weise gerechtfertigt werden.«

Das ist harter Toback, wie man sagt, und es ist daher wichtig zu klären, ob Hegel recht hat. Denn Hegel behauptet nicht nur, dass, wo immer ein »besonderer Inhalt für das Handeln« zu betrachten ist, sagen wir in der Pflicht, fremden Besitz zu respektieren, Kants Kategorischer Imperativ für eine Begründung der Norm nicht ausreicht. Hierin hat er recht. Denn es gilt ganz allgemein, dass für eine Begründung einer inhaltlich bestimmten Norm die – per definitionem subjektive – Moralität zu schwach ist und wir uns auf ein öffentliches, in gemeinsamen geschichtlichen Entwicklungen erfahrungsgesättigtes Ethos mit manchmal lokalen, etwa auch ›nationalen‹ Pfadabhängigkeiten für sittliche Konventionen als allgemeinen Lösungen von Koordinationsproblemen im gemeinsamen Handeln stützen müssen.

Hegel geht noch weiter und erklärt, dass Kants Prinzip der Moral, wenn man es ernst nähme, nicht zu einer Ethik des Guten, sondern zur Unmoral des Bösen führte. Denn das Böse besteht (gerade auch gemäß dem allegorisch tradierten Wissen eurasischer Kultur) nicht etwa darin, dass die Menschen bloß ihren Neigungen folgen und dabei manchmal, wie Kant beobachtet, geradezu Freude an Qual und Quälerei anderer haben, sondern dass sie, wie der gefallene Anführer der Engel, Luzifer, Gott gleich sein wollen. Das bedeutet, dass sie selbst bestimmen wollen, was gut und was schlecht, wer fromm einer angeblich selbstgesetzten Pflicht folgt und wer so ›böse‹ ist, dass er das bewusst nicht tut. Kurz, das wirklich Böse ist die subjektive *Selbstgerechtigkeit* eines bloß erst *wohlmeinenden* Gewissens, das den objektiven Geist der geschichtlich von uns gemeinsam entwickelten Sittlichkeit verachtet, und zwar in *ehrlicher* Absicht, das Gute zu wollen und seine Pflicht *rein aus Pflicht* zu tun.

In maßloser Selbstüberschätzung soll die Pflicht selbstdenkend je neu gefasst werden. Das heißt, man möchte die Welt des Geistes, also die Tradition der Normen eines guten Zusammenlebens bzw. die Sittlichkeit der geschichtlich entwickelten Praxisformen und Institutionen nicht nur in ihren klaren Mängeln, sondern grundsätzlich kritisieren und revolutionieren. Dabei öffnet die sogenannte Aufklärung der *redlichen* Selbstgerechtigkeit des Bösen Tür und Tor. Denn man kann sich jetzt darauf berufen, dass es ausreiche, subjektiv wollen zu können, dass eine Maxime oder Kooperationsform zur allgemeinen Norm erhoben werde. Die ›Tugend‹ Robespierres und Lenins ›Moral‹ sind von dieser Art.

139 Ⓚ Die weitere *Kantische* Form, die Fähigkeit einer Handlung, als *allgemeine* Maxime vorgestellt zu werden, führt zwar die *konkretere* Vorstellung eines Zustandes herbei, aber enthält für sich kein weiteres Prinzip, als jenen Mangel des Widerspruchs und die formelle Identität. – (131)

Wieder verdeckt die sowohl ultrakurze als auch umständliche und auch sonst eigenwillige Formulierung den Gedanken eher, als dass sie ihm einen guten Ausdruck verliehe. Hegel gibt zu, dass Kants kategorischer Imperativ, wenn er als notwendige Bedingung gelesen wird, durchaus ein moralisch zentrales Prüfverfahren der Kohärenz des eigenen Wollens ist und in diesem Sinn zu einer ›konkreteren Vorstellung‹ eines als Zwecks zu erreichenden Zustandes beiträgt. Aber das einzige Prinzip ist das der ›formellen Identität‹, also des Ausschlusses eines formalen Widerspruchs. Sogar im Verbot der Lüge und aller anderen Trittbrettfahrerhandlungen ist die auszuschließende Inkonsistenz längst schon material bestimmt. Wenn ich mir erlaube zu lügen, ›widerspreche‹ ich mir nur insofern, als der perlokutionäre Effekt des Lügens am besten erreicht wird, wenn ich unterstellen kann, dass die anderen die Wahrheit sagen – und daher auch von mir die Wahrheit erwarten. Allerdings muss ich verhindern, bei der Lüge ertappt zu werden. Analoges gilt für alle heimlichen und einseitigen Defektionen aus längst bekannten und allgemein als gut eingesehenen Kooperationsformen.

Dabei überzieht Kant den Gedanken des Sprichworts »Wer einmal lügt, dem glaubt man nicht« bzw. der Fabel des Äsop zum falschen Alarm (wer zu oft »Wolf« ruft, dem hilft man nicht, wenn der Wolf wirklich kommt). Es gibt glücklicherweise auch die Praxis der Bitte um Vergebung und die relative Pflicht der Wiederaufnahme dessen, der sich verfehlt hat, in die Gemeinschaft der vertrauenswürdigen Personen. Die Praxis des Schuldeinbekenntnisses, der Strafe und ihrer

Anerkennung durch den Täter ist, wie Hegels Analyse zeigt, genau von dieser Form. Sie erst macht unsere Normen und Kooperationsformen hinreichend robust gegen nie ganz verhinderbare Missbräuche und Privationen im einseitigen Regel- oder Gesetzesbruch.

Hegels logische Kritik an Kants Praktischer Philosophie fokussiert also auf den Begriff der *Autonomie*. Während es zwar immer so ist, dass jede Person selbst unterscheidend und wertend *urteilen* und entsprechend *handeln* muss, sind die Normen des rechten Urteilens und inferentiell konsequenten Handelns *nicht* durch die Einzelperson bestimmt. Der kategorische Imperativ artikuliert nur eine Bedingung der moralischen *Konsistenz* im Reden und im Handeln. Trittbrettfahrer müssen daher ihre unmoralischen Maximen lügnerisch verbergen. Aber eine noch so *ehrliche* Übereinstimmung zwischen meiner verbalen Anerkennung einer allgemeinen Erlaubnis mit meinem Tun ist *bloß erst eine notwendige* Bedingung für ein moralisch gutes Handeln. Die hinreichenden Bedingungen sind nie allein aus meiner Sicht zu bewerten; immerhin muss ich selbst *gewissenhaft* prüfen, ob die Maxime meines Handelns als die von mir gewählte Handlungsform verträglich ist mit einem schon gegebenen gemeinsamen Ethos allgemein anerkannter Kooperationsformen. Dazu muss ich als Person wissen, was alles in meiner sozialpolitischen Welt (und eben diese ist das Ethos) sittlich bzw. rechtlich als erlaubt gilt – womit natürlich auch schon mitbestimmt ist, was verboten oder geboten ist. Es reicht also bei weitem nicht aus, redlich wollen zu können, dass eine Handlungsnorm oder gar mein neues Gesetz allgemein gelte solle.

Daß *kein Eigentum* statt findet, enthält für sich eben so wenig 139Ⓚ
einen Widerspruch, als daß dieses oder jenes einzelne Volk, Familie u. s. f. nicht existiere, oder daß überhaupt *keine Menschen leben*. (13)

Inhaltlich ist es kein Widerspruch, dass es gar kein privates Eigentum gibt. Wenn das der Fall ist, kann man auch niemandem etwas stehlen. Daher könnte einer auf die Idee kommen, das, was die anderen als Diebstahl für ein Verbrechen halten, sich und den anderen zu erlauben.[60] Es ist noch nicht einmal ein Widerspruch, dass »dieses

60 Man kann auch, wie Jesus, die Institution des Eides für fragwürdig halten, und zwar mit dem völlig korrekten Argument, dass man ohne Anrufung Gottes die Wahrheit sagen soll. Damit wird aber das Besondere des Schwu-

oder jenes einzelne Volk, Familie usf. nicht existiere oder dass überhaupt keine Menschen leben«. Hier argumentiert Hegel fast schon zu polemisch, da es bei Kant um die Kohärenz einer möglichen Norm geht, in der gerade keine Einschränkung auf diese oder jene Personengruppe auftreten darf, die also ›universal‹ gelten soll, sozusagen für alle, insbesondere mich und uns eingeschlossen. Allerdings hält Hegel von allquantifizierten Geboten und Verboten bzw. Erlaubnissen ohnehin nichts, und das mit Recht. Sie gelten alle nur generisch und es gibt *immer* besondere Ausnahmen, für das Tötungsverbot ebenso wie das Lügenverbot – was Kant in seinem schematischen Denken weder sieht noch anerkennt. Andererseits ist es ganz richtig, Prinzipien der subjektiven Moral und objektiven Ethik oder Sittlichkeit in generischer Allgemeinheit zu artikulieren. Dazu muss aber insbesondere klargemacht werden, in welchem besonderen Sinn diese ›unbedingt‹ gelten sollen. Denn es kann nicht heißen, dass gar keine Bedingungen oder besonderen Ausnahmetypen genannt werden dürfen.

In Fällen wie: »wenn du jemandem etwas versprochen hast, musst du es halten« bzw. »wenn du ein treuhänderisches Depositum zu verwalten hast, musst du es auf Verlangen des Eigentümers zurückgeben« artikuliert *das gesamte Bedingungsgefüge* eine kategorische Pflicht. Es sind also nur ganz bestimmte Bedingungen, welche Kant ausschließen möchte, nämlich solche, die Bezug nehmen auf bloß *meine* Wünsche oder *unsere* Zwecke im Kontrast zu *euren*.[61] Nun ist

res übersehen. Der Eid hebt die Aussage auf eine positivrechtliche Ebene, die mit spezifischen Sanktionsdrohungen versehen ist. Auf die Aufdeckung einer Lüge in freier Kommunikation reagieren wir mit freiem Boykott der erwünschten Kooperation, sofern der Lügner für sein Vergehen nicht um Verzeihung bittet. (Man kann sich übrigens nie selbst entschuldigen, auch wenn wir so reden.)

[61] *Offiziell* heißt bei Kant ein Imperativ also nur dann ›*unbedingt*‹ bzw. ›*nicht bloß hypothetisch*‹, wenn die ›Maxime‹ *nicht nur durch mein Wünschen bedingt* ist. Bloß hypothetisch wäre daher ein ›Vorsatz‹ wie der folgende: »Da ich für meine Fehler nicht bestraft werden will, werde ich in den entsprechenden Fällen lügen«. Sachlich gesehen, ist die *Maxime* einfach die das einzelne Handeln *leitende allgemeine Handlungsform*, der *Vorsatz* ihre Vorabfassung in einer *besonderen* Absicht. Die Absicht ist damit, sozusagen, eine für den Einzelfall *besonderte* Maxime. Weitere Detailerläute-

aber gerade Kants eigene Relativierung auf *je meine Anerkennung* der je relevanten geschichtlich entwickelten Praxisform wie des Eids oder Versprechens oder der Institution des Eigentums höchst problematisch. Denn die Bedingung »falls ich die betreffenden Praxisformen als gut verfasste anerkenne« ist schon eine Überlegung zu viel. Dass das ein Fehler *sein kann*, wird gerade auch in Schriften der neueren Philosophie, etwa bei Richard Rorty oder John McDowell im Nachgang zum späteren Wittgenstein anerkannt. Dass es ein Fehler *ist*, werden wir mit Hegel weiter zeigen.

Wenn es sonst für sich fest und vorausgesetzt ist, daß Eigentum 139 f. Ⓚ
und Menschenleben sein und respektiert werden soll, dann ist es ein Widerspruch, einen Diebstahl oder Mord zu begehen; ein Widerspruch kann sich nur mit Etwas ergeben, das ist, mit einem Inhalt, der als festes Prinzip zum Voraus zu Grunde liegt. In Beziehung auf ein solches ist erst eine Handlung entweder damit übereinstimmend, oder im Widerspruch. (131)

Ein Verbrechen wie der Diebstahl bzw. der Mord widerspricht der schon anerkannten Norm, dass Eigentum bzw. das Leben aller anderen Menschen »respektiert werden soll«.

Aber die Pflicht, welche nur als solche, nicht um eines Inhalts 140 Ⓚ
willen, gewollt werden soll, *die formelle Identität* ist eben dies, allen Inhalt und Bestimmung auszuschließen. | (131) 119

Wir haben gesehen, dass die moralische Pflicht bei Kant von allem Inhalt absieht. Damit, so meint man, kann man allen Inhalt kritisieren. Das ist ein Irrtum.

Die weitern Antinomien und Gestaltungen des perennierenden 140 Ⓚ
Sollens, in welchen sich der bloß moralische Standpunkt des *Verhältnisses* nur herumtreibt, ohne sie lösen und über das Sollen hinauskommen zu können, habe ich [in der] Phänomenol. des Geistes, Seite 550 ff. entwickelt; vergl. Encyklop. der philos. Wissenschaften, § 420 ff. (131 f.)

Hegel verweist auf die Diskussion der dialektischen Paradoxien u. a. einer gesetzesprüfenden Vernunft und subjektiven Moralität in ihrer Verstellung der wahren Verhältnisse der Sittlichkeit in der *Phä-*

rungen und Debatten zu diesen Formulierungen sind immer möglich, aber nicht immer relevant.

nomenologie des Geistes (wie sie übrigens weit über die angegebenen Seiten hinausgeht) und auf parallele Überlegungen in der *Enzyklopädie der philosophischen Wissenschaften*.

§ 136

140 Um der abstrakten Beschaffenheit des Guten willen fällt das andere Moment der Idee, die *Besonderheit* überhaupt, in die Subjektivität, die in ihrer in sich reflektierten Allgemeinheit die absolute Gewißheit ihrer selbst in sich, das Besonderheit setzende, das Bestimmende und Entscheidende ist, – *das Gewissen.* (132)

Da ich mich nicht an Hegels durchaus leicht manieristische Regel halte, auf ein später erst in den besonderen Fokus genommenes Thema wie hier das des Gewissens nicht vorzugreifen, entfallen auch die ebenfalls manieristischen Übergänge, welche dem Verstehen der Leser ohnehin regelmäßig ganz besondere Schwierigkeiten bereiten – übrigens nirgends so sehr wie in der *Seinslogik*. Hier sagt Hegel, was ich oben schon hervorgehoben habe: Das Gewissen ist die Form der subjektiven Prüfungen der Pflicht, das konkrete Gute im Tun zu verfolgen. Dabei kommen wir nie weiter als bis zur ›absoluten‹, weil performativen Gewissheit des Handelns bzw. Urteilens *im Vollzug*. Dasselbe gilt für die subjektive Prüfung des Wahren im epistemischen Selbstbewusstsein, und zwar aus logischen Gründen. Es gilt *auch* für alle Appelle an einen idealen Konsens. Daher ist die Spannung von *Faktizität und Geltung*, wie Habermas in seinem wohl besten Buch ausführt, immer zu beachten – aber eben auch die von Habermas unterschätzte *Absolutheit* der Subjektivität, welche die unvermeidliche *Relativität* jeder *Intersubjektivität* und damit jedes *faktischen Konsenses* begründet.[62]

[62] Das logische Problem, das Habermas (mit Kant) übersieht, Hegel dagegen bei den Hörnern packt, ist dieses: Auch alle unsere *Idealisierungen* sind *von uns begrifflich entworfene Zielvorstellungen*, die es realiter möglichst gut anzuwenden gilt und die man *nie unmittelbar* zur Kritik an den *nie* perfekten realen Verhälnisse anwenden darf. Das gilt für die Ideale des Wahren wie für die des Guten. Der formale, schematische, ›wörtliche‹ Umgang mit unseren Reden über eine absolute Wirklichkeit oder einen unbekannten Gott der Wahrheit und seinen perfekten, ›rein objektiven‹ Blick von der Seite *sub specie aeterni* zerstört alle *konkrete* Wahrheit und den je re-

§137

Das wahrhafte Gewissen ist die Gesinnung, das, was *an und für sich* 140
gut ist, zu wollen; es hat daher feste Grundsätze; und zwar sind ihm diese, die für sich objektiven Bestimmungen und Pflichten. (132)

Wirklich gewissenhaft handelt jemand, wenn er »das, was an und für sich gut ist« mit seinem Handeln nach bestem Wissen und Können verfolgt. Der Unterschied zwischen Gewissen und Gesinnung ist hier nur der, dass »Gesinnung« für jede Form des subjektiven Denkens steht. »Gewissen« bedeutet also dasselbe wie »gewissenhafte Gesinnung«. Die bloßen Formbestimmungen erhalten ihren Inhalt erst durch konkrete »feste Grundsätze«, die für die gewissenhafte Person, wie oben schon erläutert, als objektive Bestimmungen und Pflichten gemeinsamer Sittlichkeit schon gelten. Es reicht nicht, sie aus eigener moralischer Imagination hervorzuzaubern und nach einem kantischen Verfahren als konsistent und damit erlaubt oder gar gut zu bewerten.

Von diesem, seinem Inhalte, der Wahrheit, unterschieden ist es 140
nur die *formelle Seite* der Tätigkeit des Willens, der als *dieser* keinen eigentümlichen Inhalt hat. (132)

Ohne die materialen Normen öffentlicher Sittlichkeit und deren inhaltliche Bedingungen, die es zu erfüllen gilt, nennen die Ausdrücke »Gewissen« und »Gewissenhaftigkeit« nur eine Form, die ohne die materialen Inhalte ebenso wenig Anwendung finden kann – wie z. B. die Entschlossenheit oder der gute Wille überhaupt.

Aber das objektive System dieser Grundsätze und Pflichten und 140
die Vereinigung des subjektiven Wissens mit demselben, ist erst auf dem Standpunkte der Sittlichkeit vorhanden. (132)

Thematisch werden wir uns dem objektiven »System dieser Grundsätze und Pflichten« erst im nächsten Teil des Buches zuwenden, das den Titel »Sittlichkeit« trägt. Er behandelt (das Wissen um) die insti-

levanten Begriff des Wirklichen. Hegel sieht das klar an Kants Agnostizsmus als Folge einer verwirrten Rede über das Ding an sich. Charles Sanders Peirce, William James und der Amerikanische Pragmatismus kennen das Problem, heben aber die Spannung zwischen Idealität und Realität nicht auf, da die reale Zukunft nichts entscheidet und eine ideale Zukunft ebenso wie ein idealer Konsens je nur von heute her bestimmbar ist.

tutionelle Form des öffentlichen Ethos und des Rechts, samt deren Entwicklung in der Menschheitsgeschichte. Dort werden wir auch auf die »Vereinigung des subjektiven Wissens« mit den objektiven Geltungen zurückkommen.

140 Hier auf dem formellen Standpunkte der Moralität ist das Gewissen ohne diesen objektiven Inhalt, so für sich die unendliche formelle Gewißheit seiner selbst, die eben darum zugleich als die Gewißheit *dieses* Subjekts ist. (132)

Wie die leere Performation des Aussagens ohne Inhalt, die man in der behauptenden Intonation sinnloser Sätze durchaus als Form darstellen kann (oder durch Freges Urteilsstrich, gefolgt von einer Satzvariable), ist etwa auch die Besonnenheit, wie Platon im Dialog *Charmides* so schön vorführt, ohne Inhalt bloß erst eine formale Attitüde. Nicht anders steht es mit einer noch inhaltsleeren Gewissenhaftigkeit, deren äußere Form man sich als eine bloß erst allgemein gerunzelte Stirn vorstellen mag. In eben diesem Sinn ist das Gewissen »so für sich«, ohne Inhalt, nur erst »formelle Gewißheit seiner selbst« im moralischen Urteilen. Sie ist als Form »unendlich« – also auf vielfältige Weise, aber je konkret, ›anzuwenden‹.

141 Ⓚ Das *Gewissen* drückt die absolute Berechtigung des subjektiven Selbstbewußtseins aus, nämlich *in sich* und *aus sich* selbst zu wissen, was Recht und Pflicht ist, und nichts anzuerkennen, als was es so als das Gute weiß, zugleich in der Behauptung, daß was es so weiß und will, in *Wahrheit* Recht und Pflicht ist. (132 f.)

Erst in einer präzisierenden Umformulierung wird der Sinn der Aussage über das Gewissen als vermeintlicher ›Entität‹ klar: Wer sich auf sein Gewissen beruft, beansprucht in Wahrheit, und das mit absolutem Recht, aus der subjektiven Perspektive seines eigenen Wissens und Selbstwissens zu urteilen und zu handeln. Das gilt auch für das, »was Recht und Pflicht ist«. Die Umkehrung ist zwar angesichts der je eigenen provinziellen Subjektivität prekär, aber durchaus richtig: Je für mich ist das, was ich nach gewissenhafter Prüfung als wahr und zu tun bewerte, sozusagen Wahrheit, Recht und Pflicht – wohl wissend, dass unter Umständen andere mich eines Besseren belehren können. Dieses metastufige Zusatzwissen darf aber nicht, wie der Skeptiker fälschlicherweise meint, zur Urteils- und Handlungsenthaltung führen oder zur Umdeutung oder Ersetzung von Wissen in oder durch ein bloßes Glauben.

Das Gewissen ist als diese Einheit des subjektiven Wissens, und dessen was an und für sich ist, ein Heiligtum, welches anzutasten Frevel wäre. (133) 141 Ⓚ

Niemand kann aus seiner Haut heraus. Daher ist ein gewissenhaftes Urteil im Prinzip als ›heilig‹ zu respektieren, wobei freilich keineswegs immer klar ist, ob das Urteil bloß ehrlich oder schon gewissenhaft (genug) ist. Das veraltete Wort »Frevel« verweist wie die religiöse Sünde auf eine Handlung gegen ›göttliches Recht‹. Antigone gegen Kreon beruft sich auf ein solches Recht, das es als absolut geltendes Recht ›nicht gibt‹, und zwar deswegen, weil es bloß erst aus Zeiten des Tabus mit seiner Einbettung in Mythen stammt.

Ob aber das Gewissen eines *bestimmten Individuums*, dieser Idee des Gewissens gemäß ist, ob das, was es *für gut hält* oder ausgibt, auch wirklich gut ist, dies erkennt sich allein aus dem *Inhalt* dieses Gutseinsollenden. (133) 141 Ⓚ

Von außen ist schwer zu beurteilen, ob eine Person ausreichend gewissenhaft urteilt und handelt. Am besten weiß man das im Normalfall, in dem das, was sie »für gut hält oder ausgibt«, auch wirklich gut ist und wir dies auch so sehen. Wo unsere Urteile divergieren, bedarf es der Arbeit des Perspektiventausches und der dialogischen Aufhebung dialektischer Widersprüche, also der divergenten Urteile, die man aber manchmal auch, wie man so schön sagt, nebeneinander stehen lassen kann.

Was Recht und Pflicht ist, ist als das an und für sich Vernünftige der Willensbestimmungen, wesentlich weder das *besondere* Eigentum eines Individuums, noch in der *Form* von Empfindung oder sonst einem einzelnen, | d. i. sinnlichen Wissen, sondern wesentlich von *allgemeinen*, gedachten Bestimmungen, d. i. in der Form von *Gesetzen* und *Grundsätzen*. (133) 141 Ⓚ 120

Im Grunde ist uns allen klar, dass Recht und Pflicht, an die sich ein guter Wille zu halten hat, nicht allein aus meiner Intuition oder Empfindung zu schöpfen sind. Sie sind in der Form öffentlicher Normen, Gesetze und Grundsätze uns ›allen‹ bekannt.

Das Gewissen ist daher diesem Urteil unterworfen, ob es *wahrhaft* ist oder nicht, und seine Berufung nur *auf sein Selbst* ist unmittelbar 141 Ⓚ

dem entgegen, was es sein will, die Regel einer vernünftigen, an und für sich gültigen allgemeinen Handlungsweise. (133)

Ob mein Anspruch, gewissenhaft geurteilt und gehandelt zu haben, anerkannt werden kann oder nicht, wird daher nicht nur von mir beurteilt, sondern auch von dir, euch und ihnen. Meine Berufung nur auf mich selbst reicht also keineswegs. Denn ich will ja, per definitionem, dass mein Urteil oder mein Handeln als Regel oder Muster »einer vernünftigen, an und für sich gültigen allgemeinen Handlungsweise« gelten kann. Man beachte, wie Hegel Kants Gedanken hier übernimmt und doch abändert: Mein Urteil und meine Handlung wollen eine Art Standard des Wahren, Guten oder auch bloß Erlaubten setzen. Aber ob sie das wirklich tun oder leisten, beurteile nicht nur ich, sondern wir, ihr und sie, und zwar vor dem Hintergrund schon anerkannter Geltungsbedingungen, Rechte und Pflichten. Habermas kommt dieser Einsicht durchaus schon nahe, sieht aber nicht, dass sie im Zentrum der Überlegungen Hegels steht.

141 Ⓚ Der Staat kann deswegen das Gewissen in seiner eigentümlichen Form, d. i. als *subjektives Wissen* nicht anerkennen, so wenig als in der Wissenschaft die subjektive *Meinung*, die *Versicherung* und *Berufung* auf eine subjektive Meinung, eine Gültigkeit hat. (133)

Die Vertreter der öffentlichen Angelegenheiten, etwa Kreon im Stadtstaat Theben, kann die bloße Gesinnung als Deklaration des Gesinnungsethik Antigones nicht anerkennen.

Auch in der Wissenschaft gilt zwar die Freiheit von Forschung, Überzeugung und Lehre, aber immer unter der Zumutung, dass sich der gewissenhafte Forscher selbst auch belehren lässt. Er kann sich, heißt das, nicht einfach auf seine subjektive Meinung berufen.

141 Ⓚ Was im wahrhaften Gewissen nicht unterschieden ist, ist aber unterscheidbar, und es ist die bestimmende Subjektivität des Wissens und Wollens, welche sich von dem wahrhaften Inhalte trennen, sich für sich setzen und denselben zu einer *Form* und *Schein* herabsetzen kann. (133)

Vieles, was faktisch nicht unterschieden ist, ist unterscheidbar. Manches, was noch nicht anerkannt ist, ist anerkennungswürdig. Und manches, was anerkannt wird, sollte nicht anerkannt werden. Das sind alles reflexionslogische Aussagen.

Hegels Formulierungen sind hier aber besonders wegen der Vagheit des Wortes »wahrhaft« zweideutig. Ich wähle folgende Lesart aus: In der bloß redlichen Gesinnung wird die Haltung der subjektiven Ehrlichkeit nicht unterschieden von der gewissenhaften Prüfung, welche Normen gelten und wie sie im Handeln anzuwenden sind. Erst recht wird nicht unterschieden zwischen einer bloßen Selbstzuschreibung von Gewissenhaftigkeit und einem Urteil der anderen über diese, auch zwischen dem, wie ich eine objektive Norm deute und wie man sie zu verstehen hat und ggf. auch schon versteht. Dabei kann es geschehen, dass ›das Gewissen‹ eines personalen Subjekts als vermeintlich gewissenhafte Gesinnung öffentlich erlassene und anerkannte Gesetze und Normen für ungültig erklärt und ihre Geltung als bloße Scheingeltung ausgibt. In seltenen Fällen der Normenkontrolle kann ein solches Bedenken öffentliches Gehör finden. Aber es gilt keineswegs unmittelbar und rechtfertigt keineswegs umstandslos, der kritisierten Norm nicht zu folgen.

Die Zweideutigkeit in Ansehung des Gewissens liegt daher darin, 141 f. Ⓚ
daß es in der Bedeutung jener Identität des subjektiven Wissens und Wollens und des wahrhaften Guten vorausgesetzt, und so als ein Heiliges behauptet und anerkannt wird, und eben so als die nur subjektive Reflexion des Selbstbewußtseins in sich, doch auf die Berechtigung Anspruch macht, welche jener Identität selbst nur vermöge ihres an und für sich gültigen vernünftigen Inhalts zukommt. (133 f.)

Hegel arbeitet hier die Ambivalenz der Berufung auf das eigene Gewissen heraus: Die unaufhebbare Absolutheit der Subjektivität im Vollzug ist anzuerkennen, so aber, dass das gewissenhafte Subjekt selbst von seiner eigenen Provinzialität weiß und daher anerkennt, dass alle seine eigenen Geltungsansprüche auf einen »an und für sich gültigen vernünftigen Inhalt« verweisen, der öffentlich schon anerkannt ist und nicht etwa nur anerkannt oder gewollt werden kann oder könnte. Das logische Problem, das wir mit Kants Moralphilosophie haben, liegt also wesentlich am Umgang mit modalen Formulierungen. Der Appell an ein Ideal, etwa in »wollen können«, bei Habermas: »möglicher Konsens«, »vernünftiger Konsens«, »ideale Sprechsituation«, »besseres Argument« etc. reicht nie aus.

Hegel fragt ganz radikal: *Wer* kann sagen, was *wir* wollen (können) oder was als vernünftiger Konsens anerkannt werden kann? Daraus ergibt sich für Hegel die Frage nach der Struktur einer Institution, des Gemeinwesens, in dem für uns und in unserem Namen ein Allgemeinwille *real gesetzt* und von uns *anerkannt wird* – gerade wie in der Wissenschaft ein allgemeines Wissen und damit eine allgemeine Wahrheit. Habermas sieht nicht, dass Hegel, nicht er, eine solche Rahmentheorie der *volonté générale* als *institutionalisiertem Allgemeinwillen* liefert – und dabei die Rollen der personalen Subjekte allererst richtig begreift.

142 Ⓚ In den moralischen Standpunkt, wie er in dieser Abhandlung von dem sittlichen unterschieden wird, fällt nur das formelle Gewissen, das wahrhafte ist nur erwähnt worden, um seinen Unterschied anzugeben und das mögliche Mißverständnis zu beseitigen, als ob hier, wo nur das formelle Gewissen betrachtet wird, von dem wahrhaften die Rede wäre, welches in der, in der Folge erst vorkommenden sittlichen Gesinnung enthalten ist. (134)

Der Abschnitt unter Überschrift »Moralität« behandelt bloß erst die subjektive Form des Urteilens über das Gute und unterscheidet sich eben darin thematisch vom nächsten Teil, der unter dem Titel »Sittlichkeit« steht. Daher wird hier nur »das formelle Gewissen« behandelt – das von allen Inhalten, den öffentlich anerkannten Normen des Rechts und den Zwecken des Guten abstrahiert. Auf das ›wahrhafte Gewissen‹ der gewissenhaften Befolgung öffentlich anerkannter Normen ist hier nur vorgegriffen worden, erstens, um den Unterschied zu skizzieren, und zweitens, um klar zu machen, dass man aus *bloß* subjektiver Perspektive nicht zu einem wahrhaft gewissenhaften Urteilen und Handeln gelangen kann, da der Ausschluss von Inkohärenzen zu schwach ist.

142 Ⓚ Das religiöse Gewissen gehört aber überhaupt nicht in diesen Kreis. (134)

Unter dem Titel »Gewissenserforschung« steht im religiösen Kontext neben der Selbstkontrolle von möglichen Verfehlungen gegen ›moralische und sittliche Normen‹ auch die Reflexion auf ›Sünden‹ als rein rituelle Verfehlungen gegen Gott (die es nicht geben kann) oder ›seine Kirche‹ bzw. die jeweilige Religion. Hegel klammert diesen Teil des ›sündigen‹ Gewissens hier mit vollem Recht aus.

§138

Diese Subjektivität als die abstrakte Selbstbestimmung und reine 142
Gewissheit nur ihrer selbst, *verflüchtigt* eben so alle *Bestimmtheit*
des Rechts, der Pflicht und des Daseins in sich, als sie die *urteilende*
Macht ist, für einen Inhalt nur aus sich zu bestimmen, was gut ist
und zugleich die Macht, welcher das zuerst nur vorgestellte und sein
sollende Gute eine *Wirklichkeit* verdankt. | (134) 121

Hegel nennt die Subjektivität der Gesinnung zwar »abstrakte Selbstbestimmung«, doch diese ist im Vollzug immer konkretes Tun. Nur als Vollzugs*form* ist sie »reine Gewißheit nur ihrer selbst« – wie ja das Wort »rein« immer auf Formen verweist. In der Fokussierung nur auf diese Formen wird von allen inhaltlichen Bestimmungen »des Rechts, der Pflicht« abgesehen, d. h. sie werden zu Variablen, die erst noch belegt werden müssen, zunächst durch bestimmte Benennungen. Diese rein formale Darstellung bringt die Gefahr mit sich, dass man meint, aus einem Bereich bloß möglicher Normen die für mich gemäß meinem Gewissen geltenden Normen aussondern zu müssen. Eben damit aber verflüchtigt sich »alle Bestimmtheit des Rechts, der Pflicht«. In dieser Denkfalle befindet sich Kant – was Hegel hier freilich nur indirekt andeutet. Bei Kant wird die autonome Subjektivität zur absolut »urteilenden Macht«, welche für einen beliebig vorgelegten oder imaginierten Inhalt bestimmen will, ob er gut ist. Zugleich wird sie zur Macht, welche das so subjektiv vorgestellte ›Gute‹ mit subjektiv gutem Gewissen in die Tat umsetzt.

Das Selbstbewußtsein, das überhaupt zu dieser absoluten Refle- 142 Ⓚ
xion in sich gekommen ist, weiß sich in ihr als ein solches, dem alle
vorhandene und gegebene Bestimmung nichts anhaben kann noch
soll. (134)

Es ist kein Zufall, dass man in das skizzierte Problem gerät, besonders in einer Zeit, in der eine tradierte Sittlichkeit aus diversen Gründen brüchig geworden und in ihrer Anerkennungswürdigkeit infrage gestellt wird. Das gilt erst recht, seit man sich der Absolutheit des Selbstbewusstseins mehr und mehr bewusst wurde.

Der Beginn liegt allerdings in der griechischen Antike. Zu denken ist an Subjektivität bei der großen Dichterin Sappho oder dem großen Denker Heraklit – gefolgt von deren Schülern bis in die Philosophenschulen von Platon und Aristoteles und zu den anderen Schülern des Sokrates wie Antisthenes, Aristipp und Epikur. Besonders die Kyniker, Skeptiker, Epikuräer und Stoiker entwickeln in dieser Tradition die Idee, dass äußere Umstände und sogar gegebene Normen dem Selbstbewusstsein »nichts anhaben kann noch soll«.

142 Ⓚ Als allgemeinere Gestaltung in der Geschichte (bei Sokrates, den Stoikern u. s. f.) erscheint die Richtung, *nach Innen* in sich zu suchen und aus sich zu wissen und zu bestimmen, was recht und gut ist, in Epochen, wo das, was als das Rechte und Gute in der Wirklichkeit und Sitte gilt, den bessern Willen nicht befriedigen kann; wenn die vorhandene Welt der Freiheit ihm ungetreu geworden, findet er sich in den geltenden Pflichten nicht mehr, und muß die in der Wirklichkeit verlorne Harmonie nur in der ideellen Innerlichkeit zu gewinnen suchen. (134 f.)

Die Suche nach Normen des Wahren und Guten ›im Innern‹ beginnt nicht etwa erst bei Kant, der Innerlichkeit des Protestantismus oder zuvor im 12. Jahrhundert. Sie beginnt auch nicht erst in der Spätantike bei Augustinus, im Neuplatonismus oder im Frühchristentum, sondern spätestens in den Umbruchszeiten nach dem Peloponnesischen Krieg in der griechischen Welt. Aber auch in den anderen der genannten Epochen geraten Teile einer tradierten Sittlichkeit ins Rutschen und werden mehr oder weniger radikal infrage gestellt. Hegel erkennt dabei hellsichtig die konservative Utopie der Suche nach einer ›verlorenen Harmonie‹, die man »in der ideellen Innerlichkeit zu gewinnen« sucht.

142 Ⓚ Indem so das Selbstbewußtsein sein formelles Recht erfaßt und erworben, kommt es nun darauf an, wie der Inhalt beschaffen ist, den es sich gibt. (135)

In unserer Analyse sind wir nun so weit gekommen, einsehbar zu machen, erstens wie das »Selbstbewußtsein sein formelles Recht« auf absolute Subjektivität (im Vollzug des Daseins, Urteilens und Handelns) erfasst, dass es jetzt aber zweitens um die Frage geht, wie denn »der Inhalt beschaffen ist«, den das jeweilige Subjekt sozusagen anzuerkennen beliebt.

§ 139

143 Das Selbstbewußtsein in der Eitelkeit aller sonst geltenden Bestimmungen und in der reinen Innerlichkeit des Willens, ist eben so sehr

die Möglichkeit, das *an und für sich allgemeine*, als die *Willkür* die *eigene Besonderheit* über das Allgemeine zum Prinzipe zu machen, und sie durch Handeln zu realisieren – *böse* zu sein. (135)

Das alte Wort »eitel« kann »edel« bedeuten, aber auch »leer«. Heute bedeutet es den leeren Anspruch auf Adel. Gerade wenn alle konkret geltenden Normen des Richtigen eingeklammert werden, wird das reine Selbstbewusstsein, gerade auch Kants Selbstdenken, wie oben schon angedeutet, durch diese Entleerung zutiefst ambivalent. Es ist dem personalen Subjekt dann ebenso möglich, sich in seinen innerlichen Intuitionen am allgemeinen Ethos öffentlicher Sittlichkeit zu orientieren wie an relativ willkürlichen Einfällen und Utopien, die rein subjektiv als allgemein gut erscheinen mögen. Gerade derjenige aber, welcher diese dann unmittelbar im Handeln realisiert, ist, wie oben schon erläutert, dem vollen Begriff nach *böse*.

Das Gewissen ist als formelle Subjektivität schlechthin dies, auf 143 Ⓚ
dem Sprunge zu sein, ins Böse umzuschlagen; an der für sich seienden, für sich wissenden und beschließenden Gewißheit seiner selbst haben beide, die Moralität und das Böse, ihre gemeinschaftliche Wurzel. (135)

Die Analyse zeigt, dass und warum gerade das Gewissen als bloße Gesinnung, also das sogenannte autonome Selbstdenken in seiner bloß erst subjektiven Ehrlichkeit und vermeinten Gewissenhaftigkeit, in der Gefahr steht, »ins Böse umzuschlagen«. Wir haben Robespierre und Lenin mit ihrer mörderischen Tugend als typische Beispiele genannt, aber jeder besserwisserische Gutmensch gehört ebenfalls dazu, nicht anders als jeder Selbstmordattentäter. Damit erkennt Hegel in fundamentaler Differenz zu Kant in der subjektiven Gewissheit sowohl den Grund der Moralität als auch die Ursache der selbstgerechten Urteile und Handlungen des radikal Bösen.

Der *Ursprung des Bösen* überhaupt, liegt in dem Mysterium, d. i. 143 Ⓚ
in dem Spekulativen der Freiheit, ihrer Notwendigkeit, aus der *Natürlichkeit* des Willens herauszugehen, und gegen sie *innerlich* zu sein. (135)

Den Mythos vom Vater des Bösen, Luzifer, dem Lichtträger des Selbstbewusstseins, habe ich oben schon erwähnt. Es ist ein logischer Truismus, an dem gerade auch die Theologie nicht vorbeikommt, dass die Freiheit des Wollens und Handelns Bedingung des Guten wie des Bösen ist. Hegel spricht m. E. leicht ironisch von einem »Mysterium«, und das in einem mehrfachen Sinn. Denn es ist die Tatsache in der Tat eine Art großes Wunder, dass es ›Innerliches‹, also Inhalte des leisen Denkens, Gedanken, überhaupt gibt. Das Wunder selbst aber besteht aus vielen Momenten. Dazu gehört, dass sich auf der Erde überhaupt Leben, im animalischen Leben aber die Subjektivität enaktiver Perzeption entwickelt hat. Aus dieser wiederum ist ein freies personales Leben in Spielräumen von Möglichkeiten entstanden, wobei das nur erst Mögliche im Sprachdenken und anderen ›inneren‹ Imaginationen repräsentiert und uns nur dadurch zugänglich wird.

Alles bloß Mögliche existiert nur im Modus des Allgemeinen. Es ist genau in diesem Sinn unendlich. Es steht damit im Kontrast zu allen endlichen Sachen und Dingen präsentischer Perzeption hier und jetzt. Man ist übrigens Banause, bloßer Handwerker, wenn man all dieses nicht als eine Art hochstufiges Mysterium oder spekulatives Wunder, jedenfalls als Große Tatsache anzusehen in der Lage ist.

In leiser Anspielung auf Spinozas Formel, Freiheit sei Einsicht in die Notwendigkeit, kehrt Hegel den Gedanken um und spricht von der »Notwendigkeit, aus der Natürlichkeit des Willens herauszugehen«, also das unmittelbare Begehren und jede Willkür im Tun zu überwinden, und die Zwecke und Mittel im zielorientierten Handeln als Inhalte von Vorstellungen in ihrer Güte *selbst*, häufig im leisen Denken und dann auch im metaphorischen Sinn ›innerlich‹, zu prüfen.

143 Ⓚ Es ist diese Natürlichkeit des Willens, welche als der Widerspruch seiner selbst, und mit sich unverträglich in jenem Gegensatz zur Existenz kommt, und es ist so diese *Besonderheit* des Willens selbst, welche sich weiter als das Böse bestimmt. (135)

Hegel versucht hier, den Ursachen der Denkfehler bei Hobbes bzw. Kant auf die Spur zu kommen, das radikal Böse in den ›bösen‹ Neigungen des Raubtiers Mensch zu verorten, der daher wie ein Wolf bzw. Hund einen Herrn nötig habe.

Nun ist das Wollen ein aufgrund von Selbstbildung, auch Training, durch Denken beeinflussbares bzw. entsprechend transformiertes Begehren, das unter dem Titel der »Neigungen« als den unmittelbaren Haltungen zu ›präferierten‹ Zwecken oder Zielen sozusagen die »Natürlichkeit des Willens« ausmacht. Es entsteht dabei nicht nur der Gegensatz von Pflicht und Neigung, sondern auch zwischen einem objektiven Guten und bloß erst autonom, rein subjektiv, beurteilten Guten. Es ist *diese* Besonderheit des Einzelsubjekts im Urteilen und Wollen, nicht der Gegensatz zwischen unmittelbarem Begehren und vorbedachtem Wollen, welche »das Böse bestimmt«.

Die Besonderheit ist nämlich nur als das *Gedoppelte*, hier der 143 Ⓚ
Gegensatz der Natürlichkeit gegen die Innerlichkeit des Willens, welche in diesem Gegensatze nur ein *relatives* und formelles Fürsichsein ist, das seinen Inhalt allein aus den Bestimmungen des natürlichen Willens, der Begierde, Trieb, Neigung u. s. f. schöpfen kann. Von diesen Begierden, Trieben u. s. f. heißt es nun, daß sie gut oder auch böse sein *können*. (135 f.)

Dass das die richtige Analyse ist, zeigt sich auch an einer allgemeinen Übereinstimmung im Urteil, dass manche Neigungen, Motive, Triebe und Begehrungen gut, andere ›böse‹ sein können, so dass nicht alle Neigungen schlecht sind. Im Gegenteil. Wir müssen uns ›gute Gewohnheiten‹ antrainieren und wir dürfen unsere Leidenschaft, den Enthusiasmus des eigenen Lebens, auf keinen Fall einschläfern. Die Doppelung des Gegensatzes von Neigung und Wollen einerseits, von selbstgerecht-autonomistischem Wollen und der Orientierung an einem öffentlichen Guten als Verbindung von Freiheitsrecht und allgemeinem (damit auch meinem) Wohl andererseits habe ich oben schon erläutert. Das radikal Böse geht also, wie wir jetzt noch genauer sehen, nicht auf unsere ›natürlichen‹ Neigungen zurück, sondern auf den Rückzug in die »Innerlichkeit des Willens«. Diese kann, wie alles rein autonome Urteilen, nur formelles Selbstbewusstsein sein mit ›zufälliger‹ Bestimmung der Inhalte, etwa über gegebene Neigungen und antrainierte Gewohnheiten, über angelernte Intuitionen oder dann auch über eine willkürliche Imagination subjektiv-utopischer Einbildungskraft.

Aber indem der Wille sie in dieser Bestimmung von *Zufälligkeit*, 143 Ⓚ
die sie als natürliche haben, und | damit die Form, die er hier hat, 122
die Besonderheit selbst zur Bestimmung seines Inhaltes macht, so ist er der *Allgemeinheit*, als dem innern Objektiven, dem Guten, welches zugleich mit der Reflexion des Willens in sich und dem erkennenden Bewußtsein, als das andere Extrem zur unmittelbaren Objektivität, dem bloß Natürlichen, eintritt, entgegengesetzt, und so ist diese Innerlichkeit des Willens böse. (136)

Wir haben schon gesehen, dass das Böse der Selbstgerechtigkeit daraus entsteht, dass das objektive öffentliche Gute nicht anerkannt wird. Die verschrobenen Formulierungen sagen das nur noch einmal in Hegels Diktion.

143 f. Ⓚ Der Mensch ist daher zugleich sowohl *an sich* oder *von Natur,* als durch seine *Reflexion in sich,* böse, so daß weder die Natur als solche, d. i. wenn sie nicht Natürlichkeit des in ihrem besonderen Inhalte bleibenden Willens wäre, noch die *in sich gehende* Reflexion, das Erkennen überhaupt, wenn es sich nicht in jenem Gegensatz hielte, für sich das Böse ist. – (136)

Auf die berüchtigte Frage, ob der Mensch von Natur aus böse oder gut ist, antwortet Hegel so: Er ist ›böse‹ von ›Natur‹ her nur in dem kantischen Sinn, dass die begrenzte Perspektive unmittelbarer Neigungen zu überwinden ist. Aber auch meine unmittelbaren Intuitionen oder subjektiven Urteile können mich böse machen, obwohl sie längst schon kulturell vermittelt sind. Radikal böse wird das personale Subjekt insbesondere in der »Reflexion in sich«, also nicht durch die von Kant als zu bekämpfen ausgegebenen Neigungen, sondern durch das Stehenbleiben auf einer bloß subjektiven, nur erst moralischen Ebene der Gesinnung.

144 Ⓚ Mit dieser Seite *der Notwendigkeit des Bösen* ist eben so absolut vereinigt, daß dies Böse bestimmt ist als das, was notwendig *nicht sein soll,* – d. i. daß es aufgehoben werden soll, *nicht* daß jener erste Standpunkt der Entzweiung überhaupt nicht hervortreten solle, – er macht vielmehr die Scheidung des unvernünftigen Tieres und des Menschen aus, – sondern daß nicht auf ihm stehen geblieben, und die Besonderheit nicht zum Wesentlichen gegen das Allgemeine festgehalten, daß er als nichtig überwunden werde. Ferner bei dieser Notwendigkeit des Bösen ist es die *Subjektivität,* als die Unendlichkeit dieser Reflexion, welche diesen Gegensatz vor sich hat und in ihm ist; wenn sie auf ihm stehen bleibt, d. i. böse ist, so ist sie somit *für sich,* hält sich als Einzelne und ist selbst diese Willkür. Das einzelne *Subjekt* als solches hat deswegen schlechthin die *Schuld seines Bösen.* (136 f.)

Hegels absichtlich leicht ironische Rede von einer »Notwendigkeit des Bösen« verweist auf die Unabweisbarkeit der subjektiven Perspektive der Gesinnung auch im gewissenhaften Urteilen und

Handeln. Diese Subjektivität muss ebenso in ihrer absoluten Bedeutsamkeit anerkannt wie aufgehoben werden – in einer öffentlichen Sittlichkeit allgemein anerkannter Normen des Guten, dem objektiven Geist der Institutionen. Es ist daher ganz falsch zu glauben, es gäbe einen unmittelbaren Zugriff der Person auf das Gute. Der subjektive »Standpunkt der Entzweiung« von subjektiver Moralität und objektiver (intersubjektiver) Sittlichkeit lässt sich nie völlig verlassen. Es ist sogar so, dass die Fähigkeit zum radikal Bösen reiner Selbstgewissheit den wesentlichen Unterschied ausmacht zwischen der Subjektivität eines Tieres ohne Vernunft und der personalen Subjektivität des Menschen.

§ 140

Indem das Selbstbewußtsein an seinem Zwecke eine *positive* Seite 144
(§ 135) deren er notwendig hat, weil er dem Vorsatze des *konkreten wirklichen* Handelns angehört, herauszubringen weiß, so vermag es um solcher, als einer *Pflicht und vortrefflichen Absicht* willen, die Handlung, deren negativer wesentlicher Inhalt zugleich *in ihm*, als in sich reflektierten, somit des Allgemeinen des Willens sich bewußten, in der Verglei|chung mit diesem stehet, *für andere* und *sich* 123
selbst als gut zu behaupten, – [für] *andere*, so ist es die *Heuchelei*, *für sich selbst*, – so ist es die noch höhere Spitze der sich als *das Absolute behauptenden Subjektivität*. (137)

Die Handlungsform der Heuchelei ist deswegen so interessant, weil in ihr der Handelnde versucht, seine wahren ›inneren‹ Vorsätze und Zwecke, Absichten und Mittelbestimmungen zu verbergen und es öffentlich so erscheinen zu lassen, als wären sie gut, also zumindest rechtlich und ethisch erlaubt, damit nicht unrecht, schlecht oder gar böse. Hegels Rede von einer »vortrefflichen Absicht« ist entsprechend ironisch gemeint. Manche schaffen es sogar, sich selbst zu betrügen, und sind vor sich selbst Heuchler, nicht zuletzt indem sie sich vormachen, dass alle so handelten wie sie. Wir sehen damit, dass einerseits die Subjektivität des Vollzugs das Absolute *ist*, dass andererseits die Behauptung, dass die eigenen Urteile schon absolut wahr und die eigenen Handlungen absolut gut seien, die absolute Spitze der Subjektivität und damit des (Selbst-)Betrugs und des Bösen ist.

Diese letzte abstruseste Form des Bösen, wodurch das Böse in 145 Ⓚ
Gutes, und das Gute in Böses verkehrt wird, das Bewußtsein sich als

diese Macht, und deswegen sich als absolut weiß, – ist die höchste Spitze der Subjektivität im moralischen Standpunkte, die Form, zu welcher das Böse in unserer Zeit, und zwar durch die Philosophie, d. h. eine Seichtigkeit des Gedankens, welche einen tiefen Begriff in diese Gestalt verrückt hat, und sich den Namen der Philosophie, eben so wie sie dem Bösen den Namen des Guten anmaßt, gediehen ist. Ich will in dieser Anmerkung die Hauptgestalten dieser Subjektivität, die gang und gäbe geworden sind, kurz angeben. (137)

Sowohl die Heuchelei als auch die Rechtfertigungen des Bösen in vermeintlicher Vermeidung des Schlechten lassen das Böse als Gutes und manchmal in einer Kabale das Gute als böse erscheinen. Im schlimmsten Fall merkt der Heuchler selbst nicht, was er dabei tut, und zwar, weil er sich seiner guten Gesinnung ehrlich sicher wähnt. Hegel meint, dass die Vulgarisierung der kantischen Philosophie zu seiner Zeit dieser Art der Heuchelei als Verrückung des Ethos besonderen Vorschub geleistet habe.

145 Ⓚ Was a) die *Heuchelei* betrifft, so sind in ihr die Momente enthalten α) das Wissen des wahrhaften Allgemeinen, es sei in Form nur des Gefühls von *Recht* und *Pflicht*, oder in Form weiterer Kenntnis und Erkenntnis davon β) das Wollen des diesem Allgemeinen widerstrebenden *Besonderen* und zwar γ) als *vergleichendes* Wissen beider Momente, so daß für das wollende Bewußtsein selbst sein besonderes Wollen als Böses bestimmt ist. Diese Bestimmungen drücken das *Handeln mit bösem Gewissen aus,* noch nicht die Heuchelei als solche. – (137 f.)

Die begrifflichen Bedingungen des Vorliegens von Heuchelei sind bekanntlich, dass die Personen erstens genau wissen, was sie ethisch tun und lassen müssten, und dass sie zweitens dieser Pflicht bewusst und willentlich nicht nachkommen, und zwar so, dass sie das vor anderen und sogar vor sich selbst vertuschen, womit das Wollen und Tun vollends böse wird. So kann z. B. ein Priester oder Pastor, der Kinder oder Jugendliche sexuell missbraucht und sich vielleicht dadurch rechtfertigt, dass er in seiner Arbeit und Aufopferung für die Kirche Gottes doch Gutes tue, und vielleicht auch die Sünden seiner ›fleischlichen Schwäche‹, wie es so schön heißt, aus tiefstem Herzen immer wieder neu bereut, nur als abgrundtiefer Heuchler begriffen werden. Es ist nicht nur bedauerlich oder vielleicht sogar skandalös, es ist auch von der Sache her durchaus erstaunlich, dass sich gerade die Kirchen von solchen Personen nicht sofort und radikal getrennt haben. Das Interesse des Erhalts ihres Klerus war ihnen offenbar wichtiger als die eigene Lehre. Allerdings wäre es ein völliger Irrtum zu glauben, dass staatliche und private Bildungseinrichtungen mit diesem spätestens seit Sokrates diskutierten und trotzdem erst heute wirklich ernst genommenen Grundproblem der Erziehungsberufe irgendwie angemessener umgegangen wären.

Es ist eine zu einer Zeit sehr wichtig gewordene Frage gewesen, 145 Ⓚ
ob *eine Handlung nur insofern böse sei,* als sie *mit bösem Gewissen geschehen,* d. h. mit dem *entwickelten* Bewußtsein der so eben angegebenen Momente. – *Pascal* zieht (Les Provinc., 4e lettre) sehr gut die Folge aus der Bejahung der Frage: Ils seront tous damnés ces demi-pecheurs, qui ont quelque amour pour la vertu. Mais pour ces francs-pecheurs, pecheurs endurcis, pecheurs sans mélange, pleins et achevés, l'enfer ne les tient pas. Ils ont trompé le diable a force de s'y | abandonner.[63] – (138) 124

Die Ambivalenz der Bedingung, dass der wirklich Böse genau wissen müsse, dass er böse ist, zeigt sich gerade in der Selbsttäuschung

63 Fußnote Hegels: »Pascal führt daselbst auch die Fürbitte *Christi* am Kreuze für seine Feinde an: *Vater vergib ihnen, denn sie wissen nicht, was sie tun*; – eine überflüssige Bitte, wenn der Umstand, daß sie nicht gewußt, was sie getan, ihrer Handlung die Qualität erteilt hatte, nicht böse zu sein, somit der Vergebung nicht zu bedürfen. Imgleichen führt er die Ansicht des *Aristoteles* an (die Stelle steht Eth. Nicom. III. 2) welcher unterscheidet, ob der Handelnde οὐκ εἰδὼς oder ἀγνοῶν sei; in jenem Falle der Unwissenheit handelt er *unfreiwillig* (diese Unwissenheit bezieht sich auf die *äußern Umstände*) (s. oben § 117) und die Handlung ist ihm nicht zuzurechnen. Über den andern Fall aber sagt Aristoteles: »Jeder Schlechte erkennt nicht was zu tun und was zu lassen ist, und eben dieser Mangel (ἁμαρτια) ist es, was die Menschen ungerecht und überhaupt böse macht. Die Nichterkenntnis der Wahl des Guten und Bösen macht nicht, daß eine Handlung unfreiwillig ist (nicht zugerechnet werden kann) *sondern nur, daß sie schlecht ist.*« Aristoteles hatte freilich eine tiefere Einsicht in den Zusammenhang des Erkennens und Wollens, als in einer flachen Philosophie gang und gäbe geworden ist, welche lehrt, daß das *Nichterkennen,* das *Gemüt* und die *Begeisterung* die wahrhaften Prinzipien des sittlichen Handelns seien. |« 125

der Selbstgerechtigkeit. In der Anmerkung der Fußnote betont Hegel zwar, dass der Satz von Jesus am Kreuz »Herr vergib ihnen, denn sie wissen nicht, was sie tun« insofern inkohärent ist, als es nichts zu vergeben gäbe, wenn sie wirklich nicht wüssten, dass ihr Tun schlecht oder gar böse ist. Pascal aber macht klar, was aus der genannten Bedingung folgen würde. Denn dann wären nur die Halbsünder verdammt, die immer noch eine gewisse Liebe zur Tugend zeigen, eben indem ihnen ihre schlechten bzw. bösen Taten voll bewusst sind. Aber die wirklich Bösen durch und durch, ohne jede Beimischung des Guten, die, wie man Pascal ergänzen sollte, radikal, also in voller Selbstgerechtigkeit, böse sind, könnte die Hölle nicht halten. Diese haben am Ende sogar den Teufel getäuscht, so dass er vor ihnen kapitulieren muss. Die Ironie ist geradezu großartig.

145 f. Ⓚ Das subjektive Recht des Selbstbewußtseins, daß es die Handlung unter der Bestimmung wie sie an und für sich gut oder böse ist, *wisse,* muß mit dem absoluten Rechte der *Objektivität* dieser Bestimmung nicht so in Kollision gedacht werden, daß beide als *trennbar gleichgültig* und *zufällig* gegen einander vorgestellt werden, welches Verhältnis insbesondere auch bei den vormaligen Fragen über die *wirksame Gnade* zu Grunde gelegt wurde. (138 f.)

Hier kippt das »subjektive Recht des Selbstbewußtseins«, das eigene Urteilen und Handeln selbst nach Wahrheit und Güte zu beurteilen, in das krasseste Gegenteil der Selbsttäuschung und des Bösen. Es darf daher, wie Pascal in diesem Betracht mit Recht betont und Kant mit ihm, gerade nicht angenommen werden, dass ich jeweils selbst die Handlung in Gänze als an und für sich gut oder schlecht beurteilen kann. Zugleich aber steht je meine ehrliche und vielleicht sogar subjektiv gewissenhafte Gesinnung nicht einfach durch einen Abgrund getrennt dem »Recht der Objektivität« einer öffentlichen Bestimmung ihrer wirklichen Güte gegenüber. Es ist keineswegs bloßer Zufall, dass der selbstgerechte Selbsttäuscher doch manchmal latent oder sogar explizit bemerkt, dass er schlecht urteilt und böse handelt. Eben diese Themen waren im theologischen Kontext im Rahmen der Allegorie eines Gottes behandelt worden, der tiefer als der obige Teufel Pascals in unsere Seele blickt, und führten zu den damaligen Fragen nach einer ›Gnade‹, welche nötig sei, um der Selbstverblendung des radikal Bösen zu entgehen.

Das Böse ist nach der formellen Seite das Eigenste des Individu- 146 Ⓚ
ums, indem es eben seine sich schlechthin für sich eigen setzende Subjektivität ist, und damit schlechthin seine Schuld (s. § 139 und Anm. zu vorhergeh. §) und nach der objektiven Seite ist der Mensch, *seinem Begriffe nach* als Geist, Vernünftiges überhaupt, und hat die Bestimmung der sich wissenden Allgemeinheit schlechthin in sich. (139)

Hegels lakonische Orakel sind manchmal zu hart formuliert, als dass man sie ohne Umformulierungen genau genug verstehen könnte. Die Möglichkeit und Gefahr des Bösen, so ist dann zu sagen, ist eng verknüpft mit dem Eigensten des Individuums, dem Recht auf Selbstdenken, Selbstbestimmung und Selbstbeurteilung. Doch eben damit übernimmt man eine Verantwortung, die manchmal das übersteigt, was man klar und deutlich über sein eigenes Wollen und Handeln unmittelbar weiß. In gewissem Sinn besteht die allegorische Ursünde der Genesis eben in dieser Default-Übernahme einer möglichen Schuld jenseits des Bereiches meines klaren und deutlichen Wissens über die Güte oder Schlechtigkeit der von mir aktualisierten oder als erlaubt verteidigten Handlungsform. Mit anderen Worten, die gewissenhafte Selbstprüfung in Kritik am radikal Bösen unmittelbarer und dabei möglicherweise subjektiv ganz redlicher Selbstgerechtigkeit, welche sich selbst und damit sogar Pascals Teufel täuscht, gehört wesentlich zu einer echten Moralität des Gewissens.

Es heißt ihn daher nicht nach der Ehre seines Begriffes behan- 146f. Ⓚ
deln, wenn die Seite des Guten und damit die Bestimmung seiner bösen Handlung als einer bösen von ihm getrennt, und sie ihm nicht als böse zugerechnet würde. Wie bestimmt oder in welchem Grade der Klarheit oder Dunkelheit das Bewußtsein jener Momente in ihrer Unterschiedenheit zu einem *Erkennen entwickelt* und in
wie fern eine böse Handlung mehr oder weniger mit | *förmlichem* 125
bösen Gewissen vollbracht sei, dies ist die gleichgültigere, mehr das Empirische betreffende Seite. (139)

Aus der Analyse folgt nun aber gerade, dass eine Person nicht als freie Person behandelt würde, wenn man ihr eine böse Handlung nicht als böse zurechnen würde, nur weil sie ehrlich meint, sie sei gut (gewesen). Zuzugeben ist nur, dass es hier »Grade der Klarheit oder Dunkelheit« gibt und dass es daher gerade auch beim Selbstgerechten einer gewissen Nachsicht bedarf, übrigens ähnlich wie im Fall einer selbstverschuldeten Unzurechnungsfähigkeit auf Zeit. Dennoch ist die ›empirische‹ bzw. ›psychologische‹ Frage, inwiefern eine böse Handlung »mehr oder weniger mit förmlichem bösen Gewissen vollbracht sei«, weniger wichtig als die Frage, ob der Handelnde gewissenhaft genug die Gefahr des radikal Bösen eigener Selbstgerechtigkeit auszuschließen versucht hat.

147 Ⓚ b) Böse aber und mit bösem Gewissen handeln ist noch nicht *die Heuchelei*, in dieser kommt die formelle Bestimmung der Unwahrheit hinzu, das *Böse* zunächst *für andere* als *gut* zu behaupten, und sich überhaupt äußerlich als gut, gewissenhaft, fromm und dergl. zu stellen, was auf diese Weise nur ein Kunststück des Betrugs *für andere* ist. Der Böse kann aber ferner in seinem sonstigen Gutestun oder Frömmigkeit, überhaupt in *guten Gründen, für sich* selbst eine Berechtigung zum Bösen finden, indem er durch sie es für sich zum Guten verkehrt. Diese Möglichkeit liegt in der Subjektivität, welche als abstrakte Negativität alle Bestimmungen sich unterworfen, und aus ihr kommend weiß. (139 f.)

Wer bloß böse im vulgären Sinn ist und im Wissen um das Unrechte seines Tuns handelt, ist noch kein Heuchler. So war etwa Stalin wohl kein Heuchler, wie seine (freilich ironische) Selbstbezeichnung als »Teufel« auf der Konferenz in Teheran zeigt, auch wenn er ganz offenbar z. B. den Mord an seiner Frau als Selbstmord vertuscht hat. Die meisten, die Böses in diesem Normalsinn tun, werden dies vor anderen und vor sich selbst dadurch ›rechtfertigen‹, dass sie noch viel mehr Gutes bewirkt und Schlechtes verhindert hätten. Nicht nur die politischen Führer des 20. Jahrhunderts benutzten mit besonderem Vorzug diese Methode, gerade auch die Cäsaren und Fürsten früherer Jahrhunderte; auch Verantwortliche der christlichen Kirche haben sie immer schon gebraucht. Im eher ›privaten‹ Bereich der Familie kennt man den Fall etwa von der ›Strenge‹ der Väter her. Die Möglichkeit dieser (Selbst-)Rechtfertigungen liegt in der Subjektivität des Gewissens selbst, welches sich auf diese Weise selbstherrlich exkulpieren kann, indem alle Fremdbeurteilungen zurückgewiesen werden und behauptet wird, nur man selbst kenne die wahren Zwecke und Absichten.

147 f. Ⓚ Zu dieser Verkehrung ist c) diejenige Gestalt zunächst zu rechnen, welche als der *Probabilismus* bekannt ist. Er macht zum Prinzip, daß

eine Handlung, für die das Bewußtsein *irgend einen* guten Grund aufzutreiben weiß, es sei auch nur die *Autorität* eines Theologen, und wenn es auch andere Theologen von dessen Urteil noch so sehr abweichend weiß, – erlaubt ist, und daß das Gewissen darüber sicher sein kann. Selbst bei dieser Vorstellung ist noch dies richtige Bewußtsein vorhanden, daß ein solcher Grund und Autorität nur *Probabilität* gebe, obgleich dies zur Sicherheit des Gewissens hinreiche; es ist darin zugegeben, daß ein guter Grund nur von solcher Beschaffenheit ist, daß es neben ihm andere, wenigstens eben so gute Gründe geben könne. Auch diese Spur von Objektivität ist noch hierbei zu erkennen, daß es ein *Grund* sein soll, der bestimme. Indem aber die Entscheidung des Guten oder Bösen auf die vielen *guten Gründe*, worunter auch jene Autoritäten begriffen sind, gestellt ist, dieser Gründe aber so viele und entgegengesetzte sind, so liegt hierin zugleich dies, daß es *nicht* diese Objektivität der Sache, sondern die *Subjektivität* ist, welche zu entscheiden hat, – die Seite, wodurch Belieben und Willkür über gut und böse zum Entscheidenden gemacht wird, und die Sittlichkeit, wie die Religiosität, untergraben ist. Daß es aber die eigene Subjektivität ist, in welche die Entscheidung fällt, dies ist noch nicht als das Prinzip ausgesprochen, vielmehr wird, wie bemerkt, ein Grund als das Entscheidende ausgegeben, der Probabilismus ist soweit noch eine Gestalt der Heuchelei. | (140) 126

Eine interessante Variante unverantwortlicher Selbstrechtfertigung ist der sogenannte Probabilismus. Es handelt sich um das Verfahren, irgendeinen prominenten geistlichen Verteidiger einer Handlungsform – sagen wir des Königsmordes des Mönches Ravaillac an Henri IV. – zu finden, der die Tat für erlaubt oder sogar geboten hält. Das Gewissen kann sich dann über die Tat beruhigen, da man ja nicht wissen kann, ob der die Tat erlaubende Theologe recht hat oder seine Gegner. – Selbst dieses ganz offenbar unsägliche Verfahren stützt sich auf Gedanken, die nicht ganz abzuweisen sind. Denn es ist immer zuzugeben, dass es zu jedem guten Grund für eine Handlung auch gute Gründe dagegen gibt. Außerdem enthält das Verfahren einen gewissen Anschein an Objektivität insofern, als man sich über Gründe bestimmen lassen will, noch dazu solche, die man nicht selbst erfunden hat, sondern die auf eine *Autoritätsperson* zurückgehen. Dennoch steckt hier die volle Subjektivität in der Auswahl der ›Ratgeber‹. In diesem Belieben wird jede Orientierung an einem öffentlichen Ethos ebenso aufgegeben wie jede Religiosität, und zwar gerade dadurch, dass scheinbar auf das eigene Urteil verzichtet wird. Daher ist das Verfahren klarerweise eine Form der Heuchelei.

148 Ⓚ d) Die nächst höhere Stufe ist, daß der gute Wille darin bestehen soll, *daß er das Gute will*; dies Wollen des *Abstrakt-Guten* soll hinreichen, ja die einzige Erfordernis sein, damit die Handlung gut sei. Indem die Handlung als *bestimmtes* Wollen einen Inhalt hat, das *abstrakte Gute* aber nichts bestimmt, so ist es der besondern Subjektivität vorbehalten, ihm seine Bestimmung und Erfüllung zu geben. Wie im Probabilismus für den, der nicht selbst ein gelehrter Révérend Père ist, es die Autorität eines solchen Theologen ist, auf welche die Subsumtion eines bestimmten Inhalts unter die allgemeine Bestimmung des *Guten* gemacht werden kann, so ist hier jedes Subjekt unmittelbar in diese Würde eingesetzt, in das abstrakte Gute den Inhalt zu legen, oder was dasselbe ist, einen Inhalt unter ein Allgemeines zu subsumieren. (141)

Nichts ist gut als ein guter Wille, sagt Kant. Es ist reine Ironie, wenn Hegel sagt, dass jetzt nicht ein Mönch oder ehrwürdiger Vater, sondern das Subjekt selbst unmittelbar in die »Würde eingesetzt« werde, das Gute zu bestimmen. Es sollte klar sein, dass sich die Ironie gegen Kant richtet.

Hegel nimmt diesen Gedanken auseinander. Denn erstens ist der Wille als Selbstbestimmung der Person allgemeiner als die Entscheidungen für eine lokale Handlung *H*, zweitens ist zwischen dem im Prinzip Guten und dem konkreten Guten zu unterscheiden, was drittens wissende Anerkennung eines gegebenen Ethos voraussetzt – als schon konkretisierte Verbindung von allgemeinem Recht und allgemeinem Wohl.

148 Ⓚ Dieser Inhalt ist an der Handlung als konkreter überhaupt eine Seite, deren sie mehrere hat, Seiten, welche ihr vielleicht sogar das Prädicat einer verbrecherischen und schlechten geben können. Jene meine subjektive Bestimmung des Guten aber ist das in der Handlung von mir *gewußte* Gute, *die gute Absicht* (§ 114). Es tritt hiermit ein Gegensatz von Bestimmungen ein, nach deren einer die Handlung gut, nach andern aber verbrecherisch ist. (141)

Was aber ist der wesentliche Inhalt dessen, was gewollt wurde und getan wird? Zu einem konkreten Tun können dabei *prima facie* viele verschiedene Beschreibungen einer generischen Handlung passen, von denen manche als gut, andere möglicherweise sogar als widerrechtlich gelten. Man denke etwa an die Körperverletzung eines Herzchirurgen oder eines Orthopäden bei einer Operation an der Wirbelsäule, um relativ klare und bekannte Beispiele zu nennen. Die gute Absicht besteht dabei in der Heilung des Patienten, die aber auch begleitet sein kann von schlechteren Absichten wie z. B. der Erhöhung der Anzahl der Operationen oder auch der Verbesserung der finanziellen Lage der Klinik.

Damit scheint auch die Frage bei der wirklichen Handlung ein- 148 f. Ⓚ
zutreten, ob denn die *Absicht wirklich gut sei*. Daß aber das Gute *wirkliche* Absicht ist, dies kann nun nicht nur überhaupt, sondern muß auf dem Standpunkte, wo das Subjekt das abstrakte Gute zum Bestimmungsgrund hat, sogar immer der Fall sein können. Was durch eine solche nach andern Seiten sich als verbrecherisch und böse bestimmende Handlung von der guten Absicht verletzt wird, ist freilich auch gut, und es schiene darauf anzukommen, welche unter diesen Seiten die *wesentlichste* wäre. Aber diese objektive Frage fällt hier hinweg, oder vielmehr ist es die Subjektivität des Bewußtseins selbst, deren Entscheidung das Objektive allein ausmacht. (141 f.)

Hegel scheint an ähnliche Fälle zu denken. Als Erstes könnte man ›psychologisch‹ nach der wirklich das Handeln leitenden Absicht im stillen Denken der handelnden Person fragen. Aber diese ›objektive‹ Frage nach den Gedanken im stillen Planen und Reden des Subjekts mit sich selbst führt nur wieder zurück in »die Subjektivität des Bewußtseins selbst«, deren Entscheidung in der Tat das definiert, was hier »objektiv« heißt – so dass ironischerweise die Objektivität der Subjektivität gerade dort anerkannt wird, wo man nach den ›wirklichen Absichten‹ fragt. Indem man diese als unmittelbar gegeben betrachtet, denkt man aber unglücklicherweise nicht weiter darüber nach, wie die wesenslogische Rede von wirklichen Absichten real konstituiert ist; d. h., man weiß nicht, wovon man redet.

Von außen betrachtet, müssen wir nun aber zunächst unterstellen, dass bei jeder Tat aus der Sicht der Handelnden eine insgesamt gute Absicht im Spiel ist. Hegel drückt diesen Gedanken für heutige Leser im zweiten Satz des Abschnitts völlig verquer aus. Wenn man die

Absicht kennt, könnten die Teilaspekte der Handlung, die für sich als rechtswidrig erscheinen, wie z. B. die Köperverletzung des Chirurgen oder die von Scharfrichtern vollzogenen oder Soldaten im Krieg begangenen Tötungen, nicht nur zur subjektiv guten Absicht, sondern sogar zu einer der Person gebotenen Handlung gehören, wie Hegel selbst es gleich weiter ausführen wird.

149 Ⓚ *Wesentlich* und gut sind ohnehin gleichbedeutend; jenes ist eine eben solche Abstraktion, wie dieses; gut ist, was in Rücksicht des Willens wesentlich ist, und das Wesentliche in dieser Rücksicht soll eben das sein, daß eine Handlung für mich als gut bestimmt ist. (142)

Die Wörter »wesentlich« und »gut« sind nicht überall gleichbedeutend, wohl aber dort, wo es darum geht, ob eine (zunächst rein begriffliche und dabei als generischer Idealtyp zu begreifende) allgemeine Form hinreichend gut erfüllt ist (oder das dem jeweiligen Urteil zufolge angeblich sein soll). Schon Platon kennt diese Struktur, die dazu führt, dass die Idee des Guten für die Idee der Wahrheit und damit für die wesentliche Form einer Sache als zentral bzw. wesentlich erkannt wird. Das Problem, das die Leser und unter ihnen besonders die Liebhaber einer sogenannten formalen, in Wahrheit nur ausdrucksschematisierten Logik haben, besteht im mangelnden Verständnis dieser generellen logischen Struktur. Indem man Platons Ideenlehre und Hegels Dialektik bis heute mystifiziert, erkennt man deren Bedeutung für eine allgemeine Logik sprachlich vermittelten Weltbezugs nicht.

Hegel gibt zu, dass rein formal am kantischen Satz zum guten Willen das Folgende richtig ist: Gut ist aus der Sicht des Handelnden, was er als gute Absicht bewertet. Das ist, wie wir gesehen haben, aufgrund der Subjektivität in jedem konkreten Urteilen und Handeln notwendigerweise so.

149 Ⓚ Die Subsumtion aber jeden beliebigen Inhalts unter das Gute ergibt sich für sich unmittelbar daraus, daß dies abstrakte Gute, da
127 es gar keinen Inhalt hat, sich ganz nur | darauf reduziert, überhaupt etwas *Positives* zu bedeuten, – etwas, das in irgend einer Rücksicht gilt, und nach seiner unmittelbaren Bestimmung auch als ein wesentlicher Zweck gelten kann; – z. B. Armen Gutes tun, für mich, für mein Leben, für meine Familie sorgen u. s. f. Ferner wie das Gute das Abstrakte ist, so ist damit auch das Schlechte das Inhaltslose, das

von meiner Subjektivität seine Bestimmung erhält; und es ergibt sich nach dieser Seite auch der moralische Zweck, das unbestimmte Schlechte zu hassen und auszurotten. – (142)

Die ganze Überlegung ist offenbar bloß erst rein formal. Sie lässt also variable Inhalte X zu, die vom Subjekt als wahre, wesentliche und gute Absicht anerkannt werden, »z. B. Armen Gutes tun, für mich, für mein Leben, für meine Familie sorgen usf.«. – So wie das Gute in unserer Analyse bisher abstrakt als Form diskutiert worden ist, so ist bisher »auch das Schlechte das Inhaltslose«. Wir sprechen als bloß erst von der Form »Y ist schlecht« mit einer Variablen, die für Zwecke, Mittel oder Gesamthandlungen stehen könnte, und kennen für diese nur Regeln der Art »das Schlechte ist zu vermeiden«, oder gar: es ist »zu hassen und auszurotten«. Die inhaltliche Bestimmung der Absicht liegt aber zunächst beim planenden und handelnden Subjekt. Das gilt gerade auch für den ›moralischen Zweck‹, der als solcher ja als subjektiv bewerteter Zweck schon definiert ist.

Jetzt können wir versuchen, auch dem sprachlich höchst obskuren Anfang des Abschnitts einen Sinn zu geben: Das abstrakte, inhaltsvariable Gute ist vom Subjekt her gesehen zunächst nur eine positive Präferenz des Subjekts, die sich tautologisch unmittelbar darin zeigt, dass die ausgeführte Handlung faktisch irgendwelchen Alternativen vorgezogen wird. Ob diese ›wirklich‹ gut ist, muss sozusagen aus anderer Perspektive oder in anderer Reflexion beurteilt werden.

Diebstahl, Feigheit, Mord u. s. f., haben als Handlungen, d. i. über- 149 Ⓚ
haupt als von einem subjektiven Willen vollbrachte, unmittelbar die Bestimmung, die *Befriedigung* eines solchen Willens, hiermit ein *positives* zu sein, und um die Handlung zu einer guten zu machen, kommt es nur darauf an, diese positive Seite als meine *Absicht* bei derselben zu wissen, und diese Seite ist für die Bestimmung der Handlung, daß sie gut ist, die *wesentliche*, darum weil ich sie als das Gute in meiner Absicht weiß. (142 f.)

Wieder drückt sich Hegel auf den Leser verwirrende Weise aus. Er will m. E. das Folgende sagen: Wer immer sich an fremdem Eigentum vergreift, einen Menschen tötet oder seine Truppe unerlaubt verlässt, hat dafür einen guten subjektiven Grund. Zwar werden andere von Diebstahl sprechen, von Mord oder Feigheit vor dem Feind. Aber im Fall von Mundraub für die verhungernde Familie, einem Fall von

Notwehr oder Selbstverteidigung oder auch nur eines Überläufers von den Nazis zu den Alliierten werden wir die wertend-dichten Begriffe zurückziehen müssen. Selbst der Mörder wird, wie wir gleich noch einmal sehen werden, subjektiv gute Gründe für seine Tat anführen (können), die in ihrer Form etwa in einem Aussagetyp bestehen könnte, in dem behauptet wird, dass der Ermordete die Tat irgendwie ›verdiente‹, also sein ›Recht‹ auf Leben irgendwie verwirkt habe.

149f. Ⓚ Diebstahl, um den Armen Gutes zu tun, Diebstahl, Entlaufen aus der Schlacht, um der Pflicht willen für sein Leben, für seine (vielleicht auch dazu arme) Familie zu sorgen – Mord, aus Haß und Rache, d. i. um das Selbstgefühl seines Rechts, des Rechts überhaupt, und das Gefühl der Schlechtigkeit des andern, seines Unrechtes gegen mich oder gegen Andere, gegen die Welt oder das *Volk* überhaupt, durch die Vertilgung dieses schlechten Menschen, der das Schlechte selbst in sich hat, womit zum Zwecke der Ausrottung des Schlechten wenigstens ein Beitrag geliefert wird, zu befriedigen, sind auf diese Weise, um der positiven Seite ihres Inhalts willen, zur guten Absicht und damit zur guten Handlung gemacht. (143)

Hegel nennt als Beispiel einen Diebstahl, um den Armen Gutes zu tun, und verweist in den Notizen zur Rechtsphilosophie auf interessant irrtümliche Weise auf eine altfränkische Legende über zwei heilige gallische Märtyrer aus Soissons, Crispin und seinen Bruder Crispianus aus der Zeit des Kaisers Diokletian. Zum Ersten gibt es nämlich den überlieferten Spruch: »St. Crispin macht' den Armen Schuh' und *stahl* das Leder auch dazu«. In Hegels leicht aufgeregter Kritik an dem Spruch will er zeigen, was an einem solchen ›Akt-Utilitarismus‹ falsch ist. Es geht um das *vermeintliche Recht, aus Nächstenliebe zu stehlen.* Dabei wusste Hegel offenbar nicht, dass in der Legende das Wort »stalt« für: »stellte« oder »schenkte« durch fehlerhafte Kopie in »stahl« verwandelt worden war. Die weiteren Passagen wurden im Grunde schon vorgreifend kommentiert.

150 Ⓚ Es reicht eine *höchst geringe* Verstandesbildung dazu hin, um, wie jene gelehrte Theologen, für jede Handlung eine positive Seite, und damit einen guten Grund und Absicht herauszufinden. – So hat man gesagt, daß es eigentlich keinen *Bösen* gebe, denn er will das Böse nicht um des Bösen willen, d. i., nicht das *rein-negative* als solches,

sondern er will immer etwas *positives*, somit nach diesem Standpunkte ein Gutes. In diesem abstrakten Guten ist der Unterschied von *Gut* und *Böse*, und alle wirklichen Pflichten verschwunden; deswegen bloß das Gute wollen, und bei einer Handlung eine gute Absicht haben, dies ist so vielmehr das Böse, insofern das Gute nur in dieser Abstraktion gewollt, und damit die *Bestimmung* desselben der Willkür des Subjekts vorbehalten wird. (143)

Es ist trivial, »für jede Handlung eine positive Seite und damit einen guten Grund und Absicht herauszufinden«. Wie weit Hegels Polemik gegen »jene gelehrten Theologen« allgemeine und typische Fälle oder doch eher die Ausnahmen schlechter Scholastiker und sophistischer Argumentationen betrifft, brauchen wir nicht weiter zu diskutieren.

Freilich gibt es seit Sokrates die hier gerade thematisierte formale Einsicht, dass niemand (für sich) das Schlechte will. Die spiegelbildliche Tautologie lautet, dass niemand das Schlechte oder Böse »um des Bösen willen« wolle – trotz der vermeintlich radikal Bösen, die Freude am Quälen von (Tieren und) Menschen haben und ihre Lust aus der Tortur ziehen. Hegel weist sachlich völlig zu Recht darauf hin, dass in dieser bloß erst abstrakten Betrachtung des unmittelbar ›Guten‹ bloß *für die handelnde Person* »der Unterschied von gut und böse« schlicht aufgehoben ist. Selbst die direkte Befriedigung von Lustgefühlen als subjektiv präferierter Handlungsform ist zunächst gut. Schlecht wäre das nur, wenn die bloß subjektive Präferenz den Normen des Guten im öffentlichen Ethos widerspräche. – Hegel wiederholt dann noch einmal, dass das eigentlich Böse wie z. B. die moralische Selbstgerechtigkeit gerade darin besteht, in der bloß subjektiven Perspektive der unmittelbaren Eigenbeurteilungen der eigenen ›guten‹ Absichten zu verharren.

An diese Stelle gehört auch der berüchtigte Satz: *der Zweck heiligt* 150 Ⓚ
die Mittel. – So für sich zunächst ist dieser Ausdruck trivial und |
nichts sagend. Man kann eben so unbestimmt erwidern, daß ein 128
heiliger Zweck wohl die Mittel heilige, aber ein unheiliger Zweck sie nicht heilige. Wenn der Zweck recht ist, so sind es auch die Mittel, ist insofern ein tautologischer Ausdruck, als das Mittel eben das ist, was nichts für sich, sondern um eines andern willen ist, und darin, in dem Zwecke, seine Bestimmung und Wert hat, – *wenn es nämlich in Wahrheit ein Mittel ist.* – (143 f.)

Es ist immer die Gesamthandlung zu beurteilen. Der in der Tat berüchtigte Satz, der Zweck heilige die Mittel, ist vornehmlich wegen seiner Ungenauigkeit falsch. Er wäre trivial wahr, wenn man sagte, dass ein entsprechend anerkannter guter Zweck wie z. B. die Eindämmung der Infektionen in der Corona-Krise von 2020/21 auch Mittel rechtfertigt wie die Einschränkung bürgerlicher und sogar personaler Grundfreiheiten, was ohne diese heilige Zielsetzung selbst unter einem Mehrheitskonsens einer formierten Gesellschaft oder eines Volkes mit Blockwartmentalität auf keine Weise berechtigt oder irgend erträglich wäre.

150f. Ⓚ Es ist aber mit jenem Satze nicht der bloß formelle Sinn gemeint, sondern es wird darunter etwas bestimmteres verstanden, daß nämlich für einen guten Zweck etwas als Mittel zu gebrauchen, was für sich schlechthin kein Mittel ist, etwas zu verletzen, was für sich heilig ist, ein Verbrechen also zum Mittel eines guten Zwecks zu machen, erlaubt, ja auch wohl Pflicht sei. Es schwebt bei jenem Satze einer Seits das unbestimmte Bewußtsein von der Dialektik des vorhin bemerkten *Positiven* in vereinzelten rechtlichen oder sittlichen Bestimmungen, oder solcher eben so unbestimmten allgemeinen Sätze vor, wie: *du sollst nicht töten*, oder: *du sollst für dein Wohl, für das Wohl deiner Familie sorgen.* (144)

Es ist kaum nötig, weiter auszuführen, dass zur Verfolgung eines noch so guten Zwecks ein direktes Verbrechen an einer Person, ihre Ermordung oder Folter, nicht als Mittel zulässig ist und durch den Zweck gerechtfertigt werden kann, was immer Leute meinen, die als quantitative Utilitaristen lieber einen Unschuldigen aktiv töten würden, als dass viele oder gar ein ganzes Volk Schaden leide. Übrigens ist ein moralisch und ethisch gerechtfertigter oder sogar gebotener Tyrannenmord von *anderem* Typ, zumal es sich dann (*per definitionem*) nicht um einen Unschuldigen handelt.

151 Ⓚ Die Gerichte, Krieger haben nicht nur das Recht, sondern die Pflicht, Menschen zu töten, wo aber *genau bestimmt* ist, wegen welcher Qualität Menschen und unter welchen Umständen dies erlaubt und Pflicht sei. So muß auch mein Wohl, meiner Familie Wohl höhern Zwecken nach- und somit zu Mitteln herabgesetzt werden. (144)

Hegel selbst kommt jetzt noch auf die von mir um der Gedankenführung willen vorgezogenen Beispiele des Scharfrichters (in Ländern mit Todesstrafe), der Soldaten und bewaffneten Polizisten zurück. Für diese ist immer »genau bestimmt«, »unter welchen Umständen« eine Tötung »erlaubt und Pflicht« ist, so dass etwa die Formel »Soldaten sind Mörder«, wäre sie nicht bloß polemisch bzw. figurativ (ironisch, allegorisch, metaphorisch), sondern ›wörtlich‹ gemeint, von erstaunlicher Dummheit wäre. In manchen Krisenzeiten kann und muss sogar, wie gesehen, auch meine Freiheit »oder meiner Familie Wohl höheren Zwecken nach- und somit zu Mitteln herabgesetzt werden«.

> Was sich aber als Verbrechen bezeichnet, ist nicht so eine unbe- 151 Ⓚ
> stimmt gelassene Allgemeinheit, die noch einer Dialektik unterläge, sondern hat bereits seine bestimmte objektive Begrenzung. (144)

Was wir als Verbrechen bezeichnen, enthält aufgrund des dichten Wertungsworts schon begrifflich die ›moralische‹, genauer: sittliche Verurteilung, so wie im Fall von Mord oder Diebstahl im Unterschied zur noch nicht unbedingt entsprechend ›ethisch‹ wertenden Rede von einer Tötung oder der Wegnahme einer Sache (etwa im Rahmen eines Tausches oder Kaufs). Zum Verständnis von Hegels berüchtigtem Wort »Dialektik« ist kaum eine Passage so erhellend wie diese. Denn jede noch »unbestimmt gelassene Allgemeinheit« wie die der Rede von einer Handlung, dieser Tat oder jener Absicht usf. unterliegt noch der Dialektik der konkreten *besonderen* Bestimmung, um was für eine *Art* der Handlung, welchen *Typ* von Tat oder welche *eidetisch* relevante *generische* Absicht es sich handelt.

> Was solcher Bestimmung nun in dem Zwecke, der dem Verbre- 151 Ⓚ
> chen seine Natur benehmen sollte, entgegengestellt wird, der heilige Zweck, ist nichts anders, als die *subjektive Meinung* von dem, was gut und besser sei. (144 f.)

Wenn nun – in Fortsetzung unseres obigen Beispiels – ein Angehöriger Anklage erhebt, weil nach seiner Meinung der Todesfall in der Orthopädie ein Verbrechen gewesen sei, wird der Chirurg auf den heiligen Zweck (man beachte Hegels Ironie) der Therapie oder Heilung und den Zufall eines Unglücks verweisen. Der Streit geht darum, »was gut und besser sei«. Durfte überhaupt operiert werden? Dabei mag zunächst Meinung gegen Meinung stehen.

> Es ist dasselbe, was darin geschieht, daß das Wollen beim Ab- 151 Ⓚ
> straktguten stehen bleibt, daß nämlich alle an und für sich seiende und geltende Bestimmtheit des Guten und Schlechten, des Rechts

und Unrechts, aufgehoben, und dem Gefühl, Vorstellen und Belieben des Individuums diese Bestimmung zugeschrieben wird. – (145)

Ohne positive Berufung auf einen Stand der Kunst, das ärztliche Ethos und auf die rechtliche Unbedenklichkeit des Eingriffs (nach angemessener Information und formell korrekter Einverständniserklärung des Patienten) ähnelt die Meinung des Arztes einem Wollen, das »beim abstrakt Guten stehen bleibt«. Die anklagenden Angehörigen und vielleicht auch der Richter werden monieren, dass mit der bloßen Behauptung der guten Absicht, also des Willens zu helfen, die »geltende Bestimmtheit« des Guten und des Rechts »aufgehoben und dem Gefühl, Vorstellen und Belieben des Individuums« überlassen bliebe.

151 Ⓚ Die *subjektive Meinung* wird endlich ausdrücklich als die Regel des Rechts und der Pflicht ausgesprochen, indem

e) *die Überzeugung, welche etwas für recht hält,* es sein soll, wodurch die sittliche Natur einer Handlung bestimmt werde. (145)

Wir erläutern den Text am besten weiter anhand unseres Beispiels. Der Arzt könnte seine subjektive Meinung mit Kant als eine »Regel des Rechts und der Pflicht« behaupten. Das heißt, er versichert – sogar ehrlich und wahrhaftig, redlich und ›glaubwürdig‹ – dass er seine Handlungsform für allgemein gut hält und auch wirklich allen Ärzten in seiner Lage empfiehlt. Der Fall ist bewusst so gewählt, dass die Versicherung allein uns, den Richter und schon gar nicht die Angehörigen noch nicht überzeugen wird. Denn die ethische bzw. rechtliche Unbedenklichkeit der Operation ist damit noch keinesfalls erwiesen.

151 Ⓚ Das Gute, das man will, hat noch keinen Inhalt, das Prinzip der Überzeugung enthält nun dies Nähere, daß die Subsumtion einer Handlung unter die Bestimmung des Guten dem *Subjekte* zuste-
129 he. Hiermit ist | auch der Schein von einer sittlichen Objektivität vollends verschwunden. (145)

Das Gut, das der Arzt in unserem Beispiel will, ist noch viel zu unspezifisch und hat noch nicht den konkreten Inhalt erstens des rechtlich und ethisch Erlaubten und zweitens des für das Wohl des Patienten (und nicht bloß der Klinik und des Arztes) wirklich nach bestem Wissen und Gewissen und dem Stand der Kunst hinreichend sicher Förderlichen.

Kants Prinzip der kohärenten Überzeugung, dass die gewählte Handlungsform allgemein gut sei, ist insofern korrekt, als dass das personale Subjekt in der Tat selbst urteilen muss und darf, aber in Ansehung gegebener Normen eines öffentlichen Ethos und nicht einfach nach rein eigener Überzeugung. Wenn man das nicht ernst nimmt, verschwindet, wie das Beispiel zeigt, jeder »Schein von einer sittlichen Objektivität vollends«.

Solche Lehre hängt unmittelbar mit der öfters erwähnten sich so nennenden Philosophie zusammen, welche die Erkennbarkeit des *Wahren*, – und das Wahre des wollenden Geistes, seine Vernünftigkeit insofern er sich verwirklicht, sind die sittlichen Gebote, – leugnet. (145) 151 Ⓚ

Hegels Kritik am Kantianismus nicht nur in der Moralphilosophie könnte kaum drastischer ausfallen. Denn hier sagt er inhaltlich, dass eine solche Lehre einer bloß sogenannten Philosophie damit zusammenhängt, dass sie als subjektiver Idealismus (in der Nachfolge Humes) die wirkliche Erkennbarkeit von etwas wirklich Wahrem leugnet und nur bei kohärenten Vorstellungen subjektiver Erscheinungen stehenbleibt.

Warum aber soll damit »das Wahre des wollenden Geistes« geleugnet werden? Gemeint ist, dass die geschichtliche Vernunft in der allgemeinen Entwicklung von Wissen, Wissenschaft, Ethos und Sittlichkeit ganz aus dem Spiel bleibt. Das ist überall dort so, wo die einzelnen Personen in hypertropher Aufklärung und Traditionskritik ganz und gar autonom alle Normen und Formen der Tradition nicht anders als die eigenen Einfälle und utopischen Imaginationen nebeneinander stellen, kritisieren und selbstdenkend beurteilen. Sittliche Gebote, wie sie in der Geschichte der Menschheit entwickelt wurden, binden uns damit erst einmal gar nicht mehr.

Indem ein solches Philosophieren die Erkenntnis des Wahren für eine leere, den Kreis des Erkennens, der nur das Scheinende sei, überfliegende Eitelkeit ausgibt, muß es unmittelbar auch das Scheinende in Ansehung des Handelns zum Prinzip machen und das Sittliche somit in die *eigentümliche* Weltansicht des Individuums und seine *besondere Überzeugung* setzen. (145) 151 f. Ⓚ

Wenn alles Erkennen nur auf subjektive Erscheinungen geht, kann sich auch das Handeln nur auf subjektive Urteile stützen über das, was uns kohärent und redlich als gut erscheint. Daher ist es so dramatisch falsch, dass Hume, Kant und die Kantianer nicht zwischen

Wesen und Erscheinung, Wirklichkeit und Schein unterscheiden und damit auch nicht zwischen bloß subjektiver Moralität und objektiver Sittlichkeit. Diese Unterscheidung ist logisch immanent, also ohne dogmatische Ontologie jeder Art, zu entwickeln. Dies getan zu haben, ist die bis heute noch kaum begriffene und wirklich erstaunliche, größte Leistung Hegels und seiner *Wesenslogik*.

152 Ⓚ Die Degradation, in welche so die Philosophie herabgesunken ist, erscheint freilich zunächst vor der Welt als eine höchst gleichgültige Begebenheit, die nur dem müßigen Schulgeschwätze widerfahren sei, aber notwendig bildet sich solche Ansicht in die Ansicht des Sittlichen, als in einen wesentlichen Teil der Philosophie hinein, und dann erst erscheint an der Wirklichkeit und für sie, was an jenen Ansichten ist. – (145)

In der Welt der Wissenschaft und überhaupt der öffentlichen Diskussion nimmt niemand den subjektiven Idealismus wirklich ernst. Man redet stattdessen alle Dekaden von einem Neuen Realismus oder auch Naturalismus, um den akademisch in den Olymp versetzten Kant immer wieder neu und treuherzig zu ›widerlegen‹. Das Problem ist, dass diese Versicherungsphilosophie der argumentativen Schärfe der kantischen Konstitutionsanalysen und ihrer transzendentalen Präsuppositionslogik schlicht nicht gewachsen ist. Das gilt noch bis Nicolai Hartmann, erst recht für die Gegenwart. – Und doch ist das alles kein bloß akademischer Streit. Es geht um die Grundlagen von Wissen und Wissenschaft, Ethik und Recht.

152 Ⓚ Durch die Verbreitung der Ansicht, daß die subjektive Überzeugung es sei, wodurch die sittliche Natur einer Handlung allein bestimmt werde, ist es geschehen, daß wohl vormals viel, aber heutiges Tags wenig mehr von *Heuchelei* die Rede ist; denn die Qualifizierung des Bösen als Heuchelei hat zu Grunde liegen, daß gewisse Handlungen *an und für sich* Vergehen, Laster und Verbrechen sind, daß, der sie begehe, sie notwendig als solche wisse, insofern er die Grundsätze und äußern Handlungen der Frömmigkeit und Rechtlichkeit eben in dem Scheine, zu dem er sie mißbraucht, wisse und anerkenne. (145 f.)

Hegel gibt hier eine interessante Diagnose der Kultur seiner Zeit. Während in der Zeit, als das Christentum unangefochten die Normen des Ethos definierte und sogar noch im sich selbst langsam aufklärenden 17. und 18. Jahrhundert gerade auch in Literatur und Theater die Heuchelei ein prominentes Thema war, ist das im 19. Jahrhundert nicht mehr im gleichen Maß der Fall. Hegel führt das darauf zurück, dass der Heuchler klar wissen muss, welche Handlungen »an und für sich Vergehen, Laster und Verbrechen sind«, und dass er diese zunächst nur vor anderen vertuscht. Der Charaktertyp des Heuchlers ist heutzutage, so lese ich Hegels Andeutungen, übergegangen in den selbstgerechten Selbsttäuscher, der von sich meint, dass seine Handlungen entweder allgemein gut sind oder von allen anderen ohnehin auch getan werden: *così fan tutte*.

Oder in Ansehung des Bösen überhaupt galt die Voraussetzung, 152 Ⓚ daß es Pflicht sei, das Gute zu erkennen, und es vom Bösen zu unterscheiden zu wissen. Auf allen Fall aber galt die absolute Forderung, daß der Mensch keine lasterhafte und verbrecherische Handlungen begehe, und daß sie ihm, insofern er ein Mensch und kein Vieh ist, als solche zugerechnet werden müssen. (146)

Eine rein subjektive, intuitionistische, auch sentimentale Moralität kennt keine Heuchelei, da sie die Maßstäbe nicht anerkennt, die nötig wären, um auch nur so zu tun, als wollte man sie erfüllen. In früheren Zeiten galt es dagegen noch als selbstverständlich, dass jeder gewissenhaft zu lernen hat, zwischen Gutem und Schlechtem bzw. Erlaubtem, Widerrechtlichem und Bösem zu unterscheiden – und diese Unterscheidungen auf sein eigenes Tun in entsprechenden Selbstprüfungen anzuwenden. Laster und Verbrechen wurden dem personalen Individuum auch mit seiner eigenen Zustimmung zugerechnet. Es war allen klar, dass nur Menschen mit hochgradigen mentalen Störungen keine Verantwortung für ihr Tun haben. Eben damit fallen sie auch nicht unter den Kompetenzbegriff der aktiven Person in freier Kooperationspartnerschaft, sondern nur unter den Würdebegriff, den wir unter dem Titel der allgemeinen Menschenwürde passiv wirklich allen Menschen zuschreiben. Das sichert die notwendige Pflege und Fürsorge für ihr Wohl auch dann, wenn sie an der Arbeitsteilung nicht aktiv teilnehmen können.

Wenn aber das gute Herz, die gute Absicht und die subjektive 152 f. Ⓚ Überzeugung für das erklärt wird, was den Handlungen ihren Wert gebe, so gibt es keine Heuchelei und überhaupt kein Böses mehr, denn was einer tut, weiß er durch die Reflexion der guten Absichten

und Bewegungsgründe zu etwas Gutem zu machen, und durch das
130 Moment seiner *Überzeugung* ist es gut.[64] So gibt es | nicht mehr Verbrechen und Laster an und für sich, und an die Stelle des oben angeführten frank und freien, verhärteten, ungetrübten Sündigens, ist das Bewußtsein der vollkommenen Rechtfertigung durch die Absicht und Überzeugung getreten. (146 f.)

Da der Begriff des Heuchlers voraussetzt, dass die Person wenigstens implizit ahnt, dass sie sich selbst nicht ausreichend gewissenhaft am allgemeinen Ethos orientiert, ist eine schöne Seele, die auf »das gute Herz« hört und für ihr Tun und Handeln »die gute Absicht« hervorhebt, per definitionem keine Heuchlerin. Wir haben gesehen, inwiefern diese subjektive Überzeugung die des radikal Bösen ist. Für eine solche Person gibt es »überhaupt kein Böses mehr«. Das ist der Grund, warum sie bei Pascal ironischerweise sogar noch den klassischen Teufel täuscht. – Heute schafft es jeder Intellektuelle, sagt Hegel inhaltlich, all sein Tun durch Zuschreibung guter »Absichten und Bewegungsgründe zu etwas Gutem zu machen«. Und im Moment dieser Reflexion auf seine Überzeugung ist es für ihn auch gut. Es gibt so eigentlich keine Verbrechen mehr, keine Schuld. Alle

[64] Fußnote Hegels: »»Daß er sich vollkommen *überzeugt* fühle, daran zweifle ich nicht im mindesten. Aber wie viele Menschen beginnen nicht aus einer solchen gefühlten Überzeugung die ärgsten Frevel. Also, wenn dieser Grund überall entschuldigen mag, so gibt es *kein vernünftiges Urteil* mehr über *gute und böse, ehrwürdige und verächtliche Entschließungen*; der Wahn hat dann gleiche Rechte mit der Vernunft, oder die Vernunft hat dann überhaupt keine Rechte, kein gültiges Ansehen mehr; ihre Stimme ist ein Unding; *wer nur nicht zweifelt, der ist in der Wahrheit*! Mir schaudert vor den Folgen einer solchen Toleranz, die eine ausschließende zum Vorteil der Unvernunft wäre.« Fr. H. *Jacobi* an den Grafen Holmer. Eutin 5. Aug. 1800. über Gr. Stollbergs Rel. Veränderung. (Brennus. Berlin
130 Aug. 1802.) |« Man könnte diese Kritik an einer ›pluralistischen‹ Toleranz am Beispiel der Verschleierung islamischer Frauen aktualisieren: Wer sagen würde, die Regeln der sogenannten Sittsamkeit der Frauen dienten bloß dazu, die zivilisatorische Lücke der sexualmoralischen Bildung der Männer zu kompensieren, gälte als islamfeindlich. Eine bloß prudentielle Toleranz problematischer Riten wie etwa auch im Fall von Beschneidungen oder der Schächtung von Tieren ist dennoch von falschen Vorstellungen ›pluraler Werte‹ und ›absoluter Religionsfreiheit‹ zu unterscheiden.

Verfehlungen gegen eine gute Ordnung des Zusammenlebens sind bestenfalls Anlass für eine sozialpädagogische Neuformierung der Gewohnheiten und Gefühle. Manche werden durch staatliche oder private Sanktionsdrohungen unwahrscheinlicher gemacht.

Meine Absicht des Guten bei meiner Handlung, und meine Über- 153 Ⓚ
zeugung davon, daß es gut ist, *macht sie zum Guten.* (147)

Einem Leser, der den Kontext übersieht, wird Hegels Ironie entgehen. Keine gute Absicht macht die Handlung gut. Kein guter Wille allein macht die Tat gut.

Insofern von einem Beurteilen und Richten der Handlung die 153 Ⓚ
Rede wird, ist es vermöge dieses Prinzips nur nach der Absicht und Überzeugung des Handelnden, nach seinem *Glauben,* daß er gerichtet werden solle, – nicht in dem Sinne, wie *Christus* einen Glauben an die *objektive* Wahrheit fordert, so daß für den, der einen schlechten Glauben hat, d. h. eine ihrem *Inhalte* nach böse Überzeugung, auch das Urteil schlecht, d. h. diesem bösen Inhalte gemäß ausfalle, sondern nach dem Glauben im Sinn der *Überzeugungstreue,* ob der Mensch in seinem Handeln seiner *Überzeugung treu* geblieben, der formellen subjektiven Treue, welche allein das pflichtmäßige enthalte. – (147)

Hegel hebt zwar hervor, dass jeder von uns immer aus subjektiver Perspektive urteilt und dass es keinen unmittelbaren Zugang zu objektiv richtigen Urteilen gibt. Das darf uns aber weder dazu verführen, alles Wissen als ein bloßes Überzeugtsein im Glauben anzusehen, noch dazu, im Handeln nur die redliche Absicht des Handelnden zu bewerten. – Hegel wendet sich in fast sarkastischer Weise gegen eine naheliegende Missdeutung der lutherischen Formel *sola fides*, nach welcher *allein der Glaube* uns vor der ewigen Verdammnis retten können soll. Denn Christus fordert, so Hegel in interessanter Auslegung der Lehre Jesu, »einen Glauben an die objektive Wahrheit« unter Einschluss eines gewissenhaften Handelns nach dem geltenden Gesetz, aber in guter, urteilskräftiger, selbständiger Auslegung nach bestem Wissen und Gewissen. Die romantische Theologie Schleiermachers verschiebe, wie schon der subjektive Idealismus Kants und Fichtes, den Schwerpunkt auf die »Überzeugungstreue«, ob also »der Mensch in seinem Handeln seiner Überzeugung treu geblieben« ist, welche angeblich »allein das Pflichtmäßige enthalte«.

153 f. Ⓚ Bei diesem Prinzip der Überzeugung, weil sie zugleich als ein *subjektives* bestimmt ist, muß sich zwar auch der Gedanke an die Möglichkeit *eines Irrtums* aufdringen, worin somit die Voraussetzung eines an und für sich seienden Gesetzes liegt. Aber *das Gesetz handelt nicht*, es ist nur der wirkliche Mensch, der handelt, und bei dem Werte der menschlichen Handlungen kann es nach jenem Prinzipe nur darauf ankommen, inwiefern er jenes Gesetz *in seine Überzeugung* aufgenommen hat. Wenn es aber sonach nicht die Handlungen sind, die nach jenem Gesetze zu beurteilen, d. h. überhaupt darnach zu bemessen sind, so ist nicht abzusehen, zu was jenes Gesetz noch sein und dienen soll. Solches Gesetz ist zu einem nur *äußern Buchstaben*, in der Tat einem leeren Wort heruntergesetzt, denn erst durch meine Überzeugung wird es zu *einem*
131 *Gesetze,* | einem mich verpflichtenden und bindenden, *gemacht.* – (147 f.)

Nun war weder Kant noch waren seine Nachfolger so töricht, nicht zu bedenken, dass es doch auch eine »Möglichkeit eines Irrtums« im moralischen Urteilen geben können muss, da sonst ja wirkliche ›alles‹ erlaubt wäre. Daher rührt die immerhin interessante Suche nach einem »an und für sich seienden« moralischen Gesetz – in der moralischen Gesinnung und als moralisches Gesetz in mir. Dessen Mystifizierung gerade auch in Kants heißer Rede von seiner Erhabenheit führt aber in die Irre. Daher erhält es als bloß vermeintlich ›sittliches‹ Gesetz von Hegel eine kühle Abfuhr. Es sei ›heruntergesetzt‹ bzw. abgeschwächt zu einem bloß »äußeren Buchstaben, in der Tat einem leeren Wort«. Denn erstens reiche die Kohärenzprüfung einer beliebigen Handlungsform nicht aus, um sie für erlaubt zu erklären. Und zweitens sei Kants Pflichtgesetz rein relativ zu je meiner Überzeugung über das Erlaubte oder Gute, die angeblich allein es ist, die mich verpflichte und binde.

Es ist fast überflüssig zu sagen, dass nur der wirkliche Mensch urteilt und handelt. Inzwischen wissen wir auch, dass Hegel für ein sittliches Gewissen plädiert, das gewissenhaft prüft, inwiefern materiale und objektive Normen des Guten, also des allgemeinen Rechts und allgemeinen Wohls, in je meine subjektiven Absichten und Kontrollurteile aufgenommen sind.

154 Ⓚ Daß solches Gesetz die Autorität Gottes, des Staats, für sich hat,

auch die Autorität von Jahrtausenden, in denen es das Band war, in welchem die Menschen und alles ihr Tun und Schicksal sich zusammenhält und Bestehen hat, – Autoritäten, welche eine Unzahl *Überzeugungen von Individuen* in sich schließen, – und daß *Ich* dagegen die *Autorität* meiner *einzelnen* Überzeugung setze, – als meine subjektive Überzeugung ist ihre Gültigkeit nur Autorität, – dieser zunächst ungeheuer scheinende Eigendünkel ist durch das Prinzip selbst beseitigt, als welches die subjektive Überzeugung zur Regel macht. – (148)

Man beachte die (schwache) Identifizierung der Autorität Gottes und des Staates durch syntaktische Nebenordnung.

In der Auseinandersetzung von Tradition und Autonomie kann die subjektive Selbstgesetzgebung nicht das letzte Wort behalten. Allerdings hat die Herabsetzung der Rede von Gott in einen je besonderen Gott eines konfessionellen Glaubens besonders nach den Religionskriegen des 16. und 17. Jahrhunderts »die Autorität Gottes« stark erschüttert, so wie die Französische Revolution sowohl in ihren Ursachen als auch in ihren Folgen die Autorität »des Staats«. Das Ethos aber als Gesamtheit von Formen und Normen des guten gemeinsamen Handelns im Interesse von individuellem und gemeinsamem Wohl in Recht und Freiheit hat weit mehr als subjektive Autonomie zu ihrer Grundlage, nämlich die kollektive Erfahrung, Arbeit und »Autorität von Jahrtausenden«, »welche eine Unzahl Überzeugungen von Individuen in sich« enthält und in Hegels mehrfachem Sinn aufhebt.

Es sollte klar sein, inwiefern ein ›Moralprinzip‹, das jede dieser Normen nicht anders behandelt als jede neu vorgeschlagene Handlungsform, als ungeheurer Eigendünkel aufzufassen ist.

Wenn nun zwar durch die höhere Inkonsequenz, welche die 154Ⓚ
durch seichte Wissenschaft und schlechte Sophisterei unvertreibliche Vernunft und Gewissen hereinbringen, die *Möglichkeit eines Irrtums* zugegeben wird, so ist damit, daß das Verbrechen und das Böse überhaupt ein Irrtum sei, der Fehler auf sein Geringstes reduziert. Denn *Irren ist menschlich,* – wer hätte sich nicht über dies und jenes, ob ich gestern Kohl oder Kraut zu Mittag gegessen habe, und über Unzähliges, Unwichtigeres und Wichtigeres, geirrt? Jedoch der Unterschied von Wichtigem und Unwichtigem fällt hinweg, wenn

es allein die Subjektivität der Überzeugung und das Beharren bei derselben ist, worauf es ankommt. (148)

Kants Pathos in der Rede von moralischer Pflicht und deren Entgegensetzung zu bloßen Neigungen vertuscht die Tatsache, dass sein Moralprinzip subjektiver Kohärenz in der Gefahr steht, sogar ein Verbrechen als bloßen Irrtum erscheinen zu lassen – indem der Verbrecher meint, dass alle so handeln dürfen. Irren ist menschlich. Hegels Ausdrücke »seichte Wissenschaft und schlechte Sophisterei« drücken massive Kritik aus. Vollends sarkastisch wird er, wo das Verfahren auf völlig Unwesentliches angewendet wird nach Art der Frage, »ob ich gestern Kohl oder Kraut zu Mittag gegessen habe«. Denn aller »Unterschied von Wichtigem und Unwichtigem fällt hinweg, wenn es allein die Subjektivität der Überzeugung und das Beharren bei derselben ist, worauf es ankommt«.

154f. Ⓚ Jene höhere Inkonsequenz von der Möglichkeit eines Irrtums aber, die aus der Natur der Sache kommt, setzt sich in der Wendung, daß eine schlechte Überzeugung nur ein Irrtum ist, in der Tat nur in die andere Inkonsequenz der Unredlichkeit um; das einemal soll es die Überzeugung sein, auf welche das Sittliche und der höchste Wert des Menschen gestellt ist, sie wird hiermit für das Höchste und Heilige erklärt; und das andremal ist es weiter nichts, um das es sich handelt, als ein Irren, mein Überzeugtsein ein geringfügiges und zufälliges, – eigentlich etwas äußerliches, das mir *so oder so begegnen* kann. In der Tat ist mein Überzeugtsein etwas höchst geringfügiges, wenn ich nichts Wahres erkennen kann; so ist es gleichgültig *wie* ich denke, und es bleibt mir zum Denken jenes leere Gute, das Abstraktum des Verstandes. – (148f.)

Einerseits soll die (moralische) Autonomie das Höchste und Erhabenste sein. Andererseits kann die Prüfung der inneren Kohärenz meiner Handlungsmaxime – ob ich also wirklich wollen kann, dass sie ein allgemeines Gesetz werde –, wenn diese Prüfung (zufälligerweise) zu einem ›falschen‹ Ergebnis führt, nur ein Irrtum sein, da ich ja, so nehmen wir an, immer das Gute und Beste will (sofern wir von einer ebenfalls bloß akzidentellen Übermannung durch eine Neigung einmal absehen). Es ist nachgerade großartig, wie Hegel hier die Moral autonomer Redlichkeit als eine der Unredlichkeit demaskiert. Im guten Willen soll das »Sittliche und der höchste Wert des Menschen«

zu finden sein. Wenn ich aber in der Prüfung meiner Moralität etwas falsch mache, ist es bloß ein Irren.

Es ergibt sich übrigens, um dies noch zu bemerken, nach diesem 155 Ⓚ Prinzip der Berechtigung aus dem Grunde der Überzeugung, die Konsequenz für die Handlungsweise Anderer gegen mein Handeln, daß indem sie nach *ihrem* Glauben und Überzeugung meine Handlungen für *Verbrechen* halten, sie *ganz recht daran* tun; – eine Konse|quenz, bei der ich nicht nur nichts zum Voraus behalte, son- 132 dern im Gegenteil nur von dem Standpunkte der Freiheit und Ehre in das Verhältnis der Unfreiheit und Unehre herabgesetzt bin, nämlich in der Gerechtigkeit, welche an sich auch das Meinige ist, nur eine fremde subjektive Überzeugung zu erfahren, und in ihrer Ausübung mich nur von einer äußern Gewalt behandelt zu meinen. (149)

Hegel setzt noch weiter nach, wobei diese Kritik allgemeiner gegen das Prinzip der bloß subjektiven Überzeugung und des guten Willens gerichtet ist, weniger gegen Kants Moralprinzip im Besonderen. Wenn andere Personen aus voller »Überzeugung meine Handlungen für Verbrechen halten«, würden sie, so Hegel ironisch, »ganz recht daran tun«. Es ist klar, dass wir diese Konsequenz nicht anerkennen (können). Denn es steht mein Status als freie Person (so lese ich Hegels »Ehre« erneut) selbst infrage.

Hegels Formulierung ist suboptimal. Er will wohl sagen, dass der Status der Person oder ›Ehre‹ mir auf keinen Fall willkürlich von anderen abgesprochen werden darf, dass wir eben deswegen gemeinsame Gesetze und gemeinsame Kontrollen ihrer Erfüllung oder Nichterfüllung brauchen und dass ich selbst im Verfahren zu hören bin. »*Eines* Mannes Rede ist keines Mannes Rede. Man soll sie billig hören *beede*«, zitiert Goethe einen generell bedenkenswerten Spruch im alten Frankfurter Rathaus.

f) Die höchste Form endlich, in welcher diese Subjektivität sich 155 f. Ⓚ vollkommen erfaßt und ausspricht, ist die Gestalt, die man mit einem vom *Plato* erborgten Namen *Ironie* genannt hat; – denn nur der Name ist von *Plato* genommen, der ihn von einer Weise des *Sokrates* brauchte, welche dieser in einer persönlichen Unterredung gegen die Einbildung des ungebildeten und des sophistischen Bewußtseins zum Behuf der Idee der Wahrheit und Gerechtigkeit anwandte, aber nur jenes Bewußtsein, die Idee selbst nicht, ironisch behandelte. Die Ironie betrifft nur ein Verhalten des Gesprächs gegen *Personen*; ohne die persönliche Richtung ist die wesentliche Bewegung des Gedankens die Dialektik, und *Plato* war so weit entfernt, das Dialektische für sich oder gar die Ironie für das Letzte und für die Idee selbst zu nehmen, daß er im Gegenteil das Herüber- und Hinübergehen des Gedankens vollends einer subjektiven Meinung, in die Substantialität der Idee versenkte und endigte.[65] – (149 f.)

[65] Fußnote Hegels: »Mein verstorbener Kollege, Professor *Solger*, hat zwar den vom Herrn Fried. v. *Schlegel* in einer frühern Periode seiner schriftstellerischen Laufbahn aufgebrachten und bis zu jener sich selbst als das Höchste wissenden Subjektivität gesteigerten Ausdruck der *Ironie* aufgenommen, aber sein von solcher Bestimmung entfernter besserer Sinn und seine philosophische Einsicht hat darin nur vornehmlich die Seite des eigentlichen Dialektischen, des bewegenden Pulses der spekulativen Betrachtung ergriffen und festgehalten. Ganz klar aber kann ich das nicht finden, noch mit den Begriffen übereinstimmen, welche derselbe noch in seiner letzten, gehaltvollen Arbeit, einer ausführlichen *Kritik* über die *Vorlesungen* des Herrn *August Wilhelm v. Schlegel über dramatische Kunst und Literatur* (Wiener Jahrb. VII. Bd. S. 90 ff.) entwickelt. ›Die wahre *Ironie*, sagt Solger daselbst S. 92, geht von dem Gesichtspunkt aus, daß der Mensch, so lange er in dieser gegenwärtigen Welt lebt, seine Bestimmung auch im höchsten Sinne des Worts, nur in dieser Welt erfüllen kann. Alles, womit wir über *endliche Zwecke hinauszugehen* glauben, ist *eitle* und *leere* Einbildung. – Auch das Höchste ist für unser Handeln nur *in begrenzter endlicher Gestaltung* da.‹ Dies ist, richtig verstanden, platonisch und sehr wahr gegen das daselbst vorher erwähnte leere Streben in das *(abstracte)* Unendliche gesagt. Daß aber das Höchste in begrenzter *endlicher Gestal-*
134 *tung* ist, | wie das Sittliche, und das Sittliche ist wesentlich als Wirklichkeit und Handlung, dies ist sehr verschieden davon, daß es ein *endlicher* Zweck sei; die Gestaltung, die Form des Endlichen, benimmt dem Inhalt, dem Sittlichen nichts von seiner Substantialität und der Unendlichkeit, die es in sich selbst hat. Es heißt weiter: ›Und eben deswegen ist es (das Höchste) *an uns so nichtig*, als das Geringste, und *gehet notwendig mit uns und unserm nichtigen Sinne unter*, denn in Wahrheit ist es nur da in Gott, und in diesem Untergange verklärt es sich als ein Göttliches, an welchem wir nicht Teil haben würden, wenn es nicht eine unmittelbare Gegenwart dieses Göttlichen gäbe, die sich eben im Verschwinden unserer Wirklichkeit offenbart; die Stimmung aber, welcher dieses unmittelbar in den menschlichen Begebenheiten selbst einleuchtet, ist die tragische Ironie.‹ Auf den

Es ist – naturgemäß – umstritten, ob Hegels Kritik an der ›romantischen Ironie‹ besonders Friedrich Schlegels eine wichtige Sache trifft oder in blindem Kampf gegen politische Gegner einer neuen ›klerikalen‹ Reaktion (etwa auch bei Clemens Brentano) an der Sache vorbeigeht. Dabei sind allerdings unbedingt die Ebenen und Gesichtspunkte zu trennen. Denn es geht nicht um die Distanz zwischen Autor, Text und Leser, wie sie etwa Jean Paul oder Thomas Mann in ihrem Humor erzeugen, auch nicht um das Bewusstsein der Diskrepanz zwischen Ideal und Wirklichkeit, wie etwa bei K. W. F. Solger oder Sören Kierkegaard. Sondern es geht um die »höchste Form«

willkührlichen Namen Ironie käme es nicht an, aber darin liegt etwas Unklares, daß es *das Höchste* sei, was mit unserer Nichtigkeit *untergehe*, und daß erst im Verschwinden unserer Wirklichkeit das Göttliche sich offenbare, wie es auch S. 91 ebendas. heißt: ›wir sehen die Helden irre werden an dem Edelsten und Schönsten in ihren Gesinnungen und Gefühlen, nicht bloß in Rücksicht des Erfolgs, sondern auch *ihrer Quelle* und *ihres Werthes*, ja wir erheben uns an dem *Untergange des Besten* selbst.‹ Daß der tragische Untergang höchst sittlicher Gestalten nur insofern interessieren (der gerechte Untergang aufgespreizter reiner Schurken und Verbrecher, wie z. B. der Held in einer modernen Tragödie, *der Schuld*, einer ist, hat zwar ein kriminaljuristisches Interesse, aber keines für die wahre Kunst, von der hier die Rede ist), erheben und mit sich selbst versöhnen kann, als solche Gestalten gegen einander mit gleich berechtigten unterschiedenen sittlichen Mächten, welche durch Unglück in *Kollision* gekommen, auftreten und so nun durch diese ihre Entgegensetzung gegen ein Sittliches *Schuld* haben, woraus das Recht und das Unrecht beider, und damit die wahre sittliche Idee gereinigt und triumphierend über diese *Einseitigkeit*, somit versöhnt in uns hervorgeht, daß sonach nicht das *Höchste* in uns es ist, welches untergeht, und wir uns nicht am *Untergange des Besten*, sondern im Gegenteil am Triumphe des Wahren *erheben*, – | daß dies das 133
wahrhafte rein sittliche Interesse der antiken Tragödie ist (in der romantischen erleidet diese Bestimmung noch eine weitere Modifikation) habe ich in der *Phänomenologie des Geistes* (S. 404 ff. vergl. 683 ff.) ausgeführt. Die sittliche Idee aber *ohne jenes Unglück* der *Kollision* und den Untergang der in diesem Unglück befangenen Individuen, ist in der sittlichen Welt *wirklich* und *gegenwärtig* und daß dies Höchste sich *nicht in seiner Wirklichkeit als ein Nichtiges* darstellt, dies ist es, was die reale sittliche Existenz, der Staat, bezweckt und bewirkt, und was *in ihm* das sittliche Selbstbewußtsein besitzt, anschaut und weiß, und das denkende Erkennen begreift. |« 134

einer Subjektivität, die sich vermeintlich spielerisch-souverän *von allen Bindungen* distanziert.

Die Ironie als figurative Sprechweise ist durch Hegels Polemik gegen Friedrich Schlegel nicht betroffen. Sie verlangt vom Hörer nur, die kontextuellen Zeichen der Distanz des Autors zum Inhalt angemessen zu deuten, so dass er etwa selbständig eine Negation zu der formalen Aussage an die rechte Stelle einzufügen hat, um das ›wahre‹ Urteil des Autors zu verstehen. Das Verfahren ist weniger wegen seiner impliziten Kritik interessant als deswegen, weil es eine freie Kooperation des Rezipienten mit dem Autor bei der Sinnbestimmung des Gesagten voraussetzt – was auch für alle tropischen, im weitesten Sinn metaphorischen Redeformen gilt.

Hegel stimmt (in der Fußnote) mit Solger darin überein, dass es uns um das rechte Verständnis der Absolutheit der Subjektivität geht und um ein immanentes Verständnis von allem Heiligen, Göttlichen und Höchsten. Aber er wehrt sich gegen die Reduktion der Person auf das je endliche personale Subjekt. Am Besten versteht man die Kritik sogar noch an Solger vor dem Hintergrund des Vorwurfs Heinrich Heines, Hegel habe gelehrt, je ich selbst sei Gott. Denn Hegel kritisiert eben diese Vorstellung. Das Höchste ist gerade nicht das Subjekt, sondern, wenn man schon so reden will, die Person, oder besser, die Idee des Personseins in seiner geschichtlichen Entwicklung und dann auch als Ideal der Perfektionierung im je konkreten Leben der einzelnen personalen Subjekte.

156 f. Ⓚ Die hier noch zu betrachtende Spitze der sich als das | Letzte
133 erfassenden Subjektivität kann nur dies sein, sich noch als jenes Beschließen und Entscheiden über Wahrheit, Recht und Pflicht *zu wissen*, welches in den vorhergehenden Formen schon an sich
134 vorhan|den ist. Sie besteht also darin, das Sittlich-objektive wohl zu wissen, aber nicht sich selbst vergessend und auf sich Verzicht tuend in den Ernst desselben sich zu vertiefen und aus ihm zu handeln, sondern in der Beziehung darauf dasselbe zugleich von sich zu halten, und *sich* als das zu wissen, welches so *will* und *beschließt*, und auch *eben so gut* anders wollen und beschließen kann. – (150 ff.)

Der Gipfel der Subjektivität besteht darin, dass man sein eigenes Urteil als letzten Gerichtshof über alle vermeintlich geltende Wahrheit, alles Recht und jede Pflicht ansieht. Dabei kennt man die tradierten Sitten und Gebräuche, Gesetze und Normen der verschiedenen Länder und Zeiten, anerkennt sie aber nur so weit, wie es einem unmittelbar oder intuitiv einleuchtet, im Wissen oder einer scheinbar selbstdistanzierten Ironie, dass man »ebensogut anders wollen und beschließen kann«.

Ihr nehmt ein Gesetz in der Tat und ehrlicherweise als an und für sich seiend, Ich bin auch dabei und darin, aber auch noch weiter als Ihr, ich bin auch darüber hinaus und kann es *so oder so* machen. Nicht die Sache ist das Vortreffliche, sondern *Ich* bin der Vortreffliche, und bin der Meister über das Gesetz und die Sache, der damit, als mit seinem Belieben, *nur spielt*, und in diesem ironischen Bewußtsein, in welchem Ich das Höchste untergehen lasse, *nur mich genieße*. – (152) 157 f. Ⓚ

Im Unterschied zur herakliteischen und sokratischen Ironie als gespielter Verstellung, der platonischen Dialektik als Herausarbeiten von Antinomien und Paradoxien, auch provokativen Paralogismen und etwa auch Laurence Sternes und Jean Pauls verspieltem Humor distanziert der Ironismus Friedrich Schlegels sozusagen uns alle von ihm und ihn von uns. Die Haltung ist nach Hegels keineswegs freundlicher Charakterisierung etwa so: Ihr armen Irren nehmt dieses Gesetz oder diese Norm ernst. Ihr wart zum Beispiel wie ich früher Protestanten und jetzt seid ihr Katholiken. »Ich bin auch dabei«. Aber ich bin weit über euch hinaus. Denn ich anerkenne keinen der Inhalte an sich. Ich bin selbst nicht nur, wie Petronius Arbiter zur Zeit des Augustus, Entscheider in Geschmacksfragen, sondern *über alle Geltung* – wenigstens für mich. Dabei kann ich spielerisch jede Sache zur meinen machen und bin daher wie der begabteste Feuilletonist zumindest in der Beeinflussung von Meinungen verbaler Herr der Welt. Wer in sich selbst verliebt ist, braucht nicht zu befürchten, viele Nebenbuhler zu haben. Stanisław Jerzy Lec hat Hegels Gedanken in diesem Spruch schön ausgedrückt.

Diese Gestalt ist nicht nur die *Eitelkeit* alles sittlichen *Inhalts* der Rechte, Pflichten, Gesetze, – das Böse, und zwar das in sich ganz allgemeine Böse, sondern sie tut auch die Form, die *subjektive* Eitelkeit, hinzu, sich selbst als diese Eitelkeit alles Inhalts zu wissen, und in diesem Wissen *sich* als das Absolute zu wissen. – (152 f.) 158 Ⓚ

Die Haltung absoluter Ironie entleert nicht nur allen Inhalt »der Rechte, Pflichten, Gesetze«. Sie ist auch die schon oben dargestellte Haltung des radikal Bösen absoluter und selbstgerechter Eitelkeit. Dabei ist folgende Ambivalenz zu beachten: Da der Vollzug je meines Lebens wirklich absolut ist, wäre es nicht falsch, sich seiner selbst als das Absolute bewusst zu sein, wenn man dabei nur nicht Subjekt und Person, Performation und Inhalt verwechselte. Wer meint, selbst die Inhalte und Bewertungen bestimmen zu können, der ist entweder töricht oder böse. Da Hegel Friedrich Schlegel nicht für dumm hielt, sondern sogar die zentrale Einsicht in das Absolute des Subjekts aus dessen Vorlesung in Jena schöpft, freilich in entsprechender Modifikation, hielt er ihn und seine ironistische Haltung zum Leben und zu den Menschen ganz offenbar für böse.

158 Ⓚ In wie fern diese absolute Selbstgefälligkeit nicht ein einsamer Gottesdienst seiner selbst bleibt, sondern etwa auch eine *Gemeinde* bilden kann, deren Band und Substanz etwa auch die gegenseitige Versicherung von Gewissenhaftigkeit, guten Absichten, das Erfreuen über diese wechselseitige Reinheit, vornehmlich aber das Laben an der Herrlichkeit dieses Sich-wissens und Aussprechens, und an der Herrlichkeit dieses Hegens und Pflegens ist, – in wie fern das, was *schöne Seele* genannt worden, die in der Eitelkeit aller Objektivität und damit in der Unwirklichkeit ihrer selbst verglimmende edlere Subjektivität, ferner andere Gestaltungen, mit der betrachteten Stufe verwandte Wendungen sind, – habe ich [in der] Phänomenologie des Geistes S. 605 ff. abgehandelt, wo der ganze Abschnitt c) *das Gewissen*, insbesondere auch in Rücksicht des Übergangs in eine – dort übrigens anders bestimmte, höhere Stufe überhaupt, verglichen werden kann. (153)

Die Göttin der absoluten Selbstgefälligkeit kreiert, wie im Grunde ebenfalls schon gesagt, einen recht einsamen Gottesdienst in kleinster Gemeinde, etwa von der Art eines Max-Stirner-Vereins. Wie leer in einem solchen Verein die »gegenseitige Versicherung von Gewissenhaftigkeit, guten Absichten« usf. ist, hat Hegel in der *Phänomenologie* in den Abschnitten zur sogenannten schönen Seele behandelt – wobei der Titel »Gewissen« sowohl über einer hypertrophen Gewissens- oder Gesinnungsethik stehen kann als auch über einer ganz anders gearteten gewissenhaften Gesinnung ethischer Sittlichkeit.

ÜBERGANG VON DER MORALITÄT IN SITTLICHKEIT

§141

Für das *Gute*, als das substantielle Allgemeine der Freiheit, aber noch 158f.
Abstrakte sind daher eben so sehr Bestimmungen überhaupt und das Prinzip derselben, aber als mit ihm *identisch, gefordert,* wie für das *Gewissen,* | das nur abstrakte Prinzip des Bestimmens, die Allge- 135
meinheit und Objektivität seiner Bestimmungen gefordert ist. (153)

Auch dieser Übergangstext zu einem neuen Großthema ist extrem obskur bzw. dicht formuliert: Das Gute war als die Form der Zwecke und, konkret, als das nachhaltige (›substantielle‹) Allgemeine des frei planenden und wollenden individuellen und gemeinsamen Handelns bestimmt worden. Als Variable in entsprechende Formen des Urteilens ist es aber bloß erst abstrakt bestimmt. Dabei war sogar das Gewissen nur erst als abstrakte Form des subjektiven Urteilens (der sogenannten Gesinnung) dargestellt worden. Die gewissenhafte Gesinnung muss nicht nur kohärent und redlich sein, sondern sich akkurat an den objektiv, jedenfalls transsubjektiv geltenden Normen der Sittlichkeit orientieren.

Beide, jedes so für sich zur Totalität gesteigert, werden zum Be- 159
stimmungslosen, das bestimmt sein *soll.* – (153)

Das Gute und das Gewissenhafte sind jetzt erst inhaltlich zu bestimmen.

Aber die Integration beider relativen Totalitäten zur absoluten 159
Identität, ist schon *an sich* vollbracht, indem eben diese für sich in ihrer Eitelkeit verschwebende Subjektivität der *reinen Gewißheit* seiner selbst *identisch* ist mit der *abstrakten Allgemeinheit* des Guten; – die, somit *konkrete,* Identität des Guten und des subjektiven Willens, die Wahrheit derselben ist die *Sittlichkeit.* (153 f.)

Die inhaltlichen Bestimmungen eines wahren Gewissens, an denen es sich konkret so gewissenhaft wie möglich zu orientieren hat, sind die des öffentlichen Ethos der Sittlichkeit. Die doppelte Eitelkeit der »Subjektivität der reinen Gewißheit seiner selbst«, also ihre Leere und ihre Anmaßung, werden eben damit aufgehoben. Jetzt können wir noch genauer sagen, dass der Titel »Sittlichkeit« für die »konkrete Identität des Guten und des subjektiven Willens« steht, also sozusagen für die Wahrheit einer wirklich gewissenhaften Gesinnung.

Es geht darum, das Objektive der öffentlich in Geltung gesetzten Inhalte, der Normen und Formen des Guten, als Ethos von der auf das personale Subjekt fokussierenden Sittlichkeit zu unterscheiden – was wir im Normalfall durchaus können.

159 Ⓚ Das Nähere über einen solchen Übergang des Begriffs macht sich in der Logik verständlich. (154)

Der »Übergang des Begriffs«, von dem Hegel hier spricht, ist die Konkretisierung einer allgemeinen Form, die man auch im Übergang von einer generischen Allgemeinheit (einer Variable) zu einer relevanten Besonderung im Einzelfall als Belegung (der Gattungsvariablen) deuten kann oder sollte. Alle generischen Aussagen sind damit sozusagen als Form-Aussagen mit impliziten Variablen zu lesen, die konkret durch Artbestimmungen und Einzelfallzuordnung zu belegen sind. Die Logik des Allgemeinen, Besonderen und Einzelnen macht das wahre Verhältnis allgemeiner Formsätze zu konkreten Aussagen allererst verständlich. Wie die Axiome eines mathematischen Axiomensystems und ihre formallogischen ›Folgen‹ werden auch die formal gelernten begrifflich-generischen Sätze erst durch besondere Interpretationen, also durch passende Belegungen der Variablen in passenden Redebereichen, zu orientierungsrichtigen oder ›konkret wahren‹ Aussagen.

159 Ⓚ Hier nur so viel, daß die Natur des Beschränkten und Endlichen, – und solches sind hier das abstrakte, nur *sein sollende* Gute und die eben so abstrakte, nur *gut sein sollende* Subjektivität, *an ihnen selbst* ihr Gegenteil, das Gute seine Wirklichkeit, und die Subjektivität (das Moment der *Wirklichkeit* des Sittlichen) das Gute, haben, aber daß sie als einseitige, noch nicht *gesetzt* sind als das was sie *an sich* sind. (154)

Der Sinn des Satzes ist zunächst dunkel, allein schon wegen der verschiedenen Lesemöglichkeiten des Wortes »Natur«. Die Natur »des Beschränkten und Endlichen« bezieht sich dann auf Formen der guten Anwendung eines Begriffs, einer Artform oder eines Sachtyps auf Einzelnes hier und jetzt. Hegel denkt sozusagen an den Fall der Anwendung eines bloß erst abstrakt-formalen Strebens nach ›dem Guten‹. Diese ist immer vermittelt durch die Kontrolle des Gewissens als dem subjektiven Urteilen, das selbst gut sein soll.

Es gehört nun in der Tat zum ›dialektischen‹ Wesen oder besser zur logischen Form einer solchen Anwendung, dass die Spannung oder Nichtidentität von Allgemeinem und Einzelfall, Idealtyp und realem Exemplar aufzuheben ist. In unserem Fall stehen sich das allgemeine Gute und die Subjektivität des einzelnen Urteilens gegenüber. Aber gerade in dieser Gegenüberstellung sind sie noch nicht explizit gemacht »als das, was sie an sich sind«.

Dies Gesetztwerden erreichen sie in ihrer Negativität, darin daß 159 Ⓚ
sie, wie sie sich *einseitig*, jedes das nicht an ihnen haben zu sollen, was *an sich* an ihnen ist, – das Gute ohne Subjektivität und Bestimmung, und das Bestimmende, die Subjektivität ohne das Ansichseiende – als Totalitäten für sich konstituieren, sich aufheben und dadurch zu Momenten herabsetzen, – zu Momenten des *Begriffs*, der als ihre Einheit offenbar wird und eben durch dies Gesetztsein seiner Momente *Realität* erhalten hat, somit nun als *Idee* ist, – Begriff der seine Bestimmungen zur Realität herausgebildet und zugleich in ihrer Identität als ihr *an sich seiendes* Wesen ist. – (154)

Hegels Reden vom Setzen und Gesetztwerden gehen auf Fichtes Sprachformen zurück, die sich nicht durchgesetzt haben und die wir daher besser ersetzen bzw. vermeiden sollten, ähnlich wie sein eigener, verwirrender Ausdruck »Negativität«, der freilich nur ein Titel für die Form kontrastierender Entgegensetzungen bzw. gemeinsamer Unterscheidungen als Basis aller Wahrheit ist.

In ihrem Sinn explizit werden das Gute und die Subjektivität, sagt Hegel dann inhaltlich, wenn wir einerseits wissen, wie sie sich ihrem Wesen nach zueinander verhalten, andererseits, was es heißt, über sie jeweils einseitig so zu sprechen, als könnte man sie aus der Beziehung herausnehmen. Im Fall von reinen Zahlen ist das klar. Es gibt sie nur als Positionen in der relationalen Ordnungsstruktur der Zahlen. Dennoch kann man sich auf die Zahl Eins oder Zwei so fokussieren, als könnte man die anderen Zahlen ausblenden. (Alle bloß *einstelligen* Eigenschaften von *Zahlen* ergeben sich aus *mehrstelligen Relationen*, in denen Variablen entweder durch Parameter belegt oder durch Quantoren wie »alle« oder »es gibt« *gebunden* werden. Analoges gilt für alle Eigenschaften von *Personen*!)

Man kann über das Gute nicht ohne Subjektivität sprechen oder über das personale Subjekt nicht ohne die allgemeinen Formen des Personseins und damit über das allgemein Gute. Wie jede Zahl ein

Moment des Begriffs der Zahlen ist, sind auch das ›objektiv‹ Gute und das ›subjektive Urteil‹ nur Momente des Begriffs der Sittlichkeit bzw. des Ethos – als Praxisform des sittlichen Urteilens und Handelns bzw. als System aller öffentlichen Institutionen und Formen, als den zwei Seiten der Idee des Guten. Die Idee ist der Begriff des Guten, »der seine Bestimmungen zur Realität herausgebildet« hat, also die aktualisierte Realform im Vollzug, die im guten Fall dem Begriff oder Ideal des Guten (›an sich‹) hinreichend nahekommt.

159 Ⓚ Das Dasein der Freiheit, welches unmittelbar als das *Recht* war, ist in der Reflexion des Selbstbewußtseins zum *Guten* bestimmt; das Dritte, hier in seinem Übergange als die Wahrheit dieses Guten und der Subjektivität, ist daher eben so sehr die Wahrheit dieser und des Rechts. – (154 f.)

Der Weg vom abstrakten Recht als der Vollzugsform oder dem Dasein der Freiheit führte über die »Reflexion des Selbstbewußtseins« zur Verbindung von eigenem und gemeinsamem Recht und Wohl in der Idee des Guten und jetzt, als dritter Schritt, zur Sittlichkeit als gewissenhafter Prüfung dessen, was das öffentliche Ethos von mir und uns als Pflicht verlangt.

159 f. Ⓚ Das *Sittliche* ist subjektive Gesinnung aber des an sich seienden Rechts; – daß diese Idee die *Wahrheit* des Freiheitsbegriffs ist, dies kann nicht ein vorausgesetztes, aus dem Gefühl oder woher sonst genommenes, sondern – in der Philosophie, – nur ein *bewiesenes* sein. (155)

Hegel bestätigt meine Unterscheidung zwischen dem Ethos als dem öffentlichen System der Normen und Formen des allgemein Guten der Freiheit und des Wohls auf der einen Seite und des Sittlichen als der subjektiv gewissenhaften Gesinnung auf der anderen Seite, sich am Ethos »des an sich seienden Rechts« zu orientieren. Er erklärt, dass dieses Verständnis der Idee (des Guten) »die Wahrheit des Freiheitsbegriffes ist«. Dieses Verständnis dessen, was Freiheit in ihrer Gesamtformation ist, dürfe aber nicht einfach behauptet werden, sondern habe des Aufweises bedurft, der bis hierher führt.

160 Ⓚ Diese Deduktion desselben ist allein darin enthalten, daß das
136 Recht und das mora|lische Selbstbewußtsein an ihnen selbst sich zeigen, darein als in ihr *Resultat* zurückzugehen. – (155)

Eine Deduktion, ich wiederhole den Punkt, ist bei Kant und Hegel keine formelle Ableitung der Apagoge wie in der modernen axiomatisch-deduktiven Mathematik und formalen Logik, sondern eine Art Aufweis der rechten (Verständnisse von) Begriffsanwendungen. Aufgewiesen wurde bisher, dass die Analyse zunächst des abstrakten Rechts und der formellen Freiheit und dann des moralischen Selbstbewusstseins in seiner subjektiven Perspektivität mit Notwendigkeit zu einer konkreten Analyse der Inhalte, also der Sittlichkeit und des Ethos führen.

Diejenigen, welche des Beweisens und Deduzierens in der Philo- 160 Ⓚ
sophie entübrigt sein zu können glauben, zeigen, daß sie von dem ersten Gedanken dessen, was Philosophie ist, noch entfernt sind und mögen wohl sonst reden, aber in der Philosophie haben die kein Recht mitzureden, die ohne Begriff reden wollen. | (155) 137

Wer meint, ohne argumentative Aufweise und Analysen der hier vorgetragenen Art auszukommen, mag im Feuilleton oder einer Talkshow reden oder als Prediger seine Meinungen verbreiten. In einer Grundlagenwissenschaft oder Philosophie des Rechts und des Staates, also einer theoretischen Rechts- und Verfassungswissenschaft, zählen solche Meinungen aber so wenig wie empirische Statistiken und anekdotische Geschichten aus der Menschheitshistorie der Einzeltaten, der *rerum gestarum*. Denn hier zählt nur eine umfassende Begriffs- und Praxisformanalyse. Sie ist ›holistisch‹, in Hegels Diktion »spekulativ«, und expliziert zugleich fundamentale bzw. allgemeinste Unterscheidungen einer systematisch geordneten logischen Geographie im Sinne von Gilbert Ryle.

4. Vom gemeinsamen Handeln zur bürgerlichen Gesellschaft

Der Argumentationsgang der Rechtsphilosophie ist jetzt vielleicht schon besser zu verstehen. Hegel beginnt unter dem Titel »abstraktes Recht« *nicht*, wie noch Christoph Menke meint, mit dem römischen Recht. Das liefert nur die anschaulichen Beispiele eines frühen verschriftlichen Rechts mit relativ klarer Organisation der Verfahren.

Hegel beginnt mit handlungspraktischen Selbstverständlichkeiten einerseits und der sprachtheoretischen Beobachtung andererseits, dass das Wort »ich« kontextabhängig koextensional mit »mich«, »mir« und daher auch »mein« sein kann. Das hat erstens zur Folge, dass wir zwischen Subjekt, Individuum und Person unterscheiden müssen, zweitens, dass alle Rechte der Subjektivität oder des Selbstbewusstseins darin fußen, dass ich je mein Leben lebe und zu leben habe und dass das Wort »Eigentum« zunächst für alles Meinige steht. Das abstrakte Recht ergibt sich als das allgemeine Recht des Personseins.

In diesem Sinn sind Freiheitsrechte Personen- und Eigentumsrechte – und umgekehrt. Diese aber verlangen eine Ordnung gemeinsamen Lebens, in der, erstens, die Personwerdung gesichert wird, und zwar in familialen Umgebungen, wie sie auch Ferdinand Tönnies wieder schildern wird, in der, zweitens, ein freies Leben als volle bürgerliche Person in der bürgerlichen Gesellschaft allererst möglich wird. Im methodischen Individualismus wie bei Hobbes ist der Mensch sozusagen schon in voller personaler Rüstung in die Welt gesprungen – gerade wie in den traditionalen Religionen: Dort haucht ein Gott jedem Einzelindividuum seine Seele (bei der Geburt oder schon mit der Zeugung) ein, die sich dann quasi von selbst entwickelt.

Der zweite zentrale Punkt betrifft *das Wir* im *gemeinsamen Handeln*: Nur je ich, du oder er sagen »wir« in Vertretung von uns. Im Gebrauch des Wortes »wir« ist insbesondere zu unterscheiden zwischen einem *distributionellen, gemeinsamen und generischen Wir*: Distributionell gebraucht wird das Wort »wir«, wenn das Prädikat (mehr oder weniger) auf jedes Einzelmitglied einer (Wir-)Gruppe zutrifft. Beispiel: Wir müssen alle sterben. Wir machen gerade unsere Hausaufgaben (das heißt: jeder von uns seine eigenen). Auf ein gemeinsames Wir als Gemeinschaftssubjekt einer gemeinsamen Handlung verweist das Wort »wir« etwa im Beispielsfall »Wir singen jetzt *zusammen* ein Lied«. Margaret Gilbert hat aufgezeigt, dass wir nur dann (gemeinsam) spazieren gehen, wenn gewisse Normen der Gemeinsamkeit erfüllt sind, wenn wir z. B. nicht zu weit voneinander weg gehen und ggf. miteinander reden. Im Satz »Wir gingen gestern spazieren, ich im Wald, meine Frau in der Stadt« ist das »Wir« klarerweise nur distributionell gebraucht.

Die Reden über eine sogenannte Sozialontologie (*social ontology*) beziehen sich im Grunde nur auf die verschiedenen Weisen des Gebrauchs von Personalpronomen im Plural, wobei das generische Wir häufig einfach dasselbe ist wie das, was man durch das immer generische Wort »man« ausdrückt, manchmal auch das generische »du«.

Das transzendentale Ich Kants ist ein generisches Wir, wie Hegel klar gesehen hat: ein Ich, das ein Wir ist. Beispielssätze dafür sind: *Wir* Menschen können sprechen. Das *Ich* ist das *Subjekt* im Anschauen und Denken. *Wir* Deutschen essen gerne Sauerkraut. (Nicht jeder tut es.) *Man* zieht Filme Hörspielen vor. Wenn *du* auf dem Mond wärst, würdest du höher springen können.

Das kommunitarische oder familiale Wir ist ein gemeinsames Wir und verweist auf freie Kooperationen in einer *Gemeinschaft*. Ferdinand Tönnies unterscheidet eine solche Gemeinschaft von der Gesellschaft, in deren Interaktionen und Relationen jede Person im Grunde ein einzelnes Individuum ist. Dabei brauchen wir über die subjektive moralische Redlichkeit in der freien Kooperation hinaus Vertrauen in die (moralische) Kooperativität und (informelle) Sittlichkeit derer, die mit uns frei kooperieren. In der Gesellschaft aber koordinieren wir nur unsere privaten Interessen und ihre Verfolgungen. Dazu braucht es Verträge und allgemeine Regeln des Umgangs mit möglichen Interessenkollisionen. Diese Rahmen für die Koordinationen der privaten Interessen in der bürgerlichen Gesellschaft liefert der Staat.

Hegels Analyse der Gesellschaft ist daher nicht, wie die von Niklas Luhmanns, abstrakt und ›systemtheoretisch‹, in einer bloßen Draufsicht auf besondere (Sub-)Systeme, zu denen Luhmann neben dem politischen Staat die Wirtschaft, Kirche (Religion) und Wissenschaft, aber auch ›das Vertrauen‹ und ›die Liebe‹ zählt. Man sieht hier eine allzu große Allgemeinheit der formalen Unterscheidung von System und Umwelt und eine formale Mystik in der Logik des ›re-entry‹ (George Spencer Brown), also aller ›Selbstbezugnahmen‹ und ›reflexiven Spiegelungen‹ – etwa auch der Umwelt im System. Insbesondere bleibt die Grundfrage nach dem Wir im gemeinsamen Handeln bzw. in jeder Institution unbeantwortet, indem man von Systemen und Subjekten nur von der Seite spricht. Hegel denkt dagegen konkret *und eben daher politisch*: Es gibt keine Institution ohne Arbeitsteilung und personale Leitung. Aus logischen Gründen des Entscheidens haben Institutionen eine pyramidale Form. Diese Einsicht fehlt in der Soziologie bis heute.

Die Grundform bleibt auch dann intakt, wenn ein Gremium, ein Direktorium wie in der Zeit zwischen Robespierre und Napoleon, sozusagen die Spitze besetzt. Luhmann betrachtet die Systeme bzw. Institutionen eben deswegen abstrakter als Hegel, als er sie schon als Einheiten auffasst. Das heißt, ihr Fürsichsein wird vorausgesetzt. Man achtet nur auf das Anderssein, also die (abstrakten, formalen) Relationen zu anderen Systemen. Die (konkrete) Form ihrer inneren Identität, das gemeinsame Handeln ihrer realen Repräsentanten, tritt sogar selbst als ›Beziehung zwischen Systemen‹ auf. Nur so kann für Luhmann die Subjektivität, das Vertrauen, die Liebe zum System werden. Damit aber mystifiziert er die Vollzugsformen des personalen Subjekts und unterscheidet nicht zwischen den verschiedenen Formen des Wir, des gemeinsamen Handelns, auch nicht zwischen den verschiedenen Formen und Ebenen seiner Anerkennung durch die individuellen Subjekte.

Wir haben daher Hegels Logik des Fürsichseins als Analyse der von vielen allzu selbstverständlich als gegeben angesehenen Bedeutung des Wortes »selbst« ebenso ernst zu nehmen wie die der Aussageformen »*a* und *b* sind identisch«. Das weitet sich dann aus auf Aussagen der Form »etwas ist vom Typ *P*«, »etwas ist absolut wahr« oder »es ist wirklich so« – bei Hegel unter den Analyse-Titeln »Identität«, »Begriff«, »das Absolute« oder »Wirklichkeit«. Der wesentliche Unterschied von Hegels strukturlogischen, systemtheoretischen, dabei aber auch vollzugsformbewussten Analysen zum sozialen Atomismus (von Thomas Hobbes oder Max Weber bis Jon Elster) besteht in der weiteren Einsicht in die besondere geschichtliche und transsubjektive, nicht bloß intersubjektive oder konsensuelle Existenzform von ethischen Praxis- und Lebensformen. Denn es gilt auch die folgende Umkehrung zum methodischen Individualismus: Das einzelne Subjekt ist Person und Bürger nur über seine (ethische) Bildung im Gemeinwesen und dann über seine (hoffentlich ausreichend gewissenhafte) sittliche Gesinnung. Nur auf diesen Grundlagen sind wir frei unser Leben führende und eben damit verantwortlich handelnde Personen. Dabei ist es unser teleologisches Wesen, eine volle familiale, bürgerliche und politische Person zu werden und am Ende gewesen zu sein.

Es ist dann zwar richtig, dass die Einzelsubjekte sich immer um einen vernünftigen Konsens in einem offenen Diskurs bemühen *sollten*. Der Mangel dieses Sollens besteht aber in der Gefahr, das Gemeinwesen als ein solches zu verstehen, in dem sich ein irgendwie als ›vernünftig‹ qualifizierter Konsens oder Gemeinwille seiner Mitglieder sozusagen zufällig ›durchsetzt‹. Dabei liegt das erste Problem schon in der – unter anderen von Foucault und Derrida unbewusst von Hegel aufgegriffenen – Frage, *wer* bestimmen kann, darf oder soll, was realiter als ausreichend vernünftig oder als *volonté générale* gelten kann. Ein bloß faktischer Konsens oder Gemeinsinn kann auch dann rein willkürlich und ›unvernünftig‹ bleiben, wenn sich das Kollektiv irgendwie an einem *subjektiv* für vernünftig gehaltenen Konsens orientieren sollte. Hegels Antwort ist freilich schon bekannt: Es sind die anerkannten Verfahren und Institutionen des Gemeinwesens, welche den gemeinsamen Willen definieren.

Hegel gliedert nun zunächst die Analyse der Form oder besser des Formmoments des sozialen Lebens, dem er den bleibenden Titel der *bürgerlichen Gesellschaft* gegeben hat, in das *System der Bedürfnisse*, die *Rechtspflege* und die *Polizei und Korporation*.

Das System der Bedürfnisse ist das des gesellschaftlichen Leistungsaustausches und damit der Arbeits- und Güterverteilung. Grundprinzipien sind der freie Vertrag zwischen (einzelnen!) Personen und das allgemeine Eigentumsregime der Besitzverhältnisse.

Der Rechtsstaat und seine Rechtspflege ist implizit vorausgesetzte Sicherungsinstanz sowohl gegen Betrug (Vertragsbruch) als auch Verbrechen. Rechtspflege ist *allgemeine* Voraussetzung sowohl der ›individuellen‹ Verträge des Güter- und Arbeitsmarktes zwischen *Einzelnen* als auch der *besonderen* Institutionen und einheitlichen ›Rechtspersonen‹ der bürokratischen Institutionen des Staates und des öffentlichen Rechts und der vereins- oder genossenschaftsförmigen ›Korporationen‹.

Unter den Titel »Polizei« subsumiert Hegel alle durch den Staat organisierten Verwaltungen. Dazu gehören im Grunde alle Infrastrukturen von Wirtschaft und Gesellschaft. Dazu gehören das Geldwesen, die Wissenschaft, Schulen und Universitäten, das Verkehrssystem und nicht nur die Sicherheitsorgane. Korporationen sind freie Assoziationen in der Gesellschaft, von den Gilden und Zünften des späteren Mittelalters bis zu den modernen Gewerkschaften und Genossenschaften. Auch das gesamte Vereinswesen gehört dazu, sogar die (Kirchen-)Gemeinden.

DRITTER TEIL: DIE SITTLICHKEIT

§ 142

Die Sittlichkeit ist die *Idee der Freiheit*, als das lebendige Gute, das in dem Selbstbewußtsein sein Wissen, Wollen, und durch dessen Handeln seine Wirklichkeit, so wie dieses an dem sittlichen Sein seine an und für sich seiende Grundlage und bewegenden Zweck hat, – der *zur vorhandenen Welt* und *zur Natur des Selbstbewußtseins gewordene Begriff der Freiheit*. (156) 161

Eine der vielen Ursachen dafür, dass man Hegels Überlegungen nicht versteht, liegt an einer Zweideutigkeit in der Rede von der Sittlichkeit. Diese ist sowohl subjektives als auch objektives Ethos. Subjektiv ist Sittlichkeit in der realen Vollzugsform der Freiheit im Leben und Handeln der personalen Subjekte, nicht etwa in einem System unbewegt-ewiger Normen und Formen.

Während gute Dinge wie gutes Essen oder eine schöne Wohnung *Güter* sind, ist »das lebendige Gute« das gute, freie, personale Leben im Vollzug selbst. Es steht, wie wir gesehen haben, auf der Grundlage eines Wissens, das Bedingung der Möglichkeit freien Wollens und Handelns ist. Das gewollte Handeln wiederum ist die Wirklichkeit der Freiheit. Diese wiederum ist im Vollzug sittliches Sein.

Das objektive Ethos ist institutioneller Rahmen der Koordination und Kooperation des freien Handelns der Personen. Es ist zugleich Zweck des Handelns der Person insofern, als dieses den Erhalt und die Verbesserung bzw. Vertiefung der ethischen Ordnung des Personseins will und an ihnen arbeitet. Die Vollzugsform der Freiheit und das Wesen der selbstbewussten Person sind also wirklich – und gehen doch über alles hinaus, was in der natürlichen Welt einfach vorhanden ist oder von selbst wächst.

§ 143

Indem diese Einheit des *Begriffs* des Willens und seines Daseins, welches der besondere Wille ist, Wissen ist, ist das Bewußtsein des Unterschiedes dieser Momente der Idee vorhanden, aber so, daß 161 nunmehr jedes für sich selbst die Totalität der Idee ist, und sie zur Grundlage und Inhalt hat. (156)

Die Idee der Freiheit, so gebraucht Hegel das Wort »Idee« hier, ist Einheit des Begriffs des freien (gemeinsamen) Wollens und seines Daseins im Handeln. Diese Einheit ist je konkret durch die zu aktualisierende oder schon vollzogene generische (gemeinsame) Handlung bestimmt und lässt damit alle bloße abstrakten, formalen, variablen Auffassungen des Wollens und Handelns bloß ›an sich‹ hinter sich.

Descartes spricht beim Handeln von einem praktischen Denken. Hegel sagt hier inhaltlich, dass es praktisch gewordenes Wissen ist. Wir können diese (drei) Momente in jeder realen Vollzugsform des frei gewollten Handelns einer Person i unterscheiden: 1. das Wissen um die generischen Handlungen H_i und ihre erwarteten Folgen oder möglichen Zwecke bei besonderer Aktualisierung h_i, 2. die Sittlichkeit als geformtes Wollen, in dem sich die Person in ihrem Tun (h_i) als Aktualisierung eines Teils eines gemeinsamen Wollens und Handelns $H = (H_i)$ aller (relevanten) Personen versteht oder auch zu verstehen hätte, und 3. das Gute als Verbindung von Recht und Wohl. In gewissem Sinn steht aber das Wissen im Handeln ebenso für das Ganze der Freiheit wie für die Sittlichkeit der Orientierung an einem allgemeinen Ethos oder an der Idee des Guten, Platons *idea tou agathou*.

§144

161 α) Das objektive Sittliche das an die Stelle des abstrakten Guten tritt, ist die durch die Subjektivität *als unendliche Form konkrete* Substanz. (156f.)

Wie die übliche Anrufung der Vernunft zunächst nur formal ist, ist dies auch das Streben nach dem Guten, sofern es nicht konkretisiert wird im objektiven Ethos. Dieses *Ethos* ist zwar unendliche, generische Form und »konkrete Substanz«. Aber realisiert wird es nur im Leben und Handeln der Personen bzw. durch personale Subjekte, also von mir, dir und uns – in unserer subjektiven, aber sich am objektiven Ethos orientierenden *Sittlichkeit*.

161 Sie setzt daher *Unterschiede* in sich, welche hiermit durch den Begriff bestimmt sind, und wodurch das Sittliche einen festen *Inhalt* hat, der für sich notwendig und ein über das subjektive Meinen

und Belieben erhabenes Bestehen ist, die *an und für sich seienden Gesetze und Einrichtungen.* (157)

Das personale Subjekt unterscheidet also von sich her das Gute im Handeln, wie es durch den Begriff bzw. die Form des Handelns empraktisch bestimmt oder auch schon partiell explizit, verbal artikuliert und bewertet ist, etwa als gut für den Zweck *Z* und rechtmäßig oder sogar lobenswert. Dabei hat »das Sittliche einen festen Inhalt«. Man denke als Beispiel, wie man in der Familie gut handelt. Dieser Inhalt ist »für sich notwendig«, also von der Art, dass er unabhängig von rein subjektiven Präferenzen auf allgemeine Weise Probleme löst und die entsprechende Not wendet. Er ist damit aber nicht etwa alternativlos. Wohl aber ist er über das subjektive *Belieben* erhoben und erhaben, nämlich in der Form konkret etablierter Normen und Einrichtungen, Praxisformen mit Rollenanforderungen und Institutionen kooperativen Handelns.

Es ist für das Verständnis von Hegels Texten im Allgemeinen, seiner Rechtsphilosophie im Besonderen von zentraler Bedeutung, das modale Wort »notwendig« angemessen zu verstehen. Denn erstens unterscheiden wir mit ihm ebenso viele verschiedene ›Notwendigkeiten‹, wie wir mit dem Wort »möglich« ganz verschiedene ›Möglichkeiten‹ unterscheiden. Die formale Verbindung zwischen den unterschiedlichen Begriffen der Notwendigkeit und der Möglichkeit wird hergestellt durch die schematische Regel, dass ϕ als notwendig zählt bzw. so sein muss, wenn non-ϕ als nicht im relevanten Sinn möglich bewertet wird bzw. nicht sein kann oder, im normativen Fall, nicht sein soll. Dabei müssen »können« und »müssen« sowohl subjektive und transsubjektive, epistemische und ›ontologische‹ als auch ›deontologische‹ Möglichkeiten und Notwendigkeiten ausdrücken können. Subjektiv epistemisch zu lesen ist die Aussage »Es ist möglich, dass ϕ«, wenn der Sprecher in ihr ausdrückt, dass *er* ϕ für möglich hält, intersubjektiv epistemisch, wenn er in ihr sagt, dass *wir* ϕ für möglich halten, transsubjektiv epistemisch, wenn er in ihr zum Ausdruck bringen möchte, dass *man* mit der Möglichkeit von ϕ aus der Sicht des Sprechers ›rechnen sollte‹. ›Ontologisch‹ gelesen wird die Aussage – wie gerade Hegels Analyse in der Wesenslogik zeigt –, wenn der Sprecher sagen möchte, dass aus der idealen Perspektive einer objektiven, völlig orts- und zeitallgemeinen, daher unendlichen

Sicht, die man als ›perspektiveninvariant‹ verstehen muss, ϕ möglich *ist*.

Die ›deontologische‹ Dimension des Möglichen und Notwendigen, in der das Können ein Dürfen ist und das Müssen ein Sollen, bezieht sich auf Sollensnormen. Auch wenn wir heute kanonisch sagen, ich müsse etwas nicht tun, wenn es nicht deontologisch geboten ist, es zu tun, kann die Verneinung, wie früher üblich, auch auf das Tun bezogen werden. Ich muss dann non-ϕ tun ›genau dann‹, wenn ich *ϕ nicht* tun *darf*. Es gibt dann aber immer noch ganz verschiedene Aspektbereiche des Sollens und Dürfens. Denn häufig sagen wir, ich sollte etwas tun oder nicht tun, wenn es aus diversen Gründen (nicht) klug ist, es zu tun. Neben diesem Sollen oder ›Müssen‹ der Klugheit gibt es ein Sollen und Müssen subjektiver und dann auch transsubjektiver bzw. objektiver Sittlichkeit. Aus subjektiver Sicht kann es zum Beispiel sein, dass jemand denkt, es gehöre zu seiner bzw. der allgemeinen Sittlichkeit seiner Rolle als Vater, die Familie und die Kinder mit starker und ›gerechter‹ Hand zu führen. »Ich muss streng und gerecht sein« bzw. »man muss streng und gerecht sein«, mag ein solcher Familienvater sagen oder denken. Und dennoch würden wir spätestens heute wohl widersprechen und sagen, dass keine objektive Sittlichkeit der Familie die in diesen Aussagen gemeinte Strenge und ›Gerechtigkeit‹ verlangt, sondern vielmehr auf freie Kooperation, kluge Beispiele, Erklärungen und eine flexible Fairness mit Verständnis für die Sicht der Kinder zu setzen ist. Daher ist auch der Gedanke »ich darf nicht zu streng sein« noch lange nicht gut genug.

Noch wichtiger aber wird, dass die Wörter »Notwendigkeit« und »notwendig« nicht bloß für die *necessitas* eines irgendwie unausweichlichen Zwanges stehen, sondern auch einfach für die Abwendung einer Not oder eines Problems. Sie sind damit unbedingt in ihrer impliziten Relativität oder Relation zu einer Aussage über mögliche Problemlösungen und ihre Bewertungen als beste, erfolgreichste, empfehlenswerteste zu verstehen. Die gesamten Notwendigkeiten eines objektiven Ethos und der personalen (inter-)subjektiven Sittlichkeit sind von dieser relativen bzw. relationalen Art. Das ist der absolut zentrale Punkt in Hegels Analyse des gegebenen Ethos und der allgemeinen Sittlichkeit seiner Zeit.

Wenn man das nicht beachtet, geht man an den eigentlichen Einsichten Hegels zum Beispiel in seiner Analyse der sittlichen Grundformen der eurasischen Familie mehr oder weniger seit dem Neolithikum vorbei. Denn erst nachdem bestimmte Probleme gelöst wurden – wie sich zum Beispiel die hohe Kindersterblichkeit und damit die Anzahl der Geburten im 19. und 20. Jahrhundert massiv verringert hat, übrigens zusammen mit dem Zeitaufwand der Nahrungszubereitung ›am Herd‹ –, konnte sich auf breiterer Ebene des Lebens auch unterhalb des Adels und der Bourgeoisie etwas Entscheidendes an den traditionellen Rollen der Frau in der Familie und damit an ihrem gesellschaftlichen Status ändern.

§ 145

Daß das Sittliche das *System* dieser Bestimmungen der Idee ist, 162
macht die *Vernünftigkeit* desselben aus. (157)

Was sittlich ist, ist vernünftig, weil es zum System der Konkretisierung der Freiheit der personalen Subjekte gehört. Es ist wirklich in der allgemeinen Orientierung der Personen an den zugehörigen Einrichtungen, ihren Formen des Zusammenlebens und Normen des Rechten und sachlich Guten. Ausnahmen bestätigen die Regel, solange sie Ausnahmen bleiben.

Es ist auf diese Weise die Freiheit oder der an und für sich seiende 162
Wille als das Objektive, Kreis der Notwendigkeit, dessen Momente
die *sittlichen Mächte* sind, welche das Leben der Indivi|duen regieren 138
und in diesen als ihren Akzidenzen, ihre Vorstellung, erscheinende Gestalt und Wirklichkeit haben. (157)

Hegel spielt hier implizit auf Spinozas Formel an, nach welcher Freiheit in der Einsicht in objektive Notwendigkeiten besteht. Diese erhält hier aber einen besonderen Dreh dadurch, dass »der Kreis der Notwendigkeit« nicht etwa nur über ein Wissen von Gesetzen der Natur bestimmt ist, die bloß davon handeln, was von selbst unausweichlich geschieht, sondern wesentlich auch schon durch ein gemeinsames Wollen und Handeln zur Lösung von Problemen, an die der Einzelwille sich anzupassen hat. Sittlichkeit ist damit nichts anderes als die *volonté générale*, wie sie sich *aus der Sicht des personalen Einzelsubjekts* als *vernünftige Selbstbeschränkung* seines Willkürwillens zugunsten eines *allgemeinen Wollens und kooperativen Handelns* darstellt. Sie ist als Realisierung *gemeinsamer Freiheit* »der an und für sich seiende Wille«. Dabei können wir die allgemeinen Formen des gemeinsamen Ethos »sittliche Mächte« nennen oder Momente des gemeinsamen Geistes, der als solcher das Personsein mit Status- und Rollenzuweisungen der Einzelsubjekte allererst ermöglicht. Der Fehler sowohl des Naturalismus im Spinozismus als auch in Kants rationalistisch-empiristischer bzw. schon logisch-empiristischer Vorstellung von einer Einheitswissenschaft aller Erscheinungen liegt offenbar in einem rein formalen Begriff der Notwendigkeit und dann auch der Tatsachen und Sachverhalte.[66]

Die größte Gefahr rein formaler Deutungen von Modalitäten liegt

[66] In der sogenannten Mögliche-Welten-Semantik zeigt sich das bloß Formale darin, dass man einem Satz der Form »Es ist möglich, dass ϕ« *prima facie* die (übrigens durch und durch ›bürokratische‹) ›Lesart‹ zuordnet »Es gibt eine mögliche Welt *w*, in der ϕ gilt«. Der Satz »Es ist notwendig, dass ϕ« erhält formal den Wert das Wahre zugeordnet, wenn ϕ ›in allen möglichen Welten gilt‹. Man sagt dann noch, wie man die Rede von »gilt in *w*« zu lesen hat und dass man den zweiten Quantor bzw. die Variable *w′* in Schachtelungen der Form »Für jede Welt *w*, in der γ gilt, *gibt* es eine Welt *w′*, so dass ϕ gilt« auf von *w zugängliche* Welten *w′* einschränkt – um einen gewissen ›Modalkalkül‹ als ›wahr‹ im Modell ›interpretieren‹ zu können (und das heißt, dass man die formale ›Wahrheit‹ der Kalkülregeln durch ein sogenanntes ›forcing‹ erzwingt). Man erhält so eine schematische ›Deutung‹ der Modaloperatoren »möglicherweise« und »notwendigerweise« bzw. »Es ist möglich, dass ϕ« und »Es ist notwendig, dass ϕ« auch für geschachtelte Modalsätze. Ein Satz der Form »Es ist möglich, dass notwendigerweise alle Menschen sterben«, erhält demnach die folgende ›Lesart‹: »Es gibt eine mögliche Welt *w*, so dass in allen von *w* aus zugänglichen Welten *w** gilt, dass in *w** alle Menschen sterben«. Eine mögliche Welt oder Situation soll dabei irgenwie durch eine (maximal konsistente) Menge von elementaren Konstatierungen (›Propositionen‹) bestimmt sein. Leider gibt es so etwas nicht, so dass diese Art von Modallogik wie der Begriff der Proposition in der reinen Luft eines abstrakten Formalismus hängt. Im normalen Sprechen und Schließen können wir also mit keinem der vielen möglichen Kalküle und formalen Eigenschaften möglicher Zugänglichkeitsrelationen schematisch rechnen, sondern müssen mit Urteilskraft prüfen, welche der *prima facie* naheliegenden modalen Inferenzformen im Kontext passen und welche nicht. Das heißt, wir operieren mit den Formen und Formeln der Modallogik nicht anders als mit allen anderen generischen Formen, sofern wir vernünftig sind, und das heißt, es ist im Unterschied zu

nun darin, dass nicht angemessen zwischen einem *performativen* Gebrauch der Form »Ich halte es für möglich/notwendig, dass ϕ« und einem *ontologischen* Gebrauch ›von der Seite‹, *sub specie dei*, differenziert wird, nämlich in der Lesart »*Es ist* möglich/notwendig, dass ϕ«. Diese Lesart suggeriert fälschlicherweise, dass man vom Sprecher bzw. dem denkenden Subjekt ganz absehen könnte – als gäbe es wahre Aussagen an sich im Sinn Kants *ohne jede Relativität* auf die aussagenden oder zustimmenden personalen Subjekte auf ›ihre Welt‹ und auf ihre Perspektive. In dieser Kritik liegt der Kern von Hegels dialogisch-dialektischer Kritik an jeder bloß erst formalen Logik eines schematischen Rechnens ›des Verstandes‹ – z. B. besonders von Modal- und Reflexionsaussagen der Form »Es ist wirklich wahr, dass ...«.

Ein weiteres Problem besteht darin, dass häufig noch nicht einmal angemessen zwischen (idealer, formaler) ›Ontologie‹ und ›Deontologie‹, also zwischen Sein und Sollen oder zwischen Natur und Geist differenziert wird, z. B. auch nicht zwischen subjektiver Moralität, personaler Sittlichkeit und den gemeinsam entwickelten und kanonisierten Formen und Normen des Ethos. Letztere bestimmen die ›Notwendigkeiten‹ gemeinsamen Handelns, der Anmutungen einer Pflicht an die Einzelpersonen.

So ist z. B. eine ›geistige‹ Notwendigkeit als Folge einer verbalen Drohung nie völlig auf die gleiche Ebene wie die des physischen Zwangs zu stellen.

Jetzt wird auch klarer, was es heißt, dass Ethos und Sittlichkeit »das Leben der Individuen regieren«. Da personales Handeln davon abhängt, was dem Subjekt bewusst ist, ist nicht etwa nur ein objektives Durchschnitts-Ethos gegebener Formen des Verhaltens und der gegenseitigen Verhaltenskontrollen zu beachten, sondern immer auch die kontingente Aktualität der subjektiven Repräsentationen dessen, was als Norm anerkannt wird. Nur über diese Vermittlung durch »Vorstellungen« haben Normen und Formen wirklich bindende Kraft und Einfluss auf das Urteilen und Tun der Personen bzw. Subjekte. Darum kann eine Analyse ›unserer‹ Sittlichkeit aus logischen Gründen auch

einem bloß verständigen Rechnen die Dialektik reflektierender Urteilskraft zu beherrschen: Wir passen die Formen an den Kontext an.

nie ›von der Seite‹, sondern immer nur aus der Binnenperspektive der Reflexion auf die anerkannten Grundformen des allgemein geltenden Ethos zu ›unserer‹ Zeit, nicht etwa aus überzeitlicher Perspektive eines Gottes oder, *was noch schlimmer ist*, eines *selbsternannten* ›objektiven‹ Wissens über Werte und Normen geschehen.

§ 146

162 β) Die Substanz ist in diesem ihrem *wirklichen Selbstbewußtsein* sich wissend und damit Objekt des Wissens. (157)

Wieder spielt Hegel auf Spinozas Substanzbegriff an und wieder ändert er ihn radikal ab. Denn nicht das Eins-und-Alles einer neuplatonischen Gesamtnatur, die Spinoza als Substanz mit Gott identifiziert, ist hier Thema, sondern die überzeitliche Person, die ich je hier und jetzt bin und insgesamt gewesen sein werde. Mein wirkliches Selbstbewusstsein ist dabei fundamental das der Sittlichkeit, zumal diese alles potentielle Wissen von der Welt und von mir selbst enthält. Ich bin Objekt meines Wissens nur über diese Vermittlung.

162 Für das Subjekt haben die sittliche Substanz, ihre Gesetze und Gewalten einerseits als Gegenstand das Verhältnis, daß *sie sind*, im höchsten Sinne der Selbstständigkeit, – eine absolute, unendlich festere Autorität und Macht, als das Sein der Natur. (157)

Für mich als personales Subjekt sind empirisch irgendwo *vorhandene* Dinge weit weniger relevant als nachhaltige *Formen und Normen* allgemeinen Wissens, richtigen Urteilens und guten Bewertens, an denen ich mich in meinem personalen Leben in der Welt orientiere. Die Nachhaltigkeit dieser Formen und Normen steht bei Hegel unter dem stenographischen Titel der »sittlichen Substanz«. Ihre Gesetze binden mich als Person. Ihre Macht und Gewalt bestehen in besonderer Weise im Tun der anderen Personen.

Die Gesetze existieren als normative Formen des Urteilens und Handelns ›selbständig‹ und hängen doch zugleich davon ab, wie sich die Personen real zueinander benehmen. Für jeden von uns sind sie eine absolute Autorität, nämlich in der Formung unseres gemeinsamen Seinsvollzugs. Sie sind dabei eine »unendlich festere« Macht, welche unser Handeln bestimmt, als alles »Sein der Natur«. Das ist so, weil jede Naturnotwendigkeit für sich ein freies Handeln nur einschränkt, nicht positiv bestimmt – wie es, um es so zu sagen, unser Wissen, Können und Sollen tun.

Die Sonne, Mond, Berge, Flüsse, überhaupt die umgebenden Na- 162 Ⓚ
turobjekte *sind*, sie haben für das Bewußtsein die Autorität nicht nur überhaupt zu *sein*, sondern auch eine besondere Natur zu haben, welche es gelten läßt, nach ihr in seinem Verhalten zu ihnen, seiner Beschäftigung mit ihnen und ihrem Gebrauche sich richtet. (157)

Hegels Formulierung ist umständlich. Es sagt hier aber nur, dass Sonne, Mond und Sterne wie Berge und Flüsse, Länder und Meere, Pflanzen und Tiere auf der Erde natürlich vorhanden sind und dabei nur den Rahmen für unser Leben und Handeln bestimmen. Wir richten uns nach unserem Wissen über sie und ihre »besondere Natur« in der Welt ein, so wie wir uns in einer Wohnung einrichten. Die Güte der Wohnung hängt dann zwar vom gegebenen Baumaterial und der Umgebung ab, aber keineswegs allein. Man denke an allen instrumentellen Gebrauch von Natur z. B. in Zeitbestimmungen und Navigation, in der Beschaffung von Nahrungsmitteln oder dann auch bei der Erzeugung von Strom in Solaranalagen oder Wasser-, Wind- und Gezeitenkraftwerken etc. – und natürlich auch an alle Naturkatastrophen, die das Wohnen auf der Erde neben den Katastrophen des Geistes ungemütlich machen können.

Die Autorität der sittlichen Gesetze ist unendlich höher, weil die 162 Ⓚ
Naturdinge nur auf die ganz *äußerliche* und *vereinzelte* Weise die Vernünftigkeit darstellen, und sie unter die Gestalt der Zufälligkeit verbergen. (157 f.)

Man kann gern darüber streiten, ob die Macht der Natur – dass man z. B. atmen, essen und trinken muss, um zu überleben – oder die »Autorität der sittlichen Gesetze« *größer ist*. Hegel weicht diesem im Grunde leeren Streit aus, indem er sagt, dass die Normen und Formen personaler Kooperation, also auch allen Wissens, »unendlich höher« zu *bewerten* seien. (Allerdings verkürzt Hegels Formulierung die Verhältnisse der Tendenz nach, indem sie die Rolle der Naturdinge als zu schwach darstellt. Sie sind nämlich keineswegs immer nur für die Zufälligkeit vereinzelter und akzidenteller Privationen verantwortlich.) Von einer Vernunft ›der Natur‹ kann jedenfalls sinnvoll nur gesprochen werden, wenn dabei eigentlich unser Wissen über die Natur gemeint ist. Dieses zeigt sich in den guten Orientierungen im individuellen und gemeinsamen Handeln, nicht in einer schieren Vorhandenheit einer natürlichen Sache.

§ 147

162 f. Andererseits sind sie dem Subjekte nicht ein *Fremdes*, sondern es gibt das *Zeugnis des Geistes* von ihnen als von *seinem eigenen Wesen*, in welchem es sein *Selbstgefühl* hat, und darin als seinem von sich ununterschiedenen Elemente lebt, – ein Verhältnis, das unmittelbar noch identischer, als selbst *Glaube* und *Zutrauen* ist. (158)

Das anaphorische Pronomen »sie« verweist nicht auf die Naturdinge, sondern auf die sittlichen Normen. Diese sind uns nichts Fremdes. Unser Personsein selbst ist durch sie konstituiert. In eben diesem Sinn gehören sie zu unserem eigenen Wesen. Sie zeigen sich relativ unmittelbar in einem intuitiven Urteilen und Selbstgefühl.

Man würde heute das Wort »identisch« wohl nicht mehr steigern. Man würde also nicht mehr sagen, dass meine allgemeinen ethischen Intuitionen mit mir als personalem Subjekt »identischer« seien als meine besonderen Glaubenshaltungen und mein Vertrauen in andere Personen und in allgemeine Institutionen. Aber es ist dennoch klar, was damit ausgesagt ist.

163 Ⓚ Glaube und Zutrauen gehören der beginnenden Reflexion an und setzen eine Vorstellung und Unterschied voraus; – wie es z. B. verschieden wäre, an die heidnische Religion glauben, und ein Heide sein. (158)

Wenn ich glaube, dass ϕ, dann ist dies schon ein reflektierter Akt; wenn ich einer Person *P* vertraue, ist die Haltung ebenfalls schon bedacht; beides geschieht im Wissen darum, dass ich auch ϕ bzw. *P* ›misstrauen‹ könnte. – Hegels Beispiel ist bewusst komisch. Aus Sicht der christlichen Religion kann man an keine heidnische Religion glauben. Man kann nur Heide sein. Ein Heide ist, wer nicht glauben kann, wer also *keine* Religion hat. Freilich meinte das Wort »Heide« zunächst nur eine andere Ethnie als die jüdische. Ein heidnischer Aberglaube ist jedenfalls gar kein Glaube. – Das Beispiel soll nur klarmachen, dass jemand als getaufter Christ bzw. als Muslima noch lange nicht an das Christentum bzw. den Islam glauben muss, da er bloß dem Status nach Christ bzw. Muslima bleiben kann.

163 Ⓚ Jenes Verhältnis oder vielmehr [jene] Verhältnis-lose Identität, in

der das Sittliche die wirkliche Lebendigkeit des Selbstbewußtseins ist, kann allerdings in ein Verhältnis des Glaubens und der Überzeugung, und in ein durch *weitere Reflexion* vermitteltes übergehen, in eine Einsicht durch Gründe, die auch von irgend besonderen Zwecken, Interessen und Rücksichten, von Furcht oder Hoffnung, oder von geschichtlichen | Voraussetzungen anfangen können. Die 139
adäquate Erkenntnis derselben aber gehört dem denkenden Begriffe an. (158)

Das Verhältnis zwischen mir und meiner Sittlichkeit ist weit enger als das zwischen mir und meinem Glauben. Denn als Person *bin* ich sozusagen meine Sittlichkeit. Das drückt Hegel in dem ohne diese Übersetzung schwer verständlichen Ausdruck »verhältnislose Identität« aus. Das Sittliche ist »die wirkliche Lebendigkeit des Selbstbewußtseins« insofern, als ich mich nur durch die Vermittlung der Formen des Gesamt-Ethos des Personseins als Person ›weiß‹, wie Hegel hier sagen würde. Denn es geht nicht darum, dass ich mich als Person *kenne*, sondern dass ich selbstbewusst Person *bin* und in diesem vollen Sinn das Wort »ich« laut oder leise gebrauche. Das geht »allerdings in ein Verhältnis des Glaubens und der Überzeugung« über, wenn ich über mich selbst, meine Sittlichkeit oder das ›bei uns‹ herrschende Ethos etwas aussage. Der Inhalt kann dann eine Einsicht sein, die sich auf allerlei Gründe oder auch Indizien stützt. Ich kann so über meine und unsere Zwecke oder Interessen reflektieren, über geschichtliche Voraussetzungen nachdenken usf. Zu einer adäquaten Erkenntnis dieser Voraussetzungen gelangen wir aber nicht etwa narrativ, über eine Erzählung oder eine unmittelbar als plausibel erscheinende Rekonstruktion einer Genealogie des gegenwärtigen Ethos (der ›Moral‹ bei Nietzsche). Denn zu einer gediegenen Rekonstruktion einer Ideengeschichte gelangen wir nur durch ein diszipliniertes Nachdenken über gegebene Begriffe und Formen.

§148

Als diese substantiellen Bestimmungen sind sie für das Individuum, 163
welches sich von ihnen als das Subjektive und in sich Unbestimmte oder als [das] besonders Bestimmte unterscheidet, *hiemit im Verhältnisse* zu ihnen als zu seinem Substantiellen steht, – *Pflichten* für seinen Willen bindend. (158 f.)

Unsere Unterscheidungen zwischen der Sittlichkeit als dem subjektiven Zugang zum Ethos und dessen »substantiellen Bestimmungen« und dann auch zwischen Subjekt, Person und Individuum zahlen sich jetzt aus. Denn wir können jetzt sagen, dass für mich als Subjekt hier und jetzt das Ethos zur Pflicht wird, das meinen Willen bindet, aber nicht etwa in der Form von Aufforderungen oder Verboten von außen, sondern so, dass ich sie als sittlich gebildete Person schon implizit anerkenne. Denn sie konstituieren mich als Person unter Personen, in Staat und Gesellschaft als Bürger unter Bürgern, als Citoyen und als freier Vertragspartner. Damit versteht Hegel besser noch als Kant, in welchem Sinn die Freiheit des Personsein Autonomie ist, nämlich als Teilnahme an einer *gemeinsamen Selbstgesetzgebung der Personen* und nicht etwa als bloß subjektive Moralität des je einzelnen personalen Subjekts. Eben das sagt Hegel gleich selbst.

163 Ⓚ Die ethische *Pflichtenlehre* d. i. wie sie *objektiv* ist, nicht in dem leeren Prinzip der moralischen Subjektivität befaßt sein soll, als welches vielmehr nichts bestimmt (§ 134) – ist daher die in diesem *dritten Teile* folgende systematische Entwickelung des Kreises der sittlichen Notwendigkeit. (159)

Die ethische Pflichtenlehre ist objektiv, weil sie sich aus dem gemeinsamen Ethos ergibt, und geht damit weit über das »Prinzip der moralischen Subjektivität« hinaus. Wie wir oben gesehen haben, ist Hegels Behauptung, das moralische Prinzip sei *völlig leer*, in seiner Übertreibung durchaus falsch. Er behält nur darin recht, dass es nicht ausreicht. Daher bleibt richtig, dass wir eine »systematische Entwicklung des Kreises der sittlichen Notwendigkeit«, also der Normen des (allgemeinen) Ethos und der (personalen) Sittlichkeit, brauchen.

163 Ⓚ Der Unterschied dieser Darstellung von der Form einer *Pflichtenlehre* liegt allein darin, daß in dem Folgenden die sittlichen Bestimmungen sich als die notwendigen Verhältnisse ergeben, hierbei stehen geblieben und nicht zu jeder derselben, noch der Nachsatz gefügt wird, *also ist diese Bestimmung für den Menschen eine Pflicht.* – (159)

Im Unterschied zu einer Pflichtenlehre, welche auf irgendeine geordnete Weise die personalen Grundnormen einer Menschengemeinschaft darstellt, geht es hier um die Herausarbeitung ihrer institutionellen Notwendigkeit im Sinn einer Antwort auf Probleme *gemeinsamer* Freiheit und Autonomie. Es geht um die logische und ethische Form *gemeinsamen* Lebens mit meinen und deinen und ihren personalen *Rollen* im gemeinsamen Handeln.

Es bleibt erbaulichen Volkslehrern überlassen, immer auch noch einmal formal zu betonen, dass die Berücksichtigung des Gemeinsamen »für den Menschen eine Pflicht« sei.

> Eine Pflichtenlehre, insofern sie nicht philosophische Wissen- 163 f. Ⓚ
> schaft ist, nimmt aus den Verhältnissen als Vorhandenen, ihren Stoff und zeigt den Zusammenhang desselben mit den eigenen Vorstellungen, allgemein sich vorfindenden Grundsätzen und Gedanken, Zwecken, Trieben, Empfindungen u. s. f. und kann als Gründe die weiteren Folgen einer jeden Pflicht in Beziehung auf die andern sittlichen Verhältnisse, so wie auf das Wohl und die Meinung hinzu fügen. (159)

Eine übliche Pflichtenlehre benennt konkrete Normen, ohne sie freiheitstheoretisch und freiheitspraktisch als Antwort auf Probleme freier Kooperation zu verstehen oder zu begründen. Dabei wird so allerlei über besondere Zwecke, menschliche Triebe, natürliche Empfindungen usf. behauptet oder ein Zusammenhang mit eigenen Vorstellungen von einem guten Zusammenleben nach Art der kantischen Moralität hergestellt.

> Eine immanente und konsequente Pflichtenlehre kann aber nichts 164 Ⓚ
> anders sein, als die Entwickelung *der Verhältnisse*, die durch die Idee der Freiheit notwendig, und daher *wirklich* in ihrem ganzen Umfange, im Staat sind. (159)

Hegel betont selbst die Immanenz aller freiheitstheoretisch fundierten ethischen Normen. Das richtet sich wie bei Kant gegen die übliche Vorstellung von göttlichen Geboten und Verboten. Aber diese Immanenz transzendiert das bloß generische Subjekt bei Kant, das transzendentale Ich, nämlich in die Richtung eines freiheitspraktischen Wir.

Da der Staat im Sinne der *res publica* das Gesamt der öffentlichen Institutionen ist und sich alle personalen Pflichten aus diesen Einrichtungen eines gemeinsam geformten Zusammenlebens ergeben, wird erst im Staat der Begriff der Freiheit konkret. Er ist die Idee im ganzen Umfang seiner Praxisformen und Institutionen samt der sie tragenden Normen. Man muss nicht so reden, aber man kann so reden – und verstanden werden, wenn man den Staat nicht zu eng und irreführend als Gruppe der Mächtigen oder ›Herrscher‹ im Staat missversteht.

§ 149

164 Als *Beschränkung* kann die bindende Pflicht nur gegen die unbestimmte Subjektivität oder abstrakte Freiheit, und gegen die Triebe des natürlichen, oder des sein unbestimmtes Gute aus seiner Willkür bestimmenden moralischen Willens erscheinen. (159)

Wenn ich durch eine ethische Norm gebunden bin, etwa die, das Eigentum und Leben meines Nachbarn zu respektieren, beschränkt diese Norm unter Umständen (nur) meine subjektive *Willkür*. Diese ist aber bloß erst formale »abstrakte Freiheit«.

Im Fall des Eigentums kann eine öffentlich anerkannte Sittlichkeit in Spannung zur Moralität eines subjektiven Autonomismus stehen. Ich könnte ja als Marxist ›rein moralisch‹ wollen, in einer kommunistischen Ordnung reiner Allmenden zu leben. Das heißt, ich könnte die bürgerliche Gesellschaft mit dem Institut des Privatbesitzes und Privateigentums verabscheuen. Sie ist dann nach meinem ›moralischen Willen‹ nur faktischer Rahmen für meine Handlungsplanung im Austausch von Gütern und Waren. – Für die besondere Ausgestaltung des Eigenen ist auf gewisse Lösungen der Probleme der Handlungskoordinierung der Personen abzustellen.[67] Das ersetzt bei Hegel Kants ungangbaren Weg der bloßen Kohärenzbetrachtung, nach der ich angeblich nicht wollen kann, dass es kein Eigentum gebe.[68] Hegels

[67] Im § 487 der Enzyklopädie schreibt Hegel dazu: »Der freie Wille ist: A. selbst zunächst *unmittelbar* und daher als *einzelner, – die Person*; das Dasein, welches diese ihrer Freiheit gibt, ist das *Eigentum*. Das *Recht* als solches ist das *formelle, abstrakte* Recht.« Das Eigentum ist hier als ein Besitz und Vermögen angesehen, der es den Familien ermöglichen soll, ihr gesamtes Leben zu planen und durch Arbeit zu erhalten, etwa auf einem eigenen Bauernhof, als Händler oder als Staatsdiener. Das bedeutet aber, dass die besitzlosen Klassen von Lohnarbeitern gerade deswegen in Probleme geraten, weil sie ihr Leben nicht mehr frei planen können.

[68] Cf. *Phänomenologie des Geistes* S. 282/233 (Absatz 429, Stekeler 2014, Bd. 1, S. 1200): »Es ist die Frage, soll es an und für sich Gesetz sein, daß *Eigentum* sei: *an und für sich*, nicht aus Nützlichkeit für andere Zwecke; die sittliche Wesenheit besteht eben darin, daß das Gesetz nur sich selbst

Argument lautet am Ende so: Es gibt in der wirklichen Welt keine bessere Ordnung freier Kooperationen als eine solche, welche grundsätzlich das Eigentum von Individuen und Familien schützt, und zwar um über das Prinzip der ›Subsidiarität‹ die freie Eigenverantwortung für das eigene Leben zu ermöglichen und zu schützen.

Das Individuum hat aber in der Pflicht vielmehr seine *Befreiung* 164
teils von der Abhängigkeit, in der es in dem bloßen Naturtriebe stehet, so wie von der Gedrücktheit, in der es als subjektive |
Besonderheit in den moralischen Reflexionen des Sollens und Mö- 140
gens ist, teils von der unbestimmten Subjektivität, die nicht zum Dasein und der objektiven Bestimmtheit des Handelns kommt, und *in sich* und als eine Unwirklichkeit bleibt. In der Pflicht befreit das Individuum sich zur substantiellen Freiheit. (159 f.)

Wenn wir die Sollensnormen von Ethos, Sittlichkeit und ›Pflicht‹ allgemein genug begreifen, enthalten sie alles gemeinsame Wissen sowohl für das instrumentelle Tun der Einzelpersonen als auch für die Organisationen eines aufeinander abgestimmten Handelns in allen Formen personaler Gemeinsamkeit. In eben diesem Sinn befreit mich die Pflicht von einer Gebundenheit an bloß präsentische Einflüsse zu einem personalen Leben in einem weit umfänglicheren Rahmen. Diesen erkenne ich dann als Bedingung meines eigenen freien Handelns und Lebens. Hegels »substantielle Freiheit« verweist im Grunde auf eben diesen Möglichkeitsraum.

§ 150

Das Sittliche, insofern es sich an dem individuellen durch die Na- 164
tur bestimmten Charakter als solchem reflektiert, ist die *Tugend*, die insofern sie nichts zeigt, als die einfache Angemessenheit des

gleiche und durch diese Gleichheit mit sich, also in seinem eigenen Wesen gegründet, nicht ein bedingtes sei. Das Eigentum an und für sich widerspricht sich nicht; es ist eine *isolierte* oder nur sich selbst gleichgesetzte Bestimmtheit. Nichteigentum, Herrenlosigkeit der Dinge oder Gütergemeinschaft widerspricht sich gerade ebensowenig. Daß etwas niemand gehört oder dem nächsten Besten, der sich in Besitz setzt, oder allen zusammen und jedem nach seinem Bedürfnisse oder zu gleichen Teilen, ist eine *einfache Bestimmtheit*, ein *formaler Gedanke*, wie sein Gegenteil, das Eigentum.«

Individuums an die Pflichten der Verhältnisse, denen es angehört, *Rechtschaffenheit* ist. (160)

Das Wort »Tugend« ist angesichts seiner betulichen Überformung im Christentum nicht mehr unser Wort. Aber auch der Anklang der Männlichkeit im lateinischen Wort »virtus« ist mit einigem Recht ebenso veraltet wie die stille Anrufung des Kriegsgottes Ares oder Mars im griechischen Wort »aretē«. Dennoch ist wichtig festzuhalten, dass das Wort »Sittlichkeit« *auch* als Ersetzung der Wörter »Tugend«, »virtú« oder »aretē« zu verstehen ist. Es geht um den durch Bildung sich anzueignenden ›Charakter‹ des personalen Individuums. Dieses ›soll‹ sich auf reflektierte Weise am gemeinsamen Ethos des Personseins orientieren. Angesichts der schon betonten Zweideutigkeit der Rede von der Sittlichkeit, die ja in ›objektiver‹ und allgemeiner Betrachtung das Ethos ist, können wir das subjektive Moment zunächst einfach mit Rechtschaffenheit identifizieren.

164f. Ⓚ Was der Mensch tun müsse, *welches* die Pflichten sind, die er zu erfüllen hat, um tugendhaft zu sein, ist in einem sittlichen Gemeinwesen leicht zu sagen, – es ist nichts anderes von ihm zu tun, als was ihm in seinen Verhältnissen vorgezeichnet, ausgesprochen und bekannt ist. (160)

Zu jeder Zeit wissen die Menschen, was sie tun müssen, um rechtschaffen zu sein. Denn das ist in »einem sittlichen Gemeinwesen« durch ein öffentliches Ethos bestimmt, das wir alle kennen und gelernt haben.

165 Ⓚ Die Rechtschaffenheit ist das Allgemeine, was an ihn teils rechtlich, teils sittlich gefordert werden kann. (160)

Es gibt traditionell eine übertriebene Forderung an einen ›tugendhaften‹ Menschen, welche diesen zu einer Art Tugendhelden macht, nach Art von Aloysius von Gonzaga vielleicht oder Mutter Theresa. Dabei ist an solchen Beispielen supererogatorischer Handlungen und Haltungen von Personen, die viel mehr tun und leisten, als Rechtschaffenheit erfordern würde, nichts auszusetzen. Im Gegenteil, es ist viel an ihnen zu loben. Nur taugen sie nicht als Beispiele oder Standardfälle für die Normaltugend der Rechtschaffenheit. Denn diese ist das, was von allen Personen rechtlich und sittlich (heute sagt man dazu in entdifferenzierter Weise: ›moralisch‹) gefordert werden kann.

165 Ⓚ Sie erscheint aber für den moralischen Standpunkt leicht als et-

was untergeordneteres, über das man an sich und andere noch mehr fordern müsse; denn die Sucht, etwas *besonderes* zu sein, genügt sich nicht mit dem, was das An- und für sich-seiende und Allgemeine ist; sie findet erst in einer *Ausnahme* das Bewußtsein der Eigentümlichkeit. – (160)

Die Gefahr einer Heroisierung der Tugenden besteht darin, dass man die Minimal- oder Normalanforderungen an eine rechtschaffene Person sozusagen unterschätzt. Man muss und sollte von einer rundum guten Person erst einmal nicht mehr fordern – es ist schon schwer genug. Die »Sucht, etwas Besonderes zu sein«, wird sogar kontraproduktiv, wo man sich in Verfolgung einer besonderen Arete der Pflicht überhoben fühlen, einfach rechtschaffen zu sein. Die Liebe zu jedem Ausnahmezustand, besonders aber die Sehnsucht nach Erlösung aus der vermeintlichen Langeweile des Alltags durch irgendeinen Krieg wie dem von 1914 oder in einer Guerilla wie der eines Che Guevara bestätigt die Diagnose, dass die Leute leicht aus dem Gleichgewicht gerückt werden, wenn sie sich an einem dem Ares geweihten Tugendheroismus orientieren. Diese Krankheit eines ungeduldigen revolutionären Wichtigtuns ist weiter verbreitet, als man denkt.

Die *verschiedenen Seiten* der Rechtschaffenheit können eben so 165 Ⓚ
gut auch *Tugenden* genannt werden, weil sie eben so sehr Eigentum, – obwohl in der Vergleichung mit andern nicht besonderes, – des *Individuums* sind. (160 f.)

Momente der Rechtschaffenheit sind z. B. Fairness, Geduld, Vertrauen, Nachsicht, Mut, Besonnenheit. Sie sind Tugenden sowohl als personale Kompetenzen in konkreten Anwendungen als auch als personale Gesamthaltungen oder ›Charaktereigenschaften‹ – wenn man nicht zu sehr mit der Ursprungsvorstellung vom Charakter als einem festen, angeborenen Prägestempel operiert, sondern mit dem Wort, wie durchaus üblich, auf den Gesamttyp der Person, ihren Geist, ihre Seele, Bezug nimmt.

Das Reden aber von der Tugend grenzt leicht an leere Dekla- 165 Ⓚ
mation, weil damit nur von einem Abstrakten und Unbestimmten gesprochen wird, so wie auch solche Rede mit ihren Gründen und Darstellungen sich an das Individuum als an eine Willkür und subjektives Belieben wendet. (161)

Ich habe oben schon auf das zumeist allzu Erbauliche im Reden von ›der Tugend‹ hingewiesen. Das liegt, wie auch in manchem Gebrauch der Wörter »Wahrheit« und »Vernunft«, auch von »Recht« und »Freiheit«, daran, dass in ihrer rein generischen Verwendung nur völlig variabel und allgemein über ganz verschiedene Kompetenzen und Haltungen gesprochen wird. Diese dürfen unter gewissen Bedingungen als rechtschaffen und nicht bloß als wohlmeinend oder redlich gelten, oder eben als richtig und wahr, vernünftig und rechtmäßig. Eine solche Rede über ganz diverse ›Tugenden‹ kann beim Hörer aber zu allerlei zufälligen Vorstellungen führen, da kaum etwas so schwer ist, wie generische Aussagen über ein ganzes Genus oder eine besondere Art von Sachen in ihrer Logik streng zu verstehen, also etwa über das Verhältnis von Verstand und Vernunft oder hier über Tugend, Sittlichkeit und Rechtschaffenheit auf der einen Seite, subjektive Moralität und bloß redliche Ehrlichkeit auf der anderen.

165 Ⓚ Unter einem vorhandenen sittlichen Zustande, dessen Verhältnisse vollständig entwickelt und verwirklicht sind, hat die *eigentliche Tugend* nur in außerordentlichen Umständen und Kollisionen jener Verhältnisse ihre Stelle und Wirklichkeit; – in wahrhaften *Kollisionen*, denn die moralische Reflexion kann sich allenthalben Kollisionen erschaffen und sich das Bewußtsein von etwas Besonderem und von gebrachten *Opfern* geben. (161)

In einer gut verfassten Gemeinschaft und Gesellschaft mit kommunitarischen Strukturen wie in der Familie, Vertragsstrukturen wie im freien Handel und institutionellen Ordnungen von Praxisformen wie im Staat mit seinen Einrichtungen etwa einer Ordnungs- und Sicherheitspolitik, Rechtspflege und Verwaltung, Wissenschaft und Bildung bedarf es keiner Helden mehr. In diesem Sinn brauchen wir »die eigentliche Tugend« einer tapferen Männlichkeit »nur in außerordentlichen Umständen«. Hegel nennt freilich auch die nicht ganz seltenen Kollisionen von Normen, betont aber, dass wahrhafte Kollisionen dieser Art durchaus selten sind, jedenfalls in einem normalen Staat und einer normalen gesellschaftlichen Öffentlichkeit.

Das ändert sich, wenn das Gemeinwesen wie im Deutschland der Nazis insgesamt so verderbt ist, dass von allen rechtschaffenen Bürgern eigentlich verlangt wäre, Helden zu sein wie Georg Elser, Maximilian Kolbe oder Graf Stauffenberg. Es gibt aber auch eine Gefahr, ohne jede Not in eigener Verblendung Held zu spielen – wie man das z. B. am Baader-Meinhof-Komplex sehen kann.

Es ist nichts leichter, als durch sophistische Übertreibungen in subjektiv-moralischer Reflexion allenthalben vermeintlich tiefe Kollisionen zu erschaffen – z. B. zwischen der Freiheit der Selbstbestimmung und dem Verbot der ›Teilnahme‹ an einer Tötung von Leben etwa im Kontext von Schwangerschaftsabbrüchen oder einer ›Sterbehilfe‹. Hegel denkt hier an noch andere Fälle der Selbstheroisierung, als wir sie in jedem ›christlichen‹ Gewaltakt gegen Ärzte oder auch der Gewalt von selbsternannten Tierschützern als das selbstgerechte Böse erkennen können. Er denkt wohl an weit trivialere Fälle, etwa wenn eine Person meint, keusch bleiben zu müssen, und sich darauf dann etwas einbildet.

Im ungebildeten Zustande der Gesellschaft und des Gemein- 165 Ⓚ
wesens kommt deswegen mehr die Form der Tugend als solcher vor, weil hier das Sittliche und dessen Verwirklichung mehr ein individuelles Belieben und eine eigentümliche geniale Natur des Individuums ist, wie denn | die Alten besonders von *Herkules* die 141
Tugend prädiziert haben. (161)

Das Zeitalter der Heroen ist nicht nur dadurch bestimmt, dass man Kollektivleistungen wie die griechische Kolonisierung im Mittelmeerraum und am Schwarzen Meer figurativ einer mythischen Person wie Herakles zuschreibt. Gemäß Hegels Diagnose spielen besondere Heer- und Volksführer im »ungebildeten Zustande der Gesellschaft und des Gemeinwesens« eine größere Rolle als später – was übrigens implizit ein vernichtendes Urteil über die erste Hälfte des 20. Jahrhunderts und das Verhalten der Nationen zu ihren Führern enthält. Die »Form der Tugend als solcher« ist also die Arete des ›großen‹ Mannes – eines partiell noch unzivilisierten Gemeinwesens. Dessen ›Größe‹ entscheidet sich darin, dass durch sein »individuelles Belieben« und »eigentümliche geniale Natur« und damit mehr oder weniger durch Zufall bleibende Institutionen entstehen – so wie z. B. das Perserreich durch Kyros, die hellenistischen Nachfolgereiche nach Alexander dem Großen oder dem Mythus gemäß Israel durch Moses.

Herakles ist als mythische Figur eine Art Superheld griechischer Mannestugend oder Arete. Es ist Homer hoch anzurechnen, dass er, wie viel später Shakespeare, keine solchen trivialen *personae* schildert.

Auch die nur zur Koloratur benutzten Seefahrergeschichten in seiner Odyssee schreibt er so um, dass am Ende eine Art plastische Figur des Ulysses als Gatte und Vater entsteht. Die eigentlichen Hauptfiguren des Romans sind in ihren Charakteren übrigens weit realistischer und glaubwürdiger dargestellt, nämlich Penelope und Telemachos.

165 Ⓚ Auch in den alten Staaten, weil in ihnen die Sittlichkeit nicht zu diesem freien System einer selbstständigen Entwickelung und Objektivität gediehen war, mußte es die eigentümliche Genialität der Individuen sein, welche diesen Mangel ersetzte. – (161)

Gerade auch die Entwicklung Roms und sogar noch der alten Staaten Europas etwa unter Karl dem Großen oder Otto dem Großen zeigt die Bedeutung der ›eigentümlichen Genialität der Individuen‹ für die weitere Geschichte. Man denke z. B. an Cäsar und Augustus und ihre Neuformung der politischen Leitung des Imperium Romanum. Sie kompensieren als ›Superpersonen‹ sozusagen den Mangel der gegebenen institutionellen Ordnung – so dass die römische Republik nicht etwa untergeht, weil eine gute Form von bösen Leuten zerstört wurde, sondern die reale Form selbst zu viele Mängel hatte, um auf die realen politischen Probleme der Zeit zu antworten.

165 f. Ⓚ Die Lehre von den Tugenden, insofern sie nicht bloß Pflichtenlehre ist, somit das Besondere, auf Naturbestimmtheit Gegründete des Charakters umfaßt, wird hiermit eine *geistige Naturgeschichte* sein. (161)

Der Gedanke einer ›geistigen Naturgeschichte des Menschen‹ als Einsicht in die kollektive und generisch-allgemeine ›Phylogenese‹ sittlicher Praxis-, Urteils- und Handlungsformen, deren Erwerb in der geistigen ›Ontogenese‹ der Person als personales Individuum sozusagen nachgespielt wird, wurde ganz offenbar von Wittgenstein wiederentdeckt, ohne dass dieser wusste, dass er sich schon bei Hegel hätte finden können. Die ›Tugenden‹ weiten sich dabei aus auf alle personalen Kompetenzen. Diese gründen »auf Naturbestimmtheit«, also auf Lernfähigkeiten. Es entsteht der personale Charakter des Individuums, auf den wir manchmal auch durch das Wort »Person«, aber auch die Wörter »Geist« und »Seele« bzw. »Charakter« verweisen.

166 Ⓚ Indem die Tugenden das Sittliche in der Anwendung auf das Besondere, und nach dieser subjektiven Seite ein Unbestimmtes sind, so tritt für ihre Bestimmung das Quantitative des Mehr und

Weniger ein; ihre Betrachtung führt daher die gegenüberstehenden Mängel oder Laster herbei, wie bei *Aristoteles*, der die besondere Tugend daher seinem richtigen Sinne nach, als die Mitte zwischen einem *Zuviel* und einem *Zuwenig* bestimmte. – (161 f.)

Wir haben gesehen, dass es in der Rede von Tugenden um die Anwendung des allgemeinen Ethos auf besondere Fälle und zugleich um die Gesamthaltung des personalen Subjekts geht. Daher enthält das Reden von einer Tugend immer auch ein großes Maß an Unbestimmtheit. Hegel sieht in dieser logischen Grundtatsache die Ursache dafür, dass eine Person mehr oder weniger gut die Mitte trifft, welche bei vielen Wörtern für Tugenden die »gegenüberstehenden Mängel oder Laster« hinreichend ausschließen. So bestimmt Aristoteles die besondere Tugend der Tapferkeit zum Beispiel »seinem richtigen Sinne« gemäß »als die Mitte zwischen einem Zuviel und einem Zuwenig«, nämlich der Tollkühnheit und der Feigheit. Das passt bekanntlich auch für die Großzügigkeit zwischen Geiz und Verschwendung usf. Man kann ein Gesellschaftsspiel daraus machen und ›zeigen‹, dass jede Tugend in ein Laster kippen kann, wie das Martin Seel in seinem Buch *111 Tugenden, 111 Laster* vorführt[69]: Wer zu fromm ist, wird bigott. Wer zu viel lobt oder liebt, wird kitschig und unglaubwürdig. Ansonsten artikuliert die Gnome »*mēden agan*«, »*nequid nimis*«, »nichts allzu sehr« eine formale Tautologie. Hegel denkt hier auf der Meta-Ebene daran, dass man von der Tugend der Rechtschaffenheit nicht allzu viel sittlichen Heroismus fordern sollte und diesen als supererogatorisches Heldentum auf besondere Weise zu beurteilen hat, also auf keinen Fall unmittelbar als ›Maßstab‹ für die Güte der Person gebrauchen sollte.

Die Ordnungen der Größe des ›moralischen Heldentums‹ gehören ohnehin zu einer philosophischen Revue, wie Seel das auch im Untertitel zu seinem Buch schreibt.

Derselbe Inhalt, welcher die Form von *Pflichten* und dann von *Tugenden* annimmt, ist es auch der die Form von *Trieben* hat (§ 19 Anm.). (162) 166 Ⓚ

Hegels Verwendung des Wortes »Trieb« ist (hier) sehr allgemein. Er umfasst alle Neigungen und motivationalen Tendenzen sowohl

69 Martin Seel, *111 Tugenden, 111 Laster*, Frankfurt/M.: S. Fischer, ^{2}2011.

einer naturgegebenen charakterlichen Grundhaltung wie z. B. im Phlegma oder Jähzorn als auch eine sich angeeignete Gewohnheit in relativ ›automatischen‹ Reaktionen wie zum Beispiel im Griff zur Zigarette oder zum Weinglas, ›um sich zu entspannen‹. Daher, aber auch nur daher, können Tugendpflichten die gleichen Inhalte haben wie Neigungen – mit der Folge, dass Kants Gegenüberstellung von Pflicht und Neigung, Tugend und Trieb in die Irre führt.

166 Ⓚ Auch sie haben denselben Inhalt zu ihrer Grundlage, aber weil er in ihnen noch dem unmittelbaren Willen und der natürlichen Empfindung angehört, und zur Bestimmung der Sittlichkeit nicht heraufgebildet ist, so haben sie mit dem Inhalte der Pflichten und Tugenden nur den abstrakten Gegenstand gemein, der als bestimmungslos in sich selbst, die Grenze des Guten oder Bösen für sie nicht enthält, – oder sie sind nach der Abstraktion des Positiven, *gut*, und umgekehrt nach der Abstraktion des Negativen, *böse* (§ 18). (162)

Neigungen und Triebe operieren nur erst auf der Ebene eines relativ unmittelbaren Begehrens mit seinen natürlichen Empfindungen, gerade auch der Befriedigungsgefühle. Als solche sind sie häufig noch nicht gut genug durch Bildung und Selbstbildung ethisch sublimiert, also umgeformt »zur Bestimmung der Sittlichkeit« – so wie man die Energien eines leidenschaftlichen Zorns umformen kann in begeisterte und zugleich zähe Arbeit an einem gemeinsamen Projekt oder die diffus-enthusiastische sexuelle Verliebtheit in nachhaltige Liebe.

Jetzt verstehen wir auch etwas besser, was es konkret heißt, dass Neigungen, Triebe und Begehrungen mit Pflichten, Tugenden und einem reflektierten Willen »nur den abstrakten Gegenstand gemein« haben. Dieser ist als solcher – begrifflich betrachtet – zunächst nur eine allererst konkret zu bestimmende *Variable* für irgendeinen *Inhalt*. Im Fall der noch ungebildeten Person wird diese Variable sozusagen mehr oder weniger rein zufällig, partiell unbewusst und unkontrolliert durch präsentische, auch unmittelbar gegebene leibliche, Umstände bestimmt oder ›belegt‹. Der ohne diese Überlegung unverständliche Schluss-Satz richtet sich erneut gegen Kants Gegenüberstellung von Neigung und Pflicht: Weil leiblich vermittelte Neigungen und Triebe »als bestimmungslos in sich selbst« zu begreifen sind, also von uns inhaltlich bestimmt und umbestimmt werden können (oder auch müssen), haben sie als solche mit der Unterscheidung zwischen gut und schlecht noch (fast) gar nichts zu tun.

Der nächste Halbsatz zeigt noch einmal, wie Hegels in der Tat sprachlich bürokratisierte Stenographie in eine verständlichere Langform zu übersetzen ist. Denn zunächst ist zu beachten, dass (und wie) die Abstraktion des Positiven und die Abstraktion des Negativen sozusagen überkreuz zu lesen sind. Der Ausdruck »Abstraktion des Positiven« steht hier nämlich für: »wenn von negativen Inhalten nur zugunsten von positiven abgesehen wird«. Es ergibt sich der folgende Gedanke: Ein Trieb oder eine Neigung, eine Passion oder Leidenschaft erscheint als schlecht, wenn man von ihren möglichen Bestimmungen durch positive Inhalte absieht, als gut, wenn man nur an positive, nicht an negative Bestimmungen denkt. So erscheint die allgemeine Haltung einer frommen Friedfertigkeit oder schönen Seele als gut, solange man von ihrer möglicherweise auch feigen und faulen Tatenlosigkeit und Selbstgerechtigkeit absieht. Und es erscheinen Zorn und andere Leidenschaften als schlecht, sofern man den heiligen Zorn und den göttlichen Enthusiasmus ausklammert. (Soweit er uns eben dieses vorführt, hat Martin Seel recht).

§ 151

Aber in der einfachen *Identität* mit der Wirklichkeit der Individuen 166
erscheint das Sittliche, als die allgemeine Handlungsweise derselben – als *Sitte*, – die *Gewohnheit* desselben als eine *zweite Natur*, die an die Stelle des ersten bloß natürlichen Willens gesetzt, und die durchdringende Seele, Bedeutung und Wirklichkeit ihres Daseins ist, der als eine Welt lebendige und vorhandene *Geist*, dessen Substanz so erst als Geist ist. (162)

Was wir »Sitte« nennen, ist eine habituell zur zweiten Natur einer kollektiven Gewohnheit gewordene Sittlichkeit. Für die einzelnen Individuen ist die Habitualisierung eine Art Verleiblichung des Geistes. Bildung und Selbstbildung bestehen so in der Aneignung allgemeiner Handlungsweisen. Es ist daher eine falsche, illusionäre Vorstellung, es ließe sich der ›natürliche Wille‹ willkürlicher Entscheidungen unmittelbar umsteuern. Nicht nur der Zigarettenraucher, der sich seine Sucht dadurch abgewöhnen will, dass er sich in Einzelfällen zusammenreißt, scheitert an dieser Tatsache. Man muss sein Leben, seine

Seele, seine Gewohnheiten ändern. Nur über Gewohnheiten werden komplexe Handlungen in ihrer Ausführung frei verfügbar. Nur in gebildeten Gewohnheiten finden wir also den real existierenden und nachhaltig geformten Geist sowohl der individuellen ›Geistseele‹ als auch der ›Seele‹ einer Gemeinschaft. Daher sind lokale Sitten und Gebräuche für die Typik einer solchen Gemeinschaft so wichtig. Man denke etwa durchaus auch an (religiöse) Feste – und wie sie das Leben im Jahresablauf (rituell) gliedern.

§ 152

167 Die *sittliche Substantialität* ist auf diese Weise zu ihrem *Rechte* und dieses zu seinem *Gelten* gekommen, daß in ihr nämlich die Eigenwilligkeit und das eigene Gewissen des Einzelnen, das für
142 sich wäre und einen Gegen|satz gegen sie machte, verschwunden [sind], indem der sittliche Charakter das unbewegte, aber in seinen Bestimmungen zur wirklichen Vernünftigkeit aufgeschlossene, Allgemeine als seinen bewegenden Zweck weiß, und seine Würde so wie alles Bestehen der besondern Zwecke in ihm gegründet erkennt und wirklich darin hat. (162 f.)

Zur Gewohnheit gehören freilich auch implizite Normen und Formen der Beurteilung des Richtigen und ggf. Sanktionshandlungen, beginnend mit dem Boykott derer, die nicht gut genug ›mitspielen‹ können oder wollen. Insgesamt entsteht so das objektive Ethos, das Hegel hier als »sittliche Substantialität« in ihrer praktischen Geltung anspricht. Insofern diese empraktisch auch von mir als Person schon anerkannt ist, gibt es den aus der Perspektive des ›moralischen Autonomismus‹ erfundenen Gegensatz zwischen meinem eigenen Gewissen und einer scheinbar mir fremden oder vorgegebenen Sittlichkeit gar nicht oder jedenfalls nicht in der (bei Kant) vorgestellten Form.

Freilich werden Freunde revolutionärer Veränderung und besonders einer unmittelbaren Orientierung an idealen Utopien monieren, dass sich aus der Analyse ein unzulässiger Konservativismus ergebe. Denn Hegel erkläre allzu unmittelbar, der *gegebene* »sittliche Charakter« sei schon so, wie er ist, vernünftig. Es lohnt sich, den Text noch einmal genau zu zitieren. Hegels Ausdruck »das unbewegte, aber in seinen Bestimmungen zur wirklichen Vernünftigkeit aufgeschlossene Allgemeine« macht klar, dass jedes personale Subjekt nur erst ›aufgeschlossen‹ ist, sich entsprechend an der tätigen Verwirklichung der Vernunft zu beteiligen. Das heißt, zur Person als sittlicher Charakter eines konkreten Subjekts gehört das Wissen, dass die Entwicklung der Sittlichkeit ›mein eigener Zweck‹ ist, der mein personales Urteilen und Handeln ›bewegt‹, also motiviert und anleitet. In der Teilnahme an dieser Entwicklung besteht meine Würde als voller Person, die jetzt weit über die bloß ›passive‹ Menschenwürde der Menschenrechte hinausgeht. Alle besonderen Zwecke sind über die Vermittlung dieses Willens, eine volle Person zu sein, begründet.

Die Subjektivität ist selbst die absolute Form und die existierende 167 Ⓚ
Wirklichkeit der Substanz und der Unterschied des Subjekts von ihr als seinem Gegenstand, Zwecke und Macht ist nur der zugleich eben so unmittelbar verschwundene Unterschied der Form. (163)

Subjekt bin ich im Vollzug. Subjektivität ist die perspektivische Form dieses Selbstseins als wahrnehmendes, denkendes und handelndes personales Subjekt. Der Vollzug ist, wie ich schon öfter betont habe und Hegel hier wiederholt, *absolut*. Die »existierende Wirklichkeit der Substanz« aber besteht in den keineswegs rein unmittelbar zugänglichen *Inhalten*. Damit artikuliert auch Hegel den »Unterschied des Subjekts« von dem, was ich die gebildete oder geformte Person nenne, deren Substanz oder bleibende Form die Sittlichkeit ist. Indem ich diese mir als Gegenstand der Reflexion, als Zweck meiner Selbstbildung oder als Macht äußerer Pflicht entgegenstelle, blende ich aus, dass ich als *personales* Subjekt die Formen des Sittlichen schon als *meine* Vollzugsformen gebrauche, damit implizit anerkenne. Daher ist es *meine* Sittlichkeit, die Sittlichkeit der Person, die ich bin. Das schließt den Widerspruch nicht aus, dass ich gegen sie handeln kann – und damit auch gegen mich als Person. Ebenfalls möglich bleibt eine kritische Reflexion auf das präsupponierte Ethos bzw. meine oder unsere Sittlichkeit. Deren Logik ist aber weit anspruchsvoller, als es sich der Autonomismus der Aufklärung auch nur vorstellen kann. Das liegt erstens an der *Faktizität* und der für ihr Verständnis nötigen Tiefe einer Problem- und Ideengeschichte, zweitens an der *Geltung* und der zugehörigen Notwendigkeit einer Schaffung gemeinsamer Anerkennungen in der Entwicklung eines partiell neuen Kanons des Sittlichen bzw. Ethischen. Es liegt, drittens, an der *virtuell unendlichen Selbstreflexion des Gewissens* als Grundform des *sittlichen Selbstbewusstseins der Person*. In *Faktizität und Geltung* entgeht Habermas der für Hegel zentrale dritte Punkt.

167 ® Die Subjektivität, welche den Boden der Existenz für den Freiheitsbegriff ausmacht (§ 106) und auf dem moralischen Standpunkte noch im Unterschiede von diesem ihrem Begriff ist, ist im Sittlichen die ihm adäquate Existenz desselben. (163)

Dass wir nur als personale Subjekte im Urteilen und Handeln frei sind, haben wir schon häufig genug gesagt. Der moralische Standpunkt war dabei so charakterisiert worden, dass sich das personale Subjekt in seinem Selbstdenken und autonomen Handeln so darstellt und partiell missversteht, als stünden die gegebenen Formen allgemeiner Sittlichkeit ihm als erst noch zu beurteilende gegenüber. Doch eben damit wird die Absolutheit der Subjektivität im unmittelbaren Wollen willkürlicher Akte verwechselt mit den Inhalten, an denen ich mich schon orientieren muss, um Person zu sein. Kants moralischer Autonomismus übersieht daher gerade die transzendentalen Präsuppositionen oder Vorbedingungen dafür, eine autonome Person bzw. ein freies personales Subjekt zu sein. Ich bin volle Person unter anderen Personen nur vermöge meiner und unserer Sittlichkeit – in ihrem geschichtlichen Sein. Daher finden wir erst im Sittlichen die wahre Existenz des Geistes als Begriff und realisierte Form oder Idee des Personseins.

§ 153

167 Das *Recht der Individuen* für ihre *subjektive Bestimmung* zur *Freiheit* hat darin, daß sie der sittlichen Wirklichkeit angehören, seine Erfüllung, indem die *Gewißheit* ihrer Freiheit in solcher Objektivität ihre *Wahrheit* hat, und sie im Sittlichen *ihr eigenes* Wesen, ihre *innere* Allgemeinheit *wirklich* besitzen (§ 147). (163)

Wir hatten gesehen, dass und wie das abstrakte Recht des personalen Individuums in seiner Freiheit begründet ist. Diese besteht aber nicht in einer dem Subjekt gegebenen unmittelbaren Willkür, sondern einem allererst auszubildenden freien Willen. Als sich bildende Person gehöre ich dabei schon der »sittlichen Wirklichkeit« eines gemeinsamen Ethos mit seinen Praxisformen und Normen des Richtigen, des Sollens und des Erlaubten, des Möglichen und des problemrelativ Notwendigen an. Erfüllt sind die Bedingungen der

Personwerdung dann, wenn meine subjektive Gewissheit der Freiheit sich in einem objektiv angemessenen freien Handeln wirklich bestätigt. Im Gewissen als gewissenhafter Kontrolle meiner eigenen Sittlichkeit und Orientierung am allgemein Sittlichen des gemeinsamen Ethos besitze ich allererst in Wahrheit mein eigenes personales Wesen und die innere Allgemeinheit des freien Handelns.

Auf die Frage eines Vaters, nach der besten Weise seinen Sohn 167 Ⓚ
sittlich zu erziehen, gab ein Pythagoräer (auch anderen wird sie in den Mund gelegt) die Antwort: wenn du ihn zum *Bürger eines Staats von guten Gesetzen* machst. (163)

Es war offenbar ein weiser Lehrer aus der Schule der Pythagoräer, der die Empfehlung für eine gute sittliche Erziehung auf die Bildung zur Person reduziert hat. Dabei ist die spiegelbildliche Bedingung, ein guter Bürger zu werden und zu sein und in einem Gemeinwesen mit einer guten Verfassung zu leben, durch Hegels knappe generische Ausdrucksweise gleich mitformuliert: »Es gibt kein richtiges Leben im falschen« (Adorno, Minima Moralia). Allerdings dementiert Hegel die ganz offenbare Einseitigkeit dieses Gedankens auch wieder, indem er das höhere Wissen der Stoa und des Christentums von der wahren und absoluten Form des Guten aus subjektiver Perspektive aufgreift: Nicht das faktische Richtige und Gute oder eine Betrachtung von der Seite oder rein im Nachhinein entscheidet über die Güte und den Wert der Person, sondern was aus der unaufhebbar subjektiven Perspektive das Bestmögliche im Urteilen und Handeln für sie ist oder war. Dazu bedarf es der Betrachtung der Person, auch je meiner selbst, je aus der Gegenwart des Tuns heraus. Nur dann urteilt man objektiv. Zwar sind in die unendlichen Stufungen gewissenhafter Selbstreflexion alle möglichen Beurteilungen der Person durch andere Personen soweit möglich und nötig aufzunehmen. Aber das ethisch gute Leben hängt dann doch nicht von den akzidentellen Gegebenheiten der gegenwärtigen Gesellschaft ab, sondern nur von der Güte und Autonomie der Person.

§154

Das Recht der Individuen an ihre *Besonderheit* ist eben so in der 168
sittlichen Substantialität enthalten, denn die Besonderheit ist die äußerlich erscheinende Weise, in welcher das Sittliche existiert. | (163) 143

Es versteht sich von selbst, dass die gute Person, der rechtschaffene Bürger, das Recht hat, sein Leben auf besondere Weise im Rahmen der auf das Allgemeine Bezug nehmenden Sittlichkeit zu gestalten. Diese Besonderheit ist ja die je konkrete, sich im äußeren Tun zeigende Weise, in welcher das gemeinsame Ethos von den Subjekten verwirklicht wird.

§ 155

168 In dieser Identität des allgemeinen und besondern Willens fällt somit *Pflicht* und *Recht* in Eins und der Mensch hat durch das Sittliche insofern Rechte, als er Pflichten, und Pflichten insofern er Rechte hat. (164)

Es ist die »Identität des allgemeinen und besonderen Willens« nicht leicht zu verstehen und erst recht nicht die Einsicht, dass es mir, wenn es mir um mich als Person geht, immer auch schon um das Gemeinwesen geht, in dem ich Person und Bürger bin. Daher wiederholen wir diesen Punkt in verschiedensten Variationen und immer auch in der Form, dass übliche Entgegensetzungen einer Ich- und einer Wir-Perspektive, zwischen mir, uns, euch und den anderen, irreführen können, insbesondere aber die zwischen ›meinem‹ Recht und einer mir scheinbar von außen oder bloß autonom von mir selbst auferlegten Pflicht. Christoph Menkes Buch *Kritik der Rechte* behandelt das Thema, kommt aber zu ganz anderen Ergebnissen. Denn aus Hegels Analyse folgt, dass Pflicht und Recht als Bedingungen meiner eigenen personalen Subjektivität in eins fallen: Das personale Ich ist ein Wir bzw. das System der Rollen, die ich im gemeinsamen Leben mit allen anderen Personen zu spielen habe und auch spiele. Meine Freiheitsrechte bestehen daher in den Spielräumen freier kooperativer Teilnahme an unserem gemeinsamen Handeln. Wir Menschen haben als Personen und Bürger aufgrund unseres gemeinsamen Ethos gegen andere Personen und Bürger Rechte, insofern wir ihnen und uns selbst gegenüber auch Pflichten haben. Das ist so leicht einzusehen, dass es schon Kinder verstehen, auch wenn sie es noch lange nicht immer in die Praxis umsetzen und schon gar nicht artikulieren können.

168 Im abstrakten Rechte habe Ich das Recht, und ein Anderer die Pflicht gegen dasselbe, – im Moralischen *soll* nur das Recht mei-

nes eigenen Wissens und Wollens, so wie meines Wohls mit den Pflichten geeint und objektiv sein. (164)

Hegel betont im Rückblick auf die vorgelegten logischen Analysen des abstrakten Rechts und der Moralität, was wir im Weiteren immer festhalten müssen: Freiheitstheoretisch und freiheitspraktisch ist von Anfang an klar, dass Rechte und Pflichten im Kreis der Personen ›formal symmetrisch‹ oder ›gleich‹ verteilt sind. Indem nun in der Reflexion auf das Selbstdenken und Selbsthandeln das Subjekt selbst in den Vordergrund rückt, scheint es bei ungenügender Unterscheidung von Person und Subjekt (wie bei Kant) so, als sei das Moralische »nur das Recht meines eigenen Wissens und Wollens«, nämlich gemäß den Kohärenzprinzipien des Kategorischen Imperativs. Dabei nützt es nichts, zwischen dem intelligiblen und dem empirischen Ich, dem *homo noumenon* und Einzelsubjekt zu unterscheiden. Denn so gelangt man noch lange nicht zum *relationalen Begriff der Person* oder des Bürgers. Daher überzeugen Kants Versuche in der Postulatenlehre nicht so recht, meine Erfüllungen von Pflichten mit meinem Wohl im Sinn einer Art Glückseligkeit *post mortem* zu begründen. Die Religion so in den Dienst der Moral zu stellen, kommt über Platons explizit rein pragmatisch begründeten Mythos einer Beurteilung der Seele in einem vorgestellten Letzten Gericht und damit über die ›Pflicht‹, an Gott zu glauben, nicht hinaus. Ich lese Hegels Philosophie so, dass er versucht, den wahren Gedanken dieser Denktradition dadurch herauszuarbeiten, dass er zwar an der platonisch-sokratischen Idee der Sorge für meine Seele oder Person im Ganzen anknüpft, diese aber aus dem religiösen ›Glauben‹ an den Mythos löst. Die fingierte Betrachtung meiner selbst als ganze Person geschieht selbst immer in der Gegenwart. Hier sind Ort und Zeit einer möglichen Selbstreflexion je auf mich selbst, wie ich gewesen sein werde. Deren unendliche Stufungen umfassen auch alle möglichen Beurteilungen je meiner Person durch alle anderen Personen, samt deren möglichen Bewertungen als gerecht, ernst zu nehmen oder als irrtümlich. Eine volle Person muss sich dieser Praxis des Gewissens stellen. Sie ist nur in ihr wirklich autonom. Voraussetzung ist, dass sie sich nicht mit unmittelbaren und vorschnellen Selbstbeurteilungen zufriedengibt.

§ 156

168 Die sittliche Substanz, als das für sich seiende Selbstbewußtsein mit seinem Begriffe geeint enthaltend, ist der *wirkliche Geist* einer Familie und eines Volks. (164)

Freilich ist auch die Ausweitung meines Ich auf alles Meinige und damit auch auf meine Familie, mein Volk, ja meine Welt nicht einfach zu begreifen. Und doch geht es um die Einsicht in die besondere Form der Identität meiner ›sittlichen Substanz‹ mit dem ›wirklichen Geist meiner Familie und meines Volks‹ – und dann sogar der ganzen Menschheit. Es geht dann auch darum, dass je unser subjektiver Geist in enger Beziehung steht zum kommunitarischen Geist der Familie und Nachbarschaft, zum Geist der freien Verträge in der bürgerlichen Gesellschaft und zum Geist der Gesetze im Staat. Dieser ist zentrale Organisationsform aller Einrichtungen des Gemeinwesens. Wieder sind alle die Leser Hegels, welche mit dem Wort »Geist« oder dann auch »Seele« nicht zurechtkommen, weil sie ihren Inhalt mit einem Gott, einem gespenstartigen Subjekt oder einem Objekt verwechseln, dazu aufgefordert, sie je nach Kontext zu ersetzen durch »Charakter«, »Vollzugsform«, »Idee«, »Sinn« oder »gutes Verständnis«.

§ 157

168 Der Begriff dieser Idee ist nur als Geist, als sich Wissendes und Wirkliches, indem er die Objektivierung seiner selbst, die Bewegung durch die Form seiner Momente ist. Er ist daher:

A) der unmittelbare oder *natürliche* sittliche Geist; – die *Familie*. (164)

Die Idee als reale Vollzugsform des Personseins wurde traditionell gefasst als Geist. Dabei stimmt der Gedanke formal durchaus, dass sich dieser Geist selbst weiß oder kennt, also in sich reflektiert ist, so wie wir eben als Personen auf uns reflektieren. Dabei haben wir die drei wesentlichen Momente der freien Kooperation in familialen Gemeinschaften, den Tauschverträgen in der bürgerlichen Gesellschaft und den rechtlichen und institutionellen, auch sanktionsbewehrten Ordnungen im Staat als Gemeinwesen schon mehrfach benannt. Die Familie als basale und ›natürliche‹ freie Gemeinschaft ist zunächst durch die Reproduktion von Nachkommenschaft in ihrem Wesen geprägt.

Diese Substantialität geht in den Verlust ihrer Einheit, in die Entzweiung und in den Standpunkt des Relativen über und ist so 168 f.

B) *bürgerliche Gesellschaft* eine Verbindung der Glieder als *selbstständiger Einzelner* in einer somit *formellen Allgemeinheit*, durch ihre *Bedürfnisse*, und durch die *Rechtsverfassung* als Mittel der Sicherheit der Personen und des Eigentums und durch eine *äußerliche Ordnung* für ihre besondern und gemeinsamen Interessen, welcher *äußerliche Staat* sich

C) in den Zweck und die Wirklichkeit des substantiellen Allgemeinen, und des demselben gewidmeten öffentlichen Lebens, – in die *Staatsverfassung* zurück und zusammen nimmt. | (164 f.) 144

Es ist klar, wie die Gliederung der Momente der Sittlichkeit bzw. der Formen und Normen des Ethos fortzusetzen ist. Die erste Ausweitung der Sphäre der Familie, der direkten Nachbarschaft und des Stammes in noch relativ naher Verwandtschaft führt der Form nach zur freien Koordination einer Arbeits- und Güterteilung und des Handelns mit relativ Fremden, besonders in einer erweiterten Gesellschaft von Stadt und Land. Daher spricht Hegel von einem »Verlust« einer »Einheit«, einer »Entzweiung«, ohne dass das rein negativ zu lesen ist. Das alles geschieht im Tauschhandel.

Der schwierige Ausdruck »Standpunkt des Relativen« in der ›bürgerlichen Gesellschaft‹ steht für die freien Vertragsbeziehungen, die hier eingegangen werden und Relationen schaffen, die nicht schon durch ›natürliche‹ Umstände vorgegeben sind. Der Ausdruck »formelle Allgemeinheit« verweist auf das positive Recht, welche die freien Verträge und die dabei zentralen Ansprüche auf Eigentum, Besitz und die Einhaltung der Verträge absichern. Diese sind durch die »Rechtsverfassung als Mittel der Sicherheit der Personen und des Eigentums« allererst nachhaltig etabliert. Den Staat i. e. S. als Institution bzw. Organisation des Rechtsschutzes braucht daher jedes Volk von freien Vertragspartnern, weit mehr als ›ein Volk von Teufeln‹, wie Kant in Anspielung auf Hobbes' Formel *homo homini lupus* sagt. Die Meinung, es seien Menschen generell von Natur aus füreinander gefährlich, ist eher falsch.

Das Gemeinwesen also schafft »eine äußerliche Ordnung« für die »besonderen und gemeinsamen Interessen« von Menschen bzw. Personen, die einander auch persönlich fremd sein können. Dabei nimmt sich der Staat am Ende aller Gemeininteressen an und ordnet das gesamte öffentliche Leben – was selten so deutlich wurde wie in der Coronakrise der Jahre 2020/21. Wie eine gute Staatsverfassung auszusehen hat, ergibt sich eben aus dieser Beobachtung, wie wir noch genauer sehen werden.

Hegels Analyse der Sittlichkeit ist also theoretische Grundlegung nicht nur der Rechtswissenschaften, sondern auch von Soziologie, Politik- und Wirtschaftswissenschaften. Das zeigt sich schon in den Arbeiten von Karl Marx und Friedrich Engels – zumal auch sie über die Familie geschrieben haben.

Erster Abschnitt: Die Familie

Die drei Teile des Abschnitts zur Ehe, zum Familienvermögen und zur Auflösung der Familie ergeben sich erstens aus der Reihenfolge von Eheschließung, Leben der Familie und Erbschaft, zweitens aus der Urform und dem Urzweck der Familie. Dabei ist es eine zeitlich begrenzte Aufgabe der Familie, die Kinder zu erwachsenen Personen zu bilden, welche dann die Familie verlassen. Aus ihr ergibt sich der zweite Sinn der Ehe und aller der Ehe ähnlichen Gemeinschaften, nämlich die nachhaltige Führung eines gemeinsamen Lebens, zunächst als Paar.

Kollektive Lebensformen in Orden und Kommunen von Singles oder die zölibatäre Priesterschaft in der katholischen Kirche sind zwar mit der Ehe verwandt, aber je von anderem Typ. Orden und Klöster sind wie manche religiösen oder sozialreformerischen Gemeinschaften und Gemeinden schon eher Korporationen, gehören daher zur Gesellschaft. Alternative Lebensformen in Kommunen sind dagegen zu wenig nachhaltig, nicht allzu stabil, schon gar keine kanonischen Formen.

§158

170 Die Familie hat als die *unmittelbare Substantialität* des Geistes, seine sich *empfindende* Einheit, die *Liebe*, zu ihrer Bestimmung, so daß die Gesinnung ist, das Selbstbewußtsein seiner Individualität *in dieser*

Einheit als an und für sich seiender Wesentlichkeit zu haben, um in ihr nicht als eine Person für sich, sondern als *Mitglied* zu sein. (166)

Das einigende Band der Familie ist die Liebe. Das klingt wie ein Predigerspruch. Seine analytische Wahrheit besteht darin, dass die Familie einerseits eine ›natürliche‹ Einheit bildet insofern, als die Erzeugung und die Sorge für Nachkommen samt typischer Empfindungen und Hochgefühle ›natürlich‹ sind. Andererseits kompensiert die ›Liebe‹ als die ›sich empfindende Einheit‹ der Mitglieder der Familie in gewisser Weise die Tatsache, dass für die Kinder die Familie eine vorgegebene Gemeinschaft ist, die sie sich nicht aussuchen können. Man kann im Blick auf privative Fälle leicht ironisch sagen, dass Kinder zunächst nicht anders können, als ihre Eltern zu lieben. Das Gebot, die Eltern zu ehren, betrifft wesentlich deren Fürsorge im Alter; ist er aber auch ein Kommentar zu einigen unausbleiblichen Spannungen in der Adoleszenz.

Hier geht es aber keineswegs um eine detaillierte Analyse der durchaus höchst komplexen ›Gesinnung‹ familiärer Liebe. Es reicht ihre Nennung und dass sie ein wesentliches Moment ist in der Konstitution der Wir-Gruppe der Familie. Hegels Ausdruck »Selbstbewusstsein« steht hier für das Wissen um die individuelle Mitgliedschaft in diesem Wir der Familie. Das Individuum ist dabei nie »Person für sich«, sondern Vater oder Mutter, Sohn oder Tochter, Ehemann oder Ehefrau – und die Familie selbst ist eine Art nichtnatürliche, weil institutionelle Person.

§159

Das *Recht*, welches dem *Einzelnen* auf den Grund der Familien- 170
Einheit zukommt, und was zunächst sein Leben in dieser Einheit selbst ist, tritt nur insofern in die *Form Rechtens* als des abstrakten Momentes der *bestimmten Einzelnheit*, hervor, als die Familie in die Auflösung übergeht, und die, welche als Glieder sein sollen, in ihrer Gesinnung und Wirklichkeit, als selbstständige Personen werden, und was sie in der Familie für ein bestimmtes Moment ausmachten, nun in der Absonderung, also nur nach äußerlichen Seiten (Vermögen, Alimentation, Kosten der Erziehung u. dergl.) erhalten. (166 f.)

Zur vollen Person wird das Kind im Blick auf die Familie sozusagen erst, wenn es sie verlässt und z. B. als Gattin in einer neuen Familie zur *mater familias* oder als Gatte zum *pater familias* wird. Die Eltern ändern dabei ihren Status, aber auch die Geschwister. Man bleibt natürlich verwandt, aber die Verwandtschaft wird zur Großfamilie oder zum Clan. Während also die Geschwister in der (partiell) noch nicht aufgelösten Familie traditionell noch eine ganz bestimmte Rolle spielen, z. B. als ältester Bruder oder als älteste Schwester mit besonderer Verantwortung füreinander und ggf. für die jüngeren Geschwister, wie man an den Beispielen Elektra und Orest bzw. Antigone und Polyneikes sehen kann, sind die Beziehungen der Geschwister in der ›aufgelösten‹ Familie etwa nach dem Tod der Eltern und nach eigener Heirat schon äußerlicher. Es geht dann etwa um das Erbe, die Verteilung des Vermögens, den Erbhof und die Auszahlung einer Art von Pflichtteil bzw. Alimentation usf. Die Ehe kann freilich auch durch Scheidung und Neuvermählung aufgelöst werden.

§160

Die Familie vollendet sich in den drei Seiten:

a) in der Gestalt ihres unmittelbaren Begriffes als *Ehe,*

b) in dem äußerlichen Dasein, dem *Eigentum* und *Gut* der Familie und der Sorge dafür;

c) in der *Erziehung* der Kinder und der Auflösung der Familie. |

145 (167)

Zur vollen Vollzugsform der Familie gehören zunächst die Eheschließung und die Form der Führung einer Ehe ihrem ›unmittelbaren Begriff‹, also einer Art Standardform gemäß. Der Ausdruck »gute Ehe« ist dabei in einem gewissen Sinn zweideutig. In einem schwachen, rein institutionellen Sinn geht es nur um die Erfüllung der allgemeinen Form. Diese kann auch dann als erfüllt gelten, wenn die Eheleute kreuzunglücklich sind. Im zweiten, dem von Hegel hier betonten stärkeren Sinn, ist ein solches Unglück ausgeschlossen und eine ›gute Ehe‹ ist definitionsgemäß insgesamt ›glücklich‹. Das heißt, dass das Zusammenleben in der Familie im Allgemeinen stimmungsmäßig und in den gegenseitigen Empfindungen und Gefühlen gut sein muss. Dabei gehört zum »äußerlichen Dasein« der Ehe und Familie das gemeinsame Eigentum und Gut der Familie samt der Pflicht zur Sorge für diese und natürlich für die Erziehung der Kinder – zunächst bis zur oben schon skizzierten Auflösung der Familie.

A. Die Ehe

§ 161

Die Ehe enthält, als das *unmittelbare sittliche Verhältnis, erstens* 171
das Moment der *natürlichen* Lebendigkeit, und zwar als substantielles Verhältnis die Lebendigkeit in ihrer Totalität, nämlich als Wirklichkeit der *Gattung* und deren Prozeß (s. Enzykl. der philos. Wiss. § 167 ff. und 288 ff.). Aber im Selbstbewußtsein wird *zweitens* die nur *innerliche* oder *an sich* seiende und eben damit in ihrer Existenz nur äußerliche *Einheit* der natürlichen Geschlechter, in eine *Geistige,* in selbstbewußte Liebe, umgewandelt. (168)

Zur guten Ehe im vollen Sinn gehört die ›natürliche Lebendigkeit‹ der Sexualität zunächst im Interesse der Erzeugung und Bildung von Nachkommen oder Kindern, wobei das erotische Begehren sublimiert wird zu einer nachhaltigen Form der Partnerschaft, die Hegel als »geistige« und »selbstbewusste« Liebe anspricht. (Fragen nach gleichgeschlechtlicher Ehe waren damals kein Thema.)

Die Institution der Ehe ist zunächst eine Ordnung der Familie, neben der es analoge Lebensformen wie im Kloster oder einer Kommune bzw. eheähnliche Lebensverhältnisse geben kann. Hegel interessiert sich für diese Formen kaum. Er betrachtet sie als Ausnahmen – und bezweifelt sogar ihren Sinn ganz generell. Er meint z. B., dass sich die Lebensform des christlichen Klosters und überhaupt jede Form von Ehelosigkeit als überflüssig und dysfunktional überlebt hätte. Dabei mag ihm sowohl Erfahrung und Wissen als auch Phantasie abgehen – zum Beispiel die Einsicht, dass alternative Lebensformen gerade auch deswegen zuzulassen und sogar zu entwickeln sind, um die Normalformen als *freie* Formen *mit Alternativen* zu erhalten und zu beschützen. Jede alternativlose ›Zwangsehe‹ würde ja den vollen Sinn der Ehe als freie Rahmung einer selbstgewollten Familie von vornherein zerstören. Es ist daher falsch und von Hegel wohl wirklich schlecht durchdacht, wenn er gleich erklären wird, es sei »sittliche Pflicht«, »in den Stand der Ehe zu treten«.

§ 162

Als subjektiver Ausgangspunkt der Ehe kann mehr die *besondere* 171
Neigung der beiden Personen, die in dies Verhältnis treten, oder die

Vorsorge und Veranstaltung der Eltern u. s. f. erscheinen; der objektive Ausgangspunkt aber ist die freie Einwilligung der Personen und zwar dazu, *Eine Person auszumachen*, ihre natürliche und einzelne Persönlichkeit in jener Einheit aufzugeben, welche nach dieser Rücksicht eine Selbstbeschränkung, aber eben, indem sie in ihr ihr substantielles Selbstbewußtsein gewinnen, ihre Befreiung ist.

171 Ⓚ Die objektive Bestimmung, somit die sittliche Pflicht, ist, in den Stand der Ehe zu treten. (168)

Hegel versucht wenigstens, in seinen materialbegrifflichen Aussagen, hier über Ehe und Familie, nur absolut Allgemeines und Selbstverständliches zu sagen. So sollte es als selbstverständlich gelten, dass eine gute Ehe als nachhaltig freies Zusammenleben zunächst der Eltern ein wenigstens relativ freies Zustandekommen fordert. Es bedarf dabei immer eines ›subjektiven Ausgangspunkts‹ für eine mögliche Ehe. Dieser liegt im Normalfall in der ›besonderen Neigung der beiden Personen‹, die sich, wie man zu diesem subjektiven Anfang sagt, ›verlieben‹. Dabei weiß Hegel auch um die Praxis der »Veranstaltung der Eltern usf.« für eine arrangierte Ehe oder um die Rolle von Heiratsvermittlern. Aber auch dann bleibt »die freie Einwilligung der Personen« eine objektiv notwendige Bedingung, und zwar aus dem oben schon genannten Grund, den Hegel hier so formuliert: Die Eheleute bilden in der Familie *eine* – jetzt natürlich institutionelle, nicht mehr ›natürliche‹ – *Person*. Jedes Familienmitglied gibt einen Teil seiner ›natürlichen und einzelnen Persönlichkeit‹ auf – oder erhält ihn gewissermaßen erst mit der Auflösung der Familienbande (zurück).

Während es zunächst klar ist, dass mit dem Beginn einer Ehe eine Selbstbeschränkung der Partner verbunden ist, ist den Beteiligten keineswegs immer deutlich, dass und wie sie an gemeinsamer Freiheit gewinnen. Hegel drückt das leicht obskur im Ausdruck »substantielles Selbstbewusstsein« aus. Es handelt sich um das gemeinsame und durchaus nachhaltige Selbstbewusstsein der Wir-Gruppe der Familie, in welches die Kinder sozusagen hineinwachsen und eben dadurch ihr individuelles Selbstbewusstsein und die Freiheit, eine eigene Person zu werden und zu sein, allererst nach und nach entwickeln. Daher stimmen später auch F. Tönnies und G. H. Mead (sozusagen unbewusst) mit Hegel darin überein, dass es eine kommunitarische Gemeinschaft mit ihren impliziten und damit freien

Kooperationsformen ist, in der (allein) sich die freie Person und ihr freies Handlungsvermögen entwickeln kann. Prototyp und Nukleus dieser Sozialformation ist die Familie.

Damit wird auch klar, dass das Wort »Person« nicht nur für die personale Seinsform eines Einzelsubjekts, sondern auch einer Wir-Gruppe, hier: die Familie, steht, so, dass ich mit diesem Wort nicht nur *auf mich* in meinen ›geistigen‹ Eigenschaften und personalen Relationen zu anderen Personen reflektiere, also auf *meine Rollen und auf meinen jeweiligen Status* im Bezug auf die Erfüllungen der Rollenanforderungen, sondern auch auf *uns* in unseren Beziehungen zu euch und ihnen.

Wie der äußerliche Ausgangspunkt beschaffen ist, ist seiner Natur 171 f. Ⓚ
nach zufällig, und hängt insbesondere von der Bildung der Reflexion ab. Die Extreme hierin sind das eine, daß die Veranstaltung der wohlgesinnten Eltern den Anfang macht, und in den zur Vereinigung der Liebe für einander bestimmt werdenden Personen hieraus, daß sie sich, als hiezu bestimmt, bekannt werden, die Neigung entsteht, – das andere, daß die Neigung in den Personen, als in *diesen* unendlich partikularisierten zuerst erscheint. – (168 f.)

Hegel greift nun noch einmal die geschichtlichen und lokalen Formen der Anbahnung einer Heirat und der äußeren Organisation der Hochzeit (als der hohen Zeit der Entlassung der Eheleute aus der Familie) auf und kommentiert sie etwa genauer als in der obigen Skizze. Dabei hängt die moderne ›Liebesheirat‹ selbst massiv von »der Bildung der Reflexion ab«, nämlich deswegen, weil sie als Institution schon auf die Gründe reflektiert, warum eine gute Ehe nur in freier Zuneigung der Partner funktionieren kann.

Früher waren die Ehen Veranstaltungen wohlgesinnter Eltern. Sie sind es in vielen ›Kulturen‹ noch heute. Die Ironie in den Formulierungen versteht sich von selbst. Denn man mag hoffen, dass die Eheleute, die von den Eltern zur »Liebe füreinander bestimmt« werden, sich auch wirklich lieben oder wenigstens vertragen werden. Aber garantiert ist das in der arrangierten Ehe keineswegs. Daher ist die freiwillige Anerkennung des Arrangements der Eltern durch Braut und Bräutigam immer ein Problem und Thema gewesen, sogar in der Polygamie, wie die biblische Geschichte Jakobs zeigt: Vater Laban verlangt, dass die älteste Tochter Lea zuerst verheiratet wird, so dass

Jakob seine Geliebte, Rahel, erst viel später zur Frau bekommt – und prompt den Fehler begeht, ihren erstgeborenen Sohn Joseph allzu sehr zu bevorzugen.

Allerdings ist die Liebe in der Ehe ohnehin willentlich und sittlich überformt und daher längst schon von anderem Typ als der sexuelle Eros und die begeisterten Gefühle der Verliebtheit. Daher kann es durchaus geschehen, dass bei arrangierten Ehen später eine gewisse, vielleicht sogar tiefe Neigung zwischen den Partnern entsteht. Hier gibt es dann wenigstens nicht die Verwechslung zwischen Verliebtheit und Liebe, welche bekanntlich eine der größten Gefahren für eine Liebes-Ehe ist. Manche konservative Frau im Islam gelangt dadurch zur irrtümlichen Meinung, die eigene Tradition der Ehe sei sittlich höherstehend als die im ›modernen Westen‹.

172 Ⓚ Jenes Extrem oder überhaupt der Weg, worin der Entschluß zur Verehelichung den Anfang macht, und die Neigung zur Folge hat, so daß bei der wirklichen Verheiratung nun beides vereinigt ist, kann selbst als der sittlichere Weg angesehen werden. – (169)

Dabei stimmt der durchaus konservative Hegel zu, dass »der Weg, worin der Entschluß zur Verehelichung den Anfang macht und die Neigung zur Folge hat«, der sittlichere sei. Das sollte aber keineswegs als Plädoyer für arrangierte Ehen gelesen werden, sondern die Einsicht ausdrücken, dass die Ehe als Institution in jedem Fall auf dem gemeinsamen Entschluss gründet, ein gemeinsames Leben in einer Familie zu führen, und nicht etwa auf momentanen und vergänglichen Gefühlen der Verliebtheit wie in manchen Eheschließungen diverser Schauspieler auf Zeit. Hegel hat insofern recht, als nachhaltige Neigungen wie der familialen Liebe und Stimmungen auch der Freude an der gemeinsamen Lebensform keine reinen Widerfahrnisse, sondern allgemeine und relativ stabile Folgen gemeinsamer Übung und Gewohnheit sein können und sind.

172 Ⓚ In dem andern Extrem ist es die *unendlich besondere* Eigentümlichkeit, welche ihre Prätensionen geltend macht und mit dem
146 sub|jektiven Prinzip der modernen Welt (s. oben § 124 Anm.) zusammenhängt. – (169)

Der strukturelle Irrtum einer *reinen* Liebesheirat oder romantischen Ehe liegt darin, dass man in der momentanen Neigung auf eine »unendlich besondere Eigentümlichkeit« des Einzelsubjekts als

Subjekt reagiert und fälschlicherweise meint, diese Stimmungen und Gefühle – auch des Enthusiasmus der Verliebtheit – *nachhaltig erhalten* zu können. Hegel hat recht, dass sie nur ein *Anfang* in einer *Transformation* sein können. Das ist völlig allgemeines Wissen über die Institution der Ehe und Familie. In diesem Punkt teilt Hegel die ›konservative‹ Kritik der traditionellen Sittlichkeit besonders auch in den klassischen poströmischen Religionen des Christentums, Islam und neueren Judentums an »der modernen Welt« – aber ohne diese Kritik völlig zu unterstützen, wie wir noch genauer sehen werden.

In die modernen Dramen und anderen Kunstdarstellungen aber, 172 Ⓚ
wo die Geschlechterliebe das Grundinteresse ausmacht, wird das Element von durchdringender Frostigkeit, das darin angetroffen wird, in die Hitze der dargestellten Leidenschaft durch die damit verknüpfte gänzliche *Zufälligkeit*, dadurch nämlich gebracht, daß das ganze Interesse als nur auf *diesen* beruhend, vorgestellt wird, was wohl für *diese* von unendlicher Wichtigkeit sein kann, aber es *an sich* nicht ist. (169)

Hegels bürokratische Ausdrucksform zeigt in ihrer Kühle ein geradezu komisches Gefälle zum heißen Thema – und er weiß das selbst. Es entsteht so eine ganz andere Art der Ironie als etwa in einer Satire oder erzählförmigen Humoreske. Es ist nicht ganz klar, an welche modernen Dramen, Opern und Romane Hegel denkt, in denen »die Geschlechterliebe«, also die erotische Sexualität, »das Grundinteresse ausmacht«. Schiller und Kleist fallen weg, sie schreiben eher politische Lehrstücke. Ein gewisses »Element von durchdringender Frostigkeit« findet sich zum Beispiel in Goethes *Wahlverwandtschaften*, zumal der Roman höchst kunstvoll, sozusagen chemisch, konstruiert ist, ebenfalls schon im *Faust*. Man könnte z. B. auch an Mozarts *Così fan tutte* oder *Don Giovanni* denken. Dazu gehören aber sicher Friedrich Schlegels *Lucinde* und vielleicht Clemens Brentanos *Godwi*. Denn »die Hitze der dargestellten Leidenschaft« wird in diesen Texten konterkariert durch die »gänzliche Zufälligkeit« des jeweils bloß momentanen Gefühls, wie übrigens schon in Goethes *Werther*. Damit wird klar, dass den Personen ihr momentanes Gefühl als unendlich wichtig erscheint, es aber an sich absolut nicht ist. Es ist ja auf keinen Fall nachhaltig – wie sich das z. B. am Verhalten Fausts zu ›seinem‹ Gretchen ebenso zeigt wie im Verhältnis von Julius zu Lucinde.

§ 163

172 Das *Sittliche* der Ehe besteht in dem Bewußtsein dieser Einheit als substantiellen Zweckes, hiemit in der Liebe, dem Zutrauen und der Gemeinsamkeit der ganzen individuellen Existenz, – in welcher Gesinnung und Wirklichkeit der natürliche Trieb zur Modalität eines Naturmoments, das eben in seiner Befriedigung zu erlöschen bestimmt ist, herabgesetzt wird, das geistige Band in *seinem Rechte* als das Substantielle, hiemit als das über die Zufälligkeit der Leidenschaften und des zeitlichen besondern Beliebens erhabene, *an sich* unauflösliche sich heraushebt. (169 f.)

Das normative Ethos der Ehe ergibt sich aus der Form des Zusammenlebens im gemeinsamen Wissen um die Einheit des Wir der Familie und ihrer bleibenden Sinnbestimmung. Hegel nennt als sittliche Grundhaltungen Liebe und Vertrauen.

Die Transformation unmittelbarer Empfindungen und Gefühle in nachhaltigere Haltungen geschieht übrigens häufig ähnlich unbemerkt wie der Erwerb einer schlechten oder guten Gewohnheit oder Kompetenz. Eheleute merken häufig erst in einer Trennung, was ihnen abgeht. Hegel macht diese Umformung des natürlichen Triebs der Sexualität explizit. Die erotische Leidenschaft ist dabei noch ein Naturmoment. Er stellt eine nachhaltige Erfüllung gegen eine momentane Befriedigung. Wie weit dabei die ›substantielle‹ Gesinnung die präsentischen Gefühle weniger relevant werden lässt, mag je verschieden sein. Allgemein gilt, dass diese ›Herabsetzung‹ gerade auch neuer Liebschaften zugunsten der ›Treue‹ zum Partner ein wesentlicher Teil der Form der Ehe ist – und dass man leicht naiv ist, wenn man das nicht wahrhaben möchte.

Hegels Ausdruck »geistiges Band« charakterisiert die Form der Ehe etwas blumig – übrigens in stiller Anspielung auf eine übliche Rede von einer ›platonischen‹ Liebe, die freilich für sich nichts anderes ist als der pädagogische Eros von Lehrer und Schüler, und zwar unbedingt ohne sexuelle Interessen, so dass er für das eheliche Verhältnis *überhaupt nicht* passt.[70] – Immerhin gilt, dass auch in der Familie

[70] Dabei sind zwei Dinge bemerkenswert. Erstens erklärt Hegel selbst, dass Platons Entwürfe der *Politeia* als informelle Verfassung politischer bzw. psychologischer Grundformen der Gesellschaft und der Person und

»die Zufälligkeit der Leidenschaften« unter Kontrolle zu bringen ist, und zwar im Interesse einer Dauer, ja Überzeitlichkeit, der Beziehungen der Mitglieder der Familie zu einander. Damit erhebt sich diese Form des gemeinsamen Lebens über alles momentane Belieben. Es ergibt sich, dass jede Ehe, nach Form und Sinn, an sich oder im Prinzip ›unauflöslich‹ ist. Das schließt, wie alle generischen Formen, Ausnahmen der Privation und damit insbesondere die Ehescheidung nicht aus, wie wir gleich sehen werden. (Damit sollte übrigens der generische Sinn von ›prinzipiellen‹ Aussagen im Modus des ›an-sich‹ endgültig klar geworden sein.)

Daß die Ehe nicht das Verhältnis eines Vertrags über ihre wesentliche Grundlage ist, ist oben bemerkt worden (§ 75), denn sie ist gerade dies, vom Vertrags-Standpunkte, der in ihrer Einzelnheit selbstständigen Persönlichkeit, auszugehen, *um ihn aufzuheben.* (170) 172 Ⓚ

Hegel erinnert noch einmal an die Polemik gegen Kant, der die Ehe als Vertrag zwischen zwei Personen zum exklusiven gegenseitigen Gebrauch der Geschlechtsorgane definiert – und in dieser Sicht wohl mit gutem Grund unbeweibt blieb, wie man früher gesagt hätte. Hier wiederholt er den weit wichtigeren Punkt, dass die freie kommunitarische Kooperation der Familie sich auf Liebe und Vertrauen stützt, die

der *Nomoi* als Rechtsverfassung des Staates nur den Stand der griechischen Sittlichkeit auf den Punkt bringen. Sie sind daher in vielem gar nicht so radikal utopisch, wie man sie zumeist liest. Das gilt trotz Hegels massiver Kritik an einigen besonderen Punkten. Zweitens wird die Platon interessierende Frage nach der *Paideia* (Werner Jäger) und der mit der Kindererziehung eng zusammenhängenden Stellung der Frau in Familie und Gesellschaft zumeist unterschätzt. Man kann Platons ›Auflösung der Familien‹ als Forderung lesen, die Kindererziehung gesellschaftlich zu organisieren. Gefordert ist damit ›eigentlich‹ das, was auch wir als einzige Lösung des Problems der Gleichstellung von Frau und Mann kennen, nämlich öffentliche Kinderkrippen, Kindergärten, Schulen und Universitäten, neben der auch damals schon möglichen, bei reichen Bürgern sogar üblichen Bezahlung von privaten Erzieherinnen und Erziehern. So führte z. B. schon die große Dichterin Sappho ganz offensichtlich ein kleines Mädcheninternat – und hat, wie alle diese hochmodernen Institute damals, ein Problem damit, den sexuellen Eros vom pädagogischen Eros so zu trennen, wie das Sokrates und Platon in ihrer Kritik an ›den Sophisten‹ unter anderem fordern werden.

als solche voraussetzen, dass sich die Individuen als *Mitglieder der Gemeinschaft* begreifen und gerade nicht als freie bzw. voneinander unabhängige Einzelpersonen.

Man kann das leicht ironisch auch so sagen: Indem ein junger Mann und eine junge Frau ihre Familie verlassen und heiraten, werden sie freie Personen dadurch, dass die Mitgliedschaft in der alten Familie erlischt. Im gleichen Moment heben sie ihre selbständige Persönlichkeit in der neuen Familie wieder auf. Das erklärt institutionell in gewissem Sinn ihre manchmal prekäre Lage in der Übergangszeit vor der Hochzeit zur alten Familie, da sie ihre Unabhängigkeit behaupten müssen, ohne sie schon zu haben. Es erklärt aber auch, dass manche aus der Abhängigkeit von der Mutter oder vom Vater nahtlos in eine neue Abhängigkeit rutschen.

172 f. Ⓚ Die Identifizierung der Persönlichkeiten, wodurch die Familie *Eine Person* ist, und die Glieder derselben Akzidenzen (die Substanz ist aber wesentlich das Verhältnis von ihr selbst zu Akzidenzen (s. Encyklop. der phil. Wissensch. § 98)) ist der sittliche Geist, der für sich, abgestreift von der mannigfaltigen Äußerlichkeit, die er in seinem Dasein, als *in diesen* Individuen und den in der Zeit und auf mancherlei Weisen bestimmten Interessen der Erscheinung hat, – als eine Gestalt für die Vorstellung herausgehoben, als die *Penaten* u. s. f. verehrt worden ist, und überhaupt das ausmacht, worin der *religiöse* Charakter der Ehe und Familie, die *Pietät* liegt. (170)

Wenn man über die Familie als ganze spricht, redet man über ein strukturiertes Wir, eine Gemeinschaft oder eine kommunitarische, also über freie Formen des Zusammenlebens und ihre Normen verfasste Gruppe. Man spricht dabei auch metaphorisch von der Familie als Person und betrachtet ihre Mitglieder in ihren Teilrollen als ›Persönlichkeiten‹, *personae*. Hegel benutzt nun noch die logische Unterscheidung zwischen Substanz und Akzidenz und zählt die Rollen zu den Akzidenzen der Substanz, die als familiale Form der sittliche Geist der Familie ist. Es ist klar, dass das alles nur Erläuterungen unserer Reflexionssprache sind. Geist, Idee und allgemeine Vollzugsform der Familie sind also im Wesentlichen dasselbe. Ihr Begriff ist das, was wir wahrerweise über sie sagen. Ihre Idee ist die Vollzugsform, die man gegenstandsförmig in der Rede über den Begriff der Familie explizit macht.

Dabei gibt es durchaus verschiedene äußere Erscheinungsformen der Familie. Es gibt ethnische, nationale oder religiöse Unterschiede etwa in besonderen Normen der Rollen von Vater und Mutter, Ehescheidung und Verwitwung, Erbfolge und Wiederverheiratung usf. Es gibt polygame Varianten mit ganz starkem und mit ganz schwachem Einfluss der Väter auf die Familien. Dabei spielen allerlei allgemeine Umstände und die historische Epoche eine Rolle, wobei bestimmte Interessen die Oberhand erhalten können, z. B. in der Bestimmung des ältesten Sohns als Haupterben eines Erbhofs oder eines erblichen politischen Status als König usf. Die Einheit oder der Geist der Familie und des Clans der größeren Verwandtschaft bis hin zu einem Stamm kann dann auch in der äußeren Gestalt der römischen Penaten oder der Ahnen verehrt werden. Der »religiöse Charakter der Ehe und Familie, die Pietät,« liegt in dieser Form der expliziten, freilich figurativen Reflexion auf den kommuntarischen Geist von Familie, Clan und Stamm.

Es ist eine weitere Abstraktion, wenn das Göttliche, Substantiel- 173 Ⓚ
le von seinem Dasein getrennt, und so auch die Empfindung und
das Bewußtsein der geistigen Einheit, als fälschlich sogenannte
platonische Liebe fixiert worden ist; diese Trennung hängt mit der
mönchi|schen Ansicht zusammen, durch welche das Moment der 147
natürlichen Lebendigkeit als das schlechthin *Negative* bestimmt,
und ihm eben durch diese Trennung eine unendliche Wichtigkeit
für sich gegeben wird. (170)

Alle Religion beginnt im Ahnenkult. Alle Religionen beziehen sich in einem ihrer wesentlichen Momente auf den Geist der Familie. Religion ist immer auch idealisierende Erhebung der Formen und Normen der kommunitarischen Lebensform zur ›heiligen‹ Familie. Hegel erkennt es daher mit Recht als einen weiteren Schritt reflexionslogischer Abstraktion, wenn in Mythen oder Erzählungen von Göttern das Göttliche anthropomorph und damit, wie wir heute alle wissen sollten, rein metaphorisch vergegenständlicht wird. So steht Aphrodite für die Naturmacht erotischer Sexualität, Hera für die Kulturform der *mater familias*, Athene und Apollo für Politik, Technik, Wissenschaft und Kunst etc.

Das »Bewußtsein der geistigen Einheit« einer kommunitarischen Gemeinschaft wird in der Tat fälschlich »platonische Liebe« genannt, da diese, wie gesagt, ein rein *pädagogischer* Eros ist oder sein sollte. Die ›mönchische Ansicht‹ der Sublimierung der erotischen Liebe in der Liebe zu Gott oder meinetwegen auch zu einer Gottesmutter hängt freilich eng mit einer ganz speziellen kommunitarischen Lebensform zusammen. Eine klösterliche Gemeinschaft könnte, wie wir alle sehr genau wissen, praktisch nicht nachhaltig überleben, wenn sie nicht jede erotische Beziehung zwischen ihren Mitgliedern radikal ausschlösse. (Ausnahmen bestätigen wie immer die Regel.) Analoges gilt, wie schon Platon sieht, für Institutionen der Erziehung der Jugend. Auch sie schließen eine sexuelle Beziehung zwischen Lehrern und Schülern aufgrund der pädagogischen Abhängigkeit der Kinder und Jugendlichen aus.[71] Für Mitglieder eines Ordens oder Klosters sind daher erotische Beziehungen untereinander, aber auch ›nach außen‹ absolut tabu, ebenso wie zwischen Geschwistern. Das Verbot des Inzests ist eine dieser Normen des Schutzes der Integrität von Kindern und Jugendlichen und weit wichtiger als die *biologischen* Folgen von Inzucht.

§164

173 Wie die Stipulation des Vertrags schon für sich den wahrhaften Übergang des Eigentums enthält (§79), so macht die feierliche Erklärung der Einwilligung zum sittlichen Bande der Ehe und die entsprechende Anerkennung und Bestätigung desselben durch die Familie und Gemeinde (daß in dieser Rücksicht die *Kirche* eintritt, ist eine weitere hier nicht auszuführende Bestimmung) – die förmliche *Schließung* und *Wirklichkeit* der Ehe aus, so daß diese Verbindung nur durch das *Vorangehen* dieser Zeremonie als der Vollbringung des *Substantiellen* durch das *Zeichen*, die Sprache, als das geistigste Dasein des Geistigen (§78), als sittlich konstituiert ist. (170 f.)

Wie die verbale Formel im Vertragsschluss den Vertrag bindend macht – nicht anders als das *Saying so makes it so* beim Versprechengeben – bindet das Ja-Wort die Eheleute und ändert ihren familialen Status. Dabei spielt es keine Rolle, ob dieses Ja-Wort vor einer ›kirch-

[71] Im römischen Reich entsteht auf historisch ganz unglückliche Weise eine Tabuisierung von Homosexualität. Wer die Homophobie zum religiösen Dogma erklärt, missversteht schon den Begriff und die Idee des Religiösen.

lichen‹ oder ›weltlichen‹ Behörde gegeben wird. Eine Behörde aber ist nötig, um den zivilrechtlichen Status des Eheschlusses zu dokumentieren. Die Familien der Eheleute sind dabei nicht eigentlich als Beteiligte, wohl aber in einer Art Zeugenschaft in der Regel anwesend, so dass das Ja-Wort sozusagen als Abschluss einer ganzen Zeremonie gegeben wird.

Interessant ist die wichtige Zwischenbemerkung zur Rolle von Zeichen, Symbolen und Sprache. Denn Hegel macht hier klipp und klar, dass die Sprache »das geistigste Dasein des Geistigen« ist, und verweist dabei zurück auf den § 78. Damit wird jede *Analyse des Geistes und des Begrifflichen* zugleich immer auch zu einer *Analyse der Sprache und des Sprechens*, so wie umgekehrt jede Sprachanalyse eine *Analyse der Praxisformen* schon ist oder wird, in denen das entsprechende Sprechen eingelassen ist.

> Damit ist das sinnliche, der natürlichen Lebendigkeit angehörige 173
> Moment, in sein sittliches Verhältnis als eine Folge und Akzidentalität gesetzt, welche dem äußerlichen Dasein der sittlichen Verbindung angehört, die auch in der gegenseitigen Liebe und Beihilfe allein erschöpft sein kann. (171)

Gerade mit der Institutionalisierung der Ehe wird die bloß sinnliche und präsentische Liebe in ein sittliches, ethisches, sogar rechtliches Verhältnis verwandelt. Was bei den Ritualen und in den Formeln der Eheschließung bloß als äußere Form und damit als unwesentlich erscheint, ist Teil einer wesentlichen Umformung sinnlicher und gefühlsmäßiger Liebe, welche einer romantischen und empiristischen Betrachtung als das Wesentliche erscheint, aber selbst nur erst oberflächlich ist. (Es ist interessant zu sehen, wie in einer Philosophie für das Volk der empiristische Aberglaube verbreitet wird, Gefühle des Glücks seien schlicht Folgen von Biochemie).[72] Es ist offenbar nicht leicht, logisch und formentheoretisch angemessen zwischen Wesen und Akzidenz (bzw. Empfindung, Halluzination, Gefühl, Stimmung, auch Glück und Unglück in ihren vielen Varianten, bloß momentanen oder auch nachhaltigen) zu unterscheiden. Sogar noch Hegels Kommentar dazu ist ungewollt zweideutig. Denn er will gerade nicht

72 Yuval Noah Harari, *Homo Deus. A Brief History of Tomorrow*, London: Vintage, 2016, S. 40 ff. et passim.

sagen, dass sich eine gute Ehe auf gegenseitige Liebe und Beihilfe allein reduzieren ließe.

174 Ⓚ Wenn darnach gefragt wird, was als der *Hauptzweck* der Ehe angesehen werden müsse, um daraus die gesetzlichen Bestimmungen schöpfen oder beurteilen zu können, so wird unter diesem Hauptzwecke verstanden, welche von den einzelnen Seiten ihrer Wirklichkeit als die vor den andern wesentliche angenommen werden müsse. Aber keine für sich macht den ganzen Umfang ihres an und für sich seienden Inhalts, des Sittlichen, aus, und die eine oder die andere Seite ihrer Existenz kann, unbeschadet des Wesens der Ehe, fehlen. – (171)

Wie im Fall der rechtlichen Institution der Strafe ist es unter Umständen irreführend, einen Hauptzweck der Institution Ehe benennen zu wollen, von dem her sich dann alle Formen, Normen und gesetzlichen Bestimmungen rechtfertigen ließen. Denn es steht die Idee einer lebenslangen Partnerschaft neben der Lösung des Problems, den Kindern eine gute Umgebung zu bieten, erwachsen zu werden. Es kann die Arbeitsteilung im Kontext von Geburt und Säuglingspflege ebenso wichtig sein wie die relative Überzeitlichkeit einer nachhaltigen Vorsorge für die ganze Familie auch im Blick auf mögliche Unglücksfälle diverser Art – wie sie das Eigentumsregime der Familie und ein vernünftiges Erbrecht begründet. Keiner dieser Gesichtspunkte »für sich macht den ganzen Umfang ihres an und für sich seienden Inhalts, des Sittlichen« der Ehe aus.

Eine kinderlose Ehe mag für die Eheleute etwas sein, worunter sie leiden, oder auch nicht. Die Ehe ist deswegen noch lange nicht gescheitert, da die Erzeugung von Nachkommenschaft, noch dazu einer möglichst großen, und die dann folgende Kindererziehung nicht der *einzige* Zweck der Ehe sind, was auch immer rein schematisch denkende religiöse Lehrer an Behauptungen in die Welt setzen und bei ihren gläubigen Anhängern durchsetzen. Im Übrigen gehörte zur traditionalen Familie auch das Gesinde – auf Zeit oder auf Dauer, so dass sie sogar schon den Bereich der leiblichen Verwandtschaft (*kinship*) immer schon transzendiert, indem Knechte oder Knappen und Mägde den eigenen Kindern, Knaben und Mädchen, durchaus in einem gewissen Ausmaß gleichgestellt sind.

174 Ⓚ Wenn das *Schließen der Ehe* als solches, die Feierlichkeit, wo-

durch das Wesen dieser Verbindung als ein über das *Zufällige* der Empfindung und *besonderer Neigung* erhabenes Sittliches ausgesprochen und *konstatiert* wird, für eine *äußerliche Formalität* und ein sogenanntes bloß *bürgerliches Gebot* genommen wird, so bleibt diesem Akte nichts übrig, als etwa den Zweck der Erbaulichkeit und der Beglaubigung des bürgerlichen Verhältnisses zu haben, oder gar die bloß positive Willkür eines bürgerlichen oder kirchlichen Gebotes zu sein, das der Natur der Ehe nicht nur gleichgültig sei, sondern das auch, insofern von dem Gemüt von wegen des Gebots ein Wert auf dies förmliche Schließen gelegt, und als voranzugehende Bedingung der gegenseitigen vollkommenen Hingebung angesehen werde, die Gesinnung der Liebe | veruneinige und als ein Fremdes 148
der Innigkeit dieser Einigung zuwiderlaufe. Solche Meinung, indem sie den höchsten Begriff von der Freiheit, Innigkeit und Vollendung der Liebe zu geben die Prätension hat, leugnet vielmehr das Sittliche der Liebe, die höhere Hemmung und Zurücksetzung des bloßen Naturtriebs, welche schon auf eine natürliche Weise in der *Scham* enthalten ist, und durch das bestimmtere geistige Bewußtsein zur *Keuschheit* und *Zucht* erhoben ist. (171 f.)

Man kann die Zeremonie der Hochzeit überschätzen und unterschätzen. Sie wird in ihrer Bedeutung überschätzt, wenn man auf äußerliche Formalitäten zu viel Wert legt, was durchaus geschehen kann, angefangen beim Brautkleid bis hin zum ›korrekten‹, konventionellen Verhalten von Braut und Bräutigam. Aber noch schlimmer ist nach Hegels Diagnose ihre Unterschätzung. Denn es geht um den Eintritt in einen neuen personalen Zustand. Die dabei ausgeführten symbolischen Handlungen wie die Übergabe und das Anstecken des Eheringes dienen nicht nur dem Zweck der Erbaulichkeit wie in einer feierlichen Liturgie, sondern sind performative Handlungen, die »der Beglaubigung des bürgerlichen Verhältnisses« bedürfen. Daher kann Romeo Julia nicht ohne den Priester als Zeremonienmeister und Zeugen ›heiraten‹. Hegel formuliert das etwas umständlich. Er polemisiert dabei latent gegen die ›romantische‹ Meinung, alle diese Äußerlichkeiten und Formalitäten ›verunreinigten‹ das wahre Gefühl der Liebe. Ein derartiges Gerede von der ›Innigkeit‹ der erotischen Vereinigung geht am Ethos familialer Liebe am Ende sogar völlig vorbei und lehnt die Ehe als Institution im Grunde ab.

Hegel packt wie immer zu viele Gedanken in seine Sätze und Satzteile. Er spricht von der ›höheren Hemmung und Zurücksetzung des bloßen Naturtriebs‹ in der Umformung von Sexualität und Erotik in die eheliche Liebe. Und er meint, eine solche Hemmung sei schon »auf eine natürliche Weise in der Scham enthalten«. Nun ist aber jede derartige Scham etwa der Nacktheit nicht natürlich, sondern anerzogen, wie mancher Ekel auch. Die Scham wird damit zu einem Teil einer Kultur des Tabu – das im Fall der Erotik immer auch eine Abrichtung der Individuen auf ein ganz bestimmtes Sexualverhalten sein kann. Die Folge ist, dass gerade dort eine zivilisatorische Lücke entstehen kann, wo Männer auf die Entblößung schon von irgendwelchen Teilen des weiblichen Körpers quasi automatisch enthemmt reagieren, so also, als gäbe es ihnen die Erlaubnis zu sexuellen Übergriffen. Diese Ambivalenz jeder Schamkultur entgeht Hegel hier. Dabei hätte er die Mittel, das Problem zu durchschauen. Es besteht darin, dass die Arbeit und die Kosten der nötigen Hemmung in einer entsprechende ›Schamkultur‹ sozusagen von den Männern auf die Frauen externalisiert wird, wenn man diese z. B. zwingt, sich immer ganz hinter Kleidern zu verbergen, damit die Männer nicht ›in Versuchung‹ geraten.

Hegel hat dann zwar darin recht, dass im Vergleich zu allen Arten von Schamhaftigkeit »das bestimmtere geistige Bewußtsein« der Hemmung sexueller Begierde in der »Keuschheit« zu sehen ist und einer »Zucht«, die sich von jeder »Unzucht« fernhält. Aber eine genauere Analyse dessen, was die Keuschheitsnormen beinhalten und begründen, finden wir hier nicht. Ich belasse es daher bei diesen Feststellungen.

174 f. Ⓚ Näher ist durch jene Ansicht die sittliche Bestimmung verworfen, die darin besteht, daß das Bewußtsein sich aus seiner Natürlichkeit und Subjektivität zum Gedanken des Substantiellen sammelt, und statt sich das Zufällige und die Willkür der sinnlichen Neigung immer noch vorzubehalten, die Verbindung dieser Willkür entnimmt und dem Substantiellen, den Penaten sich verpflichtend, übergibt, und das sinnliche Moment zu einem von dem Wahrhaften und Sittlichen des Verhältnisses und der Anerkennung der Verbindung als einer sittlichen, nur *bedingten* herabsetzt. – Es ist die Frechheit und der sie unterstützende Verstand, welcher die spekulative Natur des substantiellen Verhältnisses nicht zu fassen vermag, der aber das

sittliche unverdorbene Gemüte, wie die Gesetzgebungen christlicher Völker entsprechend sind. (172)

Hegel polemisiert nun weiter gegen die Vorstellungen *rein romantischer* Liebe, welche meinen, die äußeren Formen der Ehe nicht zu brauchen – und wenn, dann nur zum Schein nach außen, da die wahre Liebe *die freie Liebe* sei. Hegel erklärt dagegen, dass nur in der Umformung natürlicher Zuneigung und subjektiver Erotik in ein nachhaltiges Lebensprojekt das »Zufällige und die Willkür der sinnlichen Neigung« überwunden werde. Die Verteidiger des romantischen Gefühls wollen sich eben diese Willkür vorbehalten – und gehen damit unter Umständen gar keine dauerhafte Bindung ein. Das Konzept des Lebensabschnittspartners ist freilich nicht völlig zu verwerfen. Die Analyse dient ohnehin nur dazu, die Unterschiede der Alternativen zu einer Formung eines ganzen Lebens explizit zu machen.

Für die traditionelle Ehe liefern auch noch in Rom die Kulte der Penaten, der vergöttlichten Ahnen, im Christentum die kultischen Erzählungen von der Heiligen Familie eine religiöse Einbettung. Die Eheleute begreifen sich dann in dieser sittlichen Tradition. Dabei geht es in den mythologischen Reden realiter um die nachhaltige Form bzw. ›Sittlichkeit‹ der Familie, unter anderem im Unterschied zum Ephemeren leidenschaftlichen Gefühls. Frech nennt Hegel Leute, welche anerkannte Normen guten Zusammenlebens mit Füßen treten. Dabei erhält diese Frechheit im Fall der Normen der Familie Unterstützung von einem Verstand, der nicht in der Lage ist, über die Gesamtverfassung einer Institution wie der Ehe streng nachzudenken, etwa schon deshalb, weil die holistischen, generisch-allgemeinen und damit ›spekulativen‹ Sprachformen nicht verstanden und nur Schemata für das unmittelbare Urteilen und Handeln anerkannt werden. Man unterscheidet dann nicht zwischen Liebe als einem momentanen Gefühlszustand und Liebe als einer substantiellen, voll personalen Haltung. Hegel spricht von einem ›sittlich unverdorbenen Gemüt‹ und verteidigt die traditionellen »Gesetzgebungen christlicher Völker«.

§165

Die *natürliche* Bestimmtheit der beiden Geschlechter erhält durch 175
ihre Vernünftigkeit *intellektuelle* und *sittliche* Bedeutung. Diese Bedeutung ist durch den Unterschied bestimmt, in welchen sich die

sittliche Substantialität als Begriff an sich selbst dirimiert, um aus ihm ihre Lebendigkeit als konkrete Einheit zu gewinnen. (172 f.)

In der vorliegenden Form ist Hegels Sprache schier unverständlich. Worin besteht z. B. die Vernünftigkeit der natürlichen Bestimmtheit von Frau und Mann? Welche intellektuelle und sittliche Bedeutung erhält sie? Was heißt es, dass sich die sittliche Substantialität als Begriff an sich selbst dirimiert? Wie ist aus ihm die Lebendigkeit der beiden Geschlechter als konkrete Einheit zu gewinnen? Ich habe in die Formulierung der Fragen offenbar schon disambiguierende Lesarten des Textes als Entscheidungen zu seinen durchaus zunächst ambigen anaphorischen Rückbezügen eingearbeitet.

Zunächst ist klar, dass Hegel vom generischen Normalfall spricht und alle Ausnahmen ausklammert. Es wird nicht behauptet, dass sich die Menschheit exakt in Männer und Frauen aufteilt, aber anerkannt, dass für die Generationenfamilie diese Aufteilung der Defaultfall ist, so dass Frauen Mütter werden können und Männer Väter. Die Probleme und Notwendigkeiten der Schwangerschaft, Geburt, Säuglingsbetreuung usf. führen in Zeiten und Regionen, in denen aufgrund hoher Sterblichkeitsraten mit vielen Geburten zu rechnen ist, dazu, dass es ›vernünftig‹ ist, wenn die Ehefrauen gemäß der internen Arbeitsteilung stärker an Haus, Hof und Herd gebunden bleiben als die Männer, die sowohl als Hirten als auch als Händler einen weit größeren Bewegungsradius haben. Das erklärt manche Standardverteilung der Rollen, so dass die *mater familias* zur Herrin *im* Hause und der *pater familias* zum Repräsentanten *des* Hauses wird. Damit unterscheidet sich ›der Begriff‹, also die Praxisform, des ehelichen Familienlebens nach den Aufgaben von Frau und Mann, sekundär damit auch von Töchtern und Söhnen bzw. Mägden und Knechten.

§166

175 Das *eine* ist daher das Geistige, als das sich entzweiende in die *für sich* seiende persönliche Selbstständigkeit und in das Wissen und Wollen der *freien Allgemeinheit*, das Selbstbewußtsein des begreifenden Gedankens und Wollen des objektiven Endzwecks; – das *andere* das in der Einigkeit sich erhaltende Geistige als Wissen und Wollen des Substantiellen in Form der konkreten *Einzelnheit* und

der *Empfindung*; – jenes im Verhältnis nach Außen das Mächtige und Betätigende, dieses das Passive und Subjektive. (173)

Hegels Diagnosen sind, wie er selbst betont, nicht unmittelbar wertend, sondern stellen allgemeine Normalfälle fest, die zunächst und zumeist auch als Normfälle anerkannt sind. Für die eurasische Standardfamilie kennen wir in der Tat das folgende Stereotyp: Die Frau ist die *Seele* des Hauses, ihr *subjektiver Geist*. Das heißt, sie hält als *mater familias* die kommunitarische Gemeinschaft der Familie zusammen und regelt die inneren Angelegenheiten. Der Mann steht für technische Intelligenz und praktische Kompetenz, damit für Verstand und Vernunft. Insbesondere aber vertritt er den *objektiven Geist* – in Gesellschaft und Staat.

Hegel liest dazu das Geistige als das »sich Entzweiende« und will damit sagen, dass der Mann sowohl die Perspektive des Hauses und seine Interessen nach außen vertritt als auch das »Wissen und Wollen der freien Allgemeinheit« und diese partiell auch gegen die unmittelbaren Interessen des Hauses durchsetzen muss. Denn er nimmt teil an der Selbstverwaltung des Gemeinwesens und an der Entwicklung der öffentlichen Institutionen. Daher hat er immer *zwei Perspektiven* auf eine Sache. Das bringt den Mann in die ebenso mächtige wie prekäre Position, in der Familie zugleich *Partei und Schiedsrichter* sein zu wollen – was zu einer ganz typischen Selbstgerechtigkeit und Arroganz des Mannes führt.

Der ›Geist des Mannes‹ besteht nach Hegel gerade darin, die gegenläufigen ›Perspektiven‹ – die der Familie, die seiner Frau, die eigene und die des Gemeinwesens – in ihrer Spannung abwechselnd einzunehmen und vermeintlich selbständig einen Ausgleich finden zu können oder müssen. Da die Aufgabe der Frau die Belange der Familie sind und sich auf diese beschränkt, steht sie in Hegels Darstellung für »das Passive und Subjektive«. Gerade auch am Beispiel der Auseinandersetzung zwischen Antigone und ihrem Onkel Kreon, dem König von Theben, sieht Hegel (mit Sophokles) die Perspektive Antigones auf den Gesichtspunkt der Familie beschränkt. Sie kennt kein allgemeines Interesse der Stadt bzw. lässt diese Perspektive gar nicht zu, während Kreon seinerseits zu einseitig auf dem Interesse der Allgemeinheit beharrt. – Hegel drückt das in bürokratischer Sprache mit zunächst schwierigen anaphorischen Rückbezügen aus: Das

Selbstbewusstsein des Mannes besteht, so lese ich den Text, darin, dass er die Sache – z. B. die Frage, ob Polyneikes als Aufrührer und Feind der Stadt, wie seine Schwester Antigone verlangt, begraben werden darf – in ihrer problematischen Spannung begreift. Er bindet im guten Fall sein Wollen an den objektiven Endzweck. Der andere Gesichtspunkt aber ist der der Familie, vertreten durch die Mutter oder, im Ersatzfall, die älteste Schwester, also z. B. Elektra oder eben Antigone. Sie steht für die innere Einheit der Familie. Die *Seele des Hauses* ist also nichts anderes als »das in der Einigkeit sich erhaltende Geistige« das »Wissen und Wollen des Substantiellen in Form der konkreten Einzelheit und der Empfindung«.

175 f. Der Mann hat daher sein wirkliches substantielles Leben im Staate, der Wissenschaft und dergleichen, und sonst im Kampfe und der Arbeit mit der Außenwelt und mit sich selbst, so daß er nur aus
149 seiner Entzweiung die | selbstständige Einigkeit mit sich erkämpft, deren ruhige Anschauung und die empfindende subjektive Sittlichkeit er in der Familie hat, in welcher die *Frau* ihre substantielle Bestimmung und in dieser *Pietät* ihre sittliche Gesinnung hat. (173)

Der Mann ist nach diesem Stereotyp *homo politicus*, die Frau *mulier familiaris*. Daher hat der Mann in Hegels Formulierung dieser Rollentypik im klassischen mediterranen und sogar eurasischen Ethos, bestehend aus familialer Gemeinschaft, öffentlichem Gemeinwesen und privater Tauschgesellschaft, »sein wirkliches substantielles Leben im Staate, der Wissenschaft und dergleichen«. Er ist Person als Staatsbürger und auch »sonst im Kampfe und der Arbeit mit der Außenwelt«. Ich zitiere die Passage noch einmal, um auf die zunächst vielleicht überraschende Wendung »und mit sich selbst« aufmerksam zu machen. Wir haben gesehen, worin seine innere Entzweiung besteht, nämlich im Wissen um die Widersprüche, die sich aus den verschiedenen perspektivischen Zugängen zur gleichen Sache ergeben, die er denkend repräsentieren kann und muss: Er spricht z. B. zunächst abwechselnd für sich und seine Frau, für die Familie und für das Gemeinwesen. Und er hat eine möglichst kohärente Aufhebung der Widersprüche oder Probleme im Urteilen und Handeln herzustellen, indem er, wie sich Hegel ausdrückt, »die selbständige Einigkeit mit sich erkämpft«.

Wir werden auf das Problem, dass der Mann für die gesamte Familie denkt und spricht wie der König für das ganze Volk, bzw. auf das damit zusammenhängende Problem ›demokratischer‹ Mit- und Selbstbestimmung natürlich noch einmal zurückkommen müssen. Hier sei nur schon darauf verwiesen, dass der klassische König der ›orientalischen Reiche‹ (von Ägypten, Mesopotamien und Persien bis Indien, China und Japan) der Grundform nach ein Patriarch, ein Familien- und Clan-Oberhaupt ist.

Es ist sicher eine extreme Vereinfachung, wenn Hegel die Zerrissenheit des ›objektiven‹ Geistes des Mannes einer »ruhigen Anschauung« der Pietät der Familie entgegenstellt, welche die Frau gemäß ihrer ›substantiellen Bestimmung‹, also in ihrer nachhaltigen Rolle und gemäß ihrer ›sittlichen Gesinnung‹ zu vertreten hat. Aber alle soziologischen Struktur- und Systemanalysen leben von solchen Vereinfachungen und Schematisierungen. Sie sind und bleiben zentrale Methoden sprachlicher Explikation allgemeiner Formen, die es allererst möglich macht, auch von besonderen Sub-Typen und Ausnahmen in vernünftiger Ordnung zu reden – um dann auch allgemeine und besondere Entwicklungen durchsichtig und begreifbar zu machen.

Die Pietät wird daher in einer der erhabensten Darstellungen 176 Ⓚ
derselben, der *Sophokleischen Antigone*, vorzugsweise als das Gesetz des Weibes ausgesprochen, und als das Gesetz der empfindenden subjektiven Substantialität, der Innerlichkeit, die noch nicht ihre vollkommene Verwirklichung erlangt, als das Gesetz der alten Götter, des Unterirdischen, als ewiges Gesetz, von dem Niemand weiß, von wannen es erschien, und im Gegensatz gegen das offenbare, das Gesetz des Staates, dargestellt; – ein Gegensatz, der der höchste sittliche und darum der höchste tragische, und in der Weiblichkeit und Männlichkeit daselbst individualisiert ist; vergl. Phänomenol. des Geistes S. 383 ff., 417 ff. (173 f.)

Hegel selbst kommt jetzt auf seine Lieblingstragödie, die *Antigone* des Sophokles, und die Auslegung in der *Phänomenologie des Geistes* zurück. Antigone steht als Frau ein für die Pietät der Familie und verteidigt das göttliche Recht, also das »Gesetz der empfindenden subjektiven Substantialität, der Innerlichkeit«. Über die *Phänomenologie* hinaus geht Hegel jetzt darin, dass er den Gegensatz zwischen Antigone und Kreon nicht nur als den zwischen der Sicht der Familie und der Sicht des Staates liest. Hier ist er »der höchste sittliche und darum der höchste tragische«, nämlich der Rollengegensatz von Frau und Mann.

§ 167

176 Die Ehe ist wesentlich *Monogamie*, weil die Persönlichkeit, die unmittelbare ausschließende *Einzelnheit* es ist, welche sich in dies Verhältnis legt und hingibt, dessen Wahrheit und *Innigkeit (die subjektive Form der Substantialität)* somit nur aus der gegenseitigen *ungeteilten* Hingebung dieser Persönlichkeit hervorgeht; diese kommt zu ihrem Rechte, *im Andern* ihrer selbst bewußt zu sein, nur insofern das Andre als Person, d. i. als atome Einzelnheit in dieser Identität ist. (174)

Auch wenn immer wieder Beispiele aus der Tierwelt suggerieren, es könne eine Art genetische Prädisposition zur Monogamie geben, lehnt Hegel diese Form ihrer Begründung oder Rechtfertigung ab. Denn als institutionelle Form der Familie ist sie eine soziale, kulturelle, sittliche Form. Eine Begründung der Monogamie kann nur über den Begriff von Ehe und Familie, also die Praxisform selbst, ihren allgemeinen Sinn und die internen Probleme ihrer Aufrechterhaltung gegeben werden. Dennoch wird uns Hegels Formulierung nicht (ganz) überzeugen. Er sagt im Wesentlichen dies: In das Projekt einer Ehe als gemeinsamer Lebensform der Familie auf Dauer investieren die Ehepartner sozusagen sehr viel, gerade weil sie einen Teil ihrer Persönlichkeit einbringen und so umformen, dass sie in ihren jeweiligen Rollen ›nur‹ Mitglieder der Familie sind. Diese ist nicht nur eine sehr enge Gemeinschaft, sondern eine einzige, selbstverständlich nicht-natürliche Person. Hegel spricht in eben diesem Sinn von der Innigkeit der Beziehung. Sie ist »subjektive Form der Substantialität«. Es handelt sich um die allgemeine Haltung und Stimmung des in der Ehe umgeformten personalen Subjekts, wie es »aus der gegenseitigen ungeteilten Hingebung dieser Persönlichkeit hervorgeht«. Eine Trennung oder Verletzung des Vertrauens hat daher Folgen für Seele und Leib, wie man so sagt, durchaus ähnlich wie eine Eifersucht in einer Liebschaft und doch auch verschieden von ihr.

Dabei war es Jesus Christus, der den Status der Frau in der Ein-Ehe durch das allgemeine Verbot der Ehescheidung, die alleiniges Recht des Mannes war, wesentlich gegenüber ihrer vorherigen Stellung im gesamten mediterranen und orientalischen Kulturraum verbessert hat.[73] Im frühen Christentum wird diese Lehre leider überlagert durch eine Abwertung der Ehe gegenüber der Ehelosigkeit des Missionars. Außerdem durften Frauen in der Versammlung (*ekklesia*) der Gemeinden (des Herrn: *kyrios*, also der Kirche) nicht mitreden und sind bis heute aus ihrer Leitung im Katholizismus und in der Orthodoxie ausgeschlossen.

Eine rein historische Betrachtung der Monogamie und Polygamie, die fast überall Polygynie mit patriarchalischem Machtmonopol ist, zumal Polyandrie selten ist und ein echtes Matriarchat noch seltener, klammert in ihrer bloß vergleichenden Kulturanthropologie die normative Sphäre der Gleichheit der Geschlechter in einer wirklich freien familialen Kooperation ganz aus. Sie leistet damit implizit der Apologetik traditioneller Machtstrukturen in den Familien weit eher Vorschub als die bloß scheinbar konservative, weil antiromantische, und zugleich christentumsapologetische Analyse Hegels. Denn es ist klar, dass praktisch überall der Ehebruch der Frau negativ sanktioniert ist. Er wird häufig sogar mit der Todesstrafe (bzw. mit dem Lynchmord der Steinigung), der Ehebruch des Mannes aber zumeist gar nicht oder nur in seltensten Fällen geahndet. Eine Ehescheidung von Seiten der Frau gibt es zunächst überhaupt nicht. Es ist daher eine durchaus verquere Perspektive, wenn man das ›absolute‹ Verbot der Ehescheidung im Christentum nicht als das versteht, was sie ist. Sie ist einfach die Gleichstellung von Frau und Mann in der Ehe. Wie bei allen derartigen generischen Normen gibt es auch Ausnahmen, was alle wissen, die nicht rein schematisch, sondern vernünftig und mit Urteilskraft mit Default-Formen und begrifflichen Normalnormen umgehen können.

Die Ehe, und wesentlich die Monogamie, ist eines der absoluten 176 Ⓚ
Prinzipien, worauf die Sittlichkeit eines Gemeinwesens beruht; die Stiftung der Ehe wird daher als eines der Momente der göttlichen oder heroischen Gründung der Staaten aufgeführt. (174)

Dass die (monogame) Ehe »eines der absoluten Prinzipien« sei, »worauf die Sittlichkeit eines Gemeinwesens beruht«, ist freilich von heute her gesehen eine problematische These. Richtig ist, dass die

[73] Richard Wagner wollte das bekannlich in seinem Opernprojekt »Jesus von Nazareth« zeigen, das er aber nie verwirklicht hat.

Monogamie die bisher einzige Form familialer Gemeinschaft ist, die auch nur die Chance einer gewissen Gleichstellung und Gleichberechtigung der Ehepartner bietet. Außerdem ist es eine Feststellung über die heute geltenden allgemeinen sozialen, politischen und rechtlichen Vorstellungen über die Ehe in der modernen Welt. Lokale Ausnahmen bestätigen nur die Regel.

§ 168

177 Weil es ferner diese sich selbst unendlich eigene Persönlichkeit der beiden Geschlechter ist, aus deren *freien Hingebung* die Ehe hervorgeht, so muß sie nicht innerhalb des schon *natürlich-identischen,* sich bekannten und in aller Einzelheit vertraulichen Kreises,
150 in welchem die Individuen nicht | eine sich selbst eigentümliche Persönlichkeit gegen einander haben, geschlossen werden, sondern aus getrennten Familien und ursprünglich verschiedener Persönlichkeit sich finden. Die Ehe unter *Blutsverwandten* ist daher dem Begriffe, welchem die Ehe als eine sittliche Handlung der Freiheit, nicht als eine Verbindung unmittelbarer Natürlichkeit und deren Triebe ist, somit auch wahrhafter natürlicher Empfindung zuwider. (174 f.)

Der Gedanke von der ›unendlich eigenen Persönlichkeit‹ besagt: Im eigenen Tun und Leben ist es die geformte Person, um die es je mir, dir und uns geht. Das Unendliche ist die Form. Dabei bestimmt die ethisch geformte Arbeits- und Rollenverteilung, was gute Realisierungen der Ehe sind. Die Romantik kennt nur die Freiheit des einzelnen Subjekts und betrachtet die Ehe als eine Art Zeitbündnis oder Vertrag zum gegenseitigen Gebrauch der Geschlechtsorgane – um das erotische Pathos der Romantik durch Kants Formulierung abzukühlen.

Hegel begründet die konkreten Einschränkungen im traditionellen Eherecht, insbesondere das Inzestverbot, nicht ›naturalistisch‹, sondern aus der Sicht der Bildung der freien Person, welche autonom ihr Leben verantwortet. Das schließt die Verwandtenehe zwischen Geschwistern und Eltern, Kindern und Enkeln aus. In der Familie, sagt Hegel, haben die Individuen keine »sich selbst eigentümliche Persönlichkeit«, so dass hier wie im Erziehungswesen sexuelle Beziehungen tabu sein müssen. Alles andere ist sexueller Missbrauch. Wieder wird klar, dass die Ehe als eine Institution der Freiheit zu begreifen ist, »nicht als eine Verbindung unmittelbarer Natürlichkeit und deren Triebe«. Inzest ist daher wie der Missbrauch in Schule und Kirche »wahrhafter natürlicher Empfindung zuwider«, wobei der Ausdruck »wahrhaft natürlich« natürlich auf eine *Kultur* der *Person* verweist.

Wenn man die Ehe selbst als nicht im *Naturrecht*, sondern bloß 177 Ⓚ
als im natürlichen Geschlechtstrieb gegründet und als einen willkürlichen Vertrag betrachtet, eben so, wenn man für die Monogamie äußere Gründe sogar aus dem physischen Verhältnisse der Anzahl der Männer und Weiber, eben so für das Verbot der Ehe unter Blutsverwandten nur dunkle Gefühle angegeben hat, so lag dabei die gewöhnliche Vorstellung von einem Naturzustande und einer Natürlichkeit des Rechts, und der Mangel am Begriffe der Vernünftigkeit und Freiheit, zum Grunde. (175)

Auch Hegels Begründung der Ehe »im Naturrecht« ist eine solche, welche sich gerade nicht auf die Natur des Geschlechtstriebs, sondern die kulturelle Praxisform der Familie stützt. Er wendet sich gegen die Vorstellung der Ehe als willkürlichen Vertrag. Und er hält nichts von Begründungen der Monogamie aus ›äußeren Gründen‹, wie z. B. der statistischen Gleichverteilung von männlichen und weiblichen Geburten.

Hegel selbst notiert in seinen privaten Bemerkungen zur Rechtsphilosophie, dass es auch an mangelndem Humor und einer ehrsüchtigen oder leicht beleidigten Unduldsamkeit gegen jedes kritische Wort liegt, wenn manche Leser die besondere Art und Diktion seiner Überlegungen insgesamt, die zur Philosophie des Rechts insbesondere, schon im Ansatz gar nicht begreifen. ›Positive Rechts-Gelehrte‹ und (Rechts-)Historiker wie Gustav Hugo (GW 14,2; 289) verstehen die besondere Fragestellung einer Philosophie des Rechts »gar nicht – werden ganz bös und verdrießlich darüber – Denn diß ist ein ganz anderer Boden, worauf man die Sache verpflanzt, – Boden des Begriffs« (GW 14,2; 303). Umgekehrt beklagt sich nicht nur Hugo (in seiner polemischen Rezension von Hegels Rechtsphilosophie im Göttingischen Gelehrten Anzeiger, vgl. GW 14,3; 1229–1232), dass nicht einzusehen sei, warum »die Ehe unter Blutsverwandten als ›dem Begriffe zuwider‹ verworfen« werden müsse (GW 14,3; 1232). Hugo bezieht sich dabei gerade auf unseren § 168: »Weil es … diese … eigene Persönlichkeit der beyden Geschlechter ist, aus deren *freyen*

Hingebung die Ehe hervorgeht, so muß sie... geschlossen werden... aus getrennten Familien«.

Wie die meisten Hegelleser begreift Hugo Hegels Begriff des Begriffs und der Idee nicht; er denkt an eine willkürliche Verbaldefinition bzw. an irgendeine Vorstellung. Er versteht die Ehe als rein durch Tradition und positivrechtliche Gesetze bestimmt. Er fragt daher, warum *das bloße Wort* »Ehe« es verbieten solle, dass die Geschwisterehe rechtlich verboten werde.

Der Begriff der Ehe artikuliert aber als solcher die Praxisform oder Idee der Familie als wesentliches Moment einer substantiellen Lebensform. Hegel begründet das Inzestverbot daher weder über unsere Erfahrungen mit Degenerationen bei Inzucht noch über ein willkürliches positives Recht, sondern aus der Institution der Eheschließung als *freier* Gründung einer neuen Familie, in der man den »bekannten und in aller Einzelheit vertrauten« Kreis der eigenen Familie *überschreiten* muss. Hegel sagt also, die Praxisform der Ehe, nicht irgendein Naturgesetz verlange, dass die Geschwisterehe ausgeschlossen sei. Sogar schon der Sexualverkehr zwischen Nahverwandten ist sexueller Missbrauch. Er ist bei Geschwistern vom gleichen Typ wie der Missbrauch von (pädagogisch) Abhängigen und Minderjährigen – da es dabei praktisch immer einen schwächeren Part gibt. Hegels Unternehmung einer Reflexion auf die ›philosophischen‹ Grundlagen des Rechts zielt, wie man an dem Beispiel klar sehen kann, darauf ab, auch dem Laien, der denken kann, die *Gründe* für die Praxisformen und geformten Institutionen im Gemeinwesen und damit auch von Staat und Recht einsehbar zu machen. Dabei greift er mit völligem Recht die Arroganz selbsternannter Experten an, und zwar sowohl in der Religion (es ist rein ironisch, wenn er schreibt, »Layen verstehen nichts von Religion«, GW 14,2; S. 305) als auch in den Wissenschaften. Die grundbegrifflichen Überlegungen der Philosophie oder in den theoretischen Wissenschaften werden von ›Empirikern‹ ja bis heute als angebliche Lehnsesselüberlegungen abgetan. Oder man behauptet sozusagen aus der Hüfte einen angeblichen Mangel an Sachwissen, ohne zu bemerken, dass ein Wissen über die Gesamtform einer Praxis oder wissenschaftlichen Disziplin von ganz anderer Art ist als das Wissen über einen speziellen Bereich. Wissen über die Form einer Kartographie ist z. B. von anderm Typ als, sagen wir, Kenntnisse des Amazonasgebiets.

Hegel reagiert auf Hugos beleidigte und beleidigende Form der Kritik an einem philosophisch-theoretischen Zugang zum Recht und zugleich gegen die Überschätzung von Spezialwissen, indem er schreibt: »solche Juristen sehen die übrigen Menschen als ihre Rechtsleibeigenen an« (GW 14,2; S. 305).

§169

Die Familie hat als Person ihre äußerliche Realität in einem *Eigen-* 177
tum, in dem sie das Dasein ihrer substantiellen Persönlichkeit nur
als in einem *Vermögen* hat. | (175) 151

Wieder wird die Familie explizit als institutionelle Person aufgefasst, die, wie eine Firma als rechtliche Person, ein überindividuelles Eigentum hat oder haben kann. Das Vermögen der Familie kann dann vom Mann oder der Frau oder beiden verwaltet werden. Freilich gibt es die rechtliche Form des Ehevertrags, welche ein gewisses Eigentum als persönliches Eigentum eines Partners beibehält. Aber auch dann gibt es die Zugewinngemeinschaft der Familie.

B. DAS VERMÖGEN DER FAMILIE

§170

Die Familie hat nicht nur Eigentum, sondern für sie als *allgemeine* 178
und *fortdauernde* Person tritt das Bedürfnis und die Bestimmung eines *bleibenden* und *sichern* Besitzes, eines *Vermögens* ein. Das im abstrakten Eigentum willkürliche Moment des besondern Bedürfnisses des *bloß Einzelnen* und die Eigensucht der Begierde, verändert sich hier in die Sorge und den Erwerb für ein *Gemeinsames*, in ein *Sittliches*. (176)

Hegel beantwortet die Frage nicht präzise und ausführlich genug, *warum* es ein Bedürfnis »eines bleibenden und sicheren Besitzes« der Familie geben soll. Zu denken ist, wie oben schon erwähnt, an die Absicherung der Familienmitglieder auch für den Fall des Todes der Eltern. Bedeutsamer dürfte der allgemeine Aspekt sein: Die Form des Eigenen in der Familie reicht über das Eigene der Einzelperson hinaus. Wer für die Familie arbeitet, arbeitet für sich – und umgekehrt. Das ist auch dann so, wenn er z. B. weiß, dass er bald sterben und daher den Lohn der Arbeit nicht mehr selbst genießen wird. In diesem Sinn verändert sich hier die Selbstsorge »in die Sorge und den Erwerb für ein Gemeinsames, in ein Sittliches«. Damit ist ganz offenbar das *Sittliche* im Kern das *Gemeinsame* eines vollen *kooperativen Lebens*, das bei Habermas sozusagen nur *pars pro toto* als kommunikatives Handeln thematisiert ist.

178 Ⓚ Einführung des festen Eigentums erscheint mit Einführung der Ehe in den Sagen von den Stiftungen der Staaten, oder wenigstens eines geselligen gesitteten Lebens, in Verbindung. – Worin übrigens jenes Vermögen bestehe und welches die wahrhafte Weise seiner Befestigung sei, ergibt sich in der Sphäre der bürgerlichen Gesellschaft. (176)

An welche Sagen über die gleichursprüngliche Stiftung der patriarchalischen Familie und des Staates über die Abraham-Geschichte hinaus Hegel hier denkt, ist nicht so recht klar. Ansonsten gehört das Vermögen thematisch zur Sphäre der bürgerlichen Gesellschaft, die als solche ein Relationssystem der Personen im Blick auf die Produktion und den Tausch von Gütern ist.

§ 171

178 Die Familie als rechtliche Person gegen Andere hat der Mann als ihr Haupt zu vertreten. Ferner kommt ihm vorzüglich der Erwerb nach Außen, die Sorge für die Bedürfnisse, so wie die Disposition und Verwaltung des Familienvermögens zu. Dieses ist gemeinsames Eigentum, so daß kein Glied der Familie ein besonderes Eigentum, jedes aber sein Recht an das Gemeinsame hat. Dieses Recht und jene dem Haupte der Familie zustehende Disposition können aber in Kollision kommen, indem das in der Familie noch Unmittelbare der sittlichen Gesinnung (§ 158) der Besonderung und Zufälligkeit offen ist. (176)

Die Außenvertretung der Familie durch den Mann habe ich schon als traditionale Standardrolle in der eurasischen Familie kommentiert. Bis in die 1960er Jahre war auch in der Bundesrepublik Deutschland die Verwaltung des Familienvermögens rechtlich ausschließlich in den Händen und der Gewalt des Ehemannes. Größere Anschaffungen konnte die Ehefrau nur mit seiner Zustimmung tätigen, so dass sie nicht eigentlich für sich und die Familie geschäftsfähig war. Diese Asymmetrie war alles andere als folgenlos. Sie ist mit einer Gleichstellung von Mann und Frau absolut unverträglich. Denn die Balance stellt sich nicht etwa dadurch wieder her, dass jeder »sein Recht an das Gemeinsame hat«. Immerhin erkennt Hegel, dass »dieses Recht und jene dem Haupte der Familie zustehende Disposition« »in Kollision kommen« können. Das liegt daran, dass alle Entscheidungen des Mannes ›für die Familie‹ immer auch von seiner kontingenten Willkür abhängen können – und daher nicht *per se* Anerkennung finden.

§ 172

Durch eine Ehe konstituiert sich eine *neue Familie*, welche ein für 179
sich *selbstständiges* gegen die *Stämme* oder Häuser ist, von denen sie ausgegangen ist; die Verbindung mit solchen hat die natürliche Blutsverwandtschaft zur Grundlage, die neue Familie aber die sittliche Liebe. Das Eigentum eines Individuums steht daher auch in wesentlichem Zusammenhang mit seinem Eheverhältnis, und nur in entfernterem mit seinem Stamme oder Hause. (177)

Hegel unterscheidet, wie wir schon gesehen haben, die bloß erst sexuell-erotische von der sittlichen Liebe. Letztere ist die nachhaltige Form des gefühls- und stimmungsmäßig, auch leidenschaftlich anerkannten Ethos von Ehe und Familie, in welche der Eros im guten Fall transformiert wird. Auch auf die Konstitution der neuen Familie in der Heirat sind wir schon eingegangen. Hier betont Hegel nur noch einmal den Unterschied der ›natürlichen Blutsverwandtschaft‹ als Bindung im Clan und Stamm zur ›sittlichen Liebe‹ als innere Bindung der (engeren!) Familie. – Für das Erbrecht relevant ist die Beobachtung, dass auch das ›private‹ Eigentum eines Elternteils immer schon als Teil des Eigentums der engeren Familie zu gelten hat und nur in entfernterem Maße in einen Zusammenhang zu bringen ist mit anderen Verwandten wie Tanten, Neffen oder Cousins.

Die *Ehepakten*, wenn in ihnen für die Gütergemeinschaft der 179 Ⓚ
Eheleute eine Beschränkung liegt, die Anordnung eines bestehenden | Rechtsbeistandes der Frau und dergl., haben insofern den 152
Sinn, gegen den Fall der Trennung der Ehe durch natürlichen Tod, Scheidung und dergl. gerichtet und Sicherungsversuche zu sein,

wodurch den unterschiedenen Gliedern auf solchen Fall ihr Anteil
153 an dem Gemeinsamen erhalten wird. | (177)

Ein Ehevertrag kann sinnvoll sein, wenn er z. B. das Eigentum einer Firma von dem der Familie trennt oder einem Ehepartner für den Fall einer Ehescheidung oder Tod des Partners einen besonderen Anteil an dem Gemeinschaftseigentum der Familie sichert.

C. Die Erziehung der Kinder und die Auflösung der Familie

§173

180 In den Kindern wird die *Einheit* der Ehe, welche als substantiell nur *Innigkeit* und *Gesinnung*, als existierend aber in den beiden Subjekten gesondert ist, als *Einheit selbst eine für sich seiende Existenz* und *Gegenstand*, den sie als ihre Liebe, als ihr substantielles Dasein, lieben. – (178)

Während eine kinderlose Ehe nur ein nachhaltiges gemeinsames Lebensprojekt zweier eigenständiger personaler Individuen aus »Innigkeit und Gesinnung« sei, erhalte, meint Hegel, die Liebe der Eheleute in jedem eigenen Kind sozusagen einen wirklich anwesenden Zweck.

180 Der natürlichen Seite nach wird die Voraussetzung *unmittelbar* vorhandener Personen, – als Eltern, – hier zum *Resultate*, – ein Fortgang, der sich in den unendlichen Progreß der sich erzeugenden und voraussetzenden Geschlechter verläuft,– die Weise, wie in der endlichen Natürlichkeit der einfache Geist der Penaten seine Existenz als Gattung darstellt. (178)

Zur »natürlichen Seite« der Fortpflanzung gibt es nichts weiter zu sagen, außer vielleicht, dass »der einfache Geist der Penaten« oder der Ahnenkult sowohl Tradition als auch Reproduktion von Familie, Clan oder Stamm symbolisch repräsentiert.

§174

180 Die Kinder haben das Recht, aus dem gemeinsamen Familienvermögen *ernährt* und *erzogen* zu werden. Das Recht der Eltern auf die *Dienste* der Kinder als Dienste, gründet und beschränkt sich auf das Gemeinsame der Familiensorge überhaupt. Eben so bestimmt sich das Recht der Eltern über die *Willkür* der Kinder durch den

Zweck, sie in Zucht zu halten und zu erziehen. Der Zweck von Bestrafungen ist nicht die Gerechtigkeit als solche, sondern subjektiver, moralischer Natur, Abschreckung der noch in Natur befangenen Freiheit und Erhebung des Allgemeinen in ihr Bewußtsein und ihren Willen. (178)

Es versteht sich zwar von selbst, dass die Kinder »das Recht« haben, in oder durch die Familie gemäß der Vermögenslage gut »ernährt und erzogen zu werden«. Allerdings war dieses ›Recht‹ lange nicht rechtlich einklagbar und gehörte nur zu den informalen, ›sittlichen‹, Ansprüchen bzw. Verpflichtungen in der Familie. Es hatte also einen freien, rein kommunitarischen, heute »moralisch« genannten Status.

Eltern dürfen, so fährt Hegel fort, von ihren Kindern nur das als Dienst verlangen, was »der Familiensorge überhaupt« dient. Das schließt z. B. Erwerbsarbeit zur Bereicherung der Eltern aus. Hegels Vorstellungen von Erziehung als Umformung des ›natürlichen Willens‹ sind veraltet, wie auch die Ausdrücke »Zucht« und »Abschreckung« zeigen, nicht anders als noch Ludwig Wittgensteins Rede von einer Abrichtung. Immerhin betont er den ausschließlich pädagogischen Zweck von sogenannten Bestrafungen: Sie müssen, wenn sie überhaupt erlaubt sein sollen, von einer solchen ›subjektiven‹ Art sein, dass das Kind selbst einsehen kann, was es Unrechtes getan hat – und wie zu handeln gut und richtig wäre. Hier steht Hegel in der Tradition Rousseaus, Pestalozzis und Fichtes, die bis zu John Dewey führt.

§ 175

Die Kinder sind an *sich* Freie, und das Leben ist das unmittelbare 181
Dasein nur dieser Freiheit, sie gehören daher weder Anderen, noch den Eltern als Sachen an. (179)

Dass Kinder »an sich Freie« sind, heißt, dass ihre Abhängigkeit von den Eltern nur eine altersgemäße ›Privation‹ ihres Personseins auf Zeit ist und auch so behandelt werden muss. Wir sehen hier wieder die wichtige Differenz zwischen dem allgemeinen personalen Status des Individuums in seiner Überzeitlichkeit und den besonderen Rechten und Pflichten des je präsentischen personalen Subjekts.

Ausgeschlossen ist jede Behandlung von Kindern als Sachen, was freilich auch für Knechte und Mägde gilt, die als Sklaven zu Sachen werden bzw. als Objekte des Sachenrechts zu Sklaven. Der grundsätzliche Unterschied zur Leibeigenschaft, die in Preußen erst 1810 (nach königlichem Erlass von 1807) aufgehoben wird, besteht darin, dass diese rechtlich immerhin keine Sachen sind (wie im römischen Recht).

181 Ihre *Erziehung* hat die in Rücksicht auf das Familienverhältnis *positive* Bestimmung, daß die Sittlichkeit in ihnen zur unmittelbaren, noch Gegensatzlosen *Empfindung* gebracht, und das Gemüt darin als dem *Grunde* des sittlichen Lebens, in Liebe, Zutrauen und Gehorsam sein erstes Leben gelebt habe, – dann aber die in Rücksicht auf dasselbe Verhältnis *negative* Bestimmung, die Kinder aus der natür-
154 lichen Unmittelbarkeit, in | der sie sich ursprünglich befinden, zur Selbstständigkeit und freien Persönlichkeit und damit zur Fähigkeit, aus der natürlichen Einheit der Familie zu treten, zu erheben. (179)

Form und Zweck der Erziehung der Kinder besteht erstens in der Einübung in das Ethos der Gemeinschaftlichkeit, zunächst in der Familie, samt der Entwicklung der entsprechenden ›Empfindungen‹. Gemeint sind Gefühle und Stimmungen des Gemüts, besonders Liebe und Vertrauen. Wie damals üblich, betont Hegel auch den Gehorsam, wobei uns hier dessen Ambivalenz wie auch die der gerade angesprochenen Abrichtung nicht weiter interessiert. Bemerkenswerter ist Hegels passende und sogar schöne Rede von einem *ersten Leben*, nämlich des Kindes bis zur Volljährigkeit, wann immer man diese ansetzt. Erziehung ist immer nur Hilfe für eine Selbstbildung zur »Selbständigkeit und freien Persönlichkeit«. Ziel ist gerade die Beendigung der ersten Lebensphase in der »natürlichen Einheit der Familie«.

181 Ⓚ Das Sklavenverhältnis der römischen Kinder ist eine der diese Gesetzgebung befleckendsten Institutionen, und diese Kränkung der Sittlichkeit in ihrem innersten und zartesten Leben ist eins der wichtigsten Momente, den weltgeschichtlichen Charakter der Römer und ihre Richtung auf den Rechts-Formalismus zu verstehen. – (179)

Nach dem römischen Recht waren Kinder bloße Sachen und konnten, wie diese, nach Willkür des Vaters veräußert, sogar getötet, werden. Hegel hält dieses »Sklavenverhältnis der römischen Kinder« für unsäglich und glaubt, dass es für die römische Kultur verheerende Folgen hatte.

181 Ⓚ Die Notwendigkeit, erzogen zu werden, ist in den Kindern als das eigene Gefühl, in sich, wie sie sind, unbefriedigt zu sein, – als

der Trieb, der Welt der Erwachsenen, die sie als ein höheres ahnen, anzugehören, der Wunsch groß zu werden. (179)

Jedes Kind will ›groß‹ werden und wie die Eltern sein. Daher ist das Bedürfnis nach Erziehung und Bildung intrinsisch, sozusagen natürlich.

Die spielende Pädagogik nimmt das Kindische schon selbst als 181 Ⓚ
etwas, das an sich gelte, gibt es den Kindern so und setzt ihnen das Ernsthafte und sich selbst in kindische von den Kindern selbst gering geachtete Form herab. Indem sie so dieselben in der Unfertigkeit, in der sie sich fühlen, vielmehr als fertig vorzustellen und darin befriedigt zu machen bestrebt ist, – stört und verunreinigt sie deren wahres eigenes besseres Bedürfnis, und bewirkt teils die Interesselosigkeit und Stumpfheit für die substantiellen Verhältnisse der geistigen Welt, teils die Verachtung der Menschen, da sich ihnen als Kindern dieselben selbst kindisch und verächtlich vorgestellt haben, und dann die sich an der eigenen Vortrefflichkeit weidende Eitelkeit und Eigendünkel. (179 f.)

Die beste Pädagogik nimmt das Kind und die Sache ernst und spricht durchaus Erwachsenensprache, wenn auch kindgerecht angepasst. Man sollte also Kinder nicht unterschätzen, ihre Liebe zur Perfektion fördern und zugleich vor Selbstüberschätzung bewahren. Das tiefe Problem besteht in der Einübung eines immer auch subjektiv zu erfassenden *Wechsels der Perspektive* in der Wahrnehmung und Beurteilung des eigenen Tuns im Kontext mit dem Tun der Anderen.

§ 176

Weil die Ehe nur erst die unmittelbare sittliche Idee ist, hiermit ihre 182
objektive Wirklichkeit in der Innigkeit der subjektiven Gesinnung und Empfindung hat, so liegt darin die erste Zufälligkeit ihrer Existenz. So wenig ein Zwang stattfinden kann, in die Ehe zu treten, so wenig gibt es sonst ein nur rechtliches positives Band, das die Subjekte bei entstandenen widrigen und feindseligen Gesinnungen und Handlungen zusammen zu halten vermöchte. Es ist aber eine dritte sittliche Autorität gefordert, welche das Recht der Ehe, der sittlichen Substantialität, gegen die bloße Meinung von solcher Gesinnung und gegen die Zufälligkeit bloß temporärer Stimmung u. s. f. festhält, diese von der totalen Entfremdung unterscheidet,

und die letztere konstatiert, um erst in diesem Falle *die Ehe scheiden*
155 zu können. | (180)

Solange die Ehe eine Form des gemeinschaftlichen Lebens ist, die sich nur erst auf *Gefühle* der Liebe stützt, die Hegel als innige »Gesinnung und Empfindung« anspricht, ist sie noch nicht sehr stabil; ihre Dauerhaftigkeit bleibt hochgradig kontingent. Dabei ist und bleibt richtig, dass sowohl die Eheschließung als auch die Fortsetzung einer Ehe auf dem freien Willen der Partner beruht und beruhen muss. In diesem Punkt behalten alle Romantiker recht. Daher kann es zwar institutionelle Stützen für die in ihrer Form überzeitliche (›ewige‹) Stabilität der Ehe geben, aber kein absolutes Verbot der Ehescheidung.

Im privativen, gerade im gefühlsmäßig unglücklichen Fall, dass das Projekt des ehelichen Zusammenlebens scheitert, muss eine freie Auflösung der Ehe möglich sein. Damit modifiziert Hegel natürlich das symmetrische Scheidungsverbot der Lehre des Jesus und ändert es ab in ein symmetrisches Recht der Auflösung der Ehe.[74] Wie dem auch sei, für Hegel jedenfalls ist klar, dass die Institution der Ehescheidung »eine dritte sittliche Autorität« fordert, nämlich eine Scheidungsgerichtsbarkeit, ggf. mit vorheriger Mediation. Denn auch im symmetrischen Fall kann und sollte die Scheidung nicht einfach durch einseitige Willenserklärung nur eines Partners vollziehbar sein; eine Zustimmung beider Partner zu einer Trennung im Einvernehmen dürfte dagegen nicht der Normalfall sein. Das Scheidungsgericht vertritt also ganz formell »das Recht der Ehe« bzw. der Familie als Einheit oder institutionelle Person »gegen die bloße Meinung« eines bloß momentan urteilenden Subjekts aufgrund »bloß temporärer Stimmung usf.«. Erst nach Feststellung einer »totalen Entfremdung«, nachdem also alle Vermittlungsversuche gescheitert sind, kann die Ehe ganz offiziell geschieden werden.

[74] Das ›absolute‹ christliche Scheidungsverbot war klarerweise zeitbedingt: Damals ein symmetrisches Scheidungsrecht zu fordern, hätte nicht einmal ein Schulterzucken zur Folge gehabt. Mit einer derartigen Reaktion auf seine Forderung nach Gleichstellung von Frau und Mann beim Sport samt Freikörperkultur, beim Militär, in Bildung und Politik rechnet übrigens auch Platon. Sein – bewusst utopischer – Vorschlag zur Abschaffung der Ehe in der *Politeia* dient neben der Eindämmung eines mafiosen Nepotismus eben dieser Gleichstellung.

§ 177

Die sittliche Auflösung der Familie liegt darin, daß die Kinder zur 182
freien Persönlichkeit erzogen, in der *Volljährigkeit* anerkannt werden, als rechtliche Personen und fähig zu sein, teils eigenes freies Eigentum zu haben, teils eigene Familien zu stiften, – die Söhne als Häupter, und die Töchter als Frauen, – eine Familie, in welcher sie nunmehr ihre substantielle Bestimmung haben, gegen die ihre erste Familie als nur erster Grund und Ausgangspunkt zurücktritt, und noch mehr das Abstraktum des Stammes keine Rechte hat. (180 f.)

Dass sich für die Kinder die ›alte‹ Familie als institutioneller Rahmen der ersten Lebensphase mit der Volljährigkeit und allerspätestens der eigenen Verheiratung aufhebt, haben wir schon gesehen. Hegels Ausdruck »sittliche Auflösung der Familie« meint eben dies und damit das gerade Gegenteil einer Auflösung der Sittlichkeit von Familie und Ehe. Die Sorge der neuen Familien für die alten Eltern der ersten Familie ist dann noch eigens zu regeln und ebenso die Beziehung zur weiteren Verwandtschaft, etwa im Erbrecht. Darüber hinaus haben Eltern, Geschwister, Clan und Stamm aber keinerlei Ansprüche an die neue Familie als freies, kommunitarisches, Wir und das heißt als sittliche, also institutionelle, Person.

§ 178

Die natürliche Auflösung der Familie durch den Tod der Eltern, insbe- 182 f.
sondere des Mannes, hat die *Erbschaft* in Ansehung des Vermögens zur Folge; ihrem Wesen nach ein Eintreten in den eigentümlichen Besitz des *an sich* gemeinsamen Vermögens, – ein Eintreten, das mit den entferntern Graden der Verwandtschaft und im Zustande der die Personen und Familien verselbstständigenden Zerstreuung der bürgerlichen Gesellschaft um so unbestimmter wird, als die Gesinnung der Einheit sich um so mehr verliert, und als jede Ehe das Aufgeben der vorigen Familienverhältnisse und die Stiftung einer neuen selbstständigen Familie wird. (181)

Hegel betrachtet im Folgenden das Erbrecht wohl allzu einseitig *nur* aus der Sicht der Familie, mit der Folge, dass er sich *allzu* kritisch gegen die (gerade auch römische) Praxis stellt, in einem Testament willkürlich Erben einzusetzen. Beim Tod des Vaters muss nach Hegels Darstellung die eigentliche institutionelle Eigentümerin, die Familie, die Erbschaft antreten. Der Haushaltsvorstand war ja nur als deren Verwalter anzusehen gewesen. Allerdings kann es sein, das zwischen dem frei verfügbaren privaten Eigentum des Mannes und dem von ihm als Vater verwalteten Eigentum der Familie zu unterscheiden ist.

Dass das Familienerbe in der Familie bleiben muss, gilt zunächst aber nur für die Kernfamilie. Denn die entfernteren Verwandten und erwachsenen Kinder leben schon in eigenen Familien oder als Einzelpersonen (›Singles‹) in der bürgerlichen Gesellschaft, haben also die Kernfamilie schon verlassen.

183 Ⓚ Der Einfall, als Grund der Erbschaft den Umstand anzusehen, daß durch den Tod das Vermögen *herrenloses Gut* werde, und als solches dem, der sich zuerst in Besitz setzt, zufalle, diese Besitzergreifung aber wohl *meistens* von den Verwandten, als der *gewöhnlich* nächsten Umgebung, werde vorgenommen werden, – welcher gewöhnliche Zufall dann durch die positiven Gesetze der Ordnung wegen zur Regel erhoben werde, – dieser Einfall läßt die Natur des Familienverhältnisses unberücksichtigt. (181)

Für die Ausgestaltung des Erbrechts gibt es die Meinung, mit dem Tod des Eigentümers, der dann auch noch gleich als konkrete, also individuelle Person zumeist mit dem Vater identifiziert wird, sei das Vermögen zum herrenlosen Gut geworden. Damit könnte sozusagen jeder zugreifen. Da in dieser Besitzergreifung die nächste Umgebung und damit die Verwandten normalerweise einen Vorsprung haben, aber sich auch schnell in die Quere kommen, sei es rational, das Erbe unter ihnen nach einer festen allgemeinen Regel zu verteilen. In dieser Darstellung wird die besondere kommunitarische Seinsweise der Familie als institutionelle oder sittliche Person überhaupt nicht berücksichtigt.

§ 179

183 Es entstehet durch dies Auseinanderfallen die Freiheit für die Willkür der Individuen, teils überhaupt ihr Vermögen mehr nach Belieben, Meinungen und Zwecken der Einzelnheit zu verwenden, teils gleichsam einen Kreis von Freunden, Bekannten u. s. f. statt einer Familie anzusehen und diese Erklärung mit den rechtlichen Folgen der
156 Erbschaft, in einem *Testamente* zu machen. | (181 f.)

Indem man so von der Einheit der Familie abstrahiert und im

methodischen Individualismus auf scheinbar selbstverständliche und ›natürliche‹ Weise darauf pocht, dass sie doch selbst auch nur eine Menge von Individuen und das Eigentum des verstorbenen Familienoberhaupts rein *sein* Eigentum gewesen sei, gelangt man zu dem ›römischen‹ Gedanken eines reinen Verstandes-Erbrechts. Diesem ›Recht‹ zufolge soll der Mann ›sein‹ Vermögen *nach Belieben* vor dem Tod verschenken und nach dem Tod per Testament beliebig vererben dürfen. Dabei kann der Erblasser eine beliebige Auswahl in einem »Kreis von Freunden, Bekannten usf.«, heute auch von Institutionen, treffen oder den Staat als Erben einsetzen und die Mitglieder der Familie enterben.

In die Bildung eines solchen Kreises, worin die sittliche Berechti- 183f. Ⓚ
gung des Willens zu einer solchen Disposition über das Vermögen läge, tritt, besonders insofern sie schon die Beziehung auf das Testieren mit sich führt, so viele Zufälligkeit, Willkür, Absichtlichkeit für selbstsüchtige Zwecke u. s. f. ein, daß das sittliche Moment etwas sehr vages ist, und die Anerkennung der Befugnis der Willkür, zu testieren, viel leichter für Verletzung sittlicher Verhältnisse und für niederträchtige Bemühungen und eben solche Abhängigkeiten Veranlassung wird, wie sie auch törichter Willkür und der Heimtücke, an die sogenannten Wohltaten und Geschenke, auf den Fall des Todes, in welchem mein Eigentum ohnehin aufhört, mein zu sein, Bedingungen der Eitelkeit und einer herrischen Quälerei zu knüpfen, Gelegenheit und Berechtigung gibt. (182)

Hegel lässt in seiner Darstellung vieles aus, betont also den Hauptgedanken nicht noch einmal, dass die Rechtspraxis, die ein völlig freies Testament erlaubt, im Grunde schon die ›unsittliche‹, also der Institution der Familie widersprechende Aneignung des Eigentums der Familie durch ein Einzelindividuum, im römischen Erbrecht normalerweise durch den Vater bedeutet. Hegel nennt eher Nebenaspekte wie Willkür und selbstsüchtige Zwecke und drückt die Gefährdung der Familie als Institution durch diese Praxis fast zu schwach aus, indem er sagt, dass dabei das »sittliche Moment« zu etwas ganz Vagem wird. Es ist dann rein der Willkür des Vaters überlassen, wie weit er sich an die Familie, also an Frau und Kinder, besonders gebunden fühlt oder auch nicht. Insofern hat Hegel recht zu betonen, dass ein völlig ›liberales‹ Erbrecht die sittlich-institutionellen Verhältnisse der

Familie eher beschädigt als fördert. Andererseits brauchen wir die Institution der freien letztwilligen Verfügung auch für ganz andere Fälle als die Familienerbschaften, insbesondere um einem bleibenden Willen der Einzelperson zu seinem Recht zu verhelfen, auch über jede Planung bloß für die Zeit des eigenen Lebens hinaus. Dieser Aspekt findet sich bei Hegel leider nicht. Stattdessen hebt Hegel die Trivialität hervor, dass mit meinem Tod »mein Eigentum ohnehin aufhört, mein zu sein« – und meint allzu einseitig, in Testamenten frei vergebene Erbschaften seien üblicherweise Zeichen angeberischer Eitelkeit oder, gegen die Enterbten, herrische Quälerei.

§ 180

184 Das Prinzip, daß die Glieder der Familie zu selbstständigen rechtlichen Personen werden (§ 177), läßt innerhalb des Kreises der Familie etwas von dieser Willkür und Unterscheidung unter den natürlichen Erben eintreten, die aber nur höchst beschränkt stattfinden kann, um das Grundverhältnis nicht zu verletzen. (182)

Ohne dass das besonders klar gesagt wäre, kommentiert Hegel jetzt die Idee (und heutige Realität) des ›Pflichtteils‹ einer Erbschaft und die formale rechtliche Aufspaltung der Familie gerade auch in testamentarisch verfügten Verteilungen des Vermögens. Es geht also um das Prinzip, dass »die Glieder der Familie zu selbständigen rechtlichen Personen werden«, wenn das väterliche Erbe ohne Testament oder wenn mit Testament der Pflichtteil zwischen den Kindern und der ggf. noch lebenden Ehefrau verteilt wird. Es kann also, das gesteht Hegel zu, aus verschiedensten Gründen eine gewisse Willkür der »Unterscheidung unter den natürlichen Erben« eintreten, von der Hegel aber fordert, dass sie beschränkt werden muss, »um das Grundverhältnis«, dass das Vermögen eigentlich Familienvermögen ist, »nicht zu verletzen«.

184 Ⓚ Die bloße direkte Willkür des Verstorbenen kann nicht zum Prinzip für das *Recht* zu *testieren* gemacht werden, insbesondere nicht insofern sie dem substantiellen Rechte der Familie gegenüber stehet, deren Liebe, Verehrung gegen ihr ehemaliges Mitglied es doch vornehmlich nur sein könnte, welche dessen Willkür nach seinem Tode beachtete. Eine solche Willkür enthält für sich nichts, das höher als das Familienrecht selbst zu respektieren wäre; im Gegenteil. (182)

Gerade dann, wenn der letzte Wille des Verstorbenen das prinzipielle Anrecht der Familie auf das Vermögen nicht respektiert, wird klar, was problematisch an ganz freien testamentarischen Verfügungen sein kann. Das wird noch deutlicher, wenn man bedenkt, dass es in gewissem Sinn im eigenen Interesse der Person ist, auch durch das Vermächtnis in gutem Gedächtnis der Mitglieder seiner engeren oder dann auch weiteren Familie zu bleiben. Das schließt einen gewissen Spielraum der Willkür im Testament nicht aus, besonders im Blick auf Freundschaften. Aber es ist mit dem Institut der testamentarischen Verfügung behutsam, klug und fair umzugehen. Jedenfalls erkennt Hegel die Meinung nicht an, man solle mit seinem Besitz oder gar dem Eigentum der Familie nach völligem Belieben schalten und walten dürfen. Die Willkür des Erblassers hat kein höheres Recht für sich »als das Familienrecht; im Gegenteil«.

Das sonstige Gelten einer Letzten-Willens-Disposition läge allein 184 Ⓚ
in der willkürlichen Anerkennung der Andern. Ein solches Gelten kann ihr vornehmlich nur eingeräumt werden, insofern das Familienverhältnis, in welchem sie absorbiert ist, entfernter und unwirksamer wird. Unwirksamkeit desselben aber, wo es wirklich vorhanden ist, gehört zum Unsittlichen, und die ausgedehnte Gültigkeit jener Willkür gegen ein solches enthält die Schwächung seiner Sittlichkeit in sich. – (182 f.)

Hegels Formulierung ist unklar, zumal er sowohl meinen könnte, dass die Umsetzung eines letzten Willens und damit seine Anerkennung trivialerweise immer bei den Anderen, den Überlebenden liegt und dass es untunlich wäre, diesen die gesamte Entscheidung der Verteilung des Nachlasses zu überlassen. Jedenfalls glaubt Hegel offenbar, dass eine freie testamentarische Erbschaft nur im weiteren Kreis der Verwandtschaft zulässig sein solle. Auf durchaus verquere Weise sagt er dann noch, dass ein Testament, das diesen Kreis überschreitet, unsittlich sei, weil es offenbar die institutionelle Form des Familienvermögens nicht respektiere. Wäre das wirklich der Inhalt des Gesagten, müssten wir vehement widersprechen. Denn es würde damit keine persönliche Beziehung als so eng gelten, dass sie eine Erbschaft rechtfertigte, auch nicht als Dank für erhaltene Zuwendungen verschiedenster Art. Es ist zwar wahr, dass eine schrankenlose Willkür in einem Testament »die Schwächung seiner Sittlichkeit in sich« enthalten kann, wenn man an die Institution der Ehe und Familie denkt. Aber es gibt auch andere freie kommunitarische Affiliationen, die Hegel auch hier anscheinend blind übergeht, von der freien Freundschaft bis zur Mitgliedschaft in Vereinen, einer religiösen Gemeinde etc.

184 f. Ⓚ Diese Willkür aber innerhalb der Familie zum Haupt-Prinzip der
Erbfolge zu machen, gehörte zu der vorhin bemerkten Härte und
Unsittlichkeit der römischen Gesetze, nach denen der Sohn auch
157 vom Vater verkauft werden konnte und wenn er | von Andern freigelassen wurde, in die Gewalt des Vaters zurückkehrte, und erst auf die dritte Freilassung aus der Sklaverei wirklich frei wurde, – nach denen der Sohn überhaupt nicht de jure volljährig und eine rechtliche Person wurde und nur den Kriegsraub, peculium castrense, als Eigentum besitzen konnte, und wenn er durch jenen dreimaligen Verkauf und Loslassung aus der väterlichen Gewalt trat, nicht mit denen, die noch in der Familienknechtschaft geblieben waren, ohne Testamentseinsetzung erbte, – eben so daß die Frau (insofern sie nicht in die Ehe als in ein Sklavenverhältnis, in manum conveniret, in mancipio esset, sondern als *Matrone* trat) nicht so sehr der Familie, die sie durch die Heirat an ihrem Teile gestiftet und die nunmehr wirklich die *ihrige* ist, als vielmehr der, aus der sie abstammte, angehörig blieb, und daher vom Erben des Vermögens der *wirklich ihrigen* eben so ausgeschlossen, als die Gattin und Mutter von diesen nicht beerbt wurde. – (183)

Hegels Polemik gegen die römischen Familiengesetze der Antike ist freilich völlig berechtigt. Dabei dürfte aber die dort mögliche Willkür des väterlichen Testaments gar nicht den Hauptpunkt ausmachen. Hegel hatte sie nach eigenem Bekunden in den obigen Passagen aufs Korn genommen, um falsche Vorstellungen vom Status des Vaters in der Familie zu korrigieren. Jetzt hebt er dazu noch einmal das unsägliche ›Recht‹ hervor, dass der Vater den Sohn als Sache verkaufen durfte, und das unter Umständen sogar mehrmals. Auf die weiteren Regeln brauchen wir nicht weiter einzugehen. Zu bemerken ist auch, dass die Frau im römischen Recht gar nicht eigentlich in die Familie aufgenommen wurde, in die sie einheiratete, sondern »der, aus der sie abstammte, angehörig blieb«. Für Hegel ist das klarerweise eine sinn- und sittenwidrige, die Institution der Ehe und Familie von vornherein lädierende Praxis, die nicht zuletzt dem Ziel diente, alles

Eigentum ganz in der Hand des Mannes und ggf. seiner Familie zu belassen. Damit wird die Frau aber zu einer Art Dienerin des Herrn des Hauses auf Zeit herabgestuft, ohne jeden Anspruch auf ein Erbe.

Daß das Unsittliche solcher und anderer Rechte bei weiterhin 185 Ⓚ
erwachendem Gefühle der Vernünftigkeit im Wege der Rechtspflege, z. B. mit Beihilfe des Ausdrucks: von bonorum possessio (daß hievon wieder possessio bonorum unterschieden ist, gehört zu solchen Kenntnissen, die den gelehrten Juristen ausmachen), statt hereditas, durch die Fiktion, eine filia in einen filius umzutaufen, eludiert wurde, ist oben schon (§ 3 Anm.) als die traurige Notwendigkeit für den Richter bemerkt worden, das Vernünftige *pfiffigerweise* gegen schlechte Gesetze, wenigstens in einigen Folgen einzuschwärzen. Die fürchterliche Instabilität der wichtigsten Institutionen und ein tumultuarisches Gesetzgeben gegen die Ausbrüche der daraus entspringenden Übel, hängt damit zusammen. – (183 f.)

Hegel interessiert sich mehr für die inneren, institutionellen Widersprüche des ›Unsittlichen‹ eines solchen Gesetzes als für eine bloß subjektive ›moralische‹ Kritik. Er sieht eine Spannung zwischen der großen Leistung der römischen Kultur, basale Rechtsnormen in Prinzipien, Gesetzen und versprachlichten Regeln und Sätzen explizit gemacht zu haben, und manchen ihrer Inhalte.

Freilich werden die Probleme gerade dann klar, wenn man sich nicht nur in den impliziten Traditionen eines bloßen Fall- und Richterrechts bewegt. Denn die erwachenden »Gefühle der Vernünftigkeit im Wege der Rechtspflege« führen jetzt ganz offenbar dazu, dass man die Spannungen durch sophistische Auslegungen und Umdeutungen aufzuheben versucht. Was z. B. soll, rein sprachlich, der Unterschied zwischen »bonorum possessio«, Güterbesitz, und »possessio bonorum«, Besitz von Gütern, sein? Mit der Geheimsprache entwickelt sich der Stand des »gelehrten Juristen« – und eine neue Rechtsunsicherheit. Ähnliches geschieht, wenn man in einem Urteil eine Tochter fiktiv als Sohn behandelt, statt das Gesetz auch in seiner Ausdrucksform entsprechend zu ändern und Söhne und Töchter überhaupt oder z. B. bei der Erbschaft gleichzustellen. Hegel betont hier selbst freilich nur erst die negative Seite, die »traurige Notwendigkeit für den Richter«, das »Vernünftige pfiffiger Weise gegen schlechte Gesetze« wenigstens in den Folgen irgendwie durchzusetzen. Übrigens zeigt der Satz, aus dem eben zitiert wurde, dass Hegel in der Tat manchmal ein falsches Verb gebraucht, da im guten Fall nicht eigentlich das Vernünftige, sondern der Wortlaut des Gesetzes im Urteil des Richters ›eingeschwärzt‹ wird – was unter Umständen auch im Fall anderer, zunächst unverständlicher Sätze zu bedenken ist. Wie weit die Diagnose einer ›fürchterlichen Instabilität der wichtigsten Institutionen‹ auf das römische Reich insgesamt angesichts der langen Dauer und der komplexen inneren Entwicklung wirklich zutrifft, oder ob Hegel hier allzu sehr Edward Gibbon folgt, der auf die innenpolitischen und außenpolitischen Schwierigkeiten des über 1000 Jahre lang untergehenden römischen Reiches fokussiert, soll uns hier nicht weiter interessieren.

Das Wort »Gefühl« hat übrigens eine unglaublich breite Anwendung. Zunächst ist Gefühl haptische, taktile Empfindung. Als Gesamtkörpergefühl ist es Gesamtempfindung, samt Stimmung. Als Oberbegriff über Gefühle wie Furcht oder Hoffnung, Liebe oder Hass steht das Wort über urteilsabhängige Haltungen zu propositional oder gegenständlich schon bestimmten Möglichkeiten oder auch ganzen Personen. Die Gefühle der Vernünftigkeit, von denen Hegel hier spricht, sind wiederum implizite und allgemeine Urteile der Leute, die heute oft auch als sogenannte Intuitionen, also als allgemeine Anschauungen im übertragenen Sinn des Wortes, angesprochen werden.

185 Ⓚ Welche unsittliche Folgen dies Recht der Willkür im Testamentmachen bei den Römern hatte, ist sattsam aus der Geschichte und Lucians und anderer Schilderungen bekannt. – (184)

In allen Kulturen gibt es mit allen rechtlichen Normen Probleme. Daher würden die Satiren Lukians für sich nicht ausreichen, die Praxis des römischen ›Testamentmachens‹ als solche zu verwerfen.

185 f. Ⓚ Es liegt in der Natur der Ehe selbst, als der unmittelbaren Sittlichkeit die Vermischung vom substantiellen Verhältnis, natürlicher Zufälligkeit und innerer Willkür; – wenn nun der Willkür durch das Knechtschaftsverhältnis der Kinder und die andern bemerkten und sonst damit zusammenhängenden Bestimmungen, vollends auch durch die Leichtigkeit der Ehescheidungen bei den Römern, gegen das Recht des Substantiellen der Vorzug eingeräumt wird, so daß selbst *Cicero*, und wie viel Schönes hat er nicht über das Honestum und Decorum in seinen Officiis und allenthalben anderwärts geschrieben! die Spekulation machte, seine Gattin fortzuschicken,

um durch das Heiratsgut einer neuen seine Schulden zu bezahlen,– so ist dem Verderben der Sitten ein gesetzlicher | Weg gebahnt, oder 158
vielmehr die Gesetze sind die Notwendigkeit desselben. (184)

Berechtigt ist freilich eine immanente, innere Kritik an Regelungen, welche dem anerkannten Sinn und Wesen von Ehe und Familie widersprechen. Cicero ist in seinem Werk für uns deswegen interessant, weil er, wie später auch Horaz, Vergil oder Seneca, auf die mediterrane Sittlichkeit und manche ihrer Probleme reflektiert. Cicero schreibt daher, wie Hegel mit leicht ironischem Unterton bemerkt, »viel Schönes« über die römische Ehrbarkeit und das *Keeping up Appearances*, die Wahrung des Anstands nach außen. Und doch überlegt eben dieser Cicero auch, ob er sich nicht von seiner Frau trennen sollte, um »durch das Heiratsgut einer neuen seine Schulden zu bezahlen«.

Dabei hat Hegel recht, auf die enge und doch immer auch prekäre Verbindung der verschiedenen Momente einer nachhaltigen Lebensplanung und Lebensführung, die Kontingenzen und schwierige Steuerbarkeit von Gefühlen der Liebe und Stimmungen, auch des Glücks, angemessen zu reagieren. Der zu lange Satz führt dann aber mit der Betonung der Willkür von Einzelentscheidungen als drittes Moment auf einen anderen Gedankenpfad: Hegel greift die in der Tat wenig ausgeprägte, ja absolut inexistente Rechtsstellung von Frauen und Kindern in der römischen Familie schärfstens an. Der hohe Blick logischer Geographie zeigt, dass diese Kritik sich direkt auf den nur unwesentlich moderneren und damit in der Zivilisation der Antike verhafteten Islam ebenso ausdehnt wie auf die entsprechenden Rückfälle des Christentums in die Formen antiker Zivilisation. Die »Leichtigkeit der Ehescheidungen« nicht nur bei den Römern durch bloße Deklaration des Mannes haben wir schon besprochen. Die Entwicklung der Grundidee familialer Sittlichkeit und Sexualmoral setzt allerdings höhere Bildung voraus.[75]

75 Die Schamkultur der Großreligionen kommt mit der freien Selbstbestimmung der Sexualität außerhalb einer durch die Gemeinde kontrollierten Ehe nicht zurecht. Das zeigen die Steinigungen der Antike ebenso wie noch Nikos Kazantzakis in seinen Romanen, aber auch der unsägliche Ausdruck »Ehrenmord« für immer noch pseudoreligiös ›gerechtfertigte‹ Lynchmorde.

186 Ⓚ Die Institution des Erbrechts, zur *Erhaltung* und zum *Glanz* der *Familie* durch *Substitutionen* und *Familien-Fidei-Kommisse*, entweder die Töchter zu Gunsten der Söhne, oder zu Gunsten des ältesten Sohnes die übrigen Kinder von der Erbschaft auszuschließen, oder überhaupt eine Ungleichheit eintreten zu lassen, verletzt teils das Prinzip der Freiheit des Eigentums (§ 62), teils beruhet sie auf einer Willkür, die an und für sich kein Recht hat, anerkannt zu werden, – näher auf dem Gedanken, *diesen* Stamm oder Haus, nicht sowohl *diese* Familie aufrecht erhalten zu wollen. Aber nicht *dieses* Haus oder Stamm, sondern die *Familie als solche* ist die Idee, die solches Recht hat, und durch die Freiheit des Vermögens und die Gleichheit des Erbrechts wird eben sowohl die sittliche Gesinnung erhalten, als *die Familien* vielmehr als durch das Gegenteil erhalten werden. – (184 f.)

Hegel fasst jetzt seine Kritik an der »Institution des Erbrechts« zusammen: Er setzt es von vorneherein in den Dienst der »Erhaltung und zum Glanz der Familie«. Und er hält es für ›unsittlich‹, der Institution der Familie widersprechend, nach Belieben die »Tochter zugunsten der Söhne oder zugunsten des ältesten Sohnes die übrigen Kinder von der Erbschaft auszuschließen«. Die entsprechende Ungleichbehandlung verletze erstens »das Prinzip der Freiheit des Eigentums« – wobei wir zum Verständnis noch einmal ergänzen müssen, dass es sich um den Familienbesitz und nicht um ein Privateigentum des Vaters handelt. Zweitens spricht Hegel dem Erblasser das Recht ab, *rein willkürlich* dieses ›Eigentum‹ zu verschenken oder zu vererben, und sieht nicht ein, warum die Familie dieses Recht anerkennen sollte. Außerdem betont er, dass nicht das Haus bzw. die weitere Verwandtschaft (oder gar eine *gens*), sondern die Familie die Gesamteigentümerin des Vermögens ist oder als solche gelten sollte. Sie ist für Hegel die zentrale kommunitarische Institution als Rechtssubjekt und sittliche Gesamtperson.

Ein Problem der Ausführungen Hegels sehe ich nur darin, dass sie nicht zwischen dem Privatbesitz der Elternteile und dem Familienbesitz unterscheiden, was aber das römische Recht eben auch nicht tut. Es ergibt sich aus dieser Nichtunterscheidung der ›Zugewinnsgemeinschaft‹ der Familie und dem Besitz des Mannes gerade die überwältigende Übermacht des *pater familias*, die Hegel völlig berechtigt einer radikalen Kritik unterzieht.

In solchen Institutionen ist, wie in den römischen, das Recht der Ehe (§ 172) überhaupt verkannt, daß sie die vollständige Stiftung einer eigentümlichen wirklichen Familie ist, und gegen sie das, was Familie überhaupt heißt, stirps, gens, nur ein sich mit den Generationen immer weiter entfernendes und sich verunwirklichendes Abstraktum wird (§ 177). Die Liebe, das sittliche Moment der Ehe, ist als Liebe Empfindung für wirkliche, gegenwärtige Individuen, nicht für ein Abstraktum. – (185) 186 Ⓚ

Richtig ist, dass das römische Eherecht insgesamt sozusagen nicht ›sieht‹, dass und wie die Familie als Einheit zu begreifen ist und die weitere Verwandtschaft nur ein subsidiäres Erbrecht besitzen sollte.

Daß sich die Verstandes-Abstraktion als das weltgeschichtliche Prinzip des Römerreichs zeigt, s. unten § 357. – (185) 186 Ⓚ

Die Großleistung der römischen Kultur in der Formulierung von Rechtsprinzipien und Rechtsregeln bis zum Codex Justinianum erkennt Hegel völlig an, so wie übrigens der heilige Paulus die römische Administration und ihre Rechtsverfahren offensichtlich bewunderte und sich auf sie (etwa in Ephesus) vertrauensvoll verließ. Hegel moniert aber die »Verstandesabstraktion« in einem bloß schematischen Umgang mit diesen Gesetzen – eine Kritik, wie sie auch im Zentrum der Lehre des Jesus steht, die sich ja explizit nicht gegen »das Gesetz«, sondern seine gedankenlose Auslegung (und jedes absolute Tabu) richtet.

Daß aber die höhere politische Sphäre ein Recht der Erstgeburt und ein eisernes Stammvermögen, doch nicht als eine Willkür, sondern als aus der Idee des Staates notwendig herbeiführt, davon unten § 306. (185) 186 Ⓚ

Ein ganz anderes Thema ist die Frage nach einer legitimen Thronfolge in der politischen Sphäre und das für sie eingerichtete Recht der Erstgeburt. Dazu gehört auch das ›eiserne Stammvermögen‹ einer Herrscherfamilie. Hegel wird später zeigen, dass und wie sich diese Regeln aus den Problemen der Realisierung einer stabilen staatlichen Ordnung ergeben – jedenfalls in Zeiten, in denen an eine republikanische und demokratische Begrenzung der Amtszeiten in den politischen Leitungspositionen nicht zu denken war.

D. Übergang der Familie in die bürgerliche Gesellschaft

§ 181

187 Die Familie tritt auf natürliche Weise, und wesentlich durch das Prinzip der Persönlichkeit in eine *Vielheit* von Familien auseinander, welche sich überhaupt als selbstständige konkrete Personen und daher äußerlich zu einander verhalten. (185 f.)

Wir haben gesehen, in welchem Sinn eine Familie eine ›natürliche‹ Einheit bildet, die wie eine einzige *institutionelle Person* und damit als *Rechtssubjekt* allen anderen Familien und sogar den Familienmitgliedern als Individuen gegenübersteht. Die äußerlichen Relationen der *Rechtspersonen*, *Familien* und *personalen Individuen* zueinander bilden die Struktur der *bürgerlichen Gesellschaft*. Hegel ist nicht nur der erste Autor, der das Wort »bürgerliche Gesellschaft« gebraucht, sondern auch der erste Denker, der die freie vertragliche Grundform des Leistungsaustauschs in der Gesellschaft vom freien kommunitarischen Zusammenleben in der Familie strukturell und explizit abhebt.

187 Oder die in der Einheit der Familie als der sittlichen Idee, als die noch in ihrem Begriffe ist, gebundenen Momente, müssen von
159 ihm | zur selbstständigen Realität entlassen werden; – die Stufe der *Differenz*. (186)

Die »Einheit der Familie« beruht auf den informellen Normen des inneren ethischen Zusammenhalts. Sie ist in ihrer Realisierung ›sittliche Idee‹, die als empraktische Vollzugsform »noch in ihrem Begriffe ist«. Die Formulierung ist verstehbar, aber nicht glücklich gewählt.

Im Begriff bzw. der Form der Familie gibt es implizite Momente. Diese müssen »von ihm«, also vom Begriff, »zur selbständigen Realität entlassen werden«. Zu denken ist jetzt nicht nur an die schon besprochenen inneren Rollendifferenzierungen von Vater und Mutter, Sohn oder Schwester, sondern auch an die Differenz zu anderen Familien – und an explizite Formulierungen und partiell sogar rechtliche Regelungen der inneren Verfassung der Familien und der äußeren Beziehungen zwischen Familien.

187 Zunächst abstrakt ausgedrückt, gibt dies die Bestimmung der *Besonderheit*, welche sich zwar auf die *Allgemeinheit* bezieht, so daß diese die, aber nur noch *innerliche*, Grundlage und deswegen

auf formelle in das Besondere nur *scheinende* Weise ist. Dies Reflexions-Verhältnis stellt daher zunächst den Verlust der Sittlichkeit dar, oder, da sie als das Wesen notwendig *scheinend* ist (Encykl. der phil. Wiss. § 64 ff. § 81 ff.), macht es die *Erscheinungswelt* des Sittlichen, die *bürgerliche Gesellschaft* aus. (186)

Wir brauchen Kenntnisse der Seins- und Wesenslogik, um den Text zu verstehen: Hegel erklärt zunächst im Vorgriff auf die *res publica*, also auf das Gesamt der öffentlichen Angelegenheiten (z. B. auch des positiven Rechts), dass sich die gesellschaftlichen Relationen zwischen den Familien und zwischen Personen als *besondere* darstellen. Diese beziehen sich implizit immer schon auf die *Allgemeinheit* des staatlichen *Gemeinwesens* insgesamt, ähnlich wie die Familie und das personale Subjekt als *Einzelne* auf die Gesellschaft *und* den Staat.

Das Wort »innerlich« drückt das *Implizite* einer praktischen Form aus, die wir gerade auf die eine oder andere Weise *explizit* zu machen versuchen. Zwar sind individuelle Person und Familie als Einzelne und die Gesellschaft als ein Gesamt besonderer Korporationen, die sich aus freien Vertragsverhältnissen zwischen natürlichen oder institutionellen Personen ergeben, »die Grundlage« des Gemeinwesens. So weit hätte der methodische Individualismus mit seinem Bild vom ›Aufbau‹ einer Gesellschaft der Leute (Georg Vobruba)[76] und damit des ›Leibs des Leviathan‹ oder des Staates aus den Individuen (wie im Frontispiz des Werks von Thomas Hobbes, neuerdings extensiv kommentiert durch Horst Bredekamp) völlig recht. Aber die Vorstellungen von einer Unmittelbarkeit der vertraglichen Relationen der Personen in der Gesellschaft sind bloß formell. Sie sind ein oberflächlicher Schein, wie Hegels lakonische Formel von einer in »das Besondere nur scheinende Weise« sagt.

Indem wir nun aber aus der Sicht des methodischen Individualismus, also des Sozialatomismus wie schon bei Hobbes, auf die Gesellschaft reflektieren, bleibt weder von einem gemeinsamen Ethos in und zwischen den Familien noch im Staat etwas übrig. Von der Sittlichkeit als der inhaltlichen Grundlage des freien Personseins wird abstrahiert. Diese Abstraktion, welche die transzendentale Voraussetzung des *Personseins* in der Gesellschaft übersieht, erzeugt den

76 Georg Vobruba, *Die Gesellschaft der Leute,* Berlin: Springer 2009.

Anschein, es sei die Gesellschaft der Bereich der absolut freien Koordination des Strebens nach subjektivem Sinn, wie man mit Max Webers Anfang von *Wirtschaft und Gesellschaft* eben das ausdrücken könnte, was Hegel hier leicht kryptisch »den Verlust der Sittlichkeit« nennt.

Hegel betont nun freilich auch noch, was er in der Wesenslogik entwickelt, nämlich dass sich jedes Wesen notwendig in der realen Welt und damit im empirischen Einzelnen zeigen muss. Damit sind wir beim Thema des nächsten Abschnitts angelangt, der »Erscheinungswelt des Sittlichen«, welche »die bürgerliche Gesellschaft« und damit das Thema einer reinen Soziologie ist. Es liegt eine gewisse Ironie in der Einsicht, dass jeder bloß erst ›soziologische‹, empirisch-statistische Zugang zur Gesellschaft wegen des methodischen Individualismus nur erst oberflächlich ist. Ohne dass das Problem in seiner Struktur und im Detail genau genug verstanden worden wäre, hat sich der Marxismus auf diese Kritik Hegels am Positivismus zu stützen versucht. Es wird daher wichtig werden, zwischen Fiktion und Wahrheit, Mythos und Wirklichkeit zu unterscheiden, die sich um Hegels Analyse der Seinsweise von Institutionen und damit des Gemeinwesens ranken.

187 Ⓚ Die Erweiterung der Familie als Übergehen derselben in ein anderes Prinzip ist in der Existenz teils die ruhige Erweiterung derselben zu einem Volke, – einer *Nation,* die somit einen gemeinschaftlichen natürlichen Ursprung hat, teils die Versammlung zerstreuter Familiengemeinden, entweder durch herrische Gewalt, oder durch freiwillige von den verknüpfenden Bedürfnissen und der Wechsel-
160 wirkung ihrer Befriedigung eingeleitete Vereinigung. | (186)

Es wäre mehr als vorschnell, Hegels Rede von der »Erweiterung der Familie« im Übergang zur bürgerlichen Gesellschaft als ein Plädoyer für eine kommunitarische Auffassung einer Volksgemeinschaft zu deuten. Denn das absolute Gegenteil ist der Fall. Der falsche Eindruck entsteht nur dadurch, dass es offenbar schwer ist, die Einheit einer institututionelle Rechtsperson und damit des entsprechenden Wir zu begreifen. Das beginnt, wie Hegel zeigt, schon mit der Familie. Der Mangel hat direkte Folgen, wie wir am römischen Familien- und Erbrecht exemplarisch gesehen haben.

Hegel ist als Struktursoziologe bis heute unterschätzt, obwohl man wissen könnte, dass er gerade als solcher den größten Einfluss auf

Engels und Marx (zuvor auch auf Stirner und Feuerbach) und damit auf jede moderne Gesellschaftstheorie hatte.

Das ›Ruhige‹ der Erweiterung zu einer Nation verweist zunächst nur auf die Entwicklung des jüdischen Volkes und den Mythos des Völkervaters Abraham. Implizit mag Hegel aber auch an die prinzipielle Selbstverständlichkeit der empraktischen Übertragung der Formen der Sittlichkeit aus der Binnenerfahrung der Familie auf größere Gemeinschaften denken. Dasselbe sagt die Rede vom »gemeinschaftlichen natürlichen Ursprung« und bezieht sich auf die sittlichen Verhältnisse in einer freien oder von außen veranlassten »Versammlung zerstreuter Familiengemeinden«.

Zweiter Abschnitt: Die bürgerliche Gesellschaft

Ein personales Subjekt mit subjektivem Sinn als Cluster von Intentionen unter personalen Subjekten zu sein, ist, wie Hegel gleich sagen wird, das »Prinzip der bürgerlichen Gesellschaft«. Deren Darstellung als empirisches Phänomen, also in ihren Erscheinungen im Sinne Hegels, ist nach Max Webers einflussreicher Definition in *Wirtschaft und Gesellschaft* das erklärte Ziel der *Soziologie*:

»§ 1 Soziologie … soll heißen: eine Wissenschaft, welche soziales Handeln deutend verstehen und dadurch in seinem Ablauf und seinen Wirkungen ursächlich erklären will. ›Handeln‹ soll dabei ein menschliches Verhalten (…) heißen, wenn und insofern als der oder die Handelnden mit ihm einen subjektiven Sinn verbinden. ›Soziales‹ Handeln aber soll ein solches Handeln heißen, welches seinem von dem oder den Handelnden gemeinten Sinn nach auf das Verhalten *anderer* bezogen wird und daran in seinem Ablauf orientiert ist«.[77]

Diese Definition der Soziologie als Wissen über die *bürgerliche Gesellschaft* ist völlig korrekt. Das Problem ist, dass die Disziplin durch diese ihre Methode auf ein bloßes Teilmoment des sozialen Lebens eingeschränkt ist, nämlich die intentionalen Handlungen von

[77] Max Weber, *Wirtschaft und Gesellschaft. Grundriss der verstehenden Soziologie*, Tübingen: Mohr-Siebeck 1956, S. 3.

Einzelpersonen, welche mit den vermuteten Intentionen der anderen Personen rechnen und auf deren Tun reagieren. Die Beschränkung dieser Perspektive klammert ironischerweise gemeinsame Handlungsformen mit vorgeprägten Rollenverteilungen aus, aber auch alle Institutionen. Diese Reduktion des Themas auf die intentionalen Interaktionen von Personen in der Gesellschaft und die Folgen eines bloß distributionell-kollektiven und damit noch gar nicht wirklich gemeinsamen Handeln wird aber zumeist übersehen. Man meint sogar, die Rede von einem gemeinsamen Wir im Unterschied zu einem bloß kollektiven sei ›metaphysisch‹. Das ist ein tiefer logischer Irrtum mit gravierenden methodologischen und sogar ideologischen Folgen für die Gesellschafts- und Staatswissenschaften.

Daher heben Hegels (zugegebenermaßen schwierige) Formulierungen hervor, dass die Beziehungen der Personen zu anderen in der so verstandenen Gesellschaft *je besondere* sind. Die Formen der Allgemeinheit, aus welcher sich diese Besonderungen ergeben, z. B. das Inhaltsverstehen oder performative Vollzugsformen, werden schon vorausgesetzt. Sie bleiben so unbewusst und unanalysiert.

Wenn wir eine Gesellschaft der Leute als Mengen von Individuen annehmen, ist sogar deren Personalität vorausgesetzt, auf deren Basis allein sie sich nachhaltig kommunikativ und kooperativ zueinander verhalten können. Im Fall des subjektiven Sinns, also einer Intention, sollte z. B. klar sein, dass ihr je empirisch ergriffener Gehalt als *gemeinsam* begreifbarer und ergreifbarer Denk-Inhalt schon *vorausgesetzt* ist. Es kann auch jemand von einer anderen Person nur etwas kaufen oder auch stehlen wollen, wo es die *Praxis des Kaufs* bzw. eine normative *Ordnung des Eigentums* schon gibt. Daher zeigt auch der unmittelbare Folgetext bei Max Weber (a. a. O., S. 5) das Problem einer methodisch bloß empirischen Soziologie:

»1. ›Sinn‹ ist hier entweder a) der tatsächlich α. in einem historisch gegebenen Fall von einem Handelnden oder β. durchschnittlich und annähernd in einer gegebenen Masse von Fällen von Handelnden oder b) in einem begrifflich konstruierten *reinen* Typus von dem oder den als Typus *gedachten* Handelnden subjektiv *gemeinte* Sinn. Nicht etwa irgendein objektiv ›richtiger‹ oder ein metaphysisch ergründeter ›wahrer‹ Sinn. Darin liegt der Unterschied der empirischen Wissenschaften vom Handeln: der Soziologie und der Geschichte, gegenüber allen dogmatischen: Jurisprudenz, Logik, Ethik, Ästhetik, welche an ihren Objekten den ›richtigen‹, ›gültigen‹ Sinn erforschen wollen.«

Wir haben schon gesehen, wie wenig einfach es ist, von wirklichen Absichten im logischen Unterschied zu bloß zugeschriebenen Intentionen zu sprechen. Noch schwieriger (ja, kategorial widersinnig) ist die Rede von (effizienz-)kausalen Erklärungen eines Handelns durch Intentionen oder einen subjektiven Sinn. Kurz: Die transzendentale Konstitution von Sinn und Handlung und eine Kritik der Kausalität fehlt in Webers Ansatz bzw. wird als gegeben vorausgesetzt. Das gilt dann aber auch für die transzendentale Rolle des Kommunitarischen, etwa in der familialen Gemeinschaft, und des Geschichtlichen des Gemeinwesens für allen Inhalt und Sinn. Außerdem fehlt die Unterscheidung zwischen aktualisierbaren Vollzugsformen (mit ihrer inneren Normativität des Richtigen) und zugeschriebenen Formen, mit denen man aus der Beobachterperspektive ein Verhalten ›erklären‹ möchte (mit ihrer hochstufig-spekulativen Form des ›absolut Wahren‹ *sub specie aeternitatis*).

Das Problem betrifft das Verhältnis zwischen empirischen Feststellungen auch statistischer Art und dem Übergang zu generischen Aussagen auch in probabilistischer Form – mit quantitativ gesetzten Wahrscheinlichkeiten und Erwartungswerten. Weber selbst nennt das Problem nur indirekt, indem er über reine Idealtypen spricht. Diese sind in der Tat begrifflich konstruiert. Die offene Frage ist, ob sie *bloß zur Darstellungsform* oder ob ihre Inhalte schon *zur Seins- und Vollzugsform* der Personen und Gemeinschaften im gemeinsamen Handeln gehören. Wir kommen später auf das fundamentale Problem einer bloß empirischen Sozialwissenschaft zurück, deren Idealtypen nur erst *post hoc* konstruiert werden, sozusagen als bloß nachträgliche Ordnung vieler narrativer Konstatierungen von Fakten und Historien, Einzeldaten aus Archiven und Statistiken – und doch den Anspruch kausaler Erklärungen von Geschehen nach dem Muster der Naturwissenschaften erheben, freilich mit dem Zugeständnis, dass es im Einzelhandeln subjektive Intentionen gibt und ein Rechnen mit dem ›Wissen‹ und den ›Absichten‹ der anderen Individuen.

Es ist insbesondere die Aussage fragwürdig, Disziplinen wie Jurisprudenz, Logik, Ethik und Ästhetik, sofern man sie recht versteht, wollten einen »richtigen«, »gültigen«, normativ-allgemeinen Sinn

›erforschen‹. Die Passage gibt dennoch ziemlich genau eine weithin in den Sozial- und deskriptiven Geschichtswissenschaften herrschende Meinung wieder.[78] Man verwechselt dabei fast immer die innere Normativität der Erfüllungen von Bedingungen in der Realisierung von Formen des (gemeinsamen) Handelns mit der äußeren Normativität eines ›moralischen Sollens‹ – was ein gravierender logischer und methodologischer Fehler ist, der Grundfehler des empirischen Historismus.

§ 182

188 Die konkrete Person, welche sich als *Besondere* Zweck ist, als ein Ganzes von Bedürfnissen und eine Vermischung von Naturnotwendigkeit und Willkür, ist das *eine Prinzip* der bürgerlichen Gesellschaft, – aber die besondere Person als wesentlich in *Beziehung* auf andere solche Besonderheit, so daß jede durch die andere und zugleich schlechthin nur als durch die Form der *Allgemeinheit, das andere Prinzip, vermittelt* sich geltend macht und befriedigt. (187)

Es ist eine nicht gewöhnliche Ausdrucksweise zu sagen, dass ich mir Zweck bin oder eine Person sich Zweck ist. Sie steht für eine nicht ganz einfach zu begreifende Beziehung von mir zu mir oder von uns zu uns. Denn ich sorge mich tätig um mich, indem ich mich sozusagen um meine Zukunft, mein Seinkönnen und zukünftiges Sein sorge. Viele Denker haben das begriffen, unter anderen Martin Heidegger in *Sein und Zeit* und mit ihm Ernst Tugendhat in *Selbstbewusstsein und Selbstbestimmung.*[79] Dabei bin ich geradezu »ein Ganzes von Bedürfnissen und eine Vermischung von Naturnotwendigkeit und Willkür«.

[78] Die (implizit polemische) Ausgrenzung der philosophischen Disziplinen aus den ›empirischen‹ (Sozial-)Wissenschaften ist schon deswegen problematisch, weil die Frage, was an deren eigenen begrifflichen Voraussetzungen und idealtypischen Konstruktionen, etwa auch stochastischer Modelle, *richtig* ist und was sie *erklären*, ganz offenkundig keine Frage ist, die man ›empirisch‹, also rein ›historisch‹, beantworten könnte.

[79] Ernst Tugendhat, *Selbstbewusstsein und Selbstbestimmung. Sprachanalytische Interpretationen*, Frankfurt/M.: Suhrkamp 1979, zur Kritik an Dieter Henrich bes. auch Vorl. 2 und 3, zu Heidegger Vorl. 8–10, zu Mead Vorl. 11 und 12, zu Hegel Vorl. 13 und 14, wobei sich allerdings die Kritik am Subjekt-Objekt-Modell, an Hegels, sogar an Marx', vermeintlichem Glauben

§ 183

Der selbstsüchtige Zweck in seiner Verwirklichung, so durch die All- 188
gemeinheit bedingt, begründet ein System allseitiger Abhängigkeit, daß die Subsistenz und das Wohl des Einzelnen und sein rechtliches Dasein in die Subsistenz, das Wohl und Recht Aller verflochten, darauf gegründet und nur in diesem Zusammenhange wirklich und gesichert ist. – (187)

Max Webers subjektiver Sinn muss natürlich kein selbstsüchtiger Zweck sein. Auch ›altruistische‹ Intentionen gehören dazu. Aber wir können zunächst durchaus unterstellen, dass alle meine Sorge um mich als ich-zentrierte, wenn auch nicht immer im negativen Sinn selbstsüchtige Zwecksetzung anzusehen ist. Ihre Verwirklichung ist in der Regel auf diverse Weise »durch die Allgemeinheit bedingt«, z. B. schon dadurch, dass mein gelerntes Wissen verlässlich ist – das ich ja immer der Allgemeinheit verdanke – oder weil, was ich als Ziel verfolge, nur in Koordination mit dem Tun Anderer oder gar nur in einem Leistungsaustausch gemeinsamer Arbeit erreichbar ist. Hegel spricht von einem »System allseitiger Abhängigkeit«. In der Tat zeigt sich gerade in Krisenzeiten, wie eng »das Wohl des Einzelnen und sein rechtliches Dasein« (im Normalfall unbemerkt) mit dem aller

an das Wunder eines geschichtlich notwendigen Fortschritts (S. 354) gegen einen in der Lektüre selbst aufgebauten Pappkameraden richtet und Hegels Gedankengang gerade auch im Vorwurf angeblich totalitärer Tendenzen nicht erfasst ist. Das Buch liefert aber den Rahmen der Gesamtdeutung Heideggers, Meads und Hegels für Jürgen Habermas, besonders in der unmittelbar kopierten, durch nichts belegbaren These, Hegel habe seine »Idee von Brüderlichkeit« nach 1800 »nicht realisiert« (Tugendhat, S. 355; Habermas, *Auch eine Geschichte der Philosophie*, Bd. 2, S. 471, 474, 539 und passim). Hegel, meint Habermas, »verwende die Ausdrücke »Subjekt«, »Person« und »Individuum« meistens synonym« (S. 522). Zusammen mit der Polemik vom besserwisserischen Philosophen wird damit klar, dass schon die Ebene von dessen Analysen nicht angemessen begriffen wird und sich Habermas‹ Rede von einer »subjektphilosopisch erneuerten Metaphysik« und seine Kritik am »pragmatistisch erneuerten Hegelianismus« (S. 523) ebenso wenig halten lässt wie die sich selbst widersprechende Unterstellung, Hegels Philosophie habe keine praktische Bedeutung (S. 526), da alles Gute erst mit sein Schülern und Lesern beginne (S. 559).

anderen Personen verflochten ist – und welche Rolle dabei der Staat als *die* für die Empirie und den *common sense* unsichtbare Hand im Hintergrund spielt.

188 Man kann dies System zunächst als den *äußeren Staat, – Not-* und *Verstandes-Staat* ansehen. (187 f.)

Hegels scheinbare terminologische Unschärfen rühren daher, dass am Anfang immer nur ein vager Gebrauch der Sprache samt allgemeinen Intuitionen aufgegriffen wird und erst nach und nach die Bedeutungsvarianten sinnkritisch ausdifferenziert werden. Hier fasst er das Rahmensystem bloßer *Koordination* ich-zentrierter Zweckverfolgung in der Ökonomie der bürgerlichen Gesellschaft als »Staat« auf und sagt, dass diese ›liberalistische‹ Auffassung den Staat nur als »Not- und Verstandesstaat« begreift, also als später so genannten ›Nachtwächterstaat‹. Dieser liefert bloß erst einen rechtsstaatlichen *Rahmen* für die bürgerliche Gesellschaft mit ihrem rein vertragsgestützen Leistungsaustausch. Es ist der Staat, den der *homo oeconomicus* sich wünscht und den er sozusagen transzendental immer schon anerkennt, präsupponiert.

Kant sagt in diesem Sinne wie Thomas Hobbes: Den Staat braucht auch – besser vielleicht: gerade – ein Volk von Teufeln. Seine Aufgabe besteht dann ›nur‹ im Schutz von Leben, Leib und Eigentum der Einzelnen gegen alle möglichen Angreifer durch Sanktionsdrohungen und mit einer Art Gewaltmonopol. Er ist auch eine ›dritte Instanz‹, welche anstelle der (ihrer Meinung nach) geschädigten Parteien Recht spricht und einen entsprechenden Rechtsbruch auch sanktioniert.

§ 184

188 f. Die Idee in dieser ihrer Entzweiung erteilt den *Momenten eigentümliches Dasein*, der *Besonderheit* – das Recht, sich nach allen Seiten zu entwickeln und zu ergehen, und der Allgemeinheit das Recht, sich als Grund und notwendige Form der Besonderheit, so wie als die Macht über sie und ihren letzten Zweck zu erweisen. – (188)

Es ist immer wieder zu sagen: Hegels (generischer) Gebrauch des Ausdrucks »die Idee« ist neben dem von »der Begriff« vielleicht die unglücklichste unter allen seinen (vielen) terminologischen Entscheidungen, definitorischen Vorschlägen und reflexionslogischen Redeformen. Hier ist die Idee die Gesamtform des (guten individuellen oder gemeinsamen) personalen Lebens im Vollzug, das generische Ich oder Wir im Dasein. Dessen (logische) ›Entzweiung‹ habe ich unter die beiden Titel »Subjekt« und »Person« gebracht. Die ›Entdeckung‹ der Person als explizite Reflexion auf die Normen ihres Ethos – die Arete der Gemeinschaft – ist dabei nach Hegels Diagnose weit älter als die ›Entdeckung‹ (besser: Explikation) des Subjekts, obwohl es sich um die absolut allgemeine und daher fast triviale Tatsache handelt, dass jeder sein Leben als Individuum aus seiner subjektiven Perspektive lebt. Dabei ist weniger die allgemeine Tatsache so bedeutsam als manche Folgen der Reflexion auf sie.

Es ergibt sich erstens die Einsicht in die Notwendigkeit vernünftiger Urteilskraft in der situationellen Anwendung allgemeiner Normen. Zweitens ist die Idee und Praxis der Heiligkeit und Unantastbarkeit des personalen Subjekts zu klären. Drittens bedarf es einer Explikation der Gesellschaft nicht als Menge von Individuen, sondern als schon ›staatlich‹ und ›rechtlich‹ verfasste Koordination des intentionalen Handelns personaler Individuen. Das führt, viertens, zur Notwendigkeit expliziter Reflexion auf den Staat als Gemeinwesen. Diese res publica ist von ihrer Form her ein nicht-distributionelles Wir. Es gehört zur Rahmenstruktur für diverse Formen eines distributionellen Wir. Fünftens ist dann noch die Idee und Form freier kommunitarischer Gemeinden und Familien als Beispiele eines gemeinsamen Wir zu betrachten, neben anderen freien Korporationen in der Gesellschaft.

Ingesamt geht es um die Einsicht in das staatlich organisierte Gemeinwesen als Bedingung der Möglichkeit eines freien Personseins und von größeren Gemeinschaften überhaupt. Hegel setzt die Entwicklung und den Beginn der Anerkennung eben dieser Einsichten als globaler Idee, also als sich real entwickelnde Form des Gemeinwesens im Wesentlichen in die Zeit der Stabilisierung des Imperium Romanum unter Cäsar und Augustus und verbindet diesen Globalisierungsschub mediterraner Kultur mit der Entwicklung des Christentums als einem wesentlichen Moment.[80]

80 Die These, das Christentum sei Ursache des Untergangs des römischen Reiches gewesen, ist zumindest übertrieben, wenn nicht völlig falsch.

Aufgrund der »Trennung« der Perspektive des personalen Subjekts von der bloß konventionellen städtischen oder nationalen Regional-Tugend sowohl der älteren hellenisch-römischen als auch jüdischen Tradition entsteht zunächst die Idee und Praxis einer bürgerlichen Gesellschaft der subjektiv-intentionalen Handlungen und ›sozialen‹ Interaktionen. Man braucht, wie gesagt, den Staat als Sicherungsrahmen. Daher erscheint es dem Liberalismus bis heute so, als hätten die besonderen und einzelnen Personen unmittelbar das Recht, »sich nach allen Seiten zu entwickeln und zu ergehen«. (Christoph Menkes *Kritik der Rechte* findet hier seinen Angriffspunkt.) Das Gemeinwesen reduziert sich dabei auf die Sicherung der Freiheiten »der Besonderheit«, wie sich Hegel durchaus passend ausdrückt. Die Folge ist die Vernachlässigung des Allgemeinen, gerade auch in der reflektierenden Explikation.

Aufgrund des Monopols der Sanktionsgewalt hat der Staat dennoch auch im Liberalismus Macht über die Einzelnen – zumal er das Eigentums- und Vertragsregime in der bürgerlichen Gesellschaft durch seine Sanktionspraxis allererst stabil macht. Beim ersten Lesen ist daher unklar, was es heißen soll, dass er sich auch als Macht über »ihren letzten Zweck« erweisen soll. Jedenfalls ist es das Eigentums- und Vertragsregime, das hier als letzter Staatzweck des Liberalismus genannt ist.

189 Es ist das System der in ihre Extreme verlornen Sittlichkeit, was
das abstrakte Moment der *Realität* der Idee ausmacht, welche hier
nur als die *relative Totalität* und *innere Notwendigkeit* an dieser
161 äußern *Erscheinung* ist. | (188)

Die zunächst kryptische Formulierung besagt das Folgende: Die beiden Extreme, welche die Idee einer personalen Welt auf eine bloße bürgerliche Gesellschaft reduzieren, sind die Einzelindividuen als je präsentische Subjekte (solange sie leben) mit ihren je besonderen Intentionen bzw. ihrem ›subjektiven Sinn‹ im Verhalten und Handeln auf der einen Seite, der Staat auf der anderen. Dabei ist der Staat für die Interaktionen in der Gesellschaft sozusagen ein impliziter, aber fester institutioneller Rahmen. Wegen dieser Implizitheit fällt er partiell aus dem Blick einer rein empirischen Soziologie heraus, da diese nur das äußere und innere (d. h. die Intentionen bildende bzw. den subjektiven Sinn vermeintlich selbst entwerfende) *Tun der persona-*

len Subjekte, auch der politisch Mächtigen und der ›Untertanen‹, zum Thema macht. In dieser atomistischen Perspektive erscheint der Staat, wie bei Hobbes, als impliziter Vorvertrag zum Schutz von Leben, Eigentum und aller besonderen Verträge.

Das Ethos und die Sittlichkeit des gemeinsamen Lebens, damit der Geist oder Daimon des Heraklit – ich erinnere noch einmal an Frgm. 119 »ēthos anthrōpō daimōn« –, sind in dieser Idee und Praxis gewissermaßen von der Bildfläche verschwunden und in diesem Sinn verloren gegangen.

Hegel deutet dementsprechend das Christentum als ein Unternehmen der Restitution des Geistes in der durchaus schon bürgerlichen und damit partiell geistlos gewordenen Gesellschaft des Imperium Romanum – geplant und organisiert weit eher durch den selbsternannten ›Apostel‹ Paulus in der jüdischen Diaspora als durch die Gemeinde der Judenchristen in Jerusalem um Jakobus und Petrus.

Strukturell aber gilt, dass in einer Gesellschaft der Leute mit jeweils bloß subjektivem Sinn nur das abstrakte Moment des Personseins als »Realität der Idee« erhalten bleibt. Es entsteht nur eine »relative Totalität«. Die gesamte Konstitutionsform der Person, für die auch nach Ferdinand Tönnies die Gemeinschaft, also ein kommunitarisches Ethos in Familie, Erziehung, Religion, Kunst, Wissenschaft und Bildung verantwortlich ist, verschwindet als »innere Notwendigkeit« oder bloß implizite Bedingung der Möglichkeit der »äußeren Erscheinung« der Gesellschaft hinter einer bloß narrativen *historia* von Berichten *post hoc* und einer vagen Vorstellung von *kausalen Erklärungen* des Handelns der Einzelsubjekte auf der Grundlage von psychologischen Intentionen, dem subjektiven Sinn Max Webers.

§185

Die Besonderheit für sich, einerseits als sich nach allen Seiten aus- 189
lassende Befriedigung ihrer Bedürfnisse, zufälliger Willkür und subjektiven Beliebens, zerstört in ihren Genüssen sich selbst und ihren substantiellen Begriff; andererseits als unendlich erregt, und in durchgängiger Abhängigkeit von äußerer Zufälligkeit und Willkür, so wie von der Macht der Allgemeinheit beschränkt, ist die Befriedigung des notwendigen, wie des zufälligen Bedürfnisses zufällig. (188)

Die Texte sind viel zu dicht, als dass man sie schnell lesen könnte. Meine Exkurse versuchen, diese Geschwindigkeit abzubremsen – und die relevanten, auch impliziten Bezüge explizit herzustellen.

Wenn jede Einzelperson immer nur ihre Intentionen verfolgt, im Blick auf die Befriedigung der eigenen Bedürfnisse, aber auch auf die guten Gefühle, die sich einstellen, wenn sie moralisch oder altruistisch zu sein meint, dann wird am Ende der ›substantielle Begriff‹ des Personseins zerstört. Das ist so, weil in den genannten zwei Formen »subjektiven Beliebens« von den transzendental vorausgesetzten Substrukturen des kommunitarischen Ethos und des rechtlichen Gemeinwesens abgesehen wird. Als *homo rationalis*, der die Verfolgung seiner Interessen gerade auch im sozialen Handeln optimiert, indem ich auch die vermuteten Intentionen der Anderen und ihr bisheriges Verhalten mitberechne, bin ich in »durchgängiger Abhängigkeit von äußerer Zufälligkeit und Willkür«. Das heißt, die Anderen sind für mich nur Umwelt. Es gibt kein gemeinsames Handeln. Es entstehen nur irgendwelche Ergebnisse oder Folgen eines kollektiven Verhaltens *post hoc*. – Das gerade führt zum hobbesianischen Bild des Kampfes ›aller gegen alle‹ nicht nur in einem kontrafaktisch imaginierten Urzustand, sondern in einer Vertragsgesellschaft, wie sie durch die »Macht der Allgemeinheit« des Staates schon beschränkt ist: Aufgrund des Mangels an kommunitarischem Vertrauen des *homo oeconomicus* (dieser Mangel ist Teil seiner Definition), sind seine Kooperationen und ist seine Kommunikation defizitär.

189 Die bürgerliche Gesellschaft bietet in diesen Gegensätzen und ihrer Verwickelung das Schauspiel eben so der Ausschweifung, des Elends und des beiden gemeinschaftlichen physischen und sittlichen Verderbens dar. (188)

Hegel skizziert hier in ganz wenigen verbalen Strichen die Überlegungen im *Leviathan* von Thomas Hobbes – mit einer Art Seitenblick auf den so genannten Untergang des Römischen Reiches, wo er von dem physischen und sittlichen Verderben spricht, das beiden, der ›Ausschweifung‹ der Reichen und Mächtigen und dem ›Elend‹ der Armen und Sklaven, gemeinsam ist. Hegel modifiziert dabei aber die Gesamtsicht auf grundlegende Weise: Es ist nicht der Naturzustand, sondern eine reine liberalistisch verfasste »bürgerliche Gesellschaft«, welche »das Schauspiel ebenso der Ausschweifung und des Elends«

darbietet. (Die Frage nach der geschichtlichen Korrektheit der Erzählungen, die Hegel zur Illustration seiner Analysen heranzieht, braucht uns hier nicht näher zu interessieren.)

Die selbstständige Entwicklung der Besonderheit (vergl. § 124 Anm.) ist das Moment, welches sich in den alten Staaten als das hereinbrechende Sittenverderben und der letzte Grund des Untergangs derselben zeigt. (188 f.) 189 Ⓚ

Hegel selbst bestätigt meine Interpretation und Bezugnahme. Zunächst verweist er zurück auf den § 124, wo es in der Anmerkung gerade um die Ambivalenz der weltgeschichtlichen Entwicklung der Idee und Praxisformen selbstbewusster Subjektivität um die Zeit des Augustus und damit zu Beginn unserer Zeitrechnung geht. Außerdem spricht er explizit von »den alten Staaten« und einem »hereinbrechenden Sittenverderben«, das er als »letzten Grund des Untergangs derselben« ansieht – was ich als Rückverweis auf die Geschichte lese, die uns Gibbon vom Untergang des Römischen Reiches erzählt,[81] aber auch in Bezugnahme auf den Untergang der griechischen Stadtstaaten, zunächst in der Zeit der Makedonenherrschaft und dann noch einmal in der römischen Republik.

Diese Staaten, teils im patriarchalischen und religiösen Prinzip, teils im Prinzip einer geistigern, aber einfachern Sittlichkeit, – überhaupt auf *ursprüngliche* natürliche Anschauung gebaut, konnten die Entzweiung derselben und die unendliche Reflexion des Selbstbewußtseins in sich nicht aushalten, und erlagen dieser Reflexion, wie sie sich hervorzutun anfing, der Gesinnung und dann der Wirklichkeit nach, weil ihrem noch einfachen Prinzip die wahrhaft unendliche Kraft mangelte, die allein in derjenigen Einheit liegt, welche den *Gegensatz* der Vernunft *zu seiner ganzen Stärke auseinandergehen* läßt, und ihn überwältigt hat, in ihm somit sich erhält, und *ihn in sich zusammenhält.* – (189) 189 Ⓚ

Es ist nicht sicher zu sagen, woran Hegel hier denkt und ob seine tiefenstrukturelle Diagnose der Probleme der griechischen Stadtstaaten Hand und Fuß hat oder oberflächliche These bleibt. – Die

81 Edward Gibbon, *The Decline and Fall of the Roman Empire*, with an Introduction by Hugh Trevor-Roper, 3 vols., New York: Everyman's Library / Random House, 1993.

Diagnose lautet: Diese Staaten hatte eine teils patriarchalisch-aristokratische Form der Väter oder Patrizier, wie prototypisch im alten Rom oder Sparta, oder sie folgten einem religiösen Prinzip, genauer, einer sich auf Tabus oder strikte Regeln der Sitte stützenden Theokratie wie im alten Israel.

Es gab aber auch schon Gemeinwesen, die sich auf eine ›geistigere Sittlichkeit‹ gründeten wie Athen, die aber noch recht ursprünglich auf scheinbar natürlichen Ansichten über das Gute aufruhten. Sie alle konnten die »Entzweiung« der Idee des Guten in den vielen verschiedenen Positionen, Einsichten und Fähigkeiten der unterschiedlichen Personen nicht aushalten, gerieten also in die üblichen Kooperationsprobleme, wie sie entstehen, wenn viele Personen interagieren. Sie kamen also alle mit der Notwendigkeit einer unendlichen Reflexion, wie sie jedes kollektive Selbstbewusstsein einer Wir-Gruppe und einer vollen Person braucht, schlicht nicht zurecht. Man braucht diese, um den Perspektivenwechsel von einer Person zur anderen zu berücksichtigen, wozu aber auch ein gewisses Grundvertrauen nötig ist und sogar eine gewisse gelassene Robustheit gegen Einsprüche, Widersprüche, Dissens, partiell sogar gegen unrechtes Handeln.

Man erliegt der unendlichen Reflexion des Selbstbewusstseins typischerweise dann, wenn man selbstgerecht urteilt. Das ist ein Problem der Gesinnung. Man erliegt ihr der Wirklichkeit nach, wenn jeder im Kampf der Meinungen, der religiösen oder politischen Überzeugungen, seine eigene besondere ›Wahrheit‹ als einzige anerkennt – mit der Folge, dass viele große Männer in Politik und Religion ein Schicksal der Verbannung, Ermordung oder Hinrichtung erwartete.

Es bedarf einer »wahrhaft unendlichen Kraft«, die Gegensätze der Vernunft, also des freien Urteilens und Handelns in freier Kooperation mit allen Widersprüchen und allem Dissens, so zu ertragen und zu managen, wie es in einer guten Familie auch immer notwendig ist. Hier freilich sind die Dinge viel einfacher, weil zunächst nur zwei Personen ein gutes Dissens-Management (so auch immer Christoph Hubig) zu etablieren haben. Aber das ist schon schwer genug. Die Kraft, die es nach Hegel braucht, muss also sozusagen Gegensätze so bewältigen, dass insgesamt eine vernünftige Einheit im gemeinsamen Urteilen und Handeln entsteht. Und das heißt insbesondere, dass es reichen muss, wenn wir eine gute gemeinsame Richtung verfolgen.

Perfektion ist dabei nicht zu erwarten. Wir müssen daher zwischen oberflächlichen und wesentlichen Unterscheidungen bzw. Unterschieden unterscheiden können.

Plato in seinem Staate stellt die substantielle Sittlichkeit in ihrer idealen *Schönheit* und *Wahrheit* dar, er vermag aber mit dem Prinzip der selbstständigen Besonderheit, das in seiner Zeit in die griechische Sittlichkeit herein gebrochen war, nicht anders fertig zu werden, als daß er ihm seinen nur substantiellen Staat entgegenstellte und dasselbe bis in seine Anfänge hinein, die es im *Privat-Eigentum* (§ 46 Anm.) und in der *Familie* hat, und dann in seiner weiteren Ausbildung als die eigene Willkür und Wahl des Standes u. s. f., ganz ausschloß. Dieser Mangel ist es, der auch die große *substantielle* Wahrheit seines Staates verkennen und denselben gewöhnlich für eine Träumerei des abstrakten Gedankens, für das, was man oft gar ein *Ideal* zu nennen pflegt, ansehen macht. (189) 189 f. Ⓚ

Schon Platon reagiert auf das Problem des Untergangs des athenischen Seereiches im Peloponnesischen Krieg, wobei seine Diagnose der Ursachen auf die Mängel der Institutionen der Stadt verweisen. Platon versucht, ein Modell zu entwerfen für eine ideale Verfassung von Staat und Gesellschaft (mit Erziehung, Bildung und Wissenschaft) und parallel dazu das eines dazu passenden Charakters (der Psyche) einer vollen Person. Hegel sieht sehr klar, woran er scheitert. Obwohl Platon Sokrates als seinen Lehrer stilisiert, kommt er gerade damit nicht zurecht, wofür Sokrates und sein Freund Euripides stehen, nämlich das »Prinzip der selbständigen Besonderheit«, das Recht des Subjekts, auch gegen eine schematisierte Arete. Sie pochen auf freie Urteilskraft – und versuchen so unter anderem, auch einem schwierigen Genie wie z. B. dem Alkibiades Gerechtigkeit widerfahren zu lassen. Platon ist dazu offenbar weniger bereit. Aber er erkennt, was sich schon unter Perikles gezeigt hat, nämlich, dass stabile Institutionen stabile Leitungspersonen brauchen: Eine nachhaltige Institution hat eben die hierarchische Form einer Pyramide.

Es ist damit das Doppelprinzip des ›Rechts der Subjektivität‹ und der ›Freiheit des personalen Individuums‹ in Platons Zeit »in die griechische Sittlichkeit hereingebrochen«. Praktisch zeigen das die Schulen der Kyniker (von Antisthenes und Diogenes her), der Skeptiker (von Pyrrho bis Sextus Empiricus), der Epikuräer (mit Aristipp als Vorläufer Epikurs) und sogar die wirkmächtige Stoa nach Zenon von Kition. Platon liefert bloß erst eine politik*wissenschaftliche* Deutung des Erbes des Sokrates. Dabei bekämpft er das Subjektivitätsprinzip sozusagen frontal. Er lehnt z. B. in geradezu reaktionärem Rückgriff auf die Allmende bzw. den elitären Quasi-Kommunismus Spartas (mit dauernder Gleichverteilung des Landes) alles Privateigentum ab, wie schon im § 46 Anm. gesagt wurde.

Ich beurteile Platons Vorschlag zur Auflösung der Familie zwar weniger hart als Hegel. Aber man kann ihn durchaus als Rückschritt in spartanische Verhältnisse deuten, wenn auch ohne Heloten und Sklaven. Im Interesse der Solidarität aller Bürger der Stadt will Platon in der *Politeia* jeden Nepotismus unmöglich machen. Die Bevorzugung von Kindern und Verwandten soll dadurch ausgeschlossen werden, dass niemand seine Eltern bzw. Nachkommen kennt. Hegel sieht auch den riesigen inneren Widerspruch gerade der *Nomoi*, da hier im Namen von Autarkie und Sittlichkeit jedes freie Ethos mit Füßen getreten – und am Ende sogar das Lebenswerk des Sokrates geradezu verraten wird: Freie Lehrer werden im Staat der Nomoi sozusagen aussortiert oder interniert.

190 Ⓚ Das Prinzip der *selbstständigen in sich unendlichen Persönlich-*
keit des Einzelnen, der subjektiven Freiheit, das innerlich in der
162 *christlichen* Religion und äußerlich | daher mit der abstrakten Allge-
meinheit verknüpft in der *römischen* Welt aufgegangen ist, kommt in jener nur substantiellen Form des wirklichen Geistes nicht zu seinem Rechte. (189 f.)

Es ist nachgerade ein Skandal, dass man Hegels Einsicht gerade auch in die welthistorische Rolle des Christentums als bloße Meinung abtut – häufig ohne zu wissen, was er inhaltlich sagt: Das Christentum stellt nach Hegel die »unendliche Persönlichkeit des Einzelnen« und damit die »subjektive Freiheit« in den Mittelpunkt seiner Lehre. Diese ›innerliche‹ Lehre ist sozusagen notwendiger Kontrast zur ›äußerlichen‹ frühbürgerlichen Gesellschaft der römischen Welt, die als solche weit ›moderner‹ und ›globaler‹ war, als wir es uns heute zumeist vorstellen (hierin stimme ich übrigens Luca Illeterati vollkommen zu).

190 Ⓚ Dies Prinzip, ist geschichtlich später als die griechische Welt,

und ebenso ist die philosophische Reflexion, die bis zu dieser Tiefe hinabsteigt, später als die substantielle Idee der griechischen Philosophie. (190)

Der Gedanke der zeitallgemeinen Person, die ich gewesen sein werde, wie sie auf mythische Weise als ›Unsterblichkeit der Seele‹ sich verbreitet, ist ebenso hellenistisch wie das sich gegen eine kollektive Arete langsam durchsetzende Subjektivitätsprinzip. Die »philosophische Reflexion, die bis zu dieser Tiefe hinabsteigt«, ist also später als die klassische griechische Philosophie Platons. Dessen Lehre von einer ewigen Seele ist eine rein funktionale ›fromme Lüge‹ zum Erhalt einer kommunitarisch-kommunistischen Gemeinschaft.

Die beginnende Wissenschaft bei Aristoteles und dann auch bei Theophrast, Euklid in Alexandria oder bei Archimedes in Syrakus behandelt zum Teil andere Themen, zum Teil betrachtet Aristoteles Gesellschaft und Staat mit den gleichen Augen wie die Zoologie und Botanik, d. h. rein ethologisch, als reiner Verhaltenswissenschaftler, und damit auf ›moderne‹ Weise. Das Problem ist, dass in dieser ›wissenschaftlichen‹ Haltung einer Betrachtung auch der staatlichen Institutionen ›von der Seite‹ die Rollen und Perspektiven der personalen Subjekte ausgeblendet bleiben – bis auf ihren nur erst subjektiven Sinn, genauer: ihre in der Theorie hypothetisch rekonstruierten ›Motive‹. Als Folge dieser Entwicklung, die im Grunde in der Trennung von Wissenschaft und Ethik besteht und das praktische Wissen auch über Staat, Gesellschaft und Person einer Art Volksphilosophie (wie der Stoa oder dem Christentum) überlässt, ist das Prinzip der individuellen Freiheit »geschichtlich später als die griechische Welt«. Diese endet ja fast schon mit Alexander dem Großen, spätestens aber mit der römischen Eroberung Griechenlands und Makedoniens unter Aemilius Paullus (168 v. Chr.).

§ 186

Aber das Prinzip der Besonderheit geht eben damit, daß es sich für 190
sich zur Totalität entwickelt, in die *Allgemeinheit* über, und hat allein in dieser seine Wahrheit und das Recht seiner positiven Wirklichkeit. Diese Einheit, die wegen der Selbstständigkeit beider Prinzipien auf diesem Standpunkte der Entzweiung (§ 184) nicht die sittliche Identität ist, ist eben damit nicht als *Freiheit*, sondern als *Notwendigkeit*,

daß das *Besondere* sich zur *Form der Allgemeinheit* erhebe, in dieser Form sein Bestehen suche und habe. (190)

Indem »das Prinzip der Besonderheit« zur allgemeinen Lebensform der Privatperson wird, prägt es die gesamte Gesellschaft und den Staat und wird zur allgemeinen Form des Gemeinwesens in seiner äußeren Wirklichkeit. Wegen der Trennung der Gesellschaft der Privatleute vom Staat, also im »Standpunkt der Entzweiung«, gibt es keine Identifizierung der Bürger mit dem politischen System. Im Gegenteil. Es werden die ›Zöllner‹ und ›Steuereintreiber‹ wie in den Geschichten des Neuen Testaments geradezu als Volksfeinde angesehen. Schon moderate Anerkennungen staatlicher Macht gelten als Verrat. Damit wird das Gemeinwesen gerade nicht als Schutzmacht der Freiheit begriffen, sondern bestenfalls als Notwendigkeit geduldet. Das gilt für religiöse Partikularisten nicht anders als für private Händler oder für Latifundien- oder Manufakturbesitzer. Der liberale Bourgeois ist am Staat, seinem Militär und Rechtssystem und seiner Polizei und Administration nur insoweit interessiert, als er seine Interessen wahrnimmt und dabei möglichst wenig an Steuern beitragen muss. Es entsteht zugleich eine geistige Leere, ähnlich wie im intellektuellen Nihilismus des ausgehenden 19. Jahrhunderts. Auf sie antwortet die Gemeinde-Idee des paulinischen Christentums.

§ 187

191 Die Individuen sind als Bürger dieses Staates *Privatpersonen*, welche ihr eigenes Interesse zu ihrem Zwecke haben. (190)

Der Bourgeois ist Privatperson mit rein eigenem Interesse. Das Allgemeine, das Gemeinwesen, soll dieser Besonderheit, den Privatinteressen einer Klasse von Privilegierten, schlicht dienen.

191 Da dieser durch das Allgemeine vermittelt ist, das ihnen somit als *Mittel erscheint*, so kann er von ihnen nur erreicht werden, insofern sie selbst ihr Wissen, Wollen und Tun auf allgemeine Weise bestimmen, und sich zu einem *Gliede* der Kette dieses *Zusammenhanges* machen. (190)

Hegels logische Abstraktion, die mit den allgemeinen Verhältnissen von Allgemeinheit, Besonderheit und Einzelheit – also auch Gemeinwesen, Gesellschaft und personalem Individuum – operiert, ist strukturell für die Logik der Darstellung ebenso bedeutsam wie die

Logik des Seins oder Vollzugs selbst. Verständnisprobleme entstehen, wenn von der Vermittlung des Besonderen durch das Allgemeine gesprochen wird. Hier geht es darum, dass das Allgemeine bzw. Gemeinwesen den besonderen Privatleuten bloß »als Mittel erscheint« – um ihre rein subjektiven Interessen, ihren subjektiven Sinn zu verfolgen. In Wahrheit ist das Gemeinwesen Bedingung der Möglichkeit eben dieser Freiheit und Voraussetzung des Personseins, damit auch der allgemeinen Inhalte aller konkreten Intentionen.

Ich hatte oben schon mehrfach betont, was Hegel jetzt auch noch einmal hervorhebt: All unser »Wissen, Wollen und Tun« ist in seinem Inhalt »auf allgemeine Weise« bestimmt. Das heißt, jeder Inhalt eines Gedankens und seiner Repräsentationen, jedes Nachdenken über Möglichkeiten, auch unser zukünftiges Seinkönnen, sind längst schon vermittelt durch allgemeines Wissen. Wirklich unmittelbare Intentionen wären nur erst präsentische Begehrungen, wie sie auch Tiere haben können. Das Problem, das wir mit dem methodischen Individualismus haben sollten, besteht also darin, dass auf eine genaue Reflexion und Explikation der längst schon ›gemeinschaftlichen‹ Verfassung jedes (subjektiven) Sinns verzichtet wird. Dessen Inhalt wird einer Psychologie überlassen, die methodisch zwischen mikrosoziologischen Formen personalen Lebens und (neuro-)physiologischen Erklärungen von Empfindungen und Verhaltensweisen gar nicht unterscheiden kann (bzw. will). Gerade darin besteht die Gefahr, den Liberalismus eines freien Kampfes ums Dasein ideologisch durch die Ansicht zu unterstützen, Intentionen seien im Grunde formgleich zu ›natürlichen‹ animalischen Begierden.

Das Interesse der Idee hierin, das nicht im Bewußtsein dieser Mit- 191
glieder der bürgerlichen Gesellschaft als solcher liegt, ist der *Prozeß*, die Einzelnheit und Natürlichkeit derselben durch die Naturnotwendigkeit eben so als durch die Willkür der Bedürfnisse, *zur formellen Freiheit* und formellen *Allgemeinheit des Wissens und Wollens* zu erheben, die Subjektivität in ihrer Besonderheit zu *bilden*. (190 f.)

Die Leute als bloße personale Individuen sind zunächst nur »Mitglieder der bürgerlichen Gesellschaft« und betrachten sich selbst in unmittelbaren intentionalen Relationen zueinander so wie eine methodisch atomistische Soziologie, welche rein subjektive Präferenzen als Ursachen sozialen Verhaltens ansieht bzw. hypothetisch zu rekonstruieren versucht. Dabei ist den Leuten nicht bewusst, und sie verspüren auch kein Interesse daran zu wissen, was ihre eigenen Formen subjektiver Sinnsuche und Sinngebung und ihr Handelnkönnen allererst ermöglicht.

Wie der religiöse Fromme mit Gott als dem Schöpfer der menschlichen Geistseele sein Denken beendet und sich mit den entsprechenden Voraussetzungen zufriedengibt, überlässt die empiristische Soziologie alle weiteren ›Erklärungen‹ einer *genealogischen Evolutions- und Verhaltenshistorie*, ohne sich ausreichend um die *politischen Voraussetzungen* und *methodischen Ordnungen* des *Personseins* und damit des individuellen und gemeinsamen *Handelns* zu kümmern. Dabei hatte schon Kant an Herders genealogischen Erzählungen das präsuppositionslogische Problem solcher ›Erklärungen‹ klar benannt. Hegel sagt dazu auf seine obskure Weise, es sei das »Interesse der Idee«, sich nicht mit derartigen Oberflächlichkeiten eines theologischen Schöpfungsmythus oder einer bloß narrativen evolutionären Anthropologie und Psychologie zufrieden zu geben. Das heißt, es ist *unser* Interesse. Das ist es jedenfalls so weit, wie wir *selbstbewusst* mit unseren eigenen personalen Praxisformen unter Einschluss unseres Verstehens und Wissens umgehen und das Verstehen verstehen und auf das Wissen als solches wissend reflektieren wollen.

Angewendet auf die Formen personaler Interaktionen in der bürgerlichen Gesellschaft, also des sozialen Handelns im Sinn von Max Weber, ergibt sich, dass man nur wenig nachdenken muss, um das Folgende einzusehen: Zur Erklärung des Verhaltens der Einzelpersonen müssen die Naturnotwendigkeiten ebenso berücksichtigt werden wie die Willkür der Sinnbestimmungen in formeller Freiheit – und wie sich dabei eine formelle »Allgemeinheit des Wissens und Wollens« in einer Wir-Gruppe ergeben soll. Hegel schildert hier mit anderen Worten gerade das Programm einer Soziologie im Sinne Max Webers, aus der Subjektivität der Einzelnen heraus die Besonderheiten ihres sozialen Handelns *in der Gesellschaft* und die sich aus der Koordinierung des intentionalen Handelns der Einzelnen ergebenden kollektiven Strukturen zu ›erklären‹. Der Unterschied ergibt sich daraus, dass Hegel auch noch, wie später Ferdinand Tönnies (den Weber gut kennt, aber nicht eigentlich in seine Soziologie einbaut), auf die *schon vorausgesetzte Bildung zur Person* (nämlich in kommunitarischen Gemeinschaftsstrukturen und im Gemeinwesen) aufmerksam macht.

Es hängt mit den Vorstellungen von der *Unschuld* des Naturzu- 191 Ⓚ
standes, von Sitteneinfalt ungebildeter Völker einerseits und andererseits mit dem Sinne, der die Bedürfnisse, deren Befriedigung, die Genüsse und Bequemlichkeiten des partikulären Lebens u. s. f. als *absolute* Zwecke betrachtet, zusammen, wenn die *Bildung* dort als etwas nur *Äußerliches*, dem Verderben Angehöriges, hier als bloßes *Mittel* für | jene Zwecke betrachtet wird; die eine wie die andere 163
Ansicht zeigt die Unbekanntschaft mit der Natur des Geistes und dem Zwecke der Vernunft. (191)

Naive Leute meinen, Bildung sei nur etwas Äußerliches. Es gehe ohnehin nur um instrumentelles Wissen. Wenn sie religiös gläubig sind, glauben sie sogar, dass Bildung den Charakter und jede Frömmigkeit verderbe. Aber auch ein liberalistischer Pragmatismus und eine Soziologie als bloße Sozialtechnik der kleinen Manipulationen wie in der Vorstellung Karl Poppers fasst Wissen als bloßes Mittel für willkürliche Zwecke auf. Der Banause wie der Bourgeois, aber auch der rein historische Soziologe zeigt damit eine gewisse Ahnungslosigkeit in Bezug auf die Bedingungen der Möglichkeit, überhaupt ein geistiges Wesen mit subjektivem Sinn zu sein – und welche Rolle dabei die der Form nach kommunitarischen Bildungs- und Wissenschaftsinstitutionen spielen.

Der Geist hat seine Wirklichkeit nur dadurch, daß er sich in 191 Ⓚ
sich selbst entzweit, in den Naturbedürfnissen und in dem Zusammenhange dieser äußern Notwendigkeit sich diese Schranke und Endlichkeit gibt, und eben damit, daß *er sich in sie hinein bildet*, sie überwindet und darin sein *objektives* Dasein gewinnt. (191)

Zuzugeben ist freilich, dass es Geist und Vernunft nur gibt in der Spannung zwischen präsentischem Subjekt und gebildeter Person, also dem Vollzug im Dasein und in komplexen inhaltlichen Selbst- und Weltbezugnahmen. Das leibliche Subjekt ist dabei den Naturbedürfnissen unterworfen, bildet sich aber sozusagen in die natürlichen und sozialen Gegebenheiten hinein und überwindet sie im Denken des Möglichen. Damit gewinnen Geist und Freiheit objektives Dasein.

Der Vernunftzweck ist deswegen weder jene natürliche Sitten- 191 f. Ⓚ
einfalt, noch in der Entwickelung der Besonderheit die Genüsse

als solche, die durch die Bildung erlangt werden, sondern daß die *Natureinfalt*, d.i. teils die passive Selbstlosigkeit, teils die Rohheit des Wissens und Willens, d.i. die *Unmittelbarkeit* und *Einzelnheit*, in die der Geist versenkt ist, weggearbeitet werde und zunächst diese seine Äußerlichkeit die Vernünftigkeit, *der sie fähig ist*, erhalte, nämlich *die Form der Allgemeinheit, die Verständigkeit.* (191)

Das, worauf Bildung als Entwicklung eines vernünftigen Selbstwissens abzweckt, sind nicht bloß schematische Anleitungen zum verständig-rationalen Verhalten, schon gar nicht eine Restitution einer »natürlichen Sitteneinfalt« oder gar eine bloße Kultivierung subjektiver Genüsse eines geistigen Gourmets. *L'art pour l'art* ist für Kunst und Wissenschaft keine gute Idee. Aber auch jede bloß funktionale Indienstnahme für irgendeine konkrete Politik, traditionale Ethik oder effektive Ökonomie ist als zu eng abzulehnen. Es geht darum, die geschilderte Unmittelbarkeit, Hegel spricht sehr schön von »Natureinfalt«, ›wegzuarbeiten‹ und so zu überwinden. Als Momente dieser Natureinfalt nennt er interessanterweise »die passive Selbstlosigkeit« der religiösen Naivität, gemäß welcher sich das Subjekt unmittelbar als Mitglied der großen Familie der Kinder Gottes wähnt. Hegel nennt aber auch andere Formen der »Roheit des Wissens und Willens«, z. B. die falsche Vorstellung von einem unmittelbaren Zugang zu den Inhalten meines eigenen Denkens und Wollens.

Zustimmung erhält das Projekt einer empirischen, also historisch erzählenden und statistisch beobachtenden, Soziologie von Hegel nur insofern, als sich jede Reflexion auf Inhalte in der Tat um die Äußerlichkeiten des realen Tuns kümmern muss, das aber nicht (nur) in behavioraler Deskription und einer (re-)konstruierten Narration. Verlangt ist eine transzendentallogisch versierte, hermeneutische *Phänomenologie des Geistes* – und das heißt, der *Explikation* der geschichtlich von uns entwickelten *Formen* des *Gemeinwesens* überhaupt. Die Verwandtschaft mit den Neuansätzen bei Husserl und Heidegger ist natürlich bewusst hervorgehoben. Allerdings kennt Husserl Hegel praktisch gar nicht und Heidegger versteht ihn kaum, erkennt aber wohl doch genauer als etwa Habermas die Ähnlichkeit von Zielrichtung und Analyseprogramm.

192 Ⓚ Auf diese Weise nur ist der Geist in dieser *Äußerlichkeit* als solcher *einheimisch* und *bei sich.* (191)

Immer wieder betont Hegel in seinen Schriften, dass es uns in einer selbstbewussten Wissenschaft und Philosophie darum geht, in unserem eigenen Denken und Handeln, zuvor schon im Wissen und Erkennen, *heimisch* zu werden, es also als *unser* Wissen und Können, als *eigenes* personales Dasein und Sein zu begreifen. Das geht nur, indem wir das Innere, also das *Implizite*, bloß Empraktische, auf angemessene Weise *explizit* machen. Transzendentale Phänomenologie ist daher in der Tat umsichtige *Explikation wesentlicher Formen inhaltlich bestimmten Denkens und Handelns.* Dabei ist die Einsicht zentral, dass Bedeutungen selbst konstituiert sind durch reproduzierbare äußere Formen und eine komplexe Praxis der Beurteilung von inhaltlichen Äquivalenzen unter Aufhebung bloß äußerlicher Unterschiede und ›Widersprüche‹. Nur so gelangen wir, wie Hegel in der Begrifslogik zeigt, zu gemeinsamen Inhalten und über diese allein zu einer Objektivität.

Seine Freiheit hat so in derselben ein Dasein, und er wird in die- 192 Ⓚ
sem seiner Bestimmung zur Freiheit *an sich* fremden Elemente *für sich,* hat es nur mit solchem zu tun, dem sein Siegel aufgedrückt, und von ihm *produziert* ist. – (191 f.)

Die Freiheit des Geistes ist die Freiheit deines und meines inhaltlichen Denkens. Handeln ist praktisch umgesetztes Denken. Es unterscheidet sich so von einem bloßen Tun oder Verhalten. Der subjektive Sinn im Handeln ist also nur das *Erfassen* eines möglichen *Inhalts* – zusammen mit dem *Entschluss,* sich an ihm zu orientieren. Nur so hat die Freiheit im subjektiven Geist des personalen Subjekts sein Dasein.

Inhalte unterscheiden sich von bloß äußeren Schemata gerade dadurch, dass sie einerseits aufgrund gemeinsamer praktischer Erfahrungen im Umgang mit Schemata in sich in potentiell unendlicher Weise reflektiert sind, andererseits im konkreten Gebrauch vom Subjekt ebenfalls in indefiniter Weise frei reflektiert werden (können). Eben daher sind aber Inhalte, die Gründe sein können, nie effizienzkausale Ursachen.

Dabei hat der absolute Geist des gemeinsamen Wir der Menschheit und damit unsere eigene Geistesgeschichte allen geistigen Inhalten über das gelehrte und gelernte allgemeine Wissen »sein Siegel aufgedrückt«. Für die individuelle Person heißt das, dass sie sich die »fremden Elemente« des Gelernten noch allererst voll anzueignen hat und nur dadurch über ein bloß intuitives Selbstgewahrsein hinaus echtes Selbstbewusstsein entwickelt.

192 Ⓚ Eben damit kommt denn die *Form der Allgemeinheit* für sich im Gedanken zur Existenz, – die Form, welche allein das würdige Element für die Existenz der Idee ist. – (192)

Wir geben gerne zu, dass die Reflexion auf allgemeine Voraussetzungen des Denkens und sinnbestimmten Handelns nur formale und materialbegriffliche Allgemeinheiten zutage fördert. Aber deren Explikation ist für ein *Bewusstsein gestufter Voraussetzungen* entscheidend, etwa um zu verhindern, dass im Fokus auf das Besondere eines Tuns dessen allgemeine Grundlage beschädigt wird. Die Missachtung der methodischen Ordnung des Vorrangs des Allgemeinen (also der Gattungen als Gegenstands*bereiche*) vor dem Besonderen (der Gegenstände und Arten als Gegenstands*mengen*) führt zur Gefahr, dass man, wie im Sprichwort, theoretisch oder verbal an dem Ast sägt, auf dem man praktisch sitzt. Es geht Hegel in seiner gesamten Philosophie mit vollem Recht daher um das rechte Verständnis des Allgemeinen, ohne das man das Besondere und Einzelne nicht angemessen begreifen kann.

192 Ⓚ Die *Bildung* ist daher in ihrer absoluten Bestimmung die *Befreiung* und die *Arbeit* der höheren Befreiung, nämlich der absolute Durchgangspunkt zu der, nicht mehr unmittelbaren, natürlichen, sondern geistigen, eben so zur Gestalt der Allgemeinheit erhobenen unendlich subjektiven Substantialität der Sittlichkeit. – (192)

Die Bildung der Person ist Befreiung von einer rein ›natürlichen‹ Intuition. Sie ist teils subjektive Arbeit am Begriff, teils gemeinsame Entwicklung der selbstbewussten *Idee* (der Person), die man hilfsweise auch »Wissen« nennen kann, um über verschiedene Ausdrücke den Inhalt besser anzudeuten. Es gibt dabei verschiedene geistige Niveaus des Selbstbewusstseins, insbesondere im Blick auf die Allgemeinheit des Gemeinwesens. Dabei bleiben die Formen rein narrativer Selbstreflexion, die mythologische der Religion, die deskriptive der Historie und die statistisch-typologische der empirischen Soziologie, hinter einem allgemeinen Strukturwissen über die unendliche innere Reflektiertheit des personalen Subjekts und der subjektiven Sittlichkeit als Vermittlung einer substantiellen Gemeinschaftlichkeit bzw. eines nachhaltigen Ethos personalen Lebens im realen Vollzug zurück. Das liegt an ihrem Fokus auf die *res gestae* einzelner oder vieler mythischer Heroen oder realer Individuen in einer Gesellschaft der Leute – und damit an einem Mangel an einem systemtheoretischen oder besser praxisformanalytischen Wissen über Institutionen.

Diese Befreiung ist im Subjekt die *harte Arbeit* gegen die bloße 192 Ⓚ
Subjektivität des Benehmens, gegen die Unmittelbarkeit der Begierde, so wie gegen die subjektive Eitelkeit der Empfindung und die Willkür des Beliebens. (192)

Die Befreiung von der Naivität im bloß auf empirische Sachen bezogenen Denken (in zumeist bloß erst narrativer Form des ›Mythos‹, wörtlich: der Erzählung) bedeutet für das Subjekt harte Arbeit. Dabei steht das Wissen über die transzendentale Absolutheit der Subjektivität der Einzelperson auf geradezu ironische Weise gegen die bloß erst naive, implizite, empraktische Subjektivität eines bloß behavioralen *Benehmens*, die Unmittelbarkeit von Gefühl, Intuition, auch Begierde »sowie gegen die subjektive Eitelkeit der Empfindung und die Willkür des Beliebens«.

Daß sie diese harte Arbeit ist, macht einen Teil der Ungunst aus, 192 Ⓚ
der auf sie fällt. (192)

Für viele ist diese Arbeit zu schwer.

Durch diese Arbeit der Bildung ist es aber, daß der subjektive 192 Ⓚ
Wille selbst in sich die *Objektivität* gewinnt, in der er seinerseits allein würdig und fähig ist, die *Wirklichkeit* der Idee zu sein. – (192)

Nur durch die harte Arbeit nicht bloß historischer und soziologischer, sondern geschichtlich-struktureller und reflexionslogischer Bildung gewinnt unser subjektives Wissen und Wollen Objektivität. Nur so wird die Person zur Wirklichkeit der Idee, verwirklicht also die personale Lebensform auf ausreichend selbstbewusste Weise.

Eben so macht zugleich diese Form der Allgemeinheit, zu der 192 Ⓚ
sich die Besonderheit verarbeitet und herauf gebildet hat, die Verständigkeit, daß die Besonderheit zum wahrhaften *Fürsichsein* der Einzelnheit *wird*, und indem sie der Allgemeinheit den erfüllenden Inhalt und ihre unendliche Selbstbestimmung gibt, selbst in der Sittlichkeit als unendlich fürsichseiende, freie Subjektivität ist. (192)

Wir haben unsere Besonderheit als Konkretisierung der Allgemeinheit des Personseins zu begreifen und damit vom bloß einzelnen sozialen Handeln und seinen kollektiven Folgen zu unterscheiden.

Unser Verstand ist dabei, grob gesagt, das Gesamt bloß erst *angelernten* Wissens und Könnens. Er kommt über das Man Heideggers nicht hinaus.

Unser »wahrhaftes Fürsichsein« als authentischer Einzelperson liegt in der freien Ausprägung einer Besonderheit im Rahmen dieser Allgemeinheit. Hegel spricht wie jeder Logiker von einer *Erfüllung* inhaltlicher Bedingungen. Die »unendliche Selbstbestimmung« ist die meiner eigenen Bildung von mir als Gesamtperson. In ihr vermittelt die »Sittlichkeit als unendlich fürsichseiende, freie Subjektivität« das gemeinsame Ethos des Personseins.

192 Ⓚ, 164 Dies ist | der Standpunkt, der die *Bildung* als immanentes Moment des Absoluten, und ihren unendlichen Wert erweist. (192)

Hegel bestätigt meine Lesart samt der impliziten Bezugnahme auf Platons *Paideia* und die Entwicklung selbständiger sittlicher Urteilskraft über ein bloß konventionelles Ethos hinaus. Das zentrale Stichwort ist »Bildung«. Es ist »immanentes Moment des Absoluten« in dem Sinne, als der Vollzug eines personalen Lebens eben dieses Absolute ist, kein transzendenter Gott oder Geist, der über irgendwelchen Wassern schwebt. Der einzige unendliche Wert ist damit das personale Subjekt selbst. Es hat sich nicht bloß als Mitglied der bürgerlichen Gesellschaft zu verstehen, sondern auch des Gemeinwesens als der Rahmenorganisation des Personseins. Das Normative dieses Sollens oder Müssens ist wie die Normativität der Logik, Ethik oder Ästhetik selbstverständlich relativ dazu, ob man volle Person sein will und als solche dann auch gelten kann – bei allen immer vorhandenen besonderen Mängeln oder Privationen. Es ist das eine andere Normativität als die des moralischen Sollens eines subjektiven Idealismus oder romantischen Kommunitarismus.

Wer gar nicht rechnen oder denken kann, der ist anders zu beurteilen, als wer manchmal einen Fehler macht. Analoges gilt für die Stufen des Personseins, von der Rolle als Mann oder Frau in der Familie über die Partnerschaften des Bourgeois in der Gesellschaft bis zur Teilnahme an der politischen Sphäre des Gemeinwesens als Citoyen.

§188

193 Die bürgerliche Gesellschaft enthält die drei Momente:

A) Die Vermittelung des *Bedürfnisses* und die Befriedigung des

Einzelnen durch seine Arbeit und durch die Arbeit und Befriedigung der Bedürfnisse *Aller Übrigen*, – das System der *Bedürfnisse*.

B) Die Wirklichkeit des darin enthaltenen Allgemeinen der *Freiheit*, der Schutz des Eigentums durch die *Rechtspflege*.

C) Die Vorsorge gegen die in jenen Systemen zurückbleibende Zufälligkeit und die Besorgung des besonderen Interesses als eines *Gemeinsamen*, durch die *Polizei* und *Korporation*. | (192 f.) 165

Die bürgerliche Gesellschaft ist die Sphäre der vertraglichen Interaktionen der Bürger. Sie vermittelt die Erfüllung von Bedürfnissen durch die Produktion und den Austausch von Gütern. Hegel nennt dieses Moment von Arbeit und Warentausch »das System der Bedürfnisse«. Voraussetzung für das dabei schon unterstellte Eigentumsregime ist eine Rechtspflege als Institution des Schutzes des Eigentums und der freien Verträge zwischen Mitgliedern der bürgerlichen Gesellschaft – wie sie später im Bürgerlichen Gesetzbuch in Deutschland ihren Kodex findet, das sich dann auch neben dem französischen Code Napoléon im frühen 19. Jahrhunderts durchaus sehen lassen kann. Als weiteres Moment nennt Hegel die Institutionen der Polizei und Korporationen. Die Polizei umfasst bei ihm noch alle staatliche Verwaltung, etwa das Steuer- und Finanzwesen. Korporationen aber sind freie Zünfte und Gilden, auch alle späteren Berufsverbände, Arbeitgeberverbände und Gewerkschaften, besonders aber auch die freien kirchlichen Gemeinden.

Unter staatlichem Schutz geht es darum, Probleme des vertraglichen Handelns zu lösen und gegen Vertrags- und Rechtsbrüche Vorsorge zu treffen. Dazu gehören Sanktionsdrohungen, Kontrollen und Sanktionen. Schon der liberalistische Nachtwächterstaat besorgt so die »besonderen Interessen« der Mitglieder der Gesellschaft *als ein gemeinsames Interesse* – und braucht dafür die entsprechende Finanzierung.

A. Das System der Bedürfnisse

Die drei Themen der Analyse des Systems der Bedürfnisse betreffen zunächst die Bedürfnisse und ihre Befriedigung selbst, samt einer Bedürfniskritik und einer Unterscheidung zwischen einem bloß möglichen und realen Bedarf und einer effektiven Nachfrage nach bestimmten Gütern. Es ergibt sich aus der Rationalisierung der Güterherstellung eine Tendenz zur Aufteilung der Arbeit, mit den besonderen Folgen einer Schematisierung und sogar Automatisierung von bloßen Hilfsarbeiten und der Spezialisierung besonderer Begabungen und Fertigkeiten bzw. *Skills*. Das Vermögen teilt sich dementsprechend auf in Geld- oder Kapitalvermögen, Eigentum an Produktionsmitteln und einem Vermögen durch Ausbildung als Fähigkeit oder Kompetenz der Leute. (Es hilft auch hier nicht wirklich weiter, die Bedürfnisse als einzelne, die Arbeit als etwas Allgemeines und die Vermögen als Besonderheiten aufzufassen.)

§ 189

194 Die Besonderheit zunächst als das gegen das Allgemeine des Willens überhaupt Bestimmte (§ 6) ist *subjektives Bedürfnis*, welches seine Objektivität d. i. *Befriedigung* durch das Mittel α) äußerer Dinge, die nun ebenso das *Eigentum* und Produkt anderer Bedürfnisse und *Willen* sind, und β) durch die Tätigkeit und Arbeit, als das die beiden Seiten Vermittelnde erlangt. (194)

Die Formulierung ist etwas umständlich. Im intentionalen Handeln verfolgt jeder von uns besondere *Zwecke*. Deren Erfüllung ist ihm subjektives *Bedürfnis*. Manches kann dabei *prima facie* im Widerspruch zu dem stehen, was gemäß einem gemeinsamen Willen mein Recht ist, was ich also rechtmäßig in meiner Bedürfnisbefriedigung als Zweck erreichen oder als Mittel gebrauchen darf. Wenn ich Mittel brauche, die jemandem schon als Besitz angehören und die ich nicht durch individuelle Tätigkeit oder gemeinsame Arbeit herstellen kann, sind diese allererst zu erwerben. Ein rechtlicher Weg dazu besteht im Tausch oder Kauf – der sich damit unmittelbar als Teilform gemeinsamer *Kooperation* zeigt.

194 Indem sein Zweck die Befriedigung der subjektiven *Besonderheit* ist, aber in der Beziehung auf die Bedürfnisse und die freie Willkür Anderer die *Allgemeinheit* sich geltend macht, so ist dies Scheinen der Vernünftigkeit in diese Sphäre der Endlichkeit *der Verstand* die Seite, auf die es in der Betrachtung ankommt, und welche das Versöhnende innerhalb dieser Sphäre selbst ausmacht. (194)

In der Verfolgung meiner besonderen subjektiven Bedürfnisse werde ich dazu geführt, mein Tun mit dem der Anderen zu koordinieren und durch freie Verträge die Arbeitslast für jeden von uns zu senken. Damit macht sich sozusagen indirekt die Allgemeinheit auch des Gemeinwohls geltend, ohne explizit das Ziel im einzelnen Handeln zu sein. Das ist Hegels allgemeine Analyse dessen, was Adam Smith als die Wirkung einer unsichtbaren Hand beschrieben hat und Bernard Mandeville in der Bienenfabel skizziert.

Hegel spricht etwas blumig von einem »Scheinen der Vernünftigkeit in diese Sphäre der Endlichkeit«. Dieses Durchscheinen gemeinsamer Vernunft beruht hier nur erst auf der subjektiven Rationalität des *homo oeconomicus*, der klug genug ist, wo immer es möglich ist, reine Koordinationsprobleme im Handeln zweckrational so zu lösen, dass jeder Einzelne profitiert. Er liebt daher sogenannte *Win-win*-Lösungen und vermeidet es, den Leuten zu viel vertrauen zu müssen. Kontrolle ist besser. Das meint auch Lenin.

Es gibt also Fälle, in denen der ›Egoismus‹ des Einzelsubjekts sich unmittelbar mit dem Gemeinwohl bzw. dem Interesse aller versöhnen lässt oder schon versöhnt ist. Es ist das gerade der hier so genannte Bereich bloßer *Koordination* des zweckrationalen Handelns der Einzelpersonen, *die Sphäre der bürgerlichen Gesellschaft*.

Die *Staats-Ökonomie* ist die Wissenschaft, die von diesen Ge- 194 Ⓚ
sichtspunkten ihren Ausgang hat, dann aber das Verhältnis und die Bewegung der Massen in ihrer qualitativen und quantitativen Bestimmtheit und Verwickelung darzulegen hat. – Es ist dies eine der Wissenschaften, die in neuerer Zeit als ihrem Boden entstanden ist. Ihre Entwickelung zeigt das Interessante, wie der *Gedanke* (s. Smith, Say, Ricardo) aus der unendlichen Menge von Einzelnheiten, die zunächst vor ihm liegen, die einfachen Prinzipien der Sache, den in ihr wirksamen und sie regierenden Verstand herausfindet. – (194)

Hegel selbst nennt die großen Vordenker der Nationalökonomie: Smith, Say, Ricardo – und gibt damit Karl Marx (über Max Stirner und Friedrich Engels) sozusagen eine Lektüreliste mit auf dessen Lebensweg. Es ist aber eine tiefe Einsicht, dass die Volkswirtschaftslehre wie die Soziologie aufgrund methodischer und darstellungslogischer Vorentscheidungen nur das soziale Handeln des *homo oeconomicus* oder *homo rationalis instrumentalis* untersucht. Das heißt, die Erklärungsmodelle taugen nur für die Sphäre *reiner Koordinationsprobleme*, wo zweckgerichtetes Handeln gute Ergebnisse liefern kann. Die moderne

Spieltheorie zeigt nur noch einmal in quantitativen Modellen, warum das so ist. *Echte Kooperationsprobleme*, die sich wie das schon besprochene Gefangenendilemma nur auf der risikoreichen Grundlage eines Vertrauensvorschusses vernünftig lösen lassen, überschreiten den Skopus dieser Wissenschaften ebenso wie die transzendentalen Bedingungen des Personseins in einem geschichtlich tradierten Gemeinwesen.

Die logische Form der Probleme freier Kooperation war schon Platon bekannt, wie seine paradigmatische Diskussion der Geschichte des Gyges in der *Politeia* zeigt, zusammen mit dem ironisch-dialektischen Orakel des Sokrates, es sei besser, zufälligerweise Unrecht zu erleiden als strategisch Unrecht zu tun. Freilich haben nur sehr wenige die Tiefe des Gedankens begriffen. Wir kommen darauf noch einmal später zurück.

194 Ⓚ Wie es einerseits das Versöhnende ist, in der Sphäre der Bedürfnisse dies in der Sache liegende und sich betätigende Scheinen der Vernünftigkeit zu erkennen, so ist umgekehrt dies das Feld, wo der Verstand der subjektiven Zwecke und moralischen Meinungen seine
166 Unzufriedenheit und moralische Verdrießlichkeit ausläßt. – | (194)

Hegels Ausdrucksform ist wieder suboptimal. Er will hier wohl dieses sagen: Obwohl es ganz richtig ist, dass es in der Nationalökonomie eine Sphäre gibt, in welcher eine Optimierung der Erfüllung von Eigeninteressen der Einzelakteure als *homines rationales* im sozialen Handeln im Sinne Max Webers in der Tat zu einer vernünftigen ›konventionellen‹ Lösung allgemeiner Koordinationsprobleme führen kann, sind die Leute und besonders die Kantianer darüber verdrießlich, dass das allgemeine Gute hier *Nebenfolge der Optimierung der eigenen Interessenerfüllung* ist. Ein eigennütziges Handeln dieser Art scheint also *kein moralisches Lob* zu verdienen. Doch wo immer wir soziale oder andere Probleme so lösen können, dass Win-win-Situationen *ohne die Risiken des Vertrauens* entstehen, *müssen* wir diese Lösungen gerade auch aus *sittlich-moralischen* Gründen *institutionalisieren*.

Wo immer z. B. eine Marktwirtschaft auch in der Form eines so genannten ›Kapitalismus‹ mit seinem Eigentumsregime samt Kauf und Verkauf der Ware Arbeitskraft die realiter bestmögliche Form der Lösung nicht nur für das Problem der Verteilung von Arbeit und

Gütern, sondern gerade auch für die Probleme der Bereitstellung oder Aggregierung von Güter und Mitteln liefert, ist eine allgemeine Kritik an der ›kapitalistischen‹, also geld- und profitgesteuerten, Marktwirtschaft, entweder bloß töricht, oder sie ist schon unmoralisch, gewissenlos. Es ist diese Einsicht, welcher den gereiften Hegel von seinen Jugendjahren unterscheidet. Welche Probleme so zu lösen sind, ist je konkret gewissenhaft zu prüfen, nicht anders als die Chancen oder Möglichkeiten und die Gefahren einer kommunitarisch verfassten ›kommunistischen‹ Gemeinschaft. Diese mag uns aufgrund der vorgestellten Wärme familialer und religiös-moralischer Bindungen in freier Solidarität, Freundschaft und Liebe *prima facie* als ›moralischer‹ erscheinen als das ›kalte Herz‹ (Wilhelm Hauff) oder ›stählerne Gehäuse ‹ (Max Weber) des Marktes und der bürgerlichen Gesellschaft. Die Gefahren dieses Scheins aber sieht man an den diversen Volksgemeinschaften eines nationalen Sozialismus, die es ja immer noch gibt.

a) Die Art des Bedürfnisses und der Befriedigung

§190

Das *Tier* hat einen beschränkten Kreis von Mitteln und Weisen 195
der Befriedigung seiner gleichfalls beschränkten Bedürfnisse. Der *Mensch* beweist auch in dieser Abhängigkeit zugleich sein Hinausgehen über dieselbe und seine Allgemeinheit, zunächst durch die *Vervielfältigung* der Bedürfnisse und Mittel, und dann durch *Zerlegung* und *Unterscheidung* des konkreten Bedürfnisses in einzelne Teile und Seiten, welche verschiedene *partikularisierte*, damit *abstraktere* Bedürfnisse werden. (195)

Da die Grammatik generischer Rede nicht mehr von vielen verstanden wird – diese Form der Bildung gehört heute fast schon einer anderen Zeit an –, meint man, es könne keine *allgemein wahren* Aussagen über ›den Menschen‹ und schon gar nicht über ›das Tier‹ geben. Doch eben damit versteht man auch die Logik der Rede über *besondere* Arten und die der Berichte und Prognosen über *Individuen und Einzelsachen* nicht mehr genau genug. Wer nur etwas von einzelnen Tieren weiß, nichts über das Tier an sich, der weiß auch über einzelne Tiere zu wenig. Das gilt ebenso für den Menschen, die Person, die Familie, die Gesellschaft, den Staat.

Wir haben aber schon gesehen, dass aufgrund ihrer Seinsweise und der präsentischen Lebensform der enaktiven Perzeption Tieren nur ein beschränkter »Kreis von Mitteln« zur Befriedigung ihrer »beschränkten Bedürfnisse« offensteht. Der Mensch handelt, wie wir gesehen haben, von repräsentierten *Möglichkeiten* her, welche die *Gegenwart des Präsentischen*, im guten Fall auch die der momentanen Begehrungen, weit überschreiten. Jede Transzendenz ist ein solches Überschreiten. Es gibt keine andere. Das gilt für jede ›transzendente‹ Wahrheit ebenso wie für jede andere Form vorgestellter ›Objektivität‹, also auch für Gott und die wirkliche Welt. Es gilt insbesondere für die Person als das allgemeine Ich, das ich selbst bin und gewesen sein werde.

Hegel sagt dementsprechend, dass wir denkend über die Abhängigkeit vom Gegenwärtigen hinausgehen. Einerseits vervielfältigen sich dadurch Zwecke und Mittel, andererseits lassen sich konkrete oder besondere Bedürfnisse abstrakteren oder allgemeineren unterordnen, und wenn auch nur in einem so trivialen Fall, dass man, statt gleich etwas Schlechtes zu essen, erst einmal gutes Essen zubereitet.

195 Ⓚ Im Rechte ist der Gegenstand die *Person,* im moralischen Standpunkte das *Subjekt,* in der Familie das *Familienglied,* in der bürgerlichen Gesellschaft überhaupt der *Bürger* (als bourgeois) – hier auf dem Standpunkte der Bedürfnisse (vergl. § 123 Anm.) ist es das Konkretum *der Vorstellung,* das man *Mensch* nennt; – es ist also erst hier und auch eigentlich nur hier vom *Menschen* in diesem Sinne die Rede. (195)

Ich nehme Hegels eigene Erläuterung seiner reflexionslogischen Kommentarsprache zum Anlass, auf deren Unterschiede zu meiner Diktion hinzuweisen. Hegel versteht unter einer Person manchmal nur den Status der *Rechtssphäre.* Ich hatte darauf hingewiesen, dass wir uns auf diese enge Bedeutung von »Person« nie voll einlassen können. Wir haben ja schon zu wenige Worte, um den Würde- und Kompetenzsinn der Rede von Personen unmittelbar auszudrücken. Außerdem müssen wir über die Gesamtperson sprechen können und diese Rede verstehen lernen. Ebenfalls problematisch wäre es, das Wort »Subjekt« nur im Kontext *moralischer* Urteile zu gebrauchen. Es ist umgekehrt. Die Perspektive des Subjekts ist der momentane Vollzug, im Denken die subjektive Performation. Die Moralität hat sich dabei als Reduktion des sittlichen Urteilens auf *formale* Kohärenzbetrachtungen und implizit *angelernte* Selbstverständlichkeiten des Subjekts herausgestellt. Meine und Hegels Redeweisen stimmen dennoch weitgehend überein. Das personale Individuum in der bürgerlichen Gesellschaft ist als Bürger oder Bourgeois aufzufassen. Ich bin mir aber nicht sicher, ob es klug ist, mit Hegel das Wort »Mensch« halbterminologisch für eine Bezugnahme auf das gesellschaftliche Bedürfniswesen zu verwenden, das je ich bin.

§ 191

Eben so *teilen* und *vervielfältigen* sich die *Mittel* für die partikulari- 195
sierten Bedürfnisse und überhaupt die Weisen ihrer Befriedigung, welche wieder relative Zwecke und abstrakte Bedürfnisse werden; – eine ins unendliche fortgehende Vervielfältigung, welche in eben dem Maße eine *Unterscheidung* dieser Bestimmungen und *Beurteilung* der Angemessenheit der Mittel zu ihren Zwecken, – die *Verfeinerung*, ist. (195 f.)

Hegel greift noch einmal die Vervielfältigung der Mittel und Zwecke auf. Sie führt zu einer Kaskade von echten oder scheinbaren Bedürfnissen. Der Unterschied ergibt sich in einer wesenslogisch reflektierenden Bedürfniskritik. Dazu gehören je besondere »Weisen ihrer Befriedigung«. Die gesamte Überlegung ist sehr allgemein und betrifft höchst abstrakte Begriffe und Formen sowohl im individuellen Leben als auch im gesellschaftlichen Leistungsaustausch.

§ 192

Die Bedürfnisse und die Mittel werden als reelles Dasein ein *Sein* 196
für *Andere*, durch deren Bedürfnisse und Arbeit die Befriedigung gegenseitig bedingt ist. (196)

Im gesellschaftlichen Austausch wird über eine allgemeine ›Nachfrage‹ aus vielen subjektiven Bedürfnissen ein gesellschaftlicher Bedarf, wie man heute sagen könnte. Dieser kann z. B. durch gemeinsame Arbeit, organisiert in einer Teilung der Arbeit, über eine Verteilung der hergestellten dinglichen oder sachlichen Güter befriedigt werden.

Die Abstraktion, die eine Qualität der Bedürfnisse und der Mittel 196
wird (s. vorher. §), wird auch eine Bestimmung der gegenseitigen Beziehung der Individuen auf einander; diese Allgemeinheit als

Anerkanntsein ist das Moment, welches sie in ihrer Vereinzelung und Abstraktion zu *konkreten* als *gesellschaftlichen* Bedürfnissen,
167 Mitteln und Weisen der Befriedigung macht. | (196)

Die ›Abstraktion‹, die zu allgemeinen Gütern als Mittel zur Bedürfnisbefriedigung und einem allgemeinen Bedarf als grundsätzliche oder bloß erst prinzipielle, ggf. noch nicht schon ökonomisch effektiv wirksame Nachfrage nach spezifischen Gütern führt, ist allgemeine Grundlage der »gegenseitigen Beziehung der Individuen aufeinander« im gesamtgesellschaftlichen Leistungsaustausch, also in der Verteilung von Arbeit und Gütern.

Hegels Rede vom Anerkanntsein verweist hier auch auf die oben schon erwähnte Bedürfniskritik. Logisch ist daran interessant, dass eine ›wirkliche‹ Nachfrage erst einmal unabhängig davon ist, ob wir ›normativ‹ und damit von der Seite her meinen, dass der effektive und sich aufsummierende Bedarf ›anerkannte‹ oder ›berechtigte‹ Bedürfnisse erfüllt oder nicht. So werden z. B. passionierte Fußgänger und Fahrradfahrer erklären, dass ›man‹ weit weniger Autos und schon gar nicht so viele Langstreckenfahrzeuge mit Diesel- oder Benzinantrieb bräuchte.

§193

196 Dies Moment wird so eine besondere Zweckbestimmung für die Mittel für sich und deren Besitz, so wie für die Art und Weise der Befriedigung der Bedürfnisse. (196)

Die Abstraktion im Begriff des (wirklichen, d. h. nicht normativ bewerteten oder allgemein anerkannten, sondern sich in der realen Nachfrage zeigenden) Bedarfs verwandelt sich in der Gesellschaft in eine besondere Zweckbestimmung der Herstellung von Mitteln. Ihr Besitz ermöglicht zunächst die eigene Befriedigung der Bedürfnisse – und über ihren Verkauf (oder Tausch) dann auch die von anderen Leuten.

196 Es enthält ferner unmittelbar die Forderung der *Gleichheit* mit den andern hierin; das Bedürfnis dieser Gleichheit einerseits und das Sichgleich-machen, die *Nachahmung*, wie andererseits das Bedürfnis der darin eben so vorhandenen *Besonderheit*, sich durch eine Auszeichnung geltend zu machen, wird selbst eine wirkliche Quelle der Vervielfältigung der Bedürfnisse und ihrer Verbreitung. (196)

Hegel selbst scheint hier nicht sehr klar und deutlich die Dinge zu trennen. Denn nicht die schon in eine effektive Nachfrage verwandelten Bedürfnisse, sondern die irgendwie gesamtgesellschaftlich anerkannten enthalten »unmittelbar die Forderung der Gleichheit« der Bürger bzw. Personen. Außerdem springt er sehr schnell zu einem neuen Thema. Hier ist es die Tendenz der Nachahmung. Es geht darum, das auch zu wollen, was mein Nachbar hat, also das, was er sich herstellen oder kaufen kann, mir selbst ebenfalls herzustellen oder zu kaufen. Ein weiteres Thema ist das Bedürfnis, auf die eine oder andere Weise die anderen auszustechen, irgendwie exzellent zu sein, in einem Können oder aufgrund eines Besitztums. Das wird in der Tat zu einer weiteren »Quelle der Vervielfältigung der Bedürfnisse«.

§ 194

Indem im gesellschaftlichen Bedürfnisse, als der Verknüpfung vom 196
unmittelbaren oder natürlichen und vom geistigen Bedürfnisse der *Vorstellung*, das letztere sich als das Allgemeine zum überwiegenden macht, so liegt in diesem gesellschaftlichen Momente die Seite der *Befreiung*, daß die strenge Naturnotwendigkeit des Bedürfnisses versteckt wird, und der Mensch sich zu *seiner*, und zwar einer allgemeinen *Meinung* und einer nur selbstgemachten Notwendigkeit, statt nur zu äußerlicher, zu innerer Zufälligkeit, zur *Willkür*, verhält. (196 f.)

Ein gesellschaftliches Bedürfnis ist nach Hegel eine »Verknüpfung vom unmittelbaren oder natürlichen und vom geistigen Bedürfnisse der Vorstellung«. Dabei ist der Ausdruck »Vorstellung« die Übersetzung von »repraesentatio« und meint damit eine symbolische Repräsentation, in unserem Fall des Inhalts eines möglichen oder wirklichen Wunsches, einer Intention bzw. eines subjektiven Sinns. Es ist klar, dass die meisten unserer Begehrungen die unmittelbaren ›animalischen‹ Triebe und Begierden längst schon hinter sich gelassen haben und komplexe Wünsche und sogar schon gesellschaftlich vermittelte und manchmal sogar schon als berechtigt bewertete bzw. anerkannte Bedürfnisse sind. Hegel sieht in diesem Übergang von der Begierde zum bewerteten Bedürfnis eine *Befreiung*. Diese liegt nicht nur daran, dass sich in der Sublimierung von Trieben zu einem höheren Streben wie schon in der Verwandlung des Sexualtriebs in ein erotisches

Sehnen – oder dann sogar in die Liebe als Lebensform – Begierden sozusagen verstecken, sondern darin, dass der Mensch *aus einem Bereich von Möglichkeiten* sozusagen eine *selbstgemachte Notwendigkeit* auswählt. Er setzt sie für sich als leitende Orientierung auf die Erfüllung des so anerkannten Bedürfnisses, und zwar auf freie Weise.

197 Ⓚ Die Vorstellung, als ob der Mensch in einem sogenannten Naturzustande, worin er nur sogenannte einfache Naturbedürfnisse hätte, und für ihre Befriedigung nur Mittel gebrauchte, wie eine zufällige Natur sie ihm unmittelbar gewährte, in Rücksicht auf die Bedürfnisse in *Freiheit* lebte, ist, noch ohne Rücksicht des Moments der Befreiung, die in der Arbeit liegt, wovon nachher, – eine unwahre Meinung, weil das Naturbedürfnis als solches und dessen unmittelbare Befriedigung nur der Zustand der in die Natur versenkten Geistigkeit und damit der Rohheit und Unfreiheit wäre, und die Freiheit allein in der Reflexion des Geistigen in sich, seiner Unterscheidung von dem Natürlichen und seinem Reflexe auf dieses, liegt. (197)

Hegel wehrt hier die naive Vorstellung ab, der Mensch wäre gerade im sogenannten Naturzustand frei. Und doch feiern die Leute heute noch die Bedürfniskritik der Kyniker, Stoiker und dann auch wieder Rousseaus Zivilisationskritik. Es klingt zwar zunächst plausibel, dass Verzicht auf Unnötiges mich von vielen gesellschaftlichen Zwängen partiell befreit. Wer aber für die Befriedigung seiner Bedürfnisse »nur Mittel gebrauchte, wie eine zufällige Natur sie ihm unmittelbar gewährte«, führte entweder ein Leben wie ein Tier oder aber ein höchst artifizielles Leben, wie es Eremiten oder auch Abenteurer wie z. B. Rüdiger Nehberg demonstrieren, nämlich sozusagen in den Zwischenräumen unserer längst schon kulturell überformten Welt. Die Befreiung zur Freiheit liegt nicht in der Vermeidung von Arbeit bzw. der Teilnahme an der gesellschaftlichen Arbeitsteilung. Im Gegenteil. Freiheit ergibt sich »allein in der Reflexion des Geistigen in sich«, und das heißt nicht etwa in einem mystischen Denken oder einer Art der Selbstversenkung in sein Inneres, sondern in reflektierter Teilnahme an personalen Praxisformen – wozu auch der immer nur partielle Ausstieg gehört. Die Unterscheidung freier Ziele von allem bloß Natürlichen im Begehren und Tun ist schon längst vorausgesetzt.

Logisch ist das eine der tiefsten Einsichten Hegels. Sie betrifft alle determinierten und damit bloß besonderen Negationen, die das Allgemeine unangetastet lassen.

§195

Diese Befreiung ist *formell*, indem die Besonderheit der Zwecke der 197
zu Grunde liegende Inhalt bleibt. Die Richtung des gesellschaftlichen Zustandes auf die unbestimmte Vervielfältigung und Spezifizierung der Bedürfnisse, Mittel und Genüsse, welche, so wie der Unterschied
zwischen natürlichem und | gebildetem Bedürfnisse, keine Grenzen 168
hat, – der *Luxus* ist eine eben so unendliche Vermehrung der Abhängigkeit und Not, welche es mit einer den unendlichen Widerstand leistenden Materie, nämlich mit äußern Mitteln von der besondern Art, Eigentum des freien Willens zu sein, dem somit absolut harten, zu tun hat. (197 f.)

Hegel gibt allerdings den Kynikern, Stoikern oder Rousseau (oder später auch Henry David Thoreau) zu, dass ein Streben nach Luxus eine »unendliche Vermehrung der Abhängigkeit und Not« bedeuten *kann*. Daher ist die oben skizzierte Befreiung als allgemeine Form zu verstehen und keine Apologetik der Verfolgung ›falscher‹ oder ›ungerechtfertigter‹ Bedürfnisse.

b) Die Art der Arbeit

§196

Die Vermittelung, den *partikularisierten* Bedürfnissen angemessene 197 f.
eben so *partikularisierte Mittel* zu bereiten und zu erwerben, ist die *Arbeit*, welche das von der Natur unmittelbar gelieferte Material für diese vielfachen Zwecke durch die mannigfaltigsten Prozesse spezifiziert. Diese Formierung gibt nun dem Mittel den Wert und seine Zweckmäßigkeit, so daß der Mensch in seiner Konsumtion sich vornehmlich zu *menschlichen* Produktionen verhält und solche Bemühungen es sind, die er verbraucht. (198)

Hegel hatte oben schon erwähnt, dass man die Arbeiten immer feiner zerlegen kann, z. B. in viele einzelne und dabei jeweils einzelne Arbeitsschritte und die vielen Halbfertigwaren, die dabei entstehen und als Mittel in einer weiteren Zweckverfolgung auftreten. Es werden so die Bedarfe und die Mittel partikularisiert, wie Hegel sagt. Diese

›Abstraktion‹ in den Sphären Bedürfnis, Mittel und Arbeit ist eine Schematisierung des Verstandes – die am Ende den Einsatz von Maschinen erlaubt, wie Hegel gleich sagen wird. Dabei liefert die Natur Material für vielfache Zwecke. Diese werden durch diverse Prozesse nach Arten spezifiziert, geformt und in Teile zerlegt.

Für uns ist außerdem besonders bemerkenswert, dass die Schematisierungen des Verstandes, wie Hegel immer wieder sagt, die Kontinuitäten des Seins zerreißen, sortal oder diskret in Elemente und Momente gliedern und das Komplexe der Welt oder unserer Produkte aus dem Einfachen modellartig sozusagen wieder aufbauen. Das geschieht sowohl tätig als auch in unserer Symbolwelt in der Sprache, gerade so, wie wir das in allen späteren Formen der in ihrem Prinzip überhaupt nicht neuen ›Digitalisierungen‹ tun. Auch hier sieht der Fortschritt größer aus, als er ist.

Aufgrund dessen, dass die Welt des Seins kontinuierlich und auch in vielem kontingent bleibt, wir außerdem die Perspektivität unseres subjektiven Weltzugangs auch in allen Reflexionen nie loswerden, bedarf es der Vernunft, welche sozusagen das Eckige des Verstandes und seiner Bausteinwelt wieder rund macht. Das Harte, Formale und Schematische der immer schon digitalen Sprache ist an das Weiche und Bewegliche der realen Welt immer neu anzupassen. Es handelt sich hier um die ›geheime‹ spekulative Grundlage von Hegels Dialektik vernünftiger Urteilskraft: Nicht das Denken als das formal richtige und insofern ›rationale‹ Operieren mit von uns selbst gesetzten Schemata der Sprache und des Rechnens gerät für sich in logische Widersprüche, wie Kant suggeriert, sondern die reale, empirische Welt entzieht sich in ihren stetigen Prozessen unseren diskreten Schematisierungen. Damit erkennen wir das ideale Wunschdenken des bloß erst formalen Verstandes mit seinen Unterstellungen von Unterschieden, ›Elementen‹ oder sortal klassifizierten ›Gegenständen‹ – und erst recht das jeder rein mathematischen Rationalität und formalen Logik.

Hegel folgt in der hier verhandelten Sache im Grundsatz John Locke, nach welchem Arbeit als *Formierung* der Dinge und Sachen diesen als weiteren Mitteln zur Bedürfnisbefriedigung ihren *Wert* gibt. Dabei spielt ihre weitere *Zweckmäßigkeit* eine zentrale Rolle. Die Folge ist, dass die Rede vom Wert der bearbeiteten, formierten Sache zwischen zwei Momenten oder Aspekten schwankt, was ja auch Karl

Marx als Leser dieses Textes bemerkt hat: Ist es die *Nachfrage* etwa aufgrund des *Bedarfs* oder ist es die investierte *Arbeit* bei der Formierung der Sache – etwa als Halbfertigware und daher als Mittel –, welche der Sache ihren ›Wert‹ gibt? Wir kommen auf die Frage später noch einmal zurück. Hegels Beobachtung jedenfalls, so richtig sie ist, hilft hierbei noch nicht wirklich weiter, nämlich, dass der Mensch in der Konsumtion bzw. der Erfüllung von Bedürfnissen *vornehmlich durch Arbeit hergestellte oder umgeformte Produkte verbraucht* – wobei auch Agrarprodukte oder die Tiere der Jagd oder des Fischfangs dazu gehören. Hegel hat zwar recht, dass nur sehr wenige Dinge einfach vorgefunden sind. Aber seine Beobachtung zeigt zunächst nur, wie eng wir Menschen längst schon in unserer *Aufgaben- und Güterverteilung* interagieren und *in Produktionen* zusammenarbeiten. Das ist allerdings wichtig genug.

§ 197

An der Mannigfaltigkeit der interessierenden Bestimmungen und 198
Gegenstände entwickelt sich die *theoretische Bildung*, nicht nur eine Mannigfaltigkeit von Vorstellungen und Kenntnissen, sondern auch eine Beweglichkeit und Schnelligkeit des Vorstellens und des Übergehens von einer Vorstellung zur andern, das Fassen verwickelter und allgemeiner Beziehungen u. s. f. – die Bildung des Verstandes überhaupt damit auch der Sprache. – (198)

Hegel selbst sieht den engen Zusammenhang zwischen der Formierung des individuellen und gemeinsamen Handelns und den Formierungen der Sprache: Er kommentiert die Parallele der Zerlegung einer Arbeit in Schritte und einer Sache in Teile, aus denen sie sich zusammensetzen lässt, mit der Zerlegung der Welt in Gattungen und Arten von Sachen in ihrer gegliederten Artikulation. Es ist daher unbedingt geboten, seine Analysen *auch* als *Beiträge zu einer strukturellen Sprachphilosophie und Semantik des Begrifflichen* zu lesen. Der vielbeschworene *linguistic turn* wird erst beginnen, wenn wir diese Einsicht aufgreifen.

Unsere theoretische, symbolisch artikulierte Bildung entwickelt sich in der Tat im Blick auf relevante Unterscheidungen und Gegenstandsidentifikationen. Verstand hat jemand nicht schon dann, wenn er grundsätzlich die entsprechenden Repräsentationen oder

Vorstellungen beherrscht und Kenntnisse vorweisen kann, er muss dabei auch ausreichend schnell und außerdem beweglich genug sein, besonders im inferentiellen Übergang »von einer Vorstellung zur andern«, also im Schlussfolgern. Hegel nennt dazu noch das Erfassen relationaler Strukturen und »allgemeiner Beziehungen« zwischen Arttypen oder ihren Instanziierungen, also den einzelnen Elementen. Ich wiederhole den zentralen Satzteil: Das alles gehört zur »*Bildung des Verstandes überhaupt, damit auch der Sprache*«.

198 Die *praktische Bildung* durch die Arbeit besteht in dem sich erzeugenden Bedürfnis und der *Gewohnheit* der *Beschäftigung* überhaupt, dann der *Beschränkung seines Tuns,* teils nach der Natur des Materials, teils aber vornehmlich nach der Willkür anderer, und einer durch diese Zucht sich erwerbenden Gewohnheit *objektiver* Tätigkeit
169 und *allgemeingültiger* Geschicklichkeiten. | (198)

Während die theoretische Bildung im Wesentlichen sprachliche Bildung ist, besteht praktische Bildung in der Befähigung zum arbeitenden Handeln und wird eingeübt im Tun selbst. Dabei spielt die ›Erfahrung‹ der ›Gewohnheit‹ eine zentrale Rolle. Mit der Zerlegung der Dinge und der Arbeit eng zusammen hängt dabei die ›Beschränkung‹ des Tuns etwa auf bestimmte, manchmal zur Übung willkürlich begrenzte Mittel oder auf einen reglementierten Ablauf. Das gilt besonders, wo das Handeln mehrerer Personen wie z. B. in schon besonders ausgeprägter Weise bei einer fordistischen Fließbandarbeit koordiniert werden muss. Vorformen dafür gibt es in jedem Handwerk, zumal bei einer ausgeprägten Verteilung der Arbeit nach Geschicklichkeiten. Besonders eindrucksvoll sind dabei die Manufakturen schon der klassischen Antike.

§198

198 Das Allgemeine und Objektive in der Arbeit liegt aber in der *Abstraktion,* welche die Spezifizierung der Mittel und Bedürfnisse bewirkt, damit eben so die Produktion spezifiziert und die *Teilung der Arbeiten* hervorbringt. (199)

Die Teilung der Arbeit erzeugt einen allgemeinen *Wirtschaftsraum*. In ihm spielen die Personen und Bürger verschiedene Rollen, so aber, dass man Rollen auch tauschen kann, jedenfalls um ihre Unterschiede weiß. Alle Objektivität ergibt sich aus einem solchen realen oder vorgestellten Wechsel der Rollen und Perspektiven. Daher ist es gerade die abstrakte Arbeit, welche zu einem objektiven Begreifen der Allgemeinheit der gesellschaftlichen Arbeits- und Rollenverteilungen führt und damit zu einer Perspektive auf das Ganze, welche nicht an die bloß erst lokale Sicht des binären Tausches des Mein und Dein von bloß zwei Parteien gebunden bleibt.

Das Arbeiten des Einzelnen wird durch die Teilung *einfacher* und 198
hierdurch die Geschicklichkeit in seiner abstrakten Arbeit, so wie die Menge seiner Produktionen größer. (199)

Bekanntlich hat gerade auch schon Platon hervorgehoben, dass die Arbeitsteilung in einer partiell städtischen Gesellschaft allererst ein gutes gemeinsames Leben ermöglicht, indem die Mühen und Risiken für die einzelnen Bürger geringer werden und sich die Produktion, insgesamt das Bruttosozialprodukt des Leistungsaustauschs, erhöht.

Zugleich vervollständigt diese Abstraktion der Geschicklichkeit 198f.
und des Mittels die *Abhängigkeit* und die *Wechselbeziehung* der Menschen für die Befriedigung der übrigen Bedürfnisse zur gänzlichen Notwendigkeit. (199)

Spezialisierungen in der Produktion vergrößern freilich die gegenseitige Abhängigkeit in einer Globalisierung, die schon in der römischen Antike im erweiterten Mittelmeerraum ein Ausmaß hatte, das man leicht unterschätzt. Man denke als Beispiele an die Getreide-Importe nach Italien zur Befriedigung der basalen Bedürfnisse, die Keramik-Manufakturen in Griechenland fast mit Monopolstellung, den Ausbau eines Wegenetzes, einer Wasser- und Warenversorgung und anderer Infrastrukturmaßnahmen, nicht zuletzt organisiert durch das wirklich internationale römische Militär.

Die Abstraktion des Produzierens macht das Arbeiten ferner im- 199
mermehr *mechanisch* und damit am Ende fähig, daß der Mensch davon wegtreten und an seine Stelle die *Maschine* eintreten lassen kann. (199)

Schon in den antiken Manufakturen, erst recht aber in denen der sogenannten Neuzeit, werden in der Güterproduktion, besonders bei der Herstellung von Textilien, viele Arbeiten in der Tat »immer mehr mechanisch«. Die in Italien erfundenen, in England kopierten und dort im großen Stil eingesetzten Spinn- und später auch Textilmaschinen zunächst mit der Wasserkraft der Mills erlauben dann sogar eine Produktion für einen globalen Markt.

c) Das Vermögen

§ 199

199 In dieser Abhängigkeit und Gegenseitigkeit der Arbeit und der Befriedigung der Bedürfnisse schlägt die *subjektive Selbstsucht in den Beitrag zur Befriedigung der Bedürfnisse Aller andern* um, – in die Vermittelung des Besondern durch das Allgemeine als dialektische Bewegung, so daß indem jeder für sich erwirbt, produziert und genießt, er eben damit für den Genuß der übrigen produziert und erwirbt. (199)

Hegel kommt jetzt auf Adam Smiths unsichtbare Hand zurück, nach welcher »die subjektive Selbstsucht« sozusagen »umschlägt« und zu einem »Beitrag zur Befriedigung der Bedürfnisse aller anderen« wird. Hegel versucht hier offenbar, die bei Mandeville und Smith erzählförmig behauptete und damit nur erst mythisch artikulierte Struktur in ihrer wahren Ursache explizit zu machen. Dazu verweist er, wie schon Platon, auf die gegenseitigen Abhängigkeiten in der Arbeits- und Güterteilung, aber ohne weiter ins Detail zu gehen. Er beginnt also keine nähere Betrachtung der Rolle des Tausch- und Geldhandels. Stattdessen spricht er höchst abstrakt von einer »Vermittlung des Besonderen durch das Allgemeine« und einer zunächst obskuren ›dialektischen Bewegung‹, die inhaltlich nur die Beobachtung Adam Smiths wiederholt.

199 Diese Notwendigkeit, die in der allseitigen Verschlingung der Abhängigkeit Aller liegt, ist nunmehr für jeden das *allgemeine, bleibende Vermögen* (s. § 170), das für ihn die Möglichkeit enthält, durch seine Bildung und Geschicklichkeit daran Teil zu nehmen, um für seine Subsistenz gesichert zu sein, – so wie dieser durch seine Arbeit vermittelte Erwerb das allgemeine Vermögen erhält und vermehrt. (199 f.)

Um Waren zu tauschen, braucht man Waren, um sie zu kaufen, braucht es Geld. Geldvermögen bietet die Möglichkeit der Partizipation am Warenaustausch. Dieses Vermögen ist aber nur nachhaltig, wenn es nicht in der Konsumtion verbraucht wird, sondern z. B. durch den Verkauf selbstproduzierter Waren immer wieder aufgefüllt oder sogar vermehrt wird. Ein anderer Fall wäre, wenn jemand nur vom Zins, also der Verrentung des Geldkapitals lebt – wobei im Moment nicht wichtig ist, über welche Schritte sich Kapital verrenten lässt, so dass es Zinsen abwirft: Das ist in der extrem allgemeinen und fast trivialen Betrachtung Hegels zum Geldvermögen noch nicht relevant.

§ 200

Die *Möglichkeit der Teilnahme* an dem allgemeinen Vermögen, das 199f.
besondre Vermögen, ist aber *bedingt*, teils durch eine unmittelbare eigene Grundlage (Kapital), teils durch die Geschicklichkeit, welche ihrerseits wieder selbst durch jenes, dann aber durch die zufälligen Umstände bedingt ist, deren Mannigfaltigkeit die *Verschiedenheit* in der *Entwickelung* der schon *für sich ungleichen* natürlichen körperlichen, und gei|stigen Anlagen hervorbringt, – eine Verschiedenheit, 170
die in dieser Sphäre der Besonderheit nach allen Richtungen und von allen Stufen sich hervortut und mit der übrigen Zufälligkeit und Willkür die *Ungleichheit* des *Vermögens* und der *Geschicklichkeiten* der Individuen zur notwendigen Folge hat. (200)

Ein Vermögen an tauschbaren Waren oder an Geld kann ererbtes Kapital sein, wie es Hegel nach dem Tod seines Vaters in Jena restlos verbrauchte, in der Hoffnung auf eine ausreichend dotierte Professur. Oder es kann durch eigene Geschicklichkeit in der Produktion und dem Verkauf von Waren zustande kommen oder durch eine Besoldung von privater oder staatlicher Seite etwa als Erzieher oder Beamter. Hegel geht es hier zunächst nur darum, dass mit gewissen Unterschieden im Vermögensstand der verschiedenen Personen zu rechnen ist. Diese können durch allerlei zufällige Umstände bedingt sein, wozu auch die »ungleichen natürlichen körperlichen und geistigen Anlagen« gehören, welche das Vermögen bestimmen, eine Arbeit hinreichend gut auszuführen und mit ihr am gesellschaftlichen Leistungsaustausch erfolgreich teilzunehmen.

Dem in der Idee enthaltenen objektiven *Rechte der Besonderheit* 200 Ⓚ
des Geistes, welches die von der Natur – dem Elemente der Ungleichheit – gesetzte Ungleichheit der Menschen, in der bürgerlichen Gesellschaft nicht nur nicht aufhebt, sondern aus dem Geiste produziert, sie zu einer Ungleichheit der Geschicklichkeit, des Vermögens

und selbst der intellektuellen und moralischen Bildung erhebt, – die Forderung der *Gleichheit* entgegensetzen, gehört dem leeren Verstande an, der dies sein Abstraktum und sein *Sollen* für das Reelle und Vernünftige nimmt. (200)

Dass jeder Einzelne am gesellschaftlichen Gesamtvermögen (aller produzierter Waren, Güter und Leistungen) *in gleicher Weise* konsumtiv partizipieren können soll, ist eine naive, noch völlig undurchdachte Forderung, zumal es viele verschiedene Arten von ›Gleichheit‹ gibt. Es wird dabei sogar häufig so getan, als ginge es nur um die Verteilung eines schon vorhandenen Kuchens und nicht immer auch um dessen wiederholte und nachhaltige Herstellung. Der Verstand, der einen Kuchen gleich verteilen kann, wird erst zu ökonomischer Vernunft, wenn die Kuchenverteilung kein Problem für die Kuchenherstellung darstellt, sondern diese sogar unterstützt und fördert. Das Bild des Kuchens ist übrigens längst eine symbolische Standardform zur Darstellung eines Gesamtvermögens und seiner Anteile geworden.

Dass die Idee die Gesamtpraxisform personalen Lebens ist, bestätigt sich erneut. In ihr enthalten ist das Recht »der Besonderheit des Geistes«, also dass jedes personale Subjekt seine eigenen Fähigkeiten und Vermögen auf seine Weise entwickeln können soll und darf – so aber, dass die anderen zunächst immer bestimmen dürfen, wie weit sie mit den Beiträgen zum gemeinsamen Leben zufrieden sind und diese im kooperativen Leistungsaustausch honorieren – oder eben nicht. Das aber heißt, dass die personale Form der Kooperation in der bürgerlichen Gesellschaft die zum Teil auch von der Natur vorgegebenen Ungleichheiten der Menschen »nicht nur nicht aufhebt«, sondern zunächst bewusst reproduziert, nämlich im Wettbewerb und in der Verteilung der Güter nach Vermögen, Leistung und effektiver Nachfrage. Wer diese Form in naiver Gleichheitsutopie (eines reinen Kommunismus) zerstört, zerstört jede intellektuelle und moralische Bildung – und schädigt Freiheit und Wohlstand. Das darf aber nicht als blinde Apologetik eines reinen Wirtschaftsliberalismus gelesen werden, da es nur erst im Allgemeinen, also bloß im Prinzip richtig ist.

200 Ⓚ Diese Sphäre der Besonderheit, die sich das Allgemeine einbildet, behält in dieser nur relativen Identität mit demselben eben so sehr die natürliche als willkürliche Besonderheit, damit den Rest des Naturzustandes, in sich. Ferner ist es die im Systeme menschlicher

Bedürfnisse und ihrer Bewegung immanente Vernunft, welche dasselbe zu einem organischen Ganzen von Unterschieden gliedert; s. folg. §. (201)

Die sich ergebenden Besonderheiten der Einzelpersonen und Personengruppen oder auch ›Klassen‹ (zunächst im nicht-terminologischen Sinn) sind also zum Teil Folge natürlicher Ungleichheiten, zum Teil Folge der Zufälle der Ausbildung, des Ortes, der Zeit und der Einfälle, zum Teil willkürliche Besonderheiten der Einordnung der Personen in Kasten wie in Indien. In allen Fällen spiegelt sich ein Rest des Naturzustandes. Wir werden aber gleich auch sehen, inwiefern im System des gesellschaftlichen Leistungsaustauschs, den Hegel als System der Herstellung der Mittel zur Befriedigung diverser Bedürfnisse begreift, eine »immanente Vernunft« herrscht. Ich warne aber davor, die zunächst völlig harmlose Metapher von »einem organischen Ganzen« in der Gliederung der Arbeit und der Unterscheidung der Berufe etc. zu überschätzen. Sie sagt z. B. nicht, dass jetzt automatisch alles gut ist. Am besten ersetzt man für ein gutes Verständnis unter Vermeidung der dann überflüssigen Debatten um Ausdrücke ganz generell das Wort »organisch« durch »organisiert« und »Organismus« durch »Organisation«. Das ›Unorganische‹ ist dementsprechend schlicht das Unorganisierte, vom Zufall bis zum Chaos.

§ 201

Die unendlich mannigfachen Mittel und deren eben so unendlich 200
sich verschränkende Bewegung in der gegenseitigen Hervorbringung und Austauschung *sammelt* durch die ihrem Inhalte inwohnende Allgemeinheit und *unterscheidet* sich in *allgemeinen Massen*, so daß der ganze Zusammenhang sich zu *besonderen Systemen* der Bedürfnisse, ihrer Mittel und Arbeiten, der Arten und Weisen der Befriedigung und der theoretischen und praktischen Bildung, – Systemen, denen die Individuen zugeteilt sind, – zu einem Unterschiede *der Stände*, ausbildet. (201)

Das Wort »unendlich« ist zwar ein Lieblingswort Hegels, aber offenbar zumeist nicht wirklich ernst gemeint. Es steht hier z. B. nur für sehr, sehr viele Mittel und Zwecke, Produktionen und Produkte, für Warenbewegungen im Tausch oder Kauf usf. Der Unterschied der Stände und ›Schichten‹ in der Gesellschaft ergibt sich zunächst aus den Berufsständen, dann aber auch aus den politischen Positionen (wie den Patriziern und Senatoren in Rom) und dem Kapitalvermögen (wie in dem von Marx beschriebenen Geldverwertungs- oder Verrentungskapitalismus) – wo nicht, wie im Kastenwesen und in rassistischer Apartheid bzw. in Überbewertung von Religionszugehörigkeiten, ethnische und andere Vorsortierungen gerade auch für den Zugang zu Berufen vorgenommen sind.

§ 202

201 Die Stände bestimmen sich nach *dem Begriffe* als der *substantielle*
oder unmittelbare, der reflektierende oder *formelle*, und dann als der
171 *allgemeine* Stand. | (201)

Die Stände bestimmen sich nach der Form der Arbeitsteilung, die Hegel »Begriff« nennt, da er das griechische Wort »eidos« so übersetzt. Das Eidos oder der Begriff der Gesellschaft ist also das (ggf. artikulierte) System von gesellschaftlichen Institutionen und Praxisformen. Damit wird die Gliederung der Stände so klar wie z. B. die Gliederung von Gewerkschaften. Hegel spricht zwar nicht vom Nährstand, Lehrstand und Wehrstand wie Heidegger, operiert aber mit einer ähnlich allgemeinen Ordnung. Der »substantielle oder unmittelbare« Stand umfasst alle Berufe der Herstellung von Nahrungsmitteln. Die »reflektierenden oder formellen« Berufe produzieren Güter und Waren nicht nur für den häuslichen Gebrauch, sondern auch für den Warentausch und als Dienstleistung. Der allgemeine Stand ist der aller politischen Institutionen des Staates. Da alle Bildung wie alle Religion immer auch politisch ist, gehören Wissenschaft, Forschung, Lehre oder Seelsorge schon zu ihm, nicht erst seit den Zeiten, in denen der Staat von den Kirchen die Organisation wenigstens der Rahmenbedingungen der Erziehung und Bildung übernommen hat.

§ 203

201 a) Der *substantielle* Stand hat sein Vermögen an den Naturprodukten eines *Bodens*, den er bearbeitet, – eines Bodens, der ausschließendes Privateigentum zu sein fähig ist und nicht nur unbestimmte Abnutzung, sondern eine objektive Formierung erfordert. (201)

Hegels Ausdrucksform übertreibt durchaus, wenn er erklärt, dass der Nährstand im engeren Sinn der Landwirtschaft als Voraussetzung habe, dass der bearbeitete Grund und Boden »ausschließendes Privateigentum« sein können müsse. Richtig ist, dass aufgrund der notwendigen Pflege von Boden, Pflanzen und Tieren eine gewisse Nachhaltigkeit der Besitzverhältnisse herrschen muss. Aber ein Bauer kann natürlich Hausmeier, Pächter, Landarbeiter, Leibeigener, Kolchosearbeiter usf. sein, wo Besitz als bloße Inhaberschaft und Eigentum sich trennen.

Gegen die Anknüpfung der Arbeit und des Erwerbs an *einzelne* feste Naturepochen und die Abhängigkeit des Ertrags von der veränderlichen Beschaffenheit des Naturprozesses, macht sich der Zweck des Bedürfnisses zu einer *Vorsorge* auf die Zukunft, behält aber durch ihre Bedingungen die Weise einer weniger durch die Reflexion und eigenen Willen vermittelten Subsistenz, und darin überhaupt die substantielle Gesinnung einer unmittelbaren auf dem Familien-Verhältnisse und dem Zutrauen beruhenden Sittlichkeit. (201 f.) 201

Was Hegel hier sagen will, ist sprachlich schrecklich formuliert: Gerade die Produkte der Landwirtschaft bedürfen einer gewissen Vorratshaltung, nicht zuletzt wegen schwankender Erträge und natürlich angesichts der verschiedenen Jahreszeiten. Das Haltbarmachen von Lebensmitteln, besonders von Fleisch und Fisch etwa durch Salzen und Räuchern, ist in diesem Kontext neben der Küche selbst eine große Kunst und führt sozusagen zur Nahrungsmittelindustrie. Solange diese Vorsorge aber im kommunitarischen Rahmen der Großfamilie bleibt, gehört sie noch gar nicht in die Sphäre der Gesellschaft oder gar der staatlichen Vorsorge (wie wir sie übrigens schon unter den Pharaonen kennen). Die Kooperation verbleibt also zunächst noch im Rahmen der informellen Sittlichkeit gegenseitigen Vertrauens. Demgegenüber baut der gesellschaftliche Leistungsaustausch auf »Reflexion und eigenen Willen«, also auf die strategische Rationalität der Einzelpersonen bzw. ganzer Familien.

Mit Recht ist der eigentliche Anfang und die erste Stiftung der Staaten in die Einführung des *Ackerbaues*, nebst der Einführung der *Ehe* gesetzt worden, indem jenes Prinzip das Formieren des Bodens und damit ausschließendes Privat-Eigentum mit sich führt (vergl. § 170 Anm.), und das im Schweifenden seine Subsistenz suchende, schweifende Leben des Wilden zur Ruhe des Privatrechts und zur Sicherheit der Befriedigung des Bedürfnisses zurückführt, 201 f. Ⓚ

womit sich die Beschränkung der Geschlechterliebe zur Ehe, und damit die Erweiterung dieses Bandes zu einem *fortdauernden* in sich allgemeinen Bunde, des Bedürfnisses zur *Familiensorge* und des Besitzes zum *Familiengute* verknüpft. Sicherung, Befestigung, Dauer der Befriedigung der Bedürfnisse u. s. f. – Charaktere, wodurch sich diese Institutionen zunächst empfehlen, sind nichts anderes als Formen der Allgemeinheit und Gestaltungen, wie die Vernünftigkeit, der absolute Endzweck, sich in diesen Gegenständen geltend macht. – (202)

Sowohl die Lebensform der Familie als auch die Gründung von Städten und Staaten hängt eng mit der Entwicklung der Agrikultur, der Notwendigkeit der langen Pflege des Bodens und der Pflanzen, damit mit der Institution des Privateigentums zusammen. Das lässt sich strukturell fast *a priori* sagen, wird aber auch bestätigt erstens durch uralte Mythen, zweitens durch moderne Archäologie und Vorgeschichte bzw. eine Frühgeschichte, wie sie vom Neolithikum bis in die beginnende geschichtliche Zeit reicht. Weder Jäger und Sammler noch nomadische Hirtenvölker brauchen diese Praxisformen. So hat z. B. auch die französischen Missionare bei den Indianern Nordamerikas (den ›Staaten‹ der Irokesen) überrascht, dass es keiner monogamischen Ehe bedarf, wo es keine Erbprobleme gibt und die Nutzung des Landes als Jagd- und Weidegründe für Herden extensiv zwischen Stämmen aufgeteilt ist, innerhalb des Stammes aber wie eine Allmende behandelt wird. Dabei müssen oder sollten wir die Rede von den »wilden« und »primitiven« Völkern, wie sie bis in die Völkerpsychologie Wilhelm Wundts und darüber hinaus bis in die 1950er Jahre gebraucht wird, nicht übernehmen.

Interessanter ist die Einsicht, dass die drei Momente der ›modernen‹ Sittlichkeit, die monogame Familie, die durch Eigentum und vertraglich gerahmten Leistungsaustausch geprägte Gesellschaft und der Staat im Wesentlichen mit dem Ackerbau entstehen – wobei natürlich diese Lebensformen auch in Nomadenvölker diffundieren, die später sogar wie die Ungarn oder Mongolen ganze Imperien gründen bzw. erobern.

Hegel spricht etwas zu erbaulich von einer »Ruhe des Privatrechts« zur »Sicherheit der Befriedigung des Bedürfnisses« – »wodurch sich diese Institutionen zunächst empfehlen«. Er teilt damit mit Kant und vielen anderen ein allgemeines Vorurteil gegen Nomaden und Nichtsesshafte aller Art. Die nichtsesshafte Lebensform so genannter Zigeuner (wie sie in manchen Regionen noch bewusst genannt werden wollen, in anderen gerade nicht) sozusagen in den Poren der Welt der Sesshaften hat gegen diese immer schon und bis heute einen mehr oder weniger schweren Stand. Bei Hegel äußert sich das Vorurteil im Lob der festen »Formen der Allgemeinheit und Gestaltungen«, die als vernünftig ausgegeben werden, sogar als eine Art Endzweck – was dann auch mit der oben schon monierten Überschätzung der Monogamie in Ehe und Kernfamilie zusammenhängt.

Was kann für diese Materie interessanter sein, als meines sehr 202 Ⓚ
verehrten Freundes, Herrn *Creutzers*, eben so geistreiche als gelehrte *Aufschlüsse*, die derselbe insbesondere im *vierten* Band seiner *Mythologie* und *Symbolik*, über die *agronomischen* Feste, Bilder und Heiligtümer der Alten uns gegeben hat, welche sich der Einführung des Ackerbaues und der damit zusammenhängenden Institutionen als göttlicher Taten bewußt worden sind, und ihnen so religiöse Verehrung widmeten. (202)

Auf das Lob seines Kollegen und Freundes Creuzer muss und will ich nicht weiter eingehen und verweise auf die üblichen Anmerkungen dazu.

Daß der substantielle Charakter dieses Standes von Seiten der 202 Ⓚ
Gesetze des Privatrechts, insbesondere der Rechtspflege, so wie von Seiten des Unterrichts und der Bildung, auch der Religion, Modifikationen, *nicht* in Ansehung des *substantiellen Inhalts*, aber in Ansehung der | *Form* und *Reflexions-Entwickelung* nach sich zieht, 172
ist eine weitere Folge, die eben so in Ansehung der anderen Stände statt hat. (202 f.)

Die konkreten Ausprägungen landwirtschaftlicher Kulturformen sind in verschiedenen Zeitepochen und Regionen in vielen Besonderheiten verschieden. Das betrifft z. B. Kolonien für ausgemusterte Soldaten im römischen Reich, die Urbarmachung von ›Wüsteneien‹ im Mittelalter, die Neuansiedlungen im Osten Europas nach Einladung durch lokale Fürsten oder im Machtbereich des Deutschen Ordens oder dann auch im Westen der USA oder in Brasilien etc. Die Gesetze des Privatrechts und die Rechtspflege sichern auf diverse

Weisen Eigentum und Besitz. Hinzu kommen Aspekte der Bildung und Religion bzw. Formen des Zusammenhalts in Gemeinden etc.

§ 204

202 b) Der *Stand des Gewerbs* hat die *Formierung* des Naturprodukts zu seinem Geschäfte, und ist für die Mittel seiner Subsistenz an seine *Arbeit*, an die *Reflexion* und den Verstand, so wie wesentlich an die Vermittelung mit den Bedürfnissen und den Arbeiten anderer angewiesen. Was er vor sich bringt und genießt, hat er vornehmlich *sich selbst*, seiner eigenen Tätigkeit zu danken. – (203)

Handwerk, Gewerbe und Handel gestalten nicht den immobilen Boden, eher das Haus als den Hof, vorzugsweise aber bewegliche Dinge, Handelswaren, wo sie nicht direkt nur Dienstleistungen erbringen. Wer diese Berufe ausschließlich ausübt, muss, um zu überleben, seine Waren und Dienstleistungen veräußern, also tauschen oder verkaufen, um im weiteren Tausch oder Kauf die Lebensmittel für die eigene Subsistenz und Regeneration zu erhalten. Daher ordnet Hegel, wie schon erläutert, diesen Berufsstand der »Reflexion« und instrumentellen Rationalität unter dem Titel »Verstand« zu. Hier muss man die Bedürfnisse und Intentionen der Anderen kennen, also z. B. wissen, was sie begehren, was (möglicherweise) nachgefragt wird. Man handelt so nach eigenem subjektiven Sinn und dem angenommenen subjektiven Sinn der Anderen. – Obwohl in diesen Berufen des Handels nicht (alle) Lebensmittel selbst produziert werden, hat hier jeder, vermittelt durch Verkauf und Kauf bzw. über einen Tausch, sein Vermögen seiner eigenen Tätigkeit zu verdanken.

202 Sein Geschäft unterscheidet sich wieder, als Arbeit für einzelne Bedürfnisse in konkreterer Weise, und auf Verlangen Einzelner, in den *Handwerksstand*, – als abstraktere Gesamtmasse der Arbeit für einzelne Bedürfnisse aber eines allgemeinern Bedarfs, in den *Fabrikantenstand*; – und als Geschäft des Tausches der vereinzelten Mittel gegeneinander vornehmlich durch das allgemeine Tauschmittel, das Geld, in welchem der abstrakte Wert aller Waren wirklich ist, – in den *Handelsstand*. (203)

Hegel nennt den Stand der Handwerker erst jetzt. Ihre Arbeit dient je einzelnen Bedürfnissen, ist aber auf einen allgemeinen Bedarf ausgerichtet. Außerdem nennt er den Fabrikanten und Händler (zu denen z. B. auch Verleger im Fall von Heimarbeit zu zählen sein mögen).

§ 205

c) Der *allgemeine Stand* hat *die allgemeinen Interessen* des gesell- 203
schaftlichen Zustandes zu seinem Geschäfte; der direkten Arbeit für die Bedürfnisse muß er daher entweder durch Privatvermögen oder dadurch enthoben sein, daß er vom Staat, der seine Tätigkeit in Anspruch nimmt, schadlos gehalten wird, so daß das Privat-Interesse in seiner Arbeit für das Allgemeine, seine Befriedigung findet. (203)

Die Personen, welche die Aufgaben des allgemeinen Standes hauptberuflich erfüllen, müssen durch den Staat besoldet sein, wo sie nicht halbehrenamtlich von einer Aristokratie übernommen werden, die ihr ›Privatvermögen‹ dafür einsetzt, das als solches aber längst schon mit politischer Macht (und entsprechenden Aufgaben) verbunden war. Die Alimentierung durch den Staat schafft ein Heer von Beamten und staatlichen Angestellten im Bildungswesen, in der (Finanz-) Verwaltung, im Rechtswesen, in der Polizei etc.

§ 206

Der *Stand* als die sich objektiv gewordene Besonderheit, teilt sich 203
so einerseits nach dem Begriffe in seine allgemeinen Unterschiede. Andererseits aber, welchem besonderen Stande das *Individuum* angehöre, darauf haben Naturell, Geburt und Umstände ihren Einfluß, aber die letzte und wesentliche Bestimmung liegt in *der subjektiven Meinung* und *der besondern Willkür*, die sich in dieser Sphäre ihr Recht, Verdienst und ihre Ehre gibt, so daß was in ihr durch *innere Notwendigkeit* geschieht, zugleich *durch die Willkür vermittelt ist* und für das subjektive Bewußtsein die Gestalt hat, das Werk seines
Willens zu sein. | (204) 173

Es sind die Aufgaben und Leistungen in der Arbeitsteilung als gemeinsamer Lebensform, welche die grobe Einteilung der Gesellschaft in Stände und die feinere in Berufe definiert. Dabei sollte der Zugang zu den Ständen und Berufen frei, also nicht durch Kasten, Religionen und Ethnien beschränkt sein. Das gilt aus zwei Gründen, dem subjektiven Gesichtspunkt der Freiheit in der freien Berufswahl und dem objektiven Gesichtspunkt der Rationalität der Arbeitsteilung. Diese sollte ihrem Begriff und Sinn nach so verfasst sein, dass diejenigen, die für einen Beruf tauglich sind oder sich auch nur erst dem Wettbewerb um diese Tauglichkeit aussetzen wollen, ihre Chancen erhalten sollten. Das war schon die Einsicht Platons gewesen. Zwar spielen dann immer noch Herkunft und Zufall eine Rolle. Aber, wie eben skizziert, muss der Meinung und dem Willen der personalen Subjekte neben ihren Fähigkeiten ein Platz bei der Berufswahl gelassen werden.

Hegels allzu komplizierte Formulierung besagt dann nur noch einmal, dass die Berufswahl für die Einzelperson frei sein muss, selbst wenn sie sich im Wettbewerb noch zu bewähren hat, um die Bedingungen des Sinns und damit der inneren Notwendigkeit der Arbeitsteilung zu erfüllen – womit auch Verdienst und Ehre für die Leistung allererst frei zurechenbar werden. Jede Vorauswahl wie in einer Apartheid oder einem Kastensystem stört oder zerstört dieses Prinzip. Im sportlichen Wettkampf wird man auch niemanden sinnvoll zum Sieger erklären können, der sich nur besonderen Konkurrenten einer willkürlichen Vorauswahl gestellt hat. Das ist übrigens schon ein innerer Widerspruch im Selbstbewusstsein einer Erb-Aristokratie, die auf ihre ›Ehre‹ und ›Leistungen‹ pocht – und dabei von den ›Bürgerlichen‹ einfach nicht anerkannt werden *kann*, wie das jeder US-Amerikaner im Europa der letzten zwei Jahrhunderte noch deutlicher als jeder Europäer erlebt haben muss, nicht etwa nur Mark Twain.

203 Ⓚ Auch in dieser Rücksicht tut sich in Bezug auf das Prinzip der Besonderheit und der subjektiven Willkür, der Unterschied in dem politischen Leben des Morgenlands und Abendlands, und der antiken und der modernen Welt hervor. Die Einteilung des Ganzen in Stände erzeugt sich bei jenen zwar *objektiv von selbst*, weil sie *an sich* vernünftig ist, aber das Prinzip der subjektiven Besonderheit erhält dabei nicht zugleich sein Recht, indem z. B. die Zuteilung der Individuen zu den Ständen den Regenten, wie in dem *platonischen* Staate (De Rep. III. p. 320 ed. Bip. T. VI.), oder der *bloßen* Geburt, wie in den *indischen Kasten* überlassen ist. (204)

Insgesamt geht es Hegel besonders um die überhaupt nicht triviale Einsicht, dass das Prinzip der subjektiven Entscheidungen in der Selbstformung zur Person selbst ein zentraler Bestandteil einer kulturellen Entwicklung von Institutionen und gemeinsamer geistiger Bildung ist, nicht anders als familiale Liebe und Vertrauen oder die Wettbewerbsform des *homo oeconomicus* in der bürgerlichen Gesellschaft. Das heißt, es ist am Ende falsch zu meinen, das Recht des personalen Subjekts auf Subjektivität bei der Ausgestaltung der eigenen Person, also in selbstbestimmter Selbstbildung, sei ein *natürliches* Recht. Andererseits ist es trivial wahr, dass ich jede meiner Entscheidungen aus je meiner Perspektive fälle.

Im Blick auf die Verteilung der Leute in Stände und Berufe kritisiert Hegel verständlicherweise mit besonderer Schärfe das indische Kastenwesen, aber auch die partiell irreführende ›pythagoräische‹ Utopie Platons, in welcher eine *Bildungsaristokratie* sozusagen ihren eigenen Nachwuchs bestimmt – wie das später auch in der *Kirche* der Fall ist. Das Verfahren ist in der Tat kaum besser als das der Aufnahmeprüfungen altchinesischer Mandarine. Der Fehler liegt darin, dass einseitige Vorauswahlen stattfinden und sich im Wettbewerb gar nicht die besonders von der Sache her gefragten Kompetenzen zu bewähren haben, sondern nur eine *formelle Bildung*.

Den Unterschied des modernen Westens zum Orient und zur Antike sieht Hegel im freien Wettbewerb – gerade auch der Berufsanfänger. Er nennt es das »Prinzip der subjektiven Besonderheit«, das als solches *das* personale Freiheitsprinzip ist.

So in die Organisation des Ganzen nicht aufgenommen, und in 203 f. Ⓚ ihm nicht versöhnt, zeigt sich deswegen die subjektive Besonderheit, weil sie als wesentliches Moment gleichfalls hervortritt, als feindseliges, als Verderben der gesellschaftlichen Ordnung (s. § 185 Anm.), entweder als sie über den Haufen werfend, wie in den griechischen Staaten und in der römischen Republik, oder wenn diese als Gewalt habend oder etwa als religiöse Autorität sich erhält, als innere Verdorbenheit und vollkommene Degradation, – wie gewissermaßen bei den *Lakedämoniern* und jetzt am vollständigsten bei den *Indern* der Fall ist. – (204 f.)

Wenn das Recht auf Selbstformung nach dem Prinzip der subjektiven Besonderheit nicht in die Organisation des Ganzen, also z. B. in die Auswahl der Besten für diverse Rollenfunktionen, aufgenommen ist, ergeben sich typische, zum Teil katastrophale Folgen. Platon, der freilich selbst Fehler macht, diskutiert entsprechend (indirekt) den falschen Umgang seiner Stadt Athen etwa mit Miltiades (bzw. seinem Sohn), Themistokles, Alkibiades oder auch Sokrates. Gerade indem man den subjektiven Urteilen derartiger Menschen nicht ihren Platz gelassen, sondern als der Mehrheitsmeinung der Stadt gegenüber angeblich »feindselig« dargestellt hat, wurden sie nicht nur unfair oder gar undankbar behandelt, sondern es hat sich die Stadt selbst massiv geschadet – bis hin zur völligen Niederlage im Peloponnesischen Krieg. Ähnliche Probleme im Umgang mit dem Führungspersonal gab es auch in der römischen Republik, von der Zeit der Gracchen bis zur Aufhebung der Republik unter Cäsar und Augustus. Ähnliches kann man auch an der Geschichte spartanischer Könige und Heerführer sehen – aber auch den Missbrauch von Macht.

204 Ⓚ Von der objektiven Ordnung aber, in Angemessenheit mit ihr und zugleich in ihrem Recht erhalten, wird die subjektive Besonderheit zum Prinzip aller Belebung der bürgerlichen Gesellschaft, der Entwickelung der denkenden Tätigkeit, des Verdiensts und der Ehre. Die Anerkennung und das Recht, daß was in der bürgerlichen Gesellschaft und im Staate durch die Vernunft notwendig ist, zugleich *durch die Willkür vermittelt* geschehe, ist die nähere Bestimmung dessen, was vornehmlich in der allgemeinen Vorstellung *Freiheit* heißt (§ 121). (205)

Nur wenn in der »objektiven Ordnung« des Gemeinwesens, also der Familie, der Gesellschaft und dem Staat bzw. der politischen Verwaltung, die Grundtatsache angemessen Berücksichtigung findet, dass jeder bloß aus seiner Perspektive urteilen und handeln kann und dabei ein absolutes Recht hat, sich als Person insgesamt frei zu entwickeln, wird sich das ›belebende‹ Prinzip subjektiver Vernunft durchsetzen. Für die bürgerliche Gesellschaft heißt das, dass der freie Wettbewerb von allerlei Arten von Erfindungen und Rationalisierungen der Produktion und Distribution zum allgemeinen Wohlstand beiträgt, wie schon Adam Smith und später wieder Max Weber im Blick auf die Wirtschaftsentwicklung besonders Englands und der Niederlande sehen.

Dabei erkennt auch schon Hegel einen besonderen Beitrag im Christentum. Unter den Oberflächen aller besonderen christlichen Konfessionen und Sekten mit ihren idiosynkratischen Betonungen von Wörtern und Riten sieht er eine gemeinsame, weltgeschichtlich höchst bedeutsame Grundeinsicht am Werk. Es handelt sich um die *Würde des Menschen*, die *Absolutheit des personalen Subjekts*, insbesondere aber die Grundaufgabe der *freien Selbstformung* der am Ende überzeitlichen Person im Rahmen einer *universalen Gemeinschaft aller Personen*.

Dabei macht Hegel keinen Hehl daraus, dass er Luther allen anderen Reformatoren und dessen robuste paulinische Gemeinde-Lehre insbesondere dem rituellen Neuheidentum im Katholizismus, aber auch jeder Orthodoxie, dem Pietismus und jeder Reduktion auf ein Gefühls-Christentum vorzieht, ohne dabei an einen ontischen Gott und eine ›Erlösung‹ in einem Jenseits oder an einem ›Jüngsten Gericht‹ zu ›glauben‹. Jede Sünde wird so zur Selbstschädigung der Person. Heil und Gnade bestehen in der erneuten Anerkennung der Person in der Personengemeinschaft.

Feuerbach rennt daher in seiner Kritik an Hegel weit offene Türen ein, aber ohne dessen Verständnis der eigentlichen Leistungen des Christentums, nämlich die gemeinsame Organisation und Feier der Freiheit von Subjekt, Person und Gemeinde in der Gesellschaft und im Staat angemessen zu würdigen. Jede philosophische Anthropologie greift hier zu kurz, zuletzt noch Ernst Tugendhat in *Anthropologie statt Metaphysik*.[82] Die Allgemeinheit der Analyse und die materialbegrifflichen Selbstverständlichkeiten, die sie expliziert, sorgen gerade auch hier dafür, dass Hegels spekulative Strukturlogik (der Entwicklung) des Begriffs und der Idee, also von Praxisformen in Reflexion und Vollzug, weit weniger ›spekulativ‹ in unserem modernen Sinn ist, also narrativ-thetisch, als etwa die besondere ›Erklärung‹ der Entstehung des ›Geistes des Kapitalismus‹ aus dem Protestantismus bei Max Weber.

Der Heroismus vormoderner Zeiten verwandelt sich in »Verdienst und Ehre«, wie wir noch genauer sehen werden. Die Schwierigkeit jedes ›Subjektivitätsregimes‹, wie wir die (sokratische und dann auch christliche) Abkehr von einer rein konventionellen, religionsgestützten *Arete* sowohl bei den Griechen (und Römern) als auch den Juden der Antike bezeichnen können, besteht natürlich im Umgang mit der (Rest-)Willkür im subjektzentrierten Urteilen und Handeln. Ein

82 Ernst Tugendhat, *Anthropologie statt Metaphysik*, München: Beck 2007.

solches Regime ist eben das, »was vornehmlich in der allgemeinen Vorstellung Freiheit heißt«.

§ 207

204 Das Individuum gibt sich nur Wirklichkeit, indem es in das *Dasein* überhaupt, somit in *die bestimmte Besonderheit* tritt, hiermit *ausschließend* sich auf eine der *besonderen* Sphären des Bedürfnisses beschränkt. (205)

Natürlich kann man im Deutschen nicht wirklich sagen, das Individuum gebe sich Wirklichkeit oder trete ins Dasein. Denn als individuelles Lebewesen gibt es mich entweder (schon) oder eben (noch) nicht. In meiner ›Übersetzung‹ spricht Hegel hier daher gar nicht von mir als individuellem Menschen, sondern von mir als individueller Person. Ich trete also auf der Grundlage meines handelnden Tuns als personales Subjekt und in meiner Selbstbildung zur Person in eine bestimmte Besonderheit und schließe dabei viele mögliche Alternativen aus. Ich spezialisiere mich auf bestimmte »Sphären des Bedürfnisses« in meiner Ausbildung, meinem Beruf und meiner Arbeit.

204 Die sittliche Gesinnung in diesem Systeme ist daher die *Rechtschaffenheit* und die *Standesehre,* sich und zwar aus eigener Bestimmung durch seine Tätigkeit, Fleiß und Geschicklichkeit zum Gliede eines der Momente der bürgerlichen Gesellschaft zu machen
174 und als solches zu | erhalten, und nur durch diese Vermittelung mit dem Allgemeinen für sich zu sorgen, so wie dadurch in seiner Vorstellung und der Vorstellung Anderer *anerkannt* zu sein. – (205)

Meine Gesinnung ist im System des gemeinsamen Lebens sittlich (gut), also dem allgemeinen Ethos ausreichend angemessen, wenn ich insgesamt *rechtschaffen* handle und wenn mein Tun die Bedingungen der *Standesehre*, der *strengen professionellen Gewissenhaftigkeit* – und eben diese ist der wahre Sinn von Bernard Williams' Rede von einer *accuracy* – erfüllt, und zwar zunächst in eigener Autonomie und Selbstkontrolle. Es geht also um die gute Ausfüllung oder Ausführung meiner Rollen.

Die professionellen Tugenden, die man gern als »Sekundärtugenden« bezeichnen darf, wenn man das nur nicht abwertend missversteht, sind »Fleiß und Geschicklichkeit«, übrigens auch ›Gehorsam‹, wo es auf Koordination und Kooperation im Handeln ankommt, oder

Tatkraft und Mut, wo es Entscheidungen braucht. Mut ist Überwindung von allerlei Befürchtungen und der Stimmung von Angst, die bekanntlich handlungsunfähig macht.

Man wird erst durch die Tugenden in der Gesellschaft zur vollen bürgerlichen Person (die nach meinem Verständnisvorschlag der Sprache jetzt freilich schon weit mehr ist als der bloß erst formale Status des Bourgeois). Hegel verteidigt dabei die Notwendigkeit der Selbstsorge, vermittelt durch den gesellschaftlichen Leistungsaustausch. Und es ist interessant, dass er beide Momente der Beurteilung und Anerkennung je meiner personalen Leistungen hervorhebt, die in meiner eigenen Vorstellung oder Reflexion und die Bewertungen in der Vorstellung anderer.

Die *Moralität* hat ihre eigentümliche Stelle in dieser Sphäre, wo 204f.
die Reflexion auf sein Tun, der Zweck der besondern Bedürfnisse und des Wohls herrschend ist, und die Zufälligkeit in Befriedigung derselben auch eine zufällige und einzelne Hilfe zur Pflicht macht. (205)

Jetzt können wir auch den begrenzten Ort einer bloß erst formalistischen Moralität bestimmen und damit den Fehler Kants noch klarer machen, der sie mit der konkreten Sittlichkeit verwechselt. Das hat zur Folge, dass ›Kantianer‹ sich bis heute im Grunde schon mit bloß subjektiver Ehrlichkeit oder Redlichkeit zufriedengeben und den Unterschied zu voller Accuracy als professioneller Gewissenhaftigkeit gar nicht kennen und begreifen.

Nur dort, wo eine rein subjektive Reflexion auf mein Tun, den Zweck der besonderen Bedürfnisse und des Wohls ausreichend ist, können wir eine Handlungsform als erlaubt anerkennen, wenn wir sie allgemein wollen können. Wenn sie es ist und sittlich keine konkrete Norm oder schon anerkannte Kooperationsform gegen sie spricht, darf ich der Handlungsform oder Maxime gemäß handeln. Dabei kann auch eine zufällige und einzelne Hilfe zur Pflicht werden – etwa wie in dem mit vollem Recht berühmten Fall des Gleichnisses vom guten Samariter. Es ist nicht Pflicht, *allen* zu helfen, wohl aber dem *Nächsten*. Dieser aber ist nicht nur mein Verwandter, mein Nachbar oder ein Mitglied meines Stamms. Es ist der, dem ich nahekomme, aus welchen Gründen auch immer, und der meine Hilfe braucht oder um sie bittet.

Ein allgemeiner Altruismus ist sogar inkohärent, wie Nietzsche ganz richtig sieht. Rein verbal ist er sogar bigott, selbstgerecht oder gar verlogen. In den konkreten Situationen der in der Parabel skizzierten Art ist jeder schon gemäß dem Kategorischen Imperativ rein moralisch dazu aufgerufen zu helfen. In manchen (nicht in allen) Ländern ist unterlassene Hilfeleistung – so wie manche Formen der Fahrlässigkeit – als Mangel an Accuracy sogar ein strafbares Unrecht.

205 Ⓚ Daß das Individuum sich zunächst (d. i. besonders in der Jugend) gegen die Vorstellung sträubt, sich zu einem besondern Stand zu entschließen und dies als eine Beschränkung seiner allgemeinen Bestimmung und als eine bloß *äußerliche* Notwendigkeit ansieht, liegt in dem abstrakten Denken, das an dem Allgemeinen und damit Unwirklichen stehen bleibt, und nicht erkennt, daß um *dazusein,* der Begriff überhaupt in den Unterschied des Begriffs und seiner Realität, und damit in die Bestimmtheit und Besonderheit tritt (s. § 7), und daß es nur damit Wirklichkeit und sittliche Objektivität gewinnen kann. (206)

Die Lebensentscheidungen in der Jugend sind in einer komplexen leistungs-, güter- und ehrenteiligen Gesellschaft besonders im Blick auf die Berufswahl keineswegs leicht. Als junger Mensch möchte man sich die Optionen offenhalten, was angesichts der hochgradigen Spezialisierungen und der dafür nötigen langen Ausbildungen nicht nur im Sport, der Musik und den anderen Künsten, sondern etwa auch in Wissenschaften nicht immer klug bzw. zielführend ist.

Die Qual der Wahl der Karriere, der Laufbahn des Lebens nicht nur im Beruf, bedeutet nicht etwa, wie es zunächst erscheint, eine Beschränkung der allgemeinen Souveränität der Person, die im Prinzip ›alles‹ lernen kann. Wer das meint, denkt nur erst abstrakt oder formal. Der Witz eines personalen Lebens in den ausdifferenzierten Praxisformen der Gesellschaft und damit des Personseins besteht gerade in den inneren Unterschieden »des Begriffs und seiner Realität«, der Idee als Gesamt aller personalen Rollen, Status und Institutionen. Nur in der (möglichst frühen und möglichst authentisch-energischen bzw. konsequenten) Übernahme der Gesamtverantwortung für das eigene Personsein gewinnt dieses selbst, das ja zunächst nur implizit existiert, also bloß erst eine Möglichkeit ist, »Wirklichkeit und sittliche Objektivität«.

§ 208

Das Prinzip dieses Systems der Bedürfnisse hat als die eigene Besonderheit des Wissens und des Wollens die *an und für sich* seiende Allgemeinheit, die Allgemeinheit der *Freiheit* nur *abstrakt*, somit als *Recht des Eigentums* in sich, welches aber hier nicht mehr nur *an sich*, sondern in seiner geltenden Wirklichkeit, als *Schutz des Eigentums* durch die *Rechtspflege, ist.* | (206) 205 175

Die Passage ist offenbar ein Übergangstext zu einem neuen Thema, dem der Rechtspflege. Deren Aufgabe wird von Hegel lapidar als Schutz des Eigentums bestimmt, was wir aber in einem extrem weiten Sinne, also nicht nur als Schutz von Besitz-, Verfügungs- oder Gebrauchsrechten oder des rechtlichen Status als Eigentümer von Sachen (dokumentiert etwa auch über ein Kataster oder Grundbuch) begreifen müssen. Es geht um alles Meinige, also um mich, wozu mein Leib gehört, aber auch mein Ruf, sogar mein Wissen, Können und Wollen, meine Familie usf.

Im empirischen Einzelfall ist mein Wissen und Wollen nur besondere subjektive Instanziierung eines allgemeinen Wissens und eines möglichen Wollens. Dabei ist in der Sphäre des bloß erst Möglichen »die Allgemeinheit der Freiheit nur abstrakt«. Das gilt auch für mein (abstraktes) Recht auf alles Meinige ›an sich‹. Konkretisiert wird dieses Recht (›an und für sich‹, also »in seiner geltenden Wirklichkeit«) nur erst »durch die Rechtspflege«.

B. Die Rechtspflege

An sich oder in seiner *Allgemeinheit* ist das System der Rechte und Pflichten, Verbote und rechtlichen Unbedenklichkeiten durch öffentliche Gesetze gesetzt. Je für uns als *Einzelne* müssen aber die Gesetze bekannt und verstanden, also öffentlich gemacht und im Prinzip allgemein verständlich sein. Die *besonderen* Anwendungen und Vermittlungen der Gesetze in der Bestimmung von Arten von Fällen bzw. Typen von Handlungen leisten die Gerichte und ihr Personal, die Staats- und Rechtsanwälte, die Richter und Juroren.

§209

206 Das *Relative* der Wechselbeziehung der Bedürfnisse und der Arbeit für sie, hat zunächst seine *Reflexion in sich*, überhaupt in der unendlichen Persönlichkeit, *dem* (abstrakten) *Rechte.* (207)

Sinnvolle Arbeit ist abhängig von einem Bedarf als echter Nachfrage nach Erfüllung eines Bedürfnisses. Andererseits kann man einen Bedarf in der Regel nur anmelden, wenn es prinzipiell schon ein Angebot an Arbeitsprodukten des nachgefragten Typs gibt. Diese wechselseitige Abhängigkeit ist immer schon bekannt. Die Arbeits- oder Rollenverteilung enthält schon empraktisch diese »Reflexion in sich«. Auch wenn Hegels Syntax und Semantik einige Wünsche offenlässt, er sagt hier nur, dass die ›unendliche‹ Persönlichkeit alle meine Aufgaben oder Rollen im Leistungsaustausch in sich reflektiert, also partiell expliziert und seit Langem vordiskutiert. Dasselbe gilt für das (abstrakte) Recht aller meiner Entitlements oder Ansprüche an andere Personen. Jeder muss für sich also sozusagen eine ökologische Überlebensnische im ökonomischen System des Leistungs- und Gütertausches finden oder schaffen. Der beliebte Ausdruck »Vergesellschaftung« drückt Dinge dieser Art auf vage Weise aus und klingt wissenschaftlicher, als er ist. – Niemand fängt dabei je etwas absolut Neues an. Das geht begrifflich nicht. Alle Formveränderungen sind von der Art, wie man sie in der Science-Fiction so schön sieht: Es werden römische Soldaten im Wesentlichen mit Maschinenpistolen ausgestattet und ein außerirdischer Präsident trägt altpersische Roben.

206 Es ist aber diese Sphäre des Relativen, als *Bildung*, selbst, welche dem Rechte das *Dasein* gibt, als *allgemein anerkanntes, gewußtes* und *gewolltes* zu sein, und vermittelt durch dies Gewußt- und Gewolltsein Gelten und objektive Wirklichkeit zu haben. (207)

Konkret wird das Recht in eben dieser Sphäre der relativen Ansprüche und Verpflichtungen, z. B. nachdem ich dir etwas zu leisten versprochen habe oder, noch klarer, du mit mir einen Vertrag über gegenseitige Leistungen abgeschlossen hast. Zur Bildung einer Person oder eines Bürgers und zugleich zur Wirklichkeit des Rechts gehört, diese (bedingten) Verpflichtungen, Ansprüche und Erlaubnisse zu kennen. Wir müssen wissen, was als Erfüllung allgemein anerkannt ist und was bei Nichterfüllung kritisiert oder sanktioniert wird.

Für die verschiedenen Aufgaben, Rollen und Funktionen darf es dann durchaus Voraussetzungen der Kompetenz und Bildung geben – so dass Platons Plädoyer für eine Meritokratie unter dem leicht irreführenden Titel einer Aristokratie durchaus allgemeine Anerkennung verdient.

Es gehört der Bildung, dem *Denken* als Bewußtsein des Einzelnen in Form der Allgemeinheit, daß *Ich* als *allgemeine* Person aufgefaßt werde, worin *Alle* identisch sind. Der *Mensch gilt so, weil er Mensch ist,* nicht weil er Jude, Katholik, Protestant, Deutscher, Italiener u. s. f. ist, – (...) (207) 206 Ⓚ

In Vermeidung der Wörter »Bürger« und »Bourgeois«, die er semantisch anders besetzt, spricht Hegel vom Menschen als vollem Mitglied der bürgerlichen Gesellschaft. Das ist zunächst keine glückliche terminologische Wahl, da ein Mensch zu sein in unserer Sprache zunächst nur den biologischen Unterschied zu einem bloß animalischen Leben, genauer, dem Leben eines Tieres ausdrückt. Ich spreche daher in diesem Sinn lieber von einer vollen bürgerlichen Person.

Zur Bildung einer vollen bürgerlichen Person gehört nun aber gerade das Wissen und die Anerkennung, dass in der bürgerlichen Gesellschaft alle vollen bürgerlichen Personen als solche *gleich* sind: »*Der Mensch gilt so, weil er Mensch ist, nicht, weil er Jude, Katholik, Protestant, Deutscher, Italiener usf. ist.*«

Dieser Satz ist als frühe Formulierung der *allgemeinen Menschenrechte* zu Recht berühmt. Dabei sind die späteren Ausdrücke »Menschenrechte« und »Menschenwürde« ganz korrekt. Sie drücken nämlich aus, dass Menschen rein als biologische Individuen der Gattung *homo sapiens sapiens ohne jede Aufnahmeprüfung im Blick auf ihre Leistung* die entsprechenden *personalen Grundrechte*, gerade auch des Lebens- und des Würde-Schutzes haben.

Es geht darum »daß Ich als allgemeine Person aufgefaßt werde«, und das heißt, dass es keine *Diskriminierung oder Vorsortierung* nach Herkunft, Nation, Religion, Kaste oder Rasse *für die Zulassung zur freien Kooperation in der freien bürgerlichen Gesellschaft* geben darf. (Auch in der Negation ist das Wort »Rasse« übrigens bedenklich, da es einen Biologismus voraussetzt, der falsch ist: Es gibt Hunderassen, aber keine Menschenrassen. Daher sollte man aber auch auf das Wort

»Rassismus« möglichst verzichten. Es bedarf aber wohl logischer Bildung, das zu begreifen.)

Hegels Artikulation des Prinzips, dass in der bürgerlichen Gesellschaft alle Menschen ›identisch‹ Personen sind, zeigt klar, in welchem Sinn alle diejenigen Deutschen, die Menschen einer bestimmten Religion wie die Katholiken (noch im 19. Jahrhundert in Preußen) aus dem Bildungswesen, besonders den Universitäten, oder die Juden (zwischen 1933 und 1945) sogar überhaupt aus dem Leistungsaustausch der Gesellschaft heraushalten oder aussondern wollten, alle *selbst keine voll gebildeten Personen* waren. Anders gesagt, die Anerkennung der Würde des Menschen und der Menschenrechte ist symmetrisch: Wer sie nicht anerkent, kann uns nicht als voll anerkennbare Person gelten. Das gilt insbesondere auch für eine offenkundige Politik der Lüge, ob in Russland, Weißrussland, Syrien, Myanmar oder manchmal auch den USA.

Wir sprechen üblicherweise davon, dass schon die Formen der Diskriminierung, lange vor der physischen Vernichtung der Juden im Holocaust, *unmenschlich* oder *inhuman* war, aber z. B. durchaus auch der Umgang von Japanern mit Koreanern und Chinesen vor 1945. Diese Kritik bedeutet realiter, dass die deutsche und japanische Zivilisation, Kultur und Bildung versagt haben und die Menschen, die mittaten, sozusagen nur noch zum Schein Personen blieben, also ihre Würde und Ehre als Personen vor der Menschheit verloren haben. Das wird gerade in Hegels Diktion klar. Denn Hegel identifiziert ja explizit das Menschsein im hier relevanten starken Sinn damit, eine volle Person zu sein und die anderen als Personen zu respektieren (§ 36). Die Rede von der nötigen ›Umerziehung‹ der Deutschen bestätigt diese Diagnose übrigens voll und ganz – und zeigt das wahre Problem des so genannten Rechtspopulismus.

206 Ⓚ (…) dies Bewußtsein, dem der *Gedanke* gilt, ist von unendlicher Wichtigkeit, – nur dann mangelhaft, wenn es etwa als *Kosmopolitismus* sich dazu fixiert, dem konkreten Staatsleben gegenüber zu stehen. (207)

Leider verdeckt Hegels eigene holprige Sprache »die unendliche Wichtigkeit« dieses Gedankens – oder besser dieser Einsicht –, dass diejenigen keine vollen Personen (›Menschen‹) sind, die nicht *allen Menschen grundsätzlich* gleiche Zugangsrechte zum gesellschaftlichen Leistungsaustausch zugestehen. Das schließt, wie wir gesehen haben, einen echten Wettbewerb und damit eine meritokratische Auswahl nach dem Leistungs- und Kompetenzprinzip nicht aus, im Gegenteil. Hegel kritisiert den Kosmopolitismus nur dann, wenn dieser sich gegen die Organisationsform der Staaten stellt, nicht als Gedanke der Staatengemeinschaft und der Menschheit.

§ 210

Die objektive Wirklichkeit des Rechts ist, teils für das Bewußtsein zu 206
sein, überhaupt *gewußt* zu werden, teils die Macht der Wirklichkeit zu haben und zu *gelten* und damit auch als *allgemein gültiges gewußt* zu werden. (207)

Jetzt erst beginnt Hegel mit einer konkreteren Betrachtung der Rechtspflege. Dabei rückt er zunächst, erstens, die allgemeine Kenntnis von Gesetzen, Rechten und Pflichten ins Zentrum seiner Betrachtung. Denn ich muss die Normen kennen, um mich frei an ihnen im Handeln orientieren zu können. Das ist ein Truismus, also trivial wahr. Es ist zugleich eine für alles Recht *grundlegende* Selbstverständlichkeit – wie im Grunde alle Einsichten Hegels. Hegel betont noch, zweitens, dass die Normen wirklich in Geltung gesetzt sein müssen und es, drittens, auch der (gemeinsamen) Macht ihrer Durchsetzung bedarf.

a) Das Recht als Gesetz

§ 211

Was *an sich* Recht ist, ist in seinem objektiven Dasein *gesetzt*, d. i. 207
durch den Gedanken für das Bewußtsein bestimmt, und als das was Recht ist und gilt, *bekannt*, das *Gesetz*; und das Recht ist durch diese Bestimmung *positives* Recht überhaupt. (208)

Was allgemein als Recht gilt, muss auf die eine oder andere Weise explizit gemacht sein. Eben das bedeutet Hegels teils ›fichteanische‹, teils idiosynkratische Rede von einem *Gesetztsein* als gedankliche Bestimmung »für das Bewusstsein«, also *für das Wissen* der Leute. Der Inhalt muss ›objektiv‹ sein, mehr noch, er muss für alle leicht *zugänglich* sein. Das Gesetz ist die Art, wie ein Recht gesetzt oder explizit bekannt gemacht ist. Positives Recht ist gesatztes Recht, also vermittelt durch gesetzte Satzungen und Gesetze. Zwar plädiert Hegel in partiellem Gegensatz zu Friedrich Carl von Savigny vehement für eine kanonische Fassung verschriftlichter Gesetze, wäre aber skeptisch gegen eine idealisch-utopische Deutung einer solchen *Systematisierung* wie bei Max Weber als

»Inbeziehungsetzung aller durch Analyse gewonnen Rechtssätze derart, daß sie untereinander ein logisch klares, in sich logisch widerspruchsloses und, vor allem, prinzipiell lückenloses System von Regeln bilden, welches also beansprucht: daß alle denkbaren Tatbestände unter eine seiner Normen müssen logisch subsumiert werden können, widrigenfalls ihre Ordnung der rechtlichen Garantie entbehre«.[83]

Nicht die logische Subsumtion bzw. formale Ableitung, sondern eine Logik des Allgemeinen, Besonderen und Einzelnen von Titelwörtern, Texten und Kommentaren führt zu einer vernünftigen Ordnung der Normen in einem Gesetzbuch. Wenn man das nicht ernst nimmt, geraten wir in die typischen Aporien des Positivismus und Formalismus der modernen rechtsphilosophischen Debatten. So schreibt Max Weber z. B. Ausdrücke wie

»›Ausbeutung der Notlage‹ (im Wuchergesetz) ... stehen grundsätzlich auf dem Boden von ... antiformalen Normen, die ... rein ethischen Charakter haben, materiale Gerechtigkeit statt formaler Legalität beanspruchen«.[84]

Hegel erkennt das als falsch, weil *alle formalen Regeln* nur *Artikulation empraktischer Normen* in Kooperationsformen sind, die damit bloß *allgemeine Default-Orientierungen* angeben. (Hierin hätten sich Hegel und von Savigny treffen können.) Der *Anwendungsbereich* ist immer noch durch eine Begrenzung ihrer Reichweite und andere Besonderungen zu bestimmen. Es sind, heißt das, *Ausnahmetypen* und Grenzfälle auf *allgemeine*, zumeist aber *nicht-schematische* Weise zu charakterisieren. Die Rede von einer *Unbilligkeit* oder *Sittenwidrigkeit* formuliert z. B. typische Ausnahmen. Diese führen als solche weder zu einer bloßen *Kasuistik*, wie Weber suggeriert, noch haben sie ›rein

83 Max Weber, *Wirtschaft und Gesellschaft*, a. a. O. S. 506.

84 Zitiert nach Christoph Menke, *Kritik der Rechte*. Berlin: Suhrkamp 2015, S. 146.

ethischen Charakter‹. – Max Webers für sich großartige Rechtssoziologie im 7. Kapitel von *Wirtschaft und Gesellschaft* erweist sich insgesamt als eine Schilderung von *Besonderheiten*. So mag z. B. der folgende Satz historisch wahr sein:

»Maßgebend für die gänzliche Beseitigung der persönlichen Unfreiheit ... waren letztlich überall starke naturrechtliche ideologische Vorstellungen.«[85]

Hegel sieht aber, dass es andere, tiefere, *absolute* Gründe für die *Notwendigkeit der Abschaffung* jeder Art von rechtlicher Unfreiheit und jeder die Personen kontextfrei diskriminierenden Ungleichheit gibt. Hegels Programm ist dabei gerade eine *Entmystifzierung* und *Entideologisierung jeden Natur- und jeden Vernunftrechts*. Daher ist er auch an einer allgemeinen und nicht zufälligen Ordnung der Rechte und Gesetze interessiert, die sich nicht, wie bei Weber, aus Verallgemeinerungen von Beobachtungen verschiedener Sitten und Gebräuche (etwa auch zu einer tauschvertraglichen Sexualität und zu positivrechtlich anerkannten Nebenformen zur eurasischen Standardfamilie) ergibt, sondern aus der *allgemeinen Form* des *freien Handelns als personales Individuum, als Wir-Gruppe und als Gemeinwesen* und den zugehörigen basalen Pflichten und abstrakten Rechten.

Etwas als *allgemeines* setzen, d. i. es als allgemeines zum Bewußtsein bringen – ist bekanntlich *denken* (vergl. oben § 13 Anm. und § 21 Anm.); indem es so den Inhalt auf seine einfachste Form zurückbringt, gibt es ihm seine letzte *Bestimmtheit*. (208) 207 Ⓚ

Denken heißt, etwas in seiner Gattung oder Art explizit machen oder als von einem allgemeinen Typ setzen. Es mag uns überraschen, dass das ›bekanntlich‹ so sei. Es ist aber eine durchaus einsichtsvolle Erläuterung. Sie lässt offen, mit welchen symbolischen Handlungen der relevante Typ explizit gemacht wird, in Verbalsprache oder in einer Schrift, in offener Präsentation oder stiller Repräsentation als bloßer Vorstellung der symbolischen Handlung, durch Bilder oder Metaphern, prototypische Beispiele oder parabelförmige Gleichnisse etc. Die einfachste Form, etwas zu setzen oder explizit zu machen, sind freilich Wörter und Sätze: Wir brauchen zu ihrer leisen oder lauten Repräsentation keine Hilfsmittel. In diesem Sinn denken wir

85 Max Weber, *Wirtschaft und Gesellschaft*, a. a. O. S. 531.

vorzugsweise in Worten und Sätzen, oft freilich bloß erst in Titelwörtern. Diese fungieren wie Stichwörter als Überschriften über leicht aus ihnen sich ergebende bzw. naheliegende Texte, die dann natürlich wieder aus Sätzen in Normal- oder Langform bestehen. Einen Inhalt zu bestimmen, heißt daher, ihn »auf seine einfachste Form« zurückzubringen. Das sogenannte Folgern von Sätzen aus Sätzen beruht dann auf einer speziellen Technik, die (in manchen Fällen rein schematisch) festlegt, was im Allgemein- oder Idealfall mit einem Satz alles als ›mitgesagt‹ gilt. Daher ist Folgern zumeist kein Begründen – und umgekehrt. Um das einzusehen, bedarf es freilich guter Kenntnisse der Grundprobleme der Logik.

207 Ⓚ, 176 Was Recht ist, erhält | erst damit, daß es zum Gesetze wird, nicht nur die *Form* seiner Allgemeinheit, sondern seine wahrhafte Bestimmtheit. (208)

Ein bloßes Fallrecht ist, etwas überspitzt und ironisch gesagt, *inhaltlich* nur insofern bestimmt, als es hier ein rein *formales* Recht der Richter gibt zu entscheiden, was nach ihrem Urteil früheren Beispiel-Urteilen ähnlich oder analog ist, die sie für den Fall heranziehen. Ansonsten entscheiden Schöffen oder Geschworene, sozusagen als verkleinerte Fortsetzung der Stammes-, Stadt- oder Volksversammlungen früherer Zeiten. Damit wird aber auch nur eine (gefühlsmäßige oder symbolische) Anerkennung des Urteils (bei den Vertretern der Öffentlichkeit) hergestellt. Schon in der Antike wussten Intellektuelle wie Sophokles, Euripides oder Sokrates, dass das nicht ausreicht, insbesondere dann, wenn es darum geht, das Subjektivitätsprinzip des Handelns angemessen zu berücksichtigen. Denn dafür sind *common sense* und Mehrheitsentscheide immer zu grob, äußerlich und zufällig. Moderne Strafrichter sind daher im guten Fall Spezialisten in der Beurteilung inentionaler Handlungen, wobei über die Taten hinaus die ›wahren‹ Absichten so gut es geht zu bestimmen sind, in einer Art Dialektik reflektierender Urteilskraft zwischen den Absichtszuschreibungen der Ankläger und Verteidiger und den Deklarationen der Motive durch den Angeklagten.

Über das Wissen und Vermögen des Einzelnen hinaus kann, d. h. sollte, niemand zu einer Tat oder einer Unterlassung verpflichtet werden – wenn wir denn das freie Handeln in seiner Form begreifen. »Ultra posse nemo obligatur«. Die Artikulation dieses Prinzips, so selbstverständlich es klingt, gehört zu den wichtigsten Errungenschaften römischer Rechtskultur, neben dem zweitem Prinzip, »Nulla poena sine lege«. Dieses folgt im Grunde schon aus dem ersten Prinzip, da nichts als Verbrechen gelten und bestraft werden sollte, was nicht zuvor und allgemein durch ein Gesetz als ihm widersprechend bekannt gemacht oder schon allgemein als rechtswidrig erkennbar oder als widerrechtlich ›gewusst‹ ist. Es bedarf schon einer eigenen Art der Erfahrung und Bildung, diesen Prinzipien in der Rechtsprechung zum Durchbruch zu verhelfen bzw. sie nachhaltig zu installieren.

Hegels lakonische Formulierung enthält all das schon implizit in sich. Erst im Gesetz, vorzugsweise artikuliert durch wörtlich lehrbare bzw. schriftlich fixierte Sätze, erhält das Recht die nötige Form der Allgemeinheit und seine situationsallgemeine Bestimmtheit. Allgemeine kontextuelle Einschränkungen und Bedingungen, wo sie allgemein relevant sind, sind dabei ›nach Möglichkeit‹ explizit zu machen, etwa in Wenn-dann-Form.

Es ist darum bei der Vorstellung des Gesetzgebens nicht bloß das 207 Ⓚ
eine Moment vor sich zu haben, daß dadurch etwas als die für alle gültige Regel des Benehmens ausgesprochen werde; sondern das innere wesentliche Moment ist vor diesem anderen die *Erkenntnis des Inhalts* in seiner *bestimmten Allgemeinheit.* (208)

Um die allzu kurze Gedankenskizze und die Betonung des *Kennens des Inhalts* der Gesetze im Kontext zu verstehen, müssen wir wohl weiter ausholen und den Gesamtzusammenhang der Überlegung herstellen, auch wenn das zu einem längeren Exkurs führt, der an dieser Stelle aber ganz gut passt und auch in seinen Vorgriffen alles Weitere verständlicher macht.

Eine nicht antiquierte Rechtspraxis setzt die beiden Grundprinzipien des Rechts voraus: »Über das Können hinaus ist niemand zu einer Unterlassung oder Tat verpflichtet« und »Keine Strafe ohne gesetzliche Strafandrohung«. Es können ja nur Handlungen, also z. B. keine Widerfahrnisse oder unkontrollierten Reaktionen, ein Verbrechen, *crimen*, darstellen. Freilich fällt *jede* Handlung unter die Bewertungsformen des Ethos, der Sittlichkeit, spezieller der freien Moral und des positiv gesatzten Rechts.[86] Dabei ist nach dem Frei-

86 Zu *ethos* und *ēthos* vgl. auch GW 14.2, S. 721.

heitsprinzip des abstrakten Rechts ›grundsätzlich‹ alles erlaubt, was nicht verboten ist.

Nur angedrohte Strafen dürfen vollzogen werden. Der zentrale begriffliche Unterschied zwischen Rache und Strafe liegt gerade am Moment der *Straf-Androhung*. Nietzsche übersieht das. Strafe ist also Ausführung einer öffentlich angedrohten und als solche bekannten Sanktionsfolge für ein Tun, das sich nicht an die Rechtsnormen hält. Strafe setzt eben daher die bewusste und verantwortlich handelnde Erfüllung der Bedingungen der Strafwürdigkeit durch den Täter voraus, wozu gehört, dass der Täter weiß oder wissen müsste, dass sein Tun strafwürdig ist, zumeist auch, dass er es selbst an sich oder im Allgemeinen als strafwürdig anerkennt. Nach einer Verurteilung *müssen* die Strafen dann aber auch vollzogen werden. Denn Drohungen können sonst nicht wirksam werden. Sie würden zu bloßem Gerede. Das freilich haben viele der von Hegel in seinen Überlegungen summarisch diskutierten Rechtswissenschaftler, besonders Paul Feuerbach, durchaus klar gesehen. Falsch wäre auch, wenn nur manche ›bestraft‹ würden. Die sogenannte Strafe würde dann zu einer rein *zufälligen Abschreckung* und damit aus der Sicht der ungleich behandelten Einzelpersonen zu einem ›Unrecht‹.

Es gibt im Rechtssystem insbesondere keine Erlaubnis, eine Person einem vermeinten *Gemeinwohl* oder ›dem Volk‹ zu *opfern*. Das bedingt auch schon, dass niemand bloß zur Abschreckung, gar für reine *Widerfahrnisse* oder bloß für unwillkürliche *Reaktionen*, ›bestraft‹ werden darf, wobei der Übergang von unkontrollierbarem zu bloß schlecht kontrollierbarem Verhalten ein schwieriges Kontinuum darstellt. In jedem Fall aber gilt: Wenn der Machthaber, sagen wir der Großkönig, jemanden ›bestraft‹, weil er ihm ›zufällig‹ oder ›allzu sorglos‹ auf die Zehen getreten ist, dann hat das mit Recht nichts zu tun.

Das Prinzip *Nulla poena sine lege* ist also logisch begründet darin, dass wir durch allgemeine Strafandrohung die ›rationale‹ Entscheidung des Handelnden beeinflussen, die erwartete Auszahlungsmatrix verändern. Der Gesetzgeber ist Vertreter dieses Wir. Die Exekutive ist die Institution der Durchsetzung der Gesetze. Das gesamte Verfahren funktioniert nur, wenn der potentielle Täter, wie schon gesagt, erstens *weiß*, mit welchen Folgen er zu rechnen hat, und zweitens im Grundsatz die gesetzlichen Normen anerkennen kann, zugleich auch wissen kann und wissen muss, dass er sie eben deswegen zumindest im Allgemeinen schon empraktisch *mit-will*, was immer er verbal sich und anderen vormachen mag. Das ist der Grund, warum Hegel später sagen kann, dass der Täter die Strafe *will*, ohne dass er sie sich *wünscht*.

Das Prinzip, dass Strafe Gesetze vorausgesetzt, ergibt sich jetzt logisch klar aus der Institution der Sanktionsdrohung: Diese kann nur ›wirken‹, wo der Handelnde frei handeln kann und wo wir die angedrohten Folgen auch eintreten lassen. Die Natur hört auf keine Sanktionsdrohung. Strafandrohungen betreffen nur handelnde Personen. Und sie werden von handelnden Personen erlassen, freilich nicht so, wie der Räuber jemanden mit vorgehaltener Pistole ›zwingt‹, sein Geld herauszugeben (ein Gegenbeispiel, das auch H. L. A. Hart diskutiert). Hegel erkennt daher alle straftheoretischen Kommentare als zumindest irreführend, die von einer *Abschreckung* in Strafandrohungen sprechen, und zwar sowohl dort, wo die vorgängige *Anerkennung* der durch die Sanktion geförderten Kooperationsform ausgeblendet bleibt, als auch dort, wo der Adressat der Strafandrohung mit einem *abrichtbaren Tier* verglichen wird.

Es gibt natürlich ganz verschiedene Verfahren, die Einzelakteure dazu zu bringen, sich an erwünschte kooperative Normen zu halten. Je mehr Mehrwert der Staat in einem modernen Staat über Steuern abschöpft, desto mehr kann er z. B. durch positive Incentives wie Steuerreduktionen und damit ohne das primitivere Mittel des rechtlichen Verbots (oder Gebots) mit Sanktionsdrohung bewirken. Im § 218 der Rechtsphilosophie sieht Hegel außerdem, dass die »ihrer selbst sicher gewordene Macht der Gesellschaft die äußerliche *Wichtigkeit* der Verletzung« des Rechts durch ein Verbrechen »*herunter setzt*«. Das heißt, in schwachen Staaten, besonders aber in sozialstaatlich schwachen Staaten, sind die Strafen härter. Das ist ein interessanter Satz, der z. B. auch etwas über die Entwicklungsdifferenz der europäischen Staaten im Vergleich zu den USA aussagt. »Ein Strafkodex gehört darum vornehmlich seiner Zeit und dem Zustand der bürgerlichen Gesellschaft in ihr an« (a. a. O.). Vieles, was heute zu bloßen Geld-, Bewährungsstrafen oder zeitlich recht befristeten Gefängnisstrafen führt, wäre früher und wird noch heute an anderen Orten mit ›Zuchthaus‹, also ›Lagerhaft‹, oder gar mit dem Tod geahndet.

Das Basisprinzip des formellen Rechts mit seinen Sanktionsandrohungen bei Rechtsverletzungen ist der *freie Wille*. Nur auf seiner Grundlage können Rechtssetzung und Sanktionsdrohung das sozialkooperative Handeln oder Verhalten der Personen beeinflussen: Nur wenn ein Täter etwas frei tut, was er auch unterlassen kann und nach dem Gesetz unterlassen muss (etwa Raub oder Mord), oder wenn er etwas nicht tut, was er frei tun kann und nach dem Gesetz tun muss (etwa im Fall einer zumutbaren unterlassenen Hilfeleistung), kann er für die Tat (gegebenenfalls strafrechtlich) verantwortlich gemacht werden.

Der falsche spekulative Glaube an eine kausale Prädeterminiertheit allen zukünftigen Geschehens entzieht diesem Grundprinzip des Rechts den Boden. Dieser ›orientalische‹ Fatalismus auch noch der Stoa, wie er die Prädestinationslehren Augustins, Luthers oder Calvins ebenfalls prägt, erlebt im gegenwärtigen physikalistischen (und biologisch-physiologischen) Prä-Determinismus eine Art Wiederauferstehung. Er *bleibt* dabei reiner Aberglaube, gerade aus der Sicht aufgeklärter Logik. Während er in der Stoa durch eine irregeführte logische Scholastik zeitallgemeiner Sätze und dann durch die Vorstellung von einer Allmacht Gottes ›begründet‹ wurde, meint man heute, sich auf einen angeblich durchgängigen Kausalnexus der Welt auf der Basis der ›Naturgesetze‹ stützen zu können. Hegel zeigt in seiner Logik, dass und warum die sogenannten Naturgesetze in ihrer formalen Idealität ganz anders zu verstehen sind – und dass es den sogenannten durchgängigen Kausaldeterminismus, den sie angeblich begründen, so wenig gibt wie einen allwissenden Gott.

Zu glauben, dass ein bloßer Laut oder Text wie die Beschreibung von Straftatbeständen und mögliche Sanktionsdrohungen *physikalisch* auf die Personen und d. h. auf ihr ›Verhalten‹ in der Zukunft *wirken* könnten, ist dann noch phantastischer als der Glaube an die Auferstehung der Toten (oder an eine für möglich gehaltene ›Unsterblichkeit‹, wie sie auch in Hararis *Homo Deus* breit diskutiert wird).

Wirken können allgemeine Sanktions-Drohungen offenbar nur, wenn man sie *versteht* und wenn man frei *handeln* kann. Deswegen kann man trivialerweise Tieren nicht über präsentische Gesten hinaus drohen. Wer dieses m. E. glasklare materialbegriffliche (also nicht einfach ›empirische‹) Vorherwissen über angedrohte Sanktionen zusammen mit anderen zu erwartenden Folgen als Momente der inhaltlichen Bestimmung einer Handlung nicht erkennt und die Folgen anerkennt, kann den Unterschied zwischen Handeln und Tun, den Hegel hier erarbeitet, nicht verstehen. Analoges gilt natürlich auch für alle positiven Incentives und für alle subjektiven oder gemeinsamen Zwecksetzungen.

Es ist am Ende einfach eine tautologische begriffliche Regel, dass jedes Handeln frei ist im Kontrast zu einem bloß automatisierten Verhalten oder einem Widerfahrnis. Es ist ein absolut basales Wissen, dass die Welt des Handelns disjunkt ist zur Natur handlungsfreien Geschehens.

Gewohnheitsrechte selbst, da nur die Tiere ihr Gesetz als Instinkt 207 ⓚ
haben, nur die Menschen aber es sind, die es als Gewohnheit haben, enthalten das Moment, als *Gedanken* zu sein und *gewußt* zu werden. Ihr Unterschied von Gesetzen bestehet nur darin, daß sie auf eine subjektive und zufällige Weise gewußt werden, daher für sich unbestimmter und die Allgemeinheit des Gedankens getrübter, außerdem die Kenntnis des Rechts nach dieser und jener Seite und überhaupt ein zufälliges Eigentum Weniger ist. (208)

Gegen die Vorstellung, es müssten alle rechtlichen Normen verbal oder schriftlich gesetzt, also sprachlich (in meiner Diktion als Regeln durch Sätze) explizit gemacht sein, spricht schon der Hinweis auf (implizite oder empraktische) Gewohnheitsrechte, die Hegel daher an dieser Stelle kurz kommentiert (ohne sie, wie Friedrich Carl von Savigny und das ›germanische‹ Fallrecht zu überschätzen). Zunächst betont er, dass nur beim Menschen sinnvoll von Gewohnheiten zu sprechen ist und dass wir die alte Rede, dass das Verhalten der Tiere instinktgesteuert ist, nicht einfach aufgeben sollten, da es, bei allen möglichen Betrachtungen seiner vielfältigen Besonderheiten, den *allgemeinen* Unterschied zum menschlichen Benehmen und Handeln artikuliert. Es geht dabei beim Individuum um Gewohnheiten, die uns in Form und Inhalt bekannt sind und die man sich sogar bewusst an- und abtrainieren kann.

Ein *Gewohnheitsrecht* besteht dann nur darin, dass es »auf eine subjektive und zufällige Weise« gewusst ist. Man denke als Beispiel an die Nutzung der Wegerechte in Europa oder auch Schottland durch Wanderer, die möglicherweise deren besondere gesetzliche Fassung und Tradition und damit z. B. den Unterschied zu den Regelungen in England und den USA gar nicht kennen. Ein Gewohnheitsrecht besteht also nicht etwa darin, dass eine kollektive Gewohnheit – z. B. die illegale Beschäftigung von Haushaltshilfen oder andere Arten von Steuervermeidung, die in verschiedenen Ländern in unterschiedlichem Ausmaß zur Gewohnheit geworden sind – das Handeln oder Benehmen rechtlich erlaubt machen würde. Allerdings ergibt sich angesichts der vielfältigen gesetzlichen Regelungen – z. B. gerade im Steuerrecht – die Lage, dass eine genaue Kenntnis »des Rechts nach dieser und jener Seite« in manchem Detail nur von Spezialisten wie Finanzbeamten und Steuerberatern erwartet werden kann, so dass sich der normale Bürger informieren und ggf. beraten lassen muss. Es muss dennoch, wie wir gleich sehen werden, der Inhalt der Gesetze so zugänglich gestaltet werden, dass man im Prinzip die Beratung nicht braucht, dass also jeder es zu lesen lernen kann.

207 f. Ⓚ Daß sie durch ihre Form, als *Gewohnheiten* zu sein, den Vorzug haben sollen, ins *Leben* übergegangen zu sein (– man spricht heutigstags übrigens gerade da am meisten vom *Leben* und vom *Übergehen ins Leben,* wo man in dem totesten Stoffe und in den totesten Gedanken versiert), ist eine Täuschung, da die geltenden Gesetze einer Nation, dadurch daß sie geschrieben und gesammelt sind, nicht aufhören, ihre Gewohnheiten zu sein. (208 f.)

Es ist ziemlich abwegig zu meinen, dass sogenannte Gewohnheitsrechte den Vorzug hätten, »ins Leben übergegangen zu sein« (das richtet sich wohl gegen von Savigny). Das Gerede vom Leben setzt sich bis in die sogenannte Lebensphilosophie des ausgehenden 19. Jahrhunderts, etwa bei Dilthey, fort. Hegel betont, dass verbale Explikationen und schriftliche Artikulationen nie als voller *Ersatz* für ein praktisches Wissen um Normen und ihren verständigen Gebrauch zu verstehen waren und sind. Sie gehören zu einer (Zusatz-)Praxis der Entwicklung freien rechtlichen Selbstbewusstseins. Das ist trotz ihrer Allgemeinheit eine absolut nicht triviale Einsicht. Sie zeigt einen zentralen Fehler in der verbreiteten und offenbar tief verwurzelten Fehleinschätzung der angeblichen Vorzüge des alten Fall- und Richterrechts der anglo-amerikanischen (also ›germanischen‹) Tradition gegenüber den vermeintlich bürokratischen Regeln der ›römischen‹

Rechtstradition Kontinentaleuropas – wie sie zum Teil auch aus dem kirchlichen ›kanonischen‹ Recht stammen.

Wenn die Gewohnheitsrechte dazu kommen, gesammelt und 208 Ⓚ
zusammengestellt zu werden, was bei einem nur zu einiger Bildung gediehenen Volke bald geschehen muß, so ist dann diese Sammlung das *Gesetzbuch*, das sich freilich, weil es bloße Sammlung ist, durch seine *Unförmlichkeit*, Unbestimmtheit und Lückenhaftigkeit auszeichnen wird. (209)

Das Mindeste, was eine moderne Rechtskultur leisten muss, ist eine Zusammenstellung tradierter Gewohnheitsrechte, wie es sie etwa im Vertrags- und Handelsrecht oder in den auch durch Gewohnheiten entstehenden Wegerechten noch gibt. Als bloße Sammlung aber wird sie, wie jede Sammlung von Urteilen im Fallrecht, noch viel zu unsystematisch für eine zugängliche Orientierung bleiben, wie sie ein gebildeter Bürger für seine Rechtssicherheit von einem gebildeten Rechtssystem mit vollem Recht fordern kann und sollte.

Es wird sich vornehmlich von einem eigentlich so genannten Ge- 208 Ⓚ
setzbuche dadurch unterscheiden, daß dieses die Rechts-Prinzipien in ihrer *Allgemeinheit* und damit in ihrer Bestimmtheit denkend auffaßt und ausspricht. *Englands Landrecht* oder gemeines Recht, ist bekanntlich in *Statuten* (förmlichen Gesetzen) und in einem sogenannten *ungeschriebenen Gesetze* enthalten; dieses ungeschriebene Gesetz ist übrigens eben so gut geschrieben, und dessen Kenntnis kann und muß durch Lesen allein (der vielen Quartanten, die es ausfüllt) erworben werden. Welche ungeheure Verwirrung aber auch in der dortigen Rechtspflege sowohl, als in der Sache liegt, schildern die Kenner derselben. Insbesondere bemerken sie den Umstand, daß, da dies ungeschriebene Gesetz in den Dezisionen der Gerichts-
höfe und Richter | enthalten ist, die Richter damit fortdauernd die 177
Gesetzgeber machen, daß sie auf die Autorität ihrer Vorgänger, als die nichts getan als das ungeschriebene Gesetz ausgesprochen haben, eben so angewiesen sind, als *nicht* angewiesen sind, da sie selbst das ungeschriebene Gesetz in sich haben, und daraus das Recht haben, über die vorhergegangenen Entscheidungen zu urteilen, ob sie demselben angemessen sind oder nicht. – (209)

Hegel selbst nennt hier das oben schon genannte Problem des Fall- und Richterrechts im englischen Landrecht.

208 Ⓚ Gegen eine ähnliche Verwirrung, die in der spätern römischen Rechtspflege aus den Autoritäten aller der verschiedenen berühmten Juriskonsulten entstehen konnte, wurde von einem Kaiser das sinnreiche Auskunftsmittel getroffen, das den Namen *Zitiergesetz* führt und eine Art von kollegialischer Einrichtung unter den *längst verstorbenen* Rechtsgelehrten, mit Mehrheit der Stimmen und einem Präsidenten, einführte. (S. Herrn Hugos röm. Rechtsgeschichte, § 354.) – (209 f.)

Aber auch schon in der späteren römischen Rechtspflege wurde den Richtern als Stand zu viel an geheimer Legislatur- oder Gesetzgebungsmacht zugestanden, indem man auf eigene schriftliche Erlasse und Satzungen verzichtete. Daher kritisiert Hegel das sogenannte »Zitiergesetz« in einer Rechtsprechung, welche die »Mehrheit der Stimmen« eines partiell fiktiven Kollegiums von (zum Teil längst verstorbenen, jedenfalls nicht anwesenden) Rechtsgelehrten entscheiden lässt, wobei ein lebender Jurist den Präsidenten spielt.

208 f. Ⓚ Einer gebildeten Nation oder dem juristischen Stande in derselben, die Fähigkeit abzusprechen, ein Gesetzbuch zu machen, – da es nicht darum zu tun sein kann, ein System ihrem *Inhalte* nach *neuer* Gesetze zu machen, sondern den vorhandenen gesetzlichen Inhalt in seiner bestimmten Allgemeinheit zu erkennen, d. i. ihn *denkend* zu fassen, – mit Hinzufügung der Anwendung aufs Besondere, – wäre einer der größten Schimpfe, der einer Nation oder jenem Stande angetan werden könnte. – (210)

Die Forderung, endlich auch in Deutschland ein bürgerliches Gesetzbuch nach dem Muster des Code Civile zu schreiben, wurde von Konservativen mit der falschen Behauptung hintertrieben oder die Ausarbeitung verlangsamt, es gehe darum, dem »Inhalte nach neue Gesetze zu machen«. Hegel betont noch einmal – wohl auch gegen von Savigny –, dass es um die Explikation und kohärente Ordnung eines »vorhandenen gesetzlichen Inhalts« gehe – »mit Hinzufügung der Anwendung aufs Besondere«. Es ist in der Tat ein Skandal, wenn die Notwendigkeit und Leistung einer solchen Unternehmung nicht einfach anerkannt wird.

§ 212

In dieser Identität des *Ansichseins* und des *Gesetztseins*, hat nur das 209
als *Recht* Verbindlichkeit, was *Gesetz* ist. Indem das Gesetztsein die Seite des Daseins ausmacht, in der auch das Zufällige des Eigenwillens und anderer Besonderheit eintreten kann, so kann das, was Gesetz ist, in seinem Inhalte noch von dem verschieden sein, was an sich Recht ist. (210)

In gewissem Sinn gibt Hegel hier zu, dass es nicht immer einfach ist, in einem schriftlich verfassten Gesetzestext den Inhalt eines schon gewohnheitsrechtlich aus Beispielen bekannten und anerkannten Rechts genau genug wiederzugeben. Es kann daher geschehen, dass in den Formulierungen dessen, »was Gesetz ist«, auch Zufälligkeiten »des Eigenwillens« der Verfasser stecken, die zu einem Inhalt führen, der verschieden von dem ist, »was an sich Recht ist«. Daher müssen solche Gesetzbücher auf dieses Problem hin überprüft werden und am Ende als Ganze in der Legislative zum Gesetz erhoben werden. Aber auch danach kann es Probleme geben, etwa wo man mit einigem Recht sagt, dass der Gesetzgeber mit einer Formulierung dies und nicht das ›gemeint‹ oder ›intendiert‹ habe. Das betrifft Fälle, in denen die Formulierung noch nicht ausreicht, um eine gute von einer schlechten Anwendung zu unterscheiden. Um die psychologischen Vorgänge im Kopf der Gesetzgeber geht es dabei nicht – und um ihre bloßen Meinungen sollte es nicht gehen.

Im positiven Rechte ist daher das, was *gesetzmäßig* ist, die Quelle 209 Ⓚ
der Erkenntnis dessen, was *Recht* ist, oder eigentlich was *Rechtens* ist; – die positive Rechtswissenschaft ist insofern eine historische Wissenschaft, welche die Autorität zu ihrem Prinzip hat. (210)

Für den Rechtspositivismus ist das und nur das Recht, was – vorzugsweise in der Form erlassener Gesetze und Satzungen – faktisch oder, im guten Fall, in einer verfassungsmäßig legitimen Legislative in Geltung gesetzt ist. Man sollte dann aber, betont Hegel, genauer sprechen und sagen, dass eine rein positive Rechtswissenschaft nur dasjenige historisch und empirisch darstellt, »was Rechtens ist«, also was als Recht *gilt*. Damit greift Hegel den Unterschied auf zwischen einem wahren und vernünftigen Recht und dem, was in einem Land oder Staat aus diversen kontingenten Ursachen, Gründen und einer gewissen Willkür der Gesetzgeber für rechtens erachtet wird.

Ein reiner Positivismus kann[87] die Unterscheidung nicht anerkennen. Für ihn ist jede Aussage über ein wahres oder vernünftiges Recht *zunächst* bloß subjektive Behauptung. (Hierin würde er sich mit Max Weber einig finden.) Aber nicht alle von einem Staat erlassenen oder aus einer Tradition übernommenen Gesetze sind inhaltlich legitim, auch wenn sie es formal sein sollten. Manche sind sogar Unrecht. Wir müssen daher diese Bewertungssphären ebenso wie die Sphären der positiven und der wahren Geltung zu unterscheiden lernen.

Das wird gerade auch dadurch klar, dass eine bloß »positive Rechtswissenschaft« nur erst »eine historische Wissenschaft« ist. Sie unterstellt die Autorität der faktischen Gesetzgeber und Rechtspfleger, ganz gemäß dem berühmten Prinzip von Thomas Hobbes, *auctoritas non veritas facit legem*. An diesem ist faktisch, im Blick auf das positiv in Geltung gesetzte Recht, in der Tat nichts falsch. Der Fehler beginnt erst dort und dann, wo und wann das, was formal und positiv als rechtens gilt, nicht auch noch von dem unterschieden wird, was als Recht anerkennenswürdig ist, also was rechtens ist.

209 Ⓚ Was noch übriges geschehen kann, ist Sache des Verstandes und betrifft die äußere Ordnung, Zusammenstellung, Konsequenz, weitere Anwendung u. dergl. (210)

Hegel spricht hier über die begrenzte Methodik einer rein positiven Rechtswissenschaft. Sie kann zur empirisch-historischen Lage nur noch formale Ordnungsprinzipien in ihren Gliederungen hinzufügen oder auf logische Konsistenz und praktische Kohärenz der rechtlichen Regeln achten. Ein Urteil der Art, dass die Nürnberger Rassengesetze von vornherein ein Verbrechen gewesen sind und jede ihrer Anwendungen durch Richter ebenfalls, muss sich diese ›Methode‹ des Positivismus versagen.

Aber gerade deswegen ist Hegels alternativer Zugang zu den Grund-, Menschen- und Verfassungsrechten so enorm wichtig.

Denn es ist klar, dass alle Rechtspfleger dieser Welt, also auch die deutschen in der Nazizeit, wissen mussten und wissen müssen, dass eine entsprechende Diskriminierung eines Teils des Volkes durch

87 Hans Kelsen, *Reine Rechtslehre. Einleitung in die rechtswissenschaftliche Problematik* (1934), Hg. und Einleitung: M. Jestaedt, Tübingen: Mohr Siebeck 2008.

eine biologistische Neudefinition des Wortes »Volk« jedem Recht widerspricht. Es widerspricht der Idee, der wirklichen Grundform, des Rechts und des Staates. Das heißt, ein völkischer ›Staat‹ steht im Widerspruch zum obigen absoluten Grundsatz, dass in einem rechtlich verfassten Gemeinwesen und der von ihm umrahmten Gesellschaft alle Menschen gleich sind. Das ist ein Grundsatz des abstrakten Rechts selbst, damit aller Grundgesetze und Grundrechte, nicht einer bloß intuitiven Moral. Daher würden auch Richter, die man nach dem Krieg für ihre Urteile belangt hätte, nicht geltend machen können, sie hätten doch nach damaligen Recht geurteilt und könnten nicht für etwas bestraft werden, was doch ›das Gesetz‹ damals nicht verboten habe, sondern ›positivrechtlich‹ sogar geboten gewesen sei.[88]

Wenn der Verstand sich auf die Natur der Sache selbst einläßt, so zeigen die Theorien, z. B. des Kriminalrechts, was er mit seinem Räsonnement aus Gründen anrichtet. – (211) 209 Ⓚ

Rein formale Reflexionen scheinbar logischer Rationalität stiften immer auch Verwirrung – nicht anders als alle bloß erst wörtlichen Lektüren von Mythen und Metaphern. Das zeigen nach Hegel die ›philosophischen‹ Theorien des Strafrechts – wie die Abschreckungstheorie oder die Deutung der Strafe als Rache – in ihrer einseitigen Sophistik besonders deutlich, wie wir sie schon mehrfach angesprochen haben.

Indem die positive Wissenschaft einerseits nicht nur das Recht, 209 f. Ⓚ
sondern auch die notwendige Pflicht hat, sowohl die historischen
Fortgänge, als die Anwendungen und Zerspal|tungen der gegebenen 178
Rechtsbestimmungen in alle Einzelnheiten aus ihren positiven Datis zu deduzieren und ihre Konsequenz zu zeigen, so darf sie auf der andern Seite sich wenigstens nicht absolut verwundern, wenn sie es

88 Die Unterschiede sind nicht immer leicht zu sehen: Obwohl wir es heute für falsch halten, Fahnenflucht mit dem Tode zu bestrafen, galt das z. B. für Wehrmachtsrichter nicht. Ihre unqualifizierte Bestrafung würde daher Recht brechen. Rein ›moralische‹ Empörung als private Meinung ist freilich gerade auch hier immer erlaubt. Schon anders liegen die Dinge im Fall des Schießbefehls an der deutsch-deutschen Grenze. Denn es war allen Bürgern der DDR klar, dass es eigentlich völkerrechtlich und allgemeinrechtlich unmöglich ist, Auswanderung zu verbieten, so dass der Schießbefehl nicht nur moralisch fragwürdig war.

auch als eine *Querfrage* für ihre Beschäftigung ansieht, wenn nun gefragt wird, ob denn nach allen diesen Beweisen eine Rechtsbestimmung *vernünftig* ist. – Vergl. über das *Verstehen* § 3 Anm. (211)

Selbstverständlich ist nichts gegen eine positive Rechtsgeschichte einzuwenden und auch nichts gegen eine detaillierte Rechtssoziologie. Dabei werden allerlei historische Geschehnisse und Entwicklungen als Folgen von faktisch wirksamen rechtlichen Bestimmungen aufgezeigt und diese ihrerseits aus besonderen Umständen ›deduziert‹, d. h. im historischen Zusammenhang in ihrem Zustandekommen ›gerechtfertigt‹. Das sollte uns aber nicht davon abhalten, auch noch zu fragen, ob die jeweiligen Rechtsbestimmungen nicht nur in ihrer Genese erklär- und verstehbar, sondern auch im Blick auf ein möglichst gutes und möglichst freies gemeinsames Handeln vernünftig waren oder sind.[89]

§ 213

210 Das Recht, indem es in das Dasein zunächst in der Form des Gesetztseins tritt, tritt auch dem *Inhalte* nach als *Anwendung* in die Beziehung auf den *Stoff* der in der bürgerlichen Gesellschaft ins unendliche sich vereinzelnden und verwickelnden Verhältnisse und Arten des Eigentums und der Verträge, – ferner der auf Gemüt, Liebe und Zutrauen beruhenden sittlichen Verhältnisse, jedoch dieser nur insofern sie die Seite des abstrakten Rechts enthalten (§ 159); die moralische Seite und moralischen Gebote, als welche den Willen nach seiner eigensten Subjektivität und Besonderheit betreffen, können nicht Gegenstand der positiven Gesetzgebung sein. Weitern Stoff liefern die aus der Rechtspflege selbst, aus dem Staat u. s. f. fließenden Rechte und Pflichten. (211)

Eine rein positive Rechtslehre betont eben das, was auch Hegel hier sagt – ohne dass das immer bewusst rezeptiert worden wäre –,

[89] Was Max Webers Ausdruck »rational« meint, ist nicht klar. Orakel, die Weber als Beispiele für »irrationale« Entscheidungen nennt, sind z. B. als Zufallsentscheidungen in vielen Fällen und Belangen ebenso rational wie Losverfahren und Gottesgerichte und diese sind wiederum häufig nicht weniger rational als Volksversammlungsurteile. Max Weber, *Wirtschaft und Gesellschaft* a. a. O., S. 507.

nämlich dass das Recht »zunächst in der Form des Gesetztseins« auftritt. Das heißt, rein äußerlich und positiv gegeben sind uns Falltypen und explizite Gesetzestexte einer Rechtspflege, die sich auf bestimmte Weisen an Prototypen oder Texten orientiert. Davor liegt die Erstellung, also die Schaffung bzw. Listung der Prototypen oder die Formulierung der Texte – und ggf. ihre Legitimierung in einem Prozess der Legislative.

Angewendet wird jedes Gesetz in seinem allgemeinen Inhalt auf je besondere Weise in ›unendlich‹ vielen Einzelfällen. In der bürgerlichen Gesellschaft geht es dabei vornehmlich um Fragen des Eigentums und der Einhaltung von Verträgen. Die familialen und frei kommunitarischen Verhältnisse, die auf freier Zuneigung und Vertrauen basieren, können in der Rechtspflege nur insoweit zum Thema werden, wie »sie die Seite des abstrakten Rechts enthalten«. Das betrifft die Ehe, die ja *auch* ein Vertrag ist, aber eben nicht nur, den Kinderschutz (auch in die Familien hinein), das freie Vereinsleben usf. Im weiten Sinn können wir die inneren, freien Ordnungen kommunitarischer Gemeinschaften und die innere Kontrolle ihrer freien Kooperationen »moralisch« nennen – und so aus der rechtlichen Sphäre ausschließen. So wäre z. B. die Kritik an einem allzu bequemen Familienvater eine rein moralische (bei Weber ›ethische‹), während etwa Kindesmissbrauch oder Vergewaltigung in der Ehe rechtlich sanktioniert sind.

§ 214

Außer der Anwendung auf das *Besondere* schließt aber das Ge- 210
setztsein des Rechts die *Anwendbarkeit* auf den *einzelnen Fall* in sich. (211 f.)

Die Anwendung eines Gesetzes auf besondere Falltypen kann, wie die Einteilung der Tiere in Gattungen und Arten, als solche explizit artikuliert und insofern formal gesetzt sein. Für die Artbestimmung und die konkrete Behandlung von Einzelfällen geht das nicht. Zusammen mit dem schwierigen Urteilen über Vorsatz und Absicht ist das ist der tiefe Grund, warum wir menschliche, personale Richter brauchen. Eine ›automatische‹ Rechtsprechung ist überall dort problematisch, wo die Subsumtion einer einzelnen Handlung (oder Situation) unter einen Handlungstyp (oder Situationstyp) freie Urteilskraft voraussetzt, wir den Zufall nicht überhandnehmen lassen wollen, dabei aber Vertrauen in einen menschlichen Richter und die Kontrolle seiner Qualitäten als Richter, etwa auch seiner Unbestechlichkeit, setzen.

210 Damit tritt es in die Sphäre des durch den Begriff Unbestimmten, *Quantitativen*, (des Quantitativen für sich oder als Bestimmung des Werts bei Tausch eines Qualitativen gegen eines andern Qualitativen.) Die Begriffsbestimmtheit gibt nur eine allgemeine Grenze, innerhalb deren noch ein Hin- und Hergehen stattfindet. Dieses muß aber zum Behuf der Verwirklichung abgebrochen werden, womit eine innerhalb jener Grenze zufällige und willkürliche Entscheidung eintritt. (212)

Das bestimmte Quantitative war von Hegel schon in der Seinslogik als das dargestellt worden, was (wie bei diskreten Mengen und Anzahlen) schon schematisiert ist, so dass man formallogisch oder arithmetisch ›rechnen‹ kann. Im Fall einer konkreten Strafe für ein konkretes Vergehen operiert der Richter praktisch immer mit einem »unbestimmten Quantitativen« – wobei neben Höchststrafen oft auch ein Maß der Mindeststrafe für eine Tat eines bestimmten Typs, etwa für Mord, explizit angeben sein mag. Jedes Einzelurteil, auch jedes einzelne Strafmaß, enthält »innerhalb jener Grenze« aber auch eine »willkürliche Entscheidung« – so dass Zufälle nie ganz ausgeschlossen sind.

210 f. Ⓚ In dieser *Zuspitzung* des Allgemeinen nicht nur zum Besondern, sondern zur Vereinzelung, d. i. zur *unmittelbaren Anwendung*, ist es vornehmlich, wo das *Reinpositive* der Gesetze liegt. Es läßt sich nicht *vernünftig* bestimmen, noch durch die Anwendung einer aus dem Begriffe herkommenden Bestimmtheit entscheiden, ob für ein Vergehen eine Leibesstrafe von vierzig Streichen oder von vierzig weniger eins, noch ob eine Geldstrafe von fünf Talern oder aber von vier Taler und drei und zwanzig u. s. f. Groschen, noch ob eine
179 Gefängnisstrafe | von einem Jahre oder von dreihundert und vier und sechzig u. s. f. oder von einem Jahre und einem, zwei oder drei Tagen, das Gerechte sei. Und doch ist schon Ein Streich zuviel, Ein Taler oder Ein Groschen, Eine Woche, Ein Tag Gefängnis zuviel oder zu wenig, eine Ungerechtigkeit. – (211 f.)

Aus der Grammatik der Wörter »zu viel« und »zu wenig« ergibt sich auf triviale Weise, dass schon ein Taler Strafe zu viel oder eine

Woche Gefängnis zu wenig eine Ungerechtigkeit sein könnte. Das Problem ist, das »Zuviel«, das »Zuwenig« und die ›aristotelische Mitte‹ zu bestimmen. Diese wird aber immer ein ausgedehnter Spielraum, nie ein fester Punkt sein – so dass der Satz, ein Groschen Strafe ›zu viel‹ sei schon ungerecht, leeres Gerede ist. Die Einzelurteile sind empirisch und enthalten daher allerlei Kontingenzen. Für sie wäre es absurd, über eine »aus dem Begriffe herkommende Bestimmtheit«, also aus einer Formbestimmung der Handlung oder Tat, das Strafmaß in Geld oder Gefängnisdauer ganz exakt berechnen zu wollen. Hegel kennt übrigens noch Leibesstrafen.

Die Vernunft ist es selbst, welche anerkennt, daß die Zufällig- 211 Ⓚ keit, der Widerspruch und Schein ihre, *aber beschränkte,* Sphäre und Recht hat, und sich nicht bemüht, dergleichen Widersprüche ins Gleiche und Gerechte zu bringen; hier ist allein noch das Interesse der *Verwirklichung,* das Interesse, daß überhaupt bestimmt und entschieden sei, es sei auf welche Weise es (innerhalb einer Grenze) wolle, vorhanden. Dieses Entscheiden gehört der formellen Gewißheit seiner selbst, der abstrakten Subjektivität an, welche sich ganz nur daran halten mag, daß sie, – *innerhalb jener Grenze,* nur abbreche und festsetze, damit festgesetzt sei, – oder auch an solche Bestimmungsgründe, wie eine *runde* Zahl ist, oder als die Zahl Vierzig weniger Eins enthalten mag. – Daß das Gesetz etwa nicht diese letzte Bestimmtheit, welche die Wirklichkeit erfordert, festsetzt, sondern sie dem Richter zu entscheiden überläßt, und ihn nur durch ein Minimum und Maximum beschränkt, tut nichts zur Sache, denn dies Minimum und Maximum ist jedes selbst eine solche runde Zahl, und hebt es nicht auf, daß von dem Richter alsdann eine solche endliche, rein positive Bestimmung gefaßt werde, sondern gesteht es demselben, wie notwendig, zu. (212 f.)

Wir haben gesehen, dass der Verstand das Vermögen ist, mit allerlei Schemata ›rational‹ zu rechnen, die Vernunft aber das Vermögen, mit der Differenz des schematisch Richtigen und ›Rationalen‹ erstens zu der kontinuierlichen und immer auch kontingenten Welt, zweitens zur immer auch subjektiven Willkür im Urteilen und Handeln angemessen zurecht zu kommen. Es ist völlig absurd, diesen offenkundigen Realismus als ›Irrationalismus‹ zu deuten wie der Autor des Artikels zu Hegel im »Großen Brockhaus« (1969).

Daher anerkennen wir, sofern wir vernünftig sind, immer auch die Zufälligkeiten der Welt, die Tatsachen unserer Fallibilität in einem möglichen Schein und den Widerspruch zwischen unseren Schemata und der Welt. Wir wissen dann auch um Vergeblichkeit der Mühe, es allen recht zu machen und eine exakte Mitte zwischen einem Zuviel und Zuwenig bestimmen zu wollen.

Damit kommen wir zur uralten Einsicht der Idee und Praxis der Rechtsprechung zurück, nach der es häufig nur wichtig ist, dass überhaupt von einer dritten Instanz über einen Fall und über ein Strafmaß entschieden wird. Mit anderen Worten, dieses Moment der Institution des Richters bleibt auch in einer gesetzlich geregelten Rechtspflege erhalten. Das sollte zwar selbstverständlich sein. Es ist aber gerade heute gegen allerlei Utopien und Missverständnisse der Leistungskraft der ›rationalen Verfahren‹ bzw. einer ›künstlichen Intelligenz‹ immer wieder explizit daran zu erinnern.

b) Das Dasein des Gesetzes

§ 215

212 Die Verbindlichkeit gegen das Gesetz schließt von den Seiten des Rechts des Selbstbewußtseins (§ 132 mit der Anm.) die Notwendigkeit ein, daß die Gesetze *allgemein bekannt* gemacht seien. (213)

Die Gründe für die notwendige Öffentlichkeit der Gesetze und eine möglichst leichte Zugänglichkeit zu ihren Inhalten habe ich oben schon genannt und diskutiert. Hegel spricht hier vom »Recht des Selbstbewußtseins« in dem Sinn, dass für eine Beuteilung einer Handlung das subjektive Wissens des Akteurs über Folgen des Handelns und besonders auch darüber, was als rechtlich erlaubt, verboten oder geboten gilt, entscheidend ist.

212 Ⓚ Die Gesetze so hoch aufhängen, wie *Dionysius* der *Tyrann* tat, daß sie kein Bürger lesen konnte, – oder aber sie in den weitläuftigen Apparat von gelehrten Büchern, Sammlungen, von Dezisionen abweichender Urteile und Meinungen, – Gewohnheiten u. s. f. und noch dazu in einer fremden Sprache vergraben, so daß die Kenntnis des geltenden Rechts nur denen zugänglich ist, die sich gelehrt darauf legen, – ist ein und dasselbe Unrecht. – (213)

Die Erzählung von Dionysios, dem Tyrannen in Syrakus, der den

Bürgern die Kenntnis der Gesetze vorenthielt, macht drastisch klar, warum dieses Verfahren Unrecht ist. Denn die Urteile nach derartigen unbekannten Gesetzen sind für die Bürger nicht von Tyrannenwillkür zu unterscheiden. Dabei würde es ihm nur scheinbar helfen, wenn Dionysius im Nachhinein das ›Gesetzesmäßige‹ seiner Urteile ›beweisen‹ würde – indem er dem Verurteilten die Gesetze zeigt.

Hegels Punkt ist nun aber der, dass es in der Moderne ein analoges Problem gibt. Hier kennen viele Bürger aufgrund einer vermeintlich notwendigen Kompliziertheit der Rechtsregeln die Gesetze nicht mehr im Detail und sind auf die Vermittlung von Fachleuten angewiesen. Dabei hilft es, wenn man wenigstens im Allgemeinen weiß, was Recht ist oder wo man es nachlesen kann.

Im ersten Teil der Überlegung erinnert Hegel an die schon kurz angesprochenen Probleme des (englischen) Fallrechts, das mit einem »weitläufigen Apparat von gelehrten Büchern, Sammlungen von Dezisionen abweichender Urteile und Meinungen, Gewohnheiten usf.« operiert, zu dem der normale Bürger gar keinen oder nur sehr begrenzten Zugang hat. Im zweiten Teil nennt er das Problem der (lateinischen) Fachsprache.

Die Regenten, welche ihren Völkern, wenn auch nur eine unförm- 212 Ⓚ
liche Sammlung, wie Justinian, noch mehr | aber ein *Landrecht*, als 180
geordnetes und bestimmtes Gesetzbuch, gegeben haben, sind nicht nur die größten Wohltäter derselben geworden und mit Dank dafür von ihnen gepriesen worden, sondern sie haben damit einen großen *Akt der Gerechtigkeit* exerziert. (213 f.)

Hegels Lob für Justinian und Friedrich Wilhelm II., der nach den von Friedrich dem Großen veranlassten Vorbereitungen das Preußische Landrecht 1794 erlassen hat, schließt natürlich implizit auch Napoleon Bonaparte und ›seinen‹ Code Civile sein.

§ 216

Für das öffentliche Gesetzbuch sind einer Seits *einfache* allgemeine 212
Bestimmungen zu fordern, anderer Seits führt die Natur *des endlichen Stoffs* auf endlose Fortbestimmung. Der Umfang der Gesetze soll einer Seits ein *fertiges* geschlossenes Ganzes sein, anderer Seits ist das fortgehende Bedürfnis neuer gesetzlichen Bestimmungen. Da diese Antinomie aber in die *Spezialisierung* der allgemeinen

Grundsätze fällt, welche festbestehen bleiben, so bleibt dadurch das Recht an ein fertiges Gesetzbuch ungeschmälert, so wie daran, daß diese allgemeinen einfachen Grundsätze für sich, unterschieden von ihrer Spezialisierung, faßlich und aufstellbar sind. (214)

Die große Leistung der Schriftkultur in der Jurisprudenz liegt darin, dass die Gesetzbücher einerseits in den allgemeinen Bestimmungen einfach formuliert und damit allgemein verständlich sein müssen, andererseits eine gewisse Vollständigkeit herzustellen ist. Weitere Ausdifferenzierungen sind zwar immer nötig, aber eben auch eine Gesamtordnung und Gesamtübersicht. Übrigens ist das in jeder Wissenschaft durchaus ähnlich. Dabei wird bis heute die Formulierungsarbeit an den allgemeinen Grundsätzen, damit auch die Bedeutung und Leistung der Philosophie in ihrer Explikation von Prinzipienwissen, im Allgemeinen unterschätzt.

213 Ⓚ Eine Hauptquelle der Verwickelung der Gesetzgebung ist zwar, wenn in die ursprünglichen ein Unrecht enthaltenden, somit bloß historischen Institutionen, mit der Zeit das Vernünftige, an und für sich Rechtliche eindringt, wie bei den Römischen oben (§ 180 Anm.) bemerkt worden, dem alten Lehensrechte u. s. f. (214)

Rechtliche Normen und Gesetze entwickeln sich, indem wir sie entwickeln. Dabei bemerkt man manchmal, dass überkommene Regeln oder Gewohnheiten ›ein Unrecht‹ enthalten – oder ihre Funktion, die sogenannte Intention der Gesetzgebung, nicht gut erfüllen. Durch Aufhebung derartiger ›Widersprüche‹ kann sich mit der Zeit das Vernünftige in den tradierten rechtlichen Institutionen durchsetzen – oder auch nicht, wenn nämlich veraltete Tabus religiös überhöht und starr fixiert werden, ohne auf Sinn und Vernunft zu achten, wie z. B. im absoluten Scheidungsverbot oder der Homophobie der Katholischen Kirche oder auch nur in uralten Speisevorschriften. Dass es sich hier um einen Missbrauch des Sakralen, ja um einen Verrat an der Sphäre des Heiligen handelt, lassen sich die etablierten Religionsgemeinschaften und ihre Theologen oder geistigen Führer freilich äußerst ungern sagen; und das gläubige Volk definiert sich selbst dadurch, dass es auf eigenes Wissen und Denken verzichtet.

213 Ⓚ Aber es ist wesentlich einzusehen, daß die Natur des endlichen Stoffes selbst es mit sich bringt, daß an ihm die Anwendung auch

der an und für sich vernünftigen, der in sich allgemeinen Bestimmungen, auf den Progreß ins Unendliche führt. – (214)

Im Blick auf die Starrheit religiös überhöhter – und eben dadurch durch die Religionen häufig untergrabener – Sittlichkeit ist es absolut wesentlich einzusehen, dass es zum Wesen von Recht und Gesetz gehört, aufgrund des »endlichen Stoffes« der sich empirisch und historisch ändernden Lebensumstände immer neu an diese angepasst zu werden. Das heißt, in der Anwendung müssen auch die an und für sich vernünftigen Normen der Tradition und ihre Formulierungen immer wieder neu und in immer besseren Besonderungen an die sich ändernde Welt angepasst werden.

An ein Gesetzbuch die Vollendung zu fordern, daß es ein absolut 213 Ⓚ
fertiges, keiner weitern Fortbestimmung fähiges sein solle, – eine Forderung, welche vornehmlich eine *deutsche* Krankheit ist, – und aus dem Grunde, weil es nicht so vollendet werden könne, es nicht zu etwas sogenannten Unvollkommenen, d. h. nicht zur Wirklichkeit, kommen zu lassen, beruht beides auf der Mißkennung der Natur endlicher Gegenstände, wie das Privatrecht ist, als in denen die sogenannte Vollkommenheit das *Perennieren* der *Annäherung* ist, und auf der Mißkennung des Unterschiedes des Vernunft-Allgemeinen und des Verstandes-Allgemeinen und dessen *Anwenden* auf den ins Unendliche gehenden Stoff der Endlichkeit und Einzelnheit. – Le plus grand ennemi du Bien c'est le Meilleur, – ist der Ausdruck des wahrhaften gesunden Menschenverstandes gegen den eitlen räsonnierenden und reflektierenden. | (214 f.) 181

Es ist nicht etwa nur falsch zu meinen, dass eine Bibel oder ein Koran schon alle guten Gesetze enthalte. Es ist auch falsch, von einem Gesetzbuch »Vollendung zu fordern«. Ein »absolut fertiges, keiner weiteren Fortbestimmung fähiges« Gesetzbuch kann es nicht geben. Das Problem ist übrigens von der gleichen Form wie das der in unseren wissenschaftlichen Lehrbüchern kanonisierten Naturgesetze. Sie gelten als gesetzte Sätze zeit-, situations- und ortsallgemein und sind in diesem Sinn ›unendlich‹, im Unterschied zur Endlichkeit und subjektiven Perspektivität empirischer Aussagen über dieses oder jenes hier oder dort. Das macht ihre allgemeine Wahrheit aus. Dennoch werden sie in der Wissensentwicklung auch verändert, jedenfalls in den Formulierungen, der Bewertung relevanter Inhaltsgleichheiten und der Sphäre ihrer guten Anwendungen. Dabei wäre es falsch, aus dieser Tatsache einer immer notwendigen Weiterentwicklung des Wissens zu ›folgern‹, alles allgemeine Wissen sei bloßer Glaube, bloßes hermeneutisch-apriorisches ›Vorurteil‹ (Gadamer) oder bloß zeitrelativ.

Dasselbe gilt für alles kanonisierte Recht. Auch wenn kein Gesetzbuch je vollendet werden kann, ist es notwendig, es so vollkommen wie möglich und damit der Form nach für die Ewigkeit zu verfassen. Wer diese Grundform aller Wissenschaft, gerade auch der Jurisprudenz, als Arbeit an einem schriftlichen Kanon der Normen und des Wissens nicht begreift, ist geistig noch nicht in unserem literarischen Zeitalter der Moderne angekommen. Hegel betont dazu noch einmal, wie schon in der *Logik*, den Unterschied zwischen der Überzeitlichkeit des »Verstandes-Allgemeinen« als Kanon schematischer Regeln und des »Vernunft-Allgemeinen« als Form der freien Urteilskraft in der Entwicklung und Anwendung derartiger Schemata. Die empirischen Anwendungen haben ja einen »ins Unendliche gehenden Stoff der Endlichkeit und Einzelheit«. Hier bestätigt sich meine Lesart von Hegels Philosophie aufs Klarste.

Das Bessere ist der Feind des Guten. Auch wenn Hegel diesen Spruch Voltaires falsch zitiert (richtig wäre: »le Mieux«), ist die Gnome exzellent; ja, sie artikuliert *die* Wahrheit aller Vernunft.

§ 217

213 Wie in der bürgerlichen Gesellschaft das Recht *an sich* zum Gesetze wird, so geht auch das vorhin *unmittelbare* und *abstrakte* Dasein meines einzelnen Rechts in die Bedeutung des Anerkanntseins als eines Daseins in dem existierenden allgemeinen Willen und Wissen über. (215)

In der bürgerlichen Gesellschaft wird das Recht an sich, als das abstrakte Recht der Freiheit der personalen Subjekte, zu einem System konkreter Regeln und Gesetze. Diese liefern eine allgemeine Koordination der Freiheitsrechte und der Verpflichtungen auch in vertragsvermittelten Kooperationsformen. Der Staat setzt den Rahmen und ›verwaltet‹ sozusagen die gesetzten rechtlichen Normen.

Entsprechend verwandelt sich mein *prima facie* einzelnes Recht auf das Meinige und meine Freiheit. Mir wird nicht nur zugemutet, die Formen der Erfüllung meiner subjektiven Bedürfnisse so an die der Anderen anzupassen, dass wir uns nicht allzu sehr in die Quere kommen, sondern wir passen die Berechtigungen der Bedürfnisse selbst und die Verteilung von Arbeit und Leistung *längst schon an ein gemeinsames Leben in der bürgerlichen Gesellschaft* an. In diesem Prozess werden wir allererst zur vollen bürgerlichen Person. Dieses Personsein hat gerade »die Bedeutung des Anerkanntseins als eines Daseins in dem existierenden allgemeinen Willen und Wissen«.

Die Erwerbungen und Handlungen über Eigentum müssen daher mit der *Form*, welche ihnen jenes Dasein gibt, vorgenommen und ausgestattet werden. Das Eigentum beruht nun auf *Vertrag* und auf den dasselbe des Beweises [fähig] und rechtskräftig machenden *Förmlichkeiten*. (215) 213f.

Was das Eigene ist, das Meine, mein Eigentum, und was Deines oder Seines ist, das muss jetzt (etwa durch Gesetze) allgemein geregelt werden. Das betrifft den ›persönlichen‹ Besitz von Sachen ebenso wie die Ansprüche aus Verträgen. Hegels Rede vom *Dasein* verweist hier auf die äußeren ›Zeichen‹ oder besser Ausdrucksformen etwa in einer symbolischen Repräsentationspraxis, wie sie für alles ›explizite‹ Recht und Gesetz notwendig ist, was aber auch den Förmlichkeiten beim Abschluss von Verträgen und schon beim freien Versprechen oder einer Schenkung ihren Sinn gibt.

Die ursprünglichen d. i. unmittelbaren Erwerbungsarten und Titel (§ 54 ff.) fallen in der bürgerlichen Gesellschaft eigentlich hinweg und kommen nur als einzelne Zufälligkeiten oder beschränkte Momente vor. – (215) 214 Ⓚ

Es ist klar, dass eine unmittelbare Besitzergreifung einer Sache in der bürgerlichen Gesellschaft eigentlich kaum mehr vorkommt, da die ganze Welt im Wesentlichen schon verteilt ist und sogar gefundenes Gut oder von mir aufgespürte Bodenschätze nicht direkt zu meinem Eigentum werden.

Es ist teils das im Subjektiven stehen bleibende Gefühl, teils die Reflexion die am Abstraktum ihrer Wesentlichkeiten [fest] hält, welche die Förmlichkeiten verwirft, die seinerseits wieder der tote Verstand gegen die Sache festhalten und ins Unendliche vermehren kann. – (215) 214 Ⓚ

So wie die Leute meinen, es käme nur auf das Denken der Inhalte an, nicht auf die sprachlichen oder symbolischen Ausdrucksformen, so meinen sie auch, die Förmlichkeiten im Umgang mit anderen Personen – etwa beim Grüßen, beim Handschlag eines Vertragsschlusses usf. – seien nur äußerlich und es käme eigentlich nur auf die ›Gesinnung‹ an. Das ist ähnlich naiv, wie wenn man meinte, die Symbole in der Arithmetik oder die Skizzen und Konstruktionsbeschreibungen in der idealgeometrischen Planimetrie seien nur äußerlich, ungenau, bloß empirisch. Die eigentlichen, abstrakt-idealen Gegenstände dieser Wissenschaft seien nur durch Denken zugänglich. Dabei gibt es die abstrakten oder reinen Gegenstände, die idealgeometrischen Formen und die Zahlen, nur in einem von uns geformten Umgang mit ihren symbolischen Repräsentationen. Auch wenn man schnell leise lesen und leise mit sich selbst sprechen kann, ist dieses ›Innere‹ der Inhalte vom ›Äußeren‹ vollständig abhängig, durch dieses ›vermittelt‹, freilich modulo aller Varianten gleich gültiger oder äquivalenter Äußerungen.

214 Ⓚ Übrigens liegt es im Gange der Bildung, von der sinnlichen und unmittelbaren Form eines Inhaltes, mit langer und harter Arbeit zur Form seines Gedankens und damit einem ihm gemäßen einfachen Ausdruck zu gelangen, daß im Zustande einer nur erst beginnenden Rechtsbildung die Solennitäten und Formalitäten von großer Umständlichkeit [sind] und mehr als Sache selbst, denn als das Zeichen gelten; woher denn auch im römischen Rechte eine Menge von Bestimmungen und besonders von Ausdrücken aus den Solennitäten beibehalten worden sind, statt durch Gedanken-Bestimmungen und deren adäquaten Ausdruck ersetzt worden zu sein. (215 f.)

Allerdings ist es Ergebnis »langer und harter Arbeit«, wiedererkennbare Formen zu eruieren, reproduzierbare Formen zu entwickeln und auf das inhaltliche Wesentliche in der Zuordnung solcher Formen – wie paradigmatisch im Umgang mit Analogien – fokussieren zu lernen. Dabei sind die verschiedenen äußeren Formen als im Wesentlichen äquivalent oder gleichgültig zu begreifen. Eben das bedeutet es, zur Form des Gedankens überzugehen. Es geht dabei sogar immer auch darum, den je passenden möglichst einfachen Ausdruck zu finden – so wie es in der Mathematik oft darum geht, zu komplexen Benennungen äquivalente einfachere zu suchen. Dabei können unterschiedliche Notationssysteme für verschiedene Zwecke gut sein.

In jedem Fall ist es daher sowohl richtig, im Rechtsverkehr überflüssige Feierlichkeiten und umständliche Formalitäten zu ersetzen, als auch das symbolische Handeln nicht zu unterschätzen. Dasselbe gilt für religiöse und zivilreligiöse Riten und Reden, Zeremonien und Liturgien.

§ 218

Indem Eigentum und Persönlichkeit in der bürgerlichen Gesell- 214
schaft gesetzliche Anerkennung und Gültigkeit haben, so ist das *Verbrechen* nicht mehr nur Verletzung eines *subjektiv-Unendlichen,* sondern der *allgemeinen* Sache, die eine in sich feste und starke Existenz hat. (216)

Der Schutz des Meinen und damit auch meiner Person, allgemeiner: der Würde des Menschen und der Menschenrechte, ist in der bürgerlichen Gesellschaft (im guten Fall) gesetzlich allgemein verfasst und sogar (wieder im guten Fall) vom Staat sanktionsbewehrt. Daher ist ein ›Verbrechen‹ gegen mich »nicht mehr nur Verletzung eines subjektiv Unendlichen«.

Ich werde dann zwar in meiner Freiheit, meinem Leben oder meinem Ich insgesamt möglicherweise geschädigt, aber weil das Verbrechen gegen mich als Verbrechen »an der allgemeinen Sache« zählt, bin ich von mancher Notwendigkeit direkter Sanktion entlastet. Das war nicht so zu Zeiten, in denen Familien und Stämme über Akte der Rache das ›Recht wiederherstellten‹. Im guten Fall gab man sich am Ende doch mit Kompensationen zufrieden, im schlechten entstanden nachhaltige Fehden. Allerdings reicht es jetzt, nach Konstitution des Gemeinwesens, nicht mehr, dass sich jemand nur *geschädigt fühlt* und daraufhin zur Selbstjustiz greift. Jetzt muss der Schaden nachgewiesen werden.

Es tritt damit der Gesichtspunkt der *Gefährlichkeit* der Hand- 214
lung für die Gesellschaft ein, wodurch einer Seits die Größe des Verbrechens verstärkt wird, anderer Seits aber setzt die ihrer selbst sicher gewordene Macht der Gesellschaft die äußerliche *Wichtigkeit* der Verletzung herunter, und führt daher eine größere Milde in der
Ahndung desselben herbei. | (216) 182

Sanktionen und ihre Androhungen werden angepasst an eine allgemein abgeschätzte »Gefährlichkeit der Handlung für die Gesellschaft«. Die Rede ist von der generischen Handlung, ihrer Form. Während ein sachlich marginaler Diebstahl für mich als Einzelperson oder eine Ladenkette kaum der Rede wert sein mag, wehrt sich die Gesellschaft prinzipiell gegen die Gefahren des (wiederholten) Diebstahls oder z. B. auch gegen die Folgen des Schwarzfahrens als solche. Andererseits führt es zu milderen Urteilen, wenn die Gesellschaft sich der relativen Wirksamkeit ihrer Sanktionsmacht sicherer wird – so dass wir heute in zivilisierten Ländern z. B. keine Todesstrafe mehr brauchen und daher auch nicht mehr tolerieren.

215 Ⓚ Daß in *Einem* Mitgliede der Gesellschaft die andern *Alle* verletzt sind, verändert die Natur des Verbrechens nicht nach seinem Begriffe, sondern nach der Seite der äußern *Existenz*, der Verletzung, die nun die Vorstellung und das Bewußtsein der bürgerlichen Gesellschaft, nicht nur das Dasein des unmittelbar Verletzten trifft. In den Heroen-Zeiten (siehe die Tragödien der Alten) sehen sich die Bürger durch die Verbrechen, welche die Glieder der Königshäuser gegen einander begehen, nicht als verletzt an. – (216)

Ob mein Recht auf leibliche Unversehrtheit, meine Würde oder Anerkennung des Meinigen verletzt wird, hängt nicht davon ab, ob sich alle oder viele duch die Tat verletzt ›fühlen‹, wie wir mehr schlecht als recht sagen. Es geht nicht um Gefühle, sondern um Formen des Handelns. Hegel spricht metaphorisch vom »Bewußtsein der bürgerlichen Gesellschaft«. Real geht es darum, dass meine Verletzung als Verletzung aller *zählt* und ›von allen‹ so *behandelt* werden sollte. Hegel nennt nun aber gleich eine interessante Ausnahme. Denn wenn man die Tragödien des Sophokles und dabei besonders die Chöre als diffuse Stimme des Volkes liest, fassen die Bürger die »Verbrechen, welche die Glieder der Königshäuser gegeneinander begehen«, nicht als gegen sich gerichtet auf – da Fragen der Herrschaftsnachfolge im ›heroischen Königtum‹ die Gesellschaft nicht direkt betreffen.[90]

215 Ⓚ Indem das Verbrechen, *an sich* eine unendliche Verletzung, als ein *Dasein* nach qualitativen und quantitativen Unterschieden bemessen werden muß (§ 96), welches nun wesentlich als *Vorstellung* und *Bewußtsein von dem Gelten der Gesetze* bestimmt ist, so ist die *Ge-*

90 Das gilt auch für die internen Kämpfe in den Familien der Cäsaren Roms, die im Nachhinein in ihrer Bedeutung wohl durchaus überschätzt werden.

fährlichkeit für die bürgerliche Gesellschaft eine Bestimmung seiner Größe, oder auch *eine* seiner qualitativen Bestimmungen. – (216f.)

Dass ein Verbrechen »an sich eine unendliche Verletzung« ist, bedeutet gerade, dass es in Gesellschaft und Staat allgemein als Form des Angriffs *gegen die allgemeine Ordnung des Personseins* zu beurteilen und zu behandeln ist. Dennoch sind die Sanktionsdrohungen und Sanktionen zur Durchsetzung dieser Ordnung an die konkrete Form der Tat anzumessen und dabei die einzelne Situation in ihrer relevanten Typik zu berücksichtigen. Dabei haben wir das Moment der »Gefährlichkeit für die bürgerliche Gesellschaft« schon genannt.

Diese Qualität nun oder Größe ist aber nach dem *Zustande* der 215 Ⓚ
bürgerlichen Gesellschaft veränderlich, und in ihm liegt die Berechtigung, sowohl einen Diebstahl von etlichen Sous oder einer Rübe mit dem Tode, als einen Diebstahl, der das hundert- und mehrfache von dergleichen Werten beträgt, mit einer gelinden Strafe zu belegen. Der Gesichtspunkt der Gefährlichkeit für die bürgerliche Gesellschaft, indem er die Verbrechen zu aggravieren scheint, ist es vielmehr vornehmlich, der ihre Ahndung vermindert hat. Ein Strafkodex gehört darum vornehmlich seiner Zeit und dem Zustand der bürgerlichen Gesellschaft in ihr an. (217)

Das rechte Maß ist je nach der zivilisatorischen Entwicklung einer Gesellschaft verschieden. So werden wir heute körperliche Züchtigungen oder gar das Abhacken einer Hand bei Diebstahl mit vollem Recht als vorsintflutliche Rechtspraxis verurteilen. Aber noch in den Zeiten unmittelbar nach dem 2. Weltkrieg wurden Flüchtlingsmütter mit kleinen Kinder wegen Diebstahls angezeigt und verurteilt, weil sie nach der Ernte liegengebliebene Kartoffeln auf den Feldern gesammelt haben.

c) Das Gericht

§219

Das Recht in der Form des Gesetzes in das Dasein getreten, ist für 215f.
sich, steht *dem besondern Wollen* und *Meinen* vom Rechte, selbstständig gegenüber und hat sich als *Allgemeines* geltend zu machen. Diese *Erkenntnis* und *Verwirklichung* des Rechts im besondern Falle,

ohne die subjektive Empfindung des *besondern* Interesses, kommt einer öffentlichen Macht, dem *Gerichte,* zu. (217)

In der (vorzugsweise schriftlichen) Form haben Gesetze eine Existenz für sich, unabhängig von meiner oder deiner bloßen Vorstellung von rechtlichen Normen, auch wenn die Inhalte und Anwendungen unsere Auffassungsgabe als Vermittlung brauchen. Außerdem gibt es in der Rechtspflege Leute, welche sich um die passenden Anwendungen professionell kümmern, z. B. Rechtsanwälte. Für uns Bürger bilden Richter und Staatsanwälte als Beamte des Staates eine öffentliche Macht.

216 ⓚ Die historische Entstehung des Richters und der Gerichte mag die Form des patriarchalischen Verhältnisses, oder der Gewalt, oder der freiwilligen Wahl gehabt haben; für den Begriff der Sache ist dies gleichgültig. Die Einführung des Rechtsprechens von Seiten der Fürsten und Regierungen als bloße Sache einer *beliebigen Ge-*
183 *fälligkeit* und Gnade | anzusehen, wie *Herr von Haller* (in seiner Restauration der Staatswissenschaft) tut, gehört zu der Gedankenlosigkeit, die davon nichts ahnt, daß beim Gesetz und Staate davon die Rede sei, daß ihre Institutionen überhaupt als vernünftig an und für sich notwendig sind, und die Form, wie sie entstanden und eingeführt worden, das nicht ist, um das es sich bei Betrachtung ihres vernünftigen Grundes handelt. – (217 f.)

Die Frage nach der Genealogie, der historischen Entstehung eines eigenen Status des Richters in der Rolle des Entscheiders von Rechtsfragen, ist für das Verständnis seiner Funktion sekundär, auch für die Frage nach Sinn und Vernunft der Institution. Es mag das alles in patriarchalischen Verhältnissen begonnen haben und dann in die Gewalt von Königen geraten sein. Oder es mag in nomadischen und halbnomadischen Stämmen wie in Israel eine Wahl der Richter gegeben haben.

Es ist nachgerade anachronistisch, wenn von Haller in seiner »Restauration der Staatswissenschaft« (Hegel suggeriert natürlich die Lesart »restaurative Staatswissenschaft«) es so erscheinen lässt, als sei die (letztinstanzliche) Gerichtsbarkeit nicht einer der wesentlichen Gründe dafür, warum es überhaupt Fürsten, also auch Könige und Kaiser gibt. Recht zu schaffen ist keine Zusatzaufgabe oder gar Gefälligkeit der Regierungen. Im Gegenteil, der sogenannte Adel (damit auch der jeweilige Fürst) hat sich immer und überall auf der Grundlage der ausgeübten politischen und gesellschaftlichen Funktionen auch privaten Reichtum angeeignet und damit seine politische Macht in Herrschaft (und diese dann zum Teil wieder zurück in politische Macht) verwandelt. Hier geht es darum, die vernünftigen Gründe dafür zu begreifen, dass wir politische Macht (dennoch) vernünftigerweise anerkennen und dabei von privater Herrschaft unterscheiden. Es sind die Funktionen, auf deren Grundlage sich die Leute ein gewisses Ausmaß eines privaten und privativen Gebrauchs des Amtes immer haben gefallen lassen. Das ist der Kern in Hegels Variante der Analyse von Thomas Hobbes. Sie zeigt, inwiefern es vernünftig ist, die Ausübung von Macht durch die Inhaber des Gewaltmonopols und der autoritativen Rollen im Staat anzuerkennen. Partiell kann es dann rational sein, auch private Herrschaft in Kauf zu nehmen (soweit sie erträglich ist).

Das andere Extrem zu dieser Ansicht ist die Rohheit, die Rechts- 216 Ⓚ
pflege, wie in den Zeiten des Faustrechts, für ungehörige Gewalttätigkeit, Unterdrückung der Freiheit, und Despotismus zu achten. Die Rechtspflege ist so sehr als Pflicht wie als Recht der öffentlichen Macht anzusehen, das eben so wenig auf einem Belieben der Individuen, eine Macht damit zu beauftragen oder nicht, beruhet. (218)

So, wie es abwegig ist zu meinen, die Rechtspflege sei sekundär zur Macht der Regierung, ist es abwegig, sie als Unterdrückung der Freiheit durch die Staatsgewalt anzusehen. Sie ist sowohl Aufgabe als auch legitimes Recht »der öffentlichen Gewalt«, also der Repräsentanten der *res publica*. Es gibt keine Individuen, die *als* Individuen das Recht hätten, die Öffentlichkeit oder Gesellschaft eines Landes zu repräsentieren. Das ist immer nur möglich auf der Grundlage ihrer Anerkennung. Diese ist immer auch vermittelt durch im Normalfall anerkannte Verfahren der Bestimmung oder Auswahl der Repräsentanten – wozu unter entsprechenden Umständen aus guten Gründen auch die Erbmonarchie gehören kann.

§ 220

Das Recht gegen das Verbrechen in der Form der *Rache* (§ 102) ist 216
nur Recht *an sich*, nicht in der Form Rechtens, d. i. nicht in seiner Existenz gerecht. (218)

Das abstrakte Recht an sich mochte im Frühzustand des Menschseins die Form der privaten Rache, auch Blutrache, der Familien noch nicht ausgeschlossen haben. In der bürgerlichen Gesellschaft und für die Personen und vollen Menschen ist Rache längst schon reines Unrecht. Der Geist der Rache ist also in der Tat zu überwinden, auch wenn Nietzsche sich das in falscher Form und mit falschen Gründen wünscht.

216 f. Statt der verletzten Partei tritt das verletzte *Allgemeine* auf, das im Gerichte eigentümliche Wirklichkeit hat, und übernimmt die Verfolgung und Ahndung des Verbrechens, welche damit die nur *subjektive* und zufällige Wiedervergeltung durch Rache zu sein aufhört und sich in die wahrhafte Versöhnung des Rechts mit sich selbst, in *Strafe* verwandelt, – in objektiver Rücksicht, als Versöhnung des durch Aufheben des Verbrechens sich selbst wiederherstellenden und damit als *gültig verwirklichenden Gesetzes,* und in subjektiver Rücksicht des Verbrechers, als *seines von ihm gewußten* und für ihn und zu *seinem Schutze gültigen Gesetzes,* in dessen Vollstreckung an ihm er somit selbst, die Befriedigung der Gerechtigkeit, nur die Tat des *Seinigen,* findet. (218 f.)

Wir haben schon mehrfach gesehen, dass für eine volle bürgerliche Person oder den Menschen in der bürgerlichen Gesellschaft im Falle einer Rechtsverletzung nicht die verletzte Partei das Urteil spricht, sondern Vertreter des verletzten Gemeinwesens. Sie übernehmen im Falle eines Verbrechens »die Verfolgung und Ahndung«. Hegel nennt die Strafe in metaphorischer Weise »die wahrhafte Versöhnung des Rechts mit sich selbst« und spricht, weiter rein figurativ, davon, dass sich in der Strafe das Verbrechen selbst aufhebe und das Recht wiederherstelle.

Der Verbrecher wusste, was er tat. Er weiß auch, dass gemäß dem abstrakten Recht die Tat ›eigentlich‹ von den Betroffenen gerächt werden könnte (und in Zeiten der Rache auch ›durfte‹). Er kann sich auf den Schutz des Rechts (des Staates, der Gesellschaft) gegen die Rache (als ›Recht an sich‹) nur berufen, wenn er und indem er deren Ersatzpraxisform, die Strafe, anerkennt. In eben diesem Sinn ist klar, dass das Gesetz ihm nicht bloß bekannt ist, sondern er implizit auch weiß, dass es unter anderem auch für ihn und zu seinem Schutze in Geltung gesetzt ist.

In der Vollstreckung der für eine Tat einer gewissen Form öffentlich angedrohten Strafe findet der Verbrecher selbst die Erfüllung dessen, was er zuvor schon als Recht kannte und implizit immer auch schon anerkannt hat. Hegels Rede von einer Befriedigung und dem Finden des Seinigen ist durchaus leicht ironisch zu nehmen. Ebenfalls leicht ironisch ist die Aussage, dass der Verbrecher im Vollzug seiner Tat der angedrohten Strafe *zugestimmt* hat. Dieser Gedanke ist nicht weit entfernt von Kants Überlegungen zur Kohärenz des allgemeinen Urteilens und Redens mit dem eigenen Handeln.

Man denkt abstrakt, wenn man nicht in der Lage ist, von der bloßen Zeitdifferenz zwischen Tat und Sanktionsfolge zu abstrahieren.[91] Mancher wird einen verurteilten jungen Menschen bedauern. Und doch gehört es zur personalen Ehre des Verbrechers, dass man ihn als verantwortliche Person und nicht als bloß wegzusperrendes oder einzuschläferndes Tier behandelt. Die ›moderne‹ Debatte in der Hirnphysiologie um die Willensfreiheit sollte entsprechend der Gefahr ins Auge sehen, dass die vermeintliche Aufklärung über die Nichtexistenz eines frei geplanten und bewusst ausgeführten Handelns uns in ein geradezu archaisches Denken zurückführt, sozusagen in eine rein utilitaristische Sicherheitspolitik der Behandlung von Tätern wie lästige Dinge.

§ 221

Das Mitglied der bürgerlichen Gesellschaft hat das *Recht, im Gericht* 217
zu stehen, so wie die *Pflicht, sich vor Gericht zu stellen*, und sein streitiges Recht nur von dem Gericht zu nehmen. (219)

Personen als Mitglieder der bürgerlichen Gesellschaft haben das Recht, als Geschworene an Gerichtsverfahren teilzunehmen. Und sie müssen sich, wenn sie eines Rechtsbruchs oder Verbrechens angeklagt werden, einem solchen Gericht stellen.

91 Vgl. dazu auch Hegels wunderbaren Text »*Wer denkt abstrakt*« (1807) in: *Jenaer Schriften 1801–1807.* G. W. F. Hegel, Werke, Bd. 2, hg. v. Eva Moldenhauer und Karl Markus Michel, Frankfurt (Suhrkamp) 1986, 575–581.

§ 222

217 Vor den Gerichten erhält das Recht die Bestimmung, ein *erweisbares* sein zu müssen. Der *Rechtsgang* setzt die Parteien in den Stand, ihre Beweismittel und Rechtsgründe geltend zu machen, und den
184 Richter sich in | die Kenntnis der Sache zu setzen. Diese *Schritte sind selbst Rechte*, ihr Gang muß somit gesetzlich bestimmt sein, und sie machen auch einen wesentlichen Teil der theoretischen Rechtswissenschaft aus. (219)

Während in archaischen Zeiten eine vermeinte Verletzung eines abstrakten Rechts rein aufgrund des Urteils des Opfers oder seiner selbsternannten Vertreter (aus Familie, Clan oder Stamm) irgendwie gerächt wurde, gehört es wesentlich zur Praxisform der Rechtpflege, dass vor Gericht Schaden und Schuld von dritter, möglichst unparteiischer Seite öffentlich festzustellen sind. Die Parteien haben ihre Sicht der Dinge zu begründen bzw. zu beweisen und müssen dazu selbst oder in Form von Vertretern angehört werden. Wie wenig selbstverständlich es ist, dabei dem Angeklagten das Wort zu lassen, zeigt das Verfahren gegen Sokrates. Er hatte, grob gesagt, zunächst praktisch nur die Wahl, die Beschuldigungen anzuerkennen oder nicht. *Nach* der Verurteilung durfte er ein Strafmaß vorschlagen. Das ist bei Weitem zu wenig an Verteidigungsmöglichkeit. Sogar Inquisitionsgerichte waren in dieser Hinsicht entwickelter. Wichtig ist dabei der gesetzliche Gang, das Verfahren in seiner Form, z. B. in der Verteilung der Beweislasten – was in der Tat einen »wesentlichen Teil der theoretischen Rechtswissenschaft« ausmacht.

§ 223

217 f. Durch die Zersplitterung dieser Handlungen in immer mehr vereinzelte Handlungen und deren Rechte, die in sich keine Grenze enthält, tritt der Rechtsgang, *an sich* schon Mittel, als etwas Äußerliches seinem Zwecke gegenüber. – Indem den Parteien das Recht, solchen weitläuftigen Formalismus durchzumachen, der *ihr* Recht ist, zusteht, so ist, indem er ebenso zu einem Übel und selbst Werkzeuge des Unrechts gemacht werden kann, es ihnen von Gerichts wegen, um die Parteien und das Recht selbst als die substantielle Sache, worauf es ankommt, gegen den Rechtsgang und dessen Mißbrauch in Schutz zu nehmen, – zur Pflicht zu machen, einem einfachen Ge-

richte (Schieds-[,] Friedensgericht) und dem Versuche des Vergleichs sich zu unterwerfen, ehe sie zu jenem schreiten. (219 f.)

Hegel sagt hier nur dieses: Gerichtsverfahren in normalen Streitfällen, in denen kein Verbrechen vom Staat selbst verfolgt werden muss, sind zu vermeiden. Dazu können außergerichtliche Einigungen, Mediationen, verpflichtend vorgeschaltete Schiedsgerichtsverfahren usf. beitragen – z. B. auch geleitet von einem sogenannten Friedensrichter oder durch ein Familiengericht etc. Das ist besonders auch deswegen so, weil Gerichtsverfahren teuer sind und missbraucht werden können.

Die *Billigkeit* enthält einen dem formellen Rechte aus morali- 218 Ⓚ
schen oder andern Rücksichten geschehenden Abbruch, und bezieht sich zunächst auf den *Inhalt* des Rechtsstreits. Ein *Billigkeitsgerichtshof* aber wird die Bedeutung haben, daß er über den einzelnen Fall, ohne sich an die Formalitäten des Rechtsganges und insbesondere an die objektiven Beweismittel, wie sie gesetzlich gefaßt werden können, zu halten, so wie auch [in] dem eigenen Interesse des einzelnen Falles als *dieses*, nicht im Interesse einer allgemeinen zu machenden gesetzlichen Disposition, entscheidet. (220)

Ein Schiedsgericht, das eine von den Parteien ›moralisch‹, also frei, anerkannte außergerichtliche Einigung erwirkt, braucht sich weder an »Formalitäten des Rechtsganges« zu halten noch bedarf es einer endgültigen Prüfung der Beweismittel, da der Spruch des Richters hier nur erst ein Einigungsvorschlag ist – ggf. im prognostischen Vorgriff auf ein mögliches Urteil im formellen Verfahren, das bei Anerkennung des Vorschlags ja gerade abgebrochen wird. Das Wort »Billigkeit« gehört wie das Wort »Fairness« zwar zur Moral der freien Anerkennung etwa von Lösungen in einem Streit oder auch im Kontext einer umstrittenen Verteilung von Gütern. Aber es kann, wie oben gesehen, auch eine Art Generalklausel formulieren, so dass Verstöße gegen die Billigkeit rechtlich relevant werden können.

§ 224

Wie die öffentliche Bekanntmachung der Gesetze unter die Rechte 218
des subjektiven Bewußtseins fällt (§ 215), so auch die Möglichkeit, die *Verwirklichung* des Gesetzes im besondern Falle, nämlich den Verlauf von äußerlichen Handlungen, von Rechtsgründen u. s. f.

zu kennen, indem dieser Verlauf an sich eine allgemein gültige Geschichte ist, und der Fall seinem besonderen Inhalte nach zwar nur das Interesse der Parteien, der allgemeine Inhalt aber das Recht darin, und dessen Entscheidung das Interesse Aller betrifft, – *Öffent-*
185 *lichkeit der Rechtspflege.* | (220)

Was Hegel das Recht »des subjektiven Bewußtseins« nennt, ist, wie wir schon mehrfach gesehen haben, nachgerade handlungspraktisch fundamental. Ich kann nur etwas bewusst unterlassen oder handelnd tun, wenn mir bekannt ist, was zu tun oder zu unterlassen ist, ob im Blick auf mein Interesse oder auf eine Ordnung des gemeinsamen Handelns und Lebens. Ähnliches gilt für die Zumutbarkeit einer solchen Ordnung an die Einzelperson als erweiterte Sphäre. Das Gebotene muss machbar sein. Verbote dürfen keine unzumutbare oder gar unzulässige Einschränkung meiner Freiheit bedeuten etc. Natürlich ist hier wieder zu unterscheiden, was für den allgemeinen Fall gilt und wie dann der je besondere Falltyp im Einzelfall zu berücksichtigen ist. Nicht alles, was einem Gesunden zumutbar ist, ist es auch für einen Kranken. Nicht alles, was ein Erwachsener wissen und können muss, ist es im gleichen Maß schon für einen Jugendlichen oder ein Kind.

Im Fall von gerichtlichen Urteilen ist demnach zwischen allgemein Relevantem und Besonderheiten eines konkreten Verfahrens zu unterscheiden, obgleich natürlich das Urteil eines Richters oder von Geschworenen immer den Anspruch erhebt, allgemein gültig zu sein und prototypisch Recht zu sprechen. Dennoch wissen wir um die unvermeidbaren Kontingenzen, beginnend mit dem sprichwörtlichen Frühstück der Richter, also ihrer Tagesstimmung oder Laune. Zur »Öffentlichkeit der Rechtspflege« gehört daher durchaus auch die Richterschelte oder Urteilskritik.

218 Ⓚ Deliberationen der Mitglieder des Gerichts über das zu fällende Urteil unter sich sind Äußerungen der noch *besondern* Meinungen und Ansichten, also ihrer Natur nach nichts öffentliches. (220)

Nicht für die Öffentlichkeit bestimmt ist die Diskussion der Mitglieder eines Gerichts, etwa der Schöffen oder Geschworenen im Hinterzimmer, da das, was dabei für eine Überlegung an möglichen Gesichtspunkten vorgetragen wird, auch bloß erst tentantiv sein darf, kann oder sogar muss. Es ist daher auch häufig nicht einfach als Meinung des Sprechers zu verstehen oder darzustellen.

§ 225

In dem Geschäfte des Rechtsprechens als der Anwendung des Gesetzes auf den *einzelnen Fall* unterscheiden sich die *zwei Seiten, erstens* die Erkenntnis der Beschaffenheit des Falls nach seiner *unmittelbaren Einzelnheit,* ob ein Vertrag u. s. f. vorhanden, eine verletzende Handlung begangen, und wer deren Täter sei, und im *peinlichen* Rechte die Reflexion als Bestimmung der Handlung nach ihrem *substantiellen,* verbrecherischen Charakter (§ 119 Anm.) – *zweitens* die Subsumtion des Falles unter das *Gesetz* der Wiederherstellung des Rechts, worunter im Peinlichen die Strafe begriffen ist. Die Entscheidungen über diese beiden verschiedenen Seiten sind verschiedene Funktionen. (220 f.) 218 f.

Für eine Anwendung eines Gesetzes auf eine Einzelhandlung, die unter eine gesetzliche Bestimmung subsumiert werden soll, ist erstens die Tat als Fall von außen so zu beschreiben, dass ihre relevante Grundform, der Falltyp oder die Art der Tat samt der erwartbaren Folgen sichtbar wird – um dann die Maxime oder Handlungsform über Vorsätze, Absichten und Maximen der Person erkennbar zu machen, im Wissen darum, dass es verschiedene subjektive Perspektiven gibt. Dazu braucht man das, was Kant das Vermögen *reflektierender* Urteilskraft genannt hat und was bei Hegel ein wesentlicher Teil des *dialektischen* Vermögens freier Vernunft ist. Ein rein schematisches Regelfolgen des Verstandes reicht bei Weitem nicht aus. Bloße Rationalität ist nie genug.

Nach entsprechender Kenntnis der *Art* der Tat und der Handlung kann zwar die Subsumtion unter eine allgemeine *Gattung* relativ einfach vollzogen werden. Zumeist aber führt der Weg von der allgemeinen Gattung zur besonderen Art, und der ist weit schwieriger. Der einfache Weg von der Art zur Gattung ist z. B. möglich, wenn ein schriftlicher Vertrag vorhanden ist, der die Pflichten und Ansprüche klärt, und wenn zugleich klar ist, wie weit sie noch nicht erfüllt sind.

Im Fall eines Verbrechens kommt, wie gesehen, zur allgemeinen und ›objektiven‹ Frage, ob eine das Recht verletzende Handlung vorlag, die besondere ›subjektive‹ Frage nach der Verantwortlichkeit und Schuld des Täters oder der Täter hinzu (die natürlich ebenso ›objektiv‹ zu beantworten ist). Dies ist ein Weg vom Einzelnen zum Allgemeinen, der abduktive Schlüsse auf die beste Erklärung involviert.

Geurteilt wird über die besonderen Umstände aus der Sicht des Handelnden und dabei eben besonders über Vorsätzlichkeit und Absicht. Das enthält immer auch schon eine Bewertung der Motive. Bei der Beschreibung von Tathergang und Tat und bei den Aussagen über die offenbaren oder ›wahrscheinlichen‹ Vorsätze und Absichten bedarf es *reflektierender Urteilskraft*, der »Reflexion als Bestimmung der Handlung nach ihrem substantiellen, verbrecherischen Charakter«. Erst danach kann eine »Subsumtion des Falles unter das Gesetz« gemäß bestimmender Urteilskraft geschehen – und das Recht durch die Strafe nach einer Bestimmung ihres Maßes ›wiederhergestellt‹ werden.

Hegel zählt auch die Strafe (etwa als Geldbuße oder Gefängniszeitstrafe) zum ›Peinlichen‹, zumal leibliche Züchtigungen noch gängig waren. In den USA sind ›Zuchthäuser‹ bis heute Institutionen der Verhaltenskorrektur (»Corrections«). Das Wort »peinlich« meinte im alten Gebrauch aber besonders auch die Pein der Untersuchungshaft, wozu früher die noch für zulässig gehaltene Befragung unter Folter oder Androhung von Folter zählte. Man meinte, nur so zu den Bekenntnissen der wahren Absichten und Tatmotive zu gelangen – was die Formen und Unformen kirchlicher Inquisitionsprozesse erklärt. Man beachtete dabei nicht, dass Menschen schon unter Androhung von Folter alles Mögliche, auch Falsches ›bekennen‹, so dass das Verfahren nicht nur unmenschlich, sondern auch irrational im Blick auf die Zielverfolgung war und ist.

219 Ⓚ In der römischen Gerichtsverfassung kam die Unterscheidung dieser Funktionen darin vor, daß der Prätor seine Entscheidung gab, *im Fall sich* die Sache so oder so verhalte, und daß er zur Untersuchung dieses Verhaltens einen besondern Judex bestellte. – Die Charakterisierung einer Handlung nach ihrer bestimmten verbrecherischen Qualität (ob z. B. ein Mord oder Tötung) ist im englischen Rechtsverfahren, der Einsicht oder Willkür des Anklägers überlassen und das Gericht kann keine andere Bestimmung fassen, wenn es jene unrichtig findet. (221)

In Rom sprachen die Prätoren Recht, überließen aber die Beschreibung der Art des Falls einem Judex oder Richter, so dass sie nur das Endurteil des schon bestimmten Falltyps unter das Gesetz übernahmen, also sozusagen nur die bestimmende Urteilskraft des Verstandes und die Kenntnis der Gesetze in Anwendung brachten. Eine genaue

Bestimmung von Vorsatz und Absicht fand in der Antike fast generell nicht statt.

Schon Sokrates moniert das heftig und fordert den Nachweis, in verbrecherischer Absicht und nicht bloß irrtümlich angeblich Verbotenes getan zu haben. Die Recht sprechende Volksversammlung bewertete diese unerhörte Forderung als Missachtung des Gerichts und der üblichen Verfahren der ›Rechtsprechung‹. (Die Lehrstücke des Sophokles waren also nicht verstanden worden und sind es zum Teil bis heute nicht.)

Es ist hochinteressant zu sehen, dass noch im altgermanischen bzw. alteuropäischen Fallrecht, wie es offenbar noch zu Hegels Zeit in England praktiziert wurde, die Ankläger bestimmen, um was für ein Delikt es sich handelt. Auch im Verfahren gegen Sokrates war das Sache der Ankläger; weder der Angeklagte noch das Gericht konnte daran etwas ändern. Es gab, wie oben beschrieben, nur die Unterscheidung zwischen Ja und Nein zur Anklage, also schuldig oder nicht. Dabei wussten schon Parmenides, Zenon und die megarischen Logiker (bzw. die volkstümliche Textsammlung »Dissoi Logoi«) um das Problem der Zweiwertigkeit von Aussagen, wenn die entsprechenden Präsuppositionen nicht erfüllt sind. Auf die Frage »Hast du aufgehört, deine Frau zu schlagen?« kann man z. B. nicht einfach mit »ja« oder »nein« antworten, sondern muss die Unterstellung der Frage zurückweisen – so wie die Äußerung des Satzes »Ich lüge hiermit« nie eine (wahre oder falsche) Aussage bzw. Proposition zum Ausdruck bringen kann. Das »hiermit« bezieht sich daher auf keine solche Aussage, obwohl es so scheint. Weder Sätze noch Äußerungen sind *per se* Propositionen oder Aussagen in dem Sinn, dass sie einfachhin als wahr oder falsch beurteilbar wären, ohne eine dritte Variante, die unendliche Falschheit oder Verneinung nicht erfüllter Normalfallpräsuppositionen zu berücksichtigen.

Bis heute wird die Bedeutung – und die Schwierigkeit – der sokratischen Kritik an falschen Präsuppositionen (etwa im Blick auf den ›religiösen‹ Status seines Daimonions) und damit am Verfahren der Rechtsprechung unterschätzt. Sokrates wusste, dass seine vermeintlich arrogante Missachtung des Gerichts tödliche Folgen haben könnte. Noch Nietzsche nimmt, hierin relativ ahnungslos, Partei gegen ihn, vermutet einen Hang zum Suizid und spricht sich auch sonst für die bloß erst formale Rationalität der Sophisten aus. Sokrates ging es aber nicht um sich als Individuum. Es ging um sein Lebenswerk, seine Psyche, seine Person. Dabei ist die sokratische Rede über das Diamonion die erste Formulierung des Gedankens bzw. der Einsicht, dass das Gewissen etwas anderes als bloß ehrliche Gesinnung ist. Das Problem ist, dass das Daimonion sozusagen das Reich der damals zulässigen ›Geister‹ erweitert. Die Ankläger des Sokrates, Meletos und Anytos, behaupten demzufolge, dass Sokrates eine Art neuen ›Gott‹ lehre. Es war ja nicht einfach Gottlosigkeit, die Sokrates vorgeworfen wurde. Was aber hätte er gegen den Vorwurf der Asebie anderes vorbringen können, als dass offenbar weder die Ankläger noch das Gericht verstanden haben, wovon er redete? Ähnlich stand es mit der Vorhaltung, die Jugend zum eigenen Urteilen zu erziehen und damit zu *verziehen*. Erst recht aber gilt es für den Vorwurf, als scheinbar allzu subtiler Logiker selbst ein Sophist zu sein.

§ 226

219 Vornehmlich die Leitung des ganzen Ganges der Untersuchung,
dann der Rechtshandlungen der Parteien, als welche selbst Rechte
sind (§ 222), dann auch die zweite Seite des Rechtsurteils (s. vorher. §) ist ein eigentümliches Geschäft des juristischen Richters,
für welchen als Organ des Gesetzes der Fall zur Möglichkeit der
Subsumtion vorbereitet, d. i. aus seiner erscheinenden empirischen
Beschaffenheit heraus, zur anerkannten Tatsache und zur allgemei-
186 nen Qualifikation erhoben worden sein muß. | (221)

Hegel selbst beschreibt die Arbeitsteilung zwischen dem *iudex* und dem das Verfahren leitenden und am Ende das Urteil sprechenden Richter, dem *praetor* (oder dann auch den vielen Statthaltern des Cäsar wie etwa Pontius Pilatus) so: Der *iudex* bereitet den Fall zur Subsumtion vor. Er entwickelt aus den bestätigten Sachverhalten einen Tatbestand (bei Hegel: eine Tatsache), der als Instanziierung eines Arttyps zählt, also etwa als Manifestation einer Handlungsform qua typischer Tat oder Unterlassung. Hegel spricht völlig angemessen von einer »allgemeinen Qualifikation« eines Tuns oder Unterlassens.

§ 227

Die erstere Seite, die *Erkenntnis* des Falles in seiner *unmittelbaren* Einzelnheit und seine Qualifizierung, enthält für sich kein Rechtsprechen. Sie ist eine Erkenntnis, wie sie *jedem gebildeten Menschen* zusteht. Insofern für die Qualifikation der Handlung das subjektive Moment der Einsicht und Absicht des Handelnden (s. II. Teil) wesentlich ist, und der Beweis ohnehin nicht Vernunft- oder abstrakte Verstandes-Gegenstände, sondern nur Einzelheiten, Umstände und Gegenstände sinnlicher Anschauung und subjektiver Gewißheit betrifft, daher keine absolut objektive Bestimmung in sich enthält, so ist das Letzte in der Entscheidung die *subjektive Überzeugung* und das Gewissen (animi sententia), wie in Ansehung des Beweises, der auf Aussagen und Versicherungen anderer beruht, der *Eid* die zwar subjektive, aber letzte Bewährung ist. (222) 219 f.

Inzwischen hat sich die Arbeitsteilung anders entwickelt. Denn die »Erkenntnis des Falles in seiner unmittelbaren Einzelheit« übernimmt bei einem möglichen Verbrechen oder Rechtsbruch die Polizei (im heutigen Sinn des Wortes), »seine Qualifizierung« die Staatsanwaltschaft. Diese beiden Organe des Rechts sprechen nicht selbst Recht. Das, was polizeiliche Ermittlungen ergeben, liefert nur Erkenntnisse, »wie sie jedem gebildeten Menschen« auch zusteht. Hegel sieht aber durchaus das Problem, dass für die »Qualifikation der Handlung« über »Einsicht und Absicht des Handelnden« zu befinden ist.

Richtig ist zwar trivialerweise, dass wir nicht in die Seele der anderen Person blicken können. Schon ihre stille Rede mit sich selbst im leisen Sprechplanen und Denken kann ich nicht unmittelbar kennen. Aber es gibt häufig praktisch höchst verlässliche, ja manchmal geradezu ›absolut‹ sichere Anzeichen. Man denke z. B. an die Absichtlichkeit eines Homizids, wenn die Tat einer längeren Vorbereitung bedurfte. Häufig ist freilich ein Urteil nach bestem Wissen und Gewissen das »Letzte in der Entscheidung«, die damit auf ›subjektiver Überzeugung‹ aufruht. Das aber ist im empirischen Wissen generell so, da die Artbestimmung eines Ereignisses das, was von ihm wahrgenommen wird, aufgrund begrifflicher Normalfallinferenzen immer weit transzendiert. Obwohl also richtig ist, dass im juristischen Begründen immer auch eine subjektive Gewissheit eine Rolle spielen kann, die keine »absolut objektive Bestimmung in sich« enthält, ist der Unterschied zu anderem Wissen nicht ganz so groß, wie man das häufig meint. Das Fallible des Urteilens über Handlungen liegt auch daran, dass ›alle‹ relevanten Teilmomente explizit zu machen sind – und alle Teilurteile selbst wieder beurteilt werden können (usf.).

»Aussagen und Versicherungen anderer« können durch einen förmlichen Eid mit Strafe sanktioniert sein. Das aber ändert nur wenig daran, dass man dem Inhalt des Gesagten erst einmal bloß glauben kann bzw. muss.

220 Ⓚ Bei dem in Rede stehenden Gegenstand ist es eine Hauptsache die Natur des *Beweisens*, auf welches es hier ankommt, ins Auge zu fassen und es von dem Erkennen und Beweisen anderer Art zu unterscheiden. (222)

Es ist trivial wahr, dass die Strenge eines mathematischen Beweises weder im Fall einer Aussage über ein vergangenes Naturgeschehen oder kulturelles Ereignis noch über eine Handlung einer Person qua Instanziierung einer Handlungsform mit Vorsatz und Absicht zu erhalten ist. Man sollte daher nie vergessen, in welchen Grenzen des Normalfallwissens sich das juridische Begründen und Beweisen bewegt. Am Ende muss aber doch ein Urteil, eine Entscheidung stehen. So viel war an dem »Ja« oder »Nein« der archaischen Rechtspraxis durchaus richtig gewesen.

220 Ⓚ Eine Vernunftbestimmung, wie der Begriff des Rechts selbst ist, zu beweisen, d.i. ihre Notwendigkeit zu erkennen, erfordert eine andere Methode, als der Beweis eines geometrischen Lehrsatzes. Ferner bei Letzterem ist die Figur vom Verstande bestimmt und einem Gesetze gemäß bereits abstrakt gemacht; aber bei einem empirischen Inhalt, wie eine *Tatsache* ist, ist der Stoff des Erkennens die gegebene sinnliche Anschauung und die sinnliche subjektive Gewißheit und das Aussprechen und Versichern von solcher, – woran nun das Schließen und Kombinieren aus solchen Aussagen, Zeugnissen, Umständen u. dergl. tätig ist. (222)

Die Überlegung ist großartig und absolut wichtig: Mathematische Beweise mögen manchmal schwer zu finden und für manche schon schwer zu verstehen sein. Sie zeigen aber nur, dass ein Satz oder eine Regel aufgrund *unserer eigenen Setzungen* als wahr oder zulässig gilt – und das ›mit Notwendigkeit‹, wenn man das System der Setzungen begreift. Diese sind von uns längst schon ideal bzw. abstrakt gemacht, nämlich über eine Äquivalenz, welche abstrakte Gleichungen bzw. Identitäten *definiert*.

Aber schon bei »einem empirischen Inhalt« gehen wir von dem aus, was heute noch als präsentische Zeugenschaft uns zuhanden ist, und schließen auf vergangene Tatsachen *mit grundsätzlich fallibler Gewissheit* – wobei wir häufig vielen Zeugen, Berichterstattern usf. Glauben schenken (müssen). Dann kommen die freien Urteile über die Intentionen und Vorsätze in der Handlung hinzu usf., die insgesamt als »vernünftig« zu beurteilen sind und sich selten oder nie einfach aus Tatsachen über ein schematisches Regelfolgen oder formales Schließen ergeben.

Die objektive Wahrheit, welche aus solchem Stoffe und der ihm 220 Ⓚ gemäßen Methode, bei dem Versuche sie für sich objektiv zu bestimmen, auf *halbe Beweise* und in weiterer wahrhafter Konsequenz, die zugleich eine formelle Inkonsequenz in sich enthält, auf *außerordentliche Strafen* führt, hervorgehet, hat einen ganz andern Sinn, als die Wahrheit einer Vernunftbestimmung oder eines Satzes, dessen Stoff sich der Verstand bereits abstrakt bestimmt hat. (222 f.)

Die formale Wahrheit eines Satzes oder Richtigkeit der Anwendung einer Regel, auch einer Vernunftbestimmung, die wir selbst gesetzt haben, ist von anderem Typ als die empirische oder historische Wahrheit. Objektive Wahrheit ist schon bei empirischen bzw. historischen Aussagen über ein äußeres Geschehen ein Ideal, gerade wegen der inferentiellen Transzendenz der Artbestimmungen. Im Normalfall müssen wir uns daher mit einer ausreichenden Gewissheit begnügen. Dennoch sind die von uns gesetzten Wahrheitsbedingungen keineswegs im ›metaphysischen‹ Sinne wissenstranszendent. Man spricht nicht über eine Welt jenseits aller Erscheinungen, sondern weiß um den von uns selbst gesetzten Unterschied zwischen Idealfall und realen Fällen. Das gilt erst recht für Urteile über Handlungen und Absichten, Täter und Motive. Wir haben gesehen, dass trotzdem richterliche Urteile nötig und im Normalfall auch möglich sind.

Es ist schade, dass Hegel seinen im Grunde ganz einfachen Gedanken nicht *noch* klarer formuliert hat. Denn es gibt in der philosophischen Literatur keine menschlichere Einsicht: Wie kann man, fragt er, so außerordentliche Strafen wie die Todesstrafe überhaupt aussprechen, wenn die allgemeine Beweislage erstens in Bezug auf die Frage nach dem Täter und zweitens nach Motiv, Vorsatz und Absicht *generell so fallibel* ist, wie sie es eben ist?

Sicher, es gibt einige klare Fälle. Aber es gibt noch weit mehr Fälle, bei denen man sich eine spätere Neubewertung wünschen würde, manchmal sogar die Revision des Urteils.

220f. Ⓚ Daß nun solche empirische Wahrheit einer Begebenheit zu erkennen, in der eigentlich juristischen Bestimmung eines Gerichts, daß in dieser eine eigentümliche Qualität hiefür und damit ein ausschließendes Recht *an sich* und Notwendigkeit liege, dies aufzuzeigen machte einen Hauptgesichtspunkt bei der Frage aus, inwiefern den förmlichen juristischen Gerichtshöfen das Urteil über das Faktum
187 wie über die Rechtsfrage zuzuschreiben sei. | (223)

Es war gerade der Zweck der vorstehenden Überlegungen gewesen zu zeigen, warum eine explizite, öffentliche und damit öffentlich kontrollierte und kommentierte Beweisaufnahme von Fakten und die Explikation der Begründungen für Zuschreibungen von Handlungen und Absichten eine gute Idee bzw. empfehlenswerte Praxisform sind. Das Förmliche der Verfahren ist damit wesentlich. Dennoch bleibt Urteilskraft über das Allgemeine und das Besondere, auch über Schein und Wesen der Sache oder Handlung notwendig. Dabei taugt der selbst immer nur subjektive Appell an eine objektive Wahrheit, jenseits der Richtersprüche, nur bedingt als Kritik an der unaufhebbaren Subjektivität im Urteilen. Sie ist sozusagen als Formmoment der Objektivität zu akzeptieren. Lässt man es weg, landet man bei Kants Ding an sich und einem generellen Agnostizismus.

§ 228

221 Das Recht des Selbstbewußtseins der Partei ist im Richterspruch, nach der Seite daß er die *Subsumtion* des qualifizierten Falles unter das *Gesetz* ist, in Ansehung des *Gesetzes* dadurch bewahrt, daß das Gesetz bekannt und damit das Gesetz der Partei selbst, und in Ansehung der *Subsumtion*, daß der Rechtsgang öffentlich ist. Aber in Ansehung der Entscheidung über den *besondern*, subjektiven und äußerlichen *Inhalt* der Sache, dessen Erkenntnis in die ersten der § 225 angegebenen Seiten fällt, findet jenes Recht in dem *Zutrauen* zu der Subjektivität der Entscheidenden seine Befriedigung. Dies Zutrauen

gründet sich vornehmlich auf die Gleichheit der Partei mit denselben nach ihrer Besonderheit, dem Stande, und dergleichen. (223)

In einem Übersetzungsmanual zu Hegels Sprache müsste »Zutrauen« immer durch »Vertrauen« wiedergegeben werden, »Recht auf Selbstbewusstsein« aber vielleicht durch »Berücksichtigung der Perspektive des Handelnden«. In einem Rechtsstaat ist die Öffentlichkeit und Zugänglichkeit der Gesetze und Gerichte im Prinzip gewahrt und muss bewahrt werden. Das grundsätzliche Vertrauen in die Richter als Personen und ihre Richtersprüche in der Rechtsprechung setzt Überparteilichkeit voraus. Richter, schon die Polizei und Staatsanwaltschaft, dürfen daher (zumindest) nicht befangen sein.

Das Recht des Selbstbewußtseins, das Moment *der subjektiven* 221 Ⓚ
Freiheit, kann als der substantielle Gesichtspunkt in der Frage über Notwendigkeit der öffentlichen Rechtspflege und der sogenannten *Geschwornengerichte* angesehen werden. Auf ihn reduziert sich das Wesentliche, was in der Form der *Nützlichkeit* für diese Institutionen vorgebracht werden kann. Nach anderen Rücksichten und Gründen von diesen oder jenen Vorteilen oder Nachteilen, kann herüber und hinüber gestritten werden, sie sind wie alle Gründe des Räsonnements sekundär und nicht entscheidend, oder aber aus andern vielleicht höhern Sphären genommen. (223)

Die Berücksichtigung der Perspektive des Handelnden ist das zentrale »Moment der subjektiven Freiheit«. In ihr liegt die »Notwendigkeit der öffentlichen Rechtspflege« begründet. Dabei hat es sich als nicht immer richtig erwiesen, die Fälle vor Geschworenengerichte zu bringen. Diese Art der Rechtsprechung erzeugt unter Umständen einen Schein. Der Konsens einer Gruppe von Laien ist keineswegs immer besser als das professionelle Urteil von Berufsrichtern.

In jedem Fall aber ist die Rechtspflege durch unser Interesse an der persönlichen Freiheit in seinem Wesen sozusagen fundamental begründet – wie bisher niemand so überzeugend gezeigt hat wie Hegel. Ob es noch andere gute und nützliche Zwecke der Strafverfolgung etwa in der Umerziehung von Straftätern in Gefängnissen gibt, wie Jeremy Bentham meint, darüber kann »gestritten werden«. Das ist »sekundär und nicht entscheidend«. Michel Foucault liefert nicht nur passende Beispiele, sondern auch eine Kritik an der entsprechenden

Praxis der ›Corrections‹ mit ihrem ›Panoptikum‹ der totalen Überwachung. Und doch bleiben seine Erinnerungen an geschichtliche Tatsachen, seine Genealogien und Feststellungen zum Überwachen und Strafen auch in der gegenwärtigen Welt (bloß erst) auf der Ebene des Besonderen.

221 f. Ⓚ Daß die Rechtspflege an sich von rein juristischen Gerichten gut, vielleicht besser als mit andern Institutionen, ausgeübt werden *könne,* um diese Möglichkeit handelt es sich insofern nicht, als wenn sich auch diese Möglichkeit zur Wahrscheinlichkeit, ja selbst zur Notwendigkeit steigern ließe, es von der andern Seite immer das *Recht des Selbstbewußtseins* ist, welches dabei seine Ansprüche behält und sie nicht befriedigt findet. – (224)

Die relative Unabhängigkeit der Jurisdiktion ›vom Staat‹, wie wir sagen, findet im nötigen Vertrauen in die Unparteilichkeit der Gerichte und damit im »Recht des Selbstbewußtseins« seinen Grund. Gemeint ist, allgemeiner, eine gewisse Unabhängigkeit der professionellen Beamten der Exekutive in ihren Urteilen von der ›Tagespolitik‹ und dem ›ideologischen‹ Kampf politischer Parteiungen.

222 Ⓚ Wenn die Kenntnis des Rechtes durch die Beschaffenheit dessen, was die Gesetze in ihrem Umfange ausmacht, ferner des Ganges der gerichtlichen Verhandlungen, und die Möglichkeit das Recht zu verfolgen, *Eigentum* eines auch durch Terminologie, die für die, um deren Recht es geht, eine fremde Sprache ist, sich ausschließend machenden Standes ist, so sind die Mitglieder der bürgerlichen Gesellschaft, die für die Subsistenz auf *ihre Thätigkeit, ihr eigenes Wissen* und *Wollen* angewiesen sind, gegen das nicht nur persönlichste und eigenste, sondern auch das substantielle und vernünftige darin, *das Recht, fremde* gehalten und unter *Vormundschaft,* selbst in
188 eine Art von Leibeigenschaft gegen solchen Stand, | gesetzt. Wenn sie wohl das Recht haben, im Gerichte leiblich, mit den *Füßen,* zugegen zu sein (in judicio *stare),* so ist dies wenig, wenn sie nicht *geistig,* mit ihrem eigenen *Wissen* gegenwärtig sein sollen, und das Recht, das sie erlangen, bleibt ein äußerliches *Schicksal* für sie. (224)

Hegel kommt noch einmal auf das Problem der Öffentlichkeit und Zugänglichkeit der Inhalte der Gesetze und (der Begründungen) von Gerichtsurteilen zurück. Da die Rechtsprechung im Namen des Staatsvolkes, also in Vertretung aller Menschen der durch den Staat umrahmten bürgerlichen Gesellschaft erfolgt, muss sie sich nicht nur der öffentlichen Kritik stellen. Die Urteile gelten außerdem als prototypische Paradigmen und setzen damit allgemeine Standards. Die Sprache der Gesetze wie die der Urteile muss im Grundsatz öffentlich zugänglich, möglichst verständlich sein.

Daher ist Jurisprudenz wie jede (andere) Wissenschaft *Arbeit an der Sprache und damit am Begriff*. Das aber verlangt eine Art Spagat zwischen der Entwicklung einer *präzisen Fachsprache* und der ebenfalls notwendigen *Allgemeinverständlichkeit*. Das Problem ergibt sich aus der folgenden Ambivalenz: Für die Artikulation der nötigen begrifflichen Unterscheidungen und inferentiell dichten Defaultbewertungen bedarf es einer Spezialsprache und eines genaueren Umgangs mit sprachlichen Differenzierungen, als sie in den Durchschnittsintuitionen der sogenannten Alltagssprache schon kanonisch und allgemein beherrscht wären. Eine Terminologie aber, »die für die, um deren Recht es geht, eine fremde Sprache ist«, macht diese von Fachleuten eines Berufsstandes allzu sehr abhängig. Hegel spricht erneut von einer Art »Leibeigenschaft« und »Vormundschaft« – in impliziter Erinnerung an Zeiten und Orte, in denen die ›kleinen Leute‹ gerade auch in Rechtssachen, aber auch politischen und religiösen Dingen, völlig abhängig waren oder noch sind von *Schreibern*, also entsprechenden ›Schriftgelehrten‹, oder dann auch von Rechtsanwälten, Steuerberatern und Advokaten. Und er weist ironisch darauf hin, dass das Recht, im Gericht leiblich zugegen zu sein, offenbar gar nichts nützt, wenn man nicht versteht, was vor sich geht.

Partiell freilich kann es immer sein, dass eine Partei nicht allem, was vorgebracht wird, folgen kann und schon gar nicht alle relevanten Momente des Verfahrens kennt. Daher bedarf es in vielen Fällen eines Rechtsbeistandes. Dennoch darf der Rechtsspruch nicht einfach »äußerliches Schicksal« für die Betroffenen sein und bleiben. Sie sind ja selbst aktive Mitglieder der bürgerlichen Gesellschaft, in deren Namen sogar geurteilt wird.

Als personale Subjekte sind wir nicht nur Untertanen und als solche Objekte (›subjects‹). Zu unserer persönlichen Freiheit gehört daher zuallererst das Verständnis der Gesetze und Rechtssprüche. Übrigens kann aufgrund der genannten Ambivalenz in allen Wissenschaften die Kritik an den Fachsprachen aus dem Blick der Alltagssprache oder gar einer vereinfachten Bildzeitungssprache noch törichter sein als die Arroganz derjenigen, welche die Terminologie der Fachsprache(n) nur erst zu beherrschen gelernt haben oder das jedenfalls von sich glauben.

§ 229

222 In der Rechtspflege führt sich die bürgerliche Gesellschaft, in der sich die Idee in der Besonderheit verloren und in die Trennung des Innern und Äußern auseinander gegangen ist, zu deren *Begriffe*, der Einheit des an sich seienden Allgemeinen mit der subjektiven Besonderheit zurück, jedoch diese im einzelnen Falle und jenes in der Bedeutung des *abstrakten Rechts*. Die Verwirklichung dieser Einheit in der Ausdehnung auf den ganzen Umfang der Besonderheit, zunächst als relativer Vereinigung, macht die Bestimmung der *Polizei*,
189 und in beschränkter, aber konkreter Totalität, die *Korporation* aus. |

Während die Eigentums- und Vertragsverhältnisse der bürgerlichen Gesellschaft es so erscheinen lassen, als habe sich die gemeinsame Form personalen Lebens in das rationale Verhalten und Handeln insbesondere einer koordinativen Arbeit- und Güterteilung aufgelöst, macht die Notwendigkeit der Jurisdiktion und zuvor der Gesetzgebung klar, dass dieser Schein (gerade auch einer rein deskriptiven und statistischen Soziologie einer Gesellschaft der Leute) den handlungslogisch und pragmatisch *vorausgesetzten* staatlich-politischen Rahmen ausblendet oder übersieht. Gerade in Zeiten der Krise, des Ausnahmezustands, zeigt sich das Primat des Politischen. Diese Einsicht, welche Hegel mit Carl Schmitt verbindet, gehört sachlich in die Auseinandersetzung zwischen Positivismus und Institutionenanalyse in den Gesellschafts- und Staatswissenschaften. Das Unglück will es, dass sie im (wissenschafts-)politischen Kampf zu verschwinden droht, und zwar hinter einer Kritik an den mit Recht beanstandeten Fehlschlüssen, welche manche ›kommunitarischen‹ Gesellschaftstheoretiker dazu verführt haben, den Staat als Wiederherstellung familialer Gemeinschaft auf der Ebene des ganzen Volkes zu missdeuten.

Interessant ist aber, dass Hegel durchaus in radikalem Gegensatz zu dem steht, was später Carl Schmitt vertritt. Er ist kein Anhänger eines autoritativen Staates und teilt schon gar nicht die Meinung, dass der Staat religiöse Wurzeln habe. Im Gegenteil. Er deutet die

Religionen als Reflexionsformen auf das Gemeinwesen, die Endlichkeit des eigenen subjektiven Daseins und die Unendlichkeit der Person bzw. des Geistes, nicht als ›Begründungen‹ für besondere Behauptungen oder Praxisformen. Hegels Rede von Sittlichkeit wurde in zu schneller oder selektiver Lektüre zumeist im Sinn einer kommunitarischen *Leitkultur* missverstanden – und die Prinzipien der Subjektivität, Anerkennung und Freiheit einfach übergangen, wie meine ›Übersetzung‹ des Textes zeigt. Hegel plädiert für einen Rechtsstaat mit republikanischen Substrukturen, Institutionen und öffentlichen Kontrollen. Ein derartiger Rechtsstaat verträgt sich nicht mit einem demokratistischen Mehrheitspopulismus, der eine informelle Gemeinschaft des Volkes beschwört, am Ende aber diktatorisch beherrscht ist durch Volksführer wie Mussolini oder Hitler.

Die »Trennung des Inneren und Äußeren«, von der Hegel hier spricht, besteht nun darin, dass das personale Individuum in der bürgerlichen Gesellschaft von den impliziten institutionellen Voraussetzungen seines Personsein absieht. In seinem ›sozialen Handeln‹ gemäß einem ›subjektiven Sinn‹ seiner Intentionen geht es mit anderen Individuen als *homo oeconomicus* um. Das heißt, es werden Verträge zur freien Koordinierung der je eigenen Zweckverfolgung geschlossen. Man maximiert dabei rational seinen eigenen Nutzen und minimiert die Risiken. Der methodische Individualismus in der Soziologie ist daher völlig angemessen, *solange* man *nur* das ›soziale‹ Handeln des *homo rationalis* beschreibt und erklärt. Das Problem dieses sozialen Atomismus, wie ihn Thomas Hobbes auch in der Staatstheorie vertritt, besteht aber darin, dass die so stilisierte *persona* oder Charaktermaske nicht die *volle Person* ist. Die bürgerliche Gesellschaft wird unter Abstraktion sowohl der kommunitarischen Formen familialen Lebens als auch der freien ethischen Korporationen der Gesellschaft, von Vereinen bis Kirchengemeinden, wie eine Art Urzustand konzipiert. Die politischen Institutionen sollen dabei irgendwie evolutionär aus der Gesellschaft (wohl aufgrund ihres Nutzens) entstehen. Damit übersieht man, dass es gar keine Gesellschaft ohne Staat gibt. Man denkt viel zu abstrakt, wenn man meint, die Leute ließen sich zu beliebigen Mengen zusammenfassen und diese könnten sich beliebige relationale ›Strukturen‹ geben und beliebig zu Staaten zusammenfügen.

Hegel erkennt, dass die logische bzw. materialbegriffliche Ordnung ganz anders ist: Die bürgerliche Gesellschaft der freien Verträge unter Voraussetzung des privaten Eigenen oder Eigentums setzt die (rechtlichen) Institutionen des Staates im Gemeinwesen längst voraus. Anders gesagt, im methodischen Individualismus gibt es nicht nur, wie bei Hobbes, kein angemessenes Verständnis der Entstehung und der Grundlage des Staates. Es sind Begriff und Form von Institutionen generell völlig ungeklärt. Hegels allgemeine Strukturanalyse ist hier viel deutlicher und klarer, damit im Sinne der *distinctio* und *claritas* des Descartes auch wahrer. Denn er erkennt, dass die Korporationen der Gesellschaft, z. B. Genossenschaften oder Gewerkschaften, freie Kooperationen sind und damit sowohl vertragsförmige als auch kommunitarisch-familiale Momente oder Elemente enthalten. Dabei setzen sie das Gemeinwesen ebenso allgemein voraus, wie sie in ihm eine besondere Rolle spielen.

Zu den Schutzinstitutionen der Freiheit der bürgerlichen Person gehört nun neben der Rechtspflege im engeren Sinn das, was Hegel »Polizei« nennt: die gesamte Bürokratie des Staates, dann aber auch das, was bei ihm »Korporation« heißt. Korporationen haben wir, wie gesagt, als das Gesamt von halbinstitutionellen, also in der Mitgliedschaft und in der Teilnahme *freien*, aber schon *organisierten* Kooperationsformen wie in Berufsverbänden, Gewerkschaften, sogar im freien Vereinswesen und den Kirchen zu begreifen.[92]

[92] So ist z. B. »die Wissenschaft« insgesamt eine Korporation oder besser: ein System von Korporationen. Es gibt für sie organisatorische Stützen wie Fachverbände oder Akademien. Nur über ihre Verbände hat auch »die Wirtschaft« oder »die chemische Industrie« bzw. haben »die Arbeitgeber« im Gemeinwesen eine Stimme und die Möglichkeit eines partiell gemeinsamen Handelns.

C. Die Polizei und Korporation

§ 230

Im *System der Bedürfnisse* ist die Subsistenz und das Wohl jedes 223
Einzelnen als eine *Möglichkeit*, deren Wirklichkeit durch seine Willkür und natürliche Besonderheit, eben so als durch das objektive System der Bedürfnisse bedingt ist; durch die Rechtspflege wird die *Verletzung* des Eigentums und der Persönlichkeit getilgt. Das *in der Besonderheit wirkliche* Recht enthält aber sowohl, daß die *Zufälligkeiten* gegen den einen und den anderen Zweck *aufgehoben* seien, und die *ungestörte Sicherheit* der *Person* und des *Eigentums* bewirkt, als daß die *Sicherung* der Subsistenz und des Wohls der Einzelnen, – daß das *besondere Wohl* als *Recht behandelt* und *verwirklicht* sei. (226)

Hegels Ausdruck »System der Bedürfnisse« steht für den gesellschaftlichen Leistungsaustausch zwischen Einzelpersonen bzw. Familien und dann auch institutionellen Rechtspersonen wie Firmen, auch Korporationen, wobei Staatsanwälte und Richter ›für das Volk‹ oder ›im Namen des Volkes‹, also für das Gemeinwesen, sprechen.

Der Lebenserhalt oder das Wohl der Einzelnen – Hegel erinnert hier nur daran – ist das von Individuen oder (auch freien) Gruppen jeweils verfolgte Ziel, der *subjektive Sinn* Max Webers. Man versucht, dieses Ziel zu verwirklichen durch zweckgerichtetes Handeln im Verbund oder wenigstens in Koordination mit den anderen Personen. Das *objektive System der Bedürfnisse* ist das der grundsätzlich allgemein (und partiell als ›notwendig‹) anerkannten Bedürfnisse, zu denen z. B. eine zweite Villa an der Algarve *nicht* gehört, ohne deswegen schon als subjektiver Wunsch unzulässig zu sein.

Die Rechtspflege wird relevant bei Verletzung des Eigenen der Person, was mit ihrem Leib beginnt, aber dort keineswegs endet. Zur Verletzung der Persönlichkeit gehört z. B. auch die Schädigung des Rufs oder ›psychischer Zwang‹.

Die Rechtspflege ›tilgt‹ einen Schaden, nicht indem sie ihn ungeschehen macht, sondern indem sie dem Schädiger, wenigstens im Prinzip, wieder den Status einer vollen Person in der Gesellschaft zurückgibt. Sie ist sozusagen wesentliche Form einer Wiedervergesellschaftung. Im Fall der zu Hegels Zeiten noch nicht gänzlich als unzivilisiert einsehbaren Todesstrafe wird freilich nur die abstrakte Person wieder in den Kreis der Personen aufgenommen. Ihr werden ihre Sünden sozusagen gesellschaftlich vergeben, nachdem sie für sie gebüßt hat. Wir gehen in der Tat so mit Verbrechern um, so dass z. B. Störtebeker sogar für die beraubten Handelsleute mit seiner Hinrichtung seine Schuld abgebüßt hat oder Maria Stuart die ihre durch ihre (höchst problematisch begründete) Hinrichtung.

Die Rechtspflege allein kommt freilich sozusagen immer zu spät. Es bedarf immer auch der *Vorsorge* gegen den Rechtsbruch und gegen das Verbrechen, aber auch gegen andere Nöte. Es bedarf etwa der Vorsorge gegen Zufälle, welche die ganze Gesellschaft treffen können, wie Epidemien oder Hungersnöte. Bürokratie und Polizei sind für diese Vorsorge und die »ungestörte Sicherheit der Person und des Eigentums« notwendig – wie man das schon an den Aufgaben der Beamten im Pharaonenstaat Ägyptens und damit etwa auch in den Josephs-Erzählungen des 1. Buchs Mose schön sehen kann.

a) Die Polizei

§ 231

223 Die sichernde Macht des Allgemeinen bleibt zunächst, insofern für den einen oder anderen Zweck der besondere Wille noch das Prinzip ist, teils auf den Kreis der *Zufälligkeiten* beschränkt, teils eine *äußere Ordnung*. (226)

Was alles an Vorsorge konkret von der allgemeinen Macht der *res publica* organisatorisch übernommen wird, entwickelt sich unsystematisch und variiert nach Zeiten und Regionen. So sorgt der Pharao als Herr der Kanäle mit seinen Beamten z. B. für die ›gerechte‹ Nutzung des Wassers und Wiederverteilung von Land nach Überflutungen. Der Imperator oder Cäsar sorgt für die Armee und die Altersversorgung seiner Soldaten oder auch für das Wegesystem im Reich, die Sicherung der Grenzen des Limes und das Funktionieren des Rechtssystems. Es entwickelt sich auch ein System staatlicher Vorsorge – von den Kornspeichern in Ägypten und im römischen Reich bis zu den modernen Rentenversicherungen und Sozialhilfen.

§ 232

Außer den Verbrechen, welche die allgemeine Macht zu verhindern 223 f.
oder zur gerichtlichen Behandlung zu bringen hat, – der Zufälligkeit als Willkür des Bösen, – hat die erlaubte Willkür für sich rechtlicher Handlungen und des Privatgebrauchs des Eigentums, auch äußerliche Beziehungen auf andere Einzelne, so wie auf sonstige öffentliche Veranstaltungen eines gemeinsamen Zwecks. Durch diese allgemeine Seite werden Privathandlungen eine Zufälligkeit, die aus meiner Gewalt tritt, und den andern zum Schaden und Unrecht
gereichen kann oder gereicht. | (226 f.) 190

Die Vorsorge gegen Rechtsbruch und Verbrechen besteht in gesetzlichen Sanktionsdrohungen und der nachfolgenden gerichtlichen Rechtpflege. Aber auch ein Handeln, das grundsätzlich erlaubt ist, kann andere zufälligerweise schädigen – so dass ich für den Schaden auch dann hafte, wenn ich keine Schuld habe. Auch hier bestimmen ggf. Gerichte über den Umfang meiner Haftpflicht. Es gibt dazu inzwischen ein Versicherungswesen. Im Fall eines zufälligen Schadens durch ein zunächst erlaubtes kollektives Verhalten – etwa die Verbreitung einer Seuche durch Bakterien oder Viren – ist eine individuelle Verantwortlichkeit mit Schadensersatz nicht immer möglich, es sei denn, es gibt schon konkrete Gesetze und Erlasse z. B. zum *social distancing* als Infektionsschutzmaßnahme. Wenn diese übertreten wurden, ist mit der Ordnungswidrigkeit auch eine Art Schuld entstanden.[93]

§ 233

Dies ist zwar *nur* eine *Möglichkeit* des Schadens, aber daß die Sache 224
nichts schadet, ist als eine Zufälligkeit gleichfalls nicht mehr; dies ist die Seite des *Unrechts*, die in solchen Handlungen liegt, somit der letzte Grund der polizeilichen Strafgerechtigkeit. (227)

[93] Generell hilft bei Seuchen und Krankheiten ein teils privates, teils öffentliches Gesundheitswesen mit Vorsorge und Krankenpflege – wie sie die mit Recht heiliggesprochene Elisabeth von Thüringen als *staatliche Aufgabe* erkannt hat, womit sie Wesentliches zur Grundlegung des europäischen und weltweiten Krankenhauswesens *politisch* beigetragen hat.

Wenn mit der Möglichkeit des Eintritts eines Schadens für andere zu rechnen gewesen ist, kann es sich bei einem ansonsten erlaubten Tun um eine *Fahrlässigkeit* handeln. Diese ist damit eine besondere Form des Unrechts, welche zu einem Fall »der polizeilichen Strafgerechtigkeit« werden kann.

§ 234

224 Die Beziehungen des äußerlichen Daseins fallen in die Verstandes-Unendlichkeit; es ist daher keine Grenze *an sich* vorhanden, was schädlich oder nicht schädlich, auch in Rücksicht auf Verbrechen, was verdächtig oder unverdächtig sei, was zu verbieten oder zu beaufsichtigen, oder mit Verboten, Beaufsichtigung und Verdacht, Nachfrage und Rechenschaftgebung verschont zu lassen sei. Es sind die Sitten, der Geist der übrigen Verfassung, der jedesmalige Zustand, die Gefahr des Augenblicks u. s. f., welche die näheren Bestimmungen geben. (227)

Eine Handlung kann als fahrlässig nur gelten, wenn man *allgemein* über das Verbotene oder die Gefahren für andere Personen etwas weiß oder wissen müsste. Man kann eine solche Fahrlässigkeit nicht einfach *nach* einem Unglück behaupten oder postulieren – und schon gar nicht willkürlich auf einzelne Leute verteilen.[94] Hegel drückt hier diese Dinge in einer schier unverständlichen Diktion aus. Die Verstandesunendlichkeit betrifft die Unübersehbarkeit aller Möglichkeiten, über die man nachher immer mehr weiß als vorher. Es ist aber vorher häufig unklar, »was schädlich oder nicht schädlich« ist.

Die Vorsorge der Polizei findet auch ihre Grenzen im beschränkten Wissen darüber, mit welchen Verbrechen zu rechnen ist, was daher (auch nur um einen möglichen zufälligen Schaden abzuwenden) »zu

94 Man kann oder darf niemanden erst im Nachhinein verantwortlich machen auf der Grundlage eines Urteils der Form »Hätte die Person *P* statt *A* etwas anderes getan, etwa *B*, wäre das Unglück *C* nicht geschehen«. Wie schwer es ist, nachzuweisen, erstens, dass ein solches Urteil als wahr gelten kann, zweitens, dass *P* es gewusst hat oder hätte wissen müssen, und drittens, dass dieses Wissen angesichts der Risiken *P* zu einem Tun der Form *B* verpflichtet hat, sieht man am Ausgang des Verfahrens gegen die Verantwortlichen für die Love-Parade in Duisburg und dem bekannten schrecklichen Unglück.

verbieten oder zu beaufsichtigen« ist. Es sind die konkreten Gesetze, Sitten und Gebräuche, der Inhalt oder ›Geist‹ der Verfassung von Gesellschaft und Staat, »welche die näheren Bestimmungen geben«.[95]

§ 235

In der unbestimmten Vervielfältigung und Verschränkung der täglichen Bedürfnisse, ergeben sich in Rücksicht auf die *Herbeischaffung* und den *Umtausch der Mittel* ihrer Befriedigung, auf deren ungehinderte Möglichkeit sich jeder verläßt, so wie in Rücksicht der darüber so sehr als möglich abzukürzenden Untersuchungen und Verhandlungen, Seiten, die ein gemeinsames Interesse sind, und zugleich für *Alle* das Geschäft *von Einem,* – und Mittel und Veranstaltungen, welche für gemeinschaftlichen Gebrauch sein können. Diese *allgemeinen Geschäfte* und *gemeinnützigen* Veranstaltungen fordern die Aufsicht und Vorsorge der öffentlichen Macht. (227 f.) 224 f.

In Krisenzeiten zeigt sich, wie sich in der vernetzten Arbeits- und Güterteilung alle auf die Funktionstüchtigkeit der Güterproduktion, des Transportwesens und des Marktes verlassen. Auch daher gibt es über den Schutz der vertraglichen Freiheit von Verkauf und Kauf hinaus eine gewisse Notwendigkeit einer Marktaufsicht, z. B. im Blick auf die gesundheitliche Unbedenklichkeit der angebotenen Waren und Lebensmittel.

§ 236

Die verschiedenen Interessen der Produzenten und Konsumenten 225
können in Kollision mit einander kommen, und wenn sich zwar das richtige Verhältnis im *Ganzen* von selbst herstellt, so bedarf die Ausgleichung auch einer über beiden stehenden mit Bewußtsein vorgenommenen Regulierung. Das Recht zu einer solchen für das Einzelne (z. B. Taxation der Artikel der gemeinsten Lebensbedürfnisse) liegt darin, daß [durch] das öffentliche Ausstellen von Waren, die von ganz allgemeinem, alltäglichen Gebrauche sind, [diese] nicht so-

[95] So wird sich etwa ein Europäer an die Schamhaftigkeitsvorstellungen gerade auch für Kinder in den USA erst einmal gewöhnen müssen oder an die strikteren Aufsichtspflichten für Eltern, aber auch an die eingeschränkte Pflicht zur Hilfeleistung gegenüber Fremden etwa im Straßenverkehr.

wohl einem Individuum als solchen, sondern ihm als Allgemeinen, dem Publikum angeboten werden, dessen Recht, nicht betrogen zu |
191 werden, und die Untersuchung der Waren, als ein gemeinsames Geschäft von einer öffentlichen Macht vertreten und besorgt werden kann. – Vornehmlich aber macht die Abhängigkeit großer Industriezweige von auswärtigen Umständen und entfernten Kombinationen, welche die an jene Sphären angewiesenen und gebundenen Individuen in ihrem Zusammenhang nicht übersehen können, eine allgemeine Vorsorge und Leitung notwendig. (228)

Während Konsumenten möglichst preiswerte, dennoch hochwertige Waren wünschen, versuchen Produzenten den Aufwand bei der Herstellung zu senken und die Preise so hoch wie möglich zu halten. Dabei ›soll‹ sich ein ›gutes‹ Verhältnis ›von selbst‹ durch den freien Markt von Angebot und Nachfrage herstellen. Es gibt aber – ganz offenbar – kein ›absolut richtiges Verhältnis im Ganzen‹. Urteile von der Seite her gesehen sind in der Regel ebenso irreführend wie subjektiv. Wer daher eine geplante Staatswirtschaft oder staatliche Planwirtschaft als angeblich vernünftig propagiert, täuscht sich und uns sowohl theoretisch als auch praktisch, und zwar von vornherein.

Dennoch bedarf es, wie gesagt, in manchen Aspekten einer Regulierung. Dazu ist die Besteuerung ein probates Mittel, soweit sie im Wesentlichen auf einen Prozentsatz des von Marx so genannten Mehrwerts in der Produktions- und Zirkulationssphäre zielt, nicht auf eine Vermögensumverteilung bzw. Verstaatlichung von Teilvermögen. Eine solche steht immer in der Gefahr, nicht nachhaltig zu sein, was gerade die Mehrwertlehre von Marx als Corollar zeigen könnte.

Hegel ›begründet‹ freilich das staatliche ›Recht‹ auf ›Taxation der Artikel‹ noch ganz trivial und bloß erst naiv dadurch, dass auf dem Markt die Waren einem allgemeinen Publikum angeboten würden. Diese habe daher auch »das Recht, nicht betrogen zu werden« – was den Grund für eine öffentliche Marktaufsicht abgibt, die wiederum durch die Marktsteuer zu vergüten ist. In einer sich schon damals globalisierenden Welt aber bedarf es nach Hegel darüber hinaus einer Kontrolle der Warenströme angesichts der »Abhängigkeit großer Industriezweige« von Rohstoffen und Halbfertigwaren – und zwar auch im Interesse allgemeiner Vorsorge gegen Zufälle und Qualitätsschwankungen bzw. ausländische Konkurrenzen – womit Hegel unausgesprochen auch Zölle funktional (also nicht willkürlich und keineswegs einfach zur Bereicherung von Herrschern) rechtfertigt.

Gegen die Freiheit des Gewerbes und Handels in der bürgerlichen Gesellschaft ist das andere Extrem die Versorgung, so wie die Bestimmung der Arbeit Aller durch öffentliche Veranstaltung, – wie etwa auch die alte Arbeit der Pyramiden und der andern ungeheuren, ägyptischen und asiatischen Werke, welche für öffentliche Zwecke ohne die Vermittlung der Arbeit des Einzelnen durch seine besondere Willkür und sein besonderes Interesse hervorgebracht wurden. (228 f.) 225 Ⓚ

Eine marktwirtschaftliche Ökonomie der »Freiheit des Gewerbes und Handels in der bürgerlichen Gesellschaft« ist dann auch von einer staatlich geleiteten Kollektivarbeit wie etwa beim Bau von Pyramiden zu unterscheiden. Allerdings gibt es durchaus auch ein sozusagen religiöses und zivilreligiöses öffentliches Interesse an monumentalischen Demonstrationen von Macht und Bedeutung. Das zeigen nicht nur die Pyramiden und Tempel des Altertums. Wir sehen es auch an den Kirchen vom Mittelalter bis in den Barock oder an den Schlössern und Kunstsammlungen ab der Zeit der Renaissance.

Dieses Interesse ruft jene Freiheit gegen die höhere Regulierung an, bedarf aber, je mehr es blind in den selbstsüchtigen Zweck vertieft, um so mehr einer solchen, um zum Allgemeinen zurückgeführt zu werden, und um die gefährlichen Zuckungen und die Dauer des Zwischenraumes, in welchem sich die Kollisionen auf dem Wege bewußtloser Notwendigkeit ausgleichen sollen, abzukürzen und zu mildern. (229) 225 f. Ⓚ

Die nur an ihrem eigenen Interesse sich orientierenden Marktteilnehmer als Produzenten, Händler und Konsumenten rufen immer auch schon mal den Staat als Aufsichtsbehörde und Schiedsrichter an. Hegel spricht etwas blumig, aber absolut korrekt, auch schon von »gefährlichen Zuckungen« im Wirtschaftsleben, also von ökonomischen Krisen und Konjunkturzyklen, nicht nur im globalen Handel.

§ 237

Wenn nun die Möglichkeit der Teilnahme an dem allgemeinen Vermögen für die Individuen vorhanden und durch die öffentliche Macht gesichert ist, so bleibt sie, ohnehin daß diese Sicherung 226 unvollständig bleiben muß, noch von der subjektiven Seite den Zufälligkeiten unterworfen, und um so mehr, je mehr sie Bedingungen der Geschicklichkeit, Gesundheit, Kapital u. s. w. voraussetzt. (229)

Neben der Teilhabe einer Person am gesellschaftlichen Leistungsaustausch, abgesichert »durch die öffentliche Macht«, also den Staat, hängt natürlich das wirkliche Leben des Individuums von Zufällen seiner konkreten Situation ab. Man denke an Begabung und Bildung, Gesundheit und Geldbesitz, samt der Fähigkeit, damit klug umzugehen.

§ 238

226 Zunächst ist die Familie das substantielle Ganze, dem die Vorsorge für diese besondere Seite des Individuums sowohl in Rücksicht der Mittel und Geschicklichkeiten, um aus dem allgemeinen Vermögen sich [etwas] erwerben zu können, als auch seiner Subsistenz und Versorgung im Falle eintretender Unfähigkeit, angehört. (229)

Auch wenn manche heute meinen, angesichts einer verbreiteten Kopie der Lebensform der Kleinfamilie in eheähnlichen Gemeinschaften auf Zeit und der Menge von Singles in Haushalten mit nur einer Person sei die Kleinfamilie keine Normalform mehr (oder, wie Max Weber suggeriert: kaum je gewesen), ist sie es für die Bildung der Person, also das Erwachsenwerden der Kinder, dennoch immer noch und immer schon, selbst innerhalb von Großfamilien und Clans. In diesem Sinn ist die familiale Gemeinschaft nach wie vor ein ›substantielles Ganzes‹ – was zu Zeiten der Corona-Krise auf besondere Weise allen wieder erneut klar wird.

Alle staatlichen und privaten Erziehungseinrichtungen sind in gewissem Sinn subsidiär. Das heißt, sie sind ergänzende Einrichtungen oder Ersatzinstitutionen. Man sollte daher extrem vorsichtig sein in dem Urteil, Hegels Analyse habe sich überlebt und treffe die modernen Verhältnisse nicht mehr. Dabei mag sich das Verhältnis von Allgemeinfall zu den Sonderfällen immerhin in Art und Zahl geändert haben.

Hier geht es aber nur erst um die gemeinsame Einsicht von Hegel und Ferdinand Tönnies, dass es kommunitarische, familiale Gemeinschaften sind, in denen sich die Individuen zu Personen bilden – und dabei allerlei Traditionen fortsetzen. Außerdem ist man zunächst in der Familie und durch diese für den Fall von allerlei Unfällen gesichert. Das gilt allgemein – wie die Rückkehr von Wanderarbeitern aufs Land in China oder Indien in Zeiten der Krise gerade eindrucksvoll zeigt. Ausnahmen bestätigen die Regel nur.

Die bürgerliche Gesellschaft reißt aber das Individuum aus die- 226
sem Bande heraus, entfremdet dessen Glieder einander, und aner-
kennt sie als selbstständige Personen; sie substituiert ferner statt
der äußern unorganischen Natur und des väterlichen Bodens, in
welchem der Einzelne seine Subsistenz hatte, den ihrigen, und un-
terwirft das Bestehen der ganzen | Familie selbst, der Abhängigkeit 192
von ihr, der Zufälligkeit. So ist das Individuum *Sohn der bürgerlichen Gesellschaft* geworden, die eben so sehr Ansprüche an ihn, als er Rechte auf sie hat. (229 f.)

In der bürgerlichen Gesellschaft ist jedes Individuum ein Single. Es ist natürlich reine Allegorie, wenn Hegel dramatisch davon spricht, die Gesellschaft reiße das Individuum aus der Familienbande heraus. Die Mitglieder der Familie entfremden sich aber tendenziell durchaus schon voneinander, wenn sie in vertragliche Beziehungen zueinander treten. Die scheinbar gute Idee, Hausarbeit in den gesellschaftlichen Leistungsaustausch einzubeziehen und zur bezahlten Arbeit zu machen, hat eben daher eine wohl kaum intendierte Nebenfolge. Man anerkennt sich dann zwar »als selbständige Personen«, aber das Vertrauen einer völlig freien Kooperation in einer Urgemeinschaft wie der Familie geht sozusagen in der Verrechnung verloren. Angelika Krebs hat auf der Grundlage von Überlegungen Friedrich Kambartels zu Arbeit und Anerkennung die Idee zwar höchst klug begründet.[96] Es wird dabei aber sozusagen von anderer Seite der Unterschied zwischen Gemeinschaft und Gesellschaft, also zwischen einer absolut freien Kooperation, gestützt auf ein Urvertrauen und eine Praxis der Liebe auf der einen Seite, einem gesellschaftlichen Leistungsaustausch

96 Anglika Krebs, *Arbeit und Liebe. Die philosophischen Grundlagen sozialer Gerechtigkeit.* Frankfurt: Suhrkamp 2002. Friedrich Kambartel, *Philosophie und politische Ökonomie.* Göttingen: Wallstein, 1998, darin: »Arbeit und Praxis. Zu den begrifflichen und methodischen Grundlagen einer aktuellen politischen Debatte«, S. 59–84, auch in *Deutsche Zeitschrift für Philosophie 41* (1993), S. 239–249.

unter Vertragsverhältnissen auf der andern Seite übersehen und in Form und Bedeutung unterschätzt. Hegel sieht dagegen, dass die bürgerliche Gesellschaft weder Ersatz für familiale Beziehungen noch für das Gemeinwesen sein kann.

Das Problem zeigt sich auch exemplarisch, wenn die inzwischen erwachsenen Geschwister um das Erbe streiten, was ja häufig vorkommt – und vielleicht Haus und Hof verkaufen (müssen), um das Geld gleichmäßig zu verteilen. So wird das einzelne Individuum zum Single in der bürgerlichen Gesellschaft – mit vielen Brüdern und Schwestern im Herrn, um es biblisch zu sagen – und doch auch je vereinzelt. Die ökonomische Leistungsgesellschaft hat sozusagen unnachsichtige Ansprüche an seine Mitglieder, da es nur nach deren Erfüllungen auch die Rechte auf ihre Güter am freien Markt vermittelt durch Geld gewährt. Das heißt, jeder muss sich eine Art ökologische Nische oder berufliche Höhle *im System des Leistungsaustauschs* suchen und sie entsprechend verteidigen.

§239

227 Sie hat in diesem Charakter *der allgemeinen Familie* die Pflicht und das Recht gegen die *Willkür* und Zufälligkeit *der Eltern,* auf die *Erziehung,* insofern sie sich auf die Fähigkeit, Mitglied der Gesellschaft zu werden, beziehet, vornehmlich wenn sie nicht von den Eltern selbst, sondern von andern zu vollenden ist, Aufsicht und Einwirkung zu haben, – imgleichen insofern gemeinsame Veranstaltungen dafür gemacht werden können, diese zu treffen. (230)

Anderseits übernimmt das Gemeinwesen – zum Beispiel vertreten durch die lokalen Organe der politischen Gemeinde wie etwa in der Schweiz bzw. ein ›Sozialamt‹ – dann doch als verallgemeinerte Familie eine gewisse soziale Hilfe, aber auch Kontrollfunktionen etwa zum Wohl der Kinder, und das ggf. auch »gegen die Willkür und Zufälligkeit der Eltern«. Sie springt ein im Fall von Vernachlässigung oder Missbrauch und achtet im guten Fall auf Gesundheit und Erziehung. Das gilt besonders auch im Fall von Vormundschaften und Adoptionen.

§ 240

Gleicherweise hat sie die Pflicht und das Recht über die, welche 227
durch Verschwendung die Sicherheit ihrer und ihrer Familie Subsistenz vernichten, [sie] in Vormundschaft zu nehmen und an ihrer Stelle den Zweck der Gesellschaft und den ihrigen auszuführen. (230)

Interventionen sind möglich und nötig, wo die Eltern ihren elterlichen Pflichten nicht nachkommen. Der Fall der ›Verschwendung‹ dürfte seltener sein als der einer anderweitigen Unfähigkeit, ökonomisch für die Familie zu sorgen.

§ 241

Aber eben so als die Willkür, können zufällige, physische und in 227
den äußern Verhältnissen (§ 200) liegende Umstände, Individuen zur *Armut* herunter bringen, einem Zustande, der ihnen die Bedürfnisse der bürgerlichen Gesellschaft läßt, und der, indem sie ihnen zugleich die natürlichen Erwerbmittel (§ 217) entzogen und das weitere Band der Familie als eines Stammes aufhebt (§ 181), dagegen sie aller Vorteile der Gesellschaft, Erwerbsfähigkeit von Geschicklichkeiten und Bildung überhaupt, auch der Rechtspflege, Gesundheitssorge, selbst oft des Trostes der Religion, u. s. f. mehr oder weniger verlustig macht. (230)

Es können auch zufällige Umstände Familien in die Armut »herunterbringen«. Die sich hier ergebende Überlegung hat besondere Bedeutung. Denn manche dieser Umstände liegen an der einerseits zwar im Allgemeinen stabilen, andererseits aber auch prekären Form der Aufgaben- und Leistungs- bzw. Arbeits- und Güterverteilung der bürgerlichen Gesellschaft selbst. Bei unverschuldeter Arbeitslosigkeit entzieht die Gesellschaft sozusagen den Individuen selbst alle Subsistenzmittel. Wieder ist klar, wie diese Redeform zu lesen ist: Es gibt ja keine Person mit Namen »Gesellschaft«. Aristophanes hat zwar den Demos als alten, blinden und schwerhörigen Mann auftreten lassen, der von einem Volksführer wie Kleon bevormundet wird. Max Stirner, Karl Marx, Friedrich Nietzsche oder Fritz Mauthner und damit alle methodischen Individualisten können sich also beruhigen: Wir alle wissen, dass es sich hier um bloße Redeformen handelt und dass es kein Volk und kein Kapital gibt, die selbständig etwas tun, ohne dass es handelnder Menschen bedürfte. Es ist dennoch sozusagen die moderne Gesellschaft selbst, welche die personalen Individuen aus der informellen Gemeinschaft und relativen Sicherheit der Familie oder Clans freisetzt und zunächst mit allen ihren Vorteilen ausstattet, diese aber im Fall von Arbeitslosigkeit wieder entzieht.

227 Die allgemeine Macht übernimmt die Stelle der Familie bei den *Armen*, eben so sehr in Rücksicht ihres unmittelbaren Mangels, als der Gesinnung der Arbeitsscheu, Bösartigkeit, und der weitern Laster, die aus solcher Lage und dem Gefühl ihres Unrechts ent-
193 springen. | (230 f.)

Der Staat als Verwalter der allgemeinen Macht übernimmt die Verantwortung für die Armen und damit zum Teil auch die der Familien und Stämme, aus denen die Einzelpersonen je gerade herausgenommen wurden. Das scheint nur auf den ersten Blick zu einer paternalistischen Auffassung der Rolle des Staates und damit zu einer Art Aufhebung des zunächst durch und durch liberalen Ansatzes in Hegels Analyse zu führen. Der falsche Schein mit seinen problematischen Folgen verstärkt sich allerdings zunächst, da Hegel erklärt, der Staat habe gegen vermeinte oder wirkliche »Arbeitsscheu, Bösartigkeit« vorzugehen und auch weitere Laster zu korrigieren. Allerdings fügt er auf seine geradezu schreibfaule Weise hinzu, dass es sich um Laster handelt, »die aus solcher Lage und dem Gefühl ihres Unrechts entspringen«, also eine Folge dessen sind oder sein können, dass die Gesellschaft als Ganze nicht so verfasst ist, dass sie den Einzelpersonen auch angemessene Chancen zur eigenverantwortlichen Subsistenz, dem Erwerb des Lebensunterhalts, bietet. Daher ist jede Arbeitslosenunterstützung eine Art Kompensation für die Unfähigkeit der bürgerlichen Gesellschaft, die Arbeitsverteilung entsprechend gut auszugestalten.

§ 242

228 Das Subjektive der Armut und überhaupt der Not aller Art, der schon in seinem Naturkreise jedes Individuum ausgesetzt ist, erfordert auch eine *subjektive* Hilfe eben so in Rücksicht der *besonderen* Umstände als des *Gemüts* und *der Liebe*. (231)

Den Zufällen der Armut als Mangel an wirklich Lebensnotwendigem (und zunächst nicht etwa daran, was wir zufälligerweise oder im willkürlichen Wünschen dafür halten) sind die Menschen schon angesichts von Naturkatastrophen und Pandemien ausgesetzt. Eine zufällige Not dieser Art »erfordert auch eine subjektive Hilfe«, die der Caritas, der ›Nächstenliebe‹ des sprichwörtlichen Samariters.

Hier ist der Ort, wo bei aller allgemeinen Veranstaltung, die *Moralität* genug zu tun findet. Weil aber diese Hilfe für sich und in ihren Wirkungen von der Zufälligkeit abhängt, so geht das Streben der Gesellschaft dahin, in der Notdurft und ihrer Abhilfe das Allgemeine herauszufinden und zu veranstalten, und jene Hilfe entbehrlicher zu machen. (231) 228

Die Moralität des freien Altruismus und der heroischen Nächstenhilfe wird in dieser Sphäre in alle Ewigkeit genug Gutes zu tun finden. Hararis Sorge in *Homo Deus*, es könnte auf der Erde langweilig werden, weil wir uns technisch ein Wohlfühlparadies schaffen werden, ist schon daher und angesichts des nicht gelösten *politischen* Problems des Bevölkerungswachstums absolut unbegründet. Die Arbeit für die Nächsten oder auch die Menschheit geht nie aus. Andererseits gehört es zur Sinnbestimmung der bürgerlichen Gesellschaft und des Gemeinwesens, allgemeine Vorsorge zu treffen gegen möglichst viele Unfälle, Katastrophen usf. und daher eine akzidentelle Hilfe für akzidentell in Not geratene Menschen nach Möglichkeit überflüssig zu machen.

Das Zufällige des Almosens, der Stiftungen, wie des Lampenbrennens bei Heiligenbildern u. s. f. wird ergänzt durch öffentliche Armen-Anstalten, Krankenhäuser, Straßenbeleuchtung u. s. w. Der Mildtätigkeit bleibt noch genug für sich zu tun übrig, und es ist eine falsche Ansicht, wenn sie der *Besonderheit* des Gemüts und der *Zufälligkeit* ihrer Gesinnung und Kenntnis diese Abhilfe der Not allein vorbehalten wissen will, und sich durch die *verpflichtenden* allgemeinen Anordnungen und Gebote verletzt und gekränkt fühlt. (231) 228 Ⓚ

Auch wenn aus der Sicht der Selbstheroisierung des Spenders ein Almosen mehr Befriedigung gibt als eine durch seine Steuer finanzierte Sozialhilfe, sollte der Vorzug der Letzteren klar sein. Schon etwas besser als Almosen vor der Kirche sind Stiftungen, da sie aufgrund der Statistik des Spendenaufkommens stabilere Arbeit leisten können. Wir haben aber schon gesehen, dass und warum die Sozialhilfe, gerade auch die Arbeitslosenhilfe, zum Teil eine öffentliche Aufgabe ist, nicht anders als das Gesundheitswesen, etwa die Krankenhäuser – soweit ein Versicherungswesen die entsprechenden Institutionen nicht über Risikobeiträge allein finanzieren kann.

Hegel nennt auch »Straßenbeleuchtung usw.«, also etwa auch Wasserzufuhr, Abwasser und Müllentsorgung. Noch einmal beruhigt er besorgte Gutmenschen, die, wie etwa auch Peter Sloterdijk, befürchten, es ginge der subjektiven Mildtätigkeit angesichts der sozialen Sicherungssysteme einer modernen Gesellschaft die Arbeit aus. Und es ist, wie wenn er direkt auf solche Leute, zugleich aber auf die anti-sozialdemokratische Staatskritik und den Mythos der Freiheit in den USA antwortete. Es ist nämlich in der Tat falsch, sich den »verpflichtenden allgemeinen Anordnungen und Geboten« der sozialen Verantwortung der Gesellschaft dadurch zu entziehen, dass man sich »verletzt und gekränkt fühlt«, wenn man nicht ›freiwillig‹ helfen darf.

228 Ⓚ Der öffentliche Zustand ist im Gegenteil für um so vollkommener zu achten, je weniger dem Individuum für sich nach seiner besondern Meinung, in Vergleich mit dem, was auf allgemeine Weise veranstaltet ist, zu tun übrig bleibt. (231)

Eine Skalierung des zivilisatorischen Fortschritts einer Gesellschaft wird diejenige öffentliche Ordnung als vollkommener bewerten, welche im Inneren möglichst wenig durch freie Spenden finanzierte Suppenküchen und Tafeln braucht. Kurz, die sozialen Sicherungssysteme sind »auf allgemeine Weise« zu veranstalten – wobei allerdings keineswegs alles »vom Staat« zu übernehmen und über Steuern zu finanzieren ist, zumal es seit der Antike zunächst für den Bereich des risikobehafteten Seehandelns die enorm bedeutsamen und bis heute weitgehend missverstandenen ökonomischen Instrumente der Versicherungswetten gibt.

§ 243

228 Wenn die bürgerliche Gesellschaft sich in ungehinderter Wirksamkeit befindet, so ist sie innerhalb ihrer selbst in *fortschreitender Bevölkerung* und *Industrie* begriffen. – (232)

Grenzen des Wachstums waren für Adam Smith und Hegel kein Thema. Im Gegenteil, auch Marx übernimmt die strukturell wohlbegründete Aussage, dass die bürgerliche Gesellschaft über ihren intrinsischen Wettbewerb zwischen personalen Subjekten auf Wachstum angelegt ist, und zwar sowohl was die Anzahl der Bevölkerung und die durchschnittliche Lebenserwartung betrifft als auch die Produktivität und das Sozialprodukt oder die Ausdifferenzierung von Leistungen. Neuen Einfällen sind keine Grenzen gesetzt.

Durch die *Verallgemeinerung* des Zusammenhangs der Menschen 228f.
durch ihre Bedürfnisse, und der Weisen, die Mittel für diese zu bereiten und herbeizubringen, vermehrt sich die *Anhäufung der Reichtümer*, denn aus dieser gedoppelten Allgemeinheit wird der größte Gewinn gezogen, – auf der einen Seite, wie auf der andern Seite die *Vereinzelung* und *Beschränktheit* der besondern Arbeit und damit die *Abhängigkeit* und *Not* der an diese Arbeit gebundenen Klasse, womit die Unfähigkeit der Empfindung und des Genusses der weitern Freiheiten und besonders der geistigen Vorteile der bürgerlichen Gesellschaft zusammenhängt. | (232) 194

Hauptmotor der wirtschaftlichen Entwicklung ist dabei gerade die Ausdifferenzierung der Arbeits- und Güterteilung im gesellschaftlichen Leistungsaustausch und keineswegs, wie man bis heute meint, allein die ›Mechanisierung‹ der Arbeit im Einsatz von Maschinen, zunächst angetrieben durch Wasserkraft, dann Dampf, dann Mineralöl und Elektrizität. Vielmehre greifen allgemeine Schulbildung, Wissenschaft, Erfindungen schematisierender Arbeitsteilung und Erfindungen zur Mechanisierung der Arbeit wie Zahnräder ineinander. Noch das sogenannte Wirtschaftswunder nach dem 2. Weltkrieg zeigt in Deutschland und Europa die Bedeutung des *Bildungskapitals* – über das noch erhaltene materielle Volksvermögen hinaus.

§244

Das Herabsinken einer großen Masse unter das Maß einer gewis- 229
sen Subsistenzweise, die sich von selbst als die für ein Mitglied der Gesellschaft notwendige reguliert, – und damit zum Verluste des Gefühls des Rechts, der Rechtlichkeit und der Ehre, durch eigene Tätigkeit und Arbeit zu bestehen, – bringt die Erzeugung des *Pöbels* hervor, die hinwiederum zugleich die größere Leichtigkeit, unverhältnismäßige Reichtümer in wenige Hände zu konzentrieren mit sich führt. (232)

In der bürgerlichen Gesellschaft gibt es ein Problem, auf das später Marx seine Analysen fokussieren wird. Hegels allgemeine Kommentare dazu sind lakonisch, lückenhaft und dennoch schlagend. Er skizziert in ihnen die Entstehung eines Proletariats als eines in die Armut herabgesunkenen ›Pöbels‹. Die Wörter sind im Inhalt völlig äquivalent. »Pöbel‹ meint zunächst das ›niedere Volk‹ (*populus*), »proles« bedeutet »Nachkomme«, »Kind«. Die ›Niedrigkeit‹ liest Hegel nicht anders als Bert Brecht als Ergebnis des Verlustes der Ehre, durch eigene Arbeit sein Leben fristen zu können.

Dabei ist diese Armut, das Fallen des Einkommens unter das Existenzminimum, hauptsächlich gesellschaftlich, also durch die Ökonomie der Arbeitsteilung, verursacht. Hegel erklärt also, dass (unter anderem durch gewisse Einschränkungen der Möglichkeit eines Lebens auf dem Land, durch die Überfüllung der Städte und aufgrund des Wettbewerbs der Produzenten bzw. Produktionsmittelbesitzer) eine große Masse von Menschen »unter das Maß einer gewissen Subsistenzweise« herabsinkt – was eben den Pöbel, also das Proletariat, das nichts als Kinder hat, und die später so genannte industrielle Reserve-Armee hervorbringt. Sie wiederum ist Voraussetzung dafür, dass sich durch Unterbezahlung riesige Vermögen anhäufen lassen, wobei Hegel diese Akkumulation des Kapitals sogar schon präziser so formuliert, dass sich »unverhältnismäßige Reichtümer in wenige Hände zu konzentrieren« beginnen.

Im Nebensatz erklärt Hegel noch, dass das notwendige Maß für die Reproduktion des Individuums als (arbeitendes) Mitglied der Gesellschaft vorgegeben ist.

Indem Menschen das Gefühl »des Rechts, der Rechtlichkeit und der Ehre, durch eigene Tätigkeit und Arbeit zu bestehen« verlieren, verlieren sie ihre Würde als Person. Zwischen den Zeilen steht, dass der sogenannte Pöbel obendrein die Fähigkeit verloren hat, als Bevölkerungsgruppe das Recht auf angemessene Teilnahme an der gesellschaftlichen Arbeitsteilung zu erstreiten, so dass jedes Mitglied dieser (neuen!) ›Klasse‹ von Menschen in der Vereinzelung der Arbeitssuche zunächst zum ›Tagelöhner‹ wird.

§ 245

229 Wird der reichern Klasse die direkte Last aufgelegt, oder es wären in anderem öffentlichen Eigentum (reichen Hospitälern, Stiftungen, Klöstern) die direkten Mittel vorhanden, die der Armut zugehende

Masse auf dem Stande ihrer ordentlichen Lebensweise zu erhalten, so würde die Subsistenz der Bedürftigen gesichert, ohne durch die Arbeit vermittelt zu sein, was gegen das Prinzip der bürgerlichen Gesellschaft und des Gefühls ihrer Individuen von ihrer Selbstständigkeit und Ehre wäre, oder sie würde durch Arbeit (durch Gelegenheit dazu) vermittelt, so würde die Menge der Produktionen vermehrt, in deren Überfluß und dem Mangel der verhältnismäßigen selbst produktiven Konsumenten, gerade das Übel bestehet, das auf beide Weisen sich nur vergrößert. (232 f.)

Hegel gebraucht schon das Wort »Klasse«. Allerdings betrachtet er seine Gegenwart immer auch unter dem Blick eines Vergleichs mit der Antike. Vom Rom der Kaiserzeit und dem Slogan »Brot und Spiele« her kann man sehen, dass ein alimentierter Pöbel keine allzu gute Idee ist. Selbst wenn man daher die Lebenshaltung der Bedürftigen etwa durch Besteuerung höherer Einkommen und eine Art Bürgergeld sichern würde, wäre das eine schlechtere Lösung, als wenn man ihr Einkommen, wie es »das Prinzip der bürgerlichen Gesellschaft« verlangt, durch Arbeit vermittelt sichern könnte. Denn nur das schafft das Gefühl von »Selbständigkeit und Ehre«.

Das Wort »Gefühl« steht hier nicht etwa für eine Empfindung, auch nicht für ein intentional oder propositional auf eine mögliche oder wirkliche Sache gerichtetes Gefühl wie Furcht oder Liebe. Hier steht es für ein allgemeines »Ehrgefühl«, die eine *allgemeine Haltung* zu sich und den Anderen als Personen ist, so wie die Scham, die einen Mangel an Ehre, also eine Privation der vollen Anerkennung als Person in der bürgerlichen Gesellschaft anzeigt. Das subjektive Ehrgefühl ist damit eine Art allgemeines, aber latentes Selbst-Wissen um den Status als anerkannte Person. Scham ist Wissen um den Mangel an Anerkennung. Dabei kann es nie eigentlich einen Kampf um Anerkennung zwischen Personen geben. Denn diese Anerkennung ist immer ebenso frei wie die Selbstanerkennung der Einzelperson.

Es ist daher schon begrifflich falsch zu meinen, es ließe sich das Gefühl der Ehre willentlich oder willkürlich herstellen, etwa indem man sich selbst einfach den betreffenden Status ›zuspricht‹. Ebenso wenig lässt sich Scham unmittelbar überwinden, etwa indem ich mir sage, ich brauche mich nicht für etwas zu schämen. Schon etwas mehr hilft, wenn du das sagst, und erst recht, wenn es alle sagen.

Ehrgefühl und Scham sind also gefühls- und grundhaltungsförmige Selbstplatzierungen der Person in der jeweiligen Gemeinschaft, Gesellschaft und im Gemeinwesen, die aufgrund dessen, dass sie aussagenförmige Urteile über mich (inferentiell und implizit) enthalten, wie alle ›Gefühle‹ auch falsch sein können. Sie sind damit insbesondere keine rein deklarativen Expressionen.

Hegel schwingt sich jetzt in wenigen Zeilen sozusagen zu einem Volkswirtschaftler auf und erklärt, dass die Erhöhung der Produktion durch formelle Vollbeschäftigung im Normalfall zu einer Überproduktion von Gütern führen würde, die das Problem nur verschlimmerte – und zwar wegen des Mangels an Konsumenten. Das ist in dieser allgemeinen Form zu abstrakt und auch falsch. Richtig ist aber trivialerweise, dass es keinen Sinn hat, nur *irgendetwas* zu produzieren, und dass man nicht (weit) *über die Nachfrage hinaus* produzieren darf, und zwar wegen des sinkenden Grenznutzens, wie man diese der Form nach längst bekannte und offenkundige Tatsache später bezeichnet und quantitativ modelliert.

Ganz unabhängig von formalen Modellen und den Fällen, wo ein quantitatives Rechnen nützt und passt, ist der Grundgedanke des Grenznutzens trivial: Sinnlose Arbeit nützt nichts. Formale Vollbeschäftigung löst kein Problem, wenn die Arbeitsprodukte weggeworfen werden. Das skizzierte Problem ist nur dann gelöst, wenn Dinge produziert werden, die auch von *Konsumenten effektiv nachgefragt* werden, also so, dass diese es mit ihrem Geld bezahlen können und wollen, das sie *ihrerseits* für ihre Güterproduktion erhalten haben. Das freilich ist ganz offenbar nicht leicht zu erreichen. In diesem Punkt hat Hegel absolut recht.

229f. Es kommt hierin zum Vorschein, daß bei dem *Übermaße des Reichtums,* die bürgerliche Gesellschaft *nicht reich genug* ist, d. h. an dem ihr eigentümlichen Vermögen nicht genug besitzt, dem Übermaße der Armut und der Erzeugung des Pöbels zu steuern. (233)

Warum aber oder in welchem Sinn soll nun, wie Hegel in seiner Liebe zum Paradox immerhin auf berühmte Weise formuliert, »bei dem Übermaße des Reichtums die bürgerliche Gesellschaft nicht reich genug« sein, um »dem Übermaße der Armut und der Erzeugung des Pöbels zu steuern«? Von welchen »eigentümlichen Vermögen« besitzt sie nicht genug?

Des Rätsels Lösung liegt wohl im Wort »Vermögen«. Dieses ist hier nämlich als Fähigkeit zur Lösung eines Problems zu lesen.[97] Die Einsicht, die Hegel hier vorträgt, lautet daher: Die bürgerliche Gesellschaft als ein vertragsförmiger Leistungsaustausch durch Kauf und Verkauf nicht bloß von Waren, sondern auch von Arbeitsleistung (Arbeitskraft) auf Zeit (wie bei Tagelöhnern, Erntehelfern und Fabrikarbeitern), organisiert durch die Prinzipien der ökonomischen Rationalität (des *homo oeconomicus*), kann das Problem »des Pöbels« nicht ›aus eigenen Ressourcen‹ lösen, wie man mit einem Lieblingsausdruck von Jürgen Habermas sagen könnte. Es handelt sich also weiterhin um das Problem der Vollbeschäftigung. Dieses hat viel später John Maynard Keynes mit vollem Recht als das Hauptproblem jeder wissenschaftlichen Volkswirtschaftslehre erkannt.

Damit sehen wir nun in der Tat eine tiefe Einsicht in der Passage. Hegel zeigt nämlich lange vor Keynes, dass und warum dessen Volkswirtschaftslehre eine Lehre der *Staatsinterventionen* und dann auch der *Steuer-*, *Geld-* und *Währungspolitik* ist und sein muss – egal, ob man am Ende Keynesianer bleibt oder sich lieber Milton Friedman und der neoliberalen Schule von Chicago anschließt, die im Grunde postkeynesianisch ist. (Es geht mir hier nicht um eine Kritik am Neoliberalismus. Das ist ein anderes, besonderes Thema.)

Diese Erscheinungen lassen sich im Großen an *Englands* Beispiel studieren, so wie näher die Erfolge, welche die Armentaxe, unermeßliche Stiftungen und eben so unbegrenzte Privatwohltätigkeiten, vor allem auch dabei das Aufheben der Korporationen gehabt haben. (233) 230 Ⓚ

Die skizzierte Grundstruktur der eigentumsbasierten Ökonomie der Gesellschaft zeigt sich in ihren realen Wirkungen in den Erscheinungen der Entwicklung der Arbeitslosen oder ›des Pöbels‹ in England. Die Struktur und die Form des zweckrationalen Handelns des *homo oeconomicus*, der die eigenen Risiken nach Möglichkeit minimiert und erhoffte Gewinne maximiert, macht das ökonomische Wesen der bürgerlichen Gesellschaft, ihre Wirklichkeit aus – die sich in ihren Erscheinungen zeigt. Wie später Marx verweist Hegel zunächst pauschal auf die bekannten grundsätzlichen Folgen dieser (neuen)

97 Vgl. auch Vorl. Rechtsphil. 1819/20 (Ringier), GW 26,1, S. 500 f.

ökonomischen Wirklichkeit »im Großen« hin: Großbritannien zeigt den Prototyp der sich entwickelnden bürgerlichen Gesellschaft. Hier kann man z. B. auch die Erfolge und Nebenfolgen der Einführung einer Armensteuer sehen. Des Weiteren nennt Hegel die Privatinitiativen reicher Stiftungen und karitativer Einrichtungen. Und er kritisiert, ohne das hier explizit genug zu machen, die Auflösung der Zünfte bzw. der Selbstorganisationen der Berufsstände. Damit fordert er sozusagen eine Neuformierung von ›Korporationen‹ wie die der heutigen Gewerkschaften.

230 Ⓚ Als das direkteste Mittel hat sich daselbst (vornehmlich in Schottland) gegen Armut sowohl, als insbesondere gegen die Abwerfung der Scham und Ehre, der subjektiven Basen der Gesellschaft, und gegen die Faulheit und Verschwendung u. s. f. woraus der Pöbel hervorgehet, dies erprobt, die Armen ihrem Schicksal zu überlassen
195 und sie auf den öffentlichen Bettel anzuweisen. | (233)

Man sollte Hegels lakonische Ironie grundsätzlich nicht unterschätzen. Er begründet mit ihr eine bis heute kaum in ihrer Genealogie begriffene Schule postromantischer Ironie, wie man sie offenkundig bei seinem Lieblingsschüler Heinrich Heine, aber auch dem radikalen Theologiekritiker Bruno Bauer und dem weit polemischeren, im Stil leicht pöbelhaften Enkelschüler Karl Marx wiederfindet.

Hier zum Beispiel ist es keine reine Feststellung und schon gar keine Behauptung, sondern purer Sarkasmus, jedenfalls nach den obigen Ausführungen, die sich ja klar genug gegen Bettelei und Almosenvergabe etwa vor der Kirchentür wenden, wenn er als das »direkteste Mittel … gegen Armut« das Verfahren ›lobt‹, »die Armen ihrem Schicksal zu überlassen und sie auf den öffentlichen Bettel anzuweisen«. Solche Ironie verlangt, dass der Leser mitdenkt und selbst urteilt. Und sie kümmert sich nicht um die Leser, welche die formalen Widersprüche in den Formulierungen entweder gar nicht bemerken oder sie zwar bemerken, dann aber den logischen Schluss ziehen, dass hier ein vermeintlicher Philosoph und Logiker sich widerspricht und damit verrückt geworden sei. Erstaunlich ist nur, dass der britische Humor Bertrand Russells (der in seiner philosophischen Jugend übrigens ›Hegelianer‹ gewesen war) nicht ausreichte, Hegels Ironie zu verstehen. »Lost in translation«, kann man dazu nur sagen.

Mein Urteil bestätigt sich, wenn wir die aus mancherlei Sicht interessante Textpassage etwas genauer ansehen. Zunächst sollte es überflüssig sein, noch einmal hervorzuheben, dass sich die Methode, gegen die Armut zu kämpfen, indem man die Armen sich selbst überlässt, klar widerspricht. Hegel erhöht das Lakonische der Ironie offenbar dadurch, dass er den Widerspruch erstens durch einen längeren gedanklichen Einschub zu Ehre und Faulheit, zweitens durch eine scheinbar unterkühlt bürokratische und extrem verdichtete Sprache leicht verdeckt – und eben damit vom Leser enorme Konzentration und eine Art Blick hinter die Oberfläche des Textes fordert – übrigens nicht anders als später Heinrich Heine, der einzige seiner Schüler, der ihn verstanden hat, und das am Ende doch nicht gut genug.

Der Einschub vertieft freilich nur den Widerspruch. Die öffentliche Bettelei soll ein Heilmittel gegen die Abwertung der Person sein, die keine Arbeit in der Leistungsgesellschaft findet. Indem man ihr jede Ehre nimmt und jede Scham, sollen diese sich als die subjektiven Grundlagen der Teilnahme an der bürgerlichen Gesellschaft wiederherstellen. Das Betteln soll gegen Faulheit helfen – aus der angeblich der Pöbel hervorgeht. Noch schöner wird alles, indem Hegel das Wort »Verschwendung« auf scheinbar überraschende Weise einschmuggelt. Denn mit ihm spielt er auch auf die bekannten Vorurteile des wohlsituierten Bürgers an, erstens, dass Armut Folge von Verschwendung sei, zweitens, dass viele Bettler eigentlich reich seien, Bettelei also ein erfolgreiches Geschäft sein könne. Bert Brechts Dreigroschenoper arbeitet bekanntlich mit eben diesem Klischee.

§ 246

Durch diese ihre Dialektik wird die bürgerliche Gesellschaft über 230
sich hinausgetrieben, zunächst *diese bestimmte* Gesellschaft, um außer ihr in andern Völkern, die ihr an den Mitteln, woran sie Überfluß hat, oder überhaupt an Kunstfleiß u. s. f. nachstehen, Konsumenten und damit die nötigen Subsistenzmittel zu suchen. (233 f.)

Die bürgerliche Gesellschaft setzt schon in der Rechtspflege staatliche Strukturen der Vertretung der Öffentlichkeit voraus. Armut und Arbeitslosigkeit verlangen darüber hinaus öffentliche Institutionen, die das Problem angehen, da man dieses nicht einfach ignorieren kann, wie die liberalistischen Verteidiger der ›reinen‹ Freiheit bürgerlicher Marktwirtschaft ganz offenbar meinen. Hegel spricht absichtlich in doppeldeutiger Weise davon, dass die bürgerliche Gesellschaft durch das Problem »über sich hinausgetrieben« werde. Es gibt zwar ›Lösungen‹ des Armutsproblems durch seine *Externalisierung* – indem man die gegebene Gesellschaft sozusagen verlässt. Aber diese sind insgesamt hochproblematisch. So haben z. B. die Auswanderungen in die Amerikas und partiell auch nach Australien und Neuseeland von Großbritannien und den europäischen Ländern einigen Druck genommen. Eine der Folgen war die völlig Vernichtung der Ureinwohner Tasmaniens. Ein ebenso drastisches Beispiel ist die Auswanderungswelle aus Irland in der Mitte des 19. Jahrhunderts als Folge des massivsten Gesellschafts- und Staatsversagen in der britischen (Nicht-)Reaktion auf die Hungersnöte 1845–1849, verursacht durch die Kartoffelfäule.

Hegel selbst kommt auf *diese* Formen der Externalisierung des Problems erst später zurück. Hier spricht er von den »anderen Völkern«, an die man *Waren exportiert*, womit man Überproduktionen abfedern kann – was zum globalen Handelsaustauch von Industrieprodukten und »Kolonialwaren« führt. Man erweitert damit den Kreis der *Konsumenten* – und exportiert zugleich das Armutsproblem in die Kolonien – wie später nach Indien oder in halbkolonial abhängig gemachte Staaten wie China.

§ 247

230f. Wie für das Prinzip des Familienlebens die Erde, fester *Grund* und *Boden*, Bedingung ist, so ist für die Industrie das nach Außen sie belebende natürliche Element, das *Meer*. In der Sucht des Erwerbs, dadurch, daß sie ihn der Gefahr aussetzt, erhebt sie sich zugleich über ihn und versetzt das Festwerden an der Erdscholle und den begrenzten Kreisen des bürgerlichen Lebens, seine Genüsse und Begierden, mit dem Elemente der Flüssigkeit, der Gefahr und des Unterganges. So bringt sie ferner durch dies größte Medium der Verbindung entfernte Länder in die Beziehung des Verkehrs, eines den Vertrag einführenden rechtlichen Verhältnisses, in welchem Verkehr sich zugleich das größte Bildungsmittel, und der Handel seine welthistorische Bedeutung findet. (234)

Die Besonderheit Englands sieht Hegel interessanterweise weniger in der frühen Industrialisierung und Mechanisierung als in deren Voraussetzungen, die er mit Englands Status als Seehandelsstaat und den Kolonien verbindet – worin sich England und die Niederlande freilich erst einmal ähneln. So wie eine gewisse Sesshaftigkeit tendenzielle Grundform des eurasischen Familienlebens der Agrarkultur ist, ist in Hegels bildhafter Sprache »für die Industrie« das Meer das ›belebende Element‹. Wieder blickt er dabei aus der Totalen auf die Dinge, hat also den antiken Seehandel auf dem Mittelmeer gleich mit im Blick. Die Abenteuer und Gefahren des Seehandels stellt er der Langeweile und Dumpfheit der Bindung an die Erdscholle gegenüber. Meere und Flüsse trennen nicht, sondern sind Verkehrs- und Handelsverbindungen: Praktisch alle Güter lassen sich viel leichter auf dem Wasser transportieren.

Die welthistorische Bedeutung des Handels beginnt im Grunde in Phönikien, Karthago, geht über an Hellas und Rom, von da an die Araber und die italienischen Seemächte wie Venedig und Genua, führt dann nach Portugal, Spanien, Holland und England.

Daß die Flüsse *keine natürliche Grenzen* sind, für welche sie in 231 Ⓚ
neuern Zeiten haben sollen geltend gemacht werden, sondern sie und ebenso die Meere vielmehr die Menschen verbinden, daß es ein unrichtiger Gedanke ist, wenn *Horaz* sagt (Carm. I. 3.):

– – deus *abscidit*
Prudens Oceano dissociabili
Terras, – –

zeigen nicht nur die Bassins der Flüsse, die von einem Stamme oder Volke bewohnt werden, sondern auch z. B. die sonstigen Verhältnisse Griechenlands, Ioniens und Großgriechenlands, – Bretagnes und Britanniens, Dänemarks und Norwegens, Schwedens, Finnlands, Livlands u. s. f., – vornehmlich auch im Gegensatze des geringern Zusammenhangs der Bewohner des Küstenlandes mit denen des innern Landes. – (234)

Der ›kluge Gott‹, sagt der keineswegs falsche, sondern ironisch gebrochene Gedanke des Horaz, wollte die Länder durch Ozeane und Flüsse trennen – und hat sie durch diese doch nur enger miteinander verbunden, »wenn die verbotene Bahn dennoch ein Kiel durcheilt«. Hegel nennt zunächst Griechenland und Ionien bzw. Sizilien und Süditalien (Magna Graecia). Dann verweist er auf die Hafenstädte der Bretagne wie La Rochelle oder St. Malo, London und die Häfen Britanniens und Skandinaviens, auch Königsberg und Riga – und hebt hervor, dass dabei die Landbevölkerung wie etwa damals noch in den baltischen Staaten sogar ethnisch andere Wurzeln hat als die Hafenstädte – und das Hinterland auch kulturell sehr verschieden ist.

231 Ⓚ Welches Bildungsmittel aber in dem Zusammenhange mit dem Meere liegt, dafür vergleiche man das Verhältnis der Nationen, in welchen der Kunstfleiß aufgeblüht ist, zum Meere, mit denen, die sich die Schiffahrt untersagt, und wie die Ägypter, die Inder, in sich verdumpft und in den fürchterlichsten und schmählichsten Aberglauben versunken sind, und wie alle große, in sich strebende
196 Nationen sich zum Meere drängen. | (234 f.)

Allerdings übertreibt Hegel wohl sein Lob der maritimen Handelsnationen und deren globalere Bildung, obwohl der Unterschied zwischen dem zivilisatorisch primitiven, nur militärisch lange führenden Sparta auf der einen Seite und Athen auf der anderen ebenso eklatant ist wie die Bedeutung der Kontakte zu den Kolonien und über diese mit dem Hinterland für das antike Griechenland insgesamt.

Der Vergleich mit Ägypten hinkt schon daran, dass Zeiten vor dem Aufkommen des Seehandels in großem Stil mit Zeiten danach verglichen werden. Außerdem übernehmen die Phönizier von Sidon und Tyrus aus, die Griechen in Naukratis und Alexandria den Seehandel sozusagen ›für die Ägypter‹. Analoges gilt für Indien, dessen westlicher Seehandel in arabischer Hand lag. Die Polemik gegen die indische Kultur und deren »fürchterlichsten und schmählichsten Aberglauben« mag zeitbedingt sein, ist so aber keineswegs zu halten. Dass »alle großen … Nationen sich zum Meere drängen« stimmt ebenfalls nur bedingt. China und sogar Japan drängte es lange nicht. Diese Länder deshalb nicht zu den großen Nationen zu zählen, wäre damals wie heute provinziell gewesen, wie das ja auch für Indien gilt.

§ 248

231 Dieser erweiterte Zusammenhang bietet auch das Mittel der *Kolonisation*, zu welcher – einer sporadischen oder systematischen – die ausgebildete bürgerliche Gesellschaft getrieben wird, und wodurch sie teils einem Teil ihrer Bevölkerung in einem neuen Boden die Rückkehr zum Familienprinzip, teils sich selbst damit einen neuen Bedarf und Feld ihres Arbeitsfleißes verschafft. (235)

Die griechische Kolonisation war von anderem Typ als die Aufteilung der Welt in Einflusssphären und Kolonien im frühen 19. Jahrhundert. Die bürgerliche Gesellschaft wird dazu ›getrieben‹ aufgrund der ökonomischen Tendenz zum Monopol, die sich sowohl aus der Tendenz zur Produktivitätssteigerung als auch der Schaffung nachhaltiger Märkte für Export und Import ergibt. (Dabei erzwingt der Westen die Öffnung der Märkte, wie der unsägliche Opiumhandel und Opiumkrieg zeigt, in dem China seine Souveränität und Honkong an Großbritannien verliert.) Die von Marx so hervorgehobene Tendenz, die Profitrate im Wettbewerb der Kapitalverrentung zu steigern, und die Probleme, die sich dabei auch als Folge des entstehenden Wettbewerbs ergeben, kommen dann noch hinzu.

Die britischen Kolonien in (Nord-)Amerika sind zunächst Kolonien für *Siedler.* Hegel charakterisiert sie und damit die Kultur der USA bis heute ganz treffend und absolut klarsichtig durch *»die Rückkehr zum Familienprinzip«*. Die sogenannte ›Freiheit‹ der USA besteht zunächst wesentlich in dieser Tradition und deren religiöse Stützen in freikirchlichen Gemeinden,[98] wie Alexis de Tocqueville ebenfalls zeigen wird.

§ 249

Die polizeiliche Vorsorge verwirklicht und erhält zunächst das Allge- 232
meine, welches in der Besonderheit der bürgerlichen Gesellschaft enthalten ist, als *eine äußere Ordnung und Veranstaltung* zum Schutz und Sicherheit der Massen von besondern Zwecken und Interessen, als welche in diesem Allgemeinen ihr Bestehen haben, so wie sie als höhere Leitung Vorsorge für die Interessen (§ 246), die über diese Gesellschaft hinausführen, trägt. (235)

»Polizei« steht, ich erinnere daran, zunächst für alle staatliche Administration mit kameralistischer Verwaltung, nicht nur in der Verbrechensbekämpfung oder einer Marktordnungspolitik. Zum Teil gehörte dazu z. B. der Straßen- und Wegebau und das u. a. dafür nötige Zollwesen, später in Europa der Eisenbahnbau und das verstaatlichte Postwesen. In diesem Sinn verwaltet die »polizeiliche Vorsorge« »das Allgemeine«, besonders auch das Rechtswesen. Sie wird von der »Besonderheit der bürgerlichen Gesellschaft« implizit vorausgesetzt – als »Schutz und Sicherheit« der nachhaltigen

98 Vgl. Vorl. Phil. Weltgesch., GW 27,4, S. 1211–1215.

Verfolgbarkeit von »besonderen Zwecken und Interessen«. – Wir haben schon gesehen, dass sich aus der Grundform der gesellschaftlichen Interaktion aber auch neue Probleme ergeben, welche über das hinausführen, was sich in der individualistischen und eigentumsökonomischen Verfassung der Gesellschaft lösen lässt. Eben das ruft den Staat als höhere Leitung der Vorsorge für neue, allgemeine Interessen auf den Plan – um vom militärischen Schutz der Handelsniederlassungen und Kolonien gar nicht weiter zu reden.

232 Indem nach der Idee die Besonderheit selbst dieses Allgemeine, das in ihren immanenten Interessen ist, zum Zweck und Gegenstand ihres Willens und ihrer Tätigkeit macht, so *kehrt* das *Sittliche* als ein immanentes in die bürgerliche Gesellschaft *zurück;* dies macht die Bestimmung der *Korporation* aus. (235)

Gemäß der Idee als realer Vollzugsform (des Begriffs) personalen Lebens ist das Besondere der bürgerlichen Gesellschaft (und der Urteils- und Handlungsform des *homo oeconomicus*) selbst nur Teil der allgemeinen personalen Verhältnisse, in denen wir leben. Aber aus der Sicht der Gesellschaft und von ihren Mitgliedern her erscheinen die allgemeinen Strukturen wie die der Rechtspflege und des Staates als Dienstleistungen für das immanente Interesse der einzelnen Bürger. Daher wollen diese das Allgemeine »zum Zweck und Gegenstand ihres Willens und ihrer Tätigkeit« machen. Das Bürgertum in Frankreich wünscht sich so die Herrschaft über den Staat. In Großbritannien hatte ein auf das Großbürgertum erweiterter Adel in der *Glorious Revolution* den entscheidenden Sieg über die Monarchie errungen.

Was aber soll es heißen, dass »das Sittliche als ein Immanentes in die bürgerliche Gesellschaft« zurückkehre? Und warum soll diese Rückkehr »die Bestimmung der Korporation« ausmachen? – Ich denke, Hegel skizziert hier, wie immer etwas wortfaul, die Tatsache, dass Berufsstände, Berufsverbände, Handwerkerzünfte, Kaufmannsgilden und später Arbeitergewerkschaften freie gesellschaftliche Quasi-Institutionen sind. Sie bilden sich in freien Assoziationen ihrer Mitglieder – zur Verfolgung gemeinschaftlicher Interessen.

b) Die Korporation

§ 250

Der *ackerbauende Stand* hat an der Substantialität seines Familien- 232
und Naturlebens in ihm selbst unmittelbar sein konkretes Allgemeines, in welchem er lebt, der *allgemeine Stand* hat in seiner Bestimmung das Allgemeine für sich zum Zwecke seiner Tätigkeit und zu seinem Boden. Die Mitte zwischen beiden, der Stand des Gewerbes, ist auf das *Besondere* wesentlich gerichtet und ihm ist daher vornehmlich die Korporation eigentümlich. (236)

Wenn man von dem fast überall in Europa aufgrund historischer Bedingungen ausufernden Landbesitz des Adels absieht, wird der Ackerbau von Familien betrieben. Diese sind als Kleinfamilie durch die Ehe und die Kinder definiert. Sie kann aber als Großfamilie noch weit unterhalb des Clans auch Geschwister, Mägde und Knechte, Großeltern und andere Verwandte umfassen. Die engere oder weitere Familie bildet dabei eine nachhaltige (›substantielle‹) Gemeinschaft und Einheit. Sie ist in diesem Sinn ein »konkretes Allgemeines«.

Hegel zählt alle Funktionsträger des Staates, Staatsbedienstete und Beamte, auch das Militär und die Polizei im engen wie im weiten Sinn, zum »allgemeinen Stand«. Die Aufgaben dieses Standes bestehen in der Verwaltung und dem Schutz der allgemeinen öffentlichen Ordnung. Die (protestantische, auch anglikanische) Kirche gehört (nicht nur Hegel zufolge) ohnehin zum Staat. Der Stand des Gewerbes und des Handels ist bei Hegel der dritte Stand. Dieser dritte, auch ›mittlere‹ Stand ist auf besondere Leistungen in der Gesellschaft gerichtet. Zu denken ist an die Produktion von Gütern, die Verarbeitung von Lebensmitteln und Rohstoffen, Transport, Handel, Dienstleistungen u. v. a. m. Hier geht es nur darum, dass es in diesen Berufsständen sich selbst konstituierende Korporationen gibt.

§ 251

Das Arbeitswesen der bürgerlichen Gesellschaft zerfällt nach der 232f.
Natur seiner Besonderheit in verschiedene Zweige. Indem solches
an sich Gleiche der | Besonderheit als *Gemeinsames* in der *Genossen-* 197
schaft zur Existenz kommt, faßt und betätigt der auf sein Besonderes gerichtete, *selbstsüchtige* Zweck zugleich sich als allgemeinen, und

das Mitglied der bürgerlichen Gesellschaft ist, nach seiner *besondern Geschicklichkeit* Mitglied der Korporation, deren allgemeiner Zweck damit ganz *konkret* ist und keinen weitern Umfang hat, als der im Gewerbe, dem eigentümlichen Geschäfte und Interesse, liegt. (236)

Man kann »Genossenschaft« als anderes Wort für »Korporation« nehmen, womit nicht zuletzt über das Wort »Genosse« klar wird, dass das Gewerkschaft- und Genossenschaftswesen des 19. und 20. Jahrhunderts in der hier von Hegel skizzierten Tradition steht. Daher wäre es falsch, sein Plädoyer für Korporationen (nur) als rückwärtsgewandte Verteidigung eines überlebten Zunftwesens zu lesen. Allerdings liefert ihm das Zunftwesen die Blaupause für die Gliederung des Arbeitswesens in verschiedene Berufszweige und Gewerke, vom Müller bis zum Zimmermann.

Der Ausdruck »selbstsüchtig« meint hier nicht »egoistisch«, sondern steht für ein Handeln gemäß einem bloß erst subjektiven Sinn, also je nach meiner eigenen Intention, die z. B. auch altruistisch sein kann. In einer (Berufs-)Genossenschaft wird auf teils freie, teils sittlich sanktionierte Weise eine Koordination und Kooperation unter den Mitgliedern hergestellt. Diese kann zum Teil auch eine mögliche desaströse Konkurrenz dämpfen. Die Genossenschaft gewährt ihren Mitgliedern konkreten Schutz und wirkt wie eine Art Versicherung für manche Bereiche – nach dem berühmten Motto »Einer für alle, alle für einen«.

§ 252

233 Die Korporation hat nach dieser Bestimmung unter der Aufsicht der öffentlichen Macht, das Recht, ihre eigenen innerhalb ihrer eingeschlossenen Interessen zu besorgen, Mitglieder nach der objektiven Eigenschaft ihrer Geschicklichkeit und Rechtschaffenheit, in einer durch den allgemeinen Zusammenhang sich bestimmenden Anzahl anzunehmen und für die ihr Angehörigen die Sorge gegen die besondern Zufälligkeiten, so wie für die Bildung zur Fähigkeit, ihr zugeteilt zu werden, zu tragen – überhaupt für sie als *zweite* Familie einzutreten, welche Stellung für die allgemeine, von den Individuen und ihrer besondern Notdurft entferntere bürgerliche Gesellschaft unbestimmter bleibt. (236 f.)

Dass Genossenschaften und Vereine unter Aufsicht des Staates stehen, betrifft nur ihre Rechtsform, nicht ihre freien Inhalte. Genossenschaften und Vereine sind juristische Personen nach außen, mit freier Selbstverwaltung nach innen – gemäß einer Satzung und einem Vereinszweck. Dabei kann die Aufnahme der Mitglieder nach objektiven Eigenschaften »ihrer Geschicklichkeit und Rechtschaffenheit« geregelt sein (implizit schließt Hegel Diskriminierungen nach ethnischer Herkunft oder Religion aus) oder es kann die Anzahl der Mitglieder begrenzt sein etc. Die Vereine oder Genossenschaften können dann z. B. auch die Aufgabe übernehmen, im Unglücksfall von Mitgliedern für Angehörige zu sorgen usf. – Es gibt jetzt sozusagen mehrere ›zweite Familien‹, die der Vereine und Genossenschaften in der Gesamtgesellschaft und die des Gemeinwesens insgesamt – wenn man denn so reden will.

Der Gewerbsmann ist verschieden vom Tagelöhner, wie von 233 Ⓚ
dem der zu einem einzelnen zufälligen Dienst bereit ist. Jener, der *Meister*, oder der es werden will, ist Mitglied der Genossenschaft nicht für einzelnen zufälligen Erwerb, sondern für den *ganzen* Umfang, das Allgemeine seiner besondern Subsistenz. – *Privilegien* als Rechte eines in eine Korporation gefaßten Zweigs der bürgerlichen Gesellschaft, und eigentliche Privilegien nach ihrer Etymologie, unterscheiden sich dadurch von einander, daß die letztern Ausnahmen vom allgemeinen Gesetze nach Zufälligkeit sind, jene aber nur gesetzlich gemachte Bestimmungen, die in der *Natur der Besonderheit* eines wesentlichen Zweigs der Gesellschaft selbst liegen. (237)

So wie traditionell die Bergleute organisieren sich verschiedene Gewerbe auf lokaler und überregionaler Ebene. Wie schon angedeutet, galt das für Tagelöhner, Dienstmänner, Handlanger, Heimarbeiter im Verlegersystem oder die ersten Fabrikarbeiter noch keineswegs. Lehrling, Geselle und Meister sind Status-Stufen in den Zünften, mit Privilegien und ›Rechten‹, die mancher Sozialdemokrat (übrigens in partiellem Widerspruch zur eigenen Tradition) als vermeintlich alten Zopf lieber abschneidet, mit nicht immer erfreulichen Folgen, weder für die Konsumenten oder Kunden noch für die Handwerker. Hegel unterscheidet dabei zwei Arten von Privilegien, die willkürlichen Ausnahmen von einem allgemeinen Gesetz und die gesetzlich oder auch informell normierten Privilegien aufgrund von Berufskompetenz, also etwa eines Meisters oder schon eines Gesellen. (Wo man sie nicht abgeschafft hat, gibt es noch ständische Qualitätskontrollen von Meisterbetrieben. Zum Teil wird dazu die Statusrolle des Meisters gerade wieder eingeführt.)

§ 253

234 In der Korporation hat die Familie nicht nur ihren festen Boden als die durch *Befähigung* bedingte *Sicherung* der Subsistenz, ein festes *Vermögen* (§ 170), sondern beides ist auch *anerkannt*, so daß das Mitglied einer Korporation seine Tüchtigkeit und sein ordentliches Aus-
198 und Fortkommen, | daß es *Etwas ist*, durch keine weitere *äußere Bezeigungen* darzulegen nötig hat. So ist auch anerkannt, daß es einem Ganzen, das selbst ein Glied der allgemeinen Gesellschaft ist, angehört und für den uneigennützigern Zweck dieses Ganzen Interesse und Bemühung hat: – es hat so in *seinem Stande seine Ehre.* (237)

Die nach Berufssparten gegliederten Korporation bilden kein flächendeckendes Netz. Sie sichern auch nur in besonderen Fällen die Familien ihrer Mitglieder ab. Daher und wegen der Vervielfältigung der Berufe hat sich diese Form der gesellschaftlichen Gliederung und Selbstorganisation partiell überlebt, auch wenn Teile in die Gewerkschafts- und Genossenschaftsbewegung übernommen wurden. Dazu gehört auch der Berufsstolz und die Anerkennung in und durch die jeweilige Profession. Diese vermittelt als Standesehre (als Ansehen *des* Berufsstands und als Ansehen *im* Berufsstand) bis heute die gesellschaftliche Anerkennung der Einzelperson über die bloß formale des Geldverdienstes hinaus.

234 Ⓚ Die Institution der Korporation entspricht durch ihre Sicherung des Vermögens insofern der Einführung des Ackerbaues und des Privateigentums in einer andern Sphäre (§ 203 Anm.). – (238)

Hegel mag hier die Bedeutung der Korporationen überschätzen, und zwar sowohl was die Vergangenheit der Zünfte und Gilden betrifft als auch eine erwartete oder erhoffte Zukunft derartiger Institutionen in den Gewerkschaften. Denn eine Sicherung des Vermögens ist die Ausnahme. Die Rolle der Familie und des Privateigentums ist von weit allgemeinerem Typ.

234 Ⓚ Wenn über Luxus und Verschwendungssucht der Gewerbtreibenden Klassen, womit die Erzeugung des Pöbels (§ 244) zusammenhängt, Klagen zu erheben sind, so ist bei den andern Ursachen (z. B.

das immer mehr mechanisch Werdende der Arbeit) – der *sittliche* Grund, wie er im Obigen liegt, nicht zu übersehen. Ohne Mitglied einer berechtigten Korporation zu sein (und nur als berechtigt ist ein Gemeinsames eine Korporation), ist der Einzelne ohne *Standesehre*, durch seine Isolierung auf die selbstsüchtige Seite des Gewerbes reduziert, seine Subsistenz und Genuß nichts *Stehendes*. (238)

Ob über die Verschwendung der Arbeitgeber bzw. der Klasse der Produktionsmittelbesitzer zu klagen ist oder nicht, soll uns hier nicht weiter angehen. Hegels leicht moralisierende Darstellung, dass das schlechte Beispiel und die Habsucht Ursache der Entstehung ›des Pöbels‹ sei, lenkt sogar auf unangemessene Weise von den eigentlichen Ursachen ab, die er freilich selbst als Erster nennt: die Form des wirtschaftlichen Wettbewerbs in der methodisch-individualistischen rational-ökonomischen, eigentums- und vertragsbasierten bürgerlichen Gesellschaft. In Reinform handelt es sich um die Herrschaft der Bourgeoisie im 19. Jahrhundert über die Arbeits- und Güterverteilung. – Aber auch Marx bedient noch diese populäre Kritik, obwohl sie am allgemeinen Wesen der Sache, der Grundstruktur des gesellschaftlichen Leistungsaustauschs und den eingebauten Incentives für den *homo oeconomicus*, eher vorbeigeht. Die Folge ist bis heute eine immer auch moralingesäuerte Definition und Kritik des Kapitalisten, die dann aber noch keinen Schritt über Hegels Skizze gerade an dieser Stelle hinausgeht.

Hegel sagt außerdem im Nebensatz, dass ihn in diesem Textabschnitt die Probleme nicht interessieren, welche in England schon um 1812 zu ersten Aufständen von Maschinenstürmern führen. (Marx übersetzt das *machine breaking* z. B. von sogenannten Ludditen noch mit »Maschinenzertrümmerung«.) Allerdings führt die »mechanisch werdende Arbeit« in der Tat auf zwei Weisen zu Problemen: Die mechanischen Webstühle nehmen den Webern die Arbeit weg und die auf mechanische Handlangerdienste reduzierte Arbeit macht die besonderen Fähigkeiten, die Skills von Handwerkern, überflüssig. Schnell angelernte Arbeitskräfte (auch Kinder) bei niederster Bezahlung können die noch nötigen händischen Arbeiten erledigen.

Hegel fokussiert hier auf das ›sittliche‹ (d. h. sowohl institutionelle als auch ethische) Problem. Er verlangt, es in seiner Bedeutung nicht zu übersehen. Und in der Tat ist dieser Aspekt wichtiger, als gerade auch Marx (im Unterschied zu seinem Konkurrenten Ferdinand Lassalle) zugestehen wird. Hegel betont jedenfalls, dass ungelernte Tagelöhner und Fabrikarbeiter, anders als Handwerker, nicht in einer Korporation organisiert sind. Freilich hat die Organisation z. B. der Weber ihnen als Berufsstand am Ende nichts genutzt. Hegel geht es hier aber neben der Solidarität auch um die ›weiche‹ moralische Ressource der »Standesehre« oder des Stolzes auf handwerkliche und andere besonderen Fähigkeiten des Berufs, die man auch meinetwegen zum ›Überbau‹ zählen mag, wobei aber gerade die Folgen ihres Mangels nicht zu unterschätzen sind. Die Gewerkschaftsbewegung greift alle diese Punkte auf.

Die Reduktion der Arbeit auf die »selbstsüchtige Seite des Gewerbes« bedeutet also, dass sie auf der Seite der Arbeiter zum bloßen ›Job‹ wird, auf der Seite der Fabrikbesitzer zu einer reinen Methode der Geldvermehrung über den abschöpfbaren Mehrwert – womit insbesondere auf der Seite der Arbeiter weder das Einkommen noch die Befriedigung durch die geleistete Arbeit nachhaltig ist, wie Hegel in seiner Diktion sagt.

Man braucht keine Spezialkenntnisse, um den Mehrwert und damit das Geheimnis der Kapitalverrentung zu verstehen. Der Mehrwert ist, grob gesagt, die Differenz zwischen dem Erlös für die verkauften Waren und dem bezahlten Arbeitslohn – samt Abschreibungen der Anschaffungskosten des Betriebsvermögens (je für eine Zeitspanne). An dieser einfachen Einsicht von Karl Marx kann man nicht vorbeireden, ohne in die eine oder andere ideologische Torheit zu verfallen. So sind z. B. auch die hohen Gehälter für Leitungspersonal und Industriemanager sozusagen als Gewinnbeteiligung immer auch schon eine Abschöpfung von Mehrwert. Dennoch bleibt zunächst offen, ob wir diese Praxis nicht in einem gewissen Ausmaß dulden wollen oder sollen.

234 Ⓚ Er wird somit *seine Anerkennung* durch die äußerlichen Darlegungen seines Erfolgs in seinem Gewerbe zu erreichen suchen, – Darlegungen, welche unbegrenzt sind, weil seinem Stande gemäß zu leben nicht stattfindet, da der Stand nicht existiert – denn nur das Gemeinsame *existiert* in der bürgerlichen Gesellschaft, was gesetzlich konstituiert und anerkannt ist – sich also auch keine ihm angemessene allgemeinere Lebensweise macht. – (238)

Wie häufig changiert Hegel auch hier in seinen Rückbezügen und kommentiert jetzt eher den ›Arbeitgeber‹ als den ›Arbeitnehmer‹. Denn in dem ›neuen Gewerbe‹ der Arbeitsverteilung durch die Fabrikbesitzer ist das Maß des Erfolgs der Gewinn, also der Profit. Über ihn steuert die bürgerliche Gesellschaft im Ganzen *alle Anerkennung*. Die Höhe des Einkommens des Menschen gehört seither zu den »äußerlichen Darlegungen seines Erfolgs«. Das gilt dann freilich gerade auch für die relative *Nichtanerkennung* der Lohnabhängigen. Denn deren Qualifizierung und erwartete Arbeitsleistung wird sozusagen im Wettbewerb auf dem Arbeitsmarkt quantitativ durch den nach unten gedrückten Preis der Ware ›Arbeitskraft‹ bestimmt.

Hegel greift nun noch implizit oder stillschweigend auf eine Betrachtung von Aristoteles zur *pleonexia*, also dem formal unbegrenzten Streben nach Reichtum im Sinne von mehr und mehr Besitz an Geld und (in Betriebe investiertes) Kapital, zurück. Denn schon Aristoteles sieht, dass Geld aus der Realabstraktion des Kaufens und Verkaufens als Äquivalenzbewertung zu einer Wert-Quantität wird, die, wie alle Maßzahlen, formal unendlich ist. Das heißt, man kann abstrakt immer mehr Geld haben wollen. Damit wird ein formelles Streben nach unbegrenzter Gewinnsteigerung möglich. – Hegel fügt dem nun eine Art Stuttgarter Beobachtung hinzu. Gerade weil es keine sittliche Form eines standesgemäßen Lebens (etwa auch mit Villa am Killesberg wie in den 1950er Jahren) mehr gibt, welche das Streben nach Wohlstand und Sicherheit sozusagen noch oben begrenzen würde, streben die Neureichen nach unbegrenzter Vermehrung ihres Reichtums. Denn in der bürgerlichen Gesellschaft gelten nur solche Normen, die »gesetzlich konstituiert und anerkannt« sind – so dass es in ihr keine sittliche Ressource gibt, das nackte Streben nach Profit und seiner Erhöhung oder gar Maximierung als unsittlich zu brandmarken. Das Handeln gemäß der Rationalität des *homo oeconomicus* ist ja gerade in der bürgerlichen Gesellschaft sozusagen als Grundprinzip und damit explizit *als erlaubt anerkannt*.

In der Korporation verliert die Hilfe, welche die Armut empfängt, 234f. Ⓚ
ihr Zufälliges, so wie ihr mit Unrecht Demütigendes, und der Reichtum in seiner Pflicht gegen seine Genossenschaft, den Hochmut und den Neid, den er, und zwar jenen in seinem Besitzer, diesen

in den Andern erregen kann, – die Rechtschaffenheit erhält ihre wahrhafte Anerkennung und Ehre. (238)

Die extreme Kürze der Skizze führt zu Gedankensprüngen. Hier kehrt Hegel zu einem anderen Aspekt der Bedeutung von Korporationen zurück – wie er dann auch in der Gewerkschaftsbewegung nach Lassalle auch wieder aufgegriffen wird. Hegel betont nämlich, dass eine Sozialhilfe, welche durch eine Korporation (oder eine Sozialvorsorge wie in einer Sozialversicherung) vermittelt ist, erstens als Anrecht im Unglücksfall nicht zufällig ist und zweitens im Unterschied zur Bettelei die Person nicht dadurch demütigt, dass sie sich in der Bitte um Hilfe vom Wohlwollen eines Wohltäters abhängig macht.

Hier scheint nun auch Hegels latente Utopie einer Wiederbelebung der Zünfte und Gilden in einer neuartigen Korporation der Genossenschaft eines Gewerbes durch, wie es berühmterweise auch der ›Frühsozialist‹ Robert Owen in seinen Betrieben in New Lanark praktizierte – was damals zu Recht hochberühmt war und alle gebildete Welt kannte. Auf Owen passt geradezu paradigmatisch, was Hegel jetzt über den »Reichtum in seiner Pflicht gegen seine Genossenschaft« sagt: »die Rechtschaffenheit erhält ihre wahrhafte Anerkennung und Ehre«. Jeder Neid gegen den Reichtum eines Fabrikbesitzers wie Owen verliert seine Grundlage. Jede Unterstellung einer Überheblichkeit trotz seines partiellen Paternalismus und seiner patriarchalischen Tendenzen (und dem Scheitern mancher seiner Projekte) ebenfalls. Damit begreifen wir aber auch erst, was Hegel mit seiner Wiederbelebung der Korporationen eigentlich meint. Es geht nicht um eine Rückkehr in gesellschaftliche Strukturen des Spätmittelalters mit ihren Kaufmannsgilden und Handwerkerzünften, sondern wirklich um ein neues Konzept der Gründung von Genossenschaften in einer neuen Wirtschaftswelt.

§ 254

235 In der Korporation liegt nur insofern eine Beschränkung des sogenannten *natürlichen Rechts*, seine Geschicklichkeit auszuüben und damit zu erwerben, was zu erwerben ist, als sie darin zur Vernünftigkeit bestimmt, nämlich von der eigenen Meinung und Zufälligkeit, der eigenen Gefahr wie der Gefahr für andere, befreit, anerkannt, ge-

sichert und zugleich zur bewußten Tätigkeit für einen gemeinsamen Zweck erhoben wird. | (238 f.) 199

Hegels Vorstellung von einer Korporation ist in der Tat die einer Kooperative. Für die Einzelpersonen soll es dabei keine Einschränkungen dafür geben, ihre Geschicklichkeit und klugen Ideen zu entwickeln und damit – zunächst für sich – »zu erwerben, was zu erwerben ist«, soweit gewisse Einschränkungen kollektiver »Vernünftigkeit« erfüllt sind. Dazu sei, so meint Hegel, ›nur‹ zu verlangen, dass man die Zufälligkeit der eigenen Meinung zugunsten eines gemeinsamen, von der ganzen Genossenschaft anerkannten Urteils aufgibt. Die Kooperative ist außerdem zur gegenseitigen Absicherung gegen Unglücksfälle und zur gegenseitigen Hilfe bei Unfällen auszubauen. Insgesamt soll die je eigene Tätigkeit bewusst als Teil der Arbeit an einem gemeinsamen Zweck verstanden werden. Das muss nach Hegel nicht schon bedeuten, dass alles Privateigentum in Kollektiveigentum der Kooperative verwandelt werden müsste.

§ 255

Zur *Familie* macht die *Korporation* die zweite, die in der bürgerli- 235
chen Gesellschaft gegründete *sittliche* Wurzel des Staats aus. Die erstere enthält die Momente der subjektiven Besonderheit und der objektiven Allgemeinheit in *substantieller* Einheit; die zweite aber diese Momente, die zunächst in der bürgerlichen Gesellschaft zur *in sich reflektierten* Besonderheit des Bedürfnisses und Genusses und zur *abstrakten* rechtlichen Allgemeinheit entzweit sind, auf innerliche Weise vereinigt, so daß in dieser Vereinigung das besondere Wohl als Recht und verwirklicht ist. (239)

Neben der Familie sind Korporationen Einheiten in der bürgerlichen Gesellschaft, die sogar als institutionelle Personen, vertreten durch ihre Repräsentanten, auftreten können. Wir befinden uns gerade im Übergang zum neuen Thema, dem Staat, als Rahmen für alles ›Personale‹ in der Gesellschaft. In eben diesem Sinn sind Familien und Korporationen als rechtliche oder institutionelle (nicht-natürliche) Personen zugleich Grundlage und Gegenstände des staatlichen Gemeinwesens. Der Staat ist Instanz für das umfassende Allgemeine, das diese sozialen Einheiten durch seine Ordnungs- und Sicherheitspolitik nachhaltig ermöglicht.

Die Familie ist eine quasinatürliche, besser: basale, der Idee nach nachhaltige Einheit – mit subjektiver Besonderheit im Lebensvollzug und objektiver Allgemeinheit der Form. Eine Korporation ist eine freie Assoziation einzelner Personen, so aber, dass sie sich im Blick auf eine gemeinsame Sache wie in einer Kooperative oder sogar einer Berufsgenossenschaft vereinigt haben, um das besondere Wohl und die Rechtansprüche ihrer Mitglieder in den Grenzen des Kooperationszwecks, etwa niedergelegt in einer Satzung, zu verwirklichen.

235 Ⓚ Heiligkeit der Ehe, und die Ehre in der Korporation sind die zwei Momente, um welche sich die Desorganisation der bürgerlichen Gesellschaft dreht. (239)

Der Satz ist zunächst unverständlich. Vielleicht ist ja auch das Wort »Desorganisation« ein Versehen, also eine falsche Wortwahl. Die Heiligkeit der Ehe bedeutet aber nur, dass Staat und Gesellschaft und auch Einzelpersonen außer in privativen Fällen nicht in die Familien hineinregieren dürfen, so wie die Heiligkeit des Leibes eine Art Berührungsverbot außer mit expliziter Einwilligung ist – was in zivilisierten Gesellschaften immer klarer auch rechtlich sanktioniert wird. Die Ehre in Korporationen ist eine informelle gegenseitige Anerkennung der Mitglieder. Hinzu kommt die Anerkennung der Korporation von außen. Hegel sagt daher vielleicht, dass beide Institutionen, die Familie und die Korporation, soziale Organisationen sind, die sozusagen zur bürgerlichen Gesellschaft quer stehen. Sie sind intern nämlich kommunitarisch verfasst. Extern bilden sie Einheiten, in denen die Individuen nicht, wie in beliebigen Mengenbildungen, vereinzelt sind.

§ 256

235 f. Der Zweck der Korporation als beschränkter und endlicher hat seine Wahrheit, – so wie die in der polizeilichen äußerlichen Anordnung vorhandene Trennung und deren relative Identität, – in dem an und für sich *allgemeinen Zwecke* und dessen absoluter Wirklichkeit; die Sphäre der bürgerlichen Gesellschaft geht daher in den *Staat* über. (239)

Wir haben gesehen, dass es verschiedene Korporationen mit unterschiedlichen Zwecken gibt, die je beschränkt und endlich sind, von der Berufsgenossenschaft bis zur Kooperative. Einen anderen Sinn haben die allgemeinen Normen der ›polizeilichen‹ Rahmenordnungen der Gesellschaft der Leute. Wenn man diesen Rahmen bedenkt und nicht bloß blind präsupponiert, geht jede Analyse der bürgerlichen Gesellschaft in die des Staates über.

Stadt und Land, jene der Sitz des bürgerlichen Gewerbes, der in sich aufgehenden und vereinzelnden Reflexion, – dieses der Sitz der auf der Natur ruhenden Sittlichkeit, – die im Verhältnis zu anderen rechtlichen Personen ihre Selbsterhaltung vermittelnden Individuen, und die Familie, machen die beiden noch ideellen Momente überhaupt aus, aus denen der Staat als ihr wahrhafter *Grund hervorgehet*. – (239 f.) 236 Ⓚ

Die Stadt ist der Ort des Marktes. Sie steht dann auch symbolisch für Handel und Gewerbe, das sich freilich damals auch schon in den Fabriken mit Wasserkraft sozusagen in englische, schottische und walisische Täler zurückgezogen hatte. Das Landleben steht symbolisch für ein gutes Familienleben. Das städtische Leben ist das der vereinzelten Stadtbürger. Der Zusammenhang mit den Anderen bleibt hier bloß implizit. Er ist in diesem Sinn nur in sich reflektiert. Erst durch ausdrückliche Reflexion kann er explizit gemacht werden. Wichtig ist Hegel eben dieses Argument: Der Staat ist die ›transzendental‹ (implizit, empraktisch) vorausgesetzte Bedingung der Möglichkeit von Gesellschaft. Zugleich ist der Staat das System aller Institutionen. Seine ›Subjekte‹ im Sinne derer, die durch die Gesetze des Staates angesprochen sind, sind Individuen, Familien und Korporationen. (Letztere sind als institutionelle Personen natürlich nur Quasi-Personen.) Die Subjekte, die den Staat vertreten, spielen institutionelle Rollen und haben die Macht, also das ihnen per Status zugestandene Vermögen, die Einhaltung von Gesetzen und Erlassen zu fordern und zu kontrollieren.

Diese Entwickelung der unmittelbaren Sittlichkeit durch die Entzweiung der bürgerlichen Gesellschaft hindurch, zum Staate, der als ihren wahrhaften Grund sich zeigt, und nur eine solche Entwickelung ist der *wissenschaftliche Beweis* des Begriffs des Staats. – (240) 236 Ⓚ

Hegel betont hier auf keineswegs bescheidene Weise die zentrale Leistung seines eigenen Argumentationsgangs. Bei aller Anerkennung der Vorarbeiten besonders bei Platon, Hobbes, Adam Smith, Rousseau und Kant erklärt er, dass er hier die bisher einzig korrekte Analyse des Begriffs und der Begründung der Existenz des Staats vorführt. Man hat dabei mit der »Entwicklung der unmittelbaren Sittlichkeit« zu beginnen, also der Bildung zur Person in einer familialen Gemeinschaft. Und man hat zu sehen, nach welchen Prinzipien des abstrakten Rechts als den Grundprinzipien der freien Selbstbestimmung der Person durch Handeln in Koordination mit dem freien Handeln der anderen Personen die bürgerliche Gesellschaft mit ihrer Leistungsverteilung verfasst ist. Dabei werden die *Voraussetzungen* des Eigentums- und Vertragsregimes des *homo rationalis oeconomicus individualis* klar – und dann auch seine *Grenzen*. Beide Momente, die Voraussetzungen einer (›städtisch-bürgerlichen‹) Gesellschaft und ihre Probleme, führen zur Einsicht, dass der Staat notwendige Rahmenorganisation als Bedingung der Möglichkeit eines Lebens freier Personen und Bürger ist.

236 Ⓚ Weil im Gange des wissenschaftlichen Begriffes der Staat als *Resultat* erscheint, indem er sich als *wahrhafter* Grund ergibt, so *hebt* jene *Vermittelung* und jener Schein sich eben so sehr zur *Unmittelbarkeit auf*. (240)

Immer wieder betont Hegel, was seine Leser ebenso häufig vergessen, nämlich, dass das, was auf dem Weg einer philosophischen, logischen und wissenschaftlichen *Analyse* als *Resultat* erscheint, in Wahrheit präsuppositionslogische *Voraussetzung* ist. Das gilt für den Begriff (bzw. das Begriffliche) in der Logik relativ zum Wesen (bzw. den Begriff der Natur) ebenso wie für das Wesen (im Kontrast zu epiphänomenalen Erscheinungen) relativ zum wirklichen oder objektiven Sein, aber auch für die Subjektivität relativ zu jedem Objektivitätsanspruch und damit für die Idealität des Wissens relativ zu jedem sinnvollen Glauben. In dieser Analyse von Freiheit, Recht, Familie, Person und Gesellschaft erscheint der Staat als Resultat, ist aber in Wahrheit Grund.

236 Ⓚ In der Wirklichkeit ist darum der *Staat* überhaupt vielmehr das *Erste*, innerhalb dessen sich erst die Familie zur bürgerlichen Gesellschaft ausbildet, und es ist die Idee des Staates selbst, welche sich in diese beiden Momente dirimiert; in der Entwickelung der bürgerlichen Gesellschaft gewinnt die sittliche Substanz ihre *unendliche Form*, welche die beiden Momente in sich enthält: 1) der
200 unendlichen *Unterscheidung* bis zum | für-sich-seienden *Insichsein* des Selbstbewußtseins, und 2) der Form der *Allgemeinheit*, welche

in der Bildung ist, der Form des *Gedankens*, wodurch der Geist sich in *Gesetzen* und *Institutionen*, seinem *gedachten* Willen, als *organische* Totalität objektiv und wirklich ist. | (240) 201

Wollte man eine Geschichte der Realentwicklung der bürgerlichen Gesellschaft erzählen, müsste man mit der Entwicklung von Flächenstaaten und Stadtstaaten beginnen. Innerhalb der Städte und Staaten entwickelt sich aus familialen Verbänden bis zum Clan und Stamm die bürgerliche Gesamtgesellschaft. Es ist die Seinsform des Staatsvolkes selbst, welche sich unterhalb der allgemeinen Ordnung aufspaltet in das Leben der einzelnen Familien und ihrer Mitglieder und die freien vertragsförmigen Interaktionen der Personen. Es ist daher z. B. irreführend, von einer Gesellschaft der Indianer in Nordamerika zu sprechen. Es gab Stämme (und bei den Irokesen staatsähnliche Zusammenschlüsse), aber keine (bürgerliche) Gesellschaft. Schon ganz anders sieht es in den Reichen der Mayas, Azteken oder Inkas aus.

Ich habe immer wieder das Personsein als das nachhaltige Wesen des (subjektiv) Sittlichen und (objektiv) Ethischen hervorgehoben. Hegel spricht von ›sittlicher Substanz‹. Ihre ›unendliche Form‹ ist die in sich unendlich reflektierte und in unendlich vielen Relationen zu Anderen stehende *Form der Person* bzw. *des Personseins* selbst. Sie enthält die beiden wesentlichen Momente des Selbstbewusstseins und damit aller Innerlichkeit und die Form der Allgemeinheit. Dabei kommt Hegel auf die *Paideia*, die Bildung zur Person, zurück und zu den Formen des Denkens, durch die wir erst geistige Wesen werden.

Der Geist selbst aber ist nichts anderes als das System der Normen des rechten Verstehens, Urteilens, Schließen und Handelns, damit auch des allgemeinen Wissens und der öffentlichen Gesetze und Institutionen. Im denkenden Wollen nehmen wir so am Allgemeinen teil, das als solches das objektive und wirkliche System des gemeinsamen Lebens der Personen ist. Hegel spricht noch etwas metaphorisch von einer organischen Totalität – und meint die gesamte institutionelle bzw. staatliche (d. h. über den politischen Status von Personen wesentlich bestimmte) Organisation des Gemeinwesens.

Dritter Abschnitt: Der Staat

Die Gliederung des Themas »Staat« in die innere Verfassung der jeweiligen Einzelstaaten für sich, in deren rechtliche Beziehungen als Einzelstaaten zueinander und in die Weltgeschichte als Entwicklung der Staaten und des Staatensystems macht klar, dass die gesamte Analyse jeden Staat als generischen Gesamtgegenstand anspricht und reflexionslogisch kommentiert.

Das innere Staatsrecht bestimmt das Fürsichsein und damit die Einzelheit des jeweiligen Staates. Das System der Beziehungen zu anderen Staaten und damit der Außenpolitik der Staaten der Weltgemeinschaft gehört zur Besonderheit des Staatensystems. Unter dem Titel »Weltgeschichte« geht es dann um eine ganz allgemeine und abstrakte, meinetwegen auch grobe Charakterisierung von Typen von Staatsverfassungen im Blick auf die leitende Frage der gesamten Rechtsphilosophie und zuvor schon jedes Natur- oder Vernunftrechts, nämlich danach, wie weit die Freiheit der individuellen Personen als Prinzip in den Verfassungen der Staaten implementiert ist.

Für eine allzu kurzatmige Demokratietheorie und die üblichen Polemiken gegen das Königtum, dabei besonders gegen den in seiner Form ohnehin zumeist missverstandenen ›Absolutismus‹ der Neuzeit[99], ist es dann freilich eine Provokation, wenn Hegel schon die christlichen Nachfolgereiche des römischen Imperiums in West-, Mittel- und dann auch Nordeuropa, also die ›germanischen‹ Reiche von Spanien bis Skandinavien, *als Rechtsstaaten anerkennt* – und nicht erst eine Republik wie in der kurzen Zeit der großen französischen Revolution oder gar eine Demokratie im heutigen Sinn, die es damals noch überhaupt nicht gab, noch nicht einmal in den USA, trotz des Titels »Über die Demokratie in Amerika« von Alexis de Tocqueville, entstanden ab 1835 und Hegels eigener Rede über die US-amerikanische Demoktratie.

[99] Es geht um die Umwandlung der politischen Machtansprüche des Adels in Ehrenämter und privates Besitztum, wie sie die französische Krone besonder erfolgreich praktiziert.

§257

Der Staat ist die Wirklichkeit der sittlichen Idee, – der sittliche Geist, 237 als der *offenbare,* sich selbst deutliche, substantielle Wille, der sich denkt und weiß und das, was er weiß, und insofern er es weiß, vollführt. (241)

Wenn wir die schwierige Ausdrucksweise erst einmal beiseitestellen, sagt der Text, dass es ein staatliches Handeln des Gemeinwesens gibt, das als gemeinsames Handeln auf eine ganz bestimmte Weise gemeinsame Absichten verfolgt und in diesem Sinn wir-intentional ist. Es geht also um eine *volonté générale*, die Form des Gemeinwillens und des gemeinsamen Wissens im gemeinsamen Handeln im Unterschied zu den bloß aggregierten Folgen individuellen Verhaltens und Handelns. Jede Staats- und Gesellschaftswissenschaft muss den logischen Unterschied ernst nehmen. Verlangt ist eine Analyse von Praxisformen und besonders von Institutionen als Bedingungen der Möglichkeit politisch vermittelten gemeinsamen Handelns.

Dabei ist es nicht leicht, den Unterschied zwischen einem gemeinsamen Handeln mit gemeinsamem Wissen und Willen (wie etwa in Maßnahmen gegen die Gefahren einer Pandemie) und einem bloßen kollektiven Verhalten (wie etwa in einer Massenpanik) zu artikulieren, da der Gebrauch des Wortes »wir«, wie gesehen, mehrdeutig ist. Der Unterschied zwischen einer distributionellen und einer generisch-gemeinsamen Lesart bleibt ja implizit. Er ist nicht durch die Ausdrucksform, sondern nur durch die Form des rechten Folgerns unterschieden. Daher bedarf es einer reflexionslogischen Kommentarsprache. Diese steht dann aber ihrerseits in der Gefahr, ›ontologisch‹ bzw. ›verdinglichend‹ fehlgedeutet zu werden. Dieses Problem verbindet am Ende jede Sozialontologie mit der Theologie, zumal Religion als frühe Reflexionsform auf das Gemeinwesen und damit immer schon logico-politisch zu verstehen ist.

Hegels Staat ist, wie wir gleich noch deutlicher sehen werden, eben daher *zunächst* prototypisch die Stadt Athen: Sein Geist ist die Göttin Athene, aber nicht als Statue und auch nicht als mythische Göttin, sondern als personifiziert angesprochene *Polis* selbst. Athene ist Athen. Und Athen ist Athene. Sie, die Stadt, ist die Wirklichkeit der sittlichen Idee der Athener. Sie ist ihr objektiver Geist. Für heutige Staaten und Länder und für unsere Vorstellung, was ein Staat ist, was zu ihm gehört, was nicht, klingt das nicht nur ungewohnt. Es klingt falsch. Und doch kennen wir alle die Redeform, etwa wo über Mama Bavaria (Luise Kinseher) gesprochen wird oder über Deutschland, bleiche Mutter (Bert Brecht).[100]

Der nächste Halbsatz verbindet den Staat explizit mit Rousseaus *volonté générale* und den sittlichen Geist mit Montesquieus Geist der Gesetze. Der Staat ist also der nachhaltige Gemeinwille. Dieser soll sich sogar selbst durchsichtig, deutlich und offenbar sein. Der Staat soll ›sich‹ denken und wissen, also wohl auch darüber ›nachdenken‹, wer er ist und was er weiß. Und er soll, insofern er Inhalte kennt, die zu einem gemeinsamen Handeln einer gewissen Art anleiten, diese Anleitung im Vollzug ausführen. Der Staat ist damit mindestens *auch* der ›sterbliche Gott‹ des Hobbes. Er ist der Leviathan. Und doch klingt auch das alles irgendwie falsch. Wie also ist die Passage zu lesen bzw. in einigermaßen verständliches Deutsche zu übersetzen?

Der Staat i. w. S. als *res publica* ist die öffentliche Gesamtordnung, das Gemeinwesen einer durch den Staat i. e. S. und sein Land zusammengehaltenen bzw. definierten, also von anderen abgegrenzten bürgerlichen Gesellschaft. In seiner normativen Ordnung besteht die

100 Hegels Staat ist nicht (nur) unser Staat. Hegels Polizei ist nicht (nur) unsere Polizei. Das ist bei der Übersetzung seiner Sprache in unsere und damit bei der Erfassung des Inhalts der Texte zu beachten. Besonders in den Ausdrücken »Idee« für eine realisierte Form, »Sittlichkeit« für das subjektive Ethos und »Staat« für »*politeia*« und »*res publica*« ist der Kontakt zur Antike gewollt. Schon Platon hatte ja die Psyche, also die Person, mit der *politeia*, der Gesamtverfassung der Stadt, in Verbindung gebracht und mit den gleichen Ausdrücken charakterisiert. Jede Strukturanalyse ist in diesem Sinn *analogisch* (›ana logon‹), und das heißt, dass die Gleichheit der Ausdruckformen eine partielle Isomorphie vermittelt. Diese begreift man nur, wenn man (wie in einer Metapher) die relevanten Relationen und Inferenzformen von den irrelevanten unterscheiden kann. So haben z. B. das Denken und Wollen der Person im Handeln eine Art Herrschaft über den Leib und seine Neigungen analog zum Verhältnis zwischen Herr und Knecht. Nach meiner Lesart zeigt Hegel in der *Phänomenologie* die Grenzen des Bildes. Die bis heute üblichen Deutungen von Analogien als proportionale Verhältnisse wollen das logisch Allgemeine durch das Besondere der mathematischen ›logoi‹ erklären. Diese sind aber nur Ausdrücke für Proportionen oder reelle Zahlen.

Wirklichkeit der sittlichen Gesamtform bzw. Formation des gesamten Gemeinwesens, Familie und Gesellschaft eingeschlossen. Wir sprechen hier also nicht, wie in der Soziologie leider zumeist, von der Gesellschaft als irgendwie zufällig definierter Menge von Leuten, die sich, wie im Atomismus von Thomas Hobbes, sozusagen ihren Staat sucht. Erst wenn wir das Unplausible, materialbegrifflich Inkohärente, dieses atomistischen Bildes von Gesellschaft und Staat durchschauen und zugleich die Artikulationsprobleme jedes wirklich *systemtheoretischen* und damit *holistischen* Zugangs zu den Phänomenen Gesellschaft und Staat begreifen, werden uns Hegels generische Redeformen nicht mehr ganz so absurd vorkommen.

Der sittliche Geist ist also die allgemeine ethische Vollzugs- oder Lebensform im politischen und sozialen Gemeinwesen. Das Wort »Staat« steht heute viel zu eng für das politische System der Legislative des Parlaments und die Exekutive der Regierung.

Auch der Slogan »Wir sind das Volk«, so berechtigt er in einer gewissen Phase eines Staates sein mag, steht dann z. B. für eine falsche *allgemeine* Trennung von Staat und Volk. Die unter die Formel SPQR gebrachte Einheit *Senatus Populusque Romanus* (übrigens des gesamten römischen Reiches, später mit dem Cäsar als Imperator, Konsul und Prätor) würde damit in die Regierung des Senats und die Bevölkerung oder Leute (des Populus) zerfallen.

Wie immer man zur faktisch durchaus zumeist viel weiteren Verwendung von »Staat« steht, eine Disambiguierung des Wortgebrauchs und eine Kritik an der polemischen Trennung von Staat und Staatsvolk ist sicher notwendig. Wo das sinnvoll möglich ist, werde ich in Berücksichtigung der Polemik und der durch sie bedingten schlechten Presse des Wortes »Staat« von einem politischen Gemeinwesen oder einer politischen Öffentlichkeit im Sinne der *res publica* sprechen. Es klingt dann auch nicht mehr so falsch zu sagen, dass das politische Gemeinwesen sich selbst kennt. Denn das heißt, dass *wir* in unserer politischen Öffentlichkeit *an sich* wissen, *wer wir sind*, auch was *wir*, wenigstens *im Prinzip*, nachhaltig *gemeinsam* wollen. Das, was wir dabei wissen und wollen, führen wir aber selten oder nie in *unmittelbarer Mitbestimmung* aus. Ebenso selten oder nie sagen wir alle »wir«. Zu einem gemeinsamen Wollen und Handeln sind wir nur dadurch in der Lage, dass wir Entschlüsse von Vertretern von uns als Repräsentanten des Gemeinwesens erstens verbal und zweitens tätig *anerkennen* und uns gerade so am Gemeinwesen beteiligen.

Der Staat i. w. S. ist damit nur ein anderer Ausdruck für das generische Wir des Staatsvolks. Reflexionslogische Aussagen über eine politische Öffentlichkeit insgesamt sind daher ebenso schwierig zu begreifen und doch so notwendig wie generische Aussagen der Formen »Deutschland erklärte Frankreich am 3. August 1914 den Krieg« oder auch »Wir Deutschen haben nach Auschwitz eine historische Verantwortung«. Hegels Aussagen über den Staat sprechen übrigens nicht von einem bestimmten Staat, sondern von einem politischen Gemeinwesen und damit dem generischen Wir eines Staatsvolks überhaupt – im Allgemeinen. Das gilt auch dann, wenn Beispiele genannt werden. Auch dann geht es um besondere Typen oder allgemeine Formen.

237 An der *Sitte* hat er seine unmittelbare, und an dem *Selbstbewußtsein* des Einzelnen, dem Wissen und Tätigkeit desselben seine vermittelte Existenz, so wie dieses durch die Gesinnung in ihm, als seinem Wesen, Zweck und Produkte seiner Tätigkeit, seine *substantielle Freiheit* hat. (241)

Das politische Gemeinwesen existiert als Einheit im allgemein anerkannten und im Prinzip praktizierten Ethos des Staatsvolks. Real vermittelt und konkret wird dieses allgemeine Ethos freilich nur über die Sittlichkeit der Einzelpersonen, also über ihr ethisches Selbstbewusstsein, ihr Wissen, Wollen und Tun. Es ist daher eine absurde Folge logischer Legasthenie, Hegel (oder auch schon Platon) eine obskure Tätigkeit des Geistes (eines Volkes) hinter unserem Rücken oder des Staates jenseits des Tuns seiner Repräsentanten zuzuschreiben.

237 Ⓚ Die *Penaten* sind die inneren, *untern* Götter, der *Volksgeist* (Athene) das sich *wissende* und *wollende* Göttliche; die *Pietät* die Empfindung und in Empfindung sich benehmende Sittlichkeit – die *politische Tugend* das Wollen des an und für sich seienden gedachten Zweckes. (241)

Hegel verweist jetzt auf die Tatsache, dass die sachlich und sprachlich schwierige Reflexion auf den Geist, die Sittlichkeit und das Ethos sowohl der Familie als auch des Gemeinwesens traditionell in religiösen Redeformen in ihrer Einbettung in feierliche Riten ihren Standardausduck findet. So stehen die Penaten, die römischen Hausgötter, wie schon die Dämonen des Ahnenkults, für die »inneren, unteren Götter« der Familie oder des Clans. Sie vergegenwärtigen den überkommenen ›Geist‹ der Familien, ihr inneres Ethos und ihre informelle Kultur. Athene aber steht schon für den Geist der ganzen Stadt, des Volks der Athener, der jüdische Gott (›Jahwe‹) für das Volk vom Stamme Israels, also Jakobs, des ›Sohnes‹ Isaaks und ›Enkels‹ Abrahams. Das »sich wissende und wollende Göttliche« ist, wie wir jetzt sehen, das Gemeinwesen selbst.[101]

Die Pietät und damit die von den frommen Gläubigen so verteidigte ›Religiösität‹ ist nur das Empfindungsmoment religiöser Reflexionsformen, das wir im Grunde auch aus der Begeisterung für eine nationale Kunst der Griechen oder Römer, Italiens oder Frankreichs kennen, um nur ein paar Beispiele zu nennen. (Andere Leute denken an nationale Fußballteams.) Wahre Religion ist gefühlsmäßiger Ausdruck politischer *Arete*. Deren volle Existenz verlangt freilich die bewusste und tatkräftige Verfolgung »des an und für sich seienden gedachten Zweckes« – nämlich einer guten Entwicklung des Gemeinwesens insgesamt.

101 Die Identifikation Jahwes im ›Alten Testament‹ mit dem jüdischen Volk selbst bzw. seiner ›Kultur‹ mag dem Gläubigen, der die religiösen Texte ›wörtlich‹ liest, also schematische Inferenzen aus dem Wortlaut der Textüberlieferung zieht, als blasphemische Gotteslästerung erscheinen. Aus reflexionslogischer Perspektive ist sie aber schlicht wahr. Das Verbot der Identifikation des Gottes mit seinem Volk soll tabuförmig verhindern, dass sich ein Teil des Volkes, und sei es eine Mehrheit, in ihrer Willkür mit dem ›Geist‹ oder ›Wesen‹ des Volkes identifiziert. Die (formale!) Transzendenz des Gottes sorgt dafür, dass eine Kritik an den Mängeln bloß empirischer Realisierungen des idealen Geistes des Gemeinwesens möglich bleibt. Dennoch wissen wir, wer oder was Gott ist. Eben das zu zeigen, ist das zentrale Ziel von Hegels Philosophie. Dabei erkennt er die Analogie zu den Formen der Mathematik, an deren Seinsweise schon Platon die Einsicht der Transzendenz des Idealen gewonnen hatte. Es ist so sinnlos zu sagen, es gäbe Gott oder den Geist nicht, wie zu sagen, es gäbe keine idealen Kreise. Freilich kann man diese ›Existenz‹ immer auch falsch verstehen.

§ 258

237 Der Staat ist als die Wirklichkeit des substantiellen *Willens*, die er in dem zu seiner Allgemeinheit erhobenen besondern *Selbstbewußtsein* hat, das an und für sich *Vernünftige*. (241 f.)

Das politische Gemeinwesen ist das institutionelle Subjekt des gemeinsamen politischen Handelns, das, wie wir noch genauer sehen werden, ein Tun seiner Repräsentanten ist, das durch das Staatsvolk anerkannt ist oder manchmal auch erst *post hoc*, also sozusagen rückwirkend, anerkannt wird. Das gilt, wie alle generisch-ideale Allgemeinheit, häufig auch dann, wenn nicht alle mittun, wobei es nie möglich ist, eine genaue (quantitative) Grenze anzugeben, ab welcher etwas als allgemein anerkannt gelten kann. Dennoch definieren derartige allgemeine Anerkennungen alles »an und für sich Vernünftige«.

237 Diese substantielle Einheit ist absoluter unbewegter Selbstzweck, in welchem die Freiheit zu ihrem höchsten Recht kommt, so wie dieser Endzweck das höchste Recht gegen die Einzelnen hat, deren *höchste Pflicht* es ist, Mitglieder des Staats zu sein. (242)

Die nachhaltige Einheit des Gemeinwesens als anerkanntermaßen gutes gemeinsames Leben der Bürger ist qua Ideal »absoluter … Selbstzweck«. In ihr kommt »die Freiheit zu ihrem höchsten Recht«. Hier ist die freie Selbstformung der Person Teil der Selbstentwicklung des Gemeinwesens. Diese hat als Endzweck »das höchste Recht gegen die Einzelnen« – nämlich in deren bloß momentaner Subjektivität. Die »höchste Pflicht« der Individuen dagegen ist es, als volle personale Bürger möglichst gute Mitglieder des Gemeinwesens zu werden, zu sein oder *post mortem* gewesen zu sein. Man kann das als dogmatische These vom Primat des Staates lesen, dem sich die Subjekte als Untertanen unterzuordnen haben. Es ist aber als begriffliche Erläuterung der inneren Werte eines vollen personalen Subjektes zu lesen, das im Unterschied zu einem Tier ein politisches Leben führt. Die volle Person ist ein *homo politicus*; das aritotelische ›zoon‹ oder ›animal‹ ist unpassend.

237 f. Ⓚ Wenn der Staat mit der bürgerlichen Gesellschaft verwechselt und seine Bestimmung in die Sicherheit und den Schutz des Eigentums und der persönlichen Freiheit gesetzt wird, so ist *das Interesse der Einzelnen als solcher* der letzte Zweck, zu welchem sie vereinigt sind,

und es folgt hieraus eben so, daß es etwas beliebiges ist, Mitglied des Staates zu sein. – (242)

Die üblichen Reden von ›der Gesellschaft‹ und damit auch eine Soziologie des methodischen Individualismus und der Gesellschaft der Leute als Mengen von Menschen mit zufälligen Relationen zueinander verwechseln das Gemeinwesen mit der bürgerlichen Gesellschaft. Daher tendiert schon das Wort »sozial« im Ausdruck Sozialwissenschaften dazu, die von Hegel analytisch herausgearbeitete Tatsache zu verdecken, dass der Mensch in der Gesellschaft bloß erst der *homo oeconomicus* ist, der zweckrational seine subjektiven Intentionen, also seine Privatinteressen im endlichen Leben je nur für sich verfolgt.

Ein anderer, aber verwandter Fehler besteht darin, allein in einer Innenpolitik der Sicherheit (durch Polizei und Militär) und im »Schutz des Eigentums und der persönlichen Freiheit« die gesamte Funktion des Staates zu sehen, der damit der Nachtwächterstaat des Liberalismus ist. Beide Fehler sind Mängel einer schon vorurteilsbeladenen Ideologie. Der methodische Empirismus leistet einem bloß partiellen Erkenntnisinteresse Vorschub, das als solches immer auch ein Erkenntnis*des*interesse an generisch-allgemeinem Wissen ist. Die Folge ist, dass das »Interesse der Einzelnen«, sozusagen bloß das Wohlgefühl der Subjekte, solange sie leben, als letzter Zweck einer guten Ordnung oder eines guten Lebens ausgegeben wird. Es ist aus dieser Sicht eine rein kontingente Angelegenheit, ob man als Person Mitglied eines politischen Gemeinwesens ist oder vielleicht als bloßes menschliches Subjekt wie ein Eremit möglichst unbehelligt und schmerzfrei vor sich hinlebt.

Im Utilitarismus Jeremy Benthams soll das subjektive Wohlergehen, am Ende also das Wohlgefühl, einer möglichst großen Masse von Leuten samt der zugehörigen Minimierung der Leiden der letzte Zweck allen ethischen und politischen Handelns sein. John Stuart Mill und Friedrich Nietzsche haben später immerhin mit Hegel gesehen, dass damit die subjektive Freiheit und der Wille zur freien Lebensgestaltung als Werte übersehen werden. Die Freiheit einer bloß dogmatisch gesetzten Fürsorgepflicht für eine diffuse Menge anderer Leute nachzuordnen ist rein sinnlos. Dennoch operiert Bentham mit einem quantitativen Maß des Guten in seinem Blick auf die Welt von der Seite her. Das Hauptproblem ist eben diese ›objektive‹ Perspektive, welche sich eine wissenschaftliche Aufklärung als Erbe eines alles überschauenden Gottes wenigstens der Form nach anmaßt.

Trotz ihrer berechtigten Kritik übersehen J. St. Mill und Nietzsche, auf der anderen Seite, wie schon Thomas Hobbes, das, was bei Hegel im Zentrum der Analyse steht, nämlich, dass wir nur im Rahmen der ›Idee‹ bzw. realen Formen des Gemeinwesens zu Personen werden, mit dem Vermögen, unser einzelnes und gemeinsames Leben frei zu führen.

Dabei sind Probleme und Chancen zu betrachten. Denn es reicht nicht aus, wenn freie Präferenzenverfolgung wie im neueren Utilitarismus J. St. Mills (mit seiner selbst wieder utopischen Forderung nach Gleichverteilung der Chancen) Benthams obersten Wert des schieren Wohlergehens der größten Zahl ablöst. Auch die abstrakte Freiheit subjektiver Willkür der Selbstformung bei Nietzsche greift zu kurz. In beiden Fällen achtet man nicht auf die transzendentalen Bedingungen der Möglichkeit, eine freie Person zu sein, und auf die dafür konstitutiven Relationen zu virtuell allen anderen Personen zunächst im Rahmen des jeweiligen (›nationalen‹) politischen Gemeinwesens und dann in der (›transnationalen‹) Welt und ihrer Geschichte. Und man übersieht die geradezu *monadologische Spiegelung* der ›unendlichen‹ Idee des Gemeinwesens (und seiner Entwicklung im Rahmen aller Gemeinwesen) im je einzelnen personalen Subjekt.

Die volle Person ist also der *homo politicus* im Gemeinwesen, nicht der *homo oeconomicus* der Gesellschaft. Sie ist gerade so in sich *reflektiert*, wie das Leibniz in seiner Monadenlehre schildert. Wie schon in Platons Paideia der Politeia *spiegeln* sich daher in der Selbstbildung der Person die Formen und Normen des freien Gemeinwesens. Sie werden ja internalisiert. Dieses Innere der Person wirkt in einer Selbstbeurteilung und einem Selbstgefühl nur dadurch objektiv, dass es subjektiv geworden ist.

Das ist dann auch der tiefe Grund dafür, dass sich personale Subjekte (damit also wir selbst als je nur erst partiell gebildete Personen) keineswegs nur um ein physisches Wohlergehen sorgen, sondern weit wesentlicher um eine Art der Selbstperfektion als Person. Hierin stimmen Nietzsche und später auch Heidegger mit Hegel völlig überein.

238 Ⓚ Er hat aber ein ganz anderes Verhältnis zum Individuum; indem

er objektiver Geist ist, so hat das Individuum selbst nur Objektivität, Wahrheit und Sittlichkeit, als es ein Glied desselben ist. (242)

Das Gemeinwesen hat in seiner Rolle für die transzendentale Konstitution der vollen Person »ein ganz anderes Verhältnis zum Individuum« als diejenigen meinen, welche den Staat bloß als Vertreter eines distributiven Wir und seines Willens, also eines Konsenses einer mehr oder weniger großen Menge von Leuten oder gar ›aller‹ Leute vorstellen. Das Gemeinwesen ist objektiver Geist, der die Ausbildung und Bildung des subjektiven Geistes des personalen Individuums allererst ermöglicht.

Hegel Sprechweise ist hier eher unglücklich, da ein Individuum, etwa ein Mitglied eines Stammes, auch ohne Staat objektiv da ist. Daher benutze ich die Wörter »Person« und »personal« zur disambiguierenden Klärung. Nur als Person nehme ich teil an der Praxis des Wissens und der Bewertung der Wahrheit von Erkenntnisansprüchen. Nur als Mitglied des Gemeinwesens, das als solches die Familien und die Gesellschaft umfasst, bin ich volle Person mit einer Sittlichkeit, die als solche das Ethos des Personseins ist.

Die *Vereinigung* als solche ist selbst der wahrhafte Inhalt und 238 Ⓚ
Zweck, und die Bestimmung der Individuen ist ein allgemeines Leben zu füh|ren; ihre weitere besondere Befriedigung, Tätigkeit, 202
Weise des Verhaltens hat dies Substantielle und Allgemeingültige zu seinem Ausgangspunkte und Resultate. – (242)

Hegels Ausdruck »Vereinigung« meint so etwas wie Vergesellschaftung. Beide Ausdrücke haben ihre je eigenen Mängel. Sachlich handelt es sich um die Bildung zur Person in der Gemeinschaft der Personen. Alle »besondere Befriedigung« und alle Bemühungen im Handeln haben die nachhaltigen Formen des Personseins zum »Ausgangspunkte und Resultate«.

Die Vernünftigkeit bestehet, abstrakt betrachtet, überhaupt in der 238 Ⓚ
sich durchdringenden Einheit der Allgemeinheit und der Einzelnheit, und hier konkret dem Inhalte nach in der Einheit der objektiven Freiheit d. i. des allgemeinen substantiellen Willens und der subjektiven Freiheit als des individuellen Wissens und seines besondere Zwecke suchenden Willens – und deswegen der Form nach in einem nach *gedachten*, d. h. *allgemeinen* Gesetzen und Grundsätzen sich bestimmenden Handeln. – (242)

Was wir als vernünftige Urteile oder Handlungen ansehen, ergibt sich der Form nach gerade aus einem Bewerten der Übereinstimmung von allgemeinem Geltungsanspruch und einzelnem Vorschlag. Im Fall des Gemeinwillens im Gemeinwesen, damit der Grammatik des »wir wollen« im generischen Sinn des Wir des ganzen Volkes, wird eine Bestimmung oder Maßnahme auf nicht willkürliche Weise als vernünftig erklärt, indem wir unsere subjektive Freiheit in ihr sozusagen aufgehoben finden. Damit sehen wir die Parallele zu Wissensansprüchen. Kanonisch wird ein allgemeiner Wille in allgemeinen Gesetzen und Grundsätzen, ein allgemeines Wissen in Lehrbüchern und Enzyklopädien kontrolliert durch die Wissenschaften.

238 Ⓚ Diese Idee ist das an und für sich ewige und notwendige Sein des Geistes. – (242)

In der Form des nach »allgemeinen Gesetzen und Grundsätzen sich bestimmenden Handelns« existiert alles Geistige. Der Geist als Form ist dabei nicht etwa in Realzeit ewig. Er existiert auch nicht aus irgendeiner Notwendigkeit heraus, als hätte es in der Welt nicht anders kommen können. Der Satz sagt auf verquere Weise, dass nur diejenige volle geistige Wesen sind, die diese Form oder ›Idee‹, ein politisches Wesen und damit volle Person zu sein, erfüllen.

238 Ⓚ Welches nun aber der *historische* Ursprung des Staates überhaupt, oder vielmehr jedes besonderen Staates, seiner Rechte und Bestimmungen sei oder gewesen sei, ob er zuerst aus patriarchalischen Verhältnissen, aus Furcht oder Zutrauen, aus der Korporation u. s. f. hervorgegangen, und wie sich das, worauf sich solche Rechte gründen, im Bewußtsein als göttliches, positives Recht, oder Vertrag, Gewohnheit und so fort gefaßt und befestigt habe, geht die Idee des Staates selbst nicht an, sondern ist in Rücksicht auf das wissenschaftliche Erkennen, von dem hier allein die Rede ist, als die Erscheinung eine historische Sache; in Rücksicht auf die Autorität eines wirklichen Staates, insofern sie sich auf Gründe einläßt, sind diese aus den Formen des in ihm gültigen Rechts genommen. – (242 f.)

Hegel betont hier die eigenständige begriffliche Reflexions- und Artikulationsmethode seiner Analyse und weist alle Vorstellungen ab, es seien hier Fragen nach der konkreten historischen Entwicklung des Gemeinwesens oder der Staaten relevant. Das heißt, er verhält sich rein neutral zur Frage, ob sich die Strukturen der Staaten aus der Ausweitung patriarchalischer Verhältnisse ergeben haben, aus den Zwangsbefehlen eines Okkupators, oder aus besonderen gesellschaftlichen Assoziierungen wie in einer Korporation usf. Es spielt auch keine Rolle, ob die Leute es lieben oder weiterhin lieben, von einer göttlichen Legitimation staatlicher Macht zu reden – es ist das ja bestenfalls eine *façon de parler*, die eine nachhaltige Anerkennung der Ordnung zum Ausdruck bringt.

Das wissenschaftliche Wissen interessiert sich für die Form (»Idee«) und die Formen des politischen Gemeinwesens bzw. des Staates – in ihrem Zusammenhang mit der Form und Idee der vollen und freien Person. Die historischen Erscheinungen gehören in die Geschichtswissenschaften als empirisch bzw. positiv (narrativ) vorgehende Sachwissenschaften, welche die hier entwickelten Begriffe (nicht: Wörter!) alle schon voraussetzen müssen und faktisch auch (mehr oder weniger gut) gebrauchen. Soweit sich »die Autorität eines wirklichen Staates« in ihrer Legitimation »auf Gründe einläßt«, kann man alle Reden über ein Gottesgnadentum ohnehin vergessen. Sie ergibt sich nämlich nur »aus den Formen des in ihm gültigen Rechts« – und dessen Anerkennung.

Die philosophische Betrachtung hat es nur mit dem Inwendigen 238 f. Ⓚ
von Allem diesem, dem *gedachten Begriffe* zu tun. (243)

Das ›Inwendige‹ ist hier einfach der implizite Sinn der grundlegenden, empraktisch längst gegebenen Formen des Gemeinwesens, der in der Philosophie des Rechts als theoretischer Wissenschaft begrifflich explizit zu artikulieren und zu kommentieren ist.

In Ansehung des Aufsuchens dieses Begriffes hat *Rousseau* das 239 Ⓚ
Verdienst gehabt, ein Prinzip, das nicht nur seiner Form nach (wie etwa der Sozialitätstrieb, die göttliche Autorität), sondern dem Inhalte nach *Gedanke* ist, und zwar das *Denken* selbst ist, nämlich den *Willen* als Prinzip des Staats aufgestellt zu haben. Allein indem er den Willen nur in bestimmter Form des *einzelnen* Willens (wie nachher auch Fichte) und den allgemeinen Willen, nicht als das an und für sich Vernünftige des Willens, sondern nur als das *Gemeinschaftliche*, das aus diesem einzelnen Willen *als bewußtem* hervorgehe, faßte; so wird die Vereinigung der Einzelnen im Staat zu einem *Vertrag*, der somit ihre Willkür, Meinung und beliebige, ausdrückliche Einwilligung zur Grundlage hat, und es folgen die weitern

bloß verständigen, das an und für sich seiende Göttliche und dessen absolute Autorität und Majestät zerstörenden Konsequenzen. (243)

Hegel gibt Rousseau den Kredit dafür, für die Explikation des zentralen Sinns von Recht und Gesetz, damit auch des politischen Gemeinwesens, das zentrale inhaltliche Prinzip der allgemeinen Freiheit in der Form des *gemeinsamen Willens* als Erster artikuliert zu haben.

Die aristotelische Rede vom *zōon politikon* spricht eigentlich nur erst von einer *natürlichen* Tendenz, sich in sozialen Verbänden zusammenzuschließen – so wie das traditionelle *Naturrecht* nur an irgendeine *Selbstverständlichkeit* appelliert. Die *theologische* Rede von einer *göttlichen Autorität* des Staates oder des Königs ist ebenfalls nur ein Erklärungs- und Begründungsstopper, nicht anders als ein allzu großzügiger Appell an eine *Vernunft*. Als Problem des Zugangs von Rousseau und dann auch Fichte nennt Hegel dann aber gleich auch, dass diese Autoren wie schon Thomas Hobbes und später wieder Max Weber mit einem *intentionalen Denken und Wollen der individuellen Subjekte beginnen*. Der allgemeine Wille soll sich daher irgendwie aus einer kollektiven Willkür ergeben, etwa über einen *Konsens*. Wie bei Hobbes oder Locke wird damit »die Vereinigung der Einzelnen im Staat zu einem Vertrag«. Es scheint dann so, als könne jeder seine »ausdrückliche Einwilligung« nach Belieben oder wenigstens bei gefühltem Staatsversagen wieder zurückziehen.

Hegels eigene Rede von der göttlichen Autorität des Staates und Majestät des Monarchen, welche durch eine Vertragstheorie jeder Sorte zerstört werde, findet heute verständlicherweise kaum Unterstützer. Doch das hat keineswegs erfreuliche Folgen. So kommt der katholische Denker Donoso Cortés »im Anblick der Revolution von 1848 zu der Erkenntnis«, »daß die Epoche des Royalismus zu Ende ist. ... Demnach bleibt für ihn nur ein Resultat: die Diktatur« (Carl Schmitt, *Politische Theologie. Vier Kapitel zur Lehre von der Souveränität*, Berlin: Duncker & Humblot, ^{10}2015, S. 55.) Carl Schmitt selbst kommt mit dem vermeintlichen »Hegelschen Kollektivismus« nicht zurecht. Man begreift bis heute Hegel nicht als den großen Feind nicht nur jeder *naiven Unmittelbarkeit* im inhaltlichen Denken, sondern *jeder Art von Kollektivismus*. Schmitt sieht allerdings, dass Hans Kelsen sich widerspricht, wenn er Hegel *zugleich* den Vorwurf eines »Staatssubjektivismus« macht (a. a. O., S. 35). Dabei trifft das die Sache zwar schon besser, ist aber ein unangemessener Ausdruck. Hegel macht zunächst nur die Trivialität explizit, das jede Institution und jede Ordnung gemeinsamen Handelns eine pyramidale Struktur hat mit *personalen Subjekten* an der Spitze des Entscheidens, wenn auch nur auf Zeit, Ort oder Sache beschränkt. Die Pyramide ist durch eine schon vorgegebene Ordnung der Rollenverteilungen und Arbeitsteilungen im gemeinsamen Handeln bestimmt. Schmitts Rede von einem angeblichen »Geschichtsglauben« Hegels (a. a. O., S. 60) wiederholt nur ein Ondit, das sich z. B. auch noch bei Bertrand Russell, Herbert Schnädelbach oder Jürgen Habermas findet. Dieses Gerede geht an Hegels Einsicht in die *transzendentale Abhängigkeit aller von uns heute empraktisch anerkannten Normen* des ›richtigen‹ Verstehens, Urteilens und Handelns von der geschichtlichen Entwicklung der Formen sozusagen unmittelbar vorbei, wie sie auch Robert Brandom in seiner Diktion rekonstruiert hat. Erst recht unverstanden ist in den üblichen Vorstellungen von Hegels Geschichtsphilosophie und Fortschrittsanalyse die Einsicht, dass eine selbstbewusste Explikation der implizit unterstellten Normen eine Rekonstruktion ihrer rationalen Genese und daher eine Fortschrittsgeschichte der Praxisformen und Institutionen *bis in unsere eigene Gegenwart* voraussetzt, *aber nicht darüber hinaus*. Hegels Sätze dazu werden nicht gelesen oder nicht ernst genommen.

Schon gar nicht ernst genommen wird Hegels Einsicht, dass sich alle religiöse Rede von göttlicher Autorität und Legitimität des Monarchen *immer schon auf das Gemeinwesen* bezieht, aber auf logisch höchst komplexe Weise. Die sakrale Majestät des Königs, darin hat Donoso nämlich zunächst recht, kann niemals ersetzt werden durch eine Mehrheit oder Minderheit von Leuten, die sich um einen Diktator scharen, der sie mit rhetorischem Geschick glauben lässt, für das ganze Volk zu sprechen und seine Interessen entschlossen umzusetzen. Von einem bloß als Individuum charismatischen Volksführer wie Hitler das Heil zu erwarten, ist mit Sicherheit nicht aufgeklärter, vielmehr in den Folgen zumeist, wenn nicht immer, weit desaströser, als jede Anerkennung eines verfassten Königtums. Wenn die Macht des Gemeinwesens sich in die Herrschaft einer Volksdiktatur verwandelt, wird sein anerkannter Rechtsrahmen durch eben die Anmaßung, für die Nation zu sprechen, in seiner Grundform, also seiner Idee und seinem Geist zerstört.

Das Gemeinwesen ist und bleibt im nicht privativen Fall der konstitutive Rahmen für unser eigenes personales Dasein. Die Sakralität des Königs ist sozusagen nur ein besonderer Fall der Heiligkeit der Verfassungstradition und der Person überhaupt, für die er prototypisches Symbol ist. Die Hinrichtung Ludwig XIV. ohne ordentliches Gerichtsverfahren war daher nicht nur ein Verfassungsbruch, sondern ein Angriff auf die Heiligkeit der Person überhaupt, ironischerweise im Namen der Bürger Frankreichs und ihrer angeblichen politischen Interessen: Es wurde die konstitutionelle Monarchie von 1791 abgeschafft, die den König in seiner Rolle noch für ›unantastbar‹ erklärt hatte. Und sie eröffnete ein Regime des Terrors gegen alle, die von einem selbsternannten Ausschuss ›im Namen der Nation‹ zu Feinden des Volkes deklariert werden konnten. Das alles ist unabhängig davon, ob sich z. B. Robespierre dieser Folgen bewusst gewesen war oder nicht.[102]

Die Liturgie des Gemeinwesens und die religiösen Feiern seiner familialen Subformen können freilich auch demokratische Formen annehmen. Das geschieht z. B. in den USA durch die Vielfalt christlicher Kirchen, die Alexis de Tocqueville schon als Vermittlungsinstanz für die Demokratie in Amerika erkannt hat. Es bedarf durchaus immer (zivil-)religiöser Zeremonien. Sie sind äußere Zeichen einer ›patriotischen‹ Haltung zur Verfassung des Gemeinwesens – und damit zu sich als Person. Die Alternative, die Hegel und Donoso zwischen der Anerkennung eines in seinem Status sakrosankten Königs und einer im guten Fall bloß technokratischen Herrschaft der Vertreter einer Minderheit oder Mehrheit des Volkes behaupten – mit allen schon von Rousseau betonten Gefahren für den Schutz von Minderheiten –, besteht also keineswegs. Allerdings muss zugegeben werden, dass Hegels Grundproblem der Rechtsphilosophie, die ›religiöse‹ bzw. gefühls- und haltungsförmige Bindung der Subjekte und Individuen an das Gemeinwesen und ihre Säkularisierung durch die Einsicht in die Verfassung der eigenen Person, gerade für jede wahre, konstitutionelle Demokratie nach wie vor absolut relevant bleibt.

102 Vgl. dazu auch die großartige Analyse Harald Wohlrapps in *Der Begriff des Arguments,* Würzburg 2008, S. 280–296.

Hegel deckt also die nur scheinbar ›transzendenten‹ Inhalte von Religion und Theologie auf – und erkennt die transzendentale Rolle des modernen Verfassungsstaates für unser gesamtes personales Dasein. Das ist der Sinn der zunächst erstaunlichen Identifikation des Göttlichen mit dem Staatlichen bzw. des Politischen mit dem Religiösen. Es ist daher am Ende keineswegs so, dass der moderne Staat sich auf geistige Ressourcen stütze, die ihn als Gemeinwesen transzendierten.

> Zur Gewalt gediehen, haben diese Abstraktionen deswegen wohl 239 Ⓚ
> einerseits das, seit wir vom Menschengeschlechte wissen, erste ungeheure Schauspiel | hervorgebracht, die Verfassung eines großen 203
> wirklichen Staates mit Umsturz alles Bestehenden und Gegebenen, nun ganz von Vorne und vom *Gedanken* anzufangen, und ihr bloß das *vermeinte Vernünftige* zur Basis geben zu *wollen*, andererseits, weil es nur ideenlose Abstraktionen sind, haben sie den Versuch zur fürchterlichsten und grellsten Begebenheit gemacht. – (243 f.)

Die Abstraktionen der Vertrags- bzw. Kollektivtheorien von Hobbes bzw. Spinoza, welche es so haben erscheinen lassen, als gäbe es die Institutionen des Staates bzw. des Gemeinwesens nur auf der Grundlage unserer je individuellen Willkür als einer Art Vertrag bzw. in der Form eines pseudodemokratischen Partialkonsenses, haben das bisher unerhörte Schauspiel zur Folge gehabt, dass die Menschen in der französischen Revolution in einem mehrfachen Sinn versucht haben auf dem Kopf zu gehen. Doch der Kopf taugt nicht zum Gehen.[103] Die Behauptung einer Kleingruppe, für alle zu sprechen, bleibt immer problematisch. Daher muss jeder Versuch, »ganz von vorne und vom Gedanken anzufangen« scheitern. Das Denken, Reden und Tun von wenigen Einzelpersonen reicht nie aus, um nachhaltig gemeinsam zu handeln – oder gar neue und doch auch stabile politische Formen zu schaffen.

Hegels Rede von den ›ideenlosen Abstraktionen‹ meint nicht etwa, dass in den Vertragstheorien und den Vorstellungen von einem demokratischen Konsens keine Ideen in unserem Sinn des Wortes enthalten

103 Vorl. Phil. Weltgesch., GW 27,4, S. 1561: »So lange die Sonne am Firmamente steht und die Planeten um sie herum kreisen war das nicht gesehen worden, daß der Mensch sich auf den Kopf, d. i. auf den Gedanken stellt und die Welt nach dem Gedanken erbaut«.

wären. Sie sagt vielmehr, dass diese sogenannten Ideen noch keine praktizierten oder auch nur nachhaltig praktizierbaren Formen des gemeinsamen Lebens sind. Die Orientierung an rein verbalen Utopien führt dazu, dass sich aus dem Umsturz der bestehenden politischen Verhältnisse die fürchterlichsten Folgen ergeben können. Spinoza ist in seinem Demokratismus viel zu optimistisch, wenn er meint, eine Gesellschaft würde sich in einem Umsturz jeweils nur eine neue Regierung geben und nicht möglicherweise ganz zerfallen. Sogenannte *failed states* sind Gegenbeispiele für diesen Optimismus. Wer eine Revolution zufällig überlebt und vielleicht sogar profitiert, wird außerdem ihre Kosten anders als die Opfer einschätzen.

239 Ⓚ Gegen das Prinzip des einzelnen Willens ist an den Grundbegriff zu erinnern, daß der objektive Wille das an sich in seinem *Begriffe* Vernünftige ist, ob es von Einzelnen erkannt und von ihrem Belieben gewollt werde oder nicht; – daß das Entgegengesetzte, die Subjektivität der Freiheit, das Wissen und Wollen, die in jenem Prinzip *allein* festgehalten ist, nur das *eine,* darum einseitige Moment der *Idee des vernünftigen* Willens enthält, der dies nur dadurch ist, daß er eben so *an sich*, als daß er *für sich* ist. – (244)

Um Hegels Argument verständlicher zu machen, habe ich seine Unterscheidungen zwischen dem Subjekt, das ich je nur momentan bin, und der Person etwas deutlicher als er herausgestellt, ferner zwischen individuellen und gemeinsamen Absichten und Handlungen mit ihrem jeweiligen subjektiven, konsensuell-intersubjektiven und generisch-transsubjektiven Sinn. Bei jeder Handlung ist dann noch zwischen Formtyp und Vollzug zu unterscheiden, also der generischen Handlung und ihrer Aktualisierung.

Der Empirismus kennt eigentlich nur die Willkür »des einzelnen Willens« im Vollzug, im momentanen Akt hier und jetzt. Er sieht noch nicht einmal, dass wir und wie wir zwischen konkreten Handlungsoptionen entscheiden. Selbst wenn diese Entscheidung durch den Zufall präsentischer Präferenzen zustande kommt, ist sie längst schon von anderer Art als das Verhalten von Tieren. Aufgrund seiner ›Methode‹ des Beobachtens und berichtenden Erzählens kann der Empirismus (und Behaviorismus) diesen Unterschied gar nicht erkennen und begreifen. Die Folge ist eine biologische Re-Animalisierung des Menschen in den behavioralen Wissenschaften – ironischerweise im Namen von ›Objektivität‹.

Der »objektive Wille« eines wirklichen Wollens ist inhaltlich nachhaltiger als jede Willkür. Sie orientiert sich an vernünftigen Inhalten. Es gibt daher für sie eine Bedürfnis- und Willkürkritik, ob das einzelne Subjekt das weiß, erkennt und anerkennt oder auch nicht.

Das Prinzip des Selbstbewusstseins berücksichtigt die (formale) Subjektivität der Freiheit im Vollzug. Die Inhalte des Wissens und Wollens, damit auch die Intentionen des subjektiven Sinns, sind aber gerade nicht subjektiv. Die Vertragstheoretiker des Gemeinwesens und der methodische Individualismus in den empirischen Sozialwissenschaften operieren daher nur mit dem einseitigen Moment der Willkürfreiheit des momentanen Vollzugssubjekts und kennen den überzeitlichen und in seiner Umsicht auch transsubjektiven Willen der Person an sich und des personalen Subjekts an und für sich überhaupt nicht.

Das andere Gegenteil von dem Gedanken, den Staat in der Erkenntnis als ein für sich vernünftiges zu fassen, ist, die *Äußerlichkeit* der Erscheinung, der Zufälligkeit der Not, der Schutzbedürftigkeit, der Stärke, des Reichtums u. s. f. nicht als Momente der historischen Entwickelung, sondern für die *Substanz* des Staates zu nehmen. (244) 239f. Ⓚ

Wer das politische Gemeinwesen mit Hobbes bloß als ›Not- und Verstandesstaat‹, d. h. als von uns als zweckrationale Einrichtung anerkannte Zentralmacht zur Sicherung von Eigentum, Leib und Leben auffasst, geht an der Einsicht in seine wahre Rolle für unser Leben als freie Personen vorbei. Diese Auffassung ist das Gegenteil dazu, das Gemeinwesen als Rahmenbedingung aller personalen Vernunft zu begreifen. Dabei soll nicht geleugnet werden, dass entsprechende zweckrationale Motive bei der Anerkennung öffentlicher Institutionen der *res publica* immer auch historisch eine Rolle gespielt haben – wie das Max Weber ja auch schön vorführt.

Es ist hier gleichfalls die Einzelnheit der Individuen, welche das Prinzip des Erkennens ausmacht, jedoch nicht einmal der *Gedanke* dieser Einzelnheit, sondern im Gegenteil die empirischen Einzelnheiten nach ihren zufälligen Eigenschaften, Kraft und Schwäche, Reichtum und Armut u. s. f. Solcher Einfall, das an und für sich *Un-* 240 Ⓚ

endliche und *Vernünftige* im Staat zu übersehen und den *Gedanken* aus dem Auffassen seiner innern Natur zu *verbannen*, ist wohl nie so unvermischt aufgetreten, als in Herrn v. *Hallers Restauration der Staatswissenschaft*, – *unvermischt*, denn in allen Versuchen, das Wesen des Staats zu fassen, wenn auch die Prinzipien noch so einseitig oder oberflächlich sind, führt diese Absicht selbst, den Staat zu *begreifen*, Gedanken, allgemeine Bestimmungen mit sich; hier aber ist mit Bewußtsein auf den vernünftigen Inhalt, der der Staat ist, und auf die Form des Gedankens nicht nur Verzicht getan, sondern es wird gegen das eine und gegen das Andere mit leidenschaftlicher Hitze gestürmt. (244 f.)

Das Gemeinwesen besteht aus dem Handeln der einzelnen Individuen; aber es ist als solche eine Form *gemeinsamen* Handelns und nicht das zufällige Gesamtergebnis des Verhaltens der Individuen. Menschliches Erkennen und Wissen (über was auch immer, z. B. auch über den Staat) ist ebenfalls nicht zufälliger Meinungskonsens. Gerade eine Apologetik autoritärer Staatsmacht wie bei von Haller stützt sich ›positivistisch‹ auf empirische Einzelheiten und Meinungen. Man übersieht so »das an und für sich Unendliche und Vernünftige im Staat«, also die nachhaltigen Formen und Normen des gemeinsamen Lebens im Gemeinwesen, besonders aber die ›Spiegelungen‹ in den personalen Subjekten. Denn diese werden sowohl im traditionalistischen Konservativismus als auch im rein individualistischen Liberalismus nur als einzelne Subjekte mit privaten Zielen betrachtet, nicht als Personen, also als aktive Bürger des Staates, durch deren Anerkennung das Gemeinwesen allererst das ist, was es ist. Die Folge ist ein Zerfall der Gesellschaft und des Staates in Klassen und Interessengruppen – und ein Rückfall der Person auf die Seinsebene eines bloßen *animal rationale*.

Hegels Polemik richtet sich hier gegen Karl Ludwig von Hallers restaurative Staatswissenschaft. Gerade weil dessen Prinzipien von einem Patrimonialstaat samt seiner Kritik an allen Vertragstheorien und damit auch an jedem Republikanismus so oberflächlich sind, zeigt sich an ihnen das eben Gesagte in voller Klarheit. Haller verfolgt explizit die Absicht, »den Staat zu begreifen«. Zugleich wird mit vollem Bewusstsein geleugnet, dass es einen vernünftigen Sinn des Gemeinwesens gibt, über das Faktum der politischen Gewalt und

Macht hinaus. – Aber auch in der empirischen Soziologie wird auf angeblich politisch ›wertneutrale‹ Weise[104] »mit leidenschaftlicher Hitze« gegen jeden ›normativen‹ Begriff des Gemeinwesens »gestürmt«, als wäre das Normative kollektiver Vernunft von der Art religiöser Konfessionen, die wir nach dem Westfälischen Frieden in der Tat besser den Privatmeinungen der Leute bzw. ihrer politischen Herrschaft überlassen, zumal es sich am Ende um bloße Äußerlichkeiten handelt. Das freilich mögen Gläubige nicht hören, die Form und Inhalt noch nicht zu unterscheiden gelernt habe und nicht wissen, wie oberflächlich und schematisiert so genannte unmittelbare Gefühle und Intuitionen sind.

Einen Teil der, wie Hr. v. Haller versichert, ausgebreiteten Wir- 240 f. Ⓚ
kung seiner Grundsätze, verdankt diese *Restauration* wohl dem Umstande, daß er in der Darstellung *aller Gedanken* sich abzutun gewußt, und das Ganze so aus Einem Stücke gedankenlos zu halten gewußt hat, denn auf diese Weise fällt die Verwirrung und Störung hinweg, welche den Eindruck einer Darstellung schwächt, in der unter das Zufällige Anmahnung an das Substantielle, | unter das 204
bloß Empirische und Äußerliche eine Erinnerung an das Allgemeine und Vernünftige gemischt, und so in der Sphäre des Dürftigen und Gehaltlosen an das Höhere Unendliche erinnert wird. – *Konsequent* ist darum diese Darstellung gleichfalls, denn indem statt des Substantiellen die Sphäre des Zufälligen als das Wesen des Staats genommen wird, so besteht die Konsequenz bei solchem Inhalt, eben in der völligen Inkonsequenz einer Gedankenlosigkeit, die sich ohne Rückblick fortlaufen läßt und sich in dem Gegenteil dessen, was sie so eben gebilligt, eben so gut zu Hause findet.[105] (245)

[104] Max Webers Forderung nach Werturteilsfreiheit der Wissenschaften will allerdings nur einen tagespolitischen und ideologischen Glaubensstreit besonders aus den Gesellschafts- und Staatswissenschaften heraushalten.

[105] Fußnote Hegels: »Das genannte Buch ist um des angegebenen Charakters willen von origineller Art. Der Unmut des Verf. könnte für sich etwas edles haben, indem derselbe sich an den vorhin erwähnten, von *Rousseau* vornehmlich ausgegangenen falschen Theorien und hauptsächlich an deren versuchter Realisierung entzündet hat. Aber der Hr. v. Haller hat sich, um sich zu retten, in ein Gegenteil geworfen, das ein völliger Mangel an Gedanken ist, und bei dem deswegen von Gehalt nicht die Rede sein kann; – nämlich in den bittersten Haß gegen alle *Gesetze, Gesetzge-*

Hegels Sarkasmus läuft hier und in seiner Fußnote zur Höchstform auf. Die Konsequenz der Darstellung von Hallers liege in ihrer völligen Inkonsequenz. Der Gedanke bestehe aus völliger Gedankenlosigkeit. Als das Wesen des Staates soll das Zufällige einzelner historischer

bung, alles förmlich und gesetzlich bestimmte Rechte. Der Haß des *Gesetzes, gesetzlich* bestimmten *Rechts* ist das Schibboleth, an dem sich der Fanatismus, der Schwachsinn, und die Heuchelei der guten Absichten offenbaren und unfehlbar zu erkennen geben, was sie sind, sie mögen sonst Kleider umnehmen welche sie wollen. – Eine Originalität, wie die von Hallersche, ist immer eine merkwürdige Erscheinung und für diejenigen meiner Leser, welche das Buch noch nicht kennen, will ich einiges zur Probe anführen. Nachdem Hr. v. H. (Seite 342 ff. 1. Bd.) seinen Hauptgrundsatz aufgestellt, »daß nämlich wie im *Unbelebten*, das Größere das Kleinere, das Mächtige das Schwache verdrängt, u. s. f. so auch unter den *Tieren*, und dann unter den Menschen *dasselbe* Gesetz, unter edleren Gestalten (oft wohl auch unter unedlen?) wiederkomme,« und »daß dies *also die ewige unabänderliche Ordnung Gottes* sei, daß der *Mächtigere* herrsche, herrschen müsse und immer herrschen werde;« – man sieht schon hieraus und eben so aus dem Folgenden, in welchem Sinne hier die *Macht* gemeint ist, nicht die Macht des Gerechten und Sittlichen, sondern die zufällige Naturgewalt; – so belegt er dies nun weiterhin, und unter anderen Gründen auch damit (S. 365 f.) daß die Natur es mit bewundernswürdiger Weisheit also geordnet, daß gerade das Gefühl *eigener Überlegenheit* unwiderstehlich den Charakter veredelt und die Entwickelung eben derjenigen Tugenden begünstigt, welche für die Untergebenen am notwendigsten sind. Er fragt mit vieler schulrhetorischen Ausführung, »ob es im Reiche der Wissenschaften die Starken oder Schwachen sind, welche Autorität und Zutrauen mehr zu niedrigen eigennützigen Zwecken und zum Verderben der gläubi-
205 gen Menschen mißbrauchen, ob unter den | Rechtsgelehrten die Meister in der Wissenschaft die Legulejen und Rabulisten sind, welche die Hoffnung gläubiger Klienten betrügen, die das Weiße schwarz, das Schwarze weiß machen, die die Gesetze zum Vehikel des Unrechts mißbrauchen, ihre Schutzbedürftigen dem Bettelstab entgegenführen und wie hungrige *Geier* das unschuldige Lamm zerfleischen,« u. s. f. Hier vergißt Hr. v. H. daß er solche Rhetorik gerade zur Unterstützung des Satzes anführt, daß die *Herrschaft* des *Mächtigern* ewige Ordnung Gottes sei, die Ordnung, nach welcher der Geier das unschuldige Lamm zerfleischt, daß also die durch Gesetzes-Kenntnis Mächtigeren ganz Recht daran tun, die gläubigen Schutzbedürftigen als die Schwachen zu plündern. Es wäre aber zuviel

Erscheinungen gelten. Diese Kritik ist höchst polemisch, trifft aber zugleich alle genealogischen Theorien des Staates ins Mark. Ich belasse es bei dieser allgemeinen Einschätzung, zumal sich der Text von selbst versteht.

gefordert, daß da zwei Gedanken zusammen gebracht wären, wo sich nicht einer findet. – Daß Hr. v. Haller ein Feind von *Gesetzbüchern* ist, versteht sich von selbst; die bürgerlichen Gesetze sind nach ihm überhaupt einesteils »unnötig, indem sie aus dem *natürlichen Gesetze* sich *von selbst* verstehen,« es wäre, seit es Staaten gibt, viele Mühe erspart worden, die auf das Gesetzgeben und die Gesetzbücher verwandt worden, und die noch darauf und auf das Studium des gesetzlichen Rechts verwendet wird, wenn man sich von je bei dem gründlichen Gedanken, *daß sich alles das von selbst verstehe*, beruhigt hätte, – »andernteils werden die Gesetze eigentlich nicht den Privatpersonen gegeben, sondern als *Instruktionen* für die Unterrichter, um ihnen den Willen des Gerichtsherrn bekannt zu machen. Die *Gerichtsbarkeit* ist ohnehin (1. B. S. 297, 1. Th. S. 254 und allerwärts) nicht eine Pflicht des Staats, sondern eine Wohltat, nämlich eine Hilfleistung von Mächtigern, und bloß suppletorisch; unter den Mitteln zur Sicherung des Rechts ist sie nicht das vollkommenste, vielmehr *unsicher* und *ungewiß*, das Mittel, das uns unsere neuern Rechtsgelehrten allein lassen, und uns die *drei anderen Mittel* rauben, gerade diejenigen, die am *schnellsten und sichersten* zum *Ziel führen*, und die außer jenem dem Menschen die *freundliche* Natur *zur Sicherung seiner rechtlichen Freiheit* gegeben hat« – und diese drei sind (was meint man wohl?) »1) *eigene Befolgung* und *Einschärfung* des natürlichen Gesetzes, 2) *Widerstand* gegen Unrecht, 3) *Flucht* wo keine Hilfe mehr zu finden.« (Wie unfreundlich sind doch die Rechtsgelehrten in Vergleich der freundlichen Natur!) »Das *natürliche göttliche* Gesetz aber, das (1. B. S. 292) die allgütige Natur jedem gegeben, ist: Ehre in jedem deines Gleichen (nach dem Prinzip des Verfassers müßte es heißen: Ehre der *nicht* deines Gleichen, sondern der der Mächtigere ist) beleidige Niemand *der dich nicht beleidigt*; fordere nichts, was er dir | nicht *schuldig* ist (was ist er aber schuldig?), ja noch mehr: 206
Liebe deinen Nächsten und nütze ihm wo du kannst.« – Die *Einpflanzung dieses Gesetzes* soll es sein, was Gesetzgebung und Verfassung überflüssig mache. Es wäre merkwürdig zu sehen, wie Hr. v. H. es sich begreiflich macht, daß dieser Einpflanzung ungeachtet, doch Gesetzgebungen und Verfassungen in die Welt gekommen sind! – In Bd. III. S. 362 f. kommt der Herr Verf. auf die »sogenannten Nationalfreiheiten« – d. i. die Rechts- und Verfassungs-Gesetze der Nationen; jedes gesetzlich bestimmte Recht

§ 259

242 ff. Die Idee des Staats hat: a) *unmittelbare* Wirklichkeit und ist der individuelle Staat als sich auf sich beziehender Organismus *Verfassung*
205 oder *inneres Staatsrecht*; |

hieß in diesem großen Sinne *eine Freiheit*; – er sagt von diesen Gesetzen unter andern »daß ihr Inhalt gewöhnlich *sehr unbedeutend* sei, ob man gleich in *Büchern* auf dergleichen *urkundliche* Freiheiten einen großen Wert setzen möge.« Wenn man dann sieht, daß es die Nationalfreiheiten der deutschen Reichsstände, der englischen Nation – die Charta magna, »*die aber wenig gelesen* und wegen der *veralteten Ausdrücke noch weniger* verstanden wird,« die bill of rights u. s. f. – der ungarischen Nation u. s. f. sind, von welchen der Verfasser spricht, so wundert man sich zu erfahren, daß diese sonst für so wichtig gehaltene Besitztümer etwas unbedeutendes sind, und daß bei diesen Nationen auf ihre Gesetze, die zu jedem Stück Kleidung, das die Individuen tragen, zu jedem Stück Brot, das sie essen, konkurriert haben und täglich und stündlich in Allem konkurrieren, *bloß in Büchern* ein Wert gelegt werde. – Auf das *preußische allgemeine Gesetzbuch*, um noch dies anzuführen, ist Hr. v. H. besonders übel zu sprechen (1. Bd. S. 185 ff.) weil die unphilosophischen Irrtümer (wenigstens noch nicht die *Kantische* Philosophie, auf welche Hr. v. Haller am erbittertsten ist) dabei ihren *unglaublichen* Einfluß bewiesen haben, unter anderen vornehmlich, weil darin vom *Staate*, Staatsvermögen, dem Zwecke des Staats, vom Oberhaupte des Staats, von *Pflichten* des Oberhaupts, Staatsdienern u. s. f. die Rede sei. Am ärgsten ist dem Hrn. v. H. »das Recht, *zur Bestreitung der Staatsbedürfnisse* das Privatvermögen der Personen, ihr Gewerbe, Produkte oder Konsumtion mit *Abgaben* zu belegen; – weil somit der *König* selbst, da das Staatsvermögen nicht als Privateigentum des Fürsten, sondern als Staatsvermögen qualifiziert wird, so auch die *preußischen Bürger nichts eigenes* mehr haben, weder ihren Leib noch ihr Gut, und alle Untertanen *gesetzlich Leibeigene* seien, denn – *sie dürfen sich dem Dienst des Staats nicht entziehen.«* – Zu aller dieser unglaublichen Krudität könnte man die Rührung am possierlichsten finden, mit der Hr. v. Haller, das unaussprechliche Vergnügen über seine Entdeckungen beschreibt (1. B. Vorrede) – »eine Freude wie nur der Wahrheitsfreund sie fühlen kann, wenn er nach redlichem Forschen die Gewißheit erhält, daß er *gleichsam* (jawohl, gleichsam!) den Ausspruch der *Natur*, das Wort *Gottes selbst*, getroffen habe« (das Wort Gottes unterscheidet vielmehr
208 seine Offenbarun|gen von den Aussprüchen der Natur und des natürlichen Menschen sehr ausdrücklich) – »wie er vor lauter Bewunderung hätte nie-

b) geht sie in das *Verhältnis* des einzelnen Staates zu andern Staaten über, – *äußeres Staatsrecht*; | 206

c) ist sie die allgemeine Idee als *Gattung* und absolute Macht gegen die individuellen Staaten, der Geist, der sich im Prozesse der *Weltgeschichte* seine Wirklichkeit gibt. | (246 ff.) 208

Die Realform des politischen Gemeinwesens ist in den einzelnen Staaten unmittelbar instanziiert oder empirisch manifest. Die komplexen Prozesse des Lebens und Handelns sowohl für das Gemeinwesen als auch im Gemeinwesen zeigen, dass es eine sich auf sich selbst beziehende Organisation ist, Hegel spricht bewusst analogisch von einem Organismus. Dessen bleibende Form ist die Verfassung. Hegel nennt sie als konstitutives System der Vollzugsformen politischen Lebens auch das ›innere Staatsrecht‹. Hier wird geregelt, wer, wann und wie das Gemeinwesen bzw. den Staat repräsentiert bzw. repräsentieren darf, kann oder muss.

Da die Verfassung den Staat oder das Gemeinwesen als Einheit, meinetwegen als ›Entität‹ in seiner ›Identität‹, definiert, sind auch die Relationen des Andersseins, also zu den anderen Staaten oder Gemeinwesen, zu betrachten. Das alles sollte als logisch-begriffliche Selbstversändlichkeit eingesehen werden. Bei den Beziehungen zwischen verschiedenen Gemeinwesen handelt es sich schlicht um das *zwischenstaatliche* »Verhältnis des einzelnen Staates zu anderen Staaten«, das national und international, wie wir dann auch sagen, formell oder informell ›geregelt‹ ist im ›äußeren Staatsrecht‹.

In der Weltgeschichte entwickeln sich paradigmatische Grundformen, die, wie alle guten Ideen dieser Welt, über kurz oder lang partiell von allen anderen kopiert werden. Der freie Geist der politischen Weltgeschichte ist selbst nichts anderes als die Entwicklung der all-

dersinken mögen, ein Strom von freudigen Tränen seinen Augen entquoll, und die lebendige Religiosität von da in ihm entstanden ist.« – Hr. v. H. hätte es aus Religiosität vielmehr als das härteste Strafgericht Gottes beweinen müssen, denn es ist das härteste, was dem Menschen widerfahren kann, – vom Denken und der Vernünftigkeit, von der Verehrung der Gesetze und von der Erkenntnis, wie unendlich wichtig, göttlich es ist, daß die Pflichten des Staats und die Rechte der Bürger, wie die Rechte des Staats und die Pflichten der Bürger *gesetzlich* bestimmt sind, – soweit abgekommen zu sein, daß sich ihm das Absurde für das *Wort Gottes* unterschiebt. |« 208 gemeinen Idee der Freiheit der Personen bzw. ihre Vollzugsform in Aktion, die im Detail vielfältige Kämpfe enthält und nie endet. Hier geht es nur erst um das Begreifen der allgemeinen Form. Diese meint Hegel zu liefern, so dass in seiner Analyse, nicht etwa in der Realität des politischen Kampfes, die Freiheit zu sich selbst gekommen ist.

Es ist also der jahrtausendealte philosophische Streit um die Grundform der Freiheit nach Hegels unbescheidener, aber völlig korrekter Einschätzung für alle, die lesen und denken können, beendet, nicht die reale politische Geschichte der Realisierung der Idee der Freiheit. Alle anderslautenden Lesarten sind schlicht falsch und gehen auf Lektüreprobleme zurück.

A. Das innere Staatsrecht

Das innere Staatsrecht hat drei Teilmomente, die *fürstliche Gewalt* des *Monarchen*, ggf. in einem Präsidialsystem auch auf Zeit, die *Regierungsgewalt* der gesamten *Exekutive* und die *gesetzgebende Gewalt* der *Legislative*. Im Fürsten, dem ›Ersten‹ des Staates, wird die *Einheit* des Gemeinwesens durch ein *einzelnes* personales Individuum repräsentiert – so dass durch dessen Spruch oder Unterschrift Entscheidungen endgültig gefällt werden können: Die Situation ist ganz ähnlich zu der des Prätors (später auch des Cäsars), der in Rom Gerichtsurteile fällte, deren inhaltliche Vorbereitung aber längst durch andere Leute geschehen ist.

Im Fall der Politik ist das den *Inhalt* des *Entschlusses* des Staatsoberhaupts als *Beschluss* fassende und dann auch in die Tat umsetzende Organ die *Regierung*. Sie ist es zunächst als *besonderes* Gremium der Beratung und Führung der Regierungsgeschäfte mit ihren Erlassen etc., dann als Spitze der Verwaltung.

Die *allgemeine* Macht im Gemeinwesen aber hat die Legislative, das Parlament, welches in einer Demokratie nach heutigem Verständnis in freien und gleichen Wahlen zu wählen ist, obgleich es z. B. das Frauenwahlrecht weltweit kaum seit 100 Jahren, in der ältesten Demokratie, der Schweiz, kaum seit 50 Jahren in allen Kantonen gibt.

§ 260

Der Staat ist die Wirklichkeit der konkreten Freiheit; die *konkrete Freiheit* aber bestehet darin, daß die persönliche Einzelnheit und deren besondere Interessen sowohl ihre vollständige *Entwickelung* und die *Anerkennung ihres Rechts* für sich (im Systeme der Familie und der bürgerlichen Gesellschaft) haben, als sie durch sich selbst in das Interesse des Allgemeinen teils *übergehen*, teils mit Wissen und Willen dasselbe und zwar als ihren eigenen *substantiellen Geist* anerkennen und für dasselbe als ihren *Endzweck tätig* sind, so daß weder das Allgemeine ohne das besondere Interesse, Wissen und Wollen gelte und vollbracht werde, noch daß die Individuen bloß für das letztere als Privatpersonen leben, und nicht zugleich in und für das Allgemeine wollen und eine dieses Zwecks bewußte Wirksamkeit haben. (251) 245

Die konkrete Freiheit der Führung eines Lebens als Person mit allen anderen Personen gibt es nur im Rahmen des Gemeinwesens, der *res publica*. Was Hegel hier »persönliche Einzelheit« nennt, bin ich im Vollzug hier und jetzt als das *personale Subjekt*, in bleibender Existenz als das *personale Individuum*, wie ich zur klärenden Hervorhebung in meiner Kommentarsprache zu den unterschiedlichen Bezügen und Gebräuchen des Wortes »ich« sagen möchte.

Zum normativ dichten Begriff des Gemeinwesens gehört nicht nur, dass meine besonderen Interessen von ihm anzuerkennen sind, soweit sie mit dem Interesse des Allgemeinen zusammenbestehen können. Es gehört auch dazu, dass die personalen Individuen nicht bloß für sich ein privates Leben leben, sondern als politische Bürger sich zugleich als sowohl passive, als auch aktive Subjekte im Gemeinwesen begreifen, also nicht etwa bloß als Untertanen, sondern als Personen, ohne deren faktische und praktische Anerkennungen es das Gemeinwesen gar nicht gibt, aber auch sie selbst nicht als Personen und Bürger. Sich für das Allgemeine des Gemeinwesens einzusetzen, bedeutet daher immer auch, sich für sich als Person einzusetzen. Es nicht zu tun, bedeutet immer auch den Rückzug ins Private eines nur erst vereinzelten Lebens, also bloß auf das Rationale und Sensitive des unmittelbaren Menschseins.

In eben diesem Sinn ›spiegelt‹ sich in der Person – zunächst auf rein logische Weise als mögliches und wirkliches Selbstbewusstsein, dann auch im Selbstgefühl als weitgehend stimmungsförmiges Weltverhältnis – das Gesamt der möglichen und wirklich ausgeübten Rollen im Gemeinwesen, was die Person insgesamt zu einem Status des Citoyens im Staat und im guten Fall zu einem Weltbürger macht.

Als Person soll ich also voll meine Fähigkeiten und Rollen, damit meinen Status, in Familie, Gesellschaft und politischen Gemeinwesen ausbilden oder entwickeln können und dürfen. Deren Ausübung kann dann auch das Gemeinwesen entwickeln. Entscheidend aber ist, dass ich als geistige Person in meinem Wissen und Wollen erkenne und anerkenne, dass ich als Person im Gemeinwesen bestimmt bin. Dieses wiederum hängt in seiner vernünftigen Entwicklung *auch* ein wenig von mir ab. Kurz, die allseitig gebildete Person urteilt und handelt in der Familie, im gesellschaftlichen Austausch und im Gemeinwesen nach den betreffenden allgemeinen Bestimmungen, was eigene Urteilkraft ebenso nötig macht, wie sie erlaubt sein muss.

245 Das Prinzip der modernen Staaten hat diese ungeheure Stärke und Tiefe, das Prinzip der Subjektivität sich zum *selbstständigen Extreme* der persönlichen Besonderheit vollenden zu lassen, und zugleich es in die *substantielle Einheit zurückzuführen* und so in ihm selbst diese zu erhalten. (251)

Im Unterschied zu den ›alten‹ Staaten vor der römisch-christlichen Zeitenwende ist in den modernen Staaten und Gemeinwesen das Subjektivitätsprinzip des eigenen Urteilens im Handeln auf immer entwickeltere Weise implementiert. Das macht die »ungeheure Stärke und Tiefe« der Moderne aus, die, so allgemein gesehen, nicht erst im 16. Jahrhundert beginnt. Es sind uns zum Beispiel, wenn wir lesen können, Augustinus oder Boethius nur unwesentlich fremder als Descartes oder Leibniz. Die Anerkennung der Absolutheit bzw. unendliche Würde oder Sakralität des personalen Subjekts, auch wenn sie nur erst implizit ist und sich hinter religiösen Formen verbirgt, bedeutet, dass jeder von uns sich frei zu einer vollendeten persönlichen Besonderheit entwickeln darf und soll – und dabei zugleich die allgemeine Idee des Guten internalisiert, in sich spiegelt oder reflektiert – und sie so durch sein subjektiv-personales Tun erhält.

§ 261

Gegen die Sphären des Privatrechts und Privatwohls, der Familie und der bürgerlichen Gesellschaft, ist der Staat einerseits eine *äußerliche* Notwendigkeit und ihre höhere Macht, deren Natur ihre Gesetze, so wie ihre Interessen untergeordnet und davon abhängig sind; aber andererseits ist er ihr *immanenter* Zweck und hat seine Stärke in der Einheit seines allgemeinen Endzwecks und des besonderen Interesses der Individuen, darin, daß sie insofern *Pflichten* gegen ihn haben, als sie zugleich Rechte haben (§ 155). (251 f.) 245

Die freien Handlungsbereiche der Familie und in der bürgerlichen Gesellschaft gibt es auf stabile Weise nur dank des Schutzes durch das Gemeinwesen, das damit für sie notwendige Voraussetzung und insofern auch »ihre höhere Macht« ist. Das gilt natürlich auch für die normierte bzw. kanonische Formation der Ehe und Familie, wie sie oben skizziert wurde. Das bloß ›natürliche‹ Zusammenleben von Männern, Frauen und Kindern in ›vorsittlichen‹ Frühzeiten ist hier nicht relevant.

Die freien sittlichen Gepflogenheiten der Familien wie auch die freien Verträge und Assoziationen in der Gesellschaft sind den staatlichen Gesetzen untergeordnet. *Recht bricht Sitte*. Daher behält Kreon zunächst gegen Antigone recht. Andererseits ist der Beitrag des personalen Lebens zur Entwicklung des Gemeinwesens der ›immanente Zweck‹ der Selbstformung zur vollen Person. Daher bezieht das Gemeinwesen seine Stärke »aus der Einheit seines allgemeinen Endzwecks und des besonderen Interesses der Individuen«. Es gibt also ein Geben und Nehmen zwischen Bürger und Staat in den Pflichten gegen den Staat und in den Rechten, auch Wohltaten, die dieser gewährt. Das gilt zunächst natürlich nur ganz allgemein. Konkret kann es außer Balance kommen. Aber die Einsicht ist absolut zentral, dass es keine Staatsmacht gibt, die sich ohne die teils passive Anerkennung, teils aktive Unterstützung der Bürger länger halten könnte. Diese Anerkennungen sind in ihrer Form frei, weil sie in einem freien Handeln, Reden, Tun und Unterlassen bestehen. Das ist auch dann so, wenn Sanktionsdrohungen der Gewalt die Anerkennung und Unterstützung auch von Diktaturen einige Zeit lang aufrechterhalten können.

Es ist trivial, dass ein Cäsar ohne Soldaten keine Kriege führen und ohne Arbeiter keine Wasserleitungen bauen kann, wie bekanntlich

Bert Brecht betont. Und doch wird dauernd vergessen, dass er nicht Imperator, Herr des Imperiums, sein kann ohne allgemeine Anerkennung. Dasselbe gilt für alle Herrschaft und Macht. Daher ist die übliche Vorstellung, die uns als die Machtlosen dem Staat und den in ihm Mächtigen einfach gegenüberstellt, so bedauernswert einseitig.

Es gibt schlicht keinen Diktator, der sich nicht auf die teils aktive, teils schweigende Mehrheit des Volkes, wenigstens auf eine nicht unerhebliche Masse gestützt hätte. Darin liegt auch die Verantwortung des Volkes insgesamt für Staat und Regierung, Gemeinwesen und dessen Verwaltung, obwohl diese Verantwortung natürlich nicht einfach gleichverteilt ist, wir also nur im generischen Sinn das Staatsvolk sind.

Strukturell betrachtet, ist sogar keine Position im Gemeinwesen so gefährdet wie die des Cäsar, was sich dann auch in den Erscheinungen der Kämpfe um die Macht in Rom und Ostrom spätestens ab der Zeit der Soldatenkaiser ebenso zeigt wie in den Nachfolgekönigtümern der Cäsaren zunächst in Westeuropa.

Hegels tiefe Einsicht dazu ist, dass das alles unabhängig davon gilt, ob die Regierung eine republikanische Struktur hat oder die Führungspersonen der politischen Leitung oder auch andere Repräsentanten des Gemeinwesens demokratisch gewählt sind oder nicht. Es ist sogar eine gefährliche Illusion im Demokratismus zu meinen, wir als Bürger seien nur für die Politik der von uns gewählten Parteien verantwortlich, ansonsten seien wir eben einer uns entgegenstehenden Staatsmacht und deren Gewaltmonopol unterworfen. Nicht nur die Mitglieder und Wähler der Nazi-Partei waren und sind für deren Taten mitverantwortlich; jeder Citoyen wäre aufgerufen gewesen, sich zu widersetzen. Zwar ist angesichts der erzeugten Angst einerseits, der Ambivalenz von legitimer und missbrauchter Staatsmacht andererseits die Anpassung der personalen Individuen zu *verstehen* und vielleicht von einem Gott zu *verzeihen*. Zu *rechtfertigen* ist hier deswegen nichts, weil jede Selbstrechtfertigung das Defizit der personalen Kultur nur noch größer macht und es eine ›Rechtfertigung‹ von außen nicht geben kann, sondern bestenfalls der Aufruf, die richtigen Lehren zu ziehen. Diese bestehen dann aber möglicherweise nicht einfach in der Idee, ein freier demokratischer Konsens könne das Problem verhindern. Denn mit dieser Nachkiegsidee ist die höchst problematische Vorstellung verbunden ist, die beiden Katastrophen von 1914 und 1933 in Deutschland seien durch wenige politische Führer und die Autoritätsgläubigkeit des Volkes verursacht worden – und Hegels Staatstheorie hätte dem Vorschub geleistet. Man übersieht damit die eigentlichen Ursachen, die in einem demokratistischen Mehheitspopulismus und der Verkennung der Bedeutung republikanisch verfasster und kontrollierter Leitungsstrukturen liegen.

Obwohl man nicht von jedem ein besonderes Heldentum verlangen kann, ist die Diagnose von Theodor W. Adorno durchaus richtig, dass es 1945 fast nur noch in der Emigration und in Konzentrationslagern *volle bürgerliche Personen* aus Deutschland gab – wie man in meiner Redeweise jetzt sagen kann.

Daß den Gedanken der Abhängigkeit insbesondere auch der pri- 246 Ⓚ
vatrechtlichen Gesetze von dem bestimmten Charakter des Staats, und die philosophische Ansicht, den Teil nur in seiner Beziehung auf das Ganze zu betrachten, – vornehmlich *Montesquieu* in seinem berühmten Werke: *Der Geist der Gesetze,* ins Auge gefaßt, und auch ins Einzelne auszuführen versucht hat, ist schon oben § 3 Anm. bemerkt worden. – (252)

Das Problem ist, das die Leute Aussagen über Allgemeines nicht in ihrem ebenso wichtigen wie schwankenden Status verstehen und daher z. B. im besonderen politischen Parteienstreit die Anerkennung oder Nichtanerkennung des Staates mit der Unterstützung oder Nichtunterstützung der im Staat gerade herrschenden Parteiungen verwechseln.

Der große Denker, welcher diese Unterschiede in der Moderne am klarsten erkannt und als Erster artikuliert hat, ist Montesquieu. Er hat auch die Besonderheit der ›philosophischen‹ Perspektive einer politik- und gesellschaftswissenschaftlichen Grundlagenreflexion und der für sie notwendigen besonderen spekulativ-generischen Sprache erkannt und entwickelt, beginnend mit der Rede vom »Geist der Gesetze«. Montesquieu hat insbesondere gezeigt, wie gesellschaftliche Strukturen rechtlich geregelter Verträge und damit des Marktes von der allgemeinen Typik des Staates abhängen können. Man denke dabei durchaus auch schon an den Unterschied zwischen dem agrarisch-aristokratischen Spanien und den schon bürgerlichen Niederlanden. Im ›familialen‹ Katholizismus gibt es die Tendenz, den Geldhandel, das Nehmen von Zinsen und Versicherungswetten in der ökonomischen Sphäre für unsittlich zu halten – und das trotz des Ursprungs des modernen Handels und Geldwesens in den ›katholischen‹ italienischen Städten, freilich in Fortsetzung antiker Traditionen. Der Calvinismus als Konfession ist städtisch geprägt, der Katholizismus ländlich. (Das relativiert Max Webers Erklärungsmodell der Rolle der *Heilslehre* des calvinischen Protestantismus für das Aufkommen des Kapitalismus.)

Die strukturellen Teilmomente und empirischen Erscheinungen des Gemeinwesens sind in ihrer »Beziehung auf das Ganze zu betrachten«. Berühmte Autoren und Werke, welche neben Hegel diese Reflexionsform aktiv betreiben und sich damit einem zu erwartenden Missverständnis der Mehrheit der Leser aussetzen, sind z. B. der Soziologe Ferdinand Tönnies in *Gemeinschaft und Gesellschaft* oder der inhaltlich und politisch mit Recht umstrittene Otto Weininger in *Geschlecht und Charakter*, Carl Schmitt in *Der Begriff des Politischen* (mit seiner allzu abstrakten Rede von Freund und Feind) oder auch Martin Buber (*Ich und Du*) und Martin Heidegger, nicht nur in *Sein und Zeit*. Vor jeder Beurteilung der Wahrheit oder Irrtümer im Inhalt dieser Art von Texten ist ihre besondere spekulative Sprachform und höchst allgemeine Themenstellung zu erkennen. Es geht um die Artikulation generischer Groß- und Grobunterscheidungen durch Titelwörter und Merksätze. Eben das zeigt Hegel selbst in seinen Reflexionen auf die logische Form des spekulativen Satzes, der allgemeine, holistische Verhältnisse artikuliert. So ist z. B. der Gegensatz zwischen dem familialen Kommunitarismus (und Kommunismus) der *Gemeinschaft* einerseits, den freien Tauschverträgen und Vereinen der *Gesellschaft* andererseits *aufzuheben*, was im rechtlichen System des politischen *Gemeinwesens* auf nichttriviale Weise so zu geschehen hat, dass individuelle Freiheit koexistieren kann mit allgemeiner gegenseitiger Anerkennung als Personen. Der so begriffene ›Staat‹ ist als solcher *weder* familial *noch* vertragsförmig oder rein machtpraktisch verfasst und darf entsprechend auch nicht so missdeutet werden.

Wieder besteht natürlich das zu berücksichtigende Problem für Verständnis und Wahrheit allgemeiner Unterscheidungen und Sätze in der Tatsache, dass sie immer noch einer Besonderung vor ihrer Anwendung auf die Einzelheiten der realen Welt verlangen. Es gibt also immer auch besondere *Ausnahmen und Privationen* als Abweichungen von prototypischen, stereotypischen oder idealtypischen Normalfällen. Wir haben das schon an der allgemeinen Wahrheit und besonderen Falschheit eines Satzes wie »Wir sind das Volk« gezeigt. Analoges gilt für Ludwigs XIV. »Der Staat bin ich« oder Hegels »Der Staat ist die Wirklichkeit der konkreten Freiheit« bzw. »Das Vernünftige ist wirklich«.

Da Politik nicht nur die Kunst des Möglichen, sondern des Allgemeinen ist, damit auch der allgemeinen Folgen für das Besondere und Einzelne, wäre es absurd, diesen zentralen Unterschied zwischen den Sphären des Gemeinwesens, also zwischen dem Einzelnen der Familie und dem Besonderen der Gesellschaft einerseits, der Verwaltung des Allgemeinen durch den Staat andererseits nicht ernst zu nehmen. Vielmehr ist er in seiner transzendentalen Struktur explizit zu machen. Nur so gibt es politisches und damit volles personales Selbstbewusstsein als Wissen über sich im Gemeinwesen. Spätestens die weltweiten Folgen staatlicher Gesundheitspolitik zu Zeiten der Corona-Krise zeigen übrigens die massive Abhängigkeit des gesamten gesellschaftlichen Lebens von den erlassenen rechtlichen Rahmenbedingungen. Wir sehen aber auch sonst den zentralen Unterschied zwischen direkter staatlicher Beteiligung an Wirtschaft und Gesellschaft etwa in kameralistisch geführten (›nationalisierten‹) Betrieben und allen indirekten (›fiskalischen‹) Steuerungen einer ansonsten frei gelassenen Sphäre des Marktes.

Da die *Pflicht* zunächst das Verhalten *gegen* etwas für mich *Sub-* 246 Ⓚ
stantielles, an und für sich Allgemeines ist, das Recht dagegen das
Dasein überhaupt dieses Substantiellen ist, damit die Seite sei|ner 209
Besonderheit und meiner *besondern* Freiheit ist, so erscheint beides auf den formellen Stufen an verschiedene Seiten oder Personen verteilt. Der Staat, als Sittliches, als Durchdringung des Substantiellen und des Besonderen, enthält, daß meine Verbindlichkeit gegen das Substantielle zugleich das Dasein meiner besonderen Freiheit d. i. in ihm Pflicht und Recht in *einer und derselben Beziehung vereinigt* sind. (252)

Aus je meiner Perspektive scheint meine Pflicht eine Form des Tuns ›zugunsten‹ anderer Personen zu sein, mein Recht aber wäre dann ein Anspruch an deren Tun. Das Gemeinwesen aber *sind wir*, so dass mein Tun der Pflicht immer auch ein Tun *für uns* – und damit auch für mich ist. In diesem vermittelten Sinn ist meine Teilnahme an einem gemeinsamen Wollen *meine eigene Freiheit*, in welcher »Pflicht und Recht« auf im Prinzip einsehbare Weise »vereinigt sind«.

246 Ⓚ Weil aber ferner zugleich im Staate die unterschiedenen Momente zu ihrer *eigentümlichen* Gestaltung und Realität kommen, hiemit der Unterschied von Recht und Pflicht wieder eintritt, so sind sie, indem sie *an sich*, d. i. formell identisch sind, zugleich *ihrem Inhalte* nach *verschieden*. (252)

Freilich bleibt der Unterschied der Momente Recht und Pflicht, der Entitlements und Commitments erhalten, wenn wir auf die Ansprüche und Verpflichtungen aus der Perspektive verschiedener Rollen bzw. Personen blicken: Ein Steuerbeamter zum Beispiel, der bei anderen Personen die Korrektkeit der Steuererklärungen prüft, muss als Bürger natürlich selbst korrekt Steuern zahlen.

246 Ⓚ Im Privatrechtlichen und Moralischen fehlt die *wirkliche* Notwendigkeit der Beziehung, und damit ist nur die *abstrakte* Gleichheit des Inhalts vorhanden; *was* in diesen abstrakten Sphären dem Einen Recht ist, soll auch dem Andern Recht, und was dem Einen Pflicht ist, soll auch dem Andern Pflicht sein. (252 f.)

Der privatrechtliche Austauschvertrag und die Kooperation in familialen Lebensformen sind in anderer Weise frei als die ›Notwendigkeit‹ in rechtlich geregelten Beziehungen, wie sie sich aus sanktionsbewehrten Normen ergibt. Dabei ist grundsätzlich das abstrakte Symmetrieprinzip zu beachten: Inhaltlich gilt ›jedes‹ Recht für ›jede‹ freie Person, und ›jede‹ Pflicht ebenfalls. Das Prinzip ist dennoch generisch zu verstehen, es gibt Ausnahmen. Denn es gibt ja durchaus *bedingte* Rechte und Pflichten, die abhängig sein können von Status und Rolle der Personen, auch vom Kontext und der Situation, obwohl im Normalfall ›immer alle‹ die Adressaten der Gesetze sind.

246 Ⓚ Jene absolute Identität der Pflicht und des Rechts findet nur als gleiche Identität des *Inhalts* Statt, in der Bestimmung, daß dieser Inhalt selbst der ganz allgemeine, nämlich das Eine Prinzip der Pflicht und des Rechts, die persönliche Freiheit des Menschen ist. (253)

Es ist das Wir und Uns der Gesetzgebung und der Adressaten identisch. Das definiert die freien Personen im Gemeinwesen.[106]

106 Schon der Ausdruck »Freiherr« signalisiert übrigens, dass im spä-

Sklaven haben deswegen keine Pflichten, weil sie keine Rechte haben; und umgekehrt – (von religiösen Pflichten ist hier nicht die Rede). – (253) 246 Ⓚ

Es gibt zwar Befehle und Androhungen von Strafen und von anderem Zwang gegen Sklaven. Aber im Unterschied zu Dienern, Knechten und Tagelöhnern, die sich ›frei verdingen‹, sind Sklaven nicht frei. Sie haben daher aber auch absolut keine personalen Pflichten, da sie nicht als freie Personen behandelt werden. Alles Tun des Sklaven müsste daher als sittlich ›erlaubt‹ gelten, weil er ja gar nicht als freies sittliches Wesen anerkannt ist. Das gilt sogar für Aristoteles, der die (›geborenen‹) Sklaven den Kindern gleichsetzt. (Es ist kein Wunder, dass die Wörter »Knecht« und »Magd« auf eine Art Kindschaft verweisen.) Anders gesagt, alle rechtlichen und moralischen Begriffe versagen von vornherein bei der Beurteilung von Widerstandshandlungen eines Sklaven. Ihre Anwendung ist in diesen Fällen in sich widersprüchlich, weil sie den Sklaven rechtliche und ethisch-moralische Pflichten zuschreiben, aber keine entsprechenden und von ihm ggf. einzufordernden Rechte zugestehen. Das wurde von der Antike bis ins 19. Jahrhundert nur deswegen ›übersehen‹, weil man den Status von Sklaven und den von Dienern und Knechten (etwa als Gehilfen in der Landwirtschaft und im Haus) immer schon sowohl praktisch als auch verbal miteinander ›verwechselt‹ und den Unterschied auch in den Bezeichnungen – etwa der *servitudo* – sozusagen verschmiert hat.

Hegels Ergänzung, dass von religiösen Pflichten hier nicht die Rede ist, ist schwierig, weist aber möglicherweise darauf hin, dass eine religiöse Pflicht in ihrem Wesen und Wahrheit eine *Pflicht des*

teren Mittelalter durch Verwandlung freier Gefolgschaft in ökonomische und rechtliche Abhängigkeit auf dem Land nur noch eine sehr kleine Klasse Adliger als frei galt, was im römischen Reich und den Städten und auch bei den bäuerlichen Slawen und Germanen durchaus noch anders war. Das Prinzip der persönlichen Freiheit des Menschen, welches die christliche Religion theoretisch immer hochhielt, wird dabei zunächst ökonomisch und dann auch politisch-rechtlich unterlaufen, was sich an der Institution der Leibeigenschaft praktisch in ganz Europa klar zeigt. Habermas meint, die Kirche habe den sich aus der ›germanischen‹ Gefolgschaftstreue – übrigens in ganz Europa, auch Russland – entwickelnden Feudalismus gefördert. Hegel sieht, dass sie ihn nach ihren Möglichkeiten gezähmt hat.

personalen Subjekts gegen sich selbst als Person ist. Diese bleibt auch im Fall einer äußeren Versklavung intakt. Sie kann dann aber, einerseits, dazu führen, dass der Sklave frei Widerstand leistet und sich lieber tötet lässt, als Sklave zu bleiben. Die im Prinzip unerträglichen Rollen als Sklave auszuführen, *kann* andererseits auch schon die *Selbstverwandlung des Sklaven in einen freien Knecht* bedeuten. Ein solcher Knecht wählt sozusagen aus, welchen Befehlen er gehorcht und welchen nicht. Vor diesem Hintergrund ist – anders als Max Weber das sieht – die Aufnahme von Sklaven in die frühchristlichen Gemeinden ein erster Schritt auf dem Weg zur Abschaffung der Sklaverei. Wohl nicht zuletzt daher verwandelt sich im spätrömischen Reich der Status des Privatsklaven durchwegs in eine Knechtschaft auf Zeit, die regelmäßig mit der Freilassung endet (was bis heute in seiner Bedeutung unterschätzt zu sein scheint).

246f. Ⓚ Aber in der konkreten, sich in sich entwickelnden Idee unterscheiden sich ihre Momente und ihre Bestimmtheit wird zugleich ein verschiedener Inhalt; in der Familie hat der Sohn nicht Rechte *desselben Inhalts* als er Pflichten gegen den Vater, und der Bürger nicht Rechte *desselben Inhalts* als er Pflichten gegen Fürst und Regierung hat. – (253)

Obwohl allgemein vor dem Gesetz des Staates, in der Gesellschaft und Familie alle gleich sind, gibt es besondere konkrete Unterschiede auch im Status der verschiedenen Subjekte. Das heißt, die ›Idee‹ des Wir oder Gemeinwesens als Praxisform differenziert sich aus. In der Familie haben die Kinder bestimmte Rechte und Pflichten. Früher unterschieden sich die Rollen von Bruder und Schwester, Vater und Mutter. Im Staat gibt es konkrete Unterschiede der Rechte und Pflichten bzw. Verantwortlichkeiten des Leitungspersonals, der politischen und administrativen Funktionsträger und der normalen Bürger.

247 Ⓚ Jener Begriff von Vereinigung von Pflicht und Recht ist eine der wichtigsten Bestimmungen und enthält die innere Stärke der Staaten. – (253)

Von einer nicht nur rhetorischen Betonung der Einheit von Pflicht und Recht im Gemeinwesen hängt seine innere Kohärenz und damit seine Leistungsfähigkeit und ethische Qualität ab.

247 Ⓚ Die abstrakte Seite der Pflicht bleibt dabei stehen, das besondere

Interesse als ein unwesentliches, selbst unwürdiges Moment zu übersehen und zu verbannen. Die konkrete Betrachtung, die Idee, zeigt das Moment der Besonderheit eben so wesentlich und damit seine Befriedigung als schlechthin notwendig; das Individuum muß in seiner Pflichterfüllung auf irgend eine Weise zugleich sein eigenes Interesse, seine Befriedigung oder Rechnung finden, und ihm aus seinem Verhältnis im Staat ein Recht erwachsen, wodurch die allgemeine Sache *seine eigene besondere* Sache wird. (253)

Der Vorrang des Gemeinwesens vor dem besonderen Interesse der Familien bedeutet nur, dass Letztere *im Not- und Konfliktfall* nachgeordnet sind, nicht aber, dass nur der Erhalt und die Entwicklung des Staates eigentlichen Wert hätte. Im Gegenteil. Den Bürgern muss es im Staat immer auch um sich selbst gehen – wobei dann subjektiv immer die Frage ist, wie weit dieses »ich selbst« bloß erst das momentane Subjekt und das Individuum in seinem leiblichen Leben oder doch schon die ganze Person ist. Man hat diesen zentralen Punkt Hegels bisher noch nicht angemessen begriffen.

Das besondere Interesse soll wahrhaft nicht bei Seite gesetzt oder 247 Ⓚ
gar unterdrückt sondern mit dem Allgemeinen in Übereinstimmung gesetzt werden, wodurch es selbst und das Allgemeine erhalten wird. Das Individuum, | nach seinen Pflichten Untertan, findet als Bürger 210
in ihrer Erfüllung den Schutz seiner Person und Eigentums, die Berücksichtigung seines besonderen Wohls, und die Befriedigung seines substantiellen Wesens, das Bewußtsein und das Selbstgefühl, Mitglied dieses Ganzen zu sein, und in dieser Vollbringung der Pflichten als Leistungen und Geschäfte für den Staat hat dieser seine Erhaltung und sein Bestehen. (253 f.)

Man spricht von *Untertanen* eines Staates (›*subjects*‹). In Wahrheit meint man dabei die personalen Subjekte und Individuen, welche sowohl Pflichten als auch Rechte im Gemeinwesen haben. Die Leistungen für den Staat geben diesem allererst sein Bestehen. Als Bürger aber genießen wir dessen Schutz, besonders im Blick auf die Freiheitsrechte der Person und des Eigentums.

Auf der Ebene des Selbstbewusstseins und Selbstgefühls liegt die Ehre. Sie drückt aus, dass man anerkanntes Mitglied des Gemeinwesens ist. Diese Ehre kann zu Unrecht verletzt werden und steht eben deswegen selbst unter dem Schutz des Staates.

247 Ⓚ Nach der abstrakten Seite wäre das Interesse des Allgemeinen nur, daß seine Geschäfte, die Leistungen, die es erfordert, als Pflichten vollbracht werden. (254)

Ganz abstrakt gesagt, besteht das sogenannte »Allgemeininteresse« des Gemeinwesens nur darin, dass alle seine Leistungen für uns von uns als aktiven Mitgliedern in Erfüllung unserer Pflichten erbracht werden – was zunächst von der Unterscheidung zwischen Bürger und dem Leitungspersonal von Funktionsträgern oder ›Funktionären‹ absieht.

§ 262

248 Die wirkliche Idee, der Geist, der sich selbst in die zwei ideellen Sphären seines Begriffs, die Familie und die bürgerliche Gesellschaft, als in seine Endlichkeit scheidet, um aus ihrer Idealität für sich unendlicher wirklicher Geist zu sein, teilt somit diesen Sphären das Material dieser seiner endlichen Wirklichkeit, die Individuen als die *Menge* zu, so daß diese Zuteilung am Einzelnen durch die Umstände, die Willkür und eigene Wahl seiner Bestimmung *vermittelt* erscheint (§ 185 und Anm. das.). (254)

Schon die Betonung im Satz ist hier nicht einfach, denn das, was Hegel »Idee« nennt, ist schon *per definitionem* wirkliche Vollzugsform, und zwar des ganzen Gemeinwesens, bestehend aus Familie, Gesellschaft und Staat im engeren Sinn. Der Geist dieses Gemeinwesen schwebt nicht neben seinen Erscheinungen. Er bringt diese auch nicht wie ein Gesellschaftsarchitekt hervor. Er ist die Idee als wirklich wirkende Form selbst, die sozusagen dafür sorgt, dass das Verhalten der Menschen nicht bloß zufällig so ist, dass es sich zu einem Gemeinschaftshandeln des Gemeinwesens aufbaut. Noch nicht einmal die Verhaltensweisen der einzelnen Ameisen in einem Ameisenstaat sind zufällig, auch wenn deren Formen nicht durch bewusste Anerkennungen von Rechten und Pflichten vermittelt sind. Daher gibt es ja auch keinen Geist in einem Insektenstaat. Der Geist des Gemeinwesens als objektiver Geist im Vollzug ist das Ganze dieser ethisch-sittlichen Vermittlung, der absolute Geist dagegen die Praxis, in der wir das Gemeinwesen selbstbewusst vergegenwärtigen. Das geschieht in Religion, Kunst und Philosophie, zu der wir hier auch noch alle Geisteswissenschaften zählen dürfen oder sollten.

Warum aber sollen »die zwei ideellen Sphären«, Familie und bürgerliche Gesellschaft, die »Endlichkeit« des Gemeinwesens sein? Und wie soll aus deren »Idealität für sich« heraus das Gemeinwesen insgesamt »unendlicher wirklicher Geist« sein?

Die Frage so explizit aus dem Text heraus zu stellen, ist schon die erste Hälfte der Antwort, wie wir gleich sehen werden. Denn in den Familien kooperieren die Familienmitglieder frei. In der Gesellschaft koordinieren die Familien und Personen ihre Interessen und ihr Tun. Die Individuen bilden dabei in jeder endlichen Zeitspanne eine endliche Menge. Ihre Kooperationen und Koordinationen definieren auf dieser Menge von Leuten gewisse empirisch-tatsächliche, insofern ebenfalls endliche *Relationen*. Diese aber sind als (gemeinsame) Handlungen *in ihrer Form* durch den *Geist*, die Idee bestimmt. Diese ist ›unendlich‹, weil überzeitlich, also relativ stabil. Hegel sagt dazu gern ›substantiell‹.

Das *Gemeinwesen* grenzt das Gesamt der ›erlaubten‹ Formen ein. Das konkrete Tun instanziiert die allgemeinen Formen und Normen, unter Berücksichtigung der besonderen Umstände, wobei aber auch Willkür und privative Zufälle eine Rolle spielen.

Es gibt zwar die Formen nicht ohne ihre endlichen, empirischen Realisierungen. Aber es gibt auch kein individuelles oder gemeinsames Handeln, das nicht schon geformt wäre und damit als endliche Instanziierung einer in Hegels Sinn unendlichen Form (also insgesamt durch ›die Idee‹ bestimmt) zu begreifen wäre. Das gilt schon für die relativ einfach von den Individuen sozusagen beliebig reproduzierbaren Sprach- und Wissensformen, auf denen dann alle komplexeren Formen des Gemeinwesens, von der Familie und allgemeinen Gesellschaft bis zu Wissenschaft und Kunst, Recht und Religion aufruhen.

§ 263

In diesen Sphären, in denen seine Momente, die Einzelnheit und 248
Besonderheit, ihre unmittelbare und reflektierte Realität haben, ist der Geist als ihre in *sie scheinende* objektive Allgemeinheit, als die Macht des Vernünftigen in der Notwendigkeit (§ 184), nämlich als die im Vorherigen betrachteten *Institutionen*. (254)

In Familie und Gesellschaft zeigt sich die »Einzelheit und Besonderheit« des individuellen Personseins relativ unmittelbar, real, empirisch.

Das lässt sich in Soziologie und Zeitgeschichte berichtend beschreiben, erzählen und statistisch zählen. Es lassen sich so *post hoc* für besondere Arten des Handelns ›idealtypische‹ und ›systemtheoretische‹ Übersichten konstruieren und den Daten (oder die Daten ihnen) zuordnen. Der »Geist als ihre objektive Allgemeinheit«, also als System der zum Teil bewusst das Tun normativ bestimmenden *Vollzugsformen* des Gemeinwesens entzieht sich aber diesem bloß *konstruktivistischen* Zugang insofern, als er *transzendentale* und *handlungsleitende Vorbedingung* sowohl der erzählten und gezählten Erscheinungen als auch der Erzählungen und ihrem Gebrauch selbst ist.

Kurz, die Konstruktion von Idealtypen und von einem systemtheoretischen Innen und Außen auf der Basis einer bloß erst deskriptiv-empirischen Soziologe und dann systemisch oder idealtypisch irgendwie zufällig geordneten Gesellschaftsgeschichte des Besonderen kennt kein nicht bloß distributionelles Wir. Man meint, alle Normen und alles Normative existierten nur in der Form, dass einige oder mehrere Personen sagen, was ihrer Meinung nach getan und wie geurteilt und gewertet werden soll. Das unbekannt Große an Hegels Analyse des bloßen Sollens im subjektiven Idealismus Kants und der Rolle empraktischer Anerkennung besteht gerade darin, dass die Kritik am ›Normativen‹ in den positiven Gesellschaftswissenschaften seine Diagnosen auf keine Weise trifft.

Die empirisch-positivistische Methode kann gar keinen Unterschied wahrnehmen zwischen Normfall und Abweichung, ›guter‹ Form und Privation – und verbleibt zunächst auf der Ebene der Beschreibung oder Erzählung mehr oder weniger zufälliger subjektiver Meinungen, individueller Verhaltungen und einem aggregierten Mengenverhalten. Daran will man zwar prognostische Erklärungen anschließen können. Die »Macht des Vernünftigen« entgeht diesem Zugang aber völlig, und zwar deswegen, weil Institutionen sich nicht aus zufälligem Gruppenverhalten ergeben.

§ 264

248 Die Individuen der Menge, da sie selbst geistige Naturen und damit das gedoppelte Moment, nämlich das Extrem der *für sich* wissenden und wollenden *Einzelnheit* und das Extrem der das Substantielle wissenden und wollenden *Allgemeinheit* in sich enthalten, und daher zu

dem Rechte dieser beiden Seiten nur gelangen, insofern sie sowohl als Privat- wie als substantielle Personen wirklich sind; – erreichen in jenen Sphären teils unmittelbar das Erstere, teils das Andere so, daß sie in den Institutionen, als dem an sich seienden *Allgemeinen* ihrer besondern Interessen ihr wesentliches | Selbstbewußtsein ha- 211
ben, teils daß sie ihnen ein auf einen allgemeinen Zweck gerichtetes Geschäft und Tätigkeit in der Korporation gewähren. (254 f.)

Die einzelnen Menschen der Gesellschaft sind als Personen längst schon geistige Wesen. Das heißt, sie sind in der Lage, Formen und Begriffe als solche wiederzuerkennen und tätig zu reproduzieren. Als einzelne Subjekte haben sie allerlei Erkenntnisse (als subjektives und auf Empirisches bezogenes Wissen) und handeln ihren eigenen Absichten gemäß. Darin ist allerdings ein allgemeines Wissen auch um allgemeine Normen immer schon enthalten, die sich als Formen sittlicher Kooperation fast von selbst verstehen, wenn man von regional oder geschichtlich bedingten besonderen Konventionen einmal absieht. Das Relative der lokalen Sitten wird ohnehin zumeist überschätzt, zumal es sich häufig um eine nur notdürftig kaschierte *Unsittlichkeit* handelt wie im Fall der Sklavenhaltung oder der Ungleichbehandlung von Frauen.

Mit anderen Worten, die Menschen im methodischen Individualismus empirischer Sozialwissenschaft (von Hobbes bis in die Gegenwart) sind längst schon in der Gesellschaft private und im Gemeinwesen politische Personen. Hegels Ausdruck »substantielle Person« bedeutet, dass die personalen Kompetenzen nachhaltig sind und sich von einer bloß momentanen Willkür ebenso wie von bloß verhaltensförmigen Dispositionen unterscheiden. Hegel selbst macht hier explizit klar, dass Praxisformen bzw. Institutionen das ›an sich seiende Allgemeine‹ gerade auch unserer besonderen Interessen und *Teilnahmen* (das sagt das Wort »inter-esse«) sind. Eine Person hat »ihr wesentliches Selbstbewußtsein« im Wissen um eben dieses Teilnehmen. Dabei hat das freie Engagement in Korporationen, also freien Vereinen und Genossenschaften (heute auch in sogenannten Nichtregierungsorganisationen) schon einen allgemeinen Zweck, der freilich falsch verstanden würde, wenn man diese Form der Allgemeinheit nicht bloß als subsidiär und sekundär zur nachhaltigeren, substantielleren Allgemeinheit des Gemeinwesens bzw. zu den Organisationen des Staates verstehen würde. Der Fehler der heute üblichen Liebe zu NGOs besteht sozusagen darin, dass er einen impliziten Hass auf oder eine Abneigung aus Missverstand gegen den Staat (und ›die Wirtschaft‹) enthält. Dieses aber ist, wie Hegels Diagnose zeigt, implizit ein Hass auf sich selbst, was natürlich strukturell inkohärent ist.

§ 265

249 Diese Institutionen machen die *Verfassung*, d. i. die entwickelte und verwirklichte Vernünftigkeit, *im Besonderen* aus, und sind darum die feste Basis des Staats, so wie des Zutrauens und der Gesinnung der Individuen für denselben, und die Grundsäulen der öffentlichen Freiheit, da in ihnen die besondere Freiheit realisiert und vernünftig, damit in ihnen selbst *an sich* die Vereinigung der Freiheit und Notwendigkeit vorhanden ist. (255)

Die staatlichen und gesellschaftlichen Institutionen machen zusammen die Verfassung des Gemeinwesens aus. Sie sind die Formen entwickelter (gemeinsamer) Vernunft. Sie formen die Basis des Staats und vermitteln in ihrer Funktionstüchtigkeit das Vertrauen in den Staat als Rahmenorganisation des Gemeinwesens, das sich in der positiven Gesinnung der personalen Individuen zum eigenen Gemeinwesen zeigt. Die Institutionen sind die »Grundsäulen der öffentlichen Freiheit«, die Umsetzung jeder ›besonderen Freiheit‹ als Recht für die Bürger. Die Definition der Vernunft als »Vereinigung der Freiheit und Notwendigkeit« ist (im guten Fall) auf sie anwendbar.

§ 266

249 Aber der Geist ist nicht nur als diese Notwendigkeit und als ein Reich der Erscheinung, sondern als die *Idealität* derselben, und als ihr Inneres sich objektiv und wirklich; so ist diese substantielle Allgemeinheit *sich selbst* Gegenstand und Zweck, und jene Notwendigkeit hierdurch sich eben so sehr in *Gestalt* der Freiheit. (255)

Der Geist des Gemeinwesens ist das, was uns an dessen Formen bewusst ist, was wir also von uns selbst insgesamt wissen. Es ist zugleich das, was wir, generisch gesehen, im Vollzug wissend gemeinsam tun. Dieser Geist geht über den bloß faktischen Vollzug hinaus, indem wir uns an dem idealen Überschuss in allen unseren Begriffen der betreffenden Institutionen des Gemeinwesens orientieren. Das erklärt das schon vorhandene Wissen darum, wie Institutionen oder dann auch unser personales Leben je perfekter zu gestalten sind oder zu vervollkommnen wären. Die Idealität des Inneren der Institutionen, etwa der Gesetze eines Staates, ist ihr Geist gerade auch im Sinn von Montesquieu.

§ 267

Die *Notwendigkeit* in der Idealität ist die *Entwickelung* der Idee 249
innerhalb ihrer selbst; sie ist als *subjektive* Substantialität die politische *Gesinnung*, als *objektive* in Unterscheidung von jener der *Organismus* des Staats, der eigentlich *politische* Staat und *seine Verfassung*. (255 f.)

Hegels Gebrauch des Ausdrucks »notwendig« ist leider nicht Standard. Wir meinen, etwas sei notwendig, wenn es *unausweichlich* geschieht. Die Notwendigkeit in der Idealität ist aber eine in einer Form angelegte Entwicklung zur Wende einer Not. Es geht also um die Überwindung von bekannten Privationen und Problemen. Die je nötigen besonderen Ausdifferenzierungen gehören aber je schon zur Idee einer allgemeinen inferentiell dichten Unterscheidung. Der Rat, »Wasser löscht Feuer« muss z. B. präzisiert werden: »aber bitte kein Wasser bei einem Kabelbrand verwenden!«. In Hegels Sinn könnte man sogar sagen, dass sich in der Entwicklung polyphoner Musik eine Notwendigkeit zeigt. Analoges gilt für die Ausweitung der Aufgaben der Polizei oder Armee. Diese Notwendigkeiten ergeben sich aus ›der Idee‹ der Musik bzw. des Gemeinwesens, also aus ihrer Form und ihrem Inhalt.

Auf der subjektiven Seite des Engagements hängt die Entwicklung von der politischen Gesinnung der Leute ab. Auf der objektiven Seite liegt die Metapher von einem Organismus nahe, da sie die immanenten Entwicklungstendenzen des politischen Staats und seiner Verfassung, also seiner Institutionen als Organisationen zum Ausdruck bringt.

§ 268

Die politische *Gesinnung*, der *Patriotismus* überhaupt, als die in 249 f.
Wahrheit stehende Gewißheit (bloß subjektive Gewißheit gehet nicht aus der *Wahrheit* hervor, und ist nur Meinung) und das zur

Gewohnheit gewordene Wollen ist nur Resultat der im Staate bestehenden Institutionen, als in welchem die Vernünftigkeit *wirklich* vorhanden ist, so wie sie durch das ihnen gemäße Handeln ihre Betätigung erhält. – (256)

»Verfassungspatriotismus« ist der Ausdruck bei Habermas, der überschreiben soll, was Hegel hier als *gute politische Gesinnung der vollen Person* skizziert. Allerdings ist eine Verfassung wie das Grundgesetz der Bundesrepublik Deutschland einerseits als Text zu konkret, andererseits viel zu abstrakt. Um eine bloß subjektive Begeisterung für seinen Staat oder seine Nation geht es dabei, wie Hegel betont, ohnehin nicht, sondern um eine nachhaltige, nicht bloß akzidentelle, ›Identifikation‹ der Person mit dem Gemeinwesen. Dazu gehört die bewusste Anerkennung seiner Form *und* seiner Repräsentanten im *Normalfall*.

250 Diese Gesinnung ist überhaupt das *Zutrauen* (das zu mehr oder weniger gebildeter Einsicht übergehen kann), – das Bewußtsein, daß mein substantielles und besonderes Interesse, im Interesse und Zwecke eines Andern (hier des Staates) als im Verhältnis zu mir als Einzelnen bewahrt und enthalten ist, – womit eben dieser |
212 unmittelbar kein Anderer für mich ist und Ich in diesem Bewußtsein frei bin. (256)

Patriotismus ist also zwar im *Normalfall*, wenn die Zeit nicht ganz aus den Fugen ist, aktive Unterstützung der wesentlichen Institutionen des Staates – im *Vertrauen* darauf, das Gemeinwesen so voranbringen zu können, zugleich aber auch im Vertrauen *auf die Vernunft* seiner gegebenen Gesamtverfassung. Das geschieht im guten Fall selbst bei abweichender Privatmeinung, die als solche das Bewusstsein nicht beschädigen muss, dass unser personales Dasein mit dem Gemeinwesen insgesamt unlösbar verknüpft ist. Im *Ausnahmefall* kann aber ein Kampf gegen einen Missbrauch der Institutionen oder gegen die Institutionen in ihrem Fehlgebrauch nötig sein. Allerdings ist dann immer ausreichend *gewissenhaft* darüber zu befinden, ob das wirklich der Fall ist.

Wenn man dagegen den Staat zu denen da oben macht, die uns beherrschen und die machen, was sie wollen, hat man sich schon aktiv in eine passive Haltung begeben. Die Ambivalenz zeigt sich auch in gesuchten Straßenkämpfen mit der Polizei: In der eigenen Überheblichkeit ist man keine volle Person mehr.

Strukturell entsteht so eine Haltung, die, wie die Geschichte Deutschlands seit 1871 zeigt, schlimmere Folgen haben als jede so genannte Autoritätsgläubigkeit. Man erklärt dann etwa, man sei für die Entscheidungen und Aktionen im Staat nicht verantwortlich, da man ja nicht gefragt worden sei, etwa wenn die Parteien und Personen an der Macht nicht von uns gewählt wurden oder indem man sich auf die eine oder andere Weise in eine innere Emigration zurückzieht. Bis heute prägt diese Ambivalenz zu sich selbst und zum Gemeinwesen den Selbstzweifel der Deutschen in anderem Ausmaß als in allen anderen Ländern und ist weit typischer als die sprichwörtliche *German Angst*.

Patriotismus besteht im Hochhalten der Standards und Ideale des Gemeinwesens auch in schlimmen Zeiten. Im *Notfall* kann dazu die Übernahme von Verantwortung sich auch schon mal gegen herrschende Mehrheiten und ihre Vertreteter richten, etwa dann, wenn diese ganz offenkundig die Macht des Staates für die Verfolgung von privaten Zielen einer Minderheit oder Mehrheit missbrauchen. So waren z. B. die Geschwister Scholl und die Beteiligten aller Versuche, Hitler zu töten, etwa der Kreis um Gördeler, wahre Patrioten, auch wenn die Deutschen das noch lange nach dem Krieg nicht wahrhaben wollten. Im *Normalfall* aber sind Proteste gegen Beschlüsse der Regierung nur Äußerungen von Meinungen.

Politische Demonstrationen gehören außerdem in erster Linie zur *Zivilreligion*. Das gilt nicht etwa nur für die arrangierten Akklamationen in totalitären Staaten, sondern gerade auch für Straßenproteste, in welchen von der herrschenden Politik abweichende Meinungen artikuliert werden. Religion ist dabei insgesamt Praxis der Dokumentation der Gemeinschaftlichkeit des Personseins. Sie ist damit ihrem Sinn nach praktizierte Dauerdemonstration von Patriotismus. Daher sollten sich im Normalfall Religionsgemeinschaften weder gegen den Staat stellen, noch sollten sie alle oder einige von ihnen vom Staat als gegen sich gestellt angesehen oder behandelt werden. Leider wird dies alles weder in Demokratien noch in Staaten mit autoritären Führern in seiner tiefen Wahrheit erkannt.

Das allgemeine Verhältnis von Religion und Gemeinwesen ist übrigens der strukturelle Grund dafür, dass sich die christlichen Religionsgemeinschaften bis in die Nachkriegszeit insgesamt nicht in angemessener Weise gegen faschistische Diktaturen etwa in Spanien oder Griechenland gestelllt haben, zumal diese immer auch Bevölkerungsmehrheiten hinter sich wussten, obgleich es gerade in den Kirchen immer auch mutige Personen gab, die dann auch oft verfolgt wurden.

250 Ⓚ Unter Patriotismus wird häufig nur die Aufgelegtheit zu *außerordentlichen* Aufopferungen und Handlungen verstanden. Wesentlich aber ist er die Gesinnung, welche in dem gewöhnlichen Zustande und Lebensverhältnisse das Gemeinwesen für die substantielle Grundlage und Zweck zu wissen gewohnt ist. Dieses bei dem gewöhnlichen Lebensgange sich in allen Verhältnissen bewährende Bewußtsein ist es dann, aus dem sich auch die Aufgelegtheit zu außergewöhnlicher Anstrengung begründet. (256)

Ein gutes Gemeinwesen braucht im Normalfall keine außerordentlichen Helden; sie können aber im Ausnahmefall nötig werden, wenn es risikovoll ist, ›republikanische‹ Strukturen zu verteidigen, wie man gerade auch an ›konservativen‹ Politikern und Beratern wie Thomas Beckett, Johannes Nepomuk oder Thomas Morus sehen kann. Man denke aber etwa auch an Emile Zolas Widerstand gegen den Antisemitismus im Frankreich der Dreyfus-Affäre.

Im normalen Zustand gehen alle Kämpfe im Gemeinwesen nur um besondere Beschlüsse und Entscheidungen. Solche Mehrheiten oder Parteinahmen dürfen nicht verwechselt werden mit Kämpfen um »die substantielle Grundlage«, also die von mir »republikanisch« genannte Verfassung des Staates. Das gilt z. B. auch für Wünsche nach Ausweitung demokratischer Mitbestimmung oder den Streit um die besondere Ausgestaltung der ›demokratischen‹ (in Wahrheit immer republikanischen) Kontrolle der politischen Leitung des Gemeinwesens.[107] Das ist auch der Grund, warum Hegels logische Unterscheidung zwischen Allgemeinheit und Besonderheit sowohl in der Praxis der Politik als auch für das bürgerliche Selbstbewusstsein

[107] Zur nötigen Kontrolle der Beamten von oben und der Regierung von unten vgl. auch Vorl. Rechtsphil., 1822/23 (Hotho), GW 26,2, S. 1022, zur Kontrolle (›Zensur‹) der Regierung durch die Stände vgl. auch Vorl. Rechtsphil. 1819/20 (Ringier), GW 26,1, S. 561.

der Personen so wichtig wird. Wir sehen ja in unserer Gegenwart, wie im Namen von Demokratie Gemeinwesen ›heldenhaft‹ zerstört werden. Und wir sehen, wie schwierig es ist, aus einem *failed state* ein neues Gemeinwesen zu bauen. Die richtigen Konsequenzen wurden daraus bisher noch nicht gezogen. Dazu bedürfte es der Unterscheidung zwischen dem allgemein Notwendigen und dem nur besonderen Guten. Zwar kann es sein, dass man sich auch schon mal gegen eine Mehrheit stellen muss. Aber selbsternannte ›Helden‹, von Robespierre bis Lenin, Che Guevara bis Ulrike Meinhof, sind aufgrund ihrer offenkundigen personalen Defizite der Selbstgerechtigkeit keine wirklichen Helden. Das wahre Heldentum des Citoyens besteht nach Hegel – wie übrigens auch in einer berühmten Schrift John F. Kennedys – normalerweise in *Zivilcourage*, nicht im terroristischen Putschversuch, ob mit oder ohne Erfolgsaussicht oder Erfolg.

Wie aber die Menschen häufig lieber großmütig als rechtlich sind, 250 Ⓚ
so überreden sie sich leicht, jenen außerordentlichen Patriotismus zu besitzen, um sich diese wahrhafte Gesinnung zu ersparen, oder ihren Mangel zu entschuldigen. – (256 f.)

Hegels Wort »großmütig« meint hier den »hohen Muot« einer zunächst ambivalenten *megalopsychia*. Inhaltlich liegt dieser hohe Mut zwischen unserer heutigen Großmut und unserem heutigen Hochmut. Hegel erkennt die Tendenzen einer Liebe zum selbstdeklarierten Ausnahmezustand: Die Menschen wollen lieber Ausnahmehelden als rechtschaffen sein, am liebsten rein verbal. In diesem Sinn »überreden sie sich leicht«, etwa am Stammtisch oder im Internet, »jenen außerordentlichen Patriotismus zu besitzen«. Es ergibt sich ein zunächst verbales, dann aber manchmal auch terroristisches Wichtigtun. Dieses erspart sozusagen die Mühen der politischen Ebene.

Wenn ferner die *Gesinnung* als das angesehen wird, das für sich 250 Ⓚ
den Anfang machen, und aus subjektiven Vorstellungen und Gedanken hervorgehen könne, so wird sie mit der Meinung verwechselt, da sie bei dieser Ansicht ihres wahrhaften Grundes, der objektiven Realität, entbehrt. (257)

Die Vorstellung, dass alles mit der sozialen Gesinnung der einzelnen Individuen beginnt, so dass sich das gemeinsame Handeln im Gemeinwesen »aus subjektiven Vorstellungen und Gedanken« entwickele, ist sowohl sachlich als auch geschichtlich falsch – und im Übrigen oberflächlich. Politische Vernunft ergibt sich nicht aus zufälligen Übereinstimmungen sozialer Gefühle.

§ 269

250 Ihren besonders bestimmten *Inhalt* nimmt die Gesinnung aus den verschiedenen Seiten des Organismus des Staats. Dieser *Organismus* ist die Entwickelung der Idee zu ihren Unterschieden und zu deren objektiven Wirklichkeit. (257)

Die möglichen Inhalte politischen Denkens sind ohnehin in den Formen des Gemeinwesens schon vorgegeben.

Manche Leser stören sich an der Metapher von einem »Organismus des Staats«. Dabei wäre der Hinweis völlig korrekt, dass man mit derartigen Metaphern vorsichtig umgehen und in seinem Verständnis der ausgedrückten Inhalte mit mehr als bloß einer Prise Salz gesunder Urteilskraft bei der Aussortierung nicht intendierter Nebenbedeutungen operieren muss. Nur rennt man damit bei Hegel weit offene Tore ein. Metapher und Analogie gehören zusammen mit der generischen Struktur der transzendentalen Präsupposition des Allgemeinen in allen konkreten Manifestationen des Besonderen im Einzelnen *zur Tiefengrammatik bzw. semantischen Form jedes Sprechens* über die empirische Welt. Es gibt sie in jedem Symbolgebrauch.

Hegel selbst erläutert daher, dass das Bild des Organismus für die Entwicklung der *Gesamtpraxisform* des Gemeinwesens im Rahmen einer immer schon machtteiligen, weil in Teilinstitutionen aufgegliederten und in eben diesem Sinn auch immer schon republikanisch organisierten Verfassung steht. Das ›Organische‹ besteht also, wie im Fall aller Begriffe und Formen, im Wesentlichen in Ausdifferenzierungen – wobei aber die geschichtlichen Entwicklungsprozesse und die Prozessformen gemeinsamen Handelns das bloße Relationale statischer Systeme längst sprengen.

250 f. Diese unterschiedenen Seiten sind so die *verschiedenen Gewalten*, und deren Geschäfte und Wirksamkeiten, wodurch das Allgemeine sich fortwährend und zwar indem sie durch die *Natur des Begriffes* bestimmt sind, auf *notwendige* Weise *hervorbringt*, und indem es eben so seiner Produktion vorausgesetzt ist, sich *erhält*; – dieser Organismus ist die *politische Verfassung*. (257)

Das Gemeinwesen hat eine Struktur. Es differenziert sich arbeitsteilig in verschiedene Staatsgewalten aus.

§ 270

Daß der Zweck des Staates das allgemeine Interesse als solches und 251
darin als ihrer Substanz die Erhaltung der besonderen Interessen
ist, ist seine 1) *abstrakte Wirklichkeit* oder Substantialität; aber sie
ist 2) seine *Notwendigkeit*, als sie sich in die Begriffs-*Unterschiede* seiner Wirksamkeit dirimiert, welche durch jene Substantialität
eben so wirkliche *feste* Bestimmungen, Gewalten, sind; 3) eben diese
Substantialität ist aber der als durch | *die Form der Bildung hindurch* 213
gegangene sich wissende und wollende Geist. Der Staat weiß daher, was er will, und weiß es in seiner *Allgemeinheit*, als *Gedachtes*; er wirkt und handelt deswegen nach gewußten Zwecken, gekannten Grundsätzen, und nach Gesetzen, die es nicht nur *an sich*, sondern für's Bewußtsein sind; und eben so, insofern seine Handlungen sich auf vorhandene Umstände und Verhältnisse beziehen, nach der bestimmten Kenntnis derselben. (257 f.)

Es gibt keinen Staatszweck jenseits der Entwicklung guter Institutionen im Gemeinwesen zur Erhaltung und Förderung der objektiven Möglichkeiten und subjektiven Fähigkeiten der möglichst freien Ausbildung der je eigenen Person. Die Interessen der Personen sind dabei nie auf das Notwendige des animalischen Überlebens zu reduzieren, auch wenn dieses Überleben natürlich Bedingung personalen Lebens bleibt.

Freiheit besteht insgesamt nicht im Tun dessen, was je ich jetzt akzidentell tun will, sondern in der freien Selbstbildung der Person in der personalen Welt. Das Gemeinwesen wird eben daher in seiner Spiegelung oder Reflexion zu einem Teil des Personseins. Es ist damit »seine abstrakte Wirklichkeit oder Substantialität«. Zugleich treten, wie oben schon gesehen, verschiedene Ansprüche der Teilinstitutionen wie von außen an uns heran – als wären sie rein äußere Gewalten. Deren Beständigkeit und nachhaltige Anerkennung wiederum ist durch Bildung vermittelt. Habermas meint, Hegel mystifiziere diese Bildung.

Das allgemeine Wissen um Inhalte, theoretisch bewusst vergegenwärtigt in reflexionslogischen Artikulationen, praktisch wirksam im Handeln der Leute, ist »der wissende und wollende Geist« des

Gemeinwesens. Nur in diesem Sinn weiß das Gemeinwesen oder der Staat insgesamt, »was er will«. Das heißt, wir wissen es, aber nur erst in aller Allgemeinheit. Jeder von uns kennt aus seiner Perspektive bloß bestimmte Aspekte und Teile dieses gemeinsamen Wissens – wie das ja bei allem Wissen so ist und in allem diffus-gemeinsamen Handeln.

Nur im Sinn des *generischen* Wir und *im Allgemeinen* handeln wir bzw. das Gemeinwesen »nach gewußten Zwecken, gekannten Grundsätzen und nach Gesetzen, die es nicht nur an sich, sondern fürs Bewußtsein sind«. Denn jeder von uns kennt, wie gesagt, trotz aller Bemühung um Wissen immer nur Teilmomente der *besonderen* Zwecke, Prinzipien und Gesetze. Daher betont Hegel mit vollem Recht die wichtige Rolle des einzelnen Subjekts und seiner »je bestimmten Kenntnis« – auch der momentanen »Umstände und Verhältnisse«.

251 Ⓚ Es ist hier der Ort, *das Verhältnis des Staats zur Religion* zu berühren, da in neuern Zeiten so oft wiederholt worden ist, daß die Religion die Grundlage des Staates sei, und da diese Behauptung auch mit der Prätension gemacht wird, als ob mit ihr die Wissenschaft des Staats erschöpft sei, – und keine Behauptung mehr geeignet ist, so viele Verwirrung hervorzubringen, ja die Verwirrung selbst zur Verfassung des Staats, zur Form, welche die Erkenntnis haben solle, zu erheben. – (258)

Weil das Thema gerade das Verhältnis der Einzelperson zum Gemeinwesen ist, hält Hegel es für einen guten Ort, die Beziehungen zwischen Politik und Religion, Staat und Kirche zum Thema zu machen. Es folgt daher ein längerer Exkurs zur politischen Theologie.

Die neueren Zeiten, auf die Hegel verweist, sind die Restaurationszeit nach 1815 und besonders nach der Ermordung des Dichters August von Kotzebue durch den Studenten und Burschenschaftler Karl Ludwig Sand im Jahr 1819. Der Titel des Buches von Hallers, mit dem Hegel sich in der Rechtsphilosophie sozusagen laufend auseinandersetzt, gab der Zeit den Namen. Nicht nur in Metternichs Österreich, sondern auch in Russland, Preußen, Frankreich oder Spanien (Cortés) wurde die Religion als Stütze des Staates ausgegeben. Hegel polemisiert (übrigens ähnlich wie der Schriftsteller Stendhal) gegen diese Entwicklung eines neuen Gottesgnadentums der Monarchie in anachronistischer Kopie eines romantisch verzerrten Mittelalters. Hier geht es zunächst gegen die Vorstellung, man könne in einer politischen Theologie die Grundlagen sowohl des Staates selbst als auch der Staatswissenschaften ausreichend und überzeugend entwickeln. Hier herrscht nach Hegel völlige Verwirrung im Denken – und dann auch in der Staatsverfassung. Man muss schon sehr ignorant sein, um diese massive Kritik an der Restauration zu übersehen.

Es kann zunächst verdächtig scheinen, daß die Religion vornehm- 251 f. Ⓚ
lich auch für die Zeiten öffentlichen Elends, der Zerrüttung und Unterdrückung empfohlen und gesucht, und an sie für Trost gegen das *Unrecht* und für Hoffnung zum Ersatz des *Verlustes* gewiesen wird. (258)

Hegel wird sogar höchst ironisch – wenn man zwischen den Zeilen lesen kann. Denn es sollte uns die Rückkehr zur Religion schon deswegen verdächtig sein, weil die Leute dazu tendieren, gerade in »Zeiten öffentlichen Elends, der Zerrüttung und Unterdrückung« wieder fromm zu werden. Wir können also schließen, dass eben die Restaurationszeit nach den Karlsbader Beschlüssen zerrüttet ist, in welcher Hegel das Buch ja schreibt. Es beginnt in der Tat gerade 1819/20 eine Zeit des politischen Elends.

Die Ironie besteht weiter darin, dass die Verantwortlichen dieses Elends und ihre akademischen Ideologen wie von Haller den Leuten sozusagen explizit empfehlen, »Trost gegen das Unrecht« in der Religion zu suchen. Sie soll den Verlust republikanischer Freiheiten ersetzen. Religion wird damit zu dem Opium des Volkes, das später auch Marx diskutiert und das schon Kant unter dem Titel »Opiat des Gewissens« als Gefahr erkannt hatte.

Wenn es dann ferner als eine Anweisung der Religion angesehen 252 Ⓚ
wird, gegen die weltlichen Interessen, den Gang und die Geschäfte der Wirklichkeit gleichgültig zu sein, der Staat aber der Geist ist, *der in der Welt steht*: so scheint die Hinweisung auf die Religion entweder nicht geeignet, das Interesse und Geschäft des Staats zum wesentlichen ernstlichen Zweck zu erheben, oder scheint andererseits im Staatsregiment Alles für Sache gleichgültiger Willkür auszugeben, es sei, daß nur die Sprache geführt werde, als ob im Staate die Zwecke der Leidenschaften, unrechtlicher Gewalt u. s. f. das Herrschende wären, oder daß solches Hinweisen auf die Religion weiter für sich allein gelten, und das Bestimmen und Handhaben des Rechten in Anspruch nehmen will. (258)

Hegel setzt die ironische Analyse fort, indem er implizit an die Parole »Ruhe ist die erste Bürgerpflicht« in Berlin nach der Katstrophe von Jena und Auerstedt erinnert und eben damit auf die Funktion der Religion als Quietiv oder Beruhigungsmittel hinweist. Dabei versteckt er die Diagnose, dass die Religion dazu missbraucht wird, die Leute dazu aufrufen, sich nicht um politische Dinge zu kümmern, in einem Wenn-Satz. Im Dann- oder So-Satz hebt er den inneren Widerspruch einer solcherart ›religiösen‹ Grundlegung staatlicher Autorität hervor. Die Religion ›begründet‹ jetzt nämlich die Gottgegebenheit monarchischer Macht (ironischerweise) dadurch, dass sie die Leute dazu aufruft, sich um Religion, also um den Ritus ohne (politischen) Sinn und nicht um Politik zu kümmern.

Man anerkennt dabei immerhin halbwegs, sagt Hegel, dass der Staat »der Geist ist, der in der Welt steht«. Indem man aber Gott ins Jenseits verfrachtet, lenkt der Gottesdienst faktisch nur vom Interesse an der wirklichen (politischen) Welt ab. – Nun wollte aber die politische Theologie gerade zeigen, dass die Religion die Institutionen des Staates ernsthaft als solche und unser Interesse an ihnen *begründen* könne. Das kann aber nicht dadurch geschehen, dass man uns sagt, wir sollten an der Politik, die doch nur für die Welt sorge, kein Interesse nehmen, da unser wahres Interesse im Jenseits liege. In jedem Fall wird dabei das »Staatsregiment« der reinen Willkür der Herrscher oder herrschenden Klasse ausgeliefert.

Wir sehen also folgende Ambivalenz im Verhältnis zwischen Religion und Politik, Kirche und Staat: Entweder wird dabei zwischen den Sphären Himmel und Welt unterschieden und verbal erklärt, im Staat herrsche eigentlich nur die Willkür von Gewalt, was dann singgemäß auch die ›linke‹ Staatskritik übernimmt, oder es müsste der Sinn der Religion selbst schon so begriffen werden, dass es in ihr und ihrem symbolischen Reden bzw. rituellen Handeln schon immer auch um das Gute und Rechte im Gemeinwesen geht.

252 Ⓚ Wie es für Hohn angesehen würde, wenn alle Empfindung gegen die Tyrannei damit abgewiesen würde, daß der Unterdrückte seinen Trost in der Religion finde: so ist eben so nicht zu vergessen, daß die Religion eine Form annehmen kann, welche die härteste Knechtschaft unter den Fesseln des Aberglaubens und die Degradation des Menschen unter das Tier (wie bei den Ägyptern und Indern, welche

Tiere als ihre höhere Wesen verehren) zur Folge hat. Diese Erscheinung kann wenigstens darauf aufmerksam machen, daß nicht von der Religion ganz überhaupt zu sprechen sei, und gegen sie, wie sie in gewissen Gestalten ist, vielmehr eine rettende Macht gefordert ist, die sich der Rechte der Ver|nunft und des Selbstbewußtseins 214
annehme. – (258 f.)

Auf die Kritik an Tyrannei mit der Empfehlung zu reagieren, sich durch Religion trösten zu lassen, ist in der Tat purer Hohn. Hegel bestätigt hier also unsere ironische Lesart nur noch einmal explizit. Allerdings muss zugegeben werden, dass Religionen historisch immer auch schon so missbraucht wurden und werden. Hegel verweist auf Ägypten und Indien und meint, in der Verehrung von Tieren als »höheren Wesen« den schlimmsten Aberglauben zu entdecken – was so sein mag oder auch nicht, je nachdem, wie symbolisch man die Tierreligionen liest oder zu lesen hat – oder als späte Überreste einer sowohl familialen als auch tribalistischen Totem-Kultur. Sogar der Islam und das Christentum sind entsprechend missbrauchbar. In jedem Fall ist dann »nicht von der Religion ganz überhaupt zu sprechen«, wenn wir sie als Mengen der Religionen auffassen und nicht normativ bestimmen, was ein gutes Verständnis des wahren und haltbaren Sinns religiösen Redens und Handelns ist oder sein sollte.

Dazu gehört dann auch das rechte Verständnis der Hoffnung auf »eine rettende Macht«, die auf die momentan noch unerfüllten Ansprüche der Vernunft auf eine gute Entwicklung antwortet. Es ist klar, dass schon Hegel, nicht erst Ernst Bloch, mit Kant diese Hoffnung von einem Jenseits auf die Welt zurückwendet, so aber, dass keine Erfüllung utopischer Ideale in Aussicht gestellt wird, sondern nur die ewige Arbeit an Verbesserungen und ihre Spiegelung in einem gewissenhaften Selbstbewusstsein der vollen Person. Für diese aber muss angesichts der ewigen Unvollkommenheiten der realen, empirischen, endlichen Welt der gute Weg das Ziel sein. Alles andere ist leerer Utopismus.

Die wesentliche Bestimmung aber über das Verhältnis von Re- 252 Ⓚ
ligion und Staat ergibt sich nur, indem an ihren Begriff erinnert wird. (259)

Über eine bloß oberflächliche Auffassung der Rolle des Religiösen für das Politische gelangen wir erst hinaus, wenn wir eine sachgerechte Allgemeinanalyse von Begriff und Praxis der Religion vorliegen haben, unter Einschluss einer normativen Beurteilung ihres guten Sinns und ihrer privativen Fehlverständnisse oder gar Missbräuche.

252 Ⓚ Die Religion hat die absolute Wahrheit zu ihrem Inhalt, und damit fällt auch das Höchste der Gesinnung in sie. (259)

Dabei kann man gern mit der Formel »Gott ist die Wahrheit« beginnen und sagen, dass, formal gesehen, Religion »die absolute Wahrheit zu ihrem Inhalt« hat. Damit ist freilich noch nicht gesagt, was das inhaltlich bedeutet. Dennoch ist klar, dass es in ihr insofern um das »Höchste der Gesinnung« geht, insofern wahres Wissen das höchste Ideal des Geistes ist, so wie wahre Freiheit das höchste Ideal der handelnden Person.

252 Ⓚ Als Anschauung, Gefühl, vorstellende Erkenntnis, die sich mit Gott, als der uneingeschränkten Grundlage und Ursache, an der alles hängt, beschäftigt, enthält sie die Forderung, daß Alles auch in dieser Beziehung gefaßt werde, und in ihr seine Bestätigung, Rechtfertigung, Vergewisserung erlange. (259)

Klar ist, dass angesichts der Endlichkeit des Subjekts niemand einen direkten Zugang zur absoluten Wahrheit bzw. zum Ganzen der Welt hat. Wir sind auf »Anschauung, Gefühl, vorstellende Erkenntnis« angewiesen. Wenn diese sich nun »mit Gott, als der uneingeschränkten Grundlage und Ursache, an der alles hängt, beschäftigt«, muss das holistische Thema in der spekulativen Form des Zugangs berücksichtigt werden. Das bedeutet, dass alles »in dieser Beziehung« auf das Ganze der Welt und dann auch das Ganze des Personseins betrachtet werden muss. Es sind also bloß lokale Gefühle der Befriedigung nicht immer schon Zeichen für eine zureichende Erfüllung von Wahrheitsbedingungen. Nur im allgemeinen Ganzen können spekulative Aussagen »Bestätigung, Rechtfertigung, Vergewisserung« erlangen.

252f. Ⓚ Staat und Gesetze, wie die Pflichten, erhalten in diesem Verhältnis für das Bewußtsein die höchste Bewährung und die höchste Verbindlichkeit; denn selbst Staat, Gesetze und Pflichten sind in ihrer Wirklichkeit ein Bestimmtes, das in eine höhere Sphäre als in seine Grundlage übergeht (Encyklop. der philos. Wissensch. § 453). Deswegen enthält die Religion auch den Ort, der in aller Veränderung und in dem Verlust wirklicher Zwecke, Interessen und Besitztümer, das Bewußtsein des Unwandelbaren und der höchsten Freiheit und Befriedigung gewährt.[108] (259)

Wieder kehrt Hegel den Vorrang von Religion und Politik, Kirche und Staat um. Denn religiöse Rede *artikuliert* nur ein Ganzes, dessen *Sein* vorausgesetzt ist. Das Gemeinwesen und seine Gesetze erhalten daher in jeder wahren Religion (natürlich nur an sich, nicht in allen, zum Teil immer auch privativen Erscheinungen in der realen Welt) »höchste Verbindlichkeit«.

Nun ist aber das Gemeinwesen in seinen realen Formen und deren Instanziierungen immer auch unvollkommen und verweist damit auf eine höhere Sphäre des idealen Staats, der als Idee für den realen längst schon Grundlage ist. In dieser Umdeutung in eine Rede über einen Gottesstaat (man denke gerade auch an Augustinus) verbinden sich Religion und Politik, Kirche und Staat. Die Aufgabe der Religion besteht also darin, bei aller Veränderung und allen Mängeln der realen Manifestationen die bleibenden Grundformen und Normen *des Gemeinwesens und des Personseins* nicht aus dem Blick zu verlieren. Dazu hilft die symbolische bzw. metaphorische oder allegorische Rede über die Welt *wie aus dem Blick eines Gottes, sub specie aeternitatis*, und wenn auch nur im Modus der Erwähnung, also nicht in der Anmaßung, diese Perspektive selbst einnehmen zu können. Dann können wir am Ende immerhin sagen, dass es *die religiöse Artikulation des Ideals des freien Personseins in einem guten Gemeinwesen ist*, das uns höchste »Befriedigung gewährt«.

108 Fußnote Hegels: »Die *Religion* hat, wie die *Erkenntnis und Wissenschaft*, eine eigentümliche von der des Staates verschiedene Form zu ihrem Prinzip; sie treten daher in den Staat ein, teils im Verhältnis von *Mitteln* der Bildung und Gesinnung, teils, insofern sie wesentlich *Selbstzwecke* sind, nach der Seite, daß sie äußerliches Dasein haben. In beiden Rücksichten verhalten sich die Prinzipien des Staates *anwendend* auf sie; in einer vollständig konkreten Abhandlung vom Staate müssen jene Sphären, so wie die Kunst, die bloß natürlichen Verhältnisse, u. s. f. gleichfalls in der Beziehung und Stellung, die sie im Staate haben, betrachtet werden; aber hier in dieser Abhandlung, wo es das Prinzip des Staats ist, das in seiner *eigentümlichen* Sphäre nach seiner Idee durchgeführt wird, kann von ihren Prinzipien und der *Anwendung* des Rechts des Staats auf sie nur beiläufig gesprochen werden. |« 215

253 Ⓚ Wenn nun die Religion so die *Grundlage* ausmacht, welche das Sittliche überhaupt und näher die Natur des Staats als den göttlichen Willen enthält, so ist es zugleich nur *Grundlage*, was sie ist, und hier ist es, worin beide auseinander gehen. Der Staat ist göttlicher Wille, als gegenwärtiger, sich zur wirklichen Gestalt und *Organisation einer Welt entfaltender* Geist. – (259 f.)

Der Sinn des Satzes ist zunächst völlig dunkel. Besonders obskur ist die Rede vom göttlichen Willen. Der Geist, der »sich zur wirklichen Gestalt und Organisation einer Welt« entfaltet, ist jedenfalls kein Schöpfergott etwa vor dem Urknall, sondern das Inhaltsverstehen in unserem Wissen und Wollen.

Wenn man die Religion als Grundlage des Gemeinwesens verstehen möchte, so ist schon klar, dass sie auch Grundlage des Sittlichen überhaupt sein muss. Man spricht dann auch davon, dass sich im Staat als solcher der göttliche Wille ausdrückt – den wir freilich schon als *unseren Willen*, als *volonté générale*, rekonstruiert haben. Das, was in der Religion thematisch wird, ist nun aber auch *nur* Grundlage des Sittlichen und (damit) des Gemeinwesens. Ihr Thema ist also die *abstrakte* Einsicht, dass wir *bloß* auf der *Grundlage* des Gemeinwesens freie Personen sind – samt der rituellen Vergegenwärtigung und Feier des *allgemeinen* Inhalts dieser Einsicht, z. B. im gemeinsamen Chorgesang, wie er der polyphonen Musik als Kunstform übrigens generell zugrunde liegt. (Die Folge ist, dass durch Musik als Kunst das Religiöse praktisch immer durchscheint, was sich ja auch an der Haltung der Zuhörer zeigt. Eine vollständig ›profane‹ Musik wäre nur noch Gebrauchsmusik. Ein geträllertes Lied, auch geflötet, ist demnach ohne Einbettung in einen entsprechenden Kontext noch keine Musik.) Eben darin gehen dann aber Religion und Politik auseinander, dass der Staat die reale *Konkretisierung* der in der Religion gefeierten Allgemeinheit ist.

253 Ⓚ Diejenigen, die bei der Form der Religion gegen den Staat stehen bleiben wollen, verhalten sich wie die, welche in der Erkenntnis das Rechte zu haben meinen, wenn sie nur immer beim *Wesen* bleiben und von diesem Abstraktum nicht zum Dasein fortgehen, oder wie die (s. oben § 140 Anm.) welche nur das *abstrakte Gute* wollen, und
215 der Willkür das, | *was* gut ist, zu bestimmen vorbehalten. (260)

Wer bei der Trennung der Sphären des Religiösen und Politischen nach Inhalt und Form stehen bleibt, denkt oberflächlich. Der Fehler ist analog dazu, dass manche im Fall des Wissens und Erkennens nur bei der formalen Behauptung stehen bleiben, es gehe in ihnen um die wahre Natur der Sache, und nicht übergehen zur konkreten Frage, wie wir allgemeines Wissen und empirische Erkenntnisse kanonisch-schematisch artikulieren oder symbolisch repräsentieren bzw. das alles lernen und in Kritik an einem bloß schematischen Umgang mit Schematismen weiterentwickeln. Wer vom Abstraktum der Wahrheit nicht zum konkreten Dasein des Wissens und Erkennens fortgeht, weiß nicht, was Wissen und Erkennen wirklich sind. Wer nicht vom Religiösen zum Politischen, von der Kirche zum Staat, von Gott zu uns weitergeht, weiß nicht, was Religion ist. Wer aber so nur »das abstrakte Gute« will, wie es der vorgestellte Gott will, wird am Ende seiner eigenen »Willkür das, was gut ist, zu bestimmen vorbehalten«. Ein solcher ist schon der Böse an sich, damit der orientalische Satan oder Teufel als das Gegenteil des Guten wie der gefallene ›Engel‹ Luzifer bei Origenes und zuvor im jüdischen Mythos des 1. Jht. (Der Planet Venus heißt »phosphoros«, »Lichtträger«, »luciferus« und ist der reale ›Gegenstand‹ des Mythos).

Die Religion ist das Verhältnis zum Absoluten *in Form des Gefühls,* 253f. Ⓚ
der Vorstellung, des Glaubens, und in ihrem Alles enthaltenden Zentrum ist Alles nur als ein Akzidentelles, auch Verschwindendes. (260)

In den Praktiken der Religion drücken wir unser Verhältnis zum Absoluten, also dem Sein im Vollzug im Ganzen, und damit auch zu unserem eigenen personalen Leben, nur erst in der Form metaphorischer Vorstellungen, aus. Mythos und Ritus schaffen eine Form des Gefühls. Diese Art des Gefühls ist als immer bloß erst vages Denken, damit aber schon weit mehr als bloße Empfindung. Man kann es auch »Glauben« nennen – der aber noch nicht genau weiß, ›woran‹ er glaubt und ›wem‹ er vertraut. In diesen Formen bleiben nämlich die geglaubten Inhalte, die inferentiellen Gehalte des Glaubens, schwankend, akzidentell, partiell willkürlich, selbst dort (oder gerade dort), wo heilige Texte im Wortlaut kanonisiert und einer bloß erst philologischen Exegese unterzogen werden.

Wird an dieser Form auch in Beziehung auf den Staat so fest- 254 Ⓚ
gehalten, daß sie auch für ihn das wesentlich Bestimmende und Gültige sei, so ist er, als der zu bestehenden Unterschieden, Geset-

zen und Einrichtungen entwickelte Organismus, dem Schwanken, der Unsicherheit und Zerrüttung preisgegeben. (260 f.)

Wenn man eine traditionelle Religion mit ihren Lehrtexten und Riten zur Grundlage des Gemeinwesens erklärt und damit über es stellt, wird es schon der Willkür der Deutung der ›wörtlich geglaubten‹ Mythen preisgegeben. Die Folge ist die Zerrüttung der Gesetze und Einrichtungen des Staates durch Überschätzung der Wörter und Bilder des Mythos oder der gefühlsförmigen Vorstellungen des ›Glaubens‹.

254 Ⓚ Das Objektive und Allgemeine, die Gesetze, anstatt als bestehend und gültig bestimmt zu sein, erhalten die Bestimmung eines Negativen gegen jene alles Bestimmte einhüllende und eben damit zum Subjektiven werdende Form, und für das Betragen der Menschen ergibt sich die Folge: dem Gerechten ist kein Gesetz gegeben, seid fromm, so könnt ihr sonst treiben, was ihr wollt, – ihr könnt der eigenen Willkür und Leidenschaft euch überlassen und die Anderen, die Unrecht dadurch erleiden, an den Trost und die Hoffnung der Religion verweisen, oder noch schlimmer, sie als irreligiös verwerfen und verdammen. (261)

Der Fehler, die Religion als *Grundlage* des Staates aufzufassen, besteht darin, bloß figurative und damit immer vage *Reflexionsformen* zu *bestimmenden Normen* zu erklären. Damit tritt man das »Objektive und Allgemeine, die Gesetze«, also die kollektive Arbeit an ihnen, mit Füßen. Man erklärt, die gefühlig-frommen Anhänger der eigenen Lehre seien die Gerechten und diesen sei »kein Gesetz gegeben«, wie Hegel hier polemisch sagt.

254 Ⓚ Insofern aber dies negative Verhalten nicht bloß eine innere Gesinnung und Ansicht bleibt, sondern sich an die Wirklichkeit wendet und in ihr sich geltend macht, entsteht der religiöse *Fanatismus*, der, wie der politische, alle Staatseinrichtung und gesetzliche Ordnung als beengende der innern, der Unendlichkeit des Gemüts unangemessene Schranken, und somit Privateigentum, Ehe, die Verhältnisse und Arbeiten der bürgerlichen Gesellschaft u. s. f. als der Liebe und der Freiheit des Gefühls unwürdig verbannt. Da für wirkliches Dasein und Handeln jedoch entschieden werden muß, so tritt dasselbe ein, wie bei der sich als das Absolute wissenden Subjektivität des Willens überhaupt (§ 140) daß aus der subjektiven

Vorstellung, d. i. dem *Meinen* und dem *Belieben* der *Willkür* entschieden wird. – (261)

Hegel behandelt die Gefahr der religiösen Kämpfe und Kriege unter dem Titel »Fanatismus«. Er schildert sein Entstehen aus »der Liebe und der Freiheit des Gefühls«, das sich nicht nur jeder Unterordnung unter ein staatliches Recht und Gesetz entzieht, sondern auch andere Praxisformen für überflüssig hält. Man meint, ein wahrer Gemeinschaftssinn reiche aus; man müsse nur das wollen und tun, was man als für alle gut und richtig hält. Man übersieht dabei, dass es häufig mehr oder weniger gleich gute Formen des gemeinsamen Handelns *A*, *B*, *C*, ... gibt, die aber nicht mit einander verträglich sein müssen. Man merkt möglicherweise nicht einmal, dass man sich unter diesen rein willkürlich für *A* und gegen *B* oder *C* entschieden hat und meint, dass die, welche sich für *B* oder *C* entscheiden, schlecht urteilen und handeln.

Das Wahre aber gegen dieses in die Subjektivität des Fühlens 254 f. Ⓚ
und Vorstellens sich einhüllende Wahre ist der ungeheure Überschritt des Innern in das Äußere, der Einbildung der Vernunft in die Realität, woran die ganze Weltgeschichte gearbeitet, und durch welche Arbeit die gebildete Menschheit die Wirklichkeit und das Bewußtsein des vernünftigen Daseins, der Staatseinrichtungen und der Gesetze gewonnen hat. (261 f.)

Es ist Missachtung der Arbeit der ganzen Weltgeschichte an den Institutionen unserer Gemeinwesen, wenn Leute unmittelbar aus ihrem religiösen und moralischen Gefühl heraus sagen zu können meinen, was politisch und ethisch gut bzw. religiöse Wahrheit sei. Man unterschätzt die ungeheure Schwierigkeit der konkreten Organisation gemeinsamen Handelns und der Explikation des Geistes, wenn man direkt vom Innern des subjektiven Gefühls oder der religiösen Überzeugung zum äußeren Handeln oder zu einer Behauptung einer religiösen Wahrheit übergeht – wobei zumindest die mögliche Äquivalenz der Inhalte bei unterschiedlichen äußeren Formen von Mythus und Ritus zu beurteilen wäre.

Von denen, die den *Herrn suchen*, und in ihrer ungebildeten 255 Ⓚ
Meinung alles *unmittelbar* zu haben sich versichern, statt sich die Arbeit aufzulegen, ihre Subjektivität zur Erkenntnis der Wahrheit und zum Wissen des objektiven Rechts und der Pflicht zu erheben,

kann nur Zertrümmerung aller sittlichen Verhältnisse, Albernheit
216 und Abscheu|lichkeit ausgehen, – notwendige Konsequenzen der auf ihrer Form ausschließend bestehenden und sich so gegen die Wirklichkeit und die in Form des Allgemeinen, der Gesetze, vorhandene Wahrheit wendenden Gesinnung der Religion. (262)

Den Seinen gibt es der Herr im ehrlichen Schlaf. Ohne Arbeit gewissenhafter Prüfung des Rechtlichen und Rechtschaffenen wollen sie im Namen des Herrn Gutes tun. Wäre das bloße Gefühl, dass man Gottes Stimme hört, wirklich die Form des Handelns der religiös oder moralisch Frommen, lägen alle sittlichen Verhältnisse und das Gemeinwesen schon in Trümmern. Denn die Zertrümmerung der Institutionen wäre die notwendige Konsequenz dessen, dass die Leute auf der subjektiven Form ihres redlichen Glaubens, unmittelbar das Gute zu wollen, bestehen und sich »so gegen die Wirklichkeit und die in Form des Allgemeinen, der Gesetze, vorhandene Wahrheit« wenden.

255 Ⓚ Doch ist nicht notwendig, daß diese Gesinnung so zur Verwirklichung fortgehe, sie kann mit ihrem negativen Standpunkt allerdings auch als ein Inneres bleiben, sich den Einrichtungen und Gesetzen fügen und es bei der Ergebung und dem Seufzen oder dem Verachten und Wünschen bewenden lassen. (262)

Freilich tritt die Gefahr der Auflösung des Gemeinwesens deswegen nicht sofort oder notwendig ein, weil sich die Leute praktisch doch an dessen Regeln halten, wenn auch häufig nur aus falschen Motivationen heraus. Man seufzt und gehorcht. Der Sinn des Religiösen wird so dennoch verraten.

255 Ⓚ Es ist nicht die Kraft, sondern die Schwäche, welche in unsern Zeiten die Religiosität zu einer *polemischen* Art von Frömmigkeit gemacht hat, sie hänge nun mit einem wahren Bedürfnis, oder auch bloß mit nicht befriedigter Eitelkeit zusammen. (262)

Die Wiederkehr der Religion in der Zeit der Restauration und ihr Kampf gegen Aufklärung und Republik deutet Hegel nicht als wiedergewonnene Stärke des Religiösen, sondern als Ressentiment in einer verzweifelten Verteidigungshaltung, die in sich selbst inkohärent ist. Dabei kommt auch noch jedes wahre Bedürfnis nach Religiosität unter die Räder – selbst wenn quantitativ die Menge der formal ›Glaubenden‹ oder ›Gläubigen‹ zunimmt. Über die »nicht befriedigte

Eitelkeit« von Theologen, die nicht mehr zu überzeugen vermögen, weil sie sich nicht auf die Sache selbst einlassen wollen oder können, nämlich den wahren Sinn religiöser Rede und Praxis zu explizieren, brauchen wir gar nicht weiter zu sprechen.

Statt sein Meinen mit der Arbeit des Studiums zu bezwingen und 255 Ⓚ
sein Wollen der Zucht zu unterwerfen und es dadurch zum freien Gehorsam zu erheben, ist es das wohlfeilste, auf die Erkenntnis objektiver Wahrheit Verzicht zu tun, ein Gefühl der Gedrücktheit und damit den Eigendünkel zu bewahren, und an der Gottseligkeit bereits alle Erfordernis zu haben, um die Natur der Gesetze und der Staatseinrichtungen zu durchschauen, über sie abzusprechen und wie sie beschaffen sein sollten und müßten anzugeben, und zwar, weil solches aus einem frommen Herzen komme, auf eine unfehlbare und unantastbare Weise; denn dadurch, daß Absichten und Behauptungen die Religion zur Grundlage machen, könne man ihnen weder nach ihrer Seichtigkeit, noch nach ihrer Unrechtlichkeit etwas anhaben. (262 f.)

Hegel selbst polemisiert hier gegen eine appellative Gefühlsreligion, welche die schwere Arbeit der Explikation des Sinns des Religiösen vermeidet und sich zufriedengibt, wenn sie hinreichend viele ungebildete Anhänger hat. Wie falsch das ist, sieht man, wenn man das Verfahren auf die Wissenschaft überträgt. Wenn Wissenschaftler beginnen, in einer Bildzeitung zu veröffentlichen, oder damit zufrieden sind, wenn ihre Bücher in Bahnhofsbuchhandlungen verkauft werden, sollte man z. B. hellhörig werden. Manche merken nämlich nicht, dass sie damit das Genre gewechselt haben. Aus Theologie, Philosophie oder auch Soziologie und Geschichte lassen sich zwar Erbauungslehren gewinnen. Aber diese gehören nicht mehr zu den Wissenschaften.

In der Religion besteht eine besondere Gefahr, darauf zu verzichten, überhaupt zu verstehen, woran man eigentlich glaubt. Man befriedigt sich damit, dass Andere das auch tun und man die absolute Wahrheit ohnehin nie wissen werde.

Man kann sich dann auch leicht damit zufriedengeben, dass man Sinn und Wesen der Gesetze und der Staatseinrichtungen nicht weiter durchschaut, als dass sie da sind, dass sie irgendwie durch Gewalt aufrechterhalten werden und in diffuser Weise als nötig erscheinen, auch wenn sie aus religiös-moralischer Sicht eigentlich als überflüssig und sogar als Unrecht erscheinen. Die Kritik am Staat kommt aus frommem Herzen, ist wie alle bloße Redlichkeit scheinbar unfehlbar und unantastbar, bleibt aber in Wirklichkeit rein subjektive Meinung. Im Blick auf das Ideal einer gewissenhaften und voll selbstbewussten Person muss eine solche gläubige Frömmigkeit schlicht als zurückgeblieben beurteilt werden. Sie hat im vollsten Sinn des Wortes nur noch religiöse und politische Toleranz verdient, eine Nachsicht, wie man sie auch anderen Arten von Unbildung gegenüber immer aufbringen muss, selbst wenn die entstehende Haltung als arrogant erscheinen mag. Man muss ja auch sonst mit Mängeln an Wissen, Verstand, Vernunft oder Urteilskraft tolerant umgehen, ohne deswegen die Ansprüche abzusenken.

255 f. Ⓚ Insofern aber die Religion, wenn sie wahrhafter Art ist, ohne solche negative und polemische Richtung gegen den Staat ist, ihn vielmehr anerkennt und bestätigt, so hat sie ferner für sich ihren *Zustand* und ihre *Äußerung*. Das Geschäft ihres Kultus besteht in *Handlungen* und *Lehre*; sie bedarf dazu *Besitztümer* und *Eigentums*, so wie dem *Dienste* der Gemeinde gewidmeter *Individuen*. Es entsteht damit ein Verhältnis von Staat und Kirchengemeinde. Die Bestimmung dieses Verhältnisses ist einfach. Es ist in der Natur der Sache, daß der Staat eine Pflicht erfüllt, der Gemeinde für ihren religiösen Zweck allen Vorschub zu tun und Schutz zu gewähren, ja, indem die Religion das ihn für das Tiefste der Gesinnung integrierende Moment ist, von allen seinen Angehörigen zu fordern, daß sie sich zu einer Kirchen-Gemeinde halten,– übrigens zu irgend einer, denn auf den Inhalt, insofern er sich auf das Innere der Vorstellung bezieht, kann sich der Staat nicht einlassen. (263)

Wahre Religion steht nicht gegen den Staat und will ihn nicht beherrschen, sondern ist in kirchlichen Gemeinden oder in analogen religiösen Assoziationen Teil des Gemeinwesens. Ihre ›Funktion‹ ist die gemeinsame Reflexion auf das Personsein und seine öffentliche Feier. Soweit es aber jenseits dieser Praxis des absoluten Geistes selbst gar keinen Zweck für sie gibt, ist das Wort »Funktion« des Religiösen auch gleich wieder zurückzunehmen.

Hegel erlaubt es dem Gemeinwesen zu fordern, jeder Bürger und jede Person solle einer kirchenähnlichen Gemeinschaft zugehören, welche ist gleichgültig. Aus Hegels Sicht sind alle völlig äquivalent.

Das geht uns heute sicher zu weit. Aber erst recht falsch wäre es, solche Gemeinschaften von staatlicher Seite zu bekämpfen, wie das etwa die Bewegung des Sozialismus tat und tut. Denn beides ist sinnwidrig. Es geht in den Religionen um die freie Vergegenwärtigung des Verhältnisses von Person und Gemeinwesen. Diese kann in organisierten Gemeinschaften stattfinden, aber auch in wechselnden Gruppen wie in der freien Kunst und damit am Ende auch auf formal völlig individuelle Weise – wie sie übrigens Hegel selbst bevorzugte, der ja bekanntlich seine Lektüre der Wochenzeitung am Sonntagmorgen zu seinem Gottesdienst erklärte und für ausreichend hielt.

Die Aufgabe der Gemeinden sieht Hegel in Handlungen, und das heißt, in den Riten der Familienfeiern, besonders von Geburt und Tod, Adoleszenz und Hochzeit, ferner in der Lehre im Religionsunterricht und der ggf. wöchentlichen Predigt. Diese darf als solche, im Unterschied zu Wissenschaft und Philosophie, erbaulich sein. Sie soll es sogar sein. Volksphilosophen als Ratgeber für Lebenskunst sind demnach einfach säkulare Pastoren.

Der Staat muss die Tätigkeit der Religionsgemeinschaften nicht nur dulden, er muss sie schützen, so wie er neben den Familien auch alle freien Korporationen, Vereine, Genossenschaften oder Gewerkschaften als institutionelle Einheiten bzw. rechtliche ›Personen‹ oder ›Rechtssubjekte‹ schützen muss. Staatliche Verfolgung der Religionen, ihrer Mitglieder und Repräsentanten oder auch nur die Erschwerung ihrer Arbeit ist daher immer ein Staatsversagen. Das ist so, ob man das schon weiß oder, wie in VR China, hoffentlich langsam lernt. Das ist umso mehr so, als die Religion für das Gemeinwesen insgesamt das tiefste »integrierende Moment ist«. Sie ist es schon dem lateinischen Namen nach, da »re-ligio« als bewusste und damit äußerlich explizite Wiederanbindung des personalen Individuums an die Personengemeinschaft des Gemeinwesens zu verstehen ist. Das gilt, um es noch einmal zu sagen, für Religion allgemein nach ihrem Sinn und ihrem Wesen als Idee und Praxisform, was aber, wie in allen derartigen Allgemeinheiten, Privationen und Missbrauch nicht ausschließt.

Hegel *sagt* zwar, dass sich der Staat auf den Inhalt der religiösen Lehren, insofern diese sich »auf das Innere der Vorstellung« beziehen, nicht einlassen darf und soll. Gemeint ist aber, dass dieser Inhalt trotz allen inneren Gefühls bloße *Äußerungsform* eines allgemeineren

Gehalts ist, woraus die Gleichgültigkeit des Gemeinwesens gegen alle konfessionellen Varianten des Ausdrucks gleichgültiger religiöser Inhalte folgt. Toleranz zur Befriedung der Religionskriege und konfessionellen Streitigkeiten ist nur nötig, weil die Leute dazu tendieren, äußere Formen zu überschätzen und unfähig sind, die allgemeinen Gehaltsäquivalenzen zugunsten von besonderen Differenzen und Varianten zu übersehen. Dabei bleibt erlaubt, über diese Differenzen zu reden oder verbal zu streiten, so wie ja auch über unterschiedliche Verfassungen des Gemeinwesens und ihre Güte oder Mängel, wenn man dabei nur das Allgemeine nicht vergisst und es als zu erhalten begreift.

256 Ⓚ Der in seiner Organisation ausgebildete und darum starke Staat |
217 kann sich hierin desto liberaler verhalten, Einzelnheiten, die ihn berührten, ganz übersehen, und selbst Gemeinden (wobei es freilich auf die Anzahl ankommt) in sich aushalten, welche selbst die direkten Pflichten gegen ihn religiös nicht anerkennen, indem er nämlich die Mitglieder derselben der bürgerlichen Gesellschaft unter deren Gesetzen überläßt und mit passiver, etwa durch Verwandlung und Tausch vermittelter, Erfüllung der direkten Pflichten gegen ihn zufrieden ist.[109] – (263 f.)

Ein Gemeinwesen, das sich in funktionstüchtige und in ihrer

[109] Fußnote Hegels: »Von Quäkern, Wiedertäufern u. s. f. kann man sagen, daß sie nur aktive Mitglieder der bürgerlichen Gesellschaft sind, und als Privatpersonen nur im Privatverkehr mit anderen stehen, und selbst in diesem Verhältnisse hat man ihnen den Eid erlassen; die direkten Pflichten gegen den Staat erfüllen sie auf eine passive Weise und von einer der wichtigsten Pflichten, ihn gegen Feinde zu verteidigen, die sie direkt verleugnen, wird etwa zugegeben, sie durch Tausch gegen andere Leistung zu erfüllen. Gegen solche Sekten ist es im eigentlichen Sinne der Fall, daß der Staat *Toleranz* ausübt; denn da sie die Pflichten gegen ihn nicht anerkennen, können sie auf das Recht, Mitglieder desselben zu sein, nicht Anspruch machen. Als einst im nordamerikanischen Kongreß die Abschaffung der Sklaverei der Neger mit größerm Nachdruck betrieben wurde, machte ein Deputierter aus den südlichen Provinzen die treffende Erwiderung: »gebt uns die Neger zu, wir geben euch die Quäker zu.« – Nur durch seine sonstige Stärke kann der Staat solche Anomalien übersehen und dulden, und sich dabei vornehmlich auf die Macht der Sitten und der innern Vernünftigkeit seiner Institutionen verlassen, daß diese, indem er seine Rechte hierin nicht strenge geltend macht, die Unterscheidung

arbeits- und machtteiligen Organisation anerkannte Institutionen gliedert, ist ein sogenannter ›starker Staat‹, nicht ein solcher, der Geheimdienste und Androhungen von Zwang zum Erhalt seiner Einheit braucht. Ein starker Staat in diesem Sinn kann sich gegen Varianten der Subjektivität in Religionsgemeinschaften liberal verhalten, selbst wenn diese sich einigen Pflichten des Gemeinwesens aus vermeintlich religiösen Gewissensgründen entziehen, wie z. B. die Quäker dem Kriegsdienst. Hegel betont, dass »es freilich auf die Anzahl ankommt«. Es sind also gewisse Abweichungen von sich religiös frei organisierenden Gemeinden und Gruppen, welche manche gesetzlichen Normen nicht anerkennen, vom Gemeinwesen tolerant auszuhalten.

Vereinigungen dieser Art gehören nach Hegels Deutung eigentlich zu den freien Vereinen und Korporationen der bürgerlichen Gesellschaft. Es ist daher nach seinem Urteil auch sinnvoll, eine Verweigerung eines Dienstes wie des Wehrdienstes für das Gemeinwesen »durch Verwandlung und Tausch« durch einen zivilen Ersatzdienst zu ersetzen – statt etwa mit Gefängnisstrafen (wie bis vor Kurzem gerade auch noch in der Schweiz) zu belegen. Sie ohne Kompensationsleistung zu dulden, etwa nur bei bestimmten Gruppen, die sich selbst zu

vermindern und überwinden werde. So formelles Recht man etwa gegen die *Juden* in Ansehung der Verleihung selbst von bürgerlichen Rechten gehabt hätte, indem sie sich nicht bloß als eine besondere Religions-Partei, sondern als einem fremden Volke angehörig ansehen sollten, so sehr hat das aus diesen und andern Gesichtspunkten erhobene Geschrei übersehen, daß sie zu allererst *Menschen* sind und daß dies nicht nur eine flache, abstrakte Qualität ist (§ 209 Anm.), sondern daß darin liegt, daß durch die zugestandenen bürgerlichen Rechte vielmehr das *Selbstgefühl*, als *rechtliche* Personen in der bürgerlichen Gesellschaft zu gelten, und aus dieser unendlichen von Allem andern freien Wurzel die verlangte Ausgleichung der Denkungsart und Gesinnung zu Stande kommt. Die den Juden vorgeworfene Trennung hätte sich vielmehr erhalten und wäre dem ausschließenden Staate mit Recht zur Schuld und Vorwurf geworden; denn er hätte damit sein Prinzip, die objektive Institution und deren Macht verkannt (vergl. § 268 Anm. am Ende). Die Behauptung dieser Ausschließung, indem sie aufs Höchste Recht zu haben vermeinte, hat sich auch in der Erfahrung am törichsten, die Handlungsart der Regierungen hingegen als das Weise und Würdige erwiesen. – |« 218 einer ›religiösen‹ Gemeinschaft erklären und unter selbstkonstruierte oder auch traditionale ›religiöse Gesetze‹ stellen, kann unter Umständen sowohl im Blick auf Recht und Gerechtigkeit als auch auf die Funktionstüchtigkeit des Gemeinwesens problematisch werden. Die Ansprüche auf Religionsfreiheit können daher, wie man hier eigentlich klar sehen kann, zu weit gehen. Echte Religionsgemeinschaften müssen die Zumutungen dulden, welche das Gemeinwesen an sie und ihre Mitglieder stellt. Daher gibt es z. B. – anders als dies etwa Martha Nussbaum meint – keineswegs ein apriorisches Recht von Religionsgemeinschaften auf Fortführung tradierter Riten wie z. B. Beschneidungen oder das demonstrative Tragen von Kopftuch oder des Tschadors etc. Religiöse Toleranz in Staat und Recht ist in vielen derartigen Dingen, auch von Speise- bis Schlachtvorschriften, weit eher eine Sache der Klugheit. Sie kann nicht aus einer moralisch-ethischen Grundnorm, der sogenannten Religionsfreiheit, gefolgert werden.

256 f. Ⓚ Insofern aber die kirchliche Gemeinde *Eigentum* besitzt, sonstige *Handlungen* des Kultus ausübt, und Individuen dafür im Dienste
218 hat, tritt sie aus | dem Innern in das Weltliche und damit in das Gebiet des Staats herüber und stellt sich dadurch *unmittelbar* unter seine Gesetze. (264 f.)

Auch als Rechtssubjekt oder institutionelle ›Person‹, die z. B. Eigentum besitzt und wie jeder Verein für die Folgen ihrer Handlungen als Gemeinschaft Verantwortung zu übernehmen hat, ist jede kirchliche oder religiöse Gemeinde den Gesetzen des Staates unterworfen. Hegel wird aber gleich noch hinzufügen, dass es aus traditionalen Gründen eine gewisse Steuerfreiheit für das kirchliche Wirtschaften gibt, ähnlich wie später für gemeinnützige Vereine.

257 Ⓚ Der Eid, das Sittliche überhaupt, wie das Verhältnis der Ehe führen zwar die innere Durchdringung und die Erhebung der *Gesinnung* mit sich, welche durch die Religion ihre tiefste Vergewisserung erhält; indem die sittlichen Verhältnisse wesentlich Verhältnisse der *wirklichen Vernünftigkeit* sind, so sind es die Rechte dieser, welche darin zuerst zu behaupten sind, und zu welchen die kirchliche Vergewisserung als die nur innere, abstraktere Seite hinzutritt. – (265)

Wenn im Fall eines Eides Gott angerufen wird oder eine Ehe kirchlich geschlossen wird, so handelt es sich bei der religiösen Sprache oder Zeremonie nur um eine symbolische Vertiefung einer sittlichen

Form, die als solche im Gemeinwesen normativ geregelt ist. Daher ist jede Eheschließung wie jede Geburt eines Kindes eine Angelegenheit des Standesamts und betrifft den bürgerlichen Stand. Das ist selbst dort so, wo der Staat auch noch die formelle Seite, nicht nur die feierliche Zeremonie von Taufe und Eheschließung, in Vereinfachung von Bürokratie einer Kirche überlässt.

In Ansehung weiterer Äußerungen, die von der kirchlichen Vereinigung ausgehen, so ist bei der *Lehre* das Innere gegen das Äußere das überwiegendere als bei den *Handlungen* des Kultus und andern damit zusammenhängenden Benehmungen, wo die *rechtliche* Seite wenigstens sogleich für sich als Sache des Staats erscheint; (wohl haben sich Kirchen auch die Exemtion ihrer Diener und ihres Eigentums von der Macht und Gerichtsbarkeit des Staates, sogar die Gerichtsbarkeit über weltliche Personen in Gegenständen, bei denen wie Ehescheidungssachen, Eidesangelegenheiten u. s. f. die Religion konkurriert, genommen). – (265) 257f. Ⓚ

Kirchliche und religiöse Lehren sprechen das ›Spirituelle‹, ›Innere‹ der Subjekte an, ihr Gefühl, gerade auch im Sinn einer diffusen Haltung zu sich als Mensch, Subjekt und Person, aber auch zur Natur, zum Gemeinwesen und zur ganzen Menschenwelt, samt deren Geschichte. In diesem Sinn ist jede religiöse Lehre generell *erbaulich*. Dasselbe gilt für die Liturgie des Kultus. Die Sonderstellung kirchlichen Personals gegenüber der staatlichen Gerichtsbarkeit hat sich inzwischen aber stark geändert. Wenn Kirchen in Ehescheidungssachen und dem Recht auf Wiederverheiratung andere Vorstellungen als das staatliche Recht haben, ist das als reine vereinsinterne Angelegenheit zu behandeln und hat mit ›Moral‹ fast nichts mehr zu tun.[110] Allerdings setzen kirchenaffine Mehrheiten wie in Polen ihre gruppeninterne ›Moral‹ im Staat durch, etwa in den Gesetzen zum Schwangerschaftsabbruch. Das Unethische des Vorgehens und der Missbrauch der Religion wäre Hegel klar gewesen.

Die *polizeiliche* Seite in Rücksicht solcher Handlungen ist freilich 258 Ⓚ
unbestimmter, aber dies liegt in der Natur dieser Seite eben so auch

110 Vgl. Vorl. Rechtsphil., 1819/20, GW 26,1, S. 522 f.: »Die Religion … hat den Staat zu respektieren.« … »Wenn Widerspruch vorhanden ist, so ist der Staat das Entscheidende.«

gegen andere ganz bürgerliche Handlungen (s. oben § 234). Insofern die religiöse Gemeinschaftlichkeit von Individuen sich zu einer Gemeinde, einer Korporation erhebt, steht sie überhaupt unter der oberpolizeilichen Oberaufsicht des Staats. – (265 f.)

Hier macht Hegel selbst terminologisch explizit, dass auch für ihn eine religiöse Gemeinde oder Kirche eine freie *Korporation* in der Gesellschaft ist. Oben wurde schon gesagt, dass und warum sie als solche »unter der oberpolizeilichen Oberaufsicht des Staats« steht.

258 Ⓚ Die *Lehre* selbst aber hat ihr Gebiet in dem Gewissen, stehet in dem Rechte der subjektiven Freiheit des Selbstbewußtseins, – der Sphäre der Innerlichkeit, die als solche nicht das Gebiet des Staates ausmacht. (266)

Was eine Kirche oder Religionsgemeinschaft lehrt, also zunächst die Sätze und Texte, die für heilig gelten, dann die inhaltlichen Auslegungen in Kommentierungen und schließlich die kanonisch zu Folgerungen erklärten religiösen Normen auch für ein Handeln und Verhalten, »hat ihr Gebiet in dem Gewissen«, der *conscientia* des personalen Subjekts. Der Inhalt der Lehre betrifft, heißt das, das subjektive Selbstbewusstsein der sogenannten Gläubigen. Dieses betrifft ihren Stand in der empirischen Welt des Einzelnen und ihre Haltung zum Allgemeinen, das dann in der Form des Unendlichen, in seiner Idealform auch als Göttliches angesprochen wird. Es ergibt sich, dass die ›religiös‹ begründeten Normen häufig als von (einem) Gott erlassen oder gesetzt angesprochen werden.

Wir haben gesehen, inwiefern das »Recht der subjektiven Freiheit des Selbstbewusstseins« ein absolutes Prinzip des abstrakten Rechts und damit auch der konkreten Rechte und Pflichten des Gemeinwesens ist. Das ist die eigentliche Grundlage der sogenannten religiösen Glaubensfreiheit. Diese bedeutet natürlich nicht, dass der religiös Gläubige oder eine sich als religiös ausgebende Glaubensgemeinschaft beliebige Inhalte für heilig oder unantastbar oder Handlungsweisen für erlaubt oder nicht geboten erklären kann, welche im Staat verboten bzw. geboten sind. Es bedeutet aber sehr wohl, dass die Sphäre der Innerlichkeit, der subjektiven Überzeugungen, immer ernst zu nehmen ist – und außer im Fall eines äußeren Widerspruchs zur allgemeinen Ordnung des Gemeinwesens »nicht das Gebiet des Staates ausmacht«.

Jedoch hat auch der Staat eine Lehre, da seine Einrichtungen und 258 Ⓚ
das ihm Geltende überhaupt über das Rechtliche, Verfassung u. s. f. wesentlich in der Form des *Gedankens* als Gesetz ist, und indem er kein Mechanismus, sondern das vernünftige Leben der selbstbewußten Freiheit, das System der sittlichen Welt ist, so ist die *Gesinnung*, sodann das Bewußtsein derselben in *Grundsätzen* ein wesentliches Moment im wirklichen Staate. (266)

Neben der Religionslehre gibt es nun aber in heutigen Schulen unter den Titeln »Gemeinschaftskunde« und »Ethikunterricht« eine eigene Lehre des Gemeinwesens über seine sittlichen Formen und Normen, gerade auch des Rechts und der Staatsmacht, der Verfassung und der freien Moralität. Dabei sind dessen Prinzipien, aber auch die immer noch bloß erst allgemeinen Normen und Gesetze, nicht schematisch oder mechanisch zu befolgen, sondern verlangen vernünftige Urteilskraft und damit ein immer auch holistisch-spekulatives Verstehen und Begreifen ihres konkreten Sinns. Außerdem bedarf es der Gesinnung als emotional durchformte Bindung an das Gemeinwesen, als Rahmen für das eigene Personsein. Soweit dieses Gefühl nicht schon in den Religionen mitvermittelt ist, bedarf es einer säkularen Form zivilreligiöser Bildung und der zugehörigen zivilreligiösen Zeremonien – etwa an Gedenktagen oder staatlichen Feiern. Wir kennen ihre kommentierende Begleitung in der Öffentlichkeit, vermittelt durch verschiedene Medien, besonders auch durch Kunst und Literatur, natürlich auch durch Zeitungen.

Hinwiederum ist die Lehre der Kirche nicht bloß ein Inneres des 258f. Ⓚ
Gewissens, sondern als Lehre vielmehr *Äußerung*, und Äußerung zugleich über einen Inhalt, der mit den sittlichen Grundsätzen und Staats-Gesetzen aufs innigste zusammenhängt oder sie unmittelbar selbst betrifft. Staat und Kirche treffen also hier | direkt *zusam-* 219
men oder *gegen einander*. Die Verschiedenheit beider Gebiete kann von der Kirche zu dem schroffen Gegensatz getrieben werden, daß sie als den absoluten Inhalt der Religion in sich enthaltend, das *Geistige* überhaupt und damit auch das sittliche Element als ihren Teil betrachtet, den Staat aber als ein mechanisches Gerüste für die ungeistigen äußerlichen Zwecke, sich als das Reich Gottes oder wenigstens als den Weg und Vorplatz dazu, den Staat aber als das Reich der Welt, d. i. des Vergänglichen und Endlichen, sich damit

als den Selbstzweck, den Staat aber nur als bloßes *Mittel* begreift. Mit dieser Prätension verbindet sich dann in Ansehung des *Lehrens* die Forderung, daß der Staat die Kirche darin nicht nur mit vollkommener Freiheit gewähren lasse, sondern unbedingten Respekt vor ihrem Lehren, wie es auch beschaffen sein möge, denn diese Bestimmung komme nur ihr zu, als Lehren habe. (266 f.)

Die religiöse Lehre einer Kirche ist immer öffentlich. Damit hat sie nicht einfach den gleichen Status wie das subjektive Meinen einer Einzelperson. Für diese und ihr Tun ist das subjektive Glauben (an was auch immer), wie gesehen, in gewissem Sinn absolut. Es ist als solches daher immer zu berücksichtigen. Die Äußerung der Lehre aber kann und muss in ihrem Inhalt allgemein beurteilt werden (dürfen). Dieser Inhalt hängt, wie gesehen, schon der Sache nach eng mit den ethischen Prinzipien des Gemeinwesens zusammen. Er betrifft auch dessen Gesetze. Das ist der Grund, warum Staat und Kirche in jedem Fall ein angemessenes Verhältnis zueinander finden müssen.

Eine schlechte Variante ist die, dass die Kirchen und Religionsgemeinschaften unmittelbar beanspruchen, in ihrer vermeintlich höheren Wahrheit das Geistige überhaupt und damit auch das allgemeine Ethos zu vertreten. Der Staat wird dann z. B. nur als »mechanisches Gerüst« für ›äußerliche Zwecke‹ wie Wohlstand und Sicherheit aufgefasst, zusammen mit der Ökonomie der bürgerlichen Gesellschaft »als das Reich der Welt, d. i. des Vergänglichen und Endlichen«, sogar »als bloßes Mittel« – in der Theokratie für die Religion und das Volk, ansonsten aber angeblich bloß für die Interessen der Herrschenden und Reichen.

Mit dem Anspruch, das wahre Allgemeine sozusagen gepachtet zu haben, fordern religiöse Lehrer nicht nur absolute Religionsfreiheit, »sondern unbedingten Respekt vor ihrem Lehren«. Das geschieht häufig so, dass unter dem Titel »Reich Gottes« das Reich der Welt abgewertet wird. Das hat am Ende die – im Grunde sich selbst widersprechende – Folge, dass das Gemeinwesen in religiöse Obhut kommt. Dies wiederum führt nur dann nicht zu seiner Auflösung im Bürgerkrieg, wenn alle zufälligerweise übereinstimmen. Dann gäbe es nämlich nur eine einzige derartige religiöse Macht. Diese würde dann eine direkte oder indirekte Theokratie installieren.

259 Ⓚ Wie die Kirche zu dieser Prätension aus dem ausgedehnten Grun-

de, daß das geistige Element überhaupt ihr Eigentum sei, kommt, die *Wissenschaft* und Erkenntnis überhaupt aber gleichfalls in diesem Gebiete steht, für sich wie eine Kirche sich zur Totalität von eigentümlichem Prinzipe ausbildet, welche sich auch als an die Stelle der Kirche selbst noch mit größerer Berechtigung tretend betrachten kann, so wird dann für die Wissenschaft dieselbe Unabhängigkeit vom Staate, der nur als ein Mittel für sie als einen Selbstzweck zu sorgen habe, verlangt. – (267)

Interessant ist, dass Hegel auch gleich noch das Erbe dieser Vorstellung in der Debatte um die sogenannte Wissenschaftsfreiheit erwähnt. Denn »die Wissenschaft« als Gesamt von allem methodisch geprüften allgemeinen Wissen könnte sogar mit weit größerem Recht als eine religiöse Korporation mit ihrer konfessionellen Glaubenslehre beanspruchen, nicht nur unabhängig von jedem staatlichen Einfluss zu sein, sondern dass dieser auf sie zu hören habe. Alle Veranlassungen des Staates wären damit nur Umsetzungen dessen, was in der Wissenschaft als wahr und gut erkannt ist. Es sollte klar sein, dass das keine gute Idee ist. Denn auch die Wissenschaft ist konkret immer durch personale Subjekte vertreten. Deren Urteile aber sind, für sich genommen, Meinungen.

Es ist für dieses Verhältnis übrigens gleichgültig, ob die dem 259 Ⓚ
Dienste der Gemeinde sich widmenden Individuen und Vorsteher es etwa zu einer vom Staate ausgeschiedenen Existenz getrieben haben, so daß nur die übrigen Mitglieder dem Staate unterworfen sind, oder sonst im Staate stehen und ihre kirchliche Bestimmung nur eine Seite ihres Standes sei, welche sie gegen den Staat getrennt halten. (267)

Hegels Zwischenbemerkung sagt nur, dass es für den Anspruch von Religion (oder Wissenschaft) auf Richtlinienkompetenz im Staat gleichgültig ist, ob ihre Funktionäre als Personen den staatlichen Gesetzen unterstehen oder nicht, ob also die Pastoren oder Wissenschaftler sogar Beamte mit staatlichem Gehalt sind oder nicht. Übrigens werden Religionen organisatorisch vertreten durch Kirchen und Gemeinden, so wie die Wissenschaft durch Repräsentanten, manchmal auch durch selbsternannte oder zufällig anerkannte wissenschaftliche Politikberater.

Zunächst ist zu bemerken, daß ein solches Verhältnis mit der 259 Ⓚ
Vorstellung vom Staat zusammen hängt, nach welcher er seine Be-

stimmung nur hat im Schutz und Sicherheit des Lebens, Eigentums und der Willkür eines Jeden, insofern sie das Leben und Eigentum und die Willkür der andern nicht verletzt, und der Staat so nur als eine Veranstaltung der Not betrachtet wird. (267)

Die Vorstellung, Staat und Politik seien nur Mittel, um die wahren Einsichten der Religion (oder der Wissenschaft) in der realen, empirischen Welt etwa durch Besteuerungen und Sanktionsdrohungen durchzusetzen (oder wenigstens zu befördern), geht selbst schon von einer defizitären, zu engen Auffassung dessen aus, was Form und Aufgabe des Staates bzw. das Gemeinwesen selbst ist. Man sieht die Aufgabe des Staates (wie im Grunde im Liberalismus) im Kern dann nur in seinen Funktionen für andere Zwecke, etwa der Sicherung des Regimes des Privateigentums und damit der weiteren Bereicherung der Reichen, nicht in der Form *der Bildung* eines *gemeinsamen* Willens, der *volonté générale*. Die gute Erfüllung auch von an sich guten Zwecken wie im Schutz von Leben und Eigentum kann nicht ausreichen, wenn klar ist, dass das staatliche Handeln das gesamte personale Dasein betrifft. Das bedeutet, dass es von uns auch *anerkannt* sein muss. Diese Anerkennung kann es freilich gerade auch durch effektive Zweckverfolgung bekommen. Aber es kann eben auch sein, dass diese noch nicht ausreicht.

In der Gesellschaft soll dagegen nur die »Willkür eines jeden«, sofern sie »die Willkür der anderen nicht verletzt«, ihr Recht behalten – und der Staat darüber wachen. Das war auch der liberale Gedanke Kants gewesen. Ein Staat aber, der nur diese Aufgabe erfüllte, wäre »so nur als eine Veranstaltung der Not« verstanden. Er wäre also nur eine Not-Wendigkeit. Er hätte seine positive Aufgabe der aktiven Formung eines gemeinsamen Lebens möglicherweise schon verfehlt. Die inhaltlichen Bestimmungen des Ethos und der subjektiven Sittlichkeit würden in diesem Verständnis des Staates z. B. entweder dem Zufall der Meinungen oder, schon expliziter bzw. organisierter, der Religion bzw. einer Kirche überlassen.

Nach vollkommener Säkularisierung soll, so meinen die Leute heute, eine neue Instanz mit Namen »die Gesellschaft« die Rolle von Staat und Kirche übernehmen. Konkret bedeutet diese vage Vorstellung, dass viele Gruppierungen im Namen aller sprechen. Alle behaupten, das Ethos des Gemeinwesens vertreten zu können. Die Leute wollen ja nie nur für sich reden.[111]

Das Element des höheren Geistigen, des an und für sich Wahren, 259 Ⓚ ist auf diese Weise als subjektive Religiosität oder als theoretische Wissenschaft jenseits des Staates gestellt, der als der *Laie* an und für sich, nur zu respektieren habe, und das eigentliche Sittliche fällt so bei ihm ganz aus. (267)

Die Abwertung des Gemeinwesens, die sich bis heute im schlechten Ruf des Staates und damit auch in einem Missverständnis der beiden Wörter »Staat« und »Gesellschaft« zeigt, ist ein uraltes Phänomen und nicht etwa nur Folge der Begriffs- und Ideengeschichte seit dem 19. Jahrhundert. Das Problem liegt in der Gegenüberstellung ›geistlicher Spiritualität‹ der Religionen bzw. der ›vernünftigen Geistigkeit‹ der Wissenschaften auf der einen Seite und der vermeintlichen Weltlichkeit der Politik und des Staates auf der anderen. Man übersieht damit, erstens, dass Religion und Wissenschaft selbst als institutionelle *Teilsphären* des Gemeinwesens zu begreifen sind, zweitens, dass sie damit das Gemeinwesen nicht nur als zu belehrendes Gegenüber oder Adressaten haben, sondern auch als Gesprächspartner, und drittens, dass ihre Vorschläge selbst Teil der politischen Selbstformung des Gemeinwesens bzw. Staates insgesamt sind. Viertens bleibt alle gefühlsbetonte Religiosität zunächst ebenso subjektiv wie jede Fürsprache für ›die theoretische Wissenschaft‹, selbst dort, wo eine Art Gruppenkonsens herrscht. Erst im Gemeinwesen transzendieren die Inhalte die bloße *Intersubjektivität* (den bloßen Konsens) einer noch nicht nachhaltigen gemeinsamen Meinung. Das geschieht in einer *verfahrensmäßigen Setzung* eines *transsubjektiven Kanons* von Recht und Gesetz und in verfahrensmäßigen und rechtlich kontrollierten *Entscheidungen* im (alltäglichen, realen, empirischen) Handeln von Staat und Regierung, Verwaltung und ›Polizei‹. Dieses System definiert das konkrete

[111] In der Rede von der Gesellschaft und der Wissenschaft gebrauchen wir die gleichen generischen Ausdrucksformen, wie die es waren, als man noch an Volk und Nation, Fortschritt oder Vernunft apellierte. Sinnkritisches Selbstbewusstsein bemerkt das Poblem auch im Fall von Gesellschaft, Wissenschaft, Ethik und Demokratie.

Ethos des Gemeinwesens. Subjektive Sittlichkeit besteht in seiner Anerkennung.

Analoges gilt für das kanonisierte allgemeine Wissen – das freilich über ein allgemeines Können kontrolliert wird, zu dem auch die durch es vermittelten Allgemeinerfahrungen gehören, die weit über die einzelne *experience* bloßer Wahrnehmung hinausgehen. Die Parallele zu Wissenschaft und Allgemeinwissen ist dann offenkundig. Hier gibt es z. B. den Kanon einer gepflegten Sprache, die sich nicht bloß im Umfang des Wortschatzes von den bloßen Intuitionen und dem manchmal bloß erst gefühlsförmigen Verstehen einer sogenannten Alltagssprache unterscheidet.

Andererseits ist es aber auch ganz falsch zu meinen, Laien hätten einfach anzuerkennen, was ihnen ihre geistlichen und geistigen Führer als wahr und vernünftig lehren. Wahre Demokratie muss daher immer auch eine gewisse Kritik der ›Laien‹ an einem Besserwissen seiner geistlichen und geistigen Lehrer und selbsternannten Fürsprechern ertragen. Das gilt für das professionelle Recht und eine professionelle Theologie ebenso wie für die Geistes- und Sozialwissenschaften, erst recht für die Philosophie, die noch viel weniger besser weiß als diese Wissenschaften. Hegel sieht das weit klarer als alle die Kritiker, die gerade ihn für einen Besserwisser halten: Würde man fordern, dass man die Urteile intellektueller Führer unbefragt zu übernehmen und nicht etwa nur zu respektieren habe, hätte man »das eigentliche Sittliche« schon zerstört.

259f. Ⓚ Daß es nun geschichtlich Zeiten und Zustände von | Barbarei ge-
220 geben, wo Alles höhere Geistige in der Kirche seinen Sitz hatte, und der Staat nur ein weltliches Regiment der Gewalttätigkeit, der Willkür und Leidenschaft, und jener abstrakte Gegensatz das Hauptprinzip der Wirklichkeit war (s. § 359), gehört in die Geschichte. (267 f.)

Man könnte es leicht missverstehen, dass Hegel dort von »Barbarei« spricht, »wo alles höhere Geistige in der Kirche seinen Sitz« hat. Es geht hier nicht um eine Kritik an der Kirche, im Gegenteil. Hegel verteidigt deren historische Leistung nach dem Zusammenbruch Westroms im frühen Mittelalter, als der Staat »nur ein weltliches Regiment der Gewalttätigkeit, der Willkür und Leidenschaft« gewesen war. Es wäre aber ein Fehler, dieses Verhältnis von *Kirche und Welt* sozusagen für unausweichlich oder gar gut zu erklären. Es war immer schon falsch, die Macht des Staates mit einer vermeintlichen Herrschaft seiner Funktionäre zu verwechseln. Da Kunst, Wissenschaft oder etwa auch allerlei Nichtregierungsorganisationen implizit die Kirchen beerben, ist auch hier von der Vorstellung einer *Entgegensetzung* von *Geist und Staat* Abstand zu nehmen.

Aber es ist ein zu blindes und seichtes Verfahren, diese Stellung 260 Ⓚ
als die wahrhaft der Idee gemäße anzugeben. (268)

Die Entgegensetzung von Geist und Welt in der Form eines erfundenen Gegensatzes von Ethik und Politik, auch von Moral und Recht, geht an der Gesamtform des Gemeinwesens und damit des eigenen Personseins vorbei.

Die Entwickelung dieser Idee hat vielmehr dies als die Wahrheit 260 Ⓚ
erwiesen, daß der Geist als frei und vernünftig, an sich sittlich ist, und die wahrhafte Idee die *wirkliche* Vernünftigkeit, und diese es ist, welche als Staat existiert. (268)

Die Idee des Gesamtstaates ist, ich sage es noch einmal in anderen Worten, Einheit des Begriffs und der Vollzugsform des Gemeinwesens. Der generische Singular steht für alle staatlichen und substaatlichen Institutionen – nicht der Gesellschaft, da diese nur Interaktionen von Individuen betrifft, sondern des Gemeinwesens. Familie und Gesellschaft sind Sphären substaatlicher Institutionen. Das sind alles zunächst nur begriffliche Erläuterungen, die man schon falsch versteht, wenn man sie für ›Behauptungen‹ hält. Wer anders zu reden beliebt, mag dies tun.

Das Gemeinwesen schafft Einheit durch kanonische Setzung von Normen und Formen des sittlich Richtigen und des Rechts durch Gesetze, aber auch in den substaatlichen Formen der Wissenschaft und Lehre. Der objektive Geist ist generisch-gemeinsame Vollzugsform der Selbstformung des Gemeinwesens, der subjektive ist ›dasselbe‹ auf der Ebene der einzelnen Person, also deren Selbstformung in freier Selbstbestimmung. Dabei ist im Gemeinwesen, nicht durch das einzelne Subjekt (wie noch bei Kant!), bestimmt, was vernünftig und an sich sittlich ist.

Es ergab sich ferner aus dieser Idee eben so sehr, daß die sittliche 260 Ⓚ
Wahrheit in derselben für das *denkende* Bewußtsein, als in die Form der *Allgemeinheit* verarbeiteter *Inhalt,* als *Gesetz,* ist, – der Staat

überhaupt seine Zwecke *weiß*, sie mit bestimmtem Bewußtsein und nach Grundsätzen erkennt und betätigt. (268)

Das denkende Bewusstsein ist der Gebrauch des allgemeinen Wissens durch das personale Subjekt. Je ich kenne in diesem Sinn die sittlichen Normen und das rechtliche Gesetz des Gemeinwesens. Der Staat kennt daher seine Zwecke nur dadurch, dass *wir* sie kennen. Dieses *Wir* ist ebenso generisch wie Hegels Rede vom Staat (an sich). Diese kann man nur dann als Rede über den preußischen Staat missverstehen, wenn man an Hegels Ausdrucksform vorbeigeht. Das zu sehen, verlangt eine gewisse sprachliche und logische Bildung.

260 Ⓚ Wie oben bemerkt ist, hat nun die Religion das Wahre zu ihrem allgemeinen Gegenstande, jedoch als einen *gegebenen* Inhalt; der in seinen Grund-Bestimmungen nicht durch Denken und Begriffe erkannt ist; eben so ist das Verhältnis des Individuums zu diesem Gegenstande eine auf Autorität gegründete Verpflichtung, und das *Zeugnis* des *eigenen* Geistes und Herzens, als worin das Moment der Freiheit entalten ist, ist *Glaube* und *Empfindung*. (268)

Religiöse Rede ist, seit es sie gibt, Reflexion auf Wahrheit im Ganzen. Sie ist es aber in typisch mythischer, sozusagen erzählend-metonymischer Form, ohne dass den Sprechern und Hörern das Allegorische und Figurative dieser spekulativen Reflexionsform auf das wahre Ganze immer genügend klar wäre. Diese Klärungen schafft erst die Philosophie. Diese Seite der Philosophie als sinnkritische Reflexion auf Formen des Sprechens, als Dialektik, beginnt bei Heraklit, Parmenides und Platon mit ihren logischen und damit auch metalogischen bzw. spekulativen Kommentaren zum üblichen Reden. Die Meta-Physik des Aristoteles ist davon nur ein Teil. Es ist der Teil einer materialbegrifflichen Metalogik des Wissens über die *physische* Welt, die als solche neben der bloß formalen Logik des sogenannten *Organons* im Rahmen einer formalen *Methodenlehre* des *Naturwissens* bis hin zur Psyche des Lebens überhaupt steht. Platon ist dagegen der frühe Denker des Wissens über den Geist im personalen, also sozialpolitischen Leben.

Es bleibt, sagt Hegel, eine noch unabgegoltene Aufgabe, die wahren Inhalte der Religion(en) und der gesamten Tradition der Theologie zu erarbeiten. Diese sind noch »nicht durch Denken und Begriffe« erfasst. Außerdem verbleibt das Verhältnis der Personen zu den religiösen

Inhalten im Rahmen einer »auf Autorität gegründeten Verpflichtung« bzw. Dogmatik einerseits, eines bloß erst subjektiv-gefühlsmäßigen ›Verstehens‹ und eines bloßen ›Glaubens‹ andererseits.

Es ist die philosophische Einsicht, welche erkennt, daß Kirche und Staat nicht im Gegensatze des *Inhalts* der Wahrheit und Vernünftigkeit, aber im Unterschied der Form stehen. (268) 260 Ⓚ

Erst die Philosophie erkennt, dass kirchliches Gemeindeleben und das Gemeinwesen nicht im Gegensatz stehen dürfen. Dabei bleibt der Unterschied der Form anzuerkennen. Religiöse Gemeinden sind freie kommunitarische Korporationen in der Gesellschaft. Der Staat liefert den gesetzlichen Rahmen.

Wenn daher die Kirche in das *Lehren* übergeht (es gibt und gab auch Kirchen, die nur einen Kultus haben; andere, worin er die Hauptsache und das Lehren und das gebildetere Bewußtsein nur Nebensache ist) und ihr Lehren *objektive Grundsätze*, die Gedanken des Sittlichen und Vernünftigen betrifft, so geht sie in dieser Äußerung unmittelbar in das Gebiet des Staats herüber. (268 f.) 260 Ⓚ

Hegel verwendet das Wort »Kirche« sehr weit. Eine Kirche, die nur einen Kultus oder Ritus hat, ist jedenfalls keine christliche Kirche. Zu denken ist hier eher an antike und asiatische Religionen. Wenn kirchliche Lehren die Themen »des Sittlichen und Vernünftigen« betreffen, stehen sie, scheint Hegel normativ zu sagen, mit Recht unter staatlicher Oberaufsicht – und nicht etwa, umgekehrt, der Staat unter der Aufsicht einer oder der Kirche. Vielleicht sollten wir etwas schwächer sagen, dass alle religiösen Lehren in einem pluralen Gemeinwesen sich den öffentlichen Diskurs um die Qualität ihrer Lehren gefallen lassen müssen, während sie in ihrem kultischen Ritus frei sind und, soweit es geht, vom Staat ungestört anerkannt bleiben müssen, weil sich in diesem die Zugehörigkeit der Mitglieder zur Gemeinde selbst frei ausdrückt.

Gegen ihren *Glauben* und ihre *Autorität* über das Sittliche, Recht, Gesetze, Institutionen, gegen ihre *subjektive Überzeugung* ist der Staat vielmehr das *Wissende*; in seinem Prinzip bleibt wesentlich der Inhalt nicht in der Form des Gefühls und Glaubens stehen, sondern gehört dem bestimmten Gedanken an. (269) 260 f. Ⓚ

Obwohl klar ist, dass Hegel ganz allgemein vom Staat an sich spricht und der Religion an sich, ist es misslich, dass er gerade hier nicht das Wort »Gemeinwesen« als Obertitel gebraucht, mit Staat, Gesellschaft bzw. Familie als Subsphären. Denn dann klänge die Aussage verständlicher, dass nicht die religiösen Gemeinschaften, sondern die Öffentlichkeit des Gemeinwesens die »Autorität über das Sittliche, Recht, Gesetze, Institutionen« hat und sich ggf. auch »gegen ihre subjektive Überzeugung« stellen muss. Heute spricht man, begrifflich allerdings nicht weniger verwirrend oder verwirrt, von der Gesellschaft und meint dabei ebenfalls das Gemeinwesen, also Hegels Staat.

Man kann schon über den Satz stolpern, dass der Staat »das Wissende« sei. Als Orakel sagt der Satz aber auch wieder nur, dass die in den Wissenschaften erforschten und geprüften und für eine kanonische Lehre vorgeschlagenen Inhalte im gesamten Gemeinwesen (heute: ›in der Gesellschaft‹) ihre Anerkennung erhalten. Das bedeutet nicht, das man einer populistischen Mehrheitsmeinung das Wort zu reden hätte. Es bedeutet, dass der freie und offene Meinungsstreit in den Wissenschaften und die kritischen Kommentierungen in den Schulen zur heute ›demokratisch‹ genannten Öffentlichkeit gehören, welche Hegel hier gegen dogmatisierende Mandarine aller Arten verteidigt. Freiheit der Lehre bedeutet daher nicht, »in der Form des Gefühls und Glaubens« stehen zu bleiben. Gedanken sind auf Inhalt und Geltung, also Anerkennungswürdigkeit und Einwandfreiheit hin öffentlich zu beurteilten. Alles Argumentieren und Begründen gehört hierher.[112]

261 Ⓚ Wie der an und für sich seiende Inhalt, in der Gestalt der Religion als besonderer Inhalt, als die der Kirche als religiöser Gemeinschaft eigentümlichen Lehren, erscheint, so bleiben sie außer dem Bereiche des Staats (im Protestantismus gibt es auch keine Geistlichkeit,
221 welche ausschließender Depositär der kirch|lichen Lehre wäre, weil es in ihm keine *Laien* gibt); indem sich die sittlichen Grundsätze und die Staats-Ordnung überhaupt in das Gebiet der Religion herüber ziehen, und nicht nur in Beziehung darauf setzen lassen, sondern

112 Vgl. dazu insbesondere das für die Probleme des Rahmens einer Rede oder eines Arguments bahnbrechende Buch von Harald Wohlrapp, *Der Begriff des Arguments. Über die Beziehungen zwischen Wissen, Forschen, Glauben, Subjektivität und Vernunft*. Würzburg: Königshausen & Neumann 2008.

auch gesetzt werden sollen, so gibt diese Beziehung einer Seits dem Staate selbst die religiöse Beglaubigung; andererseits bleibt ihm das Recht und die Form der selbstbewußten, objektiven Vernünftigkeit, das Recht, sie geltend zu machen und gegen Behauptungen, die aus der *subjektiven* Gestalt der Wahrheit entspringen, mit welcher *Versicherung* und *Autorität* sie sich auch umgebe, zu behaupten. (269)

Hegel lobt den Protestantismus, weil er den Unterschied zwischen Klerus und Laien (nun ja: formal) aufgehoben hat. Es gibt im Protestantismus keinen kirchlichen Stand, der das Monopol der Auslegung der sogenannten Heiligen Schrift besäße. – Die Religion lässt sich zwar nicht auf eine religiöse Morallehre reduzieren – wie Kant im Grunde vorschlägt –, aber die Religion bettet die Ethik, dass Sittliche, in ihre ›existentiellen Expressionen‹ des Lebens in der kirchlichen Gemeinde ein. Damit treten die religiösen und politischen Grundsätze in Beziehung zueinander. Diese Beziehung ist im Detail frei. Im allgemeinen und guten Fall aber ist sie so, dass die freie Anerkennung der Gesetze des Staates und der Sittlichkeit des Gemeinwesens diesem eine Art »religiöse Beglaubigung« gibt. Andererseits kann die Öffentlichkeit der *res publica* sich, wie gesehen, auch gegen irreführende Lehren von Teilgruppierungen oder Sekten stellen, selbst wenn diese eine ehrliche subjektive Meinung einer Gruppe von Leuten wiedergeben, welche die Lehre zu Folgerungen ihrer religiösen Überzeugung deklarieren.

Weil das Prinzip seiner Form als Allgemeines, wesentlich der Gedanke ist, so ist es auch geschehen, daß *von seiner Seite* die *Freiheit des Denkens* und *der Wissenschaft* ausgegangen ist (und eine Kirche hat vielmehr den *Jordanus Bruno* verbrannt, den *Galilei* wegen der *Darstellung* des *kopernikanischen* Sonnensystems auf den Knien Abbitte tun lassen u. s. f.).[113] Auf seiner Seite hat darum auch die 261 f. Ⓚ

[113] Fußnote Hegels: »*Laplace Darstellung des Weltsystems*, Vtes Buch. 4tes Kap. »Da *Galilei* die Entdeckungen (zu denen ihm das Teleskop verhalf, die Lichtgestalten der Venus u. s. f.), bekannt machte, zeigte er zugleich, daß sie die Bewegungen der Erde unwidersprechlich bewiesen. Aber die Vorstellung dieser Bewegung wurde durch eine Versammlung der Kardinäle für ketzerisch erklärt, *Galilei*, ihr berühmtester Verteidiger, vor das Inquisitionsgericht gefordert, und genötigt, sie zu widerrufen, um einem harten Gefängnis zu entgehen. Bei dem Manne von Geist ist die Leidenschaft für die Wahrheit eine der stärksten Leidenschaften. –

222 *Wis|senschaft* ihre Stelle; denn sie hat dasselbe Element der Form, als der Staat, sie hat den Zweck des *Erkennens*, und zwar der gedachten *objektiven* Wahrheit und Vernünftigkeit. (269 f.)

Hegel hält es für ausgemacht, dass eine Kirche keine gute Verwalterin freier Wissenschaft und freien Denkens ist. Das liegt an der bloß erst gefühlsmäßigen inneren Bindung ihrer Mitglieder. Der Inhalt des Glaubens bleibt allzu stark an die Oberfläche metaphorischer Texte dogmatisch gebunden. Und es liegt an der hierarchisch-dogmatischen Form kirchlicher Lehre.

Galilei, durch seine eigenen Beobachtungen von der Bewegung der Erde überzeugt, dachte lange Zeit auf ein neues Werk, worin er alle Beweise dafür zu entwickeln sich vorgenommen hatte. Aber um sich zugleich der Verfolgung zu entziehen, deren Opfer er hätte werden müssen, wählte er die Auskunft, sie in der Form von Dialogen zwischen drei Personen darzustellen; man sieht wohl, daß der Vorteil auf der Seite des Verteidigers des kopernikanischen Systems war; da aber Galilei nicht zwischen ihnen entschied, und den Einwürfen der Anhänger des Ptolemäus so viel Gewicht gab, als nur möglich war, so durfte er wohl erwarten, im Genusse der Ruhe, die sein hohes Alter und seine Arbeiten verdienten, nicht gestört zu werden. Er wurde in seinem siebzigsten Jahre aufs neue vor das Inquisitions-Tribunal gefordert; man schloß ihn in ein Gefängnis ein, wo man eine zweite Widerrufung seiner Meinungen von ihm forderte, unter Androhung der für die wieder abgefallenen Ketzer bestimmten Strafe. Man ließ ihn folgende Abschwörungsformel unterschreiben: »Ich *Galilei*, der ich in meinem siebzigsten Jahre mich persönlich vor dem Gerichte eingefunden, auf den Knien liegend, und die Augen auf die heiligen Evangelien, die
222 ich mit meinen Händen berühre, | gerichtet, schwöre ab, verfluche und verwünsche mit redlichem Herzen und wahrem Glauben die Ungereimtheit, Falschheit und Ketzerei der Lehre von der Bewegung der Erde u. s. f.« Welch ein Anblick war das, einen ehrwürdigen Greis, berühmt durch ein langes, der Erforschung der Natur einzig gewidmetes Leben, gegen das Zeugnis seines eigenen Gewissens die Wahrheit, die er mit Überzeugungskraft erwiesen hatte, auf den Knien abschwören zu sehen. Ein Urteil der Inquisition verdammte ihn zu immerwährender Gefangenschaft. Ein Jahr hernach wurde er, auf die Verwendung des Großherzogs von Florenz, in Freiheit gesetzt. – Er starb 1642. Seinen Verlust betrauerte Europa, das durch seine Arbeiten erleuchtet, und über das von einem verhaßten Tribu-
222 nale gegen einen so großen Mann gefällte Urteil aufgebracht war.« |«

Die Kirchen mussten daher erst die Oberherrschaft über die Schulen und Universitäten bzw. Akademien verlieren und diese mussten zu Institutionen des öffentlichen Rechts und damit des Gemeinwesens insgesamt werden, damit der Fortschritt des Wissens allgemein möglich wurde. Giordano Bruno und Galileo Galilei und die Probleme der Kirche mit dem Kopernikanischen Sonnensystem werden als Standardbeispiele genannt.

Das denkende Erkennen kann zwar auch aus der Wissenschaft in das Meinen, und in das Räsonnieren aus Gründen herunterfallen, sich auf sittliche Gegenstände und die Staats-Organisation wendend in Widerspruch gegen deren Grundsätze sich setzen, und dies etwa auch mit denselben Prätensionen, als die Kirche für ihr Eigentümliches macht, auf dies *Meinen* als auf Vernunft und das Recht des subjektiven Selbstbewußtseins, in seiner Meinung und Überzeugung frei zu sein. Das Prinzip dieser Subjektivität des Wissens ist oben (§ 140 Anm.) betrachtet worden; hieher gehört nur die Bemerkung, daß nach einer Seite der Staat gegen das *Meinen*, eben insofern es nur Meinung, ein subjektiver Inhalt ist und darum, es spreize sich noch so hoch auf, keine wahre Kraft und Gewalt in sich hat, eben so, wie die Maler, die sich auf ihrer Palette an die drei Grundfarben halten, gegen die *Schulweisheit* von den sieben Grundfarben, eine unendliche Gleichgültigkeit ausüben kann. Nach der andern Seite aber hat der Staat, gegen dies *Meinen* schlechter Grundsätze, indem es sich zu einem allgemeinen und die Wirklichkeit anfressenden Dasein macht, ohnehin insofern der Formalismus der unbedingten Subjektivität, der den wissenschaftlichen Ausgangspunkt zu seinem Grunde nehmen und die Lehrveranstaltungen des Staates selbst zu der Prätension einer Kirche gegen ihn erheben und kehren wollte, die objektive Wahrheit und die Grundsätze des sittlichen Lebens in Schutz zu nehmen, so wie er im Ganzen gegen die, eine unbeschränkte und unbedingte *Autorität* ansprechende, Kirche umgekehrt, das formelle Recht des Selbstbewußtseins an die eigne Einsicht, Überzeugung und | überhaupt Denken dessen, was als objektive Wahrheit gelten soll, geltend zu machen hat. (270 ff.) 262 f. Ⓚ 223

Freilich ist, wie schon erwähnt, auch jeder Sprecher, der für Wissen und Wahrheit eintritt, zunächst personales Subjekt, das nur erst versichert, dass seine Aussagen wahr sind. Das unvermeidliche »Prinzip dieser Subjektivität des Wissens«, das hier weiterhin im Zentrum der Diskussion steht, muss sich daher zu einer reflektierten Praxis gemeinsamer gewissenhafter Kontrolle der Inhalte entwickeln. Das hat sozusagen vor ihrer Kanonisierung in öffentlicher Lehre zu geschehen. Und es verlangt die prinzipielle Erlaubnis ihrer Kritik, auch noch nach einer solchen Kanonisierung.

Damit hat ein gebildetes Gemeinwesen »das formelle Recht des Selbstbewußtseins auf die eigene Einsicht, Überzeugung und überhaupt Denken dessen, was als objektive Wahrheit gelten soll, geltend zu machen« – und zwar gegen alle Dogmatismen, die durch Religionen oder, wie noch immer in China, durch den Staat selbst in der Form seiner parteilichen Führung propagiert werden.

263 Ⓚ Die *Einheit des Staats* und *der Kirche*, eine auch in neuen Zeiten viel besprochene und als höchstes Ideal aufgestellte Bestimmung, kann noch erwähnt werden. Wenn die wesentliche Einheit derselben ist die der Wahrheit der Grundsätze und Gesinnung, so ist eben so wesentlich, daß mit dieser Einheit der *Unterschied*, den sie in der Form ihres Bewußtseins haben, zur *besondern Existenz* gekommen sei. Im orientalischen Despotismus ist jene so oft gewünschte Einheit der Kirche und des Staats, – aber damit ist der Staat nicht vorhanden, – nicht die selbstbewußte, des Geistes allein würdige Gestaltung in Recht, freier Sittlichkeit und organischer Entwicklung. – (272)

Die romantische Vorstellung von einer Einheit des Staats und der Kirche idealisiert ein Hochmittelalter, das es als Ideal nie gegeben hat – zumal die Einheit der Kirche selbst ein Problem ist. Denn die religiöse Gemeinschaft sollte frei sein. Damit steht sie in innerer Spannung zur Vorstellung einer Einheit in den äußeren Formen des religiösen Glaubens – zumal die religiösen Inhalte zunächst noch auf der Ebene des Glaubens bleiben. Das aber heißt, dass sie selbst bloß erst äußere Formen sind, ohne genaue und allgemeine Bewertung der wesentlichen Gedanken- oder Inhaltsgleichheit der *verschiedenen* Glaubensäußerungen. Für ihr gutes Verstehen brauchen wir eine allgemeine Unterscheidung zwischen guten und schlechten Folgerungen. Ihre ›wörtliche‹, ›ontische‹ Deutung ist von vornherein naiv. Aber wir müssen sie in ihren Privationen tolerieren, so wie wir jugendliche und populäre Verständnisse von Wissenschaft tolerieren müssen.

Hegel reagiert geradezu ironisch auf einen romantischen Traum nach Art des Novalis über die Christenheit und Europa,[114] indem er sagt, dass es eigentlich nur der »orientalische Despotismus« sei, der die »gewünschte Einheit der Kirche und des Staats« repräsentiere. Und er erklärt, dass es in einem solchen Gottkönigtum noch gar keinen Staat in seinem Sinn eines freien Gemeinwesens gibt, da dieses eine gemeinsame, uns allen im Prinzip bekannte und in diesem Sinn selbstbewusste Gestaltung voraussetzt. Die anthropomorphe Rede davon, dass allein eine bewusst anerkannte Sittlichkeit und Rechtlichkeit des Geistes würdig sei, bedeutet nur, dass volle Personen, also vernünftige Menschen, in einem freien sittlich-rechtlichen Gemeinwesen und nicht etwa in einer Despotie leben wollen.

Damit ferner der Staat als die *sich wissende*, sittliche Wirklichkeit des Geistes zum Dasein komme, ist seine Unterscheidung von der Form der Autorität und des Glaubens notwendig; diese Unterscheidung tritt aber nur hervor, insofern die kirchliche Seite in sich selbst zur Trennung kommt; nur so, über den *besondern* Kirchen, hat der Staat die *Allgemeinheit* des Gedankens, das Prinzip seiner Form, gewonnen und bringt sie zur Existenz; um dies zu erkennen, muß man wissen, nicht nur was die Allgemeinheit *an sich*, sondern was ihre *Existenz* ist. (272) 263 f. Ⓚ

Es ist immer wieder daran zu erinnern, dass auch Hegel zufolge, wenn man seinen Gebrauch generischer Sprachformen versteht, der Staat an sich nichts tut, was nicht seine Vertreter zusammen mit den Leuten tun, was also *wir* tun und lassen, anerkennen und bekämpfen, freilich nicht distributiv, da keineswegs jeder dasselbe tut und anerkennt.

Ohne die Grammatik des generischen Wir, der Rede über das Gemeinwesen und damit über ein gemeinsames Wissen und gemeinsame Absichten bei allen Variationen des individuellen Wissens der Einzelnen und ihrem subjektiven Wünschen und Wollen lässt sich das Gemeinwesen selbst nicht begreifen. Das gilt für jede Institution und damit für das Personsein selbst. Die Folge ist, dass man nicht nur in

114 Novalis, »Die Christenheit oder Europa. Ein Fragment« (1799), in: *Novalis. Werke, Tagebücher und Briefe Friedrich von Hardenbergs*, 3 Bde., hg. v. H.-J. Mühl und R. Samuel, München: Hanser, 1978, Darmstadt: Wiss. Buchg. 1999, Bd. 2, S. 732–750.

der naiven Tradition religiöser Reflexion auf Seele und Geist, sondern gerade auch noch in der sogenannten wissenschaftlichen Aufklärung geistige Fähigkeiten, Wissen und vernünftiges Handeln mystifiziert: Die Religionen sprechen mythisch von einer unsterblichen Geistseele (jedenfalls die meisten). Die sogenannte wissenschaftliche Aufklärung spricht ›rein empirisch‹ und damit scheinbar objektiv von Dispositionen des Verhaltens und deren ›natürlicher‹ Entwicklung im Individuum – als gäbe es eine solche außerhalb der Teilnahme am Gemeinwesen der Personen und seiner keineswegs bloß verhaltensmäßig, unbewusst, sozusagen rein statistisch tradierten Formen und Institutionen. Im Übrigen widerspricht man sich, wenn man mal zugibt, dass Dispositionen ›bloße‹ Zuschreibungen sind, und mal so redet, als seien sie unmittelbar ›objektive‹ Bewegkräfte, Motive in den Individuen.

Hegels schwierige Sprache verdeckt manchmal die eigene Einsicht, wie die Unternehmung der kantischen Transzendentalphilosophie fortzusetzen ist, nämlich zugleich als logische Sprach- und Sinnkritik und als Methodenlehre der Sozial- und Geschichtswissenschaften. Für diese wiederum ist keine logische Unterscheidung so bedeutsam wie die zwischen generischen und empirisch-einzelnen, auch statistischen Aussagen, damit auch zwischen dem generischen Gemeinwesen und einzelnen Staaten für sich, und erst recht zwischen einem distributiven, gemeinsamen und generischen Wir.

Wenn jemand in Russland auf einer Feier am 9. Mai sagt: »Heute vor 75 Jahren haben wir den Zweiten Weltkrieg gewonnen«, spricht er im generischen Modus für das Gemeinwesen und sagt und meint nicht, dass jeder oder auch nur einer der Anwesenden den Krieg begonnen hat, was aber aus der distributiven Lesart folgen würde. Andererseits ist nicht immer klar, ob in dem Satz »Wir glauben an Gott« in einer Versammlung religiöser Menschen etwa auch verschiedener Glaubensgemeinschaften folgen soll: »Wir glauben an denselben Gott«, da das nur im Fall des *gemeinsamen* Wir gilt, während in der rein distributionellen Lesart nur folgt, dass jeder an seinen Gott glaubt. In der Gesellschaft, das ist der Kern von Hegels Analyse, gibt es nur ein distributionelles Wir. Dieses ist nur eine Menge von Individuen, die zueinander in wechselnde vertragliche und damit rechtlich-ökonomische Verhältnisse eintreten. Die leitende Kraft ist die Verstandesrationalität des subjektiven Sinns des *homo oeconomicus rationalis*. Insofern trifft Max Webers Definition von Soziologie, Wirtschaft und Gesellschaft ziemlich genau Hegels Begriff der bürgerlichen Gesellschaft in seiner Entgegensetzung zum Begriff der Gemeinschaft, also zu einem kommunitarisch-gemeinsamen Wir.

In der Gesellschaft bilden sich freilich auch Korporationen als freie Gemeinschaften und Genossenschaften. Wie die Familien sind sie sozusagen institutionelle Personen, deren Einheit durch ein intern gemeinsames Wir bestimmt ist. Hegels Staat im Ganzen ist dagegen das generische Wir des gesamten Gemeinwesens, also von Familie und Gesellschaft *mit ihrem politischen Rahmen*.

Ähnlich wie die Wörter »Subjekt«, »Individuum« und »Person« in reflexionslogischer Kommentarsprache verschiedene Gebrauchsformen des Wortes »ich« (momentan, leibgebunden und relational) thematisch machen, sprechen wir auch von einer (Wir-)Gruppe, um über ein (mehr oder weniger zeitlich stabiles) Wir zu sprechen. Eine solche ›Gruppe‹ ist eine Einheit, welche die Erfüllung der (›relationalen‹) Bedingungen verlangt, welche dafür sorgen, dass der Gebrauch des Wortes »wir« nicht distributionell ist, sondern auf ein gemeinsames Wir, das plurale Subjekt eines gemeinsamen Tuns, verweist.[115]

Soziale Gruppen korrespondieren also – so sollten wir den Ausdruck gebrauchen – einem gemeinsamen Wir oder pluralen Subjekt. Eine solche Einheit ist in der Lage, eine gemeinsame Handlung auszuführen, so wie eine Fußballmannschaft oder ein Chor. Das gilt für die rein ›gesellschaftlichen‹ Ausdrücke wie »Schicht« und »Klasse« gerade nicht. Sie drücken nur ›objektive‹ Mengenbildungen aus, auch wenn der Ausdruck »Genosse« und die Verwendung des familialen »Du« gerade die Funktion hatte zu suggerieren, nicht nur die Korporation einer Partei oder Gewerkschaft, sondern die gesamte ›Klasse‹ der Arbeiter bildeten im Gegensatz zur Klasse der Arbeitgeber oder ›Kapitalisten‹ eine gemeinschaftliche Wir-Gruppe.

Damit wird auch klar, dass und wie das Wir des Gemeinwesens die »sittliche Wirklichkeit des Geistes« ist, das im gemeinsamen

115 Wenn *wir* als *Wandergruppe* von *A* nach *B* wandern, handeln wir gemeinsam. Wenn *wir* danach nach Hause gehen, tut das jeder für sich. Das zweite »wir« ist distributionell, das erste nicht.

Leben im Realvollzug »zum Dasein« kommt. Es ist zunächst dieses Wir, das in den Religionen sozusagen gemeinsam besungen wird. Das Gemeindelied steht metonymisch für den gesamten Kultus. Das Wir bezieht sich nicht nur auf die engere konfessionelle Gemeinde als Korporation. Denn dieses Wir weitet sich – das ist der Gedanke des Christentums – auf die gesamte Menschheit aus. Das wiederum bedeutet nicht, dass damit auch schon notwendigerweise das Gemeinwesen, der Staat, kosmopolitisch auszuweiten wäre.

Die Rede von einer nationalen Identität verweist dann im guten Sinn auf ein freies generisch-gemeinsames Selbstbewusstsein des Gemeinwesens bzw. des Staates als Rahmen der Gesellschaft, also der *Menschen* in ihr, wie Hegel selbst sagt, um zu verhindern, dass der Status des *Bürgers* oder der (vollen) gesellschaftlichen Person irgendwie nach Volksgruppen oder Religion eingeschränkt wird. Im Gerede über ›unsere Identität‹ wird eine quasi familiale Gemeinschaft unter Ausschluss der Anderen beschworen.

Die Form der *autoritativen Auslegung* taugt nun für religiöse Texte und damit den religiösen ›Glauben‹ gerade deswegen nicht, weil das Verstehen ebenso wie die Teilnahme an Riten *frei* sein muss und weil das, was in den Religionen reflektiert und gefeiert wird, wenn man es richtig explizit macht, die Sittlichkeit des gesamten Gemeinwesens und nicht etwa nur der parochialen kirchlichen Gemeinde oder einer Volksgruppe ist.

Hegel erinnert dann noch einmal daran, dass man schon wissen muss, was es allgemeinlogisch heißt, eine Form zur Existenz zu bringen, um zu begreifen, dass und wie ›der Staat‹, also das Gemeinwesen, das Allgemeine bzw. Gemeinsame der Idee bzw. des Begriffs des freien Personseins und damit Freiheit und Recht allererst zur Existenz bringt, nämlich in der Sicherung gemeinsamer und gemeinsam kontrollierter Vollzugsformen – samt des Gebrauchs der zugehörigen sittlichen und rechtlichen Normen des Erlaubten, Verbotenen und Gebotenen.

264 Ⓚ Es ist daher so weit gefehlt, daß für den Staat die kirchliche Trennung ein Unglück wäre oder gewesen wäre, daß er *nur durch sie* hat werden können, was seine Bestimmung ist, die selbstbewußte Vernünftigkeit und Sittlichkeit. Eben so ist es das Glücklichste, was

der Kirche für ihre eigene und was dem Gedanken für seine Freiheit und Vernünftigkeit hat widerfahren können. (272f.)

Hegel wehrt sich nun noch einmal gegen die Annahme, das Gemeinwesen entstamme der Religion. Diese ist nur erst figurative Reflexionsform im *Denken* über das Gemeinwesen. Daher ist auch die Klage über die Trennung von Staat und Kirche oder über die Aufspaltung der Kirche in Kirchen als konfessionelle Varianten verfehlt. Erst diese Trennungen emanzipieren das Gemeinwesen *von* der selbsternannten Autorität religiöser Lehrer und die Religionen und Konfessionen *zur* freien Assoziation in Gemeinden. Daher ist die Trennung sogar, ich wiederhole Hegels Formulierung zum Zweck der Hervorhebung des relevanten *Gedankens*, »das Glücklichste, was der Kirche für ihre eigene und was dem Gedanken für seine Freiheit und Vernünftigkeit hat widerfahren können«.

§ 271

Die politische Verfassung ist *fürs erste*: die Organisation des Staates 264
und der Prozeß seines organischen Lebens *in Beziehung auf sich selbst*, in welcher er seine Momente innerhalb seiner selbst unterscheidet und sie zum *Bestehen* entfaltet. (273)

Es ist zwischen einer praktisch schon etablierten politischen Verfassung oder Konstitution eines Gemeinwesens und einer geschriebenen Verfassung zu unterscheiden – wobei die sogenannte konstitutionelle Monarchie nicht etwa nur eine Monarchie mit schriftlich verfasstem Grundgesetz für die Verteilung von Rechten und Pflichten der Staatsorgane ist, sondern eine Monarchie mit wesentlich *republikanischer* Gesamtverfassung und Regierungsform. Die Organisation des Staates besteht aus der Aufgabenverteilung gerade auch in der Setzung und in der Kontrolle von Normen, Satzungen, Regeln und Gesetzen. Der Ausdruck »Prozeß seines organischen Lebens« verweist dann auf einen kohärenten organisatorischen Vollzug. Dieser ist zunächst eine innere Beziehung des Gemeinwesens auf sich selbst, sozusagen Innenpolitik. Diese bestimmt die innere Verfassung des jeweiligen Staates oder Gemeinwesens für sich.

Zweitens ist er als eine Individualität *ausschließendes* Eins, wel- 264
ches sich damit zu *Andern* verhält, seine Unterscheidung also *nach*

Außen kehrt und nach dieser Bestimmung seine bestehenden Un-
224 terschiede innerhalb seiner selbst in ihrer *Idealität* setzt. | (273)

In der Außenpolitik verhalten sich Staaten als Einheiten zueinander formal analog wie ›Individuen‹. Der schwierige Ausdruck »Idealität« (des Gemeinwesens) drückt hier seine ›Selbstsetzung‹ als ›Kollektivsubjekt‹ (bzw. nichtnatürliche *persona*) aus.

I. Innere Verfassung für sich

§ 272

265 Die Verfassung ist vernünftig, insofern der Staat seine Wirksamkeit *nach der Natur des Begriffs* in sich *unterscheidet* und bestimmt, und zwar so, daß *jede* dieser *Gewalten* selbst in sich die *Totalität* dadurch ist, daß sie die andern Momente in sich wirksam hat und enthält, und daß sie, weil sie den Unterschied des Begriffs ausdrücken, schlechthin in seiner Idealität bleiben und nur *Ein individuelles* Ganzes ausmachen. (274)

Hegel versucht zu artikulieren, welches Gemeinwesen mit welcher Verfassung (an sich, im Prinzip, also noch nicht in allen Details) als vernünftig oder anerkennenswürdig zu bewerten ist. Diese Vernünftigkeit charakterisiert er – wie in seinem begriffsanalytischen Vorgehen generell – zunächst rein formal so: Vernünftig ist ein System organisatorischer Teilinstitutionen des Staats, wenn das Gemeinwesen als Ganzes sich in ihnen so gliedert, dass sein begrifflicher Gesamtzweck und damit sein Sinn, nämlich als Rahmen des guten Lebens freier Personen, gut erfüllt wird.

Konkreter, aber immer noch rein formal, wird der Sinn der Rede über die Organisation und ihre ›organischen‹, also kohärent wie von selbst zueinander passenden Anwendungen so erläutert: Es sollen die Teilgewalten ein Ganzes bilden, und zwar so, dass sich alle Teilinstitutionen als substantielle oder nachhaltige Teilsysteme erhalten. Sie sollen also nicht etwa durch ihre ›Umwelt‹ oder Nachbarinstitutionen aufgerieben oder gar – wie unter den Nazis oder im Ostblock – ›gleichgeschaltet‹ werden. Eine solche Gleichschaltung oder Auflösung einer republikanischen und zugleich systemtheoretischen Gliederung findet z. B. dort statt, wo alle ihre Teile der Kontrolle einer Partei und ihrer Führung untergeordnet werden, was durchaus auch in formal demokratischen Staaten geschehen kann: Momentane Ergebnisse von demokratischen Mehrheitswahlen können als ›Erlaubnis‹ zum Abbau republikanischer Checks-and-Balances gebraucht und damit zur partiellen Zerstörung der Verfassung unter dem die wahre Sache verharmlosenden Titel einer legalen Verfassungsänderung missbraucht werden.

Die Teilgewalten, an die hier zu denken ist, sind die Legislative, Jurisdiktion, Regierung (z. B. mit einem Ministerpräsidenten oder Kanzler an der Spitze) und das ›monarchische‹ Präsidialorgan (wie die Queen Großbritanniens, der Bundespräsident oder, weit mächtiger, der Präsident der französischen Republik).

Es ist über Verfassung, wie über die Vernunft selbst, in neuern 265 Ⓚ
Zeiten unendlich viel Geschwätze, und zwar in Deutschland das schalste durch diejenigen in die Welt gekommen, welche sich überredeten, es am besten und selbst mit Ausschluß aller Andern und am ersten der Regierungen zu verstehen, was Verfassung sei, und die unabweisliche Berechtigung darin zu haben meinten, daß die Religion und die Frömmigkeit die Grundlage aller dieser ihrer Seichtigkeiten sein sollte. Es ist kein Wunder, wenn dieses Geschwätze die Folge gehabt hat, daß vernünftigen Männern die Worte Vernunft, Aufklärung, Recht u. s. f. wie Verfassung und Freiheit ekelhaft geworden sind, und man sich schämen möchte, noch über politische Verfassung auch mitzusprechen. (274)

Es ist eine Ironie der Rezeptionsgeschichte der Rechtsphilosophie, dass man Hegels Kritik an der politischen Debatte im Jahre 1820 nicht zielgenau als Kritik an der Restauration durch die ›Neuerfindung‹ einer eigentlich schon überwundenen religiösen bzw. kirchlichen ›Fundierung‹ der staatlichen Gewalten liest. Dabei sind die Formulierungen eindeutig gegen Männer wie von Haller gerichtet, für welche »die Religion und die Frömmigkeit die Grundlage aller dieser ihrer Seichtigkeiten sein sollte«. Wenn man deren Bücher liest, sagt Hegel, kann man »die Worte Vernunft, Aufklärung, Recht usf. wie Verfassung und Freiheit« nicht mehr hören oder lesen, ohne dass einem schlecht wird.

Wenigstens aber mag man von diesem Überdrusse die Wirkung 265 f. Ⓚ
hoffen, daß die Überzeugung allgemeiner werde, daß eine philosophische *Erkenntnis* solcher Gegenstände nicht aus dem Räsonnement, aus Zwecken, Gründen und Nützlichkeiten, noch viel weniger

aus dem Gemüt, der Liebe und der Begeisterung, sondern allein aus dem Begriffe hervorgehen könne, und daß diejenigen, welche das Göttliche für unbegreiflich und die Erkenntnis des Wahren für ein nichtiges Unternehmen halten, sich enthalten müssen, mitzusprechen. Was sie aus ihrem Gemüte und ihrer Begeisterung an unverdautem Gerede oder an Erbaulichkeit hervorbringen, beides kann wenigstens nicht die Prätension auf philosophische Beachtung machen. (274 f.)

Hegel erklärt ironisch, dass diese Machwerke wenigstens so schlecht sind, dass das die Leser auch sofort merken. Es sei daher zu hoffen, dass eine begriffliche Systemtheorie von Recht und Staat offenere Ohren findet, jedenfalls bei denen, welche sich mit erbaulichen Reden über religiöse Gefühle und Liebe nicht abspeisen lassen. Hegel kritisiert jede bloß kommunitarische Vorstellung vom Gemeinwesen auf der Basis eines angeblich unmittelbar vernünftigen, heute auch »demokratisch« genannten Konsenses als Ideologie.

266 Ⓚ Von den kursierenden Vorstellungen ist in Beziehung auf den § 269 die von der *notwendigen Teilung* der *Gewalten* des Staats zu erwähnen, – einer höchst wichtigen Bestimmung, welche mit Recht, wenn sie nämlich in ihrem wahren Sinne genommen worden wäre,
225 als | die Garantie der öffentlichen Freiheit betrachtet werden konnte, – einer Vorstellung, von welcher aber gerade die, welche aus Begeisterung und Liebe zu sprechen meinen, nichts wissen und nichts wissen wollen; – denn in ihr ist es eben, wo das Moment der *vernünftigen Bestimmtheit* liegt. (275)

Die Teilung der Gewalten ist seit Montesquieu als für einen guten Staat wesentlich durchaus allgemein anerkannt, und das mit vollem Recht. Denn in ihr allein liegt die Garantie, jedenfalls eine gewisse Garantie, der öffentlichen Freiheit. Das liegt schon daran, dass in einem rechtlichen Verfahren nicht befangene Richter urteilen (sollten). Das wird noch bedeutsamer, wo es eine richterliche Kontrolle der Zuständigkeiten (in Staat und Verwaltung) und vielleicht sogar der Erfüllung eines gesamten Grundgesetzes durch die staatlichen Institutionen, also eine Verfassungsgerichtsbarkeit, gibt. Für den Bürger besonders bedeutsam sind auch die Verwaltungsgerichte. Das ist zwar damals Zukunftsmusik, zeigt aber die relevante Richtung an. – Von diesen republikanischen Systemen will der damalige ›Patriotismus‹ mit seiner Volksherrschaftsrhetorik und ›Liebe zur Nation‹ nichts wissen.

Das Prinzip der Teilung der Gewalten enthält nämlich das wesentliche Moment des *Unterschiedes*, der *realen* Vernünftigkeit; aber wie es der abstrakte Verstand faßt, liegt darin teils die falsche Bestimmung der *absoluten Selbstständigkeit* der Gewalten gegeneinander, teils die Einseitigkeit, ihr Verhältnis zu einander als ein Negatives, als gegenseitige *Beschränkung* aufzufassen. In dieser Ansicht wird es eine Feindseligkeit, eine Angst vor jeder, was jede gegen die Andere als gegen ein Übel hervorbringt, mit der Bestimmung sich ihr entgegenzusetzen und durch diese Gegengewichte ein allgemeines Gleichgewicht, aber nicht eine lebendige Einheit zu bewirken. (275) 266 Ⓚ

Hegels Argument ist hier freilich zunächst allzu formal und allgemein. Es ist zwar wahr, dass Verstand und Vernunft generell auf praktischen und begrifflichen Differenzierungen mit kanonisch zugeordneten Normalfolgen beruhen. Aber hier geht es um konkretere systemische bzw. institutionelle Gliederungen des Urteilens und Handelns ›im Namen des Gemeinwesens‹. Immerhin hat Hegel recht, dass ein rein schematisches Denken (›der abstrakte Verstand‹) die »Selbständigkeit der Gewalten gegeneinander« auch übertreiben kann. Das Rechtssystem darf das politische und ökonomische System z. B. nicht blockieren, schon gar nicht dirigieren, so wenig wie Gesetzgeber oder Regierung die Justiz. Es ist daher zu wenig, die Systeme und ihre ›Macht‹ im Gemeinwesen nur in der Form einer ›gegenseitigen Beschränkung aufzufassen‹. Daher ist auch die Rede von einer Balance, einem Gleichgewicht der Macht, noch zu formal und abstrakt. Freilich helfen die Organismusmetapher und die Rede von einer ›lebendigen Einheit‹ auch nicht weiter.

Nur die *Selbstbestimmung* des Begriffs in sich, nicht irgend andere Zwecke und Nützlichkeiten, ist es, welche den absoluten Ursprung der unterschiedenen Gewalten enthält, und um derentwillen allein die Staatsorganisation als das in sich Vernünftige und das Abbild der ewigen Vernunft ist. – (275 f.) 266 Ⓚ

Wer oder was soll »die Selbstbestimmung des Begriffs in sich« sein? Was hat »der Begriff« mit dem Staat zu tun? Inwiefern soll »die Staatsorganisation als das in sich Vernünftige« begreifbar sein und sogar als »Abbild der ewigen Vernunft«? Wir verstehen den Text erst, wenn wir diese Frage ernsthaft stellen. Das heißt, das klarerweise Unverständliche des Textes sollte uns weder zum Ausstieg noch zu seiner allzu billigen Einklammerung führen.

Schon etwas leichter zu verstehen ist die Aussage, dass es für die Machtteilung im Staat intrinsische, sich aus dem Wesen des Gemeinwesens ergebende Gründe gibt, und dass externe Zwecke – wie etwa der Nutzen einer Arbeitsteilung – wenigstens zunächst nicht relevant sind. Das hilft uns nun aber auch schon bei der Beantwortung der obigen Fragen etwas weiter. Der ›absolute‹, also nicht auf externe Utilitäten bloß relative »Ursprung der unterschiedenen Gewalten« liegt nämlich im Sinn und in der Form des gemeinsamen Lebens in einem freien Gemeinwesen selbst. Es geht also um die *Selbstbestimmung* bzw. Selbstentwicklung des Gemeinwesens in seinen wesentlichen Vollzugsformen, also um *unsere* Selbstbestimmung. So ergibt sich z. B. die Ausdifferenzierung von Legislative und Exekutive daraus, dass Gesetze allgemein gelten sollen, während die Regierung konkrete und einzelne Urteile zu fällen hat. Das ›Ewige‹ der Vernunft ist nur ihre nachhaltige Form, kein jenseitiger Gott oder Weltgeist.

266 Ⓚ Wie der *Begriff*, und dann in konkreter Weise die Idee sich an ihnen selbst bestimmen und damit ihre Momente abstrakt der Allgemeinheit, Besonderheit und Einzelnheit setzen, ist aus der Logik, – freilich nicht der sonst gang und gäben – zu erkennen. (276)

Ärgerlich ist, dass Hegel manchmal allgemein vom Begriff an sich, also jedem Begriff als Thema der Logik spricht, manchmal konkret vom Begriff des Staates bzw. des Gemeinwesens bzw. des vollen Personseins. Hinzu kommt das schwierige Verständnis der Einheit von Begriff und Form (*eidos*), das immer mitzudenken ist, und dann auch noch der totale, spekulative Gebrauch von »Begriff« für *alles begriffliche Wissen* und alle institutionellen Formsysteme. Entsprechend steht »Idee« für alle Realisierungen dieser Formen im (gemeinsamen) Leben und Handeln – so dass ›die Idee‹ mit dem Gemeinwesen, also allen Vollzugsformen des objektiven Geistes, am Ende sogar zusammenfällt. »Der Begriff« ist Titel für alle Formen, *soweit* sie Thema oder Gegenstand der *Reflexion auf* den objektiven Geist sind. Wir also *sind* Geist und Idee und reflektieren *auf uns* selbstbewusst, indem wir *auf den Begriff des Gemeinwesens* reflektieren.

Hegel verweist hier auf seine *Wissenschaft der Logik* und bemerkt sogar, dass diese sich von dem, was als Logik gang und gäbe ist, wesentlich unterscheidet. Der Verweis bleibt für jeden, der dieses Werk nicht gelesen hat, natürlich dunkel. Er erfährt hier nur, dass der Begriff oder die Begriffe und dann auch die Idee oder die Ideen »sich an ihnen selbst bestimmen« und dabei irgendwie »ihre Momente abstrakt der Allgemeinheit, Besonderheit und Einzelheit setzen«. Was aber soll das heißen?

Hier kann dazu nur dies kurz gesagt werden: Jede Formanalyse muss mit *allgemeinsten* und dabei im Grunde *selbstverständlichen* Unterscheidungen und Normalfallfolgen beginnen und die weiteren besonderen Differenzierungen immer im Rahmen der allgemeinen Unterscheidungen verstehen – gerade so, wie wir Tierarten nur als Spezies in Gattungen und Familien verstehen. Es ist für die Grundlagen des Wissens immer eine falsche Methode, vom Einzelnen, einer Anekdote oder einer zufälligen Statistik, oder vom Besonderen historischer Lebensformen zu entsprechenden Verallgemeinerungen aufsteigen zu wollen. Das geht nur unter Voraussetzung eines allgemeinen Vorwissens. Wissen bzw. Wissenschaft beginnt immer mit dem Allgemeinem. Damit erhält man auch erst eine Ordnung arttypischen Verhaltens oder situationstypischen Handelns.

Überhaupt das Negative zum Ausgangspunkt zu nehmen, und das Wollen des Bösen und das Mißtrauen dagegen zum Ersten zu machen, und von dieser Voraussetzung aus nun pfiffigerweise Dämme auszuklügeln, die als eine Wirksamkeit nur gegenseitiger Dämme bedürfen, charakterisiert dem Gedanken nach den *negativen Verstand* und der Gesinnung nach die Ansicht des Pöbels (s. oben § 244). – (276) 266 f. Ⓚ

Mit dem Wort »überhaupt« beginnt Hegel erstens ein Beispiel und zweitens einen Seitenhieb auf die Staatslehre von Thomas Hobbes, den er auch sonst als einen Hauptgegner ansieht, indem er dessen logischen, physikalischen und sozialen Atomismus angreift. Hier geht es um den Ausgangspunkt bei der Annahme, jeder wolle nur seinen Nutzen (ggf. auch auf Kosten der Anderen) maximieren, so dass wir angeblich zunächst einmal allen anderen misstrauen, denn nur das sei rational. Als allgemeine Aussage ist das keineswegs begründet. Es gibt zwar häufig Misstrauen, aber kein allgemeines.

Gerade auch gemäß der Denkform des *homo oeconomicus rationalis* kommen wir, so rekonstruiert Hegel den Gedanken von Hobbes, auf die kluge Idee, durch Ernennung eines staatlichen Despoten das Problem zu lösen: Seine gesetzlichen Regeln und Sanktionsdrohungen samt dem ihm zugestandenen relativen Machtmonopol, mit dem er Gesetzesbrüche bestraft, gibt uns Sicherheit und dämpft mögliche Überreaktionen des Misstrauens. Hegel erklärt dagegen polemisch, diese Vorstellung vom Staat passe zur Gesinnung des ungebildeten Pöbels, der im Staat nur Gewaltandrohung und Machtausübung sieht. Der Staat wäre damit sozusagen das Andere der eigenen Willkürfreiheit.

Das allgemeine Argument, auf das sich Hegel hier stützt, besteht aber darin, dass wir eine Gattung oder Art von Sachen als solche, in ihrer Typik, nie begreifen können, wenn wir mit privativen Fällen oder Grenzfällen beginnen, mit dreibeinigen Katzen etwa oder taubstummen oder komatösen Menschen. Jemen, Syrien und Afghanistan sind z. B. keine guten Beispiele für Staaten.

267 Ⓚ Mit der *Selbstständigkeit* der Gewalten, z. B. der, wie sie genannt worden sind, *exekutiven* und der *gesetzgebenden* Gewalt, ist, wie man dies auch im Großen gesehen hat, die Zertrümmerung des Staats unmittelbar gesetzt, oder, insofern der Staat sich wesentlich erhält, der Kampf, daß die eine Gewalt die andere unter sich bringt, dadurch zunächst die Einheit, wie sie sonst beschaffen sei, bewirkt
226 und so allein das Wesentliche, das Bestehen des Staats rettet. | (276)

Auch diese Passage ist am besten im Kontext einer Auseinandersetzung mit Thomas Hobbes zu verstehen. Denn Hobbes beginnt seine Analyse historisch gerade mit der absoluten Entgegensetzung von Monarch und Parlament, also dem Gegensatz von Karl I. und Oliver Cromwell im englischen Bürgerkrieg von 1642–1648. Hobbes argumentiert wie Hegel *gegen* eine absolute Gewaltenteilung und spricht am Ende dem Monarchen, nicht dem Parlament, die oberste Kontrolle sowohl der Regierung als auch eine gewisse Aufsicht über die Legislative (das Parlament) zu.

Hobbes argumentiert so. Wären die beiden Gewalten, der König und das Parlament, völlig selbständig, so wäre »die Zertrümmerung des Staats« unmittelbare Folge, »wie man dies auch im Großen gesehen hat«, nämlich gerade im Sieg Oliver Cromwells gegen Karl I., der

1649 hingerichtet wird. Daher muss, nach Hobbes, »die eine Gewalt die andere unter sich« bringen, wobei die Einheit des Staates verlangt, dass es der Monarch ist, nicht das vielstimmige Parlament. Nur so lasse sich »das Wesentliche, das Bestehen des Staats« retten.

§ 273

Der politische Staat dirimiert sich somit in die substantiellen Unter- 267
schiede,

a) die Gewalt, das Allgemeine zu bestimmen und festzusetzen, die *gesetzgebende* Gewalt,

b) der Subsumtion der *besondern* Sphären und einzelnen Fälle unter das Allgemeine; – die *Regierungsgewalt,*

c) der Subjektivität als der letzten Willensentscheidung, *die fürstliche Gewalt,* – in der die unterschiedenen Gewalten zur individuellen Einheit zusammengefaßt sind, die also die Spitze und der Anfang des Ganzen – der *konstitutionellen Monarchie,* ist. (276 f.)

Während der allgemeine Staat an sich bei Hegel für das Gemeinwesen steht, ist das, was wir heute unter Staat verstehen, Hegels ›politischer‹ Staat. An diesem unterscheiden wir drei nachhaltige Hauptfunktionen oder ›Gewalten‹ im Sinn eine Teilung der Kompetenzen, nämlich die *Legislative*, in der, wie oben schon betont, *allgemeine* Gesetze formuliert und beschlossen werden, die *Regierung*, welche einzelne Fälle unter Berücksichtigung allgemeiner Gesetze und eines *besonderen* Guten, aber damit doch auch noch allgemeinen Wohls entscheidet, und die *Präsidialmacht*, die bei Hegel als Entscheidungsmacht der ersten Person im Staate (›first‹) die fürstliche Gewalt heißt. Die Entscheidungen ›des Fürsten‹ (Präsidenten, Monarchen) dürfen in einem bestimmten Rahmen, hier stimmt Hegel mit Hobbes überein, subjektiv und sogar manchmal ›willkürlich‹ sein. Wie im Fall des Richterspruchs kommt es zunächst darauf an, *dass* entschieden wird, dann freilich auch, dass das Urteil den Standards (des Vernünftigen, erst recht aber des Rechtlichen) genügt, um es erst einmal formal und allgemein zu sagen.

Mit der Unterschrift der Queen oder des Bundespräsidenten tritt ein Gesetz in Kraft. Andere Monarchen und Präsidenten haben mehr Befugnisse. Für Hegels ganz allgemeine Struktur- und Systemanalyse sind diese Varianten zunächst nebensächlich. Wichtiger ist, dass

Hegels allgemeine Charakterisierung *jedes* (republikanischen) Gemeinwesens als *konstitutioneller Monarchie* jedenfalls *zunächst* so allgemein zu lesen ist, dass sie erst einmal eine Republik mit Präsidenten auf Zeit wie die USA mitumfasst. Hegel springt hier also gedanklich nicht, wie eine naheliegende Lesart der Passage unterstellt, aus einer allgemeinen Betrachtung der *res publica* an sich *unmittelbar* in die konkrete Regierungsform einer *Monarchie* mit parlamentarischer Verfassung.

267 Ⓚ Die Ausbildung des Staats zur konstitutionellen Monarchie ist das Werk der neuern Welt, in welcher die substantielle Idee die unendliche Form gewonnen hat. (277)

Schon die Position des römischen Kaisers sollte nicht überschätzt werden. Auch er stützt sich auf die erhaltenen (Rest-)Strukturen der republikanischen Verwaltung – insbesondere in den Städten des Reiches. Auch die westeuropäischen Königtümer blieben trotz germanischer Feudal- oder Vasallenstruktur partiell ›cäsaristisch‹. Es entwickelt sich aber erst im sogenannten Absolutismus – mit Spanien unter Philipp II. als Vorreiter und Muster auch für die entstehende ›Technokratie‹ im absolutistischen England und Frankreich – eine durchgeregelte staatliche Bürokratie mit dem König an der Spitze.

In England gibt es allerdings schon seit der Magna Charta ein gewisses Mitspracherecht des Parlaments als Versammlung des Adels, aus dem sich in der Bill of Rights der Glorious Revolution von 1688/89 die Frühform einer parlamentarischen Monarchie entwickelt. In eben diesem Sinn ist die konstitutionelle Monarchie erst »das Werk der neueren Welt«. Hegel bewertet sie als Prototyp der nachhaltig-unendlichen Seins- oder Vollzugsform (»substantiellen Idee«) eines gut verfassten Gemeinwesens (der *res publica*). Als allgemeine Form heißt sie »unendlich«, weil sie unabhängig ist von besonderen Variationen in der realen Welt.

267 Ⓚ Die *Geschichte* dieser Vertiefung des Geistes der Welt in sich, oder was dasselbe ist, diese freie Ausbildung, in der die Idee ihre Momente – und nur ihre Momente sind es – als Totalitäten aus sich entläßt, und sie eben damit in der idealen Einheit des Begriffs enthält, als worin die reelle Vernünftigkeit besteht, – die Geschichte dieser wahrhaften Gestaltung des sittlichen Lebens ist die Sache der allgemeinen Weltgeschichte. (277)

Das, was in Hegels Analyse unter dem Titel »*allgemeine* Weltgeschichte« steht, ist nicht die gesamte Menschheitsgeschichte seit der Trennung des *homo sapiens* von den Hominiden. Sie enthält insbesondere absolut nichts davon, was in die Disziplin einer *Vor- und Frühgeschichte* gehört. Hegels Begriff der Weltgeschichte beginnt, wie er selbst sagt, frühestens im 3. Jahrtausend v. Chr. Es ist die Geschichte der Bildung größerer *Gemeinwesen* als »Vertiefung des Geistes der Welt«, also der geistigen Formen personalen Zusammenlebens, wie ich den Inhalt in meiner Übersetzung auszudrücken vorschlage. Hegel spricht von ›freier Ausbildung‹ – was wir ganz im Sinne der *Politeia* Platons *zugleich* auf die Personengemeinschaft (Staat, Gesellschaft und Familie) *und* die Person beziehen können und sollten.

Hegels Metapher freilich, nach welcher die »Idee ihre Momente ... als Totalitäten aus sich entläßt«, führt uns in dieser Form beim ersten Lesen ganz in die Irre. Man meint, Hegel wolle sagen, dass die Idee wie ein Gott oder Geist etwas tut und wir als einzelne Personen das geschichtliche Ergebnis dann irgendwie als vorgegeben vorfinden. Das Letztere ist zwar wahr. Denn nur wer naiv an eine mystische, sich selbst rein natürlich und ohne Zutun von Kultur entwickelnde Geistseele glaubt, wird übersehen können, dass alle unsere geistigen Vermögen *in gemeinschaftlicher Praxis* gelernt sind. Daher ist unbedingt zwischen *natürlichen Lernfähigkeiten* und den *geistigen Vermögen selbst* zu unterscheiden.

Nur vor dem Hintergrund der bisher erarbeiteten Ergebnisse lässt sich das schwierige Orakel vom Tun der Idee verstehen: Die *Handlungstheorie* des *abstrakten Rechts* führt zusammen mit den subjektiven Reflexionen der *Moralität* und ihrer Formen zur *transzendentalanalytischen Einsicht* in die nötigen Ergänzungen durch die ›sozialen‹, genauer: gemeinschaftlich-familialen, gesellschaftlich-rationalen und öffentlich-politischen Normen der *Sittlichkeit* des *Gemeinwesens*. Der Begriff und die Idee der freien Person bzw. des *personalen* Ich führen daher gemäß Hegels Gesamtargumentation erstens zur Einsicht in die Rolle des öffentlichen Gemeinwesens (der *res publica*) für die Idee oder Lebensform des Personseins – am Ende als voller Bürger in Familie, Gesellschaft und Staat. Zweitens wird klar, warum wir im Interesse der Freiheitsrechte als Personen eine Justiz als richterliche Rechtsprechung brauchen und nachhaltig anerkennen, dann aber auch einen Staat als Organisationsform von Recht und Gesetz, auch von polizeilicher Kontrolle, allgemeiner Fürsorge und Verwaltung. Aus der Idee oder realen Seinsform des Gemeinwesens selbst aber ergibt sich, wie eben gesehen, die funktionale Unterscheidung von Gesetzgebung, Regierung und Staatsoberhaupt, und zwar aus sehr guten Gründen. In eben diesem Sinn ›entlässt‹ die Idee diese drei Momente aus einer ungeschiedenen Einheit, was jetzt nur ein anderer Ausdruck für eine vernünftige Ausdifferenzierung ist.

Auf der Ebene der Realgeschichte schlägt sich das darin nieder, dass *alle denkenden Personen* die Entwicklung der Staaten in Richtung einer konstitutionellen Monarchie, also einem einheitlichen Staat mit republikanischen Strukturen, für vernünftig halten – was ›erklärt‹, warum die Prototypen nach und nach weltweit kopiert werden. Menschen sind weder in technischen noch politischen, weder in rechtlichen noch wissenschaftlichen Fragen so töricht, dass sie nachhaltig an offenkundig schlechteren Formen der Gestaltung ihres Lebens festhalten. Anders gesagt, alle guten Ideen werden über kurz oder lang nachgeahmt. Das entsprechende Wissen und die zugehörigen Formen verbreiten sich sozusagen wie Viren weltweit – häufig nicht bewusst, sondern sozusagen per Diffusion. Nur weil dem so ist, gibt es für die allgemeinen Ideen und Praxisformen, nicht für die besonderen lokalen Institutionen und Lebensformen, eine *allgemeine Weltgeschichte*. Um das zu verstehen, muss man freilich mit Hegel zwischen besonderen regionalen Sitten und Gebräuchen und der Entwicklung allgemeiner Sittlichkeit unterscheiden. Das ist eine moderne Unterscheidung Hegels, welche die klassische Aufklärung und Romantik, gerade auch noch die Anhänger Humes und Kants, nicht kennen und welche in historischen Erzählungen und dann auch in Zeitgeschichte und Sozialwissenschaft ebenfalls nicht gesehen wird, wenn sie, wie Hegel polemisch sagt, den allgemeinen Wald vor lauter besonderen Bäumen nicht sehen – sondern sozusagen meinen, den Wald als reine Idee theoretisch rekonstruieren oder postulieren zu müssen.

Hegel versucht also – offenbar weitgehend vergeblich –, die allgemein erfahrene Realität der Idee als uns allen bekannte Vollzugsform für uns Leser explizit zu machen, diese also als Begriff oder Form der Reflexion zu artikulieren. Die ideale Einheit des Begriffs sowohl der Person als auch des Gemeinwesens ›enthält‹ damit sozusagen schon die sie ausdifferenzierenden Momente der Praxisformen und Teilinstitutionen. Die reelle Vernünftigkeit besteht in ihnen.

Die Vernunft in der Geschichte besteht in ihrer selbstbewussten Entwicklung, samt der ›normativen‹, aber nicht rein ›subjektiven‹ Beurteilung eines *bench-marking*, also der Unterscheidung zwischen guten und schlechten Beispielen, Prototypen von ›Fortschritt‹ und ›Privationen‹ eines ›restaurativen‹ Rückschritts. Das macht »die Geschichte dieser wahrhaften Gestaltung des sittlichen Lebens« aus. Eine rein narrative Historiographie und rein empirische Sozialwissenschaft bleibt methodisch und logisch defizitär, soweit sie das alles nicht versteht und berücksichtigt. Wir brauchen also die Unterscheidung zwischen der Logik der generischen Normfälle und der Privationen besonderer Fälle, also zwischen dem Allgemeinen der Wälder und dem Besonderen der Bäume, dann auch zwischen normativen und subjektiven Urteilen.

Die alte Einteilung der Verfassungen in *Monarchie, Aristokratie* und *Demokratie*, hat die *noch ungetrennte substantielle Einheit* zu ihrer Grundlage, welche zu ihrer *innern Unterscheidung* (einer entwickelten Organisation in sich) und damit zur *Tiefe* und *konkreten Vernünftigkeit* noch nicht gekommen ist. Für jenen Standpunkt der alten Welt ist daher diese Einteilung die wahre und richtige; denn der Unterschied als an jener noch substantiellen nicht zur absoluten Entfaltung in sich gediehenen Einheit ist wesentlich ein *äußerlicher* und erscheint zunächst als Unterschied der *Anzahl* (Encyklop. der Phil. § 82) derjenigen, in welchen jene substantielle Einheit immanent sein soll. (277) 268 Ⓚ

Bei Platon und Aristoteles findet sich schon die »Einteilung der Verfassungen in Monarchie, Aristokratie und Demokratie«. Monarchie ist die Herrschaft einer Person. Aristokratie ist die Herrschaft einer kleinen Anzahl der ›Besten‹, in Rom dann der ›Optimaten‹. Demokratie ist die Herrschaft ›aller‹, des ›Volkes‹. Hegel hält diese Titel explizit für veraltet. Die Folge ist, dass er *nicht*, wie wir heute, das Wort »Demokratie« umdeutet. Heute steht »Demokratie« nämlich für eine republikanische Präsidialverfassung wie in Frankreich oder den USA oder für eine Parlamentsverfassung wie in Großbritannien oder Deutschland – mit zeitlich begrenzten Amtsdauern und einer freien und gleichen Wahl der Amtsträger.

Wir werden im Folgenden Hegels konstitutionelle Monarchie mit einer konstitutionellen Demokratie zu vergleichen haben. Das ist, anders als die Frage, wie mit den Wörtern »Staat« und »Gesellschaft« oder auch »Idee« und »Begriff« am besten umzugehen ist, kein reiner Streit um Worte. Es ist aber durchaus sinnvoll, das Monarchische des Entscheidens, das Aristokratische oder Meritokratische des Wissens und das Demokratische der Anerkennbarkeit und faktischen Anerkennung als drei Teilformen im Gemeinwesen aufzufassen, auch wenn Hegel ungern von einer gemischten Verfassung mit monarchischen, aristokratischen und demokratischen Momenten spricht. Wie man hier zu sprechen beliebt, ist auch wieder nicht so wichtig. Wichtig ist, die Momente des Einzelnen, der besonderen Expertise und der allgemeinen Setzungen in ihrem ›organischen Zusammenhang‹, also der systemischen Organisation des Staates, angemessen zu verstehen. Dabei erkennt Hegel an, dass *Platons* Analyse samt der Hervorhebung der klar privativen Verfassungen der Tyrannis, der Plutokratie (als Herrschaft der ›Reichen‹ statt der ›Besten‹) und der Ochlokratie (›Pöbelherrschaft‹) für die *damalige Zeit* passte. Denn es gab damals noch keine klare Trennung zwischen Gesetzgebung, Rechtspflege und Exekutive. In der attischen Demokratie waren Gerichte Volksversammlungen. Der Staat bzw. die Stadt wurde als Einheit angesehen, d. h. es gab keine Teilung der Macht, nur technisch-praktische Teilungen von Aufgaben diverser Gremien der Volksvertretung, die häufig über Losverfahren bestückt wurden.

268 Ⓚ Diese Formen, welche auf solche Weise verschiedenen Ganzen angehören, sind in der konstitutionellen Monarchie zu Momenten herabgesetzt; der Monarch ist *Einer*; mit der Regierungsgewalt treten *Einige* und mit der gesetzgebenden Gewalt tritt die *Vielheit* überhaupt ein. Aber solche bloß quantitative Unterschiede sind, wie
227 gesagt, nur oberflächlich und geben nicht den Begriff der | Sache an. (277 f.)

Hegel erklärt jetzt explizit, dass in einem modernen Gemeinwesen das Monarchische der ersten Person im Staat ebenso bloß noch ein Moment ist wie das Aristokratische des immer auch nach Fähigkeiten und damit (hoffentlich) wirklich meritokratisch ausgewählten Personals für Regierung, Ämter und Verwaltungen. Das demokratische Moment betrifft insbesondere die Wahlen zu den gesetzgebenden

Versammlungen, den Parlamenten, und im Präsidialsystem – damals nur in den USA, wie Hegel selbst in den Vorlesungen betont – auch des Monarchen auf Zeit.

Es ist gleichfalls nicht passend, wenn in neuerer Zeit soviel vom demokratischen, aristokratischen Elemente *in der Monarchie* gesprochen worden ist; denn diese dabei gemeinten Bestimmungen, eben insofern sie *in der Monarchie* Statt finden, sind nicht mehr Demokratisches und Aristokratisches. – (278) 268 Ⓚ

Hegels Ablehnung der Rede von einem »demokratischen, aristokratischen Elemente in der Monarchie« ist zwar verständlich, aber auch irreführend und unklar. Eine freundliche Lesart wäre, dass es in den restaurierten Monarchien nach 1815 *nichts* Demokratisches und Aristokratisches gibt. Die politische Restmacht des Erb-Adels in Russland, Österreich, Preußen und sogar Frankreich hat mit einer meritokratischen ›Herrschaft der Besten‹ oder einer Elite in der Tat wenig zu tun. Es wäre auch irreführend, irgendeines der Gremien in einer solchen restaurativ rekonstruierten Monarchie »demokratisch« zu nennen. Hegel meint aber wohl, dass der Adel in einer modernen Verfassung ohnehin nichts zu suchen hat, aber Volksversammlungen und Zufallswahlen eben auch nicht.

Es gibt Vorstellungen von Verfassungen, wo nur das *Abstraktum* von Staat oben hin gestellt ist, welches regiere und befehle, und es unentschieden gelassen und als gleichgültig angesehen wird, ob an der Spitze dieses Staates, *Einer* oder *Mehrere* oder *Alle* stehen. – (278) 268 Ⓚ

Wenn man es unentschieden lässt, »ob an der Spitze dieses Staates Einer oder Mehrere oder Alle stehen«, hat man, meint Hegel, schon den Begriff des modernen Gemeinwesens oder Staates verfehlt, da die Spitze selbst ›monarchisch‹ sein müsse.

»Alle diese Formen«, sagt so *Fichte* in s[einem] Naturrecht, 1. T., S. 196 »sind, wenn nur ein *Ephorat* (ein von ihm erfundenes, sein sollendes Gegengewicht gegen die oberste Gewalt) vorhanden, rechtsgemäß und können allgemeines Recht im Staate hervorbringen und erhalten.« – Eine solche Ansicht (wie auch jene Erfindung eines Ephorats) stammt aus der vorhin bemerkten Seichtigkeit des Begriffes vom Staate. Bei einem ganz einfachen Zustande der Gesellschaft haben diese Unterschiede freilich wenig oder keine Bedeutung, wie denn *Moses* in seiner Gesetzgebung für den Fall, daß das Volk einen 268f. Ⓚ

König verlange, weiter keine Abänderung der Institutionen, sondern nur für den König das Gebot hinzufügt, daß seine Kavallerie, seine Frauen und sein Gold und Silber nicht zahlreich sein solle (5. B. Mose 17, 16 ff.). – (278)

Hegel lehnt Fichtes Vorstellung ab, es bedürfe nur einer zweiten Kontrollinstanz in einer ansonsten einheitlichen, ungegliederten Staatsmacht. Allerdings sind in so einfachen Gesellschaften wie in Sparta oder bei den frühen Israeliten alle Unterschiede noch von geringer Bedeutung. Das Zitat aus dem 5. Buch Mose (17, 16 ff.) ist von Hegel klar ironisch gemeint. Denn diese Bestimmungen sind ganz unwesentlich für den dann doch ganz gravierenden Unterschied zwischen einer demokratisch-charismatischen Leitung des Volkes (durch ›Propheten‹ und ›Richter‹) und einer monarchischen Herrschaft eines Königs.

269 Ⓚ Man kann übrigens in einem Sinne allerdings sagen, daß auch für die Idee jene drei Formen (die *monarchische* mit eingeschlossen in der beschränkten Bedeutung nämlich, in der sie *neben* die *aristokratische* und *demokratische* gestellt wird) gleichgültig sind, aber in dem entgegengesetzten Sinne, weil sie insgesamt der Idee in ihrer vernünftigen Entwickelung (§ 272.) nicht gemäß sind und diese in keiner derselben ihr Recht und Wirklichkeit erlangen könnte. Deswegen ist es auch zur ganz müßigen Frage geworden, welche die vorzüglichste unter ihnen wäre; – von solchen Formen kann nur historischer Weise die Rede sein. – (278 f.)

Für die öffentliche Herrschaft der *res publica* wären eine unvermischte Demokratie des Mehrheits- und Zufallsentscheids, eine Aristokratie der ›edlen‹ Nobilität und eine reine Monarchie als Regierungsmacht durchaus ›gleich gültig‹, wie Hegel hier wohl ironisch sagt, weil sie in ihren Einseitigkeiten *allesamt schlecht* sind. Daher ist es nicht nur von heute her müßig, etwas dazu zu sagen, welche dieser sogar schon bei Platon nur *prima facie* ›guten‹ Formen die beste ist. Sie gehören eigentlich nur in die Historie der Herrschaftsformen Athens, Spartas und des persischen Reiches etwa des Kyros.[116]

[116] Der lateinische Ausdruck »res publica« ist wie unsere deutsche Übersetzung »Gemeinwesen« zu unspezifisch, um die Verfassung der Staatsmacht zu benennen. Das Wort »Republik« wurde in der Französischen

Sonst aber muß man auch in diesem Stücke, wie in so vielen anderen, den tiefen Blick *Montesquieus* in seiner berühmt gewordenen Angabe der Prinzipien dieser Regierungsformen anerkennen, aber diese Angabe, um ihre Richtigkeit anzuerkennen, nicht mißverstehen. Bekanntlich gab er als Prinzip der *Demokratie* die *Tugend* an; denn in der Tat beruht solche Verfassung auf der *Gesinnung*, als der nur substantiellen Form, in welcher die Vernünftigkeit des an und für sich seienden Willens in ihr noch existiert. Wenn Montesquieu aber hin|zufügt, daß *England* im siebzehnten Jahrhundert das schöne Schauspiel gegeben habe, die Anstrengungen, eine Demokratie zu errichten, als unmächtig zu zeigen, da die Tugend in den Führern gemangelt habe, – und wenn er ferner hinzusetzt, daß wenn die Tugend in der Republik verschwindet, der Ehrgeiz sich derer, deren Gemüt desselben fähig ist, und die Habsucht sich Aller bemächtigt, und der Staat alsdann, eine allgemeine Beute, seine Stärke nur in der Macht einiger Individuen und in der Ausgelassenheit Aller habe, – so ist darüber zu bemerken, daß bei einem ausgebildeteren Zustande der Gesellschaft und bei der Entwickelung und dem Freiwerden der 269f. Ⓚ 228

Revolution, also der ersten französischen Republik, zunächst sozusagen beschädigt, weil es eng mit der Abschaffung der konstitutionellen Monarchie und damit des Amts des Staatsoberhaupts durch die Enthauptung des Monarchen verbunden ist. Wenn es um die besonderen Ausprägungen einer republikanischen Regierungsform wie in den USA oder Großbritannien unter Oliver Cromwell gehen sollte, so sind diese das Thema der politischen und historischen Sachwissenschaften, der Politologie und politischen Geschichte, der Staats- und Rechtswissenschaft und Verfassungs- und Rechtsgeschichte, nicht aber der politischen Philosophie oder Rechtsphilosophie als Grundlagenwissenschaft. Marc André Wiegand schreibt in *Demokratie und Republik*, Tübingen: Mohr Siebeck, 2017, S. 72 ganz richtig, dass der Begriff »Demokratie« in der Zeit zwischen 1789 und 1791 keine Rolle gespielt habe, »wurde hierunter doch ein längst untergegangenes System verstanden, in dem das Volk unmittelbar Entscheidungen traf und Ämter durch das Los vergeben wurden«. »Die auch bei *Habermas* anzutreffende Behauptung, dass *Kant* mit Republikanismus nichts anders als Demokratie gemeint habe, ist eine Rückprojektion aktueller Begrifflichkeiten.« (S. 59). Vgl. zum »Krieg der Worte« aus ideologiekritischer Perspektive der Zeit des Kalten Kriegs auch Giovanni Sartori, *Demokratietheorie*, Darmstadt: Wiss. Buchg. 1992, bes. S. 465–470.

Mächte der *Besonderheit*, die Tugend der Häupter des Staats unzureichend und eine andere Form des vernünftigen Gesetzes, als nur die der Gesinnung erforderlich wird, damit das Ganze die Kraft, sich zusammenzuhalten und den Kräften der entwickelten Besonderheit ihr positives wie ihr negatives Recht angedeihen zu lassen, besitze. (279)

Hegels Lob Montesquieus kennt kaum Grenzen, wird hier aber an einigen Punkten eingeschränkt, auch um Missverständnisse abzuwehren. So hält dieser »die Tugend«, also eine allgemein praktizierte Sittlichkeit, für eine Grundlage und Voraussetzung der Demokratie. Und in der Tat beruht sowohl die Praxis als auch die Anerkennung gerade von Volksversammlungsentscheiden (wie in Athen) auf einem solchen (kollektivistischen) Ethos. Montesquieu zeigt aber, dass er sich selbst nicht so recht versteht. Denn sonst könnte er nicht sagen, dass im 17. Jahrhundert die Einführung der Demokratie in England an der ›Tugend der Führer‹ gescheitert sei, zumal sich das Urteil in ironischer Weise selbst widerspricht. Es liegt hier fast nichts am Charakter der Führer, betont Hegel, sondern alles an der institutionellen Verfassung des Gemeinwesens oder Staates.

270 Ⓚ Gleicherweise ist das Mißverständnis zu entfernen, als ob damit, daß in der demokratischen Republik die Gesinnung der Tugend die substantielle Form ist, in der Monarchie diese Gesinnung für entbehrlich oder gar für abwesend erklärt, und vollends als ob Tugend und die in einer *gegliederten* Organisation *gesetzlich bestimmte* Wirksamkeit einander gegengesetzt und unverträglich wäre. – Daß in der *Aristokratie* die *Mäßigung* das Prinzip sei, bringt die hier beginnende Abscheidung der öffentlichen Macht und des Privat-Interesses mit sich, welche zugleich sich so unmittelbar berühren, daß diese Verfassung in sich auf dem Sprunge steht, unmittelbar zum härtesten Zustande der Tyrannei oder Anarchie (man sehe die römische Geschichte) zu werden und sich zu vernichten. – (279 f.)

Wenn das Wort »Tugend« für ›rechtschaffene Kompetenz‹ steht, so brauchen auch Monarchie und Aristokratie Tugend. Sonst kündigt ›das Volk‹ über kurz oder lang die Gefolgschaft auf, was man gerade auch an der frühen Geschichte Roms sehen kann. Es ist, andererseits, immer ganz schief zu meinen, man brauche ein institutionelles System aufgegliederter Machtteilung nicht, wenn nur die Regierenden tugendhaft sind. Die Güte der Verfassung bewährt sich sogar gerade in ihrer relativen Unabhängigkeit von der charakterlichen Perfektion ihrer Funktionsträger.

Daß Montesquieu die *Ehre* als das Prinzip der *Monarchie* erkennt, 270 Ⓚ
daraus ergibt sich für sich schon, daß er nicht die patriarchalische oder antike überhaupt, noch die zu objektiver Verfassung gebildete, sondern die *Feudal-Monarchie* und zwar insofern die Verhältnisse ihres innern Staatsrechts zu rechtlichem Privat-Eigentume und Privilegien von Individuen und Korporationen befestigt sind, verstehet. Indem in dieser Verfassung das Staatsleben auf privilegierter Persönlichkeit beruhet, in deren Belieben ein großer Teil dessen gelegt ist, was für das Bestehen des Staats getan werden muß, so ist das Objektive dieser Leistungen nicht auf *Pflichten*, sondern auf *Vorstellung* und *Meinung* gestellt, somit statt der Pflicht nur die *Ehre* das, was den Staat zusammenhält. (280)

Obwohl Hegel häufig kein Gespür für eigene Ambiguitäten zeigt, erkennt er ambige Titel. Seine Leistungen bei ihrer Disambiguierung sind sogar nicht unbeträchtlich. Dies zeigt sich sehr schön darin, dass er Montesquieus Prinzip der Ehre als klares Zeichen dafür liest, dass dessen Monarchie »nicht die patriarchalische« der orientalischen Herrschaftsform oder die »antike überhaupt«, sondern nur die feudale Monarchie ist. Diese ruht, wie wir wissen, auf ›persönlichen‹ Treueverhältnissen privilegierter Vasallen. (Es sollte einem kalt werden, wenn man Rhetorik und Praxis der Nazis mit dieser partiell immer auch schon unsäglichen Willkürherrschaft des frühen Mittelalters vergleicht – was hier nur deswegen gesagt wird, weil es immer noch Leute gibt, die Hegel mit derartigen Entwicklungen in die Barbarei verbinden). Was Hegel als »konstitutionelle Monarchie« bezeichnet, ist vielmehr, wie er hier noch einmal indirekt betont, eine ›objektive Verfassung‹ mit rechtlich kontrollierten Verhältnissen ihrer inneren Gliederung. Der Feudalstaat aber führt dazu, dass sich der Adel, also die Vasallen, ihre politischen Funktionen aneignen, zum Privateigentum machen und sich damit teils bereichern, teils selbst zu Fürsten machen und damit die Einheit des Staats zerstören.

Eine andere Frage bietet sich leicht dar: *wer die Verfassung ma-* 270f. Ⓚ
chen soll? Diese Frage scheint deutlich, zeigt sich aber bei näherer
Be|trachtung sogleich sinnlos. Denn sie setzt voraus, daß keine 229
Verfassung vorhanden, somit ein bloßer atomistischer *Haufen* von

Individuen beisammen sei. Wie ein Haufen, ob durch sich oder andere, durch Güte, Gedanken oder Gewalt, zu einer Verfassung kommen würde, müßte ihm überlassen bleiben, denn mit einem Haufen hat es der Begriff nicht zu tun. – Setzt aber jene Frage schon eine vorhandene Verfassung voraus, so bedeutet das *Machen* nur eine Veränderung, und die Voraussetzung einer Verfassung enthält es unmittelbar selbst, daß die Veränderung nur auf verfassungsmäßigem Wege geschehen könne. – (280 f.)

Es scheint eine sinnvolle Frage zu sein, wer denn »die Verfassung machen soll«. Wir meinen, das sei klarerweise eine verfassungsgebende Versammlung – wie man sie sich 1848 von der Frankfurter Paulskirche erhofft hatte. Ein Grundgesetz will ja sozusagen geschrieben werden. Nun ist aber die Verfassung selbst nicht ihre explizite Formulierung. Daher ist die Frage sinnlos, wenigstens ambig.

Gäbe es die Situation, dass sich eine bloße Menge von Individuen zusammenfindet und irgendwie beschließt, einen Staat zu gründen, wie vielleicht Dschingis Khan und seine Unterführer (allerdings nachdem er sie besiegt hatte), ginge das eine Formenanalyse gar nichts an. Es wäre ein historischer Sonderfall. Der Normalfall ist, dass längst eine Verfassung vorhanden ist. Dann aber geht es immer nur um Verfassungsänderungen oder um explizite Formulierungen in einem Verfassungstext. Auch in solchen Ausnahmefällen wie der Gründung der BRD und DDR ging es nur um derartige Veränderungen, auch wenn hier der »verfassungsmäßige Weg« zum Teil über die Anerkennung der ›neuen‹ Verfassung durch die jeweiligen Siegermächte und einen gewählten Bundestag bzw. eine Volkskammer gegeben war.

271 Ⓚ Überhaupt aber ist es schlechthin wesentlich, daß die Verfassung, obgleich in der Zeit hervorgegangen, *nicht als ein gemachtes* angesehen werde; denn sie ist vielmehr das schlechthin an und für sich Seiende, das darum als das Göttliche und Beharrende, und als über der Sphäre dessen, was gemacht wird, zu betrachten ist. (281)

Im Normalfall gilt die Verfassung eines Gemeinwesens im Allgemeinen, nicht im Besonderen, als ›unantastbar‹, ›heilig‹, ja als das Heilige schlechthin. Wie im Fall kanonischen Wissens wissen wir zwar, dass die Texte und Inhalte, Gesetze und Handlungsformen in einer bestimmten Zeit entstanden und von besonderen Menschen gemacht oder verfasst worden sind. Und doch gelten sie für uns (außer im Fall besonderer Notwendigkeit ihrer Verbesserung) als empraktische und zugleich transzendentale Voraussetzungen unseres eigenen geistigen Seins und Personseins. In diesem Sinn gelten sie ›absolut‹. Sie dürfen insofern nicht als etwas angesehen werden, das bloß von einzelnen Subjekten gemacht wurde, da sie Voraussetzung des Göttlichen und Beharrenden des Personseins im Gemeinwesen sind. Dieses aber ist das eigentliche Thema aller Religionen, ob diese das wissen oder nicht. Und sie stehen damit »über der Sphäre dessen, was gemacht wird«.

In diesem Sinn steht jede empraktisch anerkannte Verfassung höher als alles explizit formulierte positive Recht und ist so auch mehr als ihre Explikation in einem Grundgesetz.

§274

Da der Geist nur als das wirklich ist, als was er sich weiß, und 271
der Staat, als Geist eines Volkes, zugleich das *alle seine Verhältnisse durchdringende* Gesetz, die Sitte und das Bewußtsein seiner Individuen ist, so hängt die Verfassung eines bestimmten Volkes überhaupt von der Weise und Bildung des Selbstbewußtseins desselben ab; in diesem liegt seine subjektive Freiheit, und damit die Wirklichkeit der Verfassung. (281)

Das, was wir als den Geist einer Person oder eines Gemeinwesens ansprechen, ist gerade das in seinem Tun, von dem *die Person selbst* weiß oder *man* öffentlich im Gemeinwesen weiß (und will), dass man es tut. Der Geist eines Volkes ist damit das generische Wir, das plurale Subjekt seines Handelns als Gemeinwesen.

Es gibt übrigens unendlich viele derartige plurale Subjekte, von der Menschheit bis zur Wissenschaft, von der Gesellschaft bis zum Schulwesen, über die wir sprechen und die auch etwas tun, freilich indem wir etwas tun oder man etwas tut. Damit wird auch klar, in welchem Sinn der Staat, das Gemeinwesen, der Geist eines Volkes ist. Es ist das Gesamt der Formen und Normen der Sittlichkeit des Volkes, »das alle seine Verhältnisse durchdringende Gesetz«, das, wie gesehen, zugleich das *allgemeine* Bewusstsein der Personen bzw. Bürger (qua Individuen) ist.

Einem Volke eine, wenn auch ihrem Inhalte nach mehr oder 271 Ⓚ
weniger vernünftige Verfassung *a priori* geben zu wollen, – dieser Einfall übersähe gerade das Moment, durch welches sie mehr als

ein Gedankending wäre. Jedes Volk hat deswegen die Verfassung,
230 die ihm angemessen ist, und für dasselbe gehört. | (281)

Der Traum des Intellektuellen oder besser ›Ideologen‹ (im französischen Sinn Napoleons) ist es, seinem Volk eine vernünftige Verfassung zu geben. Wie in allen Utopien werden dabei die materialbegrifflichen Verhältnisse ignoriert. Als bloßer Text nützt eine solche ›Verfassung‹ ohnehin noch nichts.

Es sind starke Sätze, die sagen, dass die besondere »Verfassung eines bestimmten Volkes« von der »Bildung« seines »Selbstbewusstseins« abhängt und dass jedes »Volk deswegen die Verfassung« hat, »die ihm angemessen ist«. Im Rückblick zeigt das unter anderem, was in der späteren Geschichte Deutschlands schiefgelaufen ist. Das Selbstbewusstsein des Volkes kam im späteren 19. und im ersten Drittel des 20. Jahrhunderts kaum über eine falsche Ritterseligkeit und einen neugermanischen Feudalismus samt der Romantik charismatischer Herrschaft hinaus, mit Friedrich Wilhelm IV. von Preußen und Wilhelm II. als Profiteuren. Gegen die Abgrenzung von der westeuropäischen Kultur (ironischerweise im Namen einer »Kultur« die sich so überheblich gegen eine bloße »Zivilisation« stellte wie leider auch die russischen Volkstümler) hatten sich schon Goethe und Hegel zunächst als offene und später als geheime Anhänger der französischen Moderne gerade auch in ihrer Kritik an den völkischen Burschenschaften und an ihren akademischen Führern wie Fries leider vergeblich gestemmt. Es wäre daher wohl ernsthaft neu zu fragen, was der ›Zusammmenbruch‹ der Hegel-Schule nach seinem Tod für die deutsche Zivilisation wirklich bedeutete.

a) Die fürstliche Gewalt

§ 275

272 Die fürstliche Gewalt enthält selbst die drei Momente der Totalität in sich (§ 272)[,] die *Allgemeinheit* der Verfassung und der Gesetze, die Beratung als Beziehung des *Besondern* auf das Allgemeine, und das Moment der letzten *Entscheidung*, als der *Selbstbestimmung*, in welche Alles Übrige zurückgeht, und wovon es den Anfang der Wirklichkeit nimmt. (282)

Es ist erst einmal unklar, inwiefern die »fürstliche Gewalt«, der

Status und die Rolle des Staatsoberhaupts, »die drei Momente der Totalität« des Gesamtstaats »in sich« enthält. Schon der § 272 nennt die drei ›logischen‹ Momente der *Allgemeinheit* der *Verfassung* und *Gesetze*, die Beratung der *Regierung* »als Beziehung des *Besonderen* auf das Allgemeine« und das Moment der *Letztentscheidung* etwa durch die Unterschrift unter einen Erlass. Doch das »in« ist hier wohl am besten als logische Metapher für die Bestimmung der Rolle des Staatsoberhaupts *im Verhältnis* zum Parlament und der Regierung, dem Allgemeinen der Gesetzgebung und dem Besonderen der Vorschläge zum politischen Handeln zu sehen, nämlich als *Umsetzung* bzw. Instanziierung – nämlich über empirische Einzelakte eines Subjekts im Namen des Ganzen. Wie im Urteilen das Erwägen nicht ausreicht, sondern die Entscheidung manifest zu machen ist (in der Behauptung, Versicherung, Assertion), so bedarf es der ›Unterschrift‹ des Präsidenten – quasi als Satzschlusspunkt. Nur dadurch werden Entscheidungen wirklich.

Dieses absolute Selbstbestimmen macht das unterscheidende 272
Prinzip der fürstlichen Gewalt als solcher aus, welches zuerst zu entwickeln ist. (282)

Absolut ist dieses Selbstbestimmen, weil es performativer Vollzug ist. Dieses Vollzugsmoment »macht das unterscheidende Prinzip der fürstlichen Gewalt als solcher aus«. Es geht nur sekundär um die Inhalte; die fürstliche Rolle ist primär die der Ingeltungsetzung vordiskutierter und zumeist vorentschiedener Sachen – ähnlich wie die des Prätors als Leiter des Gerichtsverfahrens in der römischen Republik. Die Regierung korrespondiert dem Iudex oder Staatsanwalt, das Parlament den Geschworenen.

§ 276

1) Die Grundbestimmung des politischen Staats ist die substantielle 272
Einheit als *Idealität* seiner Momente, in welcher

α) die besonderen Gewalten und Geschäfte desselben eben so aufgelöst als erhalten, und nur so erhalten sind, als sie keine unabhängige, sondern allein eine solche und so weit gehende Berechtigung haben, als in der Idee des Ganzen bestimmt ist, von seiner Macht ausgehen und flüssige Glieder desselben als ihres einfachen Selbsts sind. (282)

Hegels Formulierungen sind der Komplexität der Sache nicht ganz angemessen. Sie sind zu dicht und zu abstrakt, auch zu allgemein und formal, aber im Grundsatz jedenfalls hier eher trivial wahr als falsch. Er sagt nämlich, dass der Kern des politischen Staates in der nachhaltigen Einheit des Gemeinwesens liegt, und zwar vermittelt durch die »Idealität seiner Momente«. Der schwierige Ausdruck meint die *Form* der Vertretung durch reale *Subjekte*. Damit kommen wir zum Kern jeder Analyse von Institutionen. Es ist die Analyse der Form ihres gemeinsamen Handelns.

Das Grundproblem der Idealität des Wir besteht in der Konkretisierung der zunächst nur formalen oder verbalen Einheit der Wir-Gruppe oder des Gemeinwesens einer Nation oder eines Staatsvolkes. Alles Ideale ist *Form*, wie jeder Begriff und jede Idee. Auch jedes Wir ist eine Form. Inhalte sind semantische Formen im gemeinsamen ›Verstehen‹ äußerer Trägerformen. Alle Idealität wird konkret in einer durch Subjekte realisierte Formation.

Es ist jetzt interessant zu sehen, wie der sogenannte methodische Individualismus in der Sozialtheorie dieses Problem unterschätzt. Ihm zufolge ist jedes Wir einfach eine Menge von Menschen, die kollektiv etwas tun, indem jeder etwas tut, was zum Gesamtergebnis beiträgt. In dieser Sicht ist sogar ein Konsens einer Wir-Gruppe rein zufällig, selbst wenn man erbaulich für einen solchen Konsens wirbt.

Hegel will zeigen, dass es ohne *pyramidale Strukturen* mit jeweils einem *letztentscheidenden* personalen Subjekt kein *freies gemeinsames Handeln* und keine *Institutionen* gibt. Anders gesagt, nicht nur der Staat, *alle* Institutionen haben in einem gewissen Sinn *auch* eine monarchische Form, mit einem ›Präsidenten‹ an der Spitze. Das ist wieder nur eine Folge der Tatsache, dass wir außerhalb von Kirchenliedern selten oder nie »wir« sagen, sondern immer ein Einzelsubjekt »wir« sagt und damit *für das plurale Subjekt* spricht.

Der methodische Individualismus führt demgegenüber dazu, dass es neben den Anekdoten über Einzelpersonen (aus allerlei Archiven) in der Sozialgeschichte und den Sozialwissenschaften nur noch Statistiken gibt. Das gemeinsame Handeln wird zu einem kollektiven Verhalten umdefiniert. Und es werden idealtypische Charaktere aller Art für hypothetische Erklärungen konstruiert.

Niklas Luhmann hat in seiner Systemtheorie anerkannt, dass es eines systemischen Verständnisses von Institutionen bedarf. Dabei wird aber wohl unterschätzt, was es heißt, dass jedes Wir je durch ein Ich zu vertreten ist. Das ist eine Grundtatsache, die der methodische Individualismus als Wissen mit Hegel zwar teilt, aber wohl falsch ausdeutet. Denn er unterscheidet nicht zwischen Vollzug und Inhalt bzw. Performanz und Form. Realiter sprechen und handeln zwar nur einzelne personale Subjekte. Aber es ist falsch, ihre Inhalte als ›Intentionen‹ oder ›subjektiven Sinn‹ sozusagen in ihren Kopf zu legen. Mit jeder Äußerung eines Satzes spiele ich schon eine soziale Rolle. Das leise Denken ist daher auch nur ein inneres Rollenspiel.

Die besonderen Anordnungen und Handlungen im Namen des Staates, vollzogen durch einzelne Subjekte, sind im Allgemeinen ›aufgehoben‹: Sie sind Bestandteile des gemeinsamen Wollens und Handelns im Gemeinwesen im Ganzen. Und sie werden auch so angesehen. Dabei sind sie durch die ›Macht‹ des gemeinsamen Handelns gedeckt – was z. B. bei militärischen Aktionen auf Befehl klar genug ist. Hegels blumiges Bild von den ›flüssigen Gliedern‹ nennt das Problem der wechselnden Vertretungen des Staates und ihrer Anerkennungen, so wie die Rede vom ›einfachen Selbst‹ des Gemeinwesens das Prekäre dieser Einheit sowohl aufruft als auch erst einmal einklammert, scheinbar wegwischt.

§ 277

β) Die besonderen Geschäfte und Wirksamkeiten des Staats sind als die wesentlichen Momente desselben *ihm eigen,* und an die *Individuen,* durch welche sie gehandhabt und betätigt werden, nicht nach deren unmittelbaren Persönlichkeit, sondern nur nach ihren allgemeinen und objektiven Qualitäten geknüpft und daher mit der besonderen Persönlichkeit als solcher, äußerlicher und zufälligerweise verbunden. Die Staatsgeschäfte und Gewalten können daher nicht *Privat-Eigentum* sein. (282 f.) 272 f.

Kein individuelles Subjekt kann rein unmittelbar in momentaner Willkür für das Gemeinwesen sprechen und handeln – gerade so, wie praktisch keine meiner Aussagen über uns und für uns unter Verwendung des Wortes »wir« unmittelbare Geltung beanspruchen kann. Sage ich, dass wir morgen kommen, gilt das nur, wenn ich für uns sprechen darf. Dazu muss sozusagen meine Wir-Aussage von uns bzw. der relevanten Wir-Gruppe anerkannt sein. Eben das gilt auch für das Wir des Königs – und erst recht für das ›l'etat c'est moi‹ des Sonnenkönigs. Ohne Anerkennung wäre das leeres Gerede.

Es sind dabei die Inhalte, die anzuerkennen sind. Das geschieht am Ende im realen Tun. Nur dann zählen die Deklarationen derjenigen, die für den Staat zu sprechen vorgeben, auch wirklich als performative Akte des pluralen Subjekts Staat oder Gemeinwesen. Das gilt für alle Institutionen und alle Wir-Gruppen.

Die hier skizzierte Schwierigkeit ist in der neueren Sprach-, Sozial- und Rechtsphilosophie bekannt und wird u. a. von Autoren wie J. L. Austin, H. L. A. Hart, J. Searle aber auch Margaret Gilbert, Michael Bratman und Raimo Tuomela diskutiert, wenn auch manchmal etwas zu schematisch und formalistisch – mit einer kleinen Bibliothek von Nachfolgetexten unter dem Sammeltitel »Sozialontologie«. Dabei geht es eigentlich um die Semantik des Wir in verschiedenen Sprechhandlungen und Praxisumgebungen. Die einzelnen Instanziierungen heißen dabei auch »Sprechakte«. In Philosophie und Wissenschaft interessieren wir uns aber immer nur für deren allgemeine und besondere Formen und Typen. Daher ist jede Sprechakttheorie eine Sprechakttypentheorie. Thema ist damit immer auch das rechte Verständnis unserer reflexionslogischen *Rede über plurale Subjekte* wie z. B. eine Wir-Gruppe, eine Institution oder auch den Staat, also das politische Gemeinwesen.

Der schwierige Satz über die »besonderen Geschäfte ... des Staats«, welche »ihm eigen« sind, lässt sich jetzt grob so lesen: Wer immer im Namen oder für das Gemeinwesen spricht und handelt, ob als Fürst oder Richter, Polizist oder Soldat, spricht oder handelt nicht in völlig eigener Machtvollkommenheit, sondern in seiner (im guten Fall) anerkannten Rolle und mit einem anerkannten Status, also nicht etwa auf angemaßte Weise wie der Hauptmann von Köpenick oder, als berühmtes Beispiel, Schillers Demetrius, der falsche Dimitri, angeblicher Sohn Zar Iwans IV. Dabei kann sogar ein im Grundsatz anerkannter Vertreter des Gemeinwesens nur besondere Inhalte deklarativ in Kraft setzen. Vieles hängt davon ab, ob man ihm wirklich noch folgt. Manchmal wird Gefolgschaft verweigert, obwohl sie ›eigentlich‹ zu leisten wäre. Das meint Hegels etwas zu grobschlächtige Rede von »allgemeinen und objektiven Qualitäten«, die mit der »besonderen

Persönlichkeit« des konkreten Repräsentanten des Gemeinwesens nur »zufälligerweise verbunden« seien.

§ 278

Diese beiden Bestimmungen, daß die besonderen Geschäfte und Gewalten des Staats, weder für sich, noch in dem besonderen Willen von Individuen selbstständig und fest sind, sondern in der Einheit des Staats als ihrem einfachen Selbst ihre letzte Wurzel haben, macht die *Souveränität* des *Staats* aus. | 273 231

Dies ist die Souveränität *nach Innen*, sie hat noch eine andere Seite[,] die *nach Außen* s. unten. – (283) 273 Ⓚ

Hegel definiert ein souveränes Gemeinwesen und damit die Souveränität des Staats durch zwei Bedingungen, die ich in der Reihung umkehre: Die erste besagt, dass das Handeln im Namen des Staates (des Gemeinwesens, des Staatsvolks) nicht einfach in der *Willkür von individuellen Amtsträgern* (wie der des Königs oder seiner Grafen, Truchsessen etc.) liegt, die zweite, dass keine politische Entscheidung ›für sich‹ ohne Berücksichtigung der *allgemeinen Anerkennung im Staatsvolk* feste und nachhaltige Geltung hat. Vielmehr muss sich jede Geltung als Aktualisierung einer *volonté générale* ausweisen, also als generisch-gemeinsamer Wille des Gemeinwesens, wobei alle, die für dieses Gemeinwesen sprechen und handeln, auf dessen Einheit als *plurales Subjekt* zu achten haben.

In der ehemaligen *Feudal-Monarchie* war der Staat wohl nach Außen, aber nach Innen war nicht etwa nur der Monarch nicht, sondern der Staat nicht souverän. Teils waren (vergl. § 273 Anm.) die besonderen Geschäfte und Gewalten des Staats und der bürgerlichen Gesellschaft in unabhängigen Korporationen und Gemeinden verfaßt, das Ganze daher mehr ein Aggregat als ein Organismus, teils waren sie Privat-Eigentum von Individuen, und damit was von denselben in Rücksicht auf das Ganze getan werden sollte, in deren Meinung und Belieben gestellt. – (283) 273 Ⓚ

Der Monarch im Feudalismus konnte den Staat wohl nach außen, gegen andere Staaten, souverän vertreten, war aber nicht eigentlich Herr im Innern. Im Innern war auch das Gemeinwesen als Ganzes nicht souverän. Denn die politischen Teilherrschaften waren »Privateigentum von Individuen« und deren Entscheidungen waren rein willkürlich. Die Bindung an das gesamte Gemeinwesen war, wenn überhaupt, nur ›moralisch‹ über die subjektive Gesinnung der Ehre und Treue vermittelt – ggf. verstärkt durch eine religiöse Lehre, die versuchte, diese allzu schwache Bindung durch die Vorstellung einer göttlichen Kontrolle zu stabilisieren.

273 Ⓚ Der *Idealismus*, der die Souveränität ausmacht, ist dieselbe Bestimmung, nach welcher im animalischen Organismus die sogenannten *Teile* desselben nicht Teile, sondern Glieder, organische Momente sind, und deren Isolieren und Für-sich-bestehen die Krankheit ist (s. Encyklop. der phil. Wissensch. § 293), dasselbe Prinzip, das im abstrakten Begriffe des Willens (s. folg. § Anm.) als die sich auf sich beziehende Negativität und damit *zur Einzelnheit sich bestimmende* Allgemeinheit vorkam (§ 7), in welcher alle Besonderheit und Bestimmtheit eine aufgehobene ist, der absolute sich selbst bestimmende Grund; um sie zu fassen, muß man überhaupt den Begriff dessen, was die Substanz und die wahrhafte Subjektivität des Begriffes ist, inne haben. – (283 f.)

Während die Rede von der *Idealität* bei Hegel zumeist, wenn nicht immer, auf Vollzugsformen der *Subjekte* verweist, verweist das Wort »Idealismus« auf die *Ganzheitlichkeit von allem Geistigen*. Hier geht es um das Holistische der Souveränität des Gemeinwesens. Hegel erläutert sie in Analogie zu einem lebenden Organismus. Dessen Glieder sind ja nicht einfach räumliche Teile. Hegel, der die bloß relationale Sprache der immer allzu abstrakten Rede von *Strukturen* im Wissen um das prozessuale Werden der realen Welt hinter sich lässt, spricht von ›organischen Momenten‹, also nicht etwa von (punktförmigen) ›Elementen‹ oder ›Relata‹. Die übliche Kritik an der Metapher eines Staatsorgans – obwohl längst eingeführt – und noch mehr vom Gemeinwesen als Organismus übersieht, dass die mathematische Struktursprache erst recht metaphorisch ist. Die innere Exaktheit, die ein schematisches Rechnen erlaubt, ist auf die Darstellung und Erklärung realer Prozesse in der Welt nur dort relativ problemlos anwendbar, wo es sich um ein geometrisierbares raumzeitliches Geschehen oder um stochastische Prozesse handelt. Eine *allgemeine* Mathematisierung des Wissens (etwa auch über das Leben und die Handlungswelt) ist ein bloßer Traum der »Jugend des Philosophierens«, wie Hegel so treffend sagt, also des Pythagoräismus, den er sogar bei Kant aufdeckt.

Das Krankheitsbild eines unabhängig vom Gesamtorganismus wuchernden Krebsgeschwürs soll nun zeigen, was es bedeutet, dass die Organe des Gemeinwesens auf das Ganze hin ausgerichtet sein müssen. Dasselbe Prinzip wird relevant für den Gemeinwillen und den wahren personalen Willen, in dem sich ein allgemeiner, bleibender Inhalt mit der wahren Subjektivität des Begriffes bzw. der Person verbindet.

Weil die Souveränität die Idealität aller besonderen Berechtigung 273 f. Ⓚ
ist, so liegt der Mißverstand nahe, der auch sehr gewöhnlich ist, sie für bloße Macht und leere Willkür und Souveränität für gleichbedeutend mit Despotismus zu nehmen. Aber der Despotismus bezeichnet überhaupt den Zustand der Gesetzlosigkeit, wo der besondere Wille als solcher, es sei nun eines Monarchen oder eines Volks (Ochlokratie), als Gesetz oder vielmehr statt des Gesetzes gilt, da hingegen die Souveränität gerade im gesetzlichen, konstitutionellen Zustande das Moment der Idealität der besondern Sphären und Geschäfte ausmacht, daß nämlich eine solche Sphäre nicht ein unabhängiges, in ihren Zwecken und Wirkungsweisen selbstständiges und sich nur in sich vertiefendes, sondern in diesen Zwecken und Wirkungsweisen *vom Zwecke des Ganzen* (den man im Allgemeinen mit einem unbestimmteren Ausdrucke das *Wohl des Staats* genannt hat) bestimmt und abhängig sei. (284)

Souveränität ist sozusagen die Gesamtformation und in diesem Sinn die »Idealität« aller besonderen ›Macht‹ zunächst im Gemeinwesen und damit im Blick auf die Befugnisse der einzelnen Institutionen und Personen. Im übertragenen Sinn sagen wir auch, eine Einzelperson sei souverän, wenn sie als Person volle Macht über sich hat. In einer konstitutionellen *res publica*, einem Rechtsstaat, bedeutet das, dass sich aus dem Tun aller Teilinstitutionen das instanziierte Gesamthandeln des Gemeinwesens ergibt. Wenn man dieses insgesamt der fürstlichen Gewalt zuschreibt, entsteht der Schein, als wäre die Macht des Staates seine Macht. Es liegt daher auch nahe, die Souveränität ›des Herrschers‹ mit seiner ›Willkür‹ zu verwechseln – was aber bestenfalls für die Staatsformen des Despotismus gilt, also gerade nicht für den Rechtsstaat. Despotisch in diesem Sinn ist aber nicht nur die Tyrannis, sondern auch die Ochlokratie einer reinen ›Mehrheitsdemokratie‹, in welcher Minderheiten unterdrückt werden, oder einer (adligen und/oder bürgerlichen) Plutokratie wie durchaus gerade auch in der Schweiz oder in Großbritannien vor dem 19. Jahrhundert. Realiter ist freilich schwer zu entscheiden, wo und wie weit die Institutionen durch den ›Zweck des Ganzen‹ oder auch das Gemeinwohl (Hegels »Wohl des Staats«) bestimmt oder dies gerade nicht sind.

274 Ⓚ Diese Idealität kommt auf die gedoppelte Weise zur Erscheinung. – Im *friedlichen* Zustande gehen die besonderen Sphären und Ge-
232 schäfte den Gang der Befriedigung ihrer besonde|ren Geschäfte und Zwecke fort, und es ist teils nur die Weise der bewußtlosen *Notwendigkeit* der Sache, nach welcher ihre Selbstsucht in den Beitrag zur gegenseitigen Erhaltung und zur Erhaltung des Ganzen *umschlägt* (s. § 183), teils aber ist es die *direkte Einwirkung* von oben, wodurch sie sowohl zu dem Zwecke des Ganzen fortdauernd zurückgeführt und darnach beschränkt (s. Regierungsgewalt § 289), als angehalten werden, zu dieser Erhaltung direkte Leistungen zu machen; – im *Zustande* der *Not* aber, es sei innerer oder äußerlicher, ist es die Souveränität, in deren einfachen Begriff der dort in seinen Besonderheiten bestehende Organismus zusammengeht, und welcher die Rettung des Staats mit Aufopferung dieses sonst Berechtigten anvertraut ist, wo denn jener Idealismus zu seiner eigentümlichen Wirklichkeit kommt (s. unten § 321). (284 f.)

Dass die Gesamtformation des Gemeinwesens und der Personen in der Rede von ihrer Souveränität auf »ideale« Weise angesprochen wird, liegt erstens am Unterschied zwischen realer Instanziierung und real leitender Idee und zweitens daran, dass Begriffe, Ideen und Formen immer nur eine Richtung der Perfektion angeben. Ihre Anwendung setzt konkret abgesenkte Bedingungen zureichender Erfüllung voraus. Dabei ist immer noch zwischen Normalfällen und den manchmal sogar extrem privativen Sonderfällen zu unterscheiden.

In der Normalsituation beeinträchtigen einzelne Missbrauchsfälle politischer Macht für private Interessen den normalen Gang der Erfüllung der staatlichen Aufgaben nur unwesentlich. Thomas Hobbes hat daher die Verfolgung von einzelnen Rechtsbrüchen und Willkürhandlungen der Staatsführung für schlimmer gehalten als ihre Duldung, was dann auch die Institution der (relativen) Immunität des Königs bzw. der staatlichen Repräsentanten gegen eine ›normale‹ Strafverfolgung (während der Amtszeit bzw. solange sie nicht aufgehoben ist) erklärt. Nach der Amtszeit aber muss sich jeder Funktionsträger auch für etwaige Vergehen während der Amtszeit verantworten, was freilich die unglückliche Nebenfolge hat, dass Amtsträger häufig auch aus ›privaten‹ Gründen dazu tendieren, zu lange an der Macht zu bleiben, und dabei sogar immer auch die gesamte Verfassung gefährden.

Hegels Rede von der »bewusstlosen Notwendigkeit« meint die stillschweigende Anerkennung der politischen Organisationen und des Staatshandelns, wie sie dem interessanten Ausdruck einer ›schweigenden Mehrheit‹ im Staatsvolk korrespondiert. Dabei kann diese Anerkennung des Staats, wie z. B. gerade auch unter einem verbrecherischen Regime wie den Nazis, durch das Eigeninteresse, also die vom Staat durch Drohung und Bestechung gesteuerte Selbstsucht einer ›Mehrheit‹, vermittelt sein. Die Anerkennung einer Ordnung kann aber auch, im guten Fall, wie von Adam Smith geschildert, als eine Art unsichtbare Hand zur Erhaltung des Gemeinwesens und zum Wohl des Ganzen beitragen.

Die »direkte Einwirkung von oben« ist nur dort ein echter ›zweiter‹ Fall, wo das Gemeinwohl und die Sicherung des Rechtsstaats durch staatliches Handeln etwa über Anordnungen der Behörden wie z. B. im Fall einer Epidemie befördert wird.

Eine Pandemie, eine Hungersnot oder ein Angriff durch einen anderen Staat können ›von außen‹ zu einem ›Zustand der Not‹ führen. Hegels nächster Gedanke handelt aber eher von dem Fall, in dem die Einheit des Gemeinwesens ›von innen‹ bedroht ist (aus welchen äußeren Ursachen auch immer). In solchen Fällen bedarf es eines außerordentlichen Engagements der Bürger. Im Fall eines Angriffs von außen kann ein Verteidigungskrieg (wie im Fall der UdSSR und Großbritanniens im Zweiten Weltkrieg) nötig sein. Im Fall innerer Korruption kann es nötig werden, sich einer verbrecherischen Staatsführung zu entledigen, wie in den (natürlich lebensgefährlichen) Hitler-Attentaten. In solchen Situationen zeigt sich der ›Idealismus‹ in einem gewissen Heroentum, das für den Erhalt des Gemeinwesens sonst nur in der Form echter Zivilcourage nötig ist. Diese ist freilich, wie wir z. B. an Journalistenmorden ebenso wie an dem Mord an Martin Luther King, Mahatma Gandhi oder auch dem Kasseler Regierungspräsidenten Walter Lübcke sehen können, für die Personen sogar in insgesamt wohlverfassten Gemeinwesen gefährlich genug.

§ 279

275 2) Die Souveränität, zunächst nur der *allgemeine* Gedanke dieser Idealität, *existiert* nur als die ihrer selbst gewisse *Subjektivität* und als die abstrakte, insofern grundlose *Selbstbestimmung* des Willens, in welcher das Letzte der Entscheidung liegt. Es ist dies das Individuelle des Staats als solches, der selbst nur darin *Einer* ist. Die Subjektivität aber ist in ihrer Wahrheit nur als *Subjekt*, die Persönlichkeit nur als *Person*, und in der zur reellen Vernünftigkeit gediehenen Verfassung, hat jedes der drei Momente des Begriffes seine *für sich wirkliche* ausgesonderte Gestaltung. Dies absolut entscheidende Moment des Ganzen ist daher nicht die Individualität überhaupt, sondern Ein Individuum, der *Monarch*. (285)

Weil jedes nachhaltige Wir Sprecher braucht, die für es sprechen, wird auch die Souveränität eines ganzen Gemeinwesens oder Staates erst real in den Entscheidungen seiner Vorsitzenden, Präsidenten. Diese sind einzelne Subjekte. Der abstrakten Form nach sind ihre Entscheidungen noch ›grundlos‹, reine »Selbstbestimmung des Willens, in welcher das Letzte der Entscheidung liegt«. Daher kommt alles darauf an, ob und wie diese Entscheidungen inhaltlich an das Recht und das Wohl des Gemeinwesens gebunden sind. Hegel wiederholt dann nur noch einmal, dass in einer vernünftig ausgestalteten Verfassung die »drei Momente des Begriffes«, das Einzelne der empirischen Realität, das Besondere der je relevanten Art und das Allgemeine der generischen Geltung institutionell konkrete Berücksichtigung finden müssen.

Das monarchische Moment des Staates, damit aller Institutionen, ergibt sich also aus der Notwendigkeit einer Letzt-Entscheidung eines Sprechers ›im Namen‹ der Institution bzw. des Wir einer Nation oder einer *volonté générale*. Der Satz, dass »dies absolut entscheidende Moment des Ganzen« der Monarch sei, lese ich generisch. Er trifft auf alle Staaten und Institutionen zu. Der Monarch ist nicht einfach Fürst oder König, sondern Individuum in funktional analoger Rolle als Präsident oder Kanzler, Generalsekretär etc.

275 Ⓚ Die immanente Entwickelung einer Wissenschaft, die *Ableitung ihres ganzen Inhalts* aus dem einfachen *Begriffe* (– sonst verdient eine Wissenschaft wenigstens nicht den Namen einer philosophischen Wissenschaft), zeigt das Eigentümliche, daß der eine und

derselbe Begriff, hier der Wille, der Anfangs, weil es der Anfang ist, abstrakt ist, sich erhält, aber seine Bestimmungen und zwar eben so nur durch sich selbst verdichtet und auf diese Weise einen konkreten Inhalt gewinnt. (285)

Hegel blickt nun noch kurz auf den Argumentationsgang zurück. Ausgangspunkt war der Wille ganz abstrakt gewesen, der sich aber sofort aufgespalten hat in den freien Willen des personalen Subjekts (sogar dessen Willkür) und das gemeinsame Wollen einer Wir-Gemeinschaft wie der (kommunitarischen) Familie oder eines nicht familialen Gemeinwesens. – Hegel erklärt dazu methodisch, dass jede »immanente Entwicklung einer Wissenschaft« wie hier des Rechts bei einer ganz allgemeinen Form, einem »einfachen Begriffe« beginnt. Dabei verstehen die meisten Leser nicht, dass »die Ableitung ihres ganzen Inhalts« aus dem Begriff keine formale Deduktion von Sätzen, sondern eine kontextuelle Ausdifferenzierung ist. Diese Differenzierungen enthalten die Bestimmung relationaler und inferentieller Grundbegriffe in den Redebereichen und den zugehörigen prozessualen Seinsbereichen, in unserem Fall im gemeinsamen Handeln. Das gilt jedenfalls für eine ›philosophische Wissenschaft‹, der es um die Grundlagen der wissenschaftlichen Sachdisziplinen geht.

So ist es das Grundmoment der zuerst im unmittelbaren Rechte 275 Ⓚ
abstrakten Persönlichkeit, welches sich durch seine verschiedenen Formen von Subjektivität fortgebildet hat, und hier im absoluten Rechte, dem Staate, | der vollkommen konkreten Objektivität des Wil- 233
lens, die *Persönlichkeit des Staats* ist, seine *Gewißheit seiner selbst* – dieses letzte, was alle Besonderheiten in dem einfachen Selbst aufhebt, das Abwägen der Gründe und Gegengründe, zwischen denen sich immer herüber und hinüber schwanken läßt, abbricht, und sie durch das: *Ich will, beschließt*, und alle Handlung und Wirklichkeit anfängt. – (285 f.)

Hier bestätigt Hegel partiell sogar meine ›Übersetzung‹ der Überlegung mit Hilfe des Wortes »Person«. Denn die Person ist im abstrakten Recht eine allgemeine Position in rechtlich geformten Beziehungen. Konkret wird die abstrakte Persönlichkeit immer erst im personalen Subjekt hier und jetzt bzw. im personalen Individuum, dem einzelnen Menschen. Eben das sind die verschiedenen Formen von Subjektivität, zu der aber auch die Intersubjektivität eines

Konsenses einer Wir-Gruppe gehört. Transsubjektiv sind nur erst zeitallgemeine Formen.

Das absolute Recht im Staat ist das Gemeinwesen an und für sich als möglichst vollkommen verfasste ›konkrete Objektivität‹ des gemeinsamen Willens – konkret vertreten durch das Staatsoberhaupt. In ihm wird »die Persönlichkeit des Staats« (auch das plurale Subjekt des Völkerrechts) durch ein konkretes Individuum mit seinem konkreten Wissen und Handeln repräsentiert.

Die Macht oder das Vermögen der Repräsentanten, für das Ganze zu sprechen und zu handeln, ist immer durchaus begrenzt. Der König, Präsident oder Premierminister, der erste Diener des Staates, wie sich sogar Friedrich II. von Preußen selbst bezeichnet, wäre z. B. nichts ohne das ihn beratende Kabinett und die Regierung der Exekutive: der Richter, Beamten, Armee und Polizei, die das Besondere, die Art des politischen Handels bestimmen, während die Legislative die allgemeinen Gesetze macht.

275f. Ⓚ Die Persönlichkeit, und die Subjektivität überhaupt hat aber ferner, als unendliches sich auf sich beziehendes, schlechthin nur *Wahrheit* und zwar seine nächste unmittelbare Wahrheit als Person, für sich seiendes Subjekt, und das für sich seiende ist eben so schlechthin *Eines*. Die Persönlichkeit des Staates ist nur als eine *Person, der Monarch,* wirklich. – (286)

Die allgemeinen, daher ›unendlichen‹ Formen des Personseins und des Subjektseins mit ihren jeweiligen Formen der Selbstbezugnahmen gibt es nur in der Form personaler Individuen bzw. Subjekte eines Tuns. Als Individuum bin ich mein Leben lang eine numerische Einheit, schlechthin Eins. Als Subjekt bin ich das jeweils hier und jetzt. Hegel betont hier, was eigentlich klar sein sollte, dass institutionelle Personen dadurch handeln, dass natürliche Personen in ihrem Namen sprechend handeln – und eben diese Vertretung anerkannt wird. Wenn also das Gemeinwesen oder irgendeine Institution oder Korporation als Rechtssubjekt etwas tut, der Staat z. B. Kriege erklärt oder Friedensverträge schließt, so ist klar, dass es dazu autorisierter ›natürlicher Personen‹ bedarf. Der Sprecher des Staates, das Staatsoberhaupt, rangiert bei Hegel unter dem Titel des Monarchen, egal wie er in den verschiedenen konkreten Verfassungen heißt, Fürst oder Cäsar, König oder Präsident. Es ist auch erst einmal gleichgültig, ob das Amt auf Zeit oder Lebenszeit von einer natürlichen Person verwaltet und repräsentiert wird. Klar ist nur, dass das Amt selbst nicht sprechen und handeln kann, so wenig wie die Rolle, der Status, die *personalitas*.

Persönlichkeit drückt den Begriff als solchen aus, die Person ent- 276 Ⓚ
hält zugleich die Wirklichkeit desselben, und der Begriff ist nur mit dieser Bestimmung, *Idee*, Wahrheit. – (286)

Die Bemerkung zu den Wörtern »Persönlichkeit« und »Person« sagt, dass alle Wörter auf -heit und -keit nur auf die allgemeine Bedeutung eines Begriffsworts verweisen, um diese ganz allgemein als thematische Sphäre in einem Satz zu kommentieren. Die Persönlichkeit oder *personalitas* ist also zunächst das Personsein an sich, nicht etwa eine besondere, etwa sehr bedeutende Persönlichkeit, wie man heute zu reden beliebt. Im Wort »Person« wird schon auf die personalen Individuen und Subjekte, aber noch allgemein Bezug genommen. Hegel drückt sich hier, wie so oft, allzu knapp aus. Er hätte sagen sollen, dass der Begriff *der Person*, also nicht ›irgendein‹ Begriff oder ›der Begriff (aller Begriffe)‹, nur im Bezug auf einzelne Menschen zu einer realisierten Form wird, was aber am Ende auch für rechtliche oder institutionelle ›Personen‹ gilt.

Eine sogenannte *moralische* Person, Gesellschaft, Gemeinde, 276 Ⓚ
Familie, so konkret sie in sich ist, hat die Persönlichkeit nur als Moment, abstrakt in ihr; sie ist darin nicht zur Wahrheit ihrer Existenz gekommen, der Staat aber ist eben diese Totalität, in welcher die Momente des Begriffs zur Wirklichkeit nach ihrer eigentümlichen Wahrheit gelangen. – (286)

Hegel spricht hier von einer *moralischen* Person m. E. im Sinne einer institutionellen Person als plurales Subjekt wie die Gesellschaft, die Gemeinde, die Familie. Dabei ist ›unsere Gesellschaft‹ als distributionelles Wir nur ein Kollektiv und unterscheidet sich damit ganz wesentlich von einer Korporation oder Firma wie z. B. die Schweizerische Bankgesellschaft (SBG). Familien bilden schon ein gemeinsames Wir, ein wenig auch Kirchengemeinden und Landgemeinden. Gemeinsam etwas tun kann jedenfalls ›die Gesellschaft‹ nicht. Es gibt z. B. – per definitionem – keinen Sprecher für sie. Das Staatsvolk, also das Gemeinwesen, der Staat, aber hat einen Sprecher in rechtlich bestimmter Weise.

Das Gemeinwesen mit seinem ›monarchischen‹ Sprecher ist also nicht nur Gegenstand des Redens, sondern aktives plurales Subjekt. Das sollte als materialbegriffliche Wahrheit jetzt eigentlich offensichtlich sein. Es ist jedenfalls keine ›Behauptung‹, die falsch sein könnte – es sei denn, man versteht die Sprache oder kennt die Institutionen nicht.

276 Ⓚ Alle diese Bestimmungen sind schon für sich und in ihren Gestaltungen im ganzen Verlauf dieser Abhandlung erörtert, aber hier darum wiederholt worden, weil man sie zwar in ihren besondern Gestaltungen leicht zugibt, aber da sie gerade nicht wieder erkennt und auffaßt, wo sie in ihrer wahrhaften Stellung, nicht vereinzelt, sondern nach ihrer Wahrheit als *Momente* der Idee vorkommen. – (286)

Hegel erinnert noch einmal daran, dass das nur ein methodischer Rückblick ist und alle diese Dinge schon im Verlauf erörtert wurden. Es geht ihm um die Hervorhebung der allgemeinen Formen.

276 Ⓚ Der Begriff des Monarchen ist deswegen der schwerste Begriff für das Räsonnement, d. h. für die reflektierende Verstandesbetrachtung, weil es in den vereinzelten Bestimmungen stehen bleibt, und darum dann auch nur Gründe, endliche Gesichtspunkte und das *Ableiten* aus Gründen kennt. (286 f.)

Des Weiteren warnt Hegel davor, die Einführung des Begriffs oder der Form des Monarchen falsch zu verstehen. Er sieht, dass das naheliegt. Denn der Begriff, also der institutionelle Status und die Rolle oder Funktionsform des Monarchen, ist für ein schematisches Denken kaum zu fassen, und zwar deswegen, weil es mit dem Unterschied zwischen dem Individuum in seinen ›privaten‹ Beziehungen zu anderen Individuen und der *persona*, eben der funktionalen Rolle, nicht zurechtkommt. Erst recht schwierig sind die generischen Sätze und Aussagen über den allgemeinen Normalfall, den ›guten‹ Prototyp oder gar Idealtyp in bewusster Abstraktion von privativen Fällen in der historischen oder empirischen Realität. Probleme und Mängel können sehr häufig sein. Doch das macht die Aussagen über die Formen nicht falsch.

Damit verstehen wir jetzt auch die Abwertung eines bloßen ›Räsonnements‹ besser. Hegel kritisiert nicht das reflektierende Nachdenken an sich, sondern das Unzureichende einer bloß formalen oder empirischen (narrativen, statistischen) Reflexion – ohne die von ihm explizierte transzendentale Methode des Wegs vom Allgemeinen zu allen möglichen, aber dann je konkret als relevant zu erkennenden Besonderheiten. Dabei sagt schon Kant in der Vorrede zu seiner *Anthropologie in pragmatischer Hinsicht* (Kant 1798/1971; BA IX): »Die *Generalkenntnis* geht ... immer ... der *Lokalkenntnis* voraus.« Eine bloß empirisch-formale Reflexion beginnt mit Einzelfällen, bloßen Sachverhalten im Sinne der Inhalte reiner Konstatierungen (die es wegen der inferentiellen Dichte der Begriffe im Sprechen über die Welt gar nicht gibt, so dass gerade auch Wittgensteins *Tractatus* nur eine ideale mathematische Form konstruiert). Man will dann verallgemeinern, zu Aussagen über Klassen, Mengen und Häufigkeiten von Fällen übergehen. Doch man merkt nicht, dass man so immer nur in »vereinzelten Bestimmungen stehenbleibt«.

Wir brauchen natürlich die endlichen Gesichtspunkte bei der *Anwendung* von allgemeinem Formenwissen. Aber dieses ist, wie die Formen des individuellen und gemeinsamen Handelns, ganz anders konstituiert, als der empirische Zugang zur Welt über Einzelwahrnehmungen von Einzelnem das nahelegt. Es ist holistisch verfasst und über allgemeinste Negationen oder Unterscheidungen definiert.

So stellt es dann die Würde des Monarchen als etwas nicht nur der Form, sondern ihrer Bestimmung nach *abgeleitetes* dar; vielmehr ist sein Begriff, nicht ein abgeleitetes, sondern das *schlechthin aus sich anfangende* zu sein. (287) 276 Ⓚ

Das empirische Denken sieht im Rollenträger, Fürsten oder Präsidenten nur erst das bloße Individuum. Es sieht, sozusagen wie in Hans Christian Andersens Märchen, den nackten König. Die Würde und der Status des Monarchen erscheinen als reine Zuschreibungen. Doch damit verkehrt man die methodische Ordnung. Denn Status und Würde, Ermächtigung und Autorität liegen im Begriff, also der rechtlich-institutionellen Form des anerkannten Sprechers für ein Gemeinwesen. Er ist damit sozusagen ein Subjekt und eine Institution (bzw. ein institutionelles Moment) zugleich – gerade wie es das personale Subjekt in seinem Status und seinen Rollen auch ist.

In jeder Instanziierung einer Rede oder Handlung für uns oder im Namen von uns wird das Wir zu einem Ich. Umgekehrt ist *jedes* Ich ein Wir, wo ich Person, also geistig bin. Denn das heißt, dass ich durch ein Bündel von Rollen in meinem Gesamtstatus zu allen anderen Personen bestimmt bin.

Die allgemeinen Formen des gemeinsamen personalen Lebens stehen immer am Anfang – wie rudimentär und defizitär auch immer sie als Ideen in Hegels Sinn real instanziiert sind. Im Fall des Monarchen stehen daher despotische Formen wie bei den Assyrern oder Mongolen immer auch neben den patriarchalischen wie im sumerischen und babylonischen Mesopotamien eines Gilgamesch oder Hammurapi oder einer schon institutionell ausdifferenzierten und partiell schon kirchlich (durch Priester der Volksreligionen) mitkontrollierten politischen Ordnung des pharaonischen Ägypten.

276 Ⓚ Am nächsten trifft daher hiemit die Vorstellung zu, das Recht des Monarchen als auf göttliche Autorität gegründet zu betrachten, denn darin ist das Unbedingte desselben enthalten. (287)

Für ein Denken und Verstehen, das nicht über *narrative Formen der Darstellung* und schematische Schlüsse hinauskommt, trifft keine Vorstellungsform die Sache besser als die einer *politischen Theologie*. Ihr zufolge beruhen Würde und Rechte des Monarchen auf *göttlicher Autorität*. Allerdings ist das eine ›Erklärung‹, die *aufzuheben* ist. Wer heute noch an ihr festhält, hat offenbar systemische und reflexionslogische Aussagen über Begriffe, Ideen und Formen noch nicht angemessen begriffen. Die politische Restauration nach 1815 bedient diese Naivität der Bevölkerung und leider auch eines Großteils der intellektuellen Elite in ganz Europa. Das geschieht sogar noch in viktorianisch-anglikanischer Modifikation in Großbritannien, erst recht im romantischen Rückgriff auf ein mittelalterliches Gottesgnadentum in der Selbststilisierung des preußischen Königs.

Das immer schon Richtige der politischen Theologie besteht freilich darin, dass das Unbedingte des Spruchs des Monarchen für das Gemeinwesen wesentlich enthalten ist. So spricht auch ein Präsident für die jeweilige Institution, der Papst für die Kirche, der Metropolit oder auch nur ein Priester in der Nachfolge der Apostel für die Gemeinde. Auch Moses ist in der religiösen Erzählung von Gott oder Jesus von seinem nicht näher charakterisierten Vater im Himmel ›ermächtigter‹ Sprecher – des Volkes bzw. der Menschheit.

276 Ⓚ Aber es ist bekannt, welche Mißverständnisse sich hieran ge-

knüpft haben, und die Aufgabe der philosophischen Betrachtung ist, eben dies Göttliche zu begreifen. | (287) 234

Alle Religionskriege und aller fanatische Terror gehen auf die Missverständnisse zurück, die sich an die Bilder und Metaphern einer göttlichen Legitimation knüpfen. Daher ist für ein selbstbewusstes Verständnis sowohl des Gemeinwesens und seiner nicht nur demokratischen, sondern immer auch republikanischen und ›monarchischen‹ Momente als auch des Religiösen und der Kirchen so wichtig, den haltbaren Sinn der Reden vom Göttlichen und Heiligen, Religiösen und Sakralen voll zu begreifen. Dazu gilt es, weder alle religiöse Rede und Praxis für Aberglauben zu erklären, noch beliebige Meinungen zu einer fingierten Hinterwelt als respektablen religiösen Glauben anzuerkennen.

Volkssouveränität kann in dem Sinn gesagt werden, daß ein Volk 276f. Ⓚ
überhaupt *nach Außen* ein selbstständiges sei und einen eigenen Staat ausmache, wie das Volk von Großbritannien, aber das Volk von England, oder Schottland, Irland, oder von Venedig, Genua, Ceylon u. s. f. kein souveränes Volks mehr sei, seitdem sie aufgehört haben, eigene Fürsten oder oberste Regierungen für sich zu haben. – (287)

Ein anderer Zentralbegriff (übrigens gerade in einer Demokratie) ist der der Volkssouveränität. Er besagt, dass ein Staatsvolk wie die Briten in einem von ihnen selbst verwalteten Gemeinwesen leben, während es die früheren Staatsvölker von »England oder Schottland, Irland, oder von Venedig, Genua, Ceylon usf.« nicht mehr gibt, weil es die Staaten nicht mehr gibt. Zu Hegels Zeiten war die Vorstellung noch nicht relevant, dass ein sogenanntes Kulturvolk wie die Deutschen oder Polen, Italiener oder Korsen unbedingt einen eigenen Staat wollen und dazu auch irgendwie ›berechtigt‹ seien. Diese romantische Vorstellung von einem ›demokratischen Selbstbestimmungsrecht der Völker‹ hat auf dem Weg der Zerstörung von Staaten durch ein ›Mehrheitsvolk‹ viel Unglück in die Welt gebracht. Sie führt auf fast absehbare Weise zu neuen Minderheiten oder einem *ethnic cleansing*.

Man kann so auch von der *Souveränität nach Innen* sagen, daß sie 277 Ⓚ
im *Volke* residiere, wenn man nur überhaupt vom *Ganzen* spricht, ganz so wie vorhin (§ 277, 278) gezeigt ist, daß dem *Staate* Souveränität zukomme. Aber Volkssouveränität als im *Gegensatze gegen die im Monarchen existierende Souveränität* genommen, ist der gewöhn-

liche Sinn, in welchem man in neuern Zeiten von Volkssouveränität zu sprechen angefangen hat, – in diesem Gegensatze gehört die Volkssouveränität zu den verworrenen Gedanken, denen die *wüste* Vorstellung des *Volkes* zu Grunde liegt. (287)

Die Wörter »Volk« und »Nation« stehen im guten Gebrauch für ein Staatsvolk. So umfasste die französische Nation der Revolutionszeit Menschen, die Deutsch sprachen oder Korsisch, Bretonisch oder die Sprache des *midi*. Die Kanonisierung der Leitkultursprache in Frankreich oder Großbritannien unter Zurückdrängung von Minderheitensprachen ist das Werk des 19. Jahrhunderts.

Populäre Reden über eine Volkssouveränität definieren das Volk ethnisch, häufig unter Beimischung von Aspekten einer Leitkultur im Sinne einer religiös-kirchlichen Affiliation. Man trennt damit das Staatsvolk vom Staat – so, als ob sich eine beliebige Gruppe von Menschen kurzerhand zu einem Staatsvolk erklären und sich eine Regierung geben könnte. Wo immer das geschieht, werden staatliche Strukturen (partiell) zerstört.

277 Ⓚ *Das* Volk, *ohne* seinen Monarchen und die eben damit notwendig und unmittelbar zusammenhängende *Gegliederung* des Ganzen genommen, ist die formlose Masse, die kein Staat mehr ist und der *keine* der Bestimmungen, die nur in dem *in sich geformten* Ganzen vorhanden sind, – Souveränität, Regierung, Gerichte, Obrigkeit, Stände und was es sei, mehr zukommt. Damit daß solche auf eine Organisation, das Staatsleben, sich beziehende Momente in einem Volke hervortreten, hört es auf, dies unbestimmte Abstraktum zu sein, das in der bloß allgemeinen Vorstellung *Volk* heißt. – (287 f.)

Hegels eigene Formulierung ist aber ebenfalls irreführend, da sie dem normalen Leser suggeriert, nur in einer Monarchie gebe es ein Staatsvolk. Das meint Hegel zwar keineswegs, zumal er den dabei gebrauchten Sinn des Ausdrucks »Monarchie« oben schon als rein historisch, also veraltet, und damit als irrelevant abgetan hatte; aber er schließt diese Lesart für den unbefangenen und ungeduldigen (also normalen) Leser nicht deutlich genug aus. Wir können aber zugeben, dass »Regierung, Gerichte, Obrigkeit, Stände« ein jeweils klar bestimmtes Oberhaupt im Staat brauchen, und das gerade im Interesse der Fähigkeit zu einem gemeinsamen Handeln und einer nachhaltigen Stabilität der Einheit des Gemeinwesens.

Wird unter der Volkssouveränität die Form der *Republik* und zwar bestimmter der Demokratie verstanden (denn unter Republik begreift man sonstige mannigfache empirische Vermischungen, die in eine philosophische Betrachtung ohnehin nicht gehören), so ist teils oben (bei § 273 in der Anmerkung) das Nötige gesagt, teils kann gegen die entwickelte Idee nicht mehr von solcher Vorstellung die Rede sein. – (288) 277 Ⓚ

Vorkämpfer für Demokratie gebrauchen gern einen Begriff wie den der Volkssouveränität. Hegels Vorschlag, die ›unvermischten‹ Titel einer Monarchie, Aristokratie und Demokratie nur noch historisch zu verwenden, also nur für antike Staatsformen, wurde (leider) nicht erhört. Die Folge ist eine leichte Verwirrung des Denkens über das Politische, über Gesellschaft, Volk und Selbstbestimmung, auch Demokratie und Mitbestimmung.

In einem Volke, das weder als ein patriarchalischer *Stamm*, noch in dem unentwickelten Zustande, in welchem die Formen der Demokratie oder Aristokratie möglich sind (s. Anm. ebend.), noch sonst in einem willkürlichen und unorganischen Zustande vorgestellt, sondern als eine in sich entwickelte, wahrhaft organische Totalität gedacht wird, ist die Souveränität als die Persönlichkeit des Ganzen, und diese in der ihrem Begriffe gemäßen Realität, als die *Person des Monarchen.* (288) 277 f. Ⓚ

Ein reines Patriarchat gibt es nur in vorstaatlichen Formen eines Gemeinwesens, in einem Stamm. Ähnliches gilt für die Aristokratie adliger Familien bzw. die direkte Demokratie von Volksversammlungen, wie sie nur in kleineren kantonsförmigen Stadtstaaten möglich sind. Ein größerer Flächenstaat braucht (in der Moderne) sowohl föderale als auch zentralistische, sowohl ›republikanische‹ als auch ›demokratische‹ und ›monarchische‹ Verfassungsstrukturen.

Auf der vorhin bemerkten Stufe, auf welcher die Einteilung der Verfassungen in Demokratie, Aristokratie und Monarchie gemacht worden | ist, dem Standpunkte der noch in sich bleibenden substantiellen Einheit, die noch nicht zu ihrer unendlichen Unterscheidung und Vertiefung in sich gekommen ist, tritt das Moment der *letzten sich selbst bestimmenden Willensentscheidung* nicht als *immanentes* organisches Moment des Staates für sich in *eigentümliche Wirklichkeit* heraus. (288 f.) 278 Ⓚ 235

Hegel ist vielleicht zu grob in seiner Kritik an den antiken Verfassungen der Demokratie, Aristokratie und Monarchie, indem er z. B. die hochstehende Verwaltung im ägyptischen und persischen Reich und die föderalen Substrukturen in letzterem unterschätzt. Freilich liegt der Fokus hier auf einer Kritik an einem naiven Demokratismus, da die Adelsaristokratie wohl kaum Fürsprecher findet, noch weit weniger als eine Feudalmonarchie. – In jedem Fall verweist die leicht übertriebene Rede von der »unendlichen Unterscheidung und Vertiefung« des Gemeinwesens auf die institutionellen Substrukturen.

278 Ⓚ Immer muß zwar auch in jenen unausgebildeteren Gestaltungen des Staats eine individuelle Spitze, entweder wie in den dahin gehörenden Monarchien, für sich vorhanden sein, oder wie in den Aristokratien, vornehmlich aber in den Demokratien, sich in den Staatsmännern, Feldherren, nach Zufälligkeit und dem *besonderen* Bedürfnis der *Umstände* erheben; denn alle Handlung und Wirklichkeit hat ihren Anfang und ihre Vollführung in der entschiedenen Einheit eines Anführers. (289)

Auch in Demokratien und Aristokratien spielen einzelne Führer – wie Perikles und Kleon oder Marius und Sulla – eine zentrale Rolle. Diese erheben sich »nach Zufälligkeit und dem besonderen Bedürfnis der Umstände« – und werden unter Umständen zu Diktatoren auf Zeit. Hegel wiederholt die systemische Ursache für diese Tendenz: »alle Handlung ... hat ihren Anfang und ihre Vollführung in der entschiedenen Einheit eines Anführers«.

278 Ⓚ Aber eingeschlossen in die gediegen bleibende Vereinung der Gewalten, muß solche Subjektivität des Entscheidens teils ihrem Entstehen und Hervortreten nach zufällig, teils überhaupt untergeordnet sein; nicht anderswo daher als jenseits solcher bedingten Spitzen konnte das unvermischte, reine Entscheiden, ein von außen her bestimmendes Fatum, liegen. Als Moment der Idee mußte es in die Existenz treten, aber außerhalb der menschlichen Freiheit und ihres Kreises, den der Staat befaßt, wurzelnd. – (289)

Die gediegene, entwickelte, ›erwachsene‹ Gewaltenteilung einer modernen Politie muss nach Hegel diese Grundform der nachhaltigen Ausrichtung gemeinsamen (staatlichen) Handelns sozusagen integrieren. Die »Subjektivität des Entscheidens« des Staatsoberhaupts muss also sowohl als unvermeidlich anerkannt als auch unter inhaltliche und formale Kontrolle gebracht werden.

Hegel ändert jetzt plötzlich partiell den Gesichtspunkt und spricht über die Zufallsentscheidungen der antiken Orakelpraxis. Er spricht von einem »Fatum« – und meint die Leberschau des Haruspex oder ein Vogelflugorakel. Der Feldherr durfte sozusagen nicht selbst entscheiden, ob er angreifen soll oder nicht. Noch Pausanias, der Sieger bei Platäa, war abhängig von einem solchen Fatum, der ›Rede‹ des Zufalls.[117] Hegels Kommentar ist interessant. Denn das »Moment der Idee«, der Aspekt performativer Willkür im Entscheiden, musste so »in die Existenz treten«, wird also in der Orakelpraxis explizit gemacht, so aber, dass der Leitungsperson die Entscheidung gerade *genommen* wird. Das hat Vor- und Nachteile. Glauben Führer und Gefolgschaft an das Orakel, dann kommen ihnen keine Zweifel über die Entscheidung, was der Aktion in der Form einer *self-fulfilling prophecy* selbst zugutekommen kann. Der Zufall aber kann ein besseres Wissen des Feldherrn auch überstimmen (und es sollen die Cäsarenmörder Brutus und Cassius nicht zuletzt aufgrund der Orakel bei Philippi untergegangen sein).

Hier liegt der Ursprung des Bedürfnisses, von *Orakeln*, dem *Dä-* 278 Ⓚ
mon (beim *Sokrates*), aus Eingeweiden der Tiere, dem Fressen und Fluge der Vögel u. s. f. die *letzte Entscheidung* über die großen Angelegenheiten und für die wichtigen Momente des Staats zu holen – eine Entscheidung, welche die Menschen, noch nicht die Tiefe des Selbstbewußtseins erfassend, und aus der Gediegenheit der substantiellen Einheit zu diesem Fürsichsein gekommen, noch nicht *innerhalb* des menschlichen Seins zu sehen die Stärke hatten. – (289)

Wie sich das Bedürfnis nach Orakeln zum Daimonion des Sokrates verhält, ist für sich eine längere Geschichte. Es geht um die Frage des Entscheidens und die Anerkennung der Reste des Zufalls und der Subjektivität in allen Entscheidungen. Die allgemeine Einschätzung Hegels ist ebenso interessant wie richtig: In der gesamten Antike vor der Zeitenwende waren die Menschen noch nicht in der Lage, wirklich zuzulassen und anzuerkennen, dass man selbst auch immer partiell ›zufällige‹ Entscheidungen trifft, z. B. wenn man nach ›Bauchgefühl‹

117 Vgl. dazu auch Vorl. Rechtsphil., GW 26,1, S. 542.

urteilt. Solche Urteile müssen auch dem politischen Führungspersonal zugestanden werden, wenn es keine absolut klaren allgemeinen Kriterien gibt, deren gewissenhafte Kontrolle für eine Entscheidung des Inhalts *A* und gegen eine des Inhalts non-*A* spricht.

Die Anerkennung des Zufalls im eigenen Urteilen und Handeln schafft man erst, wenn man das Selbstbewusstsein in seiner ›unendlichen‹ Reflektiertheit erfasst und zur erwachsenen Person geworden ist. Dies wird in der Tat erst über eine gewisse Annahme der Lehren des Christentums möglich. Das zu sagen, musste man sich zu Hegels Zeiten noch nicht fürchten. Auch die Angst davor, man könne damit andere Ethnien herabsetzen oder unterschätzen, gab es nicht, schon gar nicht als rein formales Argument kosmopolitischer schöner Seelen (Hegels Ausdruck für Gutmenschen) mit ihrem diffusen Glauben an eine ›pluralistische‹ Vernunft. Hegel jedenfalls wagt noch eine Bewertung der relativen Leistungen der verschiedenen kulturellen Beiträge zu einer gemeinsamen Entwicklung der Sittlichkeit, wie sie heute längst nicht mehr als politisch korrekt gilt. (Doch auch noch Max Weber kommt hier zu analogen Ergebnissen im Blick auf die Sonderstellung des Westens Europas.)

278 f. Ⓚ Im *Dämon* des *Sokrates* (vergl. oben § 138) können wir den Anfang sehen, daß der sich vorher nur *jenseits* seiner selbst versetzende Wille sich in sich verlegte und sich innerhalb seiner erkannte, – der Anfang der *sich wissenden* und damit wahrhaften Freiheit. (289 f.)

Das eigentlich Revolutionäre des Sokrates besteht in der Erfindung des Gewissens. Schon wenn Sokrates am Türpfosten oder in der Schlacht, wie man erzählt, nachdenkt und von seiner Umwelt rein gar nichts wahrnimmt, ist er für seine Zeitgenossen ein weißer Rabe, nicht anders als Ambrosius für den jungen Augustinus. Denn Ambrosius konnte *leise lesen*! Zwar ist schon Bias aus Priene einer der Sieben Weisen, weil er lehrte, vor dem Reden zu *denken*. Aber so intensiv mit sich selbst leise zu reden, wie es Sokrates tat, war für die wohl immer noch zumeist laut denkenden Griechen ein reines Wunder.

Erst Hegel scheint dieses und die vielfältigen Wechsel der vorgestellten Sprecherrollen und gestuften Inhalte im virtuell unendlich in sich reflektierten Nachdenken, der Reflexion des *reflectere animum*, erstens in seiner allgemeinen Form, zweitens in seiner geschichtlichen Genealogie und drittens als Vertiefung des Selbstbewusstseins und der Selbstbestimmung der Person durch ein sich selbst prüfendes Gewissen voll begriffen haben. Die enge Beziehung des sokratischen Daimonions zu Jesus Christus sieht freilich schon Erasmus von Rotterdam, wie sein Ausdruck »Sanctus Socrates« bezeugt. Denn auch bei Jesus ging es um ein gewissenhaft geführtes Leben mit Urteilskraft in der vernünftigen Anwendung tradierter Texte und Normen.[118]

Diese reelle Freiheit der Idee, da sie eben dies ist, jedem der Mo- 279 Ⓚ
mente der Vernünftigkeit seine eigene, gegenwärtige, *selbstbewußte* Wirklichkeit zu geben, ist es, welche somit die letzte sich selbst bestimmende Gewißheit, die die Spitze im Begriffe des Willens ausmacht, der Funktion eines Bewußtseins zuteilt. (290)

Hegel sieht dementsprechend Sokrates und Platon als die Ersten an, welche beginnen, die »reelle Freiheit der Idee« zu begreifen, nämlich als je angemessen und je neu zu aktualisierende Form, welche die vernünftige Aufhebung der Spannung zwischen der tradierten allgemeinen Form und dem besonderen Fall in der realen, empirischen Anwendung voraussetzt bzw. verlangt. Rein schematisches Denken ist hier nie gut genug. Wir müssen uns immer darüber klar bleiben, dass ein Reden über eine allgemeine Vernunft oder einen vernünftigen Konsens, auch über vernünftige Gründe oder Begründungen, nicht weiterhilft, ohne in bestmöglichen subjektiven Entscheidungen den eigenen Urteilen »selbstbewusste Wirklichkeit zu geben«. Das Gleiche müssen wir dem politischen und institutionellen Leitungspersonal zugestehen.

[118] Sokrates und Jesus scheitern beide an einem bloß formalen Verstand der Leute. Es ist nicht trivial zu sehen, dass das Problem gerade auch die ›Schriftgelehrten‹ betrifft. Philologen und formale Logiker beschäftigen sich nämlich nur mit den *Ausdrücken* und einem *schematischen Schließen* im Umgang mit *Standardausdrucksformen*. Die Widersprüche und Spannungen zwischen den immer bloß abstrakten, generisch-allgemeinen, ›wörtlichen‹ Bedeutungen zeitallgemeiner Sätze und Regeln und dem konkreten Sinn aktualer Sprechhandlungen bemerkt man so noch nicht. Man meint sogar, man könne jeden Sinn *schriftsprachlich voll explizit* machen. Ein *principle of expressibility* (John Searle) in dieser Form ist aber schlicht falsch – was schon Platon in seiner *Schriftkritik* klar zu machen sucht. Platon dehnt diese Kritik auf alle sophistischen Überschätzungen der Mathematik und jedes ›blinde‹ Rechnen und bloß ›formale‹ Folgern aus.

279 Ⓚ Diese letzte Selbstbestimmung kann aber nur insofern in die Sphäre der menschlichen Freiheit fallen, als sie die Stellung *der für sich abgesonderten, über alle Besonderung und Bedingung* erhabenen
236 Spitze hat; denn nur so ist sie nach ihrem Begriffe wirklich. | (290)

Es ist klar, dass kein Orakel und Gottesurteil, sondern wir zu entscheiden haben. Insofern steckt in jedem freien Urteil und jedem freien Willen immer auch ein Stück freier Willkür. Die menschliche Freiheit hat so im Entschluss – gerade auch eines Staatsoberhaupts – seine ›erhabene Spitze‹ und ist nur so »nach ihrem Begriffe wirklich«.[119]

§ 280

279 3 Dieses letzte Selbst des Staatswillens ist in dieser seiner Abstraktion einfach und daher *unmittelbare* Einzelnheit; in seinem Begriffe selbst liegt hiermit die Bestimmung der *Natürlichkeit*; der Monarch ist daher wesentlich als *dieses* Individuum, abstrahiert von allem anderen Inhalte, und dieses Individuum auf unmittelbare natürliche Weise, durch die natürliche *Geburt*, zur Würde des Monarchen bestimmt. (290)

Es beginnt jetzt der wohl problematischste Teil des ganzen Werkes, nämlich Hegels Versuch einer materialbegrifflichen Begründung einer Erbmonarchie. Ich habe bisher gerade auch zum besseren Verständnis der Argumentation die Aussagen über den Monarchen verallgemeinert zu Aussagen über das politische Führungspersonal, auch über Präsidenten einer Korporation etc., da man nur so die inhaltlichen Berechtigungen der Argumentation Hegels erkennen kann. Hätten wir es bei der Rede über einen Fürsten in einer konstitutionellen Monarchie belassen, wären uns auch gute Argumente verdächtig vorgekommen. Im Folgenden geht es darum, genauer hinzusehen, wo Hegel in seinen Überlegungen zu starke, weil allzu besondere Schlussfolgerungen aus allgemeinsten Grundtatsachen und Beobachtungen zieht – und eben damit seiner eigenen Methode unbemerkt widerspricht, also die Ebene des Allgemeinen und Besonderen verwechselt. Dabei mag

[119] »Was man also braucht zu einer Monarchie ist dieß einen Menschen zu haben der ›Ja‹ sagt, das Punkt auf das I setzt«. Vorl. Rechtsphil., 1822/23 (Hotho), GW 26,2, S. 1015.

auch der Zeitgeist eine Rolle gespielt haben, da damals praktisch niemand daran gezweifelt hat, dass eine konstitutionelle Monarchie für die europäischen Staaten die denkbar beste Verfassung ist. (Noch Napoleon III. profitiert davon.)

Es ist daher ein Anachronismus, wenn wir heute Hegel für das Urteil kritisieren, dass eine konstitutionelle Erbmonarchie als die vernünftigste Verfassung aus seiner Zeit heraus erschien. Wohl aber werden wir uns von der Argumentation distanzieren, die es so erscheinen lässt, als ergäbe sich dieses Ergebnis aus dem Begriff, der Idee oder Grundform der Politie einer *res publica*. Interessant ist dennoch, wie Hegel argumentiert, zumal die Kritik verfehlt ist, nach welcher er ›a priori‹ argumentiere und aufgrund seiner falschen Logik aus dem Begriff des Staates die Notwendigkeit einer Erbmonarchie deduzieren wolle.

Hegel meint nun nicht nur, dass es zu jedem Zeitpunkt ein genau bestimmtes personales Individuum geben muss, das als Staatsoberhaupt fungiert, sondern dass, wie er sich ausdrückt, »dieses Individuum auf unmittelbare natürliche Weise, durch die natürliche Geburt, zur Würde des Monarchen bestimmt« sein müsse. Zeitbedingt könnte er dabei auf die etablierten und durchaus anerkannten Traditionen der europäischen Königshäuser, der Romanows, Habsburger, Hohenzollern, der Bourbonen und des Hauses Hannover (zuvor der Tudors und Stuarts etc.) hinweisen und auch den Versuch Bonapartes heranziehen, eine neue Dynastie für einen neuen Cäsarismus in Europa zu begründen (in der Anerkennung seines Neffen Napoleon III. als Kaiser war er sogar auf unvorhersehbare Weise erfolgreich). Außerdem könnte Hegel sich hier auch auf Hobbes stützen. Beides aber wäre gerade auch für ihn kein gutes Argument für eine allgemeine Strukturaussage. Er sagt daher zunächst abstrakt, das Staatsoberhaupt müsse aus, wie ich es nenne, *materialbegrifflichen* Gründen »unmittelbare Einzelheit« sein. Und er meint, in diesem Begriff selbst liege die »Bestimmung der Natürlichkeit«, nach dem es ein Individuum sein soll. Nun existiert das Individuum als solches in seinem Fürsichsein von der Geburt bis zum Tod. Daraus ›schließt‹ Hegel, zunächst ganz allgemein, dass schon mit der Geburt bestimmt sein müsse, wer als Thronfolger des Monarchen in einer festen gesetzlichen Erbfolge vorab bestimmt ist. Das ›folgt‹ aber nur, wenn wir zwei ›besondere‹

Prämissen schon anerkannt haben, erstens, dass die fürstliche Würde, der Status des Königs, am Individuum haftet, die Rolle also nach Amtsantritt im Prinzip auf Lebenszeit auszuüben und damit kein Amt auf Zeit ist, und zweitens, dass es im Normalfall eine feste Erbfolge geben und das Amt kein Wahlamt sein soll. Das weiß auch Hegel und behandelt daher diese ›besonderen‹ Voraussetzungen weiter unten.

279 Ⓚ Dieser Übergang vom Begriff der reinen Selbstbestimmung in die Unmittelbarkeit des Seins und damit in die Natürlichkeit ist rein spekulativer Natur, seine Erkenntnis gehört daher der logischen Philosophie an. Es ist übrigens im Ganzen derselbe Übergang, welcher als die Natur des Willens überhaupt bekannt und der Prozeß ist, einen Inhalt aus der Subjektivität (als vorgestellten Zweck), in das Dasein zu übersetzen (§ 8). (290)

Im Folgenden versucht Hegel, den »Übergang vom Begriff der reinen Selbstbestimmung in die Unmittelbarkeit des Seins und damit in die Natürlichkeit« als ›begrifflich‹ fundiert darzustellen. Für den Leser ist aber nicht unmittelbar nachvollziehbar, wie die ›logische Philosophie‹ das zeigen können soll. Es soll sich, sagt Hegel als Erstes, um eine Analogie zu dem handeln, was »als die Natur des Willens überhaupt bekannt« sei, nämlich, dass nur personale Einzelindividuen als Subjekte etwas Bestimmtes wollen und handelnd befördern können. Plurale Subjekte haben keinen unmittelbaren Willen. Das ist durchaus richtig. Nur ein personales Einzelsubjekt kann bewusst und absichtlich handeln – es sei denn, wir anerkennen schon eine Aufgabenverteilung und stützen uns auf einen gemeinsamen Entschluss, die entsprechende gemeinsame Handlung dadurch auszuführen, dass jeder seine Aufgabe ausführt. Damit übersetzen wir einen »Inhalt aus der Subjektivität (als vorgestellten Zweck) in das Dasein«. Die Rolle des Monarchen besteht in Hegels Analyse zunächst in der Bekanntgabe, genauer: der Deklaration, des Entschlusses, dass ein inhaltlicher Beschluss für eine solche Aufgabenverteilung gemeinsam auszuführen ist.

279 f. Ⓚ Aber die eigentümliche Form der Idee und des Überganges, der hier betrachtet wird, ist das *unmittelbare Umschlagen* der reinen Selbstbestimmung des Willens (des einfachen Begriffes selbst) in ein *Dieses* und natürliches Dasein, ohne die Vermittelung durch einen *besondern* Inhalt – (einen Zweck im Handeln). – (290 f.)

Es gehört zur Form des (gemeinsamen) Willens, dass für den Vollzug eines irgendwie bestimmten Vorsatzes in der Realität (»in ein Dieses«) eine *subjektive Letztentscheidung nötig* ist. Die Willkür der performativen Vollzugsform des Aktes des *Entschlusses* kann abstrakt unter Absehung des besonderen Inhalts betrachtet werden. Es folgt dann die Umsetzung im (gemeinsamen) Handeln – indem im Fall von Arbeitsteilungen jeder die ihm zugewiesene Aufgabe erfüllt. Hegel definiert die Rolle des Monarchen geradezu durch die Aufgabe, in einem Entschluss nach entsprechenden Beratungen das Startsignal zu geben, mit dem die gemeinsame Handlung in die Tat umgesetzt wird.

Im sogenannten *ontologischen Beweise* vom *Dasein Gottes* ist 280 Ⓚ
es dasselbe Umschlagen des absoluten Begriffes in das Sein, was die Tiefe der Idee in der neuern Zeit ausgemacht hat, was aber in der neusten Zeit für das *Unbegreifliche* ausgegeben worden ist, – wodurch man denn, weil nur die Einheit des Begriffs und des Daseins (§ 23) die Wahrheit ist, auf das Erkennen der *Wahrheit* Verzicht geleistet hat. Indem das Bewußtsein des Verstandes diese Einheit nicht in sich hat und *bei* der *Trennung* der beiden Momente der Wahrheit stehen bleibt, gibt es etwa bei diesem Gegenstande noch einen *Glauben* an jene Einheit zu. (291)

Was in aller Welt soll das nun aber mit dem ontologischen Gottesbeweis zu tun haben? Hegel preist die »Tiefe der Idee in der neueren Zeit«, wobei er sich ganz offenbar auf Descartes und Leibniz bezieht – mit Augustinus, Anselm von Canterbury und Thomas von Aquin als Vorläufer. Kant und seine Nachfolger aber haben diese Idee »in der neuesten Zeit« nicht mehr begriffen und sowohl sie als auch ihren Inhalt, also Gott, »für das Unbegreifliche ausgegeben«. Dabei sei die »Einheit des Begriffs und des Daseins« aufgegeben worden, indem das begriffliche Denken wie im Nominalismus und Empirismus nur als formales Operieren mit (sprachlichen) Symbolen nach Regeln aufgefasst wird, dessen Bezug auf die Welt bloß eine Ordnung von subjektiven Erscheinungen sein soll – ohne weitere Wahrheit, so dass die hinter die Erscheinung gestellte Wirklichkeit des Dings an sich für unerkennbar gilt.

Jetzt kommen wir der Sache schon etwas näher. Denn in meiner Lesart von Hegels Deutungen des sogenannten ontologischen Gottesbeweises besagt dieser nicht, dass man aus einer verbalen und damit rein formalen Definition eines x, das die Eigenschaft haben soll, dass es kein ›größeres‹ oder ›umfänglicheres‹ gibt, auf die Existenz dieses x, genannt »Gott«, schließen könne. Dieser Schluss wäre formal so falsch, wie wenn man in einer entsprechenden – offenkundigen – Umdeutung der Beweisform auf die Existenz einer größten Zahl schließen würde. Der Mönch Gaunilo hat gegen Anselm für unsere Ohren nur etwas unglücklich argumentiert, als er von einer am weitesten entfernten Insel sprach. Gaunilos Gegenargument wird gültig, wenn wir uns die ›Welt‹ als unendliche Ebene vorstellen – mit immer neuen Inseln.

Hegel liest das Argument ganz anders, nämlich so: Wenn wir Gott oder die Welt als Gesamtbereich ›von allem, was es real gibt‹, auffassen, zu dem es keinen größeren Bereich gibt, dann ist dessen ›Existenz‹ gesichert, freilich nicht als Gegenstand in der Welt, sondern eben als alles Reale – in Raum und Zeit, wenn wir diese als materialbegrifflich absolute Formen des Realen und nicht bloß der subjektiven Anschauung wie Kant begreifen. Damit schlägt der absolute Begriff (der Welt bzw. Gottes) sozusagen in das (reale, je endliche, zeitliche und räumliche und eben damit auch empirische!) Sein bzw. die begrifflich gefasste und real instanziierte Wirklichkeit um, durch die wir auch alle uns zugänglichen Erscheinungen erklären, ohne alles auf diese zu reduzieren. In ähnlicher Weise muss, Hegel zufolge, die Idee einer absoluten *volonté générale* eines Gemeinwesens ›umschlagen‹ in den realen Vollzugswillen einer Einzelperson, des Monarchen, da der Gemeinwille sonst nur inhaltliche Vorstellung ohne die nötige Form des Entschlusses zur Umsetzung bliebe. Würden nur viele je nach ihrem Willen handeln, ergäbe sich nur ein Aggregat der einzelnen Verhaltungen. Es entstünden kein gemeinsames Handeln gemäß einem Gemeinwillen.

280 Ⓚ Aber indem die Vorstellung des Monarchen, als dem gewöhnlichen Bewußtsein ganz anheimfallend angesehen wird, so bleibt hier um so mehr der Verstand bei seiner Trennung und den daraus fließenden Ergebnissen seiner räsonnierenden Gescheitheit stehen, und leugnet dann, daß das Moment der letzten Entscheidung im Staate *an und für sich* (d. i. im Vernunftbegriff) mit der unmittelbaren Natürlichkeit verbunden sei; woraus zunächst die *Zufälligkeit* dieser Verbindung, und indem die absolute Verschiedenheit jener Momente als das Vernünftige behauptet wird, weiter die Unvernünftigkeit

solcher Verbindung gefolgert wird, so daß hieran sich die anderen, die Idee des Staats zerrüttenden, Konsequenzen knüpfen. | (291) 237

Wie ein Kantianer im Fall des ontologischen Gottesbeweises trennen die Leute in ihrer Vorstellung des Monarchen den formalen Begriff des Staatsoberhaupts von seiner Instanziierung durch ein Individuum und damit von der Idee in Hegels Sinn. Das aber ist ein Fehler, wie noch genauer zu sehen sein wird, zumal die Funktion des Monarchen sozusagen ganz in der Initiation des gemeinsamen Tuns besteht.

Man will nicht wahrhaben, meint Hegel, »dass das Moment der letzten Entscheidung im Staate« nicht bloß zufällig, sondern an und für sich, also gemäß einer vernünftig eingerichteten Form des Staatswesens, »mit der unmittelbaren Natürlichkeit« des fürstlichen Individuums notwendigerweise verbunden sei. Wir könnten zustimmen, wenn nur die ›Folgerung‹ eingeklammert würde, dass das Individuum *qua* Individuum daher das Amt ›auf Lebenszeit‹ ausüben dürfe, könne oder solle. Hegel präsentiert später zwar noch eigens Argumente für diese Vorstellung eines Amts auf Lebenszeit, aber diese werden nicht ausreichen. Hier wehrt er freilich mit Recht die Vorstellung ab, jemand könne rein ›zufällig‹ die Funktion des Monarchen übernehmen, etwa per gewaltsamer Usurpation eines ›Thrones‹. Auch in einem solchen – widerrechtlichen – Fall hängt der Erfolg jedes Versuchs der ›Machtübernahme‹ von der (ggf. partiell, aber immer nur partiell *erzwungenen*) Anerkennung von Rolle und Status durch Gefolgschaft und Volk ab. Daher ist es völlig abstrakt, »die absolute Verschiedenheit jener Momente« zu behaupten, also des Individuums (das man heute auch manchmal als Rolle des ›Leibs‹ des Königs diskutiert) und seines Status bzw. seiner Rolle. Letztere sind, hierin behält Hegels Analyse recht, nur in sehr begrenzter Weise vom Individuum ablösbar.

Hegels Argumente gegen naive Kritiker monarchischer Macht sind weit stärker als seine eigenen positiven Folgerungen. Denn er hat ganz recht, dass es falsch wäre, eine Institution wie die der Monarchie (etwa auch in Japan oder Thailand bzw. Kambodscha) auf der Basis einer angeblich bewiesenen Unvernünftigkeit der Verbindung von Individuum und Status als Staatsoberhaupt *abzuschaffen*. Mit dieser rein negativen Argumentation haben die Führer der französischen Revolution nicht nur die Monarchie abgeschafft, sondern die Einheit der Republik selbst gefährdet, was sich in den ›royalistischen Aufständen‹ zeigte. Freilich gab es auch andere, aktuelle Gründe für die Abschaffung des Königtums und die Hinrichtung des Königs. Die Etablierung einer Republik scheiterte aber nicht zuletzt daran, dass sie vor der Machtübergabe an den cäsarischen Imperator Bonaparte kein nachhaltiges funktionales Äquivalent für den König, also für den Status eines Staatsoberhaupts, zu schaffen in der Lage war.

Ironischerweise mag dieser Mangel gerade nach der von Robespierre zunächst scheinbar erfolgreichen Feier seines allzu abstrakten ›höchsten Wesens‹ für alle spürbar gewesen sein: Robespierre besitzt weder die Würde des Königs, noch steht Gott als symbolische Person bzw. geistiges Prinzip des gesamten Gemeinwesens hinter ihm. Hinzu kommt, dass er nicht nur Beschlüsse von Gremien zu seinen Entschlüssen macht, sondern selbst inhaltlich entscheidet, dabei zwar einen Gemeinwillen deklarativ anruft, auf sein Charisma hofft und an die längst überlebte ›Tugend‹ der römischen Republik appelliert, aber nur als Individuum die Verantwortung trägt, nicht als Sprecher einer Regierung und/oder des Gemeinwesens. Das heißt, er kann sich nicht auf eine allgemein schon anerkannte rechtliche Verfassung seines eigenen Tuns stützen, sondern ist – wie der Feudalmonarch des Mittelalters – von seinen Gefolgsleuten (wie Joseph Fouché, der ihn stürzt, später Napoleon zum Kaiser macht – und wieder stürzt) weit abhängiger, als er weiß. Dabei wird gerade deren Furcht vor seiner Willkür ihm selbst gefährlich.

§ 281

280 Beide Momente in ihrer ungetrennten Einheit, das letzte grundlose Selbst des Willens und die damit eben so grundlose Existenz, als der *Natur* anheimgestellte Bestimmung, – diese Idee des von der Willkür *Unbewegten* macht die *Majestät* des Monarchen aus. (291 f.)

Der Spruch des Monarchen ist zwar nicht so zufällig wie der eines antiken Orakels, da er ja über inhaltliche Vorlagen entscheidet, die er im Allgemeinen nicht selbst schafft; er hat aber das Moment des Kürwillens, des Entschlusses. Der Kürwille bzw. die subjektive Entscheidung des Monarchen unterscheidet sich vom Orakel darin, dass der Inhalt der Vorlage eine wesentliche Rolle spielt, dass aber auch Zufall und vages Gefühl *pro* oder *kontra* zugelassen sind. Dieser

Kürwille ist das »letzte grundlose Selbst des Willens« – die Gründe liegen im Inhalt, nicht im Vollzug.

Die Existenz des Monarchen, also die Bestimmung des Individuums, das im Gemeinwesen die beschriebene Rolle des Staatsoberhaupts spielen darf, ist nach Hegel in einer guten Verfassung oder Politie ebenfalls »grundlos«, und zwar weil es gerade nicht auf eine besondere Kompetenz ankommt wie dort, wo der oberste Heerführer der Imperator oder Cäsar ist, oder auf das individuelle Charisma ›beim Volk‹ wie bei selbsternannten Volkstribunen, von Rienzi bis Robespierre (und weit darüber hinaus bis in eine ›populistische‹ Gegenwart).

Hegel hält es also explizit für vernünftig, dem ›Zufall‹ bzw. ›der Natur‹ die Bestimmung des Monarchen zu überlassen, und zwar in der fest geregelten Form einer Erbfolge. Er findet sowohl die Orakel in der antiken als auch die Zufallswahlen von Präsidenten auf Zeit in der modernen (damals nur US-amerikanischen) Demokratie für keineswegs vorzuziehen. Freilich verschiebt sich in seiner Politie die inhaltliche Bestimmung der Erlasse vom Monarchen auf die Regierung und deren Sprecher (Kanzler, Premierminister). Die Gesetze aber beschließt das Parlament.

In dieser Einheit liegt die *wirkliche Einheit* des Staats, welche nur durch diese ihre innere und *äußere Unmittelbarkeit*, der Möglichkeit, in die Sphäre der *Besonderheit*, deren Willkür, Zwecke und Ansichten herabgezogen zu werden, dem Kampf der Faktionen gegen Faktionen um den Thron, und der Schwächung und Zertrümmerung der Staatsgewalt, entnommen ist. (292) 280f.

In der performativen Einheit der letztinstanzlichen Entschlüsse des Staatsoberhaupts und dann auch des höchsten Gerichts bzw. der letztinstanzlichen Richtersprüche »liegt die wirkliche Einheit des Staats«. Nur dadurch, dass ein Individuum in einem solchen Entschluss nur ›ja‹ oder ›nein‹ sagen kann und dass der Akt zählt, also eine ›Meinungsänderung‹ nicht berücksichtigt wird, ist der Entschluss als solcher der weiteren Deliberation und dem argumentativen Streit der verschiedensten Fraktionen um seine Inhalte auf die gleiche Weise enthoben wie ein letztinstanzliches richterliches Urteil. Alle weitere Debatte in der Öffentlichkeit gehört zur Sphäre der reflektierenden Kommentierung, nicht zum staatlichen Handeln.

281 Ⓚ Geburts- und Erbrecht machen den Grund der *Legitimität* als Grund nicht eines bloß positiven Rechts, sondern zugleich in der Idee aus. – (292)

Die Erbfolge des Monarchen ist im Prinzip überall verfassungsförmig bzw. rechtlich geregelt. Diese Regeln definieren seine Legitimität. Hegel betrachtet diese Normen nur in der allgemeinen Form, nicht als besondere Angelegenheit »bloß positiven Rechts«. In der Tat gehören sie zur Grundverfassung einer konstitutionellen Monarchie und sogar jeder Monarchie als Rechtsstaat. Hegel geht aber einen Schritt weiter. Indem er sagt, dass die Idee (eines freien rechtlichen Gemeinwesens) diese Form der Thronfolge begründet, zählt er sie zu seinem säkularisierten Naturrecht und explizit begründeten Vernunftrecht. Anders gesagt, er hält die konstitutionelle Monarchie in ihrer Grundform für *die einzige* gute Form der Politie – und alle anderen Formen für defizitär.

281 Ⓚ Daß durch die festbestimmte Thronfolge, d. i. die natürliche Sukzession, bei der Erledigung des Throns den Faktionen vorgebeugt ist, ist eine Seite, die mit Recht für die Erblichkeit desselben längst geltend gemacht worden ist. (292)

Es ist klar, und auch immer schon verstanden worden, dass eine »festbestimmte Thronfolge« das Problem des Kampfes um die Macht bei der Besetzung der Stelle des Staatsoberhaupts vorab löst – vorausgesetzt, die Leute halten sich daran.

281 Ⓚ Diese Seite ist jedoch nur Folge, und zum *Grunde* gemacht zieht sie die Majestät in die Sphäre des Räsonnements herunter, und gibt ihr, deren Charakter diese grundlose Unmittelbarkeit und dies letzte Insichsein ist, nicht die ihr immanente Idee des Staates, sondern etwas *außer ihr*, einen von ihr verschiedenen Gedanken, etwa das Wohl des *Staates oder Volkes* zu ihrer Begründung. Aus solcher Bestimmung kann wohl die Erblichkeit durch medios terminos gefolgert werden; sie läßt aber auch andere medios terminos und damit andere Konsequenzen zu, – und es ist nur zu bekannt, welche Konsequenzen aus diesem *Wohl* des Volkes (salut du peuple) gezogen worden sind. – (292)

Hegel wehrt sich nun aber gegen diese ›pragmatische‹ Begründung einer gesetzlich geregelten Erbmonarchie. Denn diese ziehe »die Majestät in die Sphäre des Räsonnements herunter«. Das klingt wie eine restaurative Verteidigung der Sakralität und Heiligkeit nicht nur des Status des Staatsoberhaupts, wie sie sich auf den jeweiligen Inhaber überträgt, sondern schon des dafür in einer Erbfolgeregelung designierten Individuums. Selbst wenn wir das schlucken, bleibt offen, ob es nicht andere, äquivalente oder bessere Formen der Besetzung des ›Amtes‹ des Staatsoberhaupts auf Zeit und gerade ohne ›natürliche Erbfolge‹ gibt.

Hegel argumentiert so: Wenn man das Staatsoberhaupt z. B. wählt, nimmt man ihm den ›Charakter grundloser Unmittelbarkeit‹. Das aber heißt, dass man ggf. bestimmte Charaktereigenschaften prüft oder eine politische Grundeinstellung, womit der Monarch schon nicht mehr überparteilich wäre. Aber schon dann, wenn man die Erbfolge nur pragmatisch begründet, liegt ihr Grund nicht mehr in der ›immanenten Idee des Staates‹, also der notwendigen Form der Politie oder *res publica*, sondern außer ihr. Man könnte an das Wohl des Staates oder Volkes denken – etwa dann, wenn man an die Vermeidung von Bürgerkriegen oder auch nur von *civil unrest* denkt. Doch wenn man die Erblichkeit so begründet, könnte es auch andere Lösungen des Problems geben – sodass das eine zu schwache Begründung wäre. Dem ist in der Tat so. Hegel nimmt an, er habe eine bessere Begründung. Die hat er aber nicht. Er hat keine Antwort auf die Frage, wie wir am besten eine gewisse Überparteilichkeit des Staatsoberhaupts (über allgemeine Verfahren der allgemeinen Tendenz nach) erzeugen können. Hegels leicht drohender Hinweis auf die Schwäche der Anrufung eines Gemeinwohls (unter dem Titel »*salut du peuple*« wieder bei Robespierre) bleibt zu unspezifisch.

Deswegen *darf* auch *nur* die Philosophie diese Majestät denkend 281 Ⓚ
betrachten, denn jede andere Weise der Untersuchung, als die spekulative der unendlichen, in sich selbst begründeten Idee, hebt an und für sich die Natur der Majestät auf. – (292)

Noch weniger überzeugt der Gedanke, nur die Philosophie mit ihrer Betrachtung der Dinge aus holistischer Sicht bzw. im Gesamtzusammenhang könne und dürfe die Majestät des Monarchen sich zum Thema machen. Und doch ist ganz richtig, dass jede bloß funktionale Betrachtung die Majestät des Königs zerstört, eine rein religiöse Begründung sie aber hypostasiert. Nur die philosophische lässt das sakrale Element in aller Religion und Zivilreligion bestehen – und expliziert dennoch und zugleich ihren wahren Sinn – im Umgang mit dem Gemeinwesen und seinen Vertretern und damit am Ende sogar mit sich selbst als Bürger und Person. So viel können wir Hegel vielleicht zugestehen.

281 Ⓚ Das *Wahlreich* scheint leicht die *natürlichste* Vorstellung zu sein, d. h. sie liegt der Seichtigkeit des Gedankens am nächsten; weil es die Angelegenheit und das Interesse des Volks sei, das der Monarch zu besorgen habe, so müsse es auch der Wahl des Volkes überlassen bleiben, wen es mit der Besorgung seines Wohls beauftragen wolle, und nur aus dieser Beauftragung entstehe das Recht zur Regierung. (292 f.)

Oberflächlich betrachtet – nur das meint Hegels häufiges Kritikwort »seicht« – scheint ein Wahlkönigtum oder ein Gemeinwesen mit gewähltem Präsidenten eine bessere Variante als eine Erbmonarchie zu sein. Man meint, da die Entscheidungen des Staatsoberhaupts die Angelegenheiten und das Interesse des Volkes betreffen, sei es nur richtig, dass eben dieses Volk auch das Individuum wählen solle, das dieses Amt ausübt. Außerdem meint man in der üblichen Begründung einer ›demokratischen Wahl‹ aller politischen Amtsträger, dass sich nur aus ihr »das Recht zur Regierung« ergebe – oder dann auch der Volksvertretung im gesetzgebenden Parlament. – Hegels Distanz zu dieser Vorstellung einer durch Wahl auf Amtsträger übertragene Volkssouveränität macht ihn bei Liebhabern der Demokratie natürlich verdächtig. Dennoch ist erst einmal seine Überlegungen zu verstehen.

281 f. Ⓚ Diese Ansicht, wie die Vorstellungen vom Monarchen, als obersten Staatsbeamten, von einem Vertragsverhältnisse zwischen demselben und dem Volke u. s. f. geht von dem Willen, als *Belieben*,
238 Meinung und Willkür *der Vielen* aus, – einer Bestimmung, | die, wie längst betrachtet worden, in der bürgerlichen Gesellschaft als erste gilt, oder vielmehr sich nur geltend machen will, aber weder das Prinzip der Familie, noch weniger des Staats ist, überhaupt der Idee der Sittlichkeit entgegensteht. – (293)

Dass es auf die direkte Wahl des Staatsoberhaupts oder des Leiters der Regierungsgeschäfte nicht unbedingt ankommt, zeigen die demokratischen Systeme, in denen Präsident oder Ministerpräsident oder Kanzler vom Parlament oder einem anderen Wahlgremium wie der Bundesversammlung gewählt werden. Die allgemeinen und gleichen

Wahlen bestücken dann, wie in Platons Nomoi, eher die entscheidenden Gremien. – Das demokratische Mehrheitswahlprinzip geht, wie Hegel sagt, von einem Wahlvolk rein als Menge von Individuen aus. Dessen kollektiver ›Wille‹ ist bestenfalls ein Aggregat eines Beliebens, der Meinungen und der Willkür der Vielen. Die Willkür der Einzelnen ist, wie wir gesehen haben, das Prinzip »der bürgerlichen Gesellschaft« – in der jeder als *homo oeconomicus* die Verfolgung seiner Interessen maximiert. Diese mögen inhaltlich noch so altruistisch und gemeinnützig sein, sie sind jedenfalls nur je subjektive Meinung der einzelnen Personen. Daraus entsteht kein stabiler Gemeinwille. Einen solchen gibt es genau dann, wenn festgelegt ist, wer für uns Inhalte beschließen und den Entschluss für die Durchführung einer gemeinsamen Handlung fassen darf. Auch in Vereinen braucht man Vorstände und Präsidenten. Diese wählt man zwar, aber ohne imperatives Mandat. Das Verhältnis zwischen Verein und Vorstand ist nicht so, dass man den Letzteren *beliebig* abwählen könnte, sondern nur nach Satzung, also Verfassung oder Grundordnung. Solange der Vorstand im Amt ist, kann er für den Verein entscheiden.

Daß das Wahlreich vielmehr die schlechteste der Institutionen 282 Ⓚ
ist, ergibt sich schon für das Räsonnement aus den *Folgen*, die für dasselbe übrigens nur als etwas *Mögliches* und *Wahrscheinliches* erscheinen, in der Tat aber wesentlich in dieser Institution liegen. (293)

Man braucht noch nicht einmal eine spekulative Gesamtschau auf das Gemeinwesen, sagt Hegel, um die Schwächen und Probleme reiner Wahlverfassungen zu sehen. Diese zeigen sich nämlich in den Folgen. Man denke etwa als Lehrstück an die Selbstzerstörung Polens durch seine Wahlverfassung: Der Adel konnte sich dort nie einigen.[120] Hegel denkt aber sicher auch (mit Gibbon) an die ›Wahlcäsaren‹ und ›Soldatenkaiser‹ des römischen Imperiums, deren Lebensdauer nach der Erhebung zum Cäsar im Durchschnitt zwei Jahre nicht überschritt. So erreicht man zwar eine begrenzte Amtszeit, aber mit erheblichen Kosten und Gefährdungen des Reiches. Allerdings kann ein ›Räsonnement‹ auf reine Historie und Statistik solche Zusammenbrüche des Staats oder einer Institution als nur möglich oder wahrscheinlich

120 Vgl. Vorl. Rechtsphil., GW 26,1, S. 547 und GW 26,2, S. 1016.

darstellen und nicht als normalerweise unausweichliche Folge der Form der Institution begreifen.

282 Ⓚ Die Verfassung wird nämlich in einem Wahlreich durch die Natur des Verhältnisses, daß in ihm der *partikuläre* Wille zum letzten Entscheidenden gemacht ist, zu einer *Wahlkapitulation*, d. h. zu einer Ergebung der Staatsgewalt auf die Diskretion des partikulären Willens, woraus die Verwandlung der besonderen Staatsgewalten in Privateigentum, die Schwächung und der Verlust der Souveränität des Staats, und damit seine innere Auflösung und äußere Zertrümmerung, hervorgeht. (293)

In reinen Mehrheitswahlsystemen entscheidet der partikulare und momentane Wille der Leute in aggregierter Form. Ein stabiler Gemeinwille kann so nicht entstehen. Wer unter Appell an einen ›vernünftigen‹ Konsens und eine angebliche ›Vernunft der Leute‹ etwas anderes meint, redet an der Wirklichkeit vorbei. Hegels Beobachtung ist ganz treffend: Ohne die Strukturen, die ich hier »republikanisch« nenne, verwandelt ein reines Mehrheitswahlsystem die »Staatsgewalten in Privateigentum« – zunächst auf Zeit. Das ist die Form des ›Populismus‹, wie er zu einer Diktatur über manipulierte Verfassungsänderungen oder Wahlen führen kann. Die äußere Zerstörung kann man wieder am Beispiel Polens sehen.

§ 282

282 Aus der Souveränität des Monarchen fließt das *Begnadigungs-Recht* der Verbrecher, denn ihr nur kommt die Verwirklichung der Macht des Geistes zu, das Geschehene ungeschehen zu machen, und im Vergeben und Vergessen das Verbrechen zu vernichten. (293 f.)

Hegel geht jetzt etwas sehr abrupt zu einem neuen Thema über. Das Begnadigungsrecht des Staatsoberhaupts mag für sich nicht besonders wichtig sein, zeigt aber bei rechtem Verständnis, dass wir ihm eine gewisse Willkürfreiheit und ein Urteil sozusagen nach Bauchgefühl zugestehen, wie es die Antike dem Führungspersonal gerade verboten hat und daher die Befragung von Zufallsorakeln erzwang. Die ›religiösen‹ Gründe dafür sind nur mythische Begleittexte zu einer Praxis, welche der Form nach subjektive Urteile von Personen verhindern soll. Man setzt stattdessen auf ›göttlichen Ratschluss‹, also den Zufall einer sogenannten Vorsehung. In der Moderne denkt man häufig nicht weniger primitiv als die Antike, wenn man jede Subjektivität und jeden Zufall ausschließen möchte und wenn man Verantwortung *post hoc* zuschreibt, ohne Prüfung, was man vorher wissen konnte und was nicht.

Hegels blumige Sprache verdeckt allerdings den Gedanken eher, als dass sie ihn explizit machte: Es bedarf des individuellen Fürsichseins eines letztentscheidenden Subjekts, um die Vernunft der Subjektivität zur Geltung zu bringen. Denn es ist ein Aberglauben, es gäbe immer rationale Gründe, welche einen vernünftigen Konsens oder eine gute Entscheidung als solche erkennbar auszeichneten.

Der Monarch verwirklicht also im Gnadenrecht die »Macht des Geistes« nicht etwa dadurch, dass er das Geschehene wirklich ungeschehen machen könnte, sondern indem die (ggf. auch verweigerte) Gnade eine Grenze und das Ende des Verfahrensrechts markiert.

Das Begnadigungsrecht ist eine der höchsten Anerkennungen 282 Ⓚ
der Majestät des Geistes. – (294)

Heutzutage meint man allgemein, das Begnadigungsrecht sei eine veraltete und abzuschaffende Praxis. Dem widerspricht Hegel vehement: Sie ist eine der höchsten Anerkennungen der Majestät des Geistes, gerade indem sie die Absolutheit der Subjektivität in allem Urteilen anerkennt und sogar institutionell berücksichtigt. Denn Kollektivurteile nach rechtlichen Verfahren können in Bezug auf eine Gesamtbeurteilung der Person *pro tanto* schlechter sein als das Bauchgefühl der Gnade, die eine Art Veto gegen das höchst*richterliche* Urteil im Blick auf die *Strafe* für *Ausnahmefälle* ist. Wie gesagt, unser Verständnis unseres Systems tut sich damit schwer – was aber durchaus an der Begrenzung unseres Verständnisses liegt.

Dies Recht gehört übrigens zu den Anwendungen oder Reflexen 282 f. Ⓚ
der Bestimmungen der höheren Sphäre auf eine vorhergehende. – Dergleichen Anwendungen aber gehören der besonderen Wissenschaft an, die ihren Gegenstand in seinem empirischen Umfange abzuhandeln hat (vergl. § 270 Anm. 1). – Zu solchen Anwendungen gehört auch, daß die Verletzungen des Staats überhaupt, oder der Souveränität, Majestät und der Persönlichkeit des Fürsten, unter den Begriff des Verbrechens, der früher (§ 95 bis 102) vorgekommen ist, subsumiert, und zwar als die *höchsten* Verbrechen, die besondere Verfahrungsart u. s. f. bestimmt werden. (294)

Wie das Begnadigungsrecht vernünftig auszugestalten wäre, das freilich ist nicht Thema der Rechtsphilosophie, sondern der Rechts- und Politikwissenschaften. Dasselbe gilt für die Bestimmungen, welche den Tatbestand des Hochverrats oder der Majestätsbeleidigung oder verbale »Verletzungen des Staats überhaupt« betreffen. Hegel hält sich hier mit vollem Recht fast ganz aus der Sache raus.

§283

283 Das *zweite* in der Fürstengewalt enthaltene ist das Moment der
Besonderheit, oder des bestimmten Inhalts und der Subsumtion
239 desselben unter | das Allgemeine. Insofern es eine besondere Existenz erhält, sind es oberste beratende Stellen und Individuen, die den Inhalt der vorkommenden Staatsangelegenheiten oder der aus vorhandenen Bedürfnissen nötig werdenden gesetzlichen Bestimmungen, mit ihren *objektiven* Seiten, den Entscheidungsgründen, darauf sich beziehenden Gesetzen, Umständen u. s. f. zur Entscheidung vor den Monarchen bringen. Die Erwählung der *Individuen* zu diesem Geschäfte wie deren Entfernung fällt, da sie es mit der unmittelbaren Person des Monarchen zu tun haben, in seine unbeschränkte Willkür. (294)

Obwohl Hegel sich insgesamt bemüht, das Allgemeine vom Besonderen zu trennen und in den Grundlinien des Rechts nur etwas über das Allgemeine auf möglichst gut begründete Weise zu sagen, scheitert er im Falle der Erbmonarchie und der Begründung der Einsetzung des Kabinetts seiner Minister, zumal diese nicht nur Berater des Monarchen sind, sondern Leiter der Exekutive.

Hegel hält seine konstitutionelle Monarchie für allgemein aus den Formen des gemeinsamen Handelns begründet. Aber er hat sie nicht angemessen mit alternativen, freilich damals noch nicht existierenden Formen einer konstitutionellen (›republikanischen‹) Demokratie verglichen.

Hegels Monarch bekommt durch das Recht der Ernennung des Kabinetts und damit der Spitze der Regierung (als »oberste beratende Stellen und Individuen«) eine gewaltige Macht, vergleichbar mit der von Präsidenten in einer präsidialen Republik wie der des heutigen Frankreich, der USA oder Russlands. Eine stärker parlamentarische Demokratie wie in der BRD (die formal Republik ist) oder dem Vereinigten Königreich (das formal Monarchie ist) kennt diese »unbeschränkte Willkür« des Staatsoberhaupts aus guten Gründen nicht. Hier sind die letztinstanzlichen ›Urteile‹ in den Unterschriften unter beschlossene Gesetzesvorlagen und Erlasse von der materialen und personalen Politik von Parlament und Regierung getrennt. (Übrigens hatte Hitler durch die Verschmelzung von Kanzlerschaft und Präsidentschaft in seiner Person die Weimarer Verfassung vollends zerstört, mit der gravierenden Nebenfolge, dass ihn die quasi-sakrale Majestät des Präsidenten formal unangreifbar gemacht hat – wie die negativen Reaktionen ›der Deutschen‹ auf das Hitlerattentat Graf Stauffenbergs bis lange nach dem Krieg zeigen.)

§ 284

Insofern das *Objektive* der Entscheidung, die Kenntnis des Inhalts und der Umstände, die gesetzlichen und andere Bestimmungsgründe, allein der *Verantwortung*, d. i. des Beweises der Objektivität fähig ist und daher einer von dem persönlichen Willen des Monarchen als solchem unterschiedenen Beratung zukommen kann, sind diese beratenden Stellen oder Individuen allein der Verantwortung unterworfen, die eigentümliche Majestät des Monarchen, als die letzte entscheidende Subjektivität ist aber über alle Verantwortlichkeit für die Regierungshandlungen erhoben. (295) 283

Hegel selbst bemerkt den inneren Widerspruch nicht, nach dem das Staatsoberhaupt das Personal seiner Regierungskabinette beliebig ernennen oder entlassen dürfen soll – was später übrigens Bismarck zum Verhängnis wird, der diese Regel nie zu ändern gedachte. Für den Inhalt der Arbeit der Regierung soll der Monarch dennoch die Verantwortung *nicht* tragen. Das ginge nur, wenn man die letztinstanzlichen Entscheidungsmöglichkeiten des Staatsoberhaupts im Normalfall auf ein schwaches Veto der Verweigerung einer Unterschrift mit zunächst bloß aufschiebender Wirkung reduzierte und auf ähnliche Weise mit der Vereidigung der Regierung o. ä. umginge, wie das z. B. in Großbritannien und Deutschland inzwischen der Fall ist. Die Ernennung der Regierung wird so zur Formalität nach einer von anderen Instanzen vorgenommenen Wahl.

§ 285

284 Das *dritte* Moment der fürstlichen Gewalt betrifft das an und für sich Allgemeine, welches in subjektiver Rücksicht in dem *Gewissen* des *Monarchen*, in objektiver Rücksicht im *Ganzen* der *Verfassung* und in den *Gesetzen* besteht; die fürstliche Gewalt setzt insofern die anderen Momente voraus, wie jedes von diesen sie voraussetzt. (295)

Das erste Moment der Macht des Staatsoberhaupts besteht in seiner individuellen Einzelheit und seinem subjektiven, aber letztinstanzlichen Entscheiden, die der ethischen Form nach gewissenhaft gefällt sein sollten. Sie sind ja Gewissensentscheide. Das zweite, besondere Moment sieht Hegel im Recht der Auswahl der Berater und in der Pflicht, sich inhaltlich beraten zu lassen bzw. die Regierung zu beaufsichtigen. (Zuzugestehen wäre einer Erbmonarchie nur die feierliche Ernennung, also die Liturgie, nicht die Auswahl.) Das dritte, allgemeine Moment besteht im (Schutz des) Ganzen der Verfassung und in den Gesetzen.

In einer *konstitutionellen Monarchie* in Hegels Sinn sollen in den drei Mächten, der fürstlichen Gewalt, der Regierungsgewalt und der Macht der Gesetzgebung, die drei Momente des Handelns, die der Allgemeinheit der Maxime, der Besonderheit der Fallanwendung und der Einzelheit des Entschlusses, explizit institutionelle Berücksichtigung finden. Das meint Hegel mit seiner ominösen ›Deduktion‹ oder Rechtfertigung aus dem Begriff bzw. der Idee des freien gemeinsamen Wollens und Handelns.

§ 286

284 Die *objektive Garantie* der fürstlichen Gewalt, der rechtlichen Sukzession nach der Erblichkeit des Thrones u. s. f. liegt darin, daß wie diese Sphäre ihre von den anderen durch die Vernunft bestimmten Momenten ausgeschiedene Wirklichkeit hat, eben so die anderen für sich die eigentümlichen Rechte und Pflichten ihrer Bestimmung haben; jedes Glied, indem es sich für sich erhält, erhält im vernünftigen Organismus eben damit die anderen in ihrer Eigentümlichkeit. (295)

Die Rede von Organismus des Staats und seiner organischen Glieder kann in ihrer rhetorischen und metaphorischen Suggestion durchaus in die Irre führen. Ich versuche, sie deflationär zu lesen, nämlich als Ausdruck für die funktionale Einheit in der Mechanik der

Arbeitsteilung zwischen gesetzgebendem Parlament, den Staat verwaltender Regierung und das Gemeinwesen insgesamt vertretendem und bei Hegel u. a. auch die Regierung und das Parlament kontrollierendem Staatsoberhaupt.

Das also ist die von Hegel präferierte Struktur: Die rechtliche Garantie der fürstlichen Gewalt und der Sukzessionsfolge soll gerade durch Regierung und Parlament gewährleistet sein. Regierung und Staatsoberhaupt sollen für die Ungestörtheit der parlamentarischen Arbeit sorgen. Parlament und Staatsoberhaupt sollen die Regierung kontrollieren.

Die monarchische Verfassung zur erblichen nach Primogenitur 284 Ⓚ
festbestimmten Thronfolge herausgearbeitet zu haben, so daß sie
hiermit | zum patriarchalischen Prinzip, von dem sie geschichtlich 240
ausgegangen ist, aber in der höheren Bestimmung als die absolute Spitze eines organisch entwickelten Staats zurück geführt worden, ist eins der späteren Resultate der Geschichte, das für die öffentliche Freiheit und vernünftige Verfassung am wichtigsten ist, obgleich es, wie vorhin bemerkt, wenn schon respektiert, doch häufig am wenigsten begriffen wird. (295 f.)

Einzusehen, dass und warum eine *festbestimmte Thronfolge* etwa nach Erstgeburtsrecht in der königlichen Familie und eine Sakralisierung *der Person* des Königs – wie schon bei den Pharaonen – durchaus eine gute Idee sein kann, habe lange gedauert, meint Hegel. Es ist übrigens interessant zu sehen, wie sich z. B. in Nordkorea eben diese Formen ›charismatischer‹ Herrschaft aus dem *patriarchalischen Prinzip* gerade im Rahmen einer kollektivistischen Ideologie entwickelt und sich damit eine Praxis sozusagen von selbst wiederholt, die (weltweit) schon vor weit über 5000 Jahren begann. Das Beispiel macht freilich auch das Problem auf erschreckende Weise sichtbar, während das Beispiel der römischen Cäsaren durchaus schon die Probleme der Erbfolge, gerade unter Diokletian aber auch die Probleme einer Sakralsierung des Kaisers *als bloßes Individuum* zeigt, so dass man die Klugheit Konstantins im Umgang mit dem Christentum vielleicht noch deutlicher als Jacob Burckhardt hervorheben könnte.[121]

[121] Jacob Burckhardt, *Die Zeit Constantins des Großen*, in: ders., *Das Geschichtswerk*, Neu Isenburg: Melzer Verlag und Frankfurt/M.: Zweitausendeins, 2007, S. 11–363.

Das Wort »absolut« meint hier, ich wiederhole es, nur die performative Unabhängigkeit der Letztentscheidung über die Umsetzung oder das Inkrafttreten eines Gesetzes des Parlaments oder Erlasses der Regierung. Der »organisch entwickelte« Staat ist bei Hegel die Politie einer konstitutionellen Monarchie, für uns die einer *konstitutionellen Demokratie* (deren *äußere Staatsform* Republik oder Monarchie sein kann). Trotz der Differenzen meiner Urteile zu denen Hegels bleibt seine Einschätzung richtig, dass das monarchische Moment in jedem konstitutionell verfassten Gemeinwesen bis heute in seiner Bedeutung unterschätzt und missverstanden wird.

284f. Ⓚ Die ehemaligen bloßen Feudalmonarchien, so wie die Despotien zeigen in der Geschichte darum diese Abwechselung von Empörungen, Gewalttaten der Fürsten, innerlichen Kriegen, Untergang fürstlicher Individuen und Dynastien, und die daraus hervorgehende innere und äußere, allgemeine Verwüstung und Zerstörung, weil in solchem Zustand die Teilung des Staatsgeschäfts, indem seine Teile Vasallen, Paschas u. s. f. übertragen sind, nur mechanisch, nicht ein Unterschied der Bestimmung und Form, sondern nur ein Unterschied größerer oder geringerer Gewalt ist. (296)

Zwar respektieren die Menschen die staatliche Macht praktisch, begreifen sie aber selten als ihre eigene Macht. Dabei trifft der Verdacht der partiellen Verwandlung von Macht in private Herrschaft z. B. auf Feudalmonarchien und despotische Diktaturen durchaus zu. Dies kann zu Empörungen, Gewalttaten der Fürsten und gegen die Fürsten, Bürgerkriegen etc. führen. Die feudale Aufteilung der Staatsmacht auf »Vasallen, Paschas usf.« ist ja rein personal, privat, organisiert – und wird mit Gewalt durchgesetzt. Eine staatsrechtliche Regelung der je begrenzten Kompetenzen sogar des Staatsoberhaupts und der Regierung selbst und ihre Anerkennung fehlt hier.

285 Ⓚ So erhält und bringt jeder Teil, indem er sich erhält, *nur sich* und darin nicht zugleich die anderen hervor, und hat zur unabhängigen Selbstständigkeit alle Momente vollständig an ihm selbst. (296)

In der konstitutionellen Monarchie sieht die Sache anders aus. Hier sind es personenunabhängige Institutionen, in deren Urteilen und Tun sich die Staatsmacht aufgliedert. Jede diesen Institutionen ist für sich System im Sinne Niklas Luhmanns – und für die anderen Institutionen Umwelt. Hegel selbst spricht von einem Selbsterhalt der

Systeme, wobei ihm, wie gesagt, das Zentralproblem der Auswahl der Mitglieder der Regierung durch den Monarchen nicht ausreichend auffällt. Jedenfalls denkt er sich eine relativ ›unabhängige Selbständigkeit‹ der Sphären, welche Montesquieus Machtbalance ermöglichen soll.

> Im organischen Verhältnisse, in welchem Glieder, nicht Teile, sich 285 Ⓚ
> zu einander verhalten, erhält jedes die anderen, indem es seine eigne Sphäre erfüllt, jedem ist für die *eigene* Selbsterhaltung, eben so die Erhaltung der *anderen* Glieder substantieller Zweck und Produkt. (296)

Die Metapher des Organischen sollte, wie gesagt, nur als Rahmenbild für eine funktionale Ausdifferenzierung der Organisation begriffen werden. (Mathematische Funktionen und entsprechende funktionale Abhängigkeiten sind übrigens von ganz anderem Typ.) Hier ergänzen sich Leistungen von in sich weiter untergliederten Teilsystemen, die nicht einfach Teile sind, und zwar so, dass sich gleichzeitig selbst und gegenseitig erhalten.

> Die Garantien, nach denen gefragt wird, es sei für die Festigkeit 285 Ⓚ
> der Thronfolge, der fürstlichen Gewalt überhaupt, für Gerechtigkeit, öffentliche Freiheit, u. s. f. sind Sicherungen durch *Institutionen*. Als *subjektive* Garantien können Liebe des Volks, Charakter, Eide, Gewalt u. s. f. angesehen werden, aber so wie von *Verfassung* gesprochen wird, ist die Rede nur von *objektiven* Garantien, den Institutionen, d. i. den organisch verschränkten und sich bedingenden Momenten. (296 f.)

Hegel sagt noch einmal ganz klar, dass er hier über »Sicherungen durch Institutionen« spricht, wie von mir oben schon skizziert. Interessant ist, dass er ›subjektive Garantien‹ in den ›weicheren‹ Bindungen der Individuen und Gruppen an das Gemeinwesen sieht. Dabei tritt das Nationalgefühl als »Liebe des Volks« auf. Diese richtet sich aber im guten Fall immer auf das Gemeinwesen insgesamt, nie bloß auf eine *gens*, also eine Volksgruppe, die später als ›Rasse‹ missdeutet wird, auch nicht auf die Individuen in der Staatshierarchie, sondern bestenfalls auf ihren personalen Status in symbolischer und realer, politischer, Repräsentation des Gemeinwesens. Andere ›Medien der Bindung‹ der Leute an ›den Staat‹ sieht Hegel in Bildung und Ausbildung des Charakters. Im Fall persönlicher Gefolgschaft (im Feudalismus) spielen die Riten des heiligen Eides eine Rolle. Der Hinweis auf Kirche und Religion fehlt, die den Rahmen für diese Liturgie der Gefolgschaft abgeben. Hegel will wohl deren Aufgaben nicht rein funktional verstehen. Er spricht aber natürlich auch von Androhung von Gewalt usf.

285 Ⓚ So sind sich öffentliche Freiheit überhaupt, und Erblichkeit des Thrones gegenseitige Garantien, und stehen im absoluten Zusammenhang, weil die öffentliche Freiheit die vernünftige Verfassung ist, und die Erblichkeit der fürstlichen Gewalt das, wie gezeigt, in
241 ihrem Begriffe liegende Moment. | (297)

Hegels Schlussfolgerung gilt bestenfalls für die konkreten Zustände bzw. Ideen seiner Zeit, in der die konstitutionelle Monarchie als Politie oder bestmögliche Verfassung erscheint: In ihr sollen »öffentliche Freiheit überhaupt und Erblichkeit des Thrones gegenseitige Garantien« sein. Die relative Wahrheit dieses Gedankens mag man anerkennen oder auch nicht; absolut – und das heißt: von heute her – gesehen ist der Gedanke falsch. Hegels Rede vom ›absoluten Zusammenhang‹ meint hier: nicht relativ auf bestimmte Zwecke bezogen, wie z. B. auf eine bestimmte Gefahrenabwehr. Dabei werden wir zustimmen können und müssen, dass »die öffentliche Freiheit die vernünftige Verfassung ist«, nicht aber, dass »die Erblichkeit der fürstlichen Gewalt das … in ihrem Begriffe liegende Moment« sei. Das wurde gerade *nicht* ausreichend gezeigt.

b) Die Regierungs-Gewalt

§ 287

286 Von der Entscheidung ist die Ausführung und Anwendung der fürstlichen Entscheidungen, überhaupt das Fortführen und im Stande Erhalten des bereits Entschiedenen, der vorhandenen Gesetze, Einrichtungen, Anstalten für gemeinschaftliche Zwecke u. dergl. unterschieden. Dies Geschäft der *Subsumtion* überhaupt begreift die *Regierungsgewalt* in sich, worunter eben so die *richterlichen* und *polizeilichen* Gewalten begriffen sind, welche unmittelbarer auf das Besondere der bürgerlichen Gesellschaft Beziehung haben, und das allgemeine Interesse in diesen Zwecken geltend machen. (298)

Die Regierungsgewalt ist die Exekutive, welche die Beschlüsse und Entscheidungen der fürstlichen Gewalt *vorbereitet und umsetzt* und die Einhaltung der Gesetze und Erlasse überwacht. Zur Sphäre des

Regierungshandelns zählt Hegel auch »die richterlichen und polizeilichen Gewalten«. Sie schaffen zusammen mit der Bürokratie (z. B. des Steuerwesens) die Verbindung zum Privatleben in der bürgerlichen Gesellschaft. Ihre Aufgabe ist es (im Prinzip natürlich), das allgemeine Interesse geltend zu machen – auch durch explizite Sanktionsdrohungen und positive *Incentives*, heute besonders auch durch Steuer- und Ordnungspolitik, also über die Höhe von Abgaben und Steuern und sanktionierte Verbote.

§ 288

Die gemeinschaftlichen *besonderen* Interessen, die in die bürgerli- 286
che Gesellschaft fallen, und außer dem an und für sich seienden Allgemeinen des Staats selbst liegen (§ 256) haben ihre Verwaltung in den Korporationen (§ 251) der Gemeinden und sonstiger Gewerbe und Stände und deren Obrigkeiten, Vorsteher, Verwalter und dergleichen. Insofern diese Angelegenheiten, die sie besorgen, einerseits das *Privateigentum* und *Interesse* dieser *besondern* Sphären sind, und nach dieser Seite ihre Autorität mit auf dem Zutrauen ihrer Standesgenossen und Bürgerschaften beruhet, andererseits diese Kreise den höheren Interessen des Staats untergeordnet sein müssen, wird sich für die Besetzung dieser Stellen im Allgemeinen eine Mischung von gemeiner Wahl dieser Interessenten und von einer höheren Bestätigung und Bestimmung ergeben. (298 f.)

Die bürgerliche Gesellschaft ist die Sphäre des freien individuellen und gemeinsamen Handelns in der Verfolgung besonderer Interessen. In Korporationen (Genossenschaften, Vereinen, Gesellschaften, Gewerkschaften – als Nachfolge-Organisationen der Zünfte und Gilden) verfolgen wir dabei gemeinsame Interessen. Das geschieht in freier Selbstverwaltung durch »deren Obrigkeiten, Vorsteher, Verwalter u. dgl.« Hegel zählt die Gemeinden dazu, wobei er wohl an die Kirchengemeinden denkt. Denn Städte und politische Gemeinden gehören zum Staat. Zu den Korporationen gehört auch das, was heute als Anstalt des öffentlichen Rechts bezeichnet wird, etwa auch Akademien etc. Dabei wird in manchen Korporationen das Leitungspersonal nicht nur intern frei gewählt, womit ihm das Vertrauen der Korporation ausgesprochen wird, sondern vom Staat bestätigt bzw. eingesetzt, wie ein Rektor oder Bürgermeister.

§ 289

287 Die *Festhaltung* des *allgemeinen Staatsinteresses* und des *Gesetzlichen* in diesen besonderen Rechten und die Zurückführung derselben auf jenes erfordert eine Besorgung durch Abgeordnete der Regierungsgewalt, die exekutiven *Staatsbeamten* und die höheren beratenden insofern kollegialisch konstituierten Behörden, welche in den obersten, den Monarchen berührenden Spitzen, zusammenlaufen. (299)

Hegel spricht von ›Abgeordneten der Regierungsgewalt‹ im Sinne eines hierarchischen Beamtenapparates, an dessen Ressortspitzen jeweils die Minister des (königlichen) Kabinetts sitzen. Eine solche Verwaltung mit der Möglichkeit von Anordnungen, die von oben nach unten durchgreifen, ist in der Tat effektiv – anders als ein Feudal- oder Pascha-System mit fast unabhängigen Sub-Herrschaften. Die Rede von den ›höheren beratenden, insofern kollegialisch konstituierten Behörden‹ verweist wohl schon auf die Ministerien selbst.

287 Ⓚ Wie die bürgerliche Gesellschaft der Kampfplatz des individuellen Privatinteresses Aller gegen Alle ist, so hat hier der Konflikt dessel-
242 ben gegen | die gemeinschaftlichen besonderen Angelegenheiten, und dieser zusammen mit jenem gegen die höheren Gesichtspunkte und Anordnungen des Staats, seinen Sitz. Der Korporationsgeist, der sich in der Berechtigung der besondern Sphären erzeugt, schlägt in sich selbst zugleich in den Geist des Staats um, indem er an dem Staate das Mittel der Erhaltung der besondern Zwecke hat. (299)

Hegel meint, dass es eine Art Wettbewerb von Korporationen gibt und einer Art Korps-Geist, wie in den Subabteilungen einer Armee, oder z. B. unter Bergleuten oder in Berufsständen, Universitäten und Gemeinden etc. Damit soll es eine Analogie geben zur unsichtbaren Hand im freien ökonomischen Wettbewerb der bürgerlichen Gesellschaft. Diese ist nach Hegels Wort der »Kampfplatz des individuellen Privatinteresses aller gegen alle«, also des *homo oeconomicus*, der seine Risiken zu minimieren und seinen ›Nutzen‹ (z. B. in der Form von Geldvermögen) zu maximieren bestrebt ist. Dabei ist der Geldwert in der Tat das allgemeinste quantitative Maß für den abstrakten ›Nutzen‹ (in der Ökonomie).

Die Analogie des Wettbewerbs in einer direktiv und kameralistisch geleiteten Administration zum privatbürgerlichen Wettbewerb hinkt, wie wir wissen: In allen bürokratischen Verwaltungen und Organisationen gibt es strukturbedingt eher zu wenig Wettbewerb, jedenfalls nicht in Bezug auf die erbrachte Leistung für das Gemeinwesen. Der Konflikt zwischen den Privatinteressen der Amtsträger und dem Gemeinschaftsinteresse des Gemeinwesens, der in der Feudalmonarchie und der Selbstbereicherung von Vasallen und Paschas und damit einer ganzen Klasse des (europäischen) Adels nur besonders eklatant sichtbar ist, ist im modernen Staat keineswegs gelöst, wie die Probleme der Bestechlichkeit zeigen. Es ist daher eine zu idealistische Einschätzung der Lage, wenn Hegel (wie die meisten Unterstützer sozialdemokratischer Politik, die man immer auch als ein Erbe der Bismarckzeit sehen sollte) meint, der »Korporationsgeist« im Wettbewerb der staatlichen Subsysteme verstärke die Tendenz, dass sich die einzelnen Amtsträger mit den gemeinsamen Zielen des staatlichen Handelns identifizieren.

Richtig ist nur, dass im guten Fall, dem die Privation der Korruption freilich entgegensteht, neben der Freiheit der Bürger das allgemeine Wohl des Staatsvolkes als eigentliches Ziel staatlichen Handelns zu verstehen ist. Freiheit und Wohl sollen vermittelt werden durch die Einheit im gemeinsamen Gesamthandeln des Gemeinwesens. Der »Geist des Staats« ist eben dieser (implizite, normative) Gemeinwille.

Hegels Analyseleistung besteht damit in jedem Fall darin, den bei Rousseau ganz unklaren Begriff der *volonté générale* wirklich vollständig aufgeklärt zu haben, und zwar gerade in seinen inneren Spannungen.

Die Bürger anerkennen einen insgesamt funktionstüchtigen Staat nicht etwa bloß als »Mittel der Erhaltung« ihrer eigenen besonderen Zwecke, sondern als volle Personen begreifen sie die transzendentale Vorleistung des Gemeinwesens insgesamt für das Personsein selbst – so dass die Verfassung des Staates und die Konstitution der Person oder Seele des individuellen Subjekts sogar noch enger und ursächlicher aufeinander bezogen sind als in Platons *Politeia*.

Dies ist das Geheimnis des Patriotismus der Bürger nach die- 287 Ⓚ
ser Seite, daß sie den Staat als ihre Substanz wissen, weil er ihre besondern Sphären, deren Berechtigung und Autorität wie deren Wohlfahrt, erhält. (299)

So wie Hegel das Geheimnis der unsichtbaren Hand im ökonomischen Handeln aufgedeckt hat, das darin besteht, dass der staatlich kontrollierte und richtungsrichtig durch Sanktionskosten und *Incentives* gesteuerte Wettbewerb dem Wohl der Nation dienen kann, so versucht er hier, ganz und gar selbstbewusst und seiner Sache wenigstens im Allgemeinen ganz sicher, »das Geheimnis des Patriotismus der Bürger« zu lüften. Denn diese wissen praktisch und im Allgemeinen bei aller verbalen Kritik an besonderen Gesetzen, Erlassen und Leitungspersonen, dass der Staat der feste Rahmen bzw. das innere Skelett und Nervensystem für ihr eigenes Sein ist. In diesem Sinn wissen die Leute implizit, aber leider auch nur in empraktischer Anerkennung, dass es nicht nur keine Gesellschaft (›der Leute‹) ohne den Staat gibt, nicht nur keine Bürger, sondern auch keine volle Person. Das Gemeinwesen ist der Geist des Menschen. Das ist Hegels Übersetzung der größten Gnome Heraklits: *ēthos anthropō daimōn*. Wieder bewährt sich Hegels Aussage, dass das, was uns allen immer schon bekannt ist, von uns noch lange nicht explizit und selbstbewusst erkannt ist. Die Bürger wissen also nur implizit darum, dass der Staat »ihre Substanz« ist, wie Hegel das eben Erläuterte ausdrückt. Man könnte Hegels ›Besserwissen‹ hier nur kritisieren, indem man etwas über die gleichen Inhalte besser weiß, nicht damit, dass man auf viele anderslautenden Meinungen zu ihnen verweist.

287 Ⓚ In dem Korporationsgeist, da er die *Einwurzelung des Besonderen in das Allgemeine unmittelbar* enthält, ist insofern die Tiefe und die Stärke des Staates, die er in der *Gesinnung* hat. (299)

Hegel hebt hier die relative Bedeutung des impliziten Eigeninteresses an der Verfassung des Gemeinwesens hervor. Es steht damit neben anderen ›weichen‹ und dennoch insgesamt höchst wirksamen Faktoren wie kulturelle und religiöse ›Identifikationen‹ mit den verschiedenen gemeinschaftsförmigen Korporationen im Rahmen des ›nationalen‹, also staatlich umrahmten, Gemeinwesens, dann auch der transnationalen Gemeinschaft aller Menschen. – Hegels etwas blumige Reden von einer »Einwurzelung des Besonderen in das Allgemeine« und der »Tiefe und … Stärke des Staates, die er in der Gesinnung hat«, bleiben mit Recht vage und metaphorisch.

287 Ⓚ Die Verwaltung der Korporationsangelegenheiten durch ihre eigenen Vorsteher wird, da sie zwar ihre eigentümlichen Interessen und Angelegenheiten, aber unvollständiger den Zusammenhang der entfernteren Bedingungen und die allgemeinen Gesichtspunkte kennen

und vor sich haben, häufig ungeschickt sein – außerdem daß weitere Umstände dazu beitragen, z. B. die nahe Privatberührung und sonstige Gleichheit der Vorsteher mit den ihnen auch untergeordnet sein sollenden, ihre mannigfachere Abhängigkeit u. s. f. (299 f.)

Hegel meint, dass »die nahe Privatberührung« etwa der gewählten Bürgermeister mit ihrer Gemeinde die Gefahr erzeugt, dass ihre Urteile nicht objektiv bleiben. Dasselbe gälte, meint Hegel, für den gewählten Vorstand lokaler oder überregionaler Vereine, auch wegen der ›mannigfachen Abhängigkeit‹ der Vereinspräsidenten. Diese Aspekte sind durchaus zu berücksichtigen. Hegels Einschätzung, dass die staatliche Bürokratie auch wegen der Aufsicht der Beamten und ihrer Auswahl nach Leistung statt durch Wahlen des Vertrauens insgesamt professioneller sei als die Verwaltung von Korporationen, ist aber in seiner Allgemeinheit durchaus fragwürdig. Er meint, dass eine korporative Selbstverwaltung zwar die »eigentümlichen Interessen und Angelegenheiten« etwa einer Gemeinde, Gewerkschaft oder Genossenschaft besser im Blick habe, aber weit »unvollständiger den Zusammenhang der entfernteren Bedingungen«.

Dabei ist eine gute Verwaltung, wie sogar schon Lao Tse sieht, gerade eine solche, welche der lokalen Selbstverwaltung möglichst große Freiheitsspielräume lässt, so dass die Zentralverwaltung nur subsidiär, nur im Notfall eingreifen sollte. Hier zeigt sich erneut, dass Hegel seine eigenen methodischen Prinzipien nicht immer streng genug beachtet. Subjektiv gesehen sollten wir das verzeihen. In der Bewertung wesentlicher Allgemeinheiten sind solche ›Fehler‹ wohl immer auch unvermeidlich. Daher bedarf es des freien Diskurses, um nötige inhaltliche Korrekturen vorzunehmen und bessere allgemeine Argumente zu finden.

Die erste Folge meiner Kritik besteht in einer notwendigen Ersetzung von Hegels *konstitutioneller Monarchie* durch eine *konstitutionelle Demokratie*, die zweite besteht in einer *radikaleren Verteidigung des Freiheitsprinzips gegen das Prinzip einer Zentralverwaltung* eines von dieser Verwaltung selbst definierten Gemeinwillens und eines ebenfalls zentral ›bestimmten‹ Gemeinwohls. Die Punkte hängen freilich eng zusammen.

Diese eigene Sphäre kann aber, als dem Moment der *formellen* 287 f. Ⓚ
Freiheit überlassen angesehen werden, wo das eigene Erkennen,

Beschließen und Ausführen, so wie die kleinen Leidenschaften und Einbildungen einen Tummelplatz haben, sich zu ergehen, – und dies um so mehr, je weniger der Gehalt der Angelegenheit, die dadurch verdorben, weniger gut, mühseliger u. s. f. besorgt wird, für das Allgemeinere des Staats von Wichtigkeit ist, und je mehr die mühselige oder törichte Besorgung solcher geringfügiger Angelegenheit in direktem Verhältnisse mit der Befriedigung und Meinung von sich steht, die daraus geschöpft wird. (300)

Immerhin lenkt Hegel sozusagen selbst (ein wenig) ein und überlässt die lokale Sphäre »der formellen Freiheit«, wie er etwas allzu abschätzig die lokale Selbstverwaltung nennt. Denn damit bringt er sie in die Nähe subjektiver Willkür. Diese abschätzige Haltung bestätigt sich in der Rede davon, dass hier »das eigene Erkennen, Beschließen und Ausführen sowie die kleinen Leidenschaften und Einbildungen einen Tummelplatz haben«. Wieder widerspricht er damit seiner eigenen Idee von Freiheit, indem er der lokalen Sphäre nur das überlässt, was nicht so wichtig ist. Wenn es einen Grund gibt, Hegels Idee vom Staat als Verwalter des Gemeinwesens zu kritisieren, dann in dessen zentralistischen Tendenzen. Diese erklären sich aus der prima facie berechtigten, aber im Besonderen überzogenen Betonung der nachhaltigen Einheit und Einheitlichkeit des Gemeinwesens. Diese Gründe liegen auch seiner Argumentation für ein politisch mächtiges Staatsoberhaupt und die Erbmonarchie zugrunde – wobei er die Frage nach der persönlichen Kompetenz der designierten Thronfolger und nach den Gefahren ihrer Machtfülle[122] (am Ende erstaunlicherweise) gar nicht (ausreichend) diskutiert.[123]

122 Man denke etwa an die ›Kaiser‹ Nikolaus II. von Russland und Wilhelm II., deren desaströse Politik noch mehr als die der K.-u.-k.-Monarchie für den Ersten Weltkrieg verantwortlich ist. Dieser hat endgültig die Unhaltbarkeit einer konstitutionellen Monarchie gerade auch in der von Hegel verteidigten Form in der Moderne gezeigt.

123 An der Spannung zwischen der Herstellung und dem Erhalt der Einheit des Gemeinwesens bzw. des Staates und der Form der Mitbestimmung ist dann übrigens auch die bürgerliche Revolution von 1848 gescheitert. Man konnte nicht wirklich in konsistenter Weise *gleichzeitig* die Einheit Deutschlands (entweder unter dem österreichischen Erzherzog Johann oder dem preußischen Friedrich Wilhelm IV.) wollen *und* deren Kontrolle durch

§ 290

In dem Geschäfte der Regierung findet sich gleichfalls die *Teilung* 288
der Arbeit (§ 198) ein. Die *Organisation* der Behörden hat insofern die formelle, aber schwierige Aufgabe, daß von unten, wo das bürgerliche Leben *konkret* ist, dasselbe auf konkrete Weise regiert werde, daß dies Geschäft aber in seine *abstrakte* Zweige geteilt sei, die von eigentümlichen Behörden als unterschiedenen Mittelpunkten behandelt werden, deren Wirksamkeit nach unten, so wie in der obersten Regierungsgewalt in eine konkrete Übersicht wieder zusammenlaufe. | (300) 243

Wie in allen Kooperationen, in denen viele Leute beteiligt sind, kommt es auf die Organisation der Teilung der Arbeit an. Das betrifft trivialerweise gerade auch die Organisation der staatlichen Behörden. Diese hat aber die besondere Bedeutung, dass sie sozusagen das stabile Skelett zusammen mit dem System der Nervenstränge mit Verbindung zum Kopf des Ganzen ist, an dem alle anderen Teile des gesellschaftlichen Organismus festgemacht und durch das sie partiell steuerbar sind. Das ist zwar eine Analogie wie die Platons zwischen der Organisation der Person und der Stadt. Noch einfacher ist das Gleichnis des Menenius Agrippa von den Optimaten als dem Kopf des Staates und den Plebejern als dem Bauch, der besser nicht rebelliert. Aber solche Metaphern liegen nahe, wie Platons *Politeia* und dann auch noch das gesamte Buch zum Leviathan von Thomas Hobbes, besonders im Frontispiz zeigt, nach welchem die Menge des Volkes den Leib der großen Person Staat bildet – mit dem Monarchen als Haupt. Dabei bedarf es nicht vieler Worte, um den Sinn des Bildes zu verstehen. Interessant ist nur, dass Hobbes sich vehement gegen alle Metaphorik als angeblich ungenau und irreführend ausspricht,

das Paulskirchenparlament. Wenn man der Einheit den Vorzug gibt, liegt eine Politik wie die Bismarcks nahe, welche auf die *Fürsten* und nicht auf ›zufällig‹ gewählte Volksvertreter setzt. Allerdings sollte man dann auch die strukturelle Analogie zur Politik der Einheit Abraham Lincolns sehen, der die bei Jefferson noch ambivalente Föderation der Staaten im Sezessionskrieg gewissermaßen so umdeutet, dass ein Zentralstaat entsteht, wesentlich zusammengehalten durch ein mächtiges Staatsoberhaupt, gerade so, wie Hegel das analysiert.

obwohl seine eigene Staatstheorie in ihrer Struktur durch und durch metaphorisch ist: Der den Staat bildende Urvertrag zwischen Volk und Staat bzw. dessen monarchischer Regierung ist ja klarerweise kein wirklicher Vertrag. Damit hängt aber auch die zentrale ›Begründung‹ dafür, dass es eine Pflicht zum Gehorsam gegen den Staat gebe, weil Verträge ihrem Begriff nach einzuhalten sind, völlig in metaphorischer Luft.

Der Vergleich zeigt, wie viel genauer Hegel mit Analogien und erst recht mit materialbegrifflichen Formbestimmungen des (gemeinsamen) Handelns umgeht als Hobbes. Die schwierige Aufgabe der Bürokratie ist, wie das Bild von den Nervensträngen zeigt, die Übertragung der Anordnungen des Zentralorgans ›oben‹ in die Peripherie ›unten‹ – und von Informationen zwischen Gehirn und Gliedmaßen in beide Richtungen. Unten ist das »bürgerliche Leben konkret« – und steuert sich partiell selbst, wie das übrigens auch im Fall von Bewegungen des Leibes so ist. Daher ist gute Regierung immer nur indirekt, im Normalfall nicht interventionistisch, wie das eben schon Lao Tse im Tao Te King betont. Dennoch bedarf es gerade im Katastrophenfall, wie die Corona-Krise drastisch genug zeigt, einer schnellen staatlichen Reaktionsmöglichkeit (mit ersichtlichen Vorteilen für zentraler geleitete Staaten wie die USA und Großbritannien, die sich auch auf eine sehr starke Anerkennung der jeweiligen *Leitungsperson* im Staatsvolk stützen können, unabhängig von den Stärken und Schwächen der *Individuen* als den bloß jeweiligen Amstinhabern). Diese Reaktionen sind nur möglich, wenn die Verwaltung schon in »Zweige geteilt« ist, mit »unterschiedenen Mittelpunkten« und »Wirksamkeit nach unten«, wobei das Kontrollwissen von unten wieder »in eine konkrete Übersicht« zusammengefügt werden kann.

§ 291

288 Die Regierungsgeschäfte sind *objektiver*, für sich ihrer Substanz nach bereits entschiedener Natur (§ 287) und durch *Individuen* zu vollführen und zu verwirklichen. Zwischen beiden liegt keine unmittelbare natürliche Verknüpfung; die Individuen sind daher nicht durch die natürliche Persönlichkeit und die Geburt dazu bestimmt. Für ihre Bestimmung zu demselben ist das objektive Moment die Erkenntnis und der Erweis ihrer Befähigung, – ein Erweis, der dem

Staate sein Bedürfnis, und als die einzige Bedingung zugleich jedem Bürger die Möglichkeit, sich dem allgemeinen Stand zu widmen, sichert. (300 f.)

Die Aufgaben der Regierung seien schon inhaltlich bestimmt, sagt Hegel, da sowohl über die Gesetze und Erlasse als auch die konkreten Ziele des staatlichen Handelns entschieden sei. Die Aufgaben und Zwecke seien »durch Individuen zu vollführen und zu verwirklichen«. Hier bestätigt sich erneut, dass Hegel immer auch die Form des Vollzugs ernst nimmt und sich eben dadurch von jeder bloß inhaltsfixierten und damit abstrakten, schlecht-allgemeinen Ethik und Staatstheorie unterscheidet. – Hegel meint nun weiter, dass die Stellen der Regierungsbeamten rein nach Kompetenz zu besetzen seien, so dass sich auch jeder Bürger um sie bewerben kann, wodurch ein bürgerlicher Beruf und sogar Stand des Verwaltungs- oder Staatsbeamten entsteht. Die Erb-Ämter der Feudalmonarchie sind ja, wie schon gesagt, kontraproduktive Privatisierungen staatlicher Macht.

§292

Die subjektive Seite, daß *dieses* Individuum aus mehreren, deren 289
es, da hier das Objektive nicht (wie z. B. bei der Kunst) in Genialität liegt, notwendig unbestimmt *Mehrere* gibt, unter denen der Vorzug nichts absolut bestimmbares ist, zu einer Stelle gewählt und ernannt, und zur Führung des öffentlichen Geschäfts bevollmächtigt wird, diese Verknüpfung des Individuums und des Amtes, als zweier für sich gegeneinander immer zufälligen Seiten, kommt der fürstlichen, als der entscheidenden und souveränen Staatsgewalt zu. (301)

Es wird immer eine Menge gleich qualifizierter Bewerber um staatliche Ämter geben. Zwischen ihnen kann (nur) willkürlich entschieden werden. Unsere Rekonstruktion der Denkform Hegels bestätigt sich darin, dass gerade solche subjektiven Entscheidungen der fürstlichen Gewalt überlassen werden.

§293

Die besonderen Staatsgeschäfte, welche die Monarchie den Be- 289
hörden übergibt, machen einen Teil der *objektiven* Seite der dem Monarchen innewohnenden Souveränität aus; ihr bestimmter *Unterschied* ist eben so durch die Natur der Sache gegeben; und wie

die Tätigkeit der Behörden eine Pflichterfüllung, so ist ihr Geschäft auch ein der Zufälligkeit entnommenes Recht. (301)

Hegel formuliert bewusst allgemeiner, dass nicht der Monarch als Subjekt, sondern die Monarchie im Sinne der monarchischen Leitung des Staates den Behörden Aufgaben übergibt. Indem das Staatsoberhaupt das alles aber leitet, hat es inhaltliche Macht. Die verschiedenen Ressorts sind »durch die Natur der Sache gegeben«. Die Erwartung der Pflichterfüllung der Beamten wird häufig sogar formell dokumentiert in ihrem Amtseid. Alle Entscheide und Urteile der Amtsträger in Amtssachen zählen dann auch nicht als zufällige Privaturteile, sondern als Entscheidungen ›des Staates‹.

§ 294

289 Das Individuum, das durch den souveränen Akt (§ 292) einem amtlichen Berufe verknüpft ist, ist auf seine Pflichterfüllung, das Substantielle seines Verhältnisses, als Bedingung dieser Verknüpfung angewiesen, in welcher es *als Folge* dieses substantiellen Verhältnisses das Vermögen und die gesicherte Befriedigung seiner Besonderheit (§ 264) und Befreiung seiner äußern Lage und Amtstätigkeit von
244 sonstiger subjektiver Abhängigkeit und Einfluß findet. | (301 f.)

Beamte müssen ausreichend besoldet werden, möglichst so, dass sie keine weitere Erwerbsquelle benötigen, schon gar nicht auf dem Weg von Bestechung. Das ist der ganze Inhalt der Passage.

289 f. Ⓚ Der Staat zählt nicht auf willkürliche, beliebige Leistungen (eine Rechtspflege z. B., die von fahrenden Rittern ausgeübt wurde) eben weil sie beliebig und willkürlich sind, und sich die Vollführung der Leistungen nach subjektiven Ansichten, eben so wie die beliebige Nichtleistung und die Ausführung subjektiver Zwecke vorbehalten. Das andere Extrem zum fahrenden Ritter wäre in Beziehung auf den Staatsdienst das des *Staatsbedienten*, der bloß nach der Not, ohne wahrhafte Pflicht und eben so ohne Recht seinem Dienste verknüpft wäre. – (302)

Es war noch ein primitiver Zustand des Gemeinwesens, in dem sozusagen fahrende Ritter gegen Bezahlung völlig frei über Rechtsstreitigkeiten urteilten. Im geordneten Staat sind die Richter besoldete Beamte. Ein ›Staatsbedienter‹ ist das Gegenteil einen ›Staatsbediensteten‹. Ein solcher würde nicht frei Recht sprechen, sondern sozusagen mit imperativem Mandat, ohne das Recht auf eigenes Urteil und ohne wahrhafte ethische Pflicht gegen das Gemeinwesen. Die Vorstellung, man könne schematisch Recht sprechen, macht aus einem (uns allen) verantwortlichen Richter einen Staatsbedienten. Die damit verwandte Vorstellung, man könne am Ende die richterlichen Urteile einer gut programmierten Maschine überlassen, stützt sich auf interessante Weise nur auf die beiden Momente des Schematischen und des subjektiv Zufälligen in Richtersprüchen. Sie übersieht, dass alle *Vernunft* in einem *holistischen*, die *ganze Sache* und die *ganze Person* betrachtenden *Pro-tanto-Urteil* liegt.

Der Staatsdienst fordert vielmehr die Aufopferung selbstständiger und beliebiger Befriedigung subjektiver Zwecke, und gibt eben damit das Recht, sie in der pflichtmäßigen Leistung[,] aber nur in ihr zu finden. Hierin liegt nach dieser Seite die Verknüpfung des allgemeinen und besonderen Interesses, welche den Begriff und die innere Festigkeit des Staats ausmacht (§ 260). – (302) 290 Ⓚ

Hegels häufig zu dramatische Ausdrucksweise ist manchmal etwas irreführend. Hier will er nur sagen, dass die Aufgaben eines Beamten verlangen, dass er seine eigenen Interessen und privaten Meinungen ein gutes Stück weit der zu behandelnden Sache und dem Gemeininteresse nachordnet. Von einer Selbstaufopferung ist z. B. nicht die Rede.

Das Amtsverhältnis ist gleichfalls kein *Vertrags*verhältnis (§ 75), obgleich ein gedoppeltes Einwilligen und ein Leisten von beiden Seiten vorhanden ist. Der Bedienstete ist nicht für eine einzelne zufällige Dienstleistung berufen, wie der Mandatarius, sondern legt das Hauptinteresse seiner geistigen und besonderen Existenz in dies Verhältnis. (302) 290 Ⓚ

Ein Vertragsverhältnis ist ein Tauschverhältnis. Das Recht des Beamten, trotz aller Subjektivität seines Urteilens für die Allgemeinheit zu sprechen, und seine Pflicht, dies auf möglichst gute und nicht korrupte Weise zu tun, sind kein Tausch. Daher ist auch die Besoldung eines Beamten kein Arbeitslohn für einen Zeit- oder Werkvertrag. Es ist ein personales Dienstverhältnis, das den Beamten mit Staat und Gemeinwesen verbindet. Hegel spricht in eben diesem Sinn von »seiner geistigen und besonderen Existenz«, die er in dieses Verhältnis einbringt – zumal er in vielem als personales Subjekt frei und verantwortlich urteilen muss. Das gilt schon für Lehrer und Schulleiter etc.

Im Fall von Beamten wird also Sold sozusagen für die ganze Person bezahlt und nicht für Zeitarbeit oder konkrete Werke bzw. Leistungen. Das monatliche Gehalt für Angestellte ist ebenfalls von dieser Form, auch in privaten Betrieben. Nur der Werk- und Zeitlohn für geleistete Dienste ist von anderem Typ.

Von heute her gesehen scheint es für die meisten Betrachter so zu sein, dass sich der Sonderstatus der Staatsbeamten wenigstens in Schulen und Hochschulen überlebt habe, wie ihn Hegel hier begründet. Das liegt aber wohl nur an der Angleichung der Verhältnisse von Angestellten zu Beamten sowohl in der Arbeitsform und als Vertreter einer Institution und dann sogar auch der Arbeiter an die Betriebsangestellten – so dass wir heute längst in einer allgemeinen Angestelltengesellschaft leben mit nur wenigen Selbständigen und ohne wesentliche Unterschiede zwischen Staatsbeamten und Staatsangestellten.

290 Ⓚ Eben so ist es nicht eine ihrer Qualität nach äußerliche, nur besondere Sache, die er zu leisten hätte und die ihm anvertraut wäre; der *Wert* einer solchen ist als inneres von ihrer Äußerlichkeit verschieden und wird bei der Nichtleistung des Stipulierten noch nicht verletzt (§ 77). (302 f.)

Hegels Text lässt den Leser manchmal verzweifeln. Dabei greift er hier nur den obigen Gedanken des Werkvertrags auf. Wenn das versprochene Werk nicht erbracht ist, ist zwar der Vertrag, aber noch kein Recht verletzt – es muss allenfalls der Werklohn ersetzt werden. Allfällige Konventionalstrafen sind keine Strafen, sondern Bestandteil des Vertrags.

290 Ⓚ Was aber der Staatsdiener zu leisten hat, ist wie es unmittelbar ist, ein Wert an und für sich. Das Unrecht durch Nichtleistung oder positive Verletzung (dienstwidrige Handlung, und beides ist eine solche) ist daher Verletzung des allgemeinen Inhalts selbst (verglichen § 95 ein negativ unendliches Urteil), deswegen Vergehen oder auch Verbrechen. – (303)

Ein Beamter oder Staatsdiener hat seine Pflicht »an und für sich« zu erfüllen. Tut er das nicht, ist es ein Dienstvergehen – mit disziplinarischen oder gar strafrechtlichen Folgen. Hegel hat ganz recht, dies als »Verletzung des allgemeinen Inhalts selbst« und als »negativ unendliches Urteil« darzustellen: Im Dienstvergehen handelt eine Person statt als Staatsdiener als Privatsubjekt – und missbraucht eben damit seine Rolle als Amtsträger und damit die Staatsgewalt. Dadurch wird nicht ein Vertrag gebrochen, sondern möglicherweise schon ein »Vergehen oder auch Verbrechen« begangen.

Durch die gesicherte Befriedigung des besonderen Bedürfnisses 290 Ⓚ
ist die äußere Not gehoben, welche, die Mittel dazu auf Kosten der Amtstätigkeit und Pflicht zu suchen, veranlassen kann. (303)

Hegel kommt nun noch einmal auf die Besoldung zurück. Sie muss, wie oben schon gesagt, so sein, dass die Beamten nicht aus Not in die Korruption gedrängt werden und auch sonst die Amtspflichten nicht zugunsten eines Nebenerwerbs vernachlässigen (müssen). Korruption aus Gier ist damit natürlich nicht ausgeschlossen.

In der allgemeinen Staatsgewalt finden die mit seinen Geschäften 290 Ⓚ
Beauftragten Schutz gegen die andere subjektive Seite, gegen die Privatleidenschaften der Regierten, deren Privatinteresse u. s. f. durch das Geltendmachen des Allgemeinen dagegen, beleidigt wird. | (303) 245

Andererseits ist ein Amtsträger vom Staat zu schützen, insbesondere gegen Fälle, in denen seine Entscheidungen bei Missfallen nicht bloß rechtlich angefochten werden, soweit das eben geht, sondern zu einer persönlichen Bedrohung führen, was insgesamt zwar selten, aber immer auch geschieht, ob in Schule oder Hochschule, in der Verwaltung oder im Rechtswesen.

§ 295

Die Sicherung des Staats und der Regierten gegen den Mißbrauch 291
der Gewalt von Seiten der Behörden und ihrer Beamten liegt einerseits unmittelbar in ihrer Hierarchie und Verantwortlichkeit, andererseits in der Berechtigung der Gemeinden, Korporationen, als wodurch die Einmischung subjektiver Willkür in die den Beamten anvertraute Gewalt für sich gehemmt und die in das einzelne Benehmen nicht reichende Kontrolle von Oben, von Unten ergänzt wird. (303)

Der Schutz gegen Amtsmissbrauch ist keine wirklich einfache Angelegenheit, wie die Einführung einer eigenen Verwaltungsgerichtsbarkeit zeigt. Sie dient der »Sicherung des Staats und der Regierten«.

Die Möglichkeit des Missbrauchs liegt natürlich darin, dass die Beamten im Namen des Gemeinwesens urteilen, dabei aber eigene, private Interessen verfolgen können. Ein gewisses Ausmaß an Subjektivität ist zu tolerieren – aber nie in eigener Sache. Der Schutz vor Beamtenwillkür ist partiell durch seinen Ort in der Hierarchie und seine Verantwortlichkeit in ihr gegeben. – Hegel kennt aber auch die Grenzen der Amtsaufsicht und Selbstkontrolle der Justiz, wie der Fall des Müllers Arnold unten zeigen wird. Es bedarf daher immer auch einer öffentlichen Bewertung. Subjektive Willkür in der Amtsausübung kann auch durch Verwaltungsklage oder Klage auf Revision eines Urteils in gewissen Grenzen gehalten werden.

291 Ⓚ Im Benehmen und in der Bildung der Beamten liegt der Punkt, wo die Gesetze und Entscheidungen der Regierung die Einzelnheit berühren und in der Wirklichkeit geltend gemacht werden. Dies ist somit die Stelle, von welcher die Zufriedenheit und das Zutrauen der Bürger zur Regierung, so wie die Ausführung oder Schwächung und Vereitelung ihrer Absichten nach der Seite abhängt, daß die *Art und Weise* der Ausführung von der Empfindung und Gesinnung leicht so hoch angeschlagen wird, als der *Inhalt* des Auszuführenden selbst, der schon für sich eine Last enthalten kann. (303 f.)

Die Entscheidungen von Beamten der untersten Ebene sind für den Bürger im Normalfall die relevantesten. In ihnen wirken sich »die Gesetze und Entscheidungen der Regierung« auf uns alle aus. Daher sind die allgemeine Bildung und das vernünftige Urteilen und Handeln (›Benehmen‹) der Beamten dieser Ebene für das Vertrauen von uns Bürgern in Staat und Regierung entscheidend, was sich auch darin zeigt, wie wir auf unverhältnismäßige (oder gar ›rassistisch‹ motivierte) Polizeigewalt reagieren und welche Folgen die schlechte Ausbildung oder auch schlechte Bezahlung von Polizisten haben kann.

291 Ⓚ In der Unmittelbarkeit und Persönlichkeit dieser Berührung liegt es, daß die Kontrolle von Oben von dieser Seite unvollständiger ihren Zweck erreicht, der auch an dem gemeinschaftlichen Interesse der Beamten als eines gegen die Untergebenen und gegen die Obern sich zusammenschließenden Standes, Hindernisse finden kann, deren Beseitigung insbesondere bei etwa sonst noch unvollkommenern Institutionen, das höhere Eingreifen der Souveränität (wie

z. B. *Friedrichs* II. in der berüchtigt-gemachten Müller Arnoldschen Sache) erfordert und berechtigt. (304)

Die »Kontrolle von oben«, durch Amtsaufsicht, funktioniert häufig nicht, wenn etwa ein höheres Gericht im Streit zwischen einem Richter oder einer staatlichen Behörde und einer Privatperson entscheiden soll. Denn der Korpsgeist gibt hier zu leicht den Kollegen recht. Um das Problem anschaulich machen, erinnert Hegel an den damals noch immer berühmten Fall des Müllers Arnold. Dieser war dem Grafen Schmettau für eine Wassermühle erbzinspflichtig, konnte diesen Zins aber nicht mehr bezahlen, weil Landrat Gersdorff ihm durch den Bau von Teichen das Wasser entzog. Als Folge eines Urteils des Patrimonialgerichts mit Schmettau als Gerichtherr wurde die Mühle zwangsversteigert und von Gersdorff erwarb sie. Auf Eingaben Arnolds beim König hin wurde eine Schadensersatzklage erzwungen, aber das Landgericht Küstrin und auch das Kammergericht wiesen sie ab – worauf der König 1779 alle drei Richter der drei Gerichte verhaften ließ; doch wieder weigerten sich die Kollegen des Kammergerichts, sie wegen Amtsmissbrauchs zu verurteilen, weil nach damaligen Recht nichts zu beanstanden war. Friedrich selbst ordnete daraufhin ein Jahr Festungshaft für die drei Richter in Spandau an – was zu einer Art Aufruhr unter den Juristen gegen die ›Tyrannei‹ Friedrichs II. führte; aber (immerhin) die (Arbeit an der) Kodifikation des Allgemeinen Landrechts beschleunigte. Hegel kommentiert eben diesen Fall, wo er vom »gemeinschaftlichen Interesse der Beamten« spricht, die ›gegen die Oberen sich zusammenschließen‹, und rechtfertigt das »höhere Eingreifen der Souveränität«, obwohl es formalrechtlich keineswegs korrekt war.

§ 296

Daß aber die Leidenschaftlosigkeit, Rechtlichkeit und Milde des Benehmens *Sitte* werde, hängt teils mit der direkten *sittlichen* und *Gedankenbildung* zusammen, welche dem, was die Erlernung der sogenannten Wissenschaften der Gegenstände dieser Sphären, die erforderliche Geschäftseinübung, die wirkliche Arbeit u. s. f. von Mechanismus und dergleichen in sich hat, das geistige Gleichgewicht hält; teils ist die *Größe* des Staats ein Hauptmoment, wodurch sowohl das Gewicht von Familien- und anderen Privatverbindungen 291 f.

geschwächt, als auch Rache, Haß und andere solche Leidenschaften ohnmächtiger und damit stumpfer werden; in der Beschäftigung mit den in dem großen Staate vorhandenen großen Interessen ge-
246 hen für sich | diese subjektiven Seiten unter und erzeugt sich die Gewohnheit allgemeiner Interessen, Ansichten und Geschäfte. (304)

Hegel fordert über die Sachausbildung hinaus eine Art Charakterbildung von Beamten und Richtern. »Leidenschaftslosigkeit, Rechtlichkeit und Milde« sollen Sitte werden. Außerdem meint er, dass in größeren Staaten »das Gewicht von Familien- und anderen Privatverbindungen geschwächt« würde und das Interesse an den Angelegenheiten der Allgemeinheit wachse – was aber nicht so recht nachvollziehbar ist.

§ 297

292 Die Mitglieder der Regierung und die Staatsbeamten machen den Hauptteil des *Mittelstandes* aus, in welchen die gebildete Intelligenz und das rechtliche Bewußtsein der Masse eines Volkes fällt. Daß er nicht die isolierte Stellung einer Aristokratie nehme und Bildung und Geschicklichkeit nicht zu einem Mittel der Willkür und einer Herrenschaft werde, wird durch die Institutionen der Souveränität von Oben herab, und der Korporations-Rechte von Unten herauf, bewirkt. (305)

Zeitbedingt – und von seiner Herkunft her betrachtet – ist für Hegel die Beamtenschaft »Hauptteil des Mittelstandes«, in welchem praktisch die gesamte »gebildete Intelligenz und das rechtliche Bewußtsein ... eines Volkes« zu finden ist. Dabei war in der Tat nicht zu befürchten, dass eine neue Form des Beamtenadels entstehen könnte, und zwar eben deswegen, weil die Stellen nicht erblich sein konnten, so dass die »Souveränität von oben herab« ebenso wenig eine Rolle spielten wie die »Korporationsrechte von unten herauf«.

292 Ⓚ So hatte sich vormals die Rechtspflege, deren Objekt das eigentümliche Interesse aller Individuen ist, dadurch, daß die Kenntnis des Rechts sich in Gelehrsamkeit und fremde Sprache und die Kenntnis des Rechtsganges in verwickelten Formalismus verhüllte, in ein
247 Instrument des Gewinns und der Beherrschung verwandelt. | (305)

Richtig ist zwar, dass Juristen in früheren Zeiten von ihrer Sonderstellung profitierten und die nötigen Latein- und Rechtskenntnisse den Zugang zur Zunft erschwerten. Als »Instrument des Gewinns und der Beherrschung« war das aber immer weit weniger nachhaltig und gravierend als die politische und ökonomische Machtergreifung des Reiter- oder Rittertums praktisch über alles Land und Volk in der Feudalmonarchie. Der spätere Erb-Adel wird erst so zu einer eigenen, sich selbst vom Rest des Volkes ausschließenden Menschenklasse. Der spätere Ehren-Adel für verdiente oder reiche Bürger ist dann schon von anderem Typ, obwohl er zugleich die alten aristokratischen Klassenstrukturen noch für einige Zeit lang befestigen hilft.

c) Die gesetzgebende Gewalt

Alle Gesetze gelten zeitallgemein, also für alle Personen und Situationen in einem ›Land‹, wie wir sagen, da die Grenzen des Gemeinwesens zunächst als Territorium und erst sekundär über die Staatsbürgerschaft bestimmt sind. Allerdings können dann immer noch Bedingungen in der Form von allgemeinen ›Wenn-dann-Sätzen‹ den Inhalt bestimmen, was alle diejenigen übersehen, die nur ›bedingungslose‹ Gesetze betrachten und die Logik nicht begreifen, die über explizit in Gesetze, Normen oder Regeln aufgenommene *Bedingungen* diese gerade erst ›unbedingt‹ machen. Welche Unterscheidungen von Personen nach Rolle und Status dabei rechtlich zugelassen sind und welche als unzulässige Diskriminierungen allgemein ausgeschlossen bleiben müssen, das gehört in eine besondere Untersuchung und kann nicht formallogisch oder allgemeinbegrifflich fixiert werden.

Es ist eine Frage der Logik des Allgemeinen und seiner besonderen Anwendung auf das empirische Einzelne, wie die ›prinzipiellen‹, formalen, damit idealen zeit-, situations- und personenallgemeinen Gesetze genau zu verstehen sind. Wie passt dazu die Tatsache, dass sie immer »weiterer Fortbestimmung bedürfen«? Ein Punkt ist dabei schon ganz offenbar: In generischen Regeln sind die explizit gemachten Anwendungsbedingungen immer nur auf implizit als bekannt unterstellte Normalfalltypen bezogen, so dass es sozusagen ›ewig‹ die Möglichkeit der ›Präzisierung‹ gibt – was der bloße Verstand gerade nicht begreift. Als bloß formales logisches Denken bewegt er sich nur in einem idealen Redebereich nach Art der mathematischen

Gegenstände. Von der realen Verfassung der wirklichen Welt wird eben damit ganz abstrahiert.[124]

Hegels absoluter Idealismus ist ein Realismus im Blick nicht nur auf die Sprache als formales System, sondern erst recht auf das konkrete Sprechen, Schreiben, Lesen und Verstehen, auch in den Wissenschaften. Die übliche Korrespondenzvorstellung von Wahrheit ist dabei schlicht ein pythagoräistisch-mathematischer Idealismus. Man verwechselt die rein sprachlich konstituierten inneren Redegegenstände und formalen Wahrheiten mit Dingen und Sachlagen der realen Welt. Das heißt, man verhält sich zu den Texten so, als spräche Flaubert in *Madame Bovary* über eine wirkliche Person und nicht über einen Frauentyp oder als ginge es in Platons Stilisierung des Sokrates oder der gleichnisförmigen Erzählung des Lebens Jesu in den Evangelien *nur* um einen historischen Bericht und nicht *auch* um eine Darstellung einer Form des Seins und Denkens. Kein einziges Modell der Physiker ist rein wörtlich zu nehmen. Jedes ist nur in seinem besonderen und begrenzten, bei Hegel auch daher als ›endlich‹ bezeichneten Phänomenbereich mit erfahrener Urteilskraft mit einer Ent-Idealisierung der bloß erst formalen Strukturen anzuwenden.

In der bloß formalen Logik und Semantik fehlt noch jede wirkliche Projektion von Sprache auf Welt. Die formale sprachanalytische Philosophie wendet sich gegen die sogenannte ›kontinentale‹ Philosophie als vermeintlichen »Idealismus«. Dabei geht es der Phänomenologie von Hegel über Husserl zu Heidegger gerade darum, das bloße Formale und Ideale schematischen logischen Denkens klarzustellen. Dabei kann die Explikationssprache naturgemäß nicht exakt sein. Das schematische Sprachverstehen zu entwickeln, das jeder lernen kann, ist eben nur ein Moment und wird von Hegel sogar explizit gerade für das Rechtssystem eingefordert. Die Mitverantwortung des Hörers und Lesers für den Inhalt einer Rede oder Schrift, der gemeinsam und eben daher dialektisch im Blick auf den realen Kontext und Bezug zu erarbeiten ist, lässt sich aber nie aufheben, indem man nur dem Sprecher oder Autor vorwirft, nicht ›klar und deutlich‹ genug zu sein.

124 Vgl. dazu auch P. Stekeler-Weithofer, Art. »Vernunft – Verstand«, Staatslexikon, Freiburg: Alber 2020, 791–795.

§ 298

Die *gesetzgebende Gewalt* betrifft die Gesetze als solche, insofern sie 293
weiterer Fortbestimmung bedürfen, und die ihrem Inhalte nach ganz allgemeinen innern Angelegenheiten. Diese Gewalt ist selbst ein Teil der Verfassung, welche ihr vorausgesetzt ist und insofern an und für sich außer deren direkten Bestimmung liegt, aber in der Fortbildung der Gesetze und in dem fortschreitenden Charakter der allgemeinen Regierungsangelegenheiten ihre weitere Entwickelung erhält. (306)

Die Legislative ist Teil der Gesamtverfassung des Staatswesens, das als Idee allgemeiner Kooperation der Personen vorausgesetzt ist. Andererseits konkretisieren die in der Gesetzgebung gesetzten Gesetze eben diese Kooperationsformen. Der ewige Fortschritt in der Ausbildung dieser Formen wurde schon genannt, wobei einige Hoffnung besteht, dass das Fortschreiten insgesamt zum Besseren führt. Eine Garantie gibt es aber nicht, so dass der Progress erst einmal in seiner Ambivalenz anzuerkennen ist.

§ 299

Diese Gegenstände bestimmen sich in Beziehung auf die Individuen 293
näher nach den zwei Seiten: α) was durch den Staat ihnen zu Gute kömmt und sie zu genießen und β) was sie demselben zu leisten haben. Unter jenem sind die privatrechtlichen Gesetze überhaupt, die Rechte der Gemeinden und Korporationen und ganz allgemeine Veranstaltungen und indirekt (§ 298) das Ganze der Verfassung begriffen. Das zu Leistende aber kann nur, indem es auf *Geld*, als den existierenden allgemeinen *Wert* der Dinge und der Leistungen, reduziert wird, auf eine gerechte Weise und zugleich auf eine Art bestimmt werden, daß die *besonderen* Arbeiten und Dienste, die der Einzelne leisten kann, durch seine Willkür vermittelt werden. (306)

Die Dinge, welche die Gesetze regeln, lassen sich aus dem Blick der betroffenen Personen bzw. Individuen zunächst formal unterscheiden in das, was sie vom Gemeinwesen oder Staat an Leistung erhalten, und das, was sie zu leisten haben. Zur ersten Gruppe gehören die »privatrechtlichen Gesetze« als Rahmen und Schutz der durch Verträge des formellen Tausches verfassten bürgerlichen Gesellschaft und aller freien Kooperationen in familialen oder kommunitarischen Substrukturen. Hinzukommen »die Rechte der Gemeinden und Korporationen« – und die Stabilität der Gesamtverfassung. Die Leistungen der Bürger für den Staat bestehen zunächst in allen möglichen Formen von Steuern und Abgaben, dann auch in besonderen Diensten, besonders dem Wehrdienst oder Zivildienst.

293 f. Ⓚ Was Gegenstand der allgemeinen Gesetzgebung und was der Bestimmung der Administrativ-Behörden und der Regulierung der Regierung überhaupt anheim zu stellen sei, läßt sich zwar im Allgemeinen so unterscheiden, daß in jene nur das dem Inhalte nach ganz Allgemeine der gesetzlichen Bestimmungen, in diese aber das Besondere und die Art und Weise der *Exekution* falle. Aber völlig bestimmt ist diese Unterscheidung schon dadurch nicht, daß das Gesetz, damit es Gesetz, nicht ein bloßes Gebot überhaupt sei (Wie »du sollst nicht töten«, vergl. mit Anm. zum § 140, S. 144 f.), in sich *bestimmt* sein muß; je bestimmter es aber ist, desto mehr nähert sich sein Inhalt der Fähigkeit, so wie es ist, ausgeführt zu werden. Zugleich aber würde die so weit gehende Bestimmung den Gesetzen eine empirische Seite geben, welche in der wirklichen Ausführung Abänderungen unterworfen werden müßte, was dem Charakter von Gesetzen Abbruch täte. In der organischen Einheit der Staatsgewal-
248 ten liegt es selbst, daß es Ein Geist ist, der das Allgemeine | festsetzt, und der es zu seiner bestimmten Wirklichkeit bringt und ausführt. – (306 f.)

Es gibt kein allgemeines Prinzip, das bis ins Detail bestimmen würde, was als Gesetz in der Macht der Legislative und was als Erlass in der Zuständigkeit der Regierung steht. Es gibt aber verschiedene Reichweiten, auch Zeitspannen der Geltung. Gesetze sind dem Inhalt nach ganz allgemein. Erlasse regeln besondere Durchführungsbestimmungen – etwa für die Exekutive selbst.

Gesetze artikulieren bestimmte Formen des Handelns, die geboten oder verboten bzw. (bedingterweise) erlaubt sind. Durchführungsbestimmungen sagen etwas zur ›empirischen Seite‹ »in der wirklichen Ausführung« und den dabei ggf. je nötigen Abänderungen oder Ausnahmen. Der allgemeine Charakter der Gesetze ist so, dass nicht alle Ausnahmen artikuliert werden können oder müssen.

Die inhaltliche Kohärenz des gemeinsamen Handelns als Zusammenfügung des Urteilens und Handelns der einzelnen Personen ergibt sich aus der Strukturierung des Gemeinwesens, »der Einheit der Staatsgewalten« selbst. Die Einheit sorgt erst dafür, dass »es ein Geist ist«, der in der Gesetzgebung »das Allgemeine festsetzt« und in der Exekutive und dann auch in gesellschaftlichen Interaktionen (des ökonomischen Vertragshandeln) auf besondere Weise verwirklicht.

Es kann im Staate zunächst auffallen, daß von den vielen Ge- 294 Ⓚ
schicklichkeiten, Besitztümern, Tätigkeiten, Talenten, und darin liegenden unendlich mannigfaltigen lebendigen *Vermögen*, die zugleich mit Gesinnung verbunden sind, der Staat keine direkte Leistung fordert, sondern nur das *eine* Vermögen in Anspruch nimmt, das als *Geld* erscheint. – Die Leistungen, die sich auf die Verteidigung des Staats gegen Feinde beziehen, gehören erst zu der Pflicht der folgenden Abteilung. In der Tat ist das Geld aber nicht ein *besonderes* Vermögen neben den übrigen, sondern es ist das Allgemeine derselben, insofern sie sich zu der Äußerlichkeit des Daseins produzieren, in der sie als eine *Sache* gefaßt werden können. Nur an dieser äußerlichsten Spitze ist die *quantitative* Bestimmtheit und damit die Gerechtigkeit und Gleichheit der Leistungen möglich. – (307)

Wir hatten schon gesehen, dass der (moderne) Staat von den Bürgern im Wesentlichen als Beitrag zum Gemeinwesen Steuern erhebt und dass diese in der Form von Geld entrichtet werden. Geld ist dabei allgemeines Tausch- und Zahlungsmittel für Waren und Dienstleistungen und quantitativer Wertmaßstab auch für jede proportionale Gerechtigkeit der Verteilung der Steuerlasten. Hier ist nur relevant, dass im Normalfall keine besondere Tätigkeit als Beitrag erwartet wird, schon gar keine besondere Aufopferung und kein Heldentum, wie sie nur im Notfall nötig werden. Das gilt sogar für die Gesinnung, sofern die Anerkennung der Institutionen des Gemeinwesens gewährleistet ist. Der Wehrdienst ist eigens zu betrachten.

Plato läßt in seinem Staate die Individuen den besondern Stän- 294 f. Ⓚ
den durch die Obern zuteilen, und ihnen ihre *besondern* Leistungen auflegen (vergl. § 185 Anm.); in der Feudal-Monarchie hatten Vasallen eben so unbestimmte Dienste, aber auch in ihrer *Besonderheit* z. B. das Richteramt u. s. f. zu leisten; die Leistungen im Orient, Ägypten für die unermeßlichen Architekturen u. s. f. sind eben so von *besonderer* Qualität u. s. f. In diesen Verhältnissen mangelt das Prinzip *der subjektiven Freiheit*, daß das substantielle Tun des Indivi-

duums, das in solchen Leistungen ohnehin seinem Inhalte nach ein Besonderes ist, durch seinen *besonderen Willen* vermittelt sei; – ein Recht, das allein durch die Forderung der Leistungen in der Form des allgemeinen Wertes möglich, und das der Grund ist, der diese Verwandlung herbeigeführt hat. (307 f.)

Platons Staatsentwürfe in der *Politeia* und den *Nomoi* sind als Vergleichstexte auch deswegen interessant, weil wir an ihnen den Unterschied zum modernen Staat klar sehen können. Bei Platon verteilt das Leitungspersonal konkrete Aufgaben – zumal Plato in Übernahme der antiquierten kommunistisch-kommunitarischen Lebensform Lakedaimons die Geldwirtschaft (jedenfalls im Prinzip) *ablehnt*.

Das (frühere) Mittelalter ist ebenfalls, anders als das römische Reich, durch einen partiellen Verfall der Geldwirtschaft und damit der im Reich globalen Tauschgesellschaft geprägt. Stattdessen haben Vasallen allgemeine bzw. besondere Dienste zu leisten, im Krieg und in der Lokalverwaltung.

In welcher Form die Leistungen im Orient und Ägypten beim Bau der »unermeßlichen Architekturen« erbracht wurden, ist im Detail nicht bekannt. Wir kennen z. B. nicht das genaue Ausmaß von Sklaverei (über die Arbeit von Kriegsgefangenen etwa in Bergwerken hinaus) und welche Arten eines Frondiensts für die Herren im Unterschied zu ›bezahlten‹ Vertragsleistungen es gab. Hegel nimmt nur an, dass das »Prinzip der subjektiven Freiheit« in diesen vorantiken und antiken Reichen noch überhaupt nicht in Kraft war, was wahrscheinlich so gewesen sein mag, aber nicht einfach als gesichert gelten sollte. (Die Auskünfte der Bibel über Ägypten zu Zeiten des Joseph oder die Knechtschaft der Juden zur Zeit des Moses sind dazu mit Sicherheit nicht zuverlässig. Wie weit Hegel zuverlässige ägyptische Quellen kennt, ist unklar.)

Die Leistungen der Individuen in jedem modernen Gemeinwesen sind jedenfalls der Form nach ›frei‹ zu erbringen. Diese Entwicklung der Freiheit und des Rechts, der Staatsverwaltung und des Steuerwesens bzw. dann auch der globalen Ökonomie der Gesellschaft ist im römischen Imperium durchaus schon weit gediehen, das keineswegs einfach als ›Sklavenhaltergesellschaft‹ zu beurteilen ist.

§300

In der gesetzgebenden Gewalt als Totalität sind zunächst die zwei 295
andern Momente wirksam, das *monarchische* als dem die höchste Entscheidung zukommt, – *die Regierungsgewalt* als das, mit der konkreten Kenntnis und Übersicht des Ganzen in seinen vielfachen Seiten und den darin festgewordenen wirklichen Grundsätzen, so wie mit der Kenntnis der Bedürfnisse der Staatsgewalt insbesondere, beratende Moment, – endlich das *ständische* Element. (308)

Hegel unterscheidet die gesetzgebende Gewalt insgesamt von einer gesetzgebenden Versammlung oder einem Parlament, da die formelle Inkraftsetzung der Gesetze dem Staatoberhaupt zukommt und das Einbringen von Gesetzesvorlagen aus dem Wissen um die Probleme der Exekutive auch der Regierung zugestanden wird. Zumindest muss die Regierung das Parlament beraten dürfen. Als dritten Punkt nennt Hegel das ständische Element – das auch heute in der Form des Lobbyismus noch durchaus präsent ist und nicht als überflüssig oder gar schädlich abgetan werden darf.

§301

Das *ständische* Element hat die Bestimmung, daß die allgemeine 295
Angelegenheit nicht nur *an sich*, sondern auch *für sich*, d. i. daß das
Moment | der subjektiven *formellen Freiheit*, das öffentliche Bewußt- 249
sein als *empirische Allgemeinheit* der Ansichten und Gedanken der *Vielen*, darin zur Existenz komme. (308 f.)

Wie immer verweist der Ausdruck »an sich« auf eine generische Allgemeinheit, die nur über ein »für sich« real und konkret wird. Was Hegel das »ständische Element« nennt, betrifft die besonderen Probleme und das besondere Interesse der Korporationen, also von Kirchen und Schulen, der Wissenschaft oder der Kunst und Kultur, insbesondere aber der Gewerkschaften (früher: Zünfte) und Industrie- und Arbeitgeberverbände (früher: Gilden). Hegel tendiert dazu, die Aufgabe der Stände-Vertretung auf die Beratung der Regierung zu reduzieren, und schwankt, ob er ihr als Parlament die Finanzhoheit im Staat zugestehen will.[125] Diese ist ja das zentrale Machtmittel

125 Vorles. Rechtsphil., 1819/20, GW 26,1, S. 562: »Das System der Finanzen ist somit von der Art, Gegenstand der gesetzgebenden Gewalt zu

der Legislative, ohne welche eine konstitutionelle parlamentarische Demokratie undenkbar ist.

Das »Moment der subjektiven formellen Freiheit« meint dabei die freie innere Form der Organisation der Korporationen, z. B. bei der Bestimmung ihrer Vorstände durch (freie) Wahlen. – Hegel nennt außerdem noch »das öffentliche Bewußtsein«, also die mediale Öffentlichkeit von Journalen und Zeitungen, Büchern und Flugschriften, heute also aller Massenmedien unter Einschluss des Internets. Interessant ist, dass er hier von einer bloß ›empirischen‹ »Allgemeinheit der Ansichten und Gedanken der Vielen« spricht – die sich je bloß zufällig äußern und dabei nur je auf subjektive Weise für die Allgemeinheit oder gar für alle zu sprechen vorgeben. Es scheint dann so, als könne man an der öffentlichen Lautstärke, mit der eine Meinung vorgetragen wird, ihre Bedeutung und Verbreitung messen – was aber keineswegs der Fall ist, zumal häufig noch nicht einmal klar ist, wie sich die (momentane verbale) Unterstützung eines Wortlauts oder Parteiprogramms zur (nachhaltigen praktischen) Unterstützung eines Inhalts oder eines Politiktyps verhält. Dasselbe gilt für die Ergebnisse von Umfragen – und die Gefahr, dass statistische Präferenzen als *self-fulfilling prophecies* dadurch wirksam werden, dass sich Politiker in ihren Entscheidungen (zu sehr) an ihnen orientieren.

295 Ⓚ Der Ausdruck: *die Vielen* (οἱ πολλοὶ), bezeichnet die empirische Allgemeinheit richtiger, als das gang und gäbe: *Alle*. Denn wenn man sagen wird, daß es sich von selbst verstehe, daß unter diesen *Allen* zunächst wenigstens die Kinder, Weiber u. s. f. nicht gemeint seien, so versteht es sich hiemit noch mehr von selbst, daß man den ganz bestimmten Ausdruck: *Alle* nicht gebrauchen sollte, wo es sich um noch etwas ganz Unbestimmtes handelt. – (309)

Hegels logische Überlegung zum Wort »alle« ist ebenso richtig wie wichtig. Erstens spricht in einem größeren Gemeinwesen und der zugehörigen Gesellschaft niemand je wirklich für alle. Es sind bestenfalls viele, für die jemand im empirischen Sinn dann sprechen kann, wenn diese dem, was er sagt (oder als ihre Meinung ausgibt), zustimmen.

sein.« »Der Staat muss bestehen und die Stände können im Allgemeinen die Verwilligung der Abgaben nicht verweigern«. Vgl. auch Vorl. Rechtsphil., 1822/23 (Hotho), GW 26,2, S. 1027.

Zweitens sagten ›alle Leute‹, die ein freies und gleiches Wahlrecht ›für alle‹ forderten, vor dem Ersten Weltkrieg ›in aller Welt‹, dass Kinder und Frauen selbstverständlich *nicht* mitgemeint seien. Auch bei John Locke oder Kant sind über Frauen und Kinder hinaus alle abhängig Beschäftigten, also Diener oder Knechte, erst recht Sklaven, von vielen (allen) aktiven und passiven Bürgerrechten ausgeschlossen.

Es sind überhaupt so unsäglich viele schiefe und falsche Vorstellungen und Redensarten über Volk, Verfassung und Stände in den Umlauf der Meinung gekommen, daß es eine vergebliche Mühe wäre, sie aufführen, erörtern und berichtigen zu wollen. (309) 295 f. Ⓚ

Hegels ›logische‹ Beobachtung zu »alle« und »viele« bzw. zur empirischen und institutionellen Allgemeinheit parallel zu einer *volonté de tous* als Wille der empirisch Vielen und einer institutionellen *volonté générale* ist völlig korrekt. Und doch steht sie in der Gefahr, auf problematische Weise ausgedeutet zu werden. Dasselbe gilt für seine Überlegung zum Gebrauch des Wortes »Volk«.

Wer »Volk« sagt, will betrügen – so könnte man nach einem bekannten *bonmot* von Friedrich August Hayek zu anderen ›Wieselwörtern‹ wie z. B. »sozial« fast sagen. Hegel hält es für unmöglich, alle Fehldeutungen und Missbräuche der Wörter »Volk« und »Nation« zu diskutieren.

Die Vorstellung, die das gewöhnliche Bewußtsein über die Notwendigkeit oder Nützlichkeit der Konkurrenz von Ständen zunächst vor sich zu haben pflegt, ist vornehmlich etwa, daß die Abgeordnete aus dem Volk oder gar das Volk es *am besten verstehen müsse*, was zu seinem Besten diene, und daß es den ungezweifelt besten Willen für dieses Beste habe. (309) 296 Ⓚ

Die Rede von der *Konkurrenz* der Stände meint zunächst ihr *Zusammentreten* in einer ständischen Versammlung. Aber vielleicht meint Hegel doch auch schon eine gewisse Konkurrenz im modernen Sinn, also ihren Wettbewerb in der Gesellschaft.

Dabei gibt es auch irreführende Vorstellungen davon, was Stände sind und wozu die sie repräsentierenden Parlamente taugen. Man meint z. B., dass »die Abgeordneten aus dem Volk« im Parlament »das Volk am besten verstehen«. Doch der konkrete Sinn dieses Satzes ist über seine bloße appellative Rhetorik hinaus ganz und gar unklar. Wer soll hier wen oder was besser als wer verstehen? Versteht

z. B. ein Landwirt die Landwirte besser als etwa eine Journalistin, Politikerin oder Lehrerin? Sicher, wer aus sogenannten Unterschichten kommt, kennt deren Lebensverhältnisse besser als der Großbürger oder Adlige. Aber das ist nicht alles, was man dazu braucht, um die Lage der Unterschichten zu verstehen. Freilich werden wir ›einem von uns‹ möglicherweise mehr Vertrauen schenken als jemandem aus einer anderen sozialen Schicht, wie man heute sagt, oder einem anderen ›Stand‹, wie er im Prinzip nur für Adlige und den Klerus definiert war, da der dritte Stand des Abbé Sieyès weder eine homogene Klasse wie Adel und Klerus, noch eine homogene Gesellschaftsschicht darstellt(e), so wenig wie ›die Angestellten‹ oder sogar ›die Lohnarbeiter‹, allem anderslautenden Reden seit Marx zum Trotz: Die Arbeiter bilden bestenfalls eine Menge, keine Klasse oder auch nur eine Schicht, weil es (immer schon) zu viele Arten bzw. Formen gibt, mit ganz unterschiedlichem Wohlstand und verschiedenen Formen der freien Mit- und Selbstbestimmung.

Mit anderen Worten, es hatte nie einen guten Sinn, den ungelernten Hilfsarbeiter zum Prototypen des Arbeiters zu machen, noch nicht einmal nach seiner Verwandlung in einen angelernten Fabrikarbeiter mit nur ›mechanischen Aufgaben‹.

Hegel distanziert sich nun in sehr versteckter Ironie von der Meinung, der Mann aus dem Volke habe als Volksvertreter im Parlament einen »ungezweifelt besten Willen« für das Beste des Volkes. Vielmehr ist zu erwarten, dass die Volksvertreter aus den ›unteren‹ Schichten oder Ständen ihre politischen Funktionen immer auch dazu benutzen werden, für sich einen nachhaltigen sozialen Aufstieg zu ermöglichen – wobei sie schon als Abgeordnete längst nicht mehr zu dem Stand oder der Schicht gehören, aus der sie kommen. Andererseits kann auch ein Cäsar, aus dem höchsten Adel der Stadt stammend, bzw. Karl Marx, verheiratet mit einer Adligen in enger Verwandtschaft mit einem preußischen Minister, politisch für das ›niedere‹ Volk sprechen.

296 Ⓚ Was das erstere betrifft, so ist vielmehr der Fall, daß das Volk, insofern mit diesem Worte ein besonderer Teil der Mitglieder eines Staats bezeichnet ist, den Teil ausdrückt, der *nicht weiß was er will.* (309)

Wenn man unter dem Wort »Volk« einen *besonderen Teil der Mitglieder eines Staats bezeichnet*, meint man häufig das ›niedere‹ oder ›ungebildete‹ Volk. Dieses ist nun aber gerade der Teil, der, wie Hegel ebenso ernst wie ironisch sagt, »nicht weiß, was er will«. Daher ist es auch nicht unbedingt immer klug, diesen Teil des Volkes durch jemandem aus diesem Volk vertreten zu lassen.

Zu wissen was man will, und noch mehr was der an und für sich seiende Wille, die Vernunft, will, ist die Frucht tiefer Erkenntnis und Einsicht, welche eben nicht die Sache des Volks ist. – (309) 296 Ⓚ

Es ist keineswegs einfach zu wissen, wer man ist und was man will. Zwar gehen den Leuten Wörter wie Selbstbewusstsein und Selbstbestimmung, Gemeinsinn und Gemeinwohl ebenso schnell über die Lippen wie Recht und Staat, Macht und Moral, etc. Nur heißt das noch lange nicht, dass sie auch wüssten, wovon sie reden. Viele kennen noch nicht einmal den Unterschied zwischen Willkür und Wille, einem zufälligen Verhalten nach Begierde oder Gefühl und einem nachhaltig autonomen Handeln. Das liegt immer auch daran, dass sie im Gebrauch der Wörter »ich« und »selbst« die Momente, die ich hier leicht konsequenter als Hegel unter den Titeln »(momentanes) Subjekt«, »(leibliches) Individuum« und »(soziale) Person« thematisiere, gar nicht systematisch zu unterscheiden vermögen, um von den verschiedenen Verwendungsformen des Wortes »wir« hier gar nicht weiter zu reden.

Zu »wissen, was man will«, ist Ergebnis höchster Bildung und tiefster Erkenntnis. Das gilt erst recht für die Frage, was der vernünftige Gemeinwillen, die *volonté générale*, ist – und wie wir wissen, was eben dieser »an und für sich seiende Wille, die Vernunft, will«. Man sollte es nicht als Verachtung des Volkes, sondern als Bemerkung zum Gebrauch des Wortes »Volk« im Sinn von *plebs*, nicht *populus*, verstehen, wenn Hegel sagt, dass eben dieses ›Volk‹ die Einsicht, was es will und was vernünftig wäre zu wollen, gerade nicht hat.

Die Gewährleistung, die für das allgemeine Beste und die öffentliche Freiheit in den Ständen liegt, findet sich bei einigem Nachdenken nicht in der besonderen Einsicht derselben – denn die höchsten Staatsbeamten haben notwendig tiefere und umfassendere Einsicht in die Natur der Einrichtungen und Bedürfnisse des Staats, so wie die größere Geschicklichkeit und Gewohnheit dieser Geschäfte und *können* ohne Stände das Beste tun, wie sie auch fortwährend bei den ständischen Versammlungen das Beste tun müssen, – sondern sie liegt teils wohl in einer Zutat von Einsicht der Abgeordneten 296 Ⓚ

vornehmlich in das Treiben der den Augen der höheren Stellen ferner stehenden Beamten, und insbesondere in dringendere und speziellere Bedürfnisse und Mängel, die sie in konkreter Anschauung vor sich haben, teils aber in derjenigen Wirkung, welche die zu erwartende Zensur Vieler und zwar eine öffentliche Zensur mit sich führt, schon im Voraus die beste Einsicht auf die Geschäfte und vorzulegenden Entwürfe zu verwenden und sie nur den reinsten |
250 Motiven gemäß einzurichten – eine Nötigung, die eben so für die Mitglieder der Stände selbst wirksam ist. (309 f.)

Es sind (wie Hegel selbst sagt, vgl. auch Vorl. Rechtsphil. GW 26,1, S. 564 f.) mehrere Bedeutungen der Rede von einem Stand und von Ständevertretern in der gesetzgebenden Versammlung, dem Parlament, zu unterscheiden. In einer 1820 schon veralteten Lesart gibt es die drei Stände 1. des Adels, 2. des Klerus und 3. eines nicht weiter differenzierten Bürgertums. Nach den damals schon neueren Entwicklungen oder Vorstellungen eines Zensuswahlrechts (ab 1849: ›Dreiklassenwahlrecht‹) mit ›Ständevertretungen‹ im Parlament sind diese ›Stände‹ eigentlich reine Einkommensschichten. Dabei wird den ›oberen‹ Schichten (oder ›Ständen‹) über feste Kontingente der von ihnen zu wählenden Vertreter in der Regel (immer) ein (proportional) größerer Einfluss im Parlament bzw. gesetzgebenden Organ zugestanden als den ›niederen‹, mit dem dreifachen ›Argument‹, dass die Reichen mehr Steuern zahlen und damit mehr für das Gemeinwesen leisten als die ärmere Bevölkerung, dass sie berufs- und vermögensbedingt persönlich mehr am Gemeinwesen Interesse nehmen und dass sie sich besser im Blick auf das Ganze auskennen, also mehr wissen. Diese Meinung herrschte damals weltweit. Auch das Wahlrecht der Vereinigten Staaten zeigt das: Erst Ende der 1820er bis in die 1830er Jahren schafften die meisten US-Bundesstaaten das Zensuswahlrecht ab, so dass die USA eigentlich erst seither eine *demokratische* Republik sind mit freien und gleichen Wahlen zunächst für weiße Männer ohne Gewichtung durch Zensus oder Stand. Das war später auf dem europäischen Kontinent – aus verständlichen Gründen – immer auch zur Forderung der Sozialdemokratie geworden. Diese aber gibt es, wie bekannt, erst seit Lassalle und sie schreitet zunächst erst sehr langsam auf ihrem politischen Weg voran.

Politische Parteien im modernen Sinn gibt es damals ohnehin

noch nicht. Zwar gibt es seit Jefferson die Partei der ›demokratischen Republikaner‹, später »demokratische Partei«, nämlich seit es die Konkurrenz zur 1854 gegründeten »republikanischen Partei« gibt. Aber zunächst ist diese ›Partei‹ eher eine Art Wahlverein – was die beiden großen Parteien der USA bis heute sind, freilich inzwischen in großem Maßstab mit Organisation und (freilich wechselnder) politischer Agenda. So stehen die ›Republikaner‹ am Anfang für die Sklavenbefreiung ein, sind jetzt aber zur konservativen Partei geworden, die ›Demokraten‹ aber zur ›liberalen‹ Partei der sozialen Bürgerrechte.

Ginge es um das professionelle Wissen über das Gemeinwesen insgesamt, sagt Hegel, so hätten die höheren und höchsten Staatsbeamten naturgemäß die meiste Erfahrung. Man könnte deswegen meinen, so lese ich den etwas verworrenen Text, dass sie ohne jede Volks- oder Ständevertretung im Parlament schon ›das Beste tun‹. Doch damit übersieht man erstens das Problem ihrer Kontrolle und zweitens, dass die öffentliche Freiheit »in den Ständen liegt«, wie man »bei einigem Nachdenken« erkennt. (Dass sie auch bei »den ständischen Versammlungen das Beste tun müssen«, ist ein leicht verwirrender Einschub.) Hegel gesteht also auch den Abgeordneten ›der Stände‹ eine gewisse Einsicht zu – zumal sie das Tun der unteren und untersten Ebene der Beamten und die entstehenden Probleme besser kennen als deren höchste Vorgesetzte. Das gilt insbesondere für alle aktuellen Probleme.

Es ist ein typisches Vorgehen Hegels, eine massive Kritik an den damals realen Zuständen in Preußen in einer sehr verdichteten Nebenbemerkung unterzubringen. Manche mögen dazu sagen, dass er die Kritik damit versteckt habe. Damit unterstellen sie freilich (fälschlicherweise), dass eine plakativere Formulierung nicht nur ›heldenhafter‹, sondern auch effektvoller gewesen wäre. Außerdem widerspricht die Hegel zugeschriebene Ängstlichkeit seinem keineswegs ungefährlichen Engagement für politisch Verfolgte, erst recht aber dem, was bei seinen Schülern von seiner Lehre ankam.

Hegel erklärt, dass die Volksvertreter der Stände gerade deswegen so wichtig sind, weil die in einem zentral organisierten Staat zu erwartende Zensur jeder Kritik an den Entscheidungen der Behörden massive strukturelle Nebenfolgen für den Informationsfluss hat. Sie führt unter anderem dazu, dass die höheren Beamten gar nicht mehr erfahren und wissen können, was auf der unteren Ebene, sozusagen nahe am Volk, vor sich geht. Hegel ist also nicht einfach deswegen gegen eine öffentliche Zensur, weil er jede öffentliche Meinungsäußerung, ob wahr oder falsch, klug oder dumm, für sich schon als gut und schön beurteilte, wie man das bis heute gern tut, solange es sich nicht um Meinungsäußerungen politischer Gegner handelt. Hegel erweist sich viel eher als Strukturanalytiker vom Kaliber eines Friedrich August von Hayek, indem er den Informationsfluss neben dem Vertrauen in das staatliche Handeln und dessen Anerkennung als zwei zentrale Probleme erkennt.

Hegels Begründung für Wahlen der Ständevertreter im Parlament verweigert sich auch dem ›Argument‹, dass aufgrund solcher Wahlen das Volk herrsche. Das demokratische Element in einer Politie wird vielmehr rein funktional begründet; und es wird die Legislative als der institutionelle Ort erkannt, an dem Repräsentanten die Stände der Gesellschaft zu vertreten haben.

Hegel distanziert sich dann noch (implizit und ironisch) von der wunderbaren Selbsteinschätzung des gesamten Leitungspersonals des Staats (also der Regierung und der Behörden), a priori, im Voraus, »die beste Einsicht auf die Geschäfte und vorzulegenden Entwürfe zu verwenden und sie nur den reinsten Motiven gemäß einzurichten«. Zugleich sagt er, in seiner etwas verwirrenden Ausdrucksweise, dass auch »die Mitglieder der Stände selbst« selbstverständlich genötigt sind zu sagen, dass auch sie das Beste für das ganze Gemeinwesen, nicht nur für ihre Klientel, wollen – und auch wissen, wie, also durch welche Gesetze, es am besten zu erreichen ist.

296 f. Ⓚ Was aber den vorzüglich *guten Willen* der Stände für das allgemeine Beste betrifft, so ist schon oben (§ 272 Anm.) bemerkt worden, daß es zu der Ansicht des Pöbels, dem Standpunkte des Negativen überhaupt gehört, bei der Regierung einen bösen oder weniger guten Willen vorauszusetzen; – eine Voraussetzung, die zunächst, wenn in gleicher Form geantwortet werden sollte, die Rekrimination zur Folge hätte, daß die Stände, da sie von der Einzelnheit, dem Privat-Standpunkt und den besonderen Interessen herkommen, für diese auf Kosten des allgemeinen Interesses ihre Wirksamkeit zu gebrauchen geneigt seien, da hingegen die andern Momente der

Staatsgewalt schon für sich auf den Standpunkt des Staates gestellt, und dem allgemeinen Zwecke gewidmet sind. (310)

Die Fortsetzung der Ironie in der Rede über den »vorzüglich guten Willen der Stände für das allgemeine Beste« sollte klar sein. Hegel ergänzt, dass *die plebs*, das ungebildete Volk, erst recht dazu tendiert, *a priori* oder von vornherein bei den politisch für die Regierung Verantwortlichen einen »weniger guten Willen« zu unterstellen – was aber, so betont Hegel, rein symmetrisch ist zur Unterstellung ›der Regierung‹, dass die *plebs* faul und dumm ist und die Stände als Gruppenvertreter nur eine Lobby für ihre Klientel sind. Daher, so werden Regierungsvertreter sagen, haben sie das Ganze, das allgemeine Gute, natürlich gerade *nicht* im Blick.

Was hiermit die Garantie überhaupt betrifft, welche besonders in 297 Ⓚ
den Ständen liegen soll, so teilt auch jede andere der Staats-Institutionen dies mit ihnen, eine Garantie des öffentlichen Wohls und der vernünftigen Freiheit zu sein, und es gibt darunter Institutionen, wie die Souveränität des Monarchen, die Erblichkeit der Thronfolge, Gerichtsverfassung u. s. f. in welchen diese Garantie noch in viel stärkerem Grade liegt. (310 f.)

Wir sehen hier eine frühe Analyse der systemischen Spannung zwischen der Regierung bzw. ihren Mitgliedern und den Fraktionen der Parteien im Parlament, den Volksvertretern. Diese Entgegensetzung wird in der konstitutionellen Parteiendemokratie dadurch abgeschwächt oder sogar aufgehoben, dass die Regierung durch eine Parteienmehrheit gestellt wird – was aber auch zur Folge haben kann, dass sie von der ›eigenen‹ Partei ebenfalls und nicht etwa nur von den anderen Parteien kritisch kontrolliert wird. Dass sich die Regierung an Recht und Gesetz und am Wohl bzw. an den Freiheitsrechten des Volkes orientiert, garantieren also keineswegs nur die Stände (oder die heutigen Parteien), sondern garantiert die Gesamtverfassung, mit ihren gegenseitigen Ergänzungen und Kontrollen, ganz im Sinn Montesquieus.

Hegel verweist dabei noch einmal auf die verschiedenen Machttypen in der Mischverfassung seiner konstitutionellen Monarchie: a) die Souveränität des Monarchen mit Erblichkeit der Thronfolge, b) die Gerichtsverfassung, c) die Ständeversammlung als Legislative und d) die ernannte Regierung und beamteten Behörden als Exekutive. Dabei ist es, ich wiederhole den Punkt, wichtig, den Begriff der Macht (*potentia*) und ihre Autorität (*auctoritas*) angemessen von einer Herrschaft (*dominium*) zu unterscheiden. Macht ist Ausübung einer öffentlichen, politischen Rolle, welche das gemeinsame Handeln einer Institution oder des Staates als Rahmeninstitution des Gemeinwesens bestimmt. Wer Macht hat, darf für uns sprechen oder entscheiden. Alle anderen Machtbegriffe sind diagnostisch verfehlt und ideologisch aufgeladen. Herrschaft dagegen ist ein ›privates‹ Verhältnis zwischen Herr (*dominus*) und Knecht (*servus*), also auch zwischen Land- oder Fabrikbesitzern und sich (ggf. vertraglich verdingenden) Land- oder Fabrikarbeitern.

297 Ⓚ Die eigentümliche Begriffsbestimmung der Stände ist deshalb darin zu suchen, daß in ihnen das subjektive Moment der allgemeinen Freiheit, die eigene Einsicht und der eigene Wille der Sphäre, die in dieser Darstellung bürgerliche Gesellschaft genannt worden ist, in *Beziehung auf den Staat zur Existenz* kommt. (311)

Die Bedeutung der Stände sieht Hegel explizit darin, dass das »subjektive Moment der allgemeinen Freiheit, die eigene Einsicht und der eigene Wille« in diesen neuartigen Korporationen oder Organisationen zum Zuge kommen soll und kann – jetzt aber in »Beziehung auf den Staat«. Dass ein Inhalt oder ein Begriff »zur Existenz kommt«, heißt bei Hegel gerade, dass es stabile äußere Formen gibt, welche den Inhalt konkret und nachhaltig als Institution realisieren oder manifestieren, so dass die Ebene des bloßen Redens, insbesondere der rein verbalen Utopie, längst verlassen ist.

297 Ⓚ Daß dies Moment eine Bestimmung der zur Totalität entwickelten Idee ist, diese innere Notwendigkeit, welche nicht mit *äußeren Notwendigkeiten* und *Nützlichkeiten* zu verwechseln ist, folgt wie überall, aus dem philosophischen Gesichtspunkte. (311)

Das Moment der Existenz einer Form in einer realen Institution ist »eine Bestimmung der zur Totalität entwickelten Idee«. Der bloße *Begriff* der hegelschen Politie wäre also nur erst Gegenstand einer *verbalen* Darstellung seines Inhalts. Als *Idee* muss der Begriff *im Tun real* werden, und zwar als Formerfüllung einer *institutionellen Struktur*. Diese definiert eine *innere Notwendigkeit* für die Institutionen, »welche nicht mit äußeren Notwendigkeiten und Nützlichkeiten zu verwechseln« sind – wie sie z. B. auf die Frage antworten, in welchen Abständen welche Wahlämter neu besetzt oder neu bestätigt werden sollen. Eine philosophische Analyse kann und will dazu wenig sagen, expliziert aber gerade die »innere Notwendigkeit« der Realisierung einer materialbegrifflichen Form wie der eines Gemeinwesens freier Personen. Für diese zeigt Hegel, dass es gewisser ›demokratischer‹ Elemente der Stände in der Legislative bedarf, der meritokratischen Wissens- und Leitungsstruktur von Regierung und Bürokratie, unter Einschluss der Jurisdiktion, aber auch monarchischer Momente wie im Fall von Rolle und Status des Staatsoberhaupts.

Würde man dem Staatsoberhaupt entweder keine aktiven Bestimmungsrechte in der Auswahl der Minister und bei der Oberaufsicht über die Regierung zugestehen, sondern nur symbolische Repräsentationsfunktionen, ggf. ausgestattet mit Notfallrechten, oder aber eine Wahlpräsidentschaft auf Zeit einführen, gelangten wir zu einer der beiden Varianten einer *konstitutionellen Demokratie* – die Hegel aber in der Tat rundherum ablehnt, und zwar, wie wir schon gesehen haben, aus keineswegs zureichenden bzw. überzeugenden Gründen. Dennoch wäre es falsch, diese Gründe in einer Art Kotau vor dem preußischen Staat sehen zu wollen. Auch anderen Behauptungen seiner damaligen politischen und wissenschaftlichen Gegner ist nicht zu folgen. Zu denken ist dabei besonders an von Savigny oder Schleiermacher, an Schelling, Fries und von Haller. Hegels politische Auseinandersetzungen gegen romantische Utopien auf der Linken und der Rechten des politischen Spektrums waren freilich nicht weniger hart, als wir es von heute her kennen.

§302

Als *vermittelndes* Organ betrachtet stehen die Stände zwischen der Regierung überhaupt einerseits, und dem in die besondern Sphären und Individuen aufgelösten Volke andererseits. (311) 297

Spätestens jetzt wird die Frage virulent, wer oder was Hegels Stände sein sollen, die zwischen Regierung und »dem in die besonderen Sphären und Individuen aufgelösten Volk« vermitteln sollen.

Ihre Bestimmung fordert an sie so sehr den *Sinn* und die *Gesinnung* des *Staats* und der *Regierung*, als der *Interessen* der *besonderen* Kreise und der *Einzelnen*. (311) 297f.

Ähnlich wie im Fall der Funktionsträger aus politischen Parteien heute besteht nach Hegel die Aufgabe der Stände (qua Vertretung) darin, einerseits die Gesichtspunkte des Gemeinwesens, andererseits die Interessen des Standes (qua Klientel) im Auge zu behalten. Eine gesamtstaatliche Ständevertretung, wie sie Hegel hier skizziert, gab es damals in Preußen aber noch (lange) nicht. Die ›Landtage‹ waren bestenfalls Vertretungen des Landadels. – Aber welche Art von Organisation schwebt Hegel für die Stände als ›besondere Kreise‹ der Bevölkerung vor?

298 Zugleich hat diese Stellung die Bedeutung einer mit der organisierten Regierungsgewalt gemeinschaftlichen Vermittelung, daß
251 weder die fürstliche Gewalt als *Ex |trem* isoliert, und dadurch als bloße Herrschergewalt und Willkür erscheine, noch daß die besonderen Interessen der Gemeinden, Korporationen und der Individuen sich isolieren, oder noch mehr, daß die Einzelnen nicht zur Darstellung einer Menge und eines *Haufens*, zu einem somit unorganischen Meinen und Wollen, und zur bloß massenhaften Gewalt gegen den organischen Staat kommen. (311)

Die allgemeine Funktion des Rats der Stände als Legislative freilich ist deutlich: Hegel denkt *nicht* an eine Kontrolle der Regierung, sondern *nur* an die allgemeine Gesetzgebung. Damit steht das Parlament in klarer Nebenordnung zur »organisierten Regierungsgewalt«. Es gehe wesentlich darum, dass die fürstliche ›Gewalt‹ einerseits nicht als bloße »Herrschergewalt und Willkür« auftritt, andererseits vermieden wird, dass »die besonderen Interessen der Gemeinden, Korporationen und der Individuen sich isolieren«. Ziel ist eine ›organische‹ Organisation einer Politie.

Als Einzelpersonen sind die bloßen Mitglieder der Menge der Leute der Gesellschaft machtlos. Das ›Organische‹ des Gemeinwesens verlangt damit eine Organisation ›der Stände‹ – aber eben nicht nur des Adels und des höheren Bürgertums. Zugleich sieht Hegel durchaus, dass es immer auch zu einer »massenhaften Gewalt gegen den organischen Staat kommen« kann, wenn das anerkennende Vertrauen in die Obrigkeit nicht gepflegt wird und verloren geht.

298 Ⓚ Es gehört zu den wichtigsten logischen Einsichten, daß ein bestimmtes Moment, das als im Gegensatze stehend die Stellung eines Extrems hat, es dadurch zu sein aufhört und *organisches* Moment

ist, daß es zugleich *Mitte* ist. Bei dem hier betrachteten Gegenstand ist es um so wichtiger, diese Seite herauszuheben, weil es zu den häufigen, aber höchst gefährlichen Vorurteilen gehört, Stände hauptsächlich im Gesichtspunkte des *Gegensatzes* gegen die Regierung, als ob dies ihre wesentliche Stellung wäre, vorzustellen. Organisch, d. i. in die Totalität aufgenommen, beweist sich das ständische Element nur durch die Funktion der Vermittlung. Damit ist der Gegensatz selbst zu einem Schein herabgesetzt. Wenn er, insofern er seine Erscheinung hat, nicht bloß die Oberfläche beträfe, sondern wirklich ein substantieller Gegensatz würde, so wäre der Staat in seinem Untergange begriffen. – (312)

Die Allgemeinheit und Formalität seiner Analyse ergibt sich, wie oben schon gesagt wurde, aus den Vermittlungen des Allgemeinen (A), Besonderen (B) und Einzelnen (E). Dabei sollte man die Vermittlungen oder Zusammenschlüsse A-E-B des Allgemeinen und Besonderen durch das Einzelne, E-A-B des Einzelnen und Besonderen durch das Allgemeine, bzw. E-B-A des Einzelnen und Allgemeinen durch das Besondere weder als schematische Schlüsse lesen oder formal überschätzen, noch in ihrer Bedeutung unterschätzen. Wie aber ist das zu verstehen?

Ich denke, die sogenannten Mittelglieder sind jeweils als relationale *Verbindungen* der ›Endglieder‹ zu lesen. Hegel nennt die Endglieder »Extreme«, lateinisch: »*termini*«, griechisch: »*horoi*«. Im Falle des Gemeinwesens, ich erinnere daran, steht *E* für das monarchische, *A* für das demokratische und *B* für das aristokratische Moment. Der Monarch ›vermittelt‹ demnach zwischen Parlament und Regierung (Exekutive), die Gesetze zwischen Staatsoberhaupt und den anderen Staatsorganen, die Regierung aber zwischen den Ständen und dem Staat an sich, vertreten durch den Monarchen. Diese ›Vermittlungen‹ sind Formen der Kontrolle oder auch der Mediation – um Spannungen zu lösen.

Der Blick ins Gesetz oder eine verfassungsrechtliche Regelung hilft z. B., Streitpunkte über Zuständigkeiten zwischen König und Exekutive, auch den Gerichten, allgemein zu lösen. In einem allfälligen Streit zwischen Volk bzw. Parlament und Regierung kann ein Staatsoberhaupt vermitteln und ist sowieso der Mittler, der die Gesetze für Regierung und Volk formal in Kraft setzt. Die Regierung wiederum steht zwischen Volk und Staat an sich, wie er zwar symbolisch, aber immer auch real vertreten ist durch das Staatsoberhaupt.

Diese »logischen Einsichten« sollen zeigen, dass und wie sich die scheinbaren Antagonismen zwischen Volk und König, Parlament und Regierung bzw. dem Staatsoberhaupt und der konkreten Verwaltung aufheben lassen. Im letzten Beispiel geschieht dies dadurch, dass das Parlament die konkret-allgemeine, nicht nur, wie der König, die abstrakt-einzelne Vertretung des Volkes und Gemeinwesens sein soll, während die Regierung dies nur in besonderer Form sein kann.

Hegel bemüht sich hier vornehmlich zu zeigen, dass und warum das Volk, die Stände bzw. Parlamente nicht einfach im Gegensatz zur Regierung stehen, sondern dass das ständische oder demokratische Element sozusagen als Parlament des Königs unter dem Schutz des Staatsoberhaupts eine wesentliche Funktion der Vermittlung zwischen Volk und Regierung hat, dann aber auch zwischen Monarch und Regierung. Damit sollen die Gegensätze aufgehoben werden.

298 Ⓚ Das Zeichen, daß der Widerstreit nicht dieser Art ist, ergibt sich der Natur der Sache nach dadurch, wenn die Gegenstände desselben nicht die wesentlichen Elemente des Staatsorganismus, sondern speziellere und gleichgültigere Dinge betreffen, und die Leidenschaft, die sich doch an diesen Inhalt knüpft, zur Parteisucht um ein bloß subjektives Interesse, etwa um die höheren Staatsstellen, wird. (312)

Hegel meint erstens, dass die abstrakte Form hilft, von der leidenschaftlichen Polemik in den üblichen Darstellungen der ›schlimmen Herrschaft‹ der Staatsmacht und dem ›guten‹ Volk oder auch der ›Weisheit der Regierung‹ und dem ›dummen Pöbel‹ Abstand zu nehmen. Zweitens sieht er, wieder leicht ironisch, eine Art Beweis für seine Analyse in der folgenden Beobachtung: Die konkrete Kritik an der Regierung im Streit der Parteien ist immer auch schon mit einem subjektiven Interesse verbunden. Der Sprecher will als (vom Volk) gewähltes Mitglied des Parlaments nicht nur die politischen Interessen der vertretenen Partei voranbringen, sondern auch das eigene: Er möchte vielleicht eine höhere Staatsstelle im Rat der Stände einnehmen oder sonstwie anerkannt werden.

§ 303

Der *allgemeine,* näher *dem Dienst der Regierung* sich widmende 299
Stand, hat unmittelbar in seiner Bestimmung, das Allgemeine zum Zwecke seiner wesentlichen Tätigkeit zu haben; in dem *ständischen* Elemente der gesetzgebenden Gewalt kommt der *Privatstand* zu einer *politischen Bedeutung* und Wirksamkeit. Derselbe kann nun dabei weder als bloße ungeschiedene Masse, noch als eine in ihre Atome aufgelöste Menge erscheinen, sondern als das, *was er bereits ist,* nämlich unterschieden in den auf das substantielle Verhältnis, und in den auf die besondern Bedürfnisse und die sie vermittelnde Arbeit sich gründenden *Stand* (§ 201 ff.). Nur so knüpft sich in dieser Rücksicht wahrhaft das im Staate wirkliche *Besondere* an das
Allgemeine an. | (312 f.) 252

Hegel schreibt in einer Zeit, in welcher gerade die Beamten die Organisation des Gemeinwesens wesentlich modernisiert und effektiv gemacht haben. Gegenüber der industriellen Revolution wird diese bürokratische Revolution, zu der auch die Modernisierung des Schul- und Hochschulwesens gehört, aber natürlich auch des Rechtswesens und des Militärs, leicht unterschätzt – trotz der großen Namen Gneisenau und von Stein, Wilhelm von Humboldt und Scharnhorst – wobei die Reformer freilich spätestens 1819/20 ihre Posten räumen mussten. (Die Lage in Frankreich und Großbritannien ist durchaus analog.)

Vielleicht überschätzt Hegel – zeitbedingt – den ›Mittelstand‹ der zur Regierung gezählten Beamten mit ihrer Aufgabe, sich ›dem Allgemeinen‹ zu widmen. Immerhin ist die Analyse korrekt, dass in der »gesetzgebenden Gewalt« eines Ständeparlaments »der Privatstand« der bürgerlichen Gesellschaft »zu einer politischen Bedeutung und Wirksamkeit« kommt – oder besser: kommen sollte und müsste. Hegel spricht aber gleich auch das *Organisationsproblem* jeder *Demokratie* an. Denn aus einer ungeordneten Menge von vielen Leuten ergeben sich nicht ohne Wahlvereine gewählte Abgeordnete. Daher plädiert er dafür, die in der Gesellschaft schon vorhandenen Gliederungen in Berufsstände zum Ausgang für eine ›Ständevertretung‹ in einem gesetzgebenden Organ im Staat zu machen, also zu einem Ständeparlament. Das bedeutet es, wenn er vorschlägt, an das »substantielle Verhältnis« anzuknüpfen.

299 Ⓚ Dies gehet gegen eine andere gangbare Vorstellung, daß, indem der Privatstand zur Teilnahme an der allgemeinen Sache in der gesetzgebenden Gewalt erhoben wird, er dabei in Form der *Einzelnen* erscheinen müsse, sei es daß sie Stellvertreter für diese Funktion wählen, oder daß gar selbst jeder eine Stimme dabei exerzieren solle. Diese atomistische, abstrakte Ansicht verschwindet schon in der Familie wie in der bürgerlichen Gesellschaft, wo der Einzelne, nur als Mitglied eines Allgemeinen zur Erscheinung kommt. Der Staat aber ist wesentlich eine Organisation von solchen Gliedern, die *für sich Kreise* sind, und in ihm soll sich kein Moment als eine unorganische Menge zeigen. (313)

Das Wort »gangbar« steht für »gängig«. Hier argumentiert Hegel gegen die Wahldemokratie – mit teils aus der Zeit verständlichen, teils falschen Argumenten. Er richtet sich zunächst gegen ein Argument, das sich eigentlich auch aus seinen eigenen Überlegungen zur Rolle der Legislative ergibt, nämlich, dass der gesetzgebende Rat der Stände direkt von der Bevölkerung zu wählen ist, da es um eine allgemeine und alle betreffende Gesetzgebung geht. Die Frage nach einem besonderen Wahlmodus (etwa auch über Wahlmänner wie schon bei Platon und dann aus verkehrstechnischen Gründen in den USA) hätte Hegel nämlich nach seiner eigenen Methode von der prinzipiellen Frage abtrennen und ihr nachordnen müssen. Das tut er aber gerade nicht – so dass seine Argumentation durch das subjektiv und willkürlich gesetzte Ergebnis ideologisch kontaminiert, also untauglich, nicht schlüssig, ist.

Dass der ›Privatstand‹, also die Leute der Gesellschaft, in der gesetzgebenden Gewalt durch gewählte Vertreter das Sagen haben sollen, ist gängige Vorstellung aller Demokraten. Die gewählten Repräsentanten sind aber als Einzelpersonen gewählt. Am Ende sind sie daher nur ihrem Gewissen verantwortlich. Erwartet wird daher eine eigenständige gewissenhafte Prüfung von Gesetzesvorlagen und eine entsprechende aktive Teilnahme am Verfassen solcher Vorlagen. Das ergibt sich gerade auch aus Hegels eigenen Analysen. Hegel könnte übrigens fragen, warum das Vertrauen in das Gewissen der Abgeordneten und des Präsidenten auf Zeit in einer parlamentarischen Demokratie weniger prekär sein sollte als das Vertrauen in das Gewissen des Monarchen und der Mitglieder der

Regierung bzw. des Parlaments in einer konstitutionellen Monarchie.

Es ist andererseits keineswegs klar, wie Hegel meint, das Kommunitarische der Familie gegen die Vorstellung von einer Wahl Einzelner durch Einzelne in Stellung bringen zu können. Es ist ebenfalls nicht ganz korrekt, dass in der bürgerlichen Gesellschaft »der Einzelne nur als Mitglied eines Allgemeinen zur Erscheinung« komme. Denn es ist zwar wahr, dass jedes Individuum in kommunitarischen Strukturen zur Person und sogar zum *homo rationalis* oder *bourgeois*, erst recht aber zum *citoyen* oder mündigen Bürger gebildet wird. Diese Präsupposition steht aber nicht einfach gegen das personale Individualitätsprinzip in gesellschaftlichen Interaktionen. Daher spricht sie auch nicht gegen allgemeine Wahlen der Vertreter der Gesellschaft der Leute im gesetzgebenden Organ.

Mit anderen Worten, Hegels Sätze stützen nicht, was sie am Ende sogar tragen sollen. Selbst wenn wir die (übrigens allzu vage) Metapher zugestehen, dass der Staat eine Organisation von Gliedern ist, »die für sich Kreise sind«, ist unklar, warum »sich kein Moment als eine unorganische Menge zeigen« darf. Die gesetzgebende Versammlung ist ja (normalerweise) nicht einfach die ganze Menge der Leute. Als ›Haus‹ gewählter Repräsentanten ist sie vielmehr schon längst eine kleine Menge von Vertretern und schon als solche nicht mehr unorganisiert. Wollte Hegel daher nur sagen, dass es für eine demokratische Wahl nach dem Prinzip *one man, one vote* (erst viel später: *one person, one vote*) schon einer angemessenen Organisation (etwa nach Art der erst später erfundenen Parteiendemokratie) bedarf, so hätte er recht. Aber bei dem bleibt es nicht.

Die *Vielen* als Einzelne, was man gerne unter Volk versteht, 299 Ⓚ
sind wohl ein *Zusammen*, aber nur als die *Menge*, – eine formlose Masse, deren Bewegung und Tun eben damit nur elementarisch, vernunftlos, wild und fürchterlich wäre. Wie man in Beziehung auf Verfassung noch vom *Volke*, dieser unorganischen Gesamtheit, sprechen hört, so kann man schon zum Voraus wissen, daß man nur Allgemeinheiten und schiefe Deklamationen zu erwarten hat. – (313)

Hegels Skepsis gegen zufällige Voll- und Volksversammlungen, die übrigens implizit in einer Diskussion mit Spinoza steht, ist ebenso berechtigt, wie sie übertrieben ist. In Schweizer Kantonen wie im

Appenzell funktionieren solche Versammlungen durchaus. Insgesamt taugt Hegels Argumentation nur dafür, das Problem der Organisation der Wahlen von Repräsentanten im Parlament und am besten dann gleich auch des Staatsoberhaupts auf Zeit wie in einer konstitutionellen Demokratie mit Direktwahl des Präsidenten wirklich *ernst zu nehmen*.

Zuzugeben ist also, dass »eine formlose Masse« noch nicht einmal ein Wahlvolk ist, da die zu Wählenden ja irgendwie allgemein bekannt gemacht sein müssen. Dafür braucht es, wie gesehen, eines Wahlvereins oder vermittelnder ›Wahlmänner‹, die man etwa kennt und denen man vertraut. Sonst wäre die sogenannte Wahl ein bloß zufälliges Wählen und man könnte, wie in Athen allzu häufig, genauso gut die Vertreter des Volkes auslosen.

In seiner Skepsis gegen zufällige Volksversammlungen denkt Hegel wohl in der Tat an das antike Athen, Rom und Jerusalem (etwa vor dem jüdischen Aufstand gegen die Schutzmacht Rom), wo das Volk als bloße Menge immer auch schon manchmal »elementarisch, vernunftlos, wild und fürchterlich« war, wie in einem Pogrom oder als Mob einer Lynchjustiz. Daher stellt er sich gegen ein allzu naives und abstraktes Gerede, das von Demokratie als Macht des Volkes faselt, ohne zu wissen, was an republikanischer und monarchischer Organisation für eine gute, konstitutionelle Demokratie nötig ist oder wäre.

299 f. Ⓚ Die Vorstellung, welche die in jenen Kreisen schon vorhandenen Gemeinwesen, wo sie ins Politische, d. i. in den Standpunkt der *höchsten konkreten Allgemeinheit* eintreten, wieder in eine Menge von Individuen auflöst, hält eben damit das bürgerliche und das politische Leben von einander getrennt, und stellt dieses, so zu sagen, in die Luft, da seine Basis nur die abstrakte Einzelnheit der Willkür und Meinung, somit das Zufällige, nicht eine an und für sich *feste* und *berechtigte* Grundlage sein würde. – (313 f.)

Jedes politische Gremium mit relativ vielen Mitgliedern wie ein Parlament wird sich außerdem ausdifferenzieren. Das Parlament ist also keine einfache Menge von Individuen. Daraus folgt nur erst, dass nicht nur die Wahlen ins Parlament, sondern auch die Arbeit des Parlaments zu strukturieren sind.

Nicht anzuerkennen ist das Argument, Wahlen von einzelnen Abgeordneten hielten das »bürgerliche und das politische Leben voneinander getrennt«: Wie kann Hegel es auf kohärente Weise für problematisch halten, dass die Urteile gewählter Abgeordneter »die abstrakte Einzelheit der Willkür und Meinung, somit das Zufällige« zum Grund haben, ohne zu merken, dass dasselbe Problem in noch weit größerem Maß für den Erbmonarchen und die Mitglieder der Regierung gilt? Hegel *unterstellt* diesen bloß ein nachhaltiges Interesse am ganzen Gemeinwesen. Das ist die Umkehrung des obigen Arguments des Vertrauens in die Person und das Gewissen der Politiker. Hegel gesteht König und Regierung gewissenhafte subjektive Urteile zu. Für die Abgeordneten des Parlaments soll das nicht gelten? Oder spricht Hegel hier nur von irgendeiner Volksmenge?

Obgleich in den Vorstellungen sogenannter Theorien die *Stände* 300 Ⓚ
der *bürgerlichen* Gesellschaft überhaupt, und die *Stände* in *politischer* Bedeutung weit auseinander liegen, so hat doch die Sprache noch diese Vereinigung erhalten, die früher ohnehin vorhanden war. (314)

Die drei Stände des Ancien Regimes waren Adel, Klerus und Bürgertum – Diener, Knechte bildeten wie Kinder und Frauen gar keinen Stand, hatten keinen politischen Status. Nach der französischen Revolution begann man, auch in der bürgerlichen Gesellschaft Stände zu unterscheiden, wie z. B. den beamteten ›Mittelstand‹, wie Hegel selbst formuliert. Dabei drückt das Wort »Stand« wie das lateinische Wort »*status*« aus, dass es ein besonderes Vermögen und besondere Entitlements, samt einem zugehörigen Vertrauen, für eine politische Repräsentation geben soll, die irgendwie anerkannt sind oder anerkennbar sein sollen.

§304

Den in den früheren Sphären bereits vorhandenen Unterschied der 300
Stände, enthält das politisch-ständische Element zugleich in seiner eigenen Bestimmung. (314)

Hegels Verweis auf die »früheren Sphären« meint wohl die Familie und die Gesellschaft. Dort gibt es schon einen »Unterschied der Stände«, zunächst im ›politischen Status‹ der jeweiligen Einzelperson, nach Berufsständen (als Beamter, Handwerker etc.) »in seiner eigenen Bestimmung«, nämlich gemäß der ›Ökonomie‹. Das gilt dann auch für den ›subpolitischen‹ Status eines hier so genannten ›vierten‹ Standes der Frauen und Dienerschaft des ›Hauses‹ (*oikos*). Hier ist das innere ›Gesetz‹ das der ›oiko-nomia‹. Sie ist zunächst die Familienordnung. Zwischen den Häusern oder Großfamilien gibt es den (vertraglichen) Austausch etwa durch Kauf und Verkauf. Und es gibt die politische Vertretung der Familie durch den ›Hausherrn‹. Hegel denkt dabei, wie wir auch weiterhin sehen werden, zu sehr von der Antike her, gerade auch im Kontext dessen, was er zum allgemeinen oder abstrakten Recht sagt.

300 Seine zunächst abstrakte Stellung, nämlich des *Extrems* der *empirischen Allgemeinheit* gegen das *fürstliche* oder *monarchische Prinzip* überhaupt, – in der nur die *Möglichkeit* der *Übereinstimmung*, und damit eben so die *Möglichkeit feindlicher* Entgegensetzung liegt, – diese abstrakte Stellung wird nur dadurch zum vernünftigen Verhältnisse (zum *Schlusse*, vergl. Anm. zu § 302), daß ihre *Vermittelung*
253 zur Exi|stenz kommt. (314)

Die »zunächst abstrakte Stellung« des einzelnen Individuums in der Gesellschaft und im Staat ist die des Mitglieds oder Elements »der empirischen Allgemeinheit«, und das heißt einfach der Menge der Leute, wie diese auch noch bei Hobbes als ganze »gegen das fürstliche oder monarchische Prinzip« steht. Der König gehört nicht zu den Leuten, schon bei Sophokles nicht. Daher scheint es auch so, als seien die ›Interessen‹ der Leute bzw. der Gesellschaft und des Königs bzw. Staates zunächst verschieden und als wäre es kontingent, ob sie übereinstimmen oder einander feindlich, entgegengesetzt, sind. Hegel meint nun, diese abstrakte Gegenüberstellung von König und Volk, Staat und Gesellschaft bedürfe, um vernünftig zu sein und als vernünftig begriffen zu werden, eines ›Schlusses‹ oder ›Zusammenschlusses‹, wobei die Regierung als vermittelnde Mitte als zu königsnah nicht ausreicht, so dass es eines Rats der Stände bedarf, bei Sophokles vertreten durch den Chor des Volkes. Sophokles stellt dessen Ambivalenz ebenso dar wie dessen aktuale Machtlosigkeit. Daher widerspricht sich seine ›Stimme des Volkes‹ und bleibt unentschieden – was in vielen modernen Aufführungen anachronistisch abgeändert wird, indem man das Volk als weise und mutig erscheinen lässt.

300 Wie von Seiten der fürstlichen Gewalt die Regierungsgewalt (§ 300) schon diese Bestimmung hat, so muß auch von der Seite der Stände aus ein Moment derselben nach der Bestimmung gekehrt sein, wesentlich als das Moment der Mitte zu existieren. (314)

Die obige Deutung wird hier bestätigt. Aus der Sicht der fürstlichen Gewalt hat die Regierung die Aufgabe der Vermittlung zwischen (den Interessen von) Staat und Bürger. Jetzt bedarf es aber auch »von der Seite der Stände« einer real vermittelnden Instanz, und eben diese ist das gesetzgebende Parlament oder der Rat der Stände »als das Moment der Mitte«.

§305

Der eine der Stände der bürgerlichen Gesellschaft enthält das Prin- 301
zip, das für sich fähig ist, zu dieser politischen Beziehung konstituiert zu werden, der Stand der natürlichen Sittlichkeit nämlich, der das Familienleben und in Rücksicht der Subsistenz den Grundbesitz zu seiner Basis, somit in Rücksicht seiner Besonderheit ein auf sich beruhendes Wollen, und die Naturbestimmung, welche das fürstliche Element in sich schließt, mit diesem gemein hat. (314 f.)

Beim ersten Lesen könnte man denken, Hegel hebe hier den Berufsstand des Landwirts deswegen so hervor, weil in Preußen adlige Großagrarier das Sagen hatten. Beim zweiten Lesen scheint diese Lesart unzutreffend zu sein. Am Ende aber erweist sie sich unglücklicherweise als richtig. Hegel verteidigt nämlich ein Zwei-Kammern-System, in dem die eine Kammer durch den Landadel beherrscht wird. Er rechtfertigt dies, indem er auf eine nicht nur für weite Teile Preußens zu seiner Zeit längst schon anachronistische und damit ideologische Weise über autarke Bauernfamilien mit Landbesitz als Basis ihrer Subsistenz spricht. Er nennt diesen Stand freier Bauern den »Stand der natürlichen Sittlichkeit«. Hier vertritt der Hoferbe das »fürstliche Element« der Großfamilie ggf. mit Knechten und Mägden. Im Landadel waren die Oberhäupter der ›Familien‹ Herren über ganze Landstriche. Die Rede von einer »Naturbestimmung« ist daher durchaus irreführend. Sie will wohl sagen, dass die Struktur der ›mediterranen Familie‹ seit der Antike (und länger) eine Art ›natürliche‹ Grundlage in den Umständen landwirtschaftlichen Lebens und der natürlichen Reproduktion der Familie mit den Aufgaben der Frau ›im Haus‹ hat. Aber dies wird hier zu einer ›natürlichen‹ Ordnung des preußischen Landadels hochstilisiert.

§306

301 Für die politische Stellung und Bedeutung wird er näher konstituiert, insofern sein Vermögen eben so unabhängig vom Staatsvermögen, als von der Unsicherheit des Gewerbes, der Sucht des Gewinns und der Veränderlichkeit des Besitzes überhaupt, – wie von der Gunst der Regierungsgewalt so von der Gunst der Menge, und selbst *gegen die eigene Willkür* dadurch festgestellt ist, daß die für diese Bestimmung berufenen Mitglieder dieses Standes, des Rechts der anderen Bürger, teils über ihr ganzes Eigentum frei zu disponieren, teils es nach der Gleichheit der Liebe zu den Kindern, an sie übergehend zu wissen, entbehren; – das Vermögen wird so ein *unveräußerliches*, mit dem Majorate belastetes *Erbgut.* (315)

Die besondere »politische Stellung und Bedeutung« des Standes eines freien Bauern bzw. der Großagrarier – um beide geht es auf verwirrende Weise in dem Paragraphen – liegt Hegels Meinung zufolge zunächst darin, dass das Vermögen seines Hauses sowohl »unabhängig vom Staatsvermögen« als auch »von der Unsicherheit des Gewerbes, der Sucht des Gewinns und der Veränderlichkeit des Besitzes überhaupt« ist. Damit nennt Hegel als die anderen Stände die *Beamten*, das *Gewerbe* und den *Handel.* Zum Handel gehört auch der risikobehaftete Geldhandel etwa von ›Banken‹, die neben der Kreditvergabe gegen Zinsen spätestens seit dem entwickelten Seehandel der Antike immer auch schon eine Art von Versicherungswetten betreiben.[126]

Hegel sagt hier nur, dass der Geldhandel und mit ihm gerade auch der (immer unsichere) Status der europäischen Juden (wie ich

[126] Traditionell waren Phönizier, Libanesen, Griechen und Juden, später italienische und andere westeuropäische Bankhäuser an diesem Handel beteiligt. Dabei hat sich die Kirche und dabei besonders die Predigerorden zumeist auf die Seite von Bauern und geldarmen Leuten gestellt, welche die Zinsen für geliehenes Geld ›ohne Arbeit‹ für ›unethisch‹ hielten (das aber offenbar erst dann, nachdem sie ein Darlehen aufgenommen hatten). Bis heute wünschen sich die einfachen Leute in aller Welt einen Schuldenerlass, zumeist ohne zu bedenken, was das für die Kreditvergabe und das gesamte Versicherungswesen bedeutet. Hinzu kommt eine undifferenzierte Identifikation aller Zinszahlungen mit der Verrentung von Kapital durch Abschöpfung von Mehrwert im sogenannten Kapitalismus.

zwischen den Zeilen lese) massiv von Ungunst oder »Gunst der Regierungsgewalt« und »von der Gunst der Menge« abhing – und bis ins 20. Jahrhundert abhängt. Am Ende des Satzes kehrt Hegel zur Kommentierung des ›Bauernstands‹ zurück. In der Praxis des Erhalts des Erbhofs für die Familie und der Institution eines Majorats wird nämlich sogar die Verfügungsgewalt von Erbbauern über das Familienvermögen begrenzt. Je nach Landstrich waren in Deutschland Erbteilungen möglich oder ausgeschlossen.

§ 307

Das Recht dieses Teils des substantiellen Standes ist auf diese Weise 301 f.
zwar einerseits auf das Naturprinzip der Familie gegründet, dieses aber zugleich durch harte Aufopferungen für den *politischen* Zweck verkehrt, womit dieser Stand wesentlich an die Tätigkeit für diesen Zweck angewiesen, und gleichfalls in Folge hievon ohne die Zufälligkeit einer Wahl durch die *Geburt* dazu berufen und *berechtigt* ist. Damit hat er die feste, substantielle Stellung zwischen der subjektiven Willkür oder Zufälligkeit der beiden Extreme, und wie er (s. vorherg. §) ein Gleichnis des Moments der fürstlichen Gewalt in
sich trägt, so teilt er auch mit dem anderen Extreme | die im übrigen 254
gleichen Bedürfnisse und gleichen Rechte, und wird so zugleich Stütze des Thrones und der Gesellschaft. (315 f.)

Von heute her betrachtet wäre es anachronistisch, im Bauernstand eine besondere »Stütze des Thrones und der Gesellschaft« zu sehen, obwohl natürlich die Nahrungsmittelproduktion für das Leben essentiell ist. Für das östliche Preußen (Trans-Elbien) und seine ›Junker‹ ist die Aussage bis zum Ersten Weltkrieg korrekt – wie man auch an den Romanen Theodor Fontanes sehen kann. Hegel verschweigt, dass es sich längst nicht mehr (überall) um ›Familienbetriebe‹ handelt. Schon die adligen Guts- und abhängigen Meierhöfe hatten eine andere Form, die mit ihren vielen Landarbeitern, welche früher sogar Leibeigene waren, schon den späteren landwirtschaftlichen Produktionsgenossenschaften und staatlichen Kolchosen ähnelten.

Hegel hebt dennoch das »Naturprinzip der Familie« hervor, sieht aber u. a. in den Einschränkungen des Erbrechts »harte Aufopferungen für den politischen Zweck« – so lese ich die zunächst obskure

Passage. Der Erbbauer ist, ähnlich wie das Oberhaupt einer (fürstlichen) Adelsfamilie (im Prinzip ohne jede Wahlmöglichkeit) »durch die Geburt dazu berufen und berechtigt«, die Familientradition fortzusetzen, in diesem Fall also den Hof bzw. das Adelshaus (eines Freiherrn oder Barons etc.) weiterzuführen. Hegel meint, durch die Institution der Hoferbschaft bzw. des Erb-Adels nehme der Bauer oder Baron eine stabile Mittelstellung ein zwischen »der subjektiven Willkür oder Zufälligkeit der beiden Extreme«. Gemeint sind wohl die ›freien‹ Berufe der Gesellschaft und die Möglichkeit, das Eigentum zu veräußern, also das Hofgut zu verkaufen. In der beschränkten Erbfolge (also ohne Erbteilung) von Hofbauern und Freiherren (als niederstem Adel, hier *pars pro toto* gemeint) sieht Hegel (übrigens zu Recht, aber dann bitte auch mit allen Problemen) »ein Gleichnis des Moments der fürstlichen Gewalt«, also eine Analogie zur Erbmonarchie, betont aber zugleich, dass Hofbauern und Freiherren zur Gesellschaft gehören und mit den Leuten der Gesellschaft die Bedürfnisse und Rechte des Bürgers teilen.

§308

302 In den andern Teil des ständischen Elements fällt die *bewegliche* Seite der *bürgerlichen Gesellschaft*, die äußerlich wegen der Menge ihrer Glieder, wesentlich aber wegen der Natur ihrer Bestimmung und Beschäftigung, nur durch *Abgeordnete* eintreten kann. (316)

Zum anderen »Teil des ständischen Elements« gehören, wie schon hervorgehoben wurde, Gewerbe und Handel. In diesen Berufen sind die Menschen mobiler, nicht so sesshaft wie Hofbauer und Freiherr; und man kann seinen Beruf in einem gewissen Rahmen frei wählen. Allein schon wegen der Menge der Bevölkerung, auch wegen der Notwendigkeiten ihres Berufslebens können diese, wie freilich auch die Bauern und anders als der Adel, »nur durch Abgeordnete« in einem Rat der Stände vertreten werden.

302 Insofern diese von der bürgerlichen Gesellschaft abgeordnet werden, liegt es unmittelbar nahe, daß dies diese tut *als das, was sie ist,* – somit nicht als in die Einzelnen atomistisch aufgelöst und nur für einen einzelnen und temporären Akt sich auf einen Augenblick ohne weitere Haltung versammelnd, sondern als in ihre ohnehin konstituierten Genossenschaften, Gemeinden und Korporationen

gegliedert, welche auf diese Weise einen politischen Zusammenhang erhalten. (316)

Als Sphäre der freien Verträge ist die Gesellschaft in der Tat eine Menge von Einzelpersonen. In dieser Form ist sie »atomistisch aufgelöst«. Eine Vertretung der Gesellschaft durch Einzelpersonen ist dennoch nicht, wie in der attischen Zufallsdemokratie, »nur für einen einzelnen und temporären Akt« sinnvoll. Es bedarf, darin hat Hegel recht, einer institutionell nachhaltigen Versammlung von auf längere Zeit gewählten Abgeordneten, die damit zu politischen Funktionsträgern oder, leicht despektierlich, aber die Sache treffend gesagt, zu ›Funktionären‹ werden.

Hegel geht jetzt wohl viel zu schnell vor, wenn er die in der Gesellschaft schon »ohnehin konstituierten Genossenschaften, Gemeinden und Korporationen« als die passenden Ausgangsstrukturen für Abordnungen in eine gesetzgebende Versammlung betrachtet. Solche Abordnungen in ein Ständeparlament werden entsandt, also nur intern von ›den Ständen‹ gewählt – so wie der Schweizer Ständerat die Kantone vertritt. Hegel denkt also im Traum nicht an eine freie und gleiche Wahl durch die Gesamtbevölkerung, so dass die Stände ihre Interessenvertreter noch allgemein zur Wahl stellen müssten. Das ist ein grober und großer Fehler.

Richtig ist nur, dass im Prinzip oder auf dem Papier eine solche Abordnung in gewisser Weise »einen politischen Zusammenhang« von Legislative und Gesellschaft schaffen könnte. Allerdings haben weder die Kaufleute noch die Gewerbetreibenden, noch nicht einmal die freien Bauern und der Adel homogene Interessen. Im Gegenteil. Und es gibt schon aufgrund ihrer Form, der freien Assoziation, viel zu viele Vereine oder auch Kirchengemeinden und andere religiöse Subgruppierungen, als dass man sinnvollerweise jeder von ihnen einen Anspruch auf Repräsentation im Ständeparlament zugestehen könnte. Wer also darf Vertreter entsenden?

In ihrer Berechtigung zu solcher von der fürstlichen Gewalt auf- 302
gerufenen Abordnung, wie in der Berechtigung des ersten Standes zur Erscheinung (§ 307) findet die Existenz der Stände und ihrer Versammlung eine konstituierte, eigentümliche Garantie. (316)

Es ist höchst fragwürdig, der fürstlichen Gewalt die Auswahl der Organisationen in der Gesellschaft zu überlassen, die je eine gewisse Anzahl an Abgeordneten stellen dürfen. Hegel legt dennoch die Garantie der »Existenz der (politisch wirksamen) Stände und ihrer Versammlung« in die Hand des Staatsoberhaupts – ein Verfahren, das man in Verteidigung einer *konstitutionellen Demokratie* natürlich ganz radikal *ablehnen* muss.

302 Ⓚ Daß *Alle* einzeln an der Beratung und Beschließung über die allgemeinen Angelegenheiten des Staats Anteil haben sollen, weil diese Alle, Mitglieder des Staats und dessen Angelegenheiten die Angelegenheiten *Aller* sind, bei denen sie mit ihrem Wissen und Willen zu sein ein *Recht* haben, – diese Vorstellung, welche das *demokratische* Element *ohne alle vernünftige Form* in den Staatsorganismus, der nur durch solche Form es ist, setzen wollte, liegt darum so nahe, weil sie bei der *abstrakten* Bestimmung, Mitglied des Staats zu sein, stehen bleibt, und das oberflächliche Denken sich an Abstraktionen hält. (316 f.)

Der Fehler, den Hegel hier begeht, ist sachlich unverzeihlich, aber angesichts der Schwierigkeiten der Unterscheidung zwischen materialbegrifflichen Allgemeinheiten und Besonderheiten im Bereich des kooperativen Lebens und seiner institutionellen Formen verständlich. Hinzu kommt die Tatsache, dass es noch gar kein *System politischer Parteien* als die in der Tat *notwendige institutionelle Stütze freier und gleicher Wahlen* gibt. – Hegel zieht jedenfalls aus seiner berechtigten Kritik an einer Volks- und Vollversammlungsdemokratie, ihren Zufällen und Willkürentscheidungen die falschen Schlüsse in seiner Polemik gegen alle Formen allgemeiner Wahlen.

Zunächst aber hat Hegel recht zu fordern, dass man dem notwendigen demokratischen Moment in jeder guten Staatsverfassung eine »vernünftige Form« geben muss. Das aber heißt, dass sich das demokratische Element in die staatliche Gesamtorganisation auf zielführende Weisen einfügen muss. Materiale Ziele sind neben der formalen der Einheit und damit der Sicherheit und Ordnung von Staat und Gesellschaft, ich wiederhole das, allgemeine Freiheit, Wohlstand und Gerechtigkeit. Aus Hegels eigener Ordnung des Allgemeinen und Besonderen müsste sich dabei aber ergeben, dass erst in zweiter Linie besondere Fragen wie nach einem ›gerechten‹ oder ›guten‹ Wahlrecht zu beantworten sind. An erster Stelle steht die Frage nach einer angemessenen demokratischen Vertretung der (Stände und

Gruppen, Korporationen und Schichten der) Gesellschaft in der gesetzgebenden Versammlung. Diese Reihenfolge missachtet Hegel hier – und fällt eben damit in die Falle einer ideologischen Apologetik und nicht etwa, wie er selbst meint, logischen Rechtfertigung der herrschenden Verhältnisse.

Hegel geht es dabei, das ist zuzugestehen, in erster Linie um ein politisch strukturiertes Gemeinwesen. Aber seine Stände wären nur dann mit Parteien und ihrer Klientel zu vergleichen, wenn er ihnen eine eigene Selbstorganisation in der Gesellschaft zugestehen würde. So weit war damals aber weder sein Denken noch das der politischen Theorie oder Demokratietheorie überhaupt, um von der politischen Praxis gar nicht weiter zu sprechen.

Die Parteien im (späteren) 19. und frühen 20. Jahrhundert waren in Europa übrigens quasi Stände-Parteien: Die Arbeiter wählten die Sozialdemokratie (in Großbritannien die Labour-Partei), die Katholiken das Zentrum, während die monarchistische Partei der Konservativen grob den Tories in Großbritannien entspricht. Die Selbständigen und Intellektuellen, auch Beamte, wählten vielleicht die Liberalen. Manche Historiker halten übrigens Hitlers NSdAP, horribile dictu, für die erste deutsche ›Volkspartei‹, was zumindest nachdenklich machen könnte.

Die vernünftige Betrachtung, das Bewußtsein der Idee, ist *kon-* 302 f. Ⓚ
kret, und trifft insofern mit dem wahrhaften *praktischen* Sinne, der selbst nichts anderes als der vernünftige Sinn, der Sinn der Idee ist, zusammen, – der jedoch nicht mit bloßer Geschäftsroutine und dem Horizonte einer beschränkten Sphäre zu verwechseln ist. Der konkrete Staat ist das in *seine besonderen Kreise gegliederte Ganze*; das Mitglied des Staates ist ein *Mitglied* eines solchen *Standes*; nur in dieser seiner objektiven Bestimmung kann es im Staate in Betracht kommen. Seine allgemeine Bestimmung überhaupt enthält das gedoppelte Moment, *Privatperson* und als *denkendes* eben so sehr Bewußtsein und Wollen des *Allgemeinen* zu sein; dieses Bewußtsein und Wollen aber ist | nur dann nicht leer, sondern *er-* 255
füllt und wirklich *lebendig*, wenn es mit der Besonderheit, – und diese ist der besondere Stand und Bestimmung, – erfüllt ist; oder das Individuum ist *Gattung*, hat aber seine *immanente* allgemeine *Wirklichkeit* als *nächste* Gattung. – (317)

Wenn wir Praxisformen oder ganze Systeme von Institutionen wie die des staatlichen Gemeinwesens in ihrem vernünftigen, also anerkennenswerten Sinn begreifen wollen, müssen wir sowohl im Allgemeinen und Besonderen als auch im Einzelnen und damit konkret über sie als Ideen, d. h. als schon (in Umrissen) bekannte und realisierte Formen, also nicht über reine Utopien, nachdenken. Daher denkt wahre Philosophie viel praktischer und realistischer als der angeblich gesunde Menschenverstand, der immer nur abstrakt daherredet und mit seinen Prinzipien rein schematisch umgeht. Das ist der Verstand »bloßer Geschäftsroutine«, mit ihrem beschränkten Horizont. Das gestehe ich, wie gesagt, Hegel alles zu. Meine Kritik besagt, dass er gerade in diesem Nachdenken systematische Fehler macht und seine eigenen Prinzipien nicht erfüllt.

Jeder Bürger eines Staates ist als Mensch in der Gesellschaft Mitglied eines Standes, da er ja nur in der bürgerlichen Arbeitsteilung leben kann und praktisch nie rein autarker Eremit ist. Ich habe das Wort »Person« in meinem Vorschlag einer Kommentarsprache so allgemein mit Rollenkompetenz und gesellschaftlichem Status aufgeladen, dass wir jetzt sagen können, ein Individuum sei nur als Person mit ihren ›objektiven‹ Fähigkeiten ein *homo politicus*, der im Gemeinwesen eine Rolle spielen kann.

Als politische Person weiß ich vieles, was allgemein als wahr anzuerkennen ist, und nehme teil an einer keineswegs bloß formalen, sondern material längst schon bestimmten *volonté générale* des Wollens des Allgemeinen.

Der Mensch ist nun gerade *als Person* (und nicht nur als leibliches Individuum) wesentlich *Gattungswesen*. Das heißt, das Individuum denkt und handelt *qua Person* allgemein, formal, typisch. Nur als Subjekt bin ich die Instanz *momentaner Willkür* und Zufallsentscheidungen. Als volle Person versuche ich (das ist eine normative Normalfallbedingung) so zu urteilen und zu handeln, dass ich und wir diese Urteile und Handlungen als zwar durch meine Perspektive bedingt, aber in einem gewissenhaften Streben nach nachhaltig allgemein richtigen oder guten Urteilen und Handlungen begreifen und bewerten können. Das alles geschieht so, dass diese ihre »allgemeine Wirklichkeit« im Denken und Handeln für die Person die »nächste

Gattung«, das *genus proximum*, die für das Tun relevante ›unterste‹ Form der Besonderung ist.

Mit anderen Worten, ich muss in der Beurteilung einer Einzelsituation oder Ereignis *e* nach Möglichkeit die feinste relevante Besonderung *E* ausmachen. Danach ›muss‹ ich *e* als einen Fall des Typs *E* und damit als besonderen Fall aller ›über *E*‹ liegenden allgemeineren Formen behandeln. Das und nur das kann es logisch heißen, ein ›einzelnes‹ Ereignis als ›token‹ eines ›type‹ anzusehen. Wir sagen, *e sei* vom Typ *E*, wenn wir reflexionslogisch urteilen und dabei sagen, dass diese Subsumtion von *e* unter *E* gut und richtig (gewesen) sei.

Seine wirkliche und lebendige Bestimmung für das *Allgemeine* erreicht es daher zunächst in seiner Sphäre der Korporation, Gemeinde u. s. f. (§ 251), wobei ihm offen gelassen ist, durch seine Geschicklichkeit in jede, für die es sich befähigt, worunter auch der allgemeine Stand gehört, einzutreten. (317) 303 Ⓚ

Die wahre Selbstbestimmung der vollen Person beginnt in den Formen der freien Selbstorganisation der Gesellschaft, in freien Assoziationen wie Vereinen, Genossenschaften, Gewerkschaften, staatlichen und kirchlichen Gemeinden, in Kunst und Wissenschaft, später auch politischen Parteien, heute auch Sport und Medien. Dabei ist weit offengelassen, wie die Personen ihre Fähigkeiten entwickeln und einsetzen. Dieses Urteil Hegels ist durchaus zu verteidigen.

Eine andere Voraussetzung, die in der Vorstellung, daß *Alle* an den Staatsangelegenheiten Teil haben sollen, liegt, daß nämlich *Alle sich auf diese Angelegenheiten verstehen*, ist eben so abgeschmackt, als man sie dessen ungeachtet häufig hören kann. In der öffentlichen Meinung (s. § 316) aber ist jedem der Weg offen, auch sein subjektives Meinen über das Allgemeine zu äußern und geltend zu machen. – (317) 303 Ⓚ

Die Meinung, dass »alle an den Staatsangelegenheiten teilhaben sollen«, ist weltfremd. Das wäre so noch kein falsches Urteil eines Gegners der Demokratie, sondern schlicht wahr. Man muss dazu nur an die Probleme von Volksversammlungen denken oder die unterschiedlichen Fähigkeiten der Leute betrachten. Gemeint ist damit aber nicht, dass manche Leute nicht wählen sollten, sondern dass viele schlicht nicht als Vertreter oder Abgeordnete wählbar sind oder wären. Hegel differenziert das hier nicht, obwohl er es dringend hätte tun sollen. Aus Hegels Überlegung wird nämlich schon dann eine Diskriminierung, wenn man eine vorab definierte Gruppe von Leuten, etwa die Landarbeiter, als nicht wählbar und als nicht wahlberechtigt ausschließt – weil sie gar keinen politischen Status haben, keinen Stand bilden. Immerhin anerkennt Hegel, dass jedem, unabhängig von seinem Verstand, zugestanden werden muss, dass er seine Meinungen öffentlich vertritt. Das ist das Grundrecht der Meinungsfreiheit, das auch die Versammlungsfreiheit enthält.

§309

303 f. Da die Abordnung zur Beratung und Beschließung über die *allgemeinen* Angelegenheiten geschieht, hat sie den Sinn, daß durch das Zutrauen solche Individuen dazu bestimmt werden, die sich besser auf diese Angelegenheiten verstehen, als die Abordnenden, wie auch, daß sie nicht das besondere Interesse einer Gemeinde, Korporation gegen das allgemeine, sondern wesentlich dieses geltend machen. Sie haben damit nicht das Verhältnis, kommittierte oder Instruktionen überbringende Mandatarien zu sein, um so weniger als die Zusammenkunft die Bestimmung hat, eine lebendige, sich gegenseitig unterrichtende und überzeugende, gemeinsam beratende Versammlung zu sein. (318)

Es gibt kein imperatives Mandat – wie es in manchen Demokratiespielen an Universitäten nach 1968 gefordert worden war, in Verkennung dessen, was eine konstitutionelle Demokratie und eine beratende oder auch Beschlüsse fassende Versammlung ist und sein muss. Abgeordnete müssen selbständig und gewissenhaft urteilen dürfen. Es werden also *Personen* als Vertreter gewählt auf der Grundlage eines allgemeinen *Vertrauens*, das man in sie setzt – in der subjektiven Annahme, dass sie sich besser auf die politischen Angelegenheiten verstehen als die, welche sie als Abgeordnete wählen, aber auch als die, welche ebenfalls zu wählen gewesen wären, aber eben nicht gewählt wurden.

Hegel begründet die Ablehnung eines imperativen Mandats (und eben das sind »kommittierte oder Instruktionen überbringende Mandatarien«) damit, dass der Sinn der Versammlung der gewählten Repräsentanten auch darin besteht, Wissen zusammenzubringen und überzeugende Argumente zum Zug kommen zu lassen.

§ 310

Die Garantie der diesem Zweck entsprechenden Eigenschaften und 304
der Gesinnung, – da das unabhängige Vermögen schon in dem ersten Teile der Stände sein Recht verlangt, – zeigt sich bei dem zweiten Teile, der aus dem beweglichen und veränderlichen Elemente der bürgerlichen Gesellschaft hervorgeht, vornehmlich in der, durch *wirkliche* Geschäftsführung, in *obrigkeitlichen* oder *Staatsämtern* erworbenen und *durch die Tat* bewährten Gesinnung, Geschicklichkeit und Kenntnis der Einrichtungen und Interessen des Staats und der bürgerlichen Gesellschaft, und dem dadurch gebildeten und erprobten *obrigkeitlichen Sinn* und *Sinn des Staats.* | (318) 256

Dass man über Wahlen zu einem gesetzgebenden Rat der Stände das Ziel einer relativ guten und vernünftigen Vermittlung zwischen der Gesellschaft der Leute und dem staatlichen Gemeinwesen erreichen kann, liegt nicht nur daran, dass schon die Teilnahme an den Organisationen der Gesellschaft (etwa einer Gewerkschaft oder Partei) eine gewisse Kompetenz verlangt, sondern auch daran, dass Erfahrungen im politischen Geschäft gesammelt werden können. Diese können insbesondere in Staatsämtern erworben werden. Das Wort »obrigkeitlich« ist heute nicht mehr ›in‹, meint hier aber wohl nur die aktive Teilnahme an politischen Beratungen und Entscheidungen der höchsten Ebenen.

Die subjektive Meinung von sich findet leicht die Forderung sol- 304 Ⓚ
cher Garantien, wenn sie in Rücksicht auf das sogenannte Volk gemacht wird, überflüssig, ja selbst etwa beleidigend. (318)

Zwar meint jeder von sich, es gerade in politischen Fragen besser als alle anderen zu wissen; und mancher fühlt sich beleidigt, wenn man erstens auf die besondere Kompetenz und Erfahrung von ›Polit-Profis‹ verweist und zweitens auf die erhoffte Qualität bzw. Fähigkeit des zu wählenden Personals. Eine Wahl wird zwar nicht immer die Qualität garantieren, aber keine Institution kann solche Garantien leisten. Wir müssen uns damit begnügen, dass die Wahlen und Verfahren in signifikanter Weise ›richtungsrichtig‹ sind.

Mancher argumentiert dann wohl auch sophistisch so, dass, da das ganze Volk repräsentiert werden soll, auf Garantien relativer Vernunft kein größerer Wert zu legen sei. Die innere Ironie in diesem Argument zeigt, was an einem solchen Denken – und damit an jedem

Populismus – falsch ist: Gerade auch Volksführer wie Mussolini oder Hitler spiegeln das geistige Niveau eines Großteils des Volkes nur wider. Den Rest machen sie sich durch Verführung, Desinformation, Bestechung und Drohung gefügig.

Andererseits überschätzt Hegel die Möglichkeit einer Qualitätsgarantie ohne allgemeine Wahlen. Eine Abordnung durch eine Korporation liefert kaum bessere Ergebnisse, als wenn die Korporationen nur ihre Kandidaten wie die heutigen politischen Parteien zur Wahl empfehlen und diese Personen sich dann einer allgemeinen Wahl stellen müssen. Hegels Denkfehler besteht gerade darin, dass er eine Art Vorsortierung der vertretenen Gruppen durchsetzen will. Das soll den entsprechenden Sachverstand garantieren. D. h. es gibt in seiner ›Politie‹ Quoten für gewisse Stände.[127]

Das Problem der Quoten ist heute noch keineswegs ausgestanden, zumal es nicht nur Frauen und Männer betrifft, sondern auch Volksgruppen und Herkünfte, Religionszugehörigkeit und Berufsstände. Bei Hegel soll die Staatsspitze entscheiden, welche Stände mit wie vielen Abgeordneten vertreten sein sollen. Wir sind fast wieder so weit.[128] Das Modell kommt damit übrigens den Ideen Platons in den *Nomoi* hier doch auch sehr nahe. Soweit Karl Popper dieses Problem erkennt, kann man ihm also sogar zustimmen. Hierin die Ursache für das politische Desaster im 20. Jahrhundert sehen zu wollen, geht aber an der Sache vorbei. Das ›Gegenteil‹ ist der Fall: Das Desaster entstammt weit eher einem demokratistischen Populismus, dem sich schon Napoleon III. und Wilhelm II. angedient haben.

304 Ⓚ Der Staat hat aber das Objektive, nicht eine subjektive Meinung und deren Selbstzutrauen zu seiner Bestimmung; die Individuen können nur das für ihn sein, was an ihnen objektiv erkennbar und erprobt ist, und er hat hierauf bei diesem Teile des ständischen

[127] Vgl. auch Vorl. Rechtsphil. 1822/23 (Hotho), GW 26,2, S. 1032 f.

[128] Die Überlegung will keineswegs leugnen, dass Quoten z. B. für die Gleichstellung von Frauen notwendig sind. Im ›Sozialismus‹ hat man entsprechend Quoten für ›Arbeiter‹ bzw. ›Arbeiterkinder‹ und zugehörige *affirmative actions* geschaffen. Interessant ist zu sehen, dass und wie derartige Quoten ›antidemokratische‹ und für die Bestenauslese auch nachteilige Effekte haben können.

Elements um so mehr zu sehen, als derselbe seine Wurzel in den auf das Besondere gerichteten Interessen und Beschäftigungen hat, wo die Zufälligkeit, Veränderlichkeit und Willkür ihr Recht sich zu ergehen hat. – (318 f.)

Für das Gemeinwesen und seine nachhaltige Entwicklung gibt es durchaus auch objektive Richtigkeiten und Falschheiten, obwohl viele Leute das erst später merken.

Die äußere Bedingung, ein gewisses Vermögen, erscheint bloß 304 f. Ⓚ
für sich genommen, als das einseitige Extrem der Äußerlichkeit gegen das andere eben so einseitige, das bloß subjektive Zutrauen und die Meinung der Wählenden. Eins wie das andere macht in seiner Abstraktion einen Kontrast gegen die konkreten Eigenschaften, die zur Beratung von Staatsgeschäften erforderlich, und die in den im § 302 angedeuteten Bestimmungen enthalten sind. – (319)

Ein Zensuswahlrecht wie im Dreiklassenwahlrecht Preußens ist keine wirklich gute Idee, auch wenn es zunächst so klingt, als spreche sich Hegel partiell dafür aus. Er sagt aber eher, es scheine nur so, dass die Bedingung, ein gewisses Vermögen zu besitzen, nur ›äußerlich‹ sei und keine Signifikanz habe – und parallelisiert dies mit dem Vertrauen der Wähler, das allein auch nicht ausreiche. Beide Bedingungen seien zu abstrakt. Konkret relevant seien dagegen »die Eigenschaften, die zur Beratung von Staatsgeschäften erforderlich« sind. Wie aber sollen diese sich ermitteln lassen?

Ohnehin hat bei der Wahl zu obrigkeitlichen und anderen Ämtern 305 Ⓚ
der Genossenschaften und Gemeinden die Eigenschaft des Vermögens schon die Sphäre, wo sie ihre Wirkung hat ausüben können, besonders wenn manche dieser Geschäfte unentgeldlich verwaltet werden, und direkt in Rücksicht auf das ständische Geschäft, wenn die Mitglieder kein Gehalt beziehen. – (319)

Hegel scheint zu meinen, dass es keines besonderen Bonus für die Reichen bedarf, da diese ohnehin schon eine viel bessere Ausgangslage als die Ärmeren für eine Wahl »zu obrigkeitlichen und anderen Ämtern« haben. Denn schon in »den Genossenschaften und Gemeinden« spielt das Vermögen eine Rolle, »besonders wenn manche dieser Geschäfte unentgeltlich verwaltet werden«. Diese Beobachtung ergänzt er aber später durch die Erfahrung, dass die Wahlämter in Großbritannien zu einer Plutokratie, einer Herrschaft der Reichen geführt haben. Entsprechende Gefahren sind in den USA bis heute zu konstatieren – gerade deswegen, weil die Wahlkampagnen und Parteien zu einem großen Teil auch privat finanziert werden.

§ 311

305 Die Abordnung als von der bürgerlichen Gesellschaft ausgehend, hat ferner den Sinn, daß die Abgeordneten mit deren speziellen Bedürfnissen, Hindernissen, besondern Interessen bekannt seien, und ihnen selbst angehören. Indem sie nach der Natur der bürgerlichen Gesellschaft von ihren verschiedenen Korporationen ausgeht (§ 308), und die einfache Weise dieses Ganges nicht durch Abstraktionen und die atomistischen Vorstellungen gestört wird, so erfüllt sie damit unmittelbar jenen Gesichtspunkt, und Wählen ist entweder überhaupt etwas überflüssiges oder reduziert sich auf ein geringes Spiel der Meinung und der Willkür. (319 f.)

Hegel selbst tritt jetzt aber in die entscheidende Falle seiner eigenen Argumentation. Denn er stellt die Abordnung durch eine Korporation der Gesellschaft klar über das demokratische Moment der Wahl. Und er will, dass »die einfache Weise dieses Ganges nicht durch Abstraktionen und die atomistischen Vorstellungen gestört wird«. Das ist ein Irrtum höchsten Grades. Die formelle Wahl erscheint als »etwas Überflüssiges oder reduziert sich auf … Willkür«, meint Hegel. Dass sie auch eine Bestenauslese sein kann und für eine flexible Anpassung an eine sich in ihren Berufsständen und Schichten schnell wandelnde Gesellschaft absolut notwendig ist, sieht Hegel nicht. Ihm entgeht partiell auch der Wandel selbst, den seine Schüler dann schon viel besser erkennen.

Der Verzicht auf allgemeine und gleiche Wahlen der Kandidaten für die Gremien der Legislative führt zu einer partiellen Ausschaltung von Wettbewerb und ist eben daher eine unzulässige Diskriminierung von Gruppen und Klassen in der Gesellschaft. Die Gefahr, dass in freier Wahl auch inkompetente Abgeordnete gewählt werden, steht damit gegen die Gefahr einer systematischen Verhinderung neuer Erfahrungen durch das systemische Einfrieren eines *status quo* der relativen Macht der Stände. Hegels Argumente unterstützen hier also tatsächlich eine reaktionäre Restauration, möglicherweise ohne es zu wollen. Seine Vorstellung, dass der Monarch für eine Qualitätskontrolle der Mitglieder des Parlaments verantwortlich ist, was z. B. sogar eine Prüfung der Wahllisten erlauben könnte, ist erst recht höchst problematisch. Es ist schlicht nicht möglich, auf diese Weise ›von oben‹ der ›Gefahr‹ zu begegnen, dass eine Gruppe von Leuten mit zufälligen Eigeninteressen einen zu großen Einfluss durch freie Wahlen erhalten können.

Es bietet sich von selbst das Interesse dar, daß unter den Abgeordneten sich für jeden besonderen großen Zweig der Gesellschaft, z. B. für den Handel, für die Fabriken u. s. f. Individuen befinden, die ihn gründlich kennen und ihm selbst angehören; – in der Vorstellung eines losen unbestimmten Wählens ist dieser wichtige Umstand nur der Zufälligkeit preis gegeben. (320) 305 Ⓚ

Es ist, wie geschildert, nur scheinbar eine gute Idee, das Interesse, dass sich unter den Abgeordneten Experten zu jedem »großen Zweig der Gesellschaft, z. B. für den Handel, für die Fabriken usf.«, finden, durch Quoten der Abordnung erreichen zu wollen. Daher kollabiert Hegels ›Argument‹ gegen ein ›loses unbestimmtes Wählen‹, auch wenn er recht hat, dass damit »dieser wichtige Umstand nur der Zufälligkeit preisgegeben« würde. Zwar hat Hegel selbst gezeigt, dass mit manchem Zufall schlicht zu leben ist – aber hier will er Kontingenzen (partiell inkohärenterweise) nicht zulassen.

Jeder solcher Zweig hat aber gegen den andern gleiches |Recht, repräsentiert zu werden. (320) 305 Ⓚ, 257

Immerhin bemerkt Hegel ein Problem. Denn welche Industriezweige, Berufsstände, Anstalten, Institutionen wie Wissenschaft und Kirchen sollen bevorzugt werden? Sie alle haben »gegen den anderen gleiches Recht, repräsentiert zu werden«.

Wenn die Abgeordneten als *Repräsentanten* betrachtet werden, so hat dies einen organisch vernünftigen Sinn nur dann, daß sie nicht *Repräsentanten* als von *Einzelnen*, von einer Menge seien, sondern *Repräsentanten* einer der wesentlichen *Sphären* der Gesellschaft, Repräsentanten ihrer großen Interessen. Das Repräsentieren hat damit auch nicht mehr die Bedeutung, daß Einer an *der Stelle eines Andern* sei, sondern das Interesse selbst ist in seinem Repräsentanten *wirklich gegenwärtig*, so wie der Repräsentant für sein eigenes objektives Element da ist. – (320) 305 f. Ⓚ

Hegel meint, dass die Abgeordneten Repräsentanten »einer der wesentlichen Sphären der Gesellschaft« sein sollen, nicht von zufälligen Mengen von Leuten. Doch er merkt nicht, dass er sich in seiner Argumentation widerspricht. Einerseits sollen die Abgeordneten Spezialerfahrungen aus ihren besonderen Korporationen mitbringen, andererseits sollen sie Spezialisten rein fürs Allgemeine sein. Einerseits sollen sie für ihren Themenbereich und damit auch ihre Klientel sprechen dürfen, andererseits aber sollen sie dies mindestens auf der Allgemeinheitsebene von Vertretern etwa der Gewerkschaften, der Arbeitgeber oder der Kirchen als »Repräsentanten ihrer großen Interessen« tun. Warum soll dann nicht auch ihre Wahl allgemein sein? – Es ist zwar trivial wahr, dass die von uns gewählten Abgeordneten nicht (nur) uns im Parlament vertreten, sondern ein allgemeines Interesse, von dem wir hoffen, dass sie es gut umsetzen. Hegel sagt, dass das Interesse selbst »in seinem Repräsentanten wirklich gegenwärtig« sei. Aber er merkt nicht, dass eine Wahl der Volksvertreter im Parlament durch das Volk dieser Idee nicht nur nicht widerspricht, sondern geradezu geboten ist. Denn nur die Allgemeinheit kann, um es so zu sagen, urteilen, ob das Allgemeine von den Repräsentanten gut vertreten ist.

306 Ⓚ Von dem Wählen durch die vielen Einzelnen kann noch bemerkt werden, daß notwendig besonders in großen Staaten, die *Gleichgültigkeit* gegen das Geben seiner Stimme, als die in der Menge eine unbedeutende Wirkung hat, eintritt, und die Stimmberechtigten, diese Berechtigung mag ihnen als etwas noch so hohes angeschlagen und vorgestellt werden, eben zum Stimmgeben nicht erscheinen; – so daß aus solcher Institution vielmehr das Gegenteil ihrer Bestimmung erfolgt, und die Wahl in die Gewalt Weniger, einer Partei, somit des besonderen, zufälligen Interesses fällt, das gerade neutralisiert werden sollte. (320)

Dass vielen Leuten die Wahlen von Volksvertretern völlig gleichgültig sind, ist zwar wahr, besagt aber gar nichts. Es drückt, für sich genommen, weder eine besondere Zustimmung oder Anerkennung des politischen Establishments durch eine sprichwörtlich schweigende Mehrheit aus noch eine besondere Ablehnung. Dass dabei die einzelne Stimme »in der Menge eine unbedeutende Wirkung hat«, ist ebenfalls unerheblich; es geht ja um die Bestimmung des Allgemeinen. Eben das sieht Hegel aber nicht. Es ist zwar auch wahr, dass die Wahlberechtigung »als etwas noch so Hohes … vorgestellt werden« mag, die Leute gehen dennoch nicht zur Wahl. Doch auch daraus folgt nichts. Es reicht, wenn alle Wahlberechtigten von ihrem Wahlrecht freien Gebrauch machen können.

Hier wird Hegels eigene Argumentation sogar extrem oberflächlich. Er reproduziert ein auch heute immer wieder auftretendes *Ondit*, das so seicht ist wie viele Biertischgespräche. Hegel meint, aus einer Institution der allgemeinen Wahlen ergebe sich »das Gegenteil ihrer Bestimmung«. Wenn nämlich nur die Wenigen, welche sich für eine besonders profilierte oder radikale politische Partei engagieren, zur Wahl gehen, fällt »die Wahl in die Gewalt Weniger, einer Partei, somit des besonderen, zufälligen Interesses«. Hegel bemerkt erstaunlicherweise noch nicht einmal den gedanklichen Fehler, der erstens darin liegt, dass auch die Gleichgültigkeit der Nichtwähler die für ›ihr‹ Interesse engagierten Parteien unterstützt, zweitens darin, dass eine Eingrenzung der Wahlberechtigten *a priori*, wie er sie selbst vorschlägt, noch weit eher unter seine ›Kritik‹ der Gefahr einer Bevorzugung besonderer Interessen fällt, als wenn sich eine Begrenzung derer, die wirklich an einer Wahl teilnehmen, *aus der freien Entscheidung der Wähler selbst* ergibt. Lässt man, wie Hegel, nur ›die Stände‹ ihre Abgeordneten wählen, sortiert man die Mehrheit des Volkes aus dem Bereich der Wahlberechtigten *vorab* aus.

§312

Von den zwei im ständischen Elemente enthaltenen Seiten (§ 305, 306
308) bringt jede in die Beratung eine besondere Modifikation; und weil überdem das eine Moment die eigentümliche Funktion der Vermittlung innerhalb dieser Sphäre und zwar zwischen Existierenden hat, so ergibt sich für dasselbe gleichfalls eine abgesonderte Existenz; die ständische Versammlung wird sich somit in *zwei Kammern* teilen. (321)

Die beiden »ständischen Elemente«, von denen Hegel hier spricht, sind, etwas provokativ gesagt, der Landadel und der Geldadel der Neureichen aus Gewerbe und Handel. Meine Polemik in dieser Ausdrucksform zielt darauf ab, die Begrenzung des ständischen Denkens Hegels möglichst klar zu machen. Denn am Ende ergreift er die Chance seiner Analysen gerade *nicht*, in den Korporationen der Gesellschaft als freien Assoziationen ein *dynamisches Element* zu sehen.

Stattdessen fällt er auf die beiden Stände des *Adels* und des (reichen) *Bürgertums* zurück. Es ist nett zu hören, dass jedes der beiden Elemente (die Kirche spielt keine Rolle mehr) »in die Beratung eine besondere Modifikation« bringe. Warum in aller Welt aber soll man ›deshalb‹ die Legislative der ständischen Versammlung »in zwei Kammern teilen«? Hegel scheint hier vollständig der ›Überzeugungskraft‹ des bloß Faktischen verfallen zu sein, da es ja die Landadelsversammlungen in einer Art Oberhaus und eine Art Unterhaus auch in Preußen, nicht nur in Großbritannien, schon gab. Hier scheinen die Kritiker recht zu bekommen, die Hegel vorwerfen, dass er das Wirkliche vorschnell für vernünftig erklärt.

§ 313

306f. Durch diese Sonderung erhält nicht nur die Reife der Entschließung vermittelst einer Mehrheit von *Instanzen* ihre größere Sicherung, und wird die Zufälligkeit einer Stimmung des Augenblicks, wie die Zufälligkeit, welche die Entscheidung durch die Mehrheit der Stimmenanzahl annehmen kann, entfernt, sondern vornehmlich kommt das ständische Element weniger in den Fall, der Regierung direkt gegenüber zu stehen, oder im Falle das vermittelnde Moment sich gleichfalls auf der Seite des zweiten Standes befindet, wird das Gewicht seiner Ansicht um so mehr verstärkt, als sie so unparteiischer
258 und sein Gegensatz neutralisiert erscheint. | (321)

Hegel rechtfertigt das Zweikammernsystem des Ober- und Unterhauses mit fragwürdigsten Argumenten. Zwar ist es strukturell nicht ganz ungeschickt, das Oberhaus als höhere Instanz für Rechtsfragen der Verfassungskonformität einzurichten. Aber eine größere Sicherung der Verfassung entsteht damit noch keineswegs. Hegels Analysen schwanken außerdem geradezu gefährlich zwischen einer Anerkennung der unvermeidlichen Subjektivität und damit auch der Zufälligkeiten im Urteilen von Einzelpersonen und kleinen Gruppen, gerade auch bei Mehrheitsentscheiden, und einem immer auch leicht überzogenen Bemühen, Subjektivität und Zufall durch Kontrollverfahren einzudämmen. (Nicht nur eine zweite Kammer, auch eine mehrfache Lesung eines Gesetzentwurfs kann hier z. B. helfen, reicht aber nie aus.) Besonders merkwürdig ist das Argument, dass sich die Macht der ständischen Vertretung in zwei Kammern *abschwäche*, da sie dann nicht als *ein Block* der Regierung oder dem Präsidenten bzw. König direkt gegenüberstehen. An der *Beobachtung* ist zwar einiges dran, wie man auch am Fall von Senat und Repräsentantenhaus in den USA sieht. (In einer föderalen Demokratie steht sinnvollerweise eine Vertretung der Regionen neben einer gesamtgesellschaftlichen Vertretung durch allgemeine Wahl von Individuen und Parteien.) Aber das *Problem* liegt darin, dass so auch *die Kontrolle der Regierung* schwächer wird. (Eine wirkliche Kontrolle des Monarchen ist ohnehin nicht vorgesehen, solange dieser sich an die Verfassung hält.) Das Problem wird allerdings auch in einer konstitutionellen Demokratie nicht völlig gelöst. Eine ideale Lösung gibt es nicht.

Es ist dann dem reinen Text nach noch nicht einmal klar, ob Hegel als zweiten Stand den Adel oder das Bürgertum anspricht, aber es ist wohl der Adel und damit das ›Oberhaus‹, dem Hegel eine ›unparteiische‹ Schiedsrichterrolle zugesteht und meint, das sei eine gute Idee, da der Adel zwischen ›Unterhaus‹, Regierung und Monarchie vermitteln könne.

§ 314

Da die Institution von Ständen nicht die Bestimmung hat, daß durch 307
sie die Angelegenheit des Staats *an sich* aufs beste beraten und beschlossen werde, von welcher Seite sie nur einen Zuwachs ausmachen (§ 301), sondern ihre unterscheidende Bestimmung darin besteht, daß in ihrem Mitwissen, Mitberaten und Mitbeschließen über die allgemeinen Angelegenheiten, in Rücksicht der an der Regierung nicht teilhabenden Glieder der bürgerlichen Gesellschaft, das Moment der *formellen* Freiheit sein Recht erlange, so erhält zunächst das Moment der *allgemeinen* Kenntnis, durch die *Öffentlichkeit* der Ständeverhandlungen seine Ausdehnung. (321 f.)

Hegels Rede von einer Institution von Ständen ist zweideutig. Hier meint er die parlamentarische Vertretung der ständischen Korporationen im Gesetzgebungsprozess. Und er reduziert die Aufgabe dieser Gremien auf ein »Mitwissen, Mitberaten und Mitbeschließen über die allgemeinen Angelegenheiten«. Das heißt, er lehnt die für eine *konstitutionelle Demokratie* (sowohl einer Republik wie der USA als auch einer konstitutionellen Monarchie wie im Vereinigten Königreich) wesentliche Bestimmung ab, dass das Parlament *als Gesetzgeber die eigentliche Souveränität im Staat hat* und die Exekutive sozusagen *in ihrem Auftrag* handelt. Er meint, dass durch die parlamentarischen Vertretungen »die Angelegenheit des Staats an sich« *nicht* »aufs beste beraten und beschlossen werde«. Und er betrachtet wie schon im § 301 das Parlament sogar als bloßen Appendix, polemisch gesagt, als Wurmfortsatz der Regierung – am Ende bloß mit der Funktion zur Beruhigung der Nerven des Volkes.

Hegel spricht in diesem Sinn – sozusagen verräterisch abwertend – von einem (bloßen) »Moment der formellen Freiheit«, das hier »sein Recht« bekomme. Dabei widerspricht er partiell seiner eigenen Analyse, nach welcher der Monarch als *Einzelperson* die Einheit des Allgemeinen im Gemeinwesen vertritt, die Regierung aber als *besondere* ›Gruppe‹ (oder fast schon ›Stand‹) der Beamten (von der höchsten Ebene der Minister bis zur niedersten des Schullehrers und Polizisten). Denn nach dieser ›Logik‹ müsste das Parlament sozusagen die *Allgemeinheit* des Allgemeinen vertreten.

Im Rückblick auf den § 301 kann man jetzt deutlicher sehen, wie Hegel diese Ordnung unterläuft, nämlich durch die Behauptung, der Rat der Stände vertrete nur die Vielen und nicht die Allgemeinheit. Außerdem fehlt jede Analyse der Probleme und Gefahren einer Besetzung der meritokratischen Expertenstellen der Beamten rein von oben her.

Wir sehen daher eine implizit oder gar explizit strategische Rechtfertigung einer mächtigen Regierung am Werk. Das Parlament soll »der allgemeinen Kenntnis« der Erlasse der Regierung und Gesetze des Monarchen in der Öffentlichkeit durch die Ständeverhandlungen nur eine größere Ausdehnung verschaffen – was wieder seiner Bestimmung als oberstem Gesetzgeber klar widerspricht.

§ 315

307 Die Eröffnung dieser Gelegenheit von Kenntnissen hat die allgemeinere Seite, daß so die *öffentliche Meinung* erst zu *wahrhaften Gedanken* und zur *Einsicht* in den Zustand und Begriff des Staates und dessen Angelegenheiten, und damit erst zu einer *Fähigkeit, darüber vernünftiger zu urteilen*, kommt; sodann auch die Geschäfte, die Talente, Tugenden und Geschicklichkeiten der Staatsbehörden und Beamten kennen und achten lernt. (322)

Hegel versucht, die Vermittlungsrolle der parlamentarischen Vertretung zwischen Regierung und öffentlicher Meinung hervorzuheben. Er merkt nicht, dass er eben durch diese ›Bestimmung‹ oder Aufgaben- oder Rollenzuschreibung das Parlament in seinem Staatsentwurf völlig machtlos macht. Es soll also das Parlament nach Art eines Propagandaministeriums die Bevölkerung »erst zu wahrhaften Gedanken und zur Einsicht in den Zustand und Begriff des Staates und dessen Angelegenheiten« führen und »die Talente, Tugenden und Geschicklichkeiten der Staatsbehörden und Beamten kennen und achten« lehren. Damit stellt Hegel die Ordnung im Gemeinwesen in der Tat von den Füßen der Leute auf den Kopf des Monarchen und der Regierung. In diesem Punkt hat Marx in seiner Kritik an Hegels Rechtsphilosophie recht. *Meine* Kritik ist, das beachte man, dennoch von etwas anderer Form und auch anders begründet als diejenige, welche nur mit Hegels generisch-allgemeinen Redeformen über den Geist oder die Idee, das Ethos der öffentlichen Sittlichkeit und die bloß erst subjektive Moralität der ›redlichen‹ Konsistenz von Reden und Handeln nicht zurechtkommt – und den Monarchen am Ende ganz naiv als Vertreter des göttlichen Geistes liest.

Wie diese Talente an solcher Öffentlichkeit eine mächtige Gele- 307 f.
genheit der Entwickelung und einen Schauplatz hoher Ehre erhalten, so ist sie wieder das Heilmittel gegen den Eigendünkel der Einzelnen und der Menge und ein Bildungsmittel für diese und zwar eines der größten. (322)

Die Talente der Politiker haben, meint Hegel, eine Bühne im Parlament und damit in der Öffentlichkeit. Das bestätigt erneut das Bild, dass Hegel das Parlament zu einem Theater degradiert. Seine öffentlichen Aufführungen sollen ein »Heilmittel gegen den Eigendünkel der Einzelnen und der Menge und ein Bildungsmittel für diese« sein, »und zwar eines der größten«, wie Hegel sozusagen zum Trost sagt.

§316

Die formelle subjektive Freiheit, daß die Einzelnen als solche ihr 308
eigenes Urteilen, Meinen und Raten über die allgemeinen Angelegenheiten haben und äußern, hat in dem Zusammen, welches *öffentliche Meinung* heißt, ihre Erscheinung. Das an und für sich Allgemeine, das *Substantielle* und *Wahre*, ist darin mit seinem Gegenteile, dem für sich *Eigentümlichen* und *Besonderen des Meinens* der Vielen ver-

knüpft; diese Existenz ist daher der vorhandene Widerspruch ihrer selbst, – das Erkennen als *Erscheinung*; die Wesentlichkeit eben so
259 unmittelbar als die Unwesentlichkeit. | (322)

In der öffentlichen Meinung äußert sich die Vielstimmigkeit der formellen, subjektiven Meinungsfreiheit ebenso wie eine sich implizit herausbildende Mehrheitsmeinung, die gerade auch einen gewissen Zeitgeist und dessen politische Korrektheiten bestimmt. Diese wiederum können ihrerseits teils fortschrittlich, teils reaktionär sein, und das unabhängig vom guten Klang der Argumente. So waren und sind z. B. die Reden von einer abendländischen Identität und Leitkultur unglücklicherweise ebenso reaktionär wie die Gegenreden, welche gedankenlos vermeintlich eurozentrische Vorurteile auf der Basis eines unbegriffenen Pluralismus der Kulturen und Zivilisationen kritisieren wollen. Es besteht die Hoffnung, dass wir das imperialistische Denken des 19. Jahrhunderts endlich so radikal überwunden haben, dass auch die Angst vor einem Ethnozentrismus uns nicht weiterhin zu allerlei Fehlurteilen verführt. So ist die immer nötige Toleranz gegen schlechte Formen religiöser oder politischer Traditionen nicht *mit ihrer Anerkennung* zu verwechseln. Dasselbe gilt für den Umgang mit dem Glauben an allerlei Verschwörungen.

Hegel hat daher zunächst einmal recht hervorzuheben, dass sich in der öffentlichen Meinung ebenso sehr die Torheiten einer Zeit als ihre allgemeinen Einsichten, das allgemeine Wissen und Vermögen eines Volkes zeigen. Die öffentliche Meinung ist daher in der Tat »der vorhandene Widerspruch ihrer selbst«. Man kann es kaum besser sagen.

§ 317

308 Die öffentliche Meinung enthält daher in sich die ewigen substantiellen Prinzipien der Gerechtigkeit, den wahrhaften Inhalt und das Resultat der ganzen Verfassung, Gesetzgebung und des allgemeinen Zustandes überhaupt, in Form des *gesunden Menschenverstandes,* als der durch alle in Gestalt von Vorurteilen hindurch gehenden sittlichen Grundlage, so wie die wahrhaften Bedürfnisse und richtigen Tendenzen der Wirklichkeit. – (323)

Gerade aufgrund ihrer inkohärenten Mischung der Meinungen ›enthält‹ die öffentliche Meinung neben allgemeinen und kollektiven Oberflächlichkeiten, der besonderen Torheit von Verschwörungstheorien und einer wichtigtuerischen Unterstellungshermeneutik partiell ungeschieden »die ewigen substantiellen Prinzipien der Gerechtigkeit, den wahrhaften Inhalt und das Resultat der ganzen Verfassung, Gesetzgebung und des allgemeinen Zustandes überhaupt, in Form des gesunden Menschenverstandes«. Auch das kann man kaum besser sagen. Das Problem ist, durch die äußeren Variationen von einzelnen Vorurteilen und dem lauten Geräusch der besonderen Klagen über den sittlichen Verfall der Welt und über vermeintlich oder wirklich selbstverursachte Katastrophen hindurchzublicken auf eine (implizit) durchaus schon weitgehend allgemein anerkannte ›sittliche Grundlage‹ nicht nur im jeweils bloß einzelnen Gemeinwesen, sondern in den Staaten überhaupt – und das trotz der ewigen Mängel der realen Welt. Analoges gilt für die »wahrhaften Bedürfnisse« und wirklichen »Tendenzen« der Zeit.

Zugleich wie dies Innere ins Bewußtsein tritt, und in allgemeinen 308
Sätzen zur Vorstellung kommt, teils für sich, teils zum Behuf des konkreten Räsonnierens über Begebenheiten, Anordnungen und Verhältnisse des Staats und gefühlte Bedürfnisse, so tritt die ganze Zufälligkeit des Meinens, seine Unwissenheit und Verkehrung, falsche Kenntnis und Beurteilung ein. (323)

Indem man allgemeine und besondere, aber zunächst nur implizite Meinungen sich und anderen explizit macht, wird es allererst möglich, gemeinsam und qualifiziert über sie nachzudenken und sie, reflexionslogisch versiert, nach Sinn und Wahrheit zu beurteilen. In Bezug auf »Anordnungen und Verhältnisse des Staats und gefühlte Bedürfnisse« fließen dabei zunächst »die ganze Zufälligkeit des Meinens, seine Unwissenheit und Verkehrung, falsche Kenntnis und Beurteilung« ein. Aber das hat ein gutes Gemeinwesen zu ertragen. Verbote von Meinungsäußerungen sind daher prinzipiell kontraproduktiv. Nur im besonders problematischen Fall der Werbung für ein Verbrechen sollte eine staatliche Einschränkung der Freiheit öffentlicher Meinungsäußerung erlaubt sein.

Indem es dabei um das Bewußtsein der *Eigentümlichkeit* der 308f.
Ansicht und Kenntnis zu tun ist, so ist eine Meinung, je schlechter ihr Inhalt ist, desto eigentümlicher; denn das Schlechte ist das in seinem Inhalte ganz Besondere und Eigentümliche, das Vernünftige

dagegen das an und für sich Allgemeine, und das *Eigentümliche* ist das, worauf das Meinen *sich etwas einbildet.* (323)

Es gibt immer viele Wichtigtuer, die mit ihrer besonderen Meinung besonders auffallen wollen und dann auch entsprechend medienpräsent werden. Dabei ist es eine ebenso allgemeine wie interessante Beobachtung, dass es unendlich viele besondere Fehlurteile gibt, so dass im Umkehrschluss die Wahrscheinlichkeit, dass ein Urteil falsch oder sogar sinnverrückt ist, mit seiner Seltenheit und damit dem Besonderen seines Inhalts klar korrelliert.

Verschwörungstheoretiker und Unterstellungshermeneutiker bilden daher missionarische Gruppen, um das Besondere ihrer Urteile als ›vielen gemeinsam‹ und damit respektabel erscheinen zu lassen – was aber im Streben der Individuen, auch dabei jeweils Besonderes zu wissen, an seine Grenzen kommt. Das zeigt die Geschichte der sogenannten K-Gruppen nach 1968 in ihrer Konkurrenz beim Aufbau einer wahrhaft kommunistischen Volks- und Arbeiterpartei ebenso klar wie manche parallelen Unternehmungen auf rechtsradikaler Seite.

309 Ⓚ Es ist darum nicht für eine Verschiedenheit subjektiver Ansicht zu halten, wenn es das Einemal heißt;

Vox populi, vox dei;

und das andere Mal (bei Ariosto[129] z. B.);

Che'l Volgare ignorante ogn' un riprenda
E parli più di quel che meno intenda. (323)

Volkes Stimme ist Gottes Stimme – wenigstens des Geistes der Zeit und der (begrenzten) Vernunft der Nation. Wie bei guten Gnomen oder Orakeln ist der gegenteilige Satz auch wahr: Was das unwissende Volk sagt, glaubt es umso weniger, je lauter es davon spricht.

309 Ⓚ Beides liegt zumal in der öffentlichen Meinung. – Indem in ihr Wahrheit und endloser Irrtum so unmittelbar vereinigt ist, so ist es mit dem einen oder dem anderen nicht wahrhafter *Ernst.* Womit es Ernst ist, dies kann schwer zu unterscheiden scheinen; in der Tat wird es dies auch sein, wenn man sich an die *unmittelbare Äußerung* der öffentlichen Meinung hält. (324)

Die öffentliche Meinung ist also sowohl der Ort kanonischen Wis-

[129] Fußnote Hegels: »Oder bei *Goethe*: Zuschlagen kann die Masse, /
260 Da ist sie respektabel; / *Urteilen gelingt ihr miserabel.* |«

sens als auch des bloßen Geredes. In der Vermischung beider aber kann es ihr und damit den Zeitungen und Medien, welche die Meinungen verbreiten, »nicht wahrhafter Ernst« sein. Wir können und sollten daher die Rezeption der Tagesmedien und Wochenzeitungen als eine Art säkulare Liturgie betrachten – sozusagen als politische Morgen- und Abendandachten. Diese sind wichtig zum Nachdenken, aber die Urteile sind nicht wörtlich zu nehmen, verlangen vielmehr von einer vernünftigen Rezeption die gleiche Art von Distanz wie eine Oper oder ein Theaterstück. Dabei kann »schwer zu unterscheiden scheinen«, was ernst zu nehmen ist und was nicht. Das gilt z. B. auch für die verschiedensten Demonstrationen für oder gegen eine politische Entscheidung oder Meinung, als weitere Beispiele zivilreligiöser Liturgie mit subjektiv ernst genommenem Ritus und objektiv nicht ganz so ernst zu nehmendem Ritual – wie z. B. dem mancher Auseinandersetzungen mit der Polizei.

Indem aber das Substantielle ihr Inneres ist, so ist es nur mit 309 Ⓚ
diesem wahrhaft Ernst; dies kann aber nicht aus ihr, sondern eben darum, weil es das Substantielle ist, nur aus und für sich selbst erkannt werden. (324)

Inhalte überhaupt als Inhalte zu verstehen, setzt eine Abstraktion voraus, die aus der Ebene gleich gültiger Äußerungen, Erscheinungen oder Äußerlichkeiten zum ›Inneren‹ führt – das dann noch in seiner (relativen) Wahrheit zu beurteilen und angemessen zu ›gebrauchen‹ ist. Also kann es uns mit bloßen Äußerlichkeiten, etwa einem vermeintlichen *faux pas* in der Formulierung einer Kanzlerin oder eines Präsidenten, nicht wahrhaft ernst sein; und wir können diejenigen nicht mehr wirklich ernst nehmen, die das nicht so zu sehen vermögen. – Alle Wahrheit bezieht sich auf Substantielles, also auf das, was hinreichend nachhaltig ist. Das setzt die Unterscheidung zu einem ephemeren Zufall oder Unfall voraus.

Welche Leidenschaft in das Gemeinte auch gelegt sei, | und wie 309 Ⓚ, 260
ernsthaft behauptet oder angegriffen und gestritten werde, so ist dies kein Kriterium über das, um was es in der Tat zu tun sei; aber dies Meinen würde am allerwenigsten sich darüber verständigen lassen, daß seine Ernsthaftigkeit nichts Ernstliches sei. – (324)

Die Lautstärke und die Verve, mit der eine Meinung vorgetragen wird und sich damit Gehör verschafft, das wurde schon mehrfach gesagt, ist kein Kriterium für ihre Sinnhaftigkeit und Wahrheit. Freilich wird gerade der leidenschaftliche Verteidiger einer Meinung – sagen wir über die Unsterblichkeit der Seele, eine angeblich wörtlich zu lesende Auferstehung und Himmelfahrt Jesu oder die Möglichkeit eines staatsfreien Kommunismus – sich überhaupt nicht sagen lassen wollen, dass ihm seine in vollem Ernst verteidigten Sätze gar nicht ernst sein können. Das ist aber schon deswegen so, weil die inhaltlichen Folgerungen, welche die Leute aus den Sätzen ziehen, ungemein streuen, was bei Metaphern und Utopien naturgemäß, also quasi notwendigerweise, so ist. Jede ›wörtlich‹ genommene theologische Lehre und jeder allzu ›ernst‹ genommene religiöse Ritus enthält damit eine unendliche Willkür. Daher verlangt gerade jede wahre religiöse Vernunft – so wie jede wahre Liebhaberschaft zu Oper, Musik und Theater – eine gewisse selbstironische Distanz zu allen äußeren Formen. Das ist dann freilich ein höchst interessantes Gegenteil zur profanen Unmusikalität in religiösen Dingen. – Jede ›Medienschelte‹ ist ebenso abwegig wie das Lamento über einen angeblichen Niedergang von Kunst und Kultur.

309 Ⓚ Ein großer Geist hat die Frage zur öffentlichen Beantwortung aufgestellt, *ob es erlaubt sei, ein Volk zu täuschen?* Man mußte antworten, daß ein Volk über seine substantielle Grundlage, das *Wesen* und bestimmten Charakter seines Geistes sich nicht täuschen lasse, aber über die Weise, wie es diesen weiß und nach dieser Weise seine Handlungen, Ereignisse u. s. f. beurteilt, – *von sich selbst* getäuscht wird. (324)

Friedrich II. hat eine Preisfrage der Preußischen Akademie der Wissenschaften angeregt, nämlich »ob es erlaubt sei, ein Volk zu täuschen«. Friedrich denkt offenbar an Fälle der Art, dass ein Monarch den wahren Grund oder Verlauf eines Krieges dem Volk verheimlicht – da er unter Umständen mit Recht befürchten muss, dass er sonst die für den Erfolg nötige Unterstützung durch das Volk oder die Stände verliert.

Schon Platon spricht von entsprechenden ›frommen Lügen‹, meint damit aber keine *Fehlinformationen* über die konkrete Politik des Staates, sondern rechnet mit Missverständnissen des breiten Volkes, wenn man es in einer politiktheologischen Lehre dazu anleitet, an die Unsterblichkeit der Seele und ein Jüngstes Gericht ›zu glauben‹. Bei

Platon liegt das Falsche hier nicht in der ›Lehre‹, sondern in den zu erwartenden ›wörtlichen‹ Verständnissen des Volkes. Dessen Sprach- und Sinnverstehen reicht nicht aus, die Artikulationsformen der Überzeitlichkeit der Person zu begreifen. Ihren Sinn und ihre Wahrheit kann sie nur in abergläubischer Form erfassen. – Wer sich an die Literatur von Bahnhofsbuchhandlungen hält, wird ja auch nur oberflächlich begreifen, was die Rede vom Urknall und Darwins Evolutionstheorie wirklich bedeuten oder was infinitesimale Zahlen bzw. die Relativität von Raum und Zeit sind, um von Gott und jeder Form des Ewigen und Unendlichen gar nicht weiter zu reden. Das sind sozusagen die frommen Lügen der säkularisierten Moderne.

Hegels eigenwillige und in typischer Weisen lakonische Antwort auf die Frage Friedrichs II. lautet vor diesem Hintergrund: In den allgemeinen und nachhaltigen Dingen des Gemeinwesens kann man kein Volk täuschen. Es kennt implizit und empraktisch die Staatsverfassung und das Handeln der Regierung, wozu diese taugen sollten und wie weit sie ihre Aufgaben erfüllen oder verfehlen. Dasselbe gilt für den Inhalt der Religion. Das Volk kennt damit auch den »bestimmten Charakter seines Geistes«, also der allgemeinen Formen, wie sie als Ideen institutionell realisiert sind – und durch normative Urteile und Sanktionen aufrechterhalten werden. Aber das Volk selbst ist es, das sich über die besonderen »Handlungen, Ereignisse usf.« allgemeiner Politik und über den besonderen Inhalt religiöser Texte, Riten und Tabus täuscht. Denn es kann im Besonderen der empirischen Realität häufig weder das allgemein Richtungsrichtige, Vernünftige und nachhaltig Wahre erkennen noch die Kontingenz partiell unaufhebbarer Mängel von der Allgemeinheit einer schlechten Gesamtverfassung einer Institution unterscheiden.

§318

Die öffentliche Meinung verdient daher eben *so geachtet*, als *ver-* 310
achtet zu werden, dieses nach ihrem konkreten Bewußtsein und Äußerung, jenes nach ihrer wesentlichen Grundlage, die, mehr oder weniger getrübt, in jenes Konkrete nur scheint. Da sie in ihr nicht den Maßstab der Unterscheidung noch die Fähigkeit hat, die substantielle Seite zum bestimmten Wissen in sich herauf zu heben, so ist die Unabhängigkeit von ihr, die erste formelle Bedingung zu

etwas Großem und Vernünftigem (in der Wirklichkeit wie in der Wissenschaft). Dieses kann seinerseits sicher sein, daß sie es sich in der Folge gefallen lassen, anerkennen und es zu einem ihrer Vorurteile machen werde. (324 f.)

Wir brauchen also die öffentliche Meinung. Ihre Protagonisten, die Medienleute, verdienen unsere höchste Achtung. Zugleich aber dürfen wir ihre Texte nicht allzu ernst nehmen und müssen zu ihnen, wie zu allen Formen der Liturgien und allen Inhalten der Künste und Religionen, immer auch Distanz wahren.

Das Allgemeine und nachhaltig Wahre scheint immer nur indirekt durch den Schleier das Maya hindurch, der hier als die Textur der Medien zu lesen ist – um es in einer Allegorie zu sagen. Das Gesamt der veröffentlichten Texte enthält keinen Maßstab der Unterscheidung des allgemein Wahren und Falschen. Es gibt z. B. kein Schema des Differenzierens dazwischen, was bloß zufällige und zeitlich begrenzte besondere Privation und was als allgemein falsch durch allgemeine Maßnahmen zu ändern ist. Daher ist die oben von mir beschriebene Distanz, die Unabhängigkeit von der öffentlichen Meinung, »die erste formelle Bedingung zu etwas Großem und Vernünftigem«. Das gilt in der politischen Praxis, also der Wirklichkeit, »wie in der Wissenschaft«. Und doch ist – wie gesehen – davor zu warnen, in dieser Distanz allzu besondere Theorien zu entwickeln. Wenn eine Einsicht wirklich vernünftig gefasst und artikuliert ist, kann sie damit rechnen, dass sie auch wahrgenommen wird – obzwar die ›Wirkungen‹ immer schwanken werden, weil dieses Schwanken zur unvermeidlichen Realität der öffentlichen Meinungen und Vorurteile gehört.

§ 319

310 Die Freiheit der öffentlichen Mitteilung – (deren eines Mittel, die *Presse*, was es an weitreichender Berührung vor dem andern, der mündlichen Rede, voraus hat, ihm dagegen an der Lebendigkeit zurück steht) – die Befriedigung jenes prickelnden Triebes, seine Meinung zu sagen und gesagt zu haben, hat ihre direkte Sicherung in den ihre Ausschweifungen teils verhindernden, teils bestrafenden polizeilichen und Rechtsgesetzen und Anordnungen; die indirekte Sicherung aber in der Unschädlichkeit, welche vornehmlich in der Vernünftigkeit der Verfassung, der Festigkeit der Regierung,

dann auch in der Öffentlichkeit der Stände-Versammlungen begründet ist, – in letzterem, insofern sich in diesen Versammlungen die gediegene und gebildete Einsicht über die Interessen des Staats ausspricht, und Anderen wenig Bedeutendes zu sagen übrig läßt, hauptsächlich die Meinung ihnen benommen wird, als ob solches Sagen von eigentümlicher Wichtigkeit und Wirkung sei; – ferner
aber in der Gleichgültigkeit und Verachtung gegen | seichtes und 261
gehässiges Reden, zu der es sich notwendig bald herunter gebracht hat. (325)

Hegel verteidigt eine gewisse Zensur der Presse, wie sie damals überall praktiziert wurde, gerade auch unter Napoleon. Noch Theodor Fontane arbeitet einige Zeit in der staatlichen Zensurbehörde Preußens. Andererseits steht Hegel vehement ein für die »Freiheit der öffentlichen Mitteilung«.

In der Tat ist die Presse- und Meinungsfreiheit ambivalent, da sie politische Folgen haben kann, von denen nicht alle gut sind, und das nicht nur wegen der Prominenz des Wichtigtuers in seiner »Befriedigung jenes prickelnden Triebes, seine Meinung zu sagen und gesagt zu haben«. Die Ironie der Formulierung ist offenkundig. Wir heute sind dennoch skeptisch geworden gegen eine direkte Pressezensur mit ihren Sanktionsdrohungen, selbst wenn sie sich legal an ein Pressegesetz halten. Wir setzen auf die »indirekte Sicherung« durch öffentliche Diskussion und Kritik, der freilich auch Hegel den Vorzug gibt. Er betont die prinzipielle Unschädlichkeit beliebiger veröffentlichter Meinungen in einem Gemeinwesen, dessen Vernünftigkeit von Verfassung und Regierung anerkannt ist.

Wie sich das aber auf die Ständeversammlungen zurückführen lassen soll, bleibt Hegels Geheimnis – zumal er deren Werbekraft für den Staat überschätzt. Es ist sogar recht seltsam zu meinen, dass eine gute parlamentarische Debatte den anderen »wenig Bedeutendes zu sagen übrig läßt«. Hegel steuert seine Argumentation nicht immer ohne Beschädigung der Schlüssigkeit und Kohärenz durch die Klippen der von ihm selbst sichtbar gemachten Widersprüche. Wenn es wahr ist, dass man die »Wichtigkeit und Wirkung« von Presseveröffentlichungen überschätzt, bedarf es keiner Zensur. Es reicht, wenn man angesichts oberflächlicher Meinungen mit der Schulter zuckt und manche Hassreden nicht einmal ignoriert – soweit sich das machen lässt, da dies angesichts der Gefahr geistiger Brandstiftung doch auch nicht immer ausreicht.

311 Ⓚ Pressfreiheit definieren als die Freiheit, zu reden und zu schreiben, *was man will,* stehet dem parallel, wenn man die Freiheit überhaupt als die Freiheit angibt, zu *tun, was man will.* – Solches Reden gehört der noch ganz ungebildeten Rohheit und Oberflächlichkeit des Vorstellens an. (325)

Obgleich es für die Pressefreiheit Grenzen gibt, sodass man nicht einfach reden und schreiben darf, »was man will«, ist für ›bloße Worte‹ eine möglichst liberale Haltung besser, als wenn man rigide Regelungen und Publikationsverbote einführt. Daher ist Hegels Parallele zwischen einem Reden und Tun nicht passend. Richtig ist, dass reine Willkür kein gutes Verständnis dessen liefern, was ich eigentlich will – was sich schon darin zeigt, dass man vor dem Reden generell besser nachdenkt, eine Einsicht, die Bias von Priene zu einem der sieben Weisen des alten Hellas machte. Schon das zeigt, dass der Verzicht auf die wesenslogische Unterscheidung zwischen einem eigentlichen Wollen der Person und einem bloß momentanen Wollen des Subjekts eine oberflächliche Torheit ist.

311 Ⓚ Es ist übrigens der Natur der Sache nach nirgends, daß der Formalismus so hartnäckig festhält und so wenig sich verständigen läßt, als in dieser Materie. Denn der Gegenstand ist das Flüchtigste, Zufälligste, Besonderste, Zufälligste des Meinens in unendlicher Mannigfaltigkeit des Inhalts und der Wendungen; über die direkte Aufforderung zum Diebstahl, Mord, Aufruhr u. s. f. hinaus liegt die Kunst und Bildung der Äußerung, die für sich als ganz allgemein und unbestimmt erscheint, aber teils zugleich auch eine ganz bestimmte Bedeutung versteckt, teils mit Konsequenzen zusammenhängt, die nicht wirklich ausgedrückt sind und von denen es unbestimmbar ist, sowohl ob sie richtig folgen, als auch ob sie in jener Äußerung enthalten sein sollen. (325 f.)

Es gibt kaum ein Thema, an dem sich formale Rechthaberei (auf allen Seiten der Meinungen) so festbeißt wie bei der Meinungsfreiheit. Das liegt daran, dass jeder an besondere Fälle denkt, von denen er meint, dass sie ausreichen, um über den allgemeinen Fall ein allgemeines Urteil zu fällen. Man wird übereinstimmen, dass es richtig ist, eine »direkte Aufforderung zum Diebstahl, Mord, Aufruhr usf.« unter

Strafe zu stellen. Wenn man von der Entsorgung der Polizei auf dem Müll liest, ist zunächst noch offen, ob der Schreiberin pure Dummheit oder ein latenter Aufruf zu einem Verbrechen zuzusprechen ist, oder ob auch extreme Formen satirischer Ironie als Leser zu ertragen sind.

Diese Unbestimmbarkeit des Stoffes und der Form läßt die Ge- 311 Ⓚ
setze darüber diejenige Bestimmtheit nicht erreichen, welche vom Gesetz gefordert wird, und macht das Urteil, indem Vergehen, Unrecht, Verletzung hier die besonderste *subjektiveste* Gestalt haben, gleichfalls zu einer ganz *subjektiven* Entscheidung. Außerdem ist die Verletzung an die Gedanken, die Meinung und den Willen der Anderen gerichtet, diese sind das Element, in welchem sie eine Wirklichkeit erlangt; dieses Element gehört aber der Freiheit der Anderen an, und es hängt daher von diesen ab, ob jene verletzende Handlung eine wirkliche Tat ist. – (326)

Es kann keine klaren und bestimmten Grenzen dazu geben, was als öffentliche Meinung erlaubt ist und was als *hate speech* schon unter die Sanktionen eines Strafgesetzes fallen kann oder sollte. »Vergehen, Unrecht, Verletzung« haben hier in der Tat »die besonderste subjektivste Gestalt«. Aber eben weil das so ist und weil »die Verletzung an die Gedanken, die Meinung und den Willen der anderen gerichtet ist«, die sich allzu schnell subjektiv beleidigt fühlen mögen, ist hier schwer objektiv zu urteilen. Hegel sagt es so: Es liegt auch an der Freiheit der Adressaten, wie sie eine verbale Kritik verstehen und ob sie sich verletzt fühlen. Damit entsteht die Gefahr, dass sich diese selbst wichtigmachen, indem sie sich durch jeden leisen Dissens mit ihrer heiligen Meinung über sich selbst verletzt fühlen – und damit eine vermeintliche Tat ihrer Verletzung bloß *erfinden*. Das gilt für Individuen sowohl als auch für Gruppen – wobei in der Fürsprache für eine Gruppe, die zuvor tatsächlich Opfer von Verbrechen gewesen war, ein weiteres Moment selbstgerechter Wichtigtuerei in »Befriedigung jenes prickelnden Triebes« liegen kann.

Gegen die Gesetze kann daher sowohl ihre Unbestimmtheit 311 f. Ⓚ
aufgezeigt werden, als sich für die Äußerung Wendungen und Formierungen des Ausdrucks erfinden lassen, wodurch man die Gesetze umgeht oder die richterliche Entscheidung als ein subjektives Urteil behauptet wird. Ferner kann dagegen, wenn die Äußerung als eine *verletzende* Tat behandelt wird, behauptet werden, daß es keine Tat,

sondern sowohl nur ein *Meinen* und *Denken* als nur ein *Sagen* sei; so wird in einem Atem aus der bloßen Subjektivität des Inhalts und der Form, aus der *Unbedeutenheit* und *Unwichtigkeit* eines bloßen Meinens und Sagens die *Straflosigkeit* desselben, und für eben dieses Meinen als für mein und zwar *geistigstes* Eigentum und für das Sagen als für die Äußerung und Gebrauch dieses meines Eigentums, der *hohe Respekt* und *Achtung* gefordert. – (326 f.)

Hegel sieht zwar, dass gegen gesetzliche Regelungen dessen, was eine Zensur verbieten darf und welche öffentlichen Äußerungen nicht unter die Meinungsfreiheit fallen, sondern als Vergehen zu bewerten sind, immer auch ihre Unbestimmtheit ins Feld führen lässt. Aber er wendet das jetzt gegen diese Monita selbst. Denn es gebe immer Formulierungen, durch die man die Gesetze nur formal umgeht – was Hegel offenbar missbilligt. Er bemerkt nicht, dass das nur ein moralisches Urteil ist und damit die rechtliche Sphäre schon verlassen hat. Man könnte fast jedem richterlichen Urteil mangelnde Objektivität und pure Subjektivität vorwerfen. Man könnte außerdem betonen, dass die angeblich »verletzende Tat« dies oft nur aufgrund einer *Zuschreibung* ist, da aus der Tatsache, dass sich jemand beleidigt *fühlt* oder als beleidigt *deklariert*, noch nicht folgt, dass er das mit gutem Recht tut, er also, wie wir sagen, *wirklich beleidigt wurde*.

Hegel gibt zunächst zu, dass sich die Straflosigkeit »aus der bloßen Subjektivität des Inhalts und der Form« ergeben kann oder aus der »Unwichtigkeit eines bloßen Meinens und Sagens«. Aber er baut auch gleich eine ironische Widerlegung auf. Denn derjenige, welcher durch seine Veröffentlichungen etwa von Karikaturen andere und ihre Gefühle verletzt, kann eigentlich nicht sein Recht auf seine Meinung und für deren Äußerung »Respekt und Achtung« einfordern, da er ja mit der Achtung anderer Personen selbst nicht pfleglich umgegangen ist. Allerdings ist das wieder nur erst ein moralisch-ethisches und noch kein rechtswirksames Argument – und es ist höchst problematisch.

312 (K), 262 Das Substantielle aber ist und bleibt, | daß Verletzung der Ehre von Individuen überhaupt, Verleumdung, Schmähung, Verächtlichmachung der Regierung, ihrer Behörden und Beamten, der Person des Fürsten insbesondere, Verhöhnung der Gesetze, Aufforderung zum Aufruhr u. s. f. Verbrechen, Vergehen mit den mannigfaltigsten Abstufungen sind. (327)

Es gibt durchaus ›objektive‹ Verletzungen der Ehre von Personen, auch Verleumdungen. Wie aber mit Schmähungen »der Regierung, ihrer Behörden und Beamten, der Person des Fürsten« umzugehen ist, ist damit noch keineswegs klar. Denn Institutionen kann man eigentlich gar nicht beleidigen. Landesfahnen für so heilig zu erklären, dass ihre Verbrennung zu einer strafbaren Tat wird, ist zumindest heute nicht mehr ganz zeitgemäß. Sogar der Ausspruch »Soldaten sind Mörder« wird als nicht wirklich ernst gemeinter dummer Spruch behandelt. Indem Hegel die »Verhöhnung der Gesetze« neben eine »Aufforderung zum Aufruhr« stellt, zeigt er am Ende zu wenig Gespür für das, was er selbst analytisch so brillant herausgearbeitet hat, nämlich, dass jemand objektiv nur beleidigt werden kann, wenn wir gemeinsam urteilen, dass er beleidigt wurde, nicht schon dann, wenn sich manche beleidigt fühlen. Das gilt gerade auch für Institutionen. Diese kann man ja nur dadurch schmähen, dass sich Personen geschmäht fühlen. ›Wir‹ müssen dann entscheiden, ob ›man‹ sich dabei zu Recht geschmäht fühlen darf. Das sollten also nicht die Repräsentanten der Institution selbst tun.

Es ist sogar eigentlich klar, dass man das Gerichtswesen, den Staat, eine Kirche oder Religion nicht eigentlich schmähen oder beleidigen kann. Jede derartige Schmähung fällt auf den Schmähenden zurück. In der Schmähung erweist er sich als armer Irrer. Das ist ganz ähnlich, wie wenn jemand z. B. die Wissenschaft, die Medizin oder die Kunst schmähen würde. Dasselbe gilt für das Militär oder die Polizei. Freilich ist die Menge der armen Irren nicht gering.

Die intellektuelle Größe, welche in diesem Umgang mit religiösen und politischen Schmähreden liegt, haben viele religiöse und politische Menschen und dann auch Wissenschaftler, Mediziner, Juristen, Soldaten oder Polizisten leider selbst nicht. Dieser Mangel wird zur Ursache dafür, dass auch sogenannte Beleidigungen von Institutionen, auch des Staates selbst, nicht einfach ungeahndet gelassen werden, zumal manche das (wohl fälschlicherweise) als Schwäche der Institutionen bzw. des Rechtsstaats missdeuten.

Das wirklich Heilige, Sakrale, das Recht und die Freiheit, auch die Religion und der Staat, brauchen also *eigentlich* gar keinen rechtlichen und sanktionsbewehrten Schutz gegen selbstgerechte oder nur törichte Beleidiger. Die *Verachtung der Beleidiger* müsste eigentlich genügen, wie Hegel ganz richtig sieht, zumal es sich in deren Reden und Tun um bedauernswerte Privationen der Vernunft, also des vollen Personseins, kurz: um pure Dummheit handelt. – Im Übrigen bestätigt sich diese Einschätzung darin, dass gerade die Leute, die z. B. eine Religion oder den Staat als Institution ›schmähen‹, rechtliche Sanktionen sogar zu provozieren pflegen, sich aber in ihrer Ehre zutiefst gekränkt fühlen, wenn man über sie sagt, sie seien keine vollen Personen und damit sogar eher zu bedauern als bloß zu verachten.

312 Ⓚ Die größere Unbestimmbarkeit, welche solche Handlungen durch das Element erhalten, worin sie ihre Äußerung haben, hebt jenen ihren substantiellen Charakter nicht auf, und hat deswegen nur die Folge, daß der *subjektive* Boden, auf welchem sie begangen werden, auch die *Natur* und *Gestalt* der *Reaktion* bestimmt; dieser Boden des Vergehens selbst ist es, welcher in der Reaktion, sei sie nun als polizeiliche Verhinderung der Verbrechen, oder als eigentliche Strafe bestimmt, die Subjektivität der Ansicht, Zufälligkeit u. dergl. zur Notwendigkeit macht. Der Formalismus legt sich hier, wie immer darauf, aus *einzelnen* Seiten, die der äußerlichen Erscheinung angehören, und aus Abstraktionen, die er daraus schöpft, die substantielle und konkrete Natur der Sache weg zu räsonnieren. – (327)

Hegel ist freilich nicht konsequent genug, diese Folgerung aus seiner eigenen Überlegung zu ziehen. Denn am Ende zeigt sie, dass und warum staatliche Zensur und die Verfolgung nichtkonformer, auch im Ton aggressiver oder schlicht verrückter politischer Meinungsäußerungen eigentlich sinnlos ist. – Hegel hebt immerhin hervor, dass beide Seiten, die politischen Schmäher wie ihre staatlichen Verfolger, in der Regel allzu tief in ihrer eigenen Subjektivität befangen bleiben. Das aber sollte für jedes institutionelle Denken bedeuten, dass man die Auseinandersetzung mit politischen Schmähschriften, die nicht ernsthaft den öffentlichen Frieden bedrohen, unbedingt der freien ›Moral‹, also dem Ethos öffentlicher Debatte überlassen sollte. Nicht staatliche Strafandrohung, sondern mediale Auseinandersetzung ist hier gefragt. Anders gesagt, nur in den seltenen Fällen, in denen klar zu einer Straftat jenseits besonderer Gesetze zur Meinungszensur aufgerufen wird, können und sollten auch Meinungsäußerungen strafbar sein.

Dieser ›substantielle Charakter‹ des Vergehens muss nachgewiesen werden. Solange alles auf dem ›subjektiven Boden‹ bleibt, auf welchem es begangen oder geahndet wird, gehört es nicht zur Aufgabe eines Rechtsstaats, allen Leuten zum Trotz, die immer gleich staatliche Intervention in ihrem Sinn wünschen. – Hegel schließt aber ebenfalls falsch, indem er auf ganz gleiche Weise wie die Verteidiger öffentlicher *political correctness* die Subjektivität der Zensurbehörde als eine ›Notwendigkeit‹ begründet, statt sie als Argument für deren Abschaffung zu begreifen. Seine Kritik an einem ›Formalismus‹ im materialen Schließen, so richtig sie als allgemeine Bemerkung sein könnte, wird hier klarerweise falsch angewendet. Denn wenn formalrechtlich politischen ›Schmähungen‹ nicht beizukommen ist, sollte man den Versuch unterlassen, statt die Grundprinzipien des Rechts auf Subjektivität zu beugen.

Hegel meint nun aber auch, die üblichen Argumente *gegen* eine Strafverfolgung von ›schmähenden‹ Meinungsäußerungen zu Politik oder Religion, aber auch zu den Medien oder zur Wissenschaft seien rein oberflächlich und stützten sich nur auf zufällige Aspekte empirischer Einzelfälle. Diese Polemik ist nun aber selbst oberflächlich. Das Beispiel zeigt aber auf interessante Weise, dass Hegel seine eigene Methode nicht immer voll beherrscht und nicht immer alle seiner eigenen Einsichten berücksichtigt. Er selbst hat hier Abstraktionen aus Einzelfällen geschöpft und »die substantielle und konkrete Natur der Sache«, nämlich den Unterschied zwischen staatlichen Sanktionen gegen gesetzeswidrige Vergehen und einer ethischen Kritik an Schmähungen, ›wegräsoniert‹ – und das auf der formalistischen Grundlage eines grundgesetzlich bzw. ›natur-‹ und ›vernunftgesetzlich höchst fragwürden, weil bloß positivrechtlichen und damit bloß formal korrekt erlassenen Zensurgesetzes.

Immerhin sieht Hegel die Bedeutsamkeit der Frage nach der Ausgestaltung der Meinungsfreiheit für die Verfassung jedes Rechtsstaats – und dass es dabei vorpositive Prinzipien gilt, die es zu erfüllen gilt. Aber er versäumt es, daraus ein grundsätzliches verfassungsrechtliches Bedenken gegen alle positiven Zensurgesetze zu schmieden und dann auch gegen allzu weitreichende Auslegungen der Strafbarkeit von vermeinten Beleidigungen, gerade angesichts der notgedrungen praktisch immer bloß subjektiven Anwendungen in der Rechtsprechung.

312 Ⓚ Die *Wissenschaften* aber, da sie, wenn sie nämlich anders Wissenschaften sind, sowohl sich überhaupt nicht auf dem Boden des Meinens und subjektiver Ansichten befinden, als auch ihre Darstellung nicht in der Kunst der Wendungen, des Anspielens, halben Aussprechens und Versteckens, sondern in dem unzweideutigen, bestimmten und offenen Aussprechen der Bedeutung und des Sinnes besteht, fallen nicht unter die Kategorie dessen, was die öffentliche Meinung ausmacht (§ 316). – (327 f.)

Es wäre schön, wenn es eine klare Grenze zwischen öffentlichen Meinungsäußerungen von einzelnen Subjekten und einer kanonisierbaren These oder Hypothese aus den Wissenschaften gäbe. Hegel hat recht, dass es in Kernbereichen des schon allgemein kanonisch gesetzten Wissens einen Unterschied geben kann. Aber gerade in den politischen Wissenschaften gibt es sozusagen mehr Grenzfallwissen, das Urteilskraft voraussetzt, als Kernwissen, das man auswendig lernen und schematisch anwenden könnte. Deswegen liefern die beliebten Beispiele aus der Mathematik, Physik oder Biologie, die zeigen sollen, was logisches bzw. wissenschaftlich qualifiziertes Denken und Wissen ist, hier grundsätzlich bloß erst naïve Allegorien.

In den Wissenschaften als Institutionen werden Thesen und Hypothesen zunächst erst intern geprüft. Daher ist das dann kanonisch gesetzte Wissen kein bloßes Meinen und Glauben mehr. Zwar lässt sich nie alle Subjektivität transzendieren. Aber der Unterschied der Objektivität zur subjektiven Meinung liegt gerade im Institutionellen. Er liegt also im Gegensatz zwischen öffentlicher Kontrolle und privatem Meinen.

Die Darstellungsformen der Wissenschaften verzichten, meint Hegel, auf die »Kunst der Wendungen«, der rhetorischen Tropen, »des Anspielens, halben Aussprechens und Versteckens«. Dieses Urteil ist schon deswegen so bemerkenswert, weil Hegel selbst keineswegs auf figurative Reden verzichtet. Das Ideal von einem »unzweideutigen, bestimmten und offenen Aussprechen der Bedeutung und des Sinnes« ist auch in den Wissenschaften immer nur begrenzt erfüllbar.

312 f. Ⓚ Übrigens, indem, wie vorhin bemerkt, das Element, in welchem die Ansichten und deren Äußerungen, als solche zu einer *ausgeführten Handlung* werden, und ihre wirkliche Existenz erreichen, die Intelligenz, Grundsätze, Meinungen *Anderer* sind, so hängt diese

Seite der Handlungen, ihre eigentliche Wirkung und die *Gefährlichkeit* für die Individuen, die Gesellschaft und den Staat (vergl. § 218), auch von der Beschaffenheit dieses Bodens ab, wie ein Funke auf einen Pulverhaufen geworfen eine ganz andere Gefährlichkeit hat, als auf feste Erde, wo er spurlos vergeht. – (328)

Wie gefährlich eine Kritik an der Regierung eines Staates ist, hängt immer auch davon ab, wie gut oder wie schlecht das Gemeinwesen verwaltet wird. Daher sind staatliche Verfolgungen öffentlicher Meinungsäußerungen selbst häufig Anzeichen der Schwäche einer Diktatur, im Wissen darüber, dass man die staatliche Macht auf die eine oder andere Weise usurpiert hat, oder dass ihr aus anderen Gründen die allgemeine Anerkennung fehlt. Dann kann ein Funke, der in einem guten Staat sofort verglimmen würde, genügen, um diese Macht zu sprengen.

Ein selbstbewusster Rechtsstaat muss sich vor Verunglimpfung so lange nicht fürchten, wie er als gesamtes Gemeinwesen unter Einschluss der Medien in der Lage ist, alle Schmähungen als Dokumente reiner Dummheit sichtbar zu machen – gegen die er sich gerade dann als ›tolerant‹ erweisen kann, wenn die Inhalte als absolut nicht anerkennbar erkennbar gemacht sind. Hegel spricht stärker von »Verachtung«.

Wie daher die wissenschaftliche Äußerung ihr Recht, und ihre Sicherung in ihrem Stoffe und Inhalt hat, so kann das Unrecht der Äußerung auch eine Sicherung, oder wenigstens eine Duldung in der Verachtung erhalten, in welche sie sich versetzt hat. (328) 313 Ⓚ

Die Überlegung ist leicht obskur, da die Parallele zu einer wissenschaftlichen Äußerung nicht so recht klar ist. Was schon als kanonisch anerkannte Wahrheit zu lehren und zu erläutern ist, ist freilich von dem zu unterscheiden, was bloß erst als Hypothese zur gemeinsamen Prüfung, aber mit subjektiver Überzeugung ihrer Richtigkeit, fomuliert ist. Man könnte, sagt Hegel, in ähnlicher Weise wie mit möglicherweise schlechten Hypothesen auch mit einer Kritik an den Staatsorganen umgehen.

Ein Teil solcher für sich auch gesetzlich strafbaren Vergehen kann 313 Ⓚ
auf die Rechnung derjenigen Art von *Nemesis* kommen, welche die innere Ohnmacht, die sich durch die überwiegenden Talente und Tugenden gedrückt fühlt, auszuüben gedrungen ist, um gegen solche

263 Übermacht zu sich selbst zu | kommen, und der eigenen Nichtigkeit ein Selbstbewußtsein wiederzugeben, wie die römischen Soldaten an ihren Imperatoren im Triumphzug, für den harten Dienst und Gehorsam, vornehmlich dafür, daß ihr Name in jener Ehre nicht zum Zählen kam, durch Spottlieder eine harmlosere Nemesis ausübten, und sich in eine Art von Gleichgewicht mit ihnen setzten. Jene schlechte und gehässige Nemesis wird durch die Verachtung um ihren Effekt gebracht, und dadurch, wie das Publikum, das etwa einen Kreis um solche Geschäftigkeit bildet, auf die bedeutungslose Schadenfreude und die eigene Verdammnis, die sie in sich hat, beschränkt. (328 f.)

Hegel plädiert also doch für Nachsicht und Toleranz, besonders was die Kritiklust junger Leute angeht. Dazu verweist er auf das Beispiel der römischen Legionäre, die sich für »den harten Dienst und Gehorsam« nicht ausreichend geehrt fühlten und ihrem Ärger in Spottliedern gegen den Imperator Luft machten. Eine solche harmlose Rache ist immer zu dulden, so wie der Spott und Schimpf der Studenten an den damals sogenannten Philistern oder Spießbürgern. Hegel deutet diese ›Rache‹ als Folge einer Ohnmacht von jungen Intellektuellen, welche ihr besseres Wissen und ihre guten Ideen nicht unmittelbar in einer Reform oder gar Umwälzung gesellschaftlicher und politischer Institutionen oder Gesetze umsetzen können. Wird eine solche Kritik gehässig, so bringt sie sich selbst um jede Wirkung. In der Vielfalt der öffentlichen Meinung wird jede Kritik ohnehin gedämpft. Andere Urteile bilden sozusagen einen großen Kreis um sie. Daher bleibt häufig eine »bedeutungslose Schadenfreude« oder Rechthaberei der Kritiker übrig, aber möglicherweise auch »die eigene Verdammnis« der Kritisierten, wenn nämlich die Kritik berechtigt war. – Das interessante Ergebnis ist, dass Hegel am Ende *doch auch selbst*, wenn auch etwas zu schwach, für einen *Verzicht auf Strafverfolgung* und damit für eine weitgehende Abschaffung der Zensur plädiert.

§ 320

313 f. Die *Subjektivität*, welche als Auflösung des bestehenden Staatslebens in dem seine Zufälligkeit geltend machen wollenden, und sich eben so zerstörenden Meinen und Räsonnieren ihre *äußerlichste* Erscheinung hat, hat ihre wahrhafte Wirklichkeit in ihrem Gegen-

teile, der *Subjektivität*, als identisch mit dem substantiellen Willen, welche den Begriff der fürstlichen Gewalt ausmacht, und welche als *Idealität* des Ganzen in dem bisherigen noch nicht zu ihrem Rechte und Dasein gekommen ist. | (329) 264

Das wahre Problem der subjektiven Kritik einzelner Personen am Staat, besonders in der Gestalt seiner Repräsentation durch das Staatsoberhaupt, liegt daran, dass sich der Kritiker als personales Subjekt auf gleicher Ebene zu befinden meint wie die kritisierte Einzelperson, der Präsident, König oder Fürst bzw. die Beamten der ›Regierung‹. In der bisherigen Überlegung, sagt Hegel, ist dessen Verhältnis zu seiner allgemeinen Rolle, und eben das meint die Rede von der »Subjektivität als identisch mit dem substantiellen Willen«, noch nicht ausreichend klargestellt worden. Es handelt sich um die »Idealität des Ganzen«, und das heißt, dass das Ganze, also das Gemeinwesen, *ideale* Form ist und zugleich nur über *subjektive* Vollzüge in der Realität wirklich wird. Alle Idealität ist also im realen Dasein geformte (Inter-)Subjektivität; und alle Objektivität ist formal und damit ideal gesetzte Transsubjektivität. Die objektiven Wahrheiten der Wissenschaften sind z. B. von uns institutionell geformt, geprüft und allgemein, damit formal, gesetzt. Dasselbe gilt für das Recht.

II. Die Souveränität gegen aussen

§ 321

Die *Souveränität nach Innen* (§ 278) ist diese Idealität insofern, als 315
die Momente des Geistes und seiner Wirklichkeit, des Staates, in ihrer *Notwendigkeit entfaltet* sind, und als *Glieder* desselben *bestehen.* (330)

Souverän ist, wer (selbst) entscheiden kann. Die Souveränität des Staates nach innen ist die Idealität geformter Subjektivität des Staatsoberhaupts, das wir für uns entscheiden lassen, so wie das Parlament für uns spricht und die Regierung für uns politisch handelt. Das jedenfalls ist das Bild der Politie oder das allgemeine Staatsmodell, das Hegel uns präsentiert. Auf diese Weise sind »die Momente des Geistes«, also des Gemeinwesens als des großen Wir, »und seiner Wirklichkeit, des Staates« als Organisation dieses Wir, »in ihrer Notwendigkeit entfaltet«.

Man kann das Bild auch in einem Vergleich mit Bachs Kantaten und seinen Wechseln zwischen Chor- oder Gemeindelied so reformulieren: Das monarchische Element vertritt sozusagen der Chorleiter. Die Regierung sind die Vorsänger oder Schola, der gesamte Chor das Parlament und die Gemeinde ist das Volk. Die Entfaltung der inneren logischen Notwendigkeit besteht darin, dass der Chorleiter für alle »wir« sagt, Schola und Chor aber je für sich als Gruppe *und* für alle. Nur wenn die Gemeinde zusammen und einstimmig etwa »Wir wollen Gott loben« singt, ist das Wir ein distributives »Wir alle« und der Gemeinwille wirklich eine *volonté de tous*. Im Staat gibt es dieses gemeinsame Wir nie. Falsche Demokratie und falscher Kommunismus, auch Kommunitarismus, ist es, an eine solche Utopie des »Wir alle« zu appellieren. Realiter kann immer nur eine generische *volonté générale* vertretungsweise, sozusagen *aushilfsweise*, von Repräsentanten formuliert und von den vielen Leuten praktisch anerkannt werden.

315 Aber der Geist als in der Freiheit *unendlich negative* Beziehung *auf sich*, ist eben so wesentlich *Für-sich-sein*, das den bestehenden Unterschied *in sich aufgenommen hat*, und damit ausschließend ist. Der Staat hat in dieser Bestimmung *Individualität*, welche wesentlich als Individuum, und im Souverän als wirkliches, unmittelbares Individuum ist (§ 279). (330)

Hegels Rede vom Geist ist wie die über Begriff und Idee am schwersten zu verstehen. Es hätte schon weitergeholfen, wenn er in den konkreteren Fällen jeweils explizit gesagt hätte, dass gerade vom Begriff, der Idee bzw. dem Geist der Gesetze, der *res publica* oder auch der Person die Rede ist, hier also vom Geist des Gemeinwesens. Dann wäre nur noch immer wieder daran zu erinnern, dass der *Begriff* des Gesetzes (also der Gesetze an sich) sich aus dem Begriff des Rechts ergibt und dass dieser als explizit reflexionslogisch *dargestellte Form* der *Idee* des Rechts als realisierte Praxisform zu begreifen ist. Der *Geist* der Gesetze aber ist die Idee als implizit praktizierte Vollzugsform des Wir im gesetzlichen Handeln und reflektierenden Verstehen.

Hier geht es um den Geist des Gemeinwesens, das Wir des Staates und der Gesellschaft, das die Soziologie nach Max Weber, polemisch gesagt, nur als distributive Wir-Gruppen oder Wir-Mengen von Einzelindividuen kennt, also gewissermaßen unter Absehung von aller politischen und damit institutionellen Repräsentation des generischen Wir. Es liegt eine ironische Dialektik in Hegels Beobachtung, dass der sozialtheoretische Individualismus bei Hobbes (und Max Weber) das Subjektivitätsprinzip im gemeinsamen Handeln nicht ernst genug nimmt.

Der Geist des Gemeinwesens, sein Wir, ist nun »in der Freiheit unendlich negative Beziehung auf sich«. Das bedeutet, dass alle Interaktionen des ›sozialen‹, d. h. kommunikativen und kooperativen Handelns in Staat und Gesellschaft logisch als ›innere‹ tätige Selbstbezugnahmen des Wir zu verstehen sind. Es sind das indefinit oder unendlich viele. Sie sind ›negativ‹ nur insofern, als es sich um Beziehungen zwischen Mitgliedern oder Teilgruppen in dem Wir handelt, wobei wir mit euch immer auch ein gemeinsames Wir bilden (können), ob wir das wissen oder nicht – oder ob ihr das wahrhaben möchtet oder nicht.

Jedes Wir zerlegt sich also in unendlich vielfältiger Weise in besondere Wir-Gruppen oder Teilmengen, die jeweils irgendwie von euch und ihnen unterschieden sind und den Umfang des jeweiligen Wir bestimmen. So stehen wir Männer gegen euch Frauen, aber auch wir Deutsche gegen euch Franzosen – in einem gemeinsamen Europa.

Das Wir des Gemeinwesens ist nun aber »ebenso wesentlich Für-sich-Sein«. Das heißt, der Staat bildet eine bestimmte ›Identität‹ und ›Entität‹ in der (relativ kleinen) Menge der Staaten der Welt, die sich wie bei jeder Bestimmung eines Elements oder ›Individuums‹ einer solchen diskreten Menge durch Negation einer äußeren Ungleichheit und durch eine gewisse Äquivalenz aller inneren Ungleichheiten ergibt: Jeder von uns als Deutscher repräsentiert in gewissem Sinn ganz Deutschland, so wie ein beliebiges Element eben seine Menge durchaus repräsentieren kann. In diesem Sinn ist jeder Einzelne mitverantwortlich für den guten oder schlechten Ruf seines Landes im Ausland – auch wenn das Staatsoberhaupt diese Repräsentation auf ganz besondere Weise wahrnimmt. An dieser besonderen Repräsentation liegt es, dass das Staatsoberhaupt in gewissen Belangen für uns Deutsche sprechen kann und darf. Als Individuum steht es dann für das gesamte Wir.

In Monarchien war sogar der Souverän im Prinzip für *alle* Entscheidungen ein wirkliches, unmittelbares Individuum, der König, was in konstitutionellen, besonders auch föderalen Demokratien nicht mehr so ist, da neben den Präsidenten und ihren Ministern auch andere Personen – etwa in den Ländern oder Teilstaaten des Gesamtstaats – Wesentliches entscheiden können. Aber nach außen vertritt etwa der Präsident das ganze Land und es ist z. B. der Außenminister nur *seine* Vertretung, nicht unmittelbar die des Landes.

§322

315 Die Individualität, als ausschließendes Für-sich-sein erscheint *als Verhältnis zu andern Staaten,* deren jeder selbstständig gegen die andern ist. Indem in dieser Selbstständigkeit das *Für-sich-sein* des wirklichen Geistes sein *Dasein* hat, ist sie die erste Freiheit und die höchste Ehre eines Volkes. (330)

Die höchste Ehre eines Volkes ist es, wenn man es als Ganzes nach außen vertreten darf. Daher ist der Bundespräsident (auch sein Vertreter, der Bundestagspräsident) in der Ehrenhierarchie ranghöher als die Bundeskanzlerin, auch wenn sein politischer Einfluss weit geringer ist als ihre. Dieses Ehrenamt ist in allen konstitutionellen Monarchien das Amt des Königs oder der Königin. Dabei bedarf es der Bestimmung eines einzigen verantwortlichen Individuums (ggf. aber je nach Ressort oder Thema), weil ein Land in internationalen Beziehungen (der Außenpolitik) natürlich nicht mit mehreren Zungen sprechen kann und darf. Ein Staat ist unter den Staaten »ausschließendes Für-sich-Sein«. Jedes Land ist »selbständig gegen die anderen«.

Der schwierige Satz, dass in »dieser Selbständigkeit das Für-sich-Sein des wirklichen Geistes sein Dasein hat«, verweist auf das Staatsoberhaupt als realen Repräsentanten der Einheit des Landes und seiner Entscheidungen für das Ausland. Das Ich des Souveräns vertritt in der Monarchie das Wir des Volkes. So gelesen, hatte Ludwig XIV. sogar etwas Wahres in dem Satz gesagt: »L'etat c'est moi«. Es gibt freilich auch falsche Lesarten.

Hegel spricht von der ›ersten Freiheit‹ des Geistes, also des Wir des Volkes, und verweist damit auf die ihm zugestandene Entscheidungsfreiheit des als souveräner Sprecher des Gemeinwesens anerkannten Staatsoberhaupts. Aber so, wie die Willkür der Wahl zwischen Optionen auch beim personalen Subjekt nur die erste Freiheit ist, nämlich als Form der ggf. zufälligen oder nur erst subjektiven Entscheidung-im-Vollzug, so ist es auch im Fall des monarchischen Souveräns.

Denn die Optionen selbst sind in ihren Inhalten auf ganz andere Weise frei zu bestimmen. Auch in der Gesetzgebung ist der Akt, durch welchen ein Gesetz in Kraft tritt, zwar wichtig, aber für die Bestimmung des Inhalts eher irrelevant.

Diejenigen, welche von Wünschen einer Gesamtheit, die einen 315 Ⓚ
mehr oder weniger selbstständigen Staat ausmacht und ein eigenes Zentrum hat, sprechen, – von Wünschen, diesen Mittelpunkt und seine Selbstständigkeit zu verlieren, um mit einem Anderen ein Ganzes auszumachen, wissen wenig von der Natur einer Gesamtheit und dem Selbstgefühl, das ein Volk in seiner Unabhängigkeit hat. – (330)

Seit den sogenannten Befreiungskriegen gegen Napoleon gibt es eine politische Bewegung in Deutschland, welche auf die staatliche Einheit der ›Kulturnation‹ der Deutschen abzielt. Hegel ist Gegner dieser romantischen Bestrebungen, wie sie besonders auch von den ›nationalen‹ (und damit praktisch immer antisemitischen) Burschenschaften und von Jakob Friedrich Fries oder Ernst Moritz Arndt vertreten wurden. Hegel dagegen unterstützte (seit seiner Heidelberger Zeit) nur *nicht-nationalistische* Studentenvereine und Burschenschaften, welche also insbesondere die jüdischen Kommilitonen und Mitbürger *nicht* ausschlossen. Hegel steht auch kritisch gegen den damaligen Wunschtraum ›nationaler Einheit‹: Man unterschätzt, sagt er, was es heißen würde, die bestehenden Staaten nach dem Wiener Kongress (also etwa Baden, Württemberg, Bayern, die thüringischen Lande, sogar Preußen und Österreich) *aufzulösen* und in einen Gesamtstaat zusammenzuführen. Mit dem Mittelpunkt, dem jeweiligen Monarchen, würden diese Länder erst einmal ihre Selbständigkeit verlieren – um dann »mit einem anderen« oder vielen anderen Ländern ein neues »Ganzes auszumachen«.

Wer meinte, eine solche Vereinigung ließe sich durch ein gesamtdeutsches Parlament (wie 28 Jahre später in der Frankfurter Paulskirche) bewerkstelligen, wusste »wenig von der Natur einer Gesamtheit und dem Selbstgefühl, das ein Volk in seiner Unabhängigkeit hat«. Die bürgerliche Revolution von 1848 hätte also nur erfolgreich sein können, wenn sie in allen (großen) deutschen Ländern erfolgreich gewesen wäre, wobei die utopische Agenda der gleichzeitigen Herstellung der deutschen Einheit und der Bildung einer deutschen Republik des Guten zu viel war. (Die Helden der Revolution waren im klaren politischen Denken jedenfalls schwächer als der junge Bismarck, der schon in Frankfurt begriffen hatte, dass die deutsche Einheit nur durch eine Koalition der Fürsten zu erreichen war. Diese hat er dann unter Führung Preußens als ›kleindeutsche Lösung‹ nachhaltig verfolgt – im Wissen darum, dass das Bürgertum die Einheit höher bewerten würde als eine schnelle ›Demokratisierung‹ der Staaten.)[130]

315 Ⓚ Die erste Gewalt, in welcher Staaten geschichtlich auftreten, ist daher diese Selbstständigkeit überhaupt, wenn sie auch ganz abstrakt ist, und keine weitere innere Entwickelung hat; es gehört deswegen zu dieser ursprünglichen Erscheinung, daß ein Individuum an ihrer Spitze steht, Patriarch, Stammeshaupt u. s. f. (330 f.)

Am Vorrang der Einheit des Staates liegt es, dass die Leute das monarchische Prinzip anerkennen. Daher sind alle frühen (Groß-)Staaten monarchisch verfasst. Die beiden anderen Gewalten, die der Regierung bzw. Administration und dann des Parlaments (der ›Volksversammlung‹) zunächst des niederen Adels und dann auch der ›bürgerlichen‹ Stände, entwickeln sich erst später, freilich in Frühformen schon in Hellas (besonders Ionien und Attika) oder Rom, nicht erst in England etwa um 1215 und dann wieder im 17. Jahrhundert oder in der Schweiz. Nicht nur in der Vorantike und im ›germanischen‹ Feudalismus, sondern etwa auch noch in den mongolischen Reichen stehen nur die Individuen an der Spitze der staatlichen Einheit, als »Patriarch, Stammeshaupt usf.«.

§ 323

316 Im *Dasein* erscheint so diese *negative* Beziehung des Staates auf sich, als Beziehung eines *Andern* auf ein *Anderes,* und als ob das Negative ein *Äußerliches* wäre. Die Existenz dieser negativen Beziehung hat darum die Gestalt eines Geschehens und der Verwickelung mit

130 Inzwischen glaubt man, Preußen, Bismarck und die kleindeutsche Lösung auf der Basis des Kriegs gegen Österreich und die Südstaaten 1866 und gegen Frankreich 1870/71 seien an der deutschen politischen Katastrophe zwischen 1914 und 1945 ›schuld‹ gewesen. Die Helden der gescheiterten bürgerlichen Revolution von 1848 verdienen zwar alle Ehren; aber eine realistische Einschätzung der politischen Gesamtlage der damaligen Zeit wäre noch viel wichtiger.

zufälligen Begebenheiten, die *von Außen* kommen. Aber sie ist sein höchstes *eigenes* Moment, | – seine wirkliche Unendlichkeit als die 265
Idealität alles Endlichen in ihm, – die Seite, worin die Substanz als die absolute Macht gegen alles Einzelne und Besondere, gegen das Leben, Eigentum und dessen Rechte, wie gegen die weiteren Kreise, die Nichtigkeit derselben zum Dasein und Bewußtsein bringt. (331)

In der geschichtlichen Realität – und eben diese meint Hegels Wort »Dasein« hier – leben Staaten und ihre Völker nicht nur nebeneinander, sondern stehen immer auch als Einheiten gegeneinander, und wenn auch nur in der harmlosen und zeitlich befristeten Form der Grenzschließungen während einer Pandemie. Diese doppelt »negative Beziehung des Staates auf sich als Beziehung eines Anderen auf ein Anderes« besteht schon darin, dass im Normalfall jeder nur *eine* Staatsbürgerschaft hat und daher die staatsbürgerlichen Zugehörigkeiten weitgehend disjunkt sind.

Die Identität Polens nicht nur als Territorium ist daher z. B. grob dadurch definiert, dass Polen nicht Deutsche oder Russen oder Österreicher sind. Das Negative ist damit nicht bloß ein Äußerliches, sondern die Verneinung des Außen definiert die innere Identität und Einheit.

Real zeigt sich die Einheit eines Staates und seine Souveränität also in der Abgrenzung zu den anderen Staaten – in keineswegs immer nur rein friedlichen Verwicklungen »mit zufälligen Begebenheiten, die von außen kommen«, z. B. in der Verteidigung territorialer und rechtlicher Souveränität und Integrität. Diese Verteidigung der inneren (gemeinsamen) Freiheit gegen äußere Interventionen ist sogar »höchstes eigenes Moment« eines Staates. Es hat keinen Sinn, das von einer kosmopolitischen Utopie her zu bezweifeln. Es ist eine materialbegriffliche Grundtatsache des Staatensystems.

Wie aber können wir im guten Erhalt des Gemeinwesens die »wirkliche Unendlichkeit als die Idealität alles Endlichen« sehen? Was das bedeutet, ist zunächst nicht klar. Schon einfacher zu verstehen ist, dass die allgemeine Macht der Normen und Gesetze des Gemeinwesens gegen jedes bloß einzelne und besondere Interesse ihren Vorrang beansprucht, besonders in Zeiten der Krise, etwa zum Schutz eines Teils der Bevölkerung. Damit greift der Staat ein in das »Eigentum und dessen Rechte« und verlangt von seinen Bürgern einen finanziellen Beitrag, von Polizisten und Soldaten etwa im Kriegsfall das eigene Leben möglicherweise im Dienst für das Gemeinwesen zu gefährden oder gar zu opfern.

Hegels Rede von der Nichtigkeit des Eigentums, des Rechts oder des Lebens der Einzelnen darf nun aber nicht falsch verstanden werden. Gemeint ist keineswegs, wie schnelle Leser meinen, dass der Einzelne nichts sei; der Staat oder die Nation, das Volk, sei dagegen alles. Gemeint ist nur, dass im Interesse des Allgemeinen einzelne Gefährdungen in Kauf zu nehmen sind – was wir alle wissen und anerkennen. Die »Idealität alles Endlichen« ist als seine formale Subjektivität zu lesen, die »wirkliche Unendlichkeit« als Erhalt der Form der Institutionen des Gemeinwesens und damit des Person- und Bürgerseins.

§324

316 Diese Bestimmung, mit welcher das Interesse und das Recht der Einzelnen als ein verschwindendes Moment gesetzt ist, ist zugleich das *Positive* nämlich ihrer nicht zufälligen und veränderlichen, sondern *an und für sich seienden* Individualität. (331)

Wenn man das »Interesse und das Recht der Einzelnen« als unwesentlich gegen das Ganze setzt, bedeutet das, wie gesagt, nicht, dass die einzelne Person abgewertet würde. Es besagt nur, dass nicht mit zufälligen Wahrheiten *post hoc*, sondern nur mit allgemeinem Wissen und Absichten *praeter hoc* in den Entscheidungen für das Gemeinwesen und damit ›für alle‹ operiert wird – so wie ja auch der Einzelperson immer zu empfehlen ist, vernünftigerweise mit den Möglichkeiten und Wahrscheinlichkeiten zu rechnen, mit denen ›man‹ vernünftigerweise rechnet, und nicht etwa darauf zu hoffen, ein Sonntagskind zu sein, das unwahrscheinlicherweise im Lotto gewinnt.

316 Dies Verhältnis und die Anerkennung desselben ist daher ihre substantielle Pflicht, – die Pflicht, durch Gefahr und Aufopferung ihres Eigentums und Lebens, ohnehin ihres Meinens und alles dessen, was von selbst in dem Umfange des Lebens begriffen ist, diese substantielle Individualität, die Unabhängigkeit und Souveränität des Staats zu erhalten. (331)

Die Anerkennung, dass wir das tun sollen, was allgemein zu tun vernünftig ist, also nicht das, was uns als bloße Subjekte momentan einfällt und wir zufällig oder willkürlich dazu neigen, es zu tun, macht uns am Ende sogar erst zu hinreichend vollen Personen. Es ist daher je meine substantielle, also nachhaltige Pflicht, dem allgemeinen Interesse und gemeinsamen Wissen gemäß zu urteilen und zu handeln, also als volle Person. Das sagt schon Heraklit (Frgm. 2): Man muss dem folgen, was uns (als Wissen und Wollen) gemeinsam ist. Die Vielen aber leben so, als hätten sie eine Privatvernunft (die als solche aber immer privativ ist), während das begriffliche Wissen des Seienden (bei Heraklit: *logos d'eontos*) uns (allen) gemeinsam ist.

Die Pflicht gegen das Gemeinwesen ist daher am Ende Pflicht gegen sich selbst – aber eben als Person und Bürger, nicht als bloßes Lebewesen, das seine unmittelbaren Präferenzen irgendwie dem eigenen Vermögen nach am besten befriedigen möchte. Sich der Gefahr von Eigentum und Leben für das Allgemeine auszusetzen, erhält nur so einen Sinn. Wir erhalten also »die Unabhängigkeit und Souveränität des Staats« nicht einfach deswegen, weil Staat und Nation mehr wert wären als der Einzelne und die Einzelnen, sondern weil sie den Rahmen bilden für das freie Personsein.

Es gibt eine sehr schiefe Berechnung, wenn bei der Forderung 316 Ⓚ
dieser Aufopferung der Staat nur als bürgerliche Gesellschaft, und als sein Endzweck nur die *Sicherung* des *Lebens* und *Eigentums* der Individuen betrachtet wird; denn diese Sicherheit wird nicht durch die Aufopferung dessen erreicht, was *gesichert* werden soll; – im Gegenteil. – (332)

Es wäre freilich falsch zu meinen, ein risikovoller Einsatz für den Erhalt des Staates zahle sich insgesamt *auf berechenbare Weise* für den *homo oeconomicus* der bürgerlichen Gesellschaft aus und sei daher schon rein subjektiv rational. Das mag manchmal der Fall sein, ist aber nicht immer so. Der Spruch »Lieber rot als tot« im Kalten Krieg zeigt schon das Problem. Die westlichen Demokratien verfolgten die gegenteilige Maxime »Lieber tot als rot«.

Wäre der »Endzweck nur die Sicherung des Lebens und Eigentums der Individuen«, so könnten Staat und Gemeinwesen nicht damit rechnen, dass sich die Individuen für ihre Einheit, Souveränität und damit Freiheit aufopfern. Denn es ist ganz offenkundig absurd, diese Sicherheit durch die Gefährdung oder gar Aufopferung dessen erreichen zu wollen, was gesichert werden soll. Es kann also nur an der

Freiheit des Gemeinwesens und dem Willen zur fortgesetzten freien Teilnahme der Person selbst oder der Seinen an ihm liegen, wenn das Risiko der Gefährdung von Wohlstand und sogar Leben für den Schutz des Staates in Kauf genommen wird.

316 f. Ⓚ In dem Angegebenen liegt das sittliche *Moment* des *Krieges*, der nicht als absolutes Übel und als eine bloß äußere Zufälligkeit zu betrachten ist, welche, sei es in was es wolle, in den Leidenschaften der Machthabenden oder der Völker, in Ungerechtigkeiten u. s. f., überhaupt in solchem, das nicht sein soll, seinen somit selbst zufälligen Grund habe. (332)

Die Passage wird nach meinem Urteil in der Regel auf nicht angemessene Weise gelesen. Man meint, Hegel wolle in dem Text sagen, dass das sittliche Moment des Krieges in der heldenhaften Aufopferung der Individuen bzw. Bürger für das Gemeinwesen, den Staat oder die Nation bestehe. Hegel *beginnt* zumindest weit defensiver. Er sagt zunächst nur, dass es falsch ist, einen Krieg etwa in Selbstverteidigung gegen äußere Angriffe »als absolutes Übel« aufzufassen. Denn das würde bedeuten, eine Politik des absoluten Appeasements dem Angreifer gegenüber zu betreiben. Es ist auch falsch zu meinen, dass Kriege nur in der Willkür und den »Leidenschaften der Machthabenden oder der Völker« ihre Ursache hätten und ein ewiger Friede hereinbräche, wenn alle vernünftig, republikanisch und demokratisch geworden sind. Es wird außerdem immer genügend Ungerechtigkeiten usf. geben, welche den äußeren Anlass zu Kriegen abgeben.

317 Ⓚ Was von der Natur des Zufälligen ist, dem widerfährt das Zufällige, und dieses Schicksal eben ist somit die Notwendigkeit, – wie überhaupt der Begriff und die Philosophie den Gesichtspunkt der bloßen Zufälligkeit verschwinden macht und in ihr, als dem *Schein*, ihr Wesen, die Notwendigkeit, erkennt. (332)

Wozu dient nun aber die logische Zwischenüberlegung zum Wesen des Zufalls? Dazu betrachten wir erst einmal ihren Inhalt. Wer von Natur ein Zufallswesen ist, sagt Hegel, wie eine Pflanze oder ein Tier, »dem widerfährt das Zufällige« als sein Schicksal und »ist somit die Notwendigkeit«, da es für das Wesen gar keine alternative Möglichkeit und damit keine freien Wahlen im Urteilen und Handeln gibt. In einer Zwischenbemerkung zur Zwischenbemerkung zum Zufälligen erklärt Hegel noch, dass der Begriff und das System der zeitallgemeinen materialbegrifflichen Wahrheiten ebenso wenig Zufälliges enthalten wie »die Philosophie«, also die theoretische Wissenschaft. Denn »der Gesichtspunkt der bloßen Zufälligkeit« tritt nur in der Zeit auf – also in der *empirischen Anwendung* zeitallgemeinen und situationsinvarianten Wissens. Dieses Wissen ist feststehende oder kanonisch festgestellte ›Episteme‹. In ihren generischen Sätzen und Regeln materialbegrifflichen Schließens verschwindet jeder Zufall – und wegen der Situationsallgemeinheit der Sätze und Regeln sogar jede reale Zeit, wie schon Parmenides und die Eleaten wissen. Wissen ist also im Unterschied zu empirischen und historischen Kenntnissen zeitallgemein. Das gilt sogar für alles Wissen über Prozessformen.

Dennoch ist zunächst unverständlich, wie wir durch die philosophische, also theoretische Wissenschaft in der Zufälligkeit, »als dem Schein, ihr Wesen, die Notwendigkeit« erkennen sollen. Gemeint ist einfach, dass Ereignisse erst dann verstanden sind, wenn sie als besondere Fälle allgemeiner Formen und Typen oder als zufällige Ausnahmen oder Privationen dargestellt und dadurch ›erklärt‹ werden können. Das heißt, auf der rein narrativen Ebene der seinslogischen Rede purer Historiographie wäre *alles* Zufall. Erst auf der wesenslogischen Ebene der Unterscheidung von relevanter allgemeiner Form und Ausnahme begreifen wir, was *wirklich* Zufall ist. Dabei haben wie nur als Personen Anteil an einem gemeinsamen Wissen um Möglichkeiten und Notwendigkeiten. Eben das heißt, dass wir denkende Wesen sind.

Durch das Denken ›verwandeln‹ wir sozusagen empirische Einzelsachverhalte, wie sie je von mir hier und jetzt in ihrer scheinbaren Kontingenz aufgefasst werden, in Erscheinungen einer allgemeinen Wirklichkeit. Von dieser her gesehen ist die Erscheinung notwendig und nicht zufällig, so dass sich im Schein des Zufalls sein allgemeines oder notwendiges Wesen zeigt oder widerspiegelt, in ihm aufscheint oder auch nur momentan aufleuchtet.

Hegel braucht diesen Exkurs, um das ›höhere‹ Interesse des Subjekts an sich als Person zu erläutern, ohne welches es unverständlich wäre, dass uns die Freiheit in der gemeinsamen Gestaltung des eigenen Gemeinwesens wichtiger sein kann (und sein sollte) als die bloß ›kontingente‹ Sicherheit von Leben und Wohlstand des Einzelsubjekts. Das bedeutet noch lange nicht, dass der häufig gedankenlos missbrauchte Spruch oder Ruf »Freiheit oder Tod!« allgemein richtig wäre. Er ist bloß nicht allgemein falsch.

317 Ⓚ Es ist *notwendig*, daß das Endliche, Besitz und Leben als Zufälliges *gesetzt* werde, weil dies der Begriff des Endlichen ist. (332)

Nur vor dem Hintergrund der vorlaufenden Überlegung kann begreifbar werden, wann und in welchem Sinn es ›notwendig‹ sein kann, das bloß Endliche des empirischen Lebens des Subjekts hier und jetzt sozusagen abzuwerten, zu diskontieren, gegen das allgemeine Sein der Person oder des Bürgers im Gemeinwesen. Mein Besitz und Leben ist von mir selbst als zufällig und kontingent zu betrachten, indem ich mich als Person und damit in meinem geistigen Sein als durch das Gemeinwesen bedingt begreife. Denn alle meine Rechte und meine Vermögen, gerade auch mein Eigentum, sind sozusagen nur vom Gemeinwesen geliehen. In den Religionen sagt man sogar, und nicht zu Unrecht, dass mein ganzes Leben nur von den Göttern oder von Gott geborgt sei. Nur weiß man nicht, dass sich das nicht etwa (nur) auf das vegetative Leben als Naturwesen, sondern (auch) auf das geistige Leben, das Denken und Handelnkönnen bezieht und dass das Göttliche, der Geist, an dem wir dabei teilnehmen, in Wahrheit das Gemeinwesen ist. Hierher gehört sogar noch die große, freilich bloß erst mythisch-mystische und damit immer auch missverständliche Einsicht des Gautama Buddha, dass wir durch unser Tun unser ›Karma‹ verbessern können, potentiell so lange, bis eine volle Person entsteht und der Prozess auf ewig beendet ist.

317 Ⓚ Diese Notwendigkeit hat einerseits die Gestalt von Naturgewalt und alles Endliche ist sterblich und vergänglich. (332)

Die Diskontierung der Endlichkeit des Daseins bedeutet im Kern die radikale Anerkennung der Grundtatsache, dass nicht nur je mein Leben und das der Anderen, sondern jedes Dasein in der realen Welt endlich ist – ohne jede Larmoyanz und die aus diesem Bedauern über die allgemeine Sterblichkeit ›gefolgerte‹ Hoffnung auf eine ›reale‹ Unsterblichkeit als ›Erlösung‹ vom Tod. Auch diese Einsicht passt zu Buddha. Man beachte aber, dass Hegel gerade in diesen Dingen so breit und fest, robust realistisch und ohne utopische Träume auf dem Boden der Tatsachen steht wie kein Philosoph und Theologe, auch kein anderer Denker und Dichter vor oder nach ihm, noch nicht einmal Friedrich Schiller.

Ich wiederhole Hegels Kernsatz auch deswegen, weil er für meine Interpretation der *Wissenschaft der Logik* absolut zentral ist und von den Leuten absolut ungern als logische Grundtatsache anerkannt werden mag: »*alles Endliche ist sterblich und vergänglich*«. Diese absolute Notwendigkeit der Endlichkeit allen Daseins – wieder im Einklang mit dem Buddhismus – ist also vor allen anderen Dingen erst einmal anzuerkennen. Sie hat im Blick auf das Leben zunächst die Gestalt von Naturgewalt.

Im sittlichen Wesen aber, dem Staate, wird der Natur diese Ge- 317 Ⓚ
walt abgenommen, und die Notwendigkeit zum Werke der Freiheit, einem Sittlichen erhoben; – jene Vergänglichkeit wird ein *gewolltes* Vorübergehen, und die zum Grunde liegende Negativität zur substantiellen eigenen Individualität des sittlichen Wesens. – (332)

Hegels Überlegung springt hier etwas zu schnell von der gemeinsamen Form des Geistes bzw. Denkens überhaupt zum konkreten sittlichen Wesen des Zusammenlebens entwickelter Personen im Gemeinwesen, also *pars pro toto* im Staat, der ja die entscheidende Rahmung für das freie und im Normalfall relativ sichere Leben in den Familien und in der Gesellschaft liefert. Ebenfalls allzu lakonisch ist der Satz, damit werde »der Natur diese Gewalt abgenommen und die Notwendigkeit zum Werke der Freiheit, einem Sittlichen erhoben«.

Es ist klar, dass nichts die Macht des Todes bricht. Davon ist also gar nicht die Rede. Der Natur wird ihre Macht nur so weit abgenommen, als unser *gemeinsames freies* Handeln reicht. Dessen allgemeinste Rahmenbedingung aber ist das Ethos, die objektive bzw. transsubjektive Sittlichkeit, deren bloß erst subjektive Seite die Moralität des kohärenten Denkens über nur erst allgemein bzw. im Prinzip erlaubte Handlungsformen ist. Für die zeitallgemeine Form der Person, nicht für das empirische, individuelle Subjekt, ist seine eigene Vergänglichkeit »ein gewolltes Vorübergehen«. Das heißt, ich selbst abstrahiere von der Grundtatsache, dass ich nur von meiner Geburt bis zum Tod da bin, und anerkenne diese Endlichkeit zugleich.

Die hier zugrundeliegende Negativität ist die der Unterscheidung zwischen Subjekt und Person, die ich jeweils beides bin, wobei ich meine Welt (Wittgenstein) bin gerade in den Relationen zu allen anderen Personen. Das Wahre ist gerade auch im Selbstwissen und Selbstbewusstsein das Ganze. Es transzendiert das momentane Fühlen, obgleich dieses im empirischen Lebensvollzug absolut ist. Es ›existiert‹ also nicht bloß relativ zu einer Selbstaussage, als Erfüllung allgemeiner Geltungsbedingungen. Nur als Person in meinem Sinn bin ich also die ›substantielle‹, d. h. nachhaltig-bleibende »Individualität des sittlichen Wesens«.

317 Ⓚ Der Krieg als der Zustand, in welchem mit der Eitelkeit der zeit-
266 lichen Güter und Dinge, | die sonst eine erbauliche Redensart zu sein pflegt, Ernst gemacht wird, ist hiermit das Moment, worin die Idealität des *Besonderen ihr Recht erhält* und Wirklichkeit wird; – er hat die höhere Bedeutung, daß durch ihn, wie ich es anderwärts ausgedrückt habe, »die sittliche Gesundheit der Völker in ihrer Indifferenz gegen das Festwerden der endlichen Bestimmtheiten erhalten wird, wie die Bewegung der Winde die See vor der Fäulnis bewahrt, in welche sie eine dauernde Ruhe, wie die Völker ein dauernder oder gar ein ewiger Friede versetzen würde«. – (332 f.)

Krieg und Tod werden bedeutsam in der Reflexion auf mich als Person im Unterschied zu mir als Subjekt. Aus Hegels Texten und Überlegungen folgt dabei keineswegs ein Lob des Krieges, wie es ihm von vielen Lesern durch Hinzuerfindungen von nicht intendierten Gedanken zugeschrieben wird. Hegel bleibt kühler Diagnostiker. Nur wegen der Wertung in dem Wort »Eitelkeit«, hier wörtlich: »Leere«, wird das leicht übersehen. Im Krieg zeigt sich, so lese ich Hegel, die relative Wertlosigkeit »der zeitlichen Güter und Dinge« für diejenigen, welche die Kriege führen. Denn wenn wir voraussetzen können, dass die Angreifer es nicht auf unser aller Leben und Eigentum abgesehen haben, sondern ›nur‹ auf unsere Freiheit oder auf die Einheit des Staates, ist eine entsprechende Umwertung der ›normalen‹ Werte Voraussetzung dafür, sich auf die Gefahren auch eines reinen ›Verteidigungskrieges‹ überhaupt einzulassen.

Gerade in der Religion, in den Gesängen und Gebeten in der Kirche, ist die Rede von »der Eitelkeit der zeitlichen Güter und Dinge« bloß eine erbauliche Redensart. Im Krieg wird daraus Ernst. Daher kann man nur hier erkennen, dass und wie die Einheit und Freiheit des Gemeinwesens der Sicherung von Leben und Wohlstand manchmal auch wirklich vorgezogen wird. In einer bloßen Verteidigung des eigenen Lebens wie etwa in den Mongolenstürmen kann man das nicht sehen.

Was aber heißt es, dass im Krieg »die Idealität des Besonderen ihr

Recht erhält und Wirklichkeit wird«? Ich denke, dass Hegel hier nur auf etwas unglückliche Weise sagen will, dass *im Normalfall* kein Anlass besteht, zugunsten der Freiheit und Einheit des Gemeinwesens die Sicherung von Eigentum, Leben und Wohlstand hintanzustellen. Die *besondere Situation* des Verteidigungskrieges zeigt aber, dass hier die ideale Form der Reihenfolge der Werte »ihr Recht erhält«: erst Freiheit, dann Wohlstand und Sicherheit.

Ist nun aber Hegels Selbstzitat etwa kein Lobpreis des Krieges? Es klingt doch so, als müsste man immer mal wieder im Interesse der ›sittlichen Gesundheit der Völker‹ Kriege führen, um die Leute aus ihrer Lethargie zu reißen! Auch das scheint mir eine nur erst oberflächliche Lektüre zu sein. Denn Hegel spricht jetzt offenbar von *Bürgerkriegen*, etwa in Bauern- und Sklavenaufständen. Diese hält er dort für unausweichlich, wo die reichen und herrschenden Klassen an unerträglich ungerechten Ordnungen festhalten. Das meint der Ausdruck »Festwerden der endlichen Bestimmtheiten« – im Gegensatz zu den unendlichen Bestimmungen einer guten Ordnung, der nachhaltig anerkennbaren Form der Politie.

Auf das schiefe lyrische Bild von den Winden, welche angeblich »die See vor der Fäulnis« bewahren, können wir freilich gerne verzichten, ebenso wie auf die (erneute) ironische Erinnerung an Kants Ewigen Frieden mit seiner ›dauernden Friedhofsruhe‹. An dieser ist nicht der Friede als solcher das Problem, sondern dass es falsch ist, einen (inneren oder äußeren) Frieden *um jeden Preis* erhalten zu wollen.

Für Hegel ist es z. B. klar, dass alle Sklaven und Leibeigenen jederzeit nicht nur das Recht, sondern als Personen sogar dazu aufgerufen sind, gegen ihre Unterdrücker aufzustehen, weil die Freiheit der Person höheren Wert hat als das bloße Überleben des in Gefangenschaft gehaltenen menschlichen Individuums. Harmloser und billiger ist Hegels grundgesetzliche Analyse personaler Freiheit nicht zu haben.

Daß dies übrigens *nur* philosophische Idee, oder wie man es 317 Ⓚ
anders auszudrücken pflegt, eine Rechtfertigung der *Vorsehung* ist, und daß die wirklichen Kriege noch einer anderen Rechtfertigung bedürfen, davon hernach. – (333)

Um zu erwartende Fehldeutungen des Zitats zu vermeiden, fügt Hegel – offenbar vergeblich – die Bemerkung hinzu, dass es nur eine Artikulation der Idee der Freiheit von Person und Gemeinwesen ausdrückt. Weiter unten will er darauf zurückkommen, welche Formen wirklicher Kriege gerecht und gerechtfertigt sind. Was er hier aber unter einer »Rechtfertigung der Vorsehung« versteht, bleibt zunächst dunkel. Er will wohl sagen, dass manche in ihrem Beginn scheinbar ungerechtfertigte Kriege sich im Nachhinein für die Entwicklung der Welt als ein Segen erwiesen haben; er denkt dabei wohl an Alexanders Feldzug gegen das persische Reich oder an Cäsars gallischen Krieg.

317f. Ⓚ Daß die Idealität, welche im Kriege als in einem zufälligen Verhältnisse nach Außen liegend, zum Vorschein kommt, und die Idealität, nach welcher die inneren Staatsgewalten organische Momente des Ganzen sind, – dieselbe ist, kommt in der geschichtlichen Erscheinung unter andern in der Gestalt vor, daß glückliche Kriege innere Unruhen verhindert und die innere Staatsmacht befestigt haben. (333)

Meine Lesart bestätigt sich darin, dass Hegel selbst auf die Fälle verweist, in denen gewonnene Kriege gegen äußere Gegner »innere Unruhen verhindert und die innere Staatsmacht befestigt haben«. Jetzt können wir auch etwas zur zunächst obskuren Identität der inneren und äußeren Idealität sagen, wie sie in Kriegen zum Vorschein kommt. Es handelt sich um die Form der realen, subjektiven Souveränität, welche dem Monarchen das Recht gibt, nach außen im Namen des Gemeinwesens einen Krieg zu erklären, zu führen und zu beendigen. Nach innen ist die »Idealität, nach welcher die inneren Staatsgewalten organische Momente des Ganzen sind«, die durch das Subjekt des Staatsoberhaupts vertretene Gesamtformation des Staates.

318 Ⓚ Daß Völker die Souveränität nach Innen nicht ertragen wollend oder fürchtend, von Andern unterjocht werden, und mit um so weniger Erfolg und Ehre sich für ihre Unabhängigkeit bemüht haben, je weniger es nach Innen zu einer ersten Einrichtung der Staatsgewalt kommen konnte (– ihre Freiheit ist gestorben an der Furcht zu sterben –); – daß Staaten, welche die Garantie ihrer Selbstständigkeit nicht in ihrer bewaffneten Macht, sondern in anderen Rücksichten haben (wie z. B. gegen Nachbarn unverhältnismäßig kleine Staaten), bei einer innern Verfassung bestehen können, die für sich weder Ruhe nach Innen, noch nach Außen verbürgte u. s. f. – sind Erscheinungen, die eben dahin gehören. (333)

Wieder kommt Hegel, ohne den Fall konkret zu nennen, auf Polen und seine Teilungen zwischen Russland, Preußen und Österreich zurück, nämlich als Beispiel eines Volkes, das »die Souveränität nach innen nicht ertragen« konnte – weil der Sejm oder die Adelsversammlung ewig zerstritten blieb und sich keine stabile Monarchie etablieren konnte. Im Detail mag die Aussage über ›die Polen‹ korrekt sein oder nicht: »ihre Freiheit ist gestorben an der Furcht zu sterben«. Ein Beispiel kleinerer Staaten, »welche die Garantie ihrer Selbständigkeit nicht in ihrer bewaffneten Macht, sondern in anderen Rücksichten haben«, ist die damalige Lage der Schweiz.

§325

Indem die Aufopferung für die Individualität des Staates das substantielle Verhältnis Aller und hiermit *allgemeine Pflicht* ist, so wird es zugleich als *die Eine Seite* der Idealität gegen die Realität des besondern Bestehens, selbst zu einem besondern Verhältnis, und ihm ein eigener Stand, der *Stand* der *Tapferkeit* gewidmet. | (333 f.) 318 267

Es gehört zur Form eines staatlichen Gemeinwesens, dass seine Bürger im Prinzip verpflichtet sind, für seine Einheit und auch äußere und innere Freiheit notfalls zu kämpfen. Andererseits steht diese ideale Form (eines Volksheeres wie gerade in der französischen Revolution) auch »gegen die Realität des besonderen Bestehens« staatlicher Macht im ›Militär‹, das schon seit römischer Zeit (und zuvor schon) in einem (eigens besoldeten) Stand von Soldaten besteht.

§326

Zwiste der Staaten mit einander können irgend eine *besondere* Seite 318 f.
ihres Verhältnisses zum Gegenstand haben; für diese Zwiste hat auch der *besondere*, der Verteidigung des Staats gewidmete, Teil seine Hauptbestimmung. Insofern aber der Staat als solcher, seine Selbstständigkeit, in Gefahr kommt, so ruft die Pflicht alle seine Bürger zu seiner Verteidigung auf. Wenn so das Ganze zur Macht geworden, und aus seinem innern Leben in sich nach Außen gerissen ist, so gehet damit der Verteidigungskrieg in Eroberungskrieg über. (334)

Hegel kommentiert hier das (neuartige) Phänomen der *levée en masse* der französischen Revolution und seine Folgen. Es gibt, sagt er, diverse Ursachen und Gründe für Auseinandersetzungen zwischen Staaten – auch vorgeschobene Rechtfertigungen für Kriege, man denke etwa an die zwischen England und Holland oder Preußen und Österreich. Im Falle der französischen Republik hatten die Monarchien Europas nicht zu Unrecht Angst, es könne der Funke der Revolution überfliegen – was aber die Selbständigkeit Frankreichs in Gefahr brachte, so dass es »alle seine Bürger zu seiner Verteidigung« aufrief. Indem »so das Ganze zur Macht« wurde – und sich begabte Generäle der Sache annahmen –, ging der »Verteidigungskrieg in Eroberungskrieg über«.

319 Ⓚ Daß die bewaffnete Macht des Staats, ein *stehendes Heer,* und die Bestimmung für das besondere Geschäft seiner Verteidigung zu einem *Stande* wird, ist dieselbe Notwendigkeit, durch welche die anderen besondern Momente, Interessen und Geschäfte zu einer Ehe, zu Gewerbs-, Staats-, Geschäfts- u. s. f. Ständen werden. (334)

Hegel betont hier, dass ihn in seiner Analyse nicht äußere Ursachen für die Ausdifferenzierung von ›Ständen‹ und Institutionen interessieren – also etwa die Frage, ob ein Berufsheer billiger ist als eine Armee von Wehrpflichtigen –, sondern sozusagen innere, systemische Gründe, die für ein stehendes Heer sprechen, egal in welcher Form. Es ist die Arbeits- und Aufgabenteilung, Wissens- und Kompetenzentwicklung selbst, welche eine Professionalisierung und institutionelle Gliederung und ihre Anerkennung nahelegt, fordert oder erzwingt. So entstehen Wissenschaft und Philosophie, wenn man sie richtig versteht, nämlich als theoretische Grundlegung allen Wissens und aller Sachwissenschaften, nicht etwa, wie Richard David Precht meint, aus der Langeweile oder reinen Muße griechischer Männer in heißer Sonne. Sie entsteht, nachdem eine Ordnung tradierten Wissens nötig wurde, in Auseinandersetzung mit dem Wissen der Nachbarn und den Inhalten der eigenen Tradition – und nachdem immer mehr Leute lesen, schreiben, rechnen und damit nachhaltig denken konnten.

In diesem Sinn entsteht der Stand der Soldaten bzw. das Militärwesen durch »dieselbe Notwendigkeit«, wie die mediterrane (besser: eurasische) Struktur der Familie, das Rechtswesen und andere Teile staatlicher Administration, dann auch die Schulen und Universitäten, damit auch die Wissenschaften, oder auch Handel, Banken und Versicherungen, um die vielen Gewerbe gar nicht zu nennen.

319 Ⓚ Das Räsonnement, das an Gründen herüber und hinüber gehet,

ergehet sich in Betrachtungen über die größern Vorteile oder über die größern Nachteile der Einführung stehender Heere, und die Meinung entscheidet sich gern für das Letztere, weil der Begriff der Sache schwerer zu fassen ist als einzelne und äußerliche Seiten, und dann weil die Interessen und Zwecke der Besonderheit (die Kosten mit ihren Folgen, größern Auflagen u. s. f.) in dem Bewußtsein der bürgerlichen Gesellschaft für höher angeschlagen werden, als das an und für sich notwendige, das auf diese Weise nur als ein Mittel für jene gilt. (334)

Hegel wehrt sich hier gegen ein bloß oberflächliches ›Räsonnement‹ über die Vorteile und Nachteile der Einführung stehender Heere, etwa in subjektiven Einfällen zur Kommentierung historischer oder empirischer Beobachtungen oder wenn den reichen Bürgern (wie im späteren Rom und Ostrom) die Armee (in ihrem nötigen Umfang) als zu teuer erscheint (da man, grob gesagt, nicht mehr als 10% Steuern zu bezahlen bereit war, worin wohl die eigentliche Ursache des Untergangs des römischen Reiches liegt). Dass dabei der »Begriff der Sache schwerer zu fassen ist als einzelne und äußerliche Seiten«, liegt daran, dass er eine allgemeine Form ist, die man nicht als solche unmittelbar beobachten kann, da sie die Beurteilung von Formäquivalenzen verlangt. So gibt es stehende Heere in allen geschichtlichen Großreichen und ein Verzicht auf sie ist schon Verzicht auf staatliche Souveränität – was ich auch immer ich als Pazifist anderes dazu gern sagen würde.

§327

Die Tapferkeit ist für sich eine *formelle* Tugend, weil sie die höchste 319
Abstraktion der Freiheit von allen besonderen Zwecken, Besitzen, Genuß und Leben, aber diese Negation auf eine *äußerlich-wirkliche Weise*, und die Entäußerung, als *Vollführung*, an ihr selbst nicht geistiger Natur ist, die innere Gesinnung dieser oder jener Grund und ihr wirkliches Resultat auch nicht *für sich* und nur für andere sein kann. (335)

Tapfer ist, wer gegenüber einem je höheren Zweck Befürchtungen diskontieren und aktiv, nicht nur theoretisch-verbal, von Ängsten absehen oder abstrahieren kann. Mut ist aber bloß formal insofern, als er zunächst unabhängig davon ist, welches Ziel verfolgt wird. Das kann gut oder schlecht sein, so dass Mut an ihm selbst »nicht geistiger Natur ist«. Mut ist die je aktuelle Umsetzung der Tapferkeit als allgemeiner Haltung im konkreten Akt. Die Negation der Furcht geschieht im Handeln »auf eine äußerlich-wirkliche Weise«. Hegel spricht ganz im Sinn unserer Rekonstruktion des Performativen den mutigen *Vollzug des Subjekts* als »Entäußerung, als *Vollführung*« an. Die *Inhalte wahrer Tapferkeit* können dagegen nie privat, sondern »nur für andere sein«.

§328

320 Der Gehalt der Tapferkeit als Gesinnung liegt in dem wahrhaften absoluten Endzweck, der *Souveränität* des Staates; – die *Wirklichkeit* dieses Endzwecks als Werk der Tapferkeit hat das Hingeben der
268 persönlichen | Wirklichkeit zu ihrer Vermittlung. (335)

Die selbstverständliche Wahrheit dieses Kommentars zum Inhalt der »Tapferkeit als Gesinnung« kann nicht erfasst werden, wenn man den Staat nur mit den Individuen identifiziert, welche ihn gerade zufälligerweise leiten. Wir sprechen daher besser von der Souveränität und damit von der Einheit und Freiheit, auch Autonomie, des Gemeinwesens. Der Ausdruck »Hingeben der persönlichen Wirklichkeit zu ihrer Vermittlung« ist nicht nur unschön, er ist auch nicht präzise. Denn von einem guten, tapferen Soldaten ist keineswegs bedingungslose Aufopferung verlangt – zumal die Professionalisierung auch Söldnerheere wie noch die französische Fremdenlegion möglich macht. Aber das brauchen wir hier alles nicht weiter zu vertiefen.

320 Diese Gestalt enthält daher die Härte der höchsten Gegensätze, die *Entäußerung* selbst aber als *Existenz* der Freiheit; – die höchste *Selbstständigkeit* des *Fürsichseins*, deren Existenz zugleich in dem Mechanischen einer *äußern Ordnung* und des *Dienstes* ist, – gänzlichen Gehorsam und Abtun des eigenen Meinens und Räsonnierens, so *Abwesenheit* des eigenen Geistes, und intensivste und umfassende augenblickliche *Gegenwart* des Geistes und Entschlossenheit, – das feindseligste und dabei persönlichste Handeln gegen Individuen, bei vollkommen gleichgültiger, ja guter Gesinnung gegen sie als Individuen. (335)

Das extreme Beispiel der heldischen Selbstaufopferung eines Leonidas und seiner Männer an den Thermopylen ist kein Standardfall –

zumal das Scheitern ihrer Grenzsicherung durch Verrat doch nicht ganz abzusehen war. Es geht selten rein um *libertad o muerte*. Dennoch zeigt sich die Existenz und der hohe Wert der Freiheit gerade dort, wo Sicherheit und Wohlstand zugunsten von Freiheit aufgegeben werden.

Das Mechanische »einer äußeren Ordnung und des Dienstes« ist die Disziplin der Armee, durch welche ein schlagkräftiges gemeinsames Handeln allererst möglich wird. Hegel hebt außerdem noch einen interessanten Aspekt einer professionellen Kriegsführung hervor, der seit der Antike bekannt ist. Denn in der Schlacht zeigen die Soldaten »das feindseligste und dabei persönlichste Handeln gegen Individuen bei vollkommen gleichgültiger, ja guter Gesinnung gegen sie als Individuen«. Diese Anerkennung der Leistungen der Gegner zieht sich durch die Geschichte, von Hannibal und Scipio bis zu den Generälen Robert E. Lee und Ulysses Grant (und wird heute allzu oft vergessen).

Das Leben daran setzen, ist freilich mehr als den Tod nur fürchten, 320 Ⓚ
aber ist sonach das bloß Negative, und hat darum keine Bestimmung und Wert für sich; – das Positive, der Zweck und Inhalt gibt diesem Mute erst die Bedeutung; Räuber, Mörder, mit einem Zwecke, welcher Verbrechen ist, Abenteurer mit einem sich in seiner Meinung gemachten Zwecke u. s. f. haben auch jenen Mut, das Leben daran zu setzen. – (335 f.)

Hegel selbst bedenkt die Abstufungen der verschiedenen (absehbaren oder nicht absehbaren, nur als möglich bekannten) Risiken, das Leben etwa in einer militärischen Aktion zu verlieren. Er betont noch einmal, dass Tapferkeit als Tugend vom Zweck bzw. inhaltlichen Ziel abhängt. Räuber, Mörder, Abenteurer, Bergsteiger haben »auch jenen Mut, das Leben daran zu setzen«.

Das Prinzip der modernen Welt, der *Gedanke* und das *Allgemeine*, 320 Ⓚ
hat der Tapferkeit die höhere Gestalt gegeben, daß ihre Äußerung mechanischer zu sein scheint und nicht als Tun dieser *besondern* Person, sondern nur als *Gliedes* eines Ganzen, – eben so daß sie als nicht gegen einzelne Personen, sondern gegen ein feindseliges Ganze überhaupt gekehrt, somit der persönliche Mut als ein nicht persönlicher erscheint. Jenes Prinzip hat darum das *Feuergewehr* erfunden, und nicht eine zufällige Erfindung dieser Waffe hat die bloß persönliche Gestalt der Tapferkeit in die abstraktere verwandelt. (336)

Die Lebensform der modernen Welt ist grundsätzlich die einer personalen Teilung von Aufgaben und Rechten, allgemein organisiert im Gemeinwesen mit der noch weiteren Allgemeinheit des menschlichen Wissens im Rücken. Daher hat sich die Tapferkeit als *Arete* oder ›Mannestugend‹ seit den noch fast heroischen Zeiten der Antike schon in römischer Zeit gewandelt. Technik und Disziplin verwandeln das Tun der Einzelpersonen in einen Teil eines Ganzen, das sich nicht mehr »gegen einzelne Personen, sondern gegen ein feindseliges Ganzes überhaupt« kehrt. Persönlicher Mut ist entweder nicht mehr gefragt oder schon die organisierte und solidarische Tapferkeit eines Bataillons. – Die Entwicklung der Fernwaffen von der Armbrust bis zu den Schusswaffen, sagt Hegel noch, ist nicht zufällig – und hat (etwa schon in der Schlacht von Crécy mit Einsatz der *longbows*) den persönlichen Kampf schon lange vor den heutigen Rakeren, *cruise missiles* und Drohnen in eine ›abstrakte‹ Kriegsführung verwandelt.

§329

321 Seine Richtung nach Außen hat der Staat darin, daß er ein individuelles Subjekt ist. Sein Verhältnis zu Andern, fällt daher in die *fürstliche Gewalt*, der es deswegen unmittelbar und allein zukommt, die bewaffnete Macht zu befehligen, die Verhältnisse mit den anderen Staaten durch Gesandte u. s. f. zu unterhalten, Krieg und Frieden,
269 und andere Traktaten zu schließen. | (336)

Die Staaten der Welt verhalten sich zueinander wie individuelle Subjekte – vermittelt durch die Individuen, die als Staatsoberhäupter oder Verantwortliche den ganzen Staat nach außen vertreten. Es ist eine Illusion zu glauben, diese Analyse träfe heute nicht mehr zu. Gerade in Krisenzeiten zeigt sie sich als immer noch wahr. Es ist egal, ob der Inhaber der fürstlichen Gewalt in diesem Betracht ein König oder Präsident, der Premierminister oder die Kanzlerin ist. Es ist (im Normalfall) immer eine Person als Oberbefehlshaber der bewaffneten Macht bestimmt, die auch die Außenpolitik verantwortet und über Krieg und Frieden entscheidet, selbst wenn ein Parlament in manchem zustimmen muss.

B. DAS ÄUSSERE STAATSRECHT

§330

Das äußere Staatsrecht geht von dem *Verhältnisse* selbstständiger 322
Staaten aus; was *an und für sich* in demselben ist, erhält daher die Form des *Sollens*, weil, daß es wirklich ist, auf *unterschiedenen souveränen Willen* beruht. (337)

Es gibt keinen Weltstaat. Es gibt daher auch kein einklagbares ›äußeres Staatsrecht‹, das über bilaterale und multilaterale Verträge hinausginge. Wie die Verhältnisse selbständiger Staaten aussehen sollten, ist sozusagen bloß erst freies moralisches Urteil. Dessen Wirksamkeit sollte aber weder unterschätzt werden, wenn viele hierin gleich urteilen, noch sollten wir es als bloß verbales oder theoretisches Urteil überschätzen. Denn was hier wirklich geschieht, beruht nach wie vor »auf unterschiedenen souveränen Willen«.

§331

Das Volk als Staat ist der Geist in seiner substantiellen Vernünftigkeit 322
und unmittelbaren Wirklichkeit, daher die absolute Macht auf *Erden*; ein Staat ist folglich gegen den andern in souveräner Selbstständigkeit. Als solcher *für den andern* zu sein, d. i. von ihm *anerkannt zu sein*, ist seine erste absolute Berechtigung. Aber diese Berechtigung ist zugleich nur formell, und die Forderung dieser Anerkennung des Staats, bloß weil er ein solcher sei, abstrakt; ob er ein so an und für sich seiendes in der Tat sei, kommt auf seinen Inhalt, Verfassung, Zustand an, und die Anerkennung, als eine Identität beider enthaltend, beruht eben so auf der Ansicht und dem Willen des Andern. (337)

Wenn man fragt, wer oder was der Geist (Gottes) ist, den die Menschen in den Religionen verehren, so kann es inhaltlich keine andere Antwort geben als die Menschen als kollektives Gesamtsubjekt und das Personsein selbst. Die Menschheit wird so zu einem ideal-allgemeinen, also generischen Wir, mit Völkern bzw. Nationen und Staaten als Subabteilungen.

Was es heißt, dass Gott an sich Person, ja: *die* Person ist, das weiß man freilich im Allgemeinen nicht. Denn wir verstehen unsere eigene Sprache, die mythischen Allegorien, metaphorischen Modelle, generischen Idealisierungen und erst recht alle rein schematischen, bloß erst formalen Schlussformen in ihrer wahren logischen Semantik häufig nicht genau genug. Das heißt, wir verstehen das alles nur intuitiv, durch bloßes Gefühl vermittelt. Man bleibt also in den eigenen anthropomorphen Bildern oder dann auch geometrischen Modellen stecken, ohne vernünftige Urteilskraft in der Projektion auf die reale Welt. Das gilt auch für religiöse Riten und andere symbolische Handlungen, deren Sinn freilich häufig in ihnen selber als liturgische Feier liegt, nicht anders als in allen Festen und Feiern, damit auch in aller Kunst.

Das Volk als Gemeinwesen ist der Form nach ein vernünftig verfasstes Wir und damit die unmittelbare Wirklichkeit des Geistes seiner Institutionen. Es ist nur so gemeinsames Subjekt, das auf der Grundlage der Entscheidungen der Spitzen des Staates bzw. der Institutionen und ihrer Anerkennung in einer allgemeinen, also strukturell-funktionalen Teilung von Pflichten, Rechten und Leistungen handeln kann. Einer bloß positivistischen Betrachtung erscheint dieses gemeinsame Handeln als bloßes Ergebnis des Einzelverhaltens der Leute. In diesem bloß oberflächlichen Schein des methodischen Atomismus oder Individualismus seit Thomas Hobbes scheitert jeder naturalistische Empirismus in den Sozial- und Staatswissenschaften. Das gilt auch für jede positivistische Soziologie und bloß erst historiographische, auch rein philologisch bzw. archivalisch arbeitende Geschichtswissenschaft. Sie scheitern grundsätzlich daran, dass sie Hegels erstmals korrekt analysierte Realform institutionellen Handelns ignorieren.

Freilich schrecken manche allzu pathetischen oder auch mystifizierenden Sätze auch ab. Für sprachtheoretisch ungebildete Leser sind sie schier unverständlich. So stolpern viele Leute über den nun doch selbst wieder auf Hobbes' Leviathan anspielenden Satz, der Staat sei »die absolute Macht auf Erden«. Er ist es, erstens, weil er in seinem gemeinsamen Vollzugshandeln wie jedes performative Tun eines Subjekts absolut ist. Sein *doing so makes it so* ist nicht relativ, wie die Geltung eines Aussagens mit anderer *direction of fit*. Es gibt außerdem kein handelndes Kollektivsubjekt oberhalb des Staates; »ein Staat ist folglich gegen den anderen in souveräner Selbständigkeit«. Es wäre schlicht falsch, an dieser extrem bedeutsamen materialbegrifflichen Grundeinsicht zu zweifeln. Denn alle internationalen Assoziationen von Staaten beruhen nur auf Verträgen, die jederzeit gekündigt werden können, wie das die Trump-Administration bis 2020 gerade aller

Welt ebenso vorgeführt hat wie der Austritt Großbritanniens aus dem allererst beginnenden politischen Einigungsprozess Europas.

Als souveräner Staat in Relation zu den anderen zu stehen und als solcher anerkannt zu sein, ist die »erste absolute Berechtigung« jedes staatlich organisierten Gemeinwesens. Klar ist aber auch, dass dies nur erst formal gilt, da nicht jede lokale Region sich einseitig zum Staat organisieren und deklarieren kann, obwohl das nach erfolgreichen Sezessionskriegen wie in Eritrea oder im Südsudan oder auch bei der Aufspaltung des ehemaligen Jugoslawien manchmal der Fall sein kann.

So wenig der Einzelne eine wirkliche Person ist ohne Relation zu 322 f. Ⓚ
andern Personen (§ 71 u. sonst); so wenig ist der Staat ein wirkliches Individuum ohne Verhältnis zu andern Staaten (§ 322). Die Legitimität eines Staats und näher, insofern er nach Außen gekehrt ist, seiner fürstlichen Gewalt, ist einerseits ein Verhältnis, das sich ganz *nach Innen* bezieht (ein Staat soll sich nicht in die innern Angelegenheiten des anderen mischen) – andererseits muß sie eben so wesentlich durch die Anerkennung der andern Staaten *vervollständigt* werden. Aber diese Anerkennung fordert eine Garantie, daß er die andern, die ihn anerkennen sollen, gleichfalls anerkenne, d. i. sie in ihrer Selbstständigkeit respektieren werde, und somit kann es ihnen nicht gleichgültig sein, was in seinem Innern vorgeht. – (337 f.)

Die Passage zeigt, dass trotz einiger anderer Zungenschläge und Umbenennungen im Kontext meine Analyse der Person bzw. der Begriffe Subjekt, Person und Individuum mit der Hegels sachlich übereinstimmt. Hier macht er selbst ganz klar, dass der Einzelne keine »*wirkliche Person ist ohne Relation zu anderen Personen*«. Logisch ist das gerade so, wie ein Zahlterm nur eine Zahl benennt in Relation zu allen anderen Termen eines Zahlsymbolsystems. In ganz gleichem Sinn ist etwa *ein Staat nur im Verhältnis zu anderen Staaten*. So ist die Südsahara der Polisario z. B. (noch) kein (voller) Staat.

Die ›Legitimität‹ eines Staats und seiner Vertreter ist zunächst aber auch ein inneres Verhältnis der Anerkennung seiner ›Leute‹, wobei die äußere Anerkennung unter die Regel der Nichteinmischung in die inneren Angelegenheiten fällt – nach welcher sich z. B. China ausländische Reaktionen auf seine ›Innenpolitik‹ in Tibet und Sinkiang verbittet. Freilich gibt es inzwischen eine Weltöffentlichkeit, die sich ihrerseits jeden derartigen Maulkorb verbittet und zu Recht darauf hinweist, dass die obige Norm nur besagt, dass sich die *Staaten* »nicht in die inneren Angelegenheiten« der anderen mischen dürfen. (Es ist bezeichnend, dass man gerade auch in China den Unterschied nicht kennt oder nicht kennen will.) Hegel nennt noch eine andere Einschränkung, sozusagen im Rückblick auf die Koalitionskriege gegen Frankreich. Denn innenpolitische Entwicklungen, nach welchen z. B. eine Revolution von einem Land in andere getragen werden sollen, stellen die Garantie der staatlichen Selbständigkeit infrage – »und somit kann es ihnen nicht gleichgültig sein«, was im Innern eines Landes vorgeht, wie sich das auch in der gesamten Nachkriegspolitik der Westmächte klarerweise zeigt. Das gilt zunächst ganz unabhängig davon, ob wir diese im Rückblick für erfolgreich oder nicht oder für gut, illegitim oder unmoralisch halten.

323 Ⓚ Bei einem nomadischen Volke z. B., überhaupt bei einem solchen, das auf einer niedern Stufe der Kultur steht, tritt sogar die Frage ein, in wiefern es als ein Staat betrachtet werden könne. (338)

Nomadische Völker haben es in einer Welt der Territorialstaaten sesshafter Bauern und Bürger besonders schwer, einen Staat zu bilden und als Staat anerkannt zu werden, wie die durchaus auch tragische, nicht nur empörende Geschichte der nordamerikanischen Indianer zeigt – aber auch die der Tuaregs, Uiguren und ähnlicher Fälle. Heute würden wir das im ganzen 19. Jahrhundert gängige Vorurteil nicht mehr unwidersprochen akzeptieren, dass Nomaden generell auf einer ›niederen Stufe der Kultur‹ stünden – und auch die noch in Wilhelm Wundts Völkerpsychologie und der Ethnologe der 1. Hälfte des 20. Jahrhunderts noch übliche Rede von ›primitiven Naturvölkern‹ nicht mehr anerkennen.

323 Ⓚ Der religiöse Gesichtspunkt (ehemals bei dem jüdischen Volke, den mahomedanischen Völkern) kann noch eine höhere Entgegensetzung enthalten, welche die allgemeine Identität, die zur Anerken-
270 nung gehört, nicht zuläßt. | (338)

Wenn sich eine religiöse Gemeinschaft wie das jüdische Volk im römischen Reich nicht in der Lage sieht, den Staat und damit auch die anderen Ethnien in ›seinem‹ Territorium wie z. B. Syrer, Palästinenser und Griechen anzuerkennen, zerstört sie die Idee des Rechtsstaats. Dasselbe gilt auf andere Weise in den islamischen Reichen, deren nichtislamische Bevölkerung trotz aller sogenannten Toleranz (und allem schöngefärbten Ondit) rechtlich nie (ganz) gleichgestellt war.

§ 332

Die unmittelbare Wirklichkeit, in der die Staaten zu einander sind, 323
besondert sich zu mannigfaltigen Verhältnissen, deren Bestimmung von der beiderseitigen selbstständigen Willkür ausgeht, und somit die formelle Natur von *Verträgen* überhaupt hat. Der *Stoff* dieser Verträge ist jedoch von unendlich geringerer Mannigfaltigkeit, als in der bürgerlichen Gesellschaft, in der die einzelnen nach den vielfachsten Rücksichten in gegenseitiger Abhängigkeit stehen, da hingegen selbstständige Staaten vornehmlich sich in sich befriedigende Ganze sind. (338)

Die Beziehungen zwischen Staaten haben die Form von Verträgen. Die vertraglichen Netzwerke in einer von einem Staat und einer durch sein Rechtssystem zusammengehaltenen Gesellschaft sind unendlich vielfältiger und dichter als die Verträge zwischen Staaten. Es gibt dann zwar auch wirtschaftliche Tätigkeiten und Investitionen im Ausland. Da diese aber unter die jeweiligen Rechtsprechungen des anderen Landes fallen, insbesondere aber auch unter dessen je momentane politische Erlasse, die keineswegs immer völlig unparteiisch sind, sind sie immer weit risikovoller als im ›eigenen Land‹. Das zeigt z. B. auch die Politik der USA gegen alle ausländischen Investoren, nicht etwa nur die Chinas. Eine bürgerliche Weltgesellschaft gibt es also überhaupt nicht. Sie ist zumindest von heute her eine illusionäre Utopie. Aber es gibt eine (informelle!) Weltöffentlichkeit und einen globalen Handel.

§ 333

Der Grundsatz des *Völkerrechts*, als des *allgemeinen*, an und für sich 323 f.
zwischen den Staaten gelten sollenden Rechts, zum Unterschiede von dem besondern Inhalt der positiven Traktate, ist, daß die *Traktate*, als auf welchen die Verbindlichkeiten der Staaten gegen einander beruhen, *gehalten werden* sollen. Weil aber deren Verhältnis ihre Souveränität zum Prinzip hat, so sind sie insofern im Naturzustande gegen einander, und ihre Rechte haben nicht in einem allgemeinen zur Macht über sie konstituierten, sondern in ihrem besonderen Willen ihre *Wirklichkeit*. Jene allgemeine Bestimmung bleibt daher

beim *Sollen* und der Zustand wird eine Abwechselung von dem den Traktaten gemäßen Verhältnisse, und von der Aufhebung desselben. (338 f.)

Neben dem Grundsatz möglichster Friedfertigkeit gibt es im Wesentlichen nur ein Prinzip des Völkerrechts. Es lautet, dass Verträge gehalten werden sollen. Beide Grundsätze sind hier aber leider nur ›moralische‹ Prinzipien freien Sollens. Das heißt, es gibt keine nachhaltigen rechtlichen Sanktionen einer neutralen internationalen Schiedsinstanz – über diejenigen hinaus, welche selbst nur durch frei kündbare Verträge momentan noch anerkannt sind. Das eben bedeutet es, dass zwischenstaatliche Verhältnisse nach wie vor die nationale Souveränität zum Prinzip haben.

Metaphorischer Ausdruck für die rein freien Relationen der partiellen Kooperation, des Wettbewerbs und der Antagonismen zwischen Staaten ist, dass sie sich im Naturzustand gegeneinander befinden.

Der Unterschied zum Verhältnis zwischen Personen in einem Staat ist aber interessant. Diese haben substantielle, bleibende Rechte gegeneinander vermöge der allgemeinen Macht des Gemeinwesens, Recht zu sprechen und das kooperative Handeln durch allgemeine Gesetze und Sanktionsandrohungen zu ordnen und zu steuern. Eine nachhaltige internationale Ordnungspolitik ist dagegen extrem schwierig, da sie erstens einen Konsens aller Beteiligten voraussetzt und angesichts der beliebigen Aufkündbarkeit der Verträge nicht sehr stabil ist – so dass auch das Vertrauen in sie nur begrenzt bleibt.

324 Ⓚ Es gibt keinen Prätor, höchstens Schiedsrichter und Vermittler zwischen Staaten, und auch diese nur zufälligerweise, d. i. nach besondern Willen. Die *Kantische* Vorstellung eines *ewigen Friedens* durch einen Staatenbund, welcher jeden Streit schlichtete, und als eine von jedem einzelnen Staate anerkannte Macht jede Mißhelligkeit beilegte, und damit die Entscheidung durch Krieg unmöglich machte, setzt die *Einstimmung* der Staaten voraus, welche auf moralischen, religiösen oder welchen Gründen und Rücksichten, überhaupt immer auf besonderen souveränen Willen beruhte, und dadurch mit Zufälligkeit behaftet bliebe. (339)

Ein Prätor konnte wie ein Richter Recht sprechen und es mit der Macht des Staates durchsetzen. Mediatoren können zwischen Staaten vermitteln, haben aber keine Macht – über die freie Umsetzung ihrer Schiedssprüche durch die Einzelstaaten hinaus. Das geschieht formal gesehen nur »zufälligerweise, d. i. nach besonderen Willen«, sogar noch im vereinten Europa, das nur so lange vereint bleibt, wie alle Einzelstaaten von der Einheit nicht nur faktisch profitieren, sondern die jeweilige Bevölkerung das auch noch mehrheitlich weiß und begreift.

Hegel erkennt, dass diese Grundtatsache die allzu großen Erwartungen oder utopischen Hoffnungen von Kantianern bis heute an einen »ewigen Frieden durch einen Staatenbund, welcher jeden Streit schlichtete und als eine von jedem einzelnen Staate anerkannte Macht jede Mißhelligkeit beilegte«, massiv dämpft. Denn das »setzt die Einstimmung der Staaten voraus«. Diese ist aber weitgehend frei und beruht nur auf so schwachen Stützen wie Moral und Religion (die nie wirklich geholfen hat) – sofern das Eigeninteresse und die Anerkennbarkeit als weltbürgerlich nicht ausreicht, sich an Verträge oder auch Mehrheitsbeschlüsse zu halten.

§ 334

Der Streit der Staaten kann deswegen, insofern die besondern Wil- 324
len keine Übereinkunft finden, nur durch *Krieg* entschieden werden.
Welche Verletzungen aber, deren in ihrem weit umfassenden Bereich
und bei den vielseitigen Beziehungen durch ihre Angehörigen, leicht
und in Menge | vorkommen können, als bestimmter Bruch der Trak- 271
tate oder Verletzung der Anerkennung und Ehre anzusehen seien,
bleibt ein *an sich* Unbestimmbares, indem ein Staat seine Unendlichkeit und Ehre in jede seiner Einzelnheiten legen kann, und um so mehr zu dieser Reizbarkeit geneigt ist, je mehr eine kräftige Individualität durch lange innere Ruhe dazu getrieben wird, sich einen Stoff der Tätigkeit nach Außen zu suchen und zu schaffen. (339 f.)

Man mag es nicht hören und ist doch wahr: Ein substantieller Streit zwischen Staaten, der sich nicht durch vertragliche Übereinkunft lösen lässt, ohne dass man den Kasus in der Schwebe lassen kann, kann am Ende »nur durch Krieg entschieden werden« – nach welchem dann die siegende Partei der anderen ihren Willen aufzwingt. Interessante Beispiele des 19. Jahrhunderts sind neben dem internen Sonderbundskrieg in der Schweiz und dem Amerikanischen Bürgerkrieg, die jeweils um den Bundesstaat gingen, die Kriege zwischen Preußen, Österreich, Dänemark und Frankreich. Beispiele im 20. Jahrhundert sind die Kriege in Jugoslawien nach 1989 oder der Falklandkrieg zwischen Argentinien und Großbritannien. (Die Weltkriege des 20. Jahrhunderts und die Expansionskriege des Kommunismus sind nur scheinbar von diesem Typ.)

›Schlimmer‹ als die genannte Grundtatsache ist, dass beliebige reale oder eingebildete ›Verletzungen‹ des ›Sicherheitsgefühls‹ und/oder der ›Ehre‹ einer Nation zu einem subjektiven Kriegsgrund werden können, wie der Beginn des Ersten Weltkriegs 1914 zeigt. (Nicht nur ein realer, auch ein bloß gefühlter oder behaupteter Bruch von Verträgen kann als ›Kriegsgrund‹ herhalten.) Der Weltkrieg ist das tragischste Beispiel dafür, dass ein ›Kampf um Anerkennung‹ sowohl zwischen Einzelpersonen als auch zwischen Staaten absurd ist, da der Kampf selbst eine freie Anerkennung unmöglich macht. Hinzu kommt Hegels durchaus sarkastische Beobachtung, dass die Leute einen langen Frieden schwer aushalten, weil sie den Ausnahmezustand des Krieges nachgerade lieben. Sie hat sich ebenfalls 1914 bestätigt. Hier wurde die »kräftige Individualität« des Deutschen Reiches »durch lange innere Ruhe« geradezu »dazu getrieben, sich einen Stoff der Tätigkeit nach außen zu suchen und zu schaffen«. Freilich gilt das Letztere z. B. auch für den Krieg der USA gegen Spanien 1898, den als ›Präventivkrieg‹ zu bezeichnen ein typischer Fall von Geschichtsmythos *post hoc* ist.

§ 335

324 f. Überdem kann der Staat als Geistiges überhaupt nicht dabei stehen bleiben, bloß die *Wirklichkeit* der Verletzung beachten zu wollen, sondern es kommt die *Vorstellung* von einer solchen als einer von einem anderen Staate drohenden *Gefahr*, mit dem Herauf- und Hinabgehen an größeren oder geringeren Wahrscheinlichkeiten, Vermutungen der Absichten u. s. f. als Ursache von Zwisten hinzu. (340)

Dass die vermeintlichen Vertragsbrüche und drohenden Gefahren und damit die Rechtfertigungen der Kriege gerade als angebliche Präventivschläge nach außen oder nach innen auf reinen Vermutungen und Zuschreibungen basieren können, habe ich schon gesagt – was das Ganze nur umso schlimmer macht.

§ 336

Indem die Staaten in ihrem Verhältnisse der Selbstständigkeit, als 325
besondere Willen gegen einander sind, und das Gelten der Traktate selbst hierauf beruht, der *besondere Wille* des Ganzen aber *nach seinem Inhalte* sein *Wohl* überhaupt ist, so ist dieses das höchste Gesetz in seinem Verhalten zu andern, um so mehr als die Idee des Staats eben dies ist, daß in ihr der Gegensatz von dem Rechte als abstrakter Freiheit, und vom erfüllenden besonderen Inhalte, dem Wohl, aufgehoben sei, und die erste Anerkennung der Staaten (§ 331) auf sie als *konkrete* Ganze geht. (340)

Wie für den reinen *homo oeconomicus* in der bürgerlichen Gesellschaft ist für den Einzelstaat die Maximierung des zu erwartenden Nutzens und die Minimierung des zu befürchtenden Schadensrisikos das »höchste Gesetz in seinem Verhalten zu anderen«. Das führt zu den berühmten Problemen der *tragedy of the commons*: Weil jedes Gemeinwesen sein ›Wohl‹ gegen das der anderen zu maximieren strebt, greifen freie Absichtserklärungen und formale Verträge nicht – und wir steuern sehenden Auges in die absehbaren Klimafolgen.

Das ist ohne Änderung des internationalen politischen Rahmens in der Tat kaum zu ändern, wie das Gefangenendilemma zeigt: Man kann prognostizieren, dass die Handlungsentscheidungen so sein werden, dass alle sie zu bereuen haben. Dazu kann man aber auch wieder nur sagen, dass man so liegen wird, wie man sich bettet. Mitleid im Nachhinein ist nicht am Platz, eher der Kommentar, dass zur vollen Person als Weltbürger auch das risikovolle Vertrauen in die anderen Personen als Weltbürger gehört. Das allein kann das Dilemma auflösen. Vertrauen zwischen den Nationen und Staaten zu schaffen, ist daher allererste und zunächst entscheidende Aufgabe.[131]

131 Während im Gemeinwesen »die Idee des Staats eben dies ist, daß in ihr der Gegensatz von dem Rechte als abstrakter Freiheit und vom erfüllenden besonderen Inhalte, dem Wohl, aufgehoben« ist, gilt das für das Weltstaatensystem nicht, und zwar, weil »die erste Anerkennung der Staaten auf sie als konkrete Ganze geht«. Das Staatensystem ist atomistisch strukturiert. Jeder Einzelstaat maximiert sein Interesse, handelt also nach rein subjektivem Sinn. Man kann einem Staat daher nicht eigentlich frei vertrauen. Das aber verringert die Möglichkeiten freier Kooperation und macht eine gute globale Politik partiell unmöglich, zumindest extrem schwierig, solange

§ 337

325 Das substantielle Wohl des Staats ist sein Wohl als eines *besondern* Staats in seinem bestimmten Interesse und Zustande und den eben so eigentümlichen äußern Umständen nebst dem besonderen Traktatenverhältnisse; die Regierung ist somit eine *besondere Weisheit*, nicht die allgemeine Vorsehung (vergl. § 324 Anm.) – so wie der Zweck im Verhältnisse zu andern Staaten und das Prinzip für die Gerechtigkeit der Kriege und Traktate, nicht ein allgemeiner (philanthropischer) Gedanke, sondern das wirklich gekränkte oder bedrohte Wohl in *seiner bestimmten Besonderheit* ist. (341)

Der Schluss der Passage zeigt, dass nach Hegel außer im Verteidigungsfall kein Krieg je aus rein philanthropischen Gedanken geführt worden wäre oder geführt werden wird – auch wenn das heute noch viele gern glauben möchten. Es sind daher durchaus Mythen, dass es z. B. im Amerikanischen Bürgerkrieg nicht um den Einheitsstaat, sondern um die Befreiung der Sklaven gegangen wäre, auch wenn der Anlass die Sklavenfrage war.

Ein Staat ist der Idee nach eine Organisation, in der Freiheit und Recht, Sicherheit und Wohlstand aller in bestmöglicher Form koexistieren. Für das eigene Wohl des einzelnen Staats sind die äußeren Umstände und die anderen Staaten bloß Umwelt, an die sie sich anpassen. Das heißt, es gibt – bis heute, trotz Völkerbund, den Vereinten Nationen und anderen internationalen Organisationen – kein umfassendes Wir der Menschheit, das so *organisiert* wäre wie ein Staat. Wenn sich diese Lage verbessern soll, so kann dies nur auf andere

keine zentrale (der Form nach ›monarchische‹) Schiedsmacht installiert ist, welche von den Staaten anerkannt wird. Die USA sind gerade dabei, den Rest einer gewissen Schiedsrichterrolle innerhalb des ›westlichen‹ Bündnisses, vermittelt über Organisationen wie die NATO, und erst recht einen globaleren Einfluss über die UN aufzugeben – so dass es keine ›Supermacht‹ mehr gibt. Wie im Gefangenendilemma lassen sich die entstehenden (durchaus suboptimalen) Folgen internationaler Vertragspolitik bloß noch zwischen Einzelstaaten und die schiere Unmöglichkeit von guten Lösungen globaler Probleme (wie z. B. des Klimawandels) mit einiger Sicherheit vorhersagen, und zwar trotz einer wohlmeinenden Weltöffentlichkeit, mancher guten lokalen Politik und symbolischer Demonstrationen für das Gute.

Weise geschehen als in der jetzigen Politik der formal souveränen Nationalstaaten.

Wo Hegel von »Vorsehung« spricht, spricht Heidegger vom Ereignis. Gemeint ist, dass große Änderungen im globalen politischen System und damit im Personsein eines Weltbürgers nicht durch irgendeine ›Machenschaft‹ weder einer Einzelperson noch eines Einzelstaates oder auch nur kleiner Gruppen von Personen oder gar ganzer Staaten herstellbar sind. Das Wort »Vorsehung« steht damit – leicht ironisch – für das, was man weder herstellen noch auch nur vorhersehen kann. Manche politischen Ereignisse sind von dieser Art, auch manche großen Entdeckungen und Erfindungen: Man konnte sie weder vorhersagen noch machen; und doch bleiben sie nachhaltiges Allgemeingut der Menschen. Das ist so, weil man nach ihrer Etablierung um ihren Wert weiß, den man nicht mehr freiwillig verlieren will – so wie im Fall von allem allgemeinen Wissen, wenn es einmal voll begriffen ist.

Es ist zu einer Zeit der Gegensatz von Moral und Politik, und die 325 f. Ⓚ
Forderung, daß die zweite der erstern gemäß sei, viel besprochen
wor|den. Hieher gehört nur darüber überhaupt zu bemerken, daß 272
das Wohl eines Staats eine ganz andere Berechtigung hat als das Wohl des Einzelnen, und die sittliche Substanz, der Staat, ihr Dasein, d. i. ihr Recht unmittelbar in einer nicht abstrakten, sondern in konkreter Existenz hat, und daß nur diese konkrete Existenz, nicht einer der vielen für moralische Gebote gehaltenen allgemeinen Gedanken, Prinzip ihres Handelns und Benehmens sein kann. (341)

Es gibt eine inzwischen fast schon ewige Debatte darüber, ob rationale Politik moralisch sein könne oder gar moralisch sein solle oder ob man mit dem Gegensatz von Moral und Politik leben müsse. Hegel will dazu nur sagen, dass individualethische Fragen von anderem Typ sind als Entscheidungen über Freiheit, Sicherheit und Wohl von vielen. Damit ist das Problem natürlich noch nicht beantwortet, ob bzw. wann und wie man wenige für viele aufopfern darf – und was dieses ›Dürfen‹ überhaupt bedeutet.

Hegel betont, dass das wirkliche Dasein des Staates nicht in einem System abstrakter Grundsätze oder Gesetze besteht, welche z. B. das Handeln der Minister als Staatsdiener anleiten, so dass diese nur ausführen würden, was angeblich schon rechtlich und moralisch als richtig bestimmt sei. Vielmehr dürfen und müssen die Spitzen der Ressorts im Rahmen der Gesetze frei darüber entscheiden, was ihrem Urteil nach in der je konkreten Situation und in Antwort auf je konkrete Probleme *pro tanto* zu tun ist und damit als ›das Beste‹ erscheint. Das meint die Rede von der konkreten Existenz. Dabei spielen ethische Verbote und Gebote die Rolle zusätzlicher Einschränkungen des rechtlich erlaubten Entscheidungsspielraums. Aber weder bestimmen diese damit schon endgültig, was zu tun oder zu lassen ist, noch sind sie wirklich immer alle erfüllbar. Es gibt moralische Dilemmata, die einen Zufallsentscheid erlauben oder sogar erfordern, auch wenn das die Leute nicht gern hören, besonders nicht die, welche dabei einen Schaden zu tragen haben.

326 Ⓚ Die Ansicht von dem vermeintlichen Unrechte, das die Politik immer in diesem vermeintlichen Gegensatze haben soll, beruht noch vielmehr auf der Seichtigkeit der Vorstellungen von Moralität, von der Natur des Staats und dessen Verhältnisse zum moralischen Gesichtspunkte. (341)

Staatliche Entscheidungen – gerade in Zeiten einer Krise wie der Corona-Pandemie – sind immer so, dass am Ende nicht alle Bürger und Menschen die gleichen Risiken und Lasten tragen. So ist im genannten Beispiel vorhersehbar, dass zugunsten des Lebensschutzes vornehmlich älterer Leute aufgrund der wirtschaftlichen Folgen weit mehr Menschen weltweit sterben werden als aufgrund des Virus. Und doch rechnet jeder Staat nur mit den direkt in seinem Bereich erwartbaren Opfern und übernimmt seine Verpflichtung zum Schutz von Leben und Sicherheit seiner Bürger. Die Leute betrachten dennoch eben dieses Vorgehen als einen besonderen Zusammenhalt des Gemeinwesens und können wohl auch nicht anders, da auch das kooperative Handeln, nicht anders als das individuelle, auf *das Nahe* intensiver reagieren muss als auf *das Ferne*. Das ist eine absolut nichttriviale Einsicht, die man verbal allzu schnell übertönt, indem man, wie im ethischen Utilitarismus, statt Nächstenliebe Fernstenliebe fordert und statt regionaler Politik eine globale Moral.

An diesem Punkt blamiert sich jeder ›objektive‹ Blick auf die Welt von der Seite, aus der totalen Perspektive eines Gottes oder Jeremy Benthams. Eine rein entscheidungstheoretische Betrachtung mit quantitativer Maßzahl der erwartbaren Toten oder Hungernden macht nämlich klar, was an einem globalen Utilitarismus so problematisch ist. Man will Zufall und Willkür, Regionalität und Subjektivität aus politischen und sittlichen Entscheidungen ganz heraushalten. Doch das geht nicht. Im Unterschied zu Hegel, der hier absolut realistisch denkt, glauben idealistische Kantianer und Utilitarier, dass Moral uns praktisch in allen Fällen sagen könne, was zu tun moralische Pflicht oder wenigstens erlaubt sei. Doch eben das zeigt, dass man nicht weiß, was Moral und Moralität ist. Insbesondere überschätzen die Leute die Pflicht zur direkten Hilfeleistung auch für Fremde und berufen sich dabei sogar auf das Gleichnis vom guten Samariter aus dem Neuen Testament. Doch in dieser Parabel wird keineswegs eine globale Fernstenliebe, sondern die richtige, nämlich nicht ethnisch diskriminierende Nächstenliebe erläutert.

Man missversteht dann auch das Wesen des Staats »und dessen Verhältnisse zum moralischen Gesichtspunkte«, wie Hegel sagt, wenn man den Staat nicht als konkrete Ausgestaltung dieser Sittlichkeit der gemeinsamen Lebenswelt zunächst im engeren Gemeinwesen versteht. Dessen Regionalität kann nicht zugunsten einer utopischen Weltbürgerschaft aufgegeben werden.

§338

Darin, daß die Staaten sich als solche gegenseitig anerkennen, bleibt 326
auch im Kriege, dem Zustande der Rechtlosigkeit, der Gewalt und Zufälligkeit, *ein Band*, in welchem sie an und für sich seiend für einander gelten, so daß im Kriege selbst der Krieg als ein vorübergehensollendes bestimmt ist. Er enthält damit die völkerrechtliche Bestimmung, daß in ihm die Möglichkeit des Friedens erhalten, somit z. B. die Gesandten respektiert, und überhaupt, daß er nicht gegen die innern Institutionen und das friedliche Familien- und Privatleben, nicht gegen die Privatpersonen geführt werde. (341 f.)

Auch ohne Vermittlung durch internationale Organisationen erkennen sich die Einzelstaaten wie die Mitglieder der bürgerlichen Gesellschaft als freie und gleiche ›Individuen‹, als staatliche Einheiten an, trotz allem Wettbewerb und allem Eigeninteresse. Das gilt sogar im Krieg zwischen Staaten. (Von einer Guerilla in einem Bürgerkrieg ist hier nicht die Rede.) Der »Zustand der Rechtlosigkeit, der Gewalt« eines solchen Krieges ist ja nie auf Dauer angelegt, sondern soll durch einen stabilen, von den ehemaligen Feinden, also auch den unterlegenen, anerkennbaren Friedensschluss beendet werden – wie der Wiener Kongress beispielhaft zeigt. Hegel hat ganz recht, ähnlich wie Clausewitz die Bedeutung der Möglichkeit eines nachhaltigen Friedens ganz besonders hervorzuheben.[132] Das verbietet es, einen Krieg »gegen die inneren Institutionen und das friedliche Familien- und Privatleben« zu führen – was z. B. die Zerstörung der Universitätsbibliothek Leuven in Belgien im Ersten Weltkrieg durch die Deutschen symbolisch so bedeutsam macht.

§ 339

326 Sonst beruht das gegenseitige Verhalten im Kriege (z. B. daß Gefangene gemacht werden) und was im Frieden ein Staat den Angehörigen eines Andern an Rechten für den Privatverkehr einräumt u. s. f., vornehmlich auf den *Sitten* der Nationen, als der innern unter allen Verhältnissen sich erhaltenden Allgemeinheit des Betragens. (342)

Für Hegel steht auch außer Frage, dass man in einem Krieg gefangene Soldaten und die Menschen in besetzten Gebieten gut behandeln muss – und zwar nach den Standards des eigenen Volkes!

§ 340

327 In das Verhältnis der Staaten gegeneinander, weil sie darin als *besondere* sind, fällt das höchst bewegte Spiel der innern Besonderheit der Leidenschaften, Interessen, Zwecke, der Talente und Tugenden, der Gewalt, des Unrechts und der Laster, wie der äußern Zufälligkeit, in den größten Dimensionen der Erscheinung, – ein Spiel, worin das sittliche Ganze selbst, die Selbstständigkeit des Staats, der Zufälligkeit ausgesetzt wird. (342)

Wie das Handeln des *homo oeconomicus* in der Gesellschaft ist der Wettbewerb und sind die Interessensunterschiede zwischen Staaten Ursachen für schnell wechselnde Koalitionen, von einer Entente cordiale bis zu einer VAR (der Vereinten Arabischen Republik Ägyptens und Syriens unter Gamal Abdel Nasser) oder von der Unterstützung der Taliban gegen die Sowjets durch die USA bis zum Krieg gegen sie

132 Carl von Clausewitz, *Vom Kriege*, Reinbek: Rowohlt 1963, S. 16 f., 216 ff.

in Afghanistan. Die Beispiele veranschaulichen hier nur die (nicht ungefährlichen) Kontingenzen im ›höchst bewegten Spiel‹ auch der ›Gewalt, des Unrechts‹ im Verhältnis der Staaten zueinander.

Die Prinzipien der | *Volksgeister* sind um ihrer Besonderheit willen, in der sie als *existierende* Individuen, ihre objektive Wirklichkeit und ihr Selbstbewußtsein haben, überhaupt beschränkte, und ihre Schicksale und Taten in ihrem Verhältnisse zu einander sind die erscheinende Dialektik der Endlichkeit dieser Geister, aus welcher der *allgemeine* Geist, der *Geist der Welt*, als unbeschränkt eben so sich hervorbringt, als er es ist, der sein Recht, – und sein Recht ist das allerhöchste, – an ihnen in der *Weltgeschichte*, als dem *Weltgerichte*, ausübt. | (342 f.) 327, 273 274

Diese Übergangspassage mit expliziter Anspielung auf Friedrich Schillers Satz »Die Weltgeschichte ist das Weltgericht« aus dem Gedicht *Resignation* (das unsere Deutung Hegels ebenso wie die Gnomen Heraklits begleitet hat) spricht vom »Geist der Welt«. Von diesem Weltgeist glauben viele Leser seit Ludwig Feuerbach und Karl Marx, dass es sich um eine wirkende quasigöttliche Instanz hinter dem Rücken der Menschen handelte – so dass Habermas von einer angeblichen »Geistmetaphysik« redet. Es ist für das Verständnis der Rechtsphilosophie als basiswissenschaftliche Rekonstruktion der Grundrechte und der Verfassung des Rechtsstaates in seiner Entwicklung entscheidend, auch die Schlussskizze der von Hegel so genannten Philosophie der Weltgeschichte angemessen zu verstehen.

C. DIE WELTGESCHICHTE

Herbert Schnädelbach kritisiert Hegels Überlegungen zur transzendentalen Rolle der Geschichte und Tradition prominent und vehement als angeblichen Kulturrelativismus und Neoaristotelismus.[133] Damit aber wird die Entwicklung der kantischen Rede von einem transzendentalen Ich zum generischen Wir der Personengemeinschaft völlig

133 Unter den Titel eines Neo-Aristotelismus werden Verteidiger einer ›kommunitarischen‹ und angeblich ›relativistischen‹ Sittlichkeit gestellt wie Peter Winch, G. E. M. Anscombe, Charles Taylor und sogar Ludwig Wittgenstein.

übersehen. Wie viele andere auch liest auch Bertrand Russell Hegels Diktum »Was vernünftig ist, das ist wirklich, was wirklich ist, ist vernünftig« als Indiz dafür, dass Hegel die Restauration verteidige.[134] Diese Interpretation stellt das Vernünftige als das, was ethisch anzustreben ist, gegen das Wirkliche als das, was kontingenterweise der Fall ist und einem idealen Anspruch trivialerweise nie voll genügt. Hegel geht es darum, diesen Gegensatz zwischen, Ideal, Wirklichkeit und Realität besser zu begreifen. Das Wirkliche ist nicht das bloß Zufällige der empirischen Realität, sondern die Verwirklichung der Idee des Guten nach Maßgabe der realen Verhältnisse und Möglichkeiten.

Die üblichen Forderungen nach Gemeinsamkeit und Solidarität, Konsens und Vernunft kommen, wie im Sollen des Utilitarismus, nur erst *von außen*. Sie führen, wie im Sozialismus, insgesamt zu dem, was Hegel völlig zu Unrecht vorgeworfen wird, nämlich zur Anmaßung selbsternannter Vertreter, für das vernünftige Allgemeine sprechen zu können. Hegel übernimmt stattdessen aus der Tradition der negativen Theologie die Einsicht, dass die Rede über das Ganze der Welt wie jede Rede über das Göttliche immer nur rein negativ zu lesen ist – was gerade Hegel-Kritiker wie Russell und Popper gar nicht wahrgenommen oder verstanden haben: Es gibt angesichts der Absolutheit der Subjektivität absolut keinen unmittelbaren Anspruch, für Gott oder die ganze Welt, die Vernunft oder die Menschheit zu sprechen. Auch jedes utopische Heil im religiösen oder säkularen Chiliasmus ist bestenfalls rein negativ zu verstehen. In der Negativität des objektiv Wahren oder ideal Guten zeigen sich, recht verstanden, nur die ewigen Endlichkeiten der realen Welt und der ideale Überschuss aller unserer allgemeinen Begriffe, Formen und Ideen.

Habermas meint, es gäbe nur zwei Wege in der Sozialphilosophie. Der eine Weg sei der eines methodischen Individualismus nach

[134] Im 22. Kapitel seiner populären *Philosophie des Abendlandes* (Zürich 1950) ›vernichtet‹ Bertrand Russell Hegels *Philosophie der Weltgeschichte*, indem er sagt: »Wie andere Geschichtstheorien bedingte auch diese, um plausibel wirken zu können, eine gewisse Verdrehung der Tatsachen und ein beträchtliches Maß von Unwissenheit« (S. 745). Russell verwechselt hier selbst einiges, z. B. das ›germanische‹ mit dem ›deutschen‹ Reich (S. 746, 748): Hegel spricht schlicht von ganz Mittel- und Westeuropa.

Max Weber. Er kann leicht verstärkt werden durch eine kantianische moralische Pflicht aus reiner Autonomie und eine etwas weichere Form pragmatischer Letztbegründung als bei Karl-Otto Apel oder Vittorio Hösle. Der andere Weg sei der einer neo-aristotelischen und traditionsrelativen Erklärung von sittlichen Normen und einer Beschwörung einer religiösen oder post-religiösen Gemeinschaft. Zu dieser anderen Seite zählt er etwa Carl Schmitt und Martin Heidegger, aber eben auch Hegel. Hegels Weg ist aber ein dritter Weg. Es ist der Weg, auf dem das *Institutionelle* gesetzten Wissens, damit der Wahrheit, und jedes gemeinsamen Willens, damit auch der *volonté générale*, allererst klar wird.

Hegels Analyse der »Einheit des an sich seienden Allgemeinen mit der subjektiven Besonderheit« geht eben diesen dritten Weg. Er führt auf keine Weise zurück zu Religion und Metaphysik. Es ist daher auch sachwidrig, den ›Atheismus‹, ›Naturalismus‹ und ›Demokratismus‹ Spinozas gegen Hegels angeblichen Rückfall in eine »Geistmetaphysik« ausspielen zu wollen. Alle diese Titel einer narrativen Erzählung über das Denken wie »Subjektphilosophie« oder »postmetaphysisch« sind ohne zureichende Präzisierung unbrauchbar. Um zu verstehen, worum es jeweils eigentlich gegangen ist und noch geht, etwa auch, wenn man Hegel mit einem Platonismus oder Neuplatonismus in Verbindung bringt, bedarf es einer konkreten Verbindung von Titel und Text. Dabei sollte z. B. im letzten Fall klargestellt werden, dass sich Hegel von Plotin wie von Spinoza radikal distanziert, und zwar, weil deren spekulative Rede von einem Eins-und-Alles, der Substanz oder einer Natur, die Gott ist, ebenso übergroß wie sinnleer ist. Hegel befürwortet aber auch keine ›pragmatische‹ Wende des Empfindungsempirismus Humes und des Rationalen Empirismus Kants, wie sie später C. S. Peirce, W. James und G. H. Mead und J. Dewey vollziehen.

Die übliche Fehllektüre der Aussagen über generische ›Kollektivsubjekte‹ wie Staat und Geist wiederholt nur die von Ludwig Feuerbach, Max Stirner *und* Karl Marx. Leicht irritierend ist dabei die *selektive Anerkennung* eben dieser Redeformen. So akzeptiert Marx die Rede von *dem Kapital* und *dem Kapitalisten* (als ›Charaktermaske‹). Andere sehen kein Problem darin, von *der Gesellschaft*, *Vernunft* und *Demokratie* zu sprechen. Hegel erklärt dagegen, dass alle in der wissenschaftlichen Debatte um die religiösen oder theologischen

Grundlagen des Gemeinwesens oder auch nur zum Verhältnis von Politik und Religion bzw. Staat und Kirche *für immer schweigen sollten*, »welche das Göttliche für unbegreiflich« halten. Das richtet sich partiell gegen Kant, aber nicht etwa so, dass er ein Glauben an Gott befürwortete. Im Gegenteil.

§341

328 Das *Element* des Daseins des *allgemeinen Geistes*, welches in der Kunst Anschauung und Bild, in der Religion Gefühl und Vorstellung, in der Philosophie der reine, freie Gedanke ist, ist in der *Weltgeschichte* die geistige Wirklichkeit in ihrem ganzen Umfange von Innerlichkeit und Äußerlichkeit. Sie ist ein Gericht, weil in seiner an und für sich seienden *Allgemeinheit das Besondere*, die Penaten, die bürgerliche Gesellschaft und die Völkergeister in ihrer bunten Wirklichkeit, nur als *ideelles* sind, und die Bewegung des Geistes in diesem Elemente ist, dies darzustellen. (344)

Die Kunst stellt den Geist einer Epoche in »Anschauung und Bild« dar. Die Religion drückt den Geist gemeinsamen Lebens in den gemeinsamen Emotionen des Ritus und der Liturgie und in allegorischen Vorstellungen aus. In der Philosophie als der semantischen und strukturellen Grundlagenreflexion auf alles Wissen über die Natur und den Geist, also auf die handlungsfreie Welt und die Welt des freien individuellen und gemeinsamen Handelns, ist es das reine und freie Nachdenken über Begriffe und Formen, die Idee der Person und der Vernunft, über den subjektiven und den objektiven, also intersubjektiven Geist, wodurch wir alles Geistige thematisieren und kommentieren. Das Sein und Dasein des Geistes, also eines um Formen wissenden individuellen und gemeinsamen Handelns im Vollzug, ist dabei freilich vorausgesetzt.

In der Weltgeschichte, die Hegel wie die jüdische Bibel ca. 4000–3000 Jahre v. Chr. beginnen lässt, da alles Frühere Vor- und Frühgeschichte ist, wird die »geistige Wirklichkeit in ihrem ganzen Umfange« ihrer Entwicklung »von Innerlichkeit und Äußerlichkeit«, also Inhalt und Form erzählt. Philosophie der Weltgeschichte ist strukturelle Grundlagenreflexion auf basalste Begriffe und allgemeinstes Voraussetzungswissen einer sachwissenschaftlich besonderen Entwicklungsgeschichte des Geistes und der politischen Welt. Die von uns so rekonstruierte Weltgeschichte ist immer normativ. In ihr beurteilen wir immer auch schon Leistungen und Fehlleistungen von historischen Individuen, Gruppen von Leuten und ganzen Staaten.

Es gibt keine *rein positive* Geschichte bloßer historischer Tatsachen ohne Wertungen. Das Vokabular, das man bei der Darstellung vergangener Ereignisse der Menschheitsgeschichte längst schon wertend gebraucht, ist normativ dicht. Zu meinen, ein bloßer Bericht der Ereignisse als reinen Fakten sei das Ziel ›objektiver Darstellung‹, irrt sich, zumal ein solches Ziel nicht nur nicht zu erreichen ist. Das Objektive abstrahiert nur partiell von unseren heutigen Wertungen und den Erfahrungen post hoc. Jede bloße positive Geschichte ist als konstruierte Erzählung von der Form des dichterischen Mythos. Demgegenüber ist eine bewertete Strukturentwicklungsgeschichte und daher auch jede politische Weltgeschichte ein *Gericht*. Sie urteilt wertend über die *Grundformen* der geschichtlichen Staaten und die *Grundverfassung* der Personen in ihnen.

Hegel nennt die Penaten und damit den Ahnenkult als Darstellungsform des Geistes von Familie und Stamm. Und er weist darauf hin, dass die Götter oder »Völkergeister in ihrer bunten Wirklichkeit« ebenfalls nur ideelle Formen der Reflexion auf das Gemeinwesen (wie im Fall der Athene) und die bürgerliche Gesellschaft (wie im Falle des Merkur als Gott der Diebe, Händler und der Nachrichten) sind. Die höhere Entwicklung des Geistes in Philosophie, Geistes- und Staatswissenschaften besteht eben darin, dies darzustellen.

§342

Die Weltgeschichte ist ferner nicht das bloße Gericht seiner *Macht*, 328
d.i. die abstrakte und vernunftlose Notwendigkeit eines blinden Schicksals, sondern weil er an und für sich *Vernunft*, und ihr Für-sich-sein im Geiste Wissen ist, ist sie die aus dem *Begriffe* nur seiner Freiheit notwendige Entwickelung der *Momente* der Vernunft und damit seines Selbstbewußtseins und seiner Freiheit, – die Auslegung und *Verwirklichung des allgemeinen Geistes.* (344)

Eine vernünftig verfasste Weltgeschichte – wir reden offenbar über die Darstellung, nicht das Dargestellte – ist nicht bloß Bewertung der Macht des Geistes und der Leistungen der Vernunft bzw. Fehlleistungen ihres Mangels im Rückblick von heute her. Sie ist nicht bloß bewertete Faktengeschichte, also der Ergebnisse der ›abstrakten und vernunftlosen Notwendigkeit eines blinden Schicksals‹. Vielmehr müssen wir begreifbar machen, was Zufall gewesen sein mag und was als Ergebnis eines zielgerichteten individuellen und gemeinsamen Handelns zu verstehen und zu erklären ist. Der Geist der Geschichte der Menschheit ist so »an und für sich Vernunft«. Das »Für-sich-Sein im Geiste« ist das gemeinsame Wissen (und Können).

Eine Philosophie oder theoretische Rahmenstruktur der Weltgeschichte des Geistes (damit des Gemeinwesens und der Person in ihr) ist aus dem Begriff der Freiheit zu entwickeln. Dabei ergibt sich eine Abfolge der höchsten Werte, beginnend mit der individuellen und allgemeinen Sicherung von Leben und Wohlstand über die heroische Freiheit adliger Tapferkeit bis zur Anerkennung der Heiligkeit bzw. Unantastbarkeit jeder Person und der Gleichheit aller Menschen. Es handelt sich um eine not-wendige »Entwicklung der Momente der Vernunft« und zugleich des Selbstbewusstseins der generischen Person in ihrer Freiheit, also des Geistes. Damit wird eine Philosophie der Weltgeschichte zur »Auslegung und Verwirklichung des allgemeinen Geistes«.

§343

328 Die Geschichte des Geistes ist seine *Tat,* denn er ist nur, was er tut, und seine Tat ist, sich und zwar hier als Geist sich zum Gegenstande seines Bewußtseins zu machen, sich für sich selbst auslegend zu erfassen. Dies Erfassen ist sein Sein und Prinzip, und die *Vollendung* eines Erfassens ist zugleich seine Entäußerung und sein Übergang. (344 f.)

Die Geschichte des Geistes – jetzt auch auf der Sach- und Objektebene, nicht nur auf der Ebene bloß narrativer Darstellung oder systematischer Rekonstruktion – ist ›unser‹ Werk. Der Mensch selbst ›macht‹ seine Geschichte, aber die einzelnen Menschen nur je die ihre. Wir handeln geschichtlich und geschichtswirksam, ohne immer als Einzelne selbstbewusst zu wissen, dass und wie wir das tun. Wir tun das durch aktive Teilnahme und reflektierte Anerkennung von Institutionen und dem ›politischen‹ Handeln ihrer individuellen Repräsentanten. Damit werden die Begriffe der Rolle und des Status zugleich zu politischen und personenkonstitutiven Begriffen.

Der Geist ist, was wir gemeinsam tun. Und wie ›die Wissenschaft‹ oder ›die Philosophie‹ weiß, was sie weiß, und grob auch, was sie nicht weiß, wissen das viele einzelne Philosophen und Wissenschaftler, auch sehr bedeutende, keineswegs immer. In diesem Sinn ist und bleibt es die Aufgabe des allgemeinen Geistes bzw. der Vernunft, ›sich selbst‹ zum Gegenstand des Bewusstseins zu machen, also »sich selbst auslegend zu erfassen«. Diese Selbstexplikation der Formen des Wissens und der Wissenschaften und ihrer Entwicklung und die aller (politischen) Institutionen ist »Sein und Prinzip« des Geistes – und die Philosophie ist sozusagen seine Prophetin. Sie ist die Offenbarung des Geistes. Diese Offenbarung ist »Entäußerung« des Inhalts der Idee im Begriff bzw. des Geistes in der Realgeschichte. Das heißt, es sind die Inhalte nicht implizit oder bloß erst empraktisch als bekannt vorauszusetzen, sondern ihre äußeren Darstellungsformen und ihre inhaltlichen Äquivalenzen und Differenzen sind konkret darzustellen und explizit zu kommentieren. Das allein ist die reflektierende und zugleich reflektierte Seinsweise des Geistes im Vollzug.

Der, formell ausgedrückt, von *neuem* dies Erfassen erfassende, 328f.
und was dasselbe ist, aus der Entäußerung in sich gehende Geist, ist der Geist der höhern Stufe gegen sich, sich wie er in jenem erstern Erfassen stand. (345)

Rein formal können wir sagen, dass Philosophie ein das Begreifen begreifendes Denken ist. Dabei führt die *Phänomenologie des Geistes* sozusagen von unterstellten Inhalten, beginnend mit Sinnesempfindungen, zu den vermittelnden äußeren Formen, sozusagen vom Geist zur Sprache. Die *Wissenschaft der Logik* aber führt umgekehrt von äußeren Formen zurück zu Inhalten, von titelartigen Begriffen zu Ideen, also von Ausdrücken zu Praxisformen. In den philosophischen Kommentaren zu den Realformen, z. B. auch des institutionellen und damit immer auch schon politischen Handelns, geht der Geist so spekulativ in sich. Das heißt nur, wir reflektieren auf unsere eigenen Formen und Inhalte, Begriffe und Ideen. Das logisch-phänomenologische Denken betrachtet daher das Verstehen konkreter als das ›inhaltliche‹, das Inferenzformen und Äquivalenzbewertungen implizit nur unterstellt und nicht explizit thematisiert. Indem wird das explizieren, steigen wir auf eine höhere Stufe in der Reflexion auf unseren Geist.

329 Ⓚ Die Frage über die *Perfektibilität* und *Erziehung des Menschengeschlechts* fällt hieher. Diejenigen, welche diese Perfektibilität behauptet haben, haben etwas von der Natur des Geistes geahnet, seiner Natur, Γνῶθι σεαυτὸν zum Gesetze seines *Seins* zu haben, und indem er das erfaßt, was *er ist*, eine höhere Gestalt als diese, die sein Sein ausmachte, zu sein. (345)

Die ebenso ewig umstrittene wie selten voll begriffene Frage nach dem Fortschritt des Geistes bzw. »die *Erziehung des Menschengeschlechts*, wie Lessing es genannt hat« (GW 27,4, S. 1166), hat eine klare Antwort. Nur diejenigen, welche an diesen Fortschritt nicht etwa nur glauben, sondern um die ewige ›Perfektibilität‹ der Menschen wissen, erkennen das Wesen des Geistes. Daher sind nur die, welche den Progress des Geistes wenigstens behauptet haben, dem ›Erkenne dich selbst‹ des Gottes von Delphi und dann auch Heraklit, Sokrates und Platon gefolgt. Doch dieses ›Gnothi seauton‹ ist kein Aufruf oder Gebot. Es ist ein Gruß derer, welche das Gesetz des Seins des Geistes erahnt oder erkannt haben. Wir selbst erkennen uns selbst je besser – aber nur in langen Zeiträumen.

329 Ⓚ, 275 Aber denen, welche diesen Gedanken verwer|fen, ist der Geist ein leeres Wort geblieben, so wie die Geschichte ein oberflächliches Spiel *zufälliger* sogenannter *nur menschlicher* Bestrebungen und Leidenschaften. (345)

Wer den Gedanken an einen geistigen und institutionellen Fortschritt verwirft und meint, in der Wiederkehr des Gleichen gäbe es immer nur ewige Kreisläufe, hat in seiner gedanklichen Betrachtung die Ebene der Natur, des animalischen Lebens, noch gar nicht verlassen. Er kennt kluge Tiere, aber keinen Geist und keine Vernunft. Ihm ist in eben diesem Sinn »der Geist ein leeres Wort geblieben«. Die Geschichte ist ihm reine Fortsetzung der Naturhistorie. Dabei ist es längst eine ebenso überhebliche wie depressive, blasierte wie deprimierende, also zu bedauernde, weil logisch in sich widerspruchsvolle Haltung, die Weltgeschichte als »oberflächliches Spiel zufälliger, sogenannter nur menschlicher Bestrebungen und Leidenschaften« anzusehen.

329 Ⓚ Wenn sie dabei auch in den Ausdrücken von *Vorsehung* und *Plan* der Vorsehung den Glauben eines höheren Waltens aussprechen, so bleiben dies unerfüllte Vorstellungen, indem sie auch ausdrücklich

den Plan der Vorsehung für ein ihnen Unerkennbares und Unbegreifliches ausgeben. (345)

Wer dabei, wie die religiösen Theologien, über eine Vorsehung oder einen göttlichen Plan spricht und einen Glauben an ein höheres Walten Gottes vertritt oder fordert, weiß nicht, wovon er redet. Das liegt nicht daran, dass diese Vorstellungen heute noch je unerfüllt sind, sondern daran, dass ihre Wahrheits- oder Erfüllungsbedingungen gar nicht klar definiert sind. Das zeigt sich auf ironische Weise daran, dass der »Plan der Vorsehung« explizit als etwas »Unerkennbares und Unbegreifliches« ausgegeben wird – so dass der Aufruf, an ihn zu glauben, die folgende Form annimmt: Du wirst am Ende der Tage schon sehen, dass es einen solchen Plan gibt, auch wenn wir keine Ahnung haben, wie er aussehen könnte.

Es ist damit nur ein Plan, zu dem die reale Welt führt, indem wir *post hoc* eine solchen Plan für die vollzogene Realgeschichte *erfinden* oder *rekonstruieren*. Wir sagen dann von heute her, dass die Welt es immer schon darauf abgesehen habe, dass wir heute da sind. Und dass die Welt am Ende so gewesen sein wird, wie sie eben sein wird. Das sind aber alles bloß nette Vorstellungen. Das ›Absehen‹ ist hier reine Metapher – mit guter und schlechter Deutung, wie bei allen Metaphern, da die natürliche Welt ja keine Intentionen verfolgt.

§344

Die Staaten, Völker und Individuen in diesem Geschäfte des Welt- 329
geistes, stehen in ihrem *besonderen bestimmten Prinzipe* auf, das an ihrer *Verfassung* und der ganzen *Breite* ihres *Zustandes* seine Auslegung und Wirklichkeit hat, deren sie sich bewußt und in deren Interesse vertieft, sie zugleich bewußtlose Werkzeuge und Glieder jenes innern Geschäftes sind, worin diese Gestalten vergehen, der Geist an und für sich aber, sich den Übergang in seine nächste höhere Stufe vorbereitet und erarbeitet. (345 f.)

Nur in metaphorischer oder allegorischer Rede können wir sagen, dass ›der Weltgeist‹ ein Geschäft oder eine Aufgabe hatte oder noch hat. Es sind die »Staaten, Völker und Individuen« die wahren Akteure in diesem Geschäft. Dabei kann man besondere Entwicklungen und Leistungen verschiedenen Völkern (nicht immer qua Ethnien, sondern qua Gemeinwesen mit staatlicher Organisation) zuordnen.

Wir sprechen in ähnlicher Weise z. B. auch über die Erfindung der Mathematik (nicht: des Rechnens) in Ionien (mit Thales und Pythagoras als geradezu mythischen Helden). Die basalen logistischen Probleme einer demokratischen Volksvertretung löst Kleisthenes für Attika. Rom erfindet das Tribunat, das Recht als System. Das Cäsarentum und auch das Christentum sind zutiefst römisch geprägt, und zwar von Anfang an.[135]

Wir interessieren uns aber hier nur für allgemeinste Grundformen einer politischen Verfassung. Sie in ihrer ganzen Breite jeweils für ein Volk oder einen Staat in einer Epoche auszulegen, ist Aufgabe der politischen Geschichte als Sachwissenschaft, nicht der Philosophie des Rechts, der Verfassung und ihrer Geschichte als materialbegrifflich grundlegende Strukturwissenschaft von Staat, Gesellschaft und Person. Interessant ist dabei immer auch, wessen sich ein Volk bewusst ist und inwiefern es sich erst im Nachhinein zeigt, dass eine gewisse zufällige Entwicklung auf ›bewusstlose‹ Weise zu einer Weiterentwicklung beiträgt – wie der Cäsarismus, der als solcher, anders als Brutus, Cassius, Cato der Jüngere oder Cicero meinten, keineswegs nur den Untergang der römischen Republik bedeutete. Hegel selbst fasst ihn als frühe Stufe in einem langsamen Übergang in eine »nächste höhere Stufe« auf – den einer konstitutionellen Monarchie.

§345

330 Gerechtigkeit und Tugend, Unrecht, Gewalt und Laster, Talente und ihre Taten, die kleinen und die großen Leidenschaften, Schuld und Unschuld, Herrlichkeit des individuellen und des Volkslebens, Selbstständigkeit, Glück und Unglück der Staaten und der Einzelnen haben in der Sphäre der bewußten Wirklichkeit ihre bestimmte Bedeutung und Wert, und finden darin ihr Urteil und ihre, jedoch unvollkommene, Gerechtigkeit. (346)

Eine narrative Helden- und Schurkengeschichte wird die handelnden politischen Personen in ihrer »Gerechtigkeit und Tugend« darstellen, wird »Unrecht, Gewalt und Laster, Talente und ihre Taten« hervorheben. Wie in einer Biographie einer Person erzählt man dann auch von Rom und dem römischen Reich, von der »Herrlichkeit

[135] Vgl. GW 27,4 S. 1440–1451.

des individuellen und des Volkslebens« oder von seinem Untergang. Doch damit begreift man noch kaum etwas von seiner nachhaltigen, welthistorischen Bedeutung.

Die Weltgeschichte fällt außer diesen Gesichtspunkten; in ihr 330
erhält dasjenige notwendige Moment der Idee des Weltgeistes, welches gegenwärtig *seine* Stufe ist, sein *absolutes Recht*, und das darin lebende Volk und dessen Taten erhalten ihre Vollführung, und Glück und Ruhm. (346)

Eine politische Weltgeschichte ist zugleich Geschichte des Rechts, der Freiheit und der (Idee der) Person, damit auch der Religion und (politischen) Theologie. Eine solche Weltgeschichte interessiert sich nicht für Leidenschaften der Einzelpersonen oder das Glück oder Unglück der einzelnen Staaten. Es geht eher um eine *Rekonstruktion* der (Genealogie von) *notwendigen Vorstufen* der jeweils *gegenwärtigen Stufe* des Weltgeistes als des vernünftigen Selbstbewusstseins des je heutigen Menschen an sich bzw. der heutigen Menschheit – als Bedingung der Möglichkeit des eigenen Personseins. Dabei gibt es, wie in den Wissenschaften zu den verschiedenen Zeiten, jeweils unterschiedliche Regionen, in denen sich die je neuen nachhaltigen Formmomente entwickeln. – Jede Zeit und jedes Land haben *prima facie* ihr absolutes Recht, so zu sein, wie sind. Das sagt auch Leopold von Ranke mit vollem Recht. Denn jeder Vollzug des je präsentischen Lebens eines personalen Individuums oder Gemeinwesen ist das Absolute, ›unmittelbar zu Gott‹ sozusagen. In den nachhaltigen Leistungen aber liegt dann ihr bleibender Ruhm.

§346

Weil die Geschichte die Gestaltung des Geistes in Form des Ge- 330
schehens, der unmittelbaren natürlichen Wirklichkeit ist, so sind die Stufen der Entwickelung als *unmittelbare natürliche Prinzipien* vorhanden, und diese, weil sie natürliche sind, sind als eine Vielheit außer einander, somit ferner so, daß *Einem Volke eines derselben* zu-
kommt, – seine *geographische* und *anthropologische* Existenz. | (346) 276

Die Geschichte selbst, aber auch ihre Darstellung, findet in der realen Zeit statt, nämlich als ein Geschehen. Es ist das Geschehen der (Selbst-)Gestaltung des Geistes, der Institutionen, die uns ein frei handelndes Leben als Personen allererst ermöglichen. Als Geschehen hat es die Form einer »unmittelbaren natürlichen Wirklichkeit«, also von Ereignissen, so aber, dass es sich nicht *nur* um ein Geschehen handelt, sondern um (Entwicklungen von) *Formen*. Diese sind *allgemeine* Folgen eines *gemeinsamen*, aber immer nur partiell gemeinsam *beabsichtigten* Tuns.

Dabei gibt es, wie ich schon häufig hervorgehoben habe, »Stufen der Entwicklung«. Das beginnt bei relativ unmittelbaren natürlichen Grundtatsachen wie der anthropologischen Gegebenheit, dass Menschen soziale Lebewesen sind, welche die Gemeinsamkeit im Tun überprüfen und damit gemeinsame Formen des Verhaltens und Handelns mit geteilten Rollen lernen bzw. entwickeln können. Außerdem entwickeln sich aufgrund geographischer Gegebenheiten besondere ethnologische Lebensformen eines Volkes – die, wie man sagt, über kurz oder lang für die ganze Welt epochemachend sein können.

§ 347

330 f. Dem Volke, dem solches Moment als *natürliches* Prinzip zukommt, ist die Vollstreckung desselben in dem Fortgange des sich entwickelnden Selbstbewußtseins des Weltgeistes, übertragen. Dieses Volk ist in der Weltgeschichte, für diese Epoche, – *und es kann* (§ 346) *in ihr nur Einmal Epoche machen*, das *Herrschende*. Gegen dies sein absolutes Recht, Träger der gegenwärtigen Entwickelungsstufe des Weltgeistes zu sein, sind die Geister der andern Völker rechtlos, und sie, wie die, deren Epoche vorbei ist, zählen nicht mehr in der Weltgeschichte. (346 f.)

Hegel denkt bei der Welt nur an Eurasien und Ägypten, nicht an das restliche Afrika, das indianische Amerika, Ostindien oder gar Australien. Japan, China und Indien sind ihm als große Kulturvölker bekannt, aber er glaubt nicht daran, dass sie selbst einen authentischen Beitrag zur Entwicklung eines freien Rechtsstaats und damit einer vollen Person geleistet haben. Die Muster der Staatenbildung stammen eher aus dem Bereich zwischen Ägypten und Persien, also grob dem Nahen Osten. Sie wurden in den mittleren und Fernen Osten ex- bzw. importiert.

Dabei sind z. B. Sumerer und Babylonier weltgeschichtliche Völker für ihre Epoche, übrigens auch Phönizier und Karthager, Ägypter, Juden und Perser. Deren jeweils besondere Leistungen sind hier nicht weiter Thema. In Hegels Philosophie der Weltgeschichte geht es nur um ganz grobe Grundwerte und Grundstrukturen. Dass ein Volk nur einmal Epoche machen könne, da es nur in einer Epoche das herrschende Volk ist, ist zunächst schon deswegen in seiner Bedeutung unbestimmt, weil nicht klar ist, ob etwa die Gallier und die Franzosen oder die antiken Griechen und die heutigen als das gleiche Volk anzusehen sind oder nicht, aber auch weil unklar ist, was genau es heißt, dass ein Volk zu einer Zeit das herrschende ist. Sind es nur Persien, Athen, Rom, Byzanz – oder das Aachen Karls des Großen? Gehört Spanien unter Karl V. und Philipp II. dazu, Frankreich unter Louis XIV. oder doch eher nur das Frankreich zwischen 1789 und 1815? Gehört England unter Queen Elizabeth I. dazu oder Großbritannien unter Queen Victoria oder beide oder die ganze Epoche? Und was soll es heißen, dass die »Geister der anderen Völker« gegen »dies sein absolutes Recht, Träger der gegenwärtigen Entwicklungsstufe des Weltgeistes zu sein«, rechtlos seien und dass auch die, deren Epoche vorbei ist, nicht mehr in der Weltgeschichte zählen?

Die spezielle Geschichte eines welthistorischen Volks enthält teils 331 Ⓚ
die Entwickelung seines Prinzips von seinem kindlichen eingehüllten Zustande aus bis zu seiner Blüte, wo es zum freien sittlichen Selbstbewußtsein gekommen, nun in die allgemeine Geschichte eingreift – teils auch die Periode des Verfalls und Verderbens; – denn so bezeichnet sich an ihm das Hervorgehen eines höheren Prinzips als nur des Negativen seines eigenen. Damit wird der Übergang des Geistes in jenes Prinzip und so der Weltgeschichte an ein *anderes Volk* angedeutet, – eine Periode, von welcher aus jenes Volk das absolute Interesse verloren hat, das höhere Prinzip zwar dann auch positiv in sich aufnimmt und sich hineinbildet, aber darin als in einem Empfangenen nicht mit immanenter Lebendigkeit und Frische sich verhält, – vielleicht seine Selbstständigkeit verliert, vielleicht auch sich als besonderer Staat oder ein Kreis von Staaten, fortsetzt oder fortschleppt, und in mannigfaltigen innern Versuchen und äußern Kämpfen nach Zufall herumschlägt.
(347)

Hegel denkt jedenfalls an Griechenland von den Zeiten Homers und dann auch Solons bis zu Alexander dem Großen und dem Hellenismus und an das römische Reich von seinem Beginn bis zur Blüte in der Zeit zwischen den Scipionen bzw. Augustus und Mark Aurel, worauf eine (übrigens *sehr*) lange Periode des ›Verfalls‹ folgt.

Die ›Grundidee‹ oder Basisformation der persischen Monarchie ist die Befriedung eines für damalige Verhältnisse riesigen Territoriums. Das Reich schafft eine Infrastruktur für Handel, Nachrichten- und Steuerwesen, was die Entwicklung von Wohlstand und Sicherheit fördert. Das Prinzip der kleinen griechischen Städte, später mit Athen als Vorbild, ist wie auch in Karthago oder dem frühen Rom die personale *Arete* und *Freiheit* des autochthonen Adels oder dann auch (in der ›demokratischen‹ Republik) der quasi-adligen Vollbürger (des *Demos*). Das höhere Prinzip des römischen Imperiums ist das im Prinzip schon rechtsstaatlich verwaltete Reich.

Den »Übergang des Geistes« von einem führenden Volk zum anderen versteht Hegel als Aufhebung oder partielle Negation, also als wesentliche Modifikation des jeweiligen Grundprinzips. In der Anerkennung des persischen Reichs wird die *Sicherung des Wohlstands* der städtischen Freiheit (etwa auch in Phönizien) *vorgezogen*. Im durchaus unglücklichen ionischen Aufstand gegen Persien unter Anführung Milets und dann zunächst glücklicher unter Führung Athens dagegen wird im Prinzip alles der *Selbstbestimmung der Kommunen nachgeordnet*.

Das römische Reich beerbt im Osten die Nachfolgereiche Alexanders des Großen und setzt einen globalen Rechtsstaat gegen die lokalen Stadt-Aristokratien und kleineren Reiche. In der römischen Periode hat z. B. ›das griechische Volk‹ politisch nichts mehr Wesentliches beigetragen, wohl aber bestimmt es kulturell den gesamten Osten des Reiches. Die Prinzipien der Vorgängerstaaten sind im römischen Reich ›aufgehoben‹. Das Urteil, dass sich dabei die alte »Lebendigkeit und Frische« abstumpft, mag korrekt sein, es fragt sich aber, wie bedeutsam eine solche Beobachtung ist, zumal es im Besonderen immer wieder neue Probleme gibt, die durch politische, soziale und religiöse Formen der Vergemeinschaftung aufgehoben werden – ohne dass es dabei immer nur *ein* ›herrschendes‹ Gemeinwesen gäbe. Richtig bleibt aber, dass es dabei wie in der Entwicklung von Wissen und institutionellen Formen, also des Geistes überhaupt, viele Versuche und Kämpfe, Zufälle und geniale Einfälle gibt. Wir dürfen uns daher die gemeinsamen Leistungen nicht allzu einfach als Ergebnisse eines zielgerichteten gemeinsamen Handelns vorstellen. Es sind sozusagen die halb-intentionalen Suchbewegungen von den evaluativen Anerkennungen im Urteilen und praktischen Tun zu unterscheiden. Kopien schon bekannter allgemeiner Formen und ihre besondere Adaption etwa an eine Region sind generell viel leichter als ihre Erfindung.

§348

An der Spitze aller Handlungen, somit auch der welthistorischen, 331
stehen *Individuen* als die das Substantielle verwirklichenden Subjektivitäten (§279 Anm., S. 278). (347)

Es ist ein handlungspraktischer Truismus, dass nicht nur jede individuelle, sondern auch jede gemeinsame intentionale Handlung formal mit dem Entschluss (häufig einer dazu vorgesehenen Person) beginnt, die Handlung auszuführen, nachdem die Teilpläne, die inhaltlich sagen, wann was von wem zu tun ist, schon bestimmt sind. Das eben unterscheidet ein gemeinsames Handeln von einem bloß aggregierten Ergebnis des Handelns oder Verhaltens von Einzelpersonen rein nach je ihrem subjektiven Sinn. Das gilt für alle beabsichtigten institutionellen Handlungen einer Organisation.

Als diesen Lebendigkeiten der substantiellen Tat des Weltgeistes 331
und so unmittelbar identisch mit derselben, ist sie ihnen selbst verborgen und nicht Objekt und Zweck (§344), sie haben auch die *Ehre* derselben und Dank nicht bei ihrer Mitwelt (ebendas.) noch bei der öffentlichen Meinung der Nachwelt, sondern als formelle Subjektivitäten nur bei dieser Meinung ihren Teil als *unsterblichen*
Ruhm. | (348) 277

Weder Kyros noch Cäsar oder Oktavian war subjektiv völlig klar, was sich aus ihren Entscheidungen konkret ergeben wird. Andererseits haben sie um die allgemeinen Notwendigkeiten und relativen Anerkennbarkeiten ihres politischen Handelns durchaus gewusst. Hier hebt Hegel die in einer positivistischen Geschichtswissenschaft tendenziell unterschätzte, in heroischen Narrationen dagegen überschätzte Rolle der Entscheidungen an der Spitze der gemeinsamen Handlungen hervor. Dass es Oktavian war und nicht etwa Antonius, der in Rom die nachhaltige Form des Cäsarismus etabliert, ist vielleicht unwesentlich. Fälle wie diese meint Hegels Rede von einem

Subjekt, welches ›das Substantielle‹ verwirklicht. In gewissem Sinn ist Chlodwig, Karl der Große[136] oder dann auch Napoleon Bonaparte jeweils ›Agent des Weltgeistes‹: Das Handeln des jeweiligen *agens politicus* ist »unmittelbar identisch« mit dessen lebendiger Wirklichkeit. Freilich ist, wie gesagt, die geleistete Tat, die Etablierung der politisch nachhaltigen Form, dem Handelnden oft »selbst verborgen« und häufig nicht direkt intentionaler Zweck. Es gibt daher eine Tendenz, die Folgen der formellen Subjektivität etwa von Cäsars oder Oktavians Handeln (allzu einseitig) als zufällig zu betrachten. Das ist auch der Grund, warum Gaius Julius Cäsar z. B. weder in seiner Mitwelt für seine radikale Beschneidung der Macht des Senats »noch bei der öffentlichen Meinung der Nachwelt« von Tacitus und Sueton bis zu Bert Brechts »Die Geschäfte des Herrn Julius Caesar« Ehre und Dank erhielt.

§349

332 Ein Volk ist zunächst noch kein Staat, und der Übergang einer Familie, Horde, Stammes, Menge u. s. f. in den Zustand eines Staats macht die *formelle* Realisirung der Idee überhaupt in ihm aus. (348)

Ein Volk als *gens* oder als Bevölkerung einer Region ist zunächst noch kein Staatsvolk, bildet als Menge von Menschen noch lange kein Gemeinwesen. Der Übergang von familialen Formen des Zusammenlebens in Stamm und mit Stammesnachbarn zum Staat mit seiner nach innen und außen gerichteten Macht besteht in einer großen Institutionalisierung gemeinsamen Handelns. Sie ist die »formelle Realisierung der Idee« als der Form des personalen Bürgerseins im Staat.

332 Ohne diese Form ermangelt es als sittliche Substanz, die es *an sich* ist, der Objektivität, in Gesetzen, als gedachten Bestimmungen, ein allgemeines und allgemeingültiges Dasein für sich und

136 Mit Chlodwigs Taufe beginnt auch nach Hegel in den Vorlesungen zur Philosophie der Weltgeschichte ein Programm der gegenseitigen Stütze von italisch-gallischer Kirche und fränkischem Staat. Dieser wird schon unter den Karolingern nach Osten ausgeweitet, bis nach Ungarn unter Otto dem Großen. Es handelte sich um eine bewusste *translatio imperii*, eine ›Übersetzung‹ des weströmischen Reiches in die neuen Verhältnisse.

für die Andern zu haben, und wird daher nicht anerkannt; seine Selbstständigkeit, als ohne objektive Gesetzlichkeit und für sich feste Vernünftigkeit nur formell, ist nicht Souveränität. (348)

Ohne die Form des Staats gibt es kein gemeinsames Ethos, keine nachhaltige sittliche Ordnung, welche eine sichere Koordination des Handelns nach Privatinteressen und der freien Kooperation zwischen einander zunächst ›fremden‹ Personen allererst möglich macht – was dann auch erst zu weiteren freien Vereinigungen wie Korporationen, Gemeinden und Vereinen führt. Die Objektivität der Gesetze besteht in ihrer transsubjektiven Geltung, wobei die verfassungsmäßige Legitimität des Verfahrens der Gesetzgebung im Normalfall entscheidend ist. (Es gibt, heißt das, auch geltende Gesetze, deren Setzung möglicherweise nicht verfassungskonform oder formal legitim gewesen war. Und es kann ein ›ungültiges‹ positives Recht geben, das, wie die Nürnberger Rassegesetze der Nazis, bloß den Schein formaler Legitimität für sich beansprucht.)

Ein reiner Begriff guter Kooperation in einem Gemeinwesen besteht nur erst aus »gedachten Bestimmungen«. Ein »allgemeines und allgemeingültiges Dasein für sich und für die anderen« wird erst daraus, wenn eine entsprechende institutionelle Praxis etabliert wird. Deren Hauptproblem ist die allgemeine Anerkennung der Macht der Kontrolle der Einhaltung der Gesetze und der Ausführung von ggf. nötigen Sanktionen. Ohne eine solche »objektive Gesetzlichkeit« gibt es keine Souveränität und Freiheit des Gemeinwesens.

Auch in der gewöhnlichen Vorstellung nennt man einen patriar- 332 Ⓚ
chalischen Zustand nicht eine Verfassung, noch ein Volk in diesem Zustande einen Staat, noch seine Unabhängigkeit Souveränität. (348)

Rein patriarchalisch geführte Stämme sind noch keine Staaten. Die Stämme bilden noch kein Volk – so wie z. B. die Mongolen vor ihrer Einigung durch Dschingis Khan noch keine staatliche Einheit waren.

Vor den Anfang der wirklichen Geschichte fällt daher einerseits 332 Ⓚ
die interesselose, dumpfe Unschuld, andererseits die Tapferkeit des formellen Kampfs des Anerkennens und der Rache (vergl. § 331 u. S. 72). (348)

Bei Hegel beginnt ›wirkliche Geschichte‹ mit dem Entstehen von Staaten, ihren Verfassungen und relativen Freiheitsrechten der Personen und Bürger. Vor dieser Zeit leben die Menschen im Stand einer

›interessenlosen, dumpfen Unschuld‹ wie z. B. die kalifornischen Indianer vor Ankunft der spanischen Missionare; oder sie leben in einem dauernden »Kampf des Anerkennens und der Rache«, der sich gegen ihre Nachbarn richtet, wie im Fall vieler indianischer Stämme Nordamerikas oder auch vieler Stämme Afrikas. Dabei geht es um die Anerkennung von ›Rechten‹ des Stammes, nicht von personalen Subjekten.

§ 350

332 In gesetzlichen Bestimmungen und in objektiven Institutionen, von der Ehe und dem Ackerbau ausgehend (s. § 203 Anm.), hervorzutreten, ist das absolute Recht der Idee, es sei daß die Form dieser ihrer Verwirklichung als göttliche Gesetzgebung und Wohltat, oder als Gewalt und Unrecht erscheine; – dies Recht ist das *Heroenrecht* zur Stiftung von Staaten. (348 f.)

Noch einmal erinnert Hegel daran, dass der Ackerbau von Siedlern, das Eigentum an Land und die Struktur der Familie Ausgangspunkt für alle Staatenbildungen (und erster Bereich gesetzlicher Ordnungen) sind. Das »absolute Recht der Idee« ist die als vernünftig anzuerkennende ›Berechtigung‹ zur ›ursprünglichen‹ Bildung eines solchen Gemeinwesens. Der Mythos drückt eben dieses Recht in der Rede über eine »Verwirklichung als göttliche Gesetzgebung« – etwa im Fall der Landnahme durch die Stämme Israels – aus. Je nach Partei kann dieses »Heroenrecht zur Stiftung von Staaten« als Wohltat, aber auch als Gewalt und Unrecht erscheinen.

§ 351

332 f. Aus derselben Bestimmung geschieht, daß zivilisierte Nationen andere, welche ihnen in den substantiellen Momenten des Staats zurückstehen (Viehzuchttreibende die Jägervölker, die Ackerbauenden beide u. s. f.) als Barbaren, mit dem Bewußtsein eines ungleichen Rechts und deren Selbstständigkeit als etwas formelles betrachten und behandeln. (349)

Der Kampf der Siedler und Kleinstädter gegen wandernde Viehzüchter und ihre Cowboys, aber auch gegen nomadische Indianer in den USA ist noch für das ganze 19. Jahrhundert mythisches Epos und epischer Mythos. Es ist die Neuauflage der Verdrängung der

Jägervölker und Viehzuchttreibenden samt ihrer Allmende (etwa der Prärie) durch die Ackerbauenden, welche die anderen als »Barbaren mit dem Bewusstsein eines ungleichen Rechts« behandeln. Das heißt, es werden die extensiven Eigentumsrechte der Stämme an einem Territorium nicht anerkannt, auch nicht deren Selbständigkeit als politische Entitäten.

In den Kriegen und Streitigkeiten, die unter solchen Verhältnissen 333 Ⓚ
entspringen, macht daher das Moment, daß sie Kämpfe des Anerkennens in Beziehung auf einen bestimmten Gehalt sind, den Zug aus, der ihnen eine Bedeutung für die Weltgeschichte gibt. | (349) 278

Nicht der Streit um Territorien zwischen Stämmen, sondern um die ›inhaltliche‹ Verfassung des staatlichen Gemeinwesens samt einer Aufteilung des Landes in Privatbesitz mit nur noch kleinen Reservaten oder bedingten Durchzugsrechten für nomadische Stämme gibt den Kämpfen um Anerkennung der Rechte der Siedler in Israel ebenso wie in den griechischen oder punischen Kolonien, der Ausbreitung der Han-Chinesen ebenso wie der europäischen Einwanderer in die Amerikas weltgeschichtliche Bedeutung.

§352

Die konkreten Ideen, die Völkergeister, haben ihre Wahrheit und Be- 333
stimmung in der konkreten Idee, wie sie die *absolute Allgemeinheit* ist, – dem Weltgeist, um dessen Thron sie als die Vollbringer seiner Verwirklichung, und als Zeugen und Zierraten seiner Herrlichkeit stehen. (349)

Der Satz macht die (partielle) Identität von Idee und Geist eines Volkes klar. Die konkrete Idee als absolute Allgemeinheit ist der Weltgeist. Er ist das Personsein an sich. Wir würden heute nicht mehr allegorisch so reden, dass sich alle personalen Subjekte sozusagen auf orientalische Weise um den Thron des allgemeinen Geistes wie Engel oder Würdenträger versammeln und ihm huldigen. Man muss das Bild also nicht mögen. Sein Inhalt ist aber dadurch nicht betroffen. Es geht darum, dass jede Person unmittelbar zu Gott ist in ihrer Teilhabe an der Menschheit in seiner Gesamtentwicklung. Diese geschieht nicht bloß als Bürger im einzelnen Staat hier und jetzt, zumal auch dessen Eigenschaften von uns allen beurteilt werden.

Dieser Geist personaler Menschheit, nicht ein transzendenter Gott, sitzt auf dem Thron des Weltgerichts, sozusagen mit Erzengeln als »Zierate seiner Herrlichkeit«, die sich jetzt bei Hegel als symbolische Vertreter der begrenzten Volksgeister entpuppen.

333 Indem er als Geist nur die Bewegung seiner Tätigkeit ist, sich absolut zu wissen, hiermit sein Bewußtsein von der Form der natürlichen Unmittelbarkeit zu befreien und zu sich selbst zu kommen, so sind die *Prinzipien* der Gestaltungen dieses Selbstbewußtseins in dem Gange seiner Befreiung, – der *welthistorischen Reiche, Viere.* (349 f.)

Der Geist der Menschheit insgesamt ist aber nur »die Bewegung seiner Tätigkeit«, »sich absolut zu wissen«. Diese ist Entwicklung des gemeinsamen Wissens und Könnens, das als reflektiertes Selbstwissen von der empraktischen Form bloßen Könnens zu befreien ist und »zu sich selbst zu kommen« muss. Hegel listet nun vier wesentliche Prinzipien der Gestaltungen des Selbstbewusstseins des personalen Daseins des Menschen und seiner Auffassung von sich im Gemeinwesen auf.

§ 353

333 In der *ersten* als *unmittelbaren* Offenbarung hat er zum Prinzip die Gestalt des *substantiellen* Geistes, als der Identität, in welcher die Einzelnheit in ihr Wesen versenkt und für sich unberechtigt bleibt. – (350)

»Unmittelbare Offenbarung« ist Titel für den Anspruch, relativ direkt das Göttliche zu vertreten, wie der Pharao oder Moses, aber auch der babylonische oder persische Großkönig. Das Subjekt des Herrschers, der charismatische Führer, ist mit seinen Anordnungen quasi identisch mit dem ›substantiellen Geist‹ des Gottes oder des Volkes. Doch gerade weil in dieser ›orientalischen Herrschaftsform‹ die Einzelheit des (theokratischen) Monarchen mit dem Wesen des Allgemeinen identifiziert wird, bleibt sie »für sich unberechtigt«.

333 Das *zweite* Prinzip ist das Wissen dieses substantiellen Geistes, so daß er der positive Inhalt und Erfüllung und das *Fürsichsein* als die lebendige *Form* desselben ist, die *schöne* sittliche Individualität. – (350)

Die griechische Sittlichkeit bestimmt das zweite Prinzip des Gemeinwesens mit seiner konformistischen und konsensuellen *Arete* des Bürgers der Landstadt sowohl im spartanischen ›Kommunismus‹

als auch der kommunitarischen Demokratie Athens. Hier wissen die Individuen als quasi adlige Vollbürger um ihre politische Rolle und die Freiheit ihres Gemeinwesens – dem ›substantiellen Geist‹. Daher zeigt sich in der ›schönen sittlichen Individualität‹ der großen Figuren Lakedaimons oder Athens, Thebens oder Milets »Inhalt und Erfüllung und das Fürsichsein« dieser Form des Personseins.

Das *dritte* ist das in sich Vertiefen des wissenden Fürsichseins zur 333
abstrakten Allgemeinheit und damit zum unendlichen *Gegensatze* gegen die somit ebenso Geistverlassene Objektivität. – (350)

Hegels oder auch Hölderlins Begeisterung für das Griechentum ist ebenso zeitbedingt wie das einseitige Bild des römischen Reiches als »geistverlassene Objektivität«, das nicht zuletzt auf Edward Gibbons großes und extrem einflussreiches Werk zum Verfall und Untergang des römischen Reiches zurückgeht. Hegel gesteht Rom zu, dass es das wissende Fürsichsein »zur abstrakten Allgemeinheit« des Rechts in einem Rechtsstaat vertieft habe, aber den ›unendlichen Gegensatz‹ von personalem Subjekt und Staat bzw. Ökonomie und Gemeinwesen nicht habe aufheben können – so dass sich vor Konstantin viele Bewohner des Reiches nicht als Bürger Roms gefühlt und verstanden haben.

Das Prinzip der *vierten* Gestaltung ist das Umschlagen dieses 334
Gegensatzes des Geistes, in seiner Innerlichkeit seine Wahrheit und konkretes Wesen zu empfangen und in der Objektivität einheimisch und versöhnt zu sein, und weil dieser zur ersten Substantialität zurückgekommene Geist der aus *dem unendlichen Gegensatze zurückgekehrte* ist, diese seine Wahrheit als Gedanke und als Welt gesetzlicher Wirklichkeit zu erzeugen und zu wissen. (350)

Die vierte Gestaltung des Verhältnisses von Bürger und Staat, Person und Gemeinwesen heißt nur deswegen »germanisch«, weil in Ostrom zwar ebenfalls, wie im Westen, das Christentum zur Staatsreligion wird, in Konstantinopel aber der Cäsar partiell zum orientalischen Großkönig oder Basileus zurückmutiert. Hegel sieht die Leistung des Christentums in den westlichen Nachfolgestaaten des römischen Reiches in einer gewissen Aufhebung des Gegensatzes von Volk und Staat, Person und Recht. Die lakonische Dichte bei gleichzeitigem Pathos macht Hegels Rede von diesem »Umschlagen dieses Gegensatzes des Geistes« allerdings schwer verständlich. Gemeint ist die (partielle)

Versöhnung zwischen Staat und Kirche, Gesetz und Selbstbestimmung, dem gemeinsamen Gemeinwesen und den freien Gemeinden.

§ 354

334 Nach diesen vier Prinzipien sind der welthistorischen Reiche die *Viere*: 1) das *Orientalische*, 2) das *Griechische*, 3) das *Römische*, 4) das
279 *Germanische.* | (350)

Die vier Typen von Staaten, wie sie Hegel entwickelt, sind zugleich vier Typen einer politischen Theologie im Selbstbild des Verhältnisses von Person und Gemeinwesen.

1) Das Orientalische Reich

§ 355

334 Dies erste Reich ist die vom patriarchalischen Naturganzen ausgehende, in sich ungetrennte, substantielle Weltanschauung, in der die weltliche Regierung Theokratie, der Herrscher auch Hoherpriester oder Gott, Staatsverfassung und Gesetzgebung zugleich Religion, so wie die religiösen und moralischen Gebote oder vielmehr Gebräuche eben so Staats- und Rechtsgesetze sind. (351)

Die orientalische Herrschaftsform des Basileus entwickelt die patriarchalische Grundform von Herrschaft in eine Theokratie. Der Herrscher ist »auch Hoherpriester oder Gott«, die »Staatsverfassung und Gesetzgebung zugleich Religion«. Wie Byzanz zurück in diese Form gefallen ist, so auch der Islam und alle islamischen Reiche als Kopien des byzantinischen Erbes. Sie sind alle orientalische Theokratien neuen Stils, in denen die »religiösen und moralischen Gebote oder vielmehr Gebräuche ebenso Staats- und Rechtsgesetze sind«.

334 In der Pracht dieses Ganzen gehet die individuelle Persönlichkeit rechtlos unter, die äußere Natur ist unmittelbar göttlich oder ein Schmuck des Gottes, und die Geschichte der Wirklichkeit Poesie. (351)

Die Pracht des Ganzen ist – wie die Architektur der Moscheen in Buchara, Samarkand oder Persien – personenfrei. Die Bilderstürmer in Byzanz wie im Islam negieren die freien Personen – zur höheren Ehre eines übermächtigen Gottes und Herrschers der Welt, mit dem osmanischen Sultan als türkischem Basileus. Die individuelle Persönlichkeit geht »rechtlos unter«. Die Geschichte wird Poesie, Ornament.

Die nach den verschiedenen Seiten der Sitten, Regierung und 334
des Staats hin sich entwickelnden Unterschiede werden, an der Stelle der Gesetze, bei einfacher Sitte, schwerfällige, weitläuftige, abergläubische Zeremonien, – Zufälligkeiten persönlicher Gewalt und willkürlichen Herrschens, und die Gegliederung in Stände eine natürliche Festigkeit von Kasten. (351)

Weil man nicht zwischen Statusrollen und Rollenträgern, Person und Individuum unterscheiden kann oder will, verfestigen sich Aufteilungen politischer und gesellschaftlicher Aufgaben und Berufe in erbliche Kasten. Die Folge sind »Zufälligkeiten persönlicher Gewalt« von den Beis von Algier bis zu den Mogulen Indiens.

Der orientalische Staat ist daher nur lebendig in seiner Bewegung, 334f.
welche, da in ihm selbst nichts stet und, was fest ist, versteinert ist, nach außen geht, ein elementarisches Toben und Verwüsten wird; die innerliche Ruhe ist ein Privatleben und Versinken in Schwäche und Ermattung. (351)

Nur im Krieg ›lebt‹ der orientalische Staat, sagt Hegel. Er sei formlos, nicht organisiert, weil es nur Teilherrscher (Beis, Paschas) als Unterherrscher, keine eigentlichen Ämter und Amtspflichten außer der ›persönlichen‹ Unterordnung gibt. Die »innerliche Ruhe« im Staat und seine Anerkennung in der Bevölkerung bestehe im privaten Streben nach Wohlstand. Die Rede von der »Schwäche und Ermattung« ist sicher ein zeitgenössisches Ondit über den Orient – und das römische Spätreich.

Das Moment der noch *substantiellen, natürlichen Geistigkeit* in 335 Ⓡ
der Staatsbildung, das *als Form* in der Geschichte jedes Staats den absoluten Ausgangspunkt macht, ist an den besondern Staaten geschichtlich zugleich mit tiefem Sinn und mit Gelehrsamkeit, in der Schrift: Vom *Untergange der Naturstaaten* Berlin 1812 (vom Hrn. Dr. Stuhr) hervorgehoben und nachgewiesen, und damit der vernünftigen Betrachtung der Geschichte der Verfassung und der Geschichte überhaupt der Weg gebahnt. Das Prinzip der Subjektivität und selbstbewußten Freiheit ist dort gleichfalls in der germanischen Nation aufgezeigt, jedoch, indem die Abhandlung nur bis zum Untergang der Naturstaaten geht, auch nur bis dahin geführt, wo es teils als

unruhige Beweglichkeit, menschliche Willkür und Verderben, teils in seiner besonderen Gestalt als *Gemüt* erscheint, und sich nicht bis zur Objektivität der *selbstbewußten* Substantialität, zu organischer
280 *Gesetzlichkeit*, entwickelt hat. | (351 f.)

Auf Hegels Gewährsmann Stuhr und dessen Schrift gehe ich hier nicht näher ein, auch wenn er selbst erklärt, dass seine Analyse ihr die Grundideen verdankt, insbesondere die These, dass die ›selbstbewusste Freiheit‹ in besonderer Weise im Abendland entwickelt worden sei.

2) Das Griechische Reich

§ 356

335 Dieses hat jene substantielle Einheit des Endlichen und Unendlichen, aber nur zur mysteriösen, in dumpfe Erinnerung, in Höhlen und in Bilder der Tradition zurückgedrängten Grundlage, welche aus dem sich unterscheidenden Geiste zur individuellen Geistigkeit und in den Tag des Wissens herausgeboren, zur Schönheit und zur freien und heiteren Sittlichkeit gemäßigt und verklärt ist. (352)

Die Herrschaftsformen im antiken Hellas verbinden in der Adelsmacht Spartas oder Volksmacht Athens das Endliche der vielen Stimmen mit dem Unendlichen der Entscheidung, so aber, dass Zufall und Orakel eine zentrale Rolle spielen. Das Individuum wird zwar zur Schönheit verklärt. Und es beginnt der Tag des Wissens. Aber die religiöse Tradition bleibt insgesamt dumpf und unbegriffen, die Freiheit der Person partikular und formal.

335 f. In dieser Bestimmung geht somit das Prinzip persönlicher Individualität sich auf, noch als nicht in sich selbst befangen, sondern in seiner idealen Einheit gehalten; – teils zerfällt das Ganze darum in einen Kreis besonderer Volksgeister, teils ist einerseits die letzte Willensentschließung noch nicht in die Subjektivität des für sich seienden Selbstbewußtseins, sondern in eine Macht, die höher und außerhalb desselben sei, gelegt (vergl. § 279 Anm.), und andererseits ist die dem Bedürfnisse angehörige Besonderheit noch nicht in die Freiheit aufgenommen, sondern an einen Sklavenstand ausgeschlossen. (352)

Ein Problem zeigt sich insbesondere darin, dass die Arbeit bei der Herstellung von Gütern an einen aus dem Kreis der Vollbürger ausgeschlossenen Sklavenstand, die Feldarbeit in Sparta etwa an die unterjochten Heloten delegiert wird – und damit Arbeit als unehrenhaft gilt, was aber die Person selbst sozusagen aushöhlt, leer macht. Man sollte daher das griechische »Prinzip persönlicher Individualität« nicht überschätzen, zumal angesichts der kollektivistischen Tendenzen in den Mehrheits- und Zufallsentscheidungen der politischen Versammlungen. Außerdem »zerfällt das Ganze« des griechischen Lebensbereichs in kleinstädtische Regionen. Insbesondere zeigt die Pflicht zur Befragung von Orakeln vor wichtigen Entscheidungen etwa des Militärs, dass die notwendige Form einer letzten Willensentschließung durch die Spitze einer Leitungshierarchie weder begriffen noch anerkannt ist. Damit aber gibt es auch sonst kein Verständnis der Rolle personaler Subjektivität in jedem »für sich seienden Selbstbewusstsein«. Die griechische Freiheit ist daher auch noch viel zu sehr momentane Willkürfreiheit und Zufallsentscheid.

3) Das Römische Reich

§357

In diesem Reiche vollbringt sich die Unterscheidung zur unendli- 336
chen Zerreißung des sittlichen Lebens in die Extreme *persönlichen* privaten Selbstbewußtseins, und *abstrakter Allgemeinheit.* (353)

Im römischen Reich entwickelt sich die Entgegensetzung freier christlicher Gemeinden (als Reich Gottes) und dem Imperium (als Reich der Welt), wie das ja auch Augustinus in seinem Werk zum ›Gottesstaat‹ darstellt. Es entsteht – scheinbar oder wirklich – ein Riss zwischen dem sittlichen Leben freier privater Kooperation und der abstrakten Allgemeinheit des römischen Rechts samt staatlicher Verwaltung – wie das besonders die vergeblichen Versuche einer altrömischen Restauration Diokletians zeigen.

Die Entgegensetzung, ausgegangen von der substantiellen An- 336
schauung einer Aristokratie gegen das Prinzip freier Persönlichkeit in demokratischer Form, entwickelt sich nach jener Seite zum Aberglauben und zur Behauptung kalter, habsüchtiger Gewalt, nach dieser zur Verdorbenheit eines Pöbels, und die Auflösung des Ganzen endigt sich in das allgemeine Unglück und den Tod des sittlichen Lebens, worin die Völkerindividualitäten in der Einheit

eines Pantheons ersterben, alle Einzelne zu Privatpersonen und zu *Gleichen* mit formellem Rechte, herabsinken, welche hiermit nur eine abstrakte ins Ungeheure sich treibende Willkür zusammenhält. (353)

Ausgangspunkt der Entwicklung zu Beginn war die römische Aristokratie, die sich bis zum Ende der Republik im Wesentlichen »gegen das Prinzip freier Persönlichkeit in demokratischer Form« der Popularen (von den Gracchen bis Marius und Cäsar) durchsetzt. Religiös entwickelt sich dabei aus der relativ primitiven Ahnenreligion der Penaten Altroms ein durch allerlei religiöse Importe ausdifferenzierter Aberglaube. Dieser sanktioniert sozusagen die fortgesetzte »Behauptung kalter, habsüchtiger Gewalt« gerade auch in der Politik der Senatoren und ihrer Familien, und zwar auch noch nach der Etablierung des Prinzipats.

Wie weit die Geschichten »zur Verdorbenheit eines Pöbels« ernst zu nehmen oder mythisierende Kolportage sind, geht uns nicht weiter an. Ich zweifle sogar an der seit Gibbon üblichen Diagnose von einer »Auflösung des Ganzen« – immerhin existiert das oströmische Byzanz bis 1453. Und es endigt auch nicht einfach in einem allgemeinen Unglück und Tod des sittlichen Lebens, wenn wir das reale Leben und nicht nur die politischen Probleme der Invasionen durch germanische Stämme (und die Hunnen) betrachten.

Dass »die Völkerindividualitäten in der Einheit eines Pantheons ersterben«, soll wohl eine Kritik an der römischen Gesellschaft sein. Dasselbe gilt für die Aussage, dass »alle Einzelne zu Privatpersonen und zu Gleichen mit formellem Rechte herabsinken«. Man kann das auch als Fortschritt sehen und sollte daher mit der Wertung vorsichtiger sein. Dass das römische Reich nur durch eine »abstrakte, ins Ungeheure sich treibende Willkür« zusammengehalten werde, stimmt bestenfalls zum Teil, zumal die Anerkennung des Reiches und des Basileus im Osten lange trotz allem ungebrochen ist.

4) Das Germanische Reich

§ 358

Aus diesem Verluste seiner selbst und seiner Welt und dem unend- 336f.
lichen Schmerz desselben, als dessen Volk das *israelitische* bereit gehalten war, erfaßt der in sich zurückgedrängte Geist in dem Extreme seiner absoluten | *Negativität*, dem an und für sich seienden 281
Wendepunkt, die *unendliche Positivität* dieses seines Innern, das Prinzip der Einheit der göttlichen und menschlichen Natur, die Versöhnung als der innerhalb des Selbstbewußtseins und der Subjektivität erschienenen objektiven Wahrheit und Freiheit, welche dem nordischen Prinzip der *germanischen Völker* zu vollführen übertragen wird. (353)

Der Verlust »seiner selbst und seiner Welt«, von dem Hegel hier spricht, und zwar unter Bezugnahme auf den allgemeinen Geist des Menschseins, besteht im Grunde darin, dass die Form der Verwaltung des Gemeinwesens und die Form des Bürger- und Personseins völlig auseinanderfallen. Es gibt eine absolute Trennung der politischen und bloß privaten Menschen, damit auch der Rollen des Citoyens und des Bourgeois.

Der unendliche Schmerz des Geistes besteht also darin, dass die Spannung zwischen personalem Individuum und Gemeinwesen nicht aufgelöst ist. Hegel betrachtet dabei, wie später auch Ernst Bloch oder Walter Benjamin und im Übrigen das Christentum überhaupt, das jüdische Volk als das Volk der großen Sehnsucht nach Erlösung – in der ewigen Hoffnung auf einen eigenen Staat als der Aufhebung der genannten Spannung. Dabei deutet das paulinische Christentum diese Versöhnung von Geist und Welt, Person und Staat völlig neu. Es wirbt nämlich um Anerkennung des weltlichen römischen Reiches und treibt die Schaffung freier kommunitarischer Gemeinden von Personen ohne Ansehung von ethnischer Herkunft, sozialem Stand und gesellschaftlicher Rolle voran. Wie weit dabei eine chiliastische Endzeitvorstellung eine Rolle spielte oder ob alle Eschatologie so umzudeuten wäre, dass das Himmelreich schon da ist, wenn wir es nur angemessen begreifen, kann hier ebenso offenbleiben wie die Frage, ob das Christentum nur aufgrund einer Verwechslung mit zelotischen Strömungen im Judentum unter Nero verfolgt wird.

Hegels Rede davon jedenfalls, dass der Geist in sich zurückgedrängt worden sei, ist wie folgt zu verstehen: Die ›Versöhnung‹ von Person und Gemeinwesen kann nicht durch eine Machtergreifung des Staates oder im Staat geschehen, sondern bedarf eines *neuen Selbst- und Weltverständnisses der Person selbst*.

Das Wir des Gemeinwesens, das als absolute Negativität des Ich der Person erscheint, ist die »unendliche Positivität« ihres Innern. Dabei können wir das Gemeinsame in freien ›kirchlichen‹ Gemeinden auch unabhängig von den gegebenen staatlichen Strukturen als kommunitarische Korporationen in der Gesellschaft schaffen und entwickeln – im Namen des Herrn, *kyrios*, d. h. von Jesus Christus, dem Paulus diese Idee einer Verwandlung des politischen Messianismus und Chiliasmus des Judentums in eine internationale (›christlich-messianische‹) *Kirche* zuschreibt. Es entsteht so ein ganz neues »Prinzip der Einheit der göttlichen und menschlichen Natur«, der geistigen Person als Status und Rolle und des individuellen Subjekts im momentanen und dabei je leiblichen Vollzug. Es ist das eine ganz neue Form der Versöhnung des personalen Selbstbewusstseins und der Subjektivität, der ideellen geistigen Inhalte und ihrer je nur begrenzt möglichen, aber aktiv je partiell gemeinsam realisierbaren Umsetzung. Diese objektive Wahrheit der Lehre von der Freiheit der Person ist der Inhalt christlicher ›Offenbarung‹, wie sie den Völkern des römischen Reiches ›erschienen‹ ist. Aber erst die westeuropäischen Völker unter germanischer Herrschaft setzen, meint Hegel, sie als Form der Entwicklung des Gemeinwesens im Hin und Her zwischen Kirche und Staat, auch zwischen ›Gottesstaat‹ und weltlichem Regime, in Ansätzen um.

§ 359

337 Die Innerlichkeit des Prinzips, als die noch abstrakte, in Empfindung als Glauben, Liebe und Hoffnung existierende, Versöhnung und Lösung alles Gegensatzes, entfaltet ihren Inhalt, ihn zur Wirklichkeit und selbstbewußten Vernünftigkeit zu erheben, zu einem vom Gemüte, der Treue und Genossenschaft Freier ausgehenden *weltlichen* Reiche, das in dieser seiner Subjektivität eben so ein Reich der für sich seienden rohen Willkür und der Barbarei der Sitten ist – gegenüber einer jenseitigen Welt, einem *intellektuellen* Reiche,

dessen Inhalt wohl jene Wahrheit seines Geistes, aber als noch *ungedacht* in die Barbarei der Vorstellung gehüllt ist, und als geistige Macht über das wirkliche Gemüt, sich als eine unfreie fürchterliche Gewalt gegen dasselbe verhält. (354)

Hegels weiterer Text bestätigt diese Lesart. Zunächst besteht die Innerlichkeit des neuen Prinzips des freien Personseins in der zunächst bloß erst abstrakten Form von »Glaube, Liebe und Hoffnung« als gefühlmäßigen Haltungen zum neuen Göttlichen, das als solches menschlich geworden ist. Glaube (*fides*) ist vertrauensvolle Bindung an den Lehrinhalt der Einsicht in das Personsein, nicht formalistisches Festhalten an einem allegorischen und gleichnishaften Text. Liebe (*amor*) ist die Haltung begeisteter, enthusiastischer Gemeinsamkeit zunächst in der Gemeinde als freier Kooperationsformation. Sie ist keineswegs nur karitative Solidarität, sondern enthält *eros* und *agape*. Hoffnung (*spes*) ist das ahnende Wissen um die gute Richtung dieser Graswurzelpolitik von unten, als Stütze des Vertrauens des Glaubens (*fides*). So entsteht eine reale (›existierende‹) Versöhnung und Lösung des Gegensatzes von Wir und Ich, zunächst nur in den Gemeinden der römischen Gesellschaft, nicht schon im römischen Staat. Doch es entfaltet sich der Inhalt zum Projekt, »ihn zur Wirklichkeit und selbstbewussten Vernünftigkeit« in einem neuen Gemeinwesen zu erheben.

Dabei hält es Hegel nicht für einen Zufall, dass der – eigentlich noch barbarische, also politisch unentwickelte – ›Feudalismus‹ germanischer Gefolgschaft als freier Bindung der Treue gegenüber dem Fürsten zu dem ›grassroot‹-Projekt ›christlicher‹ Politik passt. Denn es werden dadurch *die politischen Verhältnisse zu personalen und damit sittlichen Verhältnissen*; und sie verlieren den quasi-natürlichen Charakter fester Kasten- und Machtstrukturen. Daher spricht Hegel, leicht mystisch, davon, dass diese weltlichen Reiche »vom Gemüte, der Treue und Genossenschaft Freier« ausgehen. Allerdings macht sich Hegel *keinerlei Illusionen über das strukturelle Defizit des Feudalismus*. Denn in der Subjektivität der Entscheidungen der jeweiligen Spitzen oder Ersten in der Kaskade der Herrschenden entsteht ebenso auch »ein Reich der für sich seienden rohen Willkür und der Barbarei der Sitten« – wie ja auch im System von Paschas und Vizekönigen.

Daher bedarf es sozusagen der *Zähmung der Willkür der Fürsten* durch den Gedanken »einer jenseitigen Welt, einem intellektuellen Reiche, der Kirche«. Der wahre Inhalt dieses Gedankens ist aber »noch ungedacht« und unbegriffen. Denn er ist »in die Barbarei der Vorstellung gehüllt«. Man verbleibt im Aberglauben eines realen Jenseits nach dem Tod und eines realen Jüngsten Gerichts, mystisch ausgemalt in der sogenannten Offenbarung des Johannes, wohl in Reaktion auf die (im Grund politisch ganz sinnlosen) Christenverfolgungen im römischen Reich des 1. Jahrhunderts (und dann auch später, bis Konstantins Pakt mit den Christen). Eigentlich geht es um »geistige Macht über das wirkliche Gemüt«. Real aber hat sich die Kirche (immer auch) »als eine unfreie fürchterliche Gewalt gegen dasselbe«, also gegen das Gemüt bzw. gegen alle Neigungen und alle Leiblichkeit verhalten.

§ 360

337 f. Indem in dem harten Kampfe dieser im Unterschiede, der hier seine absolute Entgegensetzung gewonnen, stehenden und zugleich in Einer Einheit und Idee wurzelnden Reiche, – das Geistliche die Existenz seines Himmels zum irdischen Diesseits und zur gemeinen Weltlichkeit, in der Wirklichkeit und in der Vorstellung, degradiert, – das Weltliche dagegen sein abstraktes Fürsichsein zum Gedanken und dem Prinzipe vernünftigen Seins und Wissens, zur Vernünftigkeit des Rechts und Gesetzes hinaufbildet, ist *an sich* der Gegensatz zur marklosen Gestalt geschwunden; die Gegenwart hat ihre Barbarei und unrechtliche Willkür und die Wahrheit hat ihr Jenseits und ihre zufällige Gewalt abgestreift, so daß die wahrhafte Versöhnung objektiv geworden, welche den *Staat* zum Bilde und zur Wirklichkeit der Vernunft entfaltet, worin das Selbstbewußtsein die Wirklichkeit seines substantiellen Wissens und Wollens in organischer Entwickelung, wie in der *Religion* das Gefühl und die Vorstellung dieser
282 seiner Wahrheit als idealer Wesenheit, in | der *Wissenschaft* aber die freie begriffene Erkenntnis dieser Wahrheit als Einer und derselben in ihren sich ergänzenden Manifestationen, dem *Staate*, der *Natur*
283 und der *ideellen Welt*, findet. | (354 f.)

Der harte Kampf, von dem Hegel spricht, meint keinesweges (nur) eine Unterdrückung der Leiblichkeit, sondern (auch) die Dauerspannung zwischen Kirche und Staat, von der Zeit Chlodwigs bis zu Luther und dann auch, in den katholischen Ländern, bis in Hegels Zeit und darüber hinaus. Dabei habe aber die religiöse Wahrheit in seiner protestantischen Gegenwart die »Barbarei und unrechtliche Willkür« kirchlicher Dogmatik schon (weitgehend) abgestreift. Ein Jenseits gibt es nicht mehr, die »zufällige Gewalt« kirchlicher Hierarchie ebenfalls nicht. Damit sei die »wahrhafte Versöhnung« zwischen Kirche und Staat, Religion und Politik, Gott und Welt »objektiv geworden«. Der Gegensatz von realer, empirischer Welt und einer vorgestellten göttlich-geistlichen bzw. spirituellen Hinterwelt ist dagegen marklos geworden, hat keinen wesentlichen Gehalt mehr.

In der alten Entgegensetzung von spirituellem Himmel und irdischer Welt operierte man zwar noch ›mit einer absoluten Entgegensetzung‹. Es wurde aber mehr und mehr klar, dass es alles Geistliche und die Existenz eines Himmels nur in menschengemachten Geschichten gibt. Damit werden die religiösen Texte und kirchlichen Riten selbst in ihrem irdischen Diesseits begriffen und gehören »zur gemeinen Weltlichkeit« – was dann aber auch für ihren Inhalt gilt, der damit neu *aus dem Diesseits für das Diesseits* zu begreifen ist. Degradiert wird also alles Reden von einer außerirdischen Hinterwelt – samt Kants Ding an sich.

Erhoben aber wird das Weltliche. Das bloß ›abstrakte Fürsichsein‹ des realen Geschehens auf der Basis menschlichen Handelns wird in seiner Idee oder seinen begrifflichen Gedanken vernünftig erfasst und nicht nur als zufälliges Geschehen oder willkürliches Entscheiden dargestellt. Das Prinzip »vernünftigen Seins und Wissens« ist es, das Sein und Wissen auch der anderen Personen als *normalerweise vernünftig anzuerkennen*. Daher werden wir auch zugeben müssen, dass *die gemeinsame Arbeit am Gemeinwesen*, an Recht und Gesetz, insgesamt, trotz aller Privationen, dann doch zu vernünftigen Ergebnissen führt. Das Personsein des *homo politicus* als Citoyen und Weltbürger ist weder aus subjektiver Binnenperspektive noch überhaupt sinnlos.

Realiter gibt es keine andere Vernunft, auch kein anderes Wissen als das, was wir als Personen kanonisch als vernünftig bzw. wahr setzen. Im Fall von Recht und Gesetz ist es organisatorisch der Staat i. e. S., der sich »zum Bilde und zur Wirklichkeit der Vernunft« – nämlich des Gemeinwesens und der Personen in ihm entfaltet.

Das Selbstbewusstsein des Ich entwickelt seine Wirklichkeit als geistiges Subjekt und personales Individuum, indem es sein eigenes

›substantielles Wissen und Wollen‹ als Ergebnis einer ›organischen‹, besser: institutionellen Entwicklung des Wir und Man begreift, das es als Ich auch ist. In der Religion wird das Gefühl dieses geistigen Seins explizit; sie entwickelt allegorische Darstellungsformen der Wahrheit oder Wirklichkeit des Geistes »als idealer Wesenheit«, also als Form des Personseins. In der Wissenschaft von Recht, Staat und Gesellschaft, damit des objektiven Geistes insgesamt, sozusagen als logisch und geschichtlich aufgeklärte *politische Theologie*, »finden wir die frei begriffene Erkenntnis dieser Wahrheit«.

Die Philosophie als theoretisches Grundlagenwissen macht nun nur noch die materialbegrifflichen und damit logisch-methodologischen Voraussetzungen explizit. Es sind der Staat als das Gemeinwesen, die Natur als die uns bekannte und erkannte Umwelt und die ideelle Welt begrifflichen Wissen und Denkens sich ergänzende Manifestationen des Geistes – den wir selbst sowohl entwickeln, auch indem wir auf ihn reflektieren, aber auch im Vollzug personalen Lebens in der Welt sind.

5. Schlussbetrachtung zur Vernunft in der Geschichte

> »Man kann die Geschichte der Menschengattung im großen als die Vollziehung eines vernünftigen Plans der Natur ansehen. [...] die Philosophie könnte auch ihren Chiliasmus haben; aber einen solchen, zu dessen Herbeiführung ihre Idee, obgleich nur sehr von weitem, selbst beförderlich werden kann«. (I. Kant, »Idee zu einer allgemeinen Geschichte in weltbürgerlicher Absicht«, Achter Satz).
>
> »Amerika ist das Land der Zukunft [...] und als ein Land der Zukunft geht es uns überhaupt hier nichts an. Der Philosoph hat es nicht mit dem Prophezeien zu tun.« (G. W. F. Hegel *Vorlesungen über die Philosophie der Weltgeschichte*, Phil. Bibl. 171a, S. 209 f.).

Ziel von Hegels Geschichtsphilosophie ist unter anderem die Widerlegung jeder Hypostasierung einer Naturabsicht oder göttlichen Vorsehung. Ironischerweise wird sie nach wie vor selbst als metaphysische Eschatologie missverstanden, wohl deswegen, weil Hegel sich weigert, ins Gegenextrem einer bloß positiven, rein narrativen Ereignis-Historie zu verfallen. Eine solche kennt kein gemeinsames

Handeln. Die Folge ist, dass man zielorientierte gemeinschaftliche Handlungen nicht versteht. Geschichtliche Entwicklungen werden als rein kontingent dargestellt. Auf Ideen verzichtet man in vornehmer Zurückhaltung und im Namen einer reinen empirischen Wahrheit.

Es soll daher in einer zusammenfassenden Skizze zum Schluss noch einmal vergegenwärtigt werden, wie Hegel seine Grundthesen zur Methode einer denkenden und urteilenden, daher ›philosophischen‹ oder auch ›strukturellen‹ Geschichtsschreibung am Beispiel einer (groben) Entwicklungsgeschichte der Idee personaler Autonomie von der Antike (Persien, Hellas, Rom) über das Mittelalter (im germanisierten Westen Europas) bis in die Gegenwart konkreter exemplifiziert.

Für Hegel ist ein traditionales Ethos als *System realer Praxisformen* materialbegriffliche Voraussetzung oder präsuppositionale Bedingung der Möglichkeit personaler Kompetenzen. Es ist implizite Basis unseres sittlichen Selbstverständnisses, unserer Urteilskriterien und unseres Handelns. In das Kriteriensystem der Sittlichkeit werden wir zunächst passiv einsozialisiert. Wir erhalten so durch Bildung und Selbstbildung eine Art zweite Natur. Diese Grundeinsicht bedeutet eine Vertiefung der transzendentallogischen Begriffsanalyse Kants. Sie enthält die Einsicht in den geschichtlichen Status jedes Synthetischen Apriori.

Hegel folgt Kant zunächst darin, dass es neben rein definitorisch-analytischen Aussagen noch eine andere Art von begrifflich wahren Aussagen gibt. Diese artikulieren die kriterialen Bedingungen der Möglichkeit einer Urteilsform und dann auch einer zugehörigen Praxisform. Diese Formen bestimmen einen Rahmen dafür, was in einer ›Epoche‹, einer temporal und lokal eingegrenzten Gemeinschaft, als ›richtiges‹ Handeln zählt. Die Zeit auf den Begriff zu bringen, bedeutet daher nichts anderes, als die realbegrifflichen Grundlagen der Praxisformen und Urteils- oder Richtigkeitskriterien einer temporal und lokal eingeklammerten Gegenwart explizit zu machen. Zum Beispiel ›gilt‹ (gerade auch nach Hegel) erst seit dem Christentum *begrifflich*, dass jeder Mensch (im Prinzip) eine freie Person mit ›unendlicher‹ Würde ist. Was das heißt, ist schon bei Kant dargelegt: Freiheits- und Persönlichkeitsrechte sind grundsätzlich höherwertig als irgendeine materiale Präferenzerfüllung. Sie sind insofern mit nichts aufrechenbar. Der Grundgedanke an sich geht freilich schon auf Solon zurück: Kein freigeborener Bürger kann resp. darf seine Freiheit aufgeben.

Hegel betont nun, dass eine solche Idee wie die Idee der Menschenwürde und der Absolutheit der Person als realer Praxisform oder dann auch als Projekt, das es zu perfektionieren gilt, *in ihrer Geschichtlichkeit* zu erfassen ist, wenn wir sie *wirklich voll begreifen* wollen. Denn nur so erhalten wir eine bewusste Ortsbestimmung für unsere gegenwärtige Begrifflichkeit – etwa der Menschenrechte oder anderer Grundrechte –, die impliziten Kriterien unseres Urteilens und die zugehörigen Basisbedingungen der Möglichkeit des sinnvollen, richtigen, gemeinsamen Handelns und Urteilens.

Eine philosophische Weltgeschichte, wie sie sich Hegel vorstellt, soll nun nichts anderes sein als die Explikation der Entwicklung der Idee der personalen Autonomie und Würde. Dargestellt werden soll damit *auch* der Realbegriff der Vernunft und des Fortschritts. Das wiederum heißt, dass es um die Entwicklung der Kriterien unserer Urteile der Form »dieses ist vernünftig« bzw. »jenes ist fortschrittlich« geht, und zwar sowohl im Allgemeinen als auch in Bezug auf besondere Praxisformen oder Institutionen. Übliche Leser verwechseln die Ebenen und reden von einem Glauben an einen Fortschritt in der Realgeschichte. Die Idee der Vernunft wird realisiert bzw. soll realisiert werden in gemeinsamer Arbeit. Die Entwicklung einer Idee orientiert sich – oder ist schon orientiert – an einem Ideal, in dem richtungsweisende Kriterien wenigstens qua Nennung schon real sind. Erst so, durch Orientierung an einer implizit anerkannten oder explizit genannten Richtigkeit, an einer als vernünftig oder fortschrittlich ausgezeichneten Richtung, werden Ideen der Aufklärung und Autonomie, die Hegel unter dem Titel »Selbstbewusstsein« zusammenfasst, zu einem Gemeinschaftsunternehmen.

Die Richtung ist, grob, bestimmbar als das Ideal der autonomen Person in einem freien, nach anerkennbaren Prinzipien und Institutionen geordneten Gemeinwesen, das heute in begrifflicher Verwirrung als »Gesellschaft« angesprochen wird, da man von allen (staatlichen) Institutionen absieht und damit nur eine Menge von Menschen übrigbehält. Das Gemeinwesen ist aber keineswegs bloß als Ansammlung von willkürfreien Individuen aufzufassen, sondern als ein Gesamt von möglichen Gemeinschaftsunternehmen wie denen der Wissenschaft,

Bildung, Technik, freien Moral, der Ökonomie und Kultur. Diese wiederum werden erst möglich in dem jeweiligen allgemeineren Rahmen des Politischen, im Rahmensystem von Recht und Staat. Vermittelt wird die Anerkennung des jeweils faktischen Rahmens durch den absoluten Geist religionsförmiger Praktiken und Reden. Diese erreichen in ihrer Reflexion auf das Personsein und in gemeinsamer Feier die Bindung der Personen an die entsprechend geformte Gemeinschaft, zunächst der Gemeinde.

Autonom begreifen können wir die Sittlichkeit oder das Überlieferungsgeschehen nicht etwa durch einen abstrakten Blick auf ein utopisches Ideal einer besseren Welt, sondern nur durch Differenzierung zwischen anerkennungswürdigen und kritikwürdigen Formen. Als vernünftig gelten kann daher immer nur eine Art des *konstruktiven Misstrauensvotums* gegen die faktische Tradition. Das heißt, eine bloß negative Kritik bestehender Verhältnisse reicht nicht, sondern es sind ›bessere‹, anerkennungswürdige und schließlich auch faktisch anerkannte Neuvorschläge für die Formung des (gemeinsamen) Handelns zu machen.

Die Geschichtswissenschaft »muss nach einem ihrer Hauptgesichtspunkte eine rationale politische Theologie der göttlichen Vorsehung sein«, schreibt G. Vico. Philosophie aber ist schon bei Heraklit oder Platon Einsicht in die funktionale Rolle der Erzählungen der Dichter. Als solche ist sie ein Unternehmen der Säkularisierung, der Verwandlung des Mythos in ein Wissen, des Glaubens an einen Textkorpus in ein Verstehen der Inhalte – was eine Einsicht in die Äquivalenz diverser Narrative voraussetzt. Nur das führt von einem Lesen mit dem Zeigefinger bloß philologischer Schriftgelehrter zu einem freien Sinnverstehen. Wenn man das begriffen hat, braucht man sich nicht weiter von der metaphorischen Poesie religiöser Mythen zu distanzieren, wie das der Aberglaube einer bloß erst verständigen, schematisch denkenden Aufklärung tut.

Es bedarf also einer Lesefertigkeit figurativer (metaphorischer, allegorischer, metonymischer) Texte gerade dann, wenn sie spekulative Reflexionen artikulieren, die als solche hochstufige oder höchst allgemeine logische Topographien der Formen des Seins, Denkens und Handelns sind. Die entscheidenden Schritte oder besser Stufen der Entwicklung sind:

1. Gemeinschaftlichkeit und kommunitarische Ethik sind die göttlichen Normen der Antigone. Sie beginnen in Familien, Clans und Stämmen.
2. Die Notwendigkeit für gemeinsame Maßnahmen der Sicherung der Ergebnisse eigener Arbeit und der Eigentumsrechte ist charakteristisch für die Zeiten nach der neolithischen Revolution. Es geht hier auch schon um Koordination von Arbeitsteilungen. Es sind also Agrarkulturen, die zur Bildung von Städten und Staaten führen wie im Zweistromland und Ägypten. Solche Städte und Staaten werden regiert durch quasi-göttliche Könige. Ihre Macht liegt sowohl in der Administration bzw. Rechtsetzung als auch in militärischer oder polizeiförmiger Gewalt. Der halbmythische Gilgamesch, Großkönig von Uruk, scheint der Erzählung zufolge das friedliche Zusammenleben von Bauern oder Siedlern, Städtern und nomadischen Hirten und Jägern organisiert zu haben. Gemeinsam mit dem im Kampf neu gewonnenen Freund Enkidu wird sogar der Handel mit dem Zedernholz aus dem Libanon vorangebracht.
3. Der Zusammenhalt staatsähnlicher nomadischer Nationen *zwischen* den Städten und Siedlern wie den frühen Nachkommen Abrahams ist vermittelt durch religiöse Mythen, i. e. Erzählungen, Riten und einen Kanon ethischer Normen.
4. Die Form größerer Reiche wie in Ägypten, Babylon, auch Assur, führt zu frühen Formen eines (auf Steuern basierten) Proto-Rechtsstaats. Alexander der Große und seine hellenistischen Nachfolger transformieren so das Persische Reich, also auch Ägypten. Für Hegel sind das Persische und das Chinesische Reich Prototypen orientalischer Herrschaft, in der *nur einer frei* ist, der patriarchalische Monarch, aber die Herrschaft aufgrund des Interesses an Frieden, Sicherheit und auch schon Wohlstand im Normalfall anerkannt wird. Die indischen und indianischen Königtümer gehören der Form nach ebenfalls zu dieser orientalischen Herrschafts- und Lebensform.
5. Das Prinzip aristokratischer Autonomie, in der *einige frei* sind, beginnt in den Seehandelsstädten Sidon, Tyrus, später Karthago und wird von dort nach Kreta, Griechenland und weiter nach Italien exportiert. Europa ist dem Mythus zufolge Kö-

nigstochter aus Phönizien, der Vater des Kadmos, des ersten Königs von Theben in Böotien, ist Agenor, König in Phönizien und Sohn Poseidons, des Gottes der Schifffahrt.

6. Die Demokratie als Herrschaft aller Vollbürger führt zu einer Entwicklung freier, aber durchaus noch konventioneller Personalität, der griechischen Idee der Arete, die zunächst die Tüchtigkeit des adligen Heros gewesen war. Der Bürger versteht sich über seinen Beitrag und Dienst bei der Entwicklung und Verteidigung der Stadt.
7. Die Entdeckung der *freien Person* in der Gestalt des *Gewissens* beginnt mit der *inneren Stimme* des Sokrates, dem *Daimonion*, und wird entwickelt im Gebet zum ›Vater im Himmel‹. Seither gibt es die in unserer Überlegung hervorgehobene dialektische Spannung zwischen einer Mehrheitsregel oder einem Konsensus auf der eine Seite, einer gewissenhaften Selbstkontrolle von Wahrheitsansprüchen und vernünftigen Anwendungen diversester Normen der Tradition auf der anderen.
8. Die westliche Christenheit erscheint als ›germanische‹ Nachfolge des Römischen Reiches, vom römischen Gallien, Italien und Spanien bis England – wobei Irland, Schottland, Deutschland, Skandinavien und Mitteleuropa nach und nach dazukommen. Der Idee nach sind hier *alle frei*.[137] Die christliche Kirche *verwaltet* sozusagen das kulturelle Erbe der freien Person.

In der modernen Gesellschaft sind, grob betrachtet, 90% der Bevölkerung in abhängigen Arbeitsverhältnissen. Sie nimmt an einer zum Teil noch national (staatlich), zum Teil aber längst übernational (glo-

137 Hegel meint in den Vorlesungen über die Philosophie der Weltgeschichte, welthistorisch könne ein Volk nur einmal das herrschende sein. Es wäre z. B. inkohärent anzunehmen, die griechische Demokratie hätte sich auch in einen Rechtsstaat wie Rom entwickeln können. Die Zweckprinzipien der Wohlfahrt als höchste Maximen im Alten Ägypten, Persien, auch China widersprechen zumindest partiell aristokratischen Idealen oder theokratischen Normen, aber auch einer politischen Partizipation so vieler Bürger wie in Athen. Deren Volksversammlungssystem widerspricht seinerseits einer professionalen Arbeits- und Gewaltenteilung oder gar einem universalen Bürgerrecht in einem riesigen Reich wie dem römischen nach Cäsar.

bal) organisierten Arbeits- und Güterverteilung teil. Es gibt sie aber in voller Formation nur erst seit Kurzem. Die freien Vertragsverhältnisse zwischen Bürgern bedeuten, dass die Staaten nicht bloß den Eigentumsschutz der antiken Reiche fortschreiben, welcher Bedingung war sowohl für die agrarische Produktion als auch den durchaus florierenden Handel mit Gütern, hergestellt in Manufakturen. Sie sanktionieren auch die semi-politische Organisation der Arbeitsteilung durch die Eigentümer der Produktionsmittel bzw. die Händler, die z. B. das Verlagswesen und damit auch jede Form von Heimarbeit sozusagen verwalten.

Freiheit bedeutet heute daher nicht mehr dasselbe wie für das groß- oder kleinaristokratische Bürgertum einer Adelsrepublik, von den phönizischen, punischen, griechischen und später italisch-römischen Städten bis zu den Städten und Kantonen Italiens, der Schweiz oder der Hanse. Sie bedeutet Teilhabe an der Durchsetzung diverser Gruppeninteressen und setzt daher alle Arten der Bildung politischer Gruppen, Gemeinschaften und Bewegungen voraus. Das ist der eigentliche Grund, warum Verfahren der Mehrheitswahl und damit sogenannte demokratische Strukturen und Verfahren so wichtig werden. Diese unterscheiden sich allerdings ganz wesentlich von den Strukturen und Verfahren der attischen Demokratie mit ihren Zufallswahlen und Mehrheitsentscheiden, einer politisch stimmlosen Mehrheit von Metöken mit jederzeit aufkündbarem Gastrecht und noch mehr Knechten bzw. Sklaven.

Dass es ein Problem mit dem Gemeinwillen gibt, hat bekanntlich auch Rousseau gesehen. Die *volonté générale* fällt ja nicht zusammen mit der *volonté de tous*, noch nicht einmal mit dem Willen der Mehrheit. Es sind die Repräsentanten der verfassungsmäßigen staatlichen Ordnung, welche den Gemeinwillen (also die *volonté générale*) allererst definieren. Das ist die Kerneinsicht der Analysen Hegels.

Die Frage nach dem Wohl des Volkes ist allerdings noch weit ideologieträchtiger als die nach dem Willen des Volkes. Denn es geht dabei weder um das Wohl *aller* Einzelnen noch um die Maximierung eines Bruttosozialprodukts. Denn was bloß im Durchschnitt die Bedürfnisbefriedigungen erhöht, kann für viele gerade unerträgliche Verschlechterungen mit sich bringen. Erst seit den Arbeiten von John Rawls wird das Primat der *Fairness* gegen die in der Gesellschaft

Schlechtestgestellten vor einer unqualifizierten Erhöhung eines *Durchschnittsnutzen* auch in den utilitaristischen Ethiken so anerkannt wie schon im 19. Jahrhundert John Stuart Mills ebenfalls *prinzipielle alphabetische Ordnung*, nach welcher *Freiheit* vor *Wohlstand* geht, sofern eine ausreichende Überlebensgrundlage gesichert ist.

Das *Prinzip* seiner allgemeinen Weltgeschichte besteht nun gerade auch für Hegel schlicht in der Entwicklung einer solchen *Ordnung höchster sittlicher Werte*. Zunächst bestimmt das Streben nach *Freiheit von Furcht*, also nach *Sicherheit*, die Anerkennung der Monarchien der alten Reiche. Die *Freiheit von Not*, also das Streben nach *Wohlstand* bestimmt die Politik in den ökonomischen Stadt-Aristokratien der klassischen Antike. Die *Freiheit zur möglichst umfassenden Selbstentwicklung aller Personen* als Bürger eines Gemeinwesens und als Weltbürger ist dann aber die Idee des Christentums.[138]

Paradigmatischer Ort für den Anfang der Entwicklung der Idee des Weltbürgertums ist das persische Reich. Hier finden wir eine Monarchie, die außerhalb des Bereichs der militärischen Macht im ökonomischen und religiösen Lebens den Völkern relative Freiheiten lässt und auch daher praktisch anerkannt wird. Die Idee rechtlicher und moralischer Gleichheit oder gar der Würde der Person gibt es freilich nicht.

Die Freiheit der griechischen Städte ist dann aber nur die Unabhängigkeit kleinaristokratischer Selbstbestimmung – mit ökonomischen Interessen.

Im römischen Kaiserreich setzt sich die Idee der grundsätzlichen rechtlichen Gleichheit der Bürger schon weitgehend durch. Parallel entwickelt sich der noch radikalere Gedanke der moralischen Gleichheit und personalen Würde aller Menschen. Diese Idee hat im Christentum ihren Ursprung (auch wenn Max Weber z. B. im Blick auf die Sklaverei, die es auch im Christentum noch viel zu lange gibt, anderer Meinung ist), mit nur wenigen Vorläufern wie Euripides und Sokrates

138 GW 27,3, S. 807: Man »kann die Weltgeschichte in drei Theile eintheilen. 1. Die orientalische Welt, das Bewusstsein dass nur einer frey ist. 2. Die griechische Welt, das Bewusstsein, dass einige frey sind. 3. Die christliche Welt, das Bewusstsein, dass der Mensch als Mensch frey ist.«

(nicht Aristoteles!) und Teilen der Stoa. (Die üblichen Kriminalgeschichten des Christentums haben keinen Blick für das Allgemeine.)

Für Hegel wird das Christentum nicht etwa ›zufällig‹ zur römischen Staatsreligion. Seine Grundidee, die grundsätzliche Gleichheit aller Menschen ›vor Gott‹ mit einem nicht bloß positiv-rechtlichen Prinzip allgemeiner Menschenwürde, passt zum multi-ethnischen mediterran-globalen Rechtsstaat (*in nuce*). Die Anerkennung des Christentums durch Konstantin – in Abkehr von der Politik Diokletians – mag auch machtpolitische Ursachen haben. Aber sie sanktioniert zugleich eine ›not-wendige‹ Entwicklung der ethischen Grundidee der Person, artikuliert im religiösen Kontext. Das Wort »notwendig« sagt dabei nicht, ich wiederhole das: »es konnte nicht anders kommen«, sondern drückt aus, dass etwas als Lösungsversuch eines anerkannten Problems anerkannt wird.[139]

Der Kontext der Entstehung des Christentums ist nach Hegel also nur der faktischen Genese nach die jüdische Nationalreligion. Die Idee selbst ist bei Paulus römisch. Dem Gedanken nach ist die neue Religion global, universalistisch. Sie ist damit Weltreligion. Außerdem vertritt sie das kommunitarische Prinzip der freien Gemeinden des *kyrios*. Der Grund für die Anerkennung der christlichen Kirche besteht daher in der Attraktivität seiner Grundideen, auch des Mönchtums.

Im ›germanischen‹ Westrom, d. h. im römischen Katholizismus und der mittelalterlichen antagonistischen Koalition von Kaiser und Papst bzw. der Entstehung von Feudalstaaten im Westen bleibt die römische Errungenschaft der privaten Rechtssicherheit und die christliche der universalen ethischen Würde der Person unter widrigen Umständen wenigstens dem Gedanken nach aufgehoben. Hinzu kommt die Realidee der individuellen Freiheit der germanischen Bar-

139 Die Not-Wendigkeiten in einer Entwicklung liegen also nicht in ewigen, zeitallgemeinen, durch historische Forschung erkennbaren Entwicklungsgesetzen, sondern sind als typische Abwendungen von Nöten, Aufhebungen von Problemen, Anerkennungen von Problemlösungen zu begreifen. Nur über sie gelangen wir zu einer nicht bloß narrativen Erklärung von Prozessen geschichtlicher Entwicklung. Erklärbar sind neue Anerkennungen dadurch, dass wir die Problemlagen schildern, vor dem Hintergrund der (freilich ihrerseits zu rekonstruierenden) Kriterien, Wertungen und Orientierungen der *gegebenen* Sittlichkeit einer Zeit.

baren mit ihren Clans und ihren freien Bauernfamilien. Zunächst entwickelt sich daraus die Gefolgschaftsidee eines heroischen, adligen, ›freien‹ feudalen Rittertums. Aus deren Zusammenbruch entwickelt sich die Leibeigenschaft als persönliches Besitz- oder Eigentumsverhältnis in einer mehr und mehr privatrechtlich organisierten Lehensordnung.

Der Zerfall der Anerkennung von Papstkirche und Kaiserstaat war dann, so ist Hegel wohl zu lesen, strukturimmanente Folge eben dieser ›privatistischen‹ Umorganisation der ursprünglichen Gefolgschaftsordnung der Clans und Stämme. Die Folge ist ein Antagonismus zwischen einer hierarchischen Ordnung in Kirche und Staat. Die eigentliche Überwindung dieses Antagonismus leistet am Ende erst die protestantische Reformation. Sie läutet nach Hegel die eigentliche Neuzeit oder Moderne ein. Ihre Ideen sind *personale Autonomie*, die *gleiche moralische Würde und gleiche Rechte aller Menschen* samt deren *unendlicher Vorrang* vor allem Genuss oder materiellem Nutzen. Gleichzeitig versöhnt sie tendenziell das Private, Besondere, mit dem Allgemeinen, das Eigentum mit der Sozialmoral, das Streben nach Selbstbestimmung mit der Anerkennung staatlicher Macht und einer machtgestützten Rechtsordnung.

Die Französische Revolution wird dann als Versuch der politischen Machtergreifung des Bürgertums begriffen. Robespierres Herrschaft einer allzu selbstsicheren ›Moral‹ samt einer wie schon bei Rienzi fast lächerlichen Kopie antiker Tugend scheitert trotz aller Fahnen der Freiheit, Gleichheit und Fraternität daran, dass es keine allgemein anerkannte Religion als Stütze der neuen Verfassung – und kein legitimes Staatsoberhaupt gibt.

Bonaparte scheitert aus einem analogen Grund: Die Idee eines föderalen europäischen Bürgerstaats verträgt sich weder mit seinem Nepotismus noch mit seiner Überschätzung militärischer Gewalt. Diese provoziert nur nationalistische Gegengewalt, und zwar in Spanien ebenso wie in Italien, Russland und Deutschland. Bürgerliche Ordnungen lassen sich nicht oktroyieren, ohne dass ein Widerspruch zur Idee der freien, autonomen Anerkennung der Ordnung entsteht.

»*Bis hierher ist das Bewusstsein gekommen*«, sagt Hegel nach der Schilderung der Errungenschaften der französischen Revolution

(GW 27,4, S. 1570), wie sie dann auch zu den Reformen der preußischen Verfassung und ab den 1830er Jahren sogar zu Reformen in Großbritannien geführt hat, u. a. zur Aufhebung der Leibeigenschaft, zur Vertiefung des Rechtsstaates, Ausweitung des öffentlichen Bildungswesens, einer Gewaltenteilung und zur grundsätzlichen Anerkennung der rechtlichen Gleichheit der Bürger.

Man mag einwenden, dass in einer derartigen großen Erzählung, die unter anderen Paul Ricoeur verabschieden möchte, vieles ungenau und ungerecht sei, etwa Hegels Überschätzung der Reformation oder Bonapartes oder seine Unterschätzung des Katholizismus. Immerhin ist es nicht eine ewige Natur-Absicht, welche die geschilderte Entwicklung leitet, und auch nicht einfach eine unsichtbare Hand hinter dem Rücken der individuellen Interessen und Absichten, Motive und Zufallsentscheidungen der einzelnen Akteure. Es ist die Macht der anerkannten Idee. Diese ist zunächst gegebene Rechtsordnung und Sittlichkeit.

In der Bewertung seiner eigenen Gegenwart kommt Hegel allerdings nicht über die beiden Prinzipien, das sittlich-moralische des Protestantismus und das rechtsstaatlich-römische des Bonapartismus hinaus. An Preußen lobt er die Stein-Hardenbergschen Reformen. Diese sind, wie Hegel weiß, als Kopie und auf Druck des französischen Vorbilds erst möglich geworden. Für die Junghegelianer hat er zusammen mit Eduard Gans die Weichen gestellt, die das Interesse weg von der abstrakten Philosophie zur konkreteren Sachwissenschaft und dann auch zum politischen Engagement und zur Öffentlichkeitsarbeit führt. Die neuen Ideen und Ideale einer nationalen Demokratie waren aber dennoch nicht mehr die seinen.

Für uns ist das Allgemeine seiner Einsichten wichtiger: Ideen wirken in Anerkennungen. Diese sind nicht bloß verbale Zustimmungen, sondern zeigen sich im Handeln und Nicht-Handeln der Leute, in einem Verhalten nach gewissen Mustern, in der faktischen Teilnahme an einer Praxisform, gerade auch im Ausbleiben von Protest und Widerstand. Dies ist auch deswegen wichtig, weil militärische und polizeiliche Macht im Unterschied zur Macht der Idee auf Dauer *allein* nichts vermag.

Hegel ersetzt also keineswegs einfach Kants »Naturabsicht« oder Smiths »Unsichtbare Hand« durch eine metaphysische »List der Vernunft«, wie viele Interpreten mit Heinz Dieter Kittsteiner meinen.[140] Er erkennt aber die Differenz zwischen Sagen und Tun. Man denke an das Beispiel der westeuropäischen Jugend der Sechzigerjahre, die verbal gegen einen Amerikanismus Stellung nehmen, faktisch aber US-amerikanische Bewertungs-, Sicht- und Lebensweisen allererst einführen, gegen eine *Law-and-order*-Mentalität der Kriegsgeneration.

Hegels Rede vom »Weltgeist« ist wie Montesquieus Rede vom Geist der Gesetze kein Subjekt *hinter* dem Rücken unseres individuellen und gemeinsamen Handelns. Dies meinen nur diejenigen, welche nominalisierte Titel wie »Vernunft« und »Weltgeist« immer noch als Namen von wirkenden Wesen lesen, obwohl man die besondere Grammatik verdichteter Rede, wie sie hier auftritt, inzwischen eigentlich nicht nur in ihrem empraktischen Gebrauch richtig beherrschen, sondern auch explizit begreifen könnte. Das Wort »Welt« bedeutet dann auch nicht einfach die gesamte Erde. Gemeint ist eher, vielleicht im Anklang an die Bedeutung des althochdeutschen »weralt«, »Menschenalter«, so etwas wie eine lokal und temporal begrenzte Weltordnung, die als Epoche je genauer zu bestimmen ist in Bezug auf besondere Typen oder Grundformen einer ›Sittlichkeit‹ oder, wie man heute sagt, einer gemeinsamen Kultur.[141]

140 Heinz-Dieter Kittsteiner, *Listen der Vernunft. Motive geschichtsphilosophischen Denkens*, Frankfurt/M.: Fischer 1998. Vgl. auch Johannes Rohbeck, *Geschichtsphilosophie zur Einführung*, Hamburg: Junius 2004, S. 52 ff.

141 »Sittlichkeit«, »Geist«, »Kultur«, auch »Welt« sind Titel, die allgemein über die Möglichkeiten des individuellen und gemeinsamen Handelns gesetzt sind. Sie umfassen rechtliche, politische, ökonomische, wissenschaftliche und spekulative, damit auch religiös-holistische Rede- und Praxisformen als informelle Praxisformen und formelle Institutionen (der jeweiligen Epochen). Die Epochen selbst sind nicht in einer absoluten Chronologie bestimmt. Sie hängen definitorisch ab von den Entwicklungsstufen der ›kulturellen Welt‹. Das Bild vom Fortschritt oder Aufstieg der Stufen nimmt immer Bezug auf unsere Praxis heute. Ihre dichten Bewertungen sind präsupponiert. Niemand kann aus ihnen aussteigen und die Welt von der Seite ›neutral‹ und ›objektiv‹ ansehen, ohne sich und uns zu täuschen: Die Ideen formen das gemeinsame und das individuelle Leben der Menschen der jeweiligen Epoche grundsätzlich. Der sogenannte Naturalismus möchte auf Wertungen verzichten, ist damit aber nur eine uns selbst abwertende Re-

Damit gelangen wir zu einer relativ klaren Regel, welche unsere logisch-linguistischen Auflösungen der Verdichtungen in Hegels Rede vom Weltgeist und von der Weltgeschichte leiten könnte: Nur das zählt zu dem, was Hegel »Weltgeschichte« nennt, was in der für Hegel als einzig relevant erklärten Hinsicht zur Entwicklung von ›Selbstbewusstsein‹ beiträgt. Um es kurz, und daher etwas verschachtelt zu sagen: *Hegels Weltgeschichte ist ein Versuch einer rationalen Rekonstruktion der geschichtlich gefassten Bedingungen der Möglichkeit autonom begriffener humaner Institutionen.*[142]

Es ist also zunächst nur der Begriff der ›rationalen Rekonstruktion‹ einer Genese selbst, der zum begrifflichen Urteil führt, dass jede Entwicklungsgeschichte einer von uns anerkannten Institution (im Großen) ›vernünftig‹ ist – sonst wäre es keine *rationale Rekonstruktion*. Ziel einer solchen Rekonstruktion ist ja ein Begreifen der *Rahmenbedingungen* unserer Sittlichkeit und der in sie eingelassenen Wertungskriterien, nicht etwa das Urteil, dass am Ende alles zum Besten stehe.

Vernunft ›gibt‹ es nun in der Weltgeschichte nicht etwa deswegen, weil alles, was historisch passiert ist, vernünftig gewesen wäre oder weil es sich aufgrund einer rein a priori postulierten, eben daher transzendenten List der Vernunft am Ende zum Guten, Besseren oder zum Fortschritt der Aufklärungszeit gewendet hätte. Vernunft gibt es in der Geschichte, weil es selbst ein Gütekriterium einer rationalen Rekonstruktion einer Entwicklung ›der Vernunft‹, d. h. unserer Urteilskriterien, ist, diese Entwicklung als gemeinsame Tat von Menschen und nicht als Folge einer unsichtbaren Hand eines hinterweltlichen Gottes oder einer Naturabsicht darzustellen. Zwar ist eine gemeinsame Entwicklung institutioneller Formen nicht *eigentlich* als *Tat* zu fassen, da sie häufig weder die beabsichtigte Tat einzelner Personen ist noch auch nur aggregierte Folge einzelner Taten. Es handelt sich

Animalisierung des Lebens durch selektive Betrachtung und eben damit ähnlich inkohärent wie ein absoluter ethnischer Pluralismus.

142 Vor Hegel gab es weder das Bedürfnis noch die Möglichkeit, die kantische Transzendentalphilosophie zusammen mit seinen realphilosophischen Spekulationen zur Geschichte in weltbürgerlicher Absicht durch Einbettung in die Idee einer Entwicklungsgeschichte zu ›retten‹.

eher um eine Geschichte der *Anerkennung* von Ideen, Handlungsformen und Urteilskriterien, die insofern nicht als Folge von Zufällen, sondern von Not-Wendigkeiten zu erklären sind, als es (wenn auch oft implizite) *Gründe* in der Form *abzuwendender Nöte* und *Probleme* gibt, welche die Anerkennungen erklären.

Hegels ›Voraussetzung‹, dass es in der Geschichte vernünftig zugegangen sei, ist also keine willkürliche oder auch nur fragwürdige Annahme über den Gang der Welt. Es ist eine begriffliche Voraussetzung für jede Geschichtsschreibung. Diese allerdings operiert auf verschiedenen Ebenen der Allgemeinheit. Schon die Historie oder *Ereignisgeschichte* als der (ideale) Gegenstand einer *narrativen* Historiographie setzt die Kriterien der historischen Vernunft voraus. Diese Kriterien hatte bereits Schiller in seiner Jenenser Antrittsvorlesung als Glaubwürdigkeitsbedingungen für das in berichtsartigen Geschichten Gesagte thematisiert. Es gibt des Weiteren kriteriale Bedingungen, nach denen wir auf Epochen begrenzte, geschichtliche *Erklärungen* anerkennen, die, gewissermaßen in einer zweiten Runde, selbst zu Kriterien der Beurteilung von Ereignisgeschichten werden, etwa im Rahmen von Schlüssen auf ›die beste Erklärung‹.

In erster Linie ist es daher ein Truismus zu sagen, dass sich demjenigen die Weltgeschichte nicht als vernünftig geordnete Entwicklung darbietet, der sie nicht vernünftig ansieht. Es ist dies zunächst nur die Anwendung der kantischen Einsicht in die Konstruktivität allen humanen Wissens auf den Fall des geschichtlichen Wissens. Wissen ist Konstruktion, weil es als tradierbares mehr ist als individuelles Wahrnehmen, Meinen oder Erleben.

Zugunsten einer reinen Ereignisgeschichte auf Erklärungen durch individuelle und aggregierte Intentionen und Motive zu verzichten, wäre nun nicht sehr sinnvoll. Die Folge eines solchen Verzichts wäre, dass Ereignisabläufe, die eine ›vernünftige‹ Erklärung erhalten können, als bloße Ereignisfolgen unbegriffen blieben. Daher ist anzuerkennen, dass es in der Geschichte wenigstens insofern vernünftig zugeht, als einzelne Personen in ihrem Handeln ihre Vernunft gebrauchen. Diese besteht in der jeweiligen Kompetenz des Beabsichtigens, Planens und freien Handelns. Dabei ist dann freilich zu unterscheiden zwischen dem, was die Handelnden für vernünftig gehalten haben, und dem, was wir, als beobachtende Schiedsrichter, im Nachhinein als vernünftig oder unvernünftig bewerten. Damit ist freilich die Frage noch nicht positiv beantwortet, ob es über ›individualteleologische‹ Absichten im menschlichen Handeln hinaus etwas gibt, was Kant als »Naturabsicht« der Entwicklung vernünftiger Zustände im Großen anspricht. Hegels ›Versöhnung‹, d. h. sein Argument gegen einen defätistischen Pessimismus, operiert nun gerade nicht, wie Kant, mit einer Naturabsicht. Hegel spricht von einem Prozess der Selbstverwirklichung des Geistes, der Vernunft und ihrer Ideen. Damit wird die Frage nach einer geschichtlichen Wirklichkeit jenseits der kausal oder individualteleologisch erklärten Ereignisse zur Frage nach der Seinsweise dessen, was als Vernunft, Geist oder Idee angesprochen ist und was sich selbst im Laufe der Geschichte entwickelt.

Individuelle, mehr oder minder ›explizite‹ Absichten sind, wie wir gesehen haben, zu unterscheiden von den Fällen, in denen wir implizit allerlei Praxisformen anerkennen, an ihnen teilnehmen und dabei allerlei Projekte zwar nicht explizit, aber doch durch unser Tun befördern. Wir wissen oft nicht explizit, was wir tun, wenn wir implizit an einem Projekt teilnehmen. Dies ist nicht einfach der Fall einer unsichtbaren Hand hinter dem Rücken eines Tuns, das aufgrund ganz anderer individualteleologischer Erwägungen gewählt wurde. Der Fall ist also nur bedingt analog zu A. Smiths Versuch, den Beitrag liberaler (in der Regel an der Verrentung von Kapital interessierter) Wirtschaft für ein allgemeines Wohl nachzuweisen. Er ist eher analog zum Fall eines Wissenschaftlers, der im Glauben, es gehe in seinem Tun um objektive Wahrheit in einem mehr oder weniger metaphysischen, unverstandenen Sinn, in Wirklichkeit an einem durchaus schon vordiskutierten Projekt der Erweiterung gemeinsam kontrollierten Wissens und Könnens mitarbeitet. Der Geist der Wissenschaft existiert als wirksame Idee in und durch die Teilnahme am vorbedachten Projekt, über alle individuellen *Verbalisierungen* der Idee hinaus, die ja immer auch irreführen *können*. Hegels ›Vernunft‹ entwickelt sich als System partiell oder implizit bekannter oder anerkannter Ideen. Dies geschieht nicht gänzlich hinter unserem Rücken, auch wenn je nur ein Teil von uns die Dinge kennt und die Entwicklung ohne die Bemühung formenexplikativer Reflexion unserem unmittelbaren Bewusstsein und Selbstbewusstsein noch partiell verborgen bleibt. Daher gibt es ewig die Aufgabe, sich seiner eigenen, impliziten Anerkennungen von Ideen bewusst zu werden, um so ›implizite‹ Entscheidungen in autonome und bewusste zu überführen.

Offene Anerkennungen machen das Anerkannte explizit, so dass wir nicht nur durch Tradition, sondern durch autonome Entscheidung an diesem und nicht an jenem Projekt der Formung unseres Lebens und dem unserer Nachkommen arbeiten. In der Rechtsphilosophie erklärt Hegel die wichtigsten methodologischen Grundideen seiner als Darstellung einer Strukturentwicklung konzipierten Weltgeschichte sinngemäß so: Die philosophische Weltgeschichte stellt die Entwicklung des Realbegriffs der Vernunft dar. Sie tut dies in der Form der Beurteilung vom jeweils heutigen Standpunkt aus und ist insofern ein Gericht, in dem wir als gegenwärtige Schiedsrichter die je dargestellte Entwicklung als vernünftig bzw. stagnierend oder rückschrittlich, als *Verderben* oder Dekadenz, bewerten (§ 341). Dargestellt wird also nicht bloß die faktische Entwicklung etwa nach Art einer blinden Ereignisgeschichte. Auch wird diese nicht einfach als Wirkung eines bloß hypostasierten Geistes dargestellt. Es geht vielmehr um die Rekonstruktion des Für-sich-Seins der Vernunft, und das heißt gemäß der Terminologie der Seinslogik: der real erfahrbaren Existenz des Geistes. Dieser existiert im ›Wissen‹, gerade auch im impliziten Können und Handeln der betreffenden Menschen. Es geht also um die Rekonstruktion der die Entwicklung leitenden Ideen einer Gemeinschaft (§ 342).

Die Geschichte des Geistes, wie Hegel die Geistesgeschichte doppeldeutig nennt, ist als Entwicklungsgeschichte humaner Praxisformen zu verstehen. Als solche ist sie selbst die Tat des Geistes. Das heißt, es ist der jeweilige Geist einer epochal (d. h. temporal und lokal begrenzten) Gemeinschaft, der hier als quasi handelnde Instanz angesprochen ist. Und das wiederum heißt: Wir sind als Einzelne nur geistvoll bzw. vernünftig in dem, was wir tun, und zwar wenn dieses Tun als geistvoll bzw. als vernünftig bewertbar ist. Es gibt Geist und Vernunft nicht außerhalb unseres Tuns und nicht außerhalb unseres Bewertens. Aber es ist nicht alles Tun geistvoll, schon gar nicht ist alles Tun vernünftig und gut.

Unsere gemeinsame Tat in der Entwicklungsgeschichte einer gemeinsamen Welt besteht nun darin, uns selbst, und zwar in der Form der Idee, die uns als Personen in einer Menschheit definiert, »*zum*

Gegenstande unseres Bewusstseins zu machen, uns für uns selbst auslegend zu erfassen« (§ 343). Die Erweiterung von Selbstbewusstsein und Autonomie ist Folge eines nicht einfach rein aggregierten individuellen Handelns, sondern des Handelns gemäß einer implizit anerkannten Idee. Alle, die mit Wörtern wie »Vorsehung« einen Glauben an ein *höheres Walten* ausdrücken, zugleich aber »*den Plan der Vorsehung für ein ihnen Unerkennbares und Unbegreifliches*« ausgeben, widersprechen sich insbesondere dann selbst, wenn wir zugleich Gottes Walten in der Geschichte erkennen sollen (§ 344).

In einer Epoche bestimmen je individuelle Absichten und zeitgenössische Anerkennungen von Ideen und Handlungsformen das, was getan wird. Dabei ist die Bewusstheit der Lebens- und Handlungsverhältnisse, auch der Absichten und der Folgen des Tuns, auf das in der Epoche Mögliche beschränkt. Insofern kann es vieles geben, was sich im Rückblick anders darstellt als aus der Zeit heraus. Im Rückblick kann man z. B. Anfänge späterer Entwicklungen ausmachen, die man in der Zeit noch gar nicht oder kaum bemerkt. Im Blick auf das spätere Interesse gilt dann durchaus, was Hegel etwas rabiat sagt: Die relativen Erfüllungen der bloß bewussten Ideen einer Epoche gehen eine Entwicklungsgeschichte wenig an. Allerdings sollte dann noch hinzugefügt werden, dass sich die impliziten Anerkennungen von Verschiebungen, die als Entwicklungen einer die Epoche übergreifenden Idee rekonstruiert werden, auch dann, wenn sie in der Epoche nicht bewusst gemacht sind, aus der jeweiligen Epoche selbst ergeben und nicht bloß im Nachhinein auf den Gang der Dinge projiziert werden.

Die Weltgeschichte im Sinne einer Entwicklungsgeschichte von heute anerkannten Formen oder ›Strukturen‹ oder Kriterien des gemeinsam als ›vernünftig‹ oder ›richtig‹ bewerteten Handelns ist aus begrifflichen Gründen perspektivisch auf uns bezogen, also auf das *Wir* derer, welche diese Geschichte schreiben und beurteilen. Dies ist unser »*absolutes Recht*«, insofern es unhintergehbar ist (§ 345). Das heißt nicht, dass die rekonstruierte Geschichte nur unsere Vor-Urteile bestätigt, sondern dass unsere Debatte um die angemessene Geschichte aus der Gegenwart nicht aussteigen kann, weder in die Vergangenheit noch in die Zukunft. Auf sie zu warten, bedeutet das Ende oder den Verzicht auf die gegenwärtige Debatte, die Suspension des Urteils. In ähnlicher Weise können wir auch nicht in eine andere, uns ganz fremde Kultur aussteigen – es sei denn, wir ändern *uns hier und jetzt*. Dies bedeutet weder, dass Hegels oder meine oder deine oder Ihre Geschichte ›die wahre‹ ist; noch, dass wir fremde Kulturen nie ›verstehen‹ könnten. Es bedeutet vielmehr, dass unsere jeweiligen Realbewertungen der vorgetragenen Geschichten oder vorgeschlagenen Übersetzungen bei aller Vielfalt und allem gegenseitigen Dissens *unsere* Bewertungen bleiben, d. h. auf ein konkretes *Wir* bezogen bleiben. Wie dieses *Wir* im Einzelnen zu bestimmen ist, das hängt vom Kontext ab.

»*Kein Individuum kann über diese Substanz hinaus*« sagt Hegel in den *Vorlesungen über die Philosophie der Weltgeschichte* (Phil. Bibl. 171a, S. 60); »*es kann sich wohl von anderen einzelnen Individuen unterscheiden, aber nicht von dem Volksgeist*«, der nicht etwa einfach als Nationalcharakter zu lesen ist, sondern viel eher als Geist einer Epoche. Damit wird klar, dass Hegels Begriff des Geistes einer Epoche oder Volkes die ›transzendentale‹ Begrenzung der Möglichkeiten des ›vernünftigen‹ Urteilens und Handelns aus der Binnensicht der Epoche nennt. Jede Überschreitung dieser Grenze wird zum reinen Vermuten. Daher ist auch sein eigenes Plädoyer für eine konstitutionelle Monarchie am Ende als bloßes Plädoyer für einen *Status quo* zu lesen. Denn die »*Stufen der Entwicklung*« sind in jeder Epoche schon »*als unmittelbare natürliche Prinzipien vorhanden*« (§ 345). Dabei bedeutet die angesprochene Natürlichkeit nichts anderes, als dass entsprechende Prinzipien des gemeinsamen Handelns bzw. der Sittlichkeit als *selbstverständlich* anerkannt sind.

»*An der Spitze aller Handlungen, somit auch der welthistorischen, stehen Individuen als die das Substantielle verwirklichenden Subjektivitäten*«, schreibt Hegel im § 349 und anerkennt damit explizit das Primat des individuellen Handelns. Insofern die Akteure aber von der »*substantiellen Tat des Weltgeistes*« in ihrem Tun gar nichts wissen, also davon, welche anerkennungswürdigen, neuen, aber bleibenden Handlungsformen durch ihr Tun entstehen, erhalten sie nur im Rückblick den Ruhm, ›Agenten‹ des kulturellen Fortschritts zu sein. Im Rückblick auf Hegels Rückblick steht die sittliche Ordnung freier Kooperation in der Familie am Anfang, gleichursprünglich mit einer rechtlich geordneten Arbeits- und Güterteilung im »*Ackerbau*« (§ 350). Das »*absolute Recht der Idee*« bezieht sich die anerkennungswürdige Ordnung in der Personengemeinschaft des Gemeinwesens und, genealogisch, auf das »*Heroenrecht zur Stiftung von Staaten*«. Die Form der realen Verwirklichung dieser Ordnung erscheint je nach der Perspektive des Bewerters »*als göttliche Gesetzgebung und Wohltat*« oder als »*Gewalt und Unrecht*«, wie der § 351 zeigt.

In einer Geschichte der Entwicklung grundsätzlicher Formen des gemeinsamen Handelns und des Selbstverständnisses der Personen in den gegebenen Rahmenbedingungen werden »*die konkreten Ideen, die Völkergeister*« so dargestellt, dass ihre wahre »*Bestimmung*« in die Entwicklung des ›Weltgeistes‹, der Idee einer gemeinsamen Menschenwelt oder eines Weltbürgertums gelegt wird (§ 352).

Zum Schluss erklärt Hegel in den Vorlesungen (1830/31) noch einmal, im Rückblick (GW 27, 4, S. 1570): »*Die Weltgeschichte ist die Entwicklung des Begriffs der Freiheit.; die objektive Freiheit aber fordert die Unterwerfung des zufälligen Willens;*« ... »*Die Entwicklung des Prinzips des Geistes ist die wahrhafte Theodicee, der Begriff hat sich in der Geschichte vollbracht und diese ist die Ehre Gottes, denn Gott hat sich in ihr verwirklicht und geoffenbaret*«.

Die Zweideutigkeit der Sätze ist gewollt: Alles, was in der Menschenwelt geschieht, ist das Werk des Geistes, d. h. *unser* Werk. Insofern es zugleich das Werk des religiös vorgestellten Gottes ist, fällt dieser in eins mit unserem Geist – wenn wir nur das »uns« richtig verstehen. Dabei besteht die Versöhnung mit der Welt, wie sie ist, nicht etwa darin, dass alles, was als Folge unseres Tuns geschieht, gut und vernünftig wäre. Daher widersprechen auch die Schrecken des 20. Jahrhunderts der Hegelschen Theodizee nicht. Denn der berüchtigte Satz, dass das Vernünftige wirklich sei, hat die wesentliche Lesart, dass es die Kriterien des vernünftigen Urteilens und Handelns wirklich gibt, dass diese weitgehend anerkannt und auch wirksam, wenn auch keineswegs *immer* wirksam sind. Und dass das Wirkliche vernünftig sei und nicht bloß vernünftig sein solle, hat gerade die Lesart, dass nur das Korrelat eines *vernünftigen Umgangs* mit dem Gegebenen als das je Wesentliche oder Wirkliche angesehen werden kann, über jede bloße Erscheinung und auch über kontingente, vielleicht sogar ganze Epochen prägende und als schlimm bewertete *Tatsachen* hinaus. So hat das auch Heinrich Heine, Hegels Lieblingsschüler, am Ende verstanden und erläutert, so gut es ihm möglich war.

Literatur

Adorno, T. W. *Gesammelte Schriften Bd. 3*, Frankfurt/M.: Suhrkamp & Darmstadt: WBG 1997.

Badiou, Alain, *Paulus. Die Begründung des Universalismus.* Zürich: Diaphanes 2009.

Beier, Kathi, *Selbsttäuschung*, Berlin: de Gruyter 2010.

Belnap, Nuel; Perloff, Michael; Xu, Ming, *Facing the Future. Agents and Choices in Our Indeterminist World.* Oxford: Oxford Univ. Press 2001.

Brandom, Robert B., *Making It Explicit. Reasoning, Representing, and Discursive Commitment*, Cambridge/Mass.: Harvard Univ. Press 1994.

Brandom, R. B., *Begründen und Begreifen. Eine Einführung in den Inferentialismus.* Frankfurt/M. 2001, engl.: *Articulating Reasons*, Cambridge/Mass.: Harvard Univ. Press 2000.

Brandom R. B., *A Spirit of Trust. A Reading of Hegel's* Phenomenology. Cambridge/Mass.: Harvard Univ. Press 2019.

Bubner, Rüdiger, *Zur Sache der Dialektik*, Stuttgart: Reclam 1980.

Bühler, Karl, *Sprachtheorie. Die Darstellungsfunktion der Sprache*, Jena: Fischer 1934.

Burckhardt, Jacob, *Die Zeit Constantins des Großen*, in: ders., *Das Geschichtswerk*, Neu Isenburg: Melzer Verlag und Frankfurt/M.: Zweitausendeins 2007, 11–363.

Clausewitz, Carl von, *Vom Kriege*, Reinbek: Rowohlt 1963.

Darwin, Erasmus, *Zoonomia, or Laws of Organic Life* 1794/96.

Davidson, Donald, *Essays on Actions and Events, 1980;* 2. Aufl., Oxford: Oxford Univ. Press 2001.

Findlay, John Niemeyer, *Hegel. A Re-examination.* Oxford: Oxford Univ. Press 1958.

Fodor, Jerry, *The Modularity of Mind*, Cambridge/MA: MIT Press 1983.

Förster, Eckhart, *Die 25 Jahre der Philosophie.* Frankfurt 2011, 2. Aufl. 2012; engl.: *The 25 Years of Philosophy*, Cambridge/Mass.: Harvard Univ. Press.

Frank, Manfred, *Selbstbewußtsein und Selbsterkenntnis*, Stuttgart: Reclam 1991.

Fulda, Hans Friedrich, *Georg Wilhelm Friedrich Hegel*, München: Beck 2003.

Geier, Manfred, *Wittgenstein und Heidegger. Die letzten Philosophen*. Reinbek: Rowohlt 2017.

Gibbon, Edward, *The Decline and Fall of the Roman Empire*, with an Introduction by Hugh Trevor-Roper, 3 vols., New York: Everyman's Library / Random House 1993.

Habermas, Jürgen, *Moralbewusstsein und kommunikatives Handeln*, Frankfurt M.: Suhrkamp 1983.

Habermas, J., *Vorstudien und Ergänzungen zur Theorie des kommunikativen Handelns*, Frankfurt/M.: Suhrkamp 1984.

Habermas J., *Faktizität und Geltung*, Frankfurt/M.: Suhrkamp 1929.

Habermas J., »Von Kant zu Hegel. Zu Robert Brandoms Sprachpragmatik«, in: Habermas, J., *Wahrheit und Rechtfertigung. Philosophische Aufsätze*, Frankfurt/M.: Suhrkamp 1999, 138–185.

Habermas J., »Wege der Detranszendentalisierung. Von Kant zu Hegel und zurück«, in: Habermas, J., *Wahrheit und Rechtfertigung. Philosophische Aufsätze*, Frankfurt/M. 1999: Suhrkamp, 186–229.

Habermas J., *Auch eine Geschiche der Philosophie*, 2 Bde., Berlin: Suhrkamp. 2019.

Halbig, Christoph, Quante, Michael, Siep, Ludwig (Hgg.), *Hegels Erbe*, Frankfurt/M.: Suhrkamp 2004.

Harari, Yuval Noah, *Homo Deus. A Brief History of Tomorrow*, London: Vintage 2016.

Hart, H. L. A., *The Concept of Law*, Oxford: Clarendon ²1964, ¹1961.

Hart, H. L. A., Honoré, Tony, *Causation in Law*. Oxford: Oxford Univ. Press 1959, 1985.

Haverkamp, Anselm, (Hg.) *Theorie der Metapher*, Darmstadt: WBG ²1996.

Hayek, Friedrich A., *Law, Legislation, and Liberty, Vol. I, Rules and Order*, Chicago: University of Chicago Press 1973.

Hegel, Georg Friedrich Wilhelm, Gesammelte Werke = GW Hamburg: Meiner.

Heidegger, Martin (1927): Sein und *Zeit*, 18. Aufl., unveränd. Nachdr.

der 15., an Hand der Gesamtausg. durchges. Aufl.. Tübingen: Max Niemeyer Verlag 2001.

Heraklit, *Fragmente*, Griechisch und Deutsch hg. v. Bruno Snell, Zürch: Artemis, und Darmstadt: WBG 1995.

Hölderlin, Friedrich, *Sämtliche Werke und Briefe*, 3 Bde., hg. v. M. Kaupp, München: Hanser 1992, Darmstadt: WBG 1998.

Honneth, Axel, *Kampf um Anerkennung. Zur moralischen Grammatik sozialer Konflikte*, Frankfurt/M.: Suhrkamp 2003.

Hume, David, 1739, *A Treatise of Human Nature*, Oxford: Oxford Univ. Press 1978.

Jaeschke, Walter, Arndt, Andreas, *Die klassische Deutsche Philosophie nach Kant. Systeme der reinen Vernunft und ihre Kritik 1785–1845*, München: Beck 2012.

Kahlo, Michael »Die Problematik des Handelns aus strafgesetzwidriger Richtigkeitsüberzeugung«, in: D. Kleszewsky, St. Müller, F. Neuhaus (Hgg.) *Kants Lehre vom richtigen Recht*, Paderbon: Mentis 2005, S. 101–120.

Kambartel, Friedrich, »Notwendige Geltung. Zum Verständnis des Begrifflichen«, in: Peter Janich, Hg., *Entwicklungen der methodischen Philosophie*. Frankfurt/M., Suhrkamp 1992.

Kambartel, F., *Philosophie und politische Ökonomie*. Göttingen: Wallstein, 1998, darin: »Arbeit und Praxis. Zu den begrifflichen und methodischen Grundlagen einer aktuellen politischen Debatte«, S. 59–84, auch in *Deutsche Zeitschrift für Philosophie* 41 (1993), 239–249.

Kambartel F., »Strenge und Exaktheit. Über die Methode von Wissenschaft und Philosophie«, in: Geert-Lueke Lueken, (Hg.) *Formen der Argumentation*, Leipzig, Universitätsverlag 2000, 75–86.

Kambartel, F., »*Geist und Natur. Bemerkungen zu ihren normativen Grundlagen*«, in Gereon Wolters u. a. (Eds). *Homo Sapiens und Homo Faber*, Berlin: de Gruyter 2005, 253–265.

Kamlah Wilhelm und Lorenzen, Paul, *Logische Propädeutik*, Mannheim: Bibl. Inst. 1967.

Kant, Immanuel, *Werke. Akademie-Textausgabe*, Berlin.

Kaube, Jürgen, *Hegels Welt*. Berlin: Rowohlt 2020.

Kelsen, Hans *Reine Rechtslehre. Einleitung in die rechtswissenschaftliche Problematik* (1934), Hg. und Einleitung: M. Jestaedt, Tübingen: Mohr Siebeck 2008.

Kervégan, Jean-François, *Die verwirklichte Vernunft. Hegels Begriff des objektiven Geistes*. Frankfurt: Klostermann 2008.

Kittsteiner, Heinz-Dieter *Listen der Vernunft. Motive geschichtsphilosophischen Denkens*, Frankfurt/M.: Fischer 1998.

Krebs, Anglika *Arbeit und Liebe. Die philosophischen Grundlagen sozialer Gerechtigkeit*. Frankfurt: Suhrkamp 2002.

Lewis, David »Scorekeeping in Language Games«, in: ders., *Philosophical Papers, Volume II*, Oxford: Blackwell 1986.

Lewis, David, *On the Plurality of Worlds*, Oxford: Blackwell 1986.

Luhmann, Niklas, *Soziale Systeme / Die Gesellschaft der Gesellschaft / Das Recht der Gesellschaft / Das Erziehungssystem der Gesellschaft / Die Wirtschaft der Gesellschaft / Die Religion der Gesellschaft / Die Politik der Gesellschaft / Die Wissenschaft der Gesellschaft / Die Kunst der Gesellschaft*, Darmstadt: WBG (Lizenzausgaben) 2002.

Marx/Engels, Ausgewählte Schriften Bd. II, Berlin/Ost 1985.

Marx, Karl, Deutsche Ideologie, Marx-Engels-Werke, Bd. 3, Berlin/Ost 1978, »Sankt Max«, 101–438.

McDowell, John, *Mind and World*, Cambridge/Mass.: Harvard Univ. Press 1996.

Mead, George Herbert, *Geist, Identität und Gesellschaft aus der Sicht des Sozialbehaviorismus*, Frankfurt/M.: Suhrkamp 1968.

Menke, Christoph, *Kritik der Rechte*. Berlin: Suhrkamp 2015.

Mill, John Stuart, »On Liberty« (1859), in ders.: *On Liberty and Other Essays*, Oxford: Oxford Univ. Press 2008, 5–128.

Moore, Christopher, *Calling Philosophers Names. On the Origin of a Discipline*. Princeton: Princeton Univ. Press 2020.

Nagel, Thomas, *Mind and Cosmos*, Oxford: Oxford Univ. Press 2012.

Nietzsche, Friedrich, *Kritische Studienausgabe*, Berlin, de Gruyter = KSA.

Noë, Alva, 2004, *Action in Perception*, Cambridge/Mass: MIT Press.

Novalis, »Die Christenheit oder Europa. Ein Fragment« (1799), in: *Novalis. Werke, Tagebücher und Briefe Friedrich von Hardenbergs*, 3 Bde., hg. v. H.-J. Mühl und R. Samuel, München: Hanser, 1978, Darmstadt: WBG 1999, Bd. 2, S. 732–750.

Nozick, Robert *Anarchie, Staat, Utopia*, München, Olzog, 2011.

Ostritsch, Sebastian, *Hegel. Der Weltphilosoph*, Berlin: Propyläen (Ullstein) 2020.

Ostritsch, Sebastian, *Hegels Rechtsphilosophie als Metaethik*. Münster: Mentis 2014.

Palauneck, Martin, *Gescheiterte Tugend. Hegels Kritik des aristotelischen Politikverständnisses in seiner Darstellung der griechischen Stadtstaaten*, Freiburg: Alber 2020.

Parfit, Derek, *Reasons and Persons*, Oxford/London: Claredon 1984.

Parfit, D., *On What Matters*, 2 vols., Oxford: Oxford Univ. Press 2011.

Parmenides, 2014, *Vom Wesen des Seienden. Die Fragmente*, gr.-dt., auf Grundlage der Edition von Uvo Hoelscher, mit einer Einleitung neu herausgegeben von Alfons Reckermann, Hamburg: Meiner 2014.

Peperzak, Adrian, *Selbsterkenntnis des Absoluten, Grundlinien der Hegelschen Philosophie des Geistes*. Stuttgart-Bad Cannstatt: Frommann und Holzboog 1987.

Peregrin, Jaroslav, *Inferentialism. Why Rules Matter*, New York: Palgrave 2014.

Petersen, Jens, *Die Eule der Minerva in Hegels Rechtsphilosophie*. Berlin: de Gruyter 2010.

Pinkard, Terry, *Hegel's Phenomenology. The Sociality of Reason*. Cambridge: Cambridge Univ. Press 1994.

Pinkard T., *German Philosophy 1760–1860, The Legacy of Idealism*, Cambridge: Cambridge Univ. Press 2002.

Pippin, Robert B., *Hegel's Idealism. The Satisfaction of Self-Consciousness*, Cambridge: Cambridge Univ. Press 1989.

Pippin R. B., *Idealism as Modernism. Hegelian Variations*, Cambridge: Cambridge Univ. Press 1997.

Pippin R. B., *Hegels Practical Philosophy*. Rational Agency as Ethical Life, Cambridge: Cambridge Univ. Press 2008.

Platon, *Sämtliche Werke*. Reinbek bei Hamburg 1994.

Popper, Karl *Die Offene Gesellschaft und ihre Feinde* Tübingen: Mohr Siebeck.

Quante, Michael, *Die Wirklichkeit des Geistes, Studien zu Hegel*, Berlin 2011.

Raz, Joseph, Ed., *Practical Reasoning*, Oxford: Oxford Univ. Press 1978.

Rentsch, Thomas, *Einheit der Vernunft? Normativität zwischen Theorie und Praxis*, Paderborn: Mentis. 2005.

Rentsch, Thomas, *Gott*, New York/ Berlin: de Gruyter 2005.

Rödl, Sebastian, 2003, »Norm und Natur«, *Deutsche Zeitschrift für Philosophie* 51, 99–114.

Rödl, S., *Kategorien des Zeitlichen. Eine Untersuchung der Formen des endlichen Verstandes,* Frankfurt/M.: Suhrkamp 2005.

Rödl, *Self-Consciousness,* Cambridge/Mass.: Harvard Univ. Press 2007.

Rödl, Sebastian/Tegtmeyer, Henning (Hg.), *Sinnkritisches Philosophieren,* Berlin: de Gruyter 2012.

Rohbeck, Johannes, *Geschichtsphilosophie zur Einführung,* Hamburg: Junius 2004.

Rorty, Richard, *Philosophy and the Mirror of Nature,* Princeton Univ. Press, dt.: *Der Spiegel der Natur. Eine Kritik der Philosophie.* Frankfurt/M.: Suhrkamp 1987.

Ros, Arno, *Materie und Geist. Eine philosophische Untersuchung,* Paderborn: Mentis 2005.

Rüsen, Jörn *Rekonstruktion der Vergangenheit, Grundzüge einer Historik II: Die Prinzipien der historischen Forschung,* Göttingen: Vandenhoeck & Rupprecht 1986.

Russell, Bertrand, *Philosophie des Abendlandes.* Zürich 1950.

Ryle Gilbert, *The Concept of Mind* (1949), London 2000 dt.: *Der Begriff des Geistes,* Stuttgart: Reclam 1969.

Sartori, Giovanni, *Demokratietheorie,* Darmstadt: WBG 1992.

Schapp, Wilhelm, 1952, *In Geschichten verstrickt. Zum Sein von Mensch und Ding.* Hamburg 1952, Wiesbaden 1976, Frankfurt/M. 1985.

Schiller, Friedrich, *Werke,* 4 Bde., hg. W. Hoyer, Leipzig, Bibl. Institut 1962.

Schnädelbach, Herbert, *Hegel zur Einführung,* Hamburg: Junius 1999.

Schneider, Helmut (Hrsg.), *Sich in Freiheit entlassen.* Natur und Idee bei Hegel. Hegeliana. Studien und Quellen zu Hegel und zum Hegelianismus. Frankfurt/M.: Peter Lang 2004.

Scholz, Heinrich, *Metaphysik als strenge Wissenschaft,* Köln 1941.

Seel, Martin, *111 Tugenden, 111 Laster,* Frankfurt/M.: S. Fischer ²2011.

Siep, Ludwig, *Der Weg der Phänomenologie des Geistes, Ein einführender Kommentar zu Hegels Differenzschrift und Phänomenologie des Geistes,* Frankfurt/M.: Suhrkamp 2000.

Sorensen, Asger et alii, *Dialectics, Self-consciousness, and Recognition, The Hegelian Legacy,* Malmö 2009.

Stekeler, Pirmin, *Hegels Phänomenologie des Geistes. Ein dialogischer Kommentar.* 2 Bde., Hamburg: Meiner 2014.

Stekeler-Weithofer, Pirmin, »Willkür und Wille bei Kant«. *Kant-Studien 81*, 3, 1990, 304–320.

Stekeler-Weithofer, P., »Religionsphilosophie nach William James«. *Neue Zeitschrift für Systematische Theologie und Religionsphilosophie*, 33, 1991, 1, 74–87.

Stekeler-Weithofer P., »Plato and the Method of Science«. *Hist. of Philos. Quarterly* 9, 1992, 359–378.

Stekeler-Weithofer, P. »Ideation und Projektion«. Zur Konstitution formentheoretischer Rede. *Deutsche Zeitschrift für Philosophie* 1994, 42, 783–798.

Stekeler-Weithofer P., *Sinn-Kriterien. Die logischen Grundlagen kritischer Philosophie von Platon bis Wittgenstein.* Paderborn: Schöningh 1995.

Stekeler-Weithofer P., *Philosophie des Selbstbewußtseins. Hegels System als Formanalyse von Wissen und Autonomie*, Frankfurt/M.: Suhrkamp 2005.

Stekeler-Weithofer P., »Explikation von Praxisformen«, *Allgemeine Zeitschrift für Philosophie* 3, 2010, 265–290.

Stekeler-Weithofer P., »Allgemeines, Besonderes, Einzelnes«, in: Sandkühler, Jörg (Hg.) Enzyklopädie Philosophie. Hamburg: Meiner 2010.

Stekeler-Weithofer P., »Subsumtion bei Hegel«, in Gottfried Gabriel & Rolf Gröschner (Hgg.), *Subsumtion. Schlüsselbegriff der Juristischen Methodenlehre.* Tübingen: Mohr Siebeck 2012, 43–71.

Stekeler-Weithofer, P., »Absolute Spirit in Performative Self-Relations of Persons« in: *The Palgrave Hegel Handbook*, ed. M. F. Bykova, K. R. Westphal, Cham/Schweiz: Palgrave 2020, 109–131.

Stekeler-Weithofer, P., »Vernunft – Verstand«, Staatslexikon, Freiburg: Alber 2020, 791–795.

Stirner, Max *Der Einzige und sein Eigentum*, Stuttgart: Reclam 1972.

Taylor, Charles, 1975, *Hegel*, New York.

Taylor, Ch., *Negative Freiheit? Zur Kritik des neuzeitlichen Individualismus*, Frankfurt/M.: Suhrkamp 1988.

Taylor, Ch., *Quellen des Selbst*, Die Entstehung der neuzeitlichen Identität, Frankfurt/M.: Suhrkamp 1994.

Taylor, Ch., *Das Unbehagen an der Moderne*, Frankfurt/M.: Suhrkamp 1995.

Tetens, Holm, 2015, *Gott denken. Ein Versuch über rationale Theologie.* Stuttgart: Reclam, 2015.

Thompson, Michael, *Life and Action*, Cambridge/Mass.: Harvard Univ. Press 2008.

Tönnies, Ferdinand, *Gemeinschaft und Gesellschaft. Grundbegriffe der reinen Soziologie*, Leipzig 1887 (Repr. Darmstadt: WBG 1991).

Tugendhat, Ernst, 1979, *Selbstbewusstsein und Selbstbestimmung. Sprachanalytische Interpretationen*, Frankfurt/M.: Suhrkamp.

Tugendhat, Ernst, *Anthropologie statt Metaphysik*, München: Beck 2007.

Vico, Giovanni Battista, *Prinzipien einer neuen Wissenschaft über die gemeinsame Natur der Völker.* Hg. & Übers.: V. Hösle & Ch. Jermann, Bd. 1., Hamburg: Meiner 1990.

Vieweg, Klaus, *Das Denken der Freiheit. Hegels Grundlinien der Philosophie des Rechts*, München: Fink 2012.

Vieweg, Klaus, *Hegel. Der Philosoph der Freiheit. Biographie*, München: Beck 2019.

Vieweg, Klaus; Welsch, Wolfgang, *Hegels Phänomenologie des Geistes, Ein kooperativer Kommentar zu einem Schlüsselwerk der Moderne*, Frankfurt/M., Suhrkamp 2008.

Vobruba, Georg, *Die Gesellschaft der Leute*, Berlin: Springer 2009.

Weber, Max, *Wirtschaft und Gesellschaft. Grundriss der verstehenden Soziologie*, Tübingen: Mohr-Siebeck 1956.

Weisser-Lohmann, Elisabeth, *Rechtsphilosophie als praktische Philosophie. Hegels* Grundlinien der Philosophie des Rechts *und die Grundlegung der praktischen Philosophie.* München: Fink 2011.

Welsch, Wolfgang, *Mensch und Welt. Eine evolutionäre Perspektive der Philosophie.* München, Beck 2012.

Westphal, Kenneth R., *Hegel's Epistemology, A Philosophical Introduction to the Phenomenology of Spirit*, Cambridge: Cambridge Univ. Press 2003.

Wiegand, Marc André, *Demokratie und Republik*, Tübingen: Mohr Siebeck, 2017.

Williams, Bernard, *Ethics and the Limits of Philosophy*, Cambridge/Mass.: Harvard Univ. Press 1985.

Williams, B., *Making Sense of Humanity and Other Philosophical Papers, 1982–1993*, Cambridge: Cambridge Univ. Press 1995.

Williams, Bernard, *Truth and Truthfulness*, Oxford: Oxford Univ. Press 2002.

Wittgenstein. Ludwig *Philosophische Untersuchungen* (1953) in: *Werkausgabe in 8 Bänden*, Bd. 1 Frankfurt/M.: Suhrkamp 1984.

Wittgenstein, L., *Tractatus logico-philosophicus* (1921) in: Werkausgabe Bd. 1, 7–85.

Wittgenstein, L., Vermischte Bemerkungen (1946) in: *Werkausgabe*, Band 8.

Wohlrapp, Harald, *Der Begriff des Arguments. Über die Beziehungen zwischen Wissen, Forschen, Glauben, Subjektivität und Vernunft*. Würzburg: Königshausen & Neumann 2008.

Wundt, Wilhelm, *Elemente der Völkerpsychologie. Grundlinien einer psychologischen Entwicklungsgeschichte der Menschheit*, Leipzig: Kröner 1912.

Personenregister

Sachregister